Texte détérioré — reliure défectueuse

NF Z 43-120-11

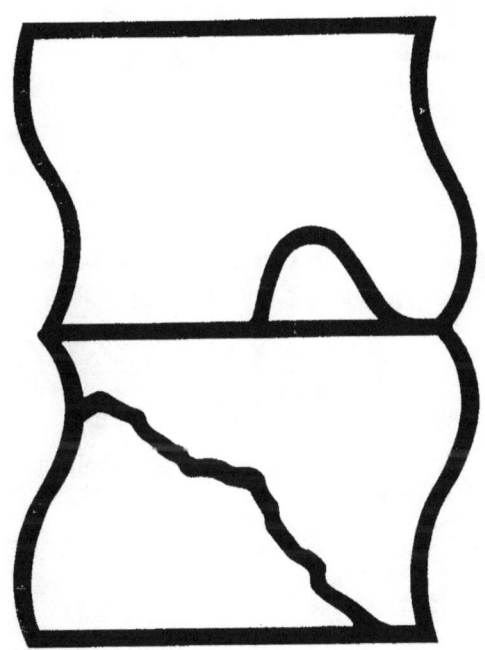

DRAMES DE PARIS

PONSON DU TERRAIL

DRAMES DE PARIS

CINQUIÈME ÉPISODE
LES CHEVALIERS DU CLAIR DE LUNE

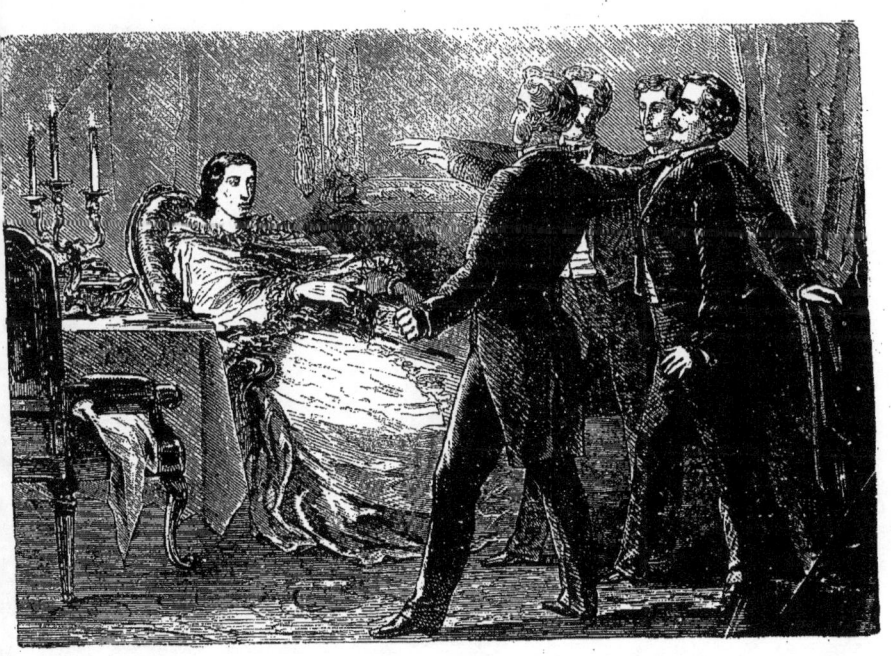

PARIS
MANGINOT-HELLITASSE, LIBRAIRE-COMMISSIONNAIRE
36, boulevard Saint-Michel, 36

CINQUIÈME PARTIE.

LES CHEVALIERS DU CLAIR DE LUNE.

Alors deux bras se jetèrent autour du cou du jeune homme et l'enlacèrent. (Page 870, col. 1re.)

I. — LE MANUSCRIT DU DOMINO

I.

Minuit venait de sonner à toutes les horloges du boulevard des Italiens.

C'était en janvier 1853, un samedi, jour de bal à l'Opéra. Il faisait un froid sec, le ciel était pur, la lune brillait de tout son éclat.

Le boulevard était peuplé comme en plein soleil ; les équipages se croisaient au grand trot, les piétons encombraient les trottoirs, les dominos et les masques de toute espèce circulaient joyeusement à travers la foule.

C'était l'heure où l'Opéra, couronné d'une guirlande de feu, ouvrait ses portes, l'heure où l'orchestre aux cent voix de Musard faisait entendre son premier coup d'archet.

Pagination incorrecte — date incorrecte

NF Z 43-120-12

Assis devant le café Riche, au coin de la rue Le Peletier, deux jeunes gens causaient, chaudement enveloppés dans leur vitchoura doublé de martre zibeline, à deux pas de leur poney-chaise, dont le magnifique trotteur irlandais était maintenu à grand'peine par un groom haut de trois pieds et demi, vêtu d'un par-dessus bleu de ciel à large collet de renard, et chaussé de petites bottes plissées à revers blancs.

— Mon cher Gontran, disait l'un des jeunes gens, tu as une singulière fantaisie de vouloir m'entraîner au bal de l'Opéra, un véritable mauvais lieu où on ne va plus depuis quinze ans au moins, et où on ne rencontre que des femmes qui ne sont plus du monde, ou qui n'en ont jamais été.

— Mon cher Arthur, répondit l'autre, as-tu lu beaucoup de romans?

— Pas mal.

— Tous les romans commencent au bal de l'Opéra, — ceux qu'on écrit et qu'on invente, d'abord, — ceux qui se déroulent à travers la vie réelle, ensuite.

— La théorie est singulière!

— Elle est vrai.

— Est-ce que tu comptes nouer le premier chapitre d'une histoire de ce genre, ce soir?

— Peut-être.

— Tu as un rendez-vous?

— Oui.

— Avec qui?

— Je ne sais pas. Lis plutôt.

Celui à qui son ami donnait le nom de Gontran tira de sa poche un petit portefeuille en maroquin couleur jonquille, et, de ce portefeuille, une lettre assez volumineuse et sans signature qu'il tendit à son ami le vicomte Arthur de Chenevière.

Celui-ci la déplia lentement, se fit apporter une bougie, et avant de lire, il fit cette réflexion:

— L'écriture a son esprit ni plus ni moins que les hommes. Telle ronde ferme et pleine dénote le caractère d'un homme froid, calme, résolu. Une cursive allongée, un peu tremblante trahit généralement une main de femme légèrement émue. La femme qui écrit à sa modiste ou à son homme d'affaires a une écriture toute différente si elle donne un premier rendez-vous à l'homme qu'elle aime...

— Ceci est vrai, mon ami.

— Or, poursuivit Arthur de Chenevière, la main qui a tracé cette lettre est évidemment une main de femme.

— Parbleu!

— Mais elle ne tremblait pas.

— En effet.

— Donc, tu n'es pas aimé.

Le baron Gontran de Neubourg se prit à sourire.

— Lis, dit-il, et tu verras qu'il n'est nullement question d'amour entre un correspondant anonyme et moi.

Arthur lut à mi-voix.

« Un soir du mois de décembre de l'année dernière, « c'est-à-dire il y a six semaines environ, le baron Gon« tran de Neubourg rencontra sur le boulevard, en face « du café Anglais, trois de ses amis qui fumaient leur « cigare au clair de lune, en sortant de leur club, où ils « avaient joué gros jeu.

« Ces trois amis étaient M. le vicomte Arthur de Che« nevière, lord Blakstone et le marquis Albert de Verne. »

— Bon! s'interrompit Arthur, ceci est assez bizarre, et ce début m'a tout l'air d'un premier chapitre de feuilleton.

— Continue, dit le baron.

M. de Chenevière poursuivit:

« Le baron Gontran de Neubourg s'en allait seul et « rêveur, et si ses amis ne l'eussent abordé, nul doute « qu'il eût passé sans les voir.

« — Où vas-tu, baron? dit le vicomte.

« — Nulle part.

« — Mais encore?

« — Je me promène.

« — Sans but?

« — Je rêve... c'est beaucoup. Bonsoir, messieurs « d'où venez-vous?

« — Du club.

« — Où allez-vous?

« — Nous nous promenons. Seulement, au lieu de rê« nous causons.

« — De quoi causez-vous?

« — Lord Blakstone prétend qu'il a le spleen.

« — Lord Blakstone a raison: il est Anglais, le ciel est « clair. Un Anglais sans brouillard est un corps sans âme.

« — De Verne, poursuivit le vicomte, s'ennuie. Il se « contente de traduire le mot.

« — Et toi? demanda le baron.

« — Je fais comme de Verne.

« — Messieurs, dit alors le baron, le plus vieux d'entre « nous a trente ans, c'est moi; le plus jeune vingt-quatre, « c'est Arthur; le plus pauvre a cent mille livres de rente, « c'est moi; le plus riche cent cinquante mille livres ster« ling de revenu, c'est lord Blakstone.

« — Exact! fit l'Anglais avec flegme.

« — Or, reprit le baron, nous avons la même existence, « et l'on peut établir ainsi la mesure de chacune de nos « journées:

« Nous nous levons à onze heures, nous déjeunons à « midi. A deux heures on nous voit au bois, moi et toi à « cheval, lord Blakstone dans son poney-chaise, de « Verne dans son phaéton. A cinq heures nous jouons « au whist; de neuf à onze heures du soir, on nous ren« contre à l'Opéra; de onze heures à minuit dans deux ou « trois salons du faubourg Saint-Germain ou de la rue « d'Anjou Saint-Honoré, et nous allons finir notre nuit « au club, pour recommencer le lendemain.

« — Et les jours suivants, dit le marquis de Verne, qui « s'était tu jusqu'alors.

« — Or, reprit Gontran, de Verne est le fils de ce bril« lant général de cavalerie qui s'immortalisa pendant « la retraite de Russie; toi, vicomte, tu comptes des « aïeux aux croisades, et lord Blakstone est le descen« dant d'un chef de clan écossais qui tint Robert Bruce « et toute son armée en échec dans son vieux manoir des « monts Cheviot, avec une garnison de bergers et de la« boureurs.

« — Et toi, ajouta le vicomte, toi, mon cher Neubourg, « tu es de race palatine, et ton bisaïeul s'est établi en « France à la suite de la fameuse guerre de Trente Ans, « Un de tes ancêtres est entré seul, le heaume en tête et « l'épée au poing, dans la ville de Mayence, où il a cloué « ...gant sur la porte du prince Frédéric de Prusse.

« — C'est vrai, dit simplement le baron. »

Le vicomte de Chenevière interrompit sa lecture une seconde fois et dit au baron Gontran de Neubourg:

— Ton correspondant anonyme est une femme de tes amies, mon cher, et tu lui auras donné tous ces détails qui sont, du reste, d'une rigoureuse exactitude.

— Je n'ai parlé à qui que ce soit de notre conversation, et je te jure, répondit M. de Neubourg, que l'écriture de cette lettre m'est complètement inconnue.

Poursuis donc.

— Le vicomte reprit:

« Les quatre jeunes gens se regardèrent silencieuse« ment pendant quelques minutes.

« Messieurs, dit enfin le baron Gontran de Neubourg, « savez-vous que je me trouve fort mal à l'aise en mes « habits étriqués, qui ressemblent si peu à la cuirasse « de mes ancêtres, que j'étouffe en ce siècle d'argent et « d'égoïsme où nous vivons, et que je regrette sincère« ment la *Table-Ronde* et ses douze chevaliers?

« — Moi aussi, dit le marquis de Verne.

« — Je pense comme vous, ajouta le vicomte de Che-
« nevière.

« — Et moi, dit lord Blakstone, je crois à de certains
« moments que je suis mon propre ancêtre, et que c'est
« moi qui ai défendu le manoir de Galwy contre Robert
« Bruce.

« — Hélas! messieurs, continua le baron, que vous di-
« rai-je! le temps des chevaliers errants est passé. Si les
« paladins du moyen âge, les Renaud, les Olivier, les
« Roland revenaient en ce monde, ils verraient que la
« police correctionnelle s'est chargé de punir les mé-
« chants, et que les avocats ont la prétention de défendre
« la veuve et l'orphelin.

« Qu'en faut-il conclure?

« Une simple chose : c'est que des gens comme
« nous, jeunes, riches, braves, de bonne race, qui, en
« un siècle moins ingrat, eussent fort bien utilisé leur
« intelligence, leur fortune, leur noblesse et leur bra-
« voure, sont condamnés à perpétuité au whist à un louis
« la fiche, et à la promenade à cheval au bois.

« Et cependant, messieurs...

« Ici le baron de Neubourg s'arrêta et parut réfléchir
profondément.

« Puis, regardant le vicomte :

« As-tu lu l'*Histoire des treize*?

« — Parbleu!

« — Les treize, poursuivit le baron, sortirent armés de
« pied en cap du cerveau de M. de Balzac, et ils se ré-
« pandirent à travers le monde, unis par un serment qui
« se résumait en un mot : *s'entr'aider*. Après Balzac on
« a imaginé, plus ou moins ingénieusement, une foule
« d'associations. Mais tous ces gens-là étaient des bandits,
« ils volaient, ils tuaient et assassinaient...

« — Où diable veut-il en venir? demanda lord Galwy.

« — Eh bien! messieurs, reprit Gontran de Neubourg,
« il me vient une fort belle idée.

« — Voyons!

« — Nous sommes quatre, quatre amis, quatre hommes
« d'honneur, dont le seul crime est de s'ennuyer pro-
« fondément; je vous propose de fonder à nous quatre
« l'association des nouveaux chevaliers de la Table Ronde.
« Nous serons, en plein dix-neuvième siècle, de mysté-
« rieux redresseurs de torts, de pieux chevaliers de l'in-
« fortune, d'implacables ennemis de l'injustice. Cherchons
« une victime intéressante, un de ces êtres, homme ou
« femme, dépossédés, dépouillés, foulés aux pieds, et re-
« levons-le.

« — Baron, dit lord Blakstone avec son flegme habi-
« tuel, je suis de votre avis, et vous me voyez tout prêt à
« entrer dans votre association. Mais...

« Le *mais* de lord Blakstone était gros d'objections.

« — Voyons? fit M. de Neubourg.

« — Mais le jour seulement où vous aurez trouvé de
« la besogne à cette association.

« — Je chercherai, et, comme dit l'Ecriture, je trouve-
« rai!

« Le jour naissait. Les quatre jeunes gens, qui s'étaient
« longtemps arrêtés à la même place et n'avaient point
« pris garde à un homme couché de tout son long sur un
« banc, échangèrent une poignée de main et se séparè-
« rent.

« Maintenant, si M. de Neubourg veut savoir pourquoi
« on lui rappelle ces détails, qu'il aille ce soir samedi au
« bal de l'Opéra. Peut-être y trouvera-t-il l'être victime
« qu'il cherche.

« Dans ce cas, il écrira à ses trois amis, le marquis de
« Verne, lord Blakstone et le vicomte de Chenevière. »

La lettre s'arrêtait là, et n'avait pas de signature.

— Tu as raison, dit le vicomte en riant, voilà le premier chapitre d'un roman.

— En effet...

— As-tu écrit à de Verne?

— Sans doute..

— Et tu lui as donné rendez-vous?

— Au foyer, à une heure du matin, ainsi qu'à lord
Blakstone.

— Parfait.

— Eh bien! allons, en ce cas.

— Soit, allons!

M. de Neubourg renvoya son poney-chaise et son
groom, et prit le bras du vicomte.

Comme les deux jeunes gens avaient dîné ensemble, le
baron avait dit simplement au vicomte Arthur de Chenevière :

— Ne dispose point de ta soirée, j'ai besoin de toi.

La salle de l'Opéra avait été envahie depuis une demi-
heure environ par cette cohorte bariolée, hurlante, en
délire, qui fait trembler sa voûte et frémir son vaste
plancher à chaque bal du samedi.

M. de Neubourg et le vicomte se glissèrent à travers
la foule, se donnant le bras pour ne point se perdre, et
ils gagnèrent ainsi le foyer.

— Ah çà, dit le vicomte, il me semble que ton corres
pondant anonyme ne t'indique aucun endroit de rendez-
vous?

— C'est vrai.

— Et ne te donne aucun moyen de le reconnaître?

— C'est vrai encore.

— Mais, ajouta M. de Chenevière, il te connaît, du
moins il t'a vu, et vraisemblablement il t'abordera.

Comme le vicomte de Chenevière émettait cet avis, le
baron se sentit frapper légèrement sur l'épaule.

M. de Neubourg allait se retourner, mais une voix de
femme lui dit à l'oreille :

— Quittez votre ami, et allez attendre au foyer, sous
l'horloge.

On avait parlé si bas à l'oreille de M. de Neubourg,
que le vicomte de Chenevière n'avait rien entendu.

— Ecoute, vicomte, dit le baron, il pourrait se faire
que l'on hésitât à m'aborder si nous ne nous quittions.

— Veux-tu que je te laisse?

— Oui.

— Où nous retrouverons-nous?

— Dans la salle, près de l'orchestre.

— C'est bien, à tantôt.

Quand le vicomte eut quitté le foyer, le baron Gontran
de Neubourg se dirigea vers l'endroit qu'on venait de lui
indiquer, non sans murmurer toutefois :

— Il est une chose assez bizarre, c'est que tous les rendez-vous qui se donnent à l'Opéra sont indiqués sous
l'horloge.

Et le baron de Neubourg, arrivé en cet endroit du foyer,
s'assit et attendit.

Il y était depuis cinq minutes environ, lorsqu'un domino
s'approcha de lui, et lui dit :

— Baron, voulez-vous m'offrir votre bras?

M. de Neubourg reconnut la voix qu'il avait entendue
tout à l'heure.

Il se leva avec empressement et offrit son bras.

— Sortons de cette foule, dit le domino, et tâchons de
trouver un lieu où nous puissions causer.

— Venez, madame, dit le baron.

M. de Neubourg conduisit l'inconnue à l'extrémité
du foyer, où la foule était moins compacte.

Là, elle s'assit et lui dit :

— Vous allez réunir vos amis cette nuit même.

— En quel lieu, madame?

— Où vous voudrez, pourvu que je le sache.

— Eh bien! dans un cabinet de la Maison-d'Or.

— Soit, dit le domino.

Puis il tira un rouleau de papier soigneusement ca-
cheté et noué par une faveur bleue.

— Quand vos amis seront réunis, poursuivit l'incon-

une, vous ouvrirez ce manuscrit et leur en ferez la lecture.
— Après, madame ?
— Cette lecture terminée, si la femme dont ce manuscrit renferme l'histoire vous intéresse à ce point que vous la jugiez digne de vous faire ressusciter le serment et les exploits des chevaliers de la Table-Ronde, vous ouvrirez la fenêtre du salon où vous vous trouverez...
— Ah ! dit le baron.
— Et vous me verrez apparaître au milieu de vous quelques minutes après. Dans le cas contraire...
Le domino parut hésiter.
— J'écoute, madame, dit M. de Neubourg.
— Dans le cas contraire, ajouta-t-elle, vous jetterez le manuscrit au feu, et vous vous ferez réciproquement le rment de ne jamais rien révéler de ce que vous aurez

— Je vous le jure par avance, pour eux et pour moi, madame.
— Je vous crois. Adieu, monsieur, sinon au revoir...
Le domino tendit au baron Gontran de Neubourg une petite main gantée avec soin, s'esquiva et disparut dans la foule.
Alors Gontran se mit à la recherche de ses trois amis.
Il trouva le vicomte Arthur de Chenevière dans la salle, près de l'orchestre, le marquis de Verne et lord Blakstone assis dans une loge de pourtour.
— Messieurs, dit-il, je ne vous ai donné rendez-vous ici que pour vous inviter à souper.
— Singulière idée ! murmura le marquis.
— Joli ! ajouta lord Blakstone, qui était légèrement sensuel.

Quelques minutes plus tard, les quatre amis étaient à table, et Gontran leur disait encore :
— Messieurs, je vous ai donné rendez-vous à l'Opéra afin de vous inviter à souper ; je vous invite à souper afin de vous lire le manuscrit que voilà.
Gontran tira de sa poche le rouleau de papier que lui avait remis le domino et le déplia.
— Messieurs, poursuivit-il, il y a deux jours nous nous plaignions amèrement de vivre en un siècle prosaïque où les paladins de la Table-Ronde n'auraient plus qu'à se croiser les bras...
— C'est vrai, murmura lord Blakstone.
— Eh bien ! reprit le baron, quand nous aurons pris connaissance de ce manuscrit, nous verrons peut-être que nous nous sommes trompés.
— Bah ! fit le marquis.
— Oh ! dit lord Blakstone d'un air incrédule.
— Messieurs, ajouta M. de Chenevière, avant de prendre connaissance du manuscrit, priez donc Gontran de nous lire la lettre étrange qui lui a été adressée.
— Quelle lettre ?
— La voici.
M. de Neubourg tendit la lettre à M. de Verne, qui la lut tout bas à lord Blakstone.
— Et, dit-il lorsqu'il eut terminé, tu as vu le domino ?
— Je le quitte. Il m'a remis son manuscrit ; si vous le voulez bien, nous allons en prendre connaissance.
— Voyons ! dirent les trois jeunes gens.
M. le baron Gontran de Neubourg sonna et dit au garçon :
— Vous ne viendrez que lorsque je sonnerai.
Le garçon s'inclina et sortit.
Alors Gontran lut à haute voix les pages suivantes.

II.

La pluie, fouettée par le vent du nord, tombait à torrents sur les grands bois qui s'étendent entre la Vendée et le Poitou.

C'était en 1832, après la révolution de Juillet, c'est-à-dire à la fin du mois d'octobre.
Un cavalier courait à fond de train à travers les halliers, sautant les fossés, passant au milieu des broussailles et dirigeant à travers les mille obstacles de ces vastes forêts sa petite jument bretonne pleine d'ardeur.
— Hop ! hop ! hop ! ma belle Clorinde, disait-il, tu connais le chemin, tu l'as fait bien souvent déjà ; mais il faut arriver, arriver le plus tôt possible.....
Malgré la pluie, malgré le vent, malgré la nuit qui était sombre, Clorinde galopait avec furie.
Clorinde était une belle petite pouliche à la robe blanche, à la crinière ardoisée, — chose rare ! — dont le sabot vaillant et dur résonnait sur la lande comme une baguette de tambour. Clorinde avait une petite tête fine, intelligente, avec de grands yeux pleins d'ardeur et des naseaux fumants.
Clorinde avait des jambes fines comme le fuseau d'une vieille femme, flexibles comme l'osier des marais, dures et fortes comme du fer.
Le cavalier qui la montait et qui pressait ses flancs avec une fébrile impatience était un jeune homme de vingt-sept à vingt-huit ans, dont le visage rosé et les mains blanches eussent trahi, au premier regard, des habitudes féminines, si son œil noir plein de feu et la crosse luisante des pistolets passés à sa ceinture n'eussent dit éloquemment qu'il avait l'âme d'un homme et le cœur d'un soldat.
En outre, il portait au flanc un sabre de cavalerie, et sa selle était munie d'un talon dans lequel s'emboîtait un fusil de chasse à deux coups.
Cependant, ce jeune homme, en dépit de cet appareil guerrier, ne portait aucun uniforme.
Sa tête était entourée d'un mouchoir blanc, jaspé çà et là de quelques gouttes de sang ; une veste ronge, comme en portaient les paysans vendéens, des brayes bleues et une paire de grandes bottes à l'écuyère complétaient son costume.
— Hop ! Clorinde, hop ! ma belle fille, répétait-il, nous sommes loin encore du château de Bellombre... et la nuit s'avance... et Diane m'attend !
Clorinde, comme si elle eût compris la voix de son maître, précipitait son galop et passait comme un rêve sous la futaie.
Tout à coup un bruit étrange se fit entendre : c'était un cri glapissant, comme le houhoulement d'un oiseau de nuit.
Le cavalier rassembla sa vaillante bête, et Clorinde s'arrêta court.
Puis il prêta l'oreille.
Le houhoulement se reproduisit.
Alors le jeune homme appuya les deux doigts sur sa bouche et fit entendre un coup de sifflet modulé d'une façon particulière.
Un coup de sifflet identique lui répondit dans le lointain.
On eût dit un écho perdu dans les bois.
Le cavalier rendit la main à Clorinde, qui se précipita d'elle-même dans la direction du second coup de sifflet.
Elle courut environ dix minutes ; puis, soudain, le houhoulement fut répété.
Clorinde s'arrêta de nouveau.
On vit alors se dresser une forme noire du milieu des broussailles ; puis cette forme, homme ou fantôme, fit deux pas en avant :
— Est-ce vous, monsieur Hector ? dit une voix.
— Est-ce toi, Grain-de-Sel ?
— C'est moi, monsieur Hector.
Et la forme noire s'approcha et posa la main sur la bride de Clorinde.
Le cavalier put alors distinguer, malgré l'obscurité, un jeune garçon d'environ quinze ans, à peu près vêtu

Les pères se regardaient d'un œil farouche, les enfants se souriaient. (Page 872, col. 1 ª.)

comme lui, avec cette différence qu'il portait la braye blanche et la veste bleue, et qu'au lieu d'un mouchoir il avait sur la tête un large chapeau de feutre noir, de la coiffe ronde duquel s'échappait une longue chevelure brune en désordre.

— Bonjour, monsieur Hector, dit-il.
— Bah! mon pauvre Grain-de-Sel, répliqua celui-ci, tu pourrais dire *bonsoir*.
— Pardon, monsieur le comte...
— Veux-tu te taire, imbécile!
— Excusez-moi, pardon, monsieur Hector, il est une heure du matin.
— Déjà?
— Les heures vont vite quand on est pressé, répondit avec mélancolie le jeune paysan poitevin.
— En ce cas, bonjour, Grain-de-Sel, mon ami.
— Bonjour, monsieur Hector.
— Je m'attendais presque à te trouver en chemin.
— Ah! fit le jeune paysan; tant mieux alors, monsieur Hector.
— Pourquoi tant mieux?
— Parce que vous savez la nouvelle, sans doute?
— Quelle nouvelle?
— Les bleus sont à trois lieues d'ici, murmura Grain-de-Sel avec une mélancolie nuancée d'une sourde irritation.
— Je ne le savais pas, répondit le cavalier d'un ton calme, mais je m'y attendais. On veut nous envelopper. Où sont-ils?
— A Bellefontaine, le prochain village.
— Très-bien!
— Et c'est pour cela que Mme Diane m'a envoyé vers vous, monsieur Hector. On dit que les *bleus* lèveront le camp cette nuit et qu'ils seront à Bellombre avant le jour. Mme Diane a peur...
— Peur de quoi?
— Mais, monsieur Hector, dit Grain-de-Sel, vous savez bien que si les bleus vous trouvaient...

Le cavalier eut un fin sourire dans sa moustache blonde et caressa de la main le pommeau de ses pistolets.

— Tu ne vois pas mes *bassets*? dit-il.
— Oh! je les vois bien, monsieur Hector.
— Ils ne donnent qu'un coup de voix, ajouta le jeune homme, continuant la comparaison cynégétique, mais il est sûr.
— C'est égal, monsieur Hector, fit Grain-de-Sel, à votre place, je me méfierais et je tournerais bride.... et je retournerais vers Pouzanges.

Le cavalier haussa les épaules.

— Mon pauvre Grain-de-Sel, dit-il, tu n'as que quinze ans et tu n'as pas encore un amour au cœur. Tiens, vois-tu, la nuit est sombre, n'est-ce pas?...
— Comme un four, monsieur Hector.
— Eh bien! je vois là-bas, à travers les ténèbres, un

file' de fumée qui monte dans le ciel noir et qui est encore plus noir que lui. C'est la fumée de Bellombre... et mon cœur bat. Comprends-tu?

— Oh! monsieur Hector, dit le jeune paysan poitevin, si vous aviez vu pleurer Mme Diane... Si vous saviez... comme elle a peur!

— Elle est femme, dit simplement Hector, ça se comprend.

— C'est vrai tout de même, ce que vous dites là, monsieur Hector; mais...

— Mais, Grain-de-Sel, mon ami, répliqua le jeune cavalier d'un accent affectueux et triste, si tu n'as jamais aimé d'amour une femme, au moins tu aimes ta mère?

— Si je l'aime! s'écria Grain-de-Sel.

— Eh bien! suppose que tu es à ma place, monté sur Clorinde, et que ta mère est à Bellombre tandis que les bleus sont à Bellefontaine, et que les bleus te fusilleront s'ils te prennent... est-ce que tu n'irais pas à Bellombre?

— Ah! mais si, j'irais!... s'écria l'enfant, dont l'œil brilla comme un charbon ardent.

— Eh bien! acheva Hector, je n'ai plus ni père ni mère, et Mme Diane a remplacé tout cela pour moi. Comprends-tu?

— Je comprends, dit Grain-de-Sel pensif.

— Donc, poursuivit Hector, en route! Quand nous aurons atteint la clôture du parc, tu garderas Clorinde.

— Allons! dit Grain-de-Sel.

— Saute-moi en croupe. Clorinde a les reins solides, elle nous portera bien tous les deux.

— Oh! ce n'est pas la peine, monsieur Hector, je cours aussi vite qu'elle. Hop! Clorinde.

Et, tandis que le cavalier poussait sa monture et reprenait sa course à travers les taillis, Grain-de-Sel se mit à bondir à côté d'elle avec la légèreté d'un chevreuil, et le cavalier et le piéton, dévorant l'espace, continuèrent à causer.

— Les bleus s'imaginent, disait Hector, qu'ils vont entrer dans le Bocage comme ils sont entrés en Touraine et en Poitou. Mais le Bocage est couvert de bois, coupé de rivières, semé d'étangs; il y a un canon de fusil derrière chaque broussaille, et les deux régiments qui sont venus du côté de Nantes sont tout à l'heure anéantis.

— Il paraît qu'ils sont nombreux du côté de Bellefontaine.

— Combien sont-ils?

— Il y a trois escadrons de chasseurs et un de hussards.

A ce dernier mot, le jeune cavalier tressaillit.

— Es-tu sûr de ce que tu dis là, Grain-de-Sel?

— Oui, monsieur Hector. Il y a aussi un régiment d'infanterie.

— Mais ces hussards, sais-tu leur numéro? sais-tu d'où ils viennent?

— Ce sont ceux qui étaient à Poitiers l'année dernière. C'est le général, le père de Mme Diane qui l'a dit.

Hector poussa un cri de douleur.

— Mon ancien régiment! murmura-t-il; vais-je donc faire le coup de pistolet avec mes pauvres camarades!

Et il donna un furieux coup d'éperon à Clorinde, dont les naseaux fumaient et dont les flancs ruisselaient de pluie et de sueur.

Tout à coup Clorinde s'arrêta.

Elle venait d'arriver à la lisière de la forêt. Grain-de-Sel et le cavalier avaient devant eux, à deux portées de fusil, un petit monticule surmonté d'un vieil édifice à tournure féodale.

Un parc planté de grands arbres séculaires et ceint d'une haie vive à hauteur d'homme l'entourait.

Malgré l'heure avancée de la nuit, malgré la tempête qui régnait, une lumière brillait discrète et tremblante sur la sombre façade du château.

Hector attacha son regard sur cette lumière et sentit battre son cœur.

— Tu le vois, dit-il à Grain-de-Sel, elle t'a envoyé pour me dire de rebrousser chemin, n'est-ce pas? mais elle a bien pensé que je n'en ferais rien, et elle m'attend.

— C'est vrai tout de même! murmura Grain-de-Sel, c'est vrai.

Hector mit pied à terre.

— Range ma pauvre Clorinde sous un arbre, dit-il, tâche de trouver une poignée de feuilles mortes ou d'herbes sèches dans un vieux tronc, et bouchonne-la, s'il y a moyen et puis mets-toi à l'abri, mon pauvre Grain-de-Sel.

— Oh! ne vous inquiétez pas de moi ni de Clorinde, monsieur Hector; nous nous connaissons de longue main, et nous n'avons pas peur de la pluie... Mais, c'est égal, ne restez pas trop longtemps à Bellombre... Les bleus...

— Bah! il pleut, les bleus n'ont pas quitté Bellefontaine. Rassure-toi, mon petit Grain-de-Sel.

Hector prit le fusil placé à l'arçon de sa selle et le passa en bandoulière.

— Ah! mon Dieu! murmura Grain-de-Sel, qui, pour la première fois, remarqua le mouchoir ensanglanté que le jeune homme avait autour de la tête, vous êtes blessé...

— Ce n'est rien... une égratignure... une balle qui m'a entamé le cuir chevelu... Ce n'est rien... Adieu, Grain-de-Sel... je te recommande Clorinde...

En parlant ainsi, le jeune homme courut à la clôture du parc, et sans hésiter, il trouva une brèche assez semblable à celles où les braconniers placent leur panneau.

Il se glissa par cette brèche dans le parc et reprit sa course vers le château, l'œil toujours fixé sur cette lumière mystérieuse qui brillait comme un phare sur la mer sombre. Arrivé tout près du château, il s'arrêta un moment et prêta l'oreille.

Notre héros connaissait sans doute fort bien les êtres, car il suivit, sans hésiter, un petit sentier qui aboutissait à un escalier de deux pieds de large, et qui conduisait par une trentaine de marches jusque sous une terrasse qui jadis avait porté le nom beaucoup plus pompeux de plate-forme.

La dernière marche de l'escalier aboutissait à une petite porte.

Cette porte était fermée; mais il y avait auprès un énorme cep de vigne, pour le moins centenaire, et qui avait l'épaisseur du bras.

Hector répéta, mais beaucoup plus bas et de façon à lui donner une intonation lointaine, ce hou-houlement de la chouette que Grain-de-Sel avait fait entendre une heure auparavant; et le cri de l'oiseau nocturne était si bien imité, qu'on eût juré, à l'intérieur du château, qu'il venait de la forêt voisine.

Tout aussitôt la fenêtre où brillait la lumière et qui, s'ouvrant sur la terrasse de plain-pied, se trouvait verticalement au-dessus du jeune homme, cette fenêtre s'entr'ouvrit discrètement. Hector se cramponna au cep de vigne et grimpa comme un écureuil, puis il s'élança lestement sur la terrasse.

Alors une silhouette de femme se dessina dans le rayon lumineux de la croisée, qui s'ouvrit tout à fait, et deux bras se jetèrent au cou du jeune homme et l'enlacèrent.

— Oh! l'imprudent! murmura une voix charmante et douce comme un soupir du vent de nuit dans les bois.

La croisée se referma derrière Hector, et il se trouva dans un joli boudoir coquettement meublé et arrangé, et qu'on eût cru appartenir à quelque élégant hôtel de Paris.

Hector avait devant lui une femme d'environ vingt-cinq ans, toute vêtue de noir, et si belle sous ses vêtements de deuil, que celui qui l'eût vue pour la première fois eût jeté un cri d'admiration.

C'était cette madame Diane qui attendait Hector, et dont Grain-de-Sel avait parlé ; madame Diane de Morfontaine, veuve du baron Rupert, colonel de l'Empire.

Diane était une de ces belles femmes de l'Ouest, dont le front blanc, aux veines bleues, est couronné d'une luxuriante chevelure noire, dont l'œil a l'azur profond du ciel, et dont la taille svelte et souple a la majesté d'un lis.

Elle prit Hector par la main, le conduisit auprès de la cheminée, où flambait un grand feu, et le fit asseoir.

— Imprudent! répéta-t-elle.

Mais tout à coup elle aperçut le mouchoir jaspé de sang et étouffa un cri.

— Mon Dieu! vous êtes blessé!...

— Ce n'est rien, ma chère Diane, rien, je vous jure.... dit le jeune homme en lui souriant et lui baisant les mains avec transport.

— Ah! cher ami, cher époux du ciel!... murmurait la jeune femme tout émue... blessé! grièvement peut-être... mon Dieu!

— Je vous jure, ma Diane adorée, que c'est une égratignure, répéta le jeune homme, qui souriait toujours et la contemplait avec amour.

— Oh! je veux voir cela, disait-elle, je veux voir ta blessure... je m'y connais... tu verras. Je vais te panser.

Et la jeune femme courut prendre une aiguière, et y versa de l'eau tiède, que contenait une bouilloire placée devant le feu.

Puis, avec ses belles mains blanches, elle détacha le mouchoir ensanglanté, écarta ses cheveux avec précaution, trempa le mouchoir dans l'eau tiède et lava la plaie.

Hector avait dit vrai ; ce n'était qu'une égratignure, la balle des *bleus* avait à peine effleuré sa tête.

Et, tout en le lavant, tout en le pansant, elle disait :

— Ah! je savais bien que, quelque danger qu'il y eût, tu viendrais... je le savais, cher Hector.

Elle déchira un mouchoir de batiste garni de valenciennes et tout imprégné d'un parfum discret, elle le mit en lambeaux pour en faire de la charpie.

— Mais tu ne sais donc pas, ami, continua-t-elle, que les *bleus* sont ici, à deux lieues à peine, et que demain il nous faudra loger sans doute quelque officier, un général ou un colonel...

— Eh bien! répondit le jeune homme en riant, ce sera fort agréable pour le général, lui qui est *bleu* comme eux.

Il y avait une légère ironie dans la voix du jeune homme.

— Ah! tais-toi, Hector, tais-toi, ami, fit la jeune femme avec effroi... Si tu savais combien j'ai prié Dieu pour toi, combien j'ai pleuré!

Hector osa lui prendre un baiser.

— Prie, dit-il, mais ne pleure pas... Les filles de Vendée doivent être comme leurs mères, avoir une âme romaine.

— Mais, malheureux, oublies-tu donc que tu es... déserteur?... que si tu tombes en leur pouvoir, tu seras fusillé?...

— Déserteur? fit le jeune homme en relevant fièrement la tête ; tu te trompes, Diane, ce n'est pas moi, ce sont eux! Je sers les rois de mes pères, je suis Vendéen, je ne suis pas déserteur...

— Ils le disent du moins.

— Oh! je le sais bien, qu'ils me traitent de déserteur, parce que le jour où Madame est débarquée en Vendée, j'ai remis le commandement de mon escadron à mon colonel, et que, seul, mon épée sous le bras, sans dire un mot, sans vouloir entraîner personne à ma suite, je suis allé m'enrôler comme simple soldat parmi les miens, parmi ceux qui défendent la bonne cause. Et ils osent appeler cela de la désertion!

— Ils le disent, murmura la jeune femme, dont la voix tremblait ; et si tu étais pris, tu ne subirais point la loi commune des prisonniers de guerre...

Le jeune homme avait toujours son fier sourire aux lèvres, il caressait de la main gauche le pommeau de ses pistolets.

— Pris? dit-il, allons donc! On ne prend pas vivants des hommes comme moi...

— Tu as l'âme d'un lion, mon Hector, murmura la jeune femme, qui le regardait avec admiration.

Et tandis qu'ils causaient ainsi, la pluie et le vent continuaient à fouetter les vitres de la croisée et à battre les ardoises.

— Comme tu es mouillé! comme tu as froid! disait la jeune femme en l'aidant à ôter sa veste rouge et l'enveloppant dans un grand châle.

Elle lui prenait les mains et les réchauffait dans les siennes.

Puis elle courut vers un coin du boudoir, et y prit une petite table qu'elle apporta près du feu et plaça devant lui.

Sur cette table, il y avait une bouteille de vieux vin, un morceau de pâté et quelques autres aliments.

— Tu dois avoir bien faim? disait-elle.

— Non, répondit-il, mais j'ai soif... et je vais boire à nos amours, ma pauvre Diane!

La jeune femme essaya de sourire ; mais tandis qu'elle versait à boire à son amant, une larme brilla dans ses yeux, perla au bout de ses longs cils et tomba dans le verre.

En ce moment, elle crut entendre un bruit lointain, tressaillit et se leva précipitamment.

— Écoute, dit-elle avec un accent de terreur subite, écoute!

Et elle ouvrit la croisée, qui livra passage à une bouffée de l'ouragan.

III.

Il nous faut, avant d'aller plus loin, faire en quelques lignes l'histoire de Diane et d'Hector. Diane, nous l'avons dit, était la fille de M. de Morfontaine, général de brigade en retraite, et la veuve du colonel baron Rupert.

Hector se nommait de son vrai nom Charles-Louis-Enguerrand-Hector comte de Main-Hardye.

Les Morfontaine et les Main-Hardye étaient deux vieilles familles vendéennes, dont l'origine remontait aux ténèbres du moyen âge.

Ils étaient aussi nobles que le roi.

Le manoir de Morfontaine ayant été rasé en 1793, ses propriétaires étaient venus habiter Bellombre, une terre qu'ils possédaient sur la frontière du Poitou.

A quatre lieues de Bellombre se dressaient les tourelles de Main-Hardye.

Main-Hardye était un édifice qui ressemblait fort au château du sire de Ravenswood, l'héroïque amant de Lucie de Lammermoor, chanté par Walter-Scott.

Le vent, après avoir insulté la toiture en lambeaux, y pleurait sous les portes ; l'herbe poussait verte et drue dans la cour ; les vieilles salles étaient enfumées ; l'escalier avait de larges marches de pierres usées par le talon éperonné d'une dizaine de générations.

Un pauvre domaine, composé de champs pierreux, de fermes couvertes de chaume, de prairies marécageuses et de bois rabougris, lui servait de ceinture.

Les Main-Hardye n'avaient guère plus de huit à dix mille livres de rente.

Les Morfontaine étaient plus riches. Leurs domaines couvraient plusieurs lieues de pays, et ils faisaient une certaine figure à la cour avant 1789.

La Révolution trouva les Morfontaine et les Main-Hardye dans les rangs de l'armée vendéenne.

Le marquis de Morfontaine trouva la mort à Quiberon.
Le comte de Main-Hardye fut guillotiné à Poitiers.
Le fils du marquis fut ébloui par l'étoile resplendissante du premier Consul. Il avait combattu sous Charrette, Bonchamp et La Rochejaquelein, il prit du service dans les armées de l'empereur Napoléon.

Puis il arriva pour lui ce qui arriva pour tant d'autres; il se prit à aimer cet homme qui avait fait la France si grande que l'Europe se prosternait, et que le monde étonné prononçait son nom avec terreur et respect; il l'aima avec fanatisme, avec délire, et quand 1814 arriva, l'ancien soldat de Vendée oublia le passé, il remit au fourreau l'épée du général de l'Empire.

Le fils du comte de Main-Hardye, au contraire, rentra simplement dans ses terres et se fit laboureur durant toute la période qui sépara les guerres de la Chouannerie de la Restauration.

En 1815, les rôles changèrent; tandis que M. de Morfontaine faisait liquider sa pension de général de brigade, le comte de Main-Hardye devenait colonel d'un régiment de hussards de la garde royale.

Le comte avait un fils, Hector.
Le marquis avait une fille, Diane.

De Bellombre à Main-Hardye il y avait quatre lieues à peine. Les deux gentilshommes avaient longtemps combattu sous le même drapeau et côte à côte.

Il y avait au milieu des bois, entre les deux châteaux, une humble église qu'on appelait Notre-Dame-du-Pardon.

Aux grandes fêtes de l'année, on disait la messe à Notre-Dame.

Le colonel de Main-Hardye y venait de son château, donnant la main à son fils.

Le général de Morfontaine s'y rendait de Bellombre, tandis que sa fille s'appuyait sur son bras.

Hector pouvait bien avoir douze ou treize ans; Diane en avait dix.

Les pères se regardaient d'un œil farouche, les enfants se souriaient.

Les pères se haïssaient, les enfants s'aimaient.

L'histoire de Roméo et Juliette n'est point une fiction; il y a mieux, elle est une histoire banale qui se reproduit à l'infini.

Les Morfontaine et les Main-Hardye étaient les Montaigu et les Capulet de la Vendée.

Ces deux races nourrissaient une haine qui se perdait dans la nuit des temps.

Sous Charles V, disait-on, un Morfontaine avait tué un Main-Hardye; sous François Ier, continuait la légende, c'était un Main-Hardye qui avait tué un Morfontaine.

De siècle en siècle, de règne en règne, de génération en génération, les Main-Hardye et les Morfontaine s'étaient rencontrés, et, sans trop se souvenir du motif qui les divisait, ils s'étaient battus et s'étaient entre-tués.

Le comte de Main-Hardye et le marquis de Morfontaine signèrent une trêve pendant les guerres de l'Ouest. Ils se groupèrent autour du drapeau royal et firent taire leurs rancunes particulières.

L'Empire arriva.

L'empereur Napoléon aimait le marquis, il aurait voulu que le comte de Main-Hardye servît la France. Il fit jurer au marquis de ne point chercher querelle au comte.

Puis vint la Restauration.

Le roi Louis XVIII se souvenait que M. de Morfontaine avait arrosé de son sang la terre de Vendée. Il fit jurer au comte qu'il ne se battrait point avec le marquis.

Tous deux tinrent leur serment; mais ils se regardaient d'un œil louche, et le marquis était peut-être bien le plus malheureux, car il n'avait qu'une fille.

Cette fille, la blanche et belle Diane de Morfontaine, écoutait tous les soirs, enfant, les imprécations du vieux général de Morfontaine contre les Main-Hardye.

Le fils du comte Hector de Main-Hardye entendait chaque matin le vieux chouan dire à son réveil : « J'ai encore fort mal dormi cette nuit; je ne dormirai bien que lorsque ce jacobin de Morfontaine sera mort. »

Diane s'en allait à la messe de Notre-Dame-du-Pardon et souriait en regardant Hector.

Hector allait braconner jusque sous les murs du château de Bellombre tout exprès pour apercevoir la jolie Diane.

Ni le marquis ni le comte ne se doutaient de la sympathie qui entraînait leurs enfants l'un vers l'autre.

Les hasards de la vie les séparèrent.

Hector entra à Saint-Cyr et en sortit sous-lieutenant de cavalerie.

Quand Diane eut atteint sa seizième année, le marquis songea qu'il lui fallait un mari.

Certes les maris ne manquaient pas.

Diane était riche et elle était belle comme les anges.

C'était plus qu'il n'en fallait.

M. de Morfontaine avait trois neveux qui, tous trois, visaient à la main de Diane.

Le premier se nommait le vicomte de la Morlière, le second le chevalier de Morfontaine, le troisième le baron de Passe-Croix.

Le vicomte avait trente ans, le chevalier vingt-sept, le baron vingt-trois.

On eût dit que M. de Morfontaine n'avait qu'à choisir.

M. de Morfontaine ne choisit pas, — ou plutôt il fit un choix sans songer à ses neveux.

Le marquis avait eu un aide-de-camp nommé Joseph Rupert, un brave soldat de fortune qui avait été son propre aïeul et que l'Empereur avait fait baron et colonel à trente ans, pour sa belle conduite militaire.

Le marquis en fit son gendre, au grand désespoir de ses neveux.

Diane était une enfant. Elle aimait Hector, mais elle se l'était avoué à peine; et puis, elle savait bien que jamais, M. de Morfontaine vivant, elle ne pourrait l'épouser; et puis encore elle ne savait pas résister à son père.

Diane devint la baronne Rupert.

Hélas! le baron eut la fâcheuse idée de passer l'hiver à Paris.

On était alors vers la fin de la Restauration. Le baron Rupert menait sa jeune femme dans le monde; le jeune vicomte de Morfontaine, lieutenant de dragons, puis de hussards, y allait aussi.

Hector et Diane se rencontrèrent de nouveau, et la pauvre Diane sentit qu'elle aimait toujours le vicomte, et le vicomte comprit sur-le-champ que sa vie entière appartenait à cette femme. Hélas! Diane était mariée!

Un soir, le jeune officier, qui venait d'être promu au grade de capitaine, — on touchait au mois d'avril 1830, — rencontra la baronne Rupert chez le duc et la duchesse de P... L...

On dansait, — il y avait foule, — le baron Rupert avait laissé sa jeune femme dans la salle du bal pour gagner un boudoir où l'on jouait au whist. Hector s'approcha de Diane et l'invita à valser.

— Madame, lui dit-il, le roi a décidé l'expédition d'Alger; je pars demain. Vous lirez probablement bientôt deux lignes nécrologiques dans le *Moniteur*. Alors priez pour moi.

Diane comprit cet immense amour qui remplissait le cœur du jeune homme, et qu'elle ressentait elle-même.... et elle ne répondit pas.

Hector partit pour Alger. Il fit des prodiges de valeur pendant le siège, il chercha constamment à se faire tuer et n'y put réussir. La mort semblait ne pas vouloir de lui.

Quand la Révolution de 1830 arriva, le jeune homme voulut briser son épée.

N'était-il pas Vendéen? N'avait-il pas sucé le lait d'une femme royaliste et chrétienne?

Tu es mon époux devant Dieu! (Page 874.)

Mais quand la nouvelle de la chute de la branche aînée des Bourbons lui arriva, Hector était déjà loin d'Alger.

A la place du drapeau blanc il vit hisser le drapeau tricolore; mais qu'elle que soit sa couleur, l'étendard de la patrie ne fait-il pas battre le cœur quand on est en face de l'ennemi? Quel est donc le soldat qui déserte et remet l'épée au fourreau quand le tambour de son régiment bat la charge?

Hector demeura et fit la première campagne d'Afrique, cherchant la mort sans cesse et ne la pouvant trouver.

Un jour, il reçut une lettre de France.

Cette lettre contenait deux lignes

« Si vous n'êtes pas mort, ne bravez plus le trépas, et
« malgré la haine de nos deux familles, espérez : je suis
« veuve.

« DIANE. »

Cette lettre arrivait à Hector en même temps que l'épaulette de chef d'escadron, le matin d'une bataille.

Le colonel baron Rupert s'était battu en duel quinze jours auparavant et il avait été tué d'une balle au front.

Diane était libre...

— La mort n'a pas voulu de moi jusqu'à présent, murmura Hector en recevant cette lettre ; mais je pourrais bien être tué aujourd'hui.

Hector se trompait ; il vit ce jour-là son épaulette neuve emportée par une balle arabe, et il rentra au camp avec un uniforme en lambeaux, mais le corps vierge d'une égratignure.

Quelques jours après, son régiment reçut l'ordre de rentrer en France.

On touchait alors à la fin de l'année 1830.

Le fils des vieux chouans songea, une fois encore, à donner sa démission ; car il ne voulait pas servir le nouveau régime. Une circonstance fortuite l'en empêcha encore...

L'ordre qui rappelait son régiment en France lui assignait Poitiers pour garnison.

Or, le général marquis de Morfontaine, auprès de qui la baronne Rupert s'était retirée, passait l'hiver à Poitiers.

L'homme politique s'effaça devant l'amoureux ; le cœur du soldat fit le reste.

Le régiment est une famille, chaque compagnon d'armes devient un frère, et puis, blanc ou tricolore, le drapeau qu'on suit n'est-il pas la patrie?

Hector vint tenir garnison à Poitiers.

Poitiers est cette ville de province aux rues solitaires, à l'aspect morne et songeur, aux grands airs d'un gentilhomme d'autrefois ; — c'est la vieille cité parlementaire où tout est calme, austère, solennel, où, bien que le couvre-feu soit aboli, on se couche de bonne heure, et où les rues sont plus désertes que les allées d'un cimetière lorsque sonne le dernier coup de minuit.

Le vieux général de Morfontaine habitait à Poitiers un hôtel entre cour et jardin, dans le quartier le plus isolé de cette ville déjà solitaire. Au bout du jardin il y avait un pavillon que la baronne Rupert avait choisi pour sa demeure particulière. Derrière le jardin et le pavillon était une ruelle tortueuse qui descendait vers la rivière.

Que se passait-il chaque soir?

Nul n'aurait pu le dire au juste; mais un homme enveloppé d'un manteau se glissait vers le pavillon, et une porte se refermait sur lui.

Hector ne songeait plus à donner sa démission.

Plusieurs mois s'écoulèrent ainsi.

Souvent Hector demandait un congé de quelques jours et s'en allait à Main-Hardye.

Le comte, qui s'était fait laisser pour mort dans les rues de Paris, pendant les journées de Juillet, était revenu en Vendée et y guérissait lentement ses blessures.

Toujours Vendéen dans le fond de l'âme, l'ancien chouan souffrait de voir son fils servir le nouveau régime; mais il n'osait exiger qu'il brisât sa carrière. Les Mains-Hardye étaient pauvres.

Certes le vieux chouan eût vécu de pain noir et d'eau; mais il était père, et l'égoïsme paternel imposait silence au cœur du partisan.

Hector avait espéré que cette haine héréditaire qui existait entre son père et celui de Diane, ravivée par les événements de 1814 et 1815, se serait affaiblie à la suite de ceux de 1830.

Quand Hector prononçait le nom de Morfontaine devant son père, le comte entrait en fureur.

Diane, de son côté, avait quelquefois hasardé le nom de Main-Hardye.

Chaque fois, le vieux général s'était écrié que l'ombre du manoir de ses voisins faisait tort à ses récoltes.

L'âge avait donné un caractère presque bouffon à la haine des deux gentilshommes.

Un jour, le général de Morfontaine avait voulu monter un cheval neuf; le cheval s'était emporté, et la bride s'étant rompue, il s'en allait droit à la rivière.

Le général était perdu si un jeune officier, qui revenait du champ de manœuvre avec son escadron, n'avait arrêté le cheval au péril de sa vie. Cet officier, on le devine, c'était le commandant Hector de Main-Hardye.

Quand le général avait appris le nom de son sauveur, qu'il avait jusque-là accablé de remerciements, il s'était écrié avec colère:

— Pardieu! monsieur, je suis assez connu dans la ville; vous auriez dû savoir qui j'étais et me laisser noyer. Il m'est fort désagréable d'être votre obligé.

Cette dernière circonstance avait achevé d'enlever aux deux amants tout espoir de rapprochement entre leurs pères.

Alors Diane avait dit à Hector:

— Tu es mon époux devant Dieu; et je te jure que je serai ta femme tôt ou tard. Nos pères inclinent chaque jour vers la tombe; attendons, et n'empoisonnons pas leurs derniers jours.

— Attendons, avait répondu Hector.

Plusieurs mois s'écoulèrent. Hector et Diane s'aimaient, et le plus profond mystère, grâce à deux serviteurs de Diane, dont nous parlerons plus tard, Grain-de-Sel et sa mère, enveloppait leurs amours.

La baronne était encore en deuil de son mari. C'était pour elle une raison suffisante d'écarter les prétendants à sa main, qui revenaient à la charge plus nombreux que jamais.

Un soir, en rentrant chez lui, dans son logis de gar-

çon, le commandant trouva un homme qui se chauffait à son feu, les pieds sur les chenets.

C'était un paysan du Bocage, en veste rouge, en brayes bleues.

Le paysan se nommait Pornic; c'était un serviteur de son père. Il lui apportait un billet du comte de Main-Hardye.

Ce billet était laconique comme un ordre du jour.

« Mon fils, disait le vieux chouan, Madame est débarquée en Vendée la nuit dernière. Votre place est à mes côtés; notre place, à tous deux, est auprès d'elle. Montez à cheval et venez. »

Hector comprit tout.

Une lutte de quelques minutes s'éleva en lui, lutte terrible entre le soldat et le fils du vieux Vendéen.

Le soldat lui disait: « Tu sers le nouveau régime, tu es officier, tu ne peux quitter ton poste. »

Le Vendéen se souvenait des légendes héroïques dont on avait bercé son enfance. Il était né sur la même terre que les La Rochejaquelein, les Cathelineau et les Bonchamp.

Si Hector avait eu huit jours devant lui, il eût envoyé sa démission au ministre de la guerre. Mais il n'avait pas un jour, il n'avait pas une heure.

Le colonel du régiment était un vieux soldat, un homme d'honneur s'il en fut.

Malgré l'heure avancée, Hector courut chez lui:

— Colonel, lui dit-il, je vous apporte ma démission.

— Je ne puis l'accepter, lui répondit le colonel; le ministre seul... Donnez-la-moi, je l'enverrai.

— Hélas! dit Hector, il faut que je quitte mon escadron sur l'heure.

— Ceci est impossible encore, répondit le colonel; car j'ai reçu aujourd'hui même l'ordre de partir. Le régiment change de garnison.

— Alors, colonel, dit froidement Hector, je déserte.

— Êtes-vous fou? s'écria le colonel.

— Non, murmura tristement le jeune homme.

Alors il demanda sa parole d'honneur au vieil officier que ce qu'il allait lui dire serait enseveli au fond de son cœur, et que ce que l'homme entendrait, le colonel n'en saurait rien.

Le colonel jura; Hector lui montra le billet de son père.

— Mais, malheureux! s'écria le colonel, c'est la mort et le déshonneur!

— La mort peut-être; le déshonneur, non! Je suis Vendéen.

Le colonel comprit. Il savait que tôt ou tard, quand souffle le vent de l'Atlas, les lions retournent au désert.

— Allez, murmura-t-il, et Dieu veuille qu'un jour je ne préside point le conseil de guerre qui vous condamnera à la peine de mort.

Hector revint chez lui, et dit au Vendéen:

— Selle mes chevaux!

C'est ainsi que le vicomte Hector de Main-Hardye avait déserté.

Le lendemain, il était au milieu de cette poignée d'hommes qui s'étaient réunis autour de Madame, comme autour du dernier étendard de la monarchie.

Trois jours après, à la première rencontre avec les troupes du nouveau régime, le comte de Main-Hardye tombait frappé à mort dans les bras de son fils et le couvrait de sang.

. . . .

On devine à présent ce qui s'était passé depuis deux mois.

La petite armée vendéenne combattait en désespérée, ressuscitant les vieilles guerres de 1794 et 1798; mais l'enthousiasme n'était plus le même, et, chaque jour, malgré des prodiges de valeur, les royalistes perdaient du terrain.

Hector avait succédé à son père, et continuait de mener de front la guerre et son amour. Il avait établi son quartier général dans le Bocage, près du château de Main-Hardye, à trois lieues de Bellombre.

Chaque nuit il sautait sur Clorinde et venait à Bellombre, comme naguère il se glissait dans la ruelle sombre et déserte du faubourg de Poitiers.

Et Diane l'attendait agenouillée, et comme elle avait prié pour le soldat d'Afrique, elle priait pour le Vendéen.

. . . .

Maintenant il est temps de revenir à ce moment où la veuve du baron Rupert avait entendu un bruit qui l'avait fait courir à la croisée et l'ouvrir.

Ce bruit n'était autre que le *houhoulement* de Grain-de-Sel, qui, répété, frappa distinctement l'oreille d'Hector.

Le jeune homme se leva, se débarrassa du châle qui enveloppait ses épaules, et, à tout hasard, remit ses pistolets à sa ceinture.

Cinq minutes après, Grain-de-Sel sauta sur la terrasse et apparut :

— Les bleus! dit-il, les bleus viennent... il n'y a pas une minute à perdre.

Hector prit Diane dans ses bras, l'y pressa longtemps, et lui donna un dernier baiser.

— Adieu! dit-il, à demain...

— Oh! non... non... ne viens pas, Hector; je t'en supplie!... s'écria la baronne éperdue.

— Tu es folle! reprit-il. Je passerais à travers les flammes pour te voir... A demain...

Et il s'élança sur la terrasse et sauta dans le jardin, suivi par Grain-de-Sel.

IV.

Le lendemain soir, il y avait nombreuse réunion dans le salon du château de Bellombre, un grand feu flambait dans la cheminée. Quatre personnes jouaient au whist, trois causaient au coin du feu, une quatrième, — c'était la baronne Rupert, — était assise devant un métier à tapisserie et brodait.

Les quatre whisteurs étaient le vieux général de Morfontaine, le fils de sa sœur, le vicomte de la Morlière, son autre neveu, M. de Passe-Croix, et le colonel des hussards qui se trouvaient, quelques mois auparavant, en garnison à Poitiers.

Le même colonel à qui le commandant Hector de Main-Hardy était allé déclarer qu'il désertait.

Les trois personnes qui causaient au coin du feu étaient le curé de Bellefontaine, le village voisin, le chevalier de Morfontaine, autre neveu du général, et un jeune officier de hussards.

Le capitaine et le colonel logeaient au château, ainsi qu'une trentaine de soldats du premier escadron.

Le reste était disséminé par escouades, dans les fermes et les granges environnantes.

Les hommes étaient arrivés le matin avant le jour. M. de Morfontaine, ancien général de l'Empire, ancien compagnon d'armes du vieux colonel, l'avait reçu comme un ami, lorsqu'il avait appris son nom.

D'ailleurs le colonel, qui avait connu à Poitiers plusieurs des personnes qui, maintenant, se battaient dans le Bocage, était fort peiné de sa mission.

D'un autre côté, le vieux général de Morfontaine ne pouvait oublier complètement qu'il avait, jadis, fait cette même guerre que la Vendée ressuscitait à cette heure.

S'il n'y prenait part, c'est que les opinions qu'il avait manifestées depuis 1814 le lui défendaient.

Au fond peut-être se sentait-il chouan, mais il n'en voulait pas convenir; il avait même si grand peur qu'on ne le devinât, qu'il avait paru enchanté de voir le détachement de hussards établir chez lui son quartier général.

Les whisteurs jouaient fort silencieusement au coin de la cheminée, le curé causait avec les autres jeunes gens.

Le curé, jeune prêtre d'un diocèse éloigné, venu par hasard dans celui de Poitiers, se montrait assez indifférent aux nouvelles politiques du jour.

Il n'était pas Vendéen.

Le chevalier de Morfontaine, fils d'un frère cadet du marquis, mort sur un champ de bataille de l'empire, professait les mêmes opinions que son oncle, avec cette différence qu'il était auditeur au nouveau Conseil d'État.

Le chevalier disait au capitaine de hussards :

— C'est une fort vilaine mission qu'on a donnée à votre régiment.

— Je suis de votre avis, monsieur, répondit le capitaine.

Nous avons tenu garnison à Poitiers, et le corps d'officiers connaît bon nombre de jeunes gens aujourd'hui insurgés dans le Bocage. Cependant le colonel espère que nous n'irons pas plus loin.

— Comment cela? demanda le curé.

Les ordres que nous avons jusqu'à présent ne nous enjoignent qu'une chose, rester en observation sur la lisière du Bocage.

— Ah! fit le chevalier.

— Les dragons et le régiment de ligne qu'on a fait venir de Limoges à marches forcées engageront seuls l'action. Ce n'est que dans le cas où ils auraient besoin d'être soutenus que nous ferions un mouvement en avant.

— Il est certain, dit le curé, si vous connaissez plusieurs des insurgés...

— Hélas! monsieur l'abbé, murmura le capitaine avec tristesse, mon meilleur ami se trouve parmi eux.

A ces mots, Diane leva la tête et regarda le capitaine à la dérobée.

C'était un beau jeune homme au visage martial et doux à la fois, à la voix grave et sympathique.

La baronne se prit à écouter avec attention.

Le capitaine poursuivit :

— Oui, nous avons parmi eux un ami intime, car mes camarades du régiment l'aimaient autant que moi.

— Ah! mon Dieu, dit le curé, j'ai peur de savoir de qui vous parlez, capitaine.

— Vous le connaissez?

— C'est le comte de Main-Hardye, n'est-ce pas?

— Hélas! oui; son père a été tué au premier engagement.

— C'est cela.

— Pauvre Hector! murmura l'officier de hussards. C'est le fanatisme de son père qui l'a entraîné.

— Capitaine, interrompit le chevalier de Morfontaine, parlons plus bas. Le général a une si grande horreur des Main-Hardye, tout comme moi, du reste, que vous allez le faire bondir sur son siège.

— Plaît-il? fit l'officier étonné.

La baronne Rupert leva une seconde fois la tête, mais ce fut pour jeter un regard de haine au chevalier.

Celui-ci commenta ainsi les paroles qui venaient d'étonner le jeune militaire :

— Il y a une vieille inimitié entre les Main-Hardye et nous, qui s'est perpétuée de siècle en siècle.

— Ah! c'est différent!

— Nous sommes les Capulets et les Montaigus de la Vendée... Et je vous jure, ajouta le chevalier, que je ne jouerai pas le rôle de Roméo.

Mme Rupert éprouva un battement de cœur précipité; mais son visage demeura calme, indifférent, et elle continua à broder.

Ni le curé, ni le chevalier, ni le capitaine ne songèrent qu'elle écoutait leur conversation.

— Ce qu'il y a de plus terrible dans la situation d'Hector, continua le capitaine, qui ne prononça plus le nom de Main-Hardye, c'est qu'il est déserteur, et que, bien qu'il soit notre ami à tous, s'il venait malheureusement à tomber entre nos mains, nous serions forcés de le fusiller.

La baronne, qui entendit ces paroles, devint fort pâle, et sa main, qui tenait l'aiguille à broder, trembla légèrement.

Aucun des trois causeurs n'y prit garde ; mais un des whisteurs, qui levait la tête en ce moment, remarqua cette pâleur et ce tressaillement, en même temps que le mot fusiller frappa son oreille.

— Messieurs, dit le général en comptant ses levées, j'ai les honneurs.

— Mon oncle, dit le whisteur qui avait vu la baronne pâlir, nous avons gagné.

— Et j'en profite pour lever la séance, messieurs, j'ai les pieds gelés.

Le colonel se mit à rire et imita le général.

Le curé et ses deux interlocuteurs écartèrent leurs sièges, et les joueurs, quittant la table de jeu, s'approchèrent de la cheminée.

— Curé, dit le général, de quoi parliez-vous donc là tout à l'heure ?

— Nous parlions de la guerre, monsieur le marquis, répondit le jeune prêtre.

— Ah ! ah ! de la guerre d'Italie ou de la guerre d'Espagne.

— Mais non, mon oncle, répliqua le chevalier de Morfontaine.

— De laquelle donc ?

— De celle qui se fait à notre porte.

— Ah ! fit le général avec un accent dédaigneux qui n'était pas très-sincère peut-être, vous avez bien de la bonté, curé, de donner le nom de guerre à une misérable échauffourée. La Vendée est morte, messieurs, et c'est en vain que quelques fous tentent de la ressusciter. La guerre civile n'est plus dans nos mœurs.

La baronne Rupert, qui jusque-là avait gardé le silence, se mêla tout à coup à la conversation.

— Vous êtes sévère, mon père, dit-elle ; vous aviez cependant autrefois...

— Oui, oui, fit le général d'un ton bourru ; je sais ce que tu vas me dire, j'ai été Vendéen, moi aussi, mais c'était en 1793 ; nous faisions la guerre à la République. Et puis alors la monarchie avait conservé à nos yeux tout son prestige.

— Et vous avez été battu pendant deux années presque nuit et jour, mon père, ajouta la baronne avec un accent de fermeté étrange.

— Ah ! d'abord, messieurs, dit le général, s'il y a parmi vous des gens dévoués à la cause vendéenne, ils peuvent parler. Madame la baronne Rupert, bien qu'elle soit veuve d'un officier de l'Empire, ne dissimule point ses sympathies : elle a du sang de Vendéen dans les veines.

— Je suis la fille de mon père, murmura Diane avec fierté.

Le général laissa échapper une sorte de grognement assez bizarre. Était-ce de la colère ou de la satisfaction ? Nul ne le sut au juste, excepté Diane peut-être.

— Ah ! la Vendée ! la Vendée ! continua le général, elle aura toujours des cerveaux brûlés, des fous héroïques... Cette insurrection blanche qui se lève autour de Madame ne peut être sérieuse... elle perd du terrain tous les jours... Mais ceux qui ont pris les armes ne les déposeront pas, croyez-le bien, ils se feront tuer jusqu'au dernier, les fous !

Diane était pâle comme la mort.

— J'ai vu cela en 1798 et 1799, continua le général. Je me rappelle même qu'à cette époque nous avions beaucoup de déserteurs dans nos rangs.

Comme s'ils eussent été mus par la même pensée, le colonel, le capitaine et la baronne Rupert tressaillirent.

— C'étaient des enfants du pays que la conscription républicaine avait pris, qu'on avait habillés en *bleus*, et dont le cœur était resté *blanc*.

Quand ils se trouvaient à deux lieues de nos lignes, ils désertaient et venaient se joindre à nous ; je me souviens même d'un pauvre diable qu'on nommait Joseph Ancel et qui fit une triste fin.

Le général paraissait en veine de conter ; ses hôtes se serrèrent autour de lui.

— Contez-nous donc cette histoire, mon oncle, dit le chevalier de Morfontaine.

— Volontiers, répondit le général. Joseph Ancel était le fils d'un de nos métayers ; le sergent recruteur l'avait enrôlé trois ou quatre ans avant la Révolution, et comme c'était un fort beau gars, il avait été incorporé dans les gardes françaises. Les gardes françaises, on le sait, passèrent des premiers dans le camp de la Révolution. Joseph Ancel suivit le flot, il fit comme ses camarades. On l'envoya sur le Rhin, il se battit contre les Prussiens et il se conduisit fort bravement ; puis la demi-brigade à laquelle il appartenait reçut l'ordre de revenir en France, et on la dirigea sur la Vendée.

Ancel était devenu sergent-major. Justement le bataillon dont il faisait partie vint camper à deux lieues d'ici, dans votre paroisse, curé, et il prit ses cantonnements à Bellefontaine.

L'armée vendéenne était, comme aujourd'hui, retranchée dans le Bocage.

Ancel déserta et vint à nous. Le Vendéen avait en lui parlé plus haut que le soldat. Pendant trois mois, Ancel se battit comme un lion, en désespéré et sans jamais recevoir une égratignure. Il semblait chercher la mort et ne la trouvait pas.

— Mon capitaine, me disait-il souvent (j'avais ce rang-là dans l'armée vendéenne), mon capitaine, je n'ai pas de chance.

— Comment ! tu n'as pas de chance ? répondais-je ; tu n'as encore attrapé aucune égratignure.

Ancel secouait la tête.

— Vous verrez, dit-il, j'aurai le guignon de ne pas être tué.

— Tu appelles cela un guignon ?

— Oui, mon capitaine.

— Pourquoi donc ?

— Parce que je serai fait prisonnier, vous verrez... et comme je suis déserteur...

— Tais-toi donc, imbécile !

Ancel secouait la tête, et chaque fois que nous étions battus, il revenait sain et sauf et plus triste que jamais.

— C'est égal ! murmurait-il quelquefois, c'est bien dur de penser que nos anciens camarades me verront guillotiner.

Les pressentiments d'Ancel n'étaient que trop vrais. Dans une rencontre nocturne que nous eûmes avec sa demi-brigade, il fut renversé par le cheval d'un chef de bataillon, et un soldat lui appuya sa baïonnette sur le ventre, ne le soldat le reconnut et ne le tua point.

— Sauve-toi donc ! lui dit-il tout bas... sauve-toi... tu es mon ancien sergent, je ne veux pas te tuer, je ne veux pas te perdre non plus.

Ancel essaya de se relever et retomba. Le cheval du commandant, en le foulant aux pieds, lui avait cassé une jambe. Le malheureux fut pris et emporté dans le camp républicain sur une civière.

On était alors aux plus mauvais jours de la Terreur. La Convention faisait suivre ses généraux par des commissaires du gouvernement, espèces de bourreaux qui déshonoraient le camp en traînant après eux la guillotine. Or, la Convention, alarmée par les désertions fréquentes, venait de prendre une terrible mesure : elle avait décrété que les déserteurs seraient, non point fusillés comme les autres prisonniers de guerre, mais guillotinés.

GRAIN-DE-SEL.

— Quel temps! murmura le colonel de hussards, qui écoutait attentivement le vieux général.
— Le malheureux Ancel fut guillotiné, acheva M. de Morfontaine.

La baronne Rupert avait été prise d'un tremblement nerveux épouvantable.

Elle se tenait toujours à l'écart, les yeux baissés sur son métier à broder, et si pâle que le vicomte de la Morlière ne put s'empêcher de la regarder attentivement et de froncer le sourcil.

Dix heures sonnèrent à la pendule.

Le curé de Bellefontaine se leva.

— Comment! curé, dit le général, vous partez à cette heure?

— Oui, monsieur le marquis.

— Vous savez bien que vous avez votre chambre au château, cependant.

— Oh! dit le curé, s'il faisait l'affreux temps de la nuit dernière, j'accepterais, croyez-le bien; mais il fait clair de lune, l'air est doux comme en septembre, et il faut que je dise une messe de bonne heure demain; c'est une messe de mort.

— Vous avez votre mule?

— Oui, monsieur le marquis.

— Mes cousins, dit le vicomte de la Morlière qui regarda tour à tour le baron de Passe-Croix et le chevalier de Morfontaine, je vais vous faire une proposition.

— Parle, vicomte.

— Nous allons reconduire le curé jusqu'à moitié chemin. Qu'en pensez-vous?

— Je veux bien, dit le chevalier.

— Et moi aussi, ajouta le baron.

— Partons, messieurs.

— Mes neveux, dit le général en riant, sont de véritables Parisiens.., ils sont noctambules.

— Eh bien! moi, général, dit le vieux colonel de hussards, je vais vous demander la permission d'aller me coucher. J'ai passé la nuit dernière à cheval.

Le curé s'approcha de la baronne Rupert et prit congé d'elle.

Diane avait fini par dominer son émotion.

Quand le curé fut parti avec les trois jeunes gens, le général sonna.

— Conduisez ces messieurs dans leur appartement, dit-il au valet qui entra.

Il se leva lui-même et prit un flambeau pour accompagner le colonel.

Alors le jeune capitaine de hussards s'approcha sans affectation du métier à broder devant lequel Diane était toujours assise.

— Madame la baronne, dit-il tout bas, j'ose vous supplier de m'accorder un moment d'entretien.

Diane le regarda avec étonnement d'abord, puis elle éprouva une sorte de terreur vague et indéfinissable.

— Parlez, monsieur, balbutia-t-elle; mon père est sorti... nous sommes seuls.

— Madame, dit le capitaine d'une voix émue, je suis un pauvre soldat de fortune dont le nom doit vous être bien inconnu. Je m'appelle Charles Aubin.

Diane rougit.

— Vous vous trompez, capitaine, dit-elle.

— Je le vois, dit-il tout bas, et cette rougeur qui monte à votre front, madame, m'apprend que vous avez deviné en moi un ami.

— Monsieur...

— Madame la baronne, poursuivit tout bas le jeune officier, j'ai tenu garnison à Poitiers, et j'étais *son* ami intime.

Diane devint rouge et tout son sang refflua à son cœur.

— Je suis le *seul*, poursuivit le capitaine, à qui il ait confié ses douleurs d'abord, ses joies et ses espérances ensuite... Nous avons couché côte à côte dans le désert; nous étions frères d'armes... pouvait-il avoir un secret pour moi?...

— Oh! taisez-vous... taisez-vous! monsieur, fit la baronne avec effroi.

— Pardonnez-moi, madame, mais je dois vous parler de *lui*, il le faut!

L'accent du capitaine domina Diane et elle baissa les yeux.

— Je vous écoute... murmura-t-elle.

Alors le capitaine se pencha vers elle et dit à voix basse:

— Je connais Hector, il est brave jusqu'à la témérité, il vous aime jusqu'à la folie... Je suis convaincu qu'il fait dix lieues à cheval toutes les nuits, et que...

— Oh! taisez-vous, monsieur...

— Madame, continua le jeune officier, si vous l'aimez, exigez qu'il ne vienne plus... exigez qu'il quitte la France; car je crois sa cause désespérée.

— Hélas! monsieur, soupira Diane, il a une volonté de fer et l'âme d'un lion.

— Il faut pourtant que je vous dise cela, madame, il le faut.

— Mon Dieu! qu'allez-vous m'apprendre?

— Tenez, reprit le capitaine, Hector venant ici vient chercher la mort. Le colonel a reçu, la nuit dernière, des ordres épouvantables du ministre de la guerre. La désertion du commandant de Main-Hardye l'a désigné à la colère du gouvernement. La dépêche que le colonel a reçue est courte; mais terrible.

« Si le commandant de Main-Hardye tombe en vos « mains, dit-elle, vous avez cinq jours pour le faire « fusiller. Il faut en finir avec la Vendée. »

Diane frissonna et son tremblement nerveux la reprit.

— Vous comprenez bien, madame, poursuivit le capitaine ému, que ce n'est ni moi, ni le colonel, ni aucun officier de notre régiment qui essayerons de prendre Hector. Mais il peut tomber entre les mains d'une patrouille... Au nom de Dieu! madame, au nom de votre amour, exigez...

Le général rentra en ce moment.

Diane n'eut pas le temps de répondre, mais elle leva un éloquent regard sur le jeune capitaine.

Ce regard était une promesse.

Derrière le général apparut en même temps un autre personnage.

C'était Grain-de-Sel.

Diane le vit et eut froid au cœur.

V.

Cependant M. le vicomte de la Morlière, M. le chevalier de Morfontaine et leur cousin le baron de Passe-Croix reconduisaient le curé sur la route de son presbytère, si toutefois on peut donner le nom de route à un chemin creux assez fangeux, assez inégal, et qui courait pendant deux lieues à travers deux grandes haies d'aubépine.

A mi-chemin à peu près de Bellombre à Bellefontaine le sentier se bifurquait, et la bifurcation était marquée par un poteau en forme de croix.

Les trois neveux du général fumaient leur cigare en accompagnant le curé, qui s'en allait au petit pas de sa mule comme un moine espagnol.

Arrivés à la bifurcation, ils s'arrêtèrent.

— Curé, dit le vicomte de la Morlière, vous permettrez de ne pas aller plus loin à des gens arrivés de Paris ce matin par la diligence et qui ont passé la nuit en voiture.

— Messieurs, répondit le curé, je vous souhaite le bonsoir... dormez bien!

Les neveux du général échangèrent une poignée de main avec le curé, et celui-ci, sa mule au trot, se dirigea vers son presbytère.

— Quelle singulière idée tu as eue là, vicomte, dit le chevalier, de nous faire faire une lieue dans ce chemin défoncé!

— Moi, ajouta le baron, je suis moulu.

— Messieurs, répondit le vicomte, les choses les plus insignifiantes ont leur raison d'être.

— Bon! ne vas-tu pas nous prouver maintenant que tu avais une raison pour faire la conduite à ce petit abbé, qui bien certainement ira au ciel, si le proverbe est vrai?

— Oui, messieurs, j'en avais une.

— Voulais-tu faire ton salut?

— Non.

— Alors tu visais sûrement pour toi et pour nous à un rhume de cerveau?

— Pas davantage.

Le vicomte avait un petit ton mystérieux et solennel qui intrigua ses deux cousins.

— Voyons, explique-toi, dit le chevalier.

La croix de bois était entourée de quatre marches en pierre.

Le vicomte y monta pour regarder plus à son aise à droite et à gauche.

— Dans ce damné pays, murmura-t-il, les broussailles cachent si souvent des hommes, qu'on n'est jamais sûr de ne pas être entendu.

— Peste! fit le chevalier, est-ce que nous allons conspirer?

— Peut-être...

— D'abord, moi, je te préviens, vicomte: je suis le fils d'un officier de l'Empire, et je ne me mêle point des affaires de Vendée.

— Moi, dit le baron de Passe-Croix, je suis un homme paisible. J'ai étudié le droit et je devais être magistrat: les querelles d'épée ne me concernent point.

— Êtes-vous niais! dit le vicomte. Nous sommes gens du boulevard des Italiens tous trois, et la chevalerie de nos pères n'est plus dans nos mœurs.

— Alors que veux-tu nous conter de si impérieux et de si secret?

— Nous sommes seuls, dit le vicomte, et je veux vous parler de choses importantes.

— Voyons!

— Vous vous souvenez sans doute, messieurs, de notre conversation au bois de Boulogne, au restaurant de Madrid, il y a trois mois, en revenant, le chevalier et moi, de nous couper la gorge?

— Oui, dit le chevalier, et tu avais le bras en écharpe vicomte.

— Et je devais me battre le lendemain avec toi, chevalier, dit M. de Passe-Croix.

— Tout cela est exact, dit le vicomte. Or, vous vous souvenez...

— Du motif de la querelle, parbleu!

— Nous aimions tous trois, ou plutôt nous voulions tous trois épouser notre belle cousine Diane.
— C'est cela.
— Or, reprit le vicomte, comme je suis votre aîné à tous, je vous proposai une transaction et je vous dis : Déjeunons toujours ; nous ne nous entendons pas, nous reviendrons ferrailler demain dans le même taillis.
— Ce qui fit que nous déjeunâmes, dit le baron en riant.
— Et, pendant le déjeuner, je crois me souvenir que je parlai ainsi : Je suis désolé, messieurs, de vous rappeler une fable du bon La Fontaine et d'avoir à comparer l'objet de notre flamme commune à un coquillage bien connu, car nous nous faisons assez mutuellement l'effet des deux plaideurs et de l'huître. La seule différence sérieuse qu'il y ait entre nous et les plaideurs de La Fontaine, c'est que nous sommes trois, et qu'ils n'étaient que deux.
Donc nous aimons notre belle cousine ou sa dot, qui est d'environ quatre-vingt mille livres de rente, ce qui est à peu près la même chose, car nous avons furieusement écorné notre patrimoine respectif, et comme nous ne pouvons l'épouser tous trois, nous nous battons ; est-ce bien cela ?
— C'est cela, dit le chevalier. Et je me souviens que tu ajoutas : Il y a huit ans environ, nous avions les mêmes prétentions qu'aujourd'hui, avec cette différence, toutefois, que, comme nous étions plus jeunes, nous songions un peu plus à la femme et un peu moins à la dot.
— C'était tout simple, dit le baron, et alors tu nous dis encore : Tandis que nous nous regardions d'un air louche, un quatrième larron survint, et le colonel Rupert épousa Diane. Mais, poursuivis-tu, le brave soudard a eu la galanterie de se faire tuer en duel, et voilà Diane veuve. Prenons garde que, pour la seconde fois, elle ne nous échappe !
— Eh bien ! messieurs, dit le vicomte, avais-je tort en vous disant cela ?
— Non, certes.
— Et lorsque je vous proposai de nous lier par un serment qui était celui-ci : Isoler Diane de tout prétendant d'abord, et pour cela, faire cause commune, puis briguer sa main tous trois librement, à la condition que l'heureux prendrait sur la dot de sa femme une somme de quatre cent mille francs, que les deux autres partageraient. Dites, quand je vous proposai ce serment, avais-je tort ?
— Non, dit le chevalier ; aussi avons-nous juré tous trois.
— Et nous tiendrons parole, ajouta le baron.
— Eh bien ! messieurs, reprit le vicomte, je vais vous faire une étrange confidence...
Les deux neveux du général s'étaient assis auprès du vicomte, sur les marches de pierre de la croix.
— Voyons ! dirent-ils tous deux.
— Diane est froide avec nous.
— Très-froide.
— Elle semble nous dédaigner...
— Elle regrette son mari... elle pleure...
— Vous n'y êtes pas. Diane a un amour au cœur.
— Allons donc ! s'écrièrent le chevalier et le baron qui pâlirent.
— Diane a un amant... poursuivit M. de la Morlière.
— Tu es fou, vicomte !
— Je le voudrais...
— Et comme le général l'a laissée libre, à la mort du baron Rupert, de se remarier comme elle l'entendrait, je ne vois pas pourquoi elle se cacherait d'une affection quelconque.
— Messieurs, reprit le vicomte, je sais ce que je dis et je vais m'expliquer.
Les deux cousins le regardèrent.

— L'hiver dernier, vous êtes venus à Poitiers, comme moi...
— Parbleu !
— C'était à peine le huitième mois de son veuvage ; elle paraissait très-affligée, et nul de nous n'osa alors risquer sa petite déclaration.
— La mort du baron était trop récente.
— Vous vous souvenez qu'à Poitiers, Diane avait voulu habiter le pavillon du jardin.
— Oui.
— Et que, chaque soir, quand dix heures sonnaient, elle nous congédiait, le général et nous.
— Certainement, dit le baron.
— Cependant il y avait de la lumière dans le pavillon bien longtemps encore après minuit, et cela régulièrement.
— Elle lisait ou brodait.
— Soit ; mais vous savez que le pavillon a une porte sur la ruelle ?
— Eh bien ?
— Eh bien ! un matin, — malheureusement c'était celui de notre départ, et pour rester un jour de plus, il m'eût fallu vous donner des explications, ce qui fait que je n'ai pu approfondir la chose... un matin, dis-je, en passant dans la ruelle, j'ai vu sur la boue grasse une empreinte de botte fine et la trace d'un éperon.
— Qu'est-ce que cela prouve ?
— Cette empreinte se répétait et partait de la porte du pavillon.
— Diable ! murmura le chevalier, et tu en conclus ?...
— Aujourd'hui, continua le vicomte, je suis descendu au jardin après déjeuner, pour y fumer mon cigare, et je suis sorti par la petite porte de la terrasse.
— Bon !
— Vous savez qu'il a plu la nuit dernière ; la terre était détrempée.
— Et tu as retrouvé la même botte éperonnée ?
— Pas précisément ; l'empreinte était plus large. Seulement il y avait également la trace d'un éperon, et j'en ai conclu que ce pouvait bien être le même pied qui avait changé de chaussure et troqué ses bottes fines pour des bottes de marais ou de chasse.
— Et d'où partaient ces traces ?
— Elles venaient du parc et s'arrêtaient à la porte de la terrasse.
— Les as-tu suivies ?
— Oui, jusqu'à l'extrémité du parc, où j'ai trouvé une brèche.
— Ah ! ah !
— J'ai franchi la brèche et j'ai retrouvé la trace dans les guérets, et je l'ai suivie jusqu'au bois.
— Très-bien.
— Là, j'ai trouvé mieux encore. La terre avait été piétinée par le sabot d'un cheval, et j'en ai conclu que le galant venait à cheval jusqu'à la lisière du bois, et qu'il venait de la Vendée.
— Ah ! serait-ce un chouan ?
— C'est probable. Dis donc, chevalier, tandis que tu causais avec le capitaine Aubin et le curé, je jouais au whist.
— Après ? fit le chevalier.
— Je ne sais trop de qui vous avez parlé... Seulement j'ai entendu le capitaine qui disait : S'il était pris, il serait fusillé.
— Nous parlions du comte de Main-Hardye, répondit le chevalier.
— Ah ! ah ! fit le vicomte. Eh bien ! l'homme aux bottes fines de Poitiers, l'homme aux bottes fortes de Bellombre, c'est lui.
— Allons donc ! tu es fou, vicomte ! s'écria le baron de Passe-Croix.
— Je ne suis pas fou...

— La fille d'un Morfontaine n'aime pas un Main-Hardye.
— Shakespeare s'est chargé de répondre pour toi, témoin *Roméo et Juliette.*
— Mais qu'en sais-tu?
— Tandis que vous disiez cela, j'ai vu la baronne pâlir.
— Allons donc!
— Je vous le jure!
— Oh! oh! murmura le chevalier, si cela était...
— Messieurs, dit le vicomte, nous avons fait un premier serment déjà, je vais vous en proposer un second.
— Voyons!
— Jurons que, quel qu'il soit, l'homme que Diane nous préfère mourra.
— Je le jure! dit le chevalier.
— Je le jure également, répliqua le vicomte.
— C'est bien.
Et M. de la Morlière demeura pensif.
— Messieurs, dit-il enfin, avez-vous confiance en moi?
— Mais... certainement.
— Ce que je ferai sera bien fait?
— Sans doute,
— Voulez-vous me laisser vos pleins pouvoirs?
— Soit, dit le chevalier.
— J'y consens de grand cœur, ajouta M. de Passe Croix.
— Seulement, dit le vicomte, il me faut un nouveau serment.
— Lequel?
— C'est que vous ferez de moi une manière de général en chef, de dictateur, d'autocrate, enfin, dont les volontés ne seront pas même discutées.
— Je le veux bien encore.
— Et moi aussi, répliqua l'autre neveu du général.
— Je dois vous prévenir, fit le vicomte avec un sourire qui eût donné le frisson à la belle Diane de Morfontaine, que je ne reculerai devant aucune extrémité.
— C'est convenu.
— Comme... par exemple... de faire fusiller le comte par les soldats de Louis-Philippe.
— Diable! fit le baron, c'est un peu... violent...
— Bah! dit le chevalier, les Main-Hardye ont toujours été considérés par les Morfontaine comme des bêtes fauves. On les chasse au trac ou à courre... comme on peut.
Cet argument fut sans doute d'un grand poids dans l'esprit du baron.
— Soit, dit-il.
Alors ces trois hommes, que l'enfer semblait inspirer, se donnèrent la main au pied de cette croix, en ce lieu isolé, et jurèrent la perte de celui qu'ils considéraient comme leur rival heureux.
Puis ils reprirent le chemin de Bellombre, fumant des cigares, causant et riant comme des gens qui viennent de fixer le jour d'une partie de chasse ou un rendez-vous de plaisir.
Onze heures sonnaient lorsqu'ils rentrèrent à Bellombre.
Le général et les deux officiers étaient couchés depuis longtemps.
Madame la baronne Rupert s'était retirée dans sa chambre.
Mais on voyait une lumière discrète briller à travers ses persiennes.
— Tenez, dit le vicomte à ses deux cousins, en leur montrant cette clarté; vous voyez, elle l'attend... Mais, soyez tranquilles, c'est la dernière fois; j'ai déjà mon idée.
Il y avait, dans les cuisines du château, une vieille servante du nom d'Yvonnette.
C'était la mère de Grain-de-Sel.
Yvonnette, Grain-de-Sel et un ancien valet de chambre de feu le baron Rupert devisaient au coin du feu en attendant que *ces messieurs*, comme on appelaient les trois neveux du général, fussent rentrés.

Yvonnette avait été la nourrice de Diane, et elle aimait la jeune femme avec toute la tendresse aveugle et enthousiaste d'une mère.
Grain-de-Sel était dévoué à Diane jusqu'au fanatisme.
Ces deux êtres seuls, du moins Diane le croyait, étaient dans la confidence de son amour pour le comte de Main-Hardye. Il y avait cependant un troisième personnage au château qui avait surpris le secret de la jeune femme.
C'était Ambroise, l'ancien valet de chambre de feu le baron.
Ambroise, qui causait, en ce moment, avec Grain-de-Sel et sa mère, était un homme d'environ trente ans, d'origine bourguignonne, et, par conséquent, étranger au pays.
Un front bas, un regard louche et fuyant, des lèvres minces, un caractère d'astuce profonde dans toute la physionomie, un cou de taureau, des épaules larges, de grands bras, des jambes grêles, tel était l'ensemble de cet homme.
Ambroise avait un aspect qui sentait la trahison d'une lieue.
Le vicomte de la Morlière entra dans la cuisine pour y prendre un flambeau.
Ambroise se leva avec un empressement obséquieux.
— Je vais conduire monsieur le vicomte dans sa chambre, dit-il.
Le vicomte cherchait sans doute un traître parmi les serviteurs du général. Il jeta les yeux sur Ambroise et tressaillit profondément.
— Voilà, pensa-t-il, un homme qui *marque* mal, comme dirait un brigadier de gendarmerie.
Ambroise, en effet, conduisit le vicomte, alluma les flambeaux qui se trouvaient sur la cheminée, et il allait sans doute se retirer, lorsque le vicomte le retint.
— Reste, lui dit-il.
Ambroise regarda M. de la Morlière et éprouva un tressaillement analogue à celui qui s'était emparé du vicomte. En effet, M. de la Morlière, s'il n'eût été bien apparenté et convenablement placé dans le monde, si son nom et sa situation ne l'eussent sauvegardé du soupçon, si enfin il eût été rencontré mal vêtu au coin d'un bois, *eût marqué* tout aussi mal que le valet de chambre de feu le baron Rupert.
Le vicomte avait les lèvres pâles et minces, le front déprimé, une grande expression d'astuce et de cruauté dans le visage, et sa voix mielleuse avait quelque chose de venimeux qui ressemblait au sifflement d'une vipère.
— Ambroise et lui se regardèrent l'espace d'une seconde.
Ce regard leur suffit pour se deviner et se comprendre. Avant qu'ils eussent échangé une parole, ces deux hommes avaient déjà conclu entre eux un pacte mystérieux et terrible.
— Comment te nommes-tu? demanda M. de la Morlière.
— Ambroise, monsieur le vicomte.
— As-tu de l'ambition?
— Beaucoup! J'ai toujours rêvé faire fortune.
Si j'avais cinquante mille francs, poursuivit le valet, je serais riche dans dix ans. J'ai des idées de commerce.
— Que ferais-tu pour avoir ces cinquante mille francs?
— Tout ce qu'on voudrait...
La façon dont Ambroise accentua ces mots et dont il le souligna fit comprendre au vicomte qu'il pouvait faire de lui tout au monde.
Alors M. de la Morlière alla fermer sa porte et revint près d'Ambroise.
— Assieds-toi, lui dit-il, nous allons causer un peu longuement.
. . . .

Grain-de-sel se dressa et aperçut M. de Main-Hardye immobile au milieu d'une clairière. (Page 882.)

Pendant que le vicomte et le valet de chambre de feu le baron Rupert concluaient entre eux quelque pacte ténébreux et infâme, Grain-de-Sel montait sur la pointe du pied jusqu'à la chambre de Diane. La jeune femme, le visage inondé de larmes, venait d'écrire une longue lettre.

Quand elle vit entrer Grain-de-Sel, elle prit des ciseaux, coupa une mèche de ses cheveux noirs et la glissa ainsi qu'une bague dans l'enveloppe de sa lettre.

— Tiens, dit-elle en remettant tout cela à Grain-de-Sel, cours, vole.... mais arrive avant minuit à l'endroit où il t'attend toujours.

— Oh! soyez tranquille, madame, répondit Grain-de-Sel, dussé-je me jeter sur lui, l'étreindre de mes bras et de mes jambes, pour l'empêcher d'avancer, je vous jure qu'il ne viendra pas!

Et Grain-de-Sel sauta par la croisée sur la terrasse, et de la terrasse se laissa glisser dans le parc, le long des ceps de vigne. Puis il s'élança à la rencontre d'Hector, qui, sans doute, bravant le péril, était déjà en route pour Bellombre.

Diane semblait pressentir la trahison de ses cousins.

VI.

La lettre de la baronne Rupert au comte de Main-Hardye commençait en ces termes :

« Mon ami, mon Hector bien-aimé.

« C'est ta femme devant Dieu qui s'agenouille et te supplie ; c'est ton ami, le capitaine Aubin, qui invoque votre vieille amitié et se joint à moi.

« Hector, cher époux du ciel, ne viens plus à Bellombre! Au nom de Dieu! au nom de... notre enfant... ne viens pas!

« Aujourd'hui, ce soir, tandis que l'on parlait de toi à voix basse, dans un coin du salon, un tressaillement s'est fait dans mon sein... Comprends-tu ?

« Il faut bien que mon enfant ait un père ; et si tu viens à Bellombre, c'est la mort...

« Hier encore j'hésitais. Je n'hésite plus aujourd'hui... Dis un mot et je te suivrai... Je quitterai tout... je quitterai...

« Oh! non, je ne quitterai point mon vieux père; mais je me jetterai à ses genoux et il aura pitié de mes larmes, et il pardonnera...

« Hector, si tu m'aimes, ne viens pas. »

La baronne racontait longuement alors tout ce qui s'était passé dans la journée, l'arrivée des hussards, la conversation à voix basse qu'elle avait surprise entre le capitaine Aubin, le curé et le chevalier de Morfontaine.

Puis elle lui rapportait textuellement les paroles du jeune officier de hussards.

La lettre était empreinte d'une si grande terreur, elle le suppliait avec tant de douleur et d'instances, qu'il était impossible que le comte de Main-Hardye ne se laissât point toucher.

Grain-de-Sel, muni de cette lettre, courait à perdre haleine.

Il arriva au bout du parc, franchit la clôture à la brèche ordinaire, traversa les cent mètres de landes et de guérets qui s'étendaient entre le parc et la lisière de la forêt, écouta un moment, s'arrêta dix secondes, puis, comme un lièvre qui rentre au bois quand vient l'ombre, il s'élança sous le couvert.

Grain-de-Sel savait sans doute parfaitement en quel lieu de la forêt Hector s'arrêterait en l'attendant, et il connaissait si bien son chemin à travers les halliers et les broussailles, qu'il continua sa course avec la même rapidité que s'il eût galopé dans un sentier battu. Au bout d'une demi-heure, il s'arrêta, se coucha à plat ventre et écouta.

Un bruit lointain de galop résonnant sous la futaie arriva bientôt jusqu'à lui.

— Je reconnais le pas de Clorinde, murmura-t-il.

Grain-de-Sel ne se trompait pas.

Quelques minutes s'écoulèrent, le galop se rapprochait et devenait plus distinct.

Enfin, le coup de sifflet convenu se fit entendre.

Grain-de-Sel répondit aussitôt par son cri d'oiseau nocturne.

Puis il se mit à courir en avant, dans la direction où avait retenti le coup de sifflet.

Au bout de cent pas, il répéta son houhoulement. Alors, sans doute, Clorinde s'arrêta court, car le bruit de son galop cessa de retentir.

C'était sans doute aussi convenu à l'avance entre Grain-de-Sel et le comte de Main-Hardye, qu'un second cri du premier forcerait l'autre à s'arrêter.

Le deuxième houhoulement voulait dire :

— N'avancez pas !

Grain-de-Sel courut pendant quelques minutes encore ; puis il fit entendre une troisième fois son cri.

Le coup de sifflet d'Hector lui répondit.

Grain-de-Sel se dressa au milieu des broussailles et, aux rayons de la lune, il aperçut M. de Main-Hardye immobile au milieu d'une clairière.

Le jeune homme avait mis pied à terre, et il était appuyé mélancoliquement sur le cou de son cheval.

— Ah ! monsieur Hector, dit Grain-de-Sel en arrivant sur lui, montez vite à cheval et retournez par où vous êtes venu.

— Tu es fou, dit tristement Hector, et je te préviens, mon pauvre Grain-de-Sel, que tu perdras ton temps à me prêcher la même antienne qu'hier.

— Ah ! monsieur Hector, dit le jeune gars, hier et aujourd'hui ne se ressemblent pas. Et la lettre de madame Diane va vous le prouver.

— Sa lettre ?

— Oui, monsieur Hector.

— Elle m'a écrit ?

— Voilà, dit Grain-de-Sel.

— Comment veux-tu que je la lise au milieu de la nuit, étourdi ? Ce n'est pas avec un clair de lune brouillé comme celui-ci que je pourrai lire les pieds de mouche de ma belle Diane.

— Oh ! répondit Grain-de-Sel, j'ai prévu le cas, monsieur Hector. Voyez plutôt.

Et Grain-de-Sel tira de sa poche un briquet phosphorique et une petite bougie tordue sur elle-même, vulgairement nommée rat-de-cave.

— Voilà ! dit-il en l'allumant, c'est comme à la chapelle de monsieur le curé.

Hector sourit, prit la lettre, en brisa le cachet et lut.

Dès les premières lignes, Grain-de-Sel le vit pâlir d'émotion.

— Mon Dieu ! murmura-t-il enfin.

— Voyez-vous, monsieur Hector, reprit Grain-de-Sel, je vous porterai chaque nuit des nouvelles de madame Diane... Mais vous ne viendrez pas...

— Il faut pourtant que je la voie une dernière fois... ne fût-ce que quelques minutes...

— Oh ! non, fit le gars avec fermeté.

— Mais, mon pauvre Grain-de-Sel, murmura le comte avec tristesse, tu ne sais donc pas que je n'ai pas trois ans à vivre...

— Que dites-vous, monsieur Hector ?

— Nous nous sommes battus aujourd'hui encore toute la journée, poursuivit Hector. Nous avons été écrasés, massacrés. J'avais cent hommes autour de moi ce matin, j'en ai trente à peine. Dieu m'a protégé ; je n'ai pas une égratignure ; mais demain...

— Demain, vous serez vainqueur ! dit le gars avec fierté.

Hector secoua la tête.

— Mes hommes et moi, nous nous sommes enfermés dans Main-Hardye. Nous pouvons y tenir quelques jours encore. Pendant ce temps-là, car tout est perdu, mon pauvre Grain-de-Sel, pendant ce temps-là, Madame, qui est à trois lieues d'ici, pourra gagner Nantes ou Rochefort...

— Et après ? demanda Grain-de-Sel.

— Après !... répondit Hector, eh bien ! après, quand nous n'aurons plus ni balles, ni vivres, nous nous ferons sauter.

— Et madame Diane ! s'écria l'enfant.

Hector passa une main sur son front.

— Tu sais bien, dit-il, que je ne pense pas me rendre, moi...

— Mais vous pouvez fuir... fuir avec elle.

— Oh ! tais-toi, dit vivement le comte en prenant la main du gars et la serrant fortement, tais-toi... ne me tente pas ! Je serais le premier Main-Hardye qui aurait tourné le dos à l'ennemi. Tu vois donc bien qu'il faut que je la voie une dernière fois...

Mais Grain-de-Sel, pendant qu'Hector parlait, avait pris dans les fontes de la selle du comte un de ses pistolets.

— Monsieur le comte, dit-il en reculant d'un pas, j'ai quinze ans et je suis un enfant, comme vous dites ; mais, aussi vrai que j'ai le cœur d'un homme et que le bon Dieu m'entend, si vous ne me faites pas un serment, un serment de gentilhomme, je me fais sauter la cervelle.

Grain-de-Sel, en parlant ainsi, avait placé le pistolet sous son menton.

— Arrête ! malheureux, s'écria Hector épouvanté.

— Jurez-moi que vous n'irez pas à Bellombre, répliqua l'enfant avec fermeté.

Hector connaissait Grain-de-Sel ; il le savait capable d'exécuter sa menace.

— Entêté ! murmura-t-il.

— Jurez ! répéta l'enfant, qui avait l'obstination d'un paysan de l'Ouest.

Hector poussa un soupir.

— Chère Diane ! dit-il tout bas.

Puis il regarda Grain-de-Sel.

— Soit, dit-il, je te jure que je vais retourner à Main-Hardye.

L'enfant jeta un cri de joie.

— A la bonne heure ! dit-il ; voilà votre pistolet, monsieur Hector.

Le comte reprit le pistolet, le remit dans sa poche et sauta en selle.

— Demain, lui dit Grain-de-Sel, quoi qu'il arrive, je vous porterai des nouvelles de madame Diane. Bonsoir, monsieur Hector, et vive le roi !

Hector pressa Clorinde et disparut au galop à travers les arbres.

Quant à Grain-de-Sel, il s'en revint au château fort tranquillement.

Diane l'attendait, et le voyant arriver seul, elle se jeta à genoux et remercia Dieu en pleurant...

Grain-de-Sel était trop intelligent, il aimait trop sa chère maîtresse pour lui dire un seul mot de ce que lui avait appris Hector touchant la situation désespérée des Vendéens.

Diane pria longtemps, puis elle se mit au lit pleine d'espoir.

. . . .

Le lendemain, au point du jour, Ambroise, le valet perfide, entra dans la chambre de M. de la Morlière.

— J'ai veillé toute la nuit, lui dit-il.
— Moi aussi.
— Il n'est pas venu, Grain-de-Sel est rentré seul.
— Je le sais, dit le vicomte inquiet ; je suis demeuré jusqu'au jour derrière une persienne.
— Du reste, poursuivit Ambroise, cela ne doit point étonner monsieur le vicomte.
— Pourquoi ?
— Il faisait clair de lune... il est prudent,.. il n'aura pas osé... sachant que les hussards sont ici. Mais à la première nuit sombre...
— Qui sait s'il n'a point été tué ou blessé ?
— Oh ! si cela était, répliqua Ambroise, Grain-de-Sel, que je viens de rencontrer dans la cour où il panse ses chevaux, aurait eu une mine plus consternée. Le drôle sifflait comme un merle.
— Alors, c'est le clair de lune...
— Mais, continua Ambroise, le clair de lune ne doit point inquiéter monsieur le vicomte.
— Ah ! Pourquoi donc ?
— Parce que la lune était vieille hier et qu'elle est nouvelle aujourd'hui. Ce soir, il fera noir comme dans un four.
— Bien ! dit M. de la Morlière.
— Et je vous réponds, ajouta Ambroise, que si vigoureux qu'il soit, il ne se dégagera point du piége à loup. S'il n'a pas la jambe brisée, elle n'en vaudra guère mieux.
— Il faudra prendre garde à une chose.
— Laquelle ?
— C'est que ce ne soit pas Grain-de-Sel qui s'y prenne. Cela ne ferait que donner l'alerte, notre homme s'échapperait, et la belle madame Diane ne manquerait point de nous soupçonner.
— C'est impossible, dit Ambroise.
— Comment cela ?
— Je placerai le piége quand Grain-de-Sel aura franchi la haie.
— Bien !
— Or, j'ai étudié leur manége, ayant toujours eu idée de vendre la mèche à monsieur le vicomte, poursuivit le valet avec un ignoble sourire.
— Quel est ce manége ?
— Le comte descend de cheval au bord du bois, et Grain-de-Sel garde sa monture jusqu'à ce qu'il soit de retour.
— Alors tout est pour le mieux, dit M. de la Morlière.

Et il sauta à bas de son lit et s'habilla tandis qu'Ambroise s'en allait.

Le vicomte ouvrit sa croisée et jeta un regard distrait dans le parc.

Le vieux général de Morfontaine, qui avait conservé des habitudes matinales, se promenait dans la grande allée, les mains derrière le dos, tête nue.

Le général était vêtu d'une grosse veste de drap roux boutonnée militairement, et d'un pantalon à pieds.

Il avait un journal à la main et lisait.

Le vicomte descendit et le rejoignit.

— Bonjour, mon oncle, lui dit-il.
— Bonjour, Edouard, répondit le vieux soldat. Tu es matinal ; cependant tu n'as poi... tâté de la vie des camps, toi ; tu es un homme de plume, un avocat.

Et le général eut un petit accent dédaigneux qui fit sourire le vicomte.

— Ça, continua M. de Morfontaine, donne-moi le bras, nous allons causer.
— Je le veux bien, mon oncle.

Le vicomte entraîna le général dans le fond du parc. Celui-ci lui dit :

— Comment es-tu avec ta cousine ?
— Mais, répondit M. de la Morlière en tressaillant, fort bien, mon oncle.
— Vrai ?
— Dame ! je l'aime de tout mon cœur, et je crois qu'elle me le rend.
— Tu ne lui fais pas la cour, au moins ?
— Pourquoi donc me demandez-vous cela, mon oncle ?
— Mais, dit le général, parce que... parce que... Ah ! ma foi, tant pis ! je déteste les circonlocutions et les phrases diplomatiques, et je vais te le dire tout net.
— Voyons ! fit M. de la Morlière visiblement inquiet.
— C'est que je crains que tu ne me la demandes en mariage.
— Mon oncle !
— Et j'aurais la douleur de te la refuser... à moins que... toutefois... elle ne voulût absolument t'épouser.
— Mais, mon oncle, murmura le vicomte, vous me permettrez cependant de vous demander l'explication de ces paroles, qui, jusqu'à un certain point, me froissent.
— Tu as tort, vicomte, tout à fait tort, et tu vas en juger.
— J'écoute, mon oncle, fit M. de la Morlière d'un ton quelque peu sec.
— Ah ! continua le général, avant de te déduire mes raisons, il faut que je te conte une histoire. Elle remonte à la bataille de Waterloo.
— Soit !
— A Waterloo j'ai eu un cheval tué sous moi, et j'étais un homme perdu si mon aide-de-camp ne m'eût dégagé, n'eût tué deux Anglais qui m'appuyaient déjà leur baïonnette sur le ventre et ne m'eût donné son cheval. Je devais la vie à mon brave baron Rupert, je fis le serment de lui donner ma fille pour femme. Cela t'explique pourquoi je n'ai songé à aucun de mes neveux.
— Bon ! dit le vicomte ; mais le baron Rupert est mort, mon oncle, et...
— Attends donc ! le baron mort, je me suis pris à songer que le chevalier ton cousin portait mon nom et que...
— Je vous comprends, mon oncle, murmura le vicomte avec tristesse, mais sans témoigner aucun dé..t, et je n'ai, en vérité, rien à dire...
— Tu ne m'en veux pas ?
— Oh ! certes non, mon oncle. Je trouve votre désir trop... naturel.

Tout en causant, le général se dirigeait vers cette petite allée qui longeait la clôture du parc et aboutissait à la brèche formée dans la haie.

Tout à coup il s'arrêta et tressaillit.

— Qu'est-ce que cela ? fit-il en fronçant le sourcil.

Et il montrait des empreintes de pas non effacées.

— Oh ! oh ! reprit-il.

— On aura pénétré de nuit dans le parc pour vous voler des fruits, mon oncle, dit le vicomte, assez désagréablement surpris que le général eût remarqué les empreintes enfoncées dans la boue.

— Il n'y a pas de voleurs dans le pays, dit le général tout songeur.

Et après un moment de silence, le général ajouta tout à coup :

— Sais-tu ce que c'est que cela?
— Non, mon oncle.
— Ce sont des pas de chouans!
— Allons donc!
— Les drôles seront venus ici, la nuit dernière, pour savoir au juste ce qu'il y a de hussards au château. Je connais mes Vendéens, moi... Mais, se hâta d'ajouter M. de Morfontaine, ceci ne nous regarde pas, entends-tu, vicomte.
— Oui, mon oncle.
— Tant pis pour eux s'ils sont pris, tant mieux s'ils ne le sont pas! Je ne me mêle que de mes affaires.

Le général tourna brusquement le dos au sentier sur lequel il avait aperçu les empreintes.

— Allons-nous-en! dit-il d'un ton bourru.
— Hum! pensait M. de la Morlière, au fond du cœur, le général est chouan. Qui sait? il est capable, au premier jour, de s'intéresser au comte de Main-Hardye. Il est temps que je mette ordre à tout cela.

Pendant que le général et son neveu se promenaient dans le parc, Diane était à sa fenêtre, l'œil fixé sur les grands bois qui dérobaient à ses regards les tourelles de Main-Hardye.

VII.

La journée s'écoula au château de Bellombre sans aucun événement notable.

Cependant on entendit dans le lointain, à trois ou quatre lieues peut-être, une vive fusillade qui dura de midi à quatre heures de l'après-midi.

Puis on n'entendit plus rien.

Diane était en proie à une angoisse extraordinaire.

Elle demeura, sous le prétexte d'une violente migraine, enfermée dans sa chambre jusqu'à l'heure du dîner.

Pendant toute cette journée, les hussards qui avaient pris position au château firent des patrouilles sur le bord de la forêt. Mais pas un coup de feu ne fut tiré dans les environs de Bellombre.

Le colonel G..., tel était le nom de celui qui s'était établi au château de Bellombre, en disséminant son escadron dans les campagnes environnantes, avait envoyé le jeune capitaine vers deux heures de l'après-midi en reconnaissance.

Charles Aubin, — on se souvient que c'est le nom de l'officier, — était parti avec trente hussards.

Avant de monter à cheval, il avait trouvé moyen de se glisser jusqu'à la chambre de la baronne Rupert.

— Madame, lui avait-il dit, je vais faire tous mes efforts pour avoir de ses nouvelles.

Diane avait foi dans l'amitié du capitaine Aubin pour le comte.

Elle savait qu'il ferait l'impossible pour le sauver.

La journée s'était écoulée et le capitaine n'était point revenu.

Mais, en son absence, il s'était passé à Bellombre un fait qui, sans une importance apparente, n'en devait pas moins avoir des suites sérieuses dans l'avenir.

C'était une conversation entre le vieux général de Morfontaine et le colonel.

Le général, au bruit lointain de la fusillade, avait éprouvé cette émotion du cheval de bataille retourné depuis longtemps à la charrue, et qui hennit tout à coup en entendant sonner une fanfare.

Le soldat de Napoléon s'était réveillé sous l'uniforme du général de l'Empire : peut-être bien que le cœur du vieux chouan avait battu.

Le déjeuner, auquel Diane n'assistait pas, avait ressemblé, pour les hôtes de Bellombre, à ces repas funèbres qui suivent les funérailles. On entendait au loin le canon de la guerre civile, et les cœurs français qui se trouvaient au château battaient douloureusement.

Nous ne parlons ici que du colonel G..., de ses hussards, du marquis de Morfontaine et de ses serviteurs.

Quant à messieurs de la Morlière, de Passe-Croix et au troisième neveu du général, ils avaient des noms titrés, des âmes de valets faites pour la trahison. Chaque détonation qui leur arrivait leur apportait un espoir. Le coup de fusil qu'ils venaient d'entendre avait peut-être tué le comte de Main-Hardye, ce rival exécré.

L'amour, combiné avec la soif de l'or, mis au service de natures sans élévation et profondément corrompues, devient la plus épouvantable des passions.

Le général n'avait cessé de bondir et de tressauter sur sa chaise, étouffant des exclamations de colère.

Le colonel était pâle comme la mort.

Les neveux du général dissimulaient leur joie et prenaient une mine consternée.

La situation du marquis de Morfontaine était bizarre, du reste, et il se mentait à lui-même de la meilleure foi du monde.

Comme gentilhomme, comme Vendéen, il sentait bien que la noblesse française donnait en ce moment un dernier coup d'épée; le passé se levait devant lui comme un spectre et une voix lui criait : — Jadis tu étais là, et tu ne demeurais point spectateur tranquille de la lutte.

Comme soldat de l'Empire, comme *brigand de la Loire*, car il avait fait partie de ces phalanges héroïques qui s'étaient retirées sanglantes, mutilées, mais l'éclair dans les yeux, la tête haute et fière, devant les hordes étrangères; — comme *brigand de la Loire*, disons-nous, il s'imaginait devoir garder une éternelle rancune aux princes dont la cause était perdue à cette heure, et dont les derniers soldats tombaient un à un.

Mais il y avait une troisième voix qui s'élevait au fond du cœur du général, et cette voix lui tenait un étrange langage. Elle lui disait que des liens mystérieux existaient entre le passé et l'avenir, et que peut-être le gouvernement qui décimait les fils de la vieille et noble Vendée n'était que le précurseur d'un autre qui réunirait un jour sous le même drapeau les fils des soldats de Marengo et de Wagram et les derniers rejetons de ces races chevaleresques que François 1er et Bayard avaient jadis conduites en Italie; et ce pressentiment bizarre ralliait malgré lui, à son insu, l'admirateur de Napoléon aux derniers soldats de la monarchie.

Il vint un moment où le général se leva brusquement, prit le bras du colonel et sortit.

— Venez, lui dit-il, j'étouffe ici, et les coups de fusil me font plus de mal que si je recevais en pleine poitrine chaque balle qu'ils envoient.

— Et moi, répliqua tristement le colonel, je regrette sincèrement de n'avoir point été tué en Afrique, mon général.

— Vous êtes un vrai cœur français, murmura M. de Morfontaine avec émotion.

— Dieu veuille, poursuivit le colonel, que les troupes que je commande ne soient pas engagées! Pour la première fois, j'ai peur de me battre.

Et, soupirant profondément :

— Vous ne savez donc pas, mon général, poursuivit-il, qu'il y a parmi ces hommes qui luttent en désespérés et que rien ne peut plus soustraire maintenant, je le crains, au sort terrible qui les attend, un de mes anciens officiers, un brave et noble cœur, un jeune homme que j'aime comme mon fils?

En d'autres temps, peut-être, le général eût froncé le sourcil, car il devinait de qui on lui parlait; mais l'heure était grave et solennelle, et peut-être qu'en ce moment

PORNIC.

le dernier ennemi de sa race tombait frappé de la mort des braves.

Le colonel avait les larmes aux yeux.

Il ne nomma point M. de Main-Hardye, mais il parla de lui comme s'il eût parlé de son fils.

Il l'avait vu au siége d'Alger s'élancer à travers une pluie de balles pour planter le drapeau français sur une redoute; il l'avait vu, au pied de l'Atlas, partir avec trente cavaliers, et revenir seul criblé de blessures, couvert de sang, mais ayant accompli sa mission.

Et puis encore il citait de lui de nobles traits de désintéressement et d'abnégation.

Et le général écoutait : ce que les siècles n'avaient pu faire, une heure peut-être le fit. Cette haine, qui s'était perpétuée jusqu'à lui, que la volonté d'un roi et celle d'un empereur n'avaient pu briser, cette haine violente et profonde qui avait résisté vivace le jour où le général dut la vie à son ennemi, cette haine se fondait et s'éteignait au bruit de cette fusillade lointaine, au récit de cette noble vie de soldat.

— Corbleu ! colonel, murmura tout à coup M. de Morfontaine, si Main-Hardye ne meurt pas, s'il parvient à s'échapper, je le haïrai peut-être encore ; mais si vous m'apprenez sa mort ce soir ou demain, je pardonnerai sûrement à sa tombe.

— Et moi, dit le colonel, si j'apprenais qu'il est tombé frappé en pleine poitrine, comme un héros, comme un soldat, je ne suis pas dévot, mon général, mais je m'en irais à la messe et je remercierais Dieu, tant j'ai peur pour lui du conseil de guerre.

— C'est vrai, dit le général, il est déserteur.

Diane, pendant ce temps, agenouillée dans sa chambre, priait avec ferveur. Elle invoquait le Dieu de la vieille Vendée, le Dieu de la vieille Armorique, ce Dieu des batailles qui protégeait les *Trente* et Beaumanoir, leur héroïque chef ; ce Dieu des martyrs qui bénissait les fusillés de Quiberon. Elle priait et ne pleurait pas.

Les femmes de l'Ouest ne versent des larmes que la veille et le lendemain du combat. A l'heure où gronde la fusillade, elles invoquent le ciel pour leurs époux, leurs pères ou leurs enfants, la tête haute, héroïques et fières en leur chrétienne résignation.

Comme le soir approchait et que les bruits éloignés de la bataille allaient s'affaiblissant, elle ouvrit la fenêtre et jeta un triste regard dans le parc.

M. de Morfontaine et le colonel s'y promenaient toujours.

Un énergique juron du général monta jusqu'à elle et la fit tressaillir profondément, car ce juron fut accompagné des paroles suivantes qu'elle entendit distinctement.

— Morbleu ! disait le vieux soldat, jamais les chiens de Morfontaine et ceux de Main-Hardye n'ont chassé ensemble ; mais je crois que j'irais, s'il le fallait, me jeter aux genoux du roi Louis-Philippe plutôt que de voir fusiller comme un traître l'homme que vous venez de me faire connaître, colonel.

Diane étouffa un cri, un cri de joie, de reconnaissance et d'amour, et elle s'affaissa mourante sur elle-même.

On eût dit que le bonheur allait la tuer.

Heureusement la vieille Yvonnette sa nourrice était auprès d'elle.

Yvonnette la reçut dans ses bras, la couvrit de larmes et de baisers, et parvint à la ranimer.

Le bruit de la fusillade avait cessé.

— Mon Dieu! murmura Diane, dont la joie, hélas! fut de courte durée, mon Dieu! qui sait s'il n'est pas mort à l'heure où mon père pardonne!...

— Mort! répondit Yvonnette, oh! non, c'est impossible; Diane, mon enfant, Dieu ne voudrait pas. Et puis, Grain-de-Sel est avec lui, et Grain-de-Sel le sauvera; tu verras.

La vieille Vendéenne avait en son gars de quinze ans autant de confiance qu'en un héros.

Les deux femmes se mirent à genoux; elles prièrent encore, elles prièrent longtemps...

Et puis, la baronne Rupert, qui redoutait qu'on ne devinât la cause de son isolement, qu'on ne finit par remarquer la trace de ses larmes, la baronne eut le courage de quitter sa chambre et de se montrer.

C'était l'heure où la cloche du château annonçait le dîner.

Diane descendit dans la salle à manger.

Le général, le colonel de hussards et les trois prétendants à la main de Diane entouraient la table.

Mais ils étaient debout, graves, muets, recueillis.

C'était la physionomie austère et presque solennelle du général qui avait, pour ainsi dire, établi cet *unisson* de tristesse et de silence.

Diane entra.

M. de Morfontaine fit un pas vers elle et lui prit la main :

— Madame, lui dit-il, ordinairement vous récitez le *Benedicite* quand nous nous mettons à table. Voulez-vous aujourd'hui changer cette prière?

Nous allons prier Dieu pour nos frères du Bocage sans exception...

Le général appuya sur ce mot.

— Pour ceux qui viennent de mourir comme pour ceux qui vivent encore, pour ceux qui feront mes ennemis.

Diane étouffa un cri. Les trois neveux du colonel pâlirent et virent la jeune femme prête à tomber à la renverse.

— Je ne sais, ajouta le général, si M. de Main-Hardye est mort ou vivant; mais je déclare à haute et intelligible voix que je lui pardonne et que je désire qu'on prie pour lui.

C'était un spectacle solennel et chevaleresque, en vérité, que celui qu'offrait en ce moment la salle à manger du manoir vendéen. A voir ce vieillard chargé d'ans, comblé de gloire et d'honneurs, pardonner aux ennemis de sa race, parce que ces ennemis étaient, à cette heure, en danger de mort, et cela en présence de ces trois jeunes gens, de cette femme vêtue de noir, de ce soldat presque aussi vieux que lui et portant encore le harnais, au milieu de quelque serviteurs étonnés qui s'agenouillèrent les premiers et courbèrent sur les dalles leur front couronné de longs cheveux, on eût dit une de ces scènes étranges du moyen âge écossais chantées par Walter Scott.

Et M. de Morfontaine ayant ainsi parlé, s'agenouilla devant son siège, et Diane, dont le cœur était brisé, mais dont l'âme était forte, récita d'une voix ferme l'antique prière bretonne :

« Seigneur, ayez pitié de ceux qui vont mourir pour
« une cause juste et sainte! »

Une heure après, on entendait retentir le galop d'une troupe de cavaliers.

C'était le capitaine Aubin qui revenait.

Il entra précisément dans cette salle où les convives causaient à voix basse et oubliaient de manger.

Diane sentit tout à coup son sang affluer à son cœur, elle entendit le pas du capitaine qui résonnait derrière elle, et son émotion fut telle qu'elle n'eut pas la force de se retourner. Sans doute le capitaine comprit cela, car il se hâta, avant de prononcer un mot, de faire le tour de la table, afin de se trouver placés vis-à-vis de la baronne.

Alors Diane le vit, son regard croisa celui du jeune officier, et dans ce regard, elle vit briller un rayon consolateur.

— Il vit, pensa-t-elle, et il n'a pas été pris.

L'émotion qui s'était emparée de sa fille avait si bien gagné tous les hôtes du général, que personne d'abord n'osa ouvrir la bouche pour interroger l'officier.

Le capitaine était couvert de boue, et paraissait exténué de fatigue; mais il était sain et sauf, et sans doute il ne s'était point battu.

— C'est fini... dit-il.

Ce mot fit bondir tout le monde.

— Que voulez-vous dire? s'écria le général.

— Le dernier coup de fusil a été tiré, répondit Charles Aubin; le Bocage ne résiste plus.

— Mais... qu'est-il arrivé?

— Le château de Main-Hardye a capitulé, et ajouta vivement le jeune officier avec un sourire, notre ami est sauvé.

— Sauvé!

— Oui, répéta le capitaine, le comte de Main-Hardye a disparu; mais il n'est pas mort.

Diane jeta un cri, un de ces cris où l'âme se brise de joie, et telle fut cependant la joie du général, qu'il entendit le cri de sa fille et ne devina voix.

Les trois neveux du général étaient pâles comme des cadavres qui viennent de quitter leur cercueil.

Le colonel lui-même était si ému, qu'il essayait en vain de parler et n'y pouvait parvenir. Alors Charles Aubin raconta ce qui s'était passé.

— La fusillade que vous avez entendue, dit-il n'était autre que le siège du château de Main-Hardye.

Le comte s'y était retranché avec une trentaine d'hommes, la plupart anciens serviteurs ou métayers de sa famille.

Le château est, comme vous le savez, situé au milieu de bois très-fourrés, défendu par un étang sur trois côtés, et accessible seulement par le quatrième, qui est celui du nord.

Le siège a été commencé par deux bataillons de ligne. La fusillade a été meurtrière pour les assiégeants.

Main-Hardye a de vieux créneaux, de vieilles portes massives, des fossés profonds que l'eau de l'étang remplit.

C'était un siège en règle à faire, un siège qu'on ne pouvait mener à fin qu'avec de l'artillerie.

Le colonel qui commandait les deux bataillons a envoyé un sous-lieutenant, monté sur son propre cheval, vers Saint-C...., où il y avait une batterie de campagne et ses artilleurs. Pendant ce temps, du haut des tours, des fenêtres, de chaque créneau, les balles des Vendéens sifflaient et tuaient beaucoup de monde.

Tout à coup la fusillade a cessé un moment et on a vu un drapeau blanc apparaître à une des croisées du château.

C'était signe que les assiégés voulaient parlementer.

Le colonel a fait cesser le feu sur-le-champ, et un soldat a mis un mouchoir au bout de son fusil.

Il y a eu trêve.

Un homme est alors sorti du château et il est venu droit au colonel.

C'était un jeune paysan qui portait un papier plié en quatre.

Ce papier, écrit de la main du comte, renfermait les lignes suivantes :

« La garnison de Main-Hardye est prête à se faire sauter et donne dix minutes de réflexion au colonel. Il y a trois barils de cent livres de poudre chacun dans les caves du château. Tandis que notre parlementaire sort avec nos conditions, trois hommes tiennent chacun une mèche allumée à dix pouces de la bonde de leur baril.

« Si le colonel n'accepte pas, ou s'il commande un mouvement de retraite, nous sauterons sur-le-champ, et les débris du château écraseront les assiégeants en même temps que les assiégés.

« La garnison du château est prête à déposer les armes si on lui garantit la vie sauve. »

A de telles propositions, continua le narrateur, il était facile de reconnaître M. de Main-Hardye, l'homme énergique et résolu.

Le colonel répondit :

— Mes instructions me permettent d'accorder la vie et même la liberté à la garnison tout entière; mais je ne puis garantir la même promesse à M. de Main-Hardye, que sa situation de déserteur rend justiciable d'un conseil de guerre.

Le parlementaire porta la réponse du colonel.

Trois minutes après, il revint avec un nouveau papier. Cette fois, Hector écrivait :

« Le colonel est trop bon de s'occuper de moi. S'il me prend, il me gardera prisonnier et me livrera au conseil de guerre. Il ne faut pas que ceci l'inquiète.

« Je n'ai voulu parler que de mes hommes.

« Donc, — ceci est à prendre ou à laisser, — le colonel fera former les faisceaux, et aucun de ses hommes ne fera un pas de retraite de façon à se soustraire à l'explosion. Il est quatre heures; à six heures précises les portes du château s'ouvriront devant les troupes que commande le colonel.

« J'attends un oui ou un non.

« Main-Hardye. »

Le colonel fit appeler le chef de bataillon et les trois capitaines qu'il avait sous ses ordres, et il leur communiqua les propositions du comte.

— Quel est votre avis, messieurs? demanda-t-il.

— Mon colonel, répondit le chef de bataillon, mon avis est que la vie de trente paysans ne vaut pas celle de six ou sept cents hommes que les décombres du château vont ensevelir.

Les trois capitaines firent la même réponse.

— Par exemple, dit l'un d'eux, qu'allons-nous faire de ce pauvre Main-Hardye?

— Vous savez bien que j'ai l'ordre de l'envoyer à Poitiers s'il tombe entre mes mains, répondit le colonel avec tristesse.

Le château était cerné. Il était donc impossible que M. de Main-Hardye s'échappât.

Le colonel accepta la capitulation proposée et fit former les faisceaux.

Ce fut en ce moment-là que j'arrivai avec mes hussards.

On me remit les deux billets, et j'eus peur, un moment, tant je connais l'héroïque nature du comte, qu'il eût fait le sacrifice de sa vie pour sauver les siens

C'était comme une fatalité. Le régiment de ligne et le colonel qui faisaient le siège du château avaient servi avec nous en Afrique; nous avons fait partie de la même brigade. Officiers et soldats avaient connu, aimé et estimé le commandant de Main-Hardye.

Deux heures s'écoulèrent. Pendant ces deux heures, la nuit vint opaque et sans rayonnements, les croisées du château s'éclairèrent une à une, puis une d'elles s'ouvrit et le drapeau parlementaire reparut.

En même temps on ouvrit les portes et un homme cria :

— Entrez donc ! vous pouvez entrer; nous nous rendons!

VIII.

Tandis que le capitaine de hussards Charles Aubin parlait, les hôtes du général se regardaient avec une sorte d'étonnement qui tenait de la stupeur.

Le château était cerné, il ouvrait ses portes, et le capitaine avait dit que M. de Main-Hardye était sauvé.

Cependant Diane et son père demeuraient impassibles.

Le capitaine continua :

— Les portes du château ouvertes, nous entrâmes. Le colonel était accompagné d'un détachement de cent hommes environ. Le commandant marchait à sa droite, j'étais à sa gauche.

La garnison du château nous attendait dans la salle basse qui servait de salle à manger. Les trente hommes de M. de Main-Hardye se trouvaient réduits à dix-sept. Le reste avait été tué. Tous étaient sans armes, tête nue, et ils rappelaient par leur attitude simple et fière ces vieux sénateurs de Rome que Brennus le Gaulois trouva dans leur chaise curule.

Le vieil intendant de Main-Hardye les commandait.

Loyaux comme de vrais Vendéens, ils avaient mis en faisceaux leurs fusils de chasse et placé leurs armes blanches à l'entrée de la salle, sur une table.

Ces hommes se rendaient avec une confiance absolue dans la foi jurée.

Mais nous cherchâmes inutilement le comte de Main-Hardye parmi eux. Le vieil intendant se mit à sourire, car il devina ce que nous cherchions.

— Ah ! messieurs les officiers, dit-il, vous êtes bien simples de croire que nous aurions ainsi livré notre maître... Nous nous serions fait sauter, si nous n'avions pu le sauver.

Et il ajouta, avec ce loyal sourire dont la fidélité seule a le secret :

— Vous pouvez fouiller le château des caves au grenier, vous ne le trouverez pas. Il est loin et la mer est proche. Maintenant, faites de nous ce que vous voudrez.

Le colonel, pour l'acquit de sa conscience, fit visiter le château salle par salle, corridor par corridor. On a fouillé les caves, les greniers, et nulle part on n'a trouvé Hector.

Quand cette perquisition infructueuse a été terminée, le vieil intendant nous a montré l'étang :

— M. Hector est bon nageur, et il plonge comme un poisson, nous a-t-il dit; puis il rampe dans l'herbe mieux qu'une couleuvre... Le Bocage est grand, les bois sont fourrés, et Dieu est avec nous !

Le pauvre homme ne savait pas le secret plaisir qu'il nous causait en parlant ainsi.

— Et, acheva le capitaine Aubin, j'ai mis l'éperon aux flancs de mon cheval pour vous apporter cette bonne nouvelle.

— Ventre-saint-gris ! s'écria le général, vous me feriez duc et pair, mon cher capitaine, que vous me causeriez moins de joie.

Et le général regarda sa fille.

— Vous le voyez, madame, dit-il, Dieu a écouté vos prières et les nôtres; le dernier des Main-Hardye est sauvé.

— Eh bien ! morbleu ! dit le colonel, dût le roi des Français, à qui j'ai prêté serment, me blâmer, je ne vous cacherai pas, mon général, que je suis l'homme le plus heureux du monde.

Diane écoutait, pensive et grave.

— Il est évident, reprit le capitaine Aubin qui la regarda d'une façon significative, il est évident que M. de Main-Hardye est sauvé. D'abord on ne cherchera point à le prendre; ensuite le Bocage est, comme l'a dit l'intendant, couvert de bois épais, inextricables, qui s'étendent jusqu'à la mer.

Si la Vendée a déposé les armes, elle n'a point juré de livrer les proscrits. Chaque paysan servira de guide à son ancien chef, chaque chaumière lui sera un asile. Partout on couvrira sa retraite... Et puis, vous savez bien qu'il y a des navires anglais qui louvoient le long des côtes... A cette heure, monté sur un bon cheval, le comte a fait quinze ou vingt lieues. Au point du jour, il aura mis le pied dans une barque.

— Dieu vous entende, mon cher capitaine, dit le général. Voici la première fois qu'un Morfontaine s'intéresse à un Main-Hardye; mais je dois vous dire que ceux de ma race ne font rien à demi. Le jour où la paix est signée, ils deviennent les plus fidèles alliés de leur anciens ennemis.

Diane était toujours grave et triste.

Le souper, qui avait commencé de la même façon qu'un repas de funérailles, s'acheva gaiment. Le général envoya quérir son meilleur vin, et, les portes fermées, on but à la santé de l'héroïque comte de Main-Hardye, à son heureuse fuite, à son passage en Angleterre. Le trois neveux du général burent comme les autres; mais ils étaient livides de rage, le chevalier de Morfontaine et le baron de Passe-Croix surtout.

Quant au vicomte de la Morlière, il était resté fort calme, écoutant avec une grande attention tout ce que racontait le capitaine Aubin, et il avait crié plus haut que les autres :

— A la santé du comte de Main-Hardye !

Le souper terminé, on passa au salon.

Mme la baronne Rupert, prétextant toujours son malaise, se retira dans sa chambre.

Le général proposa un whist.

Le colonel, le capitaine Aubin et le baron Passe-Croix s'assirent avec lui autour de la table.

M. de la Morlière et le chevalier de Morfontaine demeurèrent au coin du feu et se mirent à causer à voix basse.

— Nous sommes floués, mon cher ami ! dit le chevalier.
— Bah ! fit le vicomte avec calme.
— Le comte est sauvé...
— Très-bien !
— Et avant trois mois il y aura amnistie. Je connais le gouvernement de Louis-Philippe. Il fait grand bruit, les chambres pérorent et demandent une sévérité extrême; mais, au fond, pas plus le roi que les ministres, pas plus les ministres que les Chambres ne veulent user de rigueur. On sera enchanté de savoir que le comte s'est échappé, et, je te le répète, dans trois mois il y aura amnistie.
— Après? dit froidement M. de la Morlière.
— Eh bien ! mais après, le comte rentrera en France.
— Bon !
— Et comme notre idiot d'oncle s'est laissé ensorceler par le colonel à ce point qu'il a bu à la santé de Main-Hardye...
— Eh bien ?
— Diane se jettera à ses genoux et lui avouera qu'elle aime le comte.
— C'est vrai ce que tu dis là, chevalier; mais...
— Et acheva le jeune Morfontaine, le général, qui adore sa fille, les mariera.

Un rire silencieux glissa sur les lèvres de M. de la Morlière.

— Tout ce que tu dis là, dit-il, est on ne peut plus logique.
— Ah ! tu en conviens.
— Seulement... le hasard est si grand !
— Mon pauvre vicomte, murmura le chevalier, le hasard ne peut rien contre l'enchaînement des faits, et c'est en pure perte que tu as imaginé ton fameux piège à loups.
— Tu crois?
— Parbleu !
— Le vicomte haussa les épaules.
— Chevalier, dit-il, nous sommes en province, un pays monotone, et le jeu qu'on y joue est mesquin ; mon oncle fait le wisht à cinq sous la fiche, c'est bête !
— Que me chantes-tu là ?
— Je vais, moi, te proposer un pari.
— Voyons?
— Un pari de cent louis.
— Je le tiens d'avance.
— Donc, je parie cent louis qu'avant trois jours mon piège à loups aura servi à quelque chose.
— Tu railles, vicomte.
— Non, puisque je parie.
— Alors il servira à prendre Grain-de-Sel.
— Tu te trompes.
— Qui donc, alors ?
— Le comte de Main-Hardye.

A son tour le chevalier haussa les épaules.

— Vas-tu pas croire, dit-il, que le comte reviendra d'Angleterre pour te faire gagner ton pari ?
— Mon pauvre chevalier, murmura M. de la Morlière, tu me représentes bien ces jeunes gens naïfs qui portent des gants jaunes sur le boulevard et pour lesquels l'amour se traduit par un bouquet de vingt francs qu'ils envoient à une danseuse.
— Vicomte !...
— Bah ! laisse-moi continuer. Tu t'imagines donc, toi, que le comte est en fuite ?...
— Mais, certainement.
— Et qu'avant quarante-huit heures il sera embarqué ?
— J'en ai la conviction.
— Tu es un niais.
— Mais... cependant...
— Mon bon ami, murmura tout bas le vicomte, M. de Main-Hardye n'est pas à plus de trois lieues du château. Il est caché dans les bois, et il n'est pas homme à quitter la France avant d'avoir vu, au moins une dernière fois, sa Diane adorée.

En ce moment le vicomte fut interrompu par le général, qui dit tout haut :

— Qu'est-ce que tu as donc, Passe-Croix, mon neveu ? Tu joues en dépit du bon sens.

. . . .

Tandis que M. de la Morlière ne se décourageait point et reconfortait son cousin le chevalier de Morfontaine, Diane, pleine d'angoisses, attendait le retour de Grain-de-Sel.

Le gars était parti dans la matinée, un fusil sur l'épaule ; il était sorti par la grande porte, du château et il avait rencontré le général.

— Où vas-tu donc, Grain-de-Sel ? lui avait demandé M. de Morfontaine.

— Je vais à Pouzanges voir ma tante, qui est en même temps ma marraine.

— Mais on se bat à Pouzanges.

L'enfant avait eu un rire intrépide.

— Si on me tracasse, dit-il, je ferai le coup de fusil tout comme un autre.

Le général se contenta de tirer l'oreille à Grain-de-Sel, et le laissa passer en murmurant :

— Ils sont tous de la même graine !...

Diane, pleine d'angoisses, attendait le retour de Grain-de-Sel.

Le gars s'en alla fort tranquillement, son fusil sur l'épaule, suivi de Ravaude, une jolie chienne courante tricolore.

Ravaude se mit à quêter dans les guérets, puis elle entra sous bois, et Grain-de-Sel l'y suivit.

Seulement, quand il fut dans le taillis, il siffla Ravaude.

Ravaude avait déjà donné un coup de voix sur un lapin.

— Va-t'en! lui dit impérieusement Grain-de-Sel.

Le docile animal, habitué sans doute à ce manége, s'en alla sur-le-champ et reprit le chemin du château.

Alors Grain-de-Sel quitta l'allure du chasseur, allure lente, tranquille, pour celle du chouan.

Il se prit à bondir, à ramper; à se glisser dans les fourrés comme une couleuvre, à courir plus vite qu'un chevreuil quand il avait une lande ou une clairière à traverser; de temps en temps il s'arrêtait, se couchait et appuyait son oreille sur le sol.

Tout à coup il entendit la fusillade qui commençait du côté de Main-Hardye. Il écouta avec attention et ne tarda point à se convaincre qu'on faisait le siége du château.

— Hé! hé! dit-il, si on se bat derrière les murailles, cela me va... Ce n'est pas pour être à couvert, mais parce que le général n'en saura rien. Je vais faire le coup de fusil contre les bleus...

Grain-de-Sel continua à marcher dans la direction de Main-Hardye.

Mais lorsqu'il n'en fut plus qu'à une lieue environ, il rebroussa brusquement chemin, prit à gauche, et s'enfonça dans le plus épais du bois, en un lieu qu'on nommait la Bauge-Ferme, ce qui voulait dire que, lorsqu'un sanglier y était retranché, il était impossible de l'en déloger.

Là où les chiens ne passaient pas, Grain-de-Sel parvint à passer.

Plus souple qu'un serpent, plus adroit qu'un lapereau, il se glissa dans les broussailles et disparut. Nul, du reste, n'était à sa poursuite; mais quelqu'un y eût été, qu'il aurait certainement renoncé à aller plus loin.

Grain-de-Sel semblait s'être évanoui comme un rêve.

Ce qui n'empêcha point, une heure après, M. de Mainllardye, qui, abrité derrière les créneaux de son manoir, commandait le feu sur les bleus, de voir tout à coup Grain-de-Sel à ses côtés.

— Que veux-tu, gars? lui dit-il brusquement; pourquoi viens-tu?

— Je viens pour deux choses.

— Voyons la première?

— Je viens m'assurer que vous n'êtes pas blessé. Il faut bien que je porte de vos nouvelles à Mme Diane.

— C'est juste. Et la seconde?

— Je viens pour faire le coup de feu à côté de vous...

— Je n'ai pas besoin de toi...

— Bah! dit Grain-de-Sel, vous avez tort de faire fi de

ioi, monsieur Hector. Je tue à cent pas un chevreuil d'une balle dans l'épaule.

— N'importe! ce ne sont pas tes affaires de tuer des hommes. Tu es au service du général de Morfontaine.

— Oui et non, répondit l'enfant. Je suis au service de Mme Diane et au vôtre... Vive le roi!

Et l'enfant, étendant la main et souriant, tandis que les balles sifflaient, montra un drapeau tricolore qu'un officier brandissait de l'autre côté de l'étang.

— Il a deux couleurs de trop, dit-il.

Et Grain-de-Sel épaula son fusil de chasse, pressa la détente et fit feu.

L'homme et le drapeau tombèrent.

— Grain-de-Sel, dit tristement M. de Main-Hardye, tu viens de tuer un officier qui a été mon ami!... Je te défends de recharger ton fusil.

— Ah! monsieur Hector! fit l'enfant d'un ton de reproche.

— D'ailleurs, ajouta le comte, nous allons nous faire sauter; ainsi, va-t'en par où tu es venu.

— Vous faire sauter! s'écria Grain-de-Sel, et Mme Diane?...

Ce nom fit pâlir le comte.

— Il faudra bien que nous nous fassions sauter, cependant, murmura-t-il, si mes propositions de capitulation ne sont point acceptées.

Il ordonna alors de suspendre le feu, et, comme l'avait raconté le capitaine Aubin, on arbora un drapeau blanc.

On sait ce qu'il advint.

Le colonel du régiment de ligne ayant accepté, Hector assembla la petite garnison du château dans cette salle basse où, deux heures plus tard, on devait la trouver réunie.

Il compta ses hommes. Ils étaient au nombre de vingt-et-un, y compris Grain-de-Sel.

— Mes enfants, leur dit le comte, j'ai négocié votre vie et votre liberté, et dans deux heures vous ouvrirez les portes du château.

Je connais le colonel, c'est un homme d'honneur; il tiendra religieusement sa parole, et vous serez libres d'aller où vous voudrez. Cependant, si trois d'entre vous voulent m'accompagner, ils le peuvent.

Tous ne savaient pas comment Hector sortirait du château; il n'y avait même qu'un seul homme, en dehors de Grain-de-Sel, qui eût donné à Main-Hardye connaissance du passage secret.

C'était le vieil intendant, on le devine.

Mais tous les hommes qui entouraient le comte s'écrièrent néanmoins :

— Moi! moi! moi!

Hector sourit.

— Je ne puis emmener que trois personnes, dit-il, et un baril de poudre.

Il ajouta ces mots avec un fier sourire et regarda Grain-de-Sel.

— Eh bien! s'écrièrent plusieurs voix, tirons au sort.

— Soit, répondit Hector.

Les vingt chouans inscrivirent leur nom sur un morceau de papier et le jetèrent dans un chapeau.

— Allons! Grain-de-Sel, tu es le plus jeune, dit le vieux majordome, mets la main dans le chapeau.

Grain-de-Sel tira successivement trois noms. Le premier était celui de Mathurin. Le second celui de Pornic, ce même Pornic que le feu comte de Main-Hardye avait envoyé à son fils lorsqu'il était en garnison à Poitiers. Le troisième était celui d'Yvon.

Pornic était un vieillard, Mathurin et Yvon étaient deux frères, deux jeunes gars jumeaux de vingt ans.

Si le comte eût eu à faire un choix, bien certainement il les eût choisis tous trois.

— Maintenant, mes enfants, acheva Hector, donnez-moi tous la main et séparons-nous. Un jour viendra peut-être où je pourrai rentrer en plein soleil et la tête haute à Main-Hardye.

— Mes enfants, dit à son tour le majordome, en tirant un livre de messe de sa poche, M. le comte a trop de confiance en vous pour vous demander de garder le secret de son évasion, mais moi j'ai le droit de l'exiger... Vous allez me jurer sur l'Évangile que vous mourrez plutôt que de rien révéler.

Vingt voix couvrirent la voix du vieil intendant.

— Nous le jurons! s'écrièrent-ils tous.

— Et je suis bien sûr qu'il n'y aura aucun parjure parmi vous. Merci, mes enfants...

Le comte passa alors son fusil de chasse en bandoulière, mit ses pistolets à sa ceinture, et dit aux trois hommes qui le devaient accompagner, ainsi que Grain-de-Sel.

— Mettez du pain et du fromage dans vos bissacs; il nous faut des vivres pour trois jours... Si les bleus restent plus longtemps dans le pays, Dieu pourvoira à nos besoins.

— Et moi aussi, dit l'espiègle Grain-de-Sel.

Puis le jeune gars ajouta:

— Est-ce que nous emportons le baril de poudre?

— Mais sans doute. Vas-tu pas croire, dit le comte avec son sourire calme et fier, que je veux me laisser fusiller?

— Plus souvent! murmura le gamin.

Et bien qu'il eût déjà un fusil, il prit deux pistolets sur la table, en vérifia les amorces, et les passa également à sa ceinture.

Pornic, Mathurin et Yvon imitèrent Grain-de-Sel.

Alors le comte ouvrit une des portes de la salle qui donnait sur une cour intérieure.

— Venez! dit-il.

Puis il ajouta en riant:

— Si jamais les bleus d'aujourd'hui savent par où j'ai passé, ils seront plus fins que les bleus d'autrefois, qui chaque fois qu'ils ont pris le château ont fait des perquisitions, se sont amusés à sonder les murs et les planchers et à fouiller les caves pour y trouver la fameuse issue...

Marche, Grain-de-Sel!

IX.

Sous la voûte qui conduisait de la salle basse à la petite cour, il y avait un des trois barils de poudre qui devaient faire sauter le château si les assiégeants eussent refusé les conditions posées par le comte.

Les deux autres se trouvaient dans les caves.

— Cherchez une bonne corde, ordonna M. de Main-Hardye, qui se dirigea vers un puits placé au milieu de la cour.

A l'exception du majordome et de Grain-de-Sel, tous les défenseurs de Main-Hardye regardèrent curieusement leur jeune maître.

Le puits qu'ils avaient sous les yeux était profond et les eaux de l'étang l'alimentaient.

Une poulie armée de deux seaux servait à puiser cette eau, qui, si elle était saumâtre et peu potable, était bonne cependant pour le passage des chevaux.

Mathurin se pencha le premier après le comte sur le bord du puits, qui avait une rampe en maçonnerie, et il poussa un cri de surprise.

— Tiens! dit-il, il n'y a plus d'eau.

En effet on voyait le fond du puits.

— C'est moi qui l'ai séché, dit Grain-de-Sel. Fallait-il pas que je passe entrer? Les bleus ne permettaient pas qu'on vînt par la porte...

Les Vendéens regardaient tour à tour le comte et Grain-de-Sel qui souriaient, et nul ne comprenait comment le jeune gars avait pu venir par le fond du puits, lequel, une heure auparavant, était plein d'eau

— Tu es donc sorcier, que tu sèches les puits, Grain-de-Sel? demanda Mathurin.
— Peut-être bien, répondit le gars.
Le comte fit détacher un des seaux, et montra du doigt un large baquet, assez grand pour qu'un homme s'y pût asseoir comme dans une nacelle.

D'après son ordre, on attacha le paquet à la corde, en place du seau.

Puis il dit à Grain-de-Sel:
— Descends le premier.
Le gars sauta dans le baquet.
— J'ai de la chance, murmura-t-il, et je m'en irai plus facilement que je ne suis venu. Il m'a fallu grimper après la corde.

Le baquet descendit jusqu'au fond du puits.

Alors Grain-de-Sel, qui s'était accroupi dedans, se leva, enjamba par dessus le bord, et ceux qui l'avaient descendu le virent disparaître et s'évanouir comme un fantôme.

Le gars venait de s'enfoncer dans une brèche pratiquée au ras du sol dans la maçonnerie du puits.

Cette brèche était invisible et couverte par l'eau en temps ordinaire.

Le baquet remonta, puis redescendit.

Il contenait le baril de poudre, les fusils, les bissacs des trois compagnons d'Hector, et une petite valise qui renfermait quelques vêtements pour ce dernier.

Il y avait, en outre, de grandes torches de résine qui devaient sans doute éclairer la marche des fugitifs à travers le mystérieux souterrain dans lequel Grain-de-Sel pénétrait le premier.

Grain-de-Sel prit le baril, les divers ustensiles que renfermait encore le baquet, et ceux qui étaient en haut du puits le virent disparaître.

Mathurin et son frère Yvon descendirent ensuite l'un après l'autre.

Puis ce fut le tour de Pornic.

Enfin le comte serra les mains de ses derniers soldats et s'aventura à son tour dans le baquet.

Les Vendéens, qui le suivaient du regard, le virent disparaître comme les autres et remontèrent le baquet.

Cinq minutes après, l'eau reparut dans le puits, et il ne resta plus aucune trace de l'évasion du comte.

C'était à crier au miracle.

Le majordome dit fort tranquillement:
— Les bleus peuvent venir maintenant. M. le comte est sauvé!

Le phénomène qui venait de se produire aux yeux ébahis des Vendéens était cependant facile à expliquer.

Le puits de la petite cour avait été creusé au moyen âge par un chevalier de Main-Hardye qui guerroyait avec le Bocage contre les Anglais.

Deux ouvriers qui le creusaient, espérant trouver le niveau de l'étang, et par conséquent n'avoir plus qu'un conduit à percer dans le sens latéral, furent très-étonnés, arrivés à une certaine profondeur, de mettre à découvert une sorte d'excavation naturelle qui semblait se prolonger sous le château dans une direction opposée à l'étang.

Ils remontèrent et firent part de leur découverte au chevalier.

Le sire de Main-Hardye d'alors descendit dans le puits, s'arma d'une torche, et, suivi par les deux ouvriers, il s'aventura bravement dans l'excavation.

Étroite et permettant à peine à un homme de passer en se courbant, la voie souterraine s'élargissait bientôt, et tout à coup le chevalier fut ébloui par des myriades d'étincelles que la lueur de sa torche arrachait à des stalactites qui en tapissaient les parois.

Il se trouvait dans une de ces grottes souterraines qui, presque toutes, correspondent par une de leurs issues avec des étangs ou des rivières. Celle-là communiquait avec l'étang au bord duquel les Main-Hardye avaient bâti leur donjon.

Le chevalier explora la grotte, dont la voûte inégale s'abaissait ou s'élevait tour à tour, s'élargissait et prenait des proportions de cathédrale, ou se rapetissait à l'infini et ne laissait plus que la place nécessaire à un homme pour passer en rampant sur le ventre et sur les mains.

Il chemina longtemps ainsi, suivi par les deux ouvriers; et au bout d'une heure il finit par découvrir l'issue de la route souterraine.

C'était un petit trou de la dimension d'un terrier à renard, par lequel filtrait un rayon de jour.

Le chevalier fit élargir ce trou à coups de bêche, et se trouva tout à coup au milieu d'un épais fourré de broussailles, dans les bois qui s'étendent entre Main-Hardye et Bellombre.

Alors il revint sur ses pas et remonta par le puits nouvellement creusé dans la cour de son manoir. Après quoi il manda trois autres ouvriers maçons, et leur fit jurer à tous les cinq, sur l'Evangile, qu'ils emporteraient ce secret dans la tombe.

Sous la direction du chevalier, les ouvriers rétrécirent le puits, en même temps qu'ils construisaient une sorte de galerie intérieure dans la maçonnerie. Cette galerie était destinée à mettre en communication, à l'aide d'un escalier d'une dizaine de marches, le fond du puits et l'extrémité du souterrain, laquelle avait un niveau supérieur d'environ huit pieds, de telle sorte que la brèche et une portion de l'escalier devaient être envahis par l'eau quand le conduit de l'étang serait percé.

Tout cela fut très-habilement fait; puis on construisit deux conduits au lieu d'un, et ces deux conduits furent garnis d'un robinet qui correspondait avec la galerie.

En ouvrant un de ces robinets, on emplissait le puits, en ouvrant le second et fermant le premier, on le vidait, et le passage se trouvait libre de la grotte au puits.

Les ouvriers du chevalier gardèrent le secret. Ce secret se transmit avec les plus grandes précautions, de génération en génération, chez les Main-Hardye.

Aux grandes époques guerrières ou révolutionnaires, le puits du chevalier servit plus d'une fois à sauver les assiégés en leur permettant de fuir ou de se ravitailler.

Pendant les dernières guerres de Vendée, en 1792 et 1793, le puits avait rendu d'immenses services aux troupes royalistes. A cette époque, on remplaça les robinets par une pompe.

Les robinets avaient cet inconvénient qu'ils ne pouvaient fonctionner que lorsque les eaux de l'étang étaient basses.

La soupape put vider ou remplir le puits en tout temps, et un ouvrier habile la dissimula si bien, qu'il fallait, soit du côté de la galerie, soit du côté du puits, en connaître l'existence pour la trouver.

Or, lorsque la dernière insurrection vendéenne éclata, il n'y avait plus dans tout le pays, et sans doute au monde, que trois personnes qui connussent le secret.

La première était le comte de Main-Hardye, la seconde son fils Hector, la troisième le vieux majordome.

Quinze jours avant les événements que nous venons de raconter, le comte Hector de Main-Hardye, qui commençait à prévoir l'issue de la guerre vendéenne, le comte, disons-nous, avait initié Grain-de-Sel à ce mystère.

— Je puis être assiégé dans Main-Hardye, lui dit-il, dans l'impossibilité de voir Diane et de recevoir de ses nouvelles!... Il faut pourtant que tu puisses m'en apporter.

Et le comte, une nuit, avait conduit Grain-de-Sel dans les grottes, et lui avait expliqué le mécanisme de la soupape.

Or donc, ce jour-là, lorsque Grain-de-Sel comprit que

le château était assiégé, et que, par conséquent, il lui serait impossible de pénétrer à Main-Hardye sans tomber au milieu des bleus, le jeune gars rebroussa chemin, gagna la Bauge-Ferme, se glissa dans les broussailles, et disparut par cette étroite crevasse qui n'avait jamais été découverte que par des chasseurs, et que tous avaient prise pour un trou à renards.

Lorsque Grain-de-Sel était arrivé dans le puits après l'avoir vidé, tous les hommes qui défendaient le château, abrités derrière les croisées, les créneaux, couchés sous la charpente des toits, barricadés dans les corridors, avaient bien autre chose à faire qu'à se promener dans la cour intérieure.

Le gars était donc arrivé au plus fort de la fusillade, et nul n'avait pris garde à lui. Puis, quand on l'avait remarqué pendant que l'on parlementait, il dit simplement qu'il était bon nageur et avait passé l'étang en nageant entre deux eaux.

Ce fut donc par le puits que le comte de Main-Hardye et ses quatre compagnons quittèrent le château.

Lorsqu'on ouvrit les portes aux bleus, on fouilla partout et on ne trouva rien ; les caves furent parcourues, les murs sondés, les planchers effondrés çà et là.

Mais personne n'eut l'idée de regarder dans le puits.

Le sourire calme du majordome avait, du reste, complètement rassuré le jeune officier de hussards, Charles Aubin, et lorsqu'il était revenu à Bellombre en disant : « Le comte est sauvé, » il en avait la conviction.

Le colonel prit possession du château, expédia une estafette à Poitiers et attendit des ordres.

Diane attendait toujours le retour de Grain-de-Sel.

La soirée s'avançait, le gars ne paraissait pas.

Cependant, vers dix heures, le *houhoulement* de Grain-de-Sel se fit entendre.

Diane tressaillit et ouvrit sa croisée.

Le gars recommença bientôt son cri d'oiseau nocturne, et il sembla à la baronne qu'il avait une intonation joyeuse.

Alors la jeune femme eut un violent battement de cœur.

Elle craignit un moment que le comte n'eût eu l'audace de suivre Grain-de-Sel.

Mais bientôt l'enfant parut.

Il était seul et souriait avec la fierté d'un triomphateur.

— Sauvé! dit-il.

— Parle bas, murmura Diane, parle bas, enfant... Où est-il ?

— Dans la grotte...

Et Grain-de-Sel raconta sur-le-champ l'évasion d'Hector.

Le comte était demeuré dans la grotte avec ses trois compagnons. Ils avaient allumé du feu et avaient des vivres pour trois jours.

Hector avait écrit à Diane sur son genou.

Sa lettre était courte :

« Mon ange aimé, disait-il, nous avons lutté jusqu'au « dernier moment ; mais il est venu une heure où la ré-« sistance devenait de la folie, — une folie sans but. J'ai « eu pitié des hommes qui m'entouraient, et j'ai songé à « toi... J'ai capitulé. Mais, sois tranquille, les bleus ne « m'auront point. Si la fatalité voulait qu'ils découvris-« sent ma retraite, je leur échapperais encore, et je les « ensevelirais avec moi sous les décombres de la grotte, « dans laquelle j'ai transporté un baril de poudre.

« Diane, ma bien-aimée, l'heure du sacrifice a sonné « pour toi.

« Je suis proscrit. En France, c'est la mort, et je ne « veux pas mourir.

« A l'étranger, sans toi, c'est la mort aussi, me com-« prends tu.

« Réfléchis... J'attends.

« Ton HECTOR. »

Diane, en lisant cette lettre, comprit que le comte avait raison, et que l'heure du sacrifice était venue.

Mais ce sacrifice était léger, maintenant que M. de Morfontaine avait pardonné.

La baronne n'hésita point une minute.

Elle jeta un châle sur ses épaules, et, cette lettre à la main, elle descendit chez son père.

Le général avait quitté le salon, il y avait un quart d'heure à peine, en souhaitant le bonsoir à ses hôtes.

Diane le trouva au coin du feu, les pieds sur les chenets, enveloppé dans sa robe de chambre, et lisant un vieux traité de vénerie.

A la vue de sa fille, le général se leva tout étonné, tant il s'attendait peu à une visite d'elle à cette heure avancée.

Diane ferma la porte, vint au général d'un pas lent et se mit à genoux devant lui.

— Que fais-tu, mon enfant ? s'écria M. de Morfontaine, qui voulut la relever.

Mais Diane demeura à genoux.

— Mon père, dit-elle, je ne me relèverai que lorsque vous m'aurez pardonné.

— Pardonné ! exclama le général abasourdi. Pardonné ! Que veux-tu donc que je te pardonne, à toi, mon enfant, ma fille ; à toi, l'appui et la joie de ma vieillesse ; à toi, pour qui je demande chaque jour à Dieu de m'accorder de longues années encore ?

— Mon père, je vous ai désobéi.

— Toi ?

— Je vous ai trompé.

— Toi ! toi !

— Vous m'aviez donné un époux, un époux que mon cœur n'avait pas choisi... et cet époux, je l'ai accepté parce que vous me le donniez, mon père, et je lui ai été fidèle, et je me suis efforcée de l'aimer...

— Et c'est ce que tu appelles m'avoir trompé, enfant ? s'écria le général.

— Attendez, mon père... Cet époux mort, mon cœur s'est senti de nouveau entraîné vers l'homme que j'aimais... et cet homme que je n'osais vous nommer, et à qui j'appartiens, cet homme...

Le général éprouva en ce moment un de ces pressentiments bizarres, inexplicables qui s'emparent quelquefois de l'esprit humain.

— Son nom ? demanda-t-il, pris d'une émotion violente et subite. Quel qu'il soit, je te pardonne, mon enfant, et puisque... tu l'aimes...

— Oh ! oui, fit Diane, qui posa la main sur son cœur.

— Il sera ton époux, je te le jure, acheva le général.

Diane se releva et dit :

— Mon père, l'homme que j'aime, l'homme qui est déjà mon époux devant bien, l'homme à qui j'ai juré de porter son nom un jour, est un malheureux proscrit que je viens vous supplier de sauver...

— Son nom ? insista le marquis d'une voix tremblante et pleine d'angoisse.

— C'est le comte Hector de Main-Hardye, ajouta Diane avec fermeté.

Le général étouffa un cri, porta la main à son front et chancela.

— Mon Dieu ! murmura-t-il, est-ce donc ainsi que finissent toutes ces vieilles haines qui traversent impunément les siècles ?

Diane, les mains jointes, voulut se remettre aux genoux du général ; mais il la prit dans ses bras, la tint longtemps pressée contre son cœur, et lui dit enfin :

— Madame la comtesse de Main-Hardye, il faut pourtant aviser au moyen de sauver votre époux.

Deux heures plus tard, Diane écrivait à Hector cette lettre, que Grain-de-Sel devait lui porter le lendemain :

« Cher époux,

« Oh ! je puis te donner ce nom maintenant, car mon

Il ouvrit vivement la veste de l'enfant et en retira la lettre de Diane. (Page 896.)

« père sait tout, et il a pardonné, et il t'appellera son fils, comme il m'a déjà nommée tout à l'heure : « Madame la comtesse de Main-Hardye. »

« Il a déjà médité un plan de fuite pour nous et pour lui.

« Je veux que vous soyez prudent et raisonnable, mon cher époux ; que vous demeuriez caché dans le trou du Renard jusqu'à ce que Grain-de-Sel aille vous chercher.

« Ce jour-là, les hussards auront quitté Bellombre, et le pays sera libre.

« Un soir, demain peut-être, une lumière brillera en haut du château, à la fenêtre de la mère Yvonne, et ce sera pour toi le chemin de la délivrance.

« Mon père a déjà songé à préparer une chaise de poste qui t'attendra à la lisière du bois. Vous serez obligé, mon cher comte, de prendre un déguisement, une livrée de valet ; mais qu'importe ! Nous traverserons le Bocage en une nuit, nous arriverons à Rochefort, et là c'est le salut, car il y a toujours des navires anglais en partance.

« Adieu, cher époux du ciel, au revoir plutôt. Je m'agenouille et je prie pour toi.

« DIANE. »

Grain-de-Sel, debout derrière le fauteuil de Diane, avait attendu silencieusement qu'elle eût terminé sa lettre. Quand elle l'eut pliée et cachetée, le gars s'en saisit.

— Hurrah ! dit-il. Vive monsieur le comte de Main-Hardye ! Vive le roi !

Et il enjamba la croisée, se laissa glisser derrière le cep de vigne et disparut dans la nuit.

X

Trois jours s'écoulèrent.

Les hussards étaient toujours à Morfontaine et dans les environs, attendant les ordres.

Mais la fusillade avait cessé dans le Bocage et l'insurrection paraissait éteinte.

M. le vicomte de la Morlière et ses deux cousins commençaient à se montrer fort inquiets.

On n'entendait plus parler de M. de Main-Hardye ; le général lui-même évitait de prononcer son nom, et la baronne Rupert, quoique toujours grave et silencieuse, n'avait plus ce front pâle et ces yeux cernés qui révélaient naguère ses nuits d'angoisse et d'insomnie.

Le comte avait-il, en effet, gagné les côtes et s'était-il embarqué ?

M. de la Morlière commençait à le craindre, car Grain-de-Sel lui-même demeurait fort tranquillement à Bellombre et se couchait de fort bonne heure.

Ambroise, le valet vendu aux trois cousins, avait passé deux nuits blanches couché dans les fossés du parc.

Ni Grain-de-Sel, ni le comte n'avaient passé par la brèche, et Ambroise en avait été quitte pour relever son piège à loups au petit jour et le cacher dans une broussaille voisine.

Le vicomte était ivre de rage.

— Allons, cousin, lui dit le chevalier de Morfontaine, un soir que les trois prétendants à la main de Diane causaient en fumant sous les arbres de l'avenue du château, ceci est une partie perdue.

— Eh bien! répondit le vicomte, quoi que vous puissiez dire l'un et l'autre, je soutiens que ce n'est qu'une partie remise.

— Remise à longtemps...

— Peut-être.

— La combinaison était pourtant bien jolie, murmura le baron de Passe-Croix d'un ton railleur.

— Je n'y renonce pas encore.

Les deux cousins hochèrent la tête.

Mais avant que le vicomte eût répondu, il vit venir à lui Ambroise, le valet perfide.

Ambroise avait une fleur de sourire aux lèvres.

— Ah! ah! dit le vicomte, as-tu du nouveau par hasard?

— Je le crois.

— Voyons.

Et le vicomte regarda ses deux cousins :

— Vous savez, messeigneurs, dit-il, que je suis votre général en chef et que j'ai pour habitude de ne point réunir mon conseil de guerre.

— C'est bien, nous te laissons, dit le chevalier, qui prit le bras de M. de Passe-Croix et l'entraîna du côté du parc.

Ambroise et M. de la Morlière se trouvèrent seuls.

— Eh bien! dit le vicomte, qu'est-ce?

— Grain-de-Sel fait des préparatifs de départ.

— Ah!

— Il est allé aux écuries aujourd'hui, et il a soigné les chevaux d'une singulière façon; cela m'a donné à penser qu'il songeait à voyager.

— Est-ce tout?

— Oh! non, fit Ambroise en souriant, j'ai mieux que cela.

— Voyons.

— J'ai découvert un endroit d'où l'on voit et on entend ce qui se passe chez madame la baronne.

— Oh! oh! murmura M. de la Morlière dont le visage s'illumina, ceci est plus sérieux, en effet. Et où est cet endroit?

— C'est la bibliothèque du château, qui, vous le savez, est séparée de la chambre à coucher de madame la baronne par une cloison. Monsieur le chevalier de Passe-Croix a, ce matin même, cherché des livres dans la bibliothèque, et il a dérangé ce que ne sais quoi, de telle façon que tout à l'heure, en allant y chercher moi-même un volume pour le général, j'ai été fort étonné de voir passer un rayon lumineux à travers le mur. Les volumes qu'avait dérangés monsieur le chevalier avaient, en s'écartant, démasqué un petit trou auquel je me suis empressé de coller mon œil...

— Et... qu'as-tu vu?

— J'ai vu madame Diane qui écrivait sur une petite table roulée devant le feu. La cheminée était juste en face de la fente par laquelle je regardais.

— A merveille! Et la baronne était-elle triste ou gaie?...

— Elle avait le visage tranquille et comme un sourire aux lèvres à mesure qu'elle écrivait.

— Elle était seule?

— Oui; mais Grain-de-Sel est venu, et il est entré sur la pointe du pied.

— Ah! ah!

— Madame Diane a levé la tête et lui a dit tout bas: « Dans une heure. »

Grain-de-Sel s'en est allé.

— Alors, acheva Ambroise, je me suis glissé à pas de loup de la bibliothèque dans le corridor, et j'ai vu Grain-de-Sel qui descendait aux écuries. Je me suis trouvé par hasard sur son chemin.

— Par hasard aussi, dit le vicomte, tu devrais retourner à la bibliothèque.

— Oh! j'ai le temps, monsieur. Madame Diane a dit à Grain-de-Sel : « Dans une heure. »

— Est-ce tout ce que tu as à m'apprendre?

— Ah! répondit Ambroise, j'oubliais de vous dire que le général a paru préoccupé toute la journée.

— Je m'en suis aperçu.

— Il a envoyé ce soir son valet de chambre Philippe à Poitiers.

— Sais-tu pourquoi?

— Non; Philippe est discret, j'ai vainement essayé de le faire parler.

Tandis qu'Ambroise lui donnait ces renseignements, le vicomte se disait:

— Je commence à être de l'avis de mes cousins, Maillardye est hors de danger. Sans cela, madame Diane souffrirait-elle?

Et après avoir fait cette réflexion tout bas, il dit tout haut au valet.

— Notre homme est parti bien certainement; il aura gagné le bord de la mer.

— Ceci n'est point sûr, monsieur.

— Qu'en sais-tu?

— Oh! mon Dieu ! rien...; mais je donnerais ma tête à couper qu'il est caché quelque part dans les bois, et que le général s'occupe des moyens de le faire partir. Je réitère à la bibliothèque... Vous, monsieur le vicomte, vous devriez bien surveiller un peu Grain-de-Sel.

M. de la Morlière et Ambroise revinrent vers le château et se séparèrent près du perron.

Ambroise s'en retourna dans la bibliothèque et tressaillit en y entrant. Un bruit confus de voix passait par la fente de la cloison, et le valet, qui avait l'oreille fine, reconnut sur-le-champ la voix du général.

Il s'approcha, colla son œil au mur, et vit, en effet, M. de Morfontaine assis auprès de sa fille et lui tenant les deux mains.

Ambroise ne se contenta point de regarder, il écouta la conversation du marquis et de la baronne Rupert.

Le général était entré, il y avait quelques minutes à peine; il était entré sur la pointe du pied, et, voyant que sa fille écrivait, il s'était assis sans mot dire.

Diane, levant la tête, lui avait souri :

— Je suis à vous, mon père.

— C'est à lui, n'est-ce pas, que tu écris?...

— Oui, père.

— Lui dis-tu mon projet?

— Oh! certes, et je le supplie de ne pas sortir de sa cachette, de ne point bouger, d'attendre à après-demain. C'est après-demain, n'est-ce pas?

— C'est après-demain que les hussards partent; le soir; à l'entrée de la nuit, Philippe sera avec ma chaise de poste à la lisière du bois.

— Oh! mon père, murmura Diane, vous êtes noble et bon.

— Je t'aime, mon enfant, et j'ai fini par aimer l'homme à qui tu as donné ton cœur.

— Ah! vous ne le connaissez pas, mon père... Il est digne de votre affection... vous verrez...

— Occupons-nous d'abord de le sauver... Les hussards,

je te le répète, doivent partir après-demain. Aussitôt qu'ils se seront mis en route, on allumera une lampe dans la chambre de la mère Yvonne, comme je te le disais hier.

Ce sera le signal.

Diane jeta ses bras au cou de son père et le couvrit de baisers.

Le général discuta alors longuement le plan de fuite qu'il avait conçu.

Puis il se tourna vers Grain-de-Sel et lui dit :

— File ! et va-t'en m'attendre à la cuisine ! Il faut se défier de tout le monde à présent.

XI.

Le général, madame Diane et Grain-de-Sel avaient, tout en causant à voix basse et ne se défiant point du trou pratiqué dans le mur de la bibliothèque, livré à Ambroise et au vicomte de la Morlière le secret de la retraite du comte Hector de Main-Hardye.

Grain-de-Sel descendit à la cuisine.

Sa vieille mère était au coin du feu. Les domestiques entouraient la table ronde placée au milieu de la salle basse.

— Hé ! Grain-de-Sel ! dit le valet de chambre Ambroise, tu as l'air bien triste aujourd'hui.

— Pourquoi donc serais-je triste ? demanda le petit Vendéen.

— Dame ! fit Ambroise, tu en as l'air, toujours.

— Je suis ainsi, répliqua Grain-de-Sel, chaque fois que j'ai faim.

Et il se mit à table à sa place habituelle.

— Mère, dit-il, se tournant vers la nourrice de madame Diane, tu ne soupes pas ?

— J'ai soupé, mon gars.

— Déjà ?

— Oui, et je t'engage à en faire autant et à t'aller coucher. Faut que tu te lèves matin, demain.

— Pourquoi donc cela, mère ?

— Parce que tu t'en iras à Poitiers porter une lettre de notre maître.

— Ah ! dit Grain-de-Sel d'un air étonné, faut que j'aille à Poitiers ?

— Oui, mon gars.

— C'est bon, on ira.

Grain-de-Sel s'arma de son couteau et attaqua une tranche de lard bouilli.

Mais il était à peine à la moitié de son repas, lorsqu'un personnage, sur l'arrivée duquel personne, bien certainement, ne comptait, se montra sur le seuil de la porte.

C'était le général, le marquis, le maître, comme on l'appelait indistinctement à Bellombre.

A sa vue, les domestiques se levèrent avec respect, et chacun d'eux se découvrit.

— Mais enfants, dit le général, il fait un temps de chien, et cependant il faut que l'un de vous monte à cheval.

— Ce sera moi, si monsieur le marquis le permet, dit Grain-de-Sel.

— Toi, petit !

— J'aime la pluie et le vent, moi.

— Le général se prit à sourire.

— Où faut-il aller ? continua l'enfant.

— A Bellefontaine.

— Chez le curé ?

— Oui, dit le général.

Il avait une lettre à la main, et il la donna à Grain-de-Sel.

Grain-de-Sel échangea avec le général un regard mystérieux, prit la lettre, la mit dans sa poche et se leva.

— Selle mon cheval rouan, dit le général. Tu iras à Bellefontaine en vingt minutes. Si la pluie continue à tomber quand tu arriveras, le curé te fera coucher.

— Je ne dois donc pas rapporter la réponse à monsieur ? demanda Grain-de-Sel.

— Non, d'après ma lettre, le curé saura ce qu'il doit faire.

Le général quitta la cuisine et remonta au salon.

Grain-de-Sel murmura :

— Il fait pourtant bon au coin du feu ; qu'en dis-tu mère ?

— Je dis que tu aurais bien pu laisser aller quelqu'un autre, répondit la nourrice de Diane d'un ton bourru.

— Non pas, dit Grain-de-Sel.

— Et pourquoi cela ? demanda Ambroise d'un air niais

— Parce que le général m'a baptisé du nom de Grain-de-Sel-l'Intrépide.

— Et que tu veux mériter ce nom ?

— Tout juste, le Parisien.

C'était ainsi qu'à Bellombre on appelait Ambroise, le seul domestique du château qui ne fût pas un enfant du pays.

— Il a de l'amour-propre, Grain-de-Sel, dit Ambroise, qui se leva à son tour et dit :

— Bonsoir, tout le monde, je vais me coucher.

Ambroise et Grain-de-Sel sortirent en même temps de la cuisine.

Le premier fit mine de monter bruyamment l'escalier de service qui conduisait aux étages supérieurs, tandis que le petit Vendéen descendait aux écuries.

Mais, arrivé au premier étage, il traversa la salle à manger, où il n'y avait plus personne, et gagna la terrasse du château.

De la terrasse, Ambroise descendit à l'orangerie, et, malgré l'obscurité de la nuit, il trouva son chemin au travers des caisses d'arbustes.

Derrière l'une de ces caisses se trouvait le *piège à loup*, qu'il tendait vainement chaque soir et relevait chaque matin.

Auprès du piège à loup, Ambroise avait placé un fusil, qu'il mit en bandoulière, et un gros bâton noueux, qu'il prit avec lui.

Puis, muni de ces trois objets, il sortit de l'orangerie.

La silhouette noire d'un homme se dessina alors sur la nuit sombre.

— Ambroise ! dit une voix.

— Monsieur le vicomte...

— Bien, c'est toi ?

— Oui, monsieur.

— Es-tu prêt ?

— Grain-de-Sel part à l'instant ; mais j'aurai le temps de le devancer.

— Tu crois ?

— J'en suis sûr.

— Bien. Va !

— Monsieur le vicomte n'oubliera pas la lumière ?

— Certainement non.

Ambroise s'enfonça en courant sous les arbres du parc et disparut.

Pendant ce temps, Grain-de-Sel entrait dans les écuries, sellait Rolland, le cheval rouan du général, et s'élançait dessus.

Au moment où il sortait de la cour, il se retourna et leva les yeux vers le château.

— O chère maîtresse !... murmura l'enfant avec l'enthousiasme du dévouement sans limites.

Grain-de-Sel mit son cheval au galop et s'élança sur la route de Bellefontaine. Mais quand il fut hors de vue et que les tourelles de Bellombre eurent disparu derrière les arbres, il tourna brusquement à gauche et se jeta dans un chemin creux.

Ce chemin creux conduisait tout droit aux grands bois, derrière lesquels s'élevaient les vieux murs du château de Main-Hardye.

Le petit Vendéen s'enfonça dans le fourré, gagna une clairière, mit pied à terre, et attacha son cheval à un chêne.

La nuit était sombre, le vent était tombé, mais la pluie continuait à tomber aux travers des branches dépouillées.

Grain-de-Sel avait dans la poche de sa veste rouge la lettre de Diane à Hector.

Toujours prudent, toujours circonspect, l'enfant regarda autour de lui, se coucha et colla son oreille contre terre. Aucun bruit, proche ou lointain, ne se faisait entendre.

— Allons! murmura-t-il avec un sourire, ce n'est pas aujourd'hui encore que je serai suivi, et que les bleus découvriront la retraite de M. Hector.

Il arma son fusil, le plaça sur son épaule et continua sa route à pied, se glissant à travers les broussailles avec la souplesse et la légèreté d'un chat.

— Qui va là? dit tout à coup une voix derrière lui.

Grain-de-Sel tressaillit, se retourna et porta sur-le-champ la crosse de son fusil à son épaule droite.

Mais en cet endroit le bois était si fourré et la nuit si obscure, que Grain-de-Sel ne vit rien.

— Qui va là? demanda-t-il à son tour.

Nul ne répondit.

Alors Grain-de-Sel voulut rebrousser chemin, tant il avait peur que ce ne fût un bleu qui l'eût suivi.

Il fit deux pas en arrière et répéta :

— Qui donc a parlé?

Soudain l'enfant reçut un vigoureux coup de bâton sur la tête, jeta un cri étouffé et tomba étourdi et comme foudroyé.

Alors un homme, qui s'était tenu dissimulé jusque-là derrière un tronc d'arbre, s'avança son bâton à la main, et se pencha sur Grain-de-Sel.

Grain-de-Sel était évanoui.

L'homme ne s'amusa point à s'assurer s'il avait tué ou non le petit Vendéen.

Il ouvrit vivement la veste de l'enfant et en retira la lettre de Diane.

Or, l'homme qui venait d'étourdir Grain-de-Sel d'un coup de bâton et qui lui avait volé la lettre que l'enfant portait sur sa poitrine, cet homme, c'était Ambroise.

Le valet de chambre de feu le baron Rupert, une fois en possession de la lettre, prit le corps du petit Vendéen dans ses bras et le poussa dans une broussaille. Le coup de bâton avait entamé le cuir chevelu. Un flot de sang s'était répandu sur le visage de Grain-de-Sel.

— Il est mort, pensa Ambroise.

Puis il s'élança au travers des chênes rabougris et du fourré vers le *trou à renard*, dont il connaissait maintenant parfaitement le chemin.

Ambroise avait souvent accompagné le général à la chasse ; vingt fois il avait passé auprès de la petite ouverture de ce vaste souterrain, qui communiquait avec le parc de Main-Hardye.

Seulement, il s'était toujours imaginé que cette ouverture n'était qu'une excavation sans importance, un simple trou à renard.

Ambroise écarta les broussailles qui en masquaient l'entrée, puis il se coucha à plat ventre, posa ses deux mains sur sa bouche et fit entendre un *houhoulement* exactement semblable à celui de Grain-de-Sel.

Une minute s'écoula et rien ne troubla le silence qui régnait autour du valet.

Le trou était noir, et Ambroise n'était pas homme à s'y aventurer.

Les ténèbres avaient pour lui toute l'horreur de l'inconnu.

Il répéta son houhoulement.

Puis il attendit.

— Pardieu ! se dit-il, si le comte ne répond pas, c'est que, probablement, Grain-de-Sel a l'habitude de faire la chouette trois fois de suite.

Et, pour la troisième fois, il répéta le houhoulement.

Aussitôt le coup de sifflet bien connu des gens du Bocage lui répondit.

— Ah ! ah ! murmura Ambroise, la bête fauve est baugée.

Il se releva et attendit encore.

Peu à peu un bruit se fit dans le souterrain, un bruit lointain et confus d'abord, qui se rapprocha insensiblement.

Ambroise reconnut bientôt que ce bruit était celui d'un pas retentissant sur le sol sonore du souterrain.

Puis ce bruit cessa et le coup de sifflet se fit entendre de nouveau.

Ambroise répéta son houhoulement.

Les pas se firent entendre de rechef, et bientôt ils furent si distincts qu'Ambroise eut un battement de cœur.

— Le voilà ! pensa-t-il.

En effet, une voix basse, comprimée demanda des profondeurs du souterrain :

— Est-ce toi, Grain-de-Sel !

— Non, répondit le valet, c'est moi, Ambroise, le valet de chambre de madame la baronne.

— A distance alors ! cria la voix.

Puis Ambroise, qui s'était prudemment écarté, vit apparaître hors du trou de renard un homme qui se dressa tenant un pistolet de chaque main.

— Arrière ! répéta le comte, car c'était lui, arrière !

Ambroise recula d'un pas.

— Monsieur le comte, dit-il, je vous apporte une lettre de madame la baronne.

Le comte, qui avait une grande habitude de l'obscurité, jetait autour de lui un regard rapide et s'assurait qu'Ambroise était seul.

— Ah ! monsieur le comte, dit Ambroise, vous devez pourtant me reconnaître à la voix.

— En effet, répondit le comte. Et... tu m'apportes une lettre de madame Diane?

— Oui, monsieur le comte.

— Pourquoi Grain-de-Sel n'est-il pas venu?

— Parce que les bleus l'emmènent.

— Hein ? fit le comte.

— Monsieur Hector, reprit Ambroise en jetant son fusil à terre, à deux pas devant lui, voici la seule arme que je possède.

— Donne la lettre.

— La voici, répéta Ambroise.

— Avance, dit le comte.

M. de Main-Hardye, qui tenait toujours son pistolet à la hauteur du front d'Ambroise, prit la lettre.

La nuit était trop sombre pour qu'il pût la lire, mais il en palpa le cachet.

— C'est bien d'elle, murmura-t-il.

Puis il renouvela sa question :

— Pourquoi Grain-de-Sel n'est-il pas venu?

— Parce que, répondit Ambroise, les bleus l'ont pris pour leur servir de guide.

— Comment cela ?

— Les hussards ont quitté Bellombre, il y a une heure.

— Ah ! dit le comte, qui respira.

— Grain-de-Sel était en route, et il vous apportait cette lettre.

— Bien, après ? fit le comte toujours soupçonneux.

— Les hussards ne comptaient partir que demain, mais une ordonnance est arrivée de Poitiers au grand galop, et a apporté un message au colonel.

— A cheval, messieurs ! a commandé le colonel.

Il a fait sonner le boute-selle et on est parti. Comme le colonel sortait de Bellombre, il a rencontré Grain-de-Sel. Le bambin était à cheval, et il vous apportait cette lettre.

Il répéta son houhoulement, puis il attendit. (Page 895.)

— Où vas-tu? lui a demandé le colonel.
— C'est M. le marquis, a répondu l'enfant, qui m'envoie à Bellefontaine, chez M. le curé. Le capitaine Aulan, vous savez, monsieur le comte, le capitaine...
— Mon ami, interrompit Hector.
— Le capitaine lui a dit: Puisque tu vas à Bellefontaine, qui est sur la route de Poitiers, tu peux bien nous servir de guide, *le ciel est sombre...*
— Oh! volontiers, capitaine.
J'étais à trois pas de distance, regardant défiler l'escadron.
Grain-de-Sel s'est tourné vers moi. Alors je me suis approché, et, comme la nuit était noire, il a pu me glisser sa lettre dans la main et ces mots à l'oreille:
— Au trou du renard... le comte... *trois houhoulements.* Et il est parti.
Je me suis mis à courir à travers les bois, et me voilà.
Ambroise avait raconté tout cela avec une naïveté et un air de bonne foi qui écartèrent tout soupçon de l'esprit du comte.
— As-tu la mèche soufrée de Grain-de-Sel?
— Non, monsieur le comte.
Hector de Main-Hardye hésita un moment. Mais enfin il prit un parti et dit à Ambroise:
— Quand Mme Diane a remis cette lettre à Grain-de-Sel, les hussards devaient-ils être partis?

— Non.
— Donc elle ne le savait pas...
— Non.
— Et il n'y a plus un seul soldat à Bellombre?
— Pas un.
Le comte hésita encore.
— Monsieur le comte, dit Ambroise, qui, en ce moment, fut sublime d'audace, si j'avais un conseil à vous donner.
— Parle.
— Ce serait d'attendre à demain...
— Non, répliqua le comte qui crut désormais à la sincérité du valet, il y a trop longtemps que je ne l'ai vue.
— Cependant, monsieur le comte...
— Non, je veux aller à Bellombre, répéta Hector avec fermeté. Je veux la voir!
— Alors, je te tiens! murmura le valet, qui s'était vendu corps et âme au plus implacable ennemi du comte.

XII.

— Ramasse ton fusil, dit le comte, et marche devant moi.
Ambroise se baissa et mit son fusil en bandoulière.
Puis il marcha devant le comte.
Hector avait toujours ses pistolets à la main, mais sa défiance s'était évanouie.

PROPRIÉTÉ DE VICTOR BENOIST ET Cⁱᵉ, A PARIS.

Ambroise était, après tout, le valet de chambre de feu le baron Rupert.

Donc il devait être dévoué à la baronne.

Et puis Hector aimait si ardemment Mme Diane qu'il avait fallu toutes les supplications de la jeune femme et le dévouement entêté de Grain-de-Sel pour l'empêcher d'aller à Bellombre tant que les hussards s'y trouvaient.

Or, du moment où l'escadron avait quitté ses cantonnements, du moment où le pays était libre, Hector sentait son cœur battre avec trop de violence pour qu'il pût attendre le lendemain.

Il voulait voir sa chère Diane !

Ambroise cheminait d'un pas leste à travers les taillis. D'ailleurs, la pluie ne tombait plus, le vent se faisait et la lune commençait à se dégager des nuages.

En vingt minutes, le comte et son guide improvisé eurent atteint la limite extrême de ce fouillis de broussailles qui environnait le trou du Renard, et ils purent cheminer plus librement sous la futaie.

Hector était si impatient de revoir Mme Diane qu'il essaya de tromper cette impatience en parlant d'elle.

— Que s'est-il passé à Bellombre ? demanda-t-il au valet.

— Je ne sais pas, monsieur le comte ; mais il me semble que le général est tout changé.

— Comment ?

— Le général devenait pâle de colère, autrefois, quand on parlait de vous...

— Et... aujourd'hui ?

— Aujourd'hui il parle de vous comme si vous étiez déjà le mari de Mme la baronne.

Le comte eut un sourire.

— Et, poursuivit Ambroise, il m'a envoyé hier à Poitiers.

— Pourquoi ?

— Chez Harlet, le carrossier.

— Ah ! ah !

— Pour dire à Harlet qu'il fît mettre en état sa chaise de poste. Il paraît que le général va faire un voyage...

Le comte écoutait avec un intérêt toujours croissant les confidences d'Ambroise.

Le valet continua :

— Ce matin, le général et madame Diane se promenaient dans le parc. Il ne pleuvait pas. Moi, j'étais assis sous le grand arbre qui est devant le perron ; je lisais la Gazette de France. Le général et madame la baronne ont passé près de moi.

— Et ils t'ont vu ?

— Non, monsieur le comte. Ils causaient à mi-voix.

— Et tu as entendu ?

— Oui, monsieur le comte.

— Que disaient-ils ?

— C'était le général qui parlait.

— Ah !

— Mon enfant, disait-il, si les hussards partent demain, comme cela est décidé, ma petite combinaison sera très-bonne.

« — Qu'avez-vous combiné, mon père ?

« — La chaise de poste attendra vers minuit, demain, dans le bois Fourchu, et nous aurons fait quinze ou vingt lieues avant le point du jour. Nous arriverons à Rochefort juste quelques heures avant le départ de ce paquebot anglais dont je t'ai parlé.

« — Mais, a dit madame Diane, si on allait reconnaître Hector ? »

Le général s'est pris à sourire.

« — C'est impossible, a-t-il dit, et cela pour deux raisons : la première, c'est que jamais on ne pourra supposer à trente lieues à la ronde qu'un Main-Hardye voyage dans la voiture du marquis de Monfontaine.

« — Et la seconde ? a demandé madame la baronne.

« — La seconde, mon enfant, c'est que la paire de favoris roux et la livrée de laquais que je destine à ton époux seront le meilleur passe-port. »

On le voit, Ambroise avait écouté assez attentivement la conversation du général et de sa fille, à travers la fente du mur de la bibliothèque.

— Et c'est tout ce que tu as entendu ?

— Tout. Ils se sont éloignés.

— Mme Diane est-elle triste ?

— Elle est fort gaie au contraire.

— Chère Diane, murmura Hector.

— Et les officiers, qui aiment tous M. le comte, sont aussi de belle humeur.

— Vraiment ?

— Ah dame ! je sers à table, fit naïvement Ambroise, et j'ai entendu le capitaine Aubin qui disait gaiement à déjeuner :

— Décidément, je crois que ce pauvre Main-Hardye a vu, à l'heure qu'il est, les côtes de France s'effacer à l'horizon.

— C'est probable... a ajouté le général.

— Bah ! a dit à son tour le vieux colonel, un déserteur de ce genre n'est jamais déshonoré. Hector de Main-Hardye, s'il est parti, attendra patiemment à l'étranger que le roi accorde pleine et entière amnistie.

— Puis, a dit le capitaine Aubin, il rentrera fort paisiblement en Vendée, et s'il a laissé quelque part une femme qu'il aime...

— Il l'épousera au grand soleil, a ajouté le général en souriant.

Tandis que le perfide valet jetait dans le cœur du comte toutes ces espérances, se gardant bien de lui parler de ses trois rivaux, les neveux du général, le comte avait atteint la lisière du bois, et il fut étonné d'entendre retentir un bruit sourd sur le sol.

— Qu'est-ce que cela ? fit-il, vérifiant, par un sentiment de prudence, les amorces de ses pistolets.

— Tiens, fit Ambroise d'un air étonné, c'est un cheval.

Et il désigna du doigt sous les arbres une masse noire qui se mouvait.

— Un cheval ! fit le comte en s'approchant.

— C'est le cheval de Grain-de-Sel ; le drôle sera allé jusqu'à Bellefontaine, dit Ambroise, puis il sera revenu, et tandis que nous quittions le trou à renards, il en prenait le chemin.

Le comte mit deux doigts sur sa bouche et fit entendre son coup de sifflet, espérant que le houhoulement de Grain-de-Sel lui répondrait.

Mais Grain-de-Sel ne répondit pas.

Un soupçon passa dans l'esprit d'Hector.

— Qui sait, pensa-t-il, si cet homme ne me trahit pas ?

Mais après s'être adressé cette question, le comte fut contraint de se répliquer à lui-même :

— Pourquoi ? dans quel intérêt me trahirait-il ?

Cet intérêt, le comte n'aurait pu le deviner que s'il eût songé à l'amour cupide dont les trois neveux du général environnaient leur belle cousine.

Et puis il était trop tard. Le comte n'avait plus le droit d'hésiter. Déjà, au travers des arbres, brillaient les lumières du manoir de Bellombre.

— Diane... chère Diane, murmura le comte.

Puis il dit à Ambroise :

— Détache ce cheval et conduis-le par la bride, il me servira pour retourner. Grain-de-Sel devinera que je m'en suis emparé.

Ambroise obéit et le comte s'élança hors du bois et courut vers la clôture du parc.

Avant d'atteindre la brèche par laquelle il passait ordinairement, Hector se retourna :

— Les hussards sont partis, dit-il ; mais il pourrait fort bien y avoir dans les environs quelques retardataires.

— Oh! ne craignez rien, monsieur le comte.
— N'importe! fais le guet.
— Dois-je vous attendre ici?
— Oui.

Le comte poursuivit sa route, les yeux fixés sur la lumière qui brillait derrière les persiennes de Mme Diane.

Comme à l'ordinaire, il voulut s'élancer et franchir le fossé du parc...

Mais au même instant Ambroise entendit un cri de douleur, puis une exclamation de colère.

Le comte venait de se prendre les deux jambes dans les dents de scie du piége à loup.

Et soudain le valet perfide, qui se tenait à distance, lâcha en l'air ses deux coups de fusil.

Puis il sauta sur le cheval, et frappant à grands coups de talon, il le mit au galop.

— Maintenant, dit-il, je vais à Poitiers prévenir le conseil de guerre.

. . . .

Ambroise, on le sait, avait menti à M. de Main-Hardye.

Les hussards n'avaient point quitté le pays, et le château de Bellombre, outre le colonel et le capitaine Aubin, renfermait une trentaine de soldats et quatre sous-officiers.

Un poste était même établi dans un pavillon qui s'élevait en un coin du parc, et ce poste était commandé par le capitaine Aubin.

Le pavillon était à peine à cent mètres de distance de la brèche où le malheureux comte venait de se prendre comme une bête fauve.

Aux deux coups de fusil qui retentirent derrière lui, Hector riposta au hasard en faisant feu de ses pistolets.

Ces quatre détonations mirent le poste en rumeur. Les hussards s'élancèrent hors du pavillon et se prirent à courir dans la direction où s'étaient fait entendre les derniers coups de feu, et comme la lune s'était tout à fait dégagée des nuages, le capitaine Aubin, qui marchait en avant de ses soldats, aperçut bientôt un homme qui se débattait et essayait vainement de fuir.

En même temps, les fenêtres du château s'ouvraient, ses habitants mis en alerte par les coups de feu s'élançaient au dehors. Soudain le capitaine Aubin jeta un cri terrible, un cri d'épouvante et de douleur.

Dans l'homme qui se débattait en des liens mystérieux, il de venait de reconnaître son ami, le comte Hector.

Et le capitaine n'était point seul, une douzaine de hussards l'entouraient, et il lui était désormais impossible de dégager Hector et de lui dire:

— Fuis! malheureux... fuis au plus vite!

Hector avait les deux jambes étreintes dans le piége, et malgré sa vigueur presque herculéenne, il ne parvenait point à rouvrir les deux lames de scie qui le meurtrissaient horriblement.

Les hussards reconnurent leur ancien commandant, et tandis que Charles Aubin consterné, pétrifié, ne songeait même pas à donner un ordre, ils s'y prirent à quatre et finirent par desserrer le piége.

Hector se retrouva libre...

Mais il était au milieu de neuf hommes, et ces neuf hommes avaient pour consigne de l'arrêter et de le faire prisonnier partout où ils le trouveraient.

— Ah! malheureux! balbutia le capitaine, pourquoi donc es-tu venu?

— J'ai été trahi.

— Par qui?

— Par Ambroise, le valet de chambre de Diane, murmura Hector anéanti.

— Mon capitaine, s'écria un des hussards, nous sommes huit ici, nous nous serons muets comme un seul homme; il faut laisser fuir le commandant.

— Malheureux! s'écria Hector à son tour, tu veux donc te faire fusiller?

— Ami, dit-il, fais ton devoir.

Le capitaine chancelait sur lui-même comme un homme ivre, regardant tour à tour ce piége à loup, dont il ne s'expliquait pas la présence en ce lieu, et son ami Hector, qui avait déjà repris son sang-froid et avait sur les lèvres un sourire plein de résignation.

Les gens du château accouraient.

Le général était à leur tête, et deux de ses neveux, M. de Passe-Croix et le chevalier de Morfontaine, étaient avec lui.

Plusieurs domestiques suivaient, portant des torches.

Par une autre allée Hector vit déboucher le vieux colonel et une dixaine de hussards.

Et l'infortuné jeune homme se trouva entouré par une trentaine de personnes, qui toutes laissèrent échapper un cri de douleur et d'effroi.

— Sang-Dieu! exclama le général, qui, d'un coup d'œil, devina tout, qui donc a placé ce piége à loup?

Et il promena un œil sévère sur les gens qui l'entouraient.

Mais ses neveux demeuraient impassibles, et quant aux serviteurs du château, aucun ne put se troubler: ils étaient innocents.

— Je ne sais pas qui a placé ce piége, général, dit M. de Main-Hardye, mais je sais bien que j'ai été trahi par un de vos gens.

— Son nom? s'écria le général, qui retrouva sa colère de vingt ans.

— Ambroise.

— Le valet de chambre de Diane?

— Oui. Il m'a attiré ici... me disant que Mme Diane m'attendait... que les hussards étaient partis.

— Infamie! s'écria le baron de Passe-Croix avec un accent si naïf que pas un de ceux qui étaient-là n'eût pu songer une minute qu'il avait trempé dans cette trahison.

Le comte seul avait retrouvé un grand calme au milieu de l'agitation générale.

Mais tout à coup un cri perçant se fit entendre, et une femme à peine vêtue s'élança au milieu du groupe qui entourait le comte.

C'était Diane!

Diane, qui au bruit des coups de feu avait été saisie d'un horrible pressentiment, Diane qui accourait dans sa toilette de nuit et qui se jeta au cou du comte et n'eut plus le courage de dissimuler son amour.

— Ah! malheureux! malheureux! répéta-t-elle avec le délire de l'épouvante.

Le général était consterné; les officiers, les soldats baissaient la tête.

Diane avait enlacé Hector et le couvrait de baisers.

Soudain ses bras se distendirent, et elle cessa d'étreindre Hector, et, se retournant vers le colonel, elle lui prit les mains:

— O mon ami, dit-elle, mon ami, mon vieil ami, ayez pitié de moi...

Elle parlait avec des sanglots dans la voix, elle avait le visage baigné de larmes, elle avait fini par porter à ses lèvres la main du vieux soldat.

— Ah! murmurait-elle, au nom du ciel, au nom de votre amitié pour mon père... sauvez-le!

— Madame, répondit le colonel, sur la joue duquel on vit couler une larme, je suis un soldat et il faut que je fasse mon devoir... J'ai prié Dieu, je lui ai demandé comme une grâce suprême de ne point jeter M. de Main-Hardye sur ma route, Dieu n'a pas voulu m'exaucer... M. de Main-Hardye est mon prisonnier.

— Pauvre Diane! murmurait Hector, dont le calme s'était démenti au contact des baisers de la jeune femme.

Le colonel s'approcha de lui, et avec une brusquerie qui cachait mal son émotion, il lui dit:

— Allons, monsieur, puisque vous voilà prisonnier de guerre, il faut nous suivre au château.

— Colonel, dit vivement le général, m'accorderez-vous une grâce ?
— Parlez, général.
— Je désirerais que M. de Main-Hardye ne fût point conduit au château... à cause de Diane... Vous comprenez ?
— Où le conduire, alors ?
Le général étendit la main et montra un pavillon perdu dans les massifs du parc.
— Soit, dit le colonel.
M. de Morfontaine et le capitaine Charles Aubin échangèrent un regard mystérieux.

XII.

Le pavillon qu'on assignait à Hector pour prison se composait d'une petite salle au rez-de-chaussée et d'une salle de même dimension au premier étage.

Un escalier de bois reliait le tout.

La pièce du bas était une sorte de serre où l'hiver on entassait les caisses d'arbustes qui craignaient la gelée et le froid.

La pièce du haut avait été convertie en salon d'été.

C'était là que, pendant les beaux jours, Mme la baronne Rupert venait s'enfermer pour travailler, lire ou faire de la musique.

— Mon pauvre ami, dit le capitaine Aubin, puisque me voilà ton geôlier, laisse-moi t'adoucir au moins les ennuis de la captivité.

Hector le regarda.

— Tu vas être seul ici avec un valet de chambre du château. On fermera simplement la porte et je placerai des sentinelles à l'entour du pavillon.

— O mon Dieu ! répondit le comte, je n'ai nul désir de m'évader, et je vais te donner ma parole...

— Je n'en veux pas !

— Hein ?

— Je n'en veux pas, te dis-je, répliqua le capitaine avec une sorte de brutalité affectueuse.

— Pourquoi ?

— Je ne sais, mais je te supplie de demeurer mon prisonnier dans les conditions ordinaires.

Et le capitaine s'en alla sans vouloir écouter Hector.

Celui-ci jeta les yeux autour de lui, fit l'inspection de la salle du rez-de-chaussée, et gravit ensuite l'escalier tournant qui conduisait au premier étage du pavillon.

Là, il se laissa tomber triste et rêveur sur un siège :

— Pourquoi donc, se demanda-t-il, Aubin ne veut-il pas que je sois son prisonnier sur parole ?

Cette question, qu'il s'adressait sans pouvoir la résoudre, eut pour effet de distraire un moment sa pensée en lui faisant perdre de vue pendant quelques minutes sa terrible situation. Mais bientôt le sentiment de la réalité lui revint : Hector était trop militaire pour ne point savoir quel sort l'attendait.

D'abord il était dans le cas ordinaire de désertion, et le code martial punit le déserteur de la peine de mort.

Ensuite l'acharnement avec lequel il s'était battu contre le nouveau régime lui ôtait tout espoir de jamais être gracié.

Hector avait toujours eu un profond dédain de la vie, et certes il avait trop souvent bravé la mort sur les champs de bataille pour la craindre ; mais il aimait Diane.

Diane qui mourrait de douleur, Diane qui avait senti tressaillir dans son sein le fruit de leur amour...

Diane enfin, si longtemps séparée de lui par la double haine de leurs pères, et qui maintenant pouvait être sa femme.

Hector demeura longtemps assis, la tête dans ses mains, les yeux rouges et secs, et comme frappé de prostration.

Puis tout à coup il se leva, alla ouvrir la croisée et plongea son front brûlant dans l'air du matin.

Le jour croissait. A travers les arbres on voyait poindre les pignons blancs du château de Bellombre, et l'œil d'Hector chercha sur-le-champ la fenêtre de Diane.

Une lampe y brillait encore, en dépit des premiers rayons de l'aube.

Diane veillait...

Hector sentit battre son cœur, et il éprouva soudainement, lui résigné tout à l'heure, un ardent désir de la vie, un besoin impérieux de liberté.

Il regarda à ses pieds, comme regarde un prisonnier à l'heure où il songe à son évasion.

Le capitaine Aubin avait placé deux factionnaires à l'unique porte du pavillon et un autre sous chaque fenêtre.

Le hussard placé au-dessous de celle où Hector venait d'apparaître leva la tête en ce moment et lui dit :

— Mon commandant, il ne faudrait pas faire de bêtises...

Hector tressaillit et reconnut son ancien brosseur.

— Ah ! dit-il, c'est toi, Pataud ?

— Oui, mon commandant.

— De quelles bêtises veux-tu parler ?

— Je veux dire qu'il ne faudrait pas essayer de sauter par la fenêtre.

— Pourquoi ?

— Parce que le colonel a donné la consigne de tirer sur vous si vous tentiez de vous évader.

— C'est bon, je ne sauterai pas.

Pataud poursuivit :

— Faut croire, mon commandant, que vous allez être prisonnier ici au moins trois ou quatre jours.

— Ah ! tu crois ?

— Dame ! c'est le colonel...

— Que disait le colonel ?

— Il parlait au général tout à l'heure, et il lui disait : — Vous savez que l'ordre de retourner à Poitiers m'est arrivé. Je vais donc faire sonner le boute-selle dans une heure ; mais je ne veux point me charger de notre malheureux prisonnier, et je vais le laisser ici jusqu'à nouvel ordre... et sous la garde du capitaine Aubin et d'un peloton de dix hommes.

— Ah ! dit Hector, les hussards s'en vont ?

— Oui, mon commandant.

— Toi aussi ?

— Non, moi, je reste.

Et le hussard ajouta en soupirant :

— Nous n'avons pas de chance, mon commandant. Et c'est nous tous, qui vous aimons tant, qui allons vous garder pour le conseil de guerre... C'est dur !

Hector eut un sourire triste, salua Pataud d'un geste et revint s'asseoir auprès d'une table placée au milieu du pavillon.

— Il est évident, pensa-t-il, que du moment où le colonel a donné pour consigne de tirer sur moi, il n'a nulle envie de me laisser échapper. D'ailleurs, je le connais... il est esclave de son devoir. Mais... cependant...

Hector se prit à rêver.

— Pourquoi donc Charles Aubin, à qui j'offrais ma parole d'honneur de ne point chercher à m'évader, l'a-t-il refusée brutalement ?

Le comte de Main-Hardye ne pouvait concilier dans son esprit cette alliance bizarre de la consigne sévère donnée par le colonel, avec l'insistance employée par le capitaine Aubin pour ne point accepter sa parole.

Il se leva de nouveau et alla s'accouder une fois encore à sa croisée.

Pataud avait été relevé de faction et remplacé par une recrue entrée au régiment depuis la désertion du commandant.

Hector ne connaissait pas ce jeune soldat.

Mathurin vint ouvrir au général. (Page 904.)

Mais il aperçut à quelque distance, dans le parc, le vieux général de Morfontaine qui se promenait avec le colonel, et le bruit de leurs voix arriva jusqu'à lui.

— Mon cher général, disait le vieil officier, ne vous faites pas d'illusions...

— J'irai trouver le roi, vous dis-je, j'irai.

— Le roi vous refusera.

— Oh! par exemple!

— Le roi n'est ni cruel ni vindicatif, croyez-le bien, poursuivit le colonel; mais les circonstances sont terriblement impérieuses... Pardonner au comte de Mainhardye, c'est rallumer la guerre en Vendée.

Le général haussa les épaules.

— Le roi vous refusera, mon général, répéta le colonel.

— Mais enfin, corbleu! s'écria M. de Morfontaine, ma fille l'aime.

Le colonel soupira.

— Et je ne puis laisser fusiller l'homme qui doit être son époux!

— Général, répondit le colonel, je réponds de lui sur mon honneur; mais il ne sera point toujours en mes mains, et je souhaite que vous puissiez le sauver...

En prononçant ces derniers mots, le colonel leva la tête et aperçut Hector à la fenêtre du pavillon.

— Chut! dit-il tout bas au général.

Celui-ci salua Hector et dit à son compagnon :

— Est-ce qu'il m'est interdit de le voir?

— Non, certes.

— Alors laissez-moi entrer dans le pavillon. Je veux lui parler de Diane.

— Comte, dit le colonel élevant la voix, voulez-vous recevoir le marquis de Morfontaine?

— Ah! certes, répondit Hector avec joie.

Et il s'élança du premier étage au rez-de-chaussée, descendant les marches de l'escalier quatre à quatre.

Les hussards de faction à la porte l'ouvrirent, laissèrent entrer le général et donnèrent sur lui un solide tour de clef.

C'était leur consigne.

Hector se jeta dans les bras du vieux marquis.

— Mon père! murmurait-il.

Le général le prit dans ses bras et le serra avec effusion.

— Puis il lui dit à l'oreille :

— Parlez bas, comte, parlez très-bas.

— Pourquoi, mon père?

Le général montra l'escalier.

— Montons, dit-il.

Hector le suivit et tous deux gagnèrent l'étage supérieur.

Alors le général ferma la fenêtre et regarda le comte.

— Vous êtes bien calme, lui dit-il, car déjà Hector souriait.

— Je suis résigné, mon père.
— Résigné à mourir? exclama le général avec une sorte de terreur.
— Mon père, dit Hector, dont le calme menteur disparut, vous savez que j'aime Diane.
— Je sais tout, répliqua M. de Morfontaine, tout absolument.
— Il faut que Diane ait un époux.
— Oh! certes!
— Et que notre enfant... ait un père.
— Il en aura un, comte.
— Général, continua Hector, aux termes de la loi martiale, j'ai mérité la mort, et je serais loin de me plaindre si je n'aimais notre pauvre Diane. Mais on peut retarder l'heure de mon exécution, on peut me donner le temps de faire la baronne Rupert comtesse de Main-Hardye.
— Ah! dit le général, vous avez espéré cela, mon fils?
— Oui, général.
— Et... rien de mieux?
Hector secoua la tête et eut un sourire mélancolique :
— J'ai entendu le colonel, tout à l'heure, causant avec vous dans le parc.
— Ah!
— Et le colonel vous disait que les circonstances étaient exceptionnelles, terribles, et que le roi refuserait int grâce.
Le général, qui baissait la voix de plus en plus, eut un sourire énigmatique et dit :
— Ce serait le dernier moyen à employer.
Hector fit un geste de surprise.
Le général reprit :
— Vous êtes prisonnier, ici, mon cher comte.
— Hélas! je le vois bien...
— Si vous tentiez de sortir, soit par la porte, soit par la fenêtre, on ferait feu sur vous...
— Je ne le tenterai pas.
— Mais cependant, ajouta M. de Morfontaine, le capitaine Aubin n'a pas voulu de votre parole.
— J'avoue que je n'ai pas compris pourquoi, mon cher général.
— Écoutez-moi bien, comte.
Et le général s'assit auprès d'Hector :
— Vous êtes prisonnier de guerre, le colonel du régiment vous fait enfermer dans ce pavillon, pose des sentinelles à toutes les portes et leur dit : Si le prisonnier cherche à fuir, tirez sur lui!...
— C'est logique, dit Hector.
— Mais le colonel ne peut pas empêcher le ciel de faire un miracle en votre faveur.
— Plaît-il? fit Hector étonné.
— Si vous êtes possesseur, par exemple, de l'anneau du roi Gygès, qui rendait invisible, et que vous passiez inaperçu à travers les balles, le colonel n'y peut rien.
— Malheureusement, je n'ai pas le fameux anneau, général.
— Attendez donc... attendez...
M. de Morfontaine souriait.
Hector tressaillit et pensa :
— On travaille à me sauver.
Et regardant le général :
— Je vous écoute, mon père, dit-il.
— Le colonel, en vous gardant prisonnier, poursuivi M. de Morfontaine, remplit son devoir, et il doit prendre toutes les précautions possibles pour vous empêcher de fuir.
— C'est son droit, général.
— Mais moi, reprit M. de Morfontaine, moi qui ne suis plus soldat, moi qui ne sers ni Louis-Philippe, ni Charles X, mais qui suis le père de Diane, de Diane que vous aimez et qui mourrait s'il vous arrivait malheur!...

— Ah! taisez-vous, mon père...
— Je dois faire tout ce que je pourrai dans le but de vous sauver.
Hector secoua de nouveau la tête.
— C'est difficile... murmura-t-il.
— Mais non impossible.
— Que dites-vous?
Hector eut un battement de cœur et ses yeux brillèrent de joie.
— Vous ne verrez pas Diane aujourd'hui, reprit le général.
— Est-ce que le colonel s'y oppose?
— Non, c'est moi.
— Vous?
Et Hector regarda le général.
— Moi, répéta M. de Morfontaine, parce que Diane est trop faible, trop émue encore pour supporter cette entrevue.
— Ah! général...
— Du moins, dit M. de Morfontaine, c'est une raison que j'ai donnée au colonel.
— Dans quel but?
— Pour le colonel, Diane et moi nous partons aujourd'hui même.
— Mon Dieu!
— Et nous allons à Paris nous jeter aux pieds du roi et demander votre grâce.
— Vous savez bien qu'on vous refusera.
— Chut! Écoutez.
— Voyons!
— Nous monterons en chaise de poste juste au moment où le colonel et ses hommes auront le pied à l'étrier, et nous suivrons la même route que le régiment jusqu'à trois lieues d'ici.
— Bon! Après?
— Après, nous tournerons bride, et la chaise, au lieu de rouler vers Paris, prendra la route de Rochefort.
— Je ne comprends pas... dit le comte.
— C'est pourtant bien simple, mon cher, répondit le général. Ma chaise de poste s'arrêtera à une lieue d'ici, dans les bois, et vous attendra.
— Moi! fit Hector sur deux tons différents.
— N'était-il pas convenu, il y a deux jours, que vous nous suivriez, Diane et moi, déguisé en laquais?
— Oui, certes, mais alors...
— Alors vous n'étiez pas prisonnier, voulez-vous dire, n'est-ce pas?
— Oui, général.
— Passez votre journée comme vous pourrez, dit M. de Morfontaine; tâchez de ne pas vous ennuyer trop, et attendez la nuit... avec confiance.
— La nuit!...
— Demain au point du jour nous serons loin d'ici, soyez tranquille.
Hector étouffa un cri de joie, tant il avait foi aux paroles du père de Diane.
Mais tout aussitôt après il fronça le sourcil.
— Les hussards veulent donc me laisser évader? dit-il. Oh! s'il en est ainsi, je ne veux pas fuir... Je ne veux point les envoyer au conseil de guerre à ma place.
— Rassurez-vous, dit le général. Les hussards continueront à veiller aux portes et aux fenêtres, et ce n'est ni par les portes ni par les fenêtres que vous sortirez.
— Par où donc?
— C'est mon secret.
— Mais, cependant...
— Adieu, dit le général... A ce soir.
Et M. de Morfontaine s'en alla, serrant la main à Hector, mais ne voulant point lui confier ses moyens d'exécution.
Une heure après, le comte entendit sonner le boute-selle.

Les hussards partaient pour Poitiers.

Puis il entendit crier sur le sable de l'avenue les roues de la chaise de poste qui emportait le général et sa fille.

Enfin un domestique du château lui apporta quelques aliments, et, derrière lui, le vicomte vit entrer le capitaine Aubin.

Ce dernier lui dit vivement:
— Le général est parti pour Paris avec Diane... Il obtiendra peut-être ta grâce...
— J'en doute, répondit Hector.
— Moi aussi, fit le capitaine en soupirant.

Les deux amis causèrent environ une heure, puis Charles Aubin se retira.

Hector compta les minutes durant toute cette journée, aussi impatient de revoir Diane que curieux de savoir comment le général parviendrait à le faire sortir de sa prison.

Enfin, la journée s'écoula, le soleil disparut derrière les grands arbres du parc, la nuit vint.

Hector se remit à la croisée et regarda.

La nuit était lumineuse et les sentinelles se promenaient de long en large autour de la prison.

— Comment diable vais-je sortir d'ici? se demanda-t-il pour la centième fois au moins depuis le matin.

Au moment où il s'adressait cette question, le comte crut entendre un bruit souterrain, et il ferma aussitôt sa croisée.

Puis il écouta...

Le bruit continuait.

XIV.

Le bruit sourd que le comte entendait semblait partir des entrailles de la terre, verticalement au-dessous du pavillon.

Le comte, qui se trouvait au premier étage, descendit au rez-de-chaussée.

Le bruit lui parut plus distinct, quoique assez léger pour n'être point entendu au dehors du pavillon.

Il était bizarre : on aurait dit la pioche d'un démolisseur entrainant un mur.

Hector se coucha à plat ventre et colla son oreille au sol.

Le sol était formé de larges dalles de pierre. Tout à coup l'une de ces dalles sembla remuer légèrement sous Hector.

Il se leva précipitamment et regarda.

La dalle subissait de légers soubresauts.

Hector comprit alors qu'elle recouvrait quelque souterrain par lequel il allait retrouver le chemin de la liberté.

Alors, s'armant d'un flambeau, il jeta les yeux autour de lui, cherchant un outil, un instrument quelconque avec lequel il pût aider le mystérieux ami qui venait à son secours.

Son regard tomba sur un ciseau plat de menuisier, instrument qui servait sans doute au jardinier du château.

Il s'en empara, le glissa entre la dalle qui s'agitait et la dalle voisine et exerça une poussée vigoureuse.

En quelques secondes la dalle fut soulevée, et le comte, étonné, vit apparaître la tête pâle et amaigrie du vicomte de la Morlière.

— Chut! dit celui-ci.

Et il se hissa hors de ce trou noir et béant que le descellement de la dalle venait de mettre à découvert.

Hector et M. de la Morlière se connaissaient à peine. Ils s'étaient rencontrés quatre ou cinq fois peut-être, dans le monde parisien, avant la révolution de Juillet.

Tout ce qu'Hector savait de M. de la Morlière, c'est qu'il avait eu longtemps des prétentions à la main de sa cousine, même avant le mariage de Diane avec le baron Rupert.

Mais de là à supposer une minute, même en admettant que le vicomte aimât toujours sa cousine, à supposer, disons-nous, qu'il fût homme à le trahir et à avoir ourdi contre lui la plus infâme des trahisons, certes, il y avait loin pour Hector.

M. de Main-Hardye était trop chevaleresque, trop loyal pour comprendre la lâcheté et la déloyauté poussées à de telles limites.

— Ah! monsieur, lui dit-il en lui tendant spontanément la main, merci... mille fois!

Le vicomte répondit simplement:

— Monsieur, vous aimez Diane, et Diane vous aime cela doit vous faire trouver ma conduite toute naturelle.

— Vous êtes un vrai gentilhomme!

— Et puis mon oncle a commandé, j'ai obéi. C'est lui qu'il faut remercier.

— Lui et vous, monsieur.

Hector pressait toujours la main de M. de la Morlière.

— Mais, dit le vicomte, l'heure des remerciements n'est point venue, monsieur, car vous n'êtes point sauvé encore.

Il ouvrit un manteau qui l'enveloppait tout entier et montra à Hector une ceinture qui supportait quatre pistolets.

— Prenez-en deux, dit-il.

Hector s'empara des armes à feu.

— Maintenant, suivez-moi...

Et le vicomte se laissa couler dans le trou, de telle façon que sa tête seule dépassa le niveau du sol.

— Là, dit-il, imitez-moi ; puis, prenez ma main et courbez-vous en deux doubles.

La tête du vicomte disparut, et bientôt Hector se sentit entraîné sur une pente humide, le visage fouetté par cet air moisi qu'on respire dans les souterrains.

M. de la Morlière le tenait toujours par la main et lui dit, lorsqu'ils eurent fait une centaine de pas environ :

— Maintenant vous pouvez relever la tête. Marchez toujours.

En même temps il tirait un briquet de sa poche et en faisait jaillir quelques étincelles, à l'aide desquelles il allumait une petite lanterne sourde dont il dirigeait l'unique verre devant lui.

Hector put alors se convaincre qu'il était dans une sorte de boyau assez étroit, de la hauteur d'un homme, et qui se prolongeait sur un plan légèrement incliné.

— Où sommes-nous donc? demanda-t-il à son guide.

— Nous sommes sur la route des bois de Main-Hardye.

— Voici un souterrain dont je n'avais jamais entendu parler.

— Ni moi, dit le vicomte.

— Comment cela? fit Hector, quelque peu étonné de la réponse.

— Mon oncle m'en a révélé l'existence pour la première fois ce matin.

Hector s'aperçut alors que M. de la Morlière portait de la main gauche cette pioche de maçon qu'il avait entendue retentir tout à l'heure.

— Oui, poursuivit le vicomte, c'est ce matin seulement que le général, alors que nous nous désespérions tous sur votre sort, au château, m'a appris qu'il avait le ferme espoir de vous sauver.

— Il me l'a dit à moi aussi, ce matin, répondit le comte, mais il ne m'a point avoué quel était le plan qu'il comptait mettre à exécution.

— Le général, reprit M. de la Morlière, ne m'a rien dit non plus, tout d'abord ; il s'est contenté de m'enjoindre de monter à cheval et de l'aller attendre au presbytère de Belle-Fontaine. C'est ce que j'ai fait, laissant mes deux cousins le baron de Passe-Croix et le chevalier de Morfontaine au château.

— Et il vous a rejoint? demanda Hector.
— A quatre heures de l'après-midi, j'ai vu arriver mon oncle en chaise de poste, avec madame Diane et un domestique.
— En voiture! vicomte, en voiture! m'a crié le général.
Je suis monté auprès de Diane, et le général m'a dit alors :
— Nous allons pouvoir sauver Hector, et c'est toi qui as faire la première besogne.
— Oh! avec joie, me suis-je écrié ; mais comment ?
— Tu vas le savoir.
La chaise a continué son chemin comme si elle allait à Paris; mais à un quart de lieu de Belle-Fontaine, elle s'est jetée dans un chemin de traverse encaissé par des haies très-hautes et qui se dirige vers la Vendée en passant à un quart de lieue à peine de Bellombre.
— Je connais cette route, dit Hector.
— Quand nous avons été à l'entrée du bois, la chaise s'est arrêtée, reprit M. de la Morlière. Alors mon oncle a mis pied à terre et m'a dit :
— Viens avec moi.
En même temps il retirait de la voiture cette pioche que vous voyez.
Nous nous sommes avancés jusqu'à l'extrême lisière de la forêt, et, de cet endroit, nous pouvions apercevoir Bellombre.
La nuit venait, la campagne était déserte.
— Vois-tu cette maison là-bas? me dit alors le général.
— Oui, mon oncle; c'est celle du garde. Elle est à un quart de lieu du château.
— Et elle communique avec le pavillon où M. de Main-Hardye est prisonnier.
— En vérité! me suis-je écrié.
Mon oncle s'est dirigé vers la maison. Je le suivis.
Tandis qu'il marchait, il regardait à droite et à gauche pour s'assurer que nous n'étions point aperçus du château.
Quand nous fûmes arrivés à la porte de la maison du garde, le général frappa doucement.
— Mathurin, — c'est le nom du garde, — est un serviteur dévoué, me dit-il, on peut se fier à lui.
Mathurin vint ouvrir, et comme il avait une lampe à la main, il reconnut le général et poussa une exclamation de surprise.
Le général mit un doit sur ses lèvres.
— Chut! dit-il. Es-tu seul ?
— Oui, monsieur le marquis.
Le général et moi nous entrâmes, et Mathurin referma igneusement la porte.
Alors mon oncle alla droit à la trappe de la cave et la souleva.
— Mathurin, dit-il, descends le premier et éclaire-nous.
Le garde, assez étonné, obéit, et je m'aventurai après lui sur l'échelle de meunier qui, par une dizaine de degrés, conduisait à la cave.
Cette cave, qui régnait sous toute l'étendue de la petite maison, servait à Mathurin pour y serrer ses récoltes.
Mon oncle avisa un énorme tas de pommes de terre dans un des coins, et dit à son garde :
— Déblaye-moi tout cela.
Mathurin est l'obéissance passive. Sans trop deviner ce que le général voulait faire, il posa la lampe sur une futaille, prit une pelle en bois et repoussa le monceau de tubercules au milieu de la cave.
Le général me prit alors la pioche des mains et se mit à entamer le mur. Puis il me la rendit en disant :
— Tu es plus jeune et plus vigoureux que moi, continue.
Au bout de quelques minutes, j'eus fait tomber une douzaine de pierres, et bientôt Mathurin étonné vit apparaître l'orifice de ce souterrain dans lequel nous sommes.
En parlant ainsi, le vicomte de la Morlière s'arrêta.
— Tenez, dit-il, sentez-vous une bouffée d'air plus froid?
— Oui, répondit le comte.
— Nous serons tout à l'heure dans la cave de Mathurin.
En effet, le comte ayant fait quelques pas aperçut une lumière dans l'éloignement, et bientôt il arriva au seuil de cette brèche que M. de la Morlière avait pratiquée sous la direction du général.
M. de Morfontaine et Mathurin attendaient là.
Le père de Diane, pendant les trois quarts d'heure environ qui s'étaient écoulés depuis que le vicomte de la Morlière s'était aventuré dans le souterrain, avait eu plus de battements de cœur qu'un jeune homme à un premier rendez-vous d'amour.
Quand il avait entendu des pas, ses angoisses s'étaient calmées, et, lorsqu'enfin il vit apparaître le comte, il le prit dans ses bras et l'y pressa avec effusion.
— Vous le voyez, mon oncle, dit M. de la Morlière, tout va bien.
Le général, pendant que son neveu remontait le souterrain, avait mis le temps à profit.
Mathurin, par son ordre, s'était glissé jusqu'à la lisière du bois, où madame Diane attendait, pleine d'anxiété, dans la chaise de poste, et la baronne lui avait remis un paquet assez volumineux qu'il avait rapporté en hâte au général.
En même temps, il avait descendu dans la cave un rasoir et un plat à barbe.
— Mon cher enfant, dit alors le général, il faut nous hâter.
— Oh! certes.. dit le comte, il me tarde tant de la revoir!...
— Mathurin, qui a été perruquier dans sa jeunesse, va vous couper votre royale et vos moustaches.
— Soit, dit le comte en souriant.
Tandis que la fière moustache de M. de Main-Hardye tombait sous le rasoir de Mathurin, M. de Morfontaine ouvrait le paquet que son garde avait rapporté, et en retirait un costume complet de valet de pied à ses couleurs.
— Voilà mon cher comte, dit le général, un déguisement peu avantageux et peu flatteur; mais du diable si on vous reconnaît ainsi accoutré!
Quand il fut entièrement rasé, M. de Main-Hardye s'habilla en un clin d'œil et revêtit l'ample et long pardessus de livrée à collet de fourrure que lui passa le général.
Cette métamorphose s'était opérée dans la cave par mesure de précaution.
Le comte, prêt à partir, serra la main à Mathurin, auquel le général dit à l'oreille :
— Demain au point du jour tu prendras ton fusil et tu t'en iras courir les bois, de façon à n'avoir pas à subir un interrogatoire de la part des hussards qui sont au château.
— Suffit! monsieur le marquis, répondit Mathurin.
— En route! dit le général.
Tous trois remontèrent de la cave au rez-de-chaussée de la maison, et Mathurin éteignit sa lampe, ouvrit la porte et regarda de droite et de gauche :
— Vous pouvez partir, dit-il, je ne vois personne.
Il y avait quelques centaines de pas à peine de la maison du garde à la lisière du bois. Le général et les deux jeunes gens se prirent à courir, et ils atteignirent bientôt la chaise de poste.
Diane, anxieuse, prêtant l'oreille au moindre bruit, avait mis pied à terre; elle s'était glissée jusqu'aux derniers chênes de la forêt, et, le cou tendu, le cœur palpitant, elle avait compté les minutes, et les minutes lui avaient semblé des heures.

Du diable si on le reconnaît ainsi accoutré. (Page 904.)

Lorsqu'elle entendit les pas précipités de son père, de M. de la Morlière et d'Hector, elle voulut s'élancer à leur rencontre; mais son émotion fut telle qu'elle se sentit clouée à la place qu'elle occupait, et fut contrainte de s'appuyer contre un arbre : ses jambes fléchissaient sous elle.

Une minute après, Hector de Main-Hardye la prenait dans ses bras et l'y pressait étroitement.

— Mes enfants, dit alors le général, il ne faut point perdre un temps précieux. Partons!

Hector prit Diane à bras-le-corps et la porta dans la chaise de poste, où montèrent après elle le général et M. de la Morlière.

Puis, fidèle à son rôle de laquais, le comte grimpa sur le siége et dit au postillon :

— Fouette!

— Route de Rochefort! cria le général du fond de la berline de voyage.

Le postillon cingla deux coups de fouet à ses chevaux, éperonna son porteur, et regagna la grande route, dont il s'était momentanément écarté.

Le général avait emmené avec lui son valet de chambre, un vieux soldat du nom de Germain, et sur lequel il pouvait compter comme sur lui-même.

C'était donc à côté de Germain que M. de Main-Hardye, vêtu en laquais, allait faire le trajet de Morfontaine à Rochefort.

La nuit était noire, un brouillard humide rampait sur le sol; il faisait froid.

— Je suis bien persuadé, murmura le général à l'oreille de sa fille, que nous ne trouverons pas un seul gendarme au relais. Il fait un temps affreux.

Le relais dont parlait M. de Morfontaine fut atteint en moins d'une heure.

— Des chevaux! cria le postillon qui fit claquer son fouet.

Hector dégringola du haut du siége, et, pour moins attirer l'attention, il aida le postillon à dételer.

Pendant ce temps l'auberge isolée qui tenait le relais de poste se mettait peu à peu en rumeur. Les palefreniers se hâtaient de garnir les chevaux, la cuisine s'ouvrait et l'hôte venait demander à la portière si messieurs les voyageurs n'avaient besoin de rien.

Dix minutes après, la chaise continuait son chemin.

Comme elle atteignait le deuxième relais, les voyageurs entendirent le galop d'un cheval.

— Oh! oh! dit le général inquiet, serions-nous découverts?

Diane frissonna.

Le vicomte prêta l'oreille un moment et dit :

— Rassurez-vous, mon oncle, c'est le galop d'un seul cheval. Or, si nous étions poursuivis, nous aurions une escouade à nos trousses.

— C'est juste, tu as raison.

Au deuxième relais, les deux laquais, c'est-à-dire M. de Main-Hardye, fit comme au premier et s'occupa de bouchonner les traits.

Le galop du cheval était devenu beaucoup plus distinct, et tout à coup, comme la chaise allait repartir, un cavalier courbé sur sa selle passa devant le relais sans s'arrêter ni tourner la tête.

Tout ce que les voyageurs purent voir, c'est qu'il était enveloppé d'un grand manteau qui lui cachait tout le bas du visage.

— Hum! pensa Diane, où diable peut donc aller cet homme.

Le général devina le sujet de son émotion.

— Folie! dit-il, si cet homme nous poursuivait, il nous eût abordés.

— Qui sait s'il ne va pas prévenir la gendarmerie du prochain village? murmura la baronne.

— Bah! dit M. de la Morlière, c'est quelque gros fermier qui s'en va à une foire.

— Tiens, dit le général, c'est justement foire à Napoléon-Vendée.

Diane respira.

— J'ai remarqué son cheval, poursuivit le vicomte, il est courtaud et porte la queue en catogan; c'est un cheval de fermier.

La chaise repartit.

Elle courut ainsi toute la nuit, et nulle part les voyageurs ne furent inquiétés. Au point du jour, ils avaient fait trente lieues et atteignaient les derniers relais qu'on trouve avant d'arriver à Rochefort.

Mais là, M. de Morfontaine éprouva une vive déception car le maître de poste lui dit qu'il n'avait pas de chevaux.

— Comment cela? demanda-t-il.

— Je n'ai que cinq chevaux, et ils sont en route, répondit le maître de poste. J'ai donné le dernier il y a une heure.

— A qui?

— A un jeune homme qui avait besoin d'arriver à Rochefort.

Le général et Diane songèrent sur-le-champ au cavalier qui les avait dépassés.

— Comment est-il, demanda la baronne Rupert.

— Jeune, avec de la barbe; beau garçon.

— Et... le cheval?

— Le cheval qu'il montait est dans l'écurie. La pauvre bête a fait au moins vingt lieues.

Le général soupira.

— Nous ne sommes plus qu'à cinq lieues de Rochefort, dit-il. Il faut que nos chevaux doublent la poste. On les paiera, s'ils viennent crever.

Comme M. de Morfontaine prenait cette résolution violente, un brigadier de gendarmerie entra dans la cour du relais, disant:

— Messieurs les voyageurs veulent-ils m'exhiber leurs passe-ports?

Diane frissonna jusqu'à la moelle des os...

XV

A la vue du brigadier de gendarmerie, Diane se sentit prise d'une défaillance subite.

Elle étouffa un cri au fond de la berline de voyage et devint horriblement pâle.

— Taisez-vous, au nom du ciel! ma cousine, murmura hypocritement le vicomte.

— Ah! nous sommes perdus!... fit-elle tout bas.

— Taisez-vous donc, je vous en conjure!

Diane parvint à se maîtriser, et le vicomte lui dit à l'oreille:

— C'est un subalterne qui fait du zèle; il va nous laisser continuer notre route; ne craignez rien.

Un peu rassurée, la baronne s'était penchée à la portière pour écouter la conversation de son père avec le gendarme.

M. de Morfontaine était descendu de voiture lorsqu'on lui avait dit qu'il n'y avait pas de chevaux au relais, et il s'était trouvé planté au milieu de la cour au moment où le brigadier arriva. M. de Morfontaine avait tout à fait le type du vieil officier de l'Empire: moustache grise, cheveux taillés en brosse, redingote bleue boutonnée jusqu'au menton et ornée de la rosette d'officier de la Légion d'honneur.

A la demande qu'on lui fit de son passeport, le général se redressa et toisa le gendarme:

— Hé! brigadier, dit-il, je vous trouve osé.

— Pardon, mille excuses! mon général.

M. de Morfontaine tressaillit.

— Vous me connaissez? dit-il.

— J'ai servi sous vos ordres, mon général; j'étais du troisième cuirassiers que vous commandiez.

— Ah! parbleu! dit le général, je te reconnais. Tu te nommes Jean Leblanc?

— Pour vous servir, mon général.

— Et, dit M. de Morfontaine en riant, tu te permets de me demander mon passe-port, à moi, ton ancien colonel?

— Je fais mon devoir.

— Eh bien! reprit le général, riant toujours, le voilà, tiens.

Diane commençait à respirer.

Le général tira son passe-port de son portefeuille et le tendit au brigadier.

— Oh! pardon! mon général, dit le gendarme, je n'ai pas besoin de voir le vôtre.

— Parbleu! je devine...

Et le général s'approcha de la voiture.

— Vicomte de la Morlière, dit-il, montrez votre passe-port à mon ami Jean.

— Voici, mon oncle.

Le brigadier prit le passe-port, le déplia lentement et le lut d'un bout à l'autre.

— Peste! murmura M. de Morfontaine, qui commençait à s'impatienter, la gendarmerie est pointilleuse en ce pays.

Le gendarme ne sourcilla point.

— Maintenant, dit-il, voulez-vous, mon général, ordonner à vos gens...

— Quoi donc? fit le général.

— De m'exhiber pareillement leurs passe-ports.

— Ah! par exemple! s'écria M. de Morfontaine, voici qui est trop fort, brigadier.

— Pourquoi, mon général?

— Parce que mes gens n'ont pas de passe-ports. Le pavillon couvre la marchandise.

— Cependant, mon général...

— Ah ça, brigadier, dit froidement le général, vous seriez à peine excusable si vous ne me connaissiez pas... mais...

— J'ai reçu des ordres.

— De qui?

L'accent du général était devenu impérieux.

— Du juge de paix, répondit le brigadier.

— Et ces ordres?

— Les voici, mon général, dit le gendarme visiblement ému, et croyez qu'en ce moment je suis le plus malheureux des hommes.

Diane avait été reprise par ses terreurs, et le vicomte, qui lui parlait toujours bas à l'oreille, ne parvenait pas à la calmer.

— Voyons ces ordres?

Le général fit cette question d'une voix moins impérieuse et moins ferme. Il commençait, lui aussi, à avoir de bizarres pressentiments.

Quant à Hector, il était remonté fort tranquillement sur le siège, à côté du véritable valet de pied, et il paraissait tout à fait indifférent à ce qui se passait.

— Mon général, dit alors le brigadier, je ne demande pas les passe-ports une fois par an, et il faut que quelque crime ait été commis dans les environs ou qu'on m'ait donné un signalement. Dans tous les cas, je ne me serais jamais permis, moi, de demander son passe-port au général marquis de Morfontaine, mon ancien colonel.

— Alors ?...

— Mais voici ce qui est arrivé, poursuivit le brigadier.

Et il baissa un peu la voix pour n'être point entendu du maître de poste.

— J'écoute, dit le général.

— Ce matin, comme j'allais partir en tournée, le juge de paix en personne est venu à la gendarmerie. « Brigadier, m'a-t-il dit, une chaise de poste ne va pas tarder à passer. Elle renfermera deux hommes et une femme à l'intérieur, deux domestiques sur le siège. »

Diane n'écoutait plus. Elle était mourante...

— Après ? fit le général avec une violence fébrile, après ?...

— Le juge de paix a continué :

« L'un de ces hommes est le général de Morfontaine, l'autre son neveu. La femme est sa fille, madame la baronne Rupert.

— Le général fit un suprême effort pour sourire.

— Ah ! dit-il, je serais curieux de savoir de qui le juge de paix tient ces renseignements ; ils sont exacts, par ma foi !

— D'un homme à cheval, m'a-t-on dit, qui est arrivé il y a une heure, et qui est descendu chez le juge de paix.

— Et, où est-il, cet homme ?

— Il ne s'est pas arrêté.

— Ah !

— Et il a continué son chemin vers Rochefort.

Eh bien ! mais, dit le général, qu'est-ce que cela peut faire à cet homme et au juge de paix que je voyage avec mon neveu et ma fille ?

— Vous, rien, ni madame la baronne, ni M. le vicomte, Et j'ai ordre de vous laisser continuer votre route.

— Très-bien, merci !

Et le général respira.

— Mais, acheva le brigadier, j'ai ordre aussi d'arrêter le plus jeune de vos valets de pied.

Cette fois, tout brave qu'il était, le général eut un battement de cœur.

— Et... pourquoi cela ?

— Je ne sais pas, dit le brigadier.

— Prends garde ! s'écria M. de Morfontaine, qui commençait à perdre son sang-froid.

— A quoi, mon général ?

— Je puis te faire casser.

Le brigadier n'eut pas le temps de répondre, car trois nouveaux personnages entrèrent alors dans la cour.

Les deux premiers étaient des gendarmes ; le troisième, un homme encore jeune, vêtu de noir, et que le général devina sur-le-champ être le juge de paix.

— Nous sommes flambés ! grommela le vieux soldat, qui chercha à ses côtés une épée absente, et fut tenté de prendre ses pistolets et de s'en servir pour forcer le passage.

Heureusement une sage réflexion l'arrêta.

— Si je fais feu, dit-il, je perds M. de Main-Hardye à tout jamais.

Et retrouvant un reste d'audace, il alla droit au fonctionnaire et lui dit :

— Vous êtes le juge de paix, monsieur ?

Le fonctionnaire s'inclina.

— Moi, dit le père de Diane, je me nomme le général marquis de Morfontaine.

— Je le sais, monsieur.

Et le juge de paix s'inclina une seconde fois.

— Ah ! vous le savez ? fit le général avec emportement.

— Oui, monsieur le marquis.

— Et vous ne craignez pas d'être blâmé par l'autorité supérieure, lorsqu'elle apprendra qu'un officier général dans le cadre de réserve, un grand propriétaire terrien, un homme honorable et honoré, a été inquiété, molesté, par un brigadier de gendarmerie ?

— Je ne le crois pas, général.

— Mais enfin, monsieur, s'écria M. de Morfontaine en élevant la voix, je suis de cette province, on m'y connaît, je voyage avec un passe-port en règle, et jamais on n'a vu qu'il fût besoin à un homme comme moi de prendre un passe-port pour ses laquais.

— Ordinairement non, monsieur.

— Eh bien ! alors...

— Mais comme il y a laquais et laquais...

— Plaît-il ? fit le général avec hauteur.

Le juge de paix désigna le plus jeune des deux hommes placés sur le siège de la chaise de poste et dit froidement :

— Monsieur que voilà se nomme le comte de Main-Hardye, officier supérieur de l'armée française, en état de désertion, et j'ai ordre de l'arrêter.

Pour expliquer comment à trente lieues du château de Bellombre, un juge de paix avait des renseignements aussi précis sur la situation de M. de Main-Hardye, il est nécessaire de revenir sur nos pas.

Quinze heures environ auparavant, c'est-à-dire un peu avant que M. de Morfontaine, qui avait annoncé son départ pour Paris, ne montât en voiture avec sa fille, les trois neveux du général tinrent le conciliabule que voici :

— Mon oncle m'a dit de monter à cheval et de l'aller attendre à Belle-Fontaine, dit le vicomte. Il m'a dit avoir trouvé un moyen de sauver Main-Hardye, mais il ne me l'a point confié.

— Mais, poursuivit M. de la Morlière, il est évident, que, quelque moyen qu'il emploie, si ce moyen réussit le général en reviendra toujours à sa première combinaison.

— Quelle était-elle ? demanda le baron de Passe-Croix.

— Faire habiller le comte en laquais.

— Bon !

— Et, tout en ayant l'air de se diriger sur Paris, se jeter dans la traverse au delà de Belle-Fontaine, prendre la route de Vendée et gagner Rochefort, où il y a toujours quelque navire anglais ou suédois en partance.

— Que faut-il faire en ce cas ?

Le vicomte parut réfléchir.

— Écoutez, dit-il enfin, voici quel est mon avis. Dénoncer le projet du général à l'officier de hussards qui est chargé de garder le comte serait une maladresse qui pourrait n'aboutir à rien d'abord, attendu que le capitaine Aubin est l'ami du comte, et dévoilerait ensuite notre conduite. Nous serions perdus dans l'esprit du général.

— Et de sa fille, ajouta le chevalier de Morfontaine.

Le vicomte reprit :

— Prévenir la gendarmerie des environs est également une chose impossible.

— Pourquoi ? demanda M. de Passe-Croix.

— Mais parce que nous n'avons d'autre complice qu'Ambroise et qu'il est allé à Poitiers.

— C'est juste.

— Or, les gendarmes, les juges de paix, les commissaires de police nous connaissent tous trois de vue, à dix lieues à la ronde.

— Tu as raison.

— Mais il m'est venu une assez bonne idée.

— Voyons?

— Il y a, à cinq lieues de Rochefort, un petit village nommé B... Le juge de paix qui y réside est un partisan acharné du régime actuel.

— Tu le connais?

— De réputation. Il a été révoqué par la Restauration; c'est assez pour qu'il ait la haine des royalistes. Il est ambitieux et voudrait être nommé juge; c'est plus qu'il n'en faut pour qu'il fasse du zèle en faveur du gouvernement qui l'a réintégré.

— Très-bien, dit le baron ; mais comment le prévenir?

— Le chevalier est excellent écuyer, dit M. de la Morlière, il fait très-bien trente lieues à cheval.

— Quand il le faut, certainement.

— Donc, le chevalier montera à cheval ce soir.

— Mais, mon ami, observa M. de Passe-Croix, il y a trente lieues d'ici à B...

— Je le sais.

— Et le même cheval ne saurait faire un semblable trajet.

— J'en connais un qui le fera.

— Bah! dit le jeune chevalier de Morfontaine, où est-il?

— C'est le cheval rouan que monte parfois Germain, le valet de chambre de notre oncle.

— Tobby?

— Précisément.

— Mais, dit M. de Passe-Croix, je sais bien que Tobby est une vaillante bête en dépit de son apparence rustique, et qu'il file un petit train de cinq lieues à l'heure. Je ne doute donc pas qu'il n'aille à B... d'une seule traite; mais cependant...

Le vicomte avait déjà un sourire sur les lèvres.

— Je prévois ton objection, baron, dit-il. Tu vas me dire que prendre Tobby c'est nous compromettre.

— Diane !

— Tu te trompes; mon oncle veut que je monte à cheval et que j'aille l'attendre à Belle-Fontaine, je vais monter Tobby.

— Voici que je ne comprends plus, dit à son tour le chevalier Est-ce toi ou moi qui allons à B...?

— Tous deux chevalier.

— Explique-toi donc.

— C'est facile. Le général et sa fille partent en chaise de poste et me rejoindront à Belle-Fontaine. Donc ils me donneront une place, et je laisserai Tobby au presbytère. Mais vous savez fort bien tous deux que, lorsque l'abbé vient dîner à Bellombre, et que le sol est détrempé par les pluies, on lui donne souvent un cheval pour qu'il s'en retourne. Généralement il monte sur Tobby, et, quand il est arrivé au presbytère, on lui noue la bride sur le cou et il s'en retourne tout seul.

— Je commence à comprendre, dit M. de Passe-Croix.

— Tobby me portera donc à Belle-Fontaine. Toi, chevalier, poursuivit M. de la Morlière, tu sortiras du château par le parc, à la brune, et tu t'en iras à la rencontre de Tobby.

— Ceci est parfait dit, le chevalier; donne-moi mes dernières instructions.

Les trois cousins se parlèrent à voix basse durant quelques minutes; puis M. de la Morlière, rejoignit le général avec lequel il échangea un dernier mot, et un quart d'heure après il montait à cheval et lançait Tobby sur la route de Belle-Fontaine.

Quand le vicomte et le général furent partis, M. de Passe-Croix proposa au chevalier, en présence du capitaine Aubin, d'aller affûter des canards.

— Je le veux bien, répondit le chevalier, mais à condition que tu me laisseras prendre mes grandes bottes de marais et un bon manteau, car il fait froid.

— Soit, répondit le baron.

Le capitaine Aubin paraissait trop préoccupé de toute autre chose pour prêter grande attention à un que disaient les deux cousins.

Il les vit donc partir tous deux, ue fusil sur l'épaule, et ne s'en préoccupa nullement.

Le chevalier et le baron quittèrent Bellombre à la brune, se dirigèrent vers un étang situé à mi-chemin du château et du village de Belle-Fontaine et arrivés là, ils attendirent.

Bientôt le trop d'un cheval retentit.

— Voici Tobby, dit le chevalier. Le vicomte aura dit, comme c'était convenu, à Marianne, la servante du curé, de lui ouvrir la porte de l'écurie aussitôt la nuit venue.

C'était Tobby en effet.

Le brave cheval s'en revenait tout seul, au grand trot, la bribe nouée sur le cou, et il allait passer fort tranquillement auprès des deux cousins, lorsque le chevalier siffla en se dressant au milieu du chemin.

Au coup de sifflet, Tobby s'arrêta court et pointa les oreilles.

— Tobby! cria le chevalier.

Le cheval, s'entendant appeler par son nom, s'approcha lentement, le cou tendu, et il se prit à flairer M. de Morfontaine, qui le prit lestement par la bride.

Le chevalier avait adapté une paire d'éperons à ses bottes de marais. Il sauta en selle sur-le-champ, tendit la main au baron et lui dit :

— Je t'engage à rentrer le plus tard possible; de cette façon, tu éviteras une explication quelconque avec le capitaine.

— Très-bien, répondit le baron. Mais toi?

— Oh! j'expliquerai mon absence, rassure-toi.

Et le chevalier partit au grand trop.

Le neveu du général savait, par expérience, que celui qui veut voyager loin ménage sa monture, et il laissa Tobby prendre son pas relevé ordinaire, au moyen duquel la bonne bête faisait ses trois lieues et demie à l'heure.

— En admettant, pensait le chevalier, que mon oncle réussisse complètement et que, par un moyen que nous ignorons encore, il puisse délivrer le comte de Mainhardye, il est probable qu'il n'aura pu ou ne le pourra faire que la nuit venue. Je n'ai donc pas à me presser beaucoup, du moins jusqu'au premier relais.

Le raisonnement du chevalier était fort juste. Comme il connaissait parfaitement le pays, au lieu d'aller chercher une voie battue, il lança Tobby à travers champs et s'en alla rejoindre directement la route de Vendée.

Cette route, on le sait, passait au milieu des grands bois, et elle était sablonneuse comme un chemin de Sologne.

Quand il l'eut atteinte, le chevalier mit pied à terre et regarda attentivement.

La nuit était sombre, mais le jeune homme avait de bons yeux, et il eut bientôt reconnu le sillon des roues d'une chaise de poste et l'empreinte des pieds de trois chevaux.

— Bon! se dit-il, ils sont passés.

Il remonta à cheval et continua son chemin. Mais, à un quart de lieue plus loin, il ne retrouva plus ni les empreintes, ni les sillons, et rétrogradant de quelques pas, il s'aperçut que la chaise était entrée dans le bois.

Alors M. de Morfontaine s'enfonça dans le fourré, de l'autre côté de la route, attacha son cheval à un arbre et se coucha à plat ventre, afin de mieux entendre.

Il passa près d'une heure ainsi. C'était le moment où le général et son neveu, M. de la Morlière, délivraient Hector.

Puis le chevalier entendit un claquement de fouet, un piétinement de chevaux, et, du fond d'une broussaille où il était blotti, il vit la chaise de poste rentrer dans la route et soulever un nuage de poussière autour d'elle.

Vous allez conduire M. de Main-Hardye à la prison de la gendarmerie. (Page 911.)

La voix du général frappa son oreille.
— Voilà qui est fait, disait-il joyeusement.
— Il paraît, pensa le chevalier, que tout a réussi merveilleusement, et que cette chère Diane emmène son Hector adoré.
Voici le moment de nous mettre un peu de la partie.
Le chevalier laissa glisser sur ses lèvres un mauvais sourire, remonta sur Tobby et courut après la chaise de poste.

XVI.

Le chevalier de Morfontaine était parfaitement sûr de Tobby.
Tobby était ce cheval du Bocage, dur à la fatigue, léger en dépit de ses apparences massives, qui s'échauffe par le gros et trotte ou galope toute une nuit.
Le chevalier de Morfontaine dédaigna tout d'abord de rejoindre la chaise de son oncle.
— Ménageons Tobby, se disait-il, je leur gagnerai une heure quand je le voudrai.
Et, en effet, ce ne fut qu'au deuxième relais que le chevalier dépassa la chaise de poste.
La nuit était devenue si noire et le chevalier s'était si bien couvert les deux tiers de la figure avec son manteau qu'il était impossible de le reconnaître.
Seul, le vicomte de la Morlière reconnut le cheval à sa robe lie de vin. Mais comme en Vendée cette couleur est commune, le général n'y fit aucune attention et ne soupçonna point un seul instant que c'était un cheval de ses écuries qui passait.

A partir du moment où il eut dépassé la chaise de poste, le chevalier de Morfontaine pressa de plus en plus l'allure de Tobby, et Tobby gagna près de cinq lieues en quatre heures.

A l'avant-dernier relais, la pauvre bête était si fatiguée que le chevalier eut peur de ne point arriver.

Il eut un moment la pensée de prendre un cheval frais à la poste et d'y laisser Tobby.

Là il était trop loin de Bellombre pour craindre d'être reconnu. Mais une réflexion l'arrêta.

— En relayant ici, le général peut avoir la fantaisie de descendre une minute, d'entrer dans l'écurie, et il reconnaîtra sûrement son cheval.

Dès lors il peut se défier et battre en retraite ou s'en aller tout droit à Rochefort en évitant B... Tant pis pour Tobby!

Le chevalier fit donner une poignée d'avoine à sa monture, se remit en selle et repartit.

Le vicomte de la Morlière n'avait point trop présumé des forces de Tobby ; la vaillante bête arriva à B..., et le chevalier se hâta d'entrer dans la cour du relais.

— Donnez-moi un cheval frais, dit-il, et prenez soin de celui-ci.

L'aubergiste, qui sortait de son lit, car il était quatre heures du matin à peine, s'étira les bras, bâilla à plusieurs reprises, et, sans répondre tout d'abord à la demande que lui faisait le jeune homme, il se prit à regarder le cheval :

— Ah ça! dit-il, quel chemin lui avez-vous donc fait faire, grand Dieu? Il est coupé comme avec un couteau.

— C'est une rosse, répliqua le neveu du général; il n'a pas dix lieues dans le ventre. C'est un cheval qui se vide en route. Donnez-m'en un autre.

— Où va monsieur?
— A Rochefort.
— Monsieur est pressé?
— Je vais recueillir une succession.
— C'est différent, fit l'aubergiste, qui s'inclina et ajouta:
— Monsieur arrive à temps; car je n'ai qu'un seul cheval à l'écurie.
— Est-il bon?
— C'est un bidet de bonne allure.
— Ah! dit le chevalier, vous n'avez pas de chevaux?
— Non; à l'exception du bidet, ceux que je possède sont à Rochefort. Il passe d'ailleurs si peu de monde par ici... On ne voit pas de chaise de poste tous les mois.
— Je reviendrai ce soir, dit le chevalier. Prenez soin de mon cheval.

Il fit seller le bidet, et quand il l'eut enfourché, il dit à l'aubergiste :

— Où est le juge de paix? Indiquez-moi sa maison.
— C'est la dernière du village; suivez tout droit la grande rue.

Le chevalier piqua des deux et s'arrêta cinq minutes après devant la maison désignée.

Cette maison était précédée par un jardin. M. de Morfontaine mit pied à terre, attacha le bidet à la grille et sonna.

Tout le monde dormait dans la maison, mais le coup de cloche avait été vigoureux; et bientôt un domestique accourut et vint ouvrir.

— Le juge de paix? demanda le chevalier.
— Il dort, monsieur, répondit le valet en blouse.
— Éveillez-le...

Le domestique parut hésiter, mais M. de Morfontaine, avait un accent d'autorité qui lui imposa.

— Si monsieur veut me dire son nom? demanda-t-il.
— Un envoyé de la préfecture, répondit le chevalier, qui savait que ce mensonge lui ouvrirait toutes les portes.

Le domestique salua et dit :
— Monsieur veut-il me suivre?

Le valet allait même s'emparer du cheval et le faire entrer dans la cour, mais M. de Morfontaine l'arrêta d'un geste :

— C'est inutile, dit-il, je repars à l'instant.

Et, sur les pas du valet, il pénétra dans la maison.

Le juge de paix, ainsi que l'avait fort bien dit M. de la Morlière, était un homme jeune encore et célibataire.

Il couchait au rez-de-chaussée de son habitation, dans une petite chambre contiguë au salon.

Ce fut là que le valet, ébloui par ce titre d'envoyé de la préfecture, introduisit M. de Morfontaine.

Brusquement éveillé, le juge de paix se dressa sur son séant, se frotta les yeux et regarda curieusement son visiteur matinal.

Le chevalier s'était enveloppé dans son manteau, de façon à cacher son visage le plus possible.

— Qui êtes-vous et que me voulez-vous, monsieur? demanda aigrement le magistrat.

— Monsieur, répondit le chevalier, faites sortir cet homme. J'ai une communication de la plus haute importance à vous faire.

Le juge ouvrit de grands yeux.

Le chevalier poursuivit :

— Il est inutile, monsieur, que vous sachiez qui je suis. Supposez, si vous le voulez, que j'appartiens à la haute police du royaume, et écoutez-moi bien.

Le juge, de plus en plus étonné, regarda son interlocuteur.

— Nous sommes en Vendée, monsieur, reprit le chevalier, en un pays où les derniers coups de feu de l'insurrection retentissent encore.

— Ah! monsieur, dit le magistrat inquiet, croyez bien que je n'ai rien de commun avec les révoltés.

— C'est parce qu'on l'espère en haut lieu qu'on m'envoie vers vous.

Le juge tressaillit d'aise.

— Monsieur, poursuivit le chevalier, vous êtes le seul fonctionnaire de ce pays dont le nouveau régime soit sûr.

Le juge s'inclina.

— Je me suis toujours efforcé de mériter la confiance du gouvernement, dit-il.

— Et c'est à vous qu'une mission importante est confiée.

— Je suis prêt! s'écria le juge, qui ne doutait plus un seul instant que l'homme qu'il avait devant lui n'eût les pouvoirs les plus étendus.

— Il est un des chefs les plus populaires, les plus aimés, les plus redoutés de l'insurrection, continua le chevalier, à la capture duquel on attache une extrême importance. Si vous l'arrêtez, votre avancement est assuré; si vous hésitez, votre carrière est brisée par avance.

— Mais, monsieur, dit le magistrat, expliquez-vous, je vous prie.

— Le chef, continua le chevalier, se nomme le comte de Main-Hardye.

— Oh! oh! fit le magistrat, dont l'œil brilla sur-le-champ d'une sorte de joie féroce, si je pouvais mettre la main sur lui, croyez-le-bien, je ferais mieux que remplir mon devoir.

— Ah! dit le chevalier.

— Je pourrais aussi satisfaire mes rancunes personnelles.

— Vous avez à vous plaindre du comte?

— C'est son père qui a demandé ma révocation il y a trois ans...

Mais, ajouta le juge, je crois, monsieur, que la chose est difficile, car le comte est chaudement soutenu, protégé en ce pays, et très-certainement à cette heure il a quitté la France.

— Vous vous trompez.

— Que dites-vous?

— Dans une heure, dans moins peut-être, — habillez-vous, monsieur, — le comte de Main-Hardye traversera B...

— Est-ce possible? s'écria le magistrat, qui sauta hors de son lit et passa un vêtement à la hâte.

— Une chaise de poste va venir relayer. Elle renferme le général marquis de Morfontaine, sa fille la baronne Rupert, son neveu le vicomte de la Morlière, et, sur le siège, vous verrez deux laquais, un vieux du nom de Germain, un jeune, qui n'est autre que le comte de Main-Hardye.

Pendant que le chevalier donnait ces détails au magistrat, celui-ci s'était habillé à la hâte.

— Maintenant, monsieur, dit le chevalier, hâtez-vous de donner des ordres à la brigade de gendarmerie.

— Venez, monsieur, dit le magistrat.

Tous deux sortirent précipitamment de la maison, et le chevalier détacha son bidet, se remit en selle et ramena de nouveau son manteau sur son visage.

— Monsieur, dit-il alors, se penchant à l'oreille du magistrat, rappelez-vous qu'il est des gens qu'on n'a jamais vus, qu'on ne reconnaît jamais. Votre fortune à venir en dépend.

Le magistrat s'inclina, et, tandis qu'il courait à la gendarmerie, le chevalier s'éloigna au galop et parut prendre la route de Rochefort.

⁎ ⁎ ⁎

Telles étaient donc les événements qui avaient amené le guet-apens dans lequel M. de Main-Hardye venait de tomber.

En entendant le juge de paix prononcer distinctement le nom du comte, le général demeura comme foudroyé.

Mais cet état de prostration subite eut la durée d'un éclair.

Soudain le vieux colonel de cavalerie, habitué à charger les Cosaques, retrouva la fougue de ses vingt ans.

Au lieu de répondre au juge de paix, il tira ses pistolets et cria au comte et à M. de la Morlière :

— Nous tenons la vie de six hommes en nos mains. Feu ! messieurs. Fouette ! postillon.

Et il s'élança sur le siége, à côté du comte. Mais celui-ci l'arrêta brusquement et lui dit :

— Vous vous perdriez sans me sauver, général. Regardez plutôt.

Il étendit la main, et au-delà de la porte cochère de la poste, M. de Morfontaine, consterné, aperçut les huit gendarmes de la brigade rangés en bataille et barrant la route.

— Arrête, postillon ! cria le comte, car déjà les chevaux s'ébranlaient, arrachant des étincelles au pavé de la cour.

Et, sautant à terre, M. de Main-Hardye s'approcha du juge de paix et lui dit :

— Monsieur, je suis votre prisonnier.

Au fond de la berline de voyage, la baronne Rupert, sans force et sans voix, pleurait à chaudes larmes.

L'étincelle d'énergie qui s'était allumée dans le regard du général s'éteignit alors. Il retomba dans un profond abattement.

Quant à M. de la Morlière, il avait su se composer un visage consterné, et il prodiguait à madame Diane les soins les plus empressés.

Seul, en ce moment, un homme était calme, presque souriant.

C'était le comte.

Le juge de paix s'approcha du marquis, lequel était tristement redescendu de son siége et pressait la main de M. de Main-Hardye, qu'il appelait son fils.

— Monsieur le marquis, lui dit-il, je n'ai aucun ordre vous concernant, et vous êtes libre, ainsi que madame et monsieur, — il désignait Diane et M. de la Morlière, — de continuer votre route. Seul, monsieur le comte de Main-Hardye...

Le général toisa le juge de paix.

— Il me semble que je vous connais, dit-il avec dédain.

— Peut-être, fit le juge en s'inclinant.

— Vous êtes ce magistrat qui fut révoqué de ses fonctions il y a quatre ans, n'est-ce pas ?

Le juge se mordit les lèvres.

— Monsieur se venge, dit froidement Hector ; car mon père fut pour quelque chose dans sa révocation.

Le juge devint pâle de colère.

— Messieurs, dit-il, n'outragez pas un magistrat dans l'exercice de ses fonctions.

Puis, se tournant vers le brigadier :

— Jean Leblanc, dit-il, vous allez conduire M. de Main-Hardye à la prison de la gendarmerie, où il attendra qu'une bonne escorte soit arrivée de Rochefort. Et songez-y bien, brigadier, ajouta-t-il d'un ton sévère, laisser évader votre prisonnier serait pour vous un cas de conseil de guerre.

Le brigadier avait la larme à l'œil.

— Fais ton devoir, mon pauvre vieux, lui dit Hector.

Puis il s'élança vers Diane qui était descendue de voiture et se soutenait à peine.

— Adieu ! dit-il, adieu !

Il la prit dans ses bras et l'y pressa avec délire.

Alors le général s'écria :

— Oh ! je ne vous abandonnerai pas, mon cher comte, mon fils bien aimé... J'irai à Paris, je verrai le roi, le roi fera grâce.

Et s'adressant au juge de paix :

— Sur quelle ville comptez-vous diriger votre prisonnier, monsieur ? demanda-t-il.

— J'attendrai des ordres, répondit sèchement le magistrat.

⁎ ⁎ ⁎

On devine ce qui se passa. Le général, son neveu et sa fille descendirent dans l'auberge ; le comte lui-même, après avoir donné sa parole de ne point chercher à fuir, fut autorisé à y attendre, sous la surveillance de deux gendarmes, l'arrivée d'ordres supérieurs.

Le juge de paix avait expédié sur-le-champ un courrier à la sous-préfecture voisine. Cinq heures après, il était de retour, suivi d'un peloton de cavalerie qui avait ordre d'escorter le prisonnier jusqu'à Rochefort.

M. de Morfontaine et Diane voulurent le suivre.

— Non, lui dit le général, je ne vous quitterai pas, mon cher fils, que je n'aie vu le commandant de place et que je n'aie obtenu qu'il soit sursis à votre jugement. Si on me laisse le temps d'aller à Paris, morbleu ! vous êtes sauvé ! Le roi est mon débiteur...

Le général avait repris tout courage, et il parlait avec tant d'assurance que Diane fut convaincue.

Seul, le comte n'espérait plus ; mais il feignit d'espérer.

Diane était là.

Le comte de Main-Hardye arriva à Rochefort vers le soir, et il fut écroué à la prison de la ville, tandis que M. de Morfontaine courait chez le général qui commandait la place.

Par un bonheur providentiel, cet officier avait servi avec M. de Monfontaine ; il avait été son ami intime.

— Mon cher général, lui dit-il, j'ai reçu du ministre l'ordre positif de faire juger, séance tenante, tous les déserteurs passés aux royalistes, et le comte de Main-Hardye, qui se trouve dans ce cas, passera demain en conseil de guerre et sera condamné à mort.

Le général frissonna.

— Mais, poursuivit le commandant, il est une chose que je puis prendre sur moi, par exemple !

— Ah ! fit le général avec anxiété, parlez, mon ami, parlez vite !

— Je puis faire surseoir à l'exécution environ dix jours.

— Alors, s'écria le général, il est sauvé !

Et il courut à l'hôtel où il avait laissé sa fille et lui dit :

— Diane, ma Diane adorée, il faut trois jours pour aller à Paris, trois jours pour en revenir. Nous avons onze jours devant nous. C'est plus qu'il n'en faut, nous partons ce soir...

Oh ! non, mon père, répondit Diane, je veux rester ici, ne point le quitter. On me permettra bien de le voir tous les jours, et le roi vous acordera sa grâce à vous seul, j'en ai la conviction.

— Mon oncle, dit à son tour le vicomte de la Morlière, Diane a raison ; je vais vous accompagner moi...

— Écris à tes cousins sur-le-champ, et partons dit le général.

Et M. de Morfontaine partit, en effet, avec le vicomte de la Morlière, lequel avait écrit à ses cousins deux lettres, l'une adressée à M. de Passe-Croix, et que le général lut.

Dans celle-là, le vicomte se désolait de l'arrestation de M. de Main-Hardye et se réfugiait tout entier dans l'espoir que le roi ferait grâce au jeune officier.

L'autre, adressée au chevalier de Morfontaine, et tracée en caractères hiéroglyphiques, était plus laconique :

« Arrivez tous deux à Rochefort, disait-il. Vous trouverez, poste restante, mes instructions détaillées.

« Le comte sera condamné demain, et je vais m'arranger de telle façon que la sentence soit exécutée.

« A vous.

« Vicomte DE LA MORLIÈRE. »

Le lendemain, en effet, le conseil de guerre déclara M. le comte de Main-Hardye, coupable de désertion à l'ennemi et le condamna à la peine de mort.

XVII.

Il est un personnage de notre histoire que nous avons perdu de vue, et dont nul n'avait plus entendu parler au château de Bellombre.

Nous voulons parler de Grain-de-Sel.

Grain-de-Sel avait reçu un coup de bâton derrière la tête, on s'en souvient, lequel avait été si violent, si bien appliqué, que le jeune gars était tombé la face contre terre, sans plus donner le moindre signe de vie.

Cependant Grain-de-Sel n'était pas mort.

Après un évanouissement de plusieurs heures, il reprit peu à peu connaissance et porta la main à son front, où il éprouva une violente douleur.

Il retira cette main couverte de sang. Le bâton avait entamé le cuir chevelu.

Les premières clartés de l'aube glissaient à l'horizon et pénétraient au travers des arbres dépouillés.

Grain-de-Sel se traîna vers un petit ruisseau qui coulait sous la laume, et, à l'aide de son mouchoir, il lava la plaie du mieux qu'il lui fut possible.

Il put alors se convaincre par le toucher qu'il n'était pas dangereusement blessé.

Après avoir obéi à ce premier sentiment d'égoïsme et d'instinct de conservation, Grain-de-Sel se demanda comment et pourquoi il était là.

Son évanouissement avait duré toute la nuit, et il était tout simple qu'en revenant à lui, le jeune homme éprouvât une sorte de confusion dans ses souvenirs.

Mais bientôt Grain-de-Sel se rappela un à un tous les événements de la veille.

Il était sorti de Bellombre à la nuit close ; après avoir fait un long détour, il était venu attacher son cheval à la lisière du bois ; puis il s'était dirigé vers le trou à renard ; puis encore, tout à coup, il avait éprouvé une violente commotion.

A partir de ce moment, Grain-de-Sel ne se souvenait plus de rien.

Mais soudain il songea à la lettre de Mme Diane qu'il portait au comte Hector ; et, alors seulement, le jeune gars s'aperçut qu'il avait son gilet ouvert. Il palpa toutes ses poches, il regarda autour de lui, espérant voir cette lettre sur le gazon.

La missive avait disparu.

Grain-de-Sel était intelligent. La disparition de la lettre lui laissa deviner une partie de la vérité.

On l'avait assommé pour lui voler la lettre, et on n'avait pu commettre ce vol que dans l'intention de découvrir la retraite du comte.

A cette pensée, l'enfant frissonna, puis, rassemblant tout ce qu'il avait d'énergie, après avoir noué son mouchoir autour de sa tête, il se prit à courir vers le trou à renards.

Un sombre pressentiment l'agitait : sa voix tremblait bien fort lorsque, se penchant sur l'orifice du souterrain, il fit entendre son houhoulement ordinaire.

Un coup de sifflet lui répondit.

Grain-de-Sel eut un battement de cœur violent et il répéta son appel.

Un deuxième coup de sifflet se fit entendre. Mais, cette fois, Grain-de-sel eut le frisson, car, avec cette merveilleuse finesse d'ouïe particulière aux braconniers, il avait pu connaître que ce n'était point Hector de Main-Hardye qui lui répondait.

— C'est Mathurin, se dit-il, qui vient de siffler.

Et, sans hésiter, Grain-de-Sel se laissa glisser dans le trou à renard, répétant de temps à autre, et à mesure qu'il avançait au milieu des ténèbres, son cri de chouette.

Chaque fois, le sifflet de Mathurin lui répondait.

Le souterrain, on s'en souvient, formait un coude vers le milieu.

Quand il eut fait la moitié du chemin et tourné, par conséquent, le coude dont nous parlons, Grain-de-Sel vit briller une lueur rougeâtre dans l'éloignement.

Les trois compagnons du comte avaient allumé du feu, selon la coutume de chaque soir depuis qu'ils étaient dans le souterrain, et ils étaient assis à l'entour.

— Est-ce toi, Grain-de-Sel ? demanda Mathurin, qui se leva et vint à la rencontre du jeune gars.

— C'est moi, répondit celui-ci. Où est M. Hector ?

A cette question du gars, les trois Vendéens se levèrent précipitamment et poussèrent un cri unique.

— Comment ? où est-il ?

— Dame ! répondit Grain-de-Sel tout pâle, vous devez le savoir, vous qui le gardez...

— Tu dois bien mieux le savoir que nous, toi ! s'écria Mathurin.

— Moi ?

— Oui, toi, qui es venu le chercher hier soir.

— C'est faux !

Et l'enfant entra dans le cercle de lumière décrit par le brasier, et les trois Vendéens s'aperçurent alors qu'il avait la tête enveloppée d'un mouchoir ensanglanté.

— Tu es blessé ! exclama Mathurin.

— Ce n'est rien... ne vous occupez pas de moi... Où est M. le comte ?

— Mais je te dis qu'il est à Bellombre ; tu as poussé ton cri de chouette hier soir...

— Je vous jure que non.

— Le comte est parti ; nous avons cru que c'était avec toi.

— Trahison ! s'écria Grain-de-Sel.

Et l'enfant raconta ce qui était arrivé, ajoutant qu'il apportait au comte une lettre de Mme Diane, lettre par laquelle la baronne l'avertissait que les bleus étaient toujours à Bellombre, et que vraisemblablement ils partiraient le lendemain matin.

Le récit de Grain-de-Sel, rapproché de ce que lui apprenaient des trois Vendéens, prouvait jusqu'à l'évidence que le comte de Main-Hardye avait dû tomber dans un piége.

Pendant quelques minutes, les serviteurs du comte et le pauvre Grain-de-Sel demeurèrent consternés et comme anéantis ; mais l'enfant sortit le premier de cet état de torpeur et de désolation :

— Il ne s'agit pas de nous désespérer, dit-il ; il fa sauver M. le comte.

Mathurin hocha la tête.

— Si les bleus le tiennent, dit-il, il est perdu.

— Il faut au moins savoir ce qu'il est devenu, répondit Grain-de-Sel. Adieu. Restez ici..., attendez-moi.

— Où vas-tu ?

— A Bellombre.

Et l'enfant se reprit à courir, laissant les chouans consternés de l'absence inexplicable de leur chef.

— C'est égal, murmura Mathurin tandis que les pas

La chaise de poste partit avec la rapidité de l'éclair.

de Grain-de-Sel s'éteignaient dans l'éloignement, j'ai confiance dans le gars.

Grain-de-Sel sortit du trou à renard et prit le chemin de Bellombre.

En moins d'une heure il eut atteint la lisière de la forêt et l'endroit où il avait, la veille au soir, attaché son cheval.

Le cheval n'y était plus, mais comme il avait plu en abondance les jours précédents, la terre était détrempée, et les sabots de l'animal étaient nettement marqués sur le sol.

Auprès de l'empreinte des fers du cheval, Grain-de-Sel reconnut un pied d'homme il se prit à l'examiner attentivement et put se convaincre que ce pied n'était point celui du comte.

Hector, même avec ses bottes de chasse, laissait une empreinte étroite, aristocratiquement allongée.

Celle-là, au contraire, était large; on eût dit le soulier ferré d'un paysan pour la forme; mais aucune trace de clous ne s'y voyait.

Grain-de-Sel en conclut sur le champ que ce ne pouvait être que le pied d'un domestique du château, de l'un de ceux qui venaient de Paris et portaient de fortes chaussures sans têtes de clous.

— Ce n'est pas le pied d'un Poitevin, ni d'un Vendéen, dit-il, c'est le pied d'un Parisien.

Et soudain Grain-de-Sel songea à Ambroise, le valet de chambre de la baronne Rupert. Le gars ayant porté ses soupçons sur Ambroise, se demanda alors pourquoi et comment il avait pu se trouver là pour détacher et emmener le cheval.

Mais cette supposition n'occupa point longtemps l'esprit judicieux de Grain-de-Sel.

Les pas de l'homme précédaient parfois ceux du cheval, parfois ils le suivaient, ce qui détruisait l'hypothèse qu'il avait conduit le cheval par la bride.

Donc, le cheval était monté par un deuxième personnage, et Grain-de-Sel devina sur-le-champ que c'était le comte.

Il était près de midi lorsque, suivant toujours les traces du cheval et du piéton, le gars arriva hors du bois, à la clôture du parc. Grain-de-Sel s'était mis à ramper sur ses pieds et sur ses mains, glissant à travers les broussailles comme une couleuvre, de telle façon que, du château on ne pouvait l'apercevoir.

A cinquante mètres environ de la haie vive qui clôturait le parc, Grain-de-Sel remarqua une chose bizarre. La terre était fortement piétinée en cet endroit, et au lieu d'une empreinte de pas, il y en avait deux.

PROPRIÉTÉ DE VICTOR BENOIST ET Cⁱᵉ, A PARIS.

Grain-de-Sel reconnut parfaitement la seconde, c'était celle du comte.

Celle-là se dirigeait vers la haie de clôture. L'autre disparaissait tout à coup.

— Bon! pensa le gars, le comte est descendu de cheval et Ambroise y est monté.

D'après les traces qu'il avait laissées, on devinait que le cheval s'était arrêté un moment ; puis on avait dû le lancer au galop et le diriger à l'opposé du parc, à travers le champ de graine de moutarde.

Au delà de ce champ passait un chemin de traverse qui allait à un quart de lieue plus loin rejoindre la grande route de Rochefort à Paris.

— Où diable est-il allé? se demanda Grain-de-Sel, qui suivit les traces du cavalier jusqu'au chemin dont le sol pierreux ne les avait point conservées.

Il revint alors sur ses pas et se remit sur la trace du comte.

Hector était allé droit à la brèche pratiquée dans la haie ; mais comme il arrivait là, Grain-de-Sel s'arrêta frissonnant et la sueur au front.

Le piège à loup était encore là et quelques lambeaux de vêtements adhéraient à ses dents meurtrières qui s'étaient refermées.

Ces lambeaux, Grain-de-Sel les reconnut comme provenant du pantalon de drap gris du comte.

— Oh ! les infâmes ! murmura-t-il.

Pourtant le gars connaissait Hector ; il savait que l'amant de Diane était doué d'une force herculéenne, et, un moment, il eut une folle espérance :

— Peut-être, pensa-t-il, sera-t-il parvenu à se dégager sans bruit, sans cris, et à fuir.

Cette espérance, Grain-de-Sel ne pouvait la conserver longtemps, car un bruit de pas se fit entendre dans la broussaille, et le gars, qui s'était jeté à plat ventre, vit venir à lui un homme qu'il reconnut sur-le-champ.

C'était le capitaine Aubin, en capote et en képi, qui se promenait en fumant.

Sans doute l'officier avait aperçu Grain-de-Sel, car il se dirigeait sur lui.

Grain-de-Sel demeurait immobile.

Quand il ne fut plus qu'à deux pas du gars, le capitaine posa un doigt sur ses lèvres pour lui recommander le silence.

— Il m'a vu, pensa Grain-de-Sel, qui conserva son immobilité.

Puis il leva sur l'officier son regard intelligent et limpide :

— Il est triste, il a un air mystérieux, se dit-il. Bien sûr, il est arrivé malheur à M. Hector.

Le capitaine vint s'asseoir auprès du jeune gars :

— Ne bouge pas, lui dit-il, et parlons bas...

Grain-de-Sel était trop rusé pour prononcer le premier le nom d'Hector.

— Vous êtes triste, capitaine ? dit-il.
— Ah ! tu crois ?...
— Dame !
— Je suis triste parce que madame Diane pleure et se désole, Grain-de-Sel, mon ami.
— Madame Diane pleure ! exclama l'enfant.
— Oui ; car le comte de Main-Hardye a été pris cette nuit.

Grain-de-Sel ne jeta aucun cri.

— Je le savais, dit-il tout bas.

Et il montra le piège à loup.

— C'est moi, ajouta le capitaine avec amertume, qui suis son geôlier.
— Vous ! capitaine ?

Charles Aubin étendit la main vers le pavillon, dont on voyait le toit au travers des arbres.

— Mon Dieu ! mon Dieu ! murmura Grain-de-Sel, madame Diane en mourra.

Le capitaine attacha sur l'enfant un regard inquisiteur.

— Tu es discret, n'est-ce pas ? dit-il.
— Discret comme la tombe, capitaine. On aura ma vie avant mon secret.
— Écoute, poursuivit le capitaine, je lis tant de douleur dans tes yeux que je veux te mettre un espoir au cœur.
— Oh ! vous le sauverez, n'est-ce pas ? s'écria Grain-de-Sel.
— Moi, non, mais...
— Mais qui?
— Le général et Mme Diane.
— Comment?
— Je ne sais.
— Et... vous croyez..?
— Je crois, dit le capitaine avec conviction.

Puis il prit la main de Grain-de-Sel et lui dit tout bas :

— A présent, parlons d'autre chose... Le général est parti.
— Parti ! et pour quel pays?
— Pour Paris, a-t-il dit. Il est parti avec son neveu le vicomte de la Morlière.

Grain-de-Sel fronça le sourcil.

— Je ne sais pas dit-il, pourquoi j'ai une vague idée... que...

Il s'arrêta, hésita et le capitaine tressaillit profondément.

— Parle, dit-il.
— Ah ! pardon, dit l'enfant, je ne parlerai que lorsque vous m'aurez dit comment le comte a été pris.
— C'est juste, dit le capitaine.

Et il raconta à Grain-de-Sel tout ce qui s'était passé.

Le gars écouta attentivement.

— Monsieur Aubin, dit-il enfin, Ambroise est un misérable qui ne mourra que de ma main, et, je le vois bien à présent, c'est lui qui m'a assommé la nuit dernière et qui a trahi le comte, mais...

Grain-de-Sel hésita encore.

— Voyons ! parle ! insista le capitaine.
— Ah ! c'est que, voyez-vous, monsieur Aubin, ce que je vais vous dire est si grave...
— Foi de soldat ! jura le capitaine, ce sera un secret entre toi et moi.
— Eh bien ! dit l'enfant, Ambroise n'a été qu'un instrument...
— Tu crois?
— On l'a payé... on l'a poussé...
— Mais... qui?...
— Les neveux du général, articula froidement Grain-de-Sel.
— Prends garde, petit, dit le capitaine. Cette pensée m'est venue..., comme à toi..., et je l'ai repoussée...
— Ils aiment Mme Diane.
— Tous trois?
— Tous trois.
— Cependant l'un d'eux est parti..., le vicomte...
— C'est celui que je crains le plus, dit Grain-de-Sel.
— Oh ! rassure-toi, dit Charles Aubin, si le roi veut faire grâce.
— Ils trouveront bien le moyen de l'en empêcher.

Les paroles du gars impressionnèrent vivement le capitaine.

Cependant il dit à Grain-de-Sel :

— Il serait prudent que tu ne reparusses point au château.
— Pourquoi ?
— Mais parce que si, comme tu le crois, comme nous le croyons, les neveux du général se sont entendus avec Ambroise, il ne fait pas bon pour toi ici.

Grain-de-Sel eut un sourire superbe.

— Et, ajouta le capitaine, il vaut mieux qu'ils te croient mort.

— Vous avez peut-être raison, répondit l'enfant. Seulement, vous direz un mot à ma mère, n'est-ce pas? Elle sera muette.

— Sois tranquille.

— Je vais rejoindre les compagnons de M. le comte. Adieu, capitaine.

Et Grain-de-Sel se reprit à ramper dans la broussaille et disparut.

XVIII.

Après le départ du marquis de Morfontaine et de son neveu, la Laronne Rupert écrivit au malheureux comte Hector de Main-Hardye la lettre suivante :

« Cher époux du ciel,

« Confiance ! mon père est parti. Il va courir nuit et jour; il verra le roi. Tu seras gracié.

« Le général qui commande la place, bien qu'il soit ami de mon père, bien qu'il s'estime le plus malheureux des hommes d'être ainsi ton geôlier, le général est inflexible sur les règlements.

« J'ai prié, j'ai supplié vainement. Il ne me sera point permis de te voir.

« — Madame, m'a dit le général, le comte de Main-Hardye est un homme résolu, il est capable de tout mettre en œuvre pour s'échapper, et l'amour que vous avez pour lui m'est d'avance une preuve que vous seriez sa complice dans un projet d'évasion.

« J'ai protesté, on ne m'a pas crue.

« Cependant il m'est permis de t'écrire, de t'écrire chaque jour.

« J'attends mon cousin le baron de Passe-Croix; mon père lui a écrit: il arrivera probablement demain.

« Mon Dieu! mon Dieu! comme c'est loin, Paris!

« Heureusement, nous avons encore huit jours devant nous. Mon Dieu!

« De ma fenêtre, je vois le noir donjon où tu es enfermé, mon Hector. Mes yeux sont toujours fixés sur cet horrible édifice et cherchent à en sonder la profondeur.

« Que fais-tu? As-tu du courage et de l'espoir?

« Oh! je sais bien que, si tu ne m'aimais, le sourire n'aurait point abandonné tes lèvres, car tu ne crains pas la mort, car tu es noble et brave comme les lions du désert.

« Mais tu songes à la pauvre Diane, n'est-ce pas? et alors le cœur te manque et tu te dis sans doute que la mort serait la sienne.

« Mais rassure-toi, ami, le roi est meilleur que tu ne crois; et puis il aime beaucoup mon père. Il pardonnera. »

La lettre de Diane ne s'arrêtait pas là; mais la suite ne renfermait plus qu'une longue série de ces mots du cœur, de ces phrases charmantes en leur désordre qui composent le langage de l'amour et n'ont de sens que pour ceux qui aiment.

Cette lettre fut remise au comte de Main-Hardye sans avoir été ouverte.

Le lendemain Diane reçut de son cher Hector les lignes que voici.

« Ah! Diane! ma bien-aimée, ne te fais-tu pas illusion? N'exagères-tu point le cœur et la bonté de cet homme qui a spolié son roi?

« Ton père peut beaucoup, je le sais; mais le vent de la fatalité a soufflé sur nous, et contre la fatalité les hommes ne peuvent rien.

« Pourtant ne te désole pas trop vite, mon ange bien-aimé. Si je ne veux pas que tu m'abandonnes trop vite à l'espérance, je ne veux pas non plus que le désespoir s'empare de ton âme.

« Dieu est bon, il a vu, il a protégé notre amour, il a permis que cet amour ne fût point stérile. Espérons !...

« On me traite ici avec les plus grands égards; le général est venu me voir. Il est franc et un peu brutal; il ne m'a point dissimulé qu'il ne partageait point les illusions de ton père et les tiennes.

« — Je sais pertinemment, m'a-t-il dit, que le roi est fort irrité de la résistance opiniâtre que vous avez faite; et les gens qui l'entourent et le conseillent sont encore plus irrités que lui.

« Ne te figure point, ma Diane chérie, que je suis au cachot. Non, loin de là, on m'a donné une chambre fort claire, convenablement meublée; j'ai des livres, du papier, des journaux. On me traite en ami, mais je suis prisonnier, je suis condamné à mort.

« Ecoute Diane, ma bien-aimée, je vais te faire ma confidence. On m'a fouillé assez négligemment lorsque je suis entré ici, et on m'a laissé un joli petit poignard dont la lame a deux pouces de longueur.

« Ne frémis pas, ma Diane adorée, je ne me tuerai que si ma grâce est refusée. Mais, vois-tu, je ne veux pas leur laisser cette satisfaction dernière de me fusiller en plein soleil, comme un déserteur, comme un soldat qui a manqué à ses devoirs. Je sais que tu es forte au besoin, n'es-tu pas une noble fille de Vendée?

« Eh bien ! ton époux te le demande à genoux : si ton père revient désespéré, si le roi a refusé, si je dois mourir, tu me l'écriras, n'est-ce pas? Tu me l'écriras assez tôt pour que j'aie le temps de me tuer.

« Je veux que tu me fasses cette promesse, ma Diane bien-aimée... Je le veux.

« Ton Hector. »

Mme la baronne Rupert répondit un seul mot :

« Je te le jure! »

VII.

Tandis que la baronne Rupert et son cher Hector correspondaient ainsi, le général marquis de Morfontaine et son neveu M. de la Morlière roulaient sur la route de Paris.

Le général semait l'or sur sa route pour arriver plus vite, et il avait calculé qu'il atteindrait Paris en moins de trois jours.

Vers le soir de la première journée, la chaise de poste atteignit le village de B...., auprès duquel la route de Rochefort et celle de Poitiers se réunissent en une seule voie qui se dirige vers Tours.

En cet endroit le pays est accidenté, montagneux, sauvage et couvert de grands bois.

Le relais de poste se trouvait à trois kilomètres au delà du village de B..., au pied d'une colline aux flancs de laquelle la route serpentait avant d'arriver au sommet.

Une misérable auberge surgissait au relais.

— Mon oncle, dit M. de la Morlière, il est sept heures et demie, et vous n'avez rien pris depuis ce matin. Laissez-moi vous dire que je m'oppose à ce que nous continuions notre route avant que vous n'ayez avalé un potage et mangé quelque chose.

— Soit, dit le général, car il faut bien que j'aie la force de voyager.

Le vicomte mit pied à terre le premier, donna le bras au vieillard et le fit entrer dans la salle d'auberge, où le postillon qui allait partir et conduire la chaise à son tour vidait un dernier verre de vin.

Ce postillon avait une grande barbe rousse, un chapeau qui lui descendait sur les yeux, une limousine qui lui couvrait les épaules et le bas du visage.

Tandis que le général s'asseyait en toute hâte devant une table dressée au coin du feu, le vicomte s'approcha du postillon.

— Est-ce toi, Ambroise? dit-il au postillon.

— Oui, monsieur, répondit le postillon.

Le vicomte et le valet échangèrent un coup d'œil significatif, et le premier alla sur-le-champ s'attabler en face du général.

Le repas fut court.

— Allons, vicomte, allons, en voiture, dit le général, qui jeta une pièce d'or sur la table, n'attendit point sa monnaie, sortit de l'auberge, et monta lestement dans la berline de voyage.

Le postillon à la barbe rousse avait déjà enfourché son porteur et faisait claquer son fouet.

— Allons, fouette, cria le général.

Et le postillon cingla le cheval de droite, enfonça l'éperon dans le ventre de celui qu'il montait, et la chaise partit au grand trot.

Mais au bout de dix minutes les chevaux ralentirent leur allure, puis ils prirent le pas.

Le général mit la tête à la portière :

— Dors-tu, postillon? demanda-t-il.

— Non, monsieur.

— Marche, alors!

— Monsieur, répondit Ambroise, qui déguisait sa voix aussi bien que son visage, la montée est trop rude pour qu'il soit possible de trotter.

— Où sommes-nous donc? demanda M. de Morfontaine. La nuit est noire, on ne voit pas.

— Nous sommes à la côte des Aurettes, monsieur.

— Ah diable! murmura le général, ce garçon a raison..., il est impossible de trotter.

— La montée est-elle longue? demanda M. de la Morlière.

— Elle dure une heure environ.

— Alors, j'en vais profiter.

— Comment?

— Je vais marcher un peu et fumer un cigare en me dégourdissant les jambes.

Et sans attendre que le général eût répondu, le vicomte ouvrit la portière et sauta sur la chaussée.

Le postillon avait également mis pied à terre et cheminait sur le bord de la route en faisant claquer son fouet et fumant une brûle-gueule.

Les chevaux montaient tranquillement.

— Postillon, dit M. de la Morlière en tirant un cigare de sa poche, avez-vous du feu?

— Oui, monsieur..., j'ai de l'amadou du moins.

— Bien. Vous allez m'en donner.

Le postillon s'arrêta pour battre le briquet, tandis que la chaise de poste continuait son chemin, de telle façon que le vicomte et lui demeurèrent en arrière.

— Eh bien? demanda le vicomte.

— Tout est pour le mieux, monsieur.

— Le timon...?

— J'ai retiré la cheville qui le maintient dans la volée. Avant que la voiture soit aux deux tiers de la descente, il sera démanché et hors de sa douille.

— Très-bien!

— Et le coup de fusil?

— Il est un peu cher, dit Ambroise, mais il sera tiré à l'heure.

— Es-tu sûr de ton braconnier?

— C'est un repris de justice qui a fait son temps. Pour six louis il mettrait le feu à l'univers. Je lui en ai donné cinq pour un coup de fusil, c'est bien honnête.

— Et il ne parlera pas?

— Il est complice, donc il sera discret.

— Es-tu sûr que les chevaux s'emporteront?

— Oh! très sûr. Mon porteur surtout. Il a fait tuer trois postillons déjà. C'est un cheval poltron qui craint les armes à feu et le tambour.

— A merveille.

— Et puis, dit encore Ambroise, vous pensez bien, monsieur, que, le timon démanché, la voiture battra les jarrets des chevaux et les poussera de la belle manière.

La descente est rapide, la route a, de l'autre côté de la montagne, des rampes plus brusques encore que celles de ce côté-ci. Elle borde le ravin.

— Je le sais.

— Dépourvue de son timon, la voiture poussera les chevaux qui ne pourront plus tourner.

— Et, acheva le vicomte, comme la route est à cinquante pieds au dessus du ravin, la voiture et mon cher oncle feront un fameux saut.

Ambroise se mit à rire.

— Ce qui ne fera point les affaires de M. de Mainhardye, dit Ambroise, car le général mort, ce ne sera point M. le vicomte qui s'en ira trouver le roi.

— Au contraire, dit le vicomte.

— Hein? fit le faux postillon.

— Je continuerai ma route pour Paris, j'irai voir le roi, je le supplierai de m'accorder la grâce du comte.

— M. le vicomte devient fou!

— Mais, acheva M. de la Morlière en ricanant, je demanderai cette grâce de telle sorte qu'on me la refusera.

— Et si on vous l'accorde?

— Je m'arrangerai de telle façon que j'arriverai à Rochefort une heure après l'exécution.

— Bravo!

Le vicomte avait allumé son cigare et cheminait fort tranquillement derrière la berline.

Le postillon marchait un peu en avant, faisant toujours claquer son fouet.

La nuit, obscure jusque-là, commençait à s'éclairer. La lune se levait à l'horizon.

Plongé au fond de la berline, le père de Diane promenait un regard distrait sur les bois qui bordaient la route à droite et à gauche. Sa pensée était ailleurs. Le général se voyait aux Tuileries, entrant chez le roi, lui rappelant qu'en maintes circonstances il avait témoigné une profonde horreur du sang versé.

Pour la première fois de sa vie, M. de Morfontaine, qui n'avait jamais été orateur, préparait un discours.

Tout à coup la berline s'arrêta, et le général, momentanément arraché à sa rêverie, mit la tête à la portière.

La berline était arrivée au point culminant de la montée, et les chevaux, obéissant à l'habitude, sans doute, s'étaient arrêtés pour attendre le postillon.

Le général avait à sa gauche un bouquet de chênes assez touffu que la lune baignait d'une clarté encore indécise; à sa droite, un taillis rabougri.

Devant lui, la route s'inclinait tout à coup, et M. de Morfontaine devina une descente des plus rapides.

Le postillon et M. de la Morlière, demeurés un peu en arrière, n'avaient point encore atteint le haut de la montée.

Mais le général entendait leurs voix et, par intervalles, le claquement du fouet d'Ambroise.

— Allons! cria-t-il en sortant la moitié du corps de la portière, dépêchons, postillon! arrive, vicomte!...

Mais soudain, à trois pas dans le fourré, à gauche de la route, un coup de feu se fit entendre, et le cheval porteur se cabra frémissant.

Puis une seconde détonation retentit, en même temps qu'un chien s'élançait sur la route en aboyant, et qu'une voix criait dans le fourré :

— Apporte! Tayaut, apporte!

Et les chevaux épouvantés bondirent en avant, et la berline se trouva lancée sur la pente inclinée de la route.

Le général, la tête à la portière, criait :

— Cours, postillon! à tes chevaux!

Le postillon et le vicomte s'étaient pris à courir; mais la berline allait plus vite qu'eux, et le général, inquiet d'abord, commença à ressentir un véritable effroi lorsqu'il s'aperçut qu'il laissait son neveu et le postillon tout à fait en arrière.

Tout à coup ce qu'Ambroise avait prévu arriva : le

C'est à vous, messieurs, qu'appartient cette chaise de poste? demanda Grain-de-Sel d'une voix étranglée. (Page 919.)

timon, qui n'était plus maintenu dans sa volée par la Cheville d'attache, sortit de la douille et laboura la route, tandis que la berline battait les jarrets des chevaux déjà effrayés.

Le général comprit à l'instant l'imminence du péril ; il vit la route former à cent mètres devant lui un brusque contour, et au delà de ce contour, il devina un précipice.

Il essaya alors d'ouvrir la portière et de s'élancer sur la route, malgré le danger d'un semblablable saut.

Mais, en descendant de voiture, le vicomte avait engagé le manteau du général dans la portière, et M. de Morfontaine se trouva subitement empêché.

— La berline et les chevaux descendaient avec une rapidité effrayante et n'étaient plus qu'à cent mètres du précipice.

— Je suis perdu ! murmura le général, qui prononça les deux noms de Diane et d'Hector.

Soudain un homme à cheval, qui gravissait en sens inverse cette pente sur laquelle le général était entraîné si rapidement, se montra à l'extrémité du contour.

Soudain encore cet homme devina le danger, s'élança à la rencontre de la berline, et comme le général recommandait son âme à Dieu, un éclair brilla, une balle siffla, une détonation retentit, et le cheval porteur, frappé au front, tomba roide mort en travers de la route, et les roues de devant de la berline, tant l'impulsion était violente, lui passèrent sur le corps ; mais celles de derrière s'arrêtèrent, et la chaise de poste se trouva subitement arrêtée.

Le cavalier qui venait de sauver ainsi le général n'était autre que Grain-de-Sel.

Comment donc le gars se trouve-t-il là ?

XX.

Nous avons laissé Grain-de-Sel quittant le capitaine Charles Aubin pour rejoindre les compagnons du comte de Main-Hardye au trou du Renard.

La consternation des quatre Vendéens fut au comble.

Mais Grain-de-Sel leur dit :

— Le capitaine m'a dit que M. le marquis était parti pour Paris avec son neveu, et qu'il allait demander la grâce de M. Hector. C'est possible ; mais je crois, moi, que M. le marquis a son idée...

Grain-de-Sel passa la nuit dans le trou du Renard ; puis, vers cinq heures du matin, avant que le jour parût, il se mit en route pour Bellombre.

— Sachons donc un peu ce qu'il y a de nouveau, pensa-t-il.

Le gars arriva vers sept heures à la lisière du bois, à cet endroit même où l'avant-veille le perfide Ambroise avait fait tomber Hector dans le piège à loup.

Mais là il fut fort étonné de voir sur le sable le sillon des roues d'une voiture.

Grain-de-Sel eut un battement de cœur.

A en juger par l'empreinte du pied des chevaux, la voiture n'était point venue du château, mais de l'intérieur de la forêt.

— C'est la chaise de poste de M. le marquis, pensa Grain-de-Sel.

Et il se prit à suivre les traces au rebours, et arriva ainsi jusqu'à un chemin de traverse qui venait du village de Bellefontaine.

Ce chemin, Grain-de-Sel l'avait suivi bien des fois.

— Bon! se dit le gars, je devine .. M. le marquis a eu l'air de partir pour Paris, puis il est venu ici... et... qui sait ?...

Grain-de-Sel pensa qu'il n'y avait, après tout, rien d'impossible à ce que le marquis eût délivré Hector.

Il revint sur ses pas, suivit la trace de nouveau, retourna jusqu'à la lisière du bois, et put se convaincre alors que la chaise de poste avait stationné quelque temps au même endroit.

Grain-de-Sel remarqua ensuite les empreintes de pas d'hommes.

Ces empreintes partaient de l'endroit où la chaise de poste avait stationné et se dirigeaient vers la maison du garde-chasse.

Le gars, qui avait des yeux de lynx, eut tout de suite constaté que les personnes qui, de la chaise de poste, s'étaient dirigées vers la maison du garde, étaient au nombre de deux. Tout à coup il tressaillit.

D'autres empreintes croisaient les premières. Celles-ci accusaient le passage de trois hommes.

Seulement, comme elles se dirigeaient vers la chaise de poste, et par conséquent en sens inverse, Grain-de-Sel en conclut qu'ils étaient allés deux chez le garde et en étaient revenus trois.

Le gars alla frapper à la porte de Mathurin.

Mathurin dormait ou feignait de dormir.

— Ouvre donc! cria le gars à travers la porte; c'est moi!... Grain-de-Sel...

Mathurin se décida enfin à sauter de son lit et à ouvrir.

— Que veux-tu? dit-il.
— Te voir.
— Pourquoi faire?
— Pour te donner une commission.

Et Grain-de-Sel se glissa comme une couleuvre entre le garde-chasse et la porte, et pénétra à l'intérieur de la maison.

La trappe de la cave était soulevée.

— Tiens! dit Grain-de-Sel qui joua l'étonnement

Mathurin se troubla sous le clair regard de l'enfant.

— Mathurin, dit le gars, tu sais que je suis le frère de lait de Mme Diane?
— Oui, certes.
— Que je me ferais hacher pour elle?
— Je le sais.
— Et que ni le marquis ni elle n'ont de secrets pour moi?
— Je ne crois pas, balbutia Mathurin.
— Alors, dit Grain-de-Sel, pourquoi donc en as-tu toi?
— Moi?
— Sans doute. Il s'est passé quelque chose ici cette nuit...
— C'est vrai.
— Et ce quelque chose, tu vas me le dire, Mathurin, mon ami, car il y va peut-être de la vie de M. Hector.

— Il est libre, dit Mathurin.
— Libre!
— Et en fuite...
— Avec qui?
— Avec Mme Diane et le général.
— Et... murmura Grain-de-Sel, ils sont seuls avec lui?
— Non, il y a encore le neveu du général.
— Lequel?
— Le vicomte de la Morlière.

Grain-de-Sel fronça le sourcil, mais il ne souffla mot.

Alors le garde-chasse lui raconta comment s'était opérée l'évasion du comte.

Mais, au lieu de se réjouir, Grain-de-Sel demeurait sombre.

— Si le vicomte est de la partie, murmurait-il, il n'a sauvé M. Hector que pour le mieux trahir plus tard.

Grain-de-Sel jugea inutile de faire part de cette réflexion au garde-chasse, mais il lui dit brusquement :

— Tu vas aller au château.
— Pourquoi faire?
— Tu y prendras un cheval et tu le selleras,
— Et si on me demande pour qui?
— Tu diras que c'est pour toi et que tu vas à Poitiers chercher un chien pour la lice.
— Soit! Que ferai-je du cheval?
— Tu monteras dessus et tu viendras me rejoindre à l'entrée de la forêt ; tu prendras Tobby, tu sais?
— Oui, le cheval rouan.
— Justement. C'est le meilleur trotteur des écuries.

Mathurin ne savait trop ce que voulait faire le gars, mais il était habitué à voir tous les serviteurs du château plier sous sa volonté fantasque et mystérieuse.

Mathurin fit comme tout le monde, il obéit à Grain-de-Sel et prit le chemin du château.

Grain-de-Sel, lui, retourna à la lisière du bois, s'arrêtant juste à la même place où la chaise de poste avait stationné.

— Pourvu que Mathurin revienne promptement, pensait-il, et que j'aie le temps de partir avant que les hussards se soient aperçus de l'évasion de M. Hector !

Mathurin fit ce qu'on nomme les deux chemins, c'est-à-dire qu'il ne perdit pas de temps, arriva au château par le sentier du parc, gagna les écuries, et moins d'un quart d'heure après reparut aux yeux du gars, monté sur un cheval noir.

— Comment! dit Grain-de-Sel, tu n'as pas pris Tobby?
— Tobby n'est pas à l'écurie.
— Où donc est-il?
— Jean, le petit palefrenier, m'a dit que M. le chevalier l'avait pris hier soir.
— Il n'était pas rentré ce matin ?
— Non.
— Hum ! se dit Grain-de-Sel, il y a encore du louche là-dessous. Je crois qu'ils s'entendent tous pour perdre M. Hector... Tobby est un cheval qui fait trente lieues en une nuit...

Le gars, de plus en plus soucieux, sauta en selle, retira ses pistolets de sa ceinture et les coula dans les fontes.

— Adieu, Mathurin, dit-il.
— Mais. . où vas-tu ?
— Je vais tâcher de rejoindre la chaise de poste de M. le marquis.
— Elle a de l'avance...
— Oui, mais j'ai des éperons, moi.

Et Grain-de-Sel partit au galop.

La chaise de poste dont Grain-de-Sel suivait les traces avait décrit un demi-cercle. Elle était entrée dans le bois par le chemin qui venait de Belle-Fontaine, elle en était sortie par un autre sentier couvert de sable, lequel conduisait à la grand route de Poitiers à Rochefort.

Une fois sur la route, qui était couverte de gravier de rivière, la voiture n'avait plus laissé de traces.

Mais Grain-de-Sel s'était dit :

— Pour sûr, M. le marquis aura été tout droit à Rochefort, et je donnerais bien la moitié de mon sang pour que, à cette heure, M. Hector fût embarqué.

Soutenu par cette espérance, Grain-de-Sel courut toute la journée sur la route de Rochefort, et arriva au point d'intersection de cette voie avec celle de Tours. Mais, en cet endroit une circonstance fortuite lui fit brusquement changer le but de son voyage.

La route de Poitiers à Rochefort et celle de Rochefort à Tours se croisaient au milieu d'un petit bouquet de sapins. Qui dit *sapinière* dit terrain sablonneux, et les traces de la chaise de poste et des fers de chevaux reparurent.

Mais, chose bizarre! en cet endroit, Grain-de-Sel put constater que la chaise s'était dirigée à la fois sur Tours et sur Rochefort, ce qui était matériellement impossible et ne pouvait s'expliquer que par l'existence de deux voitures au lieu d'une ; l'une venant de Rochefort et se dirigeant sur Tours, et l'autre allant de Poitiers à Rochefort.

Cependant Grain-de-Sel ne songea point un seul instant à cette complication.

Après avoir suivi la route de Rochefort jusqu'à l'endroit où le sable disparaissait, il se persuada que le général et ses compagnons s'étaient ravisés et qu'ils avaient pris la route de Tours et rebroussé chemin.

Grain-de-Sel tourna bride.

— Après tout, se dit-il, M. le marquis est malin, il aura pensé que le meilleur parti à prendre n'était pas d'aller à Rochefort, où bien certainement tout est sur pied mais à Tours, où tout est tranquille. On y cachera parfaitement M. Hector.

Et Grain-de-Sel prit la route de Tours et galopa jusqu'au soir.

De temps en temps il retrouvait sur la poussière les traces de la chaise de poste.

Un paysan lui affirma qu'une voiture attelée de trois chevaux, roulant bon train, avait passé trois heures avant lui.

Un peu plus tard, il rencontra une vieille femme qui lui confirma le fait.

Comme son cheval était épuisé, il descendit à un relais de poste, où on lui donna une monture fraîche.

Là il questionna les palefreniers.

— La chaise de poste dont vous parlez, lui fut-il répondu, est passée il y a une heure.

— Combien renfermait-elle de personnes?

— Trois.

— Comment étaient-elles?

— Il y avait une jeune dame, un monsieur âgé, un homme plus jeune, et deux domestiques.

Le gars galopa jusqu'au coucher du soleil, moment où il atteignit un troisième relais.

Cette fois son cœur se prit à battre avec violence, car en entrant dans la cour de l'auberge il vit une berline de voyage toute poudreuse et dételée.

— A qui cela? demanda-t-il en descendant de voiture précipitamment.

— A des voyageurs qui dînent là dans la salle.

Grain-de-Sel entra dans la salle et vit, en effet, un vieillard, une jeune femme et un homme d'environ trente ans qui dînaient fort paisiblement.

Mais ce n'étaient ni le général, ni madame Diane, ni Hector.

C'étaient d'honnêtes Anglais qui s'en allaient passer l'hiver à Tours.

— C'est à vous, messieurs, qu'appartient cette chaise de poste? demanda Grain-de-Sel d'une voix étranglée.

— Oh! yes, lui fut-il répondu.

— Et vous venez de Rochefort!

— Oh! yes.

Le gars lâcha un gros juron, sortit de l'auberge comme un fou, remonta à cheval et revint sur ses pas au galop.

Le marquis, il n'en pouvait plus douter avait pris la route de Rochefort.

Une heure après, le gars rencontrait, sur la pente rapide que nous avons décrite, la chaise de poste de M. de Morfontaine et de son neveu, et arrachait le premier à une mort certaine en tuant l'un des chevaux emportés.

En se conduisant ainsi, Grain-de-Sel n'avait pas soupçonné un instant que le voyageur auquel il sauvait la vie était précisément celui après lequel il courait.

Le général avait remis la tête à la portière, Grain-de-Sel s'était élancé à terre.

— Grain-de-Sel!

— Monsieur le marquis!

Telles furent les deux exclamations qui se croisèrent.

— Ah! dit le général, tu me sauves la vie et sauves celles de Diane et d'Hector.

— Madame Diane! M. Hector! où sont-ils? demanda Grain-de-Sel.

Hector est prisonnier, dit le général. Hector est condamné à mort.

Grain-de-Sel jeta un cri.

— Diane est restée à Rochefort, moi je vais à Paris tâcher d'obtenir sa grâce.

— Seul?

— Non, avec le vicomte mon neveu.

— Ah! fit Grain-de-Sel.

Et tandis que le général lui racontait ce qui s'était passé depuis vingt-quatre heures, l'enfant, sombre et recueilli, devinait la vérité tout entière.

— Les traîtres! pensait-il, se souvenant que le chevalier de Morfontaine avait enfourché Tobby l'avant-veille et n'avait point reparu à Bellombre.

Un moment Grain-de-Sel fut sur le point de s'écrier que M. de la Morlière et ses cousins avaient trahi le comte.

Mais quelle preuve avait-il à l'appui de son accusation?

Le général aimait ses neveux, et il ne le croirait pas.

Comme le gars hésitait, M. de la Morlière et le postillon arrivaient hors d'haleine.

— Malédiction! murmura Ambroise, ce petit Grain-de-Sel est toujours là.

— Ah! mon oncle, mon cher oncle, exclamait M. de la Morlière, qui, sous les plus chaleureuses démonstrations, dissimulait son désespoir de voir son vieil oncle sain et sauf.

C'est Grain-de-Sel qui m'a sauvé! dit le général.

— C'est Grain-de-Sel qui vous supplie de l'emmener avec vous, monsieur le marquis, ajouta l'enfant.

Le vicomte tressaillit et leva ses yeux sur Grain-de-Sel ; le regard du jeune gars et celui de M. de la Morlière se croisèrent comme deux lames d'épée ; ce dernier frissonna et se dit :

— Grain-de-Sel m'a deviné.

Le porteur d'Ambroise, le faux postillon, ayant été tué roide par la balle du gars, celui-ci attela le cheval qu'il montait à la berline.

Ambroise avait peur d'être reconnu par Grain-de-Sel ; il se tenait à l'écart et lui laissait faire la besogne.

Quand le cheval fut attaché, Grain-de-Sel se tourna vers Ambroise !

— Allons! mon bonhomme, lui dit-il, quand on est aussi mauvais postillon que toi, on se fait réformer. Monte par derrière.

Et sans attendre de réponse, Grain-de-Sel sauta sur le porteur et fit claquer son fouet.

Ambroise enchanté, monta sur le siège et la chaise repartit.

— Certes! se disait Grain-de-Sel en conduisant la chaise de poste avec une rapidité et une habileté merveilleuses, certes M. de la Morlière ne s'attendait pas à ce que je ferais le voyage de Paris avec lui !

XXI.

LE VICOMTE DE LA MORLIÈRE A SON COUSIN LE CHEVALIER DE MORFONTAINE

« Cher,

« Il faut décidément employer les grands moyens...

« J'avais cru d'abord que tout irait à merveille et que notre excellent oncle n'arriverait jamais à Paris. Le hasard, sous la forme de Grain-de-Sel, a déjoué mes plans. Nous sommes à Paris depuis hier et le roi nous recevra aujourd'hui...

« Il est à peu près certain, dit-on déjà autour de nous, que Sa Majesté fera grâce.

« Tu le vois, il faut aviser. »

XXII.

HECTOR A DIANE.

« Mon ange aimé,

« Voici le neuvième jour écoulé depuis ma condamnation. Si ma grâce n'arrive pas ce soir, je serai fusillé demain au point du jour.

« Courage ! Diane ; courage ! mon âme et ma vie...; courage ! toi qui es ma femme devant Dieu !

« Écoute-moi, ma Diane adorée ; j'ai pardonné d'avance à mes ennemis ; je suis prêt à mourir ; mais je ne veux pas mourir fusillé ; je ne m'avoue point déserteur.

« J'attends une dernière lettre de toi, une lettre dans laquelle tu me diras adieu pour toujours, si ton père est revenu, si ma grâce est refusée. »

Cette lettre, qu'accompagnait les plus tendres paroles, les serments d'amour les plus solennels, arriva à madame la baronne Rupert vers neuf heures du matin.

La baronne était en proie à de terribles angoisses. Ses deux cousins étaient auprès d'elle. M. de Morfontaine et M. de Passe-Croix avaient joué leur rôle en conscience ; jamais on n'avait vu parents plus affectueux plus tendres, plus affligés. Vingt fois par jour, M. de Morfontaine montait à cheval et poussait une reconnaissance sur la route de Paris, espérant voir arriver la chaise de poste de son oncle.

Matin et soir, M. de Passe-Croix s'en allait à la prison. Le commandant de place s'était relâché de sa sévérité au bout de trois ou quatre jours.

Il n'avait point permis que Diane pût voir Hector ; mais il avait en revanche, autorisé M. de Passe-Croix à visiter le prisonnier.

Il est vrai que le baron avait engagé sa parole d'honneur de ne point chercher à faire évader M. de Main-Hardye.

Ce fut M. de Passe-Croix qui se chargea de la réponse de Diane.

Diane écrivait à Hector :

« Moi non plus, cher époux du ciel, je ne veux pas que tu sois fusillé, et ta Diane sera forte et te permettra de mourir à ta guise, si le roi ne t'a pas fait grâce.

« Eh bien ! cette grâce, j'y crois, je l'attends, je sens qu'elle vient.

« Mes cousins sont là, et, comme moi, ils pensent que mon père et la Morlière arriveront aujourd'hui.

« Hector, mon bien-aimé, il est toujours temps de mourir, et une minute suffit.

« Attends cette nuit encore... espère..., crois en moi...

crois en Dieu... Dieu ne peut pas vouloir nous séparer. »

M. le baron de Passe-Croix se chargea donc de cette lettre et se rendit à la prison.

Hector était assis sur son lit, les jambes croisées, calme et triste.

En voyant entrer M. de Passe-Croix, il se leva vivement :

— Eh bien ! dit-il, et Diane ?

— Diane ne sait rien, répliqua tristement le baron.

Puis il prit la main d'Hector et la serra.

M. de Passe-Croix s'était fait un visage consterné. Il prit la lettre de Diane et la tendit à Hector.

Celui-ci s'en empara et la lut.

— Eh bien ! dit-il, que voulez-vous dire ?

— Je veux dire que Diane ne sait rien et qu'elle attend encore votre grâce.

Hector pâlit.

— Je devine, dit-il, ma grâce a été refusée.

— Hélas !

Le baron courba la tête.

— Et vous craignez d'en donner à Diane la fatale nouvelle ?

— J'ai peur de la tuer.

Hector baissa les yeux. Un moment deux grosses larmes roulèrent le long de ses joues.

— Pauvre Diane !... murmura-t-il.

Puis il prit la main du baron.

— Voyons, mon ami, lui dit-il, vous savez bien que je ne crains pas la mort, moi. Dites-moi tout...

Le baron tira de sa poche une seconde lettre.

Celle-là portait le timbre de Paris et était de la main de M. de la Morlière.

Le vicomte écrivait au baron :

« Mon ami,

« Notre pauvre oncle est fou de douleur, et je crains pour sa vie. Vainement il s'est traîné aux genoux du roi. Le roi s'est montré inflexible.

« Je l'ai ramené à l'hôtel en proie à une fièvre ardente.

« Le médecin que j'ai fait appeler m'a défendu de le laisser repartir pour Rochefort. Il y va de sa vie.

« Et notre chère Diane ?

« J'ai cru, moi aussi, que j'allais perdre la tête.

« Si Hector est fusillé, Diane en mourra.

« Il faut sauver Diane, mon ami. Il faut trouver un moyen de lui faire quitter Rochefort.

« Voici ce que j'ai imaginé :

« Je vais t'écrire demain.

« Dans cette lettre, je te dirai que le roi n'a pas fait grâce, mais qu'il a ordonné un sursis d'un mois à l'exécution.

« Pendant ce sursis, le roi réfléchira. Il verra.

« Alors tu persuaderas à Diane que si elle allait à Paris, le roi ne résisterait plus à ses larmes, et Diane partira avec toi, et elle n'entendra point, à l'heure fatale, siffler les balles qui tueront Hector. »

M. de Main-Hardye prit connaissance de cette lettre et dit froidement :

— Vous avez raison, mon ami ; il faut que Diane quitte Rochefort. Quand arrivera la seconde lettre du vicomte ?

— Je l'attends aujourd'hui à midi... C'est l'heure du courrier.

— Eh bien ! adieu ! En ce cas, emmenez Diane... Il le faut !

M. de Main-Hardye écrivit à Diane une longue lettre dans laquelle il lui promettait d'attendre sa grâce avec courage et confiance.

Et le baron l'embrassa et lui dit avec émotion :

Vous avez raison, mon ami, il faut que Diane quitte Rochefort. (Page 920.)

— Adieu! mon ami. Je vous jure que je veillerai sur Diane toute ma vie.
— Veuillez aussi sur mon enfant; car elle sera bientôt mère, ajouta le malheureux comte de Main-Hardye, qui serra une dernière fois la main de M. de Passe-Croix, et ajouta :
— Maintenant, partez. Je ne veux pas m'attendrir outre mesure; je veux mourir en souriant.

. . . .

XXIII.

Comme le soir arrivait, un cavalier couvert de poussière entra dans Rochefort.
Les quatre fers de son cheval arrachaient des étincelles au pavé, tant sa course était rapide.
C'était Grain-de-Sel.
Grain-de-Sel, qui apportait à Diane la grâce du comte de Main-Hardye, Grain-de-Sel, qui précédait le général et son neveu de deux heures à peine.
Le roi avait fait grâce, le roi pardonnait complétement et autorisait le comte de Main-Hardye à rester dans ses terres en Vendée.
Diane, éperdue, hors d'elle-même, conduite par ses deux cousins, courut chez le général qui commandait la place.
Le général la prit par la main et lui dit :

— Ce sera vous, madame, qui annoncerez à votre époux la nouvelle que vous m'apportez.
Et le général conduisit Diane à la prison, fit ouvrir devant elle toutes les portes, et enfin celle du cachot où Hector gisait depuis huit jours.
Le comte était couché sur son lit, immobile, le visage au mur.
Il paraissait dormir.
— Hector! Hector! mon bien-aimé! s'écria la baronne Rupert en se précipitant vers lui.
Mais soudain elle jeta un cri, puis elle recula, revint vers lui, poussa un cri encore, leva les mains au ciel, et tout à coup fit entendre un bruyant éclat de rire...
La baronne Rupert était devenue folle subitement en s'apercevant que M. le comte Hector de Main-Hardye était mort.
Le comte avait ajouté foi à la lettre de l'infâme vicomte de la Morlière, et il s'était enfoncé son poignard dans le cœur.
La mort avait dû être instantanée.

. . . .

XXIV.

Trois ans après la mort du comte Hector de Main-Hardye, par une belle journée d'hiver, une grande calèche de ville, dont on avait baissé la capote, monta vers deux heures l'avenue des Champs Élysées, tourna l'Arc-de-Triomphe, descendit l'avenue de Neuilly et entra dans le bois par la porte Maillot.

Dans le fond de la calèche, un vieillard, portant sa barbe blanche, la boutonnière ornée d'une rosette multicolore, était assis à côté d'une jeune femme vêtue de noir, dont le regard avait une singulière expression d'égarement.

Cette femme tenait sur ses genoux une jolie enfant blonde et rose qu'elle embrassait pour ainsi dire sans relâche et avec une tendresse délirante et presque frénétique.

Sur le siége du devant, leur faisant vis-à-vis, un homme jeune encore, et qui touchait à peine à la quarantaine, causait avec le vieillard, tout en caressant du bout des doigts les mèches bouclées de la chevelure de l'enfant.

Cette femme, on l'a deviné, c'était madame la baronne Rupert; cette petite fille blonde et rose qu'elle portait dans ses bras avec orgueil, c'était l'enfant posthume du malheureux comte Hector de Main-Hardye.

Diane était folle depuis le jour où Hector avait été trouvé mort dans sa prison.

Sa folie avait eu deux phases bien distinctes.

Pendant la première, la baronne avait été morne, sombre, désespérée, en proie à une sorte de stupeur contemplative.

Cet état mental avait duré près de trois mois.

Puis, une nuit, Diane était devenue mère, et alors la vie, qui avait en elle des racines puissantes, la vie avait triomphé peu à peu, soutenue par l'instinct maternel.

De farouche qu'elle était, la folie de la baronne était devenue douce, sentimentale, parfois rieuse. Quand elle avait son enfant dans ses bras, Diane était presque raisonnable.

Or, ce jour-là, le vieux général de Morfontaine et son neveu le vicomte de la Morlière n'avaient point sans motifs sérieux emmené la pauvre folle à la promenade.

Ces motifs, les voici:

Il y avait à Paris, depuis quelques mois, un médecin brésilien qui n'exerçait sa profession que dans des cas tout à fait exceptionnels.

Cet homme, jeune encore, était un original plusieurs fois millionnaire qui se promenait chaque jour aux Champs-Élysées, monté sur un petit cheval à tous crins, et vêtu d'un manteau de *gaucho*, dont la couleur avait fini par lui valoir le surnom de *Docteur rouge*.

Or, le docteur rouge n'exerçait pas, mais il était très-habile, disait-on, habile surtout à guérir la folie.

Le général était donc monté en voiture avec sa fille et son neveu, et tous trois allaient au pavillon de Madrid, dans le bois de Boulogne, où, disait-on, le docteur avait coutume d'aller déjeuner tous les jours, entre midi et deux heures.

Cet homme étrange, on le savait, avait une répugnance invincible à prodiguer les secours de sa science, et, disait-on, ce n'était guère que par surprise qu'on parvenait à obtenir ses soins.

Quand la calèche arriva à Madrid, le général aperçut un petit cheval attaché à la porte, et le reconnut sur-le-champ pour être celui du docteur.

L'homme qui les accompagnait descendit le premier et donna la main à Diane, qui sauta lestement à terre et ne voulut point se dessaisir de son enfant.

Cet homme n'était autre que M. le vicomte de la Morlière, neveu du général.

— Viens, ma fille, ma Diane adorée, dit M. de Morfontaine en prenant le bras de sa fille et la faisant entrer dans le pavillon.

La baronne se laissa conduire avec la docilité d'un enfant; mais comme elle entrait dans le salon du rez-de-chaussée, ses regards furent attirés par le manteau rouge et le visage bronzé du docteur.

Le Brésilien déjeunait fort tranquillement devant une petite table placée auprès du feu, et il parcourait un journal.

Diane jeta un petit cri d'étonnement, s'approcha de lui et se prit à le considérer, lui et son manteau, avec une curiosité qui eût pu paraître étrange si le général, en se hâtant de saluer le docteur, ne lui eût fait ce léger signe qui caractérise la folie et qui consiste à se frapper le front.

Au reste, le général avait pris une peine inutile, car le Brésilien avait sur-le-champ deviné l'état mental de la baronne.

Diane, après avoir regardé le docteur, le salua et vint s'asseoir à quelque distance devant une table; puis elle parut avoir oublié le lieu où elle était et les gens qui l'entouraient.

Absorbée tout entière par son enfant, elle se prit à la couvrir de caresses et à passer ses doigts dans sa blonde chevelure.

Alors M. de Morfontaine s'approcha du docteur et lui fit mille excuses; mais le docteur l'interrompit et lui dit:

— Est-ce votre femme? monsieur.

— C'est ma fille...

— Depuis quand est-elle folle? continua-t-il tout bas.

— Depuis trois ans.

— Faites-moi connaître les causes qui ont déterminé sa folie, et peut-être la guérirai-je.

— Ah! monsieur, murmura le général avec émotion, laissez-moi vous l'avouer, je ne suis venu ici qu'avec l'espoir de vous rencontrer... et...

— Votre nom? monsieur.

— Le général marquis de Morfontaine.

Le docteur s'inclina d'une façon qui laissait comprendre que le nom de son interlocuteur ne lui était pas complétement inconnu.

Puis il lui dit tout bas:

— Est-ce un désespoir d'amour?

— Oui.

— Le père de l'enfant?

— Oui, oh! encore le général.

— L'a-t-il abandonnée?

— Non, il est mort...

— Cela me suffit, dit le docteur.

En ce moment, M. de la Morlière, qui était demeuré un peu en arrière, s'approcha et écouta attentivement.

— Général, disait le docteur, je guérirai madame votre fille. Attendez-moi ce soir, vers six heures, à votre hôtel. Je prescrirai un traitement.

— Et, s'écria le général, vous la guérirez?

— En deux mois, répondit le docteur avec l'accent de la conviction.

Le vicomte de la Morlière quitta l'hôtel de la rue de Varennes vers huit heures et demie et monta dans son cabriolet à pompe qui attendait au bas du perron.

Son cheval allemand était beau trotteur, et le vicomte eut franchi en quelques minutes la distance qui sépare le faubourg Saint-Germain de la rue des Écuries-d'Artois. C'était là que demeurait M. le chevalier de Morfontaine.

Le *tigre* du vicomte, qui était pendu aux étrivières, descendit lestement au moment où le cabriolet s'arrêtait devant la porte d'une maison à locataires.

— Tom, lui dit M. de la Morlière, sonne et demande si le chevalier est chez lui.

Le *tigre* entra et revint annoncer que M. le chevalier de Morfontaine était chez lui.

Le vicomte jeta les guides au *tigre* et monta d'un pas rapide les vingt marches qui conduisaient à l'appartement de garçon que le chevalier occupait à l'entresol.

M. de Morfontaine était rentré depuis quelques minutes à peine, et il s'installait, un livre à la main, un cigare à la bouche, au coin de son feu, lorsque son valet de chambre introduisit M. de la Morlière.

— Chevalier, lui dit celui-ci, sais-tu où nous pourrions trouver Passe-Croix?
— Certainement, oui. Bonjour, vicomte.
— Bonjour, chevalier.
— J'ai dîné avec lui chez Nathalie, et je l'y ai laissé jouant au whist.
— Nathalie Rolin, du Gymnase?
— Précisément.
— C'est à deux pas d'ici, rue d'Anjou-Saint-Honoré, n'est-ce pas?
— Numéro vingt-neuf, ajouta le chevalier.
M. de la Morlière ouvrit la croisée du fumoir, qui donnait sur la rue.
— Tom? cria-t-il.
Le *tigre*, qui s'était chaudement enveloppé dans la peau de renard bleu que son maître plaçait sur ses jambes, sortit à demi la tête du cabriolet.
— Cours, rue d'Anjou, vingt-neuf, chez Mme Rolin.
— Oui, monsieur.
— Et ramène-moi sur-le-champ M. le baron de Passe-Croix.
Le *tigre* partit avec le cabriolet, et le vicomte referma la croisée; puis il vint se rasseoir au coin du feu.
— Ah ça! lui dit le chevalier, qu'est-ce que tu veux au baron?
M. de la Morlière prit un air grave.
— Je veux tenir conseil avec vous deux, répondit-il.
— Tenir conseil?
— A propos de notre héritage.
— Diable! mon cher ami, dit le chevalier, il me semble que, pour ta part, tu y as un peu renoncé.
— Comment cela?
— Tu t'es marié...
— Dame! fit le vicomte, qui eut un mouvement d'humeur, tout a tourné contre nous, mon cher. Nous nous sommes débarrassés de ce niais de Main-Hardye en pure perte.
— J'en conviens.
— Diane est devenue folle...
— Et, dit le chevalier, on n'épouse pas une folle, n'est-ce pas, vicomte?
— C'est difficile : la loi s'y oppose.
— Alors, tu t'es marié. Donc, tu nous as laissé le champ libre, à Passe-Croix et à moi, pour le cas où Diane viendrait jamais à recouvrer la raison.
— Attends le baron, dit M. de la Morlière, et je m'expliquerai.
Il prit un cigare sur la cheminée et garda un silence que le chevalier n'eut garde d'interrompre.
Quelques minutes s'écoulèrent, puis on entendit dans la rue le roulement d'une voiture.
C'était le cabriolet du vicomte qui ramenait M. de Passe-Croix.
Le baron, qui, on s'en souvient, était le plus jeune des trois cousins, le baron, disons-nous, touchait alors à la trentaine, tandis que M. de Morfontaine avait trente-quatre ans et le vicomte de la Morlière trente-huit.
— Mon cher baron, dit M. de la Morlière en le voyant entrer, assieds-toi, et écoutez-moi bien tous deux.
— Oh! oh! fit M. de Passe-Croix.
— J'ai dîné chez notre oncle le général.
— Bien... Comment va Diane?
Le vicomte eut un mauvais sourire.
— Le général vient de la confier aux soins d'un docteur brésilien qui répond de la guérir en moins d'un mois.
— Bravo! s'écria le chevalier.
— A merveille! dit le baron.
M. de la Morlière demeura grave.
— Donc, poursuivit-il, si tu veux épouser Diane, toi, baron, il te faudra tuer le chevalier, et toi, chevalier, je t'engage à te débarrasser du baron.

Les deux jeunes gens froncèrent le sourcil et se regardèrent avec défiance.
Alors seulement le vicomte se prit à rire.
Vous voyez bien, dit-il, qu'il faut que j'intervienne entre vous. Et, soyez tranquilles, vous allez voir que je sais tout concilier.
Les deux cousins avaient dans la scélératesse du vicomte une confiance assez large.
— Voyons? demandèrent-ils en même temps.
Le vicomte reprit :
— Si vous le voulez bien, dit-il, nous allons établir un petit calcul. Quelle fortune a notre oncle le général?
— Cent mille livres de rentes, au moins, dit le baron.
— Et Diane?
— Diane a hérité de la fortune de son mari, qui est d'au moins cinquante.
— Très bien.
— C'est donc cent cinquante mille livres de rentes qu'on pourrait partager également.
— Hein? fit le chevalier de Morfontaine, je ne pense pas que Diane puisse nous épouser tous trois.
— D'abord, observa le vicomte en riant, la bigamie n'étant point permise en France non plus que le divorce, il faudrait que la vicomtesse de la Morlière, qui m'a déjà donné deux enfants, vînt à mourir...
— Mais, dit le baron, Charles et moi, nous sommes garçons.
— C'est vrai.
— Et celui que Diane épousera...
— Sera tout simplement le tuteur de cette petite fille qui renferme en ses veines la dernière goutte du sang des Main-Hardye.
— C'est juste, dit le chevalier de Morfontaine ; mais cette petite fille est très jeune encore, elle est frêle, délicate.
Le sourire diabolique du vicomte reparut sur ses lèvres minces.
— Assez! dit-il, j'ai compris.
— Mais il me semble, interrompit le baron, que notre ami le chevalier escompte un peu trop l'avenir.
— Dame! fit ingénument le chevalier, j'en suis au chapitre des probabilités.
— Probabilités est bien le mot, dit le vicomte.
— Ah!
— Sans doute. Le chevalier est Morfontaine, dernier du nom.
— Peuh! fit M. de Passe-Croix.
— Malgré toutes ses idées libérales, poursuivit le vicomte, notre oncle tient à son nom. Il donnera Diane au chevalier, si..
— Ah! voyons le *si*? demanda M. de Passe-Croix.
— Si Diane l'aime? dit le chevalier.
— Ce n'est pas cela, mon cher. *si* je le veux!
Et M. de la Morlière se redressa et regarda froidement ses deux interlocuteurs.
— Au ça! mon cher, interrompit le chevalier, dont la voix calme et polie cachait mal une sourde irritation, il me semble que tu n'as plus rien à voir en cette affaire.
— C'est ce qui te trompe.
— Hein?
— Écoutez-moi bien, mes chers cousins, continua M. de la Morlière toujours calme et railleur. et reportez-vous à l'époque où nous nous jurâmes aide et secours mutuel, alors qu'il nous fallait faire disparaître l'ennemi commun, c'est-à-dire nous débarrasser de Main-Hardye.
— Nous avons été unis, alors.
— D'accord, mais... nous ne sommes encore arrivés à rien.
— Pourquoi t'es-tu marié?
— Ah! pardon, ceci est une question à part... Maintenant, ajouta le vicomte, afin de couper court à toute discussion ultérieure, je vous dirai nettement que, dans le

pas où Diane recouvrerait la raison, je m'opposerais formellement à son mariage avec l'un de vous.

M. de Passe-Croix baissa la tête.

— Mais que veux-tu donc? s'écria le chevalier.

— Écoutez-moi bien... Tout à l'heure, Morfontaine prétendait que la fille de Diane était frêle, délicate...

— C'est vrai,

— Eh!... mais il me semble, reprit le vicomte, que si l'enfant est dans de telles conditions, la mère, qui est frappée de folie...

M. de la Morlière s'arrêta et ses deux cousins se regardèrent en frissonnant.

— Messieurs, continua-t-il après un moment de silence un dernier mot: nous sommes gens à comprendre bien des choses sans qu'il soit besoin d'entrer dans de longues explications...

— Certes! dit le baron.

— Donc, voici ce que je vous propose : cinquante mille livres de rentes pour chacun.

— A prendre sur quoi ?

Le vicomte haussa les épaules.

— Baron, dit-il, tu nous fais perdre notre temps en explications oiseuses.

— C'est vrai ! dit le chevalier.

M. de la Morlière ajouta :

— Si tu ne comprends point, tant pis pour toi ! Morfontaine a compris.

— Parbleu !

— Cinquante mille livres de rentes, poursuivit M. de la Morlière, valent la peine qu'on s'en occupe.

— Oh! je comprends cela parfaitement, dit le baron, et je devine à présent où se trouve la somme à partager.

— C'est heureux.

— Mais pour cela il faut bien des choses...

— Le hasard a des combinaisons...

— Il faut que l'enfant de Diane...

— Il est faible et délicat.

— Il faut que la mère...

— La folie abrège la vie.

— Bon! dit le chevalier, tout cela est fort clair. Seulement...

Le chevalier s'arrêta.

— Seulement? insista M. de la Morlière.

— Qui de nous se chargera?...

— Moi !

Le vicomte prononça ce mot avec un calme parfait.

— Mon cher cousin, lui dit le baron, je ne veux pas te faire un compliment, mais, en vérité, tu es un scélérat remarquable.

— Heu! heu! fit modestement le vicomte.

Puis il se versa du thé, alluma un nouveau cigare et dit à ses cousins :

— Maintenant, messieurs, permettez-moi de vous quitter.

— Où vas-tu?

— Chez notre oncle.

— Mais tu en viens?

— J'y retourne.

— Pourquoi ?

— Je veux assister à la consultation du docteur brésilien.

— Ah ça! crois-tu donc, demanda le chevalier, que cet homme puisse guérir Diane?

— J'en suis convaincu. C'est-à-dire que si Diane a le temps, elle guérira. Mais il peut se faire qu'elle meure avant sa guérison.

Et le vicomte se leva, pressa la main de ses cousins, s'enveloppa dans son pardessus d'alpaga blanc et sortit.

— Mon Dieu! murmura-t-il en remontant dans son cabriolet, il faut se donner un mal inouï pour revendiquer son héritage.

. . . .

Pendant ce temps, le docteur Samuel, dit le docteur rouge, arrivait à l'hôtel de Morfontaine, rue de Grenelle.

Le général l'attendait avec impatience.

Diane, tenant toujours son enfant dans ses bras, était assise au coin du feu.

Le docteur la regarda fort attentivement, mais il ne s'approcha point d'elle.

— Monsieur, dit-il au général, il est nécessaire que je sache comment votre fille est devenue folle, et que vous me racontiez dans leurs plus minutieux détails les événements qui ont déterminé cette folie.

— Hélas! répondit M. de Morfontaine, je suis prêt à vous faire ce triste récit; mais je parlerai bas..., elle pourrait entendre...

— Oh! dit le docteur, elle entendra, mais ne comprendra pas.

Il alla s'asseoir avec le général dans un coin du salon.

En ce moment, le vicomte de la Morlière entra.

— Viens, lui dit le général, tu connais cette lamentable histoire aussi bien que moi, et tu vas pouvoir la raconter au docteur.

— Hélas ! soupira le vicomte d'un ton hypocrite.

Le docteur écouta fort attentivement le récit de M. de la Morlière.

Le vicomte n'omit aucun détail de ce lugubre drame qui s'était déroulé à Bellombre d'abord et ensuite à Rochefort.

— Tout cela est fort étrange, murmura le Brésilien, quand M. de la Morlière eut fini.

— Étrange, en effet, dit le général.

— Car, reprit le docteur, comment expliquer la trahison de cet Ambroise, qui aurait dû, en sa qualité de valet de chambre de la baronne Rupert, se dévouer à son maître futur ?

— Ah! dit le vicomte, j'ai eu l'explication de sa conduite.

— Vraiment ? fit le général.

— Pardonnez-moi, mon oncle, se hâta de dire M. de la Morlière, pardonnez-moi si j'ai toujours évité de vous reparler de votre malheur...; j'ai reçu une lettre d'Ambroise.

— Ah!... fit le général étonné. Et... d'où vient-elle ?

— De Londres.

Le vicomte déboutonna son habit et retira de sa poche de côté un petit portefeuille qu'il ouvrit.

Parmi les divers papiers que contenait ce portefeuille, se trouvait une lettre déjà jaunie et portant le timbre de la poste de Londres.

Cette lettre était adressée à M. le vicomte de la Morlière, 7, rue Taitbout, à Paris.

M. de la Morlière l'ouvrit et lut tout haut :

« Monsieur le vicomte,

« Je suis à Londres ; j'ai mis la mer entre votre colère et moi, et je vais vous parler à cœur ouvert.

« N'accusez personne, monsieur le vicomte, de la mort de M. de Main-Hardye.

« C'est moi qui ai tout fait.

« C'est moi qui l'ai fait tomber dans le piège à loup; c'est moi qui ai prévenu le juge de paix qui l'a arrêté; moi enfin qui lui ai fait parvenir dans sa prison un billet sans signature, qui lui apprenait que sa grâce avait été refusée... »

Le général interrompit brusquement la lecture de M. de la Morlière :

— Oh! le misérable! s'écria-t-il. Mais que lui avait donc fait M. de Main-Hardye?

— Attendez, mon oncle, il l'explique dans sa lettre. Et le vicomte poursuivit sa lecture :

Elle regarda son cousin avec une sorte de colère.

J'avais voué un respect et un attachement sans bornes à feu M. le baron Rupert, le premier mari de Mme Diane. Quand j'ai vu qu'elle aimait le comte, j'ai été furieux, j'ai ressenti pour lui une haine violente, implacable, et je l'ai assouvie...

« Je suis avec respect, monsieur le vicomte, votre serviteur.

« AMBROISE,
« Ancien valet de chambre, actuellement cocher dans Regent-Street. »

Le général avait posé sa tête dans ses mains, et deux grosses larmes jaillirent au travers de ses doigts.
— Pardon, monsieur, dit le docteur s'adressant à M. de la Morlière, comment nommiez-vous le petit paysan qui servait de messager?
— Grain-de-Sel.
— Où est-il?
— A Bellombre, avec sa mère.
— Eh bien! dit le docteur, il faut le faire venir.
— Où?
— Ici.
Le général releva la tête.
— Je compte beaucoup sur sa présence, poursuivit le docteur; elle doit, à mon sens, hâter la guérison de votre chère malade.
— Ah! s'écria le général, je vais lui écrire; il sera ici dans huit jours.

M. de la Morlière fronçait le sourcil et pensait :
— Je n'aime pas à trouver Grain-de-Sel sur mon chemin. Le gars est rusé, il est dévoué, il est fidèle. Peut-être faudra-t-il s'en débarrasser.

XXV.

Un soir de la fin de janvier, il y avait nombreuse réunion dans la salle basse attenant à la cuisine du château de Bellombre, où nous avons vu se dérouler les premières scènes de cette histoire.
Selon le traditionnel usage de l'Ouest, on buvait du cidre et on mangeait des galettes de sarrasin.
La réunion se composait des pâtres, des bouviers et des autres serviteurs de Bellombre qui ne quittaient jamais le château, même en l'absence des maîtres.
Les gens de Bellombre mangeaient et buvaient, à la seule fin de célébrer le soixantième anniversaire de la vieille Madeleine, la mère de Grain-de-Sel.
Au dehors, il faisait un temps affreux. La pluie fouettait les vitres, le vent pleurait dans les cheminées, et les hôtes du manoir se pressaient les uns contre les autres à l'entour du grand feu de la cuisine.
— A la santé de maman Madeleine! disaient les pâtres en levant leurs verres emplis de cidre nouveau.
Mais maman Madeleine hochait tristement la tête.

— Mes gars, disait-elle, vous avez tort de boire à ma santé.
— Pourquoi cela? maman Madeleine?
— Parce que je m'ennuie sur terre... à cause de ma pauvre fille, madame la baronne, qui est tombée en *innocence*.

Le mot d'*innocence*, chez les paysans de l'Ouest, est synonyme de celui de folie.
— C'est vrai tout d'même.
— Pour ça, c'est vrai.
— Ah! oui, dame! dirent tour à tour ceux qui fêtaient l'anniversaire de la nourrice de Diane.
— Mais, dit un vieux garde-chasse, le même qui avait aidé, trois ans auparavant, à l'évasion du malheureux comte de Main-Hardye, on dit qu'on la guérira, notre bonne maîtresse.

Madeleine secoua la tête.
— On ne la guérira pas du mal qu'elle a dans le cœur, dit-elle. On ne lui rendra pas M. Hector.
— Pauvre M. Hector! murmura un pâtre, qui maintes fois avait rencontré le jeune comte à la chasse ; il était tant bon et pas fier...
— Et notre maîtresse l'aimait qu'elle a pensé en mourir, dit un bouvier.
— Avec tout ça, fit à son tour une fille de cuisine, on ne saura jamais le fin mot de cette histoire.
— Je le sais, moi, dit Madeleine d'un air sombre.
— Vous... le... savez?
— Oui.
— Vous savez pourquoi M. Hector s'est tué?
— Il s'est tué parce qu'on l'a trompé, parce qu'on lui a dit que sa grâce était refusée.
— Et qui donc lui a dit cela?
— Ceux qui le firent tomber dans le piège à loup.
— Ambroise! exclama-t-on à la ronde.
— Oh! le misérable! dit le pâtre.
— Ce n'est pas Ambroise tout seul, murmura Madeleine. Il y en avait d'autres, mes gars.

Le visage de la nourrice prit une expression farouche.
— Ah! continua-t-elle, le bon Dieu est juste, il punit les méchants... Les assassins de M. Hector seront punis.
— Mais puisque vous savez qui...

Madeleine frissonna.
— Taisez-vous, les gars ! dit-elle, taisez-vous! il y a des noms qui portent malheur...

Le garde-chasse eut sans doute un vague soupçon.
— Madeleine a raison, dit-il. Laissons cela et parlons d'autre chose, les gars.
— Moi, reprit la fille de cuisine, je voudrais bien savoir pourquoi M. le marquis a fait venir Grain-de-Sel à Paris, voici un mois tout à l'heure.

Au nom de son fils, la nourrice tressaillit.
— Ah! dit-elle, si encore il était là, mon pauvre Grain-de-Sel, je vous laisserais boire à ma santé, mes enfants. Mais il est parti... Qui sait quand il reviendra?
— Chut! dit tout à coup le pâtre, qui avait l'ouïe exercée. Et il se leva et alla ouvrir la croisée.
— Ecoutez, dit-il, écoutez...
— Qu'est-ce qu'il y a donc? fit le garde-chasse.
— J'entends le galop d'un cheval là-bas, du côté de Bellefontaine.
— Tu es fou.
— Moi, dit un autre, je n'entends que le vent qui fait craquer les arbres du parc, et la pluie qui ruisselle sur les toits.
— Moi, répéta le pâtre, je vous assure que j'entends le galop d'un cheval.

Il se retourna vers le foyer, où Pluton, un énorme chien de cour, dormait le museau allongé sur ses pattes.
— Pluton ! Pluton! appela-t-il.

Pluton se leva nonchalamment et vint à son maître en remuant la queue.

Le pâtre le dressa contre la croisée ouverte et lui dit :
— Ecoute !

Le chien pencha en avant sa tête intelligente, et tout aussitôt il fit entendre un long aboiement.
— C'est vrai, dit-on alors dans la cuisine de Bellombre, Pluton ne se trompe jamais.
— Ah! jarnidieu, les gars, s'écria le bouvier, j'entends, moi aussi.
— Et moi aussi, dit la nourrice, qui se précipita vers la croisée, toute tremblante d'émotion.

On entendait maintenant, en effet, et fort distinctement, le galop précipité d'un cheval.
— Celui qui va un pareil train est un fin gars, dit le bouvier.
— Je ne connais que Grain-de-Sel qui galope comme ça, ajouta le pâtre.
— Grain-de-Sel... mon enfant !...

En prononçant ces derniers mots, la nourrice se laissa choir défaillante sur un escabeau.
— Eh ! parbleu ! oui... c'est Grain-de-Sel ! dit le garde-chasse. Ecoutez !

En effet, un bruit étrange venait de traverser l'espace, dominant le grincement du vent dans les girouettes rouillées du manoir et les clapotements de la pluie sur l'ardoise des toits.

Ce bruit, c'était le cri de la chouette, le houhoulement de Grain-de-Sel.
— C'est lui ! murmura-t-on.

Et tous les visages rayonnèrent de joie, car à Bellombre Grain-de-Sel était le frère, l'ami, l'enfant de tous. On l'aimait, on croyait en lui, on savait qu'il était le meilleur cœur du monde et le gars le plus courageux qu'on pût trouver.

Bientôt le galop du cheval retentit si rapproché que personne n'y tint. On se précipita hors de la cuisine et de la salle basse, et lorsque, couvert de boue, ruisselant de pluie, harassé de fatigue, Grain-de-Sel — car c'était lui — entra dans la cour du manoir, il fut pressé, entouré, embrassé.
— Ma mère? où est ma mère? demanda-t-il.
— Elle va bien... elle est là-haut... lui dit un des serviteurs ; mais la chère femme a eu une émotion... elle n'a pas pu marcher.
— Je connais ça, dit Grain-de-Sel.

Le jeune gars s'élança vers la cuisine sans répondre aux mille questions qu'on lui faisait, trouva la nourrice qui s'était appuyée au mur pour ne point tomber, tant ses jambes fléchissaient sous elle, la prit dans ses bras et la couvrit de baisers.
— Oh! mère, mère! dit-il, je t'apporte une bonne nouvelle, va!

Et l'enfant était si ému lui-même qu'il s'arrêta et ne put continuer sur-le-champ.
— Mais parle donc, gars, disait Madeleine; est-ce que tu m'apportes des nouvelles de ma chère fille?
— Oui, mère..
— Elle va mieux?
— Elle guérira.

Madeleine poussa un cri de joie.

On avait suivi Grain-de-Sel, on l'entourait, on l'accablait de questions.
— Eh bien! dit-il, puisque vous voulez savoir, les gars, ne parlez pas tous à la fois...
— C'est vrai.
— Grain-de-Sel a raison.
— Vive Grain-de-Sel! cria le pâtre qui était quelque peu enthousiaste de sa nature.
— Ecoutez-moi donc, fit l'enfant, qui pressait toujours les mains de sa vieille mère.

Il vida d'un trait un grand verre de cidre que lui tendit le garde-chasse, puis il s'assit et dit en souriant:
— Je n'ai plus de jambes, et j'aimerais encore mieux

être couché qu'assis. Savez-vous que depuis Paris je ne me suis arrêté ni jour ni nuit? J'ai galopé, galopé, que mes pauvres os sont plus tendres que si on les avait fait cuire. Mais ce n'est pas de moi qu'il s'agit.

Le nom de Diane était sur toutes les lèvres.

— Faut vous dire que notre maître, M. le marquis, poursuivit Grain-de-Sel, a fait rencontre d'un médecin fameux qui voit clair là où ses pareils voient trouble.

— Ah! oh!

— Les autres disaient que madame Diane était incurable, et que la chère femme resterait *innocente* pour toujours. Mais lui, il a jugé la chose d'un coup d'œil, et il a dit : « Je la guérirai. »

— Elle est donc guérie? demanda la nourrice avec une anxiété fébrile.

— Pas encore, mais ça avance.

— Ah!

— Donc, reprit Grain-de-Sel, il paraît qu'on l'a mis au courant de tout. Le médecin, car il a voulu qu'on me fît venir. C'est pour cela que M. le marquis m'a écrit, voici bientôt quatre semaines.

— Comme le temps passe! murmura Mathurin le garde-chasse, il me semble que tu es parti d'hier...

— Il y aura un mois dans trois jours. Mais écoutez donc... Quand j'ai été à Paris, ce médecin, qui est un homme bizarre et qui ne ressemble pas aux autres, a dit qu'il fallait que je restasse chaque jour plusieurs heures auprès de madame Diane... et que je lui parlasse de M. Hector... La première fois qu'elle m'a vu, la pauvre chère femme, elle ne m'a pas reconnu, et elle s'est mise à rire.

— O mon Dieu! murmura Madeleine avec un accent de douleur.

— Ce n'est que le lendemain, continua Grain-de-Sel. Alors elle m'a parlé de toi.

— Et... de... M. Hector?

— Pas un mot. Il paraît même qu'elle n'a jamais prononcé son nom depuis trois ans... Le médecin dit qu'elle a tout oublié... que si elle se souvenait elle serait guérie, et que ce n'est qu'ici qu'elle se souviendra.

— Ici?

— Oui, dit Grain-de-Sel.

— Mais alors... on va l'amener?

— Le marquis, le médecin et madame Diane arriveront ici demain matin. Je suis parti avant eux pour préparer les relais.

Ayant ainsi parlé, Grain-de-Sel vida un second verre de cidre et ajouta :

— Ce n'est pas le tout de boire, il faut manger. Je meurs de faim, mère. Donne-moi un morceau de lard et du pain. Vous, les gars, ne me demandez plus rien pour ce soir, car sitôt que j'aurai soupé, je vais aller me coucher, et je vous assure, qu'avant une heure, je ronflerai plus fort que l'orgue de M. le curé de Bellefontaine, qui est un brave et saint homme, comme chacun sait.

Douze heures après l'arrivée de Grain-de-Sel à Bellombre, une chaise de poste entra dans la grande avenue qui partait de la route royale de Paris à Poitiers, traversait le parc du château et conduisait à la vaste pelouse qui ceignait le perron.

Cette chaise de poste renfermait le vieux général marquis de Morfontaine, le vicomte et la vicomtesse de la Morlière, Diane la pauvre folle, qui tenait toujours son enfant sur ses genoux, et enfin le docteur rouge.

Le docteur rouge était bien, en effet, un étrange personnage.

Venu à Paris on ne savait d'où, précédé, on ne savait comment, par une réputation merveilleuse de médecin, il avait longtemps refusé d'exercer sa profession.

Riche à millions, il était demeuré sourd aux instances d'opulents malades, et il avait constamment répondu que ses confrères de France étaient plus habiles que lui.

On sait comment le général était parvenu à le joindre, à le séduire, à l'intéresser.

A partir de ce moment, l'étrange disciple d'Esculape avait paru se métamorphoser, et il avait pris sa tâche à cœur.

Il s'était installé à Paris dans l'hôtel de Morfontaine administrant soir et matin, par petites doses, une poudre mystérieuse à sa malade.

Au bout de huit jours de traitement, il avait demandé Grain-de-Sel, jugeant salutaire la présence du gars auprès de Diane.

Trois semaines après, il avait dit au général :

— Maintenant, monsieur, il faut nous en aller à Bellombre. C'est là que la cure sera complète.

Depuis le malheur qui avait frappé le général, son neveu, M. de la Morlière, s'était montré plus attentif, plus respectueux, plus dévoué que jamais. Tout en se mariant, il avait su devenir l'hôte indispensable du père de Diane, son bras droit, son conseil.

Du moment où il avait été question de ramener Diane à Bellombre, le vicomte avait demandé comme une faveur d'être du voyage avec sa jeune femme.

Le général avait accepté avec joie.

Or, une heure environ après leur arrivée à Bellombre, le docteur, le général et M. de la Morlière descendirent dans le parc et allèrent s'asseoir au-dessous de cette croisée où, au commencement de cette histoire, nous avons vu Diane apparaître et tendre les bras, en le traitant « d'imprudent, » au comte de Main-Hardye, qui grimpait après un cep de vigne.

— Général, dit alors le docteur, ce n'est point sans intention que je vous ai amené ici en vous priant de m'indiquer la croisée de la chambre de Mme Diane.

— La voilà, dit le général.

— Celle du milieu... là haut... qui est ouverte?...

— Oui.

— Et garnie, en guise d'appui, d'une barre de fer?...

— Précisément.

— C'était là, n'est-ce pas, qu'elle attendait le comte chaque jour?

— Hélas! oui, soupira le général.

— Le comte n'avait-il pas l'habitude, poursuivit le docteur, de signaler sa venue par un cri, un coup de sifflet, un signal quelconque?

— Oui, un coup de sifflet que précédait toujours un autre signal.

— Lequel?

— Un hou houlement de chouette que faisait entendre Grain-de-Sel.

— Eh bien, général, dit le docteur, laissez-moi tout espérer de l'épreuve que je vais tenter.

M. de Morfontaine et son neveu regardèrent attentivement et presque avec avidité l'homme de science.

Celui-ci poursuivit :

— La folie de Mme Rupert consiste surtout en une absence complète de mémoire.

Elle a éprouvé une telle commotion lors du suicide de M. de Main-Hardye, qu'elle en a perdu le souvenir. L'instinct maternel a été l'unique sentiment qui l'ait fait vivre pendant trois ans.

Soumise à mon traitement, elle a commencé peu à peu à reconnaître les gens qui l'entouraient, — vous d'abord, général, et il doit vous souvenir qu'elle s'est, un soir, jetée dans vos bras et s'est prise à fondre en larmes?

— Oh! certes, oui, il m'en souvient! dit le général avec émotion.

— Ensuite, elle a reconnu Grain-de-Sel. Je comptais beaucoup sur cette entrevue.

Depuis trois semaines, poursuivit le docteur, elle se plaît infiniment avec le fils de sa nourrice, elle cause elle sourit... mais elle ne parle jamais du comte.

— Pensez-vous donc, demanda M. de Morfontaine, qu'elle l'ait oublié?

— Complétement.

— Et... si elle venait à s'en souvenir..

— C'est là-dessus que je compte.

— Pour sa guérison?

— Oui, général.

— Mais... cependant.

— Ecoutez, dit le docteur : si la mort de celui qu'elle aimait ne l'a point tuée, c'est que la vie était puissante en elle. Le jour où elle se souviendra, la raison sera revenue.

— Mais elle voudra mourir...

— Non, car elle est mère...

— C'est juste, murmura le général. Et quand comptez-vous tenter cette épreuve?

— Ce soir, dit lentement le docteur, si la nuit est sombre, s'il pleut à torrents, comme pendant cette nuit où le comte de Main-Hardye lui arriva la tête enveloppée de bandelettes sanglantes.

XXVI.

M. de Morfontaine et son neveu le vicomte de la Morlière regardaient le docteur et paraissaient ne point comprendre encore.

Celui-ci reprit :

— Depuis un mois, la mémoire revient peu à peu à notre chère malade. C'est vous qu'elle a reconnu d'abord, général, et elle vous a appelé : Mon père!

— C'est vrai.

— Puis Grain-de-Sel, à qui elle a donné son nom; ensuite le vicomte.

M. de la Morlière tressaillit.

— Quant à vous, vicomte, reprit le docteur, est-ce que vous étiez mal avec votre cousine autrefois?

— Quelle singulière question, docteur!

Et le vicomte s'efforça de rire.

— Peuh! fit le général, il lui faisait un peu la cour, et comme elle aimait ce pauvre comte de Main-Hardye...

— Indè iræ, dit le docteur, car j'ai cru m'apercevoir qu'elle regardait son cousin avec une sorte de colère.

— Pauvre ami! dit le général en pressant la main de son neveu. Elle ne sait pas combien tu as été bon et dévoué..

— Ah! fit le vicomte avec un élan hypocrite, qu'elle guérisse... cette chère Diane, et je lui permettrai de grand cœur de me haïr, mon oncle.

Le général sourit.

— Tu es un noble cœur, dit-il.

— Donc, poursuivit le docteur, vous avez dû vous apercevoir que ce retour de la mémoire était lent, mais gradué. Ce matin, quand nous sommes arrivés, elle a fort bien reconnu le parc, l'avenue, le château... et lorsque sa vieille nourrice est accourue, elle l'a prise dans ses bras en fondant en larmes.

— Tout cela est vrai, docteur.

— Je n'ai pas voulu, reprit l'homme de science, qu'on la conduisît dans cette chambre qu'elle occupait autrefois et dont nous voyons la fenêtre.

— Pourquoi?

— Je réserve cela pour plus tard.

Le docteur parut réfléchir.

— Ne m'avez-vous pas dit, général, qu'il y avait ici près, au milieu des bois, une chapelle où, le dimanche, Mme Rupert, quand elle était jeune fille, rencontrait le comte de Main-Hardye?

— Oui, docteur.

— Et, un peu plus loin, n'y a-t-il pas le château de Main-Hardye?

— A deux lieues.

— Eh bien! voici ce qu'il faut faire; écoutez-moi...

— J'écoute.

— Après le déjeuner, — il ne pleut pas, et le temps, quoique incertain, pourra bien se maintenir jusqu'au soir, — après le déjeuner, dis-je, nous monterons en voiture avec notre malade et la vicomtesse.

— Bien! dit M. de la Morlière.

— Nous irons faire une grande promenade à travers les bois et nous visiterons la chapelle. Si la pauvre femme paraît se ressouvenir, nous la ferons remonter en voiture et nous continuerons notre route jusqu'à ce que nous apercevions le manoir de Main-Hardye..... Alors...

Le docteur s'arrêta brusquement :

— N'entendait-on point de Bellombre, dit-il tout à coup pendant les derniers jours de la résistance vendéenne, le bruit de la fusillade?

— Oui, dit le général, et à chaque détonation lointaine qui nous arrivait, je voyais ma pauvre Diane pâlir.

— Eh bien! il faut placer dans les bois votre garde-chasse et quelques domestiques.

— Pourquoi faire?

— Pour lâcher des coups de fusil de temps en temps

— O mon Dieu! fit le général, quelle émotion pour elle!

— Il le faut, et si terrible que soit cette émotion, elle ne peut que hâter la crise salutaire que je prévois.

— Irons-nous jusqu'à Main-Hardye? demanda M. de Morfontaine.

— Non, répondit le docteur; aussitôt qu'on en aura aperçu les tours, il faudra tourner bride.

— Et revenir?

— Sur-le-champ.

— Mais, observa le vicomte, je ne conçois pas ce que vous voulez faire de la fenêtre que vous avez voulu voir?

— Attendez, monsieur. Vous ne nous accompagnerez pas dans notre promenade.

— Moi?

— Vous; et cela pour deux motifs.

— Voyons? fit de M. de la Morlière, qui tressaillit d'une vague joie.

— Le premier est cette aversion de malade que vous témoigne Mme Diane.

— Et le second?

— Le second est plus sérieux; j'ai besoin que vous restiez ici. Pendant notre absence, vous ferez allumer du feu dans la chambre qu'occupait Mme Diane, et vous ferez remettre tout dans le même état qu'autrefois. J'aimerais assez, même, que dans un coin, il y eût, comme cette nuit où elle attendait le comte, une petite table toute servie.

— Ce sera fait, dit M. de la Morlière.

— Or, poursuivit le docteur, voici ce qui arrivera. A notre retour, nous conduirons notre chère malade dans sa chambre, sa nourrice y restera seule avec elle et lui parlera d'Hector. D'abord, j'en suis convaincu, elle accueillera ce nom comme un souvenir vague, lointain, indéfini

— Et ensuite? demanda le vieux général avec anxiété.

— Ensuite, Grain-de-Sel. qui se trouvera à la lisière du bois, fera entendre son houhoulement.

— Bien.

— Puis il imitera de son mieux le coup de sifflet du comte.

— Il l'imitait à merveille, observa le vicomte.

— Alors, acheva le docteur, je suis convaincu qu'elle se souviendra...

— Oh! murmura le général, Dieu vous entende, monsieur!

Elle alla à la croisée. (Page 931.)

Le vicomte regardait la fenêtre, mesurait la distance qui la séparait du sol et qui était d'une quinzaine de pieds ; puis il remarquait au-dessous un amas de pierres de taille qu'on avait laissées là depuis la fin de l'été et qui étaient destinées à la reconstruction d'un mur.

— Que regardes-tu donc? lui demanda M. de Morfontaine.

— Rien, mon oncle.

— Alors, à quoi songes-tu?

— Je songe, répondit M. de la Morlière, que ce pauvre comte de Main-Hardye a risqué vingt fois de se rompre les os. Si le cep de vigne eût cassé, il se serait tué.

— Hélas ! murmura le général, mieux eût valu sans doute qu'il fût mort ainsi.

Le vieux soldat essuya une larme, puis regardant le docteur :

— Venez, monsieur, dit-il, je vais donner des ordres, et tout sera fait comme vous le désirez.

. . . .

Trois heures plus tard, c'est-à-dire vers deux heures de l'après-midi, une grande voiture de chasse, aux sièges de côté, était attelée de quatre vigoureux percherons et attendait au bas du perron de Bellombre.

Grain-de-Sel, converti en cocher, juché sur son siège et tenant ses bêtes en main, causait avec Mathurin, le garde-chasse, en attendant que le général et ses hôtes quittassent la salle à manger.

— Penses-tu qu'il pleuvra, Grain-de-Sel? demanda le garde-chasse.

Le gars leva la tête et regarda le ciel.

Le ciel était nuageux; cependant un pâle rayon de soleil glissait par intervalles entre deux nuées.

— Pas avant la nuit, dit-il.

— Et à la nuit?

— Ce sera comme hier, mon vieux Mathurin, répondit l'enfant, pluie battante et vent d'enfer... Je m'y connais, moi, et je ne me suis jamais trompé.

Grain-de-Sel fut interrompu dans ses prédictions par M. de Morfontaine.

Le vieux général donnait la main à Diane.

La pauvre folle souriait en pressant dans ses bras sa petite fille blanche et rose, dont la blonde chevelure toute frisée flottait au vent.

Derrière le général, le docteur rouge offrait son bras à la vicomtesse de la Morlière. Le général répéta à Grain-de-Sel la question de Mathurin :

— Pleuvra-t-il?

— Non, monsieur le marquis.

— Et ce soir?

— A verse !

— En route, alors, et dépêchons...

Un des caractères distinctifs de la folie de Mme Diana était une grande docilité, et, pour ainsi dire, l'absence complète de toute volonté.

Elle faisait ce qu'on paraissait désirer d'elle. Toujours souriante, toujours caressant sa petite fille, elle monta dans le breack et s'y assit à côté de la vicomtesse de la Morlière, en face du docteur.

Le général était monté sur le siége à côté de Grain-de-Sel.

Mathurin, le garde-chasse, avait reçu sa consigne, et il avait autour de lui une demi-douzaine de paysans ayant le fusil sur l'épaule.

— Allons, mes enfants, leur dit le général, pendez vos jambes après votre cou et filez au bois par les raccourcis.

Mathurin et ses compagnons s'élancèrent vers un sentier qui serpentait à travers le parc.

Le vicomte était demeuré sur le perron.

— Bon voyage ! dit-il en saluant.

Grain-de-Sel lui jeta un regard louche.

— Hum! pensa le gars, j'aime autant que tu ne viennes pas, toi... ta figure porte malheur.

— Fouette, cocher! ordonna le général.

Grain-de-Sel rendit la main aux quatre percherons qu'il avait jusque-là contenus à grand'peine, et le fringant attelage s'élança dans la grande avenue.

Le jeune gars faisait claquer son fouet d'une vaillante manière, il excitait ses chevaux de la voix, et le breack roulait un train d'enfer.

Les bois qui s'étendaient entre Bellombre et Main-Hardye, et qui appartenaient pour une grande moitié au général, avaient été aménagés pour la chasse et par conséquent percés de grandes lignes carrossables.

Quand le breack roula sous la futaie, Diane, qui jusque-là avait paru faire fort peu d'attention aux objets environnants, absorbée qu'elle était par la contemplation de son enfant, Diane, disons-nous, se prit à tourner la tête de droite et de gauche, comme si les lieux qu'elle parcourait ne lui étaient pas inconnus.

Peu à peu son sourire s'était effacé, son visage avait pris une singulière expression de mélancolie, et, au moment où le breack passait devant un vieux chêne entr'ouvert, au pied duquel elle s'était souvent assise enfant, elle avait jeté un petit cri de joie et tendu la main comme pour saluer une vieille connaissance.

Bientôt on avait atteint la chapelle.

Le docteur épiait depuis longtemps le visage de la folle.

Quand elle vit apparaître la flèche de l'humble église qui se dressait au milieu d'un taillis, Diane parut éprouver une vive émotion, et, comme si elle se fût reportée tout d'un coup aux jours de son enfance, elle n'attendit point que le général l'invitât à mettre pied à terre.

Tout au contraire, avec la légèreté d'un petit enfant, elle s'élança hors du breack, courut à la chapelle, dont la porte était ouverte et entra.

Elle alla tout droit au vieux banc seigneurial et s'agenouilla, murmurant une prière de son enfance et pressant toujours la petite fille sur son cœur.

Mais, soudain, elle tressaillit et se leva épouvantée...

Un coup de fusil venait de se faire entendre dans l'éloignement, et, à ce bruit, un monde de souvenirs confus s'était agité dans sa tête.

— Ne prolongeons point cette émotion, dit le docteur à l'oreille de M. de Morfontaine, faites-la remonter en voiture.

Le général prit sa fille dans ses bras :

— Viens, mon enfant, dit-il, viens, il va pleuvoir.

L'effroi de la jeune femme n'avait point tardé à se calmer.

Docile alors comme toujours, Diane remonta en voiture, et le breack repartit au grand trot dans la direction du château de Main-Hardye.

A partir de ce moment, les coups de feu se succédèrent à dix minutes d'intervalle. A chacun d'eux, Diane pâlissait, faisait un soubresaut sur le siége du breack, et jetait autour d'elle un regard effaré.

Tout à coup les tourelles de Main-Hardye apparurent dans l'éloignement.

Alors Diane jeta un cri et mit ses deux mains sur ses yeux, comme s'ils eussent été brûlés par une vision terrible.

— Tournez bride! cria le docteur.

Grain-de-Sel tourna, par une habile manœuvre pleine de hardiesse et rentra précipitamment sous bois.

— A Bellombre! lui dit le général, vite à Bellombre!

— Et nous arriverons tout juste avant la nuit et la pluie, dit Grain-de-Sel qui étendit son fouet vers l'ouest où roulaient de gros nuages noirs.

Deux heures plus tard, le breack rentrait à Bellombre. Diane ne souriait plus.

Triste, morne, pensive, le regard égaré, elle semblait chercher un absent.

Parfois aussi elle portait la main à son front, comme pour y fixer un souvenir fugitif.

Diane se mit à table dans cette grande salle à manger où jadis le général avait prié pour son ennemi, le comte Hector, et là aussi elle sembla chercher quelqu'un.

Enfin, au sortir du souper, elle se laissa entraîner par sa nourrice, la vieille Madeleine, qui lui disait :

— Viens, mon enfant, viens, allons-nous-en.

Grain-de-Sel, qui se trouvait alors dans le corridor, s'effaça sur son passage.

Le général s'était penché à l'oreille de la nourrice en lui disant :

— Tu resteras avec elle environ une heure.

— Bien, dit Madeleine.

— Puis, tu entr'ouvriras la fenêtre, et tu t'en iras.

La nourrice fit un signe de tête affirmatif, et Diane, qui ne se séparait jamais de son enfant et le portait constamment dans ses bras, Diane se laissa entraîner avec sa docilité habituelle.

Alors le général, qui était demeuré seul avec le docteur et M. de la Morlière, dit à ce dernier :

— As-tu suivi les prescriptions du docteur ?

— Oui, mon oncle. Il y a un grand feu dans la cheminée. Devant le feu deux bouteilles de bordeaux... sur une table un pâté... et ce verre de cristal de Bohême dans lequel elle aimait à le voir boire...

« Enfin j'ai replacé sur la tablette de la cheminée ce volume de Shakespeare qu'elle lisait tous les soirs en attendant Hector.

— Bon! dit le docteur. Maintenant, il faut aller nous placer sans bruit dans la pièce la plus proche de cette chambre... Il faut que vous soyez là, général, au premier éclair de raison.

— Allons dans la bibliothèque, en ce cas.

— Non, mon oncle, dit le chevalier; mieux vaut nous placer dans la chambre verte, qui fait retour sur le bâtiment. Nous pourrons voir la fenêtre s'entr'ouvrir, et alors nous nous glisserons dans le corridor.

— Soit, répondit le général.

Et il sortit le premier.

Grain-de-Sel attendait toujours dans le corridor.

— A ton poste! lui dit M. de Morfontaine. C'est l'heure.

— Je vais mon rôle, s'écria Grain-de-Sel, qui disparut comme une ombre.

Le général, le docteur et M. de Morfontaine allèrent se placer dans la chambre verte, dont ils ouvrirent la fenêtre.

Déjà le vent mugissait, déjà la pluie tombait à torrents.

L'œil fixé sur la fenêtre de Diane, laquelle, le vicomte l'avait dit, était placée en retour d'angle, tous trois suivaient, à travers les vitres et grâce à la lumière qui brillait à l'intérieur, les moindres mouvements de Diane et de sa nourrice.

Enfin la fenêtre s'ouvrit, et l'œil ardent du général aperçut au coin de la cheminée sa fille qui, une main sur son front, tenait son enfant sur ses genoux.

Elle était dans l'attitude de ceux qui s'efforcent de fixer un souvenir fugitif.

Madeleine, ainsi que le lui avait prescrit le docteur, s'était retirée sur la pointe des pieds.

Tout à coup le houhoulement lointain de Grain-de-Sel se fit entendre à travers l'orage.

Diane tressaillit et se leva vivement.

— Venez! venez! dit le docteur en s'élançant vers la porte. Elle va se souvenir. Venez! il faut être là.

Le général se précipita sur les pas du docteur; mais à peine étaient-ils dans le corridor qui conduisait à la chambre de Diane, qu'ils entendirent un cri...

Un cri terrible, un cri d'angoisse et d'épouvante!...

Puis un bruit sourd qui semblait remonter des profondeurs d'un abîme.

. . . .

XXVII.

Voici ce qui s'était passé :

Diane, serrant toujours son cher enfant dans ses bras, s'était laissée emmener par sa nourrice.

La vieille Madeleine l'avait conduite au premier étage, dans cet appartement qui était celui qu'elle habitait jadis à Bellombre.

Elle lui avait fait traverser la bibliothèque, puis l'avait introduite dans son ancienne chambre à coucher.

M. de la Morlière avait suivi à la lettre les prescriptions du docteur.

Un grand feu flambait dans la cheminée; tout était, dans cette chambre, dans le même ordre qu'autrefois.

Diane s'arrêta un instant sur le seuil, en proie à une sorte de saisissement.

— Tiens! dit-elle, voilà ma chambre.

Et, se tournant vers Madeleine :

— Mais d'où venez-vous donc, nourrice?

— De la salle à manger, ma chère fille.

— Ah!

Diane fit un pas vers la cheminée :

— C'est singulier, dit-elle, il me semble qu'il y a bien longtemps que je ne suis entrée ici, et cependant...

Elle s'assit dans un grand fauteuil qu'elle affectionnait jadis et qu'on avait roulé auprès du feu.

— Ma pauvre nourrice, reprit-elle, c'est singulier! on dirait que je suis sortie d'ici il y a une heure à peine.

— C'est peut-être vrai tout de même, répondit Madeleine embarrassée.

— Et que... et que...

Elle mit la main sur son front.

— Je ne me souviens pas...

En ce moment, l'enfant poussa un léger cri. Alors le sentiment maternel s'éveilla et domina tout en elle.

Elle couvrit l'enfant de caresses, le berça sur ses genoux et parut oublier, durant quelques minutes, le lieu où elle était et ce qu'elle venait de dire.

Mais l'enfant s'endormit.

Alors Diane regarda de nouveau autour d'elle, et prit le volume de Shakespeare, qui se trouvait sur la cheminée; l'ouvrant sur-le-champ à la page cornée :

— C'est bizarre! dit-elle, on dirait que j'ai dormi longtemps... bien longtemps!... Pourtant je lisais cela hier.

Madeleine n'osait lui répondre.

Diane tourna la tête et remarqua dans un coin de la chambre cette table toute servie que le vicomte de la Morlière avait fait disposer.

— Pour qui donc cela? demanda-t-elle.

Madeleine se taisait toujours.

— Et ce vin? poursuivit Diane.

Elle se frappa le front de nouveau.

— Ah! murmura-t-elle, c'est étrange, je ne puis pas me souvenir.

Une rafale de vent et de pluie fit trembler les vitres.

— Quel temps, mon Dieu! dit Madeleine à mi-voix.

— Je plains ceux qui sont en route, répliqua Diane.

Puis, tout à coup :

— Grain-de-Sel est-il ici?

— Non, ma fille.

Diane tressaillit, et il sembla qu'un jet de lumière se faisait dans son esprit.

— Où est-il? demanda-t-elle.

— Dans les bois.

— De quel côté?

— Du côté de Pouzanges.

La parole de Diane était devenue brève et saccadée.

— Ah! répéta-t-elle, quel temps!... quel vent!... quelle pluie!... Pauvre Grain-de-Sel!... pauvre...

Elle s'arrêta, et un nom inarticulé, un nom dont elle ne se souvenait pas, mourut sur ses lèvres.

— Ah! mon Dieu! mon Dieu! s'écria-t-elle avec une sorte de désespoir, comme je suis malheureuse! je ne me souviens pas!

Une fois encore elle regarda cette table toute servie, ce bordeaux qui chauffait au coin du feu.

— Pourtant, acheva-t-elle, j'attends quelqu'un. C'est impossible autrement.

— C'est vrai, ma fille, dit la nourrice.

— Mais qui?

Elle étreignit son front à deux mains.

— Qui?... je ne sais pas!... O ma pauvre tête.

Madeleine comprit que le moment était venu où il fallait laisser Diane dans un isolement complet.

Déjà, du reste, la baronne avait mis ses mains sur son front, et ne voyait et n'entendait plus rien de ce qui se passait autour d'elle.

Absorbée en elle-même, elle cherchait à reconstruire un passé dont la clef de voûte semblait vouloir lui échapper sans cesse.

Madeleine alla ouvrir la croisée, ainsi qu'on le lui avait ordonné; puis elle se retira.

Diane n'entendit ni le bruit de ses pas, ni celui de la porte que la nourrice tirait sur elle.

Mais, tout à coup, traversant l'espace, le houhoulement de Grain-de-Sel arriva jusqu'à Diane.

Et Diane tressaillit et se leva brusquement.

— Ah! murmura-t-elle, qu'est-ce que ce bruit? je l'ai entendu déjà...

Elle courut à la croisée :

— C'est Grain-de-Sel! dit-elle.

Le houhoulement se répéta; puis, tout aussitôt, un coup de sifflet lui répondit.

Soudain le voile se déchira, la raison revint à moitié. Diane se souvint, et elle s'appuya fortement à la barre d'appui de la croisée, disant :

— Ah! c'est lui!... c'est lui!... c'est Hector, mon bien-aimé!... c'est...

Elle n'acheva pas, car la barre d'appui se rompit, et la malheureuse femme, perdant l'équilibre, se trouva précipitée dans le vide avec son enfant, et jeta alors ce cri terrible, strident, désespéré, ce cri de mère qui ne craint la mort que pour son enfant, et que le général entendit au moment où il traversait le corridor.

. . . .

Quand M. de Morfontaine et le docteur, bouleversés par le cri qu'ils venaient d'entendre, entrèrent dans la chambre de Diane, la chambre était vide...

— Mon Dieu! exclama le général, dont tout le sang se glaça.

Il voulut s'élancer vers la croisée, et, sans doute, dans un accès de désespoir, se fût précipité...

Mais, déjà, le docteur avait deviné une partie de la vérité.

D'une main vigoureuse il retint le général, qui s'affaissa mourant dans ses bras; de l'autre, il montra la croisée ouverte au vicomte de la Morlière.

Celui-ci venait de jeter un cri d'épouvante si naïvement vrai, que si l'ombre d'un soupçon eût germé dans l'esprit du médecin, ce cri l'eût fait évanouir.

. . . .

XXVIII.

Quinze jours après le terrible événement que nous venons de décrire, nous eussions retrouvé le vicomte de la Morlière à Paris, dans l'entresol du chevalier de Morfontaine, en compagnie de ce dernier et du baron de Passe-Croix.

Les trois cousins étaient réunis autour d'une table de thé, et la sérénité la plus parfaite régnait sur leur visage.

M. de la Morlière disait :

— Ce pauvre général a été pendant huit jours entre la vie et la mort. Mais ce diable de docteur rouge semble disposer de la vie comme d'une chose qui lui appartient.

— Ainsi notre oncle est hors de danger? demanda le chevalier.

— Complètement. Et, chose étonnante, il semble avoir conservé, en dépit de ce coup terrible, une sorte d'énergie sauvage.

— En vérité !

— Je croyais qu'il ne survivrait pas huit jours à sa fille... Je me suis trompé.

— Est-ce que Diane s'est tuée sur le coup?

— Sur le coup.

— Pauvre femme! murmura hypocritement le chevalier.

— Elle s'est ouvert la tête sur une des pierres de taille qui se trouvaient au bas de la croisée.

— Et l'enfant a survécu?

— L'enfant n'a pas une égratignure.

— Voilà qui est bizarre...

— Je ne me l'étais pas expliqué d'abord, et je suis demeuré stupéfait, comme bien vous pensez.

— Parbleu! dit le baron.

— Mais enfin j'ai fini par comprendre.

— Voyons?

— Diane, en tombant, a fait la pirouette en vertu des lois naturelles de l'attraction. Sa tête a porté la première et a reçu tout le choc. Le corps et les vêtements de la mère ont fait un bourrelet à l'enfant... si bien que, lorsque nous sommes arrivés, le docteur, le domestique et moi, nous avons trouvé la petite fille étourdie, mais pleine de vie, couchée sur le cadavre inanimé de Diane.

La pauvre femme, acheva M. de la Morlière avec son odieux sourire, n'aura pas eu le temps de souffrir.

— Tout cela est bel et bon, dit le chevalier avec humeur; mais tu as manqué ton but, cousin....

— Comment cela?

— Tu as commis un crime inutile... ajouta M. de Passe-Croix.

— Ah! pardon, fit M. de la Morlière, distinguons, s'il vous plaît. Avant de discuter l'utilité ou l'inutilité de la chose, établissons un principe, messieurs.

— Voyons?

— Ce n'est pas *moi*, c'est *nous* qui avons commis ce que... vous appelez...

— Soit. Mais cela ne nous avance absolument à rien.

— Plaît-il?

— Le général adorera cette enfant, qui est son sang, après tout.

— D'accord.

— Et nous n'aurons pas un sou de son héritage.

— Bah! dit le vicomte, un testament pareil pourrait être attaqué.

— Fi! murmura le chevalier; il ferait beau voir des neveux soumis et respectueux comme nous l'avons toujours été... attaquer la volonté testamentaire de notre bon et cher oncle.

— Je suis de l'avis de Morfontaine, dit M. de Passe-Croix.

— Vous avez raison, mes beaux seigneurs, reprit le vicomte.

— Ah!

— Le testament de notre oncle ne doit pas être attaquable.

— Pourquoi?

— Parce que notre oncle ne doit pas faire de testament.

Le vicomte prononça ces mots froidement.

— Voici que je ne comprends plus, dit le chevalier de Morfontaine.

— Ni moi, dit M. de Passe-Croix.

— Et vous n'avez nul besoin de comprendre, mes chers cousins.

— Ah! ah! dirent-ils tous deux.

— Il vous suffira de me donner de nouveau vos pleins pouvoirs.

— Qu'à cela ne tienne!

— Oh! de grand cœur!

Quand ses deux cousins eurent ainsi parlé, le vicomte se leva.

— Où vas-tu? lui demanda-t-on.

— Je vais me promener rue de Buffon, au Jardin des Plantes.

— Pourquoi faire?

— C'est mon secret. Adieu.

Et le vicomte s'en alla.

Le cabriolet qui l'avait amené attendait M. de la Morlière dans la cour.

Il y monta, prit les rênes et partit au grand trot.

Vingt minutes après, le trotteur du vicomte arrivait rue de Buffon, et s'arrêtait devant une boutique sur la porte de laquelle on lisait :

Spécialité de café à la crème.

— Voilà bien les épiciers, murmura le vicomte en descendant de voiture; ils trouvent toujours le moyen d'afficher leur marchandise d'une façon désagréable pour leurs confrères. Evidemment si celui-là a trouvé une *spécialité*, les autres crémiers, qui vendent du café à la crème ordinaire, sont des imbéciles.

Cette réflexion faite, M. de la Morlière entra dans la boutique.

Une assez jolie femme, jeune encore, vint à lui et le salua avec respect.

— C'est vous qui êtes madame Rose? demanda le vicomte.

— Oui, monsieur.

— La femme d'Ambroise?

— Pour vous servir.

— Où est-il, Ambroise?

La jeune femme se retourna vers l'arrière-boutique.

— Hé! Ambroise! cria-t-elle.

Un homme apparut : c'était l'ancien valet de chambre de Mme la baronne Rupert.

Ambroise avait toujours ses sourires cauteleux, son œil louche, sa désinvolture hardie et insolente; mais il avait passablement engraissé et avait la mine prospère d'un homme qui se porte fort bien et fait de bonnes affaires.

— Eh bien! maître Ambroise, dit le vicomte, es-tu content?

— Oui, monsieur le vicomte.

— Tes affaires...

— Vont à merveille.

— Aimes-tu ta femme?

— Beaucoup.

Un paillasse amusait la foule de ses lazzis. (Page 935.)

Et maître Ambroise jeta un regard amoureux à madame Rose.

— Ainsi, tu ne désires plus rien?
— Heu! heu!
— Tu te trouves assez riche?
— Oh! fit Ambroise, si la fortune ne fait pas le bonheur, du moins...
— Du moins? fit le vicomte.
— Elle y aide.
— Mais tu as eu cinquante mille francs?
— C'est vrai.
— Une jolie somme.
— Peuh! fit Ambroise, si on ne songeait pas à l'arrondir...
— Ah! tu y songes?
— Dame! j'ai l'esprit du commerce, moi, répliqua Ambroise.

Le vicomte sourit silencieusement.

Ambroise reprit :
— Je me fais quinze pour cent de mon argent, ici. Dans sept ans j'aurai doublé mon avoir.
— Bah! dit le vicomte, je puis le tripler en moins de temps, moi.
— Vous! monsieur?

Le petit œil gris de l'ancien valet de chambre étincela.
— Que ferais-tu pour cent mille francs?
— Tout ce que M. le vicomte désirerait.

— C'est peu et c'est beaucoup tout à la fois.
— Mon Dieu! dit Ambroise, M. le vicomte sait bien que je ne boude pas à la besogne. Et... s'il a besoin... de moi...
— Peut-être.
— Je suis prêt.
— C'est bien.

Ces quelques mots avaient été échangés dans un coin de la crèmerie, et assez loin de la femme d'Ambroise pour qu'elle n'eût rien entendu.
— Quand M. le vicomte aura-t-il besoin de moi? insista l'ancien valet de chambre.
— Je ne sais. Peut-être dans six mois, ou dans un an, ou dans deux. Je ne sais pas, mais il me suffit de savoir que tu ne me feras point défaut.
— Oh! soyez tranquille.

Le vicomte ne dédaigna point de serrer la main d'Ambroise; puis il remonta en voiture et murmura :
— Il faut absolument faire disparaître l'enfant de Diane.

XXIX.

Cinq ans s'écoulèrent.

Le général de Morfontaine avait alors soixante-quinze ans environ.

C'était un beau vieillard droit comme un I, en dépit

des années, la tête couverte d'une forêt de cheveux blancs, portant toute sa barbe, qui lui descendait sur la poitrine, comme celle des patriarches.

M. de Morfontaine ne quittait plus Bellombre.

Assez semblable à ce chêne séculaire, demeuré le dernier d'une vaste forêt disparue, et n'ayant plus auprès de lui qu'un frêle rejeton, M. de Morfontaine élevait Danielle, la fille de sa fille, le sang de son sang.

Danielle avait huit ans; elle était toujours blanche et rose.

Elle avait le grand œil bleu limpide et le sourire charmant de sa mère; elle avait la blonde chevelure de l'infortuné comte Hector de Main-Hardye.

Danielle était devenue la dernière joie de ce malheureux vieillard, que la Providence semblait oublier sur la terre, alors qu'elle avait ouvert la fosse de tous ceux qu'il avait aimés.

Danielle s'asseyait sur ses genoux, passait ses petits doigts roses dans sa barbe blanche et l'appelait « mon père » avec un accent qui rappelait au général la voix de la pauvre Diane enfant.

Danielle enfin était devenue la petite fée, l'idole de Bellombre.

C'était pour elle que les jardiniers semaient de fleurs les gazons du parc; pour elle que le vieux Mathurin, le vieux garde-chasse, avait pris une jolie chevrette qu'il avait dressée et qui vivait apprivoisée dans le parc.

C'était pour Danielle encore que les pâtres dénichaient des oiseaux, que les enfants des métayers tressaient des corbeilles avec de ajoncs; que c'était enfin qu'à Bellombre chacun s'efforçait de sourire et de paraître heureux

Deux anciens hôtes du manoir manquaient seuls autour de cette enfant, qui devait en être un jour la maîtresse.

C'était d'abord Madeleine.

La pauvre nourrice de Diane était morte, — six mois après la baronne; — elle était morte de douleur...

Puis c'était aussi Grain-de-Sel.

Grain-de-Sel, le brave gars, le hardi garçon qui s'était dévoué à Diane, à Hector, au général, à toute cette race qu'il aimait et vénérait.

Où donc était Grain-de-Sel?

Un jour, il y avait de cela deux ans environ, Grain-de-Sel atteint sa vingt et unième année.

Comme les jeunes gens de son âge, il s'en était allé au chef-lieu de canton plonger sa main dans l'urne; et, le soir, il était revenu à Bellombre, portant à son chapeau une pancarte blanche sur laquelle était inscrit le numéro un.

Grain-de-Sel était conscrit.

Mais le fils de Madeleine appartenait de cœur et d'âme au général, et le général avait plus de cent cinquante mille livres de rente. M. de Morfontaine pouvait donc remplacer Grain-de-Sel aussi facilement que Grain-de-Sel laissait tomber un sou, le dimanche, dans le plat du quêteur, à l'église du village.

Cependant il n'en fut rien.

Quand il fut de retour à Bellombre, M. de Morfontaine prit le gars par le bras, le conduisit dans un coin de la salle à manger, et lui dit :

— Te voilà donc soldat, mon pauvre Grain-de-Sel?

— Oui, monsieur le marquis.

— Appelle-moi donc « ton général. »

— Oui, mon général.

— Eh bien! mon gars, poursuivit M. de Morfontaine, puisque le sort l'a voulu, il faut lui obéir.

Grain-de-Sel tressaillit, aperçut la petite Danielle qui jouait avec un grand chien de chasse, et des larmes roulèrent dans ses yeux.

Le général comprit la douleur du fils de Madeleine :

— Ah! oui, dit-il, je sais... tu ne veux pas me quitter...

Grain-de-Sel baissa la tête.

— Et puis, tu ne veux pas quitter Danielle...

Grain-de-Sel fut pris d'une émotion subite et fondit en larmes.

— Eh bien! dit le général, c'est pour elle que je veux que tu partes!

— Pour elle?

— Oui, mon gars.

Grain-de-Sel regarda le général avec étonnement.

— Écoute, mon enfant, poursuivit M. de Morfontaine, je suis vieux, mais je suis solide encore et je tiendrai bien encore cinq ou six ans. Tant que je serai là, Danielle n'a besoin de personne pour veiller sur elle...

— Oh! non certes! dit Grain-de-Sel.

— Mais après... après... il lui faut un protecteur, comprends-tu?

— Oui, fit Grain-de-Sel.

— Et ce protecteur, ce ne peut être aucun de mes neveux.

Un nuage passa sur le front du gars.

— Ils sont mariés, continua le général, mariés tous trois; ils ont des enfants, et je les frustre de mon héritage.

— Je comprends, dit Grain-de-Sel, qui n'osa point manifester sa pensée tout entière.

— Donc, ce protecteur...

Le général regarda Grain-de-Sel.

Le gars répondit hardiment :

— Ce sera moi, général !

— Bien parlé, enfant! dit M. de Morfontaine. Mais pour que tu sois tout à fait un homme, un homme assez intelligent, assez fort énergique, assez pour défendre la fille de ma pauvre Diane; il faut que tu passes par la bonne, la vraie, la seule école où se triturent les individualités, l'école du régiment.

Sois soldat, mon enfant, tu reviendras officier, car tu es courageux, intelligent et fidèle.

Grain-de-Sel courba la tête avec soumission.

Trois mois après, le conscrit recevait sa feuille de route, en destination de la province d'Oran.

Le général lui mit une poignée de louis dans la main.

— Va, dit-il, sois brave jusqu'à la témérité, c'est un moyen de revenir sain et sauf. Danielle a besoin de toi.

Donc, Madeleine était morte, et Grain-de-Sel avait échangé sa braie rouge et sa veste bleue contre l'uniforme des chasseurs d'Afrique.

Le vieux général vivait seul à Bellombre avec sa chère petite Danielle, dont il s'était fait le précepteur.

Danielle courait comme un petit lutin par les sentiers du parc ou les pelouses vertes, bondissant comme le chevreuil que lui avait donné Mathurin, et vivant dans la plus complète liberté.

— Je veux que ce soit l'enfant de la nature, disait souvent le vieillard, qu'elle apprenne ce qui lui plaît, qu'elle laisse de côté ce qui lui répugne. Quand elle sera femme, elle épousera l'homme qu'elle aimera.

Or, un matin de printemps, le château de Bellombre reçut une visite.

C'était M. le vicomte de la Morlière et sa femme qui arrivaient en compagnie du baron de Passe-Croix, marié depuis deux ans.

Le baron amenait à son oncle sa jeune épouse, que le général, qui n'avait point quitté le Poitou depuis la mort de Diane, n'avait point vue encore.

Seul des trois cousins, le chevalier de Morfontaine manquait à cette réunion de famille.

Le chevalier était retenu à Paris par une grave indisposition de sa femme.

Le chevalier s'était marié un an après la mort de Diane.

Cependant le général l'attendait comme ses cousins, car ce n'était point le hasard qui présidait à cette réunion.

Quinze jours auparavant, le vieux marquis avait écrit à chacun d'eux la circulaire suivante :

« Mon cher neveu,

« Je vais accomplir le 15 mai prochain ma soixante-quinzième année, et, bien que je sois vert encore, je désire prendre quelques précautions dans l'éventualité de ma fin prochaine, et songer à l'avenir de ceux que j'aime et laisserai derrière moi.

« Amène-moi ta femme et viens célébrer avec elle, à Bellombre, mon soixante-quinzième anniversaire.

« Ton oncle dévoué,
« Général de Morfontaine. »

Le chevalier avait manqué à l'appel, mais le vicomte de la Morlière et le baron de Passe-Croix étaient arrivés le 14 au matin.

Or, le 15 mai n'était point seulement un jour de réjouissance pour le château de Bellombre, c'était encore celui de la fête patronale de Bellefontaine, le village voisin.

Donc, le 15 mai au matin, le vieux général, tenant la charmante petite Danielle dans ses bras, monta avec ses deux neveux et ses belles-nièces dans son antique carrosse d'apparat et se rendit à l'église de Bellefontaine.

Devant le modeste hôtel-de-ville du bourg, une baraque de saltimbanques s'était établie, et un paillasse à cheveux roux, à barbe inculte, le visage tout barbouillé d'une sorte de couleur brune, amusait la foule de ses lazzis en distribuant force torgnioles et crocs-en-jambes à deux pauvres petits enfants qui faisaient contre mauvaise fortune bon cœur, et mangeaient une maigre pitance, la représentation terminée, bien qu'ils eussent joué un rôle de prince et de princesse.

En sortant de la messe, le général passa devant la baraque.

Danielle aperçut les enfants et dit :

— Ah! petit père, comme ils ont l'air malheureux ! Je voudrais bien jouer avec eux pour les distraire.

— Chère enfant! murmura le général, cela n'est pas possible.

Et comme la petite fille avait déjà les larmes aux yeux :

— Mais, ajouta-t-il, on peut les faire venir à Bellombre demain.

Et il dit au vicomte :

— Vois ce saltimbanque, et dis-lui que, s'il veut venir demain à Bellombre nous faire ses tours et pasquinades, on le paiera grassement.

Tandis que le général et sa suite remontaient en voiture, M. de la Morlière s'approcha en effet du paillasse.

Celui-ci ôta respectueusement sa casquette et s'avança sur le bord de l'estrade.

La foule s'était écartée devant le vicomte, nul ne pouvait trop entendre ce que ce dernier allait dire.

— Hé! fit le vicomte en souriant, tu es si bien métamorphosé, maître Ambroise, que si je n'avais su que c'était toi...

— Monsieur ne m'aurait point reconnu ?

— Non.

Le paillasse eut un sourire conquérant.

— On ne me reconnaîtra pas davantage à Bellombre, dit-il.

— Je l'espère bien, dit M. de la Morlière; mais tu n'y viendras pas... Il faut faire le coup aujourd'hui même, si tu peux.

— On tâchera... soyez tranquille, et fiez-vous-en à moi, dit le paillasse.

Quelques heures après, on sortant de table, le général, marquis de Morfontaine, dit à ses neveux, d'un ton qui ne manquait pas d'une certaine solennité :

— Mes chers enfants, veuillez me suivre au grand salon, c'est là que je vous ferai connaître dans quel but je vous ai réunis.

Et il offrit le bras à Mme de la Morlière avec une galanterie toute juvénile.

Dans le grand salon de Bellombre, pièce austère et froide, qui avait gardé comme un vague reflet des âges passés, et dont les tentures sombres avaient un aspect de tristesse, M. de la Morlière aperçut un homme vêtu de noir, assis devant une table sur laquelle se trouvaient étalés divers papiers.

— Je m'en doutais, pensa le vicomte.

Et il échangea un rapide regard avec M. de Passe-Croix.

La petite Danielle avait suivi son grand-père.

— Va jouer, mon enfant, lui dit le général, va jouer dans le parc.

— Oui, père.

— Et ne va pas jusqu'à la rivière.

— Oui, père.

— Tu sais que je te l'ai défendu.

— Oui, père, répéta l'enfant.

Elle jeta ses bras au cou du vieillard, qui baisa avec amour les tresses blondes de ses cheveux et la renvoya en souriant.

Alors M. de Morfontaine invita ses neveux et ses nièces à s'asseoir et leur dit :

— Je vous ai réunis, mes enfants, pour vous parler à cœur ouvert.

— Parlez, mon oncle, dit M. de la Morlière, qui feignit l'étonnement.

— Je vous ai réunis, continua le vieillard, parce que je n'ai jamais bercé personne de folles espérances, et que je veux que vous respectiez mes volontés après ma mort comme vous les avez respectées durant ma vie.

— Mais, mon oncle, s'écria le baron de Passe-Croix, vous savez bien que nous vous aimons et vous vénérons.

— Je le sais, mes enfants.

— Et que, ajouta le vicomte, nous aimerions mieux mourir que de vous déplaire.

M. de Morfontaine eut un bon sourire et poursuivit :

— Il y a cinq années, mes amis, que votre pauvre cousine est morte victime d'une fatalité épouvantable.

— Hélas! soupira M. de la Morlière.

— Ce jour-là, aux yeux de la loi, vous êtes devenus tous trois mes héritiers.

— Ah! mon oncle, de tels souvenirs...

— Mais, reprit le vieillard d'une voix ferme, ce jour-là aussi le ciel m'a laissé un enfant à la place de cet autre enfant qu'il me reprenait.

Danielle m'est restée.

— Et c'est une bien grande consolation pour vous, mon oncle, dit le baron.

— Eh bien! mes amis, voici ce que je voulais vous dire. J'ai fait deux parts de ma fortune, un gros et un petit lot.

— Le petit lot se compose de la terre de Morfontaine située en Vendée, de cent cinquante mille francs placés en bons du Trésor, et de mon hôtel de la rue de Verneuil, qui vaut à peu près la même somme.

— Mais, mon oncle...

— Ecoutez-moi donc, vicomte. Le manoir vendéen, berceau de notre famille, est pour le chevalier, qui est le dernier de mon nom.

— C'est trop juste, dit le vicomte.

— Quant à toi et Passe-Croix, je vous donne à choisir entre les cent cinquante mille francs et l'hôtel.

— Ah! mon oncle, s'écria le vicomte avec attendrissement, c'est cet hôtel plein de vous et qui gardera votre souvenir, que je veux!

— Bien, mes enfants, dit le général. Quant au gros lot,

qui se compose d'environ cent cinquante mille livres de rente, vous avez deviné, n'est-ce pas?
— C'est la dot de Danielle! dirent spontanément les deux cousins. Vous avez raison, mon oncle...
— Bien dit, mes enfants, vous êtes de nobles cœurs. Et, ajouta le général, pour tout prévoir, j'ai voulu faire mon testament devant vous. M. le notaire de Bellefontaine, que voilà, va vous le lire. Il n'y manque plus que ma signature et la vôtre.
— La nôtre! fit le vicomte.
— Oui, mon ami, j'ai voulu tout prévoir et rendre mon testament inattaquable. Vous écrirez tous deux au bas et le chevalier, quand il viendra, en fera autant, ces quelques mots :

« Aujourd'hui 15 mai 183..., je reconnais avoir pris connaissance du testament de mon oncle, le marquis de Morfontaine; je déclare l'approuver entièrement et m'engager formellement à respecter sa volonté. »

M. de la Morlière interrompit le général.
— Ah! de grand cœur! dit-il.
— Eh bien! monsieur le notaire, dit M. de Morfontaine, veuillez nous donner lecture de cet acte.
Mais, comme le notaire s'apprêtait à lire, il se fit au dehors un grand bruit, et des cris d'alarme et de désespoir retentirent.
— Ah! mon Dieu! mon Dieu! disaient plusieurs voix désolées, mon Dieu! quel malheur!
Et les hôtes du grand salon se levèrent précipitamment et *s'élancèrent* au dehors.

XXX.

Danielle était allée courir dans le parc, poussant son cerceau devant elle.
A cette heure, les domestiques du château, pour éviter la chaleur, se réunissaient sous un grand marronnier plusieurs fois séculaire planté devant la grille du parc.
Les femmes dévidaient, filaient ou tricotaient, les hommes jouaient aux boules.
Danielle, l'idole de tous, commença par se mêler à leurs jeux; puis, insensiblement, elle sortit du cercle et se prit à courir vers la grande futaie qui se trouvait au milieu du parc.
C'est là qu'ordinairement le joli chevreuil apprivoisé par Mathurin se tenait paresseusement couché au pied d'un chêne.
Quand il entendait venir l'enfant, il se levait, bondissait et venait gambader autour d'elle.
Danielle s'aventura donc sous la futaie, mais elle y avait fait quelques pas à peine, qu'elle s'arrêta tout étonnée.
Un enfant de huit ou dix ans était assis sur l'herbe et paraissait pleurer.
Cet enfant, Danielle le reconnut. C'était le petit saltimbanque qu'elle avait vu le matin à Bellefontaine.
Le voyant pleurer, elle courut à lui les bras ouverts.
— Qu'as-tu, lui dit-elle, et pourquoi es-tu ici?
— Je me suis sauvé parce que mon maître me battait.
— Oh! le méchant!...
— Et qu'il ne voulait pas me laisser jouer avec ma sœur.
— Eh bien! dit Danielle, joue avec moi. Voilà mon cerceau.
Le petit saltimbanque poussa un cri de joie, s'empara de la baguette et chassa le cerceau, après lequel il se mit à courir.
Et Danielle enchantée suivit l'enfant, mais tout à coup elle s'arrêta.

— Ne va pas par là, dit-elle, pas par là; c'est par là qu'est la rivière.
Le petit saltimbanque ne répondit pas et continua à courir.
Alors, soit qu'elle voulût ravoir son cerceau, soit qu'elle fût entraînée par le plaisir, la petite fille suivit l'enfant et poursuivit sa course vers la rivière.
La rivière, qui passait au bout du parc, était étroite, mais profonde, rapide, garnie de berges glissantes, semée çà et là de saules qui se penchaient sur l'eau, et de broussailles qui cachaient des abîmes souterrains.
Le général, qui connaissait le danger qu'il y avait pour un enfant de s'approcher trop près de la rivière, avait toujours défendu à Danielle de diriger ses promenades de ce côté du parc.
Or, il y avait près d'une heure que la petite fille s'était éloignée du cercle formé par les domestiques du château sous les marronniers.
Tout à coup, Mathurin s'écria :
— Où est donc la demoiselle?
— Danielle! Danielle! appela la femme de chambre à qui la surveillance de l'enfant était spécialement confiée.
— Je l'ai vue là-bas tout à l'heure, du côté de la futaie... dit un pâtre. Sans doute qu'elle joue avec le chevreuil.
La femme de chambre courut vers la futaie, appelant toujours :
— Danielle! Danielle!
Danielle ne répondit pas.
Mathurin, qui suivait la trace de l'enfant sur le gazon, exclama tout à coup :
— Mon Dieu! la rivière!
Il se prit à courir et jeta un cri terrible.
Sur la rivière, en cet endroit profonde et calme, flottait le chapeau de paille garni de bluets et la ceinture de soie verte de l'enfant!...

On fit de vaines recherches pour retrouver le corps de Danielle, le courant l'avait sans doute entraîné au loin.
Trois mois après, le général mourut dans un état de complet idiotisme, et ses trois neveux se partagèrent fraternellement son héritage.

XXXI.

Là finissait le manuscrit du domino.
Le baron Gontran de Neubourg le replia lentement et le remit dans sa poche.
Un moment de silence suivit cette lecture, et les quatre convives de la Maison-d'Or se regardèrent.
— Eh bien! messieurs, dit enfin Gontran, que pensez-vous de cela?
— Je pense, répondit lord Galwy, qu'il faut, avant tout, savoir quel rapport il peut exister entre les personnages de cette étrange histoire et la femme qui vous a remis ce manuscrit.
— Nous allons le savoir, messieurs.
Le baron sonna, un garçon vint.
— N'est-il venu personne pour nous? demanda Gontran.
— Pardon, une dame.
— Comment est-elle?
— Masquée et en domino.
— Pourquoi ne nous avez-vous point prévenus?
— Cette dame a voulu attendre que ces messieurs sonnassent.
— Où est-elle?
— Dans le salon voisin.
— Priez-la d'entrer.

L'association des Chevaliers du Clair-de-Lune est fondée. (Page 938.)

Le garçon sortit. Deux minutes s'écoulèrent, puis la porte se rouvrit et le domino entra. C'était bien le même qui avait abordé Gontran au foyer de l'Opéra et lui avait remis le manuscrit.

A sa vue, les quatre gentilshommes se levèrent respectueusement.

Elle les salua d'un geste de reine et s'assit dans le fauteuil que le vicomte Arthur de Chenevières lui avança.

— Messieurs, leur dit-elle d'une voix harmonieuse et fraîche qui les fit tressaillir, vous avez bien voulu lire mon manuscrit?

Tous quatre s'inclinèrent.

— Et vous trouvez, sans doute, qu'il y manque un dernier chapitre?

Ils s'inclinèrent de nouveau.

— Je viens vous le raconter, dit-elle simplement.

— Madame, dit Gontran toujours debout et le chapeau à la main comme ses compagnons, nous sommes prêts à vous écouter.

Et tous la regardaient et devinaient sous le masque une beauté souveraine.

Le domino reprit :

— Deux années après le dernier drame accompli au château de Bellombre, un jeune officier de l'armée d'Afrique, débarquant à Marseille, aperçut sur un champ de foire une baraque de saltimbanques.

Une pauvre petite fille, grelottant sous ses oripeaux de princesse indienne, dansait devant la foule pour n'être point battue le soir.

L'officier jeta un cri, courut à elle et la prit dans ses bras.

L'officier s'était jadis nommé Grain-de-Sel.

La petite fille était Danielle.

Danielle, que le misérable Ambroise n'avait pas eu le courage de tuer, et qu'il avait cédée, à Bordeaux, à l'un de ses confrères.

— Danielle, ajouta le domino, c'est moi...

Elle ôta son masque, et les quatre gentilshommes jetèrent un cri d'admiration, tant elle était belle...

Et, quand ils l'eurent contemplée longtemps, silencieux, recueillis, n'osant lui parler et comme si elle eût exercé sur eux une fascination étrange, elle ajouta d'une voix humble, presque suppliante :

— Messieurs, je viens vous demander justice au nom de mon père et de ma mère assassinés, me la refuserez-vous ?

— Mademoiselle, répliqua Gontran d'une voix émue, le serment que nous allons faire, mes amis et moi, sera ma réponse.

118

PROPRIÉTÉ DE VICTOR BENOIST ET Cie, A PARIS.

Il étendit alors la main, et comme si ces quatre hommes, riches, nobles, beaux et vaillants, n'eussent eu qu'une seule âme, une seule tête, une seule voix, Danielle entendit retentir ces paroles :
— L'association des *Chevaliers du clair de lune* est fondée.

II. — LA DERNIÈRE INCARNATION DE ROCAMBOLE.

I.

Le lendemain du jour où M. le baron Gontran de Neubourg et ses trois amis, après avoir pris connaissance de son manuscrit, déclarèrent au domino que l'association des Chevaliers du clair de lune était fondée, un coupé de régie s'arrêta rue de la Michodière, à l'angle du boulevard des Italiens. Un homme en descendit.

C'était un bizarre personnage et qui mérite quelques lignes de description.

Vêtu d'un gros paletot marron, les yeux abrités par des lunettes vertes, cet homme, dont il était difficile de préciser l'âge, avait le visage couturé de cicatrices profondes dont on ne pouvait déterminer l'origine.

Étaient-ce des brûlures? était-ce le résultat d'une petite vérole épouvantable?

Nul n'aurait pu le dire.

Le personnage aux lunettes vertes paya le cocher, s'engouffra sous une porte bâtarde, suivit un escalier sombre, et le gravit en s'appuyant sur la rampe.

Il monta ainsi jusqu'au troisième étage, et s'arrêta devant une porte sur laquelle on lisait ces mots :

Cabinet d'affaires.

Et plus bas:

Tournez le bouton, S. V. P.

Il obéit à l'inscription, tourna le bouton, et la porte s'ouvrit, laissant voir une sorte de bureau muni d'un grillage derrière lequel on apercevait un caisse.

L'homme au paletot marron traversa cette première pièce et mit la main sur la clef d'une seconde porte.

Puis il se retourna vers le grillage, derrière lequel se tenait un jeune homme d'environ vingt ans.

— Eh bien! lui dit-il, as-tu vu quelqu'un, Gringalet?
— J'ai vu le baron, répondit le jeune homme.
— M. de Neubourg?
— Oui, monsieur.
— Qu'a-t-il dit?
— Quand il a lu votre lettre, il a paru étonné.
— Bien.
— Et il m'a demandé qui était ce M. Rocambole.
— Et... tu lui as répondu?
— Que vous étiez un homme d'affaires.
— Et... lui?
— Lui? Il m'a dit : Je ne connais pas M. Rocambole, et je ne sais pas ce qu'il peut me vouloir... mais j'irai le voir puisqu'il le désire.
— Ah! T'a-t-il indiqué le moment de sa visite?
— Il viendra vers trois heures.

Le personnage aux lunettes vertes ouvrit son paletot et sa montre.

— Il est deux heures et demie, dit-il; le baron ne peut tarder.

Il ouvrit la seconde porte et pénétra dans une deuxième pièce.

Celle-là avait un aspect tout différent.

Ce n'était plus le bureau d'un homme d'affaires, c'était un cabinet de travail assez élégant, dont les murs étaient tendus d'une étoffe de soie couleur mauve, et dont l'ameublement en chêne sculpté dénotait un homme de goût.

Deux étagères supportaient des livres rares; une troisième était chargée de porcelaines de Sèvres, de la Chine et du Japon.

Des masques et des fleurets étaient suspendus au-dessus d'un divan en velours vert sombre. Quelques tableaux de prix étaient accrochés çà et là.

Un joli meuble de Boulle supportait un bronze de Clodion.

L'homme aux lunettes vertes passa dans une troisième pièce, qui, sans doute, était un cabinet de toilette, et il en ressortit quelques minutes après, dépouillé de son paletot marron et de son chapeau, mais vêtu d'une robe de chambre et coiffé d'un bonnet grec à gland de soie violet.

Ainsi accoutré, il se jeta dans un vaste fauteuil et s'approcha de la cheminée, où flambait un bon feu.

Puis, armé des pincettes, il se mit à tisonner, tout en murmurant :

— Voici la première affaire de quelque intérêt qui se présente pour moi. Jusqu'à présent, et depuis deux années, je ne me suis occupé que de gens sans importance, et la patience commençait à me manquer.

Ce disant, le bizarre personnage prit sur la tablette de la cheminée un gros portefeuille qu'il ouvrit et dont il retira une liasse de papiers.

Ces papiers, qu'il parcourut des yeux, étaient couverts d'une écriture hiéroglyphique, dont seul, sans doute, l'homme aux lunettes vertes avait le secret.

Il se mit à les parcourir et continua à se parler à mi-voix.

— Le baron Gontran de Neubourg, dit-il, le vicomte Arthur de Chenevières, lord Blakstone et le marquis de Verne sont évidemment des hommes accomplis de tout point; mais précisément à cause de cela, ils sont incapables de mener à bien la mission qu'ils se sont imposée. Pauvres gens!

Et l'homme d'affaires haussa imperceptiblement les épaules.

Le timbre placé derrière la porte d'entrée, et qui indiquait l'arrivée d'un visiteur, se fit entendre en ce moment.

— Voici le baron, pensa l'homme aux lunettes vertes.

En effet, peu après on frappa à la deuxième porte.

M. le baron Gontran de Neubourg était sur le seuil.

— M. Rocambole? demanda-t-il en toisant des pieds à la tête l'homme d'affaires.

— C'est moi, monsieur.

Le baron salua; son interlocuteur lui rendit son salut avec une courtoisie qui indiquait des habitudes du monde.

— Monsieur, dit le baron en entrant, j'ai reçu ce matin une lettre de vous.

— C'est vrai, monsieur.

— Une lettre de trois lignes.

— C'est encore vrai.

— Et ces trois lignes disaient :

« M. le baron de Neubourg est instamment prié de passer dans la journée chez M. Rocambole, homme d'affaires, pour une chose de la plus haute importance. »

— C'est toujours exact, monsieur.

— Et vous êtes M. Rocambole?

L'homme d'affaires s'inclina.

— Eh bien! monsieur, dit le baron, je vous écoute.

M. Rocambole avança un fauteuil au baron.

— Veuillez vous asseoir, monsieur, nous avons à causer longuement.

— En vérité!

— Et de choses qui vous intéressent au dernier point.

Le baron regarda son interlocuteur avec une vive curiosité.

— Voyons! fit-il.

M. Rocambole allongea la main vers la cheminée, y prit une boîte à cigares et la présenta au baron avec une grâce exquise.

— Voilà un homme d'affaires du meilleur monde, pensa le baron. Et il prit le cigare qu'on lui offrait.

— Monsieur le baron, reprit M. Rocambole, vous me trouvez fort laid, n'est-ce pas?

— Monsieur...

— Oh! soyez franc, je suis horrible.

— Mais, monsieur..

— J'ai reçu un coup de feu dans la figure, et j'ai les yeux brûlés à un tel point qu'il m'est impossible de les exposer au grand air.

— Vous avez servi, dit le baron, et sans doute c'est à quelque siège?

— Non, monsieur, j'ai été au bagne. Si vous m'aviez vu marcher, vous vous seriez aperçu que je tire légèrement la jambe droite.

Le baron fit un soubresaut sur son siège.

— Rassurez-vous, monsieur, dit M. Rocambole en souriant, je suis devenu honnête homme, et votre bourse et votre montre sont en sûreté ici.

— Mais enfin, monsieur, dit le baron toujours calme et poli, mais visiblement mal à son aise, pourriez-vous m'expliquer...

— Pourquoi je vous ai écrit?

— Oui, monsieur.

— C'est ce que je compte faire tout à l'heure; mais auparavant, il faut que je vous raconte mon histoire en quelques mots...

— Est-ce nécessaire?

— Indispensable.

— Alors je vous écoute.

M. Rocambole reprit:

— Monsieur le baron, je suis un des hommes les plus étranges du siècle où nous vivons. J'ai été beau comme vous, élégant comme vous; j'ai eu deux ou trois cent mille livres de rentes, un titre de marquis, des chevaux de sang, des maîtresses de race, un hôtel dans le faubourg Saint-Germain, et j'ai failli épouser la fille d'un grand d'Espagne.

— Et... depuis?

— Depuis, j'ai été forçat; mais auparavant, continua l'homme d'affaires, j'avais été un enfant de Paris, un vaurien épargné d'abord par la police correctionnelle, oublié ensuite par la cour d'assises.

J'avais commencé par voler, puis ensuite j'ai assassiné. J'ai bien une douzaine de meurtres sur la conscience.

Le baron ne put réprimer un geste de dégoût.

— Mais, poursuivit M. Rocambole, le repentir est un jour descendu dans mon cœur, et je suis devenu honnête homme.

— Un peu tard, dit M. de Neubourg en souriant.

— Soit, mais mieux vaut tard que jamais.

Et, après un silence de quelques secondes, M. Rocambole continua :

— Je vous disais donc, monsieur, que j'ai pillé, volé, pillé, assassiné, joué les rôles les plus différents et les plus étranges.

Mon épouvantable odyssée a fini par le bagne, et au bagne, traînant la chaîne, défiguré, sans espoir, je ressemblai longtemps à ces anges précipités du ciel et qui maudissent Jéhovah. Mais un jour où j'avais la jambe cassée et gémissais sur un roc perdu en pleine mer, une femme passa près de moi, et cette femme me jeta un regard de compassion et laissa tomber quelques pièces d'or dans mon bonnet vert.

La voix de M. Rocambole s'était subitement altérée.

— Cette femme, ajouta-t-il, je la reconnus, elle qui ne me reconnaissait pas. C'était un de ces anges à qui Dieu confie la mission de racheter les damnés.

— Vous l'aviez aimée? dit le baron, touché de l'émotion subite qui venait de s'emparer de M. Rocambole.

— Oh! pas d'amour, monsieur, loin de là. Et cependant elle était jeune et belle... et sur ses pas tout le monde s'inclinait avec admiration et respect. Cette femme, monsieur le baron, je l'avais appelée « ma sœur. »

— Votre sœur!

— Rassurez-vous pour elle, monsieur, elle ne l'était pas. Mais j'avais cru assassiner son frère, j'avais volé ses papiers. Ce frère, elle ne l'avait jamais vu, ce frère était l'homme à qui revenait cette fortune dont j'avais joui et ce titre de marquis que j'avais porté. Et pendant longtemps, moi l'enfant des faubourgs, moi le voleur, moi l'assassin, j'avais appelé cette femme « ma sœur, » et moi qui n'aimais personne, j'avais fini par l'aimer, par la vénérer, par me persuader que j'étais de son sang...

Alors, monsieur, quand je fus au bagne, où je blasphémais, où je rêvais une évasion et de nouveaux crimes, — lorsque je vis passer cette femme à mes côtés, il s'opéra en moi une métamorphose terrible et subite, et, pour la première fois de ma vie, quelque chose tressaillit dans ma poitrine et je m'aperçus que j'avais un cœur.

M. Rocambole s'interrompit, et deux larmes brûlantes coulèrent sur ses joues couturées.

— Ah! monsieur, reprit-il, lorsqu'elle se fut éloignée, lorsque je l'eus perdue de vue, des larmes emplirent mes yeux, et je me dis qu'ils étaient bien heureux, ces valets qui la servaient et la voyaient à toute heure.

Et, bien que j'eusse la jambe cassée, malgré mes souffrances sans nom, je parvins à me mettre à genoux et je joignis les mains, et je priai :

— Mon Dieu! murmurai-je, si vous voulez me pardonner mes crimes en faveur de cet ange qui vient de laisser tomber sur moi un regard de compassion, je vous jure que je deviendrai honnête homme et que je consacrerai ce qui me reste de vie à faire le bien, comme jusqu'ici j'ai fait le mal.

Dieu sans doute exauça ma prière, monsieur le baron, car moins de six mois après, le directeur du bagne me fit venir et me dit :

— On a demandé et obtenu votre grâce.

— Ma grâce! m'écriai-je, qui donc a pu la solliciter?

Le directeur appela un valet au lieu de me répondre; il lui fit un signe, et le valet me prit par la main et me conduisit dans une pièce voisine.

— Otez votre veste de forçat, me dit-il.

On me débarrassa de ma livrée d'ignominie, mes fers furent limés, on me revêtit d'habits convenables, puis on me conduisit à la porte du bagne. C'était le soir, la nuit arrivait. A la porte du bagne j'aperçus une chaise de poste attelée, et par l'une des portières, je vis sortir une main blanche et aristocratique, tendue vers moi. Un ange venait racheter le démon.

. . . .

II.

L'émotion de M. Rocambole était si violente, qu'il fut obligé de s'arrêter un moment et de suspendre son récit.

Le baron lui tendit la main :

— Monsieur, lui dit-il, votre repentir est une absolution.

L'homme d'affaires parvint, au bout de quelques minutes, à se dominer complètement, et il reprit :

— La main tendue vers moi était celle de la femme que j'avais longtemps appelée « ma sœur. »

A côté d'elle un homme était assis, que je reconnus également.

Tous deux me prirent la main et me firent monter dans la chaise de poste, et le postillon fouetta ses chevaux.

Alors cette femme me dit :

LES DRAMES DE PARIS.

— Fabien et moi nous savons tout. Nous savons qui vous avez été, et nous avons eu horreur de vous d'abord, mais nous avons su aussi que depuis six mois vous vous étiez repenti, que, sans cesse à genoux, vous demandiez pardon au ciel, et nous avons joint nos prières aux vôtres, et, comme le ciel, nous vous pardonnons. Venez, vous serez un ami, un hôte dans cette maison où vous fûtes longtemps un usurpateur.

. . . .

— Monsieur le baron, interrompit tout à coup l'homme d'affaires, vous êtes gentilhomme et votre parole est sacrée.

— Je le crois, dit le baron en souriant.

— Pour que vous compreniez ce que vous pouvez faire de moi, il faut que vous sachiez qui je suis et qui j'ai été. Il faut donc que vous m'engagiez votre parole, monsieur le baron, que les noms que je prononcerai pour vous seront à tout jamais ensevelis au fond de votre cœur.

Le mystère qui semblait environner cet homme avait fortement séduit M. de Neubourg.

— Je vous fais le serment que vous me demandez, dit-il.

M. de Neubourg s'était renversé dans son fauteuil, en homme décidé à écouter un long récit.

— Avez-vous toutefois quelques heures à me donner? demanda M. Rocambole.

— Certainement, parlez...

Alors l'homme d'affaires raconta à M. de Neubourg cette longue histoire dont nous avons été jadis le narrateur fidèle.

Quand il eut terminé, la nuit était venue.

— Eh bien! monsieur le baron, reprit Rocambole après un silence, pensez-vous que j'aie été un homme ingénieux dans le mal?

— Oh! certes, fit le baron, qui plus d'une fois avait tressailli en écoutant la narration des crimes de Rocambole. Mais, ajouta-t-il, vous vous êtes repenti?

— Oui, par amour et par respect de ce monde au milieu duquel j'ai vécu et dont j'étais indigne.

— Et votre repentir est sincère?

— Allez voir le vicomte et la vicomtesse d'Asmolles, ils répondront de moi.

— Je vous crois, dit le baron. Mais, monsieur, tout ce que vous venez de m'apprendre...

— Je vous comprends, monsieur le baron.

— Ah!

— Vous êtes étonné de mes confidences, n'est-ce pas?

— En effet...

— Et c'est tout simple. Cependant, monsieur, quand je vous aurai dit que je sais en petit depuis deux ans ce que vous et trois de vos amis voulez faire sur une vaste échelle...

Le baron tressaillit.

— Je connais déjà l'association des Chevaliers du clair de lune, dit Rocambole en souriant.

— Vous... savez...

— Écoutez-moi bien, reprit l'ancien forçat. Je me suis mis en tête de continuer l'œuvre commencée par le comte Armand de Kergaz. Ce lieu où nous sommes est un *cabinet d'affaires*, ou plutôt un bureau d'affaires particulière, dont les bailleurs de fonds sont le vicomte d'Asmolles et sa femme, le comte de Kergaz et la comtesse Artof...

— Baccarat?

— Précisément.

— Quel est son but? demanda le baron.

— Faire le bien, redresser les torts, récompenser et punir. Malheureusement, acheva l'ancien forçat, je n'ai pas de bonheur pour ma rentrée dans le monde. Jusqu'à présent, monsieur, je n'ai eu que des affaires insignifiantes sur les bras. La vôtre...

— Comment! la mienne?

— Je veux dire celle de Mlle Danielle de Main-Hardye.

— Quoi! vous savez?...

— Je sais tout.

— C'est bizarre...

— Nullement. J'ai assisté, invisible, à la lecture du manuscrit du *domino*.

— Et c'est pour cela...

— Que j'ai osé vous assigner un rendez-vous...

Le baron fronça légèrement le sourcil.

— Mais, monsieur, en quoi notre association peut-elle vous intéresser?

Rocambole quitta son fauteuil et se redressa.

— Attendez-moi une minute, dit-il.

Et il passa dans son cabinet de toilette.

— Où diable va-t-il? pensa le baron.

M. de Neubourg, de plus en plus étonné, fixait les yeux sur la porte du cabinet de toilette, s'attendant à voir reparaître Rocambole, lorsque cette porte se rouvrit et livra passage à un inconnu.

C'était un vieillard, courbé en deux, la tête couverte de cheveux blancs, vêtu d'un habit noir qu'ornait la rosette d'un ordre étranger.

Les joues de cet homme étaient ridées, mais leur couleur bistrée annonçait une origine méridionale.

Ce personnage salua le baron et lui dit avec un accent italien très-prononcé :

— Monsu Rocambo est-il là?

Assez étonné, le baron répondit :

— Il va venir, monsieur; veuillez l'attendre un instant.

— Oh! dit le vieillard, je vais parler à son commis.

— Comment se fait-il, pensait M. de Neubourg, qu'ils ne se soient point rencontrés? Où donc conduit cette porte?

Le baron attendit quelques minutes encore.

Tout à coup on frappa deux coups distincts à la porte qui mettait en communication le cabinet de M. Rocambole, avec la première pièce du bureau d'affaires, celle où était le grillage.

— Entrez! dit M. de Neubourg, qui, se retournant, vit entrer un domestique en gilet rouge, en cravate blanche, le teint rougeaud, le nez enluminé, les cheveux roussâtres, le type exact du palefrenier d'outre-Manche.

— Sir Rocambole, demanda-t-il en saluant avec la roideur anglaise, et d'un ton qui trahissait l'insulaire.

Le baron lui indiqua la porte du cabinet de toilette.

— Oh! yes, fit l'Anglais.

Et il passa par la porte et disparut.

Quelques minutes s'écoulèrent encore, et le baron commençait à perdre patience, lorsque la porte s'ouvrit.

Cette fois, c'était Rocambole.

— Ah! lui dit le baron, vous avez rencontré le valet anglais, n'est-ce pas?

— Quel valet?

— Et cet homme à cheveux blancs qui ressemble à un diplomate?

— Bah! où les avez-vous vus?

— Le dernier est entré par là...

Et le baron indiquait du doigt la porte sur le seuil de laquelle Rocambole s'était arrêté.

— Par là?

— Oui.

— Mais c'est mon cabinet de toilette.

— Alors vous l'avez vu?

— Non.

— Et le valet?

— Pas davantage.

Rocambole prit le baron par la main.

— Venez voir, dit-il.

M. de Neubourg pénétra dans le cabinet de toilette, et, à sa grande stupéfaction, reconnut qu'il n'avait aucune autre issue.

Vous avez donc une bien grande foi dans votre force. (Page 942.)

D'où venait donc l'homme aux cheveux blancs?
Par où avait donc passé le domestique anglais?
— Seriez-vous sorcier, monsieur? demanda le baron.
— Nullement.
— Alors?
Rocambole se prit à sourire.
— L'homme aux cheveux blancs, c'était moi, dit-il.
— Vous!
— L'homme aux cheveux roux, c'était moi encore.
— Mais c'est impossible!
— Cela est vrai, monsieur : à la verita, ajouta Rocambole avec l'accent italien ; oh ! yes ! fit-il avec la prononciation anglaise.
Et comme M. de Neubourg ne revenait pas de sa surprise :
— J'ai l'art de me grimer, de changer de son de voix. Je puis être un personnage multiple, et si je vous ai donné un échantillon de ma facilité merveilleuse à me transformer, c'est que je peux vous convaincre, monsieur le baron, de l'utilité que vous aurez à vous servir de moi.
— Me servir de vous?
— Oui, monsieur.
— En quoi et pourquoi?
— Vous êtes le chef des Chevaliers du clair de lune?...

— Sans doute.
— Et les Chevaliers du clair de lune, poursuivit Rocambole, se sont imposé la mission de rendre à Danielle de Main-Hardye le nom de son père et la fortune de son aïeul, n'est-ce pas?
— Et nous y parviendrons.
— Oui, dit Rocambole, si toutefois...
Il s'arrêta et parut hésiter.
— Voyons, monsieur, dit le baron, veuillez vous expliquer.
— Monsieur le baron, reprit l'ex-forçat, les neveux de feu le général de Morfontaine sont maîtres de la position. Il n'existe aucune preuve matérielle de leurs crimes, ni même de l'existence de Danielle, attendu que son décès a été régulièrement constaté.
— Eh bien?
— Eh bien ! poursuivit Rocambole, des hommes comme vous et vos amis, — monsieur le baron, — pardonnez-moi ma franchise, — des hommes comme vous sont trop loyaux, trop chevaleresques, pour engager une lutte sérieuse avec le vicomte de la Morlière. — Vous serez battus...
— Par exemple !
— Ah ! c'est que, dit l'ancien élève de sir Williams, ce n'est point avec lui et ses cousins un combat en champ

clos qu'il faut avoir, c'est une lutte où la patience et la ruse doivent être mises en première ligne.

— Nous serons patients.
— Peut-être, mais vous ne serez pas rusés.
— Ah! monsieur...
— Vous ne connaissez de Paris que le monde élégant, le bois, le boulevard des Italiens; le Paris obscur, fangeux, misérable, vous est inconnu, monsieur le baron.
— Nous y pénétrerons...
— Non, si je ne vous guide.

M. de Neubourg regarda Rocambole et parut attendre que l'ex-forçat complétât sa pensée.

— Tenez, monsieur, continua Rocambole, sans moi, vous ne ferez rien; avec moi, vous triompherez.
— Mais, monsieur...
— Oh! je sais bien que vous allez me dire que j'ai été forçat, voleur, assassin, et il vous répugne, à vous, parfait gentilhomme, d'avoir des rapports avec moi et de me mettre en contact avec vos nobles amis. Mais ne craignez rien, monsieur le baron, je serai le *deus ex machinâ* seulement, et je demeurerai le plus souvent invisible.
— Mais enfin...
— Permettez-moi un dernier mot : vous agirez, je penserai pour vous; je serai la tête, vous et vos amis serez le bras.
— Et vous ne pensez pas, fit le baron avec une certaine hauteur, que nous puissions nous passer de vous?

Rocambole eut un sourire ironique.

— Non, dit-il.
— Cependant nous sommes jeunes, nous sommes braves, nous sommes riches, et je crois que nous aimons déjà tous les quatre...
— Danielle, n'est-ce pas?
— Oui, fit le baron d'un signe de tête.
— Eh bien! elle vous aimera si je le veux bien.
— Vous avez donc une bien grande foi dans votre force?
— Oui.

L'accent de Rocambole était convaincu.

— Oui, reprit-il, je sens que je suis fort, très-fort, maintenant surtout que je me suis repenti et que je veux faire le bien, comme jadis j'ai fait le mal. Il y a cinq ans, monsieur, j'eusse servi le vicomte de la Morlière contre Danielle...
— Et... aujourd'hui...
— Aujourd'hui je servirai Danielle et je serai le champion du malheur et de la vertu. Mais soyez tranquille, acheva l'élève de sir Williams, le but seul sera changé. Je serai toujours l'homme aux métamorphoses, aux moyens tortueux, aux coups de main hardis, aux combinaisons ingénieuses ou terribles... je serai toujours ROCAMBOLE!

M. de Neubourg garda le silence un moment.

— Eh bien! soit, dit-il enfin, j'accepte!...
— A l'œuvre donc! répliqua Rocambole.

III.

Quelques semaines après l'entrevue de M. le baron de Neubourg et de Rocambole, deux jeunes gens à cheval tournèrent l'arc-de-triomphe de l'Etoile, gagnèrent l'avenue de l'Impératrice, et, de là, se dirigèrent vers le pavillon d'Armenonville.

C'était au commencement de mai; les arbres du bois se couvraient de leur verdure printanière, l'air était tiède et tout imprégné de parfums.

L'un des deux cavaliers était un jeune homme de vingt-trois ans environ, aux cheveux blonds, au visage pâle et délicat. De grands yeux bleus mélancoliques révélaient en lui une organisation presque féminine.

Mais un fier sourire qui glissait sur ses lèvres annonçait, en même temps, une grande force de volonté.

Il montait son cheval avec une grâce parfaite, fumait son cigare avec nonchalance, et semblait s'abandonner à quelque charmant rêve d'amour, sans se préoccuper le moins du monde de son compagnon.

Celui-ci pouvait avoir trente-deux ans.

C'était un homme au teint bistré, aux cheveux noirs, à la barbe épaisse; il avait en selle la tournure d'un officier.

Comme son compagnon se taisait, il respecta longtemps ce silence; mais enfin, au moment où ils entraient dans la grande avenue qui conduit à Armenonville, il se tourna brusquement sur sa selle.

— A quoi pensez-vous donc, Paul? demanda-t-il.
— Mais... à rien... mon ami.

L'homme au teint bistré se prit à sourire.

— Aussi vrai, dit-il, que je me nomme Charles de Kerdrel, et que je suis officier de chasseurs d'Afrique en disponibilité, je répondrais du contraire, mon cher Paul. Quand on se tait, on pense.
— C'est vrai.
— Et quand on est le blond et charmant baron de la Morlière, quand on a vingt-trois ans, un père qui vous fait trente mille livres de rente, quand on est libre de son nom et de sa destinée, comme vous l'êtes, si on pense à quelqu'un, c'est à... une femme.

Paul de la Morlière rougit légèrement.

— C'est vrai, dit-il.
— Vous êtes amoureux?
— Peut-être...

Le capitaine Charles de Kerdrel regarda son jeune ami du coin de l'œil.

— Mon cher Paul, dit-il, je ne suis pas homme à vouloir pénétrer vos secrets, et je ne vous demande pas le nom de la femme que vous aimez...

Paul se prit à sourire à son tour.

— Vous avez bien raison, dit-il, car je ne saurais vous le dire.
— Je comprends.
— Non, vous ne comprenez pas.
— Plaît-il? fit le capitaine étonné.

Paul de la Morlière répondit :

— Mon ami, je ne puis pas vous dire le nom de la femme que j'aime, par la raison toute simple que je ne le sais pas.
— Allons donc!
— C'est la vérité.
— Mon cher Paul, je ne sais pas deviner les énigmes. Expliquez-vous, je vous en prie.
— C'est tout une confidence à vous faire.
— Le pouvez-vous?
— Oh! certes.
— Eh bien! je vous écoute.

M. de Kerdrel et son compagnon mirent leurs chevaux au pas et cheminèrent côte à côte.

— Mon bon ami, dit alors Paul de la Morlière, je suis amoureux fou d'une femme que je n'ai jamais vue.
— Hein! que dites-vous? exclama le capitaine, regardant attentivement son ami.
— La vérité, mon cher. Je n'ai jamais vu le visage de la femme que j'aime.
— Vous êtes fou.
— Pas le moins du monde.
— Ou bien, vous vous moquez de moi, mon cher Paul.
— Ni l'un ni l'autre.
— Je vous l'ai dit, répéta le capitaine, je ne sais pas deviner les énigmes, et le sphinx que vainquit Œdipe n'aurait fait de moi qu'une bouchée.
— Ce n'est pas une énigme que je vous donne à déchiffrer, capitaine, c'est une histoire bizarre que je vais vous dire.

— Voyons, je vous écoute.

Paul jeta son cigare et continua :

— Il y a de cela environ six semaines. C'était à l'époque de la mi-carême et le jour du dernier bal de l'Opéra.

— Mais ce jour-là nous passâmes la soirée ensemble, si j'ai bonne mémoire, n'est-ce pas?

— Justement.

— Et nous jouâmes au whist chez Saphir jusqu'à trois heures du matin. Serait-ce de Saphir que tu es amoureux? Paul eut un éclat de rire.

— On n'aime pas la femme qu'on a, dit-il.

— C'est généralement vrai, observa le capitaine.

— Et puis vous oubliez que je vous ai dit n'avoir jamais vu le visage de mon inconnue. Tandis que celui de Saphir...

— Une belle fille, mon ami, une belle et bonne fille qui vous aime, mon cher Paul...

— Elle a l'habitude d'aimer, murmura le jeune homme en souriant. Saphir met l'amour en coupes réglées. Chacun a son lot.

— Ingrat!

— Mais laissez-moi donc vous dire mon histoire.

— C'est juste... Parlez.

— Ce soir-là, comme vous le dites, nous avions joué au whist chez Saphir. Georges et Laurent partirent les premiers, puis vous... Je demeurai seul avec ma blonde maîtresse, et déjà je m'étais allongé dans une chauffeuse, au coin du feu, lorsque Saphir me dit :

— Mon petit Paul, tu ferais bien plaisir à Bibi, n'est-ce pas?

— Que veux-tu?

— Je n'ai pas sommeil, na!

— Ni moi.

— Et j'ai envie de me promener...

— A cette heure?

— Oui... en voiture découverte... Je vais sonner; Mariette éveillera Tom, Tom attellera Vif-Argent à la victoria que tu m'as donnée hier matin...

— Tu es folle...

— Et nous irons faire le tour du lac. Je veux souper...

— Au lac?

— Non, à la Maison-d'Or.

— Mais, ma petite, lui dis-je, on ne soupe pas deux fois en une nuit.

Et je lui montrais la porte de la salle à manger demeurée entr'ouverte, et au travers de laquelle on apercevait la table encore chargée des débris d'un souper fort convenable.

— On soupe toujours... J'ai faim... Je veux des huîtres d'Ostende et de la tisane de Moët.

Saphir accompagna cette manifestation de sa volonté d'une petite mine charmante, elle m'arrondit ses bras blancs autour du cou, elle m'inonda des boucles dénouées de sa chevelure blonde, elle fut si gentille, en un mot, que je dis à Mariette, sa femme de chambre :

— Va-t'en réveiller ce pauvre Tom.

Une demi-heure après nous roulions en victoria dans la rue Laffitte.

Vous le savez, continua Paul. Saphir est l'être capricieux par excellence. Elle partait de chez elle avec l'intention de faire le tour du lac et de revenir, au petit jour, souper à la Maison-d'Or. Mais, à la hauteur de la rue Rossini, elle entrevit le fronton de l'Opéra couronné d'une guirlande de feu, et elle s'écria :

— Ma foi! il fait trop froid, je vais entrer au bal de l'Opéra.

— Es-tu folle?

— Non. Je veux y aller.

— Mais tu n'es pas costumée!...

— Bah! dit-elle, le costumier du passage est ouvert toute la nuit.

— Ah! ma chère, lui dis-je, s'il en est ainsi, mets-moi donc chez moi, rue Taitbout.

— Pourquoi faire?

— Mais, pour aller me coucher.

— Bon! dit elle... Et... souper?

— Tu souperas sans moi.

— Nenni.

— Je ne veux pas aller à l'Opéra.

— D'accord. Mais tu vas monter à la Maison-d'Or, tu retiendras un cabinet, tu feras ouvrir les huîtres et tu m'attendras.

— La combinaison est aimable pour moi, en vérité!

Mais déjà Saphir s'était élancée hors de la voiture, et montait, légère, les trois ou quatre marches qui conduisent de la rue Le Peletier au passage de l'Opéra.

Elle se retourna et me dit :

— Laisse-moi la voiture. Dans une heure je te rejoins.

— Je boutonnai mon paletot et m'en allai par le boulevard, les mains dans mes poches et fumant, jusqu'à la Maison-d'Or.

— Monsieur le baron, me dit Joseph, le garçon qui me sert habituellement, je n'ai pas un seul cabinet, tout est pris. Mais dans dix minutes j'aurai le numéro 8. On vient de sonner pour demander la carte à payer. Si monsieur le baron veut entrer au salon...

Je pénétrai dans le petit salon du premier.

Les tables dressées étaient veuves de tous convives; mais une femme, enveloppée dans un domino et soigneusement masquée, se tenait debout, adossée à la cheminée.

M. Paul de la Morlière s'interrompit un moment pour reprendre haleine, puis il continua :

— Il y a des courants magnétiques qu'on ne peut définir, des atômes crochus impossibles à expliquer.

Tout ce que je pus voir de cette femme, c'est qu'elle était admirablement bien prise en sa taille, que ses mains étaient petites comme celle d'un enfant, ses épaules et son cou d'un blanc mat, ses cheveux d'une luxuriante abondance et de ce blond doré que Dieu semble avoir inventé pour incarner la distinction plus exquise chez certaines femmes.

Je fus attiré vers elle par un de ces courants dont je vous parlais tout à l'heure.

A travers son masque, je vis étinceler son regard, et soudain je me trouvai en proie à une fascination mystérieuse.

Je la saluai, elle s'inclina. Je voulus lui adresser la parole, mais elle m'arrêta d'un geste de reine :

— Vous vous trompez, me dit-elle.

Ces trois mots creusaient un abîme entre elle et moi.

Le garçon revint et lui dit :

— Madame, on vous attend.

IV.

— Qui donc pouvait attendre cette femme à pareille heure, dans un restaurant, et pourquoi ce domino?

J'aurais juré, la tête sur le billot, que c'était une femme ou une fille de bonne maison.

A la façon dont elle me rendit mon deuxième salut, il était impossible d'en douter.

Elle passa devant moi majestueuse, marchant avec lenteur, la tête fièrement rejetée en arrière.

Obéissant à une attraction insurmontable, je sortis du salon derrière elle et je la suivis.

Elle longea le couloir sur les pas du garçon, qui, tout à coup, ouvrit la porte d'un cabinet.

Un flot de lumière, une odeur de cigare et plusieurs voix d'hommes arrivèrent jusqu'à moi; puis l'inconnue franchit le seuil de cette porte, qui se referma, et je n'entendis et ne vis plus rien.

Quelle était cette femme et quels étaient ces hommes qui avaient osé la faire attendre?

C'était un mystère pour moi.

Je mis dix louis dans la main de Joseph, et je le questionnai.

— Monsieur le baron, me répondit-il, je n'ai jamais vu cette dame; elle n'est jamais venue ici. Tout ce que je puis vous dire, c'est qu'elle est maintenant auprès de quatre messieurs qui ont passé la nuit à lire un gros cahier manuscrit.

— Ah!

— Et quand ils ont eu fini, ils m'ont ordonné de faire entrer cette dame.

— Attendait-elle depuis longtemps?

— Depuis une heure.

— Et ces messieurs, les connais-tu?

— Non.

— Morbieu! me dis-je, je la verrai sortir et je la suivrai, allât-elle au bout du monde!

J'allai m'établir sur le boulevard, me promenant de long en large, les yeux fixés sur la fenêtre du cabinet où elle se trouvait.

J'avais complètement oublié de commander le souper de Saphir; j'avais oublié Saphir elle-même.

Une heure s'écoula.

Tout à coup un frou-frou de robe de soie se fit entendre dans l'escalier, une femme descendit et passa devant moi sans me voir.

C'était elle.

Elle était seule; les quatre messieurs dont parlait Joseph étaient demeurés dans le cabinet.

Je la vis traverser le boulevard, et, à mon grand étonnement, monter dans un modeste fiacre qui stationnait à l'angle de la rue de Grammont.

Je crois vous avoir dit que j'avais laissé la victoria de Saphir dans la rue Le Peletier.

Saphir dansait sans doute encore. Je me mis à courir, je trouvai la victoria toujours arrêtée, j'éveillai le cocher, qui dormait, et je lui dis:

— Vite, Tom! vite! vite! rue de Grammont.

Tom lança Vif-Argent sur le macadam durci, et, comme j'atteignais la rue de Grammont, je pus voir le fiacre de mon inconnue qui s'en allait modestement.

— Tom, calme ton cheval, au petit trot, maintenant, c'est assez.

— Monsieur n'est plus pressé?

— Non. Tu vas suivre ce fiacre à cent pas de distance.

— Bien, monsieur.

Le fiacre longea la rue Sainte-Anne, la petite rue des Frondeurs, traversa la rue de Rivoli et le Carrousel, passa sur le Pont-Royal et se dirigea vers le carrefour de la Croix-Rouge.

Tom suivait toujours à distance.

Vers le milieu de la rue du Vieux-Colombier, le fiacre s'arrêta devant la porte bâtarde d'une maison de chétive apparence.

Le domino descendit, paya le cocher, tira une clef de sa poche, ouvrit la porte, et disparut.

— Bon! me dis-je en ordonnant à Tom de rebrousser chemin, je sais où elle demeure... je la reverrai!...

M. Paul de la Morlière en était là de son récit au moment où le capitaine et lui arrivèrent à Ermenonville.

— Singulière histoire jusqu'ici! dit le capitaine.

— Oh! ce n'est rien encore, répondit Paul en mettant pied à terre et jetant la bride de son cheval au garçon d'écurie. Je vous dirai la suite en dînant.

— Mais, tenez, fit le capitaine en étendant la main vers un massif de verdure, regardez!...

— Quoi?

— Cet Anglais qui lit son journal en face d'une bouteille de pale ale. Certes, il est plus original et plus bizarre encore que votre histoire.

— C'est vrai, dit Paul de la Morlière, qui s'approcha plus encore pour examiner l'insulaire attentivement. Vous avez raison, Charles, c'est un être à moitié fantastique.

— Et dont la mine désagréable m'agace les nerfs acheva le capitaine de chasseurs d'Afrique.

L'Anglais lisait flegmatiquement le dernier numéro du *Times* et buvait son pale ale à petites gorgées.

Le personnage qui lisait le *Times*, et que M. de Kerdrel venait de désigner à la curiosité de Paul de la Morlière, était un homme qui flottait entre trente et cinquante années, c'est-à-dire qu'il avait une de ces physionomies qui n'ont pas d'âge et qui appartiennent aussi bien à un jeune homme qu'à un vieillard.

Son teint était rouge et enluminé, il portait des lunettes, était vêtu d'une grande redingote marron et coiffé d'un chapeau de Panama.

— Un tremblement de terre ne l'arracherait point à sa lecture, dit M. de Kerdrel.

— C'est bizarre, mais il m'agace, répliqua Paul de la Morlière.

— Moi aussi.

— Mais, poursuivit le fils du vicomte — car ce jeune homme qui contait ses amours était bien le fils de ce vicomte de la Morlière qui fut le véritable meurtrier de Diane de Morfontaine et de M. de Main-Hardye; — mais, poursuivit-il, laissons cet Anglais tranquille, et écoutez la fin de mon histoire.

— Voyons?

Les deux jeunes gens s'assirent dans une salle de verdure, voisine de celle de l'Anglais, et tandis qu'on leur servait à dîner, Paul continua:

— Lorsque j'eus vu le domino se servir d'une clef pour pénétrer dans la maison de la rue du Vieux-Colombier, il ne me fut plus possible de douter que cette maison ne fût celle où elle habitait ordinairement.

Je descendis de voiture et je renvoyai Tom.

— Je rentrerai à pied, lui dis-je.

Il était jour, mais la rue était déserte encore, et les persiennes de la maison du domino étaient toutes fermées.

Un moment je fus tenté d'aller frapper à la porte; mais ce respect qui s'était subitement emparé de moi dans le petit salon de la Maison-d'Or, lorsque le domino m'avait regardé, m'arrêta.

Je me bornai à me promener de long en large dans la rue, les yeux fixés sur les croisées bien closes, espérant toujours que l'une d'elles s'ouvrirait. Je passai plus d'une heure dans la rue du Vieux-Colombier.

Enfin, la porte de la petite maison s'ouvrit.

Mon cœur battit bien fort, — je crus que c'était elle.

C'était un jeune homme de quinze à seize ans, vêtu d'une blouse blanche et coiffé d'un casque en papier de journaux.

Je reconnus sur-le-champ l'ouvrier typographe en apprentissage, ce que, dans les imprimeries, on appelle l'*attrape-science*. Celui-là avait la mine effrontée, intelligente du gamin de Paris; on pouvait tout lui dire, il comprenait tout.

Je m'approchai de lui.

— Est-ce que vous habitez cette maison? lui demandai-je.

— Oui, monsieur.

— Depuis longtemps?

— J'y suis né.

— Pardon, lui dis-je; mais vous êtes un gentil garçon, et...

J'eus l'air d'hésiter.

L'apprenti se prit à sourire.

— Je devine, dit-il.

— Vous devinez?

— Sans doute. Un beau monsieur comme vous...

L'Anglais lisait flegmatiquement le dernier numéro du *Times*. (Page 944.)

point à cinq heures du matin tout seul, arpentant de long en large la rue du Vieux-Colombier. Vous venez pour mademoiselle...
Je tressaillis.
— Oh! dites-moi son nom! m'écriai-je.
— Nelly, répondit-il.
— Elle s'appelle Nelly?
— Ou Danielle, ce qui revient au même.
— Et... vous la connaissez?
— Je ne lui ai jamais parlé, mais tout le monde la connaît comme moi dans la maison. Il n'y a pas de concierge. Vous voulez bien parler d'une dame blonde, n'est-ce pas?
— Précisément.
— Eh bien! monsieur, en quoi puis-je vous être utile?
— Mais en me donnant quelques renseignements.
— Cette dame ou cette demoiselle, car on ne sait pas au juste si elle est fille ou veuve, habite ici depuis un an environ...
— Ah!
— Au premier, un appartement de cinq cents francs.
— Diable! pensai-je, j'ai commencé par la croire duchesse.
— Souvent elle est en retard pour son terme.
— Et... avec qui demeure-t-elle?

— Avec une personne malade et qu'on ne voit jamais.
— Sa mère, peut-être.
— Non, c'est un homme. Je l'ai aperçu un matin à sa fenêtre. Il peut bien avoir quarante ans; il a de grosses moustaches et il est décoré. On dit qu'il a été officier.
— Et elle habite avec lui?
— Oui, monsieur.
— Et *lui*, on ne le voit pas?...
— Jamais. Il ne sort que la nuit. Il part après que tout le monde est couché dans la maison, et rentre toujours avant le jour.
— Singulier personnage!
— Quant à Mlle Danielle, continua le jeune imprimeur, elle ne parle jamais à personne et elle est très-fière. Cependant tout le monde l'aime, car elle bien jolie!
— Ah!
Cette exclamation stupéfia l'apprenti.
— Comment! dit-il, vous ne saviez pas qu'elle est jolie?
— Je l'ai deviné.
— Alors vous ne l'avez pas vue?
— Non.
— Vous moquez-vous de moi? fit-il, me regardant avec défiance.
Je fus obligé de lui expliquer que j'avais vu Danielle masquée.

PROPRIÉTÉ DE VICTOR BENOIST ET Cie, A PARIS.

— C'est impossible! me dit-il.
— Pourquoi?
— Parce que Mlle Danielle ne sort pas après minuit et ne rentre pas au point du jour ; elle est très-sage.
— Alors, dis-je, ce n'est pas la femme dont je veux parler.
— Il n'y a pourtant que celle-là dans la maison. Les autres sont des femmes d'ouvriers, laides et vieilles pour la plupart.
— Il n'y a pourtant que les locataires de la maison qui ont une clef!
— Oui, monsieur.
— La femme dont je parle en avait une.
L'apprenti était ébahi.
— Je n'y comprends absolument rien, me dit-il. Mlle Danielle en domino, masquée et dans un cabinet de la Maison-d'Or! ça me parait impossible!
— C'est vrai, cependant.
— Ma foi! s'écria le bambin, j'en aurai le cœur net. Ça m'intrigue! Si vous voulez m'attendre quelques minutes, monsieur, vous saurez à quoi vous en tenir.
Il rentra et j'attendis un grand quart-d'heure avant de le voir reparaître.
— C'est pourtant vrai, me dit-il en rentrant, elle est sortie cette nuit.
— Elle vous l'a dit?
— Non, mais en me hissant jusqu'à la tabatière de ma mansarde, je puis voir dans la chambre de Mlle Danielle qui donne sur la cour. La fenêtre en est ouverte.
— Et... vous avez vu?...
— J'ai vu que Mlle Danielle ne s'était point couchée encore.
— Où donc est-elle?
— Probablement dans la chambre voisine, qui est celle de l'homme décoré aux grosses moustaches. Mais j'ai aperçu le domino et le masque sur son lit. Et, fit le gamin en retroussant dédaigneusement sa lèvre supérieure, je crois que je suis trompé.
— En quoi?
— Je vous ai dit que Mlle Danielle était sage... Enfin, suffit... Bonjour, monsieur.
L'apprenti voulut s'éloigner.
Je le retins :
— Mais, lui dis-je, ne pensez-vous pas qu'on pourrait la voir?
— Elle ne reçoit personne.
— Lui écrire?
— Oh! c'est facile. Je me chargerai bien de votre lettre, moi.
J'emmenai l'apprenti dans un café qui venait de s'ouvrir, je demandai du papier et de l'encre, et j'écrivis à mon domino inconnu une lettre brûlante et parfaitement ridicule.
— Comment la lui ferez-vous tenir? demandai-je à mon ami de hasard.
— Fort simplement, je la glisserai sous la porte.
Je voulus mettre deux louis dans la main de l'enfant, mais il les repoussa, en disant :
— C'est un service de camarade. Je ne suis pas commissionnaire de mon état. Merci, monsieur.
Il prit ma lettre, rentra dans la maison, et en ressortit quelques minutes plus tard.
— C'est fait, me dit-il. Venez demain, je saurai probablement quel effet votre lettre aura produit.
Et il s'en alla à son atelier.
Le lendemain, à la même heure, je fus exact au rendez-vous.
Mais l'apprenti arriva la mine consternée.
— Eh bien! me dit-il, vous n'avez pas de chance!
— Comment cela?
— Mademoiselle Danielle est partie.
— Partie!

— Oui, monsieur.
— Mais quand? Comment?
— Une voiture de déménagement est venue hier vers midi, et tout a été enlevé dans l'appartement de Danielle. Quand son dernier paquet a été dans la voiture, Mlle Danielle est montée à côté du cocher, et elle est partie sans donner d'adresse. Cependant elle a prié sa voisine de prendre ses lettres et de les lui garder. Elle les enverra chercher de temps en temps.

Ce que le jeune imprimeur venait de m'apprendre me bouleversait. Et comme l'amour naît des obstacles qu'il trouve sur sa route, ce qui, la veille, n'était encore chez moi que de la curiosité, devint de la passion, et je me jurai de revoir mon inconnue.

Depuis six semaines, j'ai écrit tous les jours à Danielle, et jamais elle ne m'a répondu.

Depuis six semaines, mon cher ami, acheva M. Paul de la Morlière, je suis amoureux fou d'une femme dont je ne sais pas le vrai nom, dont je n'ai jamais vu le visage et qui demeure je ne sais où.

Enfin, ce matin, un billet sans signature et tracé par une main inconnue, m'est arrivé.

Ce billet contenait ces trois lignes :

« Allez au bois de temps à autre, dînez au pavillon d'Ermenonville quelquefois. On vous y ménage une surprise. »

— Mais, interrompit le capitaine Charles de Kerdrel, je ne vois pas en tout cela de quoi vous désespérer beaucoup.

— Vraiment?
— On vous donne un rendez-vous...
— Mais je ne sais si ces lignes ont été tracées par elle.
— C'est probable, puisque vous ne vous occupez que d'elle depuis plus d'un mois. A moins qu'il ne soit question de Saphir.
— Oh! fit Paul avec dédain, Saphir ne m'empêche point de dormir...

Comme le jeune homme parlait ainsi de sa maîtresse, une calèche vint s'arrêter devant le perron du pavillon.

Deux jeunes hommes en descendirent.

C'étaient le baron de Neubourg et lord Blakstone.

Tous deux vinrent se placer à égale distance de l'Anglais qui lisait obstinément le Times et du capitaine Charles de Kerdrel et de son ami.

Tous deux demandèrent à dîner et se mirent à causer à mi-voix.

Cependant un nom prononcé par le baron de Neubourg frappa l'oreille de Paul de la Morlière.

Ce nom était celui de Danielle.

Le jeune homme tressaillit et tourna brusquement la tête.

M. de Neubourg disait :
— Mon cher lord, convenez que Danielle est charmante.
— Charmante, en effet, répondit lord Blakstone avec un léger accent britannique.
— Je vois que vous êtes du goût de nos amis le marquis et le vicomte.

Ces derniers mots furent un trait de lumière pour M. de la Morlière. Il se souvint des quatre messieurs qui soupaient à la Maison-d'Or, dans ce cabinet où il avait vu entrer le domino.

— Il paraît, continua le baron, que cette pauvre Danielle est persécutée depuis quelque temps...
— Par qui?
— Par un amoureux violent et sentimental tout à la fois.

Paul de la Morlière était trop jeune pour avoir appris déjà à se contenir et à demeurer impassible.

Le rouge lui monta au visage, et il se prit à regarder le baron avec une certaine fixité.

Celui-ci ne parut point s'en apercevoir, et continua :

— Chaque jour cette pauvre Danielle reçoit une lettre.
— Pauvre femme!
— Et son amoureux lui dit les choses les plus extravagantes et les plus ridicules.
Paul de la Morlière se leva à ces mots.
— Que faites-vous? lui dit le capitaine.
Mais Paul ne répondit point et s'approcha du baron.
Celui-ci, étonné, se leva à son tour.
Paul était parvenu à se calmer et il salua le baron avec courtoisie :
— Me pardonnerez-vous, monsieur, une question indiscrète? dit-il.
M. de Neubourg le regarda et vit qu'il avait les lèvres blanches, ce qui lui sembla un symptôme de scène terrible.
— C'est selon, monsieur.
— Quand je parle d'une question indiscrète, je me trompe, monsieur, poursuivit Paul de la Morlière.
— Ah!
— Car c'est deux que je désirerais vous faire.
— Parlez, monsieur.
— J'oserai vous demander votre nom, monsieur?
— Je me nomme le baron Gontran de Neubourg.
Paul s'inclina et reprit :
— Je suis satisfait sur le premier point, passons au second.
— Volontiers.
— Vous souviendriez-vous, monsieur, de l'emploi de votre nuit à la dernière mi-carême?
— Parfaitement.
— Alors, monsieur...
— Attendez, je vais vous édifier. D'abord nous sommes allés, trois de mes amis et moi, au bal de l'Opéra.
— Bien.
— Puis nous sommes allés souper...
— Au café Anglais?
— Non, à la Maison d'Or.
— Dans un cabinet voisin du salon vert, n'est-ce pas?
— Justement.
— Et vous avez soupé tous les quatre?
— Oui, monsieur.
— Sans recevoir aucune visite?
— Pardon, une dame en domino est venue nous rejoindre.
— Et cette dame, dit Paul, était blonde, n'est-il pas vrai?
— Comme Junon, *flava Juno*.
— Et elle se nommait...
— Ah! monsieur, dit le baron toujours calme et poli, vous soumettez d'une curiosité difficile à satisfaire.
— Cette femme se nommait Danielle, exclama Paul, dont la voix s'altéra.
— Puisque vous le saviez, dit le baron, il était inutile de me le demander.
— Monsieur, continua Paul, je suis cet amoureux *ridicule* qui écrit chaque jour à Danielle, et je serais bienheureux de savoir quel est le fat...
— Chut! monsieur, dit le baron, je vous comprends, et il est inutile d'entrer dans de plus longs détails.
— Monsieur, dit Paul, nous avons ici chacun un ami...
Il se tourna vers le capitaine.
Celui-ci fit un petit signe de la main qui signifiait : « Va toujours, je suis là. »
— En effet, monsieur.
— Puisque vous êtes le baron Gontran de Neubourg, je vous dirai, moi, que je me nomme Paul de la Morlière.
— Le fils du vicomte?
— Précisément.
Et Paul continua :
— Je n'aime pas les querelles qui traînent. Nous vous au tir à deux pas; on nous y prêtera des pistolets.

— Vous parlez d'or, monsieur.
— Et... après dîner...
Le baron eut un sourire charmant.
— Je le vois, monsieur, dit-il, vous êtes un homme de bonne compagnie, vous voulez bien me laisser achever mon dîner.
— Comment donc!
M. de Neubourg appela le garçon et lui dit quelques mots à l'oreille.
Le garçon s'en alla vers le tir, lequel est peu distant d'Ermenonville.
Alors Paul salua une fois encore son adversaire futur et revint s'asseoir auprès du capitaine.
— Quelle sotte querelle vous venez de vous faire, mon pauvre Paul! lui dit celui-ci.
— J'ai été insulté!
— Mais non, pas le moins du monde. Cela ne s'adressait pas directement à vous.
— Cela s'adressait à l'amoureux de Danielle, par conséquent à moi.
— Mais non directement.
L'Anglais, qui jusque-là avait lu le *Times* avec opiniâtreté, leva alors les yeux et regarda Paul, qu'il salua.
Celui-ci, étonné, rendit le salut.
— Vous, battre tout à l'heure? dit l'Anglais.
— Oui, milord.
— Oh! yes, me battre avec vous.
— Mille remerciments, j'ai un témoin.
— Oh! moâ curieux de ces spectacles, et tout voir. Moâ amuser beaucoup.
— Monsieur, répondit sèchement Paul de la Morlière, je ne joue pas la comédie devant le public.
— Oh! moâ utile, dit l'Anglais, moâ chirurgien, moâ panser le blessé...
Paul se prit à rire.
En ce moment, le garçon revint du tir, apportant le pistolets.

V.

Le baron de Neubourg, en voyant revenir le garçon qui tenait dans son tablier un objet assez volumineux, dit à M. Paul de la Morlière:
— Je prends mon café, monsieur, et je suis à vous.
— Faites, monsieur, répondit Paul, qui avait déjà dégusté le sien; mais hâtez-vous, la nuit vient.
— Oh! fit le baron, soyez tranquille, monsieur, nous avons plus d'une demi-heure de jour encore.
Cinq minutes après M. de Neubourg et lord Blakstone se levèrent.
Paul de la Morlière et M. de Kerdrel en firent autant.
Le garçon avait placé deux paires de pistolets, une boîte à poudre et des balles sur la table.
— Messieurs, dit alors le capitaine, ici nous sommes à peu près chez nous; c'est le restaurant des gentilshommes par excellence...
— Eh bien? fit le baron.
— Je serais donc d'avis, poursuivit M. de Kerdrel, que nous réglassions ici, monsieur et moi...
Le capitaine se tourna vers lord Blakstone.
— Les conditions de la rencontre? Mais certainement, dit le baron.
En allumant un cigare, M. de Neubourg s'éloigna de quelques pas, dans la direction des écuries, tandis que Paul exécutait la même manœuvre et s'écartait en sens inverse.
Alors M. de Kerdrel et lord Blakstone se rapprochèrent et échangèrent leurs cartes.
— Milord, dit le capitaine, le motif de cette querelle me semble futile.
— Je suis de votre avis, monsieur.
— Il serait déplorable qu'il y eût mort d'homme.

— Cependant...

— J'eusse préféré mille fois une rencontre à l'épée. Au pistolet, on se tue, on s'estropie, ou on se manque. Ce dernier résultat assimile deux hommes de cœur à deux petits jeunes gens se battant pour une grisette, et il est fort triste de devenir ridicule.

— C'est vrai, murmura flegmatiquement lord Blakstone.

— A l'épée, continua le capitaine, on se tue rarement ; mais le sang coule, et l'honneur est satisfait.

— Vous avez parfaitement raison ; malheureusement...

— Ces messieurs sont pressés, voulez-vous dire.

— Oui, et il faudrait remettre la partie à demain, pour aller chercher des épées, ce qui est impossible.

— Vous vous trompez, milord, nous avons des épées ici.

— Ici ?

— Oui. Je me suis battu, il y a quinze jours, à cent mètres du pavillon, dans le bois, avec un officier de chasseurs. Notre rencontre, qui n'a eu de résultat grave qu'un léger coup de quarte reçu par mon adversaire, a été suivie d'un déjeuner.

Lord Blakstone sourit.

— Il est fâcheux, dit-il, que ces messieurs aient dîné.

— Ils souperont, répliqua le capitaine. Or, les épées de combat de mon adversaire et les miennes sont restées ici.

— Ah ! ceci est différent.

— Je vous proposerai donc d'adopter l'épée de préférence au pistolet.

— Soit.

— Garçon ! appela M. de Kerdrel.

Le garçon accourut.

— Emportez ces pistolets, dit le capitaine, et priez votre maître de vous remettre les épées qu'on lui a confiées. Vous sortirez par la cuisine et les écuries. Il est inutile de mettre dans la confidence de nos projets les quatre ou cinq personnes éparses dans la charmille.

L'Anglais aux cheveux roux et aux lunettes vertes n'avait pas perdu un mot de la conversation de lord Blakstone et de M. de Kerdrel.

La conférence terminée, il se leva.

— Oh ! pardonnez à moâ, dit-il, mais moâ chirurgien.

M. de Kerdrel sourit.

Quant à lord Blakstone, il adressa la parole à son compatriote dans leur langue maternelle.

— Vous êtes Anglais ?

— Yes, répondit l'homme aux lunettes.

— Et chirurgien ?

— Du comté d'Oxford.

— Et vous voulez nous accompagner ?

— Je suis curieux.

Afin de prouver qu'il avait bien le droit de prendre la qualité de chirurgien, l'Anglais déboutonna sa redingote et tira de sa poche de côté une trousse qu'il ouvrit et plaça sous les yeux des deux témoins.

— Alors, dit M. de Kerdrel, venez avec nous, milord.

— Oh ! pas milord, moâ, fit l'Anglais avec humilité, moâ simple esquire.

Et il se leva, reboutonna sa redingote et enfonça son chapeau sur ses yeux.

Alors M. de Kerdrel appela Paul, et lord Blakstone fit un signe au baron de Neubourg.

Tous deux se rapprochèrent.

— Messieurs, dit le capitaine, vous ne vous battrez point au pistolet.

— Pourquoi cela ?

— Parce que nous avons des épées ici.

— C'est différent, fit le baron avec nonchalance, et cela m'est d'ailleurs parfaitement égal.

— Où sont-elles ces épées ?

— Venez, nous allons les trouver. Le garçon les a sous son bras.

M. de Neubourg prit le bras de lord Blakstone et s'éloigna le premier.

Paul de la Morlière et le capitaine suivirent.

M. de Kerdrel avait indiqué le fourré qui se trouve entre le tir Lepage et le pavillon d'Armenonville comme le lieu le plus convenable.

Le garçon du restaurant s'y trouvait déjà.

Au moment où les quatre jeunes gens, toujours suivis de l'Anglais aux lunettes, qui marchait discrètement à trois pas de distance, traversaient l'avenue qui conduit à la porte Maillot, une jolie victoria, attelée d'un cheval irlandais sous poil noir, arriva rapide comme l'éclair.

— Ah ! diable, murmura Paul de la Morlière, voilà Saphir.

Saphir, en effet, venait de reconnaître M. de Kerdrel et on cher Paul.

Sur un signe d'elle, le cocher avait ralenti son cheval, et Paul, se voyant reconnu, s'était arrêté.

Les femmes ont un instinct merveilleux du danger.

— Où vas-tu ? dit Saphir vivement, et quels sont ces messieurs ?

— Des amis à nous, répliqua M. de Kerdrel.

— Vous mentez, cher ami, je connais tous les amis de Paul, je ne connais point ces messieurs.

— Ma petite Saphir, dit Paul d'un ton câlin, ces messieurs sont membres d'un club rival du nôtre.

— Et vous allez vous battre ?

— Allons donc ! nous avons fait un pari.

— Et... ce pari ?

— Mystère !

Saphir descendit de voiture.

— D'abord, dit-elle, il n'y a pas de mystère pour moi.

— Très-bien, dit Paul avec flegme ; après ?

— Ensuite, comme je suis venue au bois tout exprès pour t'y retrouver...

— Tu ne veux pas me quitter ?

— Non.

— As-tu dîné ?

— Pas encore.

— Eh bien ! va-t-en à Armenonville, fais-toi servir à dîner et attends-nous.

Saphir regardait attentivement M. de la Morlière.

— Mais enfin, dit-elle, quel est ce pari ?

— Je te le répète, c'est un mystère.

— Et où allez-vous ?

— A trois pas d'ici.

— J'y vais avec vous.

— Impossible !

— Et si... je le veux.

M. de Kerdrel comprit qu'il était temps d'intervenir, d'autant plus que M. de Neubourg et son témoin s'étaient déjà enfoncés dans le fourré.

— Ma chère Saphir, dit-il, je préfère vous dire la vérité.

— Ah !

— Je vais me battre, chère amie, avec ce grand monsieur brun que vous venez de voir.

— Vous battre !

— Et Paul me sert de témoin.

Saphir regarda tour à tour M. de la Morlière et le capitaine.

— Vous me trompez encore, dit-elle.

— Vous tromper !

— Ce n'est pas vous, c'est Paul.

— Mais je vous assure...

Saphir était une belle fille au regard ardent, aux lèvres rouges, au front large ; elle était grande et svelte ; ses petites mains blanches avaient des muscles d'acier.

Elle prit Paul par le bras et lui dit :

Prenez garde de vous faire tuer. (Page 950.)

— Si je le voulais, tu ne te battrais pas et je saurais bien te forcer à rester ici ; mais sois tranquille, mon ami, il ne sera pas dit que Saphir aura été lâche. T'a-t-il insulté?
— Oui, dit Paul.
— Alors ce n'est pas toi qui as tort?
— Non.
— Eh bien! bats-toi et tâche de le tuer. Je vais attendre ici... et me sachant près de toi, tu seras brave et heureux.

Saphir était émue; mais son geste, sa voix étaient demeurés calmes.

Saphir jeta ses bras au cou du jeune homme, lui mit un baiser au front, et lui dit :
— Va, et sois brave !
— Pauvre fille! pensa M. de Kerdrel, elle ne sait pas que c'est pour une autre qu'il va se battre.

Il prit Paul par le bras et l'entraîna, non sans avoir souri à Saphir, en lui disant :
— Sois tranquille, va, tout ira bien... je suis là.

D'un geste impérieux, Saphir renvoya la voiture, qui prit le chemin du pavillon.

Puis elle entra dans le bois, se tenant à distance, mais suivant des yeux les quatre jeunes gens, qui s'étaient perdus sous les arbres.

L'Anglais aux lunettes marchait derrière eux.

Saphir s'agenouilla et murmura :

— Mon Dieu! quand j'étais enfant, dans le village d'où je suis venue à Paris en sabots, on me menait à l'église et on m'enseignait à vous prier. J'ai oublié les prières, mais je me suis souvenue de vous. Faites que mon pauvre Paul ne soit point tué.

M. de la Morlière et M. de Kerdrel avaient rejoint le baron.
— Je vous demande mille pardons, monsieur, dit Paul à ce dernier, je vous ai fait attendre malgré moi.

Le baron s'inclina.
— Vous avez dû être fort contrarié, dit-il, je le conçois.
— Heureusement, ajouta Paul, j'ai affaire à une fille de cœur.

Ces phrases échangées, les deux adversaires se saluèrent et s'écartèrent l'un de l'autre.

Le garçon du restaurant avait apporté les épées, et lord Blakstone les mesurait.
— Paul s'est servi une fois de celles-ci, dit M. de Kerdrel. Ce sont les miennes. Les autres lui sont inconnues.
— Nous allons les tirer au sort.
— Soit !

M. de Kerdrel jeta une pièce de cinq francs en l'air.
— Face ! cria milord.

La pièce retomba; le sort se déclarait pour lord Blakstone.

— Allons, messieurs, dit M. de Kerdrel, habit bas, s'il vous plait.

M. de Neubourg était à peine déshabillé, et tandis que lord Blakstone et le capitaine causaient entre eux, l'Anglais aux lunettes vertes s'était approché de lui.

— Oh! yes, disait-il; moâ curieux fortement... moâ voir...

— Tout va pour le mieux, comme vous voyez, souffla tout bas M. de Neubourg à ce bizarre personnage, qui paraissait lui être complétement inconnu.

— Oui... seulement...

— Eh bien?

— Prenez garde de vous faire tuer.

— Hum! dit le baron en riant, cela me paraît difficile... je boutonne à peu près tous les maîtres d'armes de Paris.

M. de la Morlière avait imité le baron, et il s'était dépouillé de sa redingote et de son gilet.

Sur un signe des témoins, les deux adversaires se rapprochèrent, prirent leurs épées, et lord Blakstone dit :

— Allez, messieurs!

Tous deux tombèrent en garde.

La pauvre Saphir s'était rapprochée peu à peu et elle s'était cachée derrière un arbre, faisant des vœux pour son amant.

Paul tirait fort bien, mais il avait le défaut de son âge il manquait de sang-froid.

Le baron, au contraire, était l'homme calme par excellence, le tireur élégant, qui se conduisait sur le terrain comme il eût fait dans une salle d'armes.

A la première passe, M. de Neubourg comprit que son adversaire n'était pas de sa force. Cependant il se laissa toucher au bras, et l'épée de M. de la Morlière lui fit une goutte de sang.

— Touché! dit-il, et bien touché?

M. de Kerdrel s'était penché à l'oreille de lord Blakstone.

— Faut-il faire cesser le combat? lui dit-il. M. de Neubourg est blessé.

— Non, dit l'Anglais, tout à l'heure... L'égratignure est sans importance...

Et comme il disait ces mots, M. de Neubourg se fendit et son épée disparut presque tout entière dans l'épaule de Paul de la Morlière.

La douleur fut vive, — un léger cri échappa au blessé.

Puis, tout à coup, il laissa échapper son épée et tomba.

— Ah! mon Dieu! exclama une voix déchirante et brisée.

Et tandis qu'on s'empressait auprès du blessé, Saphir arriva, folle, éperdue, mourante.

Elle se jeta sur le jeune homme évanoui, le couvrit de baisers, l'inonda de ses larmes, l'appela des noms les plus doux.

L'Anglais aux cheveux roux et aux lunettes avait déboutonné sa redingote marron et ouvert sa trousse.

— Laissez voir moâ, disait-il, moâ chirurgien.

M. de Kerdrel avait déchiré la chemise du blessé; Saphir, égarée et folle, mettait son mouchoir en pièces pour faire de la charpie.

Le chirurgien anglais sonda la blessure et dit :

— Elle n'est pas mortelle...

Saphir poussa un cri de joie.

— Il faut transporter le blessé.

— Où? demanda M. de Kerdrel.

— Chez moi, dit Saphir. Je veux le soigner.

— Non, chez son père...

— Oh! non, exclama Saphir, je veux le soigner, moi.

— Ma chère enfant, dit M. de Kerdrel, le père de M. de la Morlière vous laissera voir son fils, et vous pourrez même vous installer à son chevet. Mais il faut que Paul soit transporté chez lui. Car enfin, acheva le capitaine, sa mère et sa sœur ne pourraient pas aller le voir chez vous.

Saphir baissa la tête.

— Vous avez raison, dit-elle.

— Monsieur de Kerdrel, disait en même temps lord Blakstone, tandis que son compatriote appliquait le premier appareil sur la blessure et faisait respirer des sels à Paul évanoui, je mets ma calèche à votre disposition.

— Merci! dit Saphir, j'ai la mienne.

Saphir ne voulait rien devoir à ceux qui venaient de blesser son cher Paul.

Mais l'Anglais aux cheveux roux venait de prendre une situation et une autorité subites.

Il était chirurgien, il parlait au nom de la science.

— Non, dit-il, victoria pas commode, calèche meilleure.

Saphir soupira, mais elle se tut.

M. de Neubourg et lord Blakstone coururent chercher la calèche à Armenonville.

Paul était revenu à lui, et voyant le visage baigné de larmes de Saphir penché sur lui, il s'était pris à sourire et avait murmuré :

— Chère Saphir! tu es bonne...

— Chut! fit l'Anglais aux lunettes, vous pas parler! vous bouger pas!

La calèche arriva.

Ce fut avec des précautions infinies que le blessé y fut placé.

— Il faut aller au pas, dit le chirurgien, qui s'assit dans le fond.

Saphir avait également pris place dans la calèche et elle appuya la tête du blessé sur ses genoux.

— Adieu, monsieur, dit M. de Neubourg s'adressant au capitaine, et croyez à tous mes regrets sur ce déplorable événement.

Le baron et le chirurgien échangèrent un regard mystérieux.

— Allons! mon petit Rocambole, murmura l'Anglais, voici que nous allons avoir nos grandes entrées chez M. le vicomte de la Morlière. Il faut en profiter.

Et la calèche partit, emportant le blessé et Rocambole, métamorphosé en chirurgien.

VI.

Tandis que le fils du vicomte de la Morlière se battait, au bois, avec le baron Gontran de Neubourg, une scène d'un genre tout différent se déroulait, à Paris, au fond d'un vieil hôtel du faubourg Saint-Germain.

Cet hôtel était celui qui avait appartenu à feu le général de Morfontaine, et le chevalier, son neveu, en avait hérité.

Le chevalier était devenu marquis à la mort de son oncle, et comme il avait son tiers de l'héritage, il faisait une certaine figure à Paris.

Le marquis de Morfontaine — nous l'appellerons ainsi désormais — était alors un homme de cinquante ans environ, mais qui en paraissait hardiment soixante, tant il était usé et vieilli.

Ses cheveux étaient presque blancs, il avait le front ridé.

L'opinion publique accordait quatre-vingt mille livres de rente au marquis.

Il avait des chevaux et faisait courir.

Cette occupation aristocratique était même devenue pour lui une source de bénéfices. *Royal-Cravate* et *Bobadilla*, deux chevaux qu'il possédait, avaient gagné pour lui des sommes folles aux courses.

M. de Morfontaine était cependant un homme taciturne, songeur, qui ne paraissait pas prendre la vie sous son aspect le plus rose.

Or, précisément le jour et à peu près à l'heure où Paul de la Morlière se rencontrait avec M. de Neubourg, le marquis rentra chez lui, rue de Varennes, dans un tilbury à télégraphe, qu'il conduisait toujours lui-même, avec une habileté parfaite, jeta les rênes à son groom et demanda au laquais, qu'il trouva tête nue sur la première marche du perron.

— La marquise est-elle chez elle, Pierre.
— Oui, monsieur le marquis, lui fut-il répondu.
— Et Victoire?
— Mademoiselle est sortie avec sa gouvernante tout à l'heure.
— En voiture?
— A pied. Mademoiselle est à Saint-Thomas-d'Aquin
— C'est bien, dit brusquement le marquis.

M. de Morfontaine se dirigea vers l'escalier, et le gravit d'un pas inégal et précipité.

Le marquis avait l'air agité, ses lèvres étaient pâles. Il était facile de deviner qu'il avait récemment éprouvé quelque émotion violente.

Arrivé au premier étage, le marquis traversa une antichambre, un grand salon, et frappa à une porte qui se trouvait dans le fond de cette dernière pièce.

— Entrez! dit une voix de femme à l'intérieur.

M. de Morfontaine ouvrit et se trouva sur le seuil d'une chambre à coucher tendue en soie bleue, dans laquelle une femme encore jeune et fort belle se tenait pelotonnée au fond d'une chauffeuse, auprès d'une fenêtre ouverte qui donnait sur le jardin.

Cette femme était la marquise.

Elle pouvait avoir trente-huit ans et n'en paraissait guère que trente ; elle avait la taille souple et flexible encore, malgré le léger embonpoint de la seconde jeunesse ; ses grands yeux bleus étaient pleins de charme, et lorsqu'elle souriait et montrait ses dents blanches comme des perles, elle n'avait plus de dix-huit ans.

A la vue du marquis, elle se leva à demi et lui tendit une petite main blanche, mignonne, aux doigts allongés.

— Bonjour, mon a..., dit-elle.
— Bonjour, madame, répondit le marquis d'un ton sec.

Et il s'assit, avant même qu'elle lui eût indiqué un siège du doigt.

— Mon Dieu! fit la marquise, vous êtes bien pâle, Edgard.
— Moi?... vous trouvez?...
— Pâle et défait, mon ami.
— C'est que j'ai eu une forte contrariété.
— Ah!

Et la marquise regarda attentivement son mari.

— Madame, dit brusquement M. de Morfontaine, il y a longtemps que je veux vous demander une explication, et aujourd'hui...
— Mais parlez, répondit la marquise étonnée.
— Vous m'écouterez?
— Certainement.
— Au reste, poursuivit le marquis, ce que j'ai à vous dire peut se résumer en deux mots. Le voici : Je ne veux pas que Victoire épouse M. de Pierrefeu.

Ces simples mots produisirent un étrange effet sur Mme de Morfontaine.

A son tour, elle pâlit et manifesta une vive émotion.

— Vous ne... le... voulez... pas? répéta-t-elle, accentuant chaque mot.
— Non, madame.
— Mais... pourquoi?
— D'abord, parce que M. de Pierrefeu est sans fortune ou à peu près : ensuite...
— Ensuite? fit la marquise.
— Parce qu'il me déplaît.
— Et... pourquoi vous déplaît-il?

— Il me déplaît parce qu'il est le neveu du colonel Aubin.
— Singulière raison!
— Soit ; mais cette raison me suffit et me rend inébranlable.
— Monsieur, dit froidement la marquise, vous avez voulu une explication, je l'ai acceptée, et puisque nous y sommes, vous m'écouterez bien, à votre tour, comme je viens de vous écouter.
— Parlez, madame.
— Vous souvient-il de notre union? continua la marquise.
— Sans doute.
— C'était en 183..., et il y a tout à l'heure vingt années.
— Après?
— J'étais une enfant, j'avais dix-huit ans à peine, vous en aviez trente sonnés. Mon père était un homme dur, inflexible, qui voyait le mariage à sa façon, c'est-à-dire que, du moment que les noms se valaient et que les fortunes étaient en rapport, peu lui importait de jeter dans les bras d'un homme qu'elle n'aimait pas une pauvre fille comme moi.
— Vous êtes cruelle, madame, dit le marquis, aux lèvres blêmes duquel il vint un sourire ironique.

Madame de Morfontaine continua :

— Cruelle, peut-être, mais vrai. Or, je ne vous aimais pas, monsieur, et vous m'inspiriez même une aversion bien prononcée...
— Parce que vous aimiez votre cousin, le vicomte de Nogaret.
— Monsieur, dit la marquise avec hauteur, vous n'avez rien su de cet amour. En tout cas, et depuis vingt années, j'ai su porter votre nom assez noblement, il me semble.
— Oh! madame, fit M. de Morfontaine, je sais que vous êtes une honnête femme.
— Donc, poursuivit la marquise, je vous épousai parce que mon père le voulut et l'exigea.
— Et vous avez été bien malheureuse, n'est-ce pas?
— Non, car je suis mère!

Madame de Morfontaine prononça ces mots avec orgueil.

— Je suis mère, répéta-t-elle, et l'amour qu'on porte à son enfant finit par absorber toute autre joie et toute autre douleur.
— Après, madame?
— Vous étiez amoureux de moi, reprit la marquise, vous étiez surtout amoureux de ma dot.
— Madame!...
— Ah! monsieur, dit la marquise avec dédain, nous sommes seuls, et nous pouvons nous dire la vérité.
— Mais où voulez-vous en venir? demanda M. de Morfontaine en se mordant les lèvres jusqu'au sang.
— Attendez. La veille de notre mariage, comme nous nous trouvions seuls, je vous dis : « Monsieur, je consens à vous épouser, mais vous me ferez un serment.
« — Parlez, mademoiselle, vous écriâtes-vous avec enthousiasme.
« — Jurez-moi, vous dis-je, que si nous avons jamais une fille, nous ne la marierons point contre son gré. »
— M'avez-vous fait ce serment, monsieur?
— Eh! mon Dieu! madame, dit le marquis avec humeur, je ne dis pas non ; mais...
— Mais?...
— Mais il me semble, du reste, que je ne le viole en aucune façon.
— En vérité!
— Empêcher Victoire d'épouser l'homme qui lui plaît, ce n'est pas tout à fait...
— Lui faire épouser celui qu'elle n'aime point, n'est-ce pas?

— Dame!
— Vous avez raison, monsieur. Seulement vous continuez à n'être pas sincère.
Le marquis tressaillit.
— Oh! mon Dieu! dit Mme de Morfontaine, croyez-bien, monsieur, que j'y suis habituée... depuis vingt ans. Quand il ne s'agit que de moi, je vous laisse mentir ou dissimuler ; mais il est question de ma fille.
— Madame!
— Et comme je vous devine, je vais vous dire votre pensée tout entière.
— Voyons? ricana le marquis.
Mme de Morfontaine regarda froidement son mari.
— Monsieur, dit-elle, vo is m'avez dit que vous ne vouliez pas que notre fille Victoire épousât M. de Pierrefeu, d'abord parce qu'il était sans fortune, ensuite parce qu'il vous déplaisait ; mais vous avez omis de me donner une troisième raison.
— Ah! vous croyez, madame?
— Vous voulez que Victoire épouse son cousin Paul de la Morlière?
— Eh bien! soit.
— Mais, je vous le répète, vous m'avez fait un serment.
— Ah! madame, dit le marquis avec ironie, vous n'avez point assez d'estime pour moi pour que je tienne beaucoup...
— Je vous comprends, dit la marquise, je m'attendais à ce dénouement.
Le marquis haussa les épaules.
— Eh bien! dit-il, savez-vous pourquoi je suis arrivé ici tout à l'heure pâle, agité?...
— Non... parlez.
— Parce que, à mon club, on m'a parlé du prochain mariage de ma fille avec M. de Pierrefeu.
— Et vous avez... répondu?
— Que moi, son père, je n'en savais pas le premier mot
— Ah! vous avez dit cela ?
— J'ai même ajouté, acheva froidement le marquis, que j'avais toujours compté marier ma fille à Paul de la Morlière, son cousin.
— Oui, dit la marquise, et je conçois que cette union soit dans vos idées...
Une sourde ironie qui perçait dans les paroles de Mme de Morfontaine fit froncer le sourcil à son mari.
— Car, poursuivit-elle, il y a entre le vicomte et vous mieux que des liens de parenté.
— Plaît-il ?
— Vous avez des intérêts aussi... et peut-être...
— Peut-être?... insista le marquis devenu plus pâle encore.
— Tenez, monsieur, dit la marquise, si vous m'en croyez, nous choisirons un autre sujet de conversation.
Elle se leva tout à fait et s'appuya au balcon de la croisée pour regarder dans le jardin.
Les derniers mots de Mme de Morfontaine à son mari avaient produit sur lui un étrange effet. Il ne raillait plus, il était pâle et sombre, et le regard de sa femme l'avait contraint à baisser les yeux.
Il y eut un moment de silence entre les deux époux ; puis un bruit de pas légers et le frou-frou d'une robe se firent entendre dans la pièce voisine.
Alors Mme de Morfontaine se retourna :
— Voici Victoire, dit-elle.
En effet, la porte s'ouvrit et Victoire parut.
Mlle Victoire de Morfontaine était une fort belle personne qui ressemblait à sa mère comme le bouton ressemble à la rose épanouie.
Victoire avait dix-sept ans, sa mère trente-huit à peine ; on les prenait volontiers pour les deux sœurs.
Telle avait dû être Mme de Morfontaine lorsqu'on la contraignit à épouser son mari.

Victoire salua son père et lui tendit son front.
— Bonjour, mon enfant, dit le marquis, d'où viens-tu?
— De l'église, mon père.
M. de Morfontaine regarda fort attentivement sa fille.
— Victoire, mon enfant, dit-il, tu es une pieuse et sainte fille, mais il ne suffit point de prier Dieu pour...
Le marquis s'arrêta.
— Que faut-il faire encore, mon père? demanda Victoire avec douceur.
— Il faut obéir à ses parents.
Victoire rougit.
— Pourquoi donc me dites-vous cela, mon père? balbutia-t-elle.
— Ta mère te l'expliquera.
Et le marquis se leva.
— Adieu, madame, dit-il ; nous nous retrouverons à l'heure du dîner.
Et il sortit brusquement.
Quand il fut parti, Victoire regarda sa mère.
La pauvre enfant, muette et tremblante, craignait de deviner.
Mme de Morfontaine la prit dans ses bras et lui dit :
— Ton père n'aime pas Léon de Pierrefeu.
Victoire pâlit et étouffa un cri de douleur.
— Ton père, continua la marquise, ne veut pas que tu l'épouses, mais...
Elle hésita.
— Mais, moi, je le veux, dit-elle enfin.
— Victoire fondit en larmes.
— Je le veux! continua la marquise avec une énergie subite et presque sauvage, je le veux parce que tu l'aimes, je le veux parce que tu ne dois pas t'allier à la famille de cet homme qu'on appelle le vicomte de la Morlière ; je le veux enfin parce que tu es mon enfant, murmura la pauvre mère avec émotion, et que je veux que mon enfant soit heureuse.
La marquise sonna.
— Passe dans mon cabinet de toilette, dit-elle à sa fille, il ne faut pas que nos gens te voient pleurer.
Un laquais entra.
— Ma voiture! demanda la marquise.
— Vous sortez, ma mère?
— Oui.
— Oh! vous m'emmenez, n'est-ce pas? fit la pauvre jeune fille tout en larmes.
— Non, mon enfant, mais attends-moi, je ne vais pas bien loin. Je vais voir quelqu'un pour toi.
— Pour moi?
— Pour ton bonheur !
Mme de Morfontaine jeta un châle sur ses épaules, prit un chapeau et des gants, mit un dernier baiser au front de sa fille, et se dirigea vers la porte.
Mais quand elle fut sur le seuil elle se retourna.
— Veux tu savoir où je vais?
— Oui.
— Je vais voir Léon.
Victoire jeta un cri de joie.
— Je vais voir *ton mari*, acheva Mme de Morfontaine qui enveloppa sa fille d'un regard plein d'amour...
Le cœur de Victoire se prit à battre violemment.

VII.

Mme la marquise de Morfontaine descendit dans la cour de l'hôtel, où sa voiture attendait. Au moment d'y monter, elle leva la tête et vit sa fille accoudée à la croisée.
— A bientôt, fit-elle d'un geste et d'un sourire.
Le valet de pied ferma la portière et dit au cocher :
— Rue Saint-Nicolas-d'Antin !
Le coupé partit, passa les ponts, traversa le Carrousel, gagna en quelques minutes la rue indiquée et s'arrêta à l'angle de celle de Mogador.

Victoire fondit en larmes. (Page 952.)

Là, Mme de Morfontaine descendit, dit à son cocher : « Attendez-moi, » et s'en alla à pied jusqu'à la rue Neuve-des-Mathurins et le passage Sandrié.
— M. de Pierrefeu? demanda-t-elle à l'un des concierges du passage.
— Escalier C, au cinquième, à droite, lui fut-il répondu.
— Pauvre enfant! murmura la marquise.
Elle chercha l'escalier C, le gravit bravement et arriva jusqu'au cinquième, devant une petite porte sur laquelle il y avait une carte de visite. La marquise sonna.
Une vieille gouvernante, la tête embéguinée dans une coiffe normande, vint ouvrir et recula stupéfaite à la vue de cette belle dame drapée dans un cachemire, qui venait ainsi visiter son jeune maître.
— M. Léon y est-il? demanda la marquise.
— Oui, madame.
La marquise entra.
La vieille bonne lui fit traverser d'abord une petite antichambre qui servait en même temps de salle à manger, puis un salon de grandeur médiocre, mais assez confortablement meublé; puis elle ouvrit une troisième porte, celle de la troisième et dernière pièce de cet appartement de cinq cents francs de loyer : la chambre à coucher de Léon de Pierrefeu.
Un beau jeune homme de vingt-six à vingt-huit ans, au teint mat et blanc, aux cheveux et à la barbe noirs de jais, à l'œil bleu, fier et doux tout à la fois, était occupé à écrire sur une petite table roulée auprès d'une fenêtre entr'ouverte, hélas! sur un horizon de toits et de tuyaux de cheminées.
Au bruit que fit la marquise en entrant, il leva les yeux, jeta un cri de joie et de surprise et se dressa précipitamment.
— Vous, madame!
— Moi, dit la marquise en souriant.
Elle fit un signe à la vieille servante, qui sortit.
Puis elle prit la main de Léon et lui dit :
— Mon enfant, je t'ai tenu sur mes genoux, j'étais la meilleure amie de ta mère, et tu peux te figurer aisément que c'est une mère qui vient te voir.
— Ah! madame... madame, murmura Léon tout ému, pourquoi me parlez-vous ainsi? Vous savez bien que...
Il n'osa en dire davantage, mais un éloquent regard jeté autour de lui compléta sa pensée.
Ce regard voulait dire :
— Vous savez si j'aime votre fille; mais voyez, je suis si pauvre!
La marquise s'assit sur une petite chauffeuse à deux places, en damas rouge, qui était placée vis-à-vis de la cheminée.

— Viens te mettre ici, Léon, mon enfant, dit-elle, là, près de moi.

M. de Pierrefeu obéit.

— Tu aimes Victoire, n'est-ce pas?

— Ah! si je l'aime!

— Et tu dis que Victoire est riche et que tu es pauvre...

— Hélas!

— Et qu'alors jamais le marquis de Morfontaine ne voudrait de toi pour son gendre?

Léon courba la tête.

Alors Mme de Morfontaine reprit la main du jeune homme dans les siennes, et la pressa doucement.

— Et tu as raison, mon enfant, dit-elle. Jamais M. de Morfontaine ne consentira à te donner sa fille, de bonne volonté du moins, car il lui a choisi un mari... et ce mari, c'est le fils d'un misérable, ce mari peut-être ressemblera à son père un jour et sera....

La marquise baissa la voix :

— Un voleur et un assassin! dit-elle bien bas.

Léon tressaillit :

— Oh! que dites-vous? fit-il.

— Mon cher enfant, reprit la marquise, le père de Victoire a compté sans moi, sans moi qui t'aime comme mon fils, car tu as un noble et bon cœur, car tu es le fil, d'une race aux vertus patriarcales; car si ta mère est morte les mains jointes, comme une sainte qu'elle était, ton père a trouvé la mort sur un champ de bataille, à l'ombre du drapeau de la France, qu'un de ses zouaves venait de planter sur la tour Malakoff.

Je veux, moi, que tu sois deux fois mon fils, parce que je sais bien que tu feras ma fille la plus heureuse des femmes.

Léon s'était mis à genoux devant la marquise, et il couvrait ses mains de baisers.

— Ah! ma mère... ma mère! disait-il avec des larmes dans la voix.

— Léon, mon enfant, poursuivit la marquise, il est six heures bientôt et tu n'as pas de temps à perdre.

Il la regarda étonné.

— Tu pars ce soir pour un grand voyage.

— Moi, madame?

— Appelle-moi ta mère!... Oui, tu pars, il le faut...

— Mais... où vais-je?

— Je te le dirai ce soir.

— Partir! murmura Léon de Pierrefeu avec tristesse, partir! et sans la voir une dernière fois...

— Tu la verras.

— Ah! vous êtes bonne...

Mme de Morfontaine tira de son sein un petit portefeuille en maroquin vert qu'elle tendit à M. de Pierrefeu.

— Tiens, dit-elle, le voyage que tu vas faire est utile à mes intérêts. Tu trouveras dans ce portefeuille les indications nécessaires.

Mme de Morfontaine ne disait pas que le portefeuille renfermait dix billets de mille francs.

Elle se leva.

— Maintenant, dit-elle, hâte-toi. Tu iras rue Basse-du-Rempart et tu y loueras une calèche à deux chevaux. Il faut que les chevaux puissent faire au moins vingt lieues dans leur nuit.

— Je les trouverai, dit le jeune homme.

— A dix heures, continua la marquise, tu seras dans cette calèche, à la porte du jardin de notre hôtel, tu sais? dans la ruelle....

Léon rougit jusqu'aux oreilles.

— Oui, dit-il.

— Et tu l'envelopperas dans un bon manteau, n'est-ce pas, car les nuits sont fraîches...

— Mais, madame, demanda Léon de Pierrefeu de plus en plus étonné, où donc m'envoyez-vous?

— C'est mon secret jusqu'à ce soir, dit la marquise en souriant.

Elle lui donna sa main à baiser et partit.

Au lieu de rejoindre sa voiture, la marquise continua à longer la rue Neuve-des-Mathurins, et s'arrêta devant la porte au-dessus de laquelle était inscrit le numéro 64.

— Qui demandez-vous, madame? lui dit le concierge en la voyant passer devant sa loge sans s'arrêter.

— Mme Husson.

— Elle est chez elle, elle vient de rentrer.

Mme de Morfontaine traversa la cour et prit un modeste escalier de service, qu'elle gravit jusqu'au troisième étage.

Là elle sonna à une porte ornée d'un cordon bleu.

Une femme entre deux âges, vêtue de noir, vint lui ouvrir.

C'était Mme Husson.

Mme Husson était la veuve de l'intendant de M. de Morfontaine. Elle avait vu naître la marquise, elle l'allaitait sa fille, et la marquise savait qu'elle pouvait compter sur elle à toute heure.

La veuve fut tout aussi étonnée que l'avait été Léon de Pierrefeu, en voyant entrer chez elle Mme de Morfontaine.

La marquise n'avait pas coutume de se déranger, et lorsqu'elle avait besoin de Mme Husson, elle l'envoyait chercher.

— Ah! mon Dieu! fit-elle, vous chez moi, madame la marquise!

— Oui, ma bonne Catherine.

Et comme Mme Husson se confondait en salutations, la marquise entra dans le petit salon qui était la pièce de réception.

Là elle se laissa tomber fort nonchalamment sur un canapé, et continua :

— Ma bonne Catherine, tu aimes ma fille, n'est-ce pas?

— Ah! madame!...

— Et tu m'es dévouée?

— N'êtes-vous pas ma bienfaitrice?

— Eh bien! le moment est venu de me prouver ton dévouement, ma bonne Catherine.

— Parlez, madame.

— Tu as une sœur en province?

— En Normandie, près de Caen.

— Et tu peux compter sur elle?

— Comme sur moi.

— Si je te confiais ma fille...

— Mme la marquise, répondit Mme Husson, le dragon qui gardait un trésor ne veillait pas mieux que je veillerai.

— Tu me répondras d'elle?

— Sur mon honneur et sur ma vie.

— Eh bien! tu vas faire un petit paquet de hardes et tu iras trouver, passage Sandrié, escalier C, au cinquième, M. Léon de Pierrefeu.

— Bon! dit Mme Husson.

— Tu diras à M. de Pierrefeu : « Mme la marquise veut que vous m'emmeniez. »

— Et il m'emmènera?

— Ce soir, à dix heures.

— Mais, madame, dit la veuve, qu'est-ce que Mlle Victoire a de commun avec M. de Pierrefeu?

— Je te le dirai ce soir.

— Ce soir?... Je vous reverrai donc?

— Oui.

— Mais... où?

— Léon de Pierrefeu te conduira au rendez-vous que je te lui ai donné. Adieu, ma bonne Catherine.

La marquise se leva, laissa Mme Husson lui baiser la main et s'en alla rejoindre la voiture, qui stationnait toujours à l'angle de la rue Mogador.

— A l'hôtel! dit-elle au cocher. Allez rondement.

Les deux chevaux anglais de la marquise l'emportèrent à la rapidité de l'éclair.

Cependant lorsqu'elle rentra rue Vanneau, l'heure du dîner était sonnée et elle trouva le marquis et sa fille à table.

En voyant apparaître sa mère, Victoire, jusque-là silencieuse et triste, la regarda avec anxiété et se rasséréna soudain.

Un mystérieux sourire glissait sur les lèvres de la marquise.

Ce sourire était une espérance pour Victoire.

— Madame, dit le marquis, avez-vous compté sur moi pour ce soir?

— Non, monsieur.

— Vous n'irez pas dans le monde?

— J'ai une migraine affreuse et je désire me coucher de bonne heure.

— J'en suis jusqu'à un certain point fort aise.

— Ah! fit dédaigneusement la marquise.

— Vous savez, continua M. de Morfontaine, que je suis un joueur d'échecs passionné?

— Je le sais.

— Il y a ce soir à mon club une partie considérable engagée entre M. de S... et lord D... je voudrais y assister.

— Ne vous gênez pas, monsieur, dit la marquise.

Ces quelques mots furent les seuls échangés durant le souper.

A neuf heures, le marquis monta dans son coupé et partit.

— Ma chère Victoire, viens avec moi dans ta chambre.

Victoire regarda de nouveau sa mère.

La marquise la prit par la main et lui dit à l'oreille :

— Les nuits sont fraîches encore, il faudra te bien couvrir.

Victoire tressaillit.

— Est-ce que nous allons sortir? demanda-t-elle.

— Non, pas moi, mais toi...

— Moi?

— Tu vas faire un voyage de cinquante lieues, et tu pars ce soir même, dans une heure.

— Mais, ma mère, fit la jeune fille stupéfaite.

— Chut! dit la marquise, viens...

Victoire et sa mère s'enfermèrent dans la chambre de la jeune fille.

— Mets une robe d'hiver bien chaude, continua alors la marquise. Prends ton châle, ton voile et ton manteau à capuchon; moi, je vais te faire un petit paquet de linge indispensable en route.

Et comme une simple femme de chambre, la marquise emplit un sac de nuit de divers objets.

— Mais, maman, dit la jeune fille, pourquoi ne sonnes-tu pas?

— Parce que personne dans l'hôtel ne doit s'apercevoir de ton départ avant demain.

— Où m'envoyez-vous donc?

— Tu le sauras bientôt. Habille-toi

Quand Victoire fut prête à partir, sa mère lui indiqua une table sur laquelle il y avait du papier et de l'encre.

— Tu vas écrire à ton père, lui dit-elle.

— A mon père?

— Oui.

— Il ne sait donc pas...

— Il ne sait rien. Écris.

Victoire s'assit devant la table, prit la plume et Mme de Morfontaine lui dicta ces quelques lignes :

« Mon père,

« Je n'aime point Paul de la Morlière mon cousin, mais j'aime Léon de Pierrefeu, et je mourrais s'il me fallait renoncer au bonheur d'être sa femme un jour. Pardonnez-moi donc, mon cher père, pardonnez sa fuite à votre enfant.

« VICTOIRE. »

Victoire tremblait en écrivant cette lettre, qu'elle laissa toute ouverte sur la table.

— Viens, répéta la marquise en la reprenant par la main.

Il y avait, attenant à la chambre de Victoire, un cabinet de toilette qui avait issue sur un escalier dérobé.

Cet escalier descendait au jardin par l'Orangerie.

Ce fut le chemin que Mme de Morfontaine, qui portait le sac de nuit de sa fille, fit prendre à Victoire.

Cette dernière était trop émue pour avoir désormais le courage de faire une question.

Conduite par sa mère, elle traversa le jardin et atteignit la petite porte.

La nuit était noire, et nul dans l'hôtel ne s'était aperçu du départ des deux femmes.

Mme de Morfontaine ouvrit la petite porte et jeta un coup d'œil dans la ruelle.

La chaise de poste de Léon de Pierrefeu attendait.

Le jeune homme s'élança hors de la voiture, tandis que Mme Husson se montrait à la portière.

— Léon, lui dit alors la marquise soutenant dans ses bras sa fille défaillante, Victoire doit être ta femme un jour. Jusque-là sois un frère pour elle, et emmène-la...

Léon étouffa un cri, prit la jeune fille dans ses bras et la porta à demi évanouie dans la chaise de poste.

— Adieu! mes enfants... dit la marquise d'une voix entrecoupée de sanglots, adieu!... Fouettez, postillon!

. . . .

VIII.

Quinze jours s'étaient écoulés depuis le duel du jeune Paul de la Morlière avec M. le baron Gontran de Neubourg.

Le fils du vicomte s'était battu, on s'en souvient, le jour même où la comtesse de Morfontaine confiait sa fille à Léon de Pierrefeu et lui faisait quitter nuitamment son hôtel.

La blessure de Paul, bien que n'ayant rien de dangereux, ne l'avait pas moins obligé à garder le lit, et il y était encore le soir du quinzième jour.

Matin et soir, le chirurgien anglais, qui s'était trouvé si à propos au pavillon d'Armenonville, venait visiter le blessé et le panser.

Or, ce jour-là, vers six heures du matin environ, ce chirurgien, c'est-à-dire Rocambole, trouva, en arrivant, le vicomte de la Morlière installé au chevet de son lit.

Paul sommeillait.

Rocambole était plus Anglais que jamais d'accent et de tournure, et le lord maire lui-même eût juré qu'il était né dans la Cité.

— Mon cher docteur, lui dit le vicomte tout bas, en lui montrant la porte entr'ouverte d'une pièce voisine, voulez-vous être assez bon pour me suivre?

— Oh! yes, dit Rocambole, qui reboutonna son coachman d'alpaga jaune et suivit le vicomte.

A côté de la chambre de Paul était son fumoir.

Ce fut là que M. de la Morlière conduisit le prétendu chirurgien.

Un troisième personnage s'y trouvait. C'était le baron Charles de Kerdrel, qui, on doit s'en souvenir, avait servi de témoin au jeune homme dans sa rencontre avec M. de Neubourg.

M. de Kerdrel et Rocambole se saluèrent.

Le vicomte leur offrit un siège à tous deux, et leur dit :

— Messieurs, veuillez me pardonner la liberté que je prends de vous réunir ici ce soir.

Tous deux s'inclinèrent.

— J'ai besoin de vos conseils, ajouta M. de la Morlière.

Le faux Anglais eut un sourire de naïf étonnement.

Le vicomte continua :

— Vous êtes l'ami de mon fils, monsieur de Kerdrel?

— Certes, oui, monsieur, répliqua l'officier avec se brusque franchise.
— A ce titre, j'ai besoin de vous consulter.
Et se tournant vers Rocambole :
— Vous, monsieur, vous êtes le médecin de mon fils, c'est vous qui l'avez soigné?
— Oh! yes, dit le faux chirurgien, lui mourant, moi sauver lui.
— Je puis donc vous parler de mon fils à tous deux.
— Nous écoutons, dit M. de Kerdrel.
— Docteur, continua le vicomte, s'adressant à Rocambole, pensez-vous que notre cher malade soit bientôt rétabli?
— Dans huit jours, répondit Rocambole, qui n'avait garde d'oublier son accentuation anglaise.
— Huit jours, murmura le vicomte, c'est bien tard!
— Mais, monsieur, fit observer Charles de Kerdrel, du moment que tout danger est passé, et si ce n'est plus qu'une question de patience...
— Mon cher ami, dit le vicomte, je vais m'ouvrir complètement à vous, ainsi qu'à monsieur.
Il désignait Rocambole.
— Un médecin est un confesseur, dit celui-ci avec une gravité toute britannique.
Le vicomte poursuivit :
— Paul a vingt ans sonnés, et j'ai songé à le marier.
— Bon! dit M. de Kerdrel, vous le marierez huit jours plus tard.
— Attendez... Je veux le marier à sa cousine Victoire, la fille du marquis de Morfontaine.
— Ravissante personne!
— Et le marquis est de mon avis. Depuis plus de dix ans nous avons projeté cette alliance, qui resserrera notre parenté et notre amitié.
— Alors, dit M. de Kerdrel, ceci est chose faite.
— Hélas! non.
— Pourquoi?
— Mais parce que Mlle Victoire de Morfontaine s'est éprise d'un petit jeune homme sans fortune et sans position.
— Bah! qu'importe! on lui fera entendre raison...
— Et que, ajouta le vicomte, sa mère est pour elle.
— La marquise?
— Oui.
— Diable! fit M. de Kerdrel, deux femmes qui s'entendent sont toujours fortes.
— Je le sais bien, et c'est pour cela que je voudrais voir mon fils guéri.
— En quoi sa guérison avancerait-elle vos affaires?
Un sourire énigmatique passa sur les lèvres minces et blêmes de M. de la Morlière.
— J'ai imaginé, dit-il, un petit plan de campagne qui déroulerait, s'il était promptement exécuté, les combinaisons de Mme de Morfontaine.
— Ah!
— Car il faut vous dire que la marquise a fait disparaître sa fille depuis quinze jours.
— Comment, disparaître?
— Oui, Mlle Victoire a quitté, la nuit, l'hôtel de son père; elle est montée en chaise de poste, et le marquis, malgré tous ses efforts, n'a pu encore parvenir à savoir ce qu'elle était devenue.
— Mais... la marquise?
— La marquise le sait et garde le silence. Depuis quinze jours, elle oppose aux emportements de son mari un calme parfait qui achève de l'exaspérer.
— Et vous pensez que c'est elle qui a fait disparaître sa fille?
— Oui, et je sais même depuis hier ce que M. de Morfontaine ignore encore. Je sais depuis hier où est Mlle de Morfontaine.
— Ah!

— Elle est en province sous la double sauvegarde d'une vieille femme et du jeune homme qu'elle aime.
— Mais c'est un enlèvement cela! dit M. de Kerdrel;
— En bonne forme et dans les règles.
— Et la marquise?
— La marquise a tout préparé, tout conduit.
M. de Kerdrel fronça le sourcil.
— Mais, monsieur, dit-il, laissez-moi vous faire une observation.
— Voyons!
— Si Mlle de Morfontaine a été enlevée par son amoureux, il me semble que Paul...
— Ne peut plus l'épouser, n'est-ce pas?
— Dame!
Le vicomte sourit de nouveau.
— L'enlèvement n'a pas eu de conséquences, dit-il. Mlle Victoire est gardée à vue par la vieille femme, et le jeune homme vient fort respectueusement faire des visites fraternelles.
— Mais le bruit, l'éclat...
— M. de Morfontaine a tenu secrète l'absence de sa fille.
— Et vous ne lui avez pas encore appris où elle était?
— Le marquis est près de Châteauroux, dans une de ses terres, depuis trois jours; il revient ce soir. Je lui ai adressé une dépêche télégraphique, mais sans rien lui préciser.
— Mon cher monsieur, dit Rocambole, permettez-moi de vous adresser une simple question.
— Faites, monsieur.
— Si M. Paul était sur pied avant huit jours, en quoi cela servirait-il vos projets?
— Monsieur, répondit le vicomte, je vous ai dit que j'avais imaginé une combinaison pour déjouer tous les projets de la marquise de Morfontaine..
— Eh bien?
— Et Paul est mon principal instrument.
— Bon.
— Mais vous me permettrez de garder le secret quelques jours encore, n'est-ce pas?
Rocambole et M. de Kerdrel s'inclinèrent.
— Une chose m'inquiète, et c'est pour cela, messieurs, que j'ai pris la liberté de vous réunir, vous qui êtes son médecin, vous qui êtes son ami.
M. de Kerdrel et Rocambole regardèrent attentivement le vicomte.
— Mlle Victoire de Morfontaine n'aime point mon fils, ceci est incontestable; mais ce que je crois tout aussi certain, c'est que mon fils n'aime pas non plus sa cousine.
— C'est possible, murmura M. de Kerdrel en souriant.
— Cependant, Morfontaine et moi, nous avons toujours songé à ce mariage.
— Mais, dit le faux chirurgien, il est difficile de marier deux jeunes gens qui ne s'aiment pas.
Le vicomte soupira.
— Mon fils est amoureux, n'est-ce pas? demanda-t-il brusquement au capitaine.
— Oui, monsieur.
— Il aime sans doute cette femme, cette créature qu'on nomme... Saphir... et pour qui il s'est battu?
M. de Kerdrel aurait pu répondre au vicomte de la Morlière qu'il se trompait doublement : que, d'abord, ce n'était point pour Saphir que le jeune homme s'était battu, et qu'ensuite ce n'était point la pécheresse, mais une inconnue du nom de Danielle, qu'il aimait.
Mais M. de Kerdrel jugea parfaitement inutile de désabuser le vicomte.
Ce dernier reprit :
— Je voudrais pouvoir éloigner cette femme.
— C'est difficile.
— Pourquoi?

C'était une femme demi-nue qui couvrait un enfant de son corps. (Page 958.)

— Parce qu'elle aime Paul.
— Vous croyez?
Le faux chirurgien prit un air candide.
— Pardonnez-nous, monsieur le vicomte, dit-il; mais nous allons vous avouer, M. de Kerdrel et moi, que nous sommes ses complices.
— Les complices de Saphir?
— Oui.
— Comment cela?
— Je vais vous l'expliquer, dit M. de Kerdrel. Il y a des hasards providentiels dans la vie. Le jour même où notre cher Paul s'est battu, Mme et Mlle de la Morlière ont quitté Paris.
— C'est vrai. Et, dit le vicomte, à l'heure qu'il est, elles sont encore en Bretagne, chez ma tante, et ignorent l'accident arrivé à mon fils.
— Or, reprit M. de Kerdrel, voici comment, monsieur et moi, nous nous sommes faits les complices de Saphir. La jeune fille était désespérée; elle était arrivée sur le terrain au moment où Paul tombait, et elle voulait absolument qu'on le transportât chez elle. La chose n'était pas possible. Pour la consoler, nous lui fîmes la promesse qu'elle pourrait voir Paul tous les jours.
— Et... cette promesse?
— Nous l'avons tenue.
— Comment?
— Saphir est venue ici.

— Tous les jours?
— Chaque soir. Et... elle passe la nuit au chevet du blessé.
— Mais c'est impossible! s'écria le vicomte.
Le faux Anglais eut un sourire.
— Elle vient habillée en homme, avec une barbe postiche...
Le vicomte se frappa le front.
— Ah! dit-il, c'est votre élève en médecine que vous amenez tous les soirs, n'est-ce pas?
— Précisément.
M. de la Morlière ne savait trop s'il devait rire ou se fâcher.
— Mais, savez-vous bien, messieurs, dit-il, que vous êtes d'une faiblesse déplorable pour cette créature?
— Ah! pardon, monsieur, répliqua M. de Kerdrel, Saphir est une bonne fille qui adore Paul, et Dieu fasse qu'il ne tombe jamais plus mal...
Le vicomte garda un moment le silence.
— Elle est donc belle? demanda-t-il tout à coup.
— C'est une fille superbe.
— Blonde, brune?
— Blonde.
— Et elle aime Paul?
— Elle l'aime sincèrement, ardemment.
Le vicomte se tut et parut réfléchir profondément.
Puis il dit brusquement:

— Je veux la voir!
— Ah! fit M. de Kerdrel.
— Et la voir autrement que vêtue en homme et le menton couvert d'une barbe postiche. Sauriez-vous m'assurer qu'elle aime Paul?
— Elle l'adore.
— Et qu'elle est intelligente?
— Vous me faites là une drôle de question, monsieur, repartit M. de Kerdrel.
— C'est que, dit M. de la Morlière, il m'est venu une idée.
— Ah!
— J'ai pensé que cette fille pourrait bien m'être fort utile.
— En quoi?
— Elle me donnerait un coup d'épaule pour le mariage de mon fils.
— Avec Mlle Victoire?
— Justement.
M. de Kerdrel hocha la tête d'un air de doute.
— Puisqu'elle l'aime, je lui ferai comprendre que ce mariage assure à jamais le bonheur de mon fils.
— Et vous espérez sans doute qu'on faisant appel à sa loyauté, elle se retirera?
— D'abord.
— Qu'espérez-vous encore?
— J'espère qu'elle me servira. Permettez-moi de ne point m'expliquer davantage pour le moment. Où voit-on Saphir?
— Vous la verrez ce soir, ici.
— Mais... tout de suite...
— Saphir doit être chez elle en ce moment, dit-il.
Le vicomte sonna.
Puis, comme un laquais se présentait pour recevoir ses ordres, il dit à M. de Kerdrel:
— Ne pourriez-vous pas lui écrire un mot et la prier de venir?
— C'est facile.
M. de Kerdrel s'assit devant une table et écrivit:

« Ma chère Saphir,

« Ne vous alarmez point. M. le vicomte de la Morlière, le père de votre cher Paul, désire vous voir tout de suite. Arrivez, et soyez belle.

« Baron DE KERDREL. »

Le laquais partit, emportant la lettre, et M. de la Morlière et ses deux hôtes rentrèrent dans la chambre du blessé.
Paul sommeillait toujours.
Ils s'assirent et se prirent à causer de choses banales.
Une demi-heure s'écoula, puis on entendit dans la cour le roulement d'une voiture.
— La voilà, dit M. de Kerdrel.
Quelques secondes après, en effet, le valet qu'on avait expédié chez Saphir entr'ouvrit discrètement la porte de sa chambre.
Une femme apparut sur le seuil et s'arrêta un moment.
Puis elle leva les yeux sur le vicomte de la Morlière, qui tressaillit et éprouva une émotion étrange.
— Comme elle est belle! murmura-t-il avec admiration.

IX.

M. le vicomte de la Morlière avait eu une jeunesse trop tourmentée par l'ambition, pour que les femmes eussent pris une grande place dans sa vie.
Il avait aimé sa cousine Diane tout juste assez pour songer qu'elle aurait un jour cent et quelques mille livres de rentes.

On sait l'infernal dénoûment qu'il avait su faire trouver à cet amour.
M. de la Morlière n'avait jamais perdu la tête pour une femme, et la sensation qu'il éprouva en voyant entrer Saphir demeura pour lui inexplicable.
Saphir était une séduisante créature, dans la plus complète acception du mot; et M. Paul de la Morlière, en déclarant à son ami, le baron Charles de Kerdrel, qu'il ne l'aimait pas, avait fait preuve d'une grande indifférence.
Saphir était belle; de plus, elle était bonne.
Peut-être avait-elle eu des faiblesses sans nombre; mais, à coup sûr, elle n'avait jamais causé la mort de personne.
L'origine de Saphir se perdait dans la nuit du mystère.
Pour le vulgaire, elle avait pris naissance dans la loge d'un concierge de la rue Laffitte; mais le vulgaire était mal informé.
Saphir était de race arabe, et voici son histoire:
A la prise de Constantine, un des zouaves du colonel Luchault de Lamoricière pénétra, le briquet à la main, dans une maison qui lui parut déserte.
Il en parcourut les diverses pièces sans rencontrer âme qui vive, lorsque, dans un coin, il aperçut un groupe étrange.
C'était une femme demi-nue qui couvrait un enfant de son corps.
La femme roulait des yeux hagards, elle serrait convulsivement son enfant sur sa poitrine et l'arrosait de son sang.
La malheureuse avait été percée de deux balles pendant le siège.
Le zouave s'approcha, reconnut l'état désespéré où se trouvait la femme arabe, appela ses camarades à son aide et essaya, avec leur concours, de lui prodiguer quelques soins; mais la pauvre femme avait été frappée mortellement, et elle ne tarda point à expirer.
L'enfant fut adopté par le régiment.
C'était une jolie petite fille de trois ou quatre ans environ.
Quelques années après, le zouave qui, le premier, avait découvert la mère arabe mourante, fit un petit héritage et quitta le service. Il emmena la jeune Arabe avec lui.
Les zouaves l'avaient fait baptiser, un capitaine avait été son parrain, et on lui avait donné le nom de Pétronille, qui était celui de la cantinière du bataillon.
La cantinière avait servi de marraine.
Pétronille, qui avait passé son enfance au désert, se trouva, un beau matin, à l'âge de dix ou douze ans, transplantée à Paris. Son père d'adoption était un enfant du faubourg Saint-Antoine, et il venait d'hériter du fonds de commerce d'un oncle qui était marchand de vins à l'angle de la rue de Charonne.
La boutique de vins et liqueurs, qui, du vivant de l'oncle, avait pour enseigne: *A la Grappe de raisin*, changea d'étiquette, et s'appela: *le Rendez-vous des Zouaves*. Cette quasi-métamorphose ne fut pas heureuse.
Peu à peu, et sans doute parce que le nouveau propriétaire descendait trop souvent à la cave pour son propre compte, les clients s'en allèrent, et, trois ans après, l'ex-zouave, complètement ruiné, fut trop heureux d'épouser la veuve d'un concierge de la rue Laffitte.
Le vainqueur de Constantine, réduit à tirer le cordon, avait emmené avec lui Pétronille. La jeune Arabe avait alors quatorze ans, et sa beauté devenait merveilleuse.
La femme du zouave s'extasia sur cette beauté, et comme l'enfant chantait gentiment les refrains populaires qui couraient alors les rues de Paris, elle prétendit qu'elle avait quarante mille francs de revenu dans son gosier, et qu'il fallait l'envoyer au Conservatoire.
Ce fut la perte de Pétronille. En allant prendre ses leçons de chant, la jeune fille rencontrait, dans la rue Ber-

gère, un beau jeune homme qui descendait de son tilbury chaque matin et la saluait.

Longtemps Pétronille baissa les yeux et passa son chemin en rougissant, puis elle le regarda à la dérobée, puis elle prêta l'oreille aux galants propos du séducteur, puis, hélas! un jour, on ne la revit point dans la loge du concierge de la rue Laffitte.

Pétronille s'était arrêtée en chemin et s'était laissé installer dans un élégant appartement de la rue de Provence.

Un soir que la jeune femme soupait à la Maison-d'Or, au milieu d'une nombreuse réunion, un *gandin* lui dit :

— Ma fille, on ne s'appelle pas Pétronille ; n'as-tu pas un autre nom ?

— Pas que je sache, répondit-elle.

— Eh bien ! nous allons t'en chercher un.

Et chacun chercha, et l'on passa en revue les sobriquets les plus étranges en vogue dans le quartier Bréda. *Mazagran*, une belle fille alors à la mode, proposa celui de *Saphir*.

— Bravo! s'écria-t-on.

A partir de ce jour, Pétronille s'appela Saphir ; et quelque temps après, lorsque le jeune Paul de la Morlière la rencontra, elle ne portait plus d'autre nom.

Saphir avait le regard profond et voilé de ce gracieux quadrupède qui bondit sur le sable doré du désert ; elle avait le regard de la gazelle.

Un magnétisme étrange, de mystérieuses effluves s'échappaient parfois de son œil, et, sans nul doute, cet œil s'arrêta longtemps sur le vicomte de la Morlière, car il tressaillit si violemment, que le prétendu docteur anglais, Rocambole, le remarqua.

Saphir ne put, cependant, s'empêcher de rougir en entrant dans cette chambre où, sous un déguisement, elle pénétrait chaque soir.

Pour la première fois elle se trouvait, en face du père de Paul, dans son véritable rôle.

Paul dormait.

Le vicomte se remit assez vite de ce trouble inattendu qui venait de s'emparer de lui ; il appuya un doigt sur ses lèvres et montra à Saphir la porte du cabinet de travail que le jeune homme avait depuis longtemps converti en fumoir.

Saphir y passa la première.

M. de Kerdrel et Rocambole allaient se retirer. Le vicomte les retint.

— Restez, messieurs, dit-il. Je puis parler devant vous.

Et, avec une galanterie parfaite, il fit asseoir Saphir sur une ottomane placée au coin de la cheminée.

— Mademoiselle, lui dit-il, permettez-moi d'aller droit au but.

Saphir s'inclina. Elle était visiblement inquiète.

— Vous aimez mon fils ? reprit le vicomte.

La pécheresse rougit.

M. de la Morlière eut un sourire plein d'indulgence.

— Je ne suis point un père farouche, et je comprends la jeunesse.

Saphir, qui avait baissé les yeux, les leva de nouveau sur le vicomte, et, à son tour, elle éprouva une émotion bizarre et inexplicable.

En dépit de sa parole mielleuse et de son sourire affectueux, M. de la Morlière avait fait peur à la jeune femme.

Le vicomte poursuivit :

— Vous aimez mon fils, je le sais, et c'est parce que vous l'aimez que j'ai voulu m'adresser franchement et loyalement à vous.

Saphir regarda tour à tour M. de Kerdrel et le prétendu chirurgien anglais, et son regard défiant semblait dire :

— N'est-ce point un piège que l'on me tend ?

M. de Kerdrel la rassura d'un geste.

— Je m'adresse à vous, continua M. de la Morlière, parce que *notre* cher Paul court un grand danger.

— Mon Dieu ! s'écria Saphir, qui devint toute pâle.

— Mais rassurez-vous, mon enfant, car ce danger, vous pouvez le conjurer.

— Moi !

— Vous, dit le vicomte en souriant.

Et comme elle le regardait avec une avidité fiévreuse, il poursuivit :

— Monsieur que voilà, — et il désignait Rocambole, — monsieur répond non-seulement de sa vie, mais encore de sa guérison prochaine. Dans huit jours il pourra venir nous rejoindre.

— Vous re... join... dre, articula lentement Saphir abasourdie.

Le vicomte lui prit la main et la serra affectueusement.

— Notre cher Paul ne court donc aucun danger physique, dit-il ; mais il est sur le point de perdre une grande fortune qui devait lui revenir forcément.

— Ah ! fit Saphir.

— Et vous seule pouvez la lui conserver.

L'étonnement de Saphir devint, à ces dernières paroles, de la stupéfaction.

— Oui, répéta le vicomte, c'est sur vous que je compte pour ne point laisser échapper cette fortune.

— Mais que faut-il donc faire pour cela ? demanda Saphir.

— Partir avec moi ce soir même.

— Oh ! mon Dieu !

— Je vous le demande au nom de l'amour que vous avez pour mon fils, mademoiselle.

— Mais où m'emmènerez-vous donc, monsieur ?

— A soixante lieues de Paris.

— Et vous... le laisserez ?

— Il viendra nous rejoindre dans huit jours.

— Et vous dites que moi seule...

— Vous seule pouvez sauvegarder ses intérêts compromis.

— Mais, enfin, que dois-je faire ?

— Vous le saurez dans deux jours.

— Soit, murmura Saphir avec la soumission d'un enfant.

M. de la Morlière ajouta :

— Nous partons ce soir, mademoiselle. Vous avez donc tout juste le temps de rentrer chez vous et d'aller faire vos préparatifs de départ. Je vous attends ici à huit heures précises.

— Monsieur, supplia Saphir, pourrai-je avant de le voir... avant de partir ?

— Oui, mais à une condition.

— Laquelle ?

— C'est que vous ne lui direz point que vous partez.

— Pourquoi ?

— Ceci est encore un mystère dont vous aurez l'explication un peu plus tard. Soyez patiente.

Le vicomte se leva, et d'un geste qu'il fit apprit à Saphir que l'audience était levée.

Le malade continuait à dormir.

Saphir repassa dans la chambre, se pencha sur l'oreiller et effleura de ses lèvres le front de Paul.

Le jeune homme ouvrit les yeux.

— Saphir ! dit-il.

— Chut ! fit-elle tout bas ; à ce soir.

Et elle disparut derrière une draperie qui cachait une porte dérobée.

M. de la Morlière, le faux Anglais et M. de Kerdrel étaient demeurés dans le fumoir, de sorte que Paul n'eut pas la moindre idée que son père et Saphir s'étaient rencontrés.

M. de Kerdrel, quand Saphir fut partie, regarda le vicomte.

— J'avoue, dit-il, que je n'ai pas compris un seul mot.
M. de la Morlière sourit.
— Je suis l'homme des mystères, dit-il, et j'ai pour principe qu'on perd toutes les batailles dont le plan a été éventé.
— Oh ! yes, fit le chirurgien.
— Qu'il vous suffise de savoir, mon cher baron, qu'avant un mois, grâce à la petite combinaison que j'ai imaginée, et dans laquelle Saphir jouera le principal rôle, Paul aura épousé sa cousine Victoire.
En ce moment, le faux chirurgien se leva et dit au vicomte :
— Je reviendrai ce soir. Permettez-moi, monsieur, d'aller voir un malade que je soigne dans la rue du faubourg Saint-Honoré.
Rocambole, qui accentuait l'anglais merveilleusement, salua avec raideur et sortit d'un pas calme et mesuré, comme un vrai fils d'Albion qui fait tout avec gravité.
Seulement une fois dans la rue, il changea brusquement d'allure et se prit à marcher rapidement.
Un fiacre vide vint à passer ; le faux chirurgien y monta et dit au cocher :
— Rue Taitbout ! et rondement.
Comme il n'avait eu garde d'oublier son accent anglais, le cocher inaugura bien de lui et fouetta vigoureusement ses deux rosses.
Rocambole avait l'air d'un homme qui devait payer largement.
Arrivé rue Taitbout, le docteur fit arrêter le véhicule devant une maison de fort belle apparence, au fond de laquelle il y avait, entre la cour et le jardin, un petit hôtel que le baron Gontran de Neubourg habitait.
Le faux Anglais traversa rapidement la cour et aperçut sous la marquise le poney-chaise du baron, tout attelé.
— Il n'est pas sorti, se dit-il en respirant bruyamment.
— En effet, M. de Neubourg était encore chez lui, et Rocambole le trouva dans son cabinet de toilette, où son valet de chambre l'habillait.
La visite inattendue de Rocambole et sa physionomie soucieuse donnèrent à penser au baron qu'il se préparait de graves événements ; aussi renvoya-t-il sur-le-champ son valet de chambre.
— Monsieur le baron, lui dit Rocambole, êtes-vous prêt à faire un voyage ?
— Est-ce pour Danielle ?
— Sans doute.
— Quand faut-il partir ?
— Ce soir.
— Où allons-nous ?
— Je n'en sais rien.
— Comment ?
— Mais je le saurai ce soir. Votre ami M. de Chenevières a aimé Danielle ?
— Oui, certes, et Saphir doit avoir conservé de lui un bon souvenir, car il lui a constitué six mille livres de rente.
— Bon ! et pensez-vous qu'elle ait quelque confiance en lui ?
— J'en suis très-convaincu. D'ailleurs personne à Paris n'a jamais douté de la loyauté de M. de Chenevières.
— Ainsi, vous pensez qu'elle croirait le vicomte sur parole, alors même qu'il lui affirmerait une chose étrange et bizarre ?
— Certainement.
— Pouvez-vous voir M. de Chenevières à l'instant même ?
— Il doit déjeuner au café Anglais.
— Eh bien ! courez-y
— Bon !
— Et dictez-lui cette lettre à Saphir :

« Ma chère amie,

« Au nom de l'estime que vous m'avez gardée, je vous supplie de croire aveuglément, si extraordinaires qu'elles puissent vous paraître, aux paroles de la personne qui vous remettra ce billet. »

— Tout cela est bien mystérieux, murmura le baron en souriant.
— C'est du *Rocamboie tout pur*, répondit modestement l'ancien forçat.
— M. de Neubourg prit son chapeau.
— Venez avec moi, dit-il.
— Non, je vous attends ici.
— Il vous faut donc ce billet sur-le-champ ?
— Avant une heure, si c'est possible.
— M. de Neubourg laissa Rocambole dans son cabinet de travail, vis-à-vis d'une table chargée de journaux, et il courut au café Anglais.
Un quart d'heure après, il était de retour, muni du billet qu'avait demandé Rocambole.
— Maintenant, monsieur le baron, ajouta celui-ci, il faut que vous me prêtiez votre voiture. Je n'ai pas de temps à perdre.
— Prenez, répondit le baron.

— Il y a bien longtemps que je n'ai eu dans les mains un cheval de sang, murmura Rocambole en montant dans le poney-chaise et prenant les rênes...
Et il eut comme un éblouissement à ce souvenir de sa vie passée.

X.

A Paris, les personnes qui ont des chevaux pourraient facilement être divisées en trois catégories.
La première se compose des gens à qui leur profession fait de la voiture une nécessité absolue, les hommes d'affaires, les médecins, les commerçants.
Voyez-vous passer ce coupé bleu à train rechampi de blanc, avec un cocher en pardessus vert chamarré d'or ?
Voyez-vous, au fond, ce monsieur entre deux âges, au ventre respectable, au front chauve et à l'œil vif?
C'est un homme d'argent, un spéculateur heureux, que les dernières liquidations ont enrichi, et qui, devenu tout à coup un personnage, n'a pu se dispenser d'avoir voiture.
Ou bien encore, place ! Voyez cette jeune femme dans sa victoria garnie de reps bleu, traînée par un vigoureux trotteur, montant l'avenue des Champs-Elysées, par une belle et froide journée de février ?
Elle étale au soleil déjà tiède les volants de sa robe de moire grenat et son manteau de velours doublé de petit-gris ; elle sourit à deux ou trois jeunes gens qui passent à cheval ; elle se pelotonne, s'allonge sur les coussins et couvre les deux panneaux de son ample envergure.
Son cocher est vêtu de blanc ; à côté de lui, un nègre de trois pieds de haut est juché sur le siège.
Elle se nomme Paquita, ou Florine, ou Mazagran, ou bien encore quelque titre de fantaisie.
Paris est à ses genoux, les fils de famille se ruinent pour elle ; elle a fait le désespoir de plus d'une honnête femme ; elle a causé plusieurs suicides ; elle a dévoré plus d'un bel héritage.
Elle a une voiture ; elle ne saurait sortir à pied. Les gens qui jugent sur les apparences pourraient la prendre, dans la rue, pour une femme comme il faut.
Regardez encore. Il est cinq heures et demie, et le mois de mai couvre de feuilles les grandes allées du bois.
Un cheval passe emporté. Accroupi sur lui, cramponné à la crinière, pâle, les cheveux en désordre, veuf de son chapeau, un jeune homme chaussé de bottes fabuleuses **excite l'hilarité des uns et la terreur des autres.**

Saphir habitait le premier étage et avait un fort bel appartement. (Page 962.)

C'est un commis de nouveautés qui s'est imposé des privations durant huit jours pour louer au manége, le neuvième, le locatis qui va lui casser le cou. C'est la dernière catégorie.

Il est huit heures du matin, deux jeunes gens descendent rapidement l'avenue de l'Impératrice, tous deux ont grimpé sur le siège d'un breack attelé de deux trotteurs irlandais, ce sont des chevaux qu'on essaye.

Celui des deux jeunes gens qui conduit y met un soin extrême ; il a ses chevaux dans la main, il les rassemble à propos, leur rend avec prudence ; il étudie leur allure. Si l'un des trotteurs montre une velléité de galop, il laisse pendre sur son arrière-main la mèche de son fouet anglais, et le trotteur reprend son allure ordinaire.

Tandis que le breack descend l'avenue, plusieurs jeunes gens remontent au galop l'allée sablée.

Ils sont plus ou moins bien à cheval et tous montent des bêtes de prix. C'est le comte N..., le baron X..., M. de C..., M. B... et M. F..., tous hommes de cheval, dans la plus complète acception du mot, les uns éleveurs dans leurs terres, les autres faisant courir.

Ils aiment le cheval pour le cheval, s'intéressent à ses mœurs, à ses habitudes, se font une joie de vaincre ses résistances, ses caprices, de développer ses qualités et de combattre ses défauts.

Place à ceux-là ! Ils traverseront Paris aux endroits les plus populeux, conduisant un tilbury ou un phaéton, ils passeront à travers la foule, les grosses voitures et les fiacres, sans écraser personne, sans accrocher.

Ceux-là seuls ont des chevaux par goût, par besoin, on dirait presque par nécessité.

Vienne un revers de fortune ! s'il faut vendre chevaux et voitures, vous les verrez errer à travers Paris, tristes, abattus, découragés, jetant un regard d'envie à ceux qui ont pu tout conserver.

Si un ancien ami vient à passer, s'il offre une place au pauvre sportman qui cheminait sur le trottoir, il a quelquefois une généreuse pensée et il lui cède les rênes en disant :

— Tiens ! conduis donc un instant, j'ai là une bête qui a une bouche admirable.

Alors l'infortuné est pris d'un éblouissement, saisi de vertige, et, pour un moment, il oublie les douleurs de la veille, les ennuis de l'heure présente, les soucis du lendemain.

Eh bien ! c'est ce qui arriva à Rocambole lorsqu'il fut monté dans le poney-chaise du baron de Neubourg ; — à Rocambole qui, alors qu'il s'appelait le vicomte de Cambolh et présidait le club des Valets-de-Cœur, avait eu trois chevaux dans son écurie de la rue de Berry ; — à Rocambole, qui s'était nommé le marquis de Chamery et avait possédé *Pâques-Dieu*, le vainqueur des courses de la Marche et de Chantilly.

— Ah ! mille tonnerres ! murmura-t-il en tournant

l'angle de la rue Taitbout et du boulevard, je ne puis pas résister au plaisir de voir ce cheval développer ses moyens. Dix minutes de plus ou de moins ne sont pas une affaire.

Et l'ex-forçat rendit la main au trotteur et fila comme une flèche à travers deux rangées de voitures jusqu'à la Madeleine.

Là, il prit la rue Royale, traversa la place de la Concorde et se lança dans les Champs-Elysées.

Mais, arrivé au rond-point, il fit le tour du bassin et retourna sur ses pas.

— Diable! murmura-t-il, il ne faut point oublier M. le vicomte de la Morlière.

Et il revint bon train vers les boulevards, et ne s'arrêta que dans la rue de la Michodière, à la porte de cette maison, au troisième étage de laquelle M. le baron Gontran de Neubourg avait pénétré dans le cabinet tenu par M. Rocambole.

Alors il se retourna vers le groom, qui se tenait immobile et les bras croisés sur le siège de derrière.

C'était un vrai groom de quinze à seize ans, habitué à l'obéissance passive et ne se souciant nullement de la direction qu'il prenait. Rocambole lui adressa la parole :

— Mon ami, lui dit-il, ayant soin de conserver toujours son accent anglais, j'entre dans cette maison et je n'en ressortirai pas.

— Faut-il rentrer à l'hôtel? demanda le domestique.

— Non, car je vais vous envoyer un de mes amis, qui est aussi un ami de votre maître. Il montera à ma place et ira rue Saint-Lazare d'abord, et probablement ensuite dans la rue du Vieux-Colombier; peut-être même fera-t-il une troisième course. Cela dépendra.

Le domestique s'inclina et Rocambole disparut dans l'allée de la maison.

Dix minutes environ s'écoulèrent.

Tout à coup le groom de M. de Neubourg vit paraître un élégant monsieur vêtu d'un paletot brun et d'un pantalon gris, portant une barbe noire et de gros favoris, le teint bronzé comme un Espagnol, et la boutonnière ornée d'un ruban multicolore.

Ce personnage jeta un coup d'œil sur le poney-chaise, parut hésiter un moment, puis il s'approcha et dit au groom, avec un accent méridional très-prononcé :

— Est-ce que vous êtes le domestique du baron Gontran de Neubourg?

— Oui, monsieur.

— Alors, c'est moi que vous attendez.

Et il monta dans le poney-chaise.

Il prit les guides avec non moins d'assurance que le faux chirurgien anglais, et lança le trotteur dans la rue de la Chaussée-d'Antin.

Quelques minutes après, la petite voiture s'arrêtait rue Saint Lazare à la porte de Saphir.

Saphir se faisait appeler dans sa maison madame la baronne de Laval, du nom de la rue qu'elle avait habitée longtemps.

Il paraît que l'Espagnol connaissait ce détail, car il demanda au concierge si madame la baronne était chez elle.

Sur la réponse affirmative, il monta.

Saphir habitait le premier étage et avait un fort bel appartement.

— Madame ne reçoit pas, fut-il répondu à l'Espagnol par le petit groom qui vint lui ouvrir.

— J'ai besoin de la voir.

— Madame part ce soir en voyage; elle fait ses malles. Cependant si monsieur veut me dire son nom?

— Ta maîtresse ne me connaît pas, mais dis-lui que je viens de la part de son ami le vicomte de Chenevières.

Ce nom n'était point inconnu, sans doute, au petit bonhomme, car il s'empressa d'ouvrir la porte du salon et y introduisit le visiteur.

Puis il disparut par une porte du fond et revint au bout de deux minutes, en disant :

— Si monsieur veut me suivre.

L'Espagnol traversa, sur les pas du groom, la chambre à coucher de Saphir et pénétra dans un petit boudoir où la jeune femme l'attendait.

Une caméristo rangeait devant elle les nombreux compartiments d'une grande caisse de voyage.

Saphir regarda avec un certain étonnement son visiteur, et elle eût juré ses grands dieux qu'elle ne l'avait jamais vu.

Il tira de sa poche la lettre que le vicomte de Chenevières avait écrite auparavant au café Anglais, et la lui tendit.

A peine Saphir l'eut-elle lue, qu'elle s'empressa d'offrir un fauteuil à l'Espagnol et de congédier sa femme de chambre.

— Ah! monsieur, dit-elle, soyez le bienvenu, du moment que vous m'arrivez de la part de mon cher vicomte. Arthur est le plus noble et le meilleur des hommes.

— Ainsi, dit l'Espagnol, vous avez toute confiance en lui?

— Oh! certes.

— Et dès qu'il vous répond de moi?...

— Vous pouvez parler, monsieur.

— Vous me croirez?

— Comme lui.

C'est bien; mais d'abord laissez-moi vous étonner un peu.

— Comment cela?

— Vous partez ce soir...

— En effet.

— Et vous partez avec le vicomte de la Morlière...

— C'est vrai. Comment le savez-vous?

— Je sais bien autre chose encore. Ecoutez.

Saphir regarda curieusement l'inconnu.

— Vous allez chaque soir, depuis quinze jours, à l'hôtel de la Morlière...

Saphir tressaillit.

— Déguisée, poursuivit l'inconnu, en interne d'hôpital.

— Vous êtes donc sorcier?

— Attendez. Vous aimez Paul...

— A en mourir.

— Et il n'est rien que vous ne fassiez pour lui prouver votre amour.

— Je donnerais ma vie en souriant, répondit Saphir avec simplicité.

— Le vicomte de la Morlière sait cela, et c'est pourquoi il vous a fait venir... ce matin...

— Comment! vous savez encore?...

— Je sais tout. Le vicomte vous a parlé au nom de l'amour que vous aviez pour son fils.

— C'est vrai.

— Et il vous a dit qu'il dépendait de vous de lui rendre un important service et de lui conserver une grande fortune près de lui échapper.

— Mais, monsieur, s'écria Saphir au comble de l'étonnement, vous êtes donc un ami du baron de Kerdrel?

— Non.

— Ou de M. de la Morlière?

— Non.

— Ou du chirurgien anglais?

— Pas davantage.

— Cependant, une seule de ces trois personnes...

L'Espagnol se prit à sourire, puis tout à coup il changea de voix et d'accent. Ce ne fut plus la mélopée traînante des méridionaux, mais le sifflement guttural des fils d'Albion, et Saphir jeta un cri de surprise :

— La voix de l'Anglais! dit-elle.

— C'est moi, dit l'Espagnol.

— Vous? vous?

— Oh! yes...

Et il ôta ses favoris et se débarrassa de sa barbe noire.
Puis, s'approchant d'une table de toilette, il trempa le coin d'une serviette dans un vase plein d'eau, et frotta une de ses joues. La couleur bistrée s'en alla, laissant voir une peau blanche et mate.

Saphir, au comble de l'étonnement, le regardait toujours.

Alors Rocambole perdit l'accent anglais, comme il avait perdu l'accent espagnol, et il dit à Saphir en fort bon français :

— Il faut te dire, ma petite, que je ne suis ni Anglais, ni Espagnol, ni chirurgien de profession.

— Qui êtes-vous donc ?

— Un ami du vicomte Arthur de Chenevières, d'abord.

— Ah !

— Ensuite, un ami de ton cher Paul, que tu aimes tant.

— Vrai, vous êtes l'ami de Paul ?

— Oui, un ami inconnu.

— Je ne comprends pas.

— Je veux dire que je suis son ami, et que cependant il l'ignore. Il ne me connait même pas...

— Vraiment ?

— Je suis son ami à ce point que je vais l'empêcher de commettre une mauvaise action en t'associant aux projets infâmes de son père.

Saphir se redressa stupéfaite.

— Le vicomte de la Morlière est un misérable, articula lentement Rocambole, et il a jeté les yeux sur toi comme sur un instrument propre à servir son ambition.

Et comme Saphir doutait encore, Rocambole ajouta :

— Le vicomte veut marier son fils !

Cette fois, Saphir jeta un cri terrible : un ricanement féroce lui traversa la gorge.

— Ah ! dit-elle, s'il a compté sur moi pour cela, le bonhomme, il s'est *fourré le doigt dans l'œil.*

Le regard de Saphir était de flamme.

XI.

Rocambole se complut un moment à voir se développer la jalouse colère de Saphir.

Puis il reprit :

— Il faut te dire encore, ma petite, que le vicomte de la Morlière est un cœur sec, égoïste et méchant.

— Il a un mauvais œil toujours, dit Saphir, qui, on s'en souvient, avait tressailli sous le regard du vicomte.

— L'argent est tout pour lui dans la vie ; l'amour n'est rien.

— Le vicomte est pourtant assez riche.

— C'est vrai. Mais il veut l'être plus encore et il y travaille.

— Comment cela ?

— Il a un cousin qu'on appelle le marquis de Morfontaine.

— Paul m'en a parlé souvent.

— Le marquis a une fille...

— Paul me l'a montrée aux Champs-Elysées. Elle est fort belle.

— Cette fille aura un jour cent mille livres de rente.

— Bon ! je devine, repartit Saphir, qui se rasséréna tout à coup ; le vicomte veut marier Paul avec Mlle Victoire ?

— Précisément.

— Mais rassurez-vous, cela ne sera pas.

— Je l'espère bien.

— Car Paul n'aime pas sa cousine ; il ne peut pas la souffrir.

Rocambole haussa les épaules.

— Tu es naïve ! dit-il. On n'a pas besoin d'aimer pour épouser.

— Oh !

— Mlle Victoire de Morfontaine n'aime pas plus son cousin que son cousin ne l'aime.

— Eh bien ! tant mieux...

— Et elle adore un jeune homme sans fortune, mais charmant...

— Elle est assez riche pour deux.

— Ce n'est pas l'avis de son père.

— Ah !

— Le marquis de Morfontaine est comme son cousin le vicomte : il pense que les bons écus font les bons mariages, et il veut marier sa fille à Paul.

— Après ?

— L'amoureux de Mlle Victoire se nomme Léon de Pierrefeu.

— Tiens ! je le connais.

— Hein ? fit Rocambole.

— Je l'ai vu deux fois avec le petit baron Goubaud, un ancien ami à moi.

Rocambole sourit et continua :

— Voyant qu'on ne voulait point lui donner Mlle Victoire, M. Léon de Pierrefeu a pris un parti.

— Il y a renoncé ?

— Non, il l'a enlevée.

— Bravo ! fit Saphir.

Et puis elle se prit à rire.

— Mais, dit-elle, s'il en est ainsi, M. le vicomte de la Morlière s'y prend un peu tard.

— Tu crois ?

— Dame !

— C'est ce qui te trompe, ma fille. M. de la Morlière passe fort bien par-dessus les convenances sociales lorsqu'il est question de cent mille livres de rente.

Saphir eut un geste de dégoût.

— Et il a compté sur moi ?

— Sans doute.

— Eh bien ! il s'est trompé, je ne partirai pas.

— Ah ! pardon, tu partiras, au contraire.

— Plaît-il ? fit Saphir.

Rocambole reprit gravement :

— Ma petite, j'ai l'honneur de te le dire, je suis un ami inconnu qui veille sur Paul...

— Et c'est vous qui...

— Attends donc. Le vicomte a machiné un plan infernal. Ce plan, nous ne le connaissons pas, et il peut cependant réussir. Or, pour qu'il avorte, il faut que nous le connaissions, n'est-ce pas ?

— C'est juste.

— Et le seul moyen de le connaître, c'est que tu paraisses te donner corps et âme au vicomte et entrer complètement dans ses projets.

— Bon ! je comprends.

— Donc, il faut que tu partes avec lui et avec moi.

— Avec vous ?

— Oui, je suis ton domestique... Oh ! sois tranquille, je porte bien la livrée.

— Mais le vicomte voudra-t-il que je vous emmène ?

— C'est à peu près sûr.

— Pourquoi ?

— Parce qu'il préférera de beaucoup emmener un domestique inconnu ; c'est moins gênant.

— Mais je ne sais pas où nous allons.

— Ni moi ; seulement tu le sauras ce soir. Le vicomte t'attend à sept heures, je crois ?

— Oui.

— A six heures je serai ici avec un fiacre, et je me chargerai de tes bagages. Adieu.

Et le faux Espagnol baisa la main blanche de Saphir, qui le reconduisit jusqu'à l'antichambre.

Rocambole avait rajusté sa barbe et ses favoris.

Il remonta dans le poney-chaise et courut rue Taitbout.

Le baron Gontran de Neubourg n'était point sorti, et il attendait le retour de l'homme d'affaires.

Si habitué déjà qu'il fût aux métamorphoses sans nombre de Rocambole, le baron ne put retenir une exclamation de surprise en voyant descendre de sa voiture un homme barbu et basané qui semblait arriver des tropiques en ligne directe.

— Vous êtes merveilleux, en vérité, lui dit-il en le voyant entrer dans son cabinet de travail.

— Épargnez-moi les compliments, monsieur le baron. Nous n'avons pas le temps de causer aujourd'hui.

— Voyons, de quoi s'agit-il ?

— Je vous disais donc que vous partiez ce soir...

— Très-bien ! Pour quel endroit ?

— Je ne le saurai pas avant ce soir ; mais j'ai trouvé le moyen de vous prévenir.

— Quel est-il ?

— Tenez-vous prêt à sept heures. Entre sept et huit heures, un fiacre viendra stationner à votre porte. Vous ferez porter votre valise et monterez ensuite.

— Et où me conduira-t-il ?

— A une gare de chemin de fer quelconque, je ne sais laquelle maintenant, mais il m'y aura déposé moi-même une heure auparavant.

— Bien. Après ?

— Arrivé à la gare, vous irez au bureau des dépêches télégraphiques et vous trouverez certainement de mes nouvelles.

— Est-ce tout ?

— N'oubliez pas d'emporter une paire de pistolets et une certaine somme d'argent. Je ne sais ni où nous allons, ni le temps que durera notre voyage.

— Dois-je voir mes amis avant de partir ?

— Il faut voir Danielle. Je comptais aller chez elle. Mais, à tout prendre, vous lui ferez plus de plaisir vous-même.

M. de Neubourg, malgré ses trente ans sonnés, rougit comme un écolier à ces paroles du pénétrant homme d'affaires.

— Et que lui dirai-je ?

— Vous lui annoncerez votre départ, d'abord...

— Ensuite ?

— Et vous lui remettrez ce pli.

Rocambole tira de sa poche une espèce de manuscrit assez volumineux.

— C'est, dit-il, un petit travail auquel je me suis livré. C'est la marche à suivre à l'égard de M. Paul de la Morlière. Votre protégée, monsieur le baron, est parfaitement intelligente. Elle jouera son rôle à merveille avec le concours du marquis de Verne.

— Ah ! le marquis en est ?

— Oui certes.

— Et quand doit-elle... commencer ?

— Le plus tôt possible. Dans trois jours au plus tard, le vicomte quitte Paris ; c'est le moment où jamais.

— Et je n'ai aucune instruction à laisser, soit à Chenevières, soit à lord Galwy ?

— Pardon, vous les prierez de se tenir prêts à quitter Paris au premier télégramme de vous. Adieu, monsieur le baron... au revoir, du moins.

Rocambole gagna à pied la rue de la Michodière et remonta chez lui.

Le petit jeune homme aux écritures était seul dans le bureau.

— Est-il venu quelqu'un ? demanda Rocambole.

— Personne, mons eur.

— Ôte la targette, le bureau est fermé.

— Mais il n'est que quatre heures, fit observer le bonhomme.

— Cela ne fait rien. Tu peux même t'en aller aujourd'hui. Mets la clef chez le concierge. Je tirerai la porte après moi.

Le commis habitué aux excentricités de son patron, ne fit aucune objection ; mais comme il allait franchir le seuil du bureau, Rocambole le rappela :

— Ah ! j'oubliais de te dire que je m'absente de Paris pour quelques jours. Tu remettras les visiteurs au mois prochain. Si l'on te questionne, tu répondras que je suis allé soutenir un procès en province.

Rocambole ouvrit son porte-monnaie et en tira cinq louis :

— Tiens, lui dit-il, voilà tes appointements de la fin du mois ; je ne serai probablement pas de retour.

Le jeune commis parti, Rocambole s'enferma au verrou, passa dans son cabinet de toilette, et, avant de se débarrasser de sa pelure d'Espagnol, il s'assit devant une table et écrivit la lettre suivante en anglais :

A monsieur le vicomte de la Morlière.

« Monsieur,

« J'ai laissé ce matin votre cher enfant dans un état assez satisfaisant pour que je juge inutile une seconde visite. Je ne le verrai pas ce soir, mais j'irai demain matin le panser. Vous pouvez partir sans la moindre crainte, monsieur ; avant huit jours, M. Paul pourra vous rejoindre, en quelque lieu que vous soyez.

« Tout à vous.

« Sir John, chirurgien. »

Quand il eut écrit et plié cette lettre, Rocambole procéda à une troisième métamorphose.

Il se dépouilla de ses favoris énormes et de sa grande barbe noire, lava soigneusement son visage et ses cheveux qui reprirent leur nuance blonde ordinaire.

Puis il chercha dans sa garde-robe une livrée complète, et, au bout de quelques minutes il était aussi méconnaissable pour le groom de M. de Neubourg que pour le vicomte de la Morlière lui-même.

Rocambole avait su se donner la tournure d'un valet de bonne maison, menteur, effronté et insolent.

Ainsi vêtu, ainsi transformé, l'homme d'affaires quitta son bureau, dont il tira la porte, qui se ferma au pêne, et il descendit dans la rue.

Cinq heures sonnaient.

— Ce n'est pas une raison parce que, maintenant on cultive la vertu, se dit-il, pour qu'on se laisse mourir de faim. J'ai le temps d'aller dîner.

Et Rocambole s'en alla rue Neuve-des-Mathurins, dans ce petit restaurant où mangeaient les palefreniers, les cochers du voisinage, et dans lequel autrefois il avait séduit le cocher de Banco, la fausse princesse russe dont s'était épris l'hidalgo don José.

L'ex-forçat se fit servir un copieux dîner et une bouteille du meilleur vin qui se trouvât dans l'établissement.

Son repas fini, il demanda du café et fuma un excellent cigare, qu'il accompagna de cette boutade philosophique :

— A table, toutes les opulences se nivellent devant la digestion. Quand j'étais marquis, je ne fumais pas avec plus de plaisir. Après dîner, le cigare d'un sou devient le rival du panatellas ou du londrès.

Cette opinion sur le cigare émise, Rocambole jeta cent sous sur la table, et s'en alla sans attendre sa monnaie, ce qui fit faire à la dame du comptoir la réflexion suivante :

— Voilà un domestique sans place qui doit avoir fait des économies.

Il y a dans la rue Neuve-des-Mathurins, à côté du passage Sandrié, une remise de voitures.

Rocambole y entra et avisa un cocher dont la physionomie béate lui plut.

Il ouvrit la portière du coupé et monta.

— Où faut-il aller, bourgeois ? demanda le cocher.

Il y a, à côté du passage Sandrié une remise de voitures. (Page 964.)

Rocambole le regarda d'un air mystérieux.
— Es-tu homme à gagner proprement vingt francs de pourboire? demanda-t-il.
— Dame! fit le cocher alléché par la proposition. De quoi s'agit-il?
— Je suis au service d'une dame qui n'a pas de mari...
— Bon! connu!
— Cette dame part en voyage dans une heure, avec... un monsieur respectable.
— Allez! allez! fit le cocher, on connaît ça.
— Ce monsieur est jaloux, et comme il se doute de quelque chose...
— Ah!
— Il emmène la dame en voyage, et la dame ne sait pas où.
— Tiens! pas bête du tout, le vieux.
— Mais le jeune, reprit Rocambole, a trouvé un bon ami, c'est moi, et je veux qu'il sache où nous allons...
— Comment cela?
— Tu vas voir. Je te prends à l'heure, nous allons chercher ma maîtresse, ensuite le monsieur, et nous partons au chemin de fer qu'il indiquera.
— Très-bien.
— Arrivé au chemin de fer je te paie et je te renvoie.
— Bon! et alors...

— Tu reviens rue Taitbout et tu te mets à la porte du n° 17. Un jeune homme sort, monte dans ta voiture, et tu le conduis au chemin de fer.
— Tout cela n'est pas bien malin, dit le cocher.
— En route, donc.
Et le remise courut se ranger à la porte de Saphir.
Saphir était prête. Il fallut que Rocambole retrouvât l'accent du faux chirurgien anglais pour se faire reconnaître.
— Ah! décidément murmura la jeune femme, vous êtes étonnant...
Et Saphir partit avec son nouveau laquais et ses caisses de voyage pour l'hôtel du vicomte de la Morlière.
Ce dernier l'attendait avec impatience, et dès qu'il la vit entrer dans la cour, il lui dit :
— Il faut, ma chère enfant, renoncer à voir Paul, nous manquerions le chemin de fer.
Saphir devint toute pâle, mais un regard du faux laquais la réconforta sur-le-champ.
— Comme vous voudrez, murmura-t-elle.
M. de la Morlière jeta un coup d'œil sur Rocambole :
— Quel est cet homme? demanda-t-il.
— C'est un domestique au service duquel je tiens beaucoup, répondit Saphir en tremblant. J'ai pensé que vous me permettriez de l'emmener.

— Est-il intelligent?
— Certes oui.
Le vicomte toisa Rocambole et murmura à part lui :
— Il a une mauvaise figure ; il doit être capable de tout.
Et, après une minute de réflexion, il dit à Saphir :
— Vous avez raison d'emmener ce garçon, il nous sera utile.
M. de la Morlière monta dans la voiture de place.
— Où va madame? demanda le nouveau laquais avant de fermer la portière.
— Au chemin de fer de l'Ouest, répondit le vicomte.
Le remise partit, passa les ponts et gagna l'embarcadère.
Là Rocambole, en domestique de bonne maison, paya, le cocher et le renvoya, non sans avoir échangé avec lui un signe d'intelligence.
— Maintenant, monsieur, dit Saphir, puis-je savoir où nous allons?
— En Normandie, mon enfant.
Le vicomte avait fait prendre à Rocambole trois billets pour Rouen ; mais il était évident qu'ils allaient ou plus près ou plus loin.
Cependant Saphir, à qui Rocambole avait fait sa leçon n'insista point ; mais comme le train s'arrêtait à Mantes :
— Ah! mon Dieu, dit-elle tout à coup, je gage que vous avez oublié mon sac de voyage sur la table, dans le salon, n'est-ce pas, Jean?
Le faux laquais rougit et balbutia.
— Vite! descendez, entrez au bureau télégraphique, et réclamez-le. La cuisinière l'enverra.
— Où? demanda Rocambole.
M. de la Morlière répondit naïvement :
— A Beuzeville, bureau restant.
Rocambole entra dans le bureau de télégraphie, réclama le sac oublié à dessein, et adressa la dépêche suivante à M. le baron de Neubourg :

« Arrivez par le train suivant à Beuzeville, près du Havre (Seine-Inférieure).

« R. »

Rocambole remonta en voiture, et le train repartit.

XII.

Trois jours après le départ du vicomte de la Morlière et de Saphir, nous les eussions retrouvés tous les deux en Normandie, dans une jolie petite maison cachée dans les plis d'un vallon vert qui descendait vers l'Océan par une pente insensible.
La maison était perdue au milieu d'un massif de grands arbres, et il fallait en être tout près pour la voir.
M. de la Morlière était descendu à Beuzeville, et, un journal de Rouen à la main, il avait demandé en quel endroit était située la *Charmerie*.
Ainsi nommait-on vulgairement cette maison, à cause de la touffe de charmes qui l'entourait.
M. de la Morlière montrait, en questionnant ainsi le chef de station du chemin de fer, la quatrième page de son journal, où on lisait l'annonce suivante :

A vendre ou à louer de suite, meublée,
LA CHARMERIE, etc.
S'adresser à la station de Beuzeville, ou à C...,
chez M. E..., notaire.

On avait répondu que la Charmerie était située à trois lieues environ sur la droite, dans la direction de Fécamp.
Le vicomte avait trouvé à Beuzeville une voiture de rouage qui l'avait d'abord conduit à C..., petit village situé au milieu des terres.
Là, M. de la Morlière avait vu le notaire, avait présenté

Saphir comme sa fille et témoigné le désir de visiter la Charmerie et de louer cette maison pour y passer l'été.
La maison, comme le disait l'annonce, était meublée, et vingt-quatre heures après, les voyageurs s'y trouvaient installés.
— Mon enfant, avait alors demandé M. de la Morlière, montez-vous à cheval?
— Parfaitement.
— C'est très-heureux.
— Pourquoi?
— Parce que, pour la réussite de nos projets, — projets que je vous confierai plus tard et lorsqu'il en sera temps, — il est à peu près nécessaire que vous montiez à cheval.
— Ah!
— Aussi recevrons-nous, ce soir ou demain, du marquis de Morfontaine mon cousin, à qui j'ai écrit avant de quitter Paris, deux chevaux de selle ; bien certainement, ils vous plairont.
— Des chevaux anglais? demanda la jeune femme.
— Probablement. Le marquis sait que je n'en monte jamais d'autres. Ces environs sont charmants ; vous pourrez vous promener chaque matin.
— Est-ce que vous ne m'accompagnerez pas?
— Jamais.
— Tiens! est-ce que... vous ne montez pas?...
— Ce n'est point cela. J'ai besoin de demeurer invisible pour tout le monde dans ce pays.
Saphir, à qui, sans doute, Rocambole avait tracé un plan de conduite, ne fit aucune objection.
Le lendemain, les chevaux arrivèrent. Le faux laquais, par ordre du vicomte, alla les chercher à Beuzeville, d'où il ramena, en même temps, une grosse servante normande qui devait, avec lui, composer le personnel domestique de la Charmerie.
La maison était entourée d'un grand jardin très-ombreux, clos par une haie vive, à travers laquelle le regard ne pouvait pénétrer.
M. de la Morlière, dès le jour de son arrivée, était descendu dans le jardin et s'y était promené très-longtemps, ce qui avait permis à Saphir et à Rocambole de se trouver seuls et d'échanger quelques mots.
— Eh bien? avait demandé le faux laquais.
— Rien encore.
— Il ne vous a rien dit?
— Absolument rien.
— C'est bizarre, murmura Rocambole.
Et il poursuivit lentement et comme se parlant à lui-même :
— Décidément, nous avons à faire à forte partie. M. le vicomte de la Morlière est un adversaire digne de moi. Voilà un homme qui n'évente point ses projets.
Rocambole rêva un moment :
— Il faut pourtant, murmura-t-il, que je sache ce que nous sommes venus faire ici.
— Dame! répondit Saphir, jusqu'à présent je ne puis même m'en douter.
— Quoi qu'il arrive, dit Rocambole, quoi qu'il vous propose, fût-ce la dernière des infamies, ne vous révoltez pas, ne vous indignez point.
— Oh! soyez tranquille, je vous ai promis de vous obéir.
— Ne trouvez-vous pas, reprit Rocambole, qui était retombé un instant dans sa rêverie, ne trouvez-vous pas que le vicomte vous regarde parfois d'une singulière façon?
— Oh! si, il est de certains moments où il me fait peur.
— M. de la Morlière est un homme froid, égoïste, méchant, qui, jusqu'à ce moment, n'a aimé personne.
— Vous croyez?
— Jusqu'à présent, il n'a eu d'autre passion que la cupidité, et vous allez être son premier amour.

— Que dites-vous? s'écria la jeune femme étonnée.
— Je dis, articula lentement Rocambole, que le vicomte vous aime.
— Ah! par exemple!
— Mais, continua l'ancien élève de sir Williams, il ne l'avoue point encore, et il vous a amenée ici pour se servir de vous, sans avoir conscience de ce qu'il éprouvait lui-même intérieurement.

Saphir se prit à rire.
— Il perdra son temps, s'il en est ainsi, dit-elle.

Rocambole ne répondit point. Il méditait.

La soirée, la journée du lendemain se passèrent: M. de la Morlière ne laissa rien transpirer de ses projets.

Depuis son départ de Paris, il s'était borné à entretenir la jeune femme de choses indifférentes; mais il s'était oublié parfois à la regarder d'une façon étrange.

Dans ces moments-là, l'idée fixe qui semblait le dominer l'abandonnait tout à coup.

Il y avait donc deux jours que M. de la Morlière était installé à la Charmerie, et il n'avait point encore dévoilé à Saphir le but de leur voyage.

Le soir du second jour, — les chevaux étaient arrivés le matin, — comme neuf heures sonnaient à la pendule du salon, le vicomte se leva tout à coup et regarda la jeune femme.

— Ma belle enfant, lui dit-il, je vais m'absenter ce soir.

— Comment! dit Saphir, est-ce que vous retournez à Paris?

Le vicomte hocha la tête en souriant.

— Non, dit-il, pas tout à fait. Je vais faire une promenade au clair de lune.

— A pied?
— Non, à cheval.
— Voulez-vous que je vous accompagne?
— Non, impossible.
— Et, dit Saphir, qui sans doute avait reçu de nouvelles instructions, serez-vous bien longtemps dehors?

Elle l'enveloppa d'un regard de sirène, sous lequel le vicomte éprouva un trouble inexplicable.

— Deux ou trois heures, répondit-il.

M. de la Morlière avait pris avec Saphir des façons toutes paternelles; il l'appelait « mon enfant, » et lui mettait parfois un baiser sur le front.

— Adieu! lui dit-il.

Et, comme à l'ordinaire, il effleura de ses lèvres le front blanc de la jeune femme; mais ce contact lui arracha un frisson; une sorte de vertige s'empara de lui, et il sortit précipitamment, juste au moment où Rocambole, qui était merveilleux sous son enveloppe de laquais, apportait une lampe dans le salon.

— Bon! dit ce dernier, à qui le trouble M. de la Morlière n'échappa point, si le bonhomme veut jouer à M. de Pierrefeu un tour de sa façon, il n'a qu'à se dépêcher. Sa raison commence à s'égarer.

Et Rocambole quitta le salon sur les pas du vicomte, après avoir échangé un rapide regard avec Saphir.

M. de la Morlière descendit au jardin, en proie à une surexcitation nerveuse, et il en fit le tour d'un pas précipité.

— C'est bizarre, murmura-t-il, très-bizarre!... Voilà une misérable courtisane que je me surprends à traiter avec les plus grands égards, que j'embrasse en tressaillant... que je regarde avec émotion... Oh! mais c'est de la folie!.. Ne vais-je pas être amoureux!.. A mon âge!... Moi!... moi! le vicomte de la Morlière!... Allons donc!

Et le vicomte passa la main sur son front, comme s'il eût voulu en chasser une vision terrible ou grotesque.

Il rentra dans la maison, et, comme il traversait le vestibule, il se trouva face à face avec Rocambole.

Pour la seconde fois, le vicomte envisagea attentivement le laquais.

En dépit de son retour à la vertu, Rocambole avait conservé son visage astucieux, son regard fuyant, ses lèvres minces et pâles.

Le masque du coquin avait survécu à la conversion.

— Voilà un homme qui me servira si je le paie bien, se répéta M. de la Morlière; je le sonderai.

Et, remettant sans doute à plus tard l'interrogatoire qu'il comptait lui faire subir, il se borna à lui dire:

— Allez me seller un cheval.

Rocambole fut stupéfait de l'ordre qu'il recevait; mais sa physionomie n'exprima que la niaise surprise d'un valet qui ne comprend pas très-bien ce qu'on lui dit.

— Sellez-moi un cheval, répéta le vicomte.
— Tout de suite?
— Certainement.
— Lequel?
— Celui qui vous paraît le meilleur.
— C'est le noir, dit le faux laquais.

Et il s'en alla sur-le-champ à l'écurie.

M. de la Morlière fit encore deux ou trois tours dans le jardin, en proie à une vague agitation.

Le bruit des pas du cheval résonnant sur le pavé l'arracha à ses méditations.

Il revint, entra dans la cour, qu'une simple claire-voie séparait du jardin, et, avant de mettre le pied à l'étrier, il examina de nouveau le prétendu valet.

Rocambole qui tenait la bride d'une main, et de l'autre une lanterne dont la lumière l'éclairait en plein, avait su se refaire son visage des anciens jours, ce visage astucieux et plein de cynisme que feu sir Williams avait admiré si souvent.

Une fois de plus, le vicomte tressaillit.

— Comment te nommes-tu? lui dit-il.
— John, répondit Rocambole.
— Tu es Anglais?
— Non, monsieur.
— Pourquoi t'appelles-tu John?
— Parce que j'ai habité Londres.
— Singulière raison!
— Je parle l'anglais comme le français.
— Eh bien?
— Et madame, qui sait que je m'appelle Jean, a préféré me nommer John, c'est plus *chic*.

Par le mot de madame, tout court, Rocambole désignait Saphir.

— Aimes-tu beaucoup ta maîtresse?
— Peuh! c'est selon.

Ces trois mots étaient d'une éloquence irréfutable.

Ils signifiaient clairement:

« Je suis dévoué à ma maîtresse, parce qu'elle me paie; « mais je serais bien plus dévoué à celui qui me paierait « davantage. »

Ces trois mots satisfirent sans doute M. de la Morlière.
— C'est bien, dit-il.

Il mit le pied à l'étrier et sauta en selle.

Le cheval piaffa, caracola, se cabra à demi sous le genou de son cavalier.

— Allons! pensa le vicomte, il est bon et le marquis a eu la main heureuse.

John ouvrit la grille, et M. de la Morlière sortit de la Charmerie.

Le vicomte, depuis son arrivée, n'avait point encore mis les pieds hors de la villa, et on eût pu croire qu'étranger au pays, il allait hésiter et ne point savoir tout d'abord de quel côté il dirigerait sa monture.

Il n'en fut rien.

La Charmerie avait une longue avenue du côté de la mer. Ce fut cette avenue que M. de la Morlière suivit.

Quand il fut au bout, il se trouva dans un chemin creux qui longeait la falaise en se dirigeant vers un petit village du nom de Château-Vieux, situé à l'ouest.

Le vicomte mit son cheval au galop et fit deux lieues

sans s'arrêter; puis, arrivé à une bifurcation du chemin, il laissa celui qui continuait à se diriger vers la mer et se jeta brusquement à gauche, dans un sentier bordé de haies vives, qui serpentait à travers champs.

Là seulement il modéra l'allure de son cheval et parut vouloir s'orienter.

La lune, qui se levait à l'horizon, lui montra au travers d'un bouquet d'arbres, une petite maison blanche; à l'une des croisées brillait un point lumineux.

Cette maison était à la distance d'un quart de lieue environ.

— Ce doit être là, pensa le vicomte, Ambroise m'a bien indiqué...

M. de la Morlière fit encore deux ou trois cents mètres à cheval, puis il appuya deux doigts sur ses lèvres et fit entendre un coup de sifflet lentement modulé, semblable à celui dont les chouans se servaient dans le Bocage.

Quelques secondes s'écoulèrent, puis un *houhoulement* qui rappelait celui du pauvre Grain-de-Sel, répondit au coup de sifflet dans le lointain.

— C'est bien cela, murmura le vicomte. Je reconnais maître Ambroise.

Puis, jetant les yeux autour de lui.

— Dans sa lettre, mon ancien complice m'indique comme but la maison blanche, et comme rendez-vous un endroit du sentier où se dresse un grand chêne couronné. C'est bien ce chêne-là... Arrêtons-nous.

Le cheval du vicomte s'arrêta en effet au pied d'un arbre colossal qui dominait orgueilleusement tous les arbres des environs.

Alors le vicomte mit pied à terre, attacha son cheval à l'arbre, et s'assit sur l'herbe.

Le houhoulement se fit entendre de nouveau au bout de quelques minutes mais beaucoup plus rapproché, et, bientôt après, un bruit de pas résonna sur la terre durcie.

Un homme avançait avec précaution à travers les broussailles et les genêts qui bordaient le sentier et la haie vive à droite et à gauche.

Quand cet homme ne se trouva plus éloigné que de quelques pas, le vicomte, qui se tenait immobile auprès de son cheval, dit à demi-voix :

— Qui va là?
— Ambroise, répondit l'homme.

Et il enjamba la haie et se trouva auprès du vicomte.

— C'est toi? fit celui-ci.
— Oui, monsieur.
— Eh bien?
— Eh bien! vous trouverez la pie au nid.
— Ah!
— Nos tourtereaux sont au salon; ils font de la musique.
— Et je puis les voir?
— En grimpant sur un arbre du jardin.
— Pourrai-je entendre?
— Oui ; la fenêtre du salon est ouverte.
— Où vais-je laisser mon cheval?
— Ici. Est-il attaché?
— Oui.
— Il n'y a pas de danger, alors.
— Tu vas venir avec moi?
— Oui, monsieur. Je marche devant.

Et Ambroise se mit en route, précédant le vicomte dans le sentier.

— Il y a un mauvais chien à la maison, dit-il.
— Diable !
— Il vous dévorerait si vous étiez seul; mais, avec moi, il ne dira rien. D'ailleurs, ajouta Ambroise, les gens de la Maison-Blanche sont loin de se défier de rien, et le beau damoiseau de Paris est à cent lieues de penser qu'on va lui détruire son petit bonheur.

A cette menace, nettement formulée, le vicomte se prit à sourire, de ce sourire odieux et cruel qu'il avait autrefois.

XIII.

Pour expliquer la rencontre de M. de la Morlière et d'Ambroise, l'ancien valet de chambre de l'infortunée baronne Rupert, en même temps que le mystérieux voyage du vicomte en Normandie, il nous suffira de transcrire une lettre qui parvint à ce dernier la veille de son départ, et après la lecture de laquelle il jugea convenable de parler à M. de Kerdrel et au prétendu chirurgien anglais de ses projets de mariage pour son fils.

Cette lettre était arrivée vers quatre heures, par la poste, et portait le timbre de Fécamp.

L'enveloppe de papier gris était cachetée avec de la cire grossière, mais le cachet avait pour empreinte une ancre de navire. Le vicomte tressaillit en y jetant les yeux.

— Je connais cela, murmura-t-il, j'ai vu cela quelque part.

Le vicomte ayant déchiré l'enveloppe, lut les lignes suivantes :

« Monsieur et cher maître,

« Peut-être avez-vous oublié Ambroise. Les gens de qualité ont mauvaise mémoire, et voici bientôt quinze années que j'ai cessé de vous donner de mes nouvelles.

« Cependant, monsieur le vicomte, j'ai aujourd'hui une bonne raison pour me rappeler à votre souvenir, une raison toute désintéressée du reste, et je crois que je vais pouvoir vous rendre un service.

« Laissez-moi d'abord vous dire ce que je suis devenu depuis le jour où je vous ai débarrassé, vous savez de qui.

« Le métier que je faisais alors ne m'enrichissait pas, et, malgré toutes vos libéralités, nous étions assez pauvres, ma femme et moi.

« Le choléra de 1849 l'attaqua, et elle fut enlevée en vingt-quatre heures.

« Comme elle était Normande, — je l'avais connue femme de chambre à Paris, — je pensai qu'elle pourrait bien avoir quelque *revenance* au pays, et je risquai le voyage.

« Ma femme laissait une tante, à la mort de laquelle elle aurait touché pour sa part une douzaine de mille francs; mais la tante se portait bien, elle n'avait pas cinquante ans, elle était veuve et songeait à se remarier avec un homme qui aurait des manières.

« Je fis la cour à la tante, je lui plus, et au bout de trois mois je l'épousai.

« Pardonnez-moi, monsieur le vicomte, si je vous donne tous ces détails, mais c'est à la seule fin de vous mettre bien au courant de la situation.

« Ma seconde femme est fermière ; je suis devenu fermier.

« Nous avons un bail de vingt-un ans, renouvelé de l'année dernière, et je me trouverais parfaitement heureux si je pouvais rembourser certains emprunts que j'ai faits, et à quelque temps pour acheter des bestiaux.

« Or, un matin, voici quinze ou vingt jours, comme je me creusais la tête pour trouver un moyen de liquider ces petites dettes, — nous étions à table, ma femme et moi, — le postillon nous apporta une lettre timbrée de Paris.

« Cette lettre était d'une sœur de ma femme qui habite ordinairement Paris, rue Neuve-des-Mathurins. C'est la veuve d'un intendant.

« Mᵐᵉ Hulot, — c'est son nom, — annonçait à ma

Il grimpa avec la légèreté d'un jeune homme. (Page 972.)

femme qu'elle allait venir passer quelque temps chez nous, avec deux jeunes gens qui lui étaient confiés.

« Ces deux jeunes gens étaient sur le point de se marier, disait-elle, et leur mariage n'était reculé qu'à cause de certaines formalités qui restaient à remplir.

« Je n'attachai pas grande importance à la lettre de ma belle-sœur, que je n'avais jamais vue, et qui arriva le lendemain matin avec les deux jeunes gens en question.

« C'était un grand et beau garçon, aux cheveux bruns, à la moustache noire, et une belle jeune fille blonde, mince, fluette.

« Tous deux semblaient s'aimer beaucoup, et madame Hulot nous recommanda pour eux les plus grands égards.

« Comme le maître de notre ferme n'y était jamais en cette saison, nous avons logé la belle-sœur et les deux jeunes gens dans l'*habitation*, qui est tout fraîchement arrangée.

« Mme Hulot et la demoiselle couchent au premier étage, chacune dans une chambre attenant au salon ; M. Léon habite au rez-de-chaussée, à côté de la salle à manger.

« Le jeune homme monte à cheval le matin, il va se promener de droite et de gauche, mais généralement du côté de la mer, qui est à une lieue de chez nous, en tirant sur l'ouest.

« La jeune personne, qu'on appelle Mlle Victoire, ne sort jamais du jardin ou de la maison avant la nuit.

« A la brune, tous les trois vont se promener et rentrent généralement entre dix et onze heures. Ils se réunissent au salon, et Mlle Victoire fait de la musique.

« A minuit, M. Léon l'embrasse sur le front, souhaite le bonsoir à Mme Hulot et descend se coucher.

« Cette existence assez mystérieuse a fini par m'intriguer, comme bien vous pensez.

« Mme Hulot ne faisait aucune confidence à ma femme, ne prononçait aucun nom propre, et si le hasard ne s'en était mêlé, je n'aurais jamais su d'où venaient ce M. Léon et cette Mlle Victoire.

« J'avais remarqué que, chaque matin, le facteur apportait une grosse lettre qui en renfermait deux autres de la même écriture.

« La première était pour Mme Hulot, l'autre pour M. Léon, la troisième pour Mlle Victoire.

« Chaque jour aussi, Mme Hulot m'envoyait porter une autre lettre non moins volumineuse à la poste.

« Celle-ci était adressée à Mme C... M..., poste restante, à Paris.

« Un jour qu'elle m'eut remis la lettre fraîchement cachetée, j'enfourchai mon bidet, et, comme le pain était encore humide, j'ouvris la lettre en chemin.

« Je fus bien étonné de lire ces mots :

« Madame la marquise,

« Vos enfants vont bien. M. Léon et mademoiselle vous « écrivent. »

« La lettre de Mme Hulot renfermait, en effet, comme à l'ordinaire, deux autres lettres que j'aurais bien voulu lire; mais elles étaient cachetées à la cire.

« C'est égal, me suis-je dit, je saurai le fin mot de tout cela, et nous verrons bien quelle est cette marquise.

« Hier, dimanche, j'ai pu mettre à exécution mon petit plan.

« Mme Hulot, Mlle Victoire et M. Léon sont allés à la messe du bourg. La messe est longue, le dimanche. Je suis sorti pendant le prône, je suis revenu à la ferme, et j'ai pénétré dans l'habitation avec une double clé que le maître nous laisse toujours en cas d'accident.

« M. Léon n'est pas très-défiant. Il met ses lettres dans un tiroir de commode et laisse la clé à la serrure.

« J'ai pris l'une de ces lettres, qui me semblait de la même écriture que celles que reçoit Mme Hulot tous les matins, et mes yeux ont couru à la signature.

« Jugez de ma surprise, lorsque j'ai lu ce nom : Marquise de Morfontaine.

« J'ai pensé alors que vous pouviez bien être pour quelque chose dans tout cela, et j'ai pris connaissance non-seulement de cette lettre, mais de toutes les autres.

« Or, de cette lecture, il est résulté pour moi que Mlle Victoire est la fille de la marquise; que la marquise désire qu'elle épouse M. Léon de Pierrefeu; que le marquis, au contraire, veut lui donner pour mari M. Paul de la Morlière, votre fils et son cousin; que le marquis et vous remuez ciel et terre pour retrouver la demoiselle et n'y pouvez parvenir.

« Voyez si, maintenant, je suis bien informé.

« Or, monsieur le vicomte, en pensant à tout cela, j'ai songé également un peu à mes dettes, et j'ai pensé que les petits renseignements que je vous transmets valent bien une vingtaine de mille francs.

« Je mets cette lettre à la poste, et je compte aller demain à Beuzeville, où il y a une station télégraphique.

« Si vous trouvez convenable de venir, je vous engage à louer une maison qui est située à deux lieues d'ici, près de Criquetot, et qu'on appelle la Charmerie.

« Envoyez-moi une dépêche à Beuzeville pour me dire si vous viendrez oui ou non.

« Je sais avec respect, monsieur le vicomte, votre dévoué serviteur,

« AMBROISE. »

L'ancien complice du vicomte avait touché juste en pensant que M. de la Morlière ne confierait point à un autre le soin de troubler le bonheur des deux jeunes amoureux et qu'il viendrait lui-même.

En effet, quarante-huit heures après, on s'en souvient, M. de la Morlière s'installait à la Charmerie.

Deux heures plus tard, Ambroise était informé de son arrivée et lui écrivait ces quelques lignes qu'il jetait au bureau de poste de Criquetot:

« Monsieur le vicomte,

« Le plus court chemin d'un point à un autre est comme vous savez, la ligne droite.

« Il y a une route qui va directement de la Charmerie à la Maison-Blanche; c'est ainsi qu'on appelle l'habitation et la ferme que j'ai à bail.

« Mais les ponts et les chaussées ont leur raison d'être, je crois que vous aurez des motifs pour prendre la ligne courbe : c'est toujours plus prudent.

« En sortant de la Charmerie, vous trouverez une avenue qui s'allonge vers la falaise.

« Au bout de cette avenue, il y a un chemin creux que vous prendrez, et qui se dirige vers l'ouest.

« Lorsque vous aurez fait deux lieues environ, vous trouverez une croix et un sentier que borde une haie vive.

« Prenez ce sentier; peu après vous apercevrez une maison à travers les arbres : c'est là.

« A trois cents mètres environ de la Maison-Blanche, un grand chêne se dresse au milieu de la haie qui borde le sentier.

« C'est au pied de cet arbre que je prends la liberté de vous donner rendez-vous, soit demain soir, soit les jours suivants, entre neuf et onze heures. Vous sifflerez comme les gens du Bocage, et je vous répondrai comme Grain-de-Sel.

« On m'a dit que vous aviez amené une belle dame. Je pense que vous avez déjà imaginé *quelque chose de bien*, et je suis votre serviteur.

« AMBROISE. »

C'était le lendemain du jour où cette deuxième lettre lui était parvenue, que M. de la Morlière était venu au rendez-vous que lui donnait Ambroise.

En quittant Paris, le vicomte avait écrit par le télégraphe au marquis de Morfontaine :

« Il me faut deux chevaux de selle. Envoyez-les-moi sur-le-champ, ligne du Havre, station de Beuzeville. »

Comme ces chevaux n'étaient arrivés que le jour même, M. de la Morlière n'avait pu, la veille, se mettre en route, la distance de la Charmerie à la Maison-Blanche étant de plus de huit kilomètres.

Il était donc près de onze heures quand il joignit Ambroise au rendez-vous indiqué.

— Causons un peu, dit le vicomte tout bas, tandis qu'ils cheminaient vers la maison, dont les murs blanchissaient au travers les arbres.

Ambroise s'arrêta, et comme la lune l'éclairait en plein, M. de la Morlière put l'examiner à son aise et lui dire :

— Hé ! hé ! comme te voilà vieilli, mon pauvre diable !

— Dame ! monsieur le vicomte, il y a vingt ans et plus que nous avons...

— Chut !

— Comme le temps passe ! dit le vicomte.

En effet, maître Ambroise, car c'était bien le valet félon qui avait causé la mort du comte de Main-Hardye et, plus tard, enlevé la petite Danielle au château de Bellombre, pour l'enrôler dans une troupe de saltimbanques, maître Ambroise, disons-nous, avait les cheveux blancs, le visage horriblement ridé, et les allures débiles d'un vieillard précoce.

— Sais-tu, mon pauvre vieux, continua le vicomte, qu'il y a longtemps que nous ne nous sommes vus !

— Dame! oui.

— Et je ne croyais pas te retrouver en Normandie.

— Ah ! dit Ambroise, mon séjour en Normandie est toute une histoire, comme j'ai eu l'honneur de vous l'écrire.

— Et tu te trouves heureux ?

— Assez. Cependant...

— Ah ! oui, dit le vicomte, je sais ce que tu vas me dire.

— M. le vicomte devine si bien les choses que c'est bien possible.

— Tu vas me parler des vingt mille francs que tu dois...

— Peuh ! fit Ambroise, je ne m'en inquiète plus. Puisque M. le vicomte est venu, c'est qu'il pense me les donner.

— C'est vrai; tu les auras. Que manque-t-il encore à ton bonheur ?

Ambroise parut réfléchir :

— Monsieur le vicomte, dit-il enfin, on prétend que quiconque paye ses dettes s'enrichit. Ce n'est pas mon avis. Avec vos vingt mille francs, je payerai mes dettes, mais voilà tout.

— Hum ! fit le vicomte. Est-ce que tu aurais la prétention de me faire doubler la somme ?

— Dame ! Mlle Victoire aura cent mille livres de rente en dot, un beau matin.

— Eh bien ?

— Et je gage que si j'avertissais M. Léon de Pierrefeu du danger qu'il court, il s'engagerait bien à me compter une année de son revenu après son mariage.

Le vicomte se prit à rire.

— Tu es ambitieux, dit-il, et ce n'est point avec moi que tu pourras satisfaire ton ambition. Cent mille livres ! tudieu ! mon drôle, tu demandais moins autrefois.

— Ah ! dame, répondit Ambroise, l'appétit vient en mangeant. Et puis, quand on a un petit secret...

Le vicomte tressaillit.

— Mais, reprit Ambroise, nous causerons de tout cela, monsieur, lorsque vous aurez vu ; je ne suis pas bien pressé.

Ils étaient arrivés en ce moment au pied de la grande haie vive qui clôturait le jardin de l'habitation.

— Passons par ici, dit Ambroise, et marchez avec précaution. Il y a parfois des feuilles sèches qui crient sous le pied, dans les allées.

Un aboiement de chien se fit entendre.

— Chut ! César, murmura le fermier.

Un molosse au poil noir, qui s'était élancé à la rencontre d'Ambroise, arriva sur lui au moment où le fermier ouvrait une petite porte à claire-voie qui mettait le jardin en communication avec les champs.

— A bas ! répéta le fermier.

Le chien se tut.

Ambroise fit pénétrer le vicomte dans le jardin et le conduisit vers la maison.

Un ormeau s'élevait devant les croisées du salon, dont l'une était entr'ouverte.

On voyait de la lumière au dedans.

Au pied de l'arbre, il y avait une échelle.

— Tenez, dit Ambroise, montez-là et sautez à califourchon sur cette branche, vous verrez et vous entendrez ; moi, je fais le guet.

M. de la Morlière ne se fit point répéter l'invitation ; il grimpa avec la légéreté d'un jeune homme, et lorsqu'il fut établi sur la branche désignée, son regard plongea, ardent, dans l'intérieur du salon.

Victoire de Morfontaine et Léon de Pierrefeu étaient assis l'un près de l'autre.

Victoire avait une lettre à la main et lisait...

XIV.

Le matin même Mlle Victoire avait reçu de la marquise de Morfontaine, sa mère, la lettre suivante :

« Ma bien-aimée,

« Jusqu'à présent, je n'ai voulu te donner aucun détail sur ce qui s'est passé à l'hôtel depuis le soir de notre douloureuse séparation.

« Je me suis bornée à te dire que ton père était parti pour notre terre de l'Anjou.

« Il est revenu hier soir, et maintenant je vais tout te dire :

« Quand le bruit de la voiture qui emportait mes chers enfants se fut éteint dans l'éloignement, je remontai dans ma chambre et m'y enfermai.

« J'avais besoin d'être seule pour pleurer et prier à mon aise.

« Ah ! ma chère enfant, si Dieu exauce une mère qui lui demande le bonheur de sa fille, tu seras heureuse un jour, car j'ai bien prié.

« La nuit s'écoula en prières ; quand le jour vint, j'étais encore à genoux.

« Je me mis au lit et sonnai ma femme de chambre.

« — J'ai mal dormi, lui dis-je, vous n'entrerez pas chez moi avant midi.

« Je redoutais la visite de ton père, et c'était avec une certaine terreur que j'envisageais l'explication qui aurait lieu entre nous lorsqu'il serait instruit de ton départ.

« Cependant, tu le sais, M. de Morfontaine pénètre rarement chez moi avant l'après-midi. Mais j'avais comme un pressentiment.

« En effet, vers huit heures, je commençais à peine à m'endormir, que Florine, malgré ma défense, entra et me réveilla.

« — Madame, me dit-elle, M. le marquis insiste pour voir madame.

« Je n'avais point répondu encore, que déjà M. de Morfontaine était dans ma chambre.

« — Mille pardons, madame, me dit-il, mille pardons de pénétrer ainsi chez vous, mais c'est pour une affaire urgente.

« Je tremblais de tous mes membres sous ma couverture, et j'avais craint un moment qu'il ne fût instruit déjà de ton départ.

« Je me trompais. Il ne savait rien encore.

« Il prit un fauteuil au pied de mon lit et fit signe à Florine de nous laisser seuls.

« — Vous le savez, madame, me dit-il alors, feu monsieur votre père a si bien disposé notre contrat de mariage qu'il m'est impossible de toucher à notre fortune sans votre signature.

« — Oh ! monsieur, me hâtai-je de répondre, vous savez que je ne vous la refuse jamais.

« — Je le sais, madame, mais j'ai pris l'habitude invariable de vous consulter.

« — Je vous en remercie.

« — Je pars dans une heure, continua-t-il, et je quitte Paris pour quinze jours au moins.

« A ces derniers mots, je respirai, et j'eus un instant l'espérance qu'il partirait sans demander à te voir.

« — Ah ! lui dis-je, vous partez ?

« — Je vais aux Tuillières, notre terre d'Anjou.

« — Mais vous ne pensiez point à ce voyage hier, il me semble.

« — Non, madame.

« — Et vous avez pris cette décision ?...

« — En recevant, ce matin, une lettre de maître Franquin, mon notaire d'Angers. C'est au sujet de cette lettre que je désire vous entretenir quelques minutes.

« — Je vous écoute, monsieur.

« — Maître Franquin m'écrit que la terre et les bois de Bourg-Neuf, qui confinent à nos bois et au domaine des Tuillières, sont en vente. Vous savez que j'ai toujours désiré faire cette acquisition.

« — Si cela vous plaît, je ne m'y opposerai pas, répondis-je.

« — La terre et les bois sont d'une valeur approximative de cinq cent mille francs. J'ai calculé que le revenu net des bois portait l'intérêt du capital à cinq pour cent.

« J'en conclus qu'il n'y a aucun inconvénient à vendre pour vingt-cinq mille livres de rentes, et c'est cette autorisation que je viens vous demander.

« — Je vous l'accorde de grand cœur.

« M. de Morfontaine me donna un papier timbré à signer et se leva en me disant :

« — Je vous fais mes adieux, et je vais les faire à Victoire.

« A ces derniers mots, je devins fort pâle, et ton père aurait dû s'apercevoir de l'altération de mes traits, s'il n'avait été tout entier à ses préoccupations d'intérêt.

« Mon émotion et ma terreur étaient telles que je n'eus ni le courage ni la force de balbutier un mot et d'essayer de le retenir.

« Il sortit de ma chambre, et j'entendis le bruit de ses pas dans l'escalier et au dessus de moi, puis celui de la porte qui s'ouvrait.

« Je me repentis alors de ne point lui avoir fait un mensonge et de ne pas lui avoir dit:

« — Victoire est sortie de bonne heure, elle est allée faire une course matinale et ne rentrera pas avant midi.

« Mais il était trop tard...

« Ton père était entré dans ta chambre, et, voyant le lit non foulé, il était allé droit à la cheminée, sur laquelle tu avais posé ta lettre d'adieux.

« Tout à coup j'entendis une exclamation, un juron, des pas précipités et furieux. M. de Morfontaine reparut chez moi comme un ouragan, renversant Florine, que j'avais rappelée.

« Il était livide de colère et tenait dans sa main ta lettre, qu'il avait froissée.

« Il est des heures, mon enfant, où Dieu nous donne du courage et du sang-froid, à nous, pauvres mères.

« Je me dressai sur mon lit et dis avec une sorte d'étonnement :

« — Mon Dieu! monsieur, qu'avez-vous?

« — Victoire, s'écria-t-il, Victoire est partie!

« — Partie?

« — Tenez, lisez... voyez.

« Et tandis que je m'emparais de la lettre, il eut comme une révélation de la vérité.

« — Mais, s'écria-t-il, je suis fou, parole d'honneur!

« — Fou, monsieur?

« — Et sans doute, je viens vous apprendre ce que vous savez mieux que moi.

« Il frappait du pied sur le parquet avec rage, et sa main ayant rencontré le verre d'eau qui se trouvait sur mon guéridon, il le prit et le brisa contre le mur.

« Cet acte de brutalité inouïe chez un homme bien élevé produisit sur moi un tout autre effet que celui qu'il aurait pu en attendre.

« Je me retrouvai sur-le-champ calme, résolue et en état de tenir tête à l'orage.

« — Monsieur le marquis, lui dis-je, vous oubliez que vous êtes chez moi.

« — Ma fille ! où est ma fille? répéta-t-il, ivre de fureur.

« — Votre fille est partie.

« — Comment? avec qui?... Répondez... mais répondez donc !

« Il m'avait saisi le poignet et le secouait avec violence ; j'étendis vers un cordon de sonnette la main qui me restait libre.

« — Lâchez-moi, monsieur, lui dis-je, ou je sonne et j'appelle nos gens à mon aide.

« Cette menace le calma comme par enchantement; il comprit qu'il était allé trop loin.

« — Pardon, balbutia-t-il, j'ai eu tort... Mais... répondez-moi.

« — Hé! mon Dieu! monsieur, lui dis-je, que voulez-vous donc que je réponde? Vous vous conduisez, en plein dix-neuvième siècle, comme un homme des âges barbares. Vous voulez traiter votre fille comme une esclave, une chose...

« — Moi! moi! fit-il.

« — Sans doute... Elle aime M. Léon de Pierrefeu...

« — Ah! dit-il, je devine tout. Il l'a enlevée.

« — Il est homme d'honneur, il l'épousera !

« Il était devenu livide.

« — Non, dit-il, il ne l'épousera pas, car je le tuerai !

« Puis, me regardant avec des yeux pleins de fureur :

« — Et vous me direz où il est, lui ! Vous me le direz, madame, ou sinon...

« Je m'étais cuirassée d'impassibilité.

« — Monsieur, lui répondis-je, si vous étiez plus calme et en état de m'entendre, je parlerais.

« — Parlez donc ! s'écria-t-il. Allez, je vous écoute.

« Et il s'assit de nouveau dans le fauteuil qu'il avait occupé tout à l'heure au pied de mon lit.

« — Monsieur, lui dis-je, votre fille est notre unique enfant ; elle aura un jour plus de cent mille livres de rentes, et dans de semblables conditions, il est non-seulement cruel, mais ridicule de songer pour elle à un mariage d'argent.

« — Ce n'est point un mariage d'argent, mais de convenance, que je veux lui faire faire, me dit-il.

« Eh bien! laissez-la épouser l'homme qu'elle aime. C'est un loyal garçon, il est de bonne maison, il...

« Ton père m'interrompit par un de ces gestes violents dont il n'a que trop l'habitude.

« — Ma parole est engagée, me dit-il, je ne suis plus libre.

« — Votre parole?

« — Oui ; j'ai promis au vicomte mon cousin.

« Je l'interrompis à mon tour.

« — Je ne sais pas ce que vous avez promis, lui dis-je, mais sais bien qu'un père n'a point le droit de décider du sort de sa fille; que le mariage n'est point une transaction commerciale ; je sais encore qu'épouser le vicomte de la Morlière, votre cousin, c'est l'unir à un homme indigne du nom qu'il porte.

« — Assez! madame... vous insultez mon parent!

« — Je n'insulte personne, monsieur ; mais je formule ma pensée.

« — Ainsi, vous savez où est ma fille?

« — Elle est avec Léon.

« — Et c'est vous qui me l'apprenez ?

« — C'est moi qui les ai fait partir.

« — Infamie ! murmura-t-il.

« — Oh ! rassurez-vous, monsieur, lui dis-je, Léon est un homme d'honneur, et Victoire est une sœur pour lui.

« — Madame, reprit ton père après un moment d'hésitation et de silence, quel âge a Victoire?

« — Vingt ans et onze mois, monsieur.

« — C'est-à-dire que dans un mois elle sera majeure, que dans un mois elle pourra se passer de mon consentement pour épouser M. de Pierrefeu.

« — Jusqu'à présent elle espère encore l'obtenir.

« — Jamais !

« — Alors, elle attendra.

« M. de Morfontaine avait fini par contenir sa colère. Il était fort pâle, mais il n'avait plus d'éclats de voix.

« — Avez-vous lu le Code civil, madame? me demanda-t-il tout à coup.

« — Non, monsieur, mais qu'importe ?

« — Il y a dans le Code civil un article qui donne au père le droit de faire saisir, par la gendarmerie, la fille mineure qui s'est enfuie du toit paternel.

« — Je sais cela.

« — Et la loi punit le ravisseur de six mois à deux ans de prison. Or, vous allez me dire où est ma fille, ou sinon...

« — Eh bien ! achevez votre menace.

« — Sinon, je m'adresserai au procureur impérial, qui saura bien vous faire parler.

« Je haussai les épaules.

« — Je ne connais pas de loi, répondis-je, qui oblige une mère à trahir le secret de sa fille.

« La justesse de cette réponse accabla M. de Morfontaine.

« — C'est bien, me dit-il, je vois que je n'obtiendrai rien de vous, mais je vais prendre mes mesures pour retrouver Victoire, et alors...

« Il n'acheva pas, se leva et sortit.

Il n'acheva pas, se leva et sortit. (Page 972.)

« Je ne le revis pas. J'appris dans la journée qu'il était parti pour l'Anjou.

« En effet, quelques jours après, je reçus une lettre de ton père, timbrée des Tuillières. Dans cette lettre, il me recommandait une jeune fille de l'Anjou, la fille d'un de nos fermiers, qui est fleuriste à Paris, et que je suis allée voir. Mais j'ai su que, dès le lendemain, il était revenu à Paris; il s'était caché dans un hôtel garni ou chez son cher cousin le vicomte.

« Mme de C.. l'a rencontré en fiacre.

« Sans doute, persuadé que tu n'avais pas quitté Paris, il s'est livré aux plus minutieuses recherches.

« Tu penses combien je tremble chaque jour, lorsque je vais rue Neuve-des-Mathurins chercher tes lettres. J'ai toujours peur d'être suivie; je redoute qu'il ne finisse par vous découvrir.

« Hier soir, le marquis est revenu.

« Il est entré chez moi comme si rien ne s'était passé entre nous.

« — J'ai acheté le domaine de Bourg-Neuf, m'a-t-il dit en entrant et me baisant la main.

« Il avait un calme railleur qui m'a épouvantée.

« — Et Victoire! m'a-t-il demandé, avez-vous de ses nouvelles?

« — Oui, monsieur.

« — Elle est toujours absente?
« — Toujours.
« — Et plus que jamais elle veut épouser son cher Léon?
« — Elle y compte.
« — Au fait, elle n'a plus que quinze jours à attendre; c'est peu.
« — C'est beaucoup, ai-je répondu; car, d'ici là, vous pouvez la retrouver.
« — Oh! rassurez-vous, m'a-t-il dit, je ne suis pas plus avancé dans mes recherches que le premier jour.
« — Ah!
« — Pourtant, je suis revenu à Paris *incognito*, j'ai mis toute la police en réquisition.
« — Et vous n'avez rien trouvé?
« — Rien.

« Comme il était fort calme et presque souriant, j'ai tremblé qu'il n'eût, au contraire, tout découvert, et j'ai passé une nuit d'angoisses mortelles.

« Ta bonne lettre est venue me rassurer.

« Depuis hier je cherche à pénétrer la raison du calme apparent de M. de Morfontaine et n'y puis parvenir.

« Est-ce un piège?

« Ou bien s'est-il résigné à voir sa volonté méconnue, et n'est-ce que pour sauver son amour-propre qu'il résiste encore?

« Quoi qu'il en soit, mon enfant, sois prudente, ne le montre pas ; engage Léon à sortir le moins possible.

« L'heure de ton bonheur approche ; prends garde de ne point le compromettre par une imprudence.

« Adieu. Je t'écrirai demain.

« Ta mère qui t'aime,
« Marquise DE MORFONTAINE. »

. . . .

C'était cette lettre que Victoire de Morfontaine lisait à son cher Léon de Pierrefeu, tandis que le vicomte de la Morlière, à califourchon sur sa branche, voyait et écoutait.

La lecture terminée, le vicomte, qui n'en avait point perdu un seul mot, se laissa couler au bas de l'ormeau, en murmurant :

— La marquise est une femme de tête ; mais il faudra voir...

XV

Le vicomte de la Morlière, après être descendu de l'arbre, rejoignit maître Ambroise.

Le fermier était tranquillement assis sur un banc du jardin et fumait sa pipe.

— Eh bien ! dit-il en voyant reparaître le vicomte.

— Allons-nous-en, nous avons à causer, répondit celui-ci.

Ambroise secoua la cendre de sa pipe et se leva sans répliquer un mot.

M. de la Morlière sortit du jardin et ne s'arrêta que lorsqu'il eut franchi la haie et mis le pied dans le sentier par où il était venu.

Alors, oubliant la distance qui le séparait de l'ancien valet de chambre, il lui prit familièrement le bras.

— Oh ! oh ! pensa Ambroise, il a joliment besoin de moi. Attention.

— Peux-tu t'arranger de façon, dit le vicomte, que je sache tous les matins ce qui s'est passé ici ?

— Certainement, monsieur.

— Sans éveiller de soupçons ?

— Aucun.

— Comment feras-tu ?

— M. le vicomte n'est pas sans avoir un domestique sur lequel il peut compter.

Cette question fit tressaillir M. de la Morlière, qui songea sur-le-champ au valet de Saphir.

— Je le pense, dit-il.

— Ce domestique promènera les chevaux le matin.

— Bon ! de quel côté ?

— Du côté de la falaise. J'ai justement une pièce de terre à une lieue environ de la Charmerie, et, comme elle a été en jachère cette année, je vais y mettre la charrue.

— Très-bien !

— Le chemin de la falaise traverse cette pièce ; il est probable que, chaque matin, le valet me trouvera assis sur la botte de fourrage qu'on emporte pour les chevaux. Faudra-t-il vous écrire ?

— Non, tant qu'il n'y aura rien de changé dans les habitudes de Léon et de Mlle Victoire.

— Mais, dame ! fit Ambroise, depuis qu'ils sont ici, ils ont une existence réglée comme un papier de musique.

— Oui, mais il peut survenir des événements.

— Ah ! c'est possible.

— Et si tu pouvais continuer à savoir ce que la marquise écrit...

Ambroise parut réfléchir.

— J'ai une idée pour cela, dit-il.

— Voyons ?

— Oh ! il est inutile que je l'explique à monsieur le vicomte. Je la mettrai à exécution, et j'espère réussir.

— Tu liras les lettres.

— Je vous en enverrai un résumé tous les jours.

— A merveille !

— Vous ferez à votre valet la recommandation que voici : Quand il longera la pièce de terre et qu'il me verra assis sur ma botte de fourrage, il fera bien attention à la façon dont je serai coiffé.

— Ah !

— Je mets tantôt une casquette, tantôt un chapeau de paille.

— Bon !

— Lorsque j'aurai quelque chose à vous transmettre, j'aurai mon chapeau de paille. Si je suis coiffé de ma casquette, c'est qu'il pourra passer son chemin sans s'arrêter.

— Mais ne crains-tu pas d'éveiller l'attention et les commérages de tes bouviers ?

— Oh ! je n'entends pas non plus qu'il m'aborde, même quand j'aurai mon chapeau de paille.

— Alors, à quoi bon ?...

— Seulement, ces jours-là, vous viendrez, le soir, flâner par ici, ou j'irai rôder, à la brune, aux environs de la Charmerie.

— Et tu crois pouvoir me communiquer le résumé des lettres ?

— Oui ; j'ai mon idée là-dessus.

Tout en échangeant ces quelques mots, M. de la Morlière et le fermier étaient arrivés près du grand chêne auquel le cheval était attaché.

Déjà le vicomte mettait le pied à l'étrier et saisissait la crinière pour sauter en selle, lorsque Ambroise lui dit :

— Pardon, monsieur le vicomte ; mais il me semble que nous avons à causer encore un peu.

— Tu crois ?

— J'en suis sûr.

— Eh bien ! dit le vicomte en enfourchant sa monture, marche à côté de moi. Je t'écoute.

Ambroise se rangea à la gauche du cavalier.

— Voyons, de quoi s'agit-il ?

— Je voudrais savoir quelle sera ma part dans cette petite affaire.

— Quelle affaire ?

— Mais le mariage de M. Paul de la Morlière, votre fils, avec Mlle Victoire de Morfontaine.

— Tu m'as demandé vingt mille francs, je crois ?

— D'abord.

— Et puis tu as pensé que je doublerais ?

— Hum ! dit Ambroise, c'est M. le vicomte qui a parlé de cela ; mais ce n'est pas précisément l'idée qui m'est venue. La mienne...

— Voyons-la, demanda le vicomte, qui commençait à comprendre que maître Ambroise, en devenant vieux, avait acquis de l'ambition.

Ambroise reprit gravement :

— Les vingt mille francs sont une manière de prime, selon moi.

— Peste !

— Monsieur le vicomte me les enverra ou me les apportera demain, ou il me jettera un mot à la poste avec un mandat sur son banquier. Cela m'est égal : la signature de M. le vicomte est excellente, commercialement parlant.

— Soit, dit le vicomte.

— Si le mariage ne se fait pas, je ne réclame absolument rien.

— Oh ! certes, murmura le vicomte, il faudra bien qu'il se fasse.

— Dans ce cas-là...

Ambroise s'arrêta.

— Eh bien ! voyons ? fit le vicomte impatienté.

— Ne disais-je pas tout à l'heure, avant que M. le vicomte montât sur l'arbre, ne disais-je pas que Mlle Victoire apporterait bien cent mille livres de rente à son mari ?

— A peu près.
— Et que M. Léon de Pierrefeu, si on lui garantissait la main de Mlle Victoire, n'hésiterait point à promettre une année de son revenu?
— C'est-à-dire que tu voudrais...
— Pardon, fit Ambroise, laissez-moi finir mon raisonnement.
— Voyons?
— Dans toute affaire, il y a un bon et un mauvais côté. Le bon côté de M. de Pierrefeu, c'est l'amour de Mlle Victoire.
— Peuh!
— Le mauvais, c'est la présence de M. le vicomte dans le pays.

Le vicomte sourit.

— Il est évident, poursuivit Ambroise, que vous n'êtes point venu de Paris sans avoir des plans à peu près arrêtés.
— C'est probable.
— Mais ces plans, probablement aussi, ne peuvent pas s'exécuter en une heure.
— Non. Il faut un certain temps pour les mener à bonne fin.
— Donc, poursuivit le fermier, qui avait une logique inflexible, il n'y a pas de péril immédiat pour M. de Pierrefeu, j'imagine.
— Il peut dormir tranquille, cette nuit tout au moins.
— C'est plus qu'il ne m'en faut, si M. le vicomte et moi nous ne parvenons point à nous entendre.
— Hein? fit le vicomte étonné.
— Je disais, monsieur, reprit Ambroise, que toute affaire ayant son bon et son mauvais côté, l'amour de Mlle Victoire faisait, pour M. de Pierrefeu, le contrepoids de votre présence ici.
— Eh bien?
— Or, si j'avertis M. de Pierrefeu de votre présence, le contrepoids n'y sera plus, ce me semble.
— Soit, dit le vicomte, mais cela ne suffira point.
— Comment?
— Et parce que lorsque M. de Pierrefeu saura que j'ai découvert le secret de sa retraite, son mariage n'en sera pas plus avancé.
— Hum! j'ai un fameux moyen à lui donner.
— Toi?
— Parbleu! un moyen à l'aide duquel il sera marié avant quinze jours.

M. de la Morlière fit un léger soubresaut sur sa selle.
— Railles-tu? fit-il avec inquiétude.
— Mais non, monsieur.
— Par exemple, reprit le vicomte, je ne serais pas fâché de le connaître, ce fameux moyen.
— Je vais vous le dire, répliqua Ambroise avec calme.
— J'écoute, dit le vicomte de plus en plus inquiet.
— Nous sommes à trois lieues de Fécamp.
— A peu près.
— Avec un cheval attelé à ma carriole de bon fermier normand, je puis y aller en une heure. La route est fort belle.
— Mais...
— Attendez donc, monsieur le vicomte... Il y a en ce moment-ci dans le port un petit sloop anglais qui doit lever l'ancre au point du jour.

Le vicomte tressaillit.
— Supposons que je me range du bord de M. Léon de Pierrefeu.
— Eh bien!
— Je vous quitte, je rentre à la ferme, j'éveille ma femme, qui est couchée, et je lui dis : il y va du repos, du bonheur, de la vie peut-être de nos deux jeunes gens et de ta sœur, Mme Hulot. Ma femme se lève étourdie, nous courons ensemble à l'habitation, je frappe à coups redoublés, M. Léon vient ouvrir.

— Après? demanda le vicomte, qui trouvait qu'Ambroise se livrait à d'interminables digressions.
— Vite! vite! dis-je alors, monsieur Léon, mademoiselle, habillez-vous; il faut partir ou tout est perdu... Je n'ai pas le temps de vous donner des explications; mais, si vous ne voulez pas être séparés pour toujours, partez! Et je les mets dans ma carriole, je les conduis à Fécamp, je les embarque à bord du sloop. Le jour même, le journal maritime du port annonce leur départ. A partir de ce moment, vous comprenez... il n'y a plus moyen que M. Paul de la Morlière, votre fils...
— Je comprends, repartit froidement le vicomte, que tu veux que je te promette cent mille francs.
— Tout naïvement, monsieur, et comme nous sommes un peu pressés par le temps, à cause du sloop qui part...
— Eh bien?
— J'ai bonne envie de vous accompagner jusqu'à la Charmerie.
— Pourquoi faire?
— Oh! soyez tranquille, je n'entrerai pas.
— Alors...
— Mais je vous attendrai au bout de l'avenue.
— Et... dans quel but?
— Vous me rapporterez un mandat de vingt mille francs d'abord, et ensuite une promesse...

M. de la Morlière interrompit Ambroise d'un geste.
— Tout cela est inutile, dit-il, à moins que tu n'aies pas confiance en ma signature, s'il elle est au crayon.
— Au crayon ou à l'encre, elle est bonne monsieur, très-bonne.

Le vicomte arrêta son cheval, fit signe à Ambroise de tenir sa bride, déboutonna son paletot et prit dans sa poche un carnet qu'il ouvrit.

Il faisait un clair de lune superbe.

Le vicomte écrivit, au crayon, les lignes suivantes :

« Bon pour la somme de vingt mille francs sur mon crédit chez MM. C..., B... et D..., banquiers à Paris, rue du Helder.

« Vicomte DE LA MORLIÈRE. »

Puis, déchirant la feuille du carnet, il la passa à Ambroise.

Ambroise était fumeur; il avait toujours des allumettes dans sa poche. Il en frotta une sur la manche de sa blouse, et, à la lueur de la flamme, il examina fort attentivement le mandat que M. de la Morlière venait de souscrire.

— C'est parfaitement en règle, dit-il. Voyons le reste.

Pendant ce temps, M. de la Morlière écrivait sur une autre feuille de carnet :

« Le lendemain de la célébration du mariage de Paul de la Morlière, mon fils, avec mademoiselle de Morfontaine, sa cousine, je paierai au porteur du présent billet la somme de cent mille francs. »

Puis il signa.

Ambroise examina non moins attentivement, et grâce à une deuxième allumette, ce nouveau papier, qu'il plia et mit soigneusement dans sa poche avec l'autre.

— Maintenant, monsieur le vicomte, dit-il, je crois que j'ai un certain intérêt à ce que nous réussissions.
— Je le crois, répondit le vicomte en ricanant.
— Et peut-être que si vous me faisiez part de quelques-uns de vos plans...
— C'est juste, dit le vicomte, autrefois tu avais de bonnes idées...
— J'en ai toujours.
— Aussi, je compte bien te consulter, mais pas aujourd'hui.
— Tiens! pourquoi donc?
— Parce que je ne suis pas encore bien sûr de mon plan; mais demain, nous verrons...

Ambroise lâcha la bride, et M. de la Morlière piquant des deux, partit au galop.

XVI

Tandis que Rocambole et M. de Neubourg étaient en Normandie, d'autres événements relatifs à notre histoire se déroulaient à Paris.

Il y avait près de huit jours que le chef des Chevaliers du Clair de lune était parti, laissant de minutieuses instructions à ses trois amis, lorsque M. Paul de la Morlière, qui avait commencé à quitter son lit, et s'était même promené la veille dans le jardin de l'hôtel, au bras de son ami M. de Kerdrel, reçut un petit billet sans signature, conçu en ces termes :

« Si M. Paul de la Morlière est rétabli de son coup d'épée, s'il peut sortir un moment demain jeudi et aller déjeuner au café Anglais comme autrefois, il pourra peut-être y entendre parler de cette belle inconnue qu'il rencontra un soir dans un petit salon de la Maison-d'Or. »

Lorsque Paul reçut ce billet, il était seul.

On le sait. Mme la vicomtesse de la Morlière et sa fille avaient quitté Paris le jour même du duel de Paul avec M. de Neubourg ; elles n'en avaient rien su par conséquent, et le vicomte avait confié son fils aux soins de M. de Kerdrel.

Chaque jour, M. de Kerdrel venait à l'hôtel, tenir compagnie à son jeune ami. Paul allait parfaitement désormais, et n'avait plus aucun besoin du chirurgien anglais, qui n'avait point reparu.

Habituellement, M. de Kerdrel arrivait vers dix ou onze heures du matin, et ne quittait plus son ami que le soir.

Or, comme il était à peine neuf heures, lorsque ce billet arriva à l'hôtel, Paul était seul encore. D'abord le jeune homme éprouva une véritable stupéfaction, puis en lisant et relisant ce mystérieux billet, il fut pris d'une émotion violente. Un moment, il eut peur de voir se rouvrir sa blessure.

Ce ne fut qu'au bout de quelques minutes qu'il eut la force de sonner pour appeler son valet de chambre.

— Qui donc a apporté cette lettre? demanda-t-il alors d'une voix encore profondément émue.

— Un domestique, monsieur, répondit le valet de chambre.

— En livrée?

— Oui, monsieur.

— Comment était cette livrée?

— Jaune et bleue.

— Tu ne devines pas à qui elle peut appartenir?

— Non, monsieur.

Paul relisait le billet, le retournait en tous sens. Il était écrit d'une petite écriture allongée, fort nette. Était-ce une main de femme qui l'avait tracé?

Un parfum discret s'échappait de l'enveloppe; l'empreinte du cachet était non moins mystérieuse que la lettre elle-même. C'était une couronne de comte surmontant un écusson vide.

Lorsque son émotion fut un peu calmée, Paul voulut s'habiller.

Son état lui permettait maintenant de sortir ; mais eût-il été dangereusement malade encore, qu'il n'eût point hésité un moment.

Cet amour étrange qui s'était emparé de lui le soir où il avait rencontré et suivi l'inconnue était toujours allé se développant, surtout depuis qu'il avait été blessé.

— C'est *pour elle!* s'était-il dit.

La fièvre est un puissant auxiliaire de l'amour.

Pendant les quinze ou dix-huit jours que le jeune homme avait passés au lit, souvent en proie au délire, il avait constamment devant les yeux l'image de sa belle inconnue.

Cependant Saphir s'était installée chaque soir à son chevet, et c'était comme par miracle que le nom de Danielle, qui errait si souvent sur les lèvres de Paul, n'était point parvenu à son oreille.

Or, ce jour-là, Paul, ivre de joie, se fit lestement habiller, et M. de Kerdrel, qui arriva comme dix heures sonnaient, fut fort étonné de le trouver sur pied.

— Mon ami, mon cher ami, murmura Paul en se jetant dans ses bras, lisez!

Et il lui tendit le billet qu'il venait de recevoir.

— Ah! diable! fit le baron.

— Je suis fou de joie et j'ai peur d'en mourir, mon ami.

— Bah! on ne meurt pas de joie.

— Bien certainement c'est *elle.*

— Qui *elle*?

— Elle qui m'a écrit. C'est Danielle, les battements de mon cœur me le disent assez...

— Vous êtes fou!

— Ah! elle aura su que je m'étais battu à cause d'elle, et alors, vous comprenez.

— Oui, dit M. de Kerdrel en souriant; alors elle se sera prise d'une belle passion pour vous.

— Justement,

— Et vous allez au café Anglais?

— Si j'y vais! pouvez-vous me le demander, mon ami?

— C'est vrai, vous ne pouvez pas hésiter un seul instant.

— Et vous m'accompagnerez, j'imagine? continua Paul, qui allait et venait par la chambre, en proie à une agitation croissante.

— Non, dit M. de Kerdrel.

— Pourquoi ?

— Mais, dit le baron, parce que j'ai trente-cinq ans bientôt, mon ami, et que j'ai plus d'expérience que vous.

— Je ne vous comprends pas.

— C'est facile, pourtant. Ce qui déplaît le plus à une femme, c'est l'indiscrétion. Or, si vous m'emmenez au café Anglais, je deviendrai forcément, aux yeux de votre inconnue, une manière de confident.

— Vous avez raison.

— Allez-y seul; je vous attendrai ici.

Paul relut pour la vingtième fois le billet, et répéta cette phrase à demi-voix : « S'il peut sortir un moment, demain, jeudi... »

— Il n'y a pas d'heure fixée! dit-il.

— C'est vrai, mais comme on déjeune habituellement de onze heures à midi, c'est tout comme.

Paul regarda la pendule :

— Il est plus de dix heures, dit-il. Je puis aller.

Il sonna et demanda son coupé.

— Mon cher ami, lui dit M. de Kerdrel, je vais vous donner un bon conseil.

— Voyons?

— Il est probable que vous ne verrez pas votre inconnue en personne.

— Qui sait?

— Mais un messager quelconque.

— Soit. Eh bien?

— Un messager qui vous donnera un autre rendez-vous.

— C'est probable.

— Avant d'y aller, tâchez d'avoir le temps de venir me consulter. Peut-être ne sera-ce point inutile.

Paul fronça le sourcil.

— Comme vous me dites cela! fit-il.

— Je suis prudent.

— Pensez-vous donc que... on me tende un piège?

— Non, mais enfin je crois devoir vous faire cette petite recommandation. Voilà tout.

Prenez garde ! fit-elle, car ce n'est pas tout encore.

Paul serra la main à son ami, prit son paletot et descendit dans la cour de l'hôtel, où son coupé attendait.
— M. de Kerdrel le regarda s'éloigner.
— Voilà comment l'amour nous mène ! dit-il.
— Où va monsieur ? demanda le valet de pied en refermant la portière sur son jeune maître.
— Sur le boulevard, répondit Paul.
Dix minutes après, le fils du vicomte de La Morlière arrivait au café Anglais, montait au premier étage et s'installait dans un petit salon où il déjeunait ordinairement.
L'heure était matinale encore, il y avait peu de monde, et Paul, jetant un regard autour de lui, n'aperçut que des visages à lui connus.
Son duel avait fait quelque bruit.
— Tiens ! dit une voix comme il rentrait, te voilà donc sur pied, mon pauvre Paul ?
Il se retourna et reconnut un de ses amis. M. Simon Varin, une célébrité du *Sport*.
— Bonjour, Simon.
— Tu t'es donc battu ?

— Oui.
— On m'a appris cela hier soir seulement. Je te croyais à la campagne. Tu t'es battu avec le baron de Neubourg, m'a-t-on dit ?
— On t'a dit vrai.
— Pourquoi ?
— Oh ! une niaiserie... une querelle insignifiante.
— Et tu en as été quitte pour un coup d'épée dans l'épaule, n'est-ce pas ?
— Qui est guéri ou à peu près, à l'heure qu'il est.
— Tu as de la chance.
— Tu trouves ?
— Dame ! oui.
— Pourquoi ?
— Mais parce que le baron passe pour une des meilleures lames de Paris et que tu aurais fort bien pu être tué sur place... Tu viens déjeuner ?
— Oui.
— Veux-tu te mettre là ? Et M. Simon Varin montrait la table devant laquelle il déjeunait.

— Merci, répondit Paul, je vais me mettre là-bas à ma place accoutumée.

Il désignait une table dans un coin du salon, et il ajouta : — D'abord je veux lire les journaux, ensuite je suis maniaque ; excuse-moi, mon cher ami.

— Fais, ne te gêne pas, répliqua M. Varin qui reprit la lecture du journal qu'il tenait à la main.

Paul alla se mettre à sa table, tout en demandant à déjeuner, rendit à droite et à gauche quelques saluts.

Tous les hommes qui étaient autour de lui lui étaient parfaitement connus. Il était plus ou moins lié avec les uns, il saluait les autres.

— Jusqu'à présent, pensa-t-il, je ne vois pas l'ombre de mon inconnue, et je commence à croire que Kerdrel a raison. Il est impossible qu'elle vienne elle-même ici ; elle m'enverra un messager quelconque.

Au moment où il achevait cette réflexion, Paul vit entrer dans le salon un jeune homme fort élégant et qu'il apercevait souvent au café Anglais.

Il le connaissait de vue, l'avait rencontré, l'été précédent, aux courses de La Marche, et s'était trouvé avec lui, un soir, à une première représentation de l'Opéra; mais il ignorait son nom.

Ce jeune homme faisait partie d'un groupe d'habitués du café Anglais qui ne se tenaient point habituellement dans le salon où Paul se trouvait, si bien qu'il n'était pas étonnant que ce dernier ignorât son nom; cependant ils avaient pris l'habitude de se saluer.

Il vint se placer à une table voisine de celle où M. de la Morlière déjeunait en ce moment.

Paul essayait de tromper son impatience en lisant les journaux, et il suçait du bout des lèvres une aile de perdreau froid, les yeux sans cesse tournés vers la porte.

Le jeune homme une fois assis auprès de lui se pencha comme pour lui demander le journal qu'il tenait à la main.

— Monsieur de la Morlière, dit-il tout bas.

Paul tressaillit.

— Mille excuses, monsieur, continua le jeune homme, mille excuses pour mon indiscrétion.

— Vous n'êtes point indiscret, monsieur, répondit Paul avec courtoisie. Désirez-vous ce journal ?

— Non, monsieur, ce n'est point cela...

L'émotion de Paul augmenta.

— Vous vous êtes battu dernièrement, m'a-t-on dit ?

— Oui, monsieur.

— Et peut-être vous souffrez beaucoup encore...

— Oh ! point du tout, répondit Paul, qui s'imagina alors que son interlocuteur voulait simplement lui faire un compliment de condoléance.

— Tant mieux, en ce cas.

— Pourquoi, en ce cas ?

— Mais, dit le jeune homme, parce que je vais probablement vous proposer un voyage en voiture.

— A moi ?

— A vous. Or, la voiture est quelquefois mauvaise pour les personnes dans votre situation. Un cahot violent peut faire rouvrir une blessure.

— Mais, monsieur, dit Paul de La Morlière, permettez-moi de vous faire une simple observation. Nous nous connaissons à peine, et si vous m'avez fait l'honneur de m'appeler par mon nom...

— Vous ne pourriez en faire autant, peut-être, voulez-vous dire ?

— Oui, monsieur.

Le jeune homme sourit.

— Je m'appelle le vicomte Arthur de Chenevières.

Paul tressaillit de nouveau, et il eut comme un vague souvenir d'avoir entendu prononcer ce nom-là lorsque le garçon de cabinet de la Maison-d'Or lui énumérait les quatre jeunes gens qui soupaient dans ce petit salon où il avait vu entrer Danielle.

A partir de ce moment, Paul de La Morlière soupçonna que le vicomte de Chenevières était la personne qui lui avait assigné un rendez-vous, et il devint circonspect.

— Ainsi, dit-il, monsieur le vicomte, vous voulez me proposer un voyage ?

— Oui, monsieur.

— Mais... où ?

— C'est un mystère.

— Dans quel but ?

— Autre mystère.

— Dame ! monsieur, il est de certains moments où... le mystère...

— N'est point un encouragement, voulez-vous dire ?

— Précisément.

— Eh bien ! un mot peut-être vous décidera, monsieur.

— J'attends ce mot.

— C'est un nom propre.

Paul sentit tout son sang affluer à son cœur.

— Danielle ! prononça M. le vicomte Arthur de Chenevières.

— Danielle ! s'écria le jeune homme.

— Oui, monsieur.

— Comment ! c'est vous qui...?

— C'est moi que vous êtes venu attendre ici.

— Ah ! monsieur, je suis à vos ordres.

Le vicomte se prit à sourire.

— Je savais bien, dit-il, que je vous déciderais... avec un nom.

— Ah ! vous allez me parler d'elle, n'est-ce pas ? reprit Paul avec vivacité.

— Oui...

— Oh ! parlez... parlez...

— Pas ici, en voiture.

— Comment ! dit Paul, vous voulez partir tout de suite ?

— Oui, certes.

Paul se souvint alors de la recommandation de M. de Kerdrel : « Avant d'aller au rendez-vous, venez me consulter. » Et un moment, il hésita.

M. de Chenevières devina sur-le-champ cette hésitation.

— Monsieur, lui dit-il, si vous voulez voir Danielle...

— La voir, répéta Paul avec enthousiasme. Je la verrai ?...

— Oui, certes. Si vous voulez la voir, il faut vous décider à l'instant et partir.

— Sans même avoir le temps de passer chez moi...

— Sans avoir ce temps-là. D'ailleurs, ajouta le vicomte, monsieur votre père n'est pas à Paris, votre mère et votre sœur aussi sont absentes. Que voulez-vous aller faire chez vous ?

— La voir ! je vais la voir ! murmurait Paul ravi.

Et, demandant une plume, il écrivit à M. de Kerdrel les deux lignes suivantes :

« Je vais la voir, ami. On m'emmène sur-le-champ. Ne m'attendez pas ce soir. »

Puis il dit à M. de Chenevières, monsieur. Partons !

XVII.

M. de Chenevières eut alors le sourire d'un ami plus âgé qui regarde un adolescent plein d'enthousiasme.

— Un moment, fit-il.

Et comme Paul le regardait :

— Vous avez vingt-trois ans, dit-il, je suis votre aîné, monsieur, et je n'ai point votre bouillante ardeur. Vous aimez Danielle et je comprends votre empressement, mais je dois vous dire que des circonstances tout exceptionnelles m'ayant fait confier cette mission d'ambassadeur que ni mon âge, ni mon caractère ne semblent légitimer, j'ai quelques précautions à prendre.

— Que voulez-vous dire ?

— Que je désirerais, autant que possible, ne pas sortir d'ici avec vous.

— C'est facile. Où dois-je vous rejoindre, monsieur ?

— C'est moi qui vous rejoindrai.
— Soit.
— Vous allez me saluer froidement, comme si nous n'avions échangé que de banales paroles.
— Très-bien.
— Et vous vous promènerez sur le boulevard, dans la direction de la porte Saint-Martin. Je vous retrouverai vraisemblablement dans dix minutes, entre les deux portes, sur le trottoir de gauche, un peu plus loin que le boulevard de Sébastopol.
— C'est parfait, répondit Paul.

Il appela le garçon, demanda la carte à payer, jeta sa monnaie sur la table et se dirigea vers la porte, après avoir échangé un cérémonieux salut avec M. de Chenevières.

— Tiens, lui dit M. Simon Varin, à qui il tendit la main avant de sortir, tu connais le vicomte ?

Fidèle aux recommandations de son futur conducteur, Paul répondit avec nonchalance :

— Un peu ; nous nous sommes rencontrés aux courses du printemps.

Et il sortit.

Une fois sur le boulevard, Paul songea de nouveau à la recommandation de M. de Kerdrel.

— Si j'étais à deux pas de chez moi, se dit-il, j'irais... mais bah! il est trop tard... le vicomte va me rejoindre... et puis...

Paul dédaigna d'achever sa phrase. Le nom de Chenevières était une garantie suffisante pour lui.

Il renvoya donc son cocher, et s'en alla le long du boulevard, rêvant à cette adorable créature blonde qui avait nom Danielle.

Il avait à peine atteint l'angle du boulevard Saint-Denis et de celui de Sébastopol, qu'il s'entendit appeler par son nom.

Une voiture était arrêtée au bord du trottoir, et la portière encadrait la tête du vicomte.

Paul s'approcha, non sans avoir jeté un coup d'œil d'amateur sur le cheval et la voiture.

Le cheval était un vigoureux percheron, assez fin de modèle, et tel qu'on en avait autrefois à l'administration des postes.

C'était une bête taillée pour faire aisément seize kilomètres en une heure avec une assez lourde charge à traîner.

La voiture était un coupé-chaise peint en brun avec le train jaune.

— Singulier équipage! murmura Paul, qui ne put réprimer un sourire moqueur; le vicomte est monté comme un maquignon de province.

M. de Chenevières ouvrit la portière, et Paul se plaça près de lui.

Le cocher, qui ne portait aucune livrée, avait sans doute des ordres, car il se contenta de rendre la main à son cheval sans demander où il fallait aller ; le coupé continua à longer le boulevard.

— Monsieur, dit alors le vicomte, nous avons une route assez longue à faire.

— Ah! répondit Paul, tant pis !

— Craignez-vous de vous trouver fatigué en chemin ?

— Ce n'est point cela. Mais je suis impatient de la voir.

Le vicomte sourit.

— Je le comprends, dit-il. Donc, je vous annonçais que nous avions une assez longue route à faire.

— Hélas!

— Et que nous n'arriverions que fort tard dans la soirée.

— Vraiment ? Mais, monsieur le vicomte, demanda Paul, vous allez peut-être me dire maintenant...

— Où je vous conduis ?

— Je serais curieux de le savoir.

— Malheureusement, monsieur, reprit le vicomte avec gravité, j'obéis à une femme très-capricieuse, très-fantasque.

— Danielle ?

— Oui, et qui s'enveloppe de mystère. Non-seulement je ne puis vous renseigner sur le lieu où nous allons, mais encore...

— Bon ! dit Paul en riant, n'allez-vous pas me bander les yeux, comme dans les romans ?

— Pas tout à fait. Mais je vais avoir recours à un expédient qui atteignant le même but, sera moins désagréable.

Paul regarda curieusement M. de Chenevières.

Celui-ci posa sa main sur le devant du coupé, fit jouer un ressort, et la glace de face, qui était baissée, remonta.

Cette glace, ainsi que celle de côté, que le vicomte releva l'une après l'autre, était dépolie et tamisait un jour mat. On ne voyait rien au travers.

— Ma foi, dit Paul en riant, voilà qui est original. Est-ce de votre invention, monsieur ?

— Non, répondit le vicomte. Ce moyen a été inventé, il y a quatre ou cinq ans, à l'intention d'un jeune fou que vous avez peut-être connu, Roland de Clayet ?

— Celui qui avait cru aimer la comtesse Artoff ?

— Le même.

— Et qui, ajouta Paul, était reçu chaque soir dans un petit pavillon de Passy par une jeune femme qui ressemblait trait pour trait à la comtesse ?

— C'est bien cela. Le coupé qui le conduisait la première fois à ce mystérieux rendez-vous avait, comme celui-ci, des glaces dépolies.

Le vicomte tira de sa poche un étui à cigares et le tendit à son compagnon de voyage :

— Voilà, dit-il, un moyen de tuer le temps. S'il ne vous suffit pas, voici des livres, là, sur cette tablette.

— Je préfère causer.

— Ah ! je vous devine.

Et M. de Chenevières se reprit à sourire, tandis que Paul rougissait.

— Je gage, dit-il, que vous vous promettez, pendant le trajet, de m'accabler de questions sur Danielle.

— Dame !

— Et tenez, comme, au demeurant, j'ai passé par votre situation et que je comprends votre curiosité et votre impatience, je tâcherai de vous satisfaire dans les limites de la discrétion qui m'est imposée.

— Ah ! merci d'avance mille fois ! s'écria Paul ravi.

— D'abord, monsieur, reprit le vicomte, laissez-moi vous dire que je suis l'obligé de Danielle ; j'ai pour elle un dévouement profond, et c'est à ce titre que je suis, aujourd'hui, votre conducteur.

Paul s'inclina.

— Maintenant, que voulez-vous savoir ? Danielle est une femme dont l'existence est un mystère impénétrable. Elle a vingt ans, elle est belle, elle est vertueuse...

— A-t-elle un... mari ? demanda Paul avec timidité.

— Je ne puis vous répondre ; qu'il vous suffise de savoir que celui qui ose l'aimer, et celui-là c'est vous, s'expose vraisemblablement à de grands périls.

— Oh ! dit le jeune homme avec enthousiasme, je mourrais pour elle avec joie !

M. de Chenevières devint grave, ce qui pouvait, jusqu'à un certain point, donner à penser à Paul de la Morlière qu'il y avait, en effet, danger de mort à aimer Danielle.

Après un moment de silence, M. de Chenevières reprit :

— Danielle est-elle dame ou demoiselle, c'est ce je ne puis vous dire. Mais il est un point de son histoire qu'il m'est permis de vous révéler.

Paul attacha un regard avide sur M. de Chenevières. Danielle est entrée dans la vie au moment où son père en sortait. Sa mère a été assassinée.

— Horreur! s'écria Paul de la Morlière.

— L'histoire de Danielle, ajouta M. de Chenevières, rappelle la légende du duc Arthur de Bretagne. Elle a été dépouillée par ses oncles de son nom et de sa fortune.

— Mais ce que vous me dites là est épouvantable! é- partit le jeune homme.

— Soit, mais c'est d'une vérité absolue.

— Et ses oncles?...

— Ses oncles, poursuivit le vicomte, après avoir assassiné la mère, volé la fortune de l'enfant... ses oncles vivent en paix, en plein soleil, des biens mal acquis; sont considérés, honorés; ils portent des noms retentissants !...

— Quelle infamie!

— Voilà tout ce que je puis vous dire, monsieur.

— Ah! pardon, dit Paul, vous ne me refuserez pas un dernier éclaircissement.

— Voyons?

— Comment se fait-il qu'après avoir si longtemps gardé le silence, elle se soit décidée....

— A vous voir?

— Oui.

— Vous avez du malheur, monsieur, dans vos questions.

— Pourquoi?

— Mais parce qu'il est encore impossible de vous répondre.

Paul se mordit les lèvres.

— Enfin, dit-il, je vais la voir.

— Oui.

— Arriverons-nous... bientôt?

Le vicomte consulta sa montre.

— Voici deux heures que nous courons, dit-il; dans huit heures nous serons arrivés.

En ce moment le coupé s'arrêta.

— Qu'est-ce? demanda Paul.

— On relaye.

— Comment?

— Mais, dit le vicomte, vous pensez bien que le même cheval ne saurait marcher dix heures. Nous quittons celui que vous avez vu; on va remplacer le brancard par un timon et atteler à deux.

Paul entendit un bruit de grelots.

— Tenez, dit le vicomte, ce sont des chevaux de poste. Entendez-vous?

— Ainsi, c'est un vrai voyage que vous me faites faire?

— Un voyage de cinquante et quelques lieues.

— Au nord? au sud?

Le vicomte sourit de nouveau et montra les glaces dépolies du coupé.

— S'il m'était permis de vous dire où je vous conduis, répondit-il, ces glaces-là ne seraient-elles pas inutiles?

— Vous avez raison, je suis un sot de m'inquiéter du lieu où je vais, puisque le but de mon voyage, c'est *elle*.

— Fumez un cigare, reprit le vicomte, et, pour tromper votre impatience, causons d'autre chose. Avez-vous vu les dernières courses de Chantilly?

Paul de la Morlière se rendit au conseil que lui donnait M. de Chennevières.

Ils étaient jeunes tous deux et appartenaient au même monde. Ils chassaient, avaient des chevaux et faisaient courir.

Paul parvint ainsi à oublier, pendant quelques heures, qu'il allait voir la femme dont il était si éperdument épris.

De temps en temps, le coupé s'arrêtait pour changer de chevaux.

Enfin le jour blanc qui parvenait à l'intérieur par les glaces dépolies se rembrunit peu à peu. La nuit vint.

— Je vous demande pardon, lui dit le vicomte, de vous faire dîner aussi tard Il est huit heures passées. Mais nous touchons au relais, et notre dîner doit être servi.

En effet, la voiture s'arrêta au bout de quelques minutes, après avoir roulé un instant sur un sol plus sonore que ne l'est ordinairement celui d'une grande route.

La portière s'ouvrit alors et le vicomte descendit le premier, offrant courtoisement la main à Paul.

Celui-ci mit pied à terre, et, comme un prisonnier longtemps privé de grand air et de lumière, il jeta un regard avide autour de lui.

Paul s'était imaginé, au mot de relais prononcé par le vicomte, qu'il allait voir une auberge de grande route, avec des chevaux à la porte, qu'il pénétrerait dans quelque cuisine et trouverait un mauvais dîner servi au coin du feu, sur une table boiteuse.

Paul se trompait.

Le coupé, après avoir passé sous une voûte, venait de s'arrêter dans une vaste cour sablée, enfermée dans une grille à volets de tôle, entourée d'un épais rideau de peupliers.

En face de lui, M. de la Morlière fils aperçut un joli petit castel de style Louis XIII, en briques rouges

Le rez-de-chaussée en était éclairé comme pour une fête.

Enfin, les yeux éblouis du jeune homme s'étant reportés sur le coupé dans lequel il était venu, il remarqua que le cocher s'était transformé, depuis le premier relais, en valet de pied, et que les chevaux, malgré leurs grelots, étaient trop beaux pour appartenir à l'administration de la poste.

— Venez, monsieur, dit le vicomte avec son exquise politesse, nous n'avons qu'une heure pour dîner.

Et il prit Paul par le bras.

Tout en se laissant entraîner vers le perron du château, Paul cherchait, à la lueur des lanternes du coupé, à reconnaître le lieu où il était.

M. de Chenevières s'en aperçut.

— Vous êtes, lui dit-il, dans un des vingt ou trente mille châteaux de France. Vous voyez que vos conjectures ont de la marge.

Paul entra dans un spacieux vestibule orné de bois de cerf et de trophées de chasse, puis dans une salle à manger, où il trouva une table toute dressée, et supportant deux couverts.

Le vestibule et la salle à manger étaient déserts. On n'entendait aucun bruit dans le château. On eût dit une demeure inhabitée; cependant la table était servie. On y voyait un turbot à la sauce, un filet de bœuf aux truffes, un pâté de perdreaux, tout le menu enfin d'un dîner confortable.

Des vins jaunes comme l'ambre étincelaient dans des carafes de cristal de Bohême.

M. de Chenevières pria son convive de lui faire vis-à-vis, et lui dit :

— Nous n'arriverons pas avant minuit; je vous engage à dîner de bon appétit.

Paul était stupéfait de tout ce qu'il voyait, et il ne put s'empêcher de dire :

— Décidément, monsieur, je crois que je fais un rêve des *Mille et une Nuits*.

— C'est possible, répondit le vicomte en souriant; mais n'importe, ajouta-t-il, je vous engage à bien dîner.

— Merci du conseil, je vais tâcher de le suivre.

Paul, en effet, but et mangea de manière à prouver victorieusement que ceux qui ont prétendu que les amoureux n'avaient ni faim ni soif, avaient avancé un paradoxe.

Une chose étonnait cependant le jeune homme plus que toutes les autres.

Dame! monsieur, il est de certains moments où... le mystère...

— Ah ça, monsieur, demanda-t-il, pourriez-vous me dire ce que sont devenus les hôtes de ce château?
— Qui vous dit que ce château est habité?
— Il y a au moins des domestiques?
— Vous allez en voir un.
— Si c'est le cuisinier, je lui ferai mon sincère compliment.

M. de Chenevières posa la main sur un timbre et sonna.

Aussitôt une porte d'office s'ouvrit et un laquais en livrée, portant une serviette sous le bras, vint se placer derrière Paul de la Morlière.

Celui-ci fit un geste de surprise.

Le laquais avait sur le visage un masque de velours.

— Je ne suis pas plus avancé, dit Paul en riant, et décidément je ne saurai de quelle couleur sont les habitants du château.

Le vicomte se reprit à sourire.

— Vous avez tout à l'heure parlé des *Mille et une Nuits?* dit-il.
— C'est vrai.
— Eh bien! continez à rêver, mais n'oubliez pas ce café; il est exquis.

Et M. de Chenevières versa du café à Paul. Ce café fut suivi d'un verre de kirsch et de chartreuse verte; puis le laquais masqué apporta des cigares.

Paul entendit bientôt le bruit des grelots, et le vicomte, tirant sa montre, lui dit:

— Il est temps de partir. Il nous reste bien une vingtaine de lieues à faire.

M. de la Morlière quitta la table précédé par le vicomte.

En vain, une dernière fois, chercha-t-il à deviner, soit par l'ameublement du château, soit par sa structure, en quelle province il devait être, cela lui fut impossible.

Il remonta en voiture sans avoir rien appris.

Les glaces dépolies furent baissées, un postillon invisible jusque-là enfourcha son porteur; le coupé s'ébranla, repassa sous une voûte qui était formée par la porte cochère et les pavillons d'entrée, puis M. de la Morlière sentit qu'il roulait de nouveau sur la grande route.

M. de Chenevières, ainsi qu'un homme qui a la digestion laborieuse, était tombé dans une sorte de mutisme, et contemplait la fumée grise de son cigare.

Paul éprouva le besoin de l'imiter, et il se prit à songer à Danielle.

Le coupé allait un train d'enfer.

XVIII.

Le vicomte de Chenevières et Paul de la Morlière étaient arrivés à huit heures dans la cour du mystérieux et silencieux petit castel en briques rouges; ils en étaient repartis à neuf heures précises.

A minuit, ils couraient encore sur une route inconnue.

Depuis trois heures, M. de Chenevières avait gardé un complet silence, et s'était contenté d'ouvrir et de refermer lestement la portière, afin de laisser pénétrer une bouffée d'air frais dans la voiture.

Ceci avait été accompli trois ou quatre fois si rapidement que Paul de la Morlière n'avait un le temps de voir autre chose qu'une masse confuse d'arbres, bordant à droite et à gauche une route qui courait à travers un pays plat.

Seulement, il avait remarqué qu'il pleuvait.

Vers minuit, M. de Chenevières parut sortir de sa profonde méditation.

— Nous sommes en retard, dit-il. Cela tient à ce que la route est mouillée. Nous allons moins vite que je ne pensais.

— Parbleu! monsieur, repartit Paul de la Morlière, à qui le silence du vicomte pesait depuis longtemps, j'imagine que vous ne trouverez pas indiscrète la question que je vais vous faire?

— Voyons, monsieur? dit M. de Chenevières en souriant.

— Combien de lieues faisons-nous à l'heure, environ ?
— De cinq à six.
— Jamais les chevaux de la poste n'ont obtenu pareil résultat.
— Aussi ne nous servons-nous point des chevaux de la poste ordinaire.
— Ah !
— Mon cher monsieur, continua le vicomte, Danielle, je vous l'ai dit, a été dépouillée par ses oncles...
— Eh bien?
— Mais elle a des amis.

Paul regarda son compagnon de voyage avec curiosité.
— Et ces messieurs, acheva le vicomte, ont des millions à leur service.
— Vraiment !
— Ils ont même fondé une petite association.
— Qui se nomme ?
— L'association des *Chevaliers du Clair-de-Lune*, répondit le vicomte.

Paul se mit à rire.
— Singulier nom ! dit-il.
— Or, reprit M. de Chenevières, l'association a des chevaux et des relais de poste à elle, comme bien vous pensez.
— Je m'en suis aperçu.
— Etes-vous content de votre dîner ?
— Oh ! certes !
— Eh bien ! tant que vous serez entre ses mains, vous serez traité ainsi.

Comme le vicomte achevait, le coupé s'arrêta tout à coup.
— Tiens ! dit le vicomte, nous sommes arrivés.

Un battement de cœur terrible s'empara de Paul de la Morlière.

Il songeait à Danielle.

Cependant, et bien que le coupé fût arrêté, la portière ne s'ouvrait point.
— Monsieur, ajouta le vicomte au jeune homme, nous sommes à près de soixante lieues de Paris.
— Bien, monsieur.
— Si les conditions que je vais vous poser ne vous convenaient point, il vous serait facultatif de repartir sur-le-champ, sans même descendre de voiture.
— Quelle plaisanterie !
— Je parle sérieusement, monsieur.
— Alors, dit Paul de la Morlière, de plus en plus étonné de ce langage, veuillez vous expliquer, monsieur.
— Ecoutez : dans peu, vous verrez Danielle; Danielle est le but, la raison sociale de l'association des *Chevaliers du Clair-de-Lune* dont je fais partie.

— Soit !
— Tout ce qui environne Danielle est mystérieux.
— Je m'en aperçois bien.
— Donc, poursuivit le vicomte, si vous devez vous étonner de quelque chose, il en est temps encore.
— Je ne m'étonnerai de rien, monsieur.
— Danielle vous demandera peut-être des choses extraordinaires, songez-y.
— Ses désirs seront des ordres.
— Ainsi, vous ne reculerez devant rien, n'est-ce pas ?
— Devant rien, absolument.
— Vous m'en donnez votre parole ?
— Sur l'honneur, je le jure.
— C'est bien.

Le vicomte ouvrit la portière et sauta hors de la voiture.
— Descendez, dit-il à Paul.

Paul descendit et regarda autour de lui.

Le site était changé.

Ce n'était plus la cour sablée, la grille à volets, le grand rideau de peupliers fermant l'horizon du relais de poste *extraordinaire* où il avait dîné.

Le jeune homme se trouvait sous une charmille épaisse, en face d'un grand mur blanc, qui, sans doute, servait de clôture à une propriété.

Une porte de bois peinte en vert était devant lui.

Un murmure confus, un bruit sourd retentissait dans le lointain.

— C'est la mer qui déferle, lui dit M. de Chenevières, s'apercevant qu'il prêtait l'oreille avec attention.
— La mer ?
— Oui, monsieur.
— Ah ! nous sommes près de la mer ?
— A un quart de lieue.

C'était là un renseignement ; mais il était insuffisant. Etait-ce la mer des côtes normandes, ou bien celle qui baigne Calais ou Boulogne ?

Le vicomte de Chenevière jugea inutile de donner à Paul de la Morlière ces éclaircissements.

Il fit deux pas vers cette porte massive qui s'élevait au milieu du grand mur de clôture, et il saisit un cordon de sonnette en fil de fer qui pendait au long.

Une cloche retentit à l'intérieur avec un bruit presque lugubre.

Aussitôt l'aboiement d'un chien de cour se fit entendre.

Quelques secondes s'écoulèrent, puis la porte s'ouvrit, et M. de Chenevières poussa Paul devant lui :
— Rappelez-vous, lui dit-il, que j'ai votre parole d'honneur.

En même temps, le jeune homme, qui, obéissant à l'impulsion qui lui était donnée, avait fait trois pas en avant, entendit la porte se refermer derrière lui.

Il se retourna et ne vit plus le vicomte; mais, une seconde après, un claquement de fouet, un bruit de grelots, un roulement de voiture, lui apprirent que son mystérieux conducteur venait de repartir.

Alors, bien que stupéfait, Paul regarda devant lui.

Il se trouvait dans une cour étroite, bordée de hautes murailles, et il avait en face de lui une maison d'un seul étage qui eût semblé abandonnée, tant elle avait un air de vétusté, si Paul n'avait vu une porte entr'ouverte et, dans le lointain, la clarté d'une lampe.

Après un moment d'étonnement et d'indécision, Paul se décida à se mettre en marche vers cette lumière qui, au milieu de la nuit obscure qui l'environnait, brillait comme un phare.

Il arriva sur le seuil de la porte, une porte bâtarde à un seul battant, gravit trois marches et se vit dans un couloir assez étroit.

A l'extrémité opposée de ce couloir brillait toujours cette lampe qu'il avait aperçue.

quand il fut parvenu en cet endroit, il se trouva sur le seuil d'une petite chambre à coucher meublée simplement, mais avec un goût parfait.

La croisée était garnie de rideaux en perse, semblables à ceux du lit, la table de toilette était spacieuse et placée auprès d'un divan à trois coussins.

Sur le lit étaient étalés du linge et des vêtements d'homme.

Paul franchit le seuil de cette chambre. Presque au même instant, un bruit de pas se fit entendre derrière lui; il se retourna.

Un laquais vêtu d'une livrée absolument semblable à celle du laquais qui l'avait servi à table dans le petit caset en briques rouges, et, comme lui aussi, le visage couvert d'un masque de velours noir, se tenait derrière Paul de la Morlière dans une attitude respectueuse.

— Monsieur peut faire sa toilette, dit-il.

Paul eut un geste de surprise, le valet continua :

— Ce linge et ces habits ont été faits pour monsieur. Monsieur peut s'en assurer.

— Ah! dit Paul.

— Si quelque chose manque à monsieur, il n'a qu'à sonner...

Et le valet fit un pas de retraite.

Paul le retint d'un geste.

— Mon ami, demanda-t-il, ne pourriez-vous me dire où je suis ?

— Vous êtes chez madame.

— Quelle madame?

Le valet sourit à travers son masque.

— Madame Danielle, répondit-il.

— Elle n'a pas... un autre nom ?

— Je ne sais pas.

— Mais au moins vous savez...

Paul hésita. Le laquais prit une attitude complaisante.

— Vous savez... le nom de la province où nous sommes ?

— Ah ! dit le laquais avec un rire bête, monsieur veut me faire perdre ma place. Si je répondais, ces messieurs me chasseraient.

« Ces messieurs! » Ce mot venait, pour Paul de la Morlière, à l'appui de ce qu'avait dit M. de Chenevières.

Danielle avait donc autour d'elle de mystérieux protecteurs.

Cette pensée força le jeune homme à se poser une question :

— S'il en était ainsi, si une réunion d'hommes jeunes, riches, beaux sans doute, environnait cette femme mystérieuse, pourquoi donc, lui, Paul de la Morlière, était-il la préféré ?

Tout cela commençait à lui paraître si étrange, que, pour la seconde fois, il se souvint de la recommandation que, la veille au matin, lui avait faite son ami M. le baron de Kerdrel : « Si on vous assigne un rendez-vous, venez me consulter avant d'y aller. »

Après sa dernière réponse, le laquais masqué était sorti, fermant la porte derrière lui.

— Décidément, murmura Paul en se retrouvant seul, c'est à croire que je fais un rêve.

Cependant, en ce moment, le souvenir accourant à son aide, il lui sembla revoir cette éblouissante tête blonde éclairée par de grands yeux bleus qu'il avait entrevue un soir, et il se prit à penser que, pour paraître devant elle, il devait user de tous ses avantages.

Il changea donc de linge et de vêtements, fit une toilette minutieuse, boucla soigneusement ses cheveux bruns, lissa ses moustaches; lorsqu'il fut prêt, il étendit la main vers un gland de soie rouge qui pendait auprès de la cheminée, et sonna.

Le laquais masqué reparut.

— Monsieur veut-il me suivre au salon ? demanda-t-il.

— Allons ! dit Paul.

Le cœur du jeune homme s'était repris à battre avec une violence inouïe, à mesure qu'il marchait sur les pas du laquais.

Celui-ci lui fit reprendre le corridor qu'il avait déjà suivi, puis un escalier tournant, dont les degrés étaient en pierre blanche, et il le conduisit au premier étage de la maison.

Là, Paul trouva un deuxième vestibule et vit s'ouvrir devant lui une porte à deux vantaux, que le domestique referma lorsqu'il fut rentré.

Paul de La Morlière, qui, depuis quelques heures, tombait d'étonnements en étonnements, se trouva dans une jolie pièce meublée, comme doit l'être, à la campagne, le salon d'une femme élégante.

En face de la cheminée, sur laquelle on voyait une pendule et des candélabres style rococo, il y avait un piano long en érable; une glace de Venise était posée entre les deux croisées, au-dessus d'un bahut en bois de rose.

Le meuble était de soie cerise; un guéridon dressé au milieu supportait des revues, des journaux et quelques livres d'étrennes.

Plusieurs tableaux de maîtres, ou tout au moins d'excellentes copies garnissaient les murs.

Bien qu'on fût en été, et sans doute à cause de la pluie fine et pénétrante qui n'avait cessé de tomber depuis plusieurs heures, un feu clair brillait dans la cheminée.

Paul de La Morlière demeura un moment immobile au milieu de ce salon qu'il embrassa d'un seul regard.

— Si monsieur veut s'asseoir, dit le laquais, madame va venir.

Et il se retira et ferma la porte sur lui.

Paul alla s'asseoir dans un fauteuil au coin du feu ; il était en proie à une émotion violente, et le moindre bruit le faisait tressaillir.

Les yeux fixés sur la porte que le laquais venait de fermer, il n'avait point remarqué une deuxième issue qu'avait le salon. C'était une petite porte dissimulée dans la boiserie, et qui s'ouvrait auprès de l'une des croisées.

Quelques minutes s'écoulèrent.

Le silence qui environnait Paul de La Morlière était si profond qu'on eût entendu les battements précipités de son cœur.

Enfin cette petite porte qu'il n'avait point remarquée s'entre-bâilla doucement, et il entendit un léger bruit.

Une femme était devant lui.

Cette femme, c'était bien celle qu'il avait entrevue une seule fois dans sa vie pendant quelques minutes dans le petit salon de la Maison-d'Or, cette femme à laquelle il avait osé adresser la parole d'une façon si cavalière et qui l'avait foudroyé d'un regard majestueux et froid. C'était Danielle.

Elle était vêtue d'un peignoir bleu de ciel, elle avait la tête nue, et des bluets étaient semés dans sa luxuriante chevelure blonde.

Elle s'était arrêtée au milieu du salon et levait sur le jeune homme un regard tranquille, sans hauteur et sans enthousiasme. Sa bouche n'exprimait ni l'indifférence ni le dédain, mais elle ne souriait point et demeurait sérieuse comme son regard.

Paul était immobile et muet, Danielle lui apparaissait plus rayonnante et plus belle qu'il ne l'avait vue déjà.

Elle lui apparaissait environnée de ce prestige du mystère qui échauffe les jeunes têtes, parée de toutes les séductions de l'inconnu.

Quelle était cette femme, autour de qui semblaient se presser des dévouements sans nombre ?

D'où venait elle ? En quel lieu la revoyait-il ?

Telles furent les trois questions que Paul de La Morlière se posa presque instantanément.

Danielle s'était arrêtée, comme si elle avait attendu que le jeune homme fit un pas vers elle.

Enfin, Paul de La Morlière triompha de cette sorte de paralysie morale et physique sous le poids de laquelle il était demeuré quelques secondes.

Il fit un pas vers Danielle, et sans doute il allait tomber à genoux; mais cette femme avait une puissance surhumaine dans le regard; il lui suffit d'abaisser son œil bleu, bordé de longs cils, sur le jeune homme, pour qu'il demeurât immobile, et, comme il n'osait parler, ce fut elle qui, la première, rompit le silence.

— Monsieur de La Morlière, dit-elle d'une voix harmonieuse, charmante, M. le vicomte de Chenevières, qui a bien voulu se charger de mon message pour vous, a dû vous faire quelques recommandations?

— En effet, madame, balbutia Paul, dont l'émotion étouffait la voix.

Danielle continua:

— Il a dû vous dire qu'en entrant ici vous ne deviez plus vous étonner de rien?

Paul retrouva sa voix et un peu de sa hardiesse.

— Ah! madame, murmura-t-il, pourrais-je payer trop cher le bonheur de vous voir?

— Prenez garde! dit-elle avec un demi-sourire, vous ne savez pas à quoi vous vous engagez.

— Je sais que je vous aime! osa-t-il balbutier.

Elle fronça légèrement le sourcil, mais sa voix ne subit aucune altération.

— Peut-être, reprit-elle, pour des raisons qu'il me sera impossible de vous donner, serai-je contrainte de vous garder ici, plusieurs jours.

— Eh! mais c'est le paradis que vous me faites entrevoir, madame.

— Plusieurs jours, dis-je, sans que vous puissiez sortir, sans que vous sachiez où vous êtes.

— Je demande à ne jamais repartir, dit-il avec enthousiasme.

— Prenez garde! fit-elle, car ce n'est pas tout encore.

— Oh! parlez, parlez, madame.

— Et si j'allais exiger de vous des choses étranges, inouïes?

Paul se mit à genoux devant elle; il osa lui prendre la main, une main blanche, parfumée.

— Ordonnez, madame, dit-il, ordonnez; je suis prêt à tout.

— Eh bien, répondit-elle, relevez-vous et écoutez-moi.

XIX

Danielle prit par la main le jeune homme, le conduisit vers un canapé et le fit asseoir auprès d'elle.

Il la regardait avec extase et murmurait:

— Oh! mon Dieu, que vous êtes belle.

Un sourire effleura ses lèvres.

— Ecoutez-moi donc, dit-elle.

— Parlez, madame.

— Vous m'avez vue une seule fois, et, depuis ce moment, vous m'avez écrit lettres sur lettres. Chacune de ces lettres était empreinte d'un tel caractère de passion, qu'il m'a bien fallu me rendre enfin à l'évidence: vous m'aimiez.

— Ah! s'écria Paul avec enthousiasme, je mourrais pour vous.

— Voilà bien les hommes de vingt ans, dit-elle avec plus de tristesse que de raillerie.

— Mon Dieu! fit-il, si vous saviez combien je vous aime!

— Chut! ce n'est pas tout à fait de cela qu'il s'agit.

Paul la regarda. Elle était redevenue grave et calme.

— Donc, reprit-elle, j'ai compris que vous m'aimiez réellement, et la pitié m'a prise.

— Ah! vous êtes bonne!

— Attendez... J'ai eu pitié de vous, jeune fou, ardent jeune homme, qui vous preniez tout à coup à aimer une inconnue, une femme entrevue à peine, dont la vie est un mystère, et qui n'est point faite, hélas! pour aimer.

— Que dites-vous? s'écria Paul en tressaillant.

— La vérité, répondit-elle.

Et elle lui prit la main.

— Alors, j'ai voulu vous voir, vous entretenir un moment; j'ai espéré qu'une seconde entrevue vous guérirait peut-être de ce fol amour.

Ces paroles que Paul entendait n'étaient point précisément celles qu'il avait rêvées dans la bouche de Danielle.

Avec toute la fougue de son imagination, il s'était figuré, durant ce voyage qu'il venait de faire, et qui ressemblait, en quelque sorte, à un enlèvement, il s'était figuré qu'il allait voir Danielle; qu'il pourrait se jeter à ses genoux et lui entendre dire avec l'accent de la passion:

— Ah! moi aussi j'ai fini par vous aimer; moi aussi je t'aime.

Cette réception calme, bien que sympathique, forçait Paul à redescendre de ce ciel élevé où il était monté; mais il ne redescendait point tout à fait sur la terre. Il lui restait la pensée que Danielle voulait peut-être l'éprouver, et l'espérance qu'elle se laisserait persuader et finirait par l'aimer, si elle ne l'aimait déjà.

Danielle continua:

— Voulez-vous mon amitié? C'est peut-être bien peu de chose à vos yeux, mais... je sais des gens qui s'en contentent.

— Madame...

— Vous ne savez pas qui je suis, vous ne le saurez sans doute jamais.

— Mon Dieu!

— Le jour où vous serez parti de cette maison, vous m'aurez vue pour la dernière fois.

— Ah! madame, madame, s'écria Paul, qui eut subitement des sanglots dans la voix, ne me parlez donc point ainsi, au nom du ciel!

— Monsieur de La Morlière, continua Danielle, dont la voix était calme et douce toujours, on ne vous a amené ici avec tant de mystère que parce que vous devez ignorer à jamais le lieu où nous sommes et qui je suis.

— Madame, murmura Paul, dont les yeux s'emplirent de larmes, quel que soit le mystère qui vous environne, quelque intérêt que vous puissiez avoir à me demeurer inconnue, vous êtes cruelle cependant...

— Cruelle?

— Oui, car vous repoussez mon amour, quand je ne demande qu'à vous aimer telle que je vous vois, sans vouloir sonder ce mystère qui vous enveloppe.

— Fou que vous êtes!

— Mon Dieu! poursuivit-il, je donnerais ma vie entière pour rester ainsi, une seule journée, à vos genoux, tenant votre main, vous contemplant.

Paul s'était mis à genoux, et en ce moment sans doute, Danielle le trouva si naïf, si franc, si intéressant, qu'elle eut peut-être un vague remords.

— Non, dit-elle; tenez, il en est temps encore, partez! Sa voix s'était altérée, son œil était devenu humide. Paul de La Morlière se trompa à cette émotion subite. Il prit pour de l'amour ce qui n'était que de la pitié.

— Non, répondit-il à son tour; non, je reste!

Et il demeura, en effet, à genoux, priant, implorant, mais déjà plein d'espoir.

— Eh bien, dit Danielle, dont l'émotion passagère disparut, relevez-vous... je le veux!

Paul obéit.

— Asseyez-vous donc, et écoutez-moi bien, continua-t-elle.

Prenez garde, car rester c'est devenir mon prisonnier. (Page 985.)

— Parlez.
— Je vous donne à choisir : ou partir sur-le-champ, ou rester.
— Je reste.
— Prenez garde ! car, rester, c'est devenir mon prisonnier pour un temps qu'il m'est impossible de définir.
— Votre prisonnier ! et pour longtemps ! Ah ! mais c'est le bonheur que vous m'offrez là, madame.
— Soit, dit-elle. Ainsi vous restez?
— Oui.
— Alors, sachez à quoi vous vous engagez.
— J'écoute.

Danielle reprit son visage calme, mais sa voix conserva une légère altération.
— Mon ami, dit-elle, je me suis tracé un but terrible dans la vie, et je suis aidée par de mystérieux amis qui se sont dévoués à moi corps et âme. Ce but, c'est la vengeance !
— Ah ! fit Paul. M. de Chenevières m'a dit que votre mère.
— Est morte assassinée.
— Et l'assassin vit, il paraît?...
— Ils sont trois assassins, tous trois vivent, et moi j'ai juré leur perte.

Paul se taisait.
— Prenez garde, monsieur, prenez garde ! Songez que si vous restez ici, vous devenez un des amis que j'emploie à ma vengeance.

— Je resterai et je vous aiderai répondit Paul avec fermeté.
— Je dois vous dire encore que vous ne saurez ni où vous êtes, ni comment et quand vous sortirez d'ici.
— Oh ! que m'importe !
— Vous n'aurez même pas la faculté d'écrire à votre famille.

Paul tressaillit, et se souvint pour la troisième fois du sage avertissement de son ami le baron de Kerdrel.

Mais Danielle, en ce moment, attachait sur lui un regard plein de séduction, et elle était si belle !
— Eh bien, soit ! dit-il. Je serai mort pour le monde. Que m'importe ! si je vis pour vous.

Il avait de nouveau pris les mains de la jeune femme dans les siennes, et il les portait à ses lèvres avec transport.

Tout à coup, la pendule placée sur la cheminée sonna deux heures du matin.
— Déjà ! fit Danielle avec un accent de surprise charmant.

Elle se leva et lui dit :
— Venez, suivez-moi ; je vais vous conduire à l'appartement que vous occuperez désormais. Ah ! bien entendu que vous aurez la jouissance absolue du salon et du reste de la maison.

Elle le prit par la main, poussa la porte masquée dans la tapisserie par où elle était entrée, et le conduisit ainsi à travers un couloir spacieux jusqu'à une autre porte qui s'ouvrit devant elle.

Paul se trouva alors sur le seuil d'une fort belle chambre à coucher, vaste, un peu froide, garnie de meubles qui rappelaient, par leur forme et leur vétusté, un siècle éteint.

Le caractère général de l'ameublement et des tentures résumait ce qu'on nomme à la campagne la *chambre d'ami*.

Une lampe carcel brûlait sur la cheminée.

Paul de La Morlière, en mettant le pied dans cette chambre, éprouva une sensation bizarre de froid et de tristesse.

Il trouvait une opposition complète entre cette pièce et celle où il était entré en arrivant.

Celle-là aussi était une *chambre d'ami*, mais d'ami intime, sans doute, d'ami qui venait à toute heure et qui avait bien voulu céder son logis pour quelques minutes.

Cette réflexion fut pour notre héros comme un nuage dans l'azur de son ciel ; il éprouva un mouvement de jalousie.

Quel était donc cet homme qui, lui aussi, avait sa chambre chez Danielle?

Danielle s'était arrêtée sur le seuil.

— Bonsoir! dit-elle.

Paul se tourna vivement ; la jeune femme avait disparu.

Il voulut courir après elle, la voir une minute encore ; il se précipita dans le couloir.

Mais déjà le couloir était vide ; une porte invisible s'était refermée sans bruit, et Paul se trouva seul.

Alors il prit la lampe qui était sur la cheminée, et revint dans le couloir.

Il espérait que Danielle était retournée au salon, et, comme un enfant gâté qui oublie toute mesure, il voulut la rejoindre, la voir encore...

Mais la porte du salon était refermée, et il essaya vainement de l'ouvrir.

— Je suis fou ! se dit-il, fou à lier! Ne la verrai-je pas demain ?

Il revint dans cette froide et vaste chambre à coucher, où l'on avait eu l'attention d'allumer du feu. Sur le guéridon placé au chevet de son lit, Paul trouva un verre d'eau en cristal de Bohême. L'un des flacons contenait une liqueur jaune que le jeune homme reconnut aussitôt à la couleur et à l'odeur pour du vin d'Espagne. Il s'en versa un grand verre, l'avala d'un trait, alla prendre un volume dans le rayon d'une bibliothèque suspendue entre deux croisées et se mit au lit.

Soit que la fatigue en fût la seule cause, soit que le vin d'Espagne qu'il avait bu eût des propriétés narcotiques, Paul ne tarda point à s'endormir d'un sommeil profond.

L'image adorée de Danielle emplit ses rêves, mais ses rêves se prolongèrent, car lorsqu'il se réveilla enfin, un flot de lumière pénétrait dans sa chambre, et la pendule de la cheminée marquait onze heures.

Paul avait dormi neuf heures.

Il sauta à bas de son lit et prononça un mot unique.

— Danielle !

Puis il s'habilla lestement, tant il avait hâte de revoir sa belle et mystérieuse hôtesse.

Cependant, avant de sortir, il ouvrit la fenêtre de sa chambre et regarda au dehors.

La fenêtre donnait sur un vaste jardin assez négligé, entouré de vieux et grands murs tapissés de lierre, au delà desquels on n'apercevait ni murs ni collines.

— Où diable suis-je donc? pensa Paul de La Morlière.

Quelques pommiers isolés çà et là, en quenouille ou dressés en espaliers, lui donnèrent à penser qu'il se trouvait en Normandie.

Seulement, il lui était difficile de préciser en quelle partie de cette vaste province.

Le jardin était désert ; un silence de mort semblait planer sur l'habitation.

Paul referma sa fenêtre et songea à rejoindre Danielle.

Il sortit de sa chambre, traversa le couloir et alla droit à la petite porte du salon.

Cette fois elle était entre-bâillée, et il n'eut qu'à la pousser.

Le salon était non moins désert que le jardin, et Paul put constater que les croisées donnaient sur une cour également entourée de grands murs qui interceptaient la vue.

— Il faut pourtant que je trouve Danielle, murmura le jeune homme.

Et, traversant le salon, il sortit par la porte à deux vantaux qui lui avait livré passage la veille.

Le salon était précédé d'une antichambre et d'une salle à manger. Tout cela était propre, bien tenu, confortable, mais avait un certain cachet de vétusté en harmonie avec la décoration de la chambre où Paul avait couché.

Antichambre et salle à manger étaient pareillement désertes.

Paul poursuivit sa route, trouva un deuxième couloir assez spacieux, et sur lequel donnaient plusieurs portes doubles.

— Évidemment, se dit-il, Danielle doit être par ici.

Il frappa à une première porte et n'obtint pas de réponse ; puis à une seconde et à une troisième ; il fut accueilli par le même silence.

— Voilà qui est étrange ! murmura-t-il.

Il gagna l'escalier et descendit au rez-de-chaussée. Toutes les portes, à l'exception d'une seule, étaient fermées.

La porte demeurée ouverte était précisément celle de la chambre où, la veille, il avait fait sa toilette.

Une vague curiosité le poussa à entrer. Le lit était foulé, et il n'était point douteux que la chambre n'eût été habitée durant la dernière nuit.

Le soupçon jaloux qui s'était déjà emparé de Paul de La Morlière lui revint et le mordit au cœur.

— Mon Dieu! murmura Paul, qui sentit son front se mouiller d'une sueur glacée, qui donc a couché dans cette chambre?

Il sortit avec une précipitation fiévreuse, et ne pouvant plus dominer son émotion jalouse, ni son impatience, il appela à mi-voix :

— Danielle! Danielle !

Les échos perdus dans les profondeurs de la maison lui répondirent seuls.

Il remonta au premier étage, et comme il avait vu une clef dans la serrure de la première porte, il n'hésita point à tourner cette clef, non toutefois sans avoir frappé de nouveau.

Nul n'ayant répondu à l'intérieur, Paul ouvrit cette porte et entra.

Ici la scène changea.

C'était bien encore une chambre à coucher, et, dès le premier regard, on pouvait se convaincre que c'était la chambre d'un maître de maison, d'un homme jeune, riche, aimant un luxe de bon goût, artiste, si on en jugeait par d'excellents petits tableaux suspendus çà et là au mur, et une grande toile de Velasquez qui faisait face à la cheminée.

Une superbe panoplie était assemblée sous les rideaux lampassés du lit, un fusil de chasse était posé dans un coin.

Le tapis, en vieux Gobelins, représentait une chasse mythologique.

Sur la cheminée, un bronze de Barye ornait le bloc de marbre noir qui servait de pendule.

Les meubles étaient de chêne sculpté ; un vieux bahut de style Renaissance renfermait des livres que Paul eut la curiosité d'inventorier d'un regard.

C'étaient des éditions rares de nos meilleurs classiques, des ouvrages sur la vénerie, l'agriculture et l'équitation, rangés pêle-mêle avec des chinoiseries, de vieux Sèvres et des figurines de Saxe.

Rien dans cette pièce ne trahissait la présence récente d'un hôte.

Un soupçon vint au jeune homme.

— Danielle a un mari ! se dit-il, et ce mari absent...

Il sortit de cette pièce, qui ne communiquait qu'avec un cabinet de toilette, et persuadé qu'il n'avait point visité toute la maison, se souvenant que, la veille, Danielle avait disparu par une porte évidemment pratiquée au milieu du couloir, il reprit le chemin du salon.

Sur le seuil, il s'arrêta et poussa un soupir de satisfaction.

Enfin il venait d'apercevoir un être vivant.

C'était le domestique de la veille, celui qui, masqué et en livrée rouge, l'avait conduit au salon.

Le valet, toujours masqué, époussetait les meubles. Au bruit des pas de Paul de La Morlière, il se retourna.

— Ah ! enfin ! dit celui-ci.
— Monsieur a besoin de moi ? demanda le valet.
— Où est ta maîtresse ?
— Madame Danielle ?
— Eh ! sans doute.
— Mais, monsieur, elle est... absente.
— Comment, absente ?
— Madame est sortie ce matin.
— Mais elle va rentrer ?
— Pas avant ce soir.

Cette réponse glaça le jeune homme.

— Madame est sortie à cheval, ajouta le valet.
— Ah !... elle est... sortie...
— Oui, monsieur.
— Seule ?

Le valet parut rire sous son masque, mais il ne répondit pas.

— Dis-moi, demanda brusquement Paul de La Morlière, dont la jalousie augmentait, quelle est donc cette chambre qui donne sur le corridor, là-bas, de l'autre côté de la salle à manger ?

— C'est la chambre de monsieur, qui est à Paris en ce moment.

Cette réponse donna le vertige à Paul. Danielle avait donc un mari ?...

— Et l'autre chambre... en bas... tu sais ? qui donc y a passé la nuit ?

Le laquais se reprit à rire sous son masque.

— Monsieur veut savoir trop de choses, répondit-il.

Paul sentit qu'une émotion terrible le prenait à la gorge.

— Qui donc avait occupé la chambre du rez-de-chaussée ?...

XX.

Nous avons laissé M. de La Morlière quittant Ambroise, devenu fermier.

Après avoir souhaité le bonsoir au vicomte, maître Ambroise reprit à pas lents le chemin de son habitation.

Il était livré à une méditation profonde.

— Après ça, se disait-il, j'ai peut-être eu tort de trahir ce joli jeune homme qu'on appelle M. Léon de Pierrefeu, au profit de M. de La Morlière.

M. de Pierrefeu ne m'aurait pas marchandé mes services comme le vicomte.

Mais, d'un autre côté, il n'aurait pu me payer qu'après le mariage, et qui sait si alors...

Bah ! il vaut mieux tenir que courir. D'ailleurs, M. de La Morlière et moi nous avons de vieilles histoires ensemble, et il faudra bien qu'il paye.

Ayant ainsi bien décidé de sacrifier M. Léon de Pierrefeu, Ambroise doubla le pas.

La ferme qu'il avait à bail était séparée par un espace de cent mètres environ de la maison de son maître, qu'on appelait, dans le pays, la Maison-Blanche.

Le jardin s'étendait entre elles.

Maître Ambroise s'en alla droit à la ferme, où, depuis plusieurs heures, tout le monde était couché.

Il entra par la basse-cour, et, au lieu de se diriger vers le principal corps de logis, dans lequel sa femme couchait avec les servantes et un vieux garçon de ferme, il pénétra dans la grange, qui était située au-dessus des écuries.

C'était le logis de nuit des bouviers.

Parmi eux se trouvait un gars qu'on appelait le Breton.

Le Breton, qui, de son vrai nom, s'appelait Pornic, était né dans le pays de Tréguier, non loin de la forêt de Rennes ; il était chasseur, ou, pour mieux dire, braconnier.

Durant l'hiver, Pornic s'en allait à l'affût tous les soirs ; nul mieux que lui ne tendait un collet. Au mois de mai, il tuait un chevreuil à l'abreuvoir ; au mois de décembre, il s'en allait attendre les sangliers à la sortie du bois pendant des nuits entières.

Ambroise, qui savait que le maître est solidaire du valet, avait plusieurs fois menacé Pornic de le renvoyer. Il craignait un procès-verbal et une amende, qu'il n'aurait pu se dispenser de payer, l'avoir le plus clair de Pornic consistant en une paire de sabots rouges qu'il portait le dimanche quand il allait à la messe.

Mais Pornic, s'il était un braconnier enragé, était aussi un bon ouvrier, un laboureur vaillant, un honnête garçon qui serait mort de faim plutôt que de toucher au bien du maître ; et le fermier, qui ne possédait aucune de ces qualités, les appréciait fort dans un serviteur.

Aussi, tout en menaçant Pornic de le renvoyer, le gardait-il, et il y avait plus de deux ans que le gars continuait à braconner.

D'ailleurs, il avait pour lui la fermière, qui salait parfois un chevreuil qu'il rapportait sur ses épaules, et qui, d'un bout de l'année à l'autre, accommodait force civets de lièvre.

Pornic était un véritable amateur ; il ne vendait pas son gibier. Aussi maître Ambroise avait fini par fermer les yeux.

Or, depuis quinze ou vingt jours qu'il était à la ferme, Léon de Pierrefeu avait plusieurs fois manifesté le désir d'aller avec Pornic à l'affût du sanglier.

Mais, chaque fois qu'il en avait été question, maître Ambroise avait lancé un regard significatif à Pornic ; Pornic, docile, avait dit que la lune était trop vieille, ou trop nouvelle, que le temps ne valait rien... et que... il fallait... attendre.

Pornic, qui prononçait toujours ces derniers mots sous l'empire de la contrainte, les prononçait en soupirant et un à un.

Or, ce soir-là, maître Ambroise s'en alla trouver Pornic, qui dormait dans sa soupente, après avoir jeté à ses deux chevaux la paille de la nuit.

Pornic, éveillé en sursaut, se frotta les yeux et demanda qui était là.

Ambroise était entré sans lumière.

— C'est moi, répondit le fermier.
— Est-ce qu'il est déjà cinq heures du matin, par hasard ?
— Non, mais lève-toi.

Pornic était obéissant ; il sauta hors du lit, s'habilla prestement et suivit Ambroise dans la basse-cour.

— Écoute donc, lui dit alors le fermier, il y a des sangliers dans le bois Chenu.

Au mot de sangliers, Pornic dressa l'oreille.

— Ah ! dit-il, vous les avez vus ?

— Non, mais je le sais. Ce soir, à la brune, j'ai trouvé des repères auprès de la luzerne, au bord du bois. Il fait clair de lune.

— C'est vrai tout de même, not' maître, dit Pornic.

— Tu sais, continua Ambroise, je ne veux pas, devant le bourgeois, avoir l'air de t'encourager, vu que je suis du conseil municipal et qu'il y a de mauvaises langues dans le pays; mais, si tu ne veux pas en convenir, je te permets d'y aller ce soir.

— Ah! dit Pornic, vous pensez...

— Tu peux faire coup double à la rentrée. Il faut aller te poster vers le poirier sauvage.

— J'y pensais, maître.

— Et puis...

Ambroise eut l'air d'hésiter.

— Tu sais, reprit-il, le Parisien, — c'était ainsi qu'à la ferme on appelait Léon de Pierrefeu, — le Parisien nous tourmente pour que tu l'emmènes.

— C'est encore vrai, not' maître.

— Il y a de la lumière dans sa chambre... Il n'est pas couché, je parie.

— Faut-il que je l'emmène?

— Oui.

— Ça va, dit Pornic.

— Mais, reprit Ambroise, tu ne lui diras pas que je t'ai rien dit.

— Oh! soyez tranquille.

— Je ne veux pas avoir l'air d'encourager le braconnage.

— Suffit!

— Et je veux être maire quelque jour.

Pornic regarda le fermier avec une admiration non contenue. Pour le simple gars de Bretagne, un homme qui songeait à être maire prenait tout à coup des proportions extraordinaires.

— Vous pourriez bien attendre une heure, ajouta Ambroise; mais, pour sûr, vous ferez feu.

— Le grand saint Hubert vous entende! murmura le Breton.

Puis il alla décrocher son fusil et prit aussi celui du bourgeois, c'est-à-dire d'Ambroise; ils étaient tous deux dans la cuisine de la ferme, accrochés au manteau de la cheminée.

Muni des deux fusils, Pornic franchit la haie du jardin et courut jusqu'à la Maison-Blanche.

Léon de Pierrefeu avait quitté le salon, souhaité le bonsoir à Victoire, et il était descendu dans sa chambre, qui, on le sait, était située au rez-de-chaussée.

On voyait de la lumière derrière les persiennes.

Léon n'était point couché encore; il relisait les dernières lettres de sa future belle-mère, la marquise de Morfontaine.

Pornic frappa discrètement sur les persiennes.

— Hé! monsieur Léon!... appela-t-il tout bas.

Léon entr'ouvrit la fenêtre.

— Qui est là? demanda-t-il.

— C'est moi, monsieur.

— Qui, toi?

— Pornic.

— Que veux-tu?

— Il y a des sangliers...

A ce mot, Léon ouvrit tout-à-fait ses volets.

— Ah! dit-il. Où cela?

— A un quart de lieue.. au bois Chenu. On les a vus dans la journée.

— Et... tu y vas?

— Certainement. Voulez-vous venir?

— Parbleu!

— Je l'ai bien pensé, et je vous apporte un fusil.

— Bravo!

Léon, sans défiance aucune, jugea inutile de refermer le secrétaire devant lequel il était assis, non plus que de serrer soigneusement les lettres qu'il lisait.

Dédaignant d'ouvrir la porte, il enjamba la croisée, qui était à peine élevée d'un mètre au-dessus du sol.

— Allons! dit-il à Pornic.

Le valet lui tendit le fusil, qu'il prit et passa en bandoulière; tous deux s'éloignèrent sur-le-champ et gagnèrent une brèche pratiquée dans la clôture du jardin.

Au même instant, Ambroise, qui s'était tenu immobile derrière un tronc d'arbre, s'approcha, escalada la croisée et pénétra dans la chambre de Léon en murmurant:

— Je vais enfin savoir.

. . . .

Pendant ce temps, M. de La Morlière regagnait la Charmerie, et il était plus de minuit lorsqu'il entra dans l'avenue.

Cependant deux lumières brillaient encore sur la façade de la jolie villa.

La première filtrait à travers les persiennes du premier étage, et partait de la chambre occupée par Saphir.

La seconde se voyait au rez-de-chaussée.

M. de La Morlière avait longuement médité pendant toute la route, et, certes, sa méditation n'avait point été stérile; mais la vue de cette lumière qui brillait à la croisée de la jeune femme lui fit momentanément tout oublier.

Une fois de plus le vicomte éprouva un battement de cœur extraordinaire, un trouble inaccoutumé.

Il crut voir Saphir enveloppée dans son peignoir de mousseline blanche, chauffant, au coin de la cheminée, son petit pied cambré, mignonnement chaussé d'une mule de satin.

A travers la nuit et l'espace, sa pensée pénétra dans l'appartement de la jeune femme; il crut la voir sourire et montrer ses lèvres rouges et ses dents blanches.

Pendant deux minutes, il eut un éblouissement et tergiversa sur sa selle; mais fort heureusement John, le valet de Saphir, entendant les pas du cheval résonner dans l'avenue, accourut ouvrir la grille, et M. de La Morlière se trouva ramené au sentiment de la réalité.

— Allons! pensa-t-il, je suis fou à lier.. Est ce qu'une fille comme Saphir doit être pour moi, à mon âge, autre chose qu'un aveugle instrument?

John avait pris la bride du cheval.

M. de La Morlière mit pied à terre, et il ne put s'empêcher de regarder le valet.

Rocambole avait, sous sa livrée, la mine d'un homme qui cherche à se vendre et ne trouve personne qui veuille l'acheter.

— Cet homme doit être précieux, songea M. de La Morlière; je veux l'avoir complètement à moi.

Et il lui dit:

— Ta maîtresse est-elle couchée?

— Je ne sais pas, monsieur.

— Va t'en assurer.

— Si elle est levée, faut-il annoncer la visite de monsieur?

— Oui.

John, c'est-à-dire Rocambole, attacha le cheval dans un coin de la cour et pénétra dans la maison.

— Oh! l'étrange chose! murmura le vicomte, qui avait laissé reprendre à son regard le chemin de la croisée de Saphir; je ne sais plus ce que j'éprouve, et je me demande...

— Madame attend monsieur dans sa chambre, interrompit John, qui revint en courant.

Le battement de cœur du vicomte augmenta.

Cependant il gravit l'escalier d'un pas ferme et frappa discrètement à la porte de Saphir.

— Entrez! dit à l'intérieur la voix harmonieuse et charmante de la jeune femme.

M. de La Morlière ouvrit la porte et s'arrêta un moment sur le seuil, comme s'il avait subi une fascination

Sans doute Saphir rêvait à son cher Paul. (Page 959.)

Saphir était assise dans un grand fauteuil, la tête légèrement inclinée en arrière, son petit pied posé sur les sphynx de cuivre du foyer. Elle avait laissé retomber un livre sur ses genoux, et le livre s'était fermé.
Sans doute Saphir rêvait à son cher Paul lorsque M. de La Morlière entra.
Le vicomte fit un effort suprême, entra et lui prit les mains.
— Bonsoir, mon enfant, lui dit-il.
— Bonsoir, monsieur, répondit Saphir.
— Je ne croyais point vous trouver levée si tard.
— J'ai lu, puis j'ai été un peu inquiète.
— Et pourquoi?
— Vous tardiez tant à rentrer! répondit-elle avec un regard enchanteur. On dit que les routes ne sont pas toujours sûres dans ce pays.
— Vous êtes folle, mon enfant, murmura le vicomte, qui regardait la jeune femme avec une admiration qu'il ne pouvait plus se dissimuler.
— Et... d'où... venez-vous?...
Le vicomte tressaillit.
— C'est juste, dit-il. J'oubliais d'où je viens et pourquoi je pénètre chez vous aussi tard.
Saphir regarda la pendule. Il était une heure du matin.
Le vicomte reprit :
— Je viens de faire une course qui intéresse le bonheur de notre cher Paul

— Vrai? dit-elle avec joie.
— Et je viens vous voir pour vous parler de lui.
— Ah! dites, monsieur, dites, je l'aime tant, si vous saviez!
— Ma chère enfant, continua M. de La Morlière, qui avait fini par triompher de son trouble, et dont l'esprit infernal et machiavélique reprenait insensiblement le dessus ; ma chère enfant, laissez-moi vous remercier d'abord de ces bonnes paroles.
— Ah! monsieur, dit Saphir, il est pourtant bien naturel d'aimer Paul. Il est si beau et si bon!
M. de La Morlière prit une chaise et s'assit auprès de Saphir.
— Ainsi, vous l'aimez?
— Plus que la vie.
— Et il n'est pas de sacrifice que vous ne fassiez pour lui, n'est-ce pas?
— Je ne reculerais devant aucun.
Cette réponse enhardit le vicomte.
— Voyons, reprit-il, comment pourrais-je vous... présenter... cela?
— Oh! parlez, dit Saphir, je suis prête à tout entendre.
— Dites-moi donc, ma chère enfant, tandis que vous le voyiez tous les jours, à toute heure, ne vous est-il jamais arrivé de songer à l'avenir?
Saphir parut tressaillir brusquement.

— Oh! rassurez-vous, ce n'est pas pour vous, mais pour lui que vous auriez pu... y... songer. Vous êtes une bonne et noble nature, aimante, désintéressée et fière, n'est-ce pas?
— J'aime Paul, et je supporterais volontiers la plus affreuse des misères pour conserver son amour.
— J'en suis persuadé. Cependant, l'œil est tout ou'a, à est mon fils unique, un jour peut venir..
— Saphir arrêta M. de La Morlière d'un geste :
— Mon Dieu! dit-elle, je devine...
— Vous devinez?
— Oui; vous allez me dire qu'il va se marier... Oh! non jamais...

Saphir n'acheva point; un rideau s'écarta derrière le vicomte, la tête muette de Rocambole apparut une seconde à la jeune femme, et Saphir se souvint de son rôle.

Elle courba le front et murmura, en regardant M. de a Morlière :
— Parlez, je suis prête à tout!

Rocambole avait disparu.

XXI.

Que se passa-t-il entre le vicomte de La Morlière et Saphir? Quel pacte étrange conclurent-ils ensemble?

Rocambole le sut, sans doute, car à peine, au bout d'une heure d'entretien, M. de La Morlière s'était-il retiré, que l'ancien élève de sir Williams reparut.

Pendant que le vicomte et la jeune femme causaient, il était demeuré dans un cabinet de toilette voisin qui communiquait avec un escalier de service.

— Comment! vous étiez là ? s'écria Saphir.
— Oui, et j'ai tout entendu.
— Ah!

Le faux laquais alla fermer la porte au verrou, ayant soin de marcher sur la pointe du pied ; puis il vint s'asseoir auprès de Saphir et lui dit en souriant :
— Tu as trop de fougue, ma chère beaucoup trop.
— Qu'ai-je donc fait?
— Tu t'es emportée... indignée... malgré la leçon que je t'avais faite.
— C'est juste, dit Saphir, j'ai eu tort, mais que voulez-vous!
— Heureusement, je me suis montré à temps. Tout est sauvé.
— Ainsi, il faut que j'obéisse?
— Mais, certainement.
— Et vous me répondez que... Paul?...
— Paul ne se mariera pas.
— Bien vrai?

Rocambole haussa légèrement les épaules.
— Ah! reprit-il, si tu me connaissais, si tu savais qui je suis, tu ne douterais point de ma parole.
— Qui donc êtes-vous? demanda-t-elle avec une curiosité naïve.

Rocambole répondit en souriant :
— Je suis un homme qui fait quelquefois la pluie et le beau temps tour à tour.
— Quelle plaisanterie!
— Tu verras. Mais il ne s'agit point de tout cela. Ainsi tu monteras à cheval tous les matins?
— Oui.
— Et tu rencontreras l'autre?
— Dame!
— Ah! reprit Rocambole d'un ton railleur, ce brave M. de La Morlière s'imagine que cela ira tout seul!
— Du moins, il le croit.
— Moi aussi. Nous verrons. Maintenant écoute bien ma recommandation.
— Parlez.

— Le vicomte veut que tu t'efforces de plaire à l'autre, comme il dit.
— C'est là son programme.
— Bon! voici le mien : il faut que tu tâches d'achever la conquête du vicomte.
— Oh! par exemple!
— Ce ne sera pas difficile, va! il est déjà touché au cœur. Regarde-le de temps en temps, fais-lui entendre la voix enchanteresse, et...

Rocambole s'arrêta.
— Eh bien? fit Saphir.
— Et dans huit jours il tombera à tes genoux. Pour nous, c'est le seul moyen d'empêcher le mariage de Paul.
— Ah! comment cela?
— Tu veux trop en savoir aujourd'hui, ma chère.
— Hein! fit la jeune femme.
— M. le vicomte de la Morlière, répondit Rocambole, a fait sa petite excursion nocturne ; je vais aussi faire la mienne.
— Comment, vous?
— Chacun son tour.
— Et vous allez?
— Le vicomte t'a-t-il dit où il était allé, lui?
— Non.
— Eh bien, je serai plus courtois, moi. Je l'apprendrai le but de mon voyage quand je serai de retour.

Rocambole serra la main de Saphir et descendit aux écuries en marmotant entre ses dents :
— Le vicomte a pris le cheval noir, qui vaut mieux que le cheval blanc; mais mes éperons de Rocambole valent mieux que ceux du vicomte, et le cheval blanc aura des ailes.

Rocambole descendit au rez-de-chaussée de l'habitation et gagna les écuries.

Comme il traversait la cour, il leva les yeux sur les croisées de la chambre occupée par M. de la Morlière.

Le vicomte était appuyé à l'une de ces croisées.
— Diable! se dit-il, voilà qui dérange un peu mes combinaisons. Je croyais le bonhomme couché. Je vais être obligé d'attendre.
— John! appela le vicomte.

Rocambole se retourna et ôta sa casquette en levant les yeux.
— Montez! cria M. de la Morlière.

Rocambole monta et trouva la porte entr'ouverte.
— Comment John, dit le vicomte, vous n'êtes point couché encore?
— J'allais voir mes chevaux, monsieur, et leur jeter de la paille pour la nuit.
— C'est bien, dit le vicomte.
— Monsieur a besoin de moi?
— Oui, fermez la porte.
— Hum! pensa le faux laquais, je crois que nous y sommes, cette fois. M. le vicomte veut m'acheter.
— Depuis combien de temps êtes-vous au service de madame? demanda M. de la Morlière.
— Depuis trois ans.
— Vous lui êtes dévoué?
— Oh! certainement, répondit Rocambole du ton d'un homme qui n'est pas très-sûr de ce qu'il avance.
— Vous savez que madame aime mon fils?
— Oh! je le sais bien.
— Et que, par conséquent, ce que madame veut, je le veux.

Rocambole eut un sourire niais.
— Ceci est pour vous dire, continua le vicomte, que si madame peut compter sur vous, je veux y pouvoir compter aussi.
— Monsieur peut être tranquille.
— Êtes-vous discret?

Rocambole eut encore son sourire idiot.
— Quand on y met le prix, ajouta le vicomte.

Soudain Rocambole changea d'attitude et devint sérieux.

— Je vois, dit-il, que monsieur le vicomte a l'habitude d'avoir des gens tout à fait à lui.

— C'est vrai.

— Madame me donne douze cents francs de gages.

— C'est peu.

— C'est suffisant pour être cocher, frotter l'antichambre et servir à table ; mais...

— Mais, continua le vicomte, ce n'est pas assez pour vous charger, au besoin, d'une mission délicate, et pouvoir compter aveuglément sur vous, en dehors de votre service.

— Assurément non.

Le vicomte sourit à son tour.

— John, dit-il, vous êtes un garçon d'esprit, je le vois.

— Monsieur le vicomte est bien honnête, mais il a raison.

— Ah !

— Et je suis persuadé que monsieur pourra m'utiliser.

— Je le crois aussi.

— Car, poursuivit John, monsieur le vicomte n'est point venu s'enterrer ici avec...

Le faux laquais hésita.

— Dites le mot, ajouta le vicomte : avec une de ces dames.

— C'était ce que je voulais dire. Donc, monsieur le vicomte n'est point venu ici sans intention ?

— Peut-être.

— Il ne monte pas à cheval à dix heures du soir pour le plaisir de se promener.

— Eh ! eh ! qui sait ?

— Évidemment monsieur le vicomte a quelque affaire importante dans les environs.

— Je ne dis pas non.

— Et il est urgent pour lui que ses domestiques ne l'espionnent pas. Monsieur le vicomte peut être tranquille, je suis muet.

— Très-bien, mais...

Le vicomte hésita à son tour.

— Je devine, dit Rocambole.

— Ah ! vous devinez ?

— Il pourrait se faire que monsieur le vicomte eût besoin d'un homme sûr, dévoué, intelligent.

— Peut-être bien.

— Et il serait bon qu'il l'eût sous la main. Du moins... cela vaudrait mieux.

Rocambole s'exprimait avec aplomb, et le vicomte se sentait quelque peu dominé.

— Si monsieur le vicomte voulait, il trouverait cet homme.

— Vous croyez ?

— J'en suis sûr... c'est moi.

M. de la Morlière regarda attentivement le laquais. On eût dit qu'il cherchait à lire au fond de son âme, et qu'il essayait d'en sonder l'état de corruption.

Le masque était jeté, il fallait à tout prix convaincre le vicomte. Rocambole continua :

— Il y a longtemps que je cherche une occasion de faire fortune et d'utiliser mon intelligence. Sans me flatter, je puis affirmer que je suis trempé de façon à ne reculer devant rien.

— Oh ! devant rien ! fit le vicomte d'un ton incrédule.

— Dame ! reprit Rocambole, monsieur me chassera peut-être si je suis un peu trop franc.

— Non, parle.

— Mais j'aime autant tout dire.

— Allez, mon ami, dit le vicomte d'un ton plein d'encouragement.

— Je n'ai ni parents ni amis ; je servirai qui me paye.

Pour dix mille francs, je mettrais le feu à l'empire chinois ; par conséquent, si monsieur a besoin de moi...

— Oui.

— Monsieur peut parler.

Le vicomte avait fait ses réflexions, et il demeurait persuadé que John lui serait acquis corps et âme s'il se montrait généreux.

— Ambroise est ce drôle, se disait-il, s'entendront à merveille, et cela me permettra de demeurer invisible et d'être comme le *deus ex machinâ* de la fable.

Rocambole attendait les confidences de son nouveau maître.

— John, reprit le vicomte, vous connaissez M. Paul ?

— Oh ! certes.

— Je veux le marier.

— Hum ! cela ne plaira sans doute pas à madame.

— Madame le sait.

— Ah bah !

— Et elle servira mes projets.

— Après ça, fit John en regardant M. de La Morlière et clignant de l'œil, monsieur le vicomte est bien de force à l'avoir joliment enjôlée !

— Peut-être. Donc elle me servira, et toi aussi.

— Monsieur est bien bon de me tutoyer. Quand monsieur me disait *vous*, cela me gênait.

— Je tutoie ceux qui me servent, et quand ils m'ont bien servi, je ne regarde pas à quelques mille francs.

— On m'a toujours dit que monsieur le vicomte était généreux. Donc, si monsieur le vicomte veut ordonner, je suis prêt à obéir.

— Vous monterez à cheval demain matin.

— C'est bien.

— Vous promènerez les chevaux dans les environs.

— A merveille !

— Et vous irez du côté de la mer, jusqu'à ce que vous trouviez un chemin qui borde les falaises. Ce chemin traverse un labourage dans lequel, outre une charrue et son conducteur, vous apercevrez un homme déjà vieux, assis sur une botte de fourrage. Vous remarquerez s'il a un chapeau de paille ou une casquette.

— Et alors ?

— Vous reviendrez me le dire.

— Eh ! mais, repartit Rocambole, monsieur veut donc que je lui vole son argent ?

— Pourquoi ?

— Mais parce qu'il est bien inutile de payer cela huit ou dix mille francs, il me semble.

Le vicomte fixa son œil pénétrant sur Rocambole qui ajouta :

— Tenez, monsieur, si vous me mettiez un peu plus au courant de vos affaires, qui sait ? je vous donnerais peut-être de bonnes idées.

Ces derniers mots tentèrent le vicomte.

— Eh bien, soit ! dit-il, je vais t'initier sommairement à mes projets.

Ces mots élevaient Rocambole au rang de complice. Il le sentit et prit une chaise.

— Je veux marier mon fils, dit M. de La Morlière, à une personne qui est fort riche.

— Monsieur le vicomte a raison.

— Or, reprit M. de la Morlière, cette personne n'aime point mon fils, mais elle aime un petit drôle sans le sou.

— Je devine, un *gandin*.

— Justement.

— Et monsieur veut sans doute s'en débarrasser ? Tenez, continua Rocambole, je devine le plan de monsieur.

— Hum ! c'est difficile.

— Monsieur a amené ici madame Saphir pour cela.

M. de La Morlière tressaillit :

— Tu écoutes donc aux portes ? dit-il.

— Dame ! répondit le faux laquais avec aplomb, c'est mon métier.

Le vicomte fronçait bien un peu le sourcil; mais du moment que Rocambole avait une partie de son secret, autant valait le lui confier tout entier.

Donc, il ajouta :

— Puisque tu sais cela, je puis te dire encore que le jeune homme dont je voudrais me débarrasser est dans les environs.

— Bon! dit Rocambole.

— Ainsi que la jeune fille.

— Naturellement.

— Ils sont logés chez un fermier normand que je connais depuis longtemps et qui s'appelle Ambroise.

— Ah!

— C'est lui que tu verras, demain matin, assis sur la botte de foin, dans le labourage.

— Très-bien! mais que compte faire monsieur?

— Je te l'ai dit : détacher le jeune homme de la jeune fille à l'aide de saphir.

— C'est difficile, mais non impossible; et si le vicomte veut m'en charger...

— J'ai mon plan, dit le vicomte, et je te le développerai plus longuement demain. Pour le moment, laissez-moi me coucher.

Rocambole comprit que M. de La Morlière mettait encore des restrictions à sa confiance; il n'insista point et sortit.

Il se hâta de descendre à l'écurie et ferma la porte sur lui ; puis, assis sur un monceau de luzerne qu'on avait entassé dans un coin, il se mit à regarder, par le châssis vitré qui surmontait la porte, les croisées de la chambre du vicomte.

M. de La Morlière avait fermé les persiennes, mais la lumière qui passait au travers prouvait à Rocambole qu'il n'était point couché encore.

— Il faut pourtant que j'aille à Beuzeville! murmurait-il avec humeur. Tant que le vicomte ne dormira point, je ne pourrai pas sortir.

Mais Rocambole était homme de ressources, et son imagination lui vint en aide.

Il faisait clair de lune, et il y voyait fort distinctement dans l'écurie.

Il se leva, ouvrit un couteau de poche; et, prenant une vieille couverture de cheval, il la coupa en quatre morceaux.

Il alla ensuite au cheval blanc et lui enveloppa solidement les quatre pieds en nouant avec de la ficelle les lambeaux de couverture au-dessus du jarret.

Cette opération terminée il sella l'animal, ouvrit la porte de l'écurie avec précaution, et, les yeux toujours fixés sur les persiennes closes du vicomte, il fit sortir le cheval, dont les pieds emmaillotés ne rendirent aucun son sur le pavé.

Il n'avait point encore atteint la grille que la lumière qui brillait aux croisées de M. de La Morlière s'éteignit.

— Quelle chance! murmura Rocambole, le bonhomme a soufflé sa bougie. Il est couché.

Il ouvrit la grille avec la même précaution, et lorsqu'il fut dans l'avenue, il débarrassa le cheval de ses bizarres chaussures, sauta lestement en selle et piqua des deux.

— Ah! tu auras des ailes, dit-il à son cheval. Les nuits sont courtes, et il faut être revenus avant le jour.

XXII

Rocambole prit la route de Beuzeville, et bien qu'il eût trois bonnes lieues à faire, il arriva en quarante minutes.

Avant d'entrer dans le village, il s'orienta un moment.

— Ce doit être là, se dit-il.

Et il poussa son cheval vers la principale rue du village, au milieu de laquelle il avait vu pendre la branche de houx qui désigne une auberge de campagne.

Le cheval allait au pas, et Rocambole, comme il passait devant la porte de l'auberge, se prit à chanter ce refrain des *Étudiants de Paris*, de Frédéric Soulié :

C'est minuit qui sonne,
Entends, ma mignonne,
C'est l'heure où l'on donne
Tendres rendez-vous...

Quand il eut dépassé l'auberge de vingt pas, il s'arrêta.

Peu après, une fenêtre du rez-de-chaussée s'ouvrit, et une voix répondit en sourdine :

Là-bas, sur la place,
La patrouille passe ;
Ouvrez-moi, de grâce,
Pour l'amour de vous !

En même temps, le chanteur qui donnait la réplique enjamba l'appui de la croisée et sauta dans la rue.

— Rocambole?

— M. le baron?

Telles furent les questions que se firent les deux personnages en s'abordant.

Rocambole mit pied à terre.

— Ah! monsieur le baron, dit-il, vous avez dû vors bien impatienter depuis trois jours!

— Un peu.

— Votre présence ici aura éveillé la curiosité, sans doute?

— Non, car je continue à me donner pour un peintre paysagiste. Je sors tous les matins avec ma boîte, mon pliant et mon chevalet de campagne, et j'ébauche des arbres, des paysages.

— Bravo! dit Rocambole.

— Hier, j'ai fait un portrait de paysan. On m'appelle ici M. Gontran. Pour les gens de Beuzeville, c'est mon nom de famille... Mais causons de nos affaires. Avez-vous du nouveau?

— Oui.

— Voyons?

— Le vicomte a acheté ma fidélité et ma discrétion

— Ah!

— Je suis devenu son âme damnée. La chose est décidée.

— Depuis quand?

— Depuis deux heures.

— Vous a-t-il confié ses plans?

— Pas encore... mais je les devine.

Tout en échangeant ces quelques mots, M. de Neubourg et Rocambole étaient sortis du village, où tout le monde dormait à cette heure.

Rocambole continua :

— De ce qu'il a dit à Saphir et de ce qu'il m'a appris à moi-même, il résulte que le vicomte a imaginé de faire séduire M. de Pierrefeu par la jeune femme.

M. de Neubourg haussa les épaules.

— Ceci n'est pas dangereux, dit-il. M. de Pierrefeu aime Mlle de Morfontaine, et...

— On n'aime pas deux femmes à la fois, voulez-vous dire?

— Précisément.

— Soit; mais les apparences lui suffiront grandement

— Comment cela?

— M. de La Morlière se contentera de faire trouver ensemble Saphir et M. de Pierrefeu...

— Bon!

— Dans un endroit bien compromettant. Mlle Victoire de Morfontaine, prévenue à point, pourra les surprenre en tête-à-tête.

Rocambole salua. (Page 991.)

— Ceci est assez ingénieux.
— Or, la chose ainsi combinée, il se trouvera là, lui, ou bien encore son fils Paul, pour tendre la main à la jeune fille trahie, abandonnée, compromise.
— Bah! dit le baron, vous oubliez votre plan, il me semble...
— Lequel?
— Celui que Danielle et mes amis exécutent à cette heure, et qui a pour but de faire disparaître momentanément M. Paul de La Morlière.
— Je ne l'oublie nullement, répondit Rocambole, et je viens au contraire tout exprès pour savoir où nous en sommes; avez-vous des nouvelles?
— J'en ai reçu ce matin.
— Et tout marche?
— Comme sur des roulettes. Paul de La Morlière est à Fontevive depuis hier soir.
— Ah!
— Voici une lettre du vicomte de Chenevières que j'ai reçue ce matin.
Rocambole prit la lettre, et en approcha le bout incandescent de son cigare, afin de s'en servir comme d'un flambeau.
Puis il lut un récit écrit par le vicomte des événements que nous racontions naguère, à savoir, l'enlèvement de Paul de La Morlière et l'étrange voyage qu'on lui avait fait faire.
— Mais, dit Rocambole quand il eut fini, tout cela est pour le mieux jusqu'à présent, il me semble.
— C'est aussi mon avis, répondit le baron.
— M. de Chenevières est un homme d'action, je le vois. Mais, dit Rocambole, au lieu de causer dans la rue, éloignons-nous un peu.
— Soit, dit M. de Neubourg.
Ils gagnèrent une touffe d'arbres, à l'un desquels, afin d'être plus libre, Rocambole attacha son cheval.
Puis, le baron et lui s'assirent, et M. de Neubourg reprit :
— Jusqu'à présent, mon cher monsieur Rocambole, je me suis complètement reposé sur vous, j'ai confiance en vos lumières.
— Vous avez eu raison, monsieur le baron.
— Cependant j'aimerais assez connaître vos plans, que vous n'avez pas encore eu le temps de me dérouler, ni à Paris, le jour de notre départ, ni ici, avant-hier, quand vous êtes venu chercher les deux chevaux du marquis à la station.
— Mais aujourd'hui, monsieur le baron, je vais m'expliquer plus catégoriquement.
— Voyons, je vous écoute.

— Je vous dirai donc que j'espère, comme on dit en style de procédure, joindre les deux causes.

— Que voulez-vous dire par là?

— Je pense à mener de front l'affaire Danielle et Paul avec celle du vicomte et de Saphir.

— Ah! vous croyez?

— Non-seulement le vicomte ne pourra empêcher le mariage de M. de Pierrefeu avec Mlle de Morfontaine, mais encore, comme il me faut un instrument pour le rapper, j'ai jeté les yeux sur son propre fils.

— Et c'est pour cela que vous avez voulu que Danielle écrivît à Paul de La Morlière?

— Précisément.

— Qu'elle vînt occuper la petite propriété du marquis de Verne, notre ami?

— Laquelle est à trois lieues d'ici.

— Et qu'elle y gardât le jeune homme prisonnier?

— Oui, monsieur.

— Cependant, je ne vois pas encore...

— Ah! monsieur le baron, reprit Rocambole, laissez-moi vous dire qu'il en est des plans combinés par avance comme des livres mal faits. Il faut compter sur l'imprévu: l'imprévu donne de bonnes idées. Laissez-moi faire. Danielle et Paul sont à Fontevive, M. de La Morlière père et Saphir se trouvent à la Charmerie, sous ma main, Léon de Pierrefeu et sa fiancée sont à la Maison-Blanche...

Rocambole s'interrompit brusquement.

— A propos, dit-il, savez-vous chez qui, monsieur le baron?...

— Non certes.

— Vous avez lu le manuscrit du domino, écrit par Danielle?

— Certes, oui.

— Vous souvenez-vous d'Ambroise, le valet de chambre de la pauvre baronne Rupert?

— Parbleu!

— Eh bien, il est devenu le beau-frère de la gouvernante de Mme de Morfontaine, de cette bonne Mme Hulot, à qui la marquise a confié Léon et sa fille.

— En vérité!

— Et c'est lui qui a vendu la mèche.

— Au vicomte?

— Naturellement.

M. de Neubourg fronça le sourcil et dit:

— Il faut se défier. Cet homme est le mal incarné.

— Oui, mais je me nomme Rocambole, et je suis plus fort que lui.

L'ancien élève de sir Williams se prit à sourire en parlant ainsi.

M. de Neubourg continua:

— Et moi, qu'ai-je à faire en tout cela, monsieur Rocambole?

Rocambole salua, comme avait salué jadis le faux marquis de Chamery.

— Monsieur le baron, dit-il, je vous garde pour la bonne bouche.

— Ah! vraiment?

— Cependant, pardonnez-moi de jouer ainsi au général...

— Faites!

— Et laissez-moi vous confier tout de suite une petite mission.

— J'écoute...

— Vous êtes, à Beuzeville, plus près de la propriété du marquis de Verne que moi.

— Il est vrai que Fontevive n'est qu'à deux lieues d'ici.

— Or, comme vous êtes libre toute la journée, vous pouvez y aller le soir ou le matin... à votre choix.

— Soir et matin, même.

— C'est inutile, il suffit d'une fois par jour.

— Et alors?...

— Vous saurez ce qui s'y passe...

— Bon! Est-ce tout?

— Et je viendrai la nuit prendre connaissance du résultat de vos observations.

— C'est très-bien, dit le baron; ce sera fait.

— Je reviendrai demain. Pour cette nuit, j'ai bien des choses à faire encore. Adieu, monsieur le baron.

— Vous partez?

— Je dois voir au point du jour maître Ambroise. Il est trois heures moins un quart, il sera jour à quatre heures, j'ai tout juste le temps d'y filer.

Rocambole détacha son cheval et sauta en selle.

Puis, tandis que le baron reprenait le chemin de Beuzeville, il enfonça l'éperon aux flancs du cheval blanc et le lança au grand galop sur la route de la Charmerie.

Le cheval blanc semblait avoir des ailes. Il fendait l'air.

Quand Rocambole arriva dans l'avenue qui conduisait à la Charmerie, il s'arrêta et parut réfléchir un moment.

Il faisait nuit encore, mais déjà à l'horizon paraissait une bande blanchâtre, avant-courrière de l'aube.

— Diable! pensa Rocambole, à l'âge de M. de La Morlière, quand on est occupé de vastes projets et qu'on est, en outre, amoureux, on doit peu dormir. Je sais bien que moi, jadis, quand j'avais de la besogne, je ne dormais pas du tout.

Rocambole était prudent.

Il mit pied à terre, attacha son cheval à un arbre, à deux cents mètres environ de l'habitation, vers laquelle il se dirigea à pied.

Lorsqu'il fut arrivé sous les fenêtres, au lieu de rentrer par la grille, dont il avait une clef, il tourna dans le jardin en passant par une brèche faite à la haie vive.

Puis il revint à pas de loup dans la cour, leva les yeux vers les persiennes du vicomte et remarqua qu'elles étaient toujours closes. Pourtant, comme il aurait pu se faire que le vicomte se fût levé pendant la nuit et eût éprouvé le besoin de l'entretenir, lui, Rocambole; que, ce cas, il aurait pu, ne le trouvant pas à sa chambre, dont il avait, du reste, prudemment emporté la clef, descendre à l'écurie, il y rentra pour s'en assurer.

En sortant, deux heures auparavant, Rocambole avait, par surcroît de précaution, placé derrière la porte une solive qui devait être forcément déplacée si quelqu'un pénétrait dans l'écurie.

La solive se trouvait en place et opposa une certaine résistance.

Rocambole en conclut que M. de La Morlière n'avait point quitté son lit.

Il referma la porte de l'écurie, traversa de nouveau la cour, entra dans la maison, gravit l'escalier sur la pointe du pied, et alla frapper doucement à la porte du vicomte.

M. de La Morlière dormait.

Rocambole frappa un peu plus fort. Le bruit réveilla le vicomte, qui demanda:

— Qui est là?

— C'est moi, monsieur, moi, John...

— Ah!

M. de La Morlière se leva et ouvrit la porte. Il se frottait les yeux comme un homme arraché à un profond sommeil.

— Allons! pensa Rocambole, le bonhomme a dormi comme un loir.

— Quelle heure est-il?

— Quatre heures monsieur.

— Pourquoi m'éveilles-tu?

— Pour savoir si je dois aller voir le fermier qui se nomme... Ambroise?

— Certainement.

— Et je n'ai rien à lui dire?

— Non; s'il a son chapeau de paille, tu passeras ton chemin.

— Et s'il a sa casquette, je l'aborderai ?
— Oui ; et tu lui diras que tu as ma confiance et qu'il peut te remettre les lettres qu'il a pour moi.
— C'est bon, dit Rocambole en s'inclinant, j'ai déjà sorti le cheval.
— Pourquoi ?
— Mais pour ne pas éveiller madame. Je lui ai enveloppé les pieds de chiffons : j'ai pensé que M. le vicomte ne tenait point à mettre madame dans la confidence de mes courses du matin.
— C'est fort bien, dit le vicomte, qui se recoucha.
Rocambole salua et sortit.

L'élève de sir Williams avait tout prévu, tout prévenu. Si jamais M. de La Morlière trouvait les lambeaux de couverture, la chose serait expliquée d'avance.

Il ferma la porte avec précaution, laissant M. de La Morlière se rendormir, descendit l'escalier sur la pointe du pied, ferma toutes les portes, sortit par la grille, regagna l'avenue, rejoignit son cheval et sauta en selle.

Le cheval, qui savait maintenant de quel fer se forgeait l'éperon de son cavalier, prit sur-le-champ le galop et s'élança dans le chemin creux qui courait au bord de la falaise.

Quand Rocambole était seul, et il était seul souvent, il aimait à monologuer.

Son passé, mis en regard de sa vie présente, faisait ordinairement le fond des discours qu'il s'adressait à lui-même.

— C'est égal, murmurait-il, tandis que le cheval blanc filait ventre à terre, je croyais bien, le jour où je me cassai la jambe au bagne, que je ne monterais plus de cheval de ma vie. J'étais alors dans un piteux état... faut-il que je sois solide !

Et comme il n'avait renoncé à aucune de ses habitudes élégantes d'autrefois, l'ex-forçat tira un cigare d'un fort bel étui en maroquin russe, l'alluma et poursuivit ainsi :

— Quand j'étais marquis de Chamery, j'avais les plus beaux chevaux de Paris, comme chevaux de selle surtout. Deux célébrités du sport m'ont offert un jour quarante mille francs de *Sarah*, ma jument arabe ; le plus noble animal d'Irlande, Tobby, a frissonné d'impatience sous mon genou. Eh bien, soit en montant Sarah, soit en montant Tobby, je n'ai jamais éprouvé le bonheur que je ressens aujourd'hui, en pressant du genou l'épaule de ce cheval vulgaire, sans origine, qui vaut tout au plus mille écus.

En dépit de ce panégyrique peu flatteur, le cheval blanc courait à perdre haleine.

Rocambole reprit :

— Ah ! la privation !... comme elle double le prix des choses.

L'ex-vicomte de Cambolh, l'ex-marquis de Chamery, qui avait ébloui Paris de son luxe et failli épouser une fille de la noble maison espagnole de Sallandrera, passa alors la main sur son front et murmura :

— Bah ! tout passe, et puis je n'avais pas alors comme aujourd'hui la conscience en repos. On a beau dire, la vertu a du bon !

Et il continua à galoper.

XXIII.

Rocambole, après avoir émis cette réflexion philosophique, éperonna de nouveau le cheval blanc. Au bout de quelques instants, il atteignit le chemin creux qui courait au bord des falaises.

Le jour était venu et le ciel se colorait à l'est, annonçant le prochain lever du soleil.

Notre cavalier courut une heure environ, puis il aperçut une croix, celle-là même qui, la veille au soir, avait permis à M. de La Morlière de reconnaître son chemin. A droite de la croix, il vit un labourage, et, dans le labourage, un garçon de ferme qui attelait deux chevaux à une charrue.

Auprès de la charrue, il aperçut encore une botte de fourrage, mais personne n'était assis dessus. Rocambole se dit :

— C'est pourtant bien là, si le vicomte m'a donné des indications exactes.

Il se trouvait précisément sur une petite éminence, et il voyait à près d'une demi-lieue en avant, de droite et de gauche.

— Il paraît que *monsieur* Ambroise se lève tard.

Il poussa son cheval dans le labourage.

— Hé ! mon garçon, dit-il en s'approchant du laboureur, n'auriez-vous pas un peu de feu, par hasard ?

— Du feu ? fit le garçon de ferme en levant la tête et piquant en terre son aiguillon.

— Oui, pour allumer mon cigare.

— Je ne fumons point, not' bourgeois, répondit le bouvier, qui n'était autre que Pornic.

— Et vous ne savez pas où j'en pourrai trouver ?

— Oh ! si fait ! il y a la ferme à une demi-lieue d'ici. Mais si vous n'êtes pas bien pressé...

— Je ne le suis pas du tout.

— Vous allez voir not' maître.

— Quel maître ?

— Le fermier Ambroise.

— Bon ! pensa Rocambole, c'est bien cela ! le vicomte a dit vrai.

Puis, tout haut :

— Est-ce qu'il a du feu, votre maître, mon garçon ?

— Toujours, monsieur. Il fume que c'en est un vrai tuyau de cheminée.

— Et où est-il ?

— Oh ! il va venir. Tenez, justement, le voilà ; voyez-vous, là-bas, au long des ormes, dans le petit chemin ?

— Ah ! oui, il me semble... un homme en chapeau de paille.

— Justement. Tenez, il fume.

— C'est vrai.

— Il est tout de même matinal, continua Pornic.

— Peuh ! fit Rocambole, voilà qu'il est cinq heures et demie.

— Ah ! c'est qu'il s'est couché tard.

— Pourquoi ?

— C'est une habitude comme ça chez lui. Il m'a réveillé qu'il était plus de minuit.

— Il vous a réveillé ?

— Oui, monsieur.

— Et pourquoi donc cela ? pour vous envoyer à la charrue ?

Pornic cligna de l'œil.

— Oh ! non, répondit-il. J'ai fait un bon coup tout de même... avec le Parisien...

— Ah !... fit Rocambole, qui, au mot de Parisien, devint curieux.

— Il n'y a que les Parisiens, reprit Pornic avec une certaine admiration, pour avoir du coup d'œil comme ça.

— Tiens ! il y a donc des Parisiens par ici ?

— Oui, monsieur, il y en a un qui est logé à la Maison-Blanche avec une petite dame.

— Qu'est-ce que la Maison-Blanche ?

— C'est l'habitation du bourgeois de Rouen à qui est notre ferme.

— Et il a du coup d'œil, ce Parisien ?

— Et un rude, allez !

— En quoi faisant ? demanda naïvement Rocambole.

Pornic prit un air mystérieux, et dit :

— Faudrait pas trop jaser, monsieur. Les gendarmes ont l'oreille fine. Mais vous avez l'air bon garçon.

— Je ne conte que mes affaires. Soyez tranquille, l'ami.

— Le patron m'a réveillé cette nuit continua Pornic, et il m'a dit : « Si tu veux aller à l'affût et emmener le Parisien, il y a des sangliers dans le bois Chenu. »

— Et vous y êtes allés, le Parisien et vous ?

— Oui, monsieur.

— Avec le patron, bien entendu ?

— Non, il est du conseil municipal, lui, il veut être maire.

— Tiens ! tiens ! fit naïvement Rocambole. Et vous avez vu les sangliers ?

— Justement, j'en ai tué un, moi, à quatre heures du matin, à la rentrée.

— Et le Parisien ?

— Il en a tué deux, lui ; il a fait coup double.

— Oh ! oh ! mais, dit Rocambole, il n'y a pas bien longtemps, en ce cas, et vous n'avez pas eu le temps de dormir, vous ?

— Nenni. Sans compter que le Parisien avait laissé sa fenêtre ouverte, que le vent a donné dans sa chambre et a emporté tous ses papiers.

— Bah !

— Et qu'il m'a fallu me promener avec lui partout le jardin pour les retrouver.

— Hum ! pensa Rocambole, la combinaison de l'affût au sanglier et de la fenêtre demeurée entre ouverte est assez jolie. Il y a toujours une lettre qui se perd, celle, par exemple, dont on n'a pas le temps de prendre copie.

Comme Rocambole achevait cette réflexion, maître Ambroise apparut à l'extrémité opposée du labourage.

Le fermier portait sur l'épaule un bissac plein d'avoine, fumait sa pipe et marchait d'un pas lent et mesuré.

Pornic, le voyant, poussa ses chevaux et commença à ouvrir un sillon.

Rocambole, lui, s'en alla, toujours à cheval, à la rencontre du fermier, qu'il salua.

— Bonjour, maître Ambroise, dit-il.

— Hein ! fit celui-ci, vous me connaissez ?

— C'est le laboureur qui est là qui m'a dit votre nom.

— Qu'y a-t-il pour votre service, mon garçon ? demanda le fermier d'un ton protecteur.

Rocambole était en gilet rouge et en casquette galonnée. Or, dans la hiérarchie sociale, un fermier a toujours été beaucoup plus qu'un domestique.

— Je voulais vous demander un peu de feu, monsieur.

— Volontiers, répondit Ambroise.

Le fermier examinait attentivement le prétendu valet, et se disait :

— Il a un air madré. M. le vicomte a la main assez heureuse.

Rocambole reprit :

— Votre laboureur n'en avait pas, j'ai pris la liberté de vous attendre.

— Vous n'êtes pas bien pressé, paraît-il ?

— Je promène un de mes chevaux.

— Vous en avez plusieurs ?

— M. le vicomte en a deux.

— Tiens ! dit le fermier qui prit un air naïf, vous êtes au service d'un vicomte ?

Rocambole alluma lentement son cigare à la pipe d'Ambroise.

— Je suis, dit-il, au service du vicomte de La Morlière.

— Celui qui a loué la Charmerie ?

— Justement.

— Et vous plaisez-vous à son service ?

— Assez !

Rocambole ébaucha un sourire et continua en regardant Ambroise :

— Le service n'est pas très-dur. Je sers à table, je panse les chevaux, et je viens voir ici, le matin, si vous avez une casquette ou un chapeau de paille.

Ambroise tressaillit.

— Ah ! ah ! dit-il, il paraît que M. le vicomte vous a instruit ?

Rocambole affecta un air dédaigneux.

— Le vicomte, reprit-il, n'a pas de secrets pour moi.

— Oh ! fit Ambroise avec le sourire incrédule de saint Thomas.

— Dame ! répliqua Rocambole qui comprit le sourire, vous verrez.

Et regardant autour de lui :

— Est-ce que nous ne pourrions pas nous asseoir quelque part pour causer ?

— Mais, répondit Ambroise, c'est inutile, je crois.

— Pourquoi ?

— Parce que je n'ai qu'un mot à vous dire, mon cher garçon.

— Ah ! voyons ?

— Vous direz à M. le vicomte que j'ai les copies qu'il sait bien.

— Parfait.

— Et que je voudrais le voir, s'il y a moyen, ce soir ou demain soir.

— A merveille !

— Vous voyez bien ajouta Ambroise, qu'il n'y a pas besoin de s'asseoir pour vous dire cela.

— Pardon, fit Rocambole.

— Hein ?

Et le fermier regarda le faux domestique.

Rocambole cligna de l'œil.

— Nous avons causé des affaires du vicomte, dit-il, mais... des nôtres ?

Le visage d'Ambroise, à ces paroles de Rocambole, exprima une véritable stupéfaction.

— Hein ? de quelles affaires parlez-vous donc, mon garçon ? demanda-t-il.

— Des nôtres, répéta froidement Rocambole, qui le regarda fixement.

— Je n'ai pas d'affaires avec vous.

— Bah ! vous croyez ?

— J'en suis sûr.

— Vous vous trompez.

— Plaît-il ? fit Ambroise avec la hauteur et la dignité d'un conseiller municipal.

— Je sais ce que je dis, répéta Rocambole ; nous avons des affaires.

— Nous deux ?

— Parbleu !

— Vous êtes fou, mon garçon, je ne vous ai jamais vu.

— Ça ne fait rien.

— Comment alors voulez-vous...

— Bah ! attendez donc. Je suis de la Vendée, moi !

Ambroise tressaillit de nouveau et sa voix s'altéra.

Cependant il fit bonne contenance.

— Eh bien, dit-il, qu'est-ce que cela peut me faire, mon garçon ?

— C'est que vous connaissez ce pays-là, maître Ambroise.

— Vous croyez ?

— Dame ! vous avez été le valet de chambre du baron Rupert, le gendre du général de Morfontaine.

— C'est vrai ; mais il y a longtemps, mon garçon, bien longtemps.

Et prenant un air naïf :

— Attendez, dit-il, c'était sous la Restauration, en 1826.

— Oui. Et après la mort du baron, vous êtes resté au service de la baronne.

— Oh ! peu de temps, jusqu'en 1830 ou 31... je ne sais au juste.

Ambroise devint d'une pâleur mortelle. (Page 998.)

— Bah! vous n'avez pas de mémoire. C'est en décembre 1832 que vous avez quitté le château de Bellombre.
— C'est bien possible.
— Le jour même où le comte de Main-Hardye qui aimait la baronne Rupert...
— Tiens! dit Ambroise, vous savez cela, vous?
Ambroise était visiblement inquiet.
— Oui, je sais cela.
— Qu'est-ce qu'il est donc devenu le comte? J'ai quitté le service de la baronne avant...
— Pardon, maître Ambroise, vous l'avez quitté le jour même où le comte se prit dans un piége à loup.
— Un piége à loup? Allons donc!
— Bon! répliqua Rocambole, ne vas-tu pas faire l'ignorant, misérable! C'est toi qui l'avais tendu.
Ambroise devint fort pâle.
— Farceur! Il fallait donc me dire tout de suite que le vicomte...
— Attendez donc, maître Ambroise, poursuivit Rocambole, je sais encore autre chose.
— Ah! vraiment!
— Je sais que, déguisé en saltimbanque...
— Hein?
— Tu as enlevé la fille de la baronne Rupert.

Cette fois Ambroise lâcha un horrible juron.
— Le vicomte est un niais, dit-il, de confier de pareilles choses.
— Eh! repartit Rocambole, qui redevint calme et railleur, vous voyez bien maintenant, maître Ambroise, que nous avons à causer.
— Peut-être.
— Et que nous ferions bien de nous asseoir. Tenez, là-bas.
Rocambole indiquait un bouquet d'arbres situé à l'extrémité nord du labourage.
Ambroise se sentait dominé. La voix de Rocambole avait changé d'accentuation; son geste était bref et hautain.
— Allons, soit! murmura le fermier, qui prit le cheval de Rocambole par la bride.
Rocambole s'assit le premier sur un tronc d'arbre.
— Mettez-vous donc là, maître Ambroise, dit-il, nous avons à causer plus longuement que vous ne pensez.
— Ah!...
Ambroise était de plus en plus troublé.
— Et qu'est donc devenue la petite, hein? demanda Rocambole.
— La... petite.

— Oui, Danielle?
— Elle... est... morte.
— Tu mens!
— Ma foi! je ne sais pas, moi. Est-ce que le vicomte le sait?
— Non. Mais moi...
— Vous?
— Moi, je le sais.

Ces simples mots furent un coup de foudre pour Ambroise.

Si Rocambole savait ce que le vicomte ignorait, que savait-il donc?

— Mon cher monsieur Ambroise, reprit le faux valet, vous pourriez bien, pour ces deux méfaits que vous savez, aller faire un tour au bagne.

Ambroise devint d'une pâleur mortelle.

— Tandis que, poursuivit Rocambole, ton ami le vicomte pourrait bien porter sa tête sur l'échafaud.

Les cheveux d'Ambroise se hérissèrent.

— Heureusement... balbutia-t-il, nous savons à qui... nous avons affaire.

— Tiens! tout à l'heure tu ne me connaissais pas, il me semble?

— Oui, mais...

— Mais maintenant c'est différent?

— Oh! dame!

— Et il n'est rien que tu ne fasses pour moi, afin d'acheter mon silence?

— Farceur! murmura le fermier, qui essaya de reconquérir son assurance ordinaire et n'y put parvenir.

— Ainsi, continua le faux valet, nous allons, pour la troisième fois, servir les plans de M. le vicomte, n'est-ce pas?

— Je ferai ce que je pourrai.

— Nous tâcherons de brouiller M. de Pierrefeu avec Mlle Victoire?

— S'il y a moyen.

— Et de mener à bonne fin le mariage de Mlle Victoire avec M. Paul?

— Naturellement.

— Et nous toucherons pour cela?...

— Oh! fit Ambroise, qui crut voir venir la botte secrète de Rocambole, six mille francs, pas plus.

— Tu mens de la moitié.

— Comment! vous savez...

— Je sais tout. Mais c'est pour les préliminaires, cela; on te donnera mieux après le mariage...

Ambroise crut que Rocambole était certain du chiffre.

— Il y a cent mille francs, balbutia-t-il.

Rocambole ne sourcilla point.

— Eh! mais, dit-il, j'imagine que tu me donneras bien la moitié de cette petite somme.

— La moitié.

— Dame! j'ai la langue un peu longue à l'occasion.

— Vous voulez... rire!

— Et justement j'ai des connaissances dans la magistrature.

— La moitié! murmurait Ambroise avec stupeur.

— Parbleu!

— Vous voulez donc me ruiner?

Il prononça ces mots d'une voix lamentable.

Soudain Rocambole se leva et appuya une de ses mains sur l'épaule du fermier:

— Quel âge as-tu? demanda-t-il.

— Soixante ans.

— Et tu n'es pas riche après une vie d'infamie comme la tienne?

— J'ai manqué de chance.

— Combien vaut la ferme que tu as à bail?

— Deux cent mille francs. J'espérais l'acheter. On m'aurait donné du temps.

— Bah! fit Rocambole, je vais te donner mieux que cela.

— Plaît-il?

— Je vais te donner le moyen de la payer comptant.

Ambroise eut un éblouissement.

Rocambole poursuivit:

— Es-tu attaché au vicomte?

— Peuh!

— C'est-à-dire que tu le sers pour cent mille francs.

— Dame!

— Mais ces cent mille francs, tu ne les auras jamais.

— Pourquoi?

— Parce que le mariage ne se fera pas.

— Oh! fit Ambroise d'un air de doute, qu'en savez-vous?

— Il ne se fera pas, parce que je suis là, moi.

— Et qui êtes-vous?

— Je suis un homme qui peut faire ta fortune, drôle, et qui, si tu ne me sers pas bien, t'enverra pourrir au bagne, tandis qu'on coupera le cou à ton ancien maître, le vicomte de La Morlière.

Rocambole ôta sa casquette galonnée et ajouta:

— Regarde-moi bien, maître coquin, et vois mes mains blanches, est-ce que j'ai l'air d'un domestique par hasard?

Ambroise eut peur.

XXIV.

Rocambole fut de retour à la Charmerie avant que M. de La Morlière fût levé.

Le vicomte avait éprouvé depuis quelques jours de violentes émotions, qui avaient fini par amener chez lui une grande lassitude.

Il dormait encore lorsque Rocambole entra dans la cour de la villa.

Le faux valet remit son cheval à l'écurie, le bouchonna, lui jeta une botte de paille; puis, voyant que les persiennes du vicomte étaient toujours fermées, il se hasarda à pénétrer dans la maison et à entrer chez Saphir. Si le vicomte dormait encore, la jeune femme était levée et accoudée à la croisée ouverte qui donnait sur le jardin.

Rocambole entra sur la pointe du pied, mit un doigt sur sa bouche pour lui recommander le silence, et lui dit tout bas:

— Nous avons à causer, ma chère.

— Ah!

— Je viens te faire ta leçon pour la journée.

Rocambole s'enferma avec Saphir l'espace d'une demi-heure environ. Puis il sortit, et comme il avait passé une nuit blanche, il alla se coucher.

Saphir était descendue au jardin et prenait l'air frais du matin.

A huit heures, M. de La Morlière s'éveilla et se leva.

— John doit être de retour, pensa-t-il.

Il ouvrit sa fenêtre, se pencha dans la cour et appela:

— John! John!

Rocambole ne répondit point.

— Est-ce qu'il ne serait pas revenu? se demanda le vicomte.

Il s'habilla et descendit à l'écurie pour s'assurer que les deux chevaux s'y trouvaient.

John dormait sur une botte de paille placée dans un coin de l'écurie.

— John! répéta M. le vicomte.

Rocambole ne sourcilla point.

M. de La Morlière le toucha alors du bout des doigts. John ouvrit un œil et le referma.

— Hé! butor! fit le vicomte, t'éveilleras-tu, enfin?

Rocambole rouvrit un œil, puis les deux, se les frotta et finit par se trouver sur ses pieds.

Il salua avec respect et demanda pardon d'avoir le sommeil si dur.

— Eh bien? fit le vicomte.
— Le fermier avait sa casquette, monsieur.
— Ah!
— Alors j'ai passé mon chemin.
— Sans lui parler?
— Dame! monsieur m'avait dit...
— C'est bien, dit brusquement le vicomte. Pansez le cheval noir.
— Monsieur sort?
— Non, c'est madame.
— Bon, dit Rocambole, est-ce que je vais l'accompagner?
— C'est inutile.

Le vicomte sortit de l'écurie, traversa la cour et gagna le jardin.

Saphir s'y promenait toujours.

M. de La Morlière la rejoignit.
— Bonjour, mon enfant, lui dit-il.
— Bonjour, monsieur, répondit Saphir.
— Avez-vous bien dormi?
— Hélas! non.
— Pourquoi?
— Mon Dieu! murmura Saphir, pouvez-vous me le demander?
— Du courage, mon enfant! N'est-ce point pour votre cher Paul?

Saphir courba la tête.
— J'obéirai, dit-elle d'une voix qui parut à M. de La Morlière entrecoupée de sanglots.

Le vicomte regardait Saphir, et, comme la veille, il était en proie à un trouble inexplicable.

Saphir était belle, elle avait un regard fascinateur, une voix enchanteresse.
— Je suis fou! répéta le vicomte pour la vingtième fois depuis la veille.

Puis, faisant un effort sur lui-même :
— Savez-vous, dit-il, qu'il est plus de huit heures.
— Déjà!
— Allons, mon enfant, voici le moment de monter à cheval.

Saphir soupira.
— Je vous attendrai à dix heures pour déjeuner.
— Mais, monsieur, reprit brusquement Saphir, il n'est pas sûr que... je rencontre...
— Si ce n'est aujourd'hui, ce sera demain... peu importe!

Saphir prit le bras du vicomte et sortit avec lui du jardin.

John, c'est-à-dire Rocambole, achevait de panser le cheval noir, sur lequel il venait de poser une selle de femme à deux fourches, lorsque le vicomte et Saphir pénétrèrent dans la cour.

La jeune femme, qui sans doute s'attendait depuis la veille à monter à cheval, avait revêtu une amazone verte à brandebourgs noirs qui lui allait merveilleusement.

Elle était coiffée d'un petit chapeau de paille à larges ailes, garni d'une plume noire, et lorsque le vicomte l'avait rejointe dans le jardin, elle tenait à la main une cravache avec laquelle elle fouettait les arbustes qui bordaient les allées sablées.

Quand le cheval noir fut bridé, Saphir s'apprêtait à se mettre en selle, lorsque la cloche de la grille se fit entendre.
— Ah! dit Rocambole, c'est le facteur, il me semble.

On apercevait, en effet, à travers la grille, un homme vêtu d'une blouse bleue à collet rouge et coiffé d'une casquette cirée.

Saphir se mit en selle avec l'aide de M. de La Morlière, et celui-ci prit la bride que Rocambole lui tendit, afin d'aller ouvrir.

Le facteur apportait une seule lettre. Cette lettre portait le timbre du bureau du poste voisin et était adressée à

MADAME SAPHIR,
A la Charmerie.

Elle était franche de port.
— C'est pour madame, dit Rocambole, qui revint, la lettre à la main, et la tendit à la jeune femme.

Saphir la prit, étouffa un léger cri, et brisa le cachet avec une précipitation qui étonna M. de La Morlière.

Saphir lut cette lettre, et le vicomte la vit pâlir et manifester un grand trouble.
— Ah! mon Dieu! lui dit-il, qu'avez-vous donc, ma chère enfant?
— Rien, balbutia-t-elle, absolument rien... c'est une de mes amies qui m'écrit.
— Comment! on sait donc à Paris que... vous êtes.. avec moi... en Normandie?

Saphir ne répondit point directement et se borna à balbutier :
— J'ai eu tort de donner mon adresse.

Rocambole avait déjà ouvert la grille :
— Au revoir! dit Saphir, qui, obéissant à un mouvement fébrile, fouetta son cheval du bout de sa cravache.

Le cheval avait du sang, il bondit en avant et s'élança au galop dans l'avenue.

Saphir était dispensée, pour le moment, de plus amples explications.

Le vicomte était demeuré stupéfait, en présence de Rocambole.

Le faux valet clignait de l'œil, souriait avec finesse, et semblait ne demander qu'à parler.
— Eh bien? demanda enfin le vicomte, que penses-tu de cela?
— Mais je pense... que...

Rocambole s'arrêta.
— D'où vient cette lettre? de Paris, sans doute?
— Non.
— Alors... d'où vient-elle?
— De Criquetot, le bureau de poste voisin.
— Plaît-il? murmura le vicomte abasourdi.
— Je connais l'écriture.
— Ah!...
— Et madame a joliment peur, comme on dit.

Les demi-confidences de Rocambole achevaient de stupéfier M. de La Morlière.
— Mais, s'écria-t-il, elle connaît donc quelqu'un dans les environs?
— Pas précisément.
— Explique-toi donc!
— Ah! mais, dame! fit Rocambole, vous me demandez là de trahir ma maîtresse, il me semble!
— Parbleu!
— Ce n'est pas dans notre marché, monsieur, c'est en dehors.
— Je payerai en dehors, repartit le vicomte; mais parle!
— C'est différent, dit Rocambole; mais maintenant c'est inutile.
— Pourquoi?
— J'aurai l'honneur de m'expliquer un peu plus tard.
— Comment cela?
— Attendez le retour de madame, il faut que je sache ce que contenait la lettre.

Rocambole parlait en homme bien résolu à ne pas développer sa pensée. Le vicomte inclina la tête et s'en alla.

Il monta dans sa chambre, s'y enferma et se reprit à rêver. Une demi-heure après on frappa à la porte.
— Entrez! dit-il.

C'était Rocambole.

— Que viens-tu faire? demanda le vicomte.

Rocambole baissa la voix.

— Tout à l'heure, dit-il, j'ai entendu un coup de fusil derrière la haie de clôture, et, après le coup de fusil, un coup de sifflet. Tout cela m'a paru louche, attendu que, de l'autre côté de la haie, il y a un chaume très-bas coupé, dans lequel une alouette ne trouverait pas à se nicher.

Je suis allé par là, et j'ai vu un bonhomme qui se promenait un fusil sur l'épaule. Je l'ai reconnu tout de suite.

— Ah! dit le vicomte.

— C'était l'homme de la botte de foin de ce matin.

— Ambroise?

— Oui, le fermier; seulement, il n'est plus coiffé de sa casquette, il a son chapeau de paille.

— C'est une preuve qu'il veut me parler, dit le vicomte.

— C'est ce que j'ai pensé, et je suis venu chercher monsieur.

— Où est-il?

— Là-bas, derrière la haie.

— Lui as-tu parlé?

— Non; mais il m'a vu courir vers la maison, et il a compris sans doute que je venais vous chercher.

— C'est bien, va-t'en.

— Monsieur n'a plus besoin de moi?

— Nous verrons tout à l'heure.

Et le vicomte entra dans le jardin, qui n'était séparé de la cour que par une claire-voie, et laissa Rocambole, sur les lèvres duquel un silencieux sourire vint à glisser.

M. de La Morlière se dirigea vers l'extrémité du jardin, et atteignit un endroit où la haie de clôture avait une brèche assez grande pour laisser passer un homme.

Ambroise, son fusil entre ses jambes, était fort tranquillement assis de l'autre côté.

Quand le vicomte franchit la brèche, Ambroise tourna la tête, mais il ne se leva point.

Seulement, il cligna de l'œil avec finesse et dit tout bas :

— J'avais grand'peur que vous fussiez sorti. Bonjour, monsieur le vicomte.

— Bonjour, Ambroise.

Le vicomte s'assit au revers du fossé et regarda le fermier.

— Oh! oh!

— Il y a bien du nouveau à la Maison-Blanche, depuis ce matin.

— Qu'y a-t-il donc? fit le vicomte, qui oublia tout à fait Saphir pour songer aux deux millions de dot de Mlle de Morfontaine.

— Il y a qu'il est arrivé, ce matin, une lettre de Paris qui modifiera sans doute les plans de monsieur le vicomte.

— Tu crois?

— Dame!

— Et cette lettre?

— Est de la marquise.

— Bon! et tu as pu te la procurer?

— Non, mais je l'ai lue.

— Comment cela?

— Pendant que M. Léon déjeunait à la salle à manger avec Mlle de Morfontaine et Mme Hulot, je me suis glissé dans sa chambre, et j'ai eu tout juste le temps de lire cette lettre, qu'il avait laissée tout ouverte sur la table, et qui m'a paru renfermer des choses assez importantes pour que je vinsse sur-le-champ.

— Voyons, dit le vicomte impatient, explique-toi.

— La marquise, reprit Ambroise, est au courant de tout.

— Comment, de tout?

— Oui, elle écrit que le marquis de Morfontaine a laissé traîner une lettre de monsieur le vicomte.

— L'imbécile!

— Et que monsieur le vicomte et lui se sont entendus, sans doute, pour tout entraver.

— Comment! exclama M. de La Morlière avec emportement, la marquise sait cela?

— Elle ajoute qu'il n'est que temps de partir...

— Hein?

— De partir à l'instant même, avant que M. de Morfontaine, qui, dit-elle, parle d'un voyage mystérieux, ait eu le temps de rejoindre sa fille.

— Oh! oh! murmura pour la seconde fois le vicomte.

Ambroise reprit :

— Après avoir lu cette lettre, j'ai voulu savoir quel effet elle avait produit sur les deux jeunes gens, et je me suis glissé dans l'office, qui est attenant à la salle à manger. M. Léon causait avec animation et disait :

« — Ce matin même, je suis allé me promener à cheval jusqu'à Fécamp. Il y a un navire anglais dans le port qui appareillera après-demain matin.

« — C'est cela, a dit madame Hulot. D'ici à après-demain, il faut espérer qu'il ne nous arrivera rien de fâcheux. D'ailleurs, ajouta-t-elle, d'après la lettre de madame la marquise, son mari a reçu un mot du vicomte qui lui dit : « Je sais où est ta fille ; arrive à Paris. » Mais c'est tout ce qu'il dit. Or, renseignements pris, la marquise ajoute que M. de La Morlière est absent, et il est probable qu'il ne reviendra point sur-le-champ.

« — Qui sait? dit alors M. Léon, si ce maudit vicomte n'est point à nos trousses.

« — Oh! moi, a ajouté mademoiselle Victoire, j'ai peur... Il paraît que depuis deux ou trois jours un monsieur de Paris, qui ne sort jamais, est venu s'établir dans une petite maison... à la *Charmerie.*

« — Eh bien?

« — Si c'était le vicomte!

« — Fort heureusement, continua Ambroise, je suis entré dans ce moment et j'ai dit naïvement :

« — Tiens! monsieur Léon, vous parlez de la *Charmerie?*

« — Oui.

« — C'est une jolie maison tout de même, et bien située.

« — A qui appartient-elle?

« — A un original de Rouen ou du Havre, je ne sais pas, qui ne l'habite jamais et qui l'a louée.

« — Et... elle est... louée?

« — Il paraît que oui.

« — Depuis quand?

« — Depuis quelques jours.

« — A qui?

J'ai cligné de l'œil :

« — A un vieux monsieur, ai-je répondu, qui est venu l'habiter avec une jeune et jolie femme.

« Cette explication, comme vous pensez, a complétement rassuré nos deux amoureux, et je me suis sauvé pour venir vous prévenir, acheva maître Ambroise.

Le vicomte était soucieux et paraissait réfléchir.

— Je crois, monsieur le vicomte, que vos petites combinaisons doivent forcément se modifier, reprit maître Ambroise; d'autant plus que M. Léon a manifesté le désir de retourner à Fécamp aujourd'hui même.

— Aujourd'hui?

— Tantôt, vers trois ou quatre heures de relevée.

— Mais... pourquoi?

— Pour retenir son passage, celui de mademoiselle Victoire et de madame Hulot. Vous le voyez, ça presse.

Le vicomte parut prendre une résolution subite.

— Il faut enlever Victoire, dit-il.

— C'est grave!

— Tu crois?

— Dame! vous n'êtes pas son père, et vous comprenez...

LES DRAMES DE PARIS.

Saphir se promenait dans le jardin. (Page 999.)

— Je suis son oncle.
— Cela ne suffit pas.
— C'est vrai, mais...
— Il faudrait que le père vînt. Vous pouvez mettre votre domestique à cheval.
— Bon ! après.
— Et l'envoyer à Beuzeville avec une dépêche télégraphique. Le marquis peut partir ce soir de Paris et arriver cette nuit.
— C'est cela, dit le vicomte, l'idée est bonne.
— Mais, ajouta Ambroise, il faut que M. le marquis arrive discrètement ici et qu'il se concerte avec vous avant de venir à la Maison-Blanche.
— Attends-moi un moment, dit le vicomte, je reviens.

M. de La Morlière repassa dans le jardin et se prit à courir vers la maison.

Il monta rapidement à sa chambre et y prit un *Indicateur des Chemins de fer.*

Dans l'escalier, il rencontra John, ou plutôt Rocambole.

Rocambole cligna de l'œil.

— Ai-je bien fait, dit-il, d'avertir M. le vicomte ?
— Oui.
— Monsieur a-t-il besoin de moi ?

— Selle un cheval. Tu vas partir.
— Où vais-je ?
— A Beuzeville. Je vais te donner tes instructions.

Et le vicomte, qui courait comme un jeune homme, rejoignit Ambroise, toujours assis au revers du fossé et fumant fort tranquillement sa pipe.

Tout en marchant au pas de course, M. de La Morlière avait ouvert son *Indicateur* et constaté qu'il y avait un train-poste qui partait de Paris à six heures du soir et arrivait à Beuzeville à onze heures et quelques minutes.

— As-tu un bon cheval ? dit-il à Ambroise.
— Mais oui, dit le fermier. J'ai un trotteur de la plaine de Caen qui fait, attelé à mon cabriolet, ses cinq petites lieues à l'heure.
— C'est parfait.
— En avez-vous besoin ?
— Tu iras cette nuit à Beuzeville. Tu t'y trouveras à l'arrivée du train-poste, à onze heures, et tu ramèneras le marquis. Quand nous serons réunis tous trois, nous causerons.
— Diable ! murmura Ambroise qui parut légèrement embarrassé, il faudra que je trouve un bon prétexte pour m'absenter ce soir. Il ne faut pas donner l'éveil à nos tourtereaux.

PROPRIÉTÉ DE VICTOR BENOIST ET Cⁱᵉ, A PARIS.

Ambroise secoua les cendres de sa pipe, se leva, posa son fusil sur son épaule gauche et s'en alla fort tranquillement par un petit sentier bordé de haies qui serpentait à travers champs.

Le vicomte, lui, revint trouver Rocambole.

Il prit son carnet, en arracha un feuillet et écrivit dessus, au crayon, ces mots :

« *A Monsieur le marquis de Morfontaine, à Paris.*

« Prenez le train-poste de six heures, descendez à la station de Beuzeville ; affaire urgente.

« M.... »

— Tiens, dit-il à Rocambole, va me porter cette dépêche télégraphique.

Le valet prit le feuillet et y jeta les yeux sans scrupule :

— Mais, dit-il, elle n'est pas signée.

— Tu te trompes, répondit le vicomte ; le marquis et moi nous n'employons jamais que cette initiale. Le marquis comprendra, sois tranquille.

Rocambole avait harnaché le cheval.

Il prit le feuillet, le mit dans sa poche, et sauta en selle avec la dextérité d'un groom anglais.

Puis il lança son cheval au galop, et prit un raccourci qui conduisait à Beuzeville en moins d'une heure.

Soit hasard, soit que la chose eût été convenue entre eux, maître Ambroise suivant son petit sentier, Rocambole galopant dans un chemin de traverse, se rencontrèrent à un endroit où les deux voies se croisaient.

Ambroise passa son fusil de l'épaule gauche à l'épaule droite.

Rocambole arrêta net son cheval.

Alors le cavalier et le piéton se regardèrent, et tous deux se mirent à rire.

— Eh bien? dit Rocambole.

— Il y a mordu.

— Plaît-il?

— Je veux dire qu'il a cru mon histoire tout au long.

— J'en ai la preuve dans ma poche, je vais à Beuzeville.

— Moi aussi.

— Quand?

— Ce soir.

— Ah! dit Rocambole, je devine, tu iras chercher le marquis.

— Précisément. Mais, ajouta le fermier, vous me permettrez bien une question, monsieur John.

— Voyons?

— Pourquoi faites-vous venir le marquis et pourquoi avons-nous imaginé cette lettre de Mme la marquise de Morfontaine, qui, vous le savez bien, n'a jamais existé? Car, acheva Ambroise, loin de vouloir partir pour Fécamp, les deux jeunes gens se trouvent si bien à la Maison-Blanche, qu'ils y voudraient passer leur vie.

Rocambole ne répondit point directement à la question du fermier; seulement il lui dit :

— Pourquoi me sers-tu?

— Mais, dame! parce que...

Ambroise hésita.

— Parce que, dit Rocambole, il y a de l'argent au bout, d'abord.

— Dame! c'est un peu ça.

— Et puis, que j'ai la preuve de tes petits péchés, et que je pourrais t'envoyer tu sais où...

— Ne me faites donc pas de ces vilaines plaisanteries, monsieur John, murmura Ambroise humblement.

— Or donc, acheva Rocambole, contente toi d'exécuter mes ordres, et ne t'inquiète point de ce qui ne te regarde pas!

Rocambole avait prononcé ces mots avec hauteur, et Ambroise courba la tête et comprit qu'il avait un maître.

— Avez-vous besoin de moi? demanda-t-il avec l'humilité d'un inférieur.

— Non, je te verrai ce soir.

Ambroise continua à suivre son petit sentier bordé de haies.

Rocambole remit son cheval au galop, et, trois quarts d'heure après, il arriva en vue de Beuzeville.

Mais au lieu d'entrer dans le village, au lieu de se diriger vers la station du chemin de fer où se trouvait la station télégraphique, il se jeta résolûment à gauche, dans la direction d'un petit bouquet d'arbres isolé au milieu des champs.

XXV.

Rocambole avait aperçu, au milieu du bouquet d'arbres vers lequel il se dirigeait, un homme vêtu d'une blouse bleue, assis sur un pliant, en face d'un chevalet qui supportait une petite toile carrée.

C'était M. le baron Gontran de Neubourg qui croquait un paysage. Au bruit que faisait le cheval en franchissant les guérets, le baron tourna la tête, reconnut Rocambole et cessa de peindre.

Rocambole arriva sur lui et lui dit :

— Monsieur le baron, j'ai absolument besoin de vous.

— Ah! dit le baron.

— D'abord, venez avec moi à la station du chemin de fer.

— Pourquoi faire?

— Ou attendez-moi ici, ce qui m'est tout à fait égal. Je reviens dans dix minutes.

— J'aime autant cela, dit M. de Neubourg, qui reprit sa palette et ses pinceaux.

Rocambole n'était point descendu de cheval.

— A tout à l'heure donc, dit-il.

Puis il remit l'éperon aux flancs de son cheval et repartit.

La station était distante d'un quart de lieue environ. Grâce à l'éperon, le cheval de Rocambole avait des ailes.

Rocambole arriva, entra dans le bureau télégraphique, donna sa dépêche, en paya le prix, attendit qu'elle fût partie et remonta à cheval.

M. de Neubourg n'avait point bougé du bouquet d'arbres et l'attendait.

— Diable! fit-il en le voyant reparaître, que se passe-t-il donc à la Charmerie, que vous courez ainsi à perdre haleine?

— Il se passe, répondit Rocambole, que vous avez, monsieur le baron, joué un rôle actif durant toute la matinée.

— Plaît-il? fit le baron.

— Il n'a été question que de vous à la Charmerie.

— Bah!

— Parole d'honneur! Connaissez-vous Saphir?

— Non.

— Vous l'avez vue pourtant, le jour où vous vous êtes battu avec Paul.

— C'est vrai ; et je sais, en outre, qu'elle est le principal instrument du vicomte.

— Et de moi, donc!

— Je le sais aussi.

— Eh bien, Saphir a reçu de vous une belle lettre, ce matin.

— Quelle plaisanterie!

— Rien n'est plus vrai. C'est moi qui l'ai écrite.

M. de Neubourg ne put réprimer un sourire.

— Vraiment! dit-il. Rassurez-vous, je n'ai point signé tout au long, je me suis borné à écrire un G..., une simple initiale.

— J'aime mieux cela. Et que contenait cette lettre?

— C'était un message de jalousie.

— Allons donc!
— Vous êtes un ami de Saphir.
— Moi?
— Vous vous ruinez pour elle.
M. de Neubourg se mit à rire.
— Voilà qui est superbe! dit-il.
— C'est pour elle que vous vous êtes battu avec Paul de La Morlière, il y a trois semaines.
— A merveille!
— Pour elle que vous avez fait le voyage de Normandie.
— Ah! Voyons, comment cela?
Alors Rocambole raconta à M. de Neubourg ce qui s'était passé à la Charmerie.
— Eh bien, dit le baron lorsque Rocambole eut terminé son récit, puisque décidément j'ai rompu avec Saphir, que dois-je faire?
— Vous devez avoir un retour, céder à un amour violent...
— Je ne comprends pas.
— Et enlever Saphir.
— Expliquez-vous, maître Rocambole.
— Je ne le puis aujourd'hui, car je ne sais pas trop au juste comment les choses tourneront ce soir; mais demain matin, avant le jour, je serai ici.
— Ici?
— Non, à Beuzeville, ce qui revient au même. Vous m'ouvrirez votre fenêtre, quand j'aurai frappé trois coups.
— C'est bien. Et d'ici là?
— Mais, dame! j'aurais besoin que vous alliez à l'habitation de M. de Verne.
— Voir Danielle?
— Justement. A propos, avez-vous des nouvelles?
— Non, pas depuis hier. Chenevières en est reparti le matin en me jetant un simple mot à la poste.
— Que vous disait-il?
— Que Paul de La Morlière s'accommodait fort bien de son état de prisonnier.
— Je le crois: il est amoureux.
— Ainsi, j'irai voir Danielle?
— Oui, aujourd'hui.
— Que lui dirai-je?
— Que la nuit prochaine, je ne sais à quelle heure encore, mais ce sera certainement après minuit, elle m'attende... Eh mais! ajouta Rocambole, qui parut réfléchir, voici qui est bien plus simple, il me semble.
— Quoi?
— Puisque vous allez voir Danielle, restez-y.
— Jusqu'à quand?
— Jusqu'à la nuit prochaine. Vous m'attendrez.
— C'est très-bien, dit M. de Neubourg. Seulement, je fais une réflexion.
— Laquelle?
— C'est que, pour enlever Saphir, comme vous dites, il me faudra peut-être un aide.
— Naturellement.
— Et que je suis seul.
Rocambole se mit à rire.
— Et moi? dit-il.
— Vous?
— Je m'arrangerai pour que le vicomte m'envoie quelque part, chez Ambroise, par exemple.
— Bon!
— Et je reviendrai avec vous.
— Mais il vous reconnaîtra?
— On ne me reconnaît jamais, dit Rocambole, quand je ne veux pas être reconnu.
Et le faux valet remonta à cheval, ajoutant:
— Ainsi, voilà qui est convenu, n'est-ce pas?
— Oui.
— A cette nuit?

— Nous attendrons.
Rocambole rendit la main à son cheval et repartit.

— Décidément, s'était répété le vicomte pour la vingtième fois depuis trois jours, décidément je prends la vie au rebours et je suis fou. Me voici épris à près de soixante ans, moi qui n'aimais personne à vingt-cinq. C'est absurde!
Cette condamnation contre lui-même ainsi prononcée, M. de La Morlière avait fait tous ses efforts pour se rejeter dans le monde réel, c'est-à-dire dans ses combinaisons sournoises ayant pour but de faire épouser à son fils Paul Mlle Victoire de Morfontaine.
Certes, le dénoûment qu'il entrevoyait à cette heure n'était point celui que son génie inventeur avait rêvé.
Il fallait que les événements lui forçassent singulièrement la main, pour qu'il consentît à faire venir le marquis et à lui imposer le rôle d'un père irrité qui fait arrêter sa fille.
Tout au contraire, le vicomte avait songé à faire de son fils une manière de libérateur qui aurait sauvé sa nièce au moment suprême.
Malheureusement, les événements dominaient le vicomte. La prétendue imprudence du marquis de Morfontaine, qui avait laissé surprendre à sa femme une de ses lettres, le forçait à précipiter les choses et à leur donner une tournure brutale.
Le plan ingénieux dans lequel Saphir devait jouer le principal rôle n'était plus exécutable.
Il fallait renoncer à Saphir.
M. de La Morlière se promenait donc à grands pas, songeant, méditant, lorsque Rocambole revint. Le faux valet avait pris un air humble et naïf. On eût dit qu'il venait d'exécuter un ordre dont il ne comprenait ni le but ni la portée.
La veille encore, tout en songeant à utiliser les dispositions vicieuses du prétendu valet, le vicomte avait dédaigné de s'ouvrir à lui.
Mais, en ce moment, M. de La Morlière ayant de nouveau remarqué le visage astucieux et plein d'intelligence de maître John, changea soudain de résolution.
— C'est fait, monsieur, dit Rocambole en ôtant respectueusement sa casquette.
— La dépêche est partie?
— Elle est à Paris maintenant.
— C'est bien.
John fit mine de vouloir se retirer. Le vicomte le retint d'un geste.
— Reste, dit-il.
— Monsieur a besoin de moi?
— Peut-être...
— J'attends les ordres de monsieur.
Le vicomte s'assit sur un banc du jardin qui se trouvait derrière lui, et John demeura respectueusement debout, sa casquette à la main.
— Il se peut, dit alors le vicomte, que je renonce à mon idée première, relativement aux deux tourtereaux de la Maison-Blanche.
— Ah! fit Rocambole qui joua un étonnement profond.
— Ils sont prévenus.
— De la présence de monsieur dans les environs?
— Pas tout à fait, mais peu s'en faut.
Rocambole jeta son masque d'humilité. Il reprit son sourire moqueur, son attitude insolente, et dit à M. de La Morlière:
— Monsieur le vicomte avait bien voulu, hier soir, me faire quelques demi-confidences, puis il s'est ravisé sans doute.
— Non, mais...
— Et maintenant, sans doute, il est embarrassé?...
— Eh bien! fit brusquement le vicomte, si je l'étais?...

— Monsieur l'est, cela se voit bien.
— Soit, je le suis.
— Et monsieur a raison de s'adresser à moi.
— Tu crois?
— Je suis homme de bon conseil à l'occasion. Seulement...
— Seulement? interrogea le vicomte.
— Je ne puis donner un avis sûr que lorsqu'on m'a mis tout à fait au courant de la situation.
La physionomie de Rocambole était tellement intelligente en ce moment-là, que M. de La Morlière fut comme fasciné par elle.
— Soit, dit-il. Je vais t'élever à la dignité de confident.
— En ce cas-là, répondit le valet, monsieur le vicomte me permettra de m'asseoir.
Et Rocambole prit un siége de jardin qui se trouvait à la portée de sa main, et se plaça vis-à-vis de M. de La Morlière.
Alors celui-ci le mit au courant de la situation et finit par lui dire familièrement :
— Que ferais-tu à ma place?
— Moi, dit Rocambole, j'attendrais l'arrivée du marquis.
— Bien.
— Et quand le marquis serait venu, je tiendrais conseil avec lui et Ambroise.
— Parfait!
— Et j'admettrais John dans ce conseil de guerre d'un nouveau genre.
Le vicomte fronça le sourcil.
— Ah! dame! ajouta froidement Rocambole, si monsieur croit pouvoir se passer de mes avis...
— Soit, dit M. de La Morlière. Cependant, d'ici là...
— Cependant, j'ai besoin de réfléchir. Monsieur le vicomte attendra bien à ce soir.
John avait le ton tranchant. M. de La Morlière en fut choqué, mais il ne manifesta point son mécontentement ; il avait cru comprendre que Rocambole était homme à le tirer du mauvais pas où il se trouvait maintenant.
— Mais, dit Rocambole, Mme Saphir devient inutile à monsieur?
— Absolument.
— Et monsieur va la renvoyer à Paris?
Le vicomte tressaillit.
— Pourquoi? fit-il sans trop savoir ce qu'il disait.
Rocambole laissa errer sur ses lèvres un sourire railleur.
— Mais, dit-il, je sais bien que monsieur le vicomte ne la renverra pas.
— Pourquoi? répéta M. de La Morlière, que le seul nom de Saphir avait le privilége de jeter dans les espaces imaginaires.
— Mais parce que... parce que... Au fait! cela ne me regarde pas... Mais cela se voit.
Le vicomte pâlit.
— Ah! cela se voit?
— Comme le soleil en plein midi.
— Mais...
— Sans compter, poursuivit le valet, que la lettre de ce matin...
Le vicomte tressaillit.
— Eh bien! cette lettre... que sais-tu?
— Moi, dit Rocambole, je sais tout, monsieur.
En ce moment on entendit le pas d'un cheval.
C'était Saphir qui revenait...
Le vicomte se leva pour aller à sa rencontre.

XLVI.

Nous avons laissé Paul de La Morlière dans la mystérieuse demeure où l'avait conduit le vicomte Arthur de Chenevières.

Paul, on s'en souvient, après avoir été conduit dans la chambre qui lui était destinée par Danielle, cette femme dont il ignorait et l'origine et la manière de vivre, Paul, disons-nous, s'était endormi et n'avait ouvert les yeux que le lendemain.

Paul s'était levé, avait inutilement parcouru toute la maison sans rencontrer Danielle, s'était aperçu qu'un étranger avait passé la nuit dans la maison, et, rencontrant enfin dans le salon le domestique masqué de la veille, il lui avait demandé :
— Qui donc a couché là-bas, au rez-de-chaussée?
A quoi le domestique avait répondu que Paul voulait savoir trop de choses.
Paul avait été pris à la gorge par un violent sentiment de jalousie. Un moment il était demeuré immobile, stupéfait.
Puis il avait retrouvé un peu de calme, et, regardant attentivement le valet :
— Que gagnes-tu au service de ton maître? lui demanda-t-il?
— Monsieur se trompe.
— Parle donc!
— Monsieur se trompe, répéta le valet, qui souriait toujours à travers son masque.
— Je ferai ta fortune...
Et Paul ouvrit son paletot et retira de sa poche un portefeuille assez bien garni.
Le valet haussa les épaules.
— Je ne suis pas à vendre, monsieur, dit-il, et je ne puis pas dire ce que vous me demandez.
Paul était furieux et crispait ses poings.
— Monsieur, reprit le valet avec son flegme railleur, me fera-t-il l'honneur de me dire à quelle heure il désire déjeuner?
Et il salua profondément, recula jusqu'à la porte dérobée du salon, la poussa et disparut.
Paul de La Morlière se retrouva seul, désappointé et plus que jamais intrigué.
Il courut sur les pas du valet, pénétra dans le corridor... le corridor était désert.
Il prit le parti de rétrograder et de revenir dans le salon.
La pendule marquait midi.
Or, puisque le valet masqué avait parlé de déjeuner, il était évident que le moment où ce repas lui serait servi n'était pas loin.
L'homme, arrivé au paroxysme de la colère et de l'impatience, éprouve quelquefois un brusque revirement de calme et de philosophie.
Paul se laissa tomber sur un siége, et roula ce siége auprès du guéridon placé au milieu du salon.
Sur ce guéridon se trouvaient des livres et des journaux.
Paul se mit à lire, afin de tromper son impatience.
Un quart d'heure s'écoula, puis une porte se rouvrit.
Le laquais masqué roulait devant lui une table toute servie, et il vint la placer devant le jeune homme.
La table supportait un confortable déjeuner et deux bouteilles d'un vin fort dépouillé qui paraissait d'un âge respectable.
— Monsieur est servi, dit le valet.
Il fit mine de se retirer une seconde fois, mais Paul le retint d'un geste impérieux.
— Reste, dit-il.
— Que veut monsieur?
— Te faire une seule question.
— Si je le puis, j'y répondrai très-volontiers, monsieur.
— Verrai-je madame Danielle aujourd'hui?
— Oui, monsieur.

Paul se laissa tomber sur un siége et se mit à lire.

— A quelle heure?
— Je ne sais pas.
Et le valet s'en alla.

Paul prit son parti de tout ce mystère. Il se mit à déjeuner de fort bon appétit, dégusta une tasse d'excellent café, avala un verre d'eau-de-vie de Dantzig et alluma un cigare.

Puis il descendit au jardin pour y faire un tour de promenade.

Le jardin était désert comme la maison.

Entouré de grands murs, ceints eux-mêmes par un rideau de peupliers séculaires, le jardin était planté à la française et fort négligé.

Tout semblait y attester la longue absence du maître.

Paul longea une grande allée d'arbres plantée au milieu et se dirigea ensuite jusque vers l'extrémité.

Il apercevait un mur et une porte. La vue d'une porte sera toujours battre le cœur de l'homme qui se sent prisonnier.

Paul alla droit à cette porte.

Elle était percée dans l'épaisseur du mur de clôture plus élevé en cet endroit que partout ailleurs.

Cette porte, peinte en gris, était solide, massive, et bien fermée au dehors.

Paul essaya de l'ébranler, et reconnut l'existence de verrous extérieurs. Ceci complétait le mystère, car il devenait inouï qu'une porte fermât plutôt en dehors qu'en dedans.

Où donnait-elle ?

Malgré tous ses efforts, M. de La Morlière fils ne put parvenir à l'enfoncer.

Alors il chercha une fente, un trou, un interstice quelconque qui pût permettre à son regard de plonger au travers. Ce fut peine perdue.

On eût dit que la fin du monde était derrière cette porte.

Paul revint vers la maison, et retourna au salon.

La lecture a toujours été un excellent moyen de tromper la longueur du temps.

Paul s'allongea sur le canapé et prit un volume.

De temps en temps, cependant, il interrompait sa lecture pour prêter l'oreille et se demander si quelque bruit lointain ne lui parvenait point.

Un silence profond régnait autour de lui.

La nuit vint; avec la nuit, le valet masqué reparut.

Le bizarre personnage venait allumer les flambeaux du salon.

Paul accueillit sa venue avec une sorte de joie.

— Ah! enfin! dit-il.

Le valet sourit.

— Monsieur a-t-il besoin de moi? demanda-t-il.
— Oui et non.
— Ce n'est pas répondre.
— Dis-moi si Mme Danielle viendra.
— J'ai eu l'honneur de l'affirmer à monsieur.
— Mais... quand?
— Dans la soirée, mais je ne sais pas l'heure au juste.
Paul soupira.
Le valet reprit :
— Monsieur fera bien de dîner.
— Ah! fit Paul.
— Le temps passe vite à table.
— Tu crois?
— Parbleu! Et si monsieur a quelque appétit...
— Soit, sers-moi.

Le valet s'en alla, demeura absent environ dix minutes, et revint ensuite, poussant devant lui la petite table toute chargée.

Le souper était non moins exquis, non moins délicat que le déjeuner.

— Ta maîtresse fait bien les choses, dit Paul en souriant.

Le valet s'inclina sans mot dire.

Paul se versa un verre de madère plus jaune que l'ambre de l'extrême Orient.

— Et voilà un vin, ajouta-t-il, qui pourrait bien avoir trente années de bouteille.

— Je ne sais pas au juste, dit le valet, mais je pourrai le savoir.

— A qui le demanderas-tu?
— A MONSIEUR.

Ce mot, qui résonnait pour la seconde fois à l'oreille de Paul, lui brisa le tympan.

Il y avait donc un monsieur?

Le valet le vit pâlir, tandis que sa main, agitée d'un tremblement convulsif, reposait le verre sur la table.

Aussi se hâta-t-il d'ajouter :
— Mais monsieur n'est pas ici; il est absent.
Paul respira.
— Où est-il donc? demanda-t-il, faisant un suprême effort pour être calme.
— Il est à Paris.

Le laquais était un homme réservé. Comme le matin, il fit un pas de retraite, se bornant à dire :
— S'il manquait quelque chose à monsieur, monsieur sonnerait.

Du doigt, il désignait un timbre d'argent posé sur la table.

— Ainsi, tu ne veux rien me dire, insista Paul.

Le laquais, qui touchait au seuil de la porte, s'arrêta un moment.

— Dame! fit-il, monsieur me demande des choses extraordinaires.

Et il salua et sortit.

— Et il y a des gens, murmura Paul, qui ne croient pas aux *Mille et une Nuits*... Ma foi! dînons. Ce madère est exquis!

Notre héros s'attaqua bravement à quelques salaisons et à une coquille de crevettes, avant de passer à un turbot à la hollandaise, qui précédait lui-même une perdrix aux choux et un canard aux navets. Mais, tout en mangeant, il avait les yeux fixés sur la pendule, et il disait que les heures passaient bien lentement.

Tout à coup, un léger bruit se fit dans le corridor voisin ; la porte dérobée du salon s'ouvrit.

Paul jeta un cri de joie et aperçut Danielle.

Danielle entrait, calme, souriante, et plus belle que jamais.

Paul voulut se lever et courir à elle.

Elle l'arrêta d'un geste.

— Restez, dit-elle.

Puis elle vint s'asseoir à une faible distance, dans un fauteuil placé vis-à-vis du sien, et, toujours souriante, elle lui dit de sa voix harmonieuse et pleine de séductions :

— Je gage que vous vous êtes impatienté bien fort toute la journée, n'est-ce pas?
— Je vous attendais.
— Oh! fit-elle, je sais bien que vous avez beaucoup d'esprit et réponse à tout; mais... est-ce sincère?

Paul se laissa tomber aux genoux de Danielle et osa lui prendre la main.

— Mon Dieu! dit-il, si vous saviez combien je vous aime!...

Le sourire de Danielle s'effaça.

— Soit, dit-elle, je vous crois.
— Et ce que j'ai souffert! ajouta-t-il en fronçant le sourcil.
— Vous avez souffert?
— Oui.
— Quand?
— Aujourd'hui?
— Pourquoi?

Ce simple mot, si nettement formulé, bouleversa Paul.

— Pourquoi?... pourquoi?... répéta-t-il sur deux tons différents. Vous me le demandez?
— Mais... sans doute.
— Mais j'ai horriblement souffert... mais cet isolement... ce silence...
— Tout cela est peut-être mystérieux, dit-elle, mais je ne vois pas en quoi cela a pu vous faire souffrir.
— Et cette chambre...
— Quelle chambre?
— Où l'on m'a introduit hier soir pour changer de vêtements, et qui, ce matin...

Paul n'acheva pas; il lui sembla que Danielle devenait tout à coup pâle et tremblante, et qu'une tristesse profonde se répandait sur son visage.

— Ah! lui dit-elle, vous êtes entré dans cette chambre?...

Oui, balbutia-t-il en baissant les yeux.

— Et puis vous avez sans doute questionné le valet qui vous sert?

Danielle prononça ces mots sans irritation, mais avec un profond sentiment de tristesse, et cela suffit pour intervertir les rôles.

Paul ne questionnait plus, il n'osait même répondre.

Il y eut entre les deux jeunes gens un moment de silence.

Enfin Danielle lui prit la main.

— Monsieur Paul, dit-elle, vous avez donc oublié déjà?...
— Oublié?
— Oui, ce que vous m'avez promis hier. Ne vous ai-je pas donné à choisir?
— C'est vrai!
— Ou partir sur-le-champ.
— Oh! jamais! fit-il avec l'accent de la passion.
— Ou demeurer et ne vous étonner de rien,... ne rien demander... attendre...
— Ah! vous avez raison, dit-il, et cependant,.. Tenez, pardonnez-moi, madame, mais je vous aime et je suis jaloux de tout le monde!
— Soit, dit-elle, je vous pardonne... mais vous ne me questionnerez plus... jurez-le-moi!
— Je vous le promets.
— Et vous vous résignerez à votre captivité momentanée?
— Ah! s'écria Paul, puisse-t-elle être éternelle, si je dois vous voir chaque jour..., si...

Danielle secoua la tête.

— Oui, dit-elle, vous me verrez tous les jours, mais quelques instants à peine, et tenez...

Elle montra la pendule à son tour.

— Tenez, dit-elle, voilà le moment où il faut que je vous quitte... Voilà l'heure où déjà je ne m'appartiens plus.

— O mon Dieu !

Paul tenait toujours la main de Danielle dans les siennes.

— Non, dit-il, c'est impossible, vous n'allez point partir !

— Sur-le-champ, il le faut.

— Mais...

Elle lui sourit de son sourire d'ange.

— Voilà déjà, fit-elle, que, malgré toutes vos promesses, vous me désobéissez... Ne vous l'ai-je pas dit ? je suis la femme du mystère.

Il courba le front.

— Pardonnez-moi, dit-il.

Et comme elle se levait :

— Mais je vous reverrai demain, n'est-ce pas ? demanda-t-il.

— Oui, certes...

— Et... vous ne pouvez...

— Je ne puis vous dire à quelle heure, car je l'ignore moi-même... Je vous l'ai dit, je ne m'appartiens pas.

Danielle dégagea sa main, qu'il tenait toujours.

— Au revoir, dit-elle. Ne me suivez pas... restez-là !

Son regard si doux fut impérieux l'espace d'une seconde, et fascina le jeune homme, qui demeura immobile.

Danielle s'éloigna lentement, arriva à la porte du corridor, la poussa devant elle et la laissa retomber entre elle et Paul.

Alors la jeune femme se trouva dans les ténèbres, mais elle n'en avança pas moins d'un pas sûr, marcha jusqu'au bout du corridor, et frappa deux coups contre une petite porte qui s'ouvrit sans bruit et laissa passer un flot de clarté.

XXVII

Il y avait à peine une heure que Saphir était partie, et déjà elle revenait !...

Rocambole, vu sa qualité de valet, s'était précipité à sa rencontre et lui avait ouvert la grille.

Si prompt que fut M. de La Morlière à descendre de chez lui pour venir au-devant de la jeune femme, Saphir et le faux valet n'en eurent pas moins le temps d'échanger quelques mots.

— Eh bien ? demanda tout bas Saphir.

— L'effet est produit.

— Bon !

— Il est pris !... Tu laisseras traîner ta lettre à propos, comme te l'ai dit...

— Oh ! soyez tranquille, je sais mon rôle.

Le vicomte arriva, et Saphir prit son visage le plus renversé, comme on dit vulgairement.

— Comment ! s'écria le vicomte, vous êtes déjà de retour ?...

— Oui, répondit Saphir, qui paraissait plus agitée encore que lorsqu'elle était partie.

— Eh bien ? fit le vicomte qui la regardait fixement.

— Eh bien, quoi ? demanda-t-elle avec une sorte d'égarement.

— L'avez-vous vu ?

Elle parut tressaillir.

— Non, répondit-elle, je n'ai vu personne... je vous assure.

— Où donc êtes-vous allée ?

— J'ai suivi l'avenue... j'ai galopé droit devant moi... je ne sais pas...

La voix de la jeune femme tremblait, son geste était saccadé, toute sa personne témoignait d'une émotion violente.

Elle mit pied à terre, et, sans prendre la main que le vicomte lui offrait, elle traversa la cour, gravit le perron et se dirigea vers la chambre.

Rocambole se frappa le front avec l'index, et regarda M. de La Morlière d'un air qui voulait dire à coup sûr :

— La pauvre femme perd la tête !

Le vicomte la suivit.

Saphir, arrivée sur le seuil de sa chambre, voulut s'y enfermer, mais le vicomte entra et lui dit :

— Je veux vous parler !

Saphir le regarda comme regardent les gens qui sont en proie à un égarement passager.

— Que voulez-vous ? dit-elle.

A mesure que la jeune femme semblait perdre son sang-froid, M. de La Morlière retrouvait un peu de ce calme irrité qui s'empare des gens qui veulent à tout prix obtenir une explication.

Il entra dans la chambre de Saphir et ferma la porte sur lui.

Saphir se laissa tomber sur un siège et attacha son regard sur le parquet.

Il semblait qu'elle eût oublié déjà la présence de M. de La Morlière.

Le vicomte s'assit auprès d'elle et lui prit la main.

— Qu'avez-vous donc, mon enfant ? lui dit-il.

Saphir releva la tête.

— Je n'ai rien, répondit-elle.

— Vous avez reçu, ce matin, une lettre... qui...

Le vicomte s'arrêta.

— C'est une lettre de ma sœur, dit brusquement Saphir.

Saphir mentait, et ne prenait même pas la peine de dissimuler.

— Ah ! vous avez une sœur ?

— Oui.

— Qui se sert d'un cachet armorié ? demanda le vicomte en la regardant avec attention.

Saphir haussa les épaules et parut vouloir garder son secret.

— Qu'est-ce que cela vous fait, par hasard ? dit-elle.

Ces mots froissèrent le vicomte.

— Tenez, reprit-il avec un emportement subit, vous feriez beaucoup mieux de me dire la vérité.

— Sur quoi ?

— Mais sur... cette lettre...

— A quoi bon ?

— Comment peut-on vous écrire ici ? A qui donc avez-vous donné votre adresse ?

Saphir se tut.

— Vous étiez sortie pour ne rentrer qu'à l'heure du déjeuner, poursuivit M. de La Morlière, et voici que vous revenez presque sur-le-champ. Pourquoi ?

— J'ai été indisposée, répondit Saphir, du ton d'une personne qui parle pour ne rien dire.

— Saphir ! Saphir !... murmura M. de La Morlière, qui achevait de reperdre ce calme qu'il avait eu tant de peine à reconquérir, Saphir, vous me trompez !

— Mais, monsieur, s'écria-t-elle tout à coup et comme gagnée par un accès de colère, je vous dis que j'ai été, que je suis malade... que j'ai besoin d'air ?... J'étouffe !

Elle se leva et alla ouvrir la croisée, à laquelle elle s'accouda.

Dans les trois pas qu'elle fit, un papier s'échappa de son corsage entr'ouvert et tomba sur le parquet, sans qu'elle eût paru s'en apercevoir.

Ce papier était une lettre, et le vicomte, dont elle attira soudain le regard, la reconnut pour celle que Saphir avait reçue le matin.

Oubliant toute retenue, toute mesure, M. de La Morlière se baissa, ramassa silencieusement cette lettre et l'ouvrit.

Saphir, toujours appuyée à la croisée, regardait dans le jardin et tournait le dos au vicomte.

Celui-ci lut :

« Ma chère Saphir,

« Tu es passée maîtresse dans l'art de narrer des contes bleus à ton ami.

« Je suis allé chez toi avant-hier, et on m'a appris que tu étais partie pour ton pays, que tu étais dans ta famille.

« Cela m'a paru d'autant plus fort que je ne te connais d'autre patrie que l'Algérie, et d'autres parents que le régiment des zouaves qui t'a adoptée jadis.

« Heureusement, ta lettre m'est parvenue le même jour, et j'ai su que tu étais en Normandie, auprès de la pauvre amie Nanette Gilion, qui est très-malade et à qui les médecins ont conseillé l'air natal... »

« Cette fable manquait d'ingéniosité, attendu que Nanette Gilion est une fille d'une santé superbe, et qui ne mourra que d'une attaque d'apoplexie foudroyante. Mais je suis bon prince, et je m'en serais contenté si le hasard n'était venu se mettre de la partie.

« Une heure après la réception de ta lettre, je sortais pour aller déjeuner, lorsque, sur le boulevard, à l'angle de la rue de Choiseul, j'ai rencontré Nanette Gilion, à pied, en toilette du matin, sortant de chez Delille, où elle avait fait des emplettes.

« — Ah! par exemple! me suis-je écrié en lui prenant la main, vous n'avez pas fait long séjour en Normandie?

« — Hein? m'a-t-elle répondu en me regardant d'un air étonné.

« — Est-ce que vous ne revenez pas de la Normandie?

« — Mais non.

« — C'est votre pays cependant?

« — Point du tout. Je suis Lorraine.

« — Mais, au moins, vous avez des parents en Normandie, près du Havre?

« — Non.

« — Qui habitent une propriété qu'on appelle la Charmerie?

« — Vous vous moquez de moi, mon cher, m'a répondu Nanette. Je ne connais rien de tout cela. Comment va cette bonne Saphir, car je suppose que vous êtes toujours son ami?

« — Certainement.

« — Voici près de trois mois que je ne l'ai vue. Dites-lui bonjour pour moi. Adieu !

« Nanette m'a laissé, et je suis entré au café Anglais, méditant sur la roueries des femmes. Or, figure-toi que le résultat de ma méditation a été tout autre que je ne l'eusse supposé moi-même.

« Je me suis aperçu que je t'aimais et que tu me faisais un vide affreux.

« Donc, je suis parti pour Criquetot, où je viens d'arriver, et je t'écris ces quelques lignes qui t'arriveront demain matin à la Charmerie, où tu es en compagnie de je ne sais qui. Mais, sois tranquille, je le saurai.

« Tu le sais, ma chère Saphir, je suis un homme bien élevé, incapable, par conséquent, de faire un esclandre, c'est ce qui m'empêche d'aller à la Charmerie ce soir.

« — Adieu, à demain. »

Une initiale, un G, était la seule signature de cette lettre.

M. de La Morlière l'avait lue d'un bout à l'autre sans que Saphir cessât de regarder dans le jardin ; mais il avait à peine fini la lecture, et il tenait encore la lettre à la main, quand la jeune femme se retourna brusquement.

Ce fut un coup de théâtre.

Saphir se précipita sur la lettre et voulut l'arracher au vicomte.

Le vicomte se dressa furieux, et lui dit avec un ricanement sauvage :

— Ah! ah! c'est donc là ce que vous écrit... votre... sœur?

— Monsieur!... balbutia Saphir.

— En vérité, poursuivit M. de La Morlière exaspéré, vous aviez donc pensé que vous pourriez me tromper ainsi?

— Vous tromper! s'écria Saphir, vous tromper !

— Oui, vous avez voulu... mais...

La voix du vicomte était rauque, étranglée ; la sueur mouillait son front.

Saphir, qui jouait merveilleusement le rôle que Rocambole lui avait imposé, prit, à ces derniers mots, un grand air de dignité offensée :

— Vous êtes fou ! dit-elle.

— Ah !... je suis... fou ?

— Sans doute.

— Vraiment ! vous osez... en présence de cette lettre?

— Cette lettre a été écrite par un homme envers qui j'ai de grands torts, et qui fut toujours bon pour moi.

— Vous en convenez donc ?

— Mais certes, oui! Et pourquoi vous le cacherais-je... à vous! fit-elle en le toisant des pieds à la tête. De quel droit me questionnez-vous? Pourquoi vous tromperais-je?

Ces paroles de Saphir exaspérèrent le vicomte; son caractère violent reprit le dessus.

— Mais, s'écria-t-il, si cet homme vient ici, je ne le recevrai pas, je ne veux pas le recevoir !

— Il n'y viendra pas, soyez tranquille, je l'ai vu.

— Ah ! vous l'avez... vu?

— Oui, ce matin, et il sait tout. Il sait que je suis avec le père de Paul, et il n'a point voulu me croire quand je lui ai juré...

Saphir mit sa tête dans ses mains et fondit en larmes.

M. de La Morlière, peu touché des larmes de Saphir, laissa échapper un horrible juron, se leva et voulut sortir. Mais cet accès de colère n'eut que la durée d'un éclair.

Il revint auprès de la jeune femme.

— Pardonnez-moi, dit-il ; je suis violent, mais j'ai le cœur meilleur que la tête.

Il lui prit la main, et comme il était redevenu calme tout à coup, Saphir ne la lui retira point.

— Mais, mon enfant, dit-il, à présent que j'ai repris la sagesse de mes cinquante années, parlez-moi comme à un vieil ami.

— Soit.

— Dites-moi la vérité.

— Je le veux bien.

— Vous avez vu ce monsieur... ce matin, dites-vous ?

— Oui, en sortant d'ici. Il était à cheval, au bout de l'avenue. Il me guettait.

— Et vous lui avez tout dit?

— Tout et rien. Je me suis bornée à lui jurer que je ne faisais pas de mal ici.

— Et il ne vous a pas crue?

— Non.

— Que s'est-il donc passé entre vous? demanda le vicomte.

Saphir baissa les yeux et murmura :

— Le baron m'a dit : « Je ne veux pas savoir avec qui tu es là, dans cette maison, ce que tu y fais et ce que tu dois y faire encore. Si tu veux ton pardon, je te l'accorde, mais à une condition, c'est que tu vas me suivre sur-le-champ. Nous prendrons le chemin de fer à Beuzeville. »

— Et vous avez refusé?

— Oui.

— Alors qu'a dit le baron?

En ce moment Rocambole entra (Page 1009).

« — Tu es une ingrate, m'a-t-il répondu, et tu ne méritais pas ce que j'ai fait pour toi. Ne songe plus à me revoir. »

— Il m'a tourné le dos, acheva Saphir, qui essuya une larme absente dans le coin de son œil, et il s'est éloigné précipitamment.

— Mais, dit le vicomte, vous l'aimiez donc?

Saphir hocha la tête.

— Je n'aime que Paul, dit-elle, mais j'avais pour le baron de la reconnaissance. Il avait été si bon pour moi!

— Et vous ne le reverrez pas?

— Jamais! répondit Saphir.

M. de La Morlière pressa la main de la jeune femme.

— Eh bien, dit-il, je tâcherai de le remplacer...

— Vous?

— Moi, dit-il. Car...

Il hésita un instant encore ; et puis un sourire vint à ses lèvres.

— Ne suis-je pas le père de Paul? dit-il.

En ce moment, Rocambole entra.

XXVIII.

L'arrivée de Rocambole fut pour M. de La Morlière une heureuse diversion.

Saphir en profita pour retenir le prétendu valet et lui donner quelques ordres.

M. de La Morlière sortit.

Il avait besoin d'air, il avait surtout besoin de solitude. Son entrevue du matin avec Ambroise modifiait singulièrement tous ses projets.

Comme l'avait fort bien dit Rocambole, Saphir devenait sinon un personnage inutile, du moins fort secondaire en présence du prochain départ de Léon de Pierrefeu et de Victoire de Morfontaine.

Cependant, ainsi que le lui avait prédit Rocambole, M. de La Morlière voulait garder Saphir, et la perspective qu'on la lui pouvait enlever au premier moment le faisait frissonner.

Le reste de la journée s'écoula pour le vicomte dans une fiévreuse anxiété.

Enfin le soir vint.

Rocambole, qui servait à table, prit à tâche de ne pas laisser le vicomte et Saphir dix minutes de suite en tête-à-tête.

Après le dîner, la jeune femme prétexta une violente migraine et se retira.

Ceci servait les plans de M. de La Morlière; il aimait autant que Saphir n'assistât point à l'arrivée du marquis de Morfontaine.

Lorsque Saphir se retira, il était neuf heures et demie.

M. de La Morlière descendit au jardin pour fumer un cigare, et trouva de nouveau Rocambole, qui se planta devant lui, sa casquette à la main.

— Que veux-tu? lui demanda-t-il.
— Une permission de deux heures, s'il vous plaît.
— Pourquoi?
— Pour aller, comme disent les soldats, pousser une reconnaissance.
— De quel côté?

Rocambole cligna de l'œil.

— Monsieur le vicomte m'a dit, je crois, qu'il tenait beaucoup à conserver Saphir.
— Je n'ai pas dit cela, répliqua brusquement M. de La Morlière.
— Ou tout au moins...
— Tais-toi! où veux-tu aller?
— Je voudrais savoir où le monsieur en question, vous savez?...
— Il est parti.
— Bah! fit Rocambole d'un air incrédule.
— Saphir me l'a appris.
— Ah! c'est différent...

Et Rocambole tourna sur ses talons et fit mine de s'en aller.

— Reste! dit le vicomte.

Puis il ajouta tout bas :
— Penses-tu donc que Saphir m'ait menti!
— Dame! je ne sais pas.
— Parle! tu es renseigné...
— Monsieur le vicomte ne me croira pas plutôt que madame.
— Au contraire. Parle...
— Eh bien, pendant que j'expédiais à Beuzeville la dépêche de monsieur le vicomte au marquis de Morfontaine...
— Eh bien?
— Il est arrivé, par le train de Paris, une caisse à l'adresse du baron Gontran de Neubourg.
— Gontran de Neubourg! exclama le vicomte.
— Oui, monsieur.
— Celui qui s'est battu avec mon fils, il y a trois semaines?
— Lui-même.
— Ah! c'en est trop! murmura le vicomte avec rage.
— C'est pour cela, reprit Rocambole, que je voudrais aller faire un tour.

— En quel endroit?
— Mais dans les environs de la maison du marquis de Verne, l'ami du baron.
— Va! dit M. de La Morlière.

Rocambole salua et gagna la cour, puis l'écurie.

Le vicomte le rappela.

— Est-ce que tu vas à cheval? lui dit-il.
— Dame! il y a loin...
— Et tu ne crains pas d'être remarqué?
— Mais non. J'attacherai mon cheval dans un bois voisin.
— Très-bien.

Rocambole sella le cheval blanc, sauta dessus et partit.

Dix heures sonnaient à un clocher voisin lorsqu'il eut atteint l'extrémité de l'avenue.

— Hé! hé! se dit-il, je n'ai pas grand temps à perdre si je veux rattraper maître Ambroise.

Il lança le cheval à fond de train et prit la route de Beuzeville.

Le chemin de la Charmerie et celui qui venait de la ferme se réunissaient à deux kilomètres environ en avant de la station du chemin de fer.

Il avait plu dans la soirée, et Rocambole, arrivé au point de jonction, profita de cette circonstance.

Il mit pied à terre, et grâce à un beau clair de lune, il put examiner si le chemin portait l'empreinte des roues d'une voiture.

Aucune trace n'existait; le fermier n'avait point passé encore.

Rocambole attendit et prêta l'oreille.

Bientôt il entendit, dans l'éloignement, un bruit de grelots et le claquement d'un fouet.

— Le voici, se dit-il.

Et, en effet, c'était le fermier qui arrivait au grand trot de sa jument cauchoise.

— Halte! lui cria Rocambole.

Ambroise reconnut le faux valet à la voix et s'arrêta.

— Est-ce vous? demanda-t-il.
— C'est moi.
— Bon! répondit le fermier. Je suis un peu en retard, n'est-ce pas?
— Fouette ton cheval, nous rattraperons le temps perdu.

Et Rocambole se rangea à la gauche du cabriolet, disant :
— Voilà que tu vas voyager comme un ambassadeur, avec un coureur à la portière.

Ambroise salua.

— Ou comme un voleur qu'un gendarme escorte, acheva Rocambole avec son rire moqueur.

Le fermier se trouva mal à son aise sur sa banquette.

— Toujours vos vilaines plaisanteries, murmura-t-il.

Rocambole reprit :
— Tu vas à la station attendre le marquis de Morfontaine?
— Vous le savez bien.
— Tu le connais, le marquis, hein?
— Belle question!
— Penses-tu qu'il te reconnaîtra, lui?
— C'est bien possible.
— Avant d'aller à la station, continua Rocambole, tu feras bien de t'arrêter dans Beuzeville.
— Ce n'est pas le plus court.
— Non, mais j'y ai affaire.
— C'est différent.
— Je veux laisser mon cheval à l'auberge.
— Et vous viendrez avec moi à la station du chemin de fer?
— Mais, oui... Je veux voir le marquis, moi.

Ambroise obéissait à Rocambole avec la servilité d'un nègre. Il prit le chemin du village, et s'arrêta devant l'auberge où logeait M. de Neubourg.

Le baron n'y était point. Sans doute, il était allé voir Danielle.

Rocambole mit pied à terre et frappa à la porte.

Un valet d'écurie vint ouvrir.

— J'allais me coucher, dit-il.

— Eh bien, garçon, reprit le faux valet, au lieu de te coucher, tu vas me bouchonner ce cheval, qui est trempé de sueur ; tu lui donneras six litres d'avoine, trois avant boire, trois après, et tu m'attendras.

— Tiens ! fit le garçon étonné, où donc que vous allez ?

— Au chemin de fer, porter un paquet.

— A quelle heure reviendrez-vous ?

— Après l'arrivée du train. Mais donne-moi une chambre, parce qu'il peut bien se faire qu'il se trouve dans le train quelqu'un de Paris que nous attendons.

Le valet attacha le cheval à un anneau fixé dans le mur de la cour, puis il ouvrit une porte dans le corridor et dit :

— Voilà ce que nous avons de plus propre.

— Je vais toujours m'y laver les mains. Occupe-toi de mon cheval.

Rocambole prit une chandelle sur la table de la cuisine, cria à Ambroise, toujours au dehors :

— Attendez-moi une minute !

Et dit au valet :

— Occupe-toi de mon cheval.

Le palefrenier emmena la monture à l'écurie, et Rocambole s'enferma dans la chambre, après avoir tiré de dessous sa livrée un petit paquet de vêtements, un peigne de plomb et du cosmétique noir.

Ambroise, toujours dans son cabriolet, attendait fort patiemment que Rocambole sortît.

Enfin il reparut, ou du moins le fermier entendit une voix qui criait au valet d'écurie :

— N'oublie pas : trois litres avant boire, trois litres après !

En même temps, il vit grimper dans son cabriolet un homme qu'il ne reconnut pas tout d'abord.

C'était un garçon vêtu d'une baie bretonne bleue, d'une veste grise, la tête couverte d'un large chapeau, la jambe nue et le pied chaussé de bons souliers ferrés.

Il avait de longs cheveux noirs qui flottaient sur ses épaules et des favoris de même couleur.

Ambroise crut d'abord que c'était un voyageur qui sortait de l'auberge en même temps que Rocambole.

— Vous vous trompez, dit-il ; qui êtes-vous donc ?

— C'est moi, imbécile ! répondit la voix de Rocambole.

— Vous ! s'écria le fermier stupéfait.

— Oui, filons !

Rocambole, ainsi métamorphosé, déroula une blouse qu'il avait sous le bras et se la passa, disant :

— Je suis un gars du pays de Vannes, le propre neveu, à la mode bretonne, de ta défunte première femme.

— Mais...

— Ecoute donc, butor ! Je suis arrivé hier matin, et tu m'as pris pour valet de charrue.

— Mais... cependant...

— Je ne parle que le bas-breton... A propos, le parles-tu, le bas-breton ?

— Un peu.

— C'est parfait. Je suis ton neveu, tu es mon oncle.

Ambroise regardait Rocambole ainsi métamorphosé avec une stupéfaction impossible à décrire.

— C'est à ne pas croire que c'est vous, murmura-t-il.

— C'est moi, cependant.

— Ainsi, je suis votre oncle ?

— Oui. Et tu peux parler en français devant moi, attendu que je ne sais que le bas-breton. Tu le diras au marquis.

— Mais... pourquoi ?

— Ah ! répondit Rocambole, je vois qu'il faut te mettre les points sur les i.

— Dame !

— Je te dirai donc qu'entre gens qui ne se sont vus depuis longtemps et qui, jadis...

— Chut ! fit Ambroise.

— La conversation peut aller loin. Comprends-tu ? je veux savoir.

— Oui.

— Et je te dirai, pour ta gouverne, que si je te vois faire un signe d'intelligence au marquis pour l'engager à se défier...

— Ah ! répliqua Ambroise avec un certain accent de franchise, du moment que je trahis les gens, je ne fais pas les choses à moitié. Si vous y tenez, je ferai jaser le marquis.

— J'y tiens.

— Alors on verra.

Rocambole et Ambroise achevaient d'échanger ces quelques mots, lorsque le cabriolet arriva à la station.

Un coup de sifflet venait de retentir dans le lointain.

C'était le train de Paris qui s'avançait.

Un homme d'environ quarante-cinq ans, de haute taille, mis avec distinction et enveloppé dans un chaud vitchoura, en descendit.

Cet homme jeta un regard indécis autour de lui, comme s'il eût cherché quelqu'un.

— Tiens ! dit Rocambole au fermier, voilà ton homme.

— C'est lui, en effet, dit Ambroise.

Il descendit du cabriolet et laissa les rênes aux mains de Rocambole ; puis il alla à la rencontre du marquis et le salua.

Le marquis le regarda attentivement et tressaillit.

— Ambroise, dit-il.

— Moi-même...

— Toi... ici ?...

— Oui, monsieur le marquis.

— Et qu'y viens-tu faire ?

— Je viens de la Charmerie.

— Ah !

— Je viens vous chercher.

— C'est différent.

Le marquis avait une petite valise à la main. Il la tendit à Ambroise, qui ouvrit le tablier du cabriolet.

— Montez, monsieur le marquis, dit-il ; nous causerons en route.

Le marquis jeta sur Rocambole un regard de défiance.

— Oh ! dit Ambroise, fidèle à sa leçon, ne faites pas attention, monsieur le marquis, c'est le neveu de ma défunte femme, un petit Bas-Breton qui ne sait pas un mot de français.

— Ah ! fit le marquis.

— Et, acheva Ambroise, nous pouvons parler.

Une heure après, le marquis et Ambroise, qui ne s'étaient fait aucun scrupule, en présence du prétendu Bas-Breton, de parler de leurs relations passées, arrivèrent à la Charmerie.

M. de la Morlière était à sa fenêtre lorsque les lanternes du cabriolet brillèrent à l'extrémité de l'avenue.

Il descendit en toute hâte, en appelant :

— John ! John !

Mais John n'était point rentré.

Le vicomte ouvrit lui-même la grille et se précipita dans les bras du marquis avec effusion.

— Ah ! cher... murmura le marquis, non moins sentimental que le vicomte.

Mais celui-ci, qui n'avait point pris garde au Bas-Breton, se hâta de dire :

— Voyons, mon cher cousin, il est temps de causer, et je ne vous ai pas fait venir inutilement en toute hâte. Venez. Ambroise n'est point de trop.

Et le vicomte prit M. de Morfontaine par le bras, disant :

— Viens avec nous, Ambroise.

Le vicomte fit monter le fermier et M. de Morfontaine dans sa chambre, et s'y enferma avec eux.

Alors Rocambole, toujours Bas-Breton des pieds à la tête, sortit du cabriolet, attacha le cheval, qu'il débrida, puis se glissa dans la maison à son tour.

— Je veux savoir ce qu'ils disent, murmura-t-il.

Il monta et pénétra dans la chambre de Saphir par le cabinet de toilette.

Saphir dormait.

Rocambole ouvrit un placard percé dans le mur qui séparait l'appartement de Saphir de celui de M. de La Morlière, et il colla son œil à un petit trou par lequel filtrait un rayon lumineux...

— Le conseil de guerre est ouvert!... se dit-il, laissant glisser sur sa bouche railleuse un sourire silencieux.

XXIX

Le jour naissait quand maître Ambroise sortit de la chambre de M. de La Morlière.

Le marquis de Morfontaine, le vicomte et Ambroise aient eu une longue conférence.

Le vicomte accompagna le fermier jusque dans la cour.

— Ainsi, lui dit-il, voilà qui est bien convenu?

— Parfaitement, monsieur.

— Tu vas t'occuper de trouver une voiture de voyage.

— Oui.

— Les deux tourtereaux y monteront pour aller à Fécamp.

— Bien entendu.

— Et, au premier relais, le marquis fera le reste.

— Ça ne fait pas un pli. Bonsoir, monsieur le vicomte, bonne nuit!

— Tu pourrais dire bonjour, fit M. de La Morlière.

— C'est vrai, voilà l'aube.

Le vicomte, qui s'était arrêté sur le perron, rentra et ferma la porte au verrou.

Le fermier se dirigea vers son cabriolet.

Le paysan bas-breton, le propre neveu de la défunte à maître Ambroise, c'est-à-dire Rocambole, n'y était plus.

— Hé! garçon! appela le fermier par deux fois.

Personne ne répondit.

— Faut croire qu'il est parti, pensa le fermier.

Il détacha son cheval, devant lequel le faux valet avait jeté une demi-botte de foin, le rebrida, monta dans le cabriolet et partit, laissant la grille ouverte.

— Où diable est-il donc? se demanda Ambroise.

Dans l'espoir de rencontrer Rocambole, il s'en alla au pas tout le long de l'avenue, puis dans le chemin qui conduisait à l'embranchement des deux routes. Il mit une heure à faire ce trajet de trois quarts de lieue, sans avoir rencontré personne.

Cependant, comme il allait passer devant la croix qui indiquait la bifurcation des deux chemins, celui de Beuzeville et celui de la ferme, il entendit le galop lointain d'un cheval.

— Ça pourrait bien être lui, ma foi! se dit-il.

Et il s'arrêta, prêtant l'oreille.

En cet endroit, le sol était couvert d'arbres, des pommiers pour la plupart; le chemin était encaissé et bordé de grandes haies vives, de telle façon que la vue était assez bornée.

Le galop se rapprochait. Ambroise attendit.

Cependant le chemin de Beuzeville était désert aussi loin que l'œil pouvait plonger.

— Jarnidieu! murmura tout à coup Ambroise, c'est bien lui! Il vient à travers champs.

En effet, par une brèche de la haie, le fermier venait d'apercevoir Rocambole, qui galopait à travers les guérets.

— Il a coupé au plus court, pensa Ambroise. D'où peut-il donc venir?

C'était bien Rocambole.

Rocambole dépouillé de son costume de Bas-Breton, ayant repris sa livrée, et monté sur le cheval noir.

Le cheval blanc on s'en souvient, était resté à l'auberge de Beuzeville.

Ambroise attendit.

Cinq minutes après, Rocambole était auprès de lui!

— D'où venez-vous donc, Jésus Dieu? demanda le fermier.

— Ceci ne te regarde pas.

Rocambole mit pied à terre.

— Eh bien? fit-il.

— On a arrangé un petit plan tout mignon.

— Ah!

— Et on compte pincer les tourtereaux ce soir... à la nuit.

— J'ai bien entendu le commencement de cela, dit Rocambole, mais il a fallu que je m'en aille. Conte donc un peu.

— Il est toujours convenu, pour le marquis et le vicomte, que les jeunes gens s'embarquent à Fécamp, demain, au point du jour.

— Naturellement.

— Le vicomte a dit : « Il est fâcheux qu'il n'y ait que trois lieues et demie de la ferme à Fécamp. »

— Ah! il a dit cela?

— Oui, et il a ajouté : « Car il ne faut pas songer à une chaise de poste et à un relais. »

— C'est juste, dit Rocambole.

— Mais, reprit Ambroise, j'ai eu une petite idée, moi.

— Voyons?

— J'ai dit que souvent il arrivait, pour M. Léon ou Mlle Victoire, des paquets au bureau restant, à la station de Beuzeville.

— Très-bien.

— Et que, bien certainement, M. Léon voudrait y passer.

— A merveille!

— De telle façon que cela permettrait à M. le marquis de jouer sa petite comédie.

— Quelle est-elle?

Ambroise haussa les épaules dédaigneusement.

— Ces gens-là, dit-il, baissent considérablement.

— En vérité!

— Ils ont eu de l'imagination dans leur jeunesse, mais le temps est passé. Figurez-vous que le marquis songe à employer le commissaire de police.

— Je m'y attendais, dit Rocambole, et j'ai pris mes mesures en conséquence, mon bonhomme.

— Vrai?

— Mais certainement.

— Eh bien! que dois-je faire?

— Nous avons dit, à tout hasard, au vicomte, que le jeunes gens devaient s'embarquer à Fécamp.

— Oui.

— Tu vas rentrer à la ferme, tu les feras monter de gré ou de force dans ta carriole.

— Après?

— Et tu les conduiras à Fécamp.

— Mais...

— Il y a, il doit y avoir un navire en partance. S'il n'y en a pas, tu trouveras une barque, un canot, une embarcation quelconque, pour les conduire au Havre, où ils trouveront un brick ou un vapeur.

— Soit. Mais s'ils ne veulent pas?...

— Bah! quand tu leur diras que le marquis est à la Charmerie...

— Vous avez raison, dit Ambroise, c'est une bonne raison, et ils trouveront que ma jument ne marche pas assez vite.

LE MARQUIS DE MORFONTAINE.

— C'est mon avis.
— Mais alors... la chaise de poste?..
— Tu viendras flâner vers midi dans la pièce de sarrasin qui est derrière la Charmerie.
— Bon!
— Et je te donnerai de nouvelles instructions.
— C'est différent.
— Va et hâte-toi. Au revoir!

Rocambole sauta de nouveau en selle et repartit.

Maître Ambroise tourna la croix et prit le chemin de sa ferme.

Cette fois il mit sa jument au trot, et comme c'était une vaillante bête, qui *allongeait* très-proprement, il arriva encore avant le soleil levé.

Les domestiques seuls commençaient à donner signe de vie dans la ferme.

Pornic couplait ses bœufs sous le joug, le pâtre ouvrait les claires-voies des étables, le charretier pansait ses trois chevaux.

Ambroise était parti la veille au soir sans dire où il allait, et après que sa *bourgeoise* s'était allée coucher; de telle façon que la fermière n'avait pu lui demander aucune explication.

En voyant entrer le cabriolet du *maître* dans la cour, Pornic laissa ses bœufs et accourut prendre la bride.

Ambroise descendit et appela le charretier.

Celui-ci vint à son tour et ôta son bonnet de coton bleu.

— Mets-moi la *Cocote* à l'écurie, ordonna le fermier; mais ne la dégarnis point et donne-lui une forte avoine... huit litres.

— Est-ce que vous allez encore en route, not' maître?

— Oui-da, répondit Ambroise, je repars dans une heure.

— Alors il ne faudrait pas dételer?

— Si fait bien! dit Ambroise, car je prendrai la carriole à quatre roues.

Les valets de ferme se regardèrent avec quelque étonnement.

Ce que maître Ambroise appelait la carriole à quatre roues était un affreux véhicule qui demeurait toute l'année sous la remise, et dont on ne se servait jamais, tant il était lourd. Mais il avait six places à l'intérieur et un grand coffre par derrière, dans lequel on pouvait mettre bien des paquets.

— Ça sera lourd pour *Cocote*, dit le charretier en manière de réflexion.

— Aussi, répliqua maître Ambroise, tu mettras le *Gris* au palonnier.

Le *Gris* était un petit cheval élevé à la ferme, et qui trottait que c'était une bénédiction.

Ces précautions prises et ces ordres donnés, maître Ambroise n'entra point à la ferme, mais il se dirigea vers la Maison-Blanche, en enjambant la haie du jardin.

Les premiers rayons du soleil glissaient à peine au sommet des pommiers, et tout dormait dans la maison.

Maître Ambroise frappa doucement à un volet du rez-de-chaussée.

C'était la croisée de la chambre occupée par Léon.

Le jeune homme avait sans doute le sommeil excessivement léger, car il sauta lestement à bas de son lit et vint ouvrir.

— Tiens! c'est vous, le fermier? dit-il.

— C'est moi, monsieur Léon.

— Que voulez-vous?

— Il faut vous habiller.

— Pourquoi cela?

Léon se frottait les yeux et regardait la pendule de la cheminée.

— Parce que vous allez faire un petit voyage.

— Plaît-il?

Le fermier enjamba l'entablement de la croisée, et sa physionomie prit une expression mystérieuse qui étonna Léon de Pierrefeu.

Puis il continua :

— Le père Ambroise est un bon homme, n'est-ce pas?

— Dame! fit Léon.

— Un brave fermier tout rond, qui aime sa belle-sœur, Mme Hulot, accueille bien les gens qu'elle lui amène et ne se mêle de rien... hein?

Léon fronça le sourcil.

— Pourquoi diable me dites-vous tout cela, père Ambroise?

Le fermier continua :

— Mais il a l'œil ouvert, le père Ambroise, il voit tout et ne dit rien.

Léon tressaillit et regarda plus attentivement le fermier.

— Un jeune homme et une jeune fille qui s'en viennent au fond de la Normandie pour habiter une vieille dame... qui ne sortent guère... qui ont l'air de se cacher... dame! ça donne à penser, voyez-vous?

Léon se méprit aux paroles du fermier, et il crut que maître Ambroise, au courant de la situation, ne voulait point se faire son complice.

— Ah! s'il en est ainsi, dit-il avec un accent de fierté, si nous vous gênons, monsieur Ambroise, nous sommes prêts à partir.

— Ta, ta, ta! dit-il, vous êtes prompt comme la poudre, monsieur Léon, écoutez donc...

— Parlez!

— Si je vous dis que je sais tout, c'est que je veux vous être utile...

— Ah!

— Et vous sauver.

— Me sauver! exclama le jeune homme étourdi de ce mot.

— Dame! fit naïvement le fermier, vous êtes un beau monsieur de la ville, et vous avez étudié dans les livres. Vous n'êtes donc pas sans savoir que la justice se mêle des affaires d'un joli jeune homme comme vous qui enlève une jolie demoiselle comme Mlle Victoire, alors que celle-ci n'a pas vingt-et-un ans, et qu'elle est *quasiment* mineure, comme on dit.

— Comment? que dites-vous?... Parlez!... murmura Léon avec vivacité.

— Est-ce que vous connaissez le marquis de Morfontaine? demanda le fermier en clignant de l'œil.

— Le père de Victoire?

— Justement. Eh bien, il est près d'ici... à trois lieues!

— Ciel!

— Et ce soir il compte venir vous faire une visite.

Léon jeta un cri.

— Avec un commissaire de police et deux gendarmes! Comprenez-vous, maintenant?...

— O mon Dieu! pauvre Victoire! murmura le jeune homme.

— Heureusement que je suis là, dit Ambroise. Allons, habillez-vous... et promptement!

Ambroise sauta dans la chambre de Léon, courut à la porte, passa dans le corridor et grimpa l'escalier quatre à quatre.

Il frappa rudement à la porte de Mme Hulot, qu'il éveilla, disant :

— C'est moi, le beau-frère; ouvrez! ouvrez!

Mme Hulot vint ouvrir.

— Vite! dit Ambroise, habillez-vous, éveillez la demoiselle... il faut partir.

— Partir!

— Oui... je vous conterai cela... Le marquis est à vos trousses.

Mme Hulot poussa un cri d'angoisse et s'habilla quatre à quatre.

Alors le fermier redescendit chez Léon et lui dit :

— Nous allons à Fécamp... Il y a toujours des navires... Vous vous embarquerez pour l'Angleterre...

— Mais... la mère de Victoire...

— J'arrangerai tout cela, dit Ambroise. Je ferai, s'il le faut, le voyage de Paris.

Puis il ajouta :

— Si vous n'avez pas assez d'argent, je vous en avancerai. J'ai toujours un vieux sac de cuir plein de louis. C'est le deuxième terme de notre fermage.

— Merci! dit le jeune homme.

. . . .

Moins d'une heure après, Léon de Pierrefeu, Victoire de Morfontaine et Mme Hulot montaient dans la fameuse carriole à quatre roues.

Cocote était au brancard, on avait attelé le *Gris* en palonnier, et maître Ambroise, juché sur le siège et enveloppé dans une bonne limousine toute neuve, faisait claquer son fouet avec le savoir magistral d'un vrai postillon.

. . . .

XXX.

Tandis que maître Ambroise s'en allait à la ferme pour y presser le départ de Léon de Pierrefeu et de Victoire de Morfontaine, Rocambole, dont il était devenu l'esclave, retournait fort tranquillement à la Charmerie. Il était venu au galop jusqu'à la croix des deux chemins; mais lorsqu'il eut vu le fermier, il avait jugé inutile de se presser davantage, et il avait continué son chemin au pas. Aussi le soleil était-il levé depuis longtemps lorsqu'il arriva à la villa. M. de La Morlière était à sa fenêtre, lorsque le faux valet entra dans la cour.

Le vicomte l'avait vu partir monté sur le cheval noir, et il le voyait revenir sur le cheval blanc. C'était assez extraordinaire déjà; enfin Rocambole avait passé toute la nuit dehors.

— D'où sors-tu donc? lui cria le vicomte.

Rocambole fit un léger signe de la main qui voulait dire :

— Attendez-moi, j'ai beaucoup de choses à vous apprendre.

Il mit son cheval à l'écurie, lui donna un coup de bouchon, jeta une botte de paille dans le râtelier, et monta chez le vicomte.

M. de La Morlière avait attendu Rocambole toute la nuit avec une vive anxiété.

Le faux valet prit une mine soucieuse.

— Ah çà! dit le vicomte, m'expliqueras-tu ta conduite?

— Ouf! répondit Rocambole; malgré le respect que je lui dois, monsieur le vicomte me permettra bien, j'imagine, de prendre un siége. Je suis rendu.

— D'où viens-tu?

— De Beuzeville.

— Bah!

— Et avant d'aller à Beuzeville, j'ai passé les deux tiers de la nuit à rôder autour de l'habitation de M. de Verne.

Le vicomte tressaillit.

— Pourquoi? fit-il avec une certaine anxiété.

— Pour me mettre au courant des faits et gestes de M. le baron.

— Ah! ah!

— Le baron n'est point parti.

— Tu l'as vu?

— Comme je vous vois.

— Et il ne partira point?...

— Il ne partira qu'avec Saphir.

Le vicomte serra les poings.

— C'est ce que nous verrons, dit-il.

— Cependant, si monsieur le vicomte n'a plus besoin d'elle...

Cette observation, faite d'un ton naïf, bouleversa M. de La Morlière. Au lieu d'y répondre directement, il s'emporta.

— Qu'importe! dit-il, je ne veux pas qu'elle parte!...

— Après cela, murmura Rocambole, si monsieur le vicomte a des raisons, c'est différent...

— Et tu dis que cet homme...

— Je dis que M. le baron prend ses mesures pour partir avec Saphir.

— C'est impossible!

— Si elle sortait d'ici... toute seule...

— Elle ne sortira pas, dussé-je l'enfermer dans sa chambre.

Rocambole eut un fin sourire.

— Monsieur le vicomte est bien jeune, dit-il, et on voit bien qu'il n'a jamais perdu son temps à étudier les femmes.

— Que veux-tu dire?

— Si Mme Saphir était enfermée, elle passerait par la fenêtre. Si elle sait que le baron rôde dans les environs... car elle le croit parti...

— C'est vrai.

— Eh bien, elle est capable de vouloir le rejoindre à tout prix.

Ce que Rocambole affirmait là était tellement selon le cœur humain, que M. de La Morlière en comprit la justesse.

— Que faire donc? murmura-t-il

— Monsieur le vicomte veut-il mon avis?

— Parle.

— Mme Saphir est persuadée qu'elle ne reverra jamais le baron.

— Tu crois?

— J'en suis sûr. Donc, elle s'est résignée, un peu consolée, du reste, par les promesses que lui a faites monsieur le vicomte.

— Après?

— Il faudrait la faire partir d'ici le plus tôt possible.

— Mais... où l'envoyer?

— A Paris d'abord; puis on cherchera le moyen de faire perdre ses traces au baron.

— C'est parfait... Mais tu dis que le baron rôde dans les environs?

— Du matin au soir. Seulement, il est convaincu que M. le vicomte ne se doute nullement de sa présence dans le pays.

M. de La Morlière respira.

— Ce qui fait, poursuivit Rocambole, que, ce soir, si la nuit était bien noire...

Le vicomte se frappa le front.

— J'ai une idée, dit-il.

— Voyons, fit Rocambole à son tour.

Le vicomte reprit :

— M. de Morfontaine, le père de la jeune fille, tu sais, est arrivé cette nuit...

— Avez-vous arrêté un plan?

— Oui, le voici : les deux jeunes gens partiront en chaise de poste pour Fécamp, en passant par Beuzeville.

— Ah!

— Au premier relais, on les arrêtera.

— Mais c'est très-ingénieux, cela! murmura Rocambole avec une pointe d'ironie.

— Et tandis que M. de Pierrefeu s'en ira sous bonne escorte, on ramènera la demoiselle ici.

— Très-bien.

— Alors, tu comprends, je puis fort bien prendre la chaise de poste et partir avec Saphir.

— Et, demanda Rocambole, vers quelle heure pensez-vous que la chaise de poste sera ici?

— Vers minuit.

— Tout est pour le mieux.

— Ainsi tu approuves mon plan?

— D'autant mieux que je vais vous faire une dernière confidence.

— Laquelle?

— Non content de rôder le jour autour de la Charmerie, le baron passe les nuits aux environs de la station.

— Vraiment?

— Et il vous eût été impossible de partir par le chemin de fer. Maintenant, il faut trouver un bon prétexte d'empêcher Saphir de sortir.

— Il est tout trouvé, dit le vicomte : la présence de M. de Morfontaine.

— Tiens! c'est vrai.

— Je lui expliquerai qu'il ne serait pas convenable que le marquis la vît, et elle consentira bien, j'imagine, à passer un jour tout entier sans bouger de sa chambre.

— Monsieur le vicomte est un homme de ressources, dit Rocambole.

Et il s'en alla sans que le vicomte eût songé à lui demander comment il se faisait, qu'étant parti monté sur un cheval noir, il était revenu sur un cheval blanc.

Les choses se passèrent comme l'avaient décidé M. de La Morlière et Rocambole.

Saphir consentit à ne pas se montrer.

Le marquis dormit jusqu'à midi et se leva pour déjeuner.

Rocambole passa la journée à brosser ses harnais.

Seulement, vers midi, il s'esquiva et alla rejoindre Ambroise dans le champ de sarrasin.

Il eut avec lui une conférence mystérieuse de quelques minutes.

Vers cinq heures, M. de La Morlière profita d'un moment où le marquis se promenait dans le jardin pour entrer chez Saphir.

La jeune femme supportait sa captivité sans trop de tristesse ; elle tendit la main au vicomte et lui dit :

— Ah ! il me tardait de vous voir.

— Chut ! mon enfant, dit-il. Je n'ai qu'une minute à causer avec vous.

Saphir fit une jolie moue.

— Le marquis peut remonter d'un moment à l'autre, et je ne voudrais pas pour un empire qu'il se doutât de votre présence ici.

— Je comprends cela, dit Saphir.

— Or, voici ce que je viens vous annoncer : nous partons cette nuit.

— Vraiment ?

— Oui, faites vos caisses. A dix heures, je viendrai vous chercher.

— Le marquis n'y sera donc plus ?

— Non.

— Il part donc aussi ?

— Au contraire, il reste. Mais je vous expliquerai tout cela en chemin. Adieu !

— Au revoir !

Le vicomte allait sortir, quand elle le rappela.

— Faites-moi une promesse, dit-elle.

— Parlez.

— Vous savez que les femmes ont souvent leurs petites manies.

— Je sais cela.

— Moi, j'ai horreur d'empiler des robes et des jupons devant témoin. Faire une malle ou déménager, pour moi, c'est tout un.

— Eh bien ?

— Promettez-moi que vous ne viendrez pas avant l'heure convenue.

— Soit, dit le vicomte en souriant.

Il sortit et rejoignit le marquis.

L'après-midi s'écoula, le soir vint, puis la nuit.

M. de La Morlière et son cousin soupèrent en tête-à-tête ; puis ils allèrent fumer dans le jardin, en attendant qu'il fût neuf heures.

M. de La Morlière leva les yeux vers les fenêtres de Saphir ; une lumière y brillait, et il vit passer et repasser derrière les rideaux une silhouette de femme.

A neuf heures, le marquis rentra dans sa chambre et passa par-dessus sa redingote une grande blouse bleue ; puis il se coiffa d'une casquette de loutre, ce qui lui donna l'apparence d'un bon fermier normand qui se met en route pour une foire.

— Me voilà prêt, dit-il au vicomte.

— Sais-tu ton chemin ?

— A peu près.

— Je vais t'accompagner pendant une demi-lieue, dit M. de la Morlière.

Les deux cousins sortirent de la Charmerie bras dessus bras dessous ; mais au moment de franchir la grille, le vicomte prétexta un ordre à donner à son valet, et il revint trouver Rocambole.

Rocambole était dans la cour et semblait avoir deviné ce brusque retour de M. de La Morlière.

Le vicomte lui dit tout bas :

— Je ne voudrais pas que la jeune fille vît Saphir. Comment faire ?

— Je m'en charge, répondit Rocambole. Nous la ferons passer par le jardin.

— C'est bien.

M. de La Morlière rejoignit le marquis ; tous deux longèrent l'avenue et se dirigèrent vers la grande route, qui passait à deux kilomètres environ de la Charmerie.

La nuit était sombre et nuageuse.

Quand ils furent arrivés sur la grande route, M. de Morfontaine et le vicomte s'assirent sur un tas de cailloux et attendirent.

— Ambroise n'aura point oublié beaucoup de grelots, dit M. de La Morlière ; nous entendrons la voiture de loin.

— Ah çà ! dit le marquis tout à coup, nous allons avoir ma fille sous la main, mais... ton fils ?

— Il est en pleine convalescence, j'imagine, et je te l'enverrai le jour même de mon arrivée à Paris.

— Ton fils n'est plus à Paris.

— Hein ?

— Il est parti depuis quatre jours. On ne sait où il est allé.

— Tu plaisantes ! dit le vicomte.

— Pas du tout.

— Comment le sais-tu ?

— J'ai rencontré son ami, M. de Kerdrel.

Le vicomte pensa :

— Il est capable de s'être mis à la recherche de Saphir.

Et, rassuré par cette réflexion, il dit à M. de Morfontaine :

— Je sais où il est.

— Ah ! Il t'a écrit ?

— Non, mais je le retrouverai en quelques heures. Tu n'es pas collet monté, et on peut bien te dire...

— Bon ! fit le marquis en souriant, je sais... une amourette...

— Chut ! écoute...

Le vicomte prêta l'oreille.

On entendait un bruit lointain de grelots.

— C'est la chaise, dit le vicomte.

Ils demeurèrent immobiles quelque temps encore, puis ils virent apparaître dans l'éloignement deux lanternes rougeâtres.

— C'est bien cela, fit M. de La Morlière ; Ambroise m'a dit que les lanternes seraient rouges.

La voiture arrivait grand train et le bruit des grelots devenait plus distinct.

Le vicomte se jeta derrière un des peupliers de la route.

— Je veux le voir monter, dit-il. A bientôt !

Le marquis se prit à marcher à la rencontre des lanternes rouges.

Quand il ne fut plus qu'à vingt pas, il agita sa casquette et cria d'une voix rauque :

— Hé ! postillon !

La chaise de poste était conduite à grandes guides, et le postillon était sur le siège.

— Ho ! ho ! holà ! ho ! fit le postillon en retenant à grand'peine ses chevaux. Qui êtes-vous ?

Puis, comme le marquis, ayant remis prudemment sa casquette sur ses yeux, faisait un nouveau signe de la main, le postillon s'écria :

— Tiens ! c'est le maître de poste. Montez ici, patron.

Les lanternes rouges projetaient une vive clarté en avant, mais l'intérieur de la chaise demeurait plongé dans l'obscurité.

Tout ce que put voir le marquis en se hissant sur le siège, ce fut une robe blanchâtre, et il demeura convaincu que c'était sa fille et son ravisseur avec lesquels il allait voyager.

Le postillon rendit la main à ses chevaux, fit claquer son fouet, et la chaise repartit au grand trot.

XXXI.

Le marquis de Morfontaine, une fois installé sur le siège, regarda le conducteur.

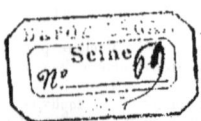

Paul saisit les pistolets et en fit jouer les batteries.

C'était un gros garçon, rougeaud, qui avait l'air fort mal à l'aise sous son habit-veste et dans ses grandes bottes de postillon.

Les gens de la ferme eussent reconnu Pornic.

Pornic, à qui maître Ambroise avait dit, avant de lui faire sa leçon :

— Suis-je ton maître ?

— Oui, avait répondu Pornic, et un bon, tout de même.

— Alors, tu m'es dévoué ?

— A la mort !

— Tu feras ce que je te dirai ?

— Pardienne !

— Et tu ne diras que ce que je veux que tu dises ?

— Pas un mot de plus, not' maître.

— Jure-le-moi...

Pornic leva la main.

— Jure-le-moi par saint Paterne, le patron de ton pays !

— Je le jure par saint Paterne, répondit Pornic.

Ce serment, sacré pour tout Breton, rassura complètement le fermier, qui donna alors au gars des instructions minutieuses.

Maître Ambroise avait si bien donné le signalement du marquis à Pornic, que celui-ci n'avait point hésité une minute à le reconnaître.

Le gars cligna de l'œil et se tourna à demi vers l'intérieur de la chaise de poste.

— Ils sont là, dit-il.

Le marquis inclina la tête.

— Faut qu'ils soient pressés tout de même, ces jeunes gens, reprit Pornic, qui paraissait avoir envie de causer.

— Ah ! fit le marquis.

« — Postillon, m'a dit le monsieur, je paye les guides cinq francs par relais. »

— Il paye bien, ce jeune homme.

Pornic continua :

— Nous n'avons pas toujours de pareilles aubaines, monsieur, par ce temps de chemins de fer. Nous crevons de faim huit jours sur neuf.

— Où est le relais ? demanda M. de Morfontaine.

— A Beuzeville.

— Vous savez que vous devez vous y arrêter quelque temps ?...

Pornic prit un air niais.

— Dame ! fit-il, maître Ambroise, qui est un homme tout à fait charitable et qui me paye une bonne bouteille de cidre quand je passe par chez lui, maître Ambroise m'a dit : « Tu rencontreras, à la croisière de la route qui mène à la Charmerie, un homme en blouse qui t'avertira d'arrêter. Tu auras l'air de le prendre pour le maître de poste, et tu le feras monter. »

— Il ne t'a dit que cela ?

— Ah ! pardon... il m'a dit encore : « En entrant dans Beuzeville, tu arrêteras devant la gendarmerie, et ce monsieur descendra. »

— Bon !

« — Et puis tu l'arrangeras de façon à perdre un bon quart d'heure au relais, qui est à cent pas plus loin. »

— C'est tout ?

Pornic cligna de l'œil.

— Dame ! monsieur, fit-il, ça m'intriguait un peu tout de même, et je lui ai dit : « C'est donc que cette jolie dame et ce beau monsieur sont des voleurs ? »

— Et t'a-t-il répondu ?

— Oui, monsieur, il m'a dit que vous étiez le père de la jolie dame, et que...

— C'est bon, dit brusquement le marquis. Maintenant, tu sais ce que tu as à faire.

— A peu près ..

— Tu ne repartiras point du relais que je ne t'aie rejoint avec le brigadier de gendarmerie. Il y a cinq louis de pourboire.

— Cré nom ! jura Pornic, il fait bon tout de même servir des gens généreux comme vous, monsieur.

Et Pornic salua.

Puis, allongeant un grand coup de fouet à ses chevaux :

— Ont-ils l'air pressés de filer tout de même, monsieur... Ils ont peur de manquer le bateau à vapeur.

— Ah ! c'est sur un bateau à vapeur qu'ils doivent s'embarquer ?

— Oui. Du moins ils l'ont dit en montant en voiture.

La chaise allait bon train, et, bien que la nuit fût sombre, le marquis ne tarda point à voir blanchir les premières maisons de Beuzeville.

— Tenez, voyez-vous, monsieur, reprit Pornic, qui devenait décidément loquace, la gendarmerie, c'est la troisième maison à gauche, dans la grande rue. Il y a un drapeau...

— Je le sais.

— Ça ne m'étonnerait pas que le brigadier fût au courant.

— Tu crois ?

— Dame !

— Il t'a donc vu ?

— Le brigadier est venu à la ferme tantôt.

Tandis que Pornic donnait ce dernier renseignement au marquis, le pavé résonna sous les pieds des chevaux. La chaise entrait dans la grande rue, et Pornic arrêta, montrant le drapeau qui surmontait la porte de la gendarmerie. Le marquis descendit du haut du siège avec la légèreté d'un jeune homme.

— Tu sais, dit-il, cinq louis !

— Soyez tranquille.

Avant de lâcher la courroie qui lui avait servi de rampe, le marquis voulut plonger un nouveau regard dans l'intérieur de la chaise ; mais il prit une peine inutile, car les voyageurs avaient baissé les stores à demi. Tout ce qu'il put apercevoir pour la seconde fois, ce fut la robe de couleur claire que portait la fugitive.

Malgré l'heure avancée, il y avait de la lumière à la gendarmerie, et le marquis avait à peine frappé, que la porte s'ouvrit.

La chaise était repartie pour s'arrêter, à cent pas plus loin, devant le relais de la poste.

Ce fut le brigadier lui-même qui vint ouvrir.

Le brigadier était en uniforme et tout botté.

— Brigadier, lui dit le marquis, je suis le marquis de Morfontaine.

Le sous-officier salua.

— Je connais votre affaire, monsieur le marquis, dit-il, et je sais pourquoi vous venez.

— Vous avez vu Ambroise ?

— Il m'avait écrit un mot, je suis allé à la ferme dans la journée, et je l'ai vu.

— Eh bien, êtes-vous prêt ?

— Je suis à vos ordres, monsieur.

Le brigadier boucla son ceinturon, le marquis passa le premier, et tous deux se dirigèrent vers le relais.

Pornic avait tenu parole, il n'avait point encore dételé lorsque M. de Morfontaine arriva.

Le marquis avait, en chemin, ôté sa blouse, et il était maintenant vêtu à l'ordinaire.

— Faites votre devoir, dit-il au brigadier.

Et il demeura trois pas à l'écart.

Le brigadier ouvrit sans façon la portière de la chaise de poste.

— Vos passeports, messieurs et dames, demanda-t-il.

La femme parut étonnée, le voyageur tendit un papier plié en quatre.

— Je n'ai pas de passeport, dit-il à mi-voix, mais j'ai un permis de chasse que voilà.

Le brigadier prit le permis, le déplia et s'approcha de la lanterne :

— Ce permis de chasse n'est point à vous, monsieur, dit-il.

— Pardon, il est à moi.

— Non, dit le brigadier. Vous êtes monsieur Léon de Pierrefeu, et cette dame, mademoiselle de Morfontaine.

Et le voyageur répondit par un bruyant éclat de rire.

La femme qui se trouvait auprès de lui fit écho.

Alors le brigadier, un peu déconcerté, prit la lanterne dans sa douille et dit :

— Ma foi, M. votre père, mademoiselle, vous reconnaîtra mieux que moi.

Alors le marquis s'approcha.

En même temps, le brigadier dirigea la clarté de la lanterne dans l'intérieur de la voiture.

Le marquis jeta un cri.

— Ce n'est pas ma fille ! dit-il.

— En effet, les deux voyageurs descendirent, et l'homme, regardant froidement le marquis, lui dit en lui montrant sa compagne, qui n'était autre que Saphir.

— Je suis fort étonné, monsieur, que vous me fassiez arrêter ainsi. Je me nomme le baron Gontran de Neubourg, et madame, que voilà, n'a jamais été votre fille, que je sache.

Le marquis était pétrifié.

— Monsieur, balbutia-t-il, pardonnez-moi... une erreur...

— Cependant, reprit le baron d'un ton railleur, je puis vous donner des nouvelles de votre fille.

— Ah! exclama le marquis, vous l'avez vue? vous la connaissez?... Mon Dieu! expliquez-moi donc ce mystère.

Le baron répondit :

— J'étais à Fécamp ce matin, et j'ai vu monter à bord d'un navire qui partait pour l'Angleterre une jeune personne d'une beauté remarquable, et qu'on m'a dit être Mlle de Morfontaine.

Le marquis jeta un nouveau cri et se laissa tomber comme foudroyé sur la borne qui garantissait la porte cochère de la remise devant laquelle la chaise de poste était arrêtée.

— Dépêchons-nous donc, postillon! ordonna le baron avec hauteur.

Le brigadier salua, fit mille excuses à M. de Neubourg, et lui dit :

— Il y a quelque chose que je ne comprends pas, monsieur, et dès demain j'irai voir maître Ambroise.

Le baron fit remonter Saphir en voiture.

Puis s'approchant du marquis, il lui dit à l'oreille :

— Que pensez-vous, monsieur, de la fin tragique de ce malheureux comte Hector de Main-Hardye?

Ces mots brisèrent le tympan du marquis et le firent bondir.

En ce moment, il oublia sa fille, il oublia la mystification terrible dont il était l'objet, pour regarder avec une fiévreuse épouvante cet homme qui paraissait posséder son secret.

Mais déjà le baron était remonté en voiture, et la chaise repartait au grand trot.

Cependant M. le vicomte de la Morlière, bien convaincu que le marquis son cousin venait de monter sur le siège d'une voiture qui renfermait à l'intérieur sa fille et son ravisseur, avait suivi des yeux la chaise de poste durant quelques minutes, puis il avait repris le chemin de la Charmerie d'un pas rapide.

Mais M. le vicomte de La Morlière n'aurait pas dû se presser autant.

La chaise de poste, suivant ses calculs, devait mettre au moins une demi-heure pour atteindre Beuzeville; il fallait ajouter à ce laps de temps le séjour à Beuzeville, séjour qui pouvait se prolonger si Léon de Pierrefeu, qu'il supposait être dans la chaise de poste, opposait de la résistance; enfin le temps que le marquis mettrait à ramener sa fille à la Charmerie.

Cependant M. le vicomte de La Morlière allait du pas d'un jeune homme. Il avait hâte de revoir Saphir.

Rocambole, lorsqu'il arriva, était assis devant la porte de la maison et paraissait attendre son retour.

— As-tu vu Mme Saphir? demanda le vicomte.

— Oui, monsieur.

— Tu es monté chez elle?

— Non, elle est descendue comme M. le vicomte et M. de Morfontaine sortaient, et elle m'a dit : « Ah! je commençais à étouffer joliment... je vais faire un tour de jardin. »

— Elle est au jardin?

— Je le pense.

Le vicomte entra dans le jardin, où il faisait très-sombre, et il appela :

— Saphir! mon enfant!

Saphir ne répondit pas.

Le vicomte suivit la grande allée, entra dans les allées transversales et appela deux fois encore.

Sa voix se perdit sans écho.

Alors il leva les yeux vers la fenêtre de Saphir.

Cette fenêtre était éclairée.

— Elle est remontée, pensa-t-il.

Il rentra dans la maison, retrouva Rocambole au bas de l'escalier et lui dit :

— Elle est dans sa chambre.

— Tiens! c'est drôle...

— Pourquoi?

— Parce que je n'ai pas bougé de là et ne l'ai point vue remonter.

M. de La Morlière eut un frisson; il monta l'escalier rapidement, arriva à la porte de Saphir et frappa.

Nul ne répondit.

Cependant la clef était sur la porte.

— Saphir! Saphir! répéta le vicomte en frappant une seconde fois.

Ne recevant aucune réponse, le vicomte se décida à entrer.

La chambre était vide.

Il alla au cabinet de toilette, le cabinet était désert.

— Ah! c'est étrange! murmura M. de La Morlière.

Tout à coup il aperçut une lettre sur la cheminée, placée devant la pendule, et il s'en empara.

La lettre portait cette suscription :

A monsieur le vicomte de La Morlière.

Tremblant, la sueur au front, le vicomte décacheta la lettre et lut :

« Monsieur et cher protecteur,

« Pardonnez-moi, je ne dormais point la nuit dernière, et, obéissant à un sentiment de curiosité, j'ai collé mon oreille à la cloison qui sépare ma chambre de la vôtre.

« J'ai entendu toute votre conversation avec le marquis de Morfontaine, votre cousin, et j'en ai conclu que vous n'aviez plus besoin de moi pour assurer le bonheur de mon cher Paul.

« Alors, ce matin, tandis que vous dormiez encore, étant descendue au jardin, j'ai pu rencontrer de l'autre côté de la haie le baron G... de N..., qui, depuis trois jours, fait sentinelle dans les environs.

« Quand ces lignes vous tomberont dans les mains, j'aurai fui... emportant le souvenir de vos bontés et vous en gardant reconnaissance.

« SAPHIR. »

Le vicomte poussa un cri de rage, au bruit duquel Rocambole accourut.

— Tiens! lui dit le vicomte en lui tendant la lettre.

— Ah! ah! dit Rocambole, l'oiseau s'est envolé; mais si monsieur le vicomte y tient, on peut le rattraper.

— Ah! exclama le vicomte, parle... que te faut-il?... je te donnerai ce que tu voudras si tu la retrouves.

— On la retrouvera : venez avec moi.

Et Rocambole eut un mystérieux sourire dont le sens échappa à M. de La Morlière.

XXXII

Tandis que le marquis de Morfontaine s'apercevait, à Beuzeville, qu'il avait été mystifié; tandis que M. de La Morlière rentrait à la Charmerie et s'apercevait de la disparition de Saphir, Paul était toujours le prisonnier de Danielle.

Le jeune homme était trop épris pour avoir conservé autre chose qu'un souvenir vague de son existence antérieure.

Il aimait Danielle!

Danielle le visitait deux fois par jour, et, chaque fois, elle avait des façons bizarres, mystérieuses, qui irritaient la curiosité de Paul.

— Vous le savez, lui avait-elle dit souvent, je suis une

femme étrange, une énigme vivante... Ne cherchez point à vous expliquer ce qui se passe autour de vous, vous ne le comprendriez pas.

Et Paul, fasciné par le regard de la jeune fille, courbait le front et répondait :

— Que m'importe! je ne veux pas savoir qui vous êtes... Je vous aime!

Or, ce soir-là, Paul avait attendu avec plus d'impatience que jamais la visite de Danielle.

Ordinairement, la jeune fille arrivait vers huit ou neuf heures, alors que Paul achevait son dîner solitaire.

Elle entrait comme une apparition.

Le sol ne criait point sous ses pas; les portes, en s'ouvrant devant elle, ne grinçaient point sur leurs gonds; Danielle était un être presque surnaturel.

On eût dit qu'elle ne touchait point à la terre.

Or, ce soir-là, elle se fit attendre.

Depuis bien longtemps, Paul avait achevé son repas; depuis bien longtemps, il avait essayé de tromper son impatience en passant du salon dans sa chambre, et de sa chambre descendant au jardin.

Danielle ne venait pas.

Alors Paul commença à désespérer, et il se souvint que Danielle lui avait dit un jour :

— Que voulez-vous! je ne m'appartiens pas toujours.

Pour la dixième fois, il remontait du jardin, lorsqu'un bruit de pas légers, un froufrou de robe de soie se firent entendre dans l'escalier.

C'était elle.

Paul monta en courant et se précipita dans le petit salon. Danielle s'y trouvait déjà.

Elle était assise dans le fauteuil que le jeune homme avait quitté tout à l'heure.

Il sembla à Paul qu'elle était pâle et agitée.

Du reste, elle ne souriait point comme de coutume.

Ce fut avec une tristesse grave qu'elle lui tendit la main.

Paul baisa cette main avec transport, puis il regarda Danielle.

— Mon Dieu! dit-il, comme vous êtes pâle!
— Vous trouvez?
— J'en suis sûr.
— C'est que j'éprouve une violente émotion.
— Mon Dieu!

Son charmant sourire lui revint aux lèvres.

— Oh! rassurez-vous, dit-elle, je suis forte, j'ai du courage...
— Ah! mais vous courez donc un danger?
— Peut-être.

Paul se redressa avec un subit enthousiasme.

— Mon Dieu! s'écria-t-il, si je pouvais être assez heureux pour vous défendre!
— Enfant!
— Pour mourir pour vous!
— Oh! taisez-vous!
— Ah! continua-t-il avec une sorte d'ivresse, si vous saviez combien je vous aime!

Un nuage passa sur le front de la jeune fille.

— Ciel! murmura-t-elle tout bas, c'est affreux!

Paul n'entendit point ces paroles, mais il reprit la main de Danielle et lui dit d'une voix tremblante d'émotion :

— Danielle, je vous aime!... et mourir pour vous, ce serait le ciel.

Danielle passa la main sur ses yeux, et, pour la seconde fois, ses lèvres murmurèrent des paroles étouffées :

— Non, c'est impossible!

Tout à coup elle regarda Paul et lui dit avec une énergie subite :

— Non, je ne veux pas me servir de vous.
— Danielle!
— Je ne veux pas que vous soyez l'instrument de ma vengeance.

Paul s'était mis à genoux et répétait avec enthousiasme :
— Mais laissez-moi donc mourir pour vous!

Soudain Danielle le releva.

— Tenez, dit-elle, partez, descendez dans la cour, faites-vous ouvrir la porte... Partez! et ne cherchez point à savoir... Partez! partez!

Mais Paul avait croisé ses bras sur sa poitrine, il avait pris une fière attitude.

— Partir! dit-il, partir!
— Oui.
— Quand vous courez un danger?

Elle se tut.

— Vous êtes folle, Danielle; folle à lier, madame!

Danielle tremblait comme une feuille d'automne au bout de sa tige, sous le souffle des bises précoces.

Paul avait pris ses mains et les couvrait de baisers, et elle n'avait point la force de les retirer.

Mais bientôt une réaction sembla s'opérer en elle; elle se dégagea, repoussa le jeune homme et lui dit :

— Attendez-moi là... ne bougez pas. Je vais revenir.
— Vous me le promettez?
— Je vous le jure! mais à une condition.
— Parlez.
— Vous ne me suivrez pas.
— J'en fais le serment.

Danielle glissa, légère comme une sylphide, vers la porte dérobée qui donnait dans le salon, la poussa devant elle et disparut.

Paul tint son serment et ne bougea point.

Danielle, après avoir refermé la porte sur elle, longea le couloir et frappa à cette porte mystérieuse que nous avons déjà vue s'ouvrir devant elle.

Cette porte s'ouvrit de nouveau.

Alors Danielle entra dans une petite pièce où se trouvaient trois hommes.

Ces trois hommes étaient les trois chevaliers du Clair de Lune : Arthur de Chenevières, le marquis de Verne et lord Blakstone.

Le baron Gontran de Neubourg, à cette heure, voyageait en chaise de poste avec Saphir.

A la vue de la jeune femme, les trois hommes se levèrent avec respect.

Danielle était bouleversée. Elle avait des larmes dans les yeux.

— Qu'avez-vous donc, mademoiselle? demandèrent à la fois les trois jeunes gens.
— Je manque de courage.
— Vrai.
— Non, ce malheureux enfant n'est pas coupable, lui!... Non, je ne veux pas...

Danielle parlait d'une voix entrecoupée.

Mais le marquis de Verne, qui était le plus âgé des trois jeunes gens, prit la main de la jeune fille et lui dit :

— Mademoiselle, il est trop tard!

La voix du marquis était grave.

— Trop tard! exclama-t-elle.
— Hélas!
— Mais, mon Dieu!...
— Danielle, mademoiselle, dit à son tour lord Blakstone, laissez-nous vous dire que le sang de votre mère fume encore.
— Ma mère!

Et ce seul mot transforma Danielle, et son regard étincela, ses narines se dilatèrent, son sein se gonfla; un cruel sourire glissa sur ses lèvres.

— Ah! vous avez raison, dit-elle, ma mère n'est point vengée encore! Laissons passer la justice de Dieu!

Et elle quitta les trois jeunes gens et revint dans le salon.

Paul n'avait point bougé de place et l'attendait.

Danielle le regarda.

— Ainsi, dit-elle, vous m'aimez?

VICTOIRE DE MORFONTAINE.

— Ah! fit-il d'un ton de reproche, en doutez-vous?
— Vous me défendriez?
— Jusqu'à mon dernier soupir.
— Eh bien, écoutez.
Elle le fit asseoir auprès d'elle et continua :
— Ma mère a été assassinée.
— Je le sais.
— Mon père a été livré à ses bourreaux.
— Je le sais encore.
— Leur meurtrier à tous deux, le misérable qui tient dans ses mains souillées ma fortune, qu'il a volée, a tenté de me faire disparaître.

— On me l'a dit.
— Enfant, il m'a vendue à des saltimbanques... et sans la Providence, qui se joue des combinaisons les plus ingénieuses de ceux qui font le mal, sans la Providence j'aurais toujours ignoré ma naissance.
— Oh! le misérable !
— Eh bien, cet homme qui me croyait morte ou perdue à jamais, cet homme qui jouissait en paix des fruits de son double crime, a appris un jour que j'existais.
— Ciel !
— Et cet homme me poursuit.
— Grand Dieu !

— Et il va venir ici dans une heure, dans quelques minutes peut-être...
— Je le tuerai, dit froidement Paul de La Morlière.
Danielle sourit.
— Avez-vous des armes? dit-elle.
Paul n'y avait point songé.
— Mais, s'écria-t-il, il doit y en avoir ici... et s'il n'y en a pas...
— Eh bien?
— Je l'étranglerai!
Danielle se reprit à sourire.
— Vous êtes un vrai chevalier, dit-elle. Mais rassurez-vous...
Elle se dirigea vers un bahut placé entre les deux croisées et l'ouvrit.
Elle en retira une boîte oblongue, en palissandre incrusté de cuivre et de nacre.
Cette boîte renfermait des pistolets.
— Tenez, dit-elle en les lui tendant, ils sont chargés et amorcés.
Paul les prit, en fit jouer les batteries, passa la baguette dans les canons pour juger de la charge, vérifia les amorces, et, les plaçant sur la table :
— Il y en a un de trop, dit-il.
— Pourquoi ?
— Parce que je tuerai avec une seule main l'homme qui a assassiné votre mère.
— Ah !
— J'ai le coup d'œil sûr.
Danielle, maintenant, était calme et souriait.
— Ainsi, dit Paul, cet homme va venir ici ?
— Oui.
— Seul ?
— Non, avec un complice. Et comme cet homme sait que j'ai un protecteur... vous... il se ruera sur vous tout d'abord.
Paul eut un fier sourire.
Puis il reprit :
— Mais comment parviendra-t-il jusqu'ici ? Cette maison est entourée de murs, et si ces murs ont des portes, elles sont fermées.
— Elles sont ouvertes.
— Et pourquoi ?
— Parce que c'est un piège que je lui ai tendu, dit Danielle, et il faut que cette maison, où il croit pouvoir triompher encore, devienne son tombeau.
Paul s'était armé des deux pistolets.
Danielle poursuivit :
— Il va venir, et comme il sait qu'un seul homme est là pour me défendre...
— Il a pris avec lui un assassin de rechange, sans doute ?
— Oui, mais il se trompe.
— Ah !
— Car cet homme est à moi.
— À vous ?
— Je l'ai acheté.
Paul allait répliquer sans doute, mais Danielle lui prit vivement le bras.
— Chut ! dit-elle.
— Qu'est-ce ?
— Écoutez !
— Un coup de sifflet, étrangement modulé, venait de retentir à travers les arbres du jardin.
— Tiens ! dit Paul, c'est bizarre... on siffle comme cela en Poitou et dans la Vendée.
— C'est lui ! dit Danielle.
— Lui ?
— Oui... Chut ! écoutez encore...
Là, s'approchant de la table qui supportait une lampe, Danielle éteignit cette lampe, et les deux jeunes gens se trouvèrent dans les ténèbres.

Danielle alla ouvrir la fenêtre et attira Paul dans l'embrasure.
La nuit était sombre. À peine distinguait-on, dans l'obscurité, les allées sablées du jardin.
Le coup de sifflet se fit entendre deux fois encore.
Puis Paul entendit un bruit bizarre, qui se termina par la chute d'un corps lourd.
— Ils escaladent le mur du jardin, dit la jeune fille.
— Le mur est bien haut.
— Ils avaient une échelle. Tenez, regardez !
Paul se pencha et distingua deux ombres plus noires que les silhouettes des arbres, deux ombres qui se mouvaient et se détachaient en vigueur sur le sable qui jonchait les allées du jardin.
— Chut! souffla Danielle, qui entraîna de nouveau Paul de la Morlière au fond du salon.
Paul arma ses pistolets.
Danielle souriait dans l'ombre et murmurait :
— Ils feront plus de bruit que de mal.

XXXIII.

Un moment, frappé de stupeur, fou, hors de lui, le vicomte de la Morlière avait fini par se laisser entraîner par Rocambole.
Celui-ci lui avait mis deux pistolets à la main, comme à un enfant, lui disant :
— Peut-être faudra-t-il nous battre.
— Oh ! je me battrai ! avait répondu le vicomte ; mais où est-elle ?
— Avec lui.
— Où ?
— À une lieue d'ici.
— Chez qui ?
— Chez le marquis de Verne.
— Il me semble que je connais ce nom, murmura M. de La Morlière, dont la raison déménageait au grand galop.
— Venez !
Le vicomte murmurait :
— Il faut que je tue cet homme ! Je veux le tuer !
On se souvient que, la nuit précédente, Rocambole avait laissé un cheval à Beuzeville.
Il n'en restait donc qu'un dans l'écurie de la Charmerie.
— Nous n'avons qu'un cheval, dit-il au vicomte : mais il est reposé, il a les reins solides, et il nous portera tous les deux. Je vous prendrai en croupe.
Et Rocambole, qui sans doute avait prévu le cas, laissa un moment le vicomte au milieu de la cour et alla chercher le cheval qui était tout sellé.
M. de La Morlière était trop bouleversé pour remarquer ce détail.
Rocambole ouvrit la grille, sauta en selle, et le vicomte, qui semblait retrouver l'agilité d'un autre âge, le vicomte, disons-nous, posant son pied sur le sien, sauta en croupe.
Alors Rocambole mit l'éperon aux flancs de son cheval et le lança à travers champs avec l'impétuosité de ce cheval fantastique de la ballade allemande de Léonore.
La nuit était noire, nous l'avons dit.
Il avait plu les jours précédents, et la terre normande était détrempée. Cependant Rocambole labourait si bien les flancs du cheval, que la pauvre bête semblait avoir des ailes.
En moins d'un quart d'heure, le vicomte eut atteint la lisière d'un petit bois qui était voisin de l'habitation du marquis de Verne.
— C'est là, dit Rocambole.
Et il poussa le vicomte qui se laissa glisser à terre.
Lui-même, après en avoir fait autant, attacha le cheval à un arbre.
— Venez, répétait-il.

M. de La Morlière, qui ressemblait fort à un corps sans âme, suivit Rocambole à travers le bouquet d'arbres, et tout à coup vit un mur blanc devant lui.

C'était la clôture du jardin.

La maison était cachée derrière les peupliers.

— J'avais prévu le cas d'un assaut, dit Rocambole.

Et, se baissant, il releva une échelle couchée au pied du mur.

— Ah! fit le vicomte, dont les tempes étaient en feu et dont le cœur battait avec violence, tu es un homme de précaution.

— C'est cette nuit!

Rocambole appliqua l'échelle contre le mur et dit à M. de La Morlière, en posant son pied sur l'échelle :

— Montez le premier, c'est solide. Quand vous serez en haut, vous vous établirez à califourchon sur le mur et vous m'attendrez.

Le vicomte exécuta cette manœuvre et s'arrêta sur le couronnement du mur, qui était garni de tessons de bouteilles, après lesquels il se déchira horriblement les mains.

Alors seulement, à travers les peupliers, il vit blanchir la maison.

Au même instant, la seule lumière qui brillait aux fenêtres s'éteignit.

Rocambole, ayant rejoint le vicomte, repoussa l'échelle du pied.

Puis, mesurant la hauteur du faîte du mur au sol du jardin d'un regard assuré, il sauta en disant :

— Faites comme moi !

Rocambole tomba sur les deux pieds, et d'en bas cria au vicomte :

— Il y a un pied de sable, vous pouvez sauter !

Le vicomte sauta en effet, retomba sur ses pieds comme son compagnon, et ne se fit aucun mal.

— Attention ! reprit le faux valet, marchons avec précaution.

— Il n'y a plus de lumière, observa M. de La Morlière.

— Tiens! c'est vrai.

— Peut-être tout le monde est-il couché dans la maison !

— C'est probable. Marchons toujours.

Ils suivirent la grande allée sablée jusqu'au perron.

Là, Rocambole l'arrêta.

— Armez vos pistolets, dit-il.

— Mais...

— On pourrait faire feu sur nous, il faut pouvoir riposter.

Le vicomte ayant armé ses pistolets, Rocambole le reprit par la main, le fit entrer dans le vestibule, qui était plongé dans l'obscurité, et le conduisit jusqu'à l'escalier.

— Les portes sont ouvertes, dit-il, et je gage que le baron et Saphir se promènent autour de la maison.

— Où me conduis-tu ?

— Je connais la maison comme ma poche, et je n'ai pas besoin de lumière pour l'explorer. Allons d'abord au salon.

Le vicomte était en proie à une telle émotion, qu'il n'avait plus la moindre volonté et se laissait conduire avec la docilité d'un enfant.

Arrivé à la porte du salon, Rocambole qui était monté sur la pointe du pied, en priant le vicomte d'en faire autant, s'arrêta de nouveau et prêta l'oreille :

— Je n'entends pas de bruit, dit-il ; certainement ils sont sortis.

Et il ouvrit la porte en tournant le bouton.

Puis il poussa le vicomte devant lui.

Le vicomte s'avança d'abord à tâtons ; puis, tout à coup, à l'autre extrémité de la pièce, une forme blanche glissa dans le rayon de clarté douteuse qui entrait par la croisée entr'ouverte.

En même temps il entendit le froufrou d'une robe.

La forme blanche semblait fuir.

Le vicomte crut que c'était Saphir, et d'une voix que l'émotion rendait méconnaissable, il s'écria :

— Ah! je te tiens ! tu ne m'échapperas plus !

Et il s'élança vers la forme blanche qui disparut comme une vision.

— Mais soudain un éclair illumina le salon : un coup de pistolet partit.

C'était Paul de La Morlière qui venait de faire feu.

Le vicomte riposta et fit feu à son tour.

Mais soudain un cri terrible retentit.

A la lueur du coup de pistolet du vicomte, Paul avait reconnu son père !

Au même instant, une porte s'ouvrit et un flot de clarté pénétra dans le salon.

Sur le seuil de cette porte, une femme en robe blanche apparut.

Cette femme avait un flambeau à la main ; et ce flambeau éclairait son visage.

Le vicomte, muet, stupide, regardait tour à tour l'homme qui avait fait feu sur lui et la femme qui venait d'apparaître.

Il reconnut son fils.

Il ne reconnut point Saphir.

Mais soudain il sentit ses cheveux se hérisser à la vue de cette femme, et il murmura avec une épouvante indicible :

— L'ombre de Diane de Morfontaine !

Danielle, car c'était elle, s'écria :

— Paul de La Morlière, regardez bien cet homme, cet homme qui est votre père... Eh bien ! c'est l'assassin de mon père, à moi ; c'est le meurtrier de ma mère !

A ces mots, qui retentirent comme une condamnation sans appel, le père et le fils tombèrent simultanément à genoux, comme si le feu du ciel les eût frappés !

En ce moment, Danielle fit un pas en arrière, le flambeau s'éteignit et tout rentra dans les ténèbres.

SIXIÈME PARTIE.

LE
TESTAMENT DE GRAIN-DE-SEL.

LE CHATEAU DES RIGOLES.

1.

Le voyageur qui traverse la Loire, à Orléans, n'a pas plus tôt fait deux lieues devant lui, en se dirigeant vers le midi, qu'il rencontre un pays sablonneux, aride, couvert de sapins rabougris. C'est la Sologne.

La Sologne est un pays malsain, fiévreux, monotone, mais dont l'aspect général est d'une mélancolie suprême et d'une poésie incontestable.

De temps en temps, du bord de la route, on aperçoit les tourelles rouges d'un petit castel en briques, perdu au milieu des bois.

Parfois, au matin, quand le soleil se lève, on entend retentir une fanfare, et l'on voit passer un chevreuil que suit une meute ardente de grands chiens du Poitou.

Le soir, à travers les petites futaies de sapins, brille la lueur rougeâtre d'un feu de charbonnier, et, dans les environs, hurle au *perdu* un limier égaré.

Au nord, c'est Orléans, la ville un peu monotone peut-être, mais, au demeurant, le meilleur pays du monde.

A l'est, c'est Vierzon, la capitale des forgerons, l'enclume qui ne dort ni nuit ni jour.

A l'ouest, c'est Chambord, la belle demeure, le palais entouré de grands bois; un peu plus loin, c'est Blois, la ville policée et courtoise, qui se souvient encore de ses hôtes illustres.

Puis, au midi, c'est le Berri, chanté par George Sand; le Berri, terre des légendes et des forêts touffues.

Entre la Motte-Beuvron et Nouan, le pays est entièrement couvert de bois. Au milieu de ces bois, à cinq kilomètres environ du chemin de fer, se trouve une jolie habitation qui date du siècle dernier, et qui, comme toutes les constructions du pays, est bâtie en briques rouges.

Est-ce un château?

On le dirait, à voir deux tourelles hexagones qui flanquent sa façade au midi, à compter les centaines de vieux arbres qui forment alentour un parc d'une lieue carrée.

Pourtant, dans le pays, au lieu de dire le château, on se contente de désigner cette demeure sous le nom de la Martinière.

La Martinière appartenait, avant la révolution de 89, à un fermier général appelé Martin. De là le nom.

M. Martin était mort au commencement de l'Empire, et sa terre de Sologne fut achetée par un sieur Bernard. Ce Bernard était un gros bélître qui avait fait sa fortune dans le commerce des toiles et des laines. Plein de sottise et de vanité, il fit écrire en lettres d'or sur la grille de son parc : *Château de la Martinière*. Mais, dans le pays, on continua à dire la Martinière tout court.

Maître Bernard, qui avait marié son fils unique à une grande, mince, sèche et désagréable personne, voulut tailler du grand seigneur. Il fit défendre la chasse dans ses bois, il fut impitoyable aux braconniers, et chercha à se lier avec ses voisins.

Les braconniers allèrent en prison, mais les voisins lui fermèrent leur porte au nez.

Sa petite *seigneurie* fut courte, du reste, la Restauration arriva. Maître Bernard fut pris dans deux faillites et se ruina, aux applaudissements du voisinage, que le luxe grotesque de ce vieux commis voyageur avait souvent chagriné.

Un gentilhomme qui revenait de l'émigration, le baron de Passe-Croix, beau-père du général marquis de Morfontaine, avait ensuite acheté la Martinière, l'avait habitée jusqu'à sa mort, et l'avait léguée à son fils, ce même baron de Passe-Croix qui devait être l'un des meurtriers du comte de Main-Hardye d'abord, et de la malheureuse Diane de Morfontaine ensuite.

Or, en 184..., au mois de novembre, le baron était encore à la Martinière, obéissant à la mode anglaise, qui veut qu'on passe à la campagne une partie de l'hiver.

M. de Passe-Croix était alors un homme de quarante-deux ans environ.

La baronne sa femme touchait à sa trente-sixième année.

Deux enfants avait été le fruit de leur union : un fils qui devait sortir de Saint Cyr l'année suivante; une fille de seize ans, belle comme l'avait été sa mère, et qu'on nommait Flavie.

Donc, au mois d'octobre 184..., un soir, à la chute du jour, les hôtes de la Martinière entendirent, à un quart de lieue de l'habitation, retentir une fanfare vigoureusement sonnée.

Trois personnes, en ce moment, étaient réunies au salon : monsieur madame de Passe-Croix et leur fille.

Mme de Passe-Croix assise devant un métier à broder, interrompait de temps à autre son travail pour jeter à la dérobée un regard sur sa fille.

Le baron, plongé dans un fauteuil, au coin du feu, lisait son journal.

Quant à Flavie, assise vis-à-vis de son père, elle tenait les yeux baissés, et paraissait en proie à une profonde méditation.

Le son de la trompe fit tressaillir ces trois personnages.

— Oh! oh! dit M. de Passe-Croix, Victor serait-il déjà de retour?

— C'est peu probable, répondit la baronne.

— Victor est parti ce matin pour *les Rigoles*, où il doit chasser huit jours, observa Flavie.

— Cependant, reprit M. de Passe-Croix, je ne me trompe point, c'est bien le son de sa trompe. Il n'y a que lui pour sonner aussi vigoureusement dans les environs.

Mme de Passe-Croix se leva et alla ouvrir la fenêtre. Puis elle se pencha au dehors.

La nuit venait, la grande avenue de la Martinière était déserte, et la fanfare s'était éteinte.

— Vous vous êtes trompé, monsieur, dit la baronne, je n'entends plus rien. Ce sont sans doute les MM. de Cardassol.

— Au fait, c'est possible, dit le baron; ces gentilâtres sont braconniers comme des paysans. Tout en faisant défendre la chasse chez eux, ils ne se gênent guère chez les autres et passent continuellement sur nos terres.

Les personnes auxquelles M. de Passe-Croix faisait allusion, et qui sont appelées à jouer un rôle dans notre récit, méritent que nous tracions en quelques lignes leur silhouette.

Les MM. Brûlé de Cardassol étaient de petits propriétaires de bois, étayant une noblesse médiocre sur de médiocres revenus, tirant toujours le diable par la queue, faisant valoir eux-mêmes leur maigre fortune, de mauvaise foi dans les transactions, jurant qu'ils ne devaient rien en présence d'un créancier sur parole; mais par contre, réclamant ce qu'on ne leur devait pas, quand ils pouvaient surprendre la bonne foi d'un tribunal.

En Sologne, où cependant la noblesse est bien vue, aimée, respectée, on disait communément : « De mauvaise foi comme un Cardassol. »

Ces aimables gentilâtres, au nombre de cinq, se donnaient le luxe d'un garde-chasse, qui cumulait avec ces nobles fonctions celles de cocher, de valet de ferme et de jardinier. Ils entretenaient un cheval de chasse, trois demi-briquets et un chien d'arrêt. Comme leurs bois étaient petits, ils braconnaient sur les terres d'autrui. L'été, ils nourrissaient leurs ouvriers et leurs journaliers avec du chevreuil tué à l'abreuvoir.

L'hiver, ils s'en allaient faire figure à la ville voisine, et promenaient dans les salons de la sous-préfecture des femmes assez laides épousées on ne savait où.

M. de Passe-Croix et les Cardassol vivaient sur un pied de relations annuelles. On échangeait une visite le 1er janvier, on se faisait part des mariages et des naissances.

Victor de Passe-Croix, le jeune saint-cyrien, et le dernier des Cardassol, qu'on nommait Octave, s'étaient connus au collège; mais ils ne s'étaient point liés, par l'excellente raison que Victor était franc et ouvert, et qu'Octave de Cardassol était sournois, égoïste, menteur et d'une avarice qui promettait.

Au collège, Victor et Octave s'étaient battus à coups de poings; à l'école préparatoire, où ils se retrouvèrent, ils se battirent au fleuret démoucheté. Le Cardassol fut blessé. Nous verrons par la suite qu'il ne le pardonna pas.

Tels étaient les plus proches voisins de M. de Passe-Croix.

Le baron avait repris sa lecture. Mme de Passe-Croix, après avoir refermé la croisée, était venue se rasseoir devant son métier à broder. Flavie rêvait toujours.

Quelques minutes s'écoulèrent, puis on entendit de nouveau retentir la fanfare.

— Oh! oh! dit le baron, je ne me trompe point cette fois, c'est bien la note vigoureuse de Victor.

Mme de Passe-Croix retourna vers la croisée; puis elle colla son visage à la vitre et chercha à pénétrer du regard l'obscurité toujours croissante.

La fanfare approchait, et bientôt, à cent mètres du perron, la baronne vit déboucher un cavalier suivi d'une douzaine de chiens, qu'un valet conduisait accouplés deux à deux.

— Ah! c'est bien Victor, dit-elle.

— C'est bizarre, murmura Flavie, qui était devenue toute pâle.

— Victor est querelleur, a dit à son tour le baron : je gage qu'il se sera fait quelque affaire aux *Rigoles*.

— En tous cas, répondit la baronne, il ne lui sera pas arrivé grand mal, j'imagine, puisque le voilà de retour.

Heureusement le salon n'était plus éclairé que par la réverbération du feu de la cheminée, car sans cela Mme de Passe-Croix eût remarqué le trouble et la pâleur de sa fille.

La baronne reprit après un silence :

— Mais avec qui voulez-vous donc, monsieur, que Victor se puisse quereller aux Rigoles?

— Les Montalet ont beaucoup de monde chez eux.

— C'est vrai.

— Et, parmi les invités, plusieurs jeunes gens de Paris.

— Ah! fit la baronne avec indifférence.

— Qui donc m'a parlé d'un officier de marine?... Ma foi! c'est peut-être bien Victor. On m'a même ajouté le nom de cet officier, mais il m'échappe...

Comme le baron achevait, la porte s'ouvrit et Victor entra.

Victor était un grand et beau garçon de vingt ans, à qui l'habit de chasse et les bottes à l'écuyère seyaient mieux encore que l'uniforme de Saint-Cyr.

— Ah çà, mon cher, dit le baron en se levant, à qui donc en as-tu?

— A personne. Bonsoir, mon père ; bonsoir, ma mère ; bonsoir, ma petite Flavie...

Le jeune homme embrassa tour à tour les trois hôtes du salon.

Puis il se laissa choir dans un fauteuil.

— Ouf! dit-il, je suis aussi las que possible, et j'ai faim comme un régiment tout entier.

— Mais, mon bel ami, dit le baron, m'expliqueras-tu pourquoi tu nous viens aussi tôt des Rigoles?

— Certainement, mon père.

— Tu es parti ce matin?

— D'accord.

— Et tu reviens huit heures après?

— Mystère! fit le jeune homme en riant.

— Ton père a prétendu, dit la baronne, que tu avais eu une querelle...

— Ah! par exemple!

— Alors, que t'est-il arrivé?

— Mais rien, maman, absolument rien; j'ai fait un pari ce matin, à déjeuner, voilà tout.

— Et quel est ce pari?

— Que Fanchette, ma petite chienne beagle, attaquerait un sanglier à elle seule, et le forcerait à *débauger*.

— Et alors?

— Alors, je suis revenu chercher Fanchette à la Martinière, et je compte repartir ce soir après souper.

— Comment! tu ne coucheras pas ici?

— Non, maman.

— Mais il y a cinq lieues d'ici aux *Rigoles* !

— Bah ! Neptune fait le trajet en une heure.

— Et la route traverse les bois!... hasarda timidement Flavie.

— Bon! je te vois venir, dit le jeune homme en riant; tu vas me parler de voleurs et de braconniers.

— Des voleurs, je ne suis ; mais des braconniers...

— Souvent l'un et l'autre ne font qu'un, dit Victor en riant, témoin nos voisins les Cardassol, qui m'ont volé un chien l'automne dernier. Mais rassure-toi, ma petite Flavie, je ne crains personne, ni les braconniers ni les voleurs.

— Est-ce que tu es revenu seul, Victor?

— Non, Antoine est avec moi ; il a ramené mes chiens. Ah çà, soupe-t-on bientôt, ici ?

— A l'instant, mon fils.

— Je meurs de faim, répéta Victor.

La baronne se leva.

— Je vais presser la cuisinière, dit-elle.

— Et moi, dit M. de Passe-Croix, je monte un instant dans ma chambre et je reviens ; cause avec ta sœur.

Flavie tressaillit de nouveau, mais elle n'osa se lever et quitter le salon, comme le firent tour à tour son père et sa mère.

Lorsque la porte se fut refermée derrière eux, Victor approcha son fauteuil de Flavie :

— Petite sœur, dit-il, sais-tu pourquoi je suis revenu?

— Mais tu viens de nous le dire, répondit-elle ; c'est pour chercher Fanchette.

— Non, ce n'est pas pour cela, dit gravement Victor.

Sa voix avait perdu subitement l'accentuation joyeuse qu'elle avait tout à l'heure.

Flavie devint pâle et murmura :

— Pourquoi donc, alors ?

— Pour te voir.

— Oh ! la singulière idée! balbutia Flavie, dont le trouble n'avait plus de bornes.

— Petite sœur, dit tristement Victor, je suis, crois-le bien, ton meilleur ami en ce monde, et tu as eu tort de ne pas te confier à moi.

— Mais, mon frère...

— Ecoute-moi donc, continua Victor. Je suis allé aux Rigoles ce matin, avec l'intention d'y passer huit jours, et si j'en suis revenu ce soir, c'est pour toi, pour ton bonheur...

Flavie avait caché sa tête dans ses mains.

— Il faut que je te parle ce soir, poursuivit le jeune homme ; après souper, tu prendras mon bras, nous ferons un tour dans le parc. Je veux tout savoir... Je le veux ! acheva Victor d'un ton d'autorité.

— Soit ! murmura la jeune fille d'une voix étouffée.

En ce moment la baronne revint.

— Venez, mes enfants, dit-elle, le souper est servi.

— Ah! tant mieux! s'écria Victor, après avoir repris son ton enjoué.

Afin de pouvoir mieux comprendre l'entretien que Victor de Passe-Croix avait demandé à sa sœur, il nous faut rétrograder de quelques heures et nous transporter aux Rigoles.

Le château qui portait ce nom était situé à cinq lieues de la Martinière et appartenait aux MM. de Montalet.

Les Montalet étaient des gentilshommes poitevins qui venaient s'établir en Sologne tous les ans à l'approche de la Saint-Hubert. L'hiver, ils habitaient Paris et se voyaient beaucoup avec les Passe-Croix.

M. de Montalet, le père, était un ancien officier de la garde royale.

C'était un homme de soixante-cinq ou soixante-six ans, très-vert, très-gai, grand chasseur et possédant une fortune considérable. Ses deux fils, Amaury et Raoul, avaient, l'aîné vingt-huit ans, le second vingt-trois.

Raoul de Montalet et Victor de Passe-Croix avaient été *copains* au lycée Bonaparte, et ils s'aimaient comme deux jumeaux.

M. de Montalet le père était veuf depuis de longues

années; il n'y avait d'autre femme aux Rigoles que Mme Gertrude, qui cumulait les fonctions de femme de charge et de dame de compagnie.

Toutefois, à ces quatre personnages, qui étaient les hôtes ordinaires des Rigoles, il fallait en joindre un cinquième, qui, depuis l'arrivée des Montalet, se trouvait avec eux.

Ce personnage était un homme d'environ trente ans, qu'on nommait Albert Morel.

Le possesseur de ce nom roturier eût cependant mérité mieux.

M. Morel était un gentleman accompli : riche, beau cavalier, sportman émérite, chasseur distingué, joueur froid, causeur spirituel. Il s'était fort vaillamment battu deux fois, et avait lancé dans le monde une danseuse devenue bientôt célèbre, pour ne pas dire fameuse.

M. Albert Morel avait acheté, deux ans auparavant, une grande terre en Poitou, auprès de celle que possédaient les Montalet. Des rapports de chasse avaient établi entre les nouveaux voisins une certaine intimité; ils s'étaient revus à Paris, et MM. de Montalet avaient présenté M. Albert Morel chez la baronne de Passe-Croix, qui recevait tous les jeudis.

M. Albert Morel cependant, en dépit de cette réputation d'élégance, de cette fortune considérable qu'il savait noblement dépenser, et de la rare distinction de son esprit et de sa tournure, était un personnage assez mystérieux. On ne savait pas au juste d'où il venait, on ne lui connaissait pas de vieux amis.

Selon les uns, il était créole de l'île Maurice; selon d'autres, son nom n'était qu'un pseudonyme; d'autres, plus hardis, allaient jusqu'à prétendre qu'il était marié et séparé de sa femme ; mais, sans doute, aucune de ces rumeurs n'était parvenue jusqu'aux Montalet, car M. Albert Morel vivait aux Rigoles depuis deux mois sur le pied de la plus grande intimité.

Cependant, depuis quelques jours, il n'était plus le seul hôte des Montalet, car Raoul, le fils cadet, avait écrit à son ami Victor de Passe-Croix la lettre suivante :

« Hallali ! mon cher vieux. Nous aurons cette année ne Sainte-Hubert dont il sera parlé quelque peu, et nous comptons sur toi, mon bon Victor.

» Nous sommes déjà dix, tu feras onze. Amène tes chiens. Nous en voulons avoir soixante, et attaquer un sanglier monstrueux dont nos gardes ont connaissance depuis hier au soir. On l'attendra pour déjeuner.

» A toi,
« RAOUL. »

C'était au reçu de cette lettre que Victor avait envoyé ses chiens et son piqueur coucher aux Rigoles.

Puis il était parti lui-même le lundi matin.

II.

Victor montait un joli cheval limousin sous poil noir, rapide comme la brise, et qui galopait sur le sable des forêts de Sologne avec la légèreté d'un chevreuil. Neptune franchissait en une heure, à travers bois, les seize au dix-sept kilomètres qui séparaient la Martinière des Rigoles.

Victor était donc parti au point du jour, c'est-à-dire vers six heures et demie, et il était arrivé à trois quarts de lieue environ de l'habitation des Montalet, lorsqu'il entendit retentir dans un fourré voisin deux coups de fusil méthodiquement espacés, et dont la sonorité bruyante annonçait un fort calibre.

— Bon ! se dit le jeune homme en calmant Neptune, qui avait eu peur, je connais cette pièce de quatre. C'est le fusil d'Octave de Cardassol.

Comme il achevait cette réflexion, Victor vit les broussailles s'agiter, et il se trouva face à face avec son ennemi de collège.

M. Octave de Cardassol tenait par les oreilles un lièvre qu'il venait de tuer, et il s'apprêtait à le fourrer dans la poche de cuir de sa veste de velours vert bouteille, lorsqu'il aperçut Victor à cheval qui s'était fort tranquillement arrêté au milieu du chemin.

Le Cardassol, un peu confus, voulut tourner le dos et s'enfoncer de nouveau dans le taillis, mais Victor lui cria :

— Hé ! dis donc, Octave?

Malgré la haine qui existait entre eux, Octave de Cardassol et Victor de Passe-Croix avaient conservé du collége l'habitude de se tutoyer.

A cette interpellation, Octave s'arrêta.

— Tiens ! dit-il, bonjour...

— C'est ainsi que tu braconnes sur les terres des Montalet ? ricana Victor.

Le Cardassol fit la grimace.

— Ce lièvre est à moi, dit-il.

— Bah !

— Mes chiens le chassent depuis deux heures.

— Où sont-ils donc, tes chiens ?

— Dans le fourré... Je les ai perdus depuis un moment.

Et le Cardassol appela :

— Ramoneau ! Ramoneau !

Mais Victor s'était approché d'Octave, et, étendant la main, il lui avait pris le lièvre en disant :

— Il est beau, ma foi !

— Hé ! Ramoneau ! holà ! Fanfare ! criait Octave.

— Tu vas t'enrouer inutilement, lui dit Victor en riant. Tes chiens sont loin, si toutefois ils sont avec toi... car ce lièvre-là, mon cher monsieur de Cardassol, n'est pas celui qu'ils chassaient.

— Ah ! tu crois ?

— Parbleu ! dit le jeune homme en jetant le lièvre à terre, un lièvre qui a été couru deux heures est plus raide que cela. Il est frais comme une rose, ton lièvre, et tu l'as tué au déboulé.

— Eh bien ! au fait, qu'est-ce que cela prouve? demanda Cardassol d'un ton rogue.

— Cela veut dire que tu braconnes sur les terres des Montalet.

— J'ai la permission.

— Ah !

Et Victor enveloppa son ennemi de collège d'un regard dédaigneux.

— Ma foi ! dit-il, je suis trop poli pour te donner un démenti. Aussi bien, restons-en là !

Et il poussa son cheval.

Mais, à son tour, Octave de Cardassol le retint :

— Hé ! Victor! dit-il.

Victor s'arrêta.

— Que veux-tu?

— Te donner un bon conseil.

— Ah ! Je n'en ai pourtant pas besoin.

— Bah ! qui sait ? ricana M. de Cardassol avec un regard louche.

— Est-ce à propos de chasse ?

— Peut-être...

— Eh bien ! parle. Je suis curieux d'apprécier la valeur de tes conseils.

— Tu vas aux Rigoles ?

— Oui

— Comptes-tu y chasser longtemps?

— Huit jours.

— Tu as tort...

— Pourquoi?

— Parce que, durant ce temps, on braconnera sur les terres de la Martinière

— Toi, par exemple ! dit Victor avec insolence.

On se levait de table. (Page 1030.)

— Oh! moi, répondit M. de Cardassol, je compte bien avoir la permission d'y chasser.
— Et de qui donc?
— De toi.

Victor se mit à rire d'un air de hauteur.
— Tu plaisantes agréablement, mon cher monsieur Octave, dit-il.
— Bah!
— Et si tu attends cette permission...
— Ecoute donc, reprit Octave, si je te donne un excellent avis...
— A propos de quoi?
— A propos de choses qui intéressent ton honneur, mon cher monsieur Victor.

A son tour Victor tressaillit.
— Oh! oh! dit-il.
— Et si je te tire, toi et les tiens, d'un mauvais pas, me donneras-tu la permission de chasser chez toi?
— Ah çà, mon cher, répondit Victor, comme je ne vois pas quel danger peut courir mon honneur... je te prierai...
— Tarare! dit le Cardassol; quand les malheurs sont arrivés, on se repent de n'avoir point suivi les bons conseils.

Ces derniers mots exaspérèrent Victor.
— Voyons! dit-il, t'expliqueras-tu, oui ou non?
— Cela dépend.

— Hein?
— Je te fais juge et partie à la fois, et je m'en rapporte à ta bonne foi. Si le conseil que je vais te donner te paraît bon, me laisseras-tu chasser chez toi?
— Oui.
— Ta parole d'honneur?
— Je te le jure.
— Moi et mes frères?...
— Diable! c'est beaucoup, cinq braconniers de votre espèce, fit dédaigneusement Victor.
— Mon conseil vaut cela... tu verras...
— Eh bien, parle...
— Tu feras bien de ne pas rester huit jours aux Rigoles.
— Mais pourquoi?
— Parce que, à la Martinière, vous n'avez pas de chien de garde.
— Qu'est-ce que cela me fait?
— Ton père et ses gens ont le sommeil dur...

Victor tressaillit.
— Il y a des rôdeurs de nuit qui franchissent la haie de clôture du parc.
— Que veux-tu dire?
— Ce n'est point pour colleter vos lapins, acheva le Cardassol avec un mauvais sourire. Adieu, je t'engage à veiller...
— Attends donc! lui cria Victor.

Mais le Cardassol s'enfonça dans le fourré en répétant :
— Tu verras que mon conseil n'est pas cher, monsieur Victor.

Et il disparut dans les broussailles.

Victor de Passe-Croix demeura pendant un moment immobile au milieu du chemin, et comme si quelque chose se fût brisé en lui.

La main sur son front, il se répéta plusieurs fois de suite :

— Qu'a-t-il donc voulu me dire ?

Tout à coup une pensée lui vint.

Cette pensée dut être bien terrible, bien poignante, car une sueur glacée coula tout à coup le long de ses tempes, tandis que son visage pâlissait et qu'un mouvement fébrile agitait ses lèvres.

Puis il poussa son cheval, qui reprit le galop, et continua sa route vers les Rigoles.

Durant le trajet, Victor n'osa pour ainsi dire songer à rien, tant la pensée qui lui était venue l'avait épouvanté.

Une demi-heure après, il arrivait à l'habitation des Montalet.

Le château des Rigoles était une construction du règne de Louis XIII, en briques rouges, comme la plupart des habitations de Sologne.

Deux grandes avenues, l'une au nord, l'autre au sud, percées à travers le bois, permettaient de l'apercevoir à une grande distance.

Quand Victor de Passe-Croix arriva, les hôtes du château allaient se mettre à table.

MM. de Montalet père et fils avaient autour d'eux une dizaine de personnes en costume de chasse, tous bottés et éperonnés.

Un hourra joyeux accueillit l'entrée du saint-cyrien...

— Ah ! voilà Victor ! dit le jeune Montalet ; cette fois, nous sommes au complet.

— Bonjour, Victor.

— Bonjour, messieurs, répondit le jeune homme en saluant à droite et à gauche.

M. Albert Morel, qui était assis à l'autre bout de la table, se leva et vint serrer la main de Victor.

Mais celui-ci n'avait jamais eu grande sympathie pour l'hôte des Montalet. Il éprouvait pour lui une indifférence qui tournait à l'aversion, et il accueillit assez froidement ses protestations d'amitié.

— Nous allons déjeuner au galop, messieurs, dit le maître de la maison.

— Pourquoi au galop ? demanda Victor.

— Parce que nous avons fait le bois à une lieue d'ici ; que l'animal relevé est une bête brehaigne qui se fera chasser quatre ou cinq heures au moins.

— Ah ! ah !

— Et que, acheva Amaury de Montalet, nous tenons à dîner de bonne heure aujourd'hui, jour de Saint-Hubert.

— Soit, déjeunons, dit Victor.

Et il se mit à table entre son ami Raoul et un homme d'environ trente-six ans, qui lui était inconnu.

Ce personnage, qui avait une physionomie ouverte, l'œil bleu et grand, le nez fièrement busqué et la bouche aristocratique, plut à Victor sur-le-champ. Notre héros subissait cette loi impérieuse des sympathies qui semble révéler un monde occulte et d'inexplicables influences.

— Quel est ce monsieur ? demanda-t-il tout bas à Raoul.

— C'est un ami de mon frère, un officier de marine, M. Roger de Bellecombe.

— Bon, vous l'attendiez la semaine dernière, je crois ?

— Justement.

Tandis que Victor et Raoul échangeaient ces quelques mots, M. Roger de Bellecombe, l'officier de marine, regardait M. Albert Morel avec une ténacité bizarre.

III.

Victor et Raoul causèrent un moment ensemble ; puis il arriva que ce dernier, ayant échangé quelques mots avec son voisin de droite, l'officier de marine et Victor lièrent conversation à leur tour.

— Monsieur, dit l'officier tout bas, excusez-moi, mais je suis arrivé hier soir seulement, et je ne connais ici que les maîtres de la maison.

Victor s'inclina.

— Pourriez-vous me dire le nom du monsieur qui est là, en face de nous ?

— C'est un Parisien, répondit Victor, M. Albert Morel.

— Ah !

Cette exclamation fut prononcée avec une intonation bizarre qui surprit Victor.

— Ce nom vous étonnerait-il ? demanda-t-il à l'officier de marine.

— Oui et non.

— Comment cela ?

— Oui, car ce monsieur ressemble trait pour trait à une personne que j'ai connue aux colonies.

— Vraiment !

— Non, si je suis simplement le jouet d'une méprise ; car alors ce monsieur a parfaitement le droit de s'appeler comme il veut.

— Mais, dit Victor, vous le voyez donc ce matin pour la première fois ?

— Oui, monsieur.

— Cependant, vous êtes arrivé hier soir, me disiez-vous.

— Il était couché. Je viens de le voir entrer ici tout à l'heure, et il paraît au mieux avec le maître de la maison.

— Ils sont voisins de terre.

— Ici ?

— Non, en Poitou.

— C'est singulier, répéta l'officier de marine, il ressemble étrangement à un homme que j'ai connu. Cependant, il a levé sur moi un regard parfaitement indifférent, et mon nom, qu'on a prononcé devant lui, n'a produit sur sa physionomie aucune impression. Enfin, il s'appelle Albert Morel.

— Monsieur, dit Victor, vous êtes marin ; par conséquent, vous avez beaucoup voyagé ?

— J'ai fait deux fois le tour du monde.

— Par conséquent vous avez pu apprécier peut-être le plus ou moins de vérité de cette croyance, qui veut que chaque homme ait un sosie.

— J'ai beaucoup entendu parler de cela, monsieur, mais il ne m'a point été donné de le constater de mes propres yeux.

— Alors, je comprends votre étonnement en croyant reconnaître dans M. Morel...

— Un homme que j'ai vu se battre en duel.

— En quel pays ?

— Au Brésil, à Rio.

— Quand ?

— Oh ! il y a dix ans passés.

Victor n'osa pas insister et demander à l'officier les détails de cette aventure.

D'ailleurs, on se levait de table, et l'aîné des Montalet, Amaury, décrochant sa trompe, qui se trouvait suspendue à un bois de cerf, avait entonné un vigoureux boute-selle.

— A cheval ! messieurs, à cheval ! tel fut le mot d'ordre qui conduisit les chasseurs dans la cour.

Sur la dernière marche du perron, un domestique était en train de nettoyer une paire de bottes à l'écuyère.

Celui qui les avait portées avait fait, sans doute, un long trajet; car elles étaient fort crottées, et le dessous de la semelle était empreint d'une boue jaunâtre d'une teinte toute particulière.

Lorsque Victor descendit le perron, il regarda par hasard ces bottes et cette boue, et il tressaillit.

— Voilà, pensa-t-il, une boue que je n'ai jamais vue nulle part ailleurs que dans le parc de la Martinière.

— Allons, Victor, à cheval ! répéta M. de Montalet père.

Victor de Passe-Croix ne s'arrêta pas plus longtemps à regarder les bottes crottées, et il mit le pied à l'étrier.

Tout aussitôt on partit.

Ainsi que l'avaient annoncé les maîtres de la maison, le rendez-vous de chasse était un peu loin, et on avait à faire plus d'une heure de marche avant d'entrer sous bois.

Soit que le hasard s'en fût mêlé, soit que déjà une vague sympathie les attirât l'un vers l'autre, l'officier de marine et le jeune saint-cyrien rangèrent leurs chevaux côte à côte et se trouvèrent les derniers de la petite troupe.

— Tiens ! dit le marin, puisque nous voilà de nouveau réunis, nous allons causer, n'est-ce pas ?

— Oh ! d'autant plus volontiers, fit Victor, que je brûle de savoir l'histoire de M. Albert Morel.

— Mais, monsieur, fit le marin en souriant, si, comme vous le dites, chaque homme a son sosie, il est à peu près certain que le mien du monsieur dont nous parlons n'est pas celui de l'homme que j'ai connu.

— Eh bien, n'importe ! dit Victor.

Le marin jeta au saint-cyrien un mélancolique regard.

— Vous êtes jeune, monsieur, dit-il.

— J'ai dix-neuf ans.

— Et vous n'avez encore connu la vie que par le côté sérieux des études, c'est-à-dire le plus frivole au point de vue de l'expérience et des passions humaines.

— Oh ! dit Victor, un peu choqué dans sa vanité, qui sait ?

Le marin se prit à sourire.

— Savez-vous, dit-il, que si, ce qu'à Dieu ne plaise ! ce M. Albert Morel était l'homme dont je parle, vous éprouveriez pour lui une aversion profonde, lorsque je vous aurai raconté son histoire ?

— Soit, dit Victor, que la curiosité aiguillonnait énergiquement.

Le marin et le futur sous-lieutenant avaient laissé peu à peu la petite troupe des chasseurs prendre de l'avance sur eux.

— Combien mettrons-nous de temps à parcourir la distance qui nous sépare du rendez-vous ? demanda le marin.

— Au moins une heure, monsieur.

— L'histoire de mon homme est longue, et il faut plus d'une heure pour la raconter.

— Eh bien, dites-m'en toujours une partie.

— Et le reste ?

— Vous ferez comme pour les romans qu'on publie dans les journaux ; vous remettrez la fin à demain.

— Je le veux bien.

Victor se tourna à demi sur sa selle, et le marin, l'imitant, commença son récit.

Ce récit est trop important et doit tenir une trop large place dans la suite de cette histoire pour que nous ne la rapportions pas d'un bout à l'autre et presque textuellement.

— Monsieur, avait dit le marin, vous me permettrez de donner un titre à mon histoire et de la diviser au besoin par chapitres ?

— Comme il vous plaira.

— Et, si vous voulez, je l'appellerai :

UN DUEL TRANSATLANTIQUE.

Voici l'histoire du marin :

I.

« Un soir d'avril de l'année 184..., un jeune homme, dont la mise irréprochable et la tournure gracieuse accusaient ce type d'élégance oisive qui a souvent changé de nom tout en demeurant le même, et qui s'est appelé muscadin, dandy, lion, et, tout récemment, gandin ; un jeune homme, disons-nous, après avoir remonté à petits pas la rue Taitbout, vint s'asseoir devant une de ces tables rondes que le *Café de Paris* a, le premier, dressées à sa porte et en plein air.

« Bien qu'on ne fût alors qu'en avril, la chaleur avait été précoce cette année-là, et l'asphalte des trottoirs était brûlant.

« Il y avait foule devant le *Café de Paris*, et le nouveau venu, quand il se fut assis, s'aperçut qu'il venait d'occuper la seule table demeurée libre.

« La chaussée était encombrée de voitures qui allaient au bois ou qui en revenaient. Les trottoirs étaient couverts d'une foule compacte de promeneurs.

« Le jeune homme tira de sa poche un étui à cigares, et il s'apprêtait à demander du feu au garçon, lorsque deux jeunes gens en costume de ville, mais dont les cheveux en brosse, la moustache et la redingote boutonnée jusqu'au menton trahissaient des militaires, s'approchèrent, jetèrent un coup d'œil à droite et à gauche, et, ne trouvant aucune table vacante, vinrent s'asseoir sans façon à celle du personnage que nous venons de décrire.

« Il eût été de bon goût, de la part de ces messieurs, de saluer le jeune homme et de lui demander la permission de se placer auprès de lui.

« Ils n'en firent rien.

« Le jeune homme, que nous appellerons Raymond de Luz, ne sourcilla point et demeura calme. Seulement, lorsque le garçon de café arriva portant un plateau, et qu'il voulut placer les verres de malaga commandés par ces messieurs sur la table, M. Raymond de Luz eut un geste hautain, et lui dit sèchement :

« — Ôtez-moi ça de là !

« Les deux officiers tressaillirent, et l'un d'eux, le regardant en face :

« — Mon petit monsieur, dit-il, aussi vrai que je m'appelle Charles de Valserres, je vous couperai les oreilles demain matin, si vous ne vous levez et vous en allez sur-le-champ.

« — Monsieur, répondit Raymond de Luz, je ne suis pas officier, mais on n'a jamais songé à me couper les oreilles ; cependant, si la fantaisie vous en prend, je suis à vos ordres.

« Et il tendit sa carte du bout des doigts.

« Celui qui s'était donné le nom de Charles de Valserres prit cette carte et y jeta les yeux négligemment.

« Puis il remit la sienne en échange, ajoutant :

« — Vous aurez mes témoins demain matin.

« — C'est inutile, monsieur.

« — Plaît-il ?

« — Venez avec eux demain, à sept heures, au bois, derrière le pavillon de Madrid, j'y serai avec les miens.

« — Soit !... Vos armes ?

« — Eh ! mais, dit M. Raymond de Luz avec un sourire railleur, puisque vous avez l'intention de me couper les oreilles, ce sera sans doute avec un sabre.

« — Monsieur, le sabre est une arme d'officier ; vous n'êtes pas militaire. Ce sera le pistolet, si vous voulez?

« M. Raymond de Luz s'inclina.

« Puis, comme en ce moment deux personnes assises à une table voisine venaient de se lever, M. Charles de Valserres et son ami y prirent place, laissant M. Raymond de Luz seul propriétaire de la sienne.

« Ce dernier prit son café avec un calme parfait, acheva son *pur havane*, se leva avec la même insouciance et le même flegme, puis s'en alla fort tranquillement, traversant le boulevard à la hauteur de la rue de Choiseul, dans laquelle il s'engagea.

« A l'extrémité de cette rue, il s'arrêta pour sonner à une porte au-dessus de laquelle était inscrit le numéro 3.

« On le voyait sans doute venir souvent dans cette maison, car le concierge, ayant entre-bâillé le carreau de sa loge, le salua et lui dit :

« — M. le baron vient de rentrer.

« — Ah ! tant mieux ! fit Raymond.

« Et il monta lestement par un bel escalier jusqu'à l'entre-sol.

« Un nègre vint lui ouvrir.

« — Bonjour, Neptunio, dit-il ; ton maître y est-il ?

« — Eh ! parbleu ! oui, j'y suis, dit une voix jeune et sonore.

« Et Raymond vit la portière d'un fumoir se soulever et un jeune homme, qui avait encore son chapeau sur la tête, se montra et tendit la main à son visiteur.

« — Bonjour, cher ami, dit-il, je rentre à l'instant.

« L'homme chez qui Raymond pénétrait était un grand et beau garçon d'environ vingt-cinq ans, à la barbe noire comme le jais, aux yeux d'un bleu sombre.

« Il avait la taille fine et souple, le pied admirablement petit et cambré, des mains de femme, et un je ne sais quoi de nonchalant dans toute sa personne qui décelait une origine coloniale.

« Il prit son visiteur par la main et le fit entrer dans le fumoir, une jolie pièce tendue de cuir, garnie d'ottomanes, ornée d'étagères qui supportaient des curiosités et des chinoiseries.

« — Bonjour, mon cher Raymond, répéta-t-il en le poussant dans un fauteuil, je ne t'attendais pas ce soir, et ne comptais pas te revoir avant demain ; car j'avais résolu, dans ma sagesse, de ne point aller au club et de me coucher de bonne heure.

« — Ah !

« — Tu sais que nous avons joué toute la nuit dernière ?

« — Hélas ! fit Raymond en souriant, et le paquebot qui m'apporte mes revenus dans cinq jours n'a qu'à bien se tenir contre le vent. S'il faisait naufrage, je serais momentanément ruiné.

« — Eh ! oh ! fit l'hôte de Raymond, j'ai été, comme lui, fort mal mené, ce me semble.

« — Je ne dis pas non ; mais ce n'est point pour additionner nos pertes que je suis venu.

« — Ah ! et pourquoi ?

« — Pour t'engager à persévérer dans ta résolution et à te coucher de bonne heure, d'abord.

« — Bon ! Ensuite ?

« — Parce que tu te lèveras de grand matin demain.

« — Oh ! oh ! fit le jeune homme, voilà qui sent une *promenade* au bois.

« — Justement.

« L'hôte de Raymond fronça le sourcil.

. . . .

Comme le marin en était là de son récit, Victor de Passe-Croix lui dit :

— Je gage que le monsieur de la rue de Choiseul et celui à qui vous avez servi de témoin n'en font qu'un ?

— Peut-être. Mais attendez...

Et le marin continua.

IV.

« Le jeune homme qui habitait la rue de Choiseul, et chez lequel M. Raymond de Luz venait de se rendre, était un créole de l'île Bourbon, appelé Félix de Nancery.

« Raymond de Luz était créole aussi, et les deux jeunes gens se connaissaient depuis leur enfance.

« Ils étaient venus à Paris ensemble, à l'âge de dix-neuf ans ; ils y avaient passé six années, vivant dans une intimité parfaite.

« M. Raymond de Luz était le fils du plus riche planteur de l'île.

« M. Félix de Nancery était riche aussi, mais beaucoup moins cependant que son ami, dont il était l'aîné de deux ans.

« Raoul de Nancery avait étudié le droit, et il se destinait à la profession d'avocat dans son pays.

« Raymond était simplement venu en France pour y terminer son éducation.

« Tous deux, du reste, avaient allongé de deux années déjà leur séjour dans la mère-patrie. Paris a tant de charmes pour la jeunesse élégante et riche !

« Raymond avait une sœur cadette, fruit d'une seconde union de son père, et cette sœur, il la destinait à son ami Félix.

« Mlle Blanche de Luz devait avoir alors dix-neuf ans, et Raymond avait depuis longtemps, dans ses lettres, préparé ce mariage, qui devait être célébré, du consentement des deux familles, aussitôt après l'arrivée des jeunes créoles.

« M. de Nancery connaissait parfaitement la situation de fortune de la famille de Luz.

« M. Laurent de Luz, le père de Raymond, était un gentilhomme d'origine bretonne, qui, arrivé à l'île Bourbon trente années auparavant, avec l'épaulette de lieutenant de vaisseau et son épée pour toute fortune, avait tourné la tête à mademoiselle Ridan, la plus riche héritière de la colonie. Veuf au bout de quelques années de mariage, le gentilhomme breton s'était remarié à Bourbon avec une jeune personne à peu près sans fortune, et qui l'avait rendu père de cette fille que Raymond destinait à son ami Félix de Nancery. Or, Raymond s'était engagé à doter sa sœur.

« Ces détails-là sont nécessaires pour faire comprendre ce qui se passa le lendemain.

« — Comment ! dit Félix en regardant son ami, tandis que celui-ci allumait un cigare, tu as une querelle ?

« — Mon Dieu, oui.

« — Avec qui ?

« — Avec un offic er.

« Et Raymond rac nta la scène que nous avons décrite.

« — Mais, dit Fé x, c'est absurde ! c'est une querelle de caf .

« — D'accord. Ma s qu'y faire ?

« — Il faut arrang r cela...

« — Tu es fou ! d t Raymond. Où donc as-tu vu qu'on *arrang ait* des affair s ?

« Fé ix haussa les paules.

« — As-tu le choi des armes ?

« — On me l'a lais é.

« — Et tu as choi i ?

« — Le pistolet.

« M. de Nancery respira.

« — Ah ! dit-il, tant mieux, tu es de première force au pistolet.

« — Je m'en vante, dit Raymond avec un fier sourire.

« — Et si tu tires le premier, tu abattras ton homme comme une poupée. Où te bats-tu ?

« — Au bois, derrière Madrid, demain matin, à sept heures.

FLAVIE DE PASSE-CROIX.

« — As-tu un second témoin?
« — J'ai songé au petit baron Renaud, tu sais? celui qu'au club nous appelons *Singleton*.
« — Ah! parbleu! dit M. de Nancery en riant, tu lui rendras un fier service.
« — Tu crois?
« — Il brûle du désir de servir de témoin à quelqu'un. Comme il est très-petit, il s'imagine que cela le grandira.
« Raymond se prit à sourire.
« — Eh bien! veux-tu te charger de le voir en ce cas?
« — Non, je vais lui écrire un mot. Sois tranquille, il sera exact.
« M. de Nancery prit la plume et écrivit :

« Monsieur le baron,

« Notre ami commun, Raymond de Luz, se bat demain
« main matin, à sept heures précises, et compte sur vous
« et sur moi.
« Le rendez-vous est chez lui, rue Taitbout, 29, à cinq
« heures et demie.
« A vous,
« Félix DE NANCERY.

« Le jeune créole ferma cette lettre, écrivit sur l'enveloppe : *A monsieur le baron Renaud, rue Caumartin, 14*, et la donna à Neptunio avec ordre de la porter sur-le-champ.

« Neptunio parti, les deux jeunes gens causèrent une heure encore, puis Raymond serra la main de Félix et lui dit :
« — Je vais me coucher de bonne heure. Sois exact demain.
« — Compte sur moi; à demain, ami.
« M. de Nancery, après avoir reconduit Raymond jusqu'au bas de l'escalier, monta chez lui et se déshabilla, se mit au lit et ne tarda point à s'endormir. Mais, presque aussitôt après, il s'éveilla en sursaut sous l'action d'un cauchemar.
« Le sommeil avait devancé pour lui les événements de quelques heures : il venait d'assister en rêve à la rencontre du lendemain.
« Raymond était tombé frappé d'une balle dans le front.
« Le jeune homme essuya son front baigné de sueur et se mit sur son séant.
« — C'est étrange, se dit-il, d'autant plus étrange que, dans mon rêve, c'est Raymond qui a fait feu le premier. Or, Raymond tire le pistolet avec une précision désespérante. Allons! j'ai ouï dire qu'on rêve toujours le contraire de ce qui doit arriver. Donc, c'est Raymond qui tuera M. de Valserres. Dormons!
« M. de Nancery essaya de se rendormir et n'y put parvenir.
« Il avait toujours devant les yeux cette scène bizarre

de son rêve, et, tout à coup, une réflexion non moins étrange traversa son esprit :

« — Si Raymond était tué, se dit-il, sa sœur hériterait de lui et deviendrait la plus riche héritière de la colonie. Et sa sœur est la femme que je dois épouser... »

« Cette pensée donna la fièvre et le vertige à M. de Nancery. Il la repoussa d'abord avec énergie, mais elle lui revint avec une patiente ténacité, et il finit par s'y habituer à refuser, à lui, Félix de Nancery, qui aurait reçu dans ses bras le frère ensanglanté et mourant!

« Blanche de Luz, qui devait avoir une maigre dot, devenait une brillante héritière; et comment la lui pourrait-on refuser, à lui, Félix de Nancery, qui aurait reçu dans ses bras le frère ensanglanté et mourant!

« — Oh! murmura-t-il deux ou trois fois, il y a des pensées qui rendraient criminel.

« Vainement il essaya de dormir; le jour le surprit se tournant et se retournant sur son lit, en proie à une fièvre nerveuse.

« Cinq heures du matin sonnèrent à la pendule de sa chambre à coucher. Alors Félix de Nancery appela Neptunio et se fit habiller. Puis il se rendit à pied chez Raymond, qui demeurait, nous l'avons dit, rue Taitbout, numéro 29.

« Lorsqu'il arriva, Raymond dormait encore profondément.

« Charles de Nancery était là depuis quelques minutes à peine, lorsque le petit baron Renaud arriva à son tour.

« Il trouva Raymond faisant sa toilette et M. de Nancery fumant un cigare.

« Comme l'avait fort bien prédit ce dernier, le jeune baron Renaud avait accepté avec un rare empressement l'offre qui lui était faite de figurer avec avantage dans un duel.

« Il accourait plein d'ardeur et d'effusion, vêtu d'une redingote bleue boutonnée jusqu'au menton, les moustaches cirées, le nez en l'air et le chapeau sur l'oreille.

« La veille, M. de Nancery se fût pris à rire de bon cœur; mais, depuis la veille, M. de Nancery ne riait plus : il était pâle, sombre, et tenait son regard baissé.

« — Tudieu! mon cher, lui dit Raymond en riant, quel triste témoin tu fais!

« Charles de Nancery tressaillit.

« — Pourquoi? fit-il.

« — Tu es sombre comme un ordonnateur des pompes funèbres!

« — Quelle plaisanterie!

« Et tu es pâle comme un revenant.

« M. de Nancery se regarda dans une glace et reconnut qu'il était livide.

« — Sais-tu, poursuivit Raymond, que cela n'a rien de séduisant, d'aller se battre assisté d'un homme qui vous enterre par avance?

« — Tu es fou! balbutia M. de Nancery, et tu interprètes singulièrement l'affection que j'ai pour toi.

« Le petit baron intervint :

« — Allons! dit-il, tout se passera bien... vous verrez...

« — Parbleu! fit Raymond.

« — Et cet officier en verra de belles, acheva le baron.

« Raymond consulta la pendule :

« — Voyez! messieurs, dit-il, l'heure nous presse, partons!...

« M. de Nancery était toujours assis sur le devant du cabinet de toilette et ne bougeait.

« — A propos, Charles, dit Raymond, j'ai un mot à te dire. Vous permettez, mon cher baron?

« — Comment donc!

« Raymond prit son ami par le bras et l'entraîna dans la pièce voisine, qui était son cabinet de travail. Au milieu de cette pièce se trouvait une table surchargée de papiers, et parmi ces papiers une grande enveloppe en papier gris, qui paraissait contenir un pli volumineux.

« — Mon cher ami, dit Raymond à mi-voix, il faut tout prévoir.

« Une fois encore M. de Nancery tressaillit.

« — Que veux-tu dire? fit-il.

« — Mon Dieu! ta mine bouleversée vient à l'appui de mes paroles.

« — Je ne comprends point cependant.

« — Je peux être tué.

« — Tu es fou!

« — J'espère bien que cela ne sera pas. Mais enfin un homme qui se bat doit admettre cette supposition.

« — Eh bien?

« Raymond prit l'enveloppe en papier gris.

« — Voilà mon testament, dit-il.

« — Quelle plaisanterie!

« — Et je te fais mon exécuteur testamentaire, ajouta Raymond, attendu que je lègue ma fortune entière, présente et à venir, à Mlle Blanche de Luz, ma sœur.

« Charles de Nancery allongea une main tremblante vers le testament que Raymond lui tendait.

« Puis il déboutonna sa redingote et le mit dans sa poche, ajoutant :

« — J'espère bien te le rendre dans une heure.

« — Moi aussi, je l'espère, dit Raymond de Luz souriant. Ah! j'oubliais...

« — Qu'est-ce encore?

« — Tu sais que, plus que jamais, j'insiste auprès de mon père et de ma sœur pour nos projets?

« — Raymond!...

« — Si je n'étais plus là, murmura le jeune homme, qui donc la protégerait?

« — Mais tu seras là, balbutia M. de Nancery, dont la voix tremblait, et nous serons heureux, tu verras.

« — Allons! voilà qui est dit, fit Raymond; viens, ami.

« Ils repassèrent dans le fumoir, où M. le baron Renaud fumait un cigare.

« — Messieurs, dit-il, j'ai ma voiture en bas, et dans ma voiture des épées et des pistolets.

« — J'ai pareillement les miens, répondit Raymond, qui prit dans un tiroir une jolie boîte en maroquin bleu, surmontée d'un écusson et d'une couronne.

« Il ouvrit cette boîte et considéra les pistolets, qui étaient fort beaux.

« — Je ne souhaite pas, ajouta-t-il, à mon adversaire de tirer le second, surtout si le sort me donne le choix de mes armes. Allons, messieurs, en route!

« Les trois jeunes gens descendirent et arrivèrent dans la rue, où, en effet, la voiture du petit baron attendait.

« Charles de Nancery prit alors le baron Renaud à part.

« — Mon jeune ami, dit-il, je suis le premier témoin, n'est-ce pas?

« — Sans doute. Pourquoi cette question?

« — Pour que cela me donne le droit de tout conduire sur le terrain, et je crois avoir un peu plus d'expérience que vous de ces sortes d'affaires.

« — Oh! faites, monsieur, répondit le baron avec déférence. Je serai heureux de recevoir vos leçons.

« Ils montèrent en voiture, et vingt minutes après ils arrivaient au bois, à l'endroit indiqué.

« Le jeune officier, M. Charles de Valserres, s'y trouvait déjà avec ses deux témoins, dont l'un était celui qui l'accompagnait la veille au *Café de Paris*. »

— Monsieur, dit Victor, interrompant le récit de l'officier de marine, je crains d'entrevoir le dénoûment de cette rencontre.

— Oh! vous allez voir, répondit le marin, c'est un fait inouï dans les annales du crime.

Et le marin continua, tout en donnant un coup de cravache à son cheval, car ils étaient demeurés fort en arrière.

V.

« Les deux témoins de M. Charles de Valserres, officiers de hussards, étaient des jeunes gens fort bien, sous tous les rapports.

« L'un d'eux, celui qui, la veille, s'était trouvé au *Café de Paris*, aborda M. Charles de Nancery, et lui dit :

« — Monsieur, il est vrai qu'en apparence M. Raymond de Luz est le provocateur, mais, en réalité, nous avons motivé sa provocation par une impolitesse qui, laissez-moi le constater, a été le résultat d'un dîner un peu copieux et d'un manque d'attention. En l'état des choses, il est donc juste que M. de Luz ait le choix des armes.

« M. de Nancery s'inclina.

« — Nous avons proposé le pistolet, continua le témoin, mais si M. de Luz préfère une autre arme, nous sommes à ses ordres.

« — Nullement, messieurs.

« — Donc vous prenez le pistolet?

« — Oui, monsieur.

« Et M. de Nancery, qui, avec le témoin de M. de Valserres, s'était éloigné de quelques pas, tandis que Raymond de Luz et M. le baron Renaud se promenaient en causant, M. de Nancery jeta une pièce de cent sous en l'air, disant :

« — Voyons quel est celui de ces messieurs qui aura le droit de se servir de ses pistolets.

« — Face! dit le témoin.

« La pièce retomba et laissa voir l'écusson des rois de France, orné de trois fleurs de lis.

« La pièce avait été frappée à l'effigie de Charles X.

« — C'est bien, dit le témoin, M. Raymond de Luz se servira de ses armes.

« — Voyons maintenant, reprit Charles de Nancery, les autres conditions du combat.

« — Soit, monsieur.

« Et le témoin parut attendre.

« — Monsieur, reprit M. de Nancery, M. Raymond de Luz est créole comme moi; c'est vous dire que ce n'est pas un bourgeois de Paris qui n'a jamais fait d'autres prouesses au pistolet que de casser une poupée sur quinze coups au bal Mabile.

« — Après, monsieur?

« — M. de Valserres est officier?

« — Comme moi, monsieur

« — Il tire bien le pistolet?

« — Oh! très-suffisamment...

« — Alors je vois que les chances peuvent fort bien s'égaliser.

« — C'est mon avis.

« — Donc, on placera ces messieurs à trente pas, avec la faculté de faire cinq pas chacun.

« — Parfaitement.

« — Et de faire feu à volonté. Un seul coup vous suffit-il?

« — Oui, monsieur. Le motif de la querelle est si futile!

« M. de Nancery alla chercher dans la voiture du baron Renaud les pistolets de Raymond, qui causait toujours avec ce dernier.

« Pendant ce temps, le témoin de M. de Valserres s'était rapproché de son ami.

« — C'est singulier! lui dit-il.

« — Quoi donc? fit le jeune officier.

« — Figure-toi que le témoin de ton adversaire, avec qui je viens de causer, est d'une pâleur mortelle; il **tremble en parlant**, et il évite de regarder en face.

« — Eh bien? qu'est-ce que tu en conclus?

« — Oh! moi... rien... et tout.

« — Voici une conclusion bizarre.

« — Mais non.

« — Alors, explique-toi.

« — Voici : on dirait que c'est lui qui va se battre, tant il est ému.

« — Eh bien, c'est qu'il est le parent ou l'ami intime de mon adversaire.

« — C'est drôle, moi j'attribue son émotion à un autre sentiment.

« — Bah! lequel?

« — Qui sait? il souhaite peut-être voir tuer son ami.

« M. de Valserres haussa les épaules et dit en riant à son second témoin :

« — Je croyais Octave Brunot dégrisé depuis hier, mais je m'aperçois qu'il a toujours l'humeur ébriolée. Allons! fou que tu es, dépêchons!

« M. de Nancery revint avec les pistolets de Raymond, et, présentant la boîte ouverte :

« — Choisissez, monsieur, dit-il à M. de Valserres, qui le regardait.

« M. de Valserres prit un des pistolets et le passa à son témoin, qui le chargea.

« M. de Nancery avait deux balles dans la main. Il tendit l'une au témoin de M. de Valserres, et parut introduire l'autre dans le canon du pistolet destiné à Raymond.

« Cette sinistre opération terminée, les deux adversaires furent placés à la distance convenue.

« — Hâte-toi de tirer, dit le premier témoin à M. de Valserres en lui assurant son poste de combat.

« — Pourquoi?

« — Parce que M. Raymond de Luz tire comme un créole, ce qui est tout dire, et que si tu le manques, il ne te manquera pas!

« — Bah! je préfère essuyer son feu. Je tire toujours mieux quand j'ai entendu siffler la balle.

« M. de Nancery frappa les trois coups. Raymond avança d'abord de deux pas, leva le bras au troisième, et fit feu... M. de Valserres demeura debout.

« Le cœur de M. de Nancery battait à outrance.

« M. de Valserres fit deux pas à son tour, ajusta son adversaire et lâcha son coup.

« Tout aussitôt, M. Raymond de Luz s'affaissa sur lui-même sans pousser un cri.

« Le malheureux jeune homme avait été frappé au front, et la mort avait été instantanée.

« Alors on entendit un grand cri, un cri de douleur immense, de désespoir infini...

« M. Charles de Nancery s'était précipité sur le corps de son malheureux ami, l'enlaçait et le couvrait de caresses.

« M. de Valserres, tout ému, le montra à son témoin.

« — Tu vois! dit-il.

« Le témoin auquel il avait donné le nom d'Octave Brunot eut un mouvement d'épaules qui signifiait :

« — Je n'y comprends absolument rien...

« Les choses s'étaient passées dans toutes les règles, et le combat avait été loyal, du moins en ce qui concernait M. de Valserres. Il s'approcha des témoins de son adversaire, leur exprima tous ses regrets ; puis les jeunes gens se saluèrent, et tandis qu'on emportait le corps du jeune créole dans la voiture de M. le baron Renaud, M. de Valserres et ses témoins s'éloignèrent.

« Ces messieurs étaient venus dans un modeste fiacre, qu'ils avaient laissé à l'entrée du bois. Cependant, avant d'abandonner le lieu du combat, celui des deux témoins de M. de Valserres qu'on nommait Octave Brunot avait longuement et minutieusement examiné les taillis dans la direction qu'avait dû suivre la balle de M. Raymond de Luz.

« — Ah çà, que fais-tu donc là? demanda M. de Valserres.

« — Je te le dirai demain, répondit M. Octave Brunot.

« Et il suivit ses amis.

« En route, lorsqu'ils furent remontés en voiture, M. Octave Brunot demeura tout rêveur.

« — Mais qu'as-tu donc? demanda M. de Valserres; on dirait que c'est toi qui as un meurtre sur la conscience, mon pauvre ami !

« — Dis donc, Charles, fit brusquement M. Octave Brunot, qui d'abord n'avait pas répondu à la question de son ami.

« — Que veux-tu ?

« — As-tu entendu siffler la balle de ton adversaire?

« — Ma foi, non.

« — Ah !

« — Je crois que le pauvre garçon tirait fort mal, car si la balle m'eût simplement passé à un pied de distance, je l'eusse certainement entendue.

« — Je le crois.

« — Et tu en conclus ?...

« — Mais, dit froidement M. Octave Brunot, j'en conclus que ce pauvre garçon tirait fort mal; voilà tout !

. . . .

VI.

« Le lendemain, M. Octave Brunot se rendit un peu tard à la pension des sous-lieutenants et des lieutenants. Ces messieurs, dont le régiment était caserné au quai d'Orsay, prenaient leurs repas dans un café de la rue Bellechasse, et dînaient à cinq heures.

« A cinq heures et demie, M. Octave Brunot n'avait point encore paru.

« Quand il arriva, ces messieurs allaient quitter la table.

« On allait se récrier et mettre cette inexactitude du lieutenant sur quelque aventure galante, lorsqu'on s'aperçut qu'il était pâle et de sombre humeur.

« — Ah çà, mon ami, lui dit M. de Valserres, cette fois, tu nous donneras une explication, j'imagine ?

« — A propos de quoi ?

« — Mais à propos de ce revirement d'esprit qui semble s'être emparé de toi depuis ma déplorable affaire d'hier. Je déclare qu'il est fort dur d'avoir à se reprocher la mort d'un homme qu'on ne haïssait pas, et que ce souvenir m'assombrira longtemps; mais je déclare aussi que tu n'as pas le droit, toi, de t'affliger plus que je ne le fais moi-même.

« — Ce n'est point de cela qu'il s'agit.

« — Et de quoi donc?

« M. Octave Brunot hésita un instant et regarda tour à tour chacun des convives, lesquels étaient au nombre de dix.

« — Au fait, dit-il, je ne vois ici que des camarades, des amis...

« — Parbleu ! fit un jeune sous-lieutenant frais débarqué de Saint-Cyr.

« — Et je suis persuadé, messieurs, continua M. Octave Brunot, que vous n'hésiterez pas à m'engager votre parole d'honneur que ce que je vais vous dire ne sortira point d'ici.

« Chacun des officiers leva la main.

« — Qu'à cela ne tienne ! dit l'un d'eux.

« — Vous me jurez d'être discrets?

« — Tous, parbleu ! va donc !...

« La physionomie et l'accent du lieutenant Brunot avaient quelque chose d'étrange et de mystérieux qui piquait la curiosité de tous au plus haut point.

« — Allons! nous t'écoutons, dit M. de Valserres en plaçant ses deux coudes sur la table.

« M. Brunot reprit :

« — Pour que vous puissiez comprendre ce que je vais vous confier, messieurs, il est nécessaire que je vous raconte une anecdote de mon enfance.

« — Voyons!

« — Je suis Breton, vous le savez. Dans mon pays, il y a des landes incultes qu'il faut souvent traverser pour se rendre d'un village à l'autre. J'avais dix ans, lorsqu'un assassinat fut commis à une demi-lieue de la maison de mon père. Un vieillard de mon village avait été trouvé dans la lande frappé de onze coups de couteau. Des bergers rapportèrent le cadavre. On prévint la famille, et les enfants accoururent à la maison où le corps avait été déposé. Ce fut une scène de désolation; mais celui qui se montra le plus désespéré, le plus inconsolable, ce fut le fils aîné de la victime. Il sanglotait, se roulait sur le cadavre, s'arrachait les cheveux et poussait des cris. J'avais assisté à cette triste reconnaissance et on m'avait emmené tout impressionné. Le fils aîné de la victime se nommait Pornic.

« — Pauvres gens ! dit ma mère le soir à souper, sont-ils désolés... et ce pauvre Pornic !

« — Oh ! celui-là, dis-je tout-à-coup, il est moins désolé qu'on ne croit.

« On me regarda avec étonnement. Je vous l'ai dit, j'avais dix ans alors.

« — Et pourquoi donc? demanda mon père.

« — Parce qu'il est l'assassin, répondis-je.

« Ma mère jeta un cri ; mon père prétendit que j'étais fou. Deux mois après, Pornic fut reconnu coupable de parricide et exécuté sur la place publique de Saint-Malo.

« — Mais, dit un sous-lieutenant, comment donc avais-tu supposé... ou deviné?...

« — Je ne sais pas... un instinct secret... une voix intérieure m'avait crié que cet homme, en apparence livré à toutes les furies du désespoir, était le seul, le vrai coupable.

« — Sais-tu, dit M. de Valserres, que tu aurais fait un fameux juge d'instruction, Octave ?

« — Peut-être.

« — Mais où veux-tu en venir ?

« — Attendez. Voici encore une anecdote qui va venir à l'appui de ce que je viens de vous dire. Dix ou quinze ans après, je me trouvais à Marseille, où mon régiment s'embarquait pour l'Afrique. Je fis, dans un café, la rencontre d'un jeune homme, un fort joli garçon, qui jouait au billard comme Berger, et qui était l'ami d'un de mes amis. Chose bizarre ! j'éprouvai instantanément pour ce jeune homme une aversion inexplicable, et, le soir, je ne pus m'empêcher de dire à notre ami commun : — Voilà un garçon qui finira mal.

« — Et tu devinas?

« — L'année suivante, il assassina son oncle, un riche banquier dont il devait hériter, et il fut condamné au bagne.

« — Voilà, en effet, interrompit Charles de Valserres, une seconde histoire aussi étrange pour le moins que la première. Mais est-ce le souvenir des deux qui te rend si morose aujourd'hui?

« — Non, ce n'est pas cela.

« — Qu'est-ce alors?

« — C'est la crainte, j'oserais presque dire la conviction que nous avons été, hier, les complices involontaires d'un crime abominable.

« — Plaît-il?

« — D'un assassinat !... ajouta Octave Brunot avec un accent énergique.

« On se récria autour de lui, mais il poursuivit :

« — Messieurs, j'ai vos paroles d'honneur, et par conséquent je puis parler.

« — Eh bien ? fit-on à la ronde.

« Octave Brunot regarda son ami, M. Charles de Valserres.

Tout aussitôt Raymond de Luz s'affaissa sur lui-même. (Page 1035.)

« — Veux-tu savoir toute ma pensée?
« — Oui, parle.
« — Ce n'est pas toi qui as tué, hier, loyalement, M. Raymond de Luz; ce jeune homme est mort assassiné par son ami, M. Charles de Nancery!
« Ces paroles, on le conçoit, produisirent une émotion violente parmi les jeunes officiers.
« — Messieurs, dit le lieutenant Brunot, sur mon honneur de soldat et de Breton, je vous jure que ce que je viens de dire est ma conviction, et que cette conviction repose pour ainsi dire sur des faits matériels.
« — Ma parole d'honneur! murmura M. Charles de Valserres, je crois que mon pauvre Octave est devenu fou.
« Il interrogea ses amis du regard. Ceux-ci semblaient partager cette opinion.
« Le lieutenant Octave Brunot comprit le sentiment d'incrédulité qui s'était emparé des jeunes officiers.
« — Messieurs, dit-il, vous m'avez promis de m'écouter.
« — Oui, mais...
« — Mais je vous dis là des choses dépourvues de sens, n'est-ce pas?
« — Dame!
« — N'importe, écoutez.
« — Allons! fit M. de Valserres avec un soupir.
« — Messieurs, poursuivit le lieutenant, hier matin,

lorsque je suis arrivé sur le terrain, M. Charles de Nancery, le témoin de M. Raymond de Luz, m'a abordé. Eh bien! figurez-vous que j'ai éprouvé sur-le-champ la sensation de répulsion bizarre que, deux fois en ma vie déjà, j'avais éprouvée à la vue de gens que je considérais comme des scélérats.
« — Et c'est là-dessus que tu bases ton opinion? fit un officier.
« — Attendez...
« — Dans tous les cas, observa M. de Valserres, en admettant que M. de Nancery fût un assassin...
« — Il l'est! dit le lieutenant avec force.
« — Soit! mais ce n'est pas lui qui a tiré sur son ami. C'est moi.
« — Oui, mais tu avais une balle dans ton pistolet, et M. Raymond de Luz a fait feu sur toi avec un pistolet chargé à poudre.
« — Oh! par exemple!
« Les officiers se regardèrent et comprirent que M. Octave Brunot n'était pas fou.
« Mais comment allait-il prouver ce qu'il avançait?
« — Messieurs, continua-t-il, M. de Valserres est là qui vous affirmera n'avoir entendu siffler aucune balle.
« — C'était un maladroit, peut-être.
« — Non, au contraire. Je suis allé aux renseignements. M. Raymond de Luz était le meilleur tireur du tir de Devismes.

« — Oui, mais tirer sur une plaque et casser une poupée n'est point tirer sur un homme. Sa main aura tremblé.

« — C'est inadmissible.

« — Pourquoi ?

« — Parce que M. Raymond de Luz s'était battu trois fois déjà au pistolet et avait toujours touché son adversaire.

« — Tout cela n'est pas une preuve.

« — Attendez ! Ma conviction était si forte, que je suis allé ce matin au bois, et que, me plaçant là où M. Raymond de Luz s'est placé pour tirer, j'ai regardé droit devant moi...

« — Dans quel but ?

« — Devant moi se trouvait un rideau d'arbres, un taillis si épais, qu'on ne peut voir le jour au travers. Si le pistolet de M. Raymond de Luz renfermait une balle, cette balle n'a pu passer au-dessus, et elle a dû traverser ce massif et briser forcément une branche çà et là. Eh bien ! messieurs, je vous conduirai au bois, vous examinerez vous-mêmes, et, sur mon honneur, j'abandonne un mois de solde à celui qui retrouvera la trace de la balle !

« Ces derniers mots commençaient à persuader quelque peu l'auditoire du lieutenant.

« Il poursuivit.

« — Enfin, messieurs, les pistolets ont été chargés avec des bourres grasses et incombustibles. J'en ai retrouvé trois : deux à trois pas de l'endroit où M. Raymond de Luz est tombé ; la troisième à un mètre environ de la place qu'occupait M. de Valserres. S'il y avait eu une balle dans le pistolet de M. Raymond de Luz, j'aurais retrouvé la quatrième bourre. Une bourre blanche se retrouve sur l'herbe, quand celle-ci est courte et rasée comme on la coupe au bois.

« — Mais j'admets tout cela, dit M. de Valserres, je l'admets, puisque tu le veux ; mais, s'il en est ainsi, quel intérêt avait donc ce M. de Nancery à faire tuer son ami ?

« — Ah ! voici où je vais vous convaincre, messieurs ; car, depuis hier, j'étais si convaincu moi-même, que j'ai passé ma journée en cabriolet de régie, courant à droite et à gauche pour recueillir des renseignements.

« — Et tu en as obtenu d'autres encore ?

« — Certainement.

« — Messieurs, dit M. de Valserres, ma parole d'honneur ! je crois rêver.

« M. Brunot continua :

« — J'ai su, hier matin, que MM. de Luz et de Nancery étaient créoles. Je suis allé voir un jeune officier du 15e régiment de ligne, que je connais et qui est créole de Bourbon. Je lui ai demandé s'il connaissait à Bourbon la famille de Luz, et j'ai appris par lui que M. Raymond de Luz, dont il ignorait la mort, du reste, était le plus riche héritier de l'île, et que son ami, M. de Nancery, devait épouser sa sœur unique.

« Cette fois, on ne douta plus.

« — Mais cet homme est un monstre ! s'écria M. de Valserres.

« — Malheureusement, messieurs, répondit M. Octave Brunot, son crime est un de ceux qui ne prouvent rien en justice ; d'ailleurs, il est déjà hors d'atteinte.

« — Que veux-tu dire ?

« — Ce matin, on a enterré M. Raymond de Luz. Deux heures après, M. de Nancery a quitté Paris. Demain il s'embarque au Havre sur un navire qui fait voile pour Bourbon. »

L'officier de marine en était là de son récit lorsqu'on sonna le lancer.

VII.

Depuis une heure environ, Victor de Passe-Croix et lui chevauchaient en forêt, et ils s'étaient peu à peu rapprochés de la petite troupe des veneurs.

— Monsieur, dit l'officier de marine en souriant, nous ne pouvons plus causer, il faut chasser. Ce soir, après dîner, je vous raconterai la suite de cette histoire.

— Mais, monsieur, insista Victor, vous ne me refuserez pas un dernier mot, j'imagine ?

— Lequel ?

— L'homme à qui vous avez servi de témoin aux colonies est-il M. de Nancery ?

— Oui, monsieur.

— Et, selon vous, cet homme et M. Albert Morel ne feraient qu'un ?

— Oui, Monsieur.

Victor et l'officier de marine venaient d'arriver dans un carrefour appelé la Croix-du-Bois-Fourchu, où les veneurs se trouvaient réunis.

Au milieu d'eux, M. Albert Morel, fièrement campé sur sa selle, sonnait le lancer. L'officier de marine vint se placer devant lui ; mais M. Albert Morel ne sourcilla point et il continua à sonner de toute la vigueur de ses poumons. Puis, tandis que M. de Montalet, le père, lui donnait la reprise, il remit sa trompe sur son épaule et demanda du feu à l'officier de marine qui fumait.

— Quel calme ! pensa Victor de Passe-Croix ; décidément le marin se trompe.

Et comme chacun des veneurs s'élançait sous bois au galop, il rendit la main à son cheval, décidé à suivre la chasse et à attendre patiemment le soir pour apprendre la suite de l'histoire de M. Charles de Nancery.

. . . .

La chasse dura cinq heures et demie.

L'animal fut forcé au coucher du soleil, et Victor de Passe-Croix, qui avait constamment galopé sur les derrières de la meute, crut arriver le premier à l'hallali ; mais déjà un veneur, sortant du fourré, avait embouché sa trompe et sonnait avec ardeur.

C'était M. Albert Morel.

— Décidément, monsieur, lui dit Victor avec quelque humeur, je croyais avoir le meilleur cheval, mais je m'aperçois qu'il n'en est rien. Le vôtre est plus vite.

M. Albert Morel se prit à sourire.

— Vous vous trompez, monsieur, dit-il, mon cheval ne vaut pas le vôtre ; mais j'ai pris un raccourci, et cela m'a permis d'arriver avant vous.

Le ton de M. Albert Morel était d'une politesse exquise.

Et il continua à sonner l'hallali.

Presque au même instant, M. Raoul de Montalet survint et envoya une balle au pauvre animal qui faisait tête aux chiens. On fit la curée, puis on remonta à cheval.

— Messieurs, dit alors M. Albert Morel, voulez-vous des cigares ?

Il tendit un étui en cuir de Russie à Victor, qui s'inclina et alla ranger son cheval à la droite de celui de M. Roger de Bellecombe, en lui disant :

— Il me faut la suite de l'histoire ; ne l'oubliez pas !

L'officier de marine reprit :

« — Environ deux années après les événements dont Paris avait été le théâtre, la frégate de guerre la Licorne débarqua à Saint-Denis, le port principal de Bourbon, un bataillon d'infanterie de marine qui venait tenir garnison dans l'île.

« Le chef de bataillon se nommait Octave Brunot.

« C'était ce même officier que nous avons connu lieutenant à Paris, et qui avait servi de témoin à M. de Valserres, son ami, dans sa rencontre avec le malheureux Raymond de Luz.

« Une campagne en Afrique, une permutation intelligente, avaient fait du lieutenant de hussards un chef de bataillon.

« La frégate la *Licorne* avait à peine déposé ses passagers à terre, qu'une députation des principaux planteurs de l'île vint à la rencontre du nouveau bataillon.

« Les colonies, si loin de la France qu'elles soient, aiment tout ce qui vient de la mère patrie, et l'arrivée d'un navire est pour elles un sujet de grande joie.

« Parmi cette petite députation se trouvait le plus riche planteur de la colonie, M. Charles de Nancery.

« M. de Nancery, disait-on à Bourbon, avait eu un singulier et triste bonheur.

« Il avait été l'ami intime, presque le frère d'un jeune créole, M. Raymond de Luz, avec lequel il était allé terminer ses études à Paris.

« M. Raymond de Luz était mort fatalement, tué dans un duel, à la suite d'une sotte querelle.

« M. de Nancery, son ami, avait été son témoin, il avait recueilli son dernier soupir, et avait ramené à Bourbon son corps, embaumé par le procédé Gannal.

« Cette conduite, pleine de dévouement, méritait une récompense, et le *pieux* Charles de Nancery, comme eût dit Virgile, avait été largement payé de ses soins en épousant Mlle Blanche de Luz, la sœur et l'unique héritière du pauvre Raymond.

« M. Octave Brunot et M. Charles de Nancery se reconnurent sur-le-champ.

« L'accueil fut froid de part et d'autre, mais poli.

« Cependant, M. de Nancery était loin de soupçonner ce que le chef de bataillon pensait à son égard. La députation des planteurs fut retenue à dîner à bord de *la Licorne*. Il y eut un punch sur le gaillard d'arrière. »

— Ah ! s'interrompit l'officier, j'oubliais de vous dire que j'étais aspirant de première classe à bord de la frégate française.

« Donc, il y eut un punch.

« Le hasard m'avait placé auprès du commandant Octave Brunot, avec lequel, du reste, j'avais fait ample connaissance pendant la traversée.

« Le commandant regardait M. de Nancery avec une fixité, une obstination qui m'étonnèrent.

« — Est-ce que vous connaissez ce monsieur ? lui demandai-je ?

« — Oui et non, me répondit-il.

— Comment cela ?

« Je l'ai vu à Paris ; mais je ne le connais point, ajouta sèchement le commandant.

« Cette réponse était de nature à m'intriguer tout à fait ; et tandis que nous nous promenions sur le pont, en fumant, j'abordai franchement la question :

— Commandant, lui dis-je, vous m'avez fait tout à l'heure, convenez-en, une singulière réponse.

« — A propos de ce M. de Nancery, peut-être ?

• — Précisément.

« — Ah !... vous trouvez ?

« — Je trouve que votre accent est rempli d'un dédain suprême quand vous parlez de lui, commandant.

« Le commandant ne répondit pas, mais son sourire confirma largement mes paroles.

« Puis, tout à coup, il me dit brusquement :

« — Vous êtes venu plusieurs fois dans ces parages ?

« — Je suis à mon troisième voyage dans la mer Indienne.

« — Alors, renseignez-moi.

« — Sur quoi ?

« — Est-il vrai que ces latitudes soient celles des narcotiques par excellence ?

« — C'est vrai. Et, tenez, j'ai précisément dans ma cabine une certaine poudre noire qui procure une ivresse terrible, prise à une certaine dose.

« — Ah !

« — Une ivresse de deux heures, pendant laquelle le sommeil est si profond, que tous les canons de tribord et de bâbord ne vous réveilleraient pas.

« Le commandant fronçait le sourcil et paraissait caresser quelque étrange idée.

« Pendant ce temps, on dressait à l'arrière, sur le pont, les tables du punch, tandis que créoles, marins et soldats de marine se promenaient, bras dessus, bras dessous, en fumant des cigarettes.

« — Tenez, me dit le commandant Brunot, je donnerais gros pour que ce M. de Nancery pût avaler une pincée de la poudre dont vous venez de me parler...

« — Singulière idée !

« — *In vino veritas* ! Vous connaissez ce proverbe ?

« — Sans doute.

« — Eh bien, je voudrais lui faire faire des aveux, à cet homme.

« — Mais...

« — Et le forcer à me dire...

« — Mais, mon cher commandant, interrompis-je, ma poudre ne fait point parler, elle fait dormir, voilà tout.

« — Tant mieux !

« — Alors je ne comprends plus...

« — J'ai mon idée. Où est votre poudre ?

« — En bas, dans ma cabine.

« — Eh bien, donnez-m'en quelques grains.

« — Mais...

« — A ce prix, vous saurez pourquoi je méprise ce M. de Nancery.

« La curiosité l'emporta chez moi sur tout autre sentiment.

« Je descendis donc dans ma cabine, et j'y pris dans un petit coffre, où je serrais mon argent et mes livres, une boîte microscopique dans laquelle se trouvait une poudre noirâtre.

« Je tenais cette étrange substance d'un marin chinois.

« — Mon cher monsieur, me dit alors le commandant Brunot, combien faut-il de grains de cette poudre pour procurer l'ivresse dont vous me parliez ?

« Et le commandant examinait curieusement la poudre noire.

« — Une pincée, répondis-je.

« — Cette poudre peut-elle occasionner la mort ?

« — Non.

« — Alors, donnez votre boîte.

« En ce moment on prenait place autour des tables de punch, et un hasard étrange voulut que le commandant Brunot et M. de Nancery se trouvassent placés à côté l'un de l'autre.

« — Le commandant avait-il été prestidigitateur ? je n'oserais l'affirmer, mais ce fut avec une habileté merveilleuse qu'il laissa tomber dans le verre de M. de Nancery la pincée de poudre noirâtre.

VIII

« Lorsque M. de Nancery eut bu, il engagea la conversation avec lui.

« Ces messieurs causèrent de diverses choses, des relations de l'île avec la mère patrie, de Paris, où M. de Nancery avait passé ses plus belles années, et qu'il n'avait quitté qu'à la suite d'un violent chagrin, — la mort de son meilleur ami.

« Le commandant Brunot ne sourcilla point, lorsqu'il fut question de M. Raymond de Luz.

« Il parut avoir oublié tous les détails de son duel avec M. Charles de Valserres.

« Au bout d'une heure, la langue de M. de Nancery commença à s'épaissir, sa tête s'alourdit, et les premières fumées de cette ivresse étrange que procurait la poudre noire commencèrent à le gagner. Bientôt son langage devint inintelligible, un flux de paroles lui échappa, et ces paroles, de plus en plus incohérentes, s'éteignirent enfin au bout d'un quart d'heure.

« Alors sa tête retomba sur sa poitrine, ses yeux se fermèrent ; il étendit ses deux bras sur la table et finit par s'endormir.

« Alors aussi, le commandant Brunot et moi, nous regardâmes autour de nous.

« La plupart des planteurs de la colonie qui étaient venus à bord étaient remontés dans le grand canot pour s'en retourner à terre.

« Trois seulement demeuraient avec le capitaine et causaient avec lui, le cigare aux lèvres, en arpentant le gaillard d'arrière.

« — Il dort, me dit le commandant ; attendons !...

« En effet, M. de Nancery ronflait avec bruit.

« — Jusqu'à quand peut-il ronfler ainsi ? ajouta le commandant.

« — Une heure environ. Le sommeil de ma poudre noire n'est pas long.

« — C'est bien. Alors, promenons-nous.

« Nous allumâmes un cigare et rejoignîmes le capitaine et les planteurs.

« Trois quarts d'heure après, ces derniers suivirent le capitaine dans sa cabine, et le commandant et moi, nous retournâmes auprès de M. de Nancery.

« Son ivresse et son sommeil avaient été plus courts que je ne l'avais prévu.

« Il avait les yeux ouverts et promenait autour de lui un regard effaré.

« — Laissez-moi faire, me dit tout bas le commandant.

« Et il s'approcha de M. de Nancery, qui lui dit :

« — Ah ! vous voilà ?

« — Mais nous ne vous avons pas quitté, répondit le commandant Brunot.

« — Je me suis endormi, n'est-ce pas ?

« — Oui... les fumées du punch...

« — Ai-je dormi longtemps ?

« — Ma foi, je ne sais ; mais vous nous avez dit d'étranges choses durant votre sommeil.

« M. de Nancery tressaillit.

« — Comment ! j'ai parlé ?..

« — Tout le temps, et...

« — Et ? fit-il avec inquiétude.

« — Vous nous avez raconté le duel de votre beau-frère, M. Raymond de Luz, avec mon ami M. de Valserres.

« M. de Nancery devint horriblement pâle.

« — Farceur ! lui dit le commandant en lui frappant sur l'épaule, vous savez escamoter une balle !

« A ces mots, M. de Nancery devint livide et jeta un cri ; puis, rapide comme la foudre, il ôta son gant et le jeta au visage du commandant.

« — Ah ! ah ! dit celui-ci en pâlissant à son tour, vous ne sauriez faire plus éloquemment l'aveu de votre crime.

« Et il ramassa le gant, en ajoutant :

« — Je vous tuerai demain.

. . . .

« Le lendemain, acheva l'officier de marine, M. de Nancery et le commandant Brunot se battirent à l'épée, aux portes de Saint-Denis de Bourbon.

« J'étais un des témoins du commandant.

« Le combat fut long, terrible, acharné, mais le sort fut injuste, le commandant fut mortellement blessé et tomba.

« Seulement avant de mourir, il eut le temps de révéler tout ce que je viens de vous raconter, et M. de Nancery, déshonoré, fut contraint de quitter l'île Bourbon. »

Le soleil se couchait derrière les sapinières, lorsque l'officier de marine termina son récit, et presque en même temps les tourelles rouges du château des Rigoles apparurent à ses yeux et à ceux de Victor.

Le jeune saint-cyrien avait écouté, tout pensif, la fin de cette étrange histoire.

— Savez-vous bien, monsieur, dit-il, que si ce M. Albert Morel ne faisait qu'un avec M. de Nancery, ce serait à lui envoyer une balle à travers bois, comme à une bête fauve ?

Le marin eut un sourire de mépris.

— Bah ! reprit-il, après tout, qu'est-ce que cela nous fait ? Nous ne sommes ni les vengeurs du commandant Brunot, ni ceux de M. Raymond de Luz. Et puis, qui nous dit que je ne suis pas le jouet d'une illusion bizarre, d'une de ces ressemblances qui désespèrent l'observation.

— C'est possible, murmura Victor.

Puis le jeune homme pressa le pas de son cheval et entra dans la grande allée de tilleuls qui servait d'avenue aux Rigoles.

Le premier valet que Victor trouva dans la cour et qui vint prendre la bride de son cheval était précisément celui qui, le matin, assis sur une des marches du perron, nettoyait des bottes à l'écuyère.

Il est de certaines heures dans la vie d'un homme où tout est pour lui pressentiment et révélation. La vue de ce valet rappela donc à Victor qu'il avait remarqué la boue jaune dont étaient couvertes les bottes à l'écuyère, et qu'il avait même fait cette réflexion qu'une boue semblable n'existait, à sa connaissance, que dans le parc de la Martinière.

Or, tandis que l'officier de marine descendait de cheval, Victor s'adressa au valet :

— A qui donc étaient les bottes que tu nettoyais ce matin, à M. Raoul ou à M. Amaury ?

— Non, monsieur, répondit le valet. Elles étaient à M. Morel.

Victor tressaillit en ce moment, comme s'il eût éprouvé une commotion électrique.

Décidément, ce M. Albert Morel lui tintait perpétuellement aux oreilles.

En même temps, un autre souvenir assaillit Victor. Il se rappela sa rencontre du matin avec Octave de Cardassol.

Octave lui avait dit, avec un mauvais sourire :

« — Pendant que tu chasses chez les autres, on chasse chez toi ; et le gibier qu'on court pourrait bien être ton honneur. »

Victor de Passe-Croix fut-il alors ébloui par une révélation mystérieuse ?

C'est probable.

Toujours est-il qu'il rejoignit l'officier de marine en lui disant :

— Nous sommes de vieux amis d'un jour, n'est-ce pas ?

— Oh ! très-vieux, répondit le marin avec cordialité.

— L'amitié vit de confidences, dit-on.

— C'est mon avis.

— Voulez-vous être mon confident ?

— Parbleu !

— Eh bien, écoutez...

Et Victor prit familièrement le bras de l'officier de marine.

— J'écoute, fit celui-ci.

Victor l'emmena dans le parc, un peu loin de l'habitation.

Puis il dit avec une gravité triste qui étonna l'officier :

— Le commandant Brunot croyait à cet instinct qui nous fait deviner un malfaiteur, m'avez-vous raconté ?

— Oui.

— Eh bien, je crois, moi, aux pressentiments qui nous annoncent un malheur probable.

— Que voulez-vous dire ?

— J'ai rencontré, ce matin, en venant ici, un oiseau de mauvais augure.

— Vraiment ?

— Et cet oiseau m'a annoncé qu'un danger planait sur le toit de ma maison. J'ai ri de la prédiction, d'abord.

Albert Morel aux pieds de Flavie. (Page 1048.)

— Et vous avez bien fait, j'imagine.
— Non, dit gravement Victor.
Le marin regarda son jeune ami, et le trouva tout ému.
— Voyons, dit-il, expliquez-vous...
— Depuis dix minutes, dit Victor de Passe-Croix, une voix dont je ne puis me rendre compte, une voix secrète, mais impérieuse, me dit que je dois retourner ce soir à la Martinière.
— Quelle folie !
— Peut-être, mais j'y retournerai.
— Allons donc !
— Et pour cela, comme je vous le disais, j'ai besoin d'un confident.
— Je suis prêt à l'être.
— Nos hôtes et leur suite vont bientôt arriver.
— C'est probable. Leur lièvre doit être forcé depuis longtemps.
— Quand ils arriveront, je serai parti.
— Mais...
— Monsieur, dit Victor d'un ton pénétré, s'il y a des voix secrètes, des pressentiments mystérieux, il y a aussi des sympathies subites contre lesquelles on essayerait en vain de lutter. Nous nous connaissons depuis quelques heures à peine, et déjà il me semble que vous êtes mon plus vieil ami.
— Vous avez peut-être raison.
Et le marin prit la main de Victor et la serra avec effusion.
— Me ferez-vous un serment ?
— Lequel ?
— Celui d'expliquer mon absence comme je vais vous prier de le faire ?
— Soit, je vous le jure.
— Alors, écoutez.
— Voyons.
— Nous avons fait un pari.
— Un pari de chasse ?
— Oui.
— Quel est-il ?
— Qu'une petite chienne beagle que je possède, et qui se nomme Fanchette, attaquerait seule un sanglier et le courrait trois heures.
— Bon !
— Nous avons parié vingt-cinq louis, et je suis allé

131

PROPRIÉTÉ DE VICTOR BENOIST ET Cie, A PARIS.

chercher Fanchette. On ne m'attendra point pour dîner ; mais je serai bien certainement de retour dans la nuit.

— Ma foi, monsieur, dit le marin, tout cela est bizarre, mais il sera fait comme vous le désirez. Je donnerai cette explication ; seulement, me croira-t-on ?

— On vous croira.

— En êtes-vous sûr ?

— Oui, car je passe aux yeux des Montalet pour un garçon aventureux, un casse-cou, un cerveau brûlé, comme on dit.

— Et vous reviendrez cette nuit ?

— C'est probable. Mais, à propos, dit Victor, j'oubliais le point essentiel.

— Ah !

— Ce n'est point à la Martinière que je vais chercher la chienne beagle.

— Où donc alors ?

— Chez un de nos fermiers, à trois lieues de la Martinière, au Bas-Coin ; c'est le nom de la ferme. N'oubliez pas cela, monsieur, ajouta Victor avec un accent étrange ; c'est très-important !

— Ah ! monsieur, murmura le marin, vous m'étonnez fort depuis quelques minutes.

— Histoire de pressentiments.

— Mais, pressentiments ou non, comptez sur moi, je suis à vous.

A son tour, Victor prit la main de l'officier et la serra avec une effusion sans pareille.

Puis ils revinrent vers le château, et comme ils approchaient d'un valet qui ratissait le sable d'une allée, Victor éleva la voix.

— Oui, monsieur, dit-il, je tiens les vingt-cinq louis que ma chienne beagle chassera le sanglier comme un lapin.

A ces paroles, qui frappèrent son oreille, le valet leva la tête.

— Voyons ! reprit Victor, tenez-vous mes vingt-cinq louis ?

— Soit, monsieur.

Alors Victor appela le valet.

— Hé ! là-bas ! dit-il, Martin ! c'est bien Martin qu'on te nomme ?

— Oui, monsieur, dit le valet en s'approchant.

— Tu connais mon cheval ?

— Neptune ? le cheval noir ?

— Justement. Va lui donner une poignée d'avoine, selle-le et amène-le-moi.

Le valet partit en courant. Dix minutes après on amena Neptune tout sellé.

Neptune était demeuré à l'écurie depuis le matin, et il avait eu le temps de se refaire, car Victor avait monté, pour chasser, un des chevaux des Montalet.

— Adieu, dit le jeune homme en sautant en selle et tendant la main à l'officier de marine. Au revoir, plutôt.

— A cette nuit !

— Oui, à moins que mes pressentiments ne deviennent trop sérieux, ajouta Victor.

Et il mit Neptune au galop, disant au valet qui venait de lui tenir l'étrier :

— Tu n'oublieras pas de dire à M. Raoul que je suis allé au *Bas Coin* chercher ma chienne beagle.

Victor galopa rondement à travers bois.

Comme il n'était plus qu'à un quart de lieue de la Martinière, il entendit retentir un coup de fusil dans un fourré voisin.

Et soudain il arrêta Neptune, qui poissa les oreilles et huma l'air bruyamment.

Le saint-cyrien venait de se dire :

— Il est nuit close, c'est le coup de fusil d'un *affûteur*, c'est-à-dire d'un braconnier, et il a été tiré à moins de cent mètres d'ici.

« Généralement le braconnier de profession, le paysan, n'a pas un gros calibre ; il préfère un fusil à canons étroits, du plus faible numéro. Cela porte plus loin, croit-il, ça fait moins de bruit et use moins de poudre...

« Or, le coup de fusil que je viens d'entendre fait le tapage d'une petite pièce de quatre. Ce doit être un des Cardassol, et probablement Octave.

Le raisonnement de Victor ne manquait pas de justesse, et il eut sans doute un grand poids sur sa détermination ; car, au lieu de continuer son chemin vers la Martinière, le jeune homme poussa Neptune dans la direction où avait retenti le coup de fusil, et entra hardiment dans le fourré, en se disant :

— A moins que tu ne sois une ombre, un fantôme ou diable, je te retrouverai.

Neptune était un vrai cheval de chasse ; il sautait fossés, passait comme un chien à travers les broussailles et trouvait un chemin pour lui et son cavalier là où un piéton eût hésité.

En deux minutes, il eut atteint une clairière de trente mètres de circonférence, au milieu de laquelle achevait de brûler une bourre. C'était là qu'on avait tiré.

Bien que la nuit fût venue, il y avait une dernière lueur crépusculaire qui permit à Victor d'apercevoir un homme immobile, blotti derrière une touffe d'arbres, et fumant une de ces pipes que l'on nomme *brûle-gueule*.

Victor avait de bons yeux, des yeux de chasseur, comme on dit.

— Hé ! Octave ! dit-il.

Il avait reconnu le Cardassol.

Celui-ci avait un genou en terre, et devant lui son fusil.

— Tu peux te montrer, reprit Victor ; je ne te chercherai pas querelle ce soir.

Cardassol se releva.

— Ne t'ai-je pas donné la permission de chasser chez moi ? ajouta Victor de Passe-Croix.

— Même la nuit ? demanda Cardassol, qui fit un pas en avant avec son effronterie habituelle.

Sur ces mots prononcés d'un ton amical, M. Octave de Cardassol s'approcha tout à fait du jeune cavalier.

— Sais-tu que tu es réellement aimable aujourd'hui, Victor ?

— Tu trouves ?

— Ma foi !

— Aimable c'est possible ; mais je suis surtout curieux.

— Ah ! ah !

— Je t'ai rencontré ce matin chez les Montalet ?

— Bon !

— Et je te retrouve chez moi ce soir.

— Eh bien ?

— Je suis curieux de savoir à quoi tu as employé ta journée.

— J'ai tué trois lièvres.

— Seulement ?

— Oui, dit le Cardassol avec son aplomb merveilleux.

— Bon ! dit Victor, je crois que tu as mauvaise vue la nuit, car tu n'aperçois point là-bas ce chevreuil que tu as tué raide tout à l'heure. Tiens, là... près de cette souche de sapin.

— Tu as de bons yeux, toi, Victor.

— Mais oui...

— Et c'est pour savoir ce que j'avais tué aujourd'hui que tu t'es dérangé de ton chemin ?

Victor tressaillit.

— Sans doute, dit-il.

— Rien que pour cela ?

— Absolument.

— Ah !

Victor montait à Octave et se mentait à lui-même.

— Tiens reprit le Cardassol, sois franc ; ce que je t'ai dit ce matin t'a intrigué.

— Peut-être... balbutia Victor.

— Tu voudrais des détails ?

— Si tu en as.
— Me laisseras-tu emporter mon chevreuil? marchanda Octave de Cardassol.
— Oui, certes!
— Alors, je vais te satisfaire.
Et Octave de Cardassol appuya familièrement la main sur le pommeau de la selle de Victor de Passe-Croix.

IX.

Octave de Cardassol avait un air moqueur qui produisit sur Victor une sensation bizarre.

Il ne ressentit pas, comme on aurait pu le croire, un violent mouvement d'irritation contre son ancien ennemi de collége, — mais au contraire, comme une sorte d'épouvante.

— Que vas-tu donc me dire? demanda-t-il.
— Oh! mon Dieu, rien, si tu ne veux rien savoir.
— Non, parle!
— C'est que c'est difficile, en vérité, mon cher ami.
— Pourquoi?
— Tu es si susceptible!
— Cela dépend....
— Et je vais être obligé de te faire des questions.
— A moi?
— Dame! ce sera le seul moyen convenable de t'apprendre certaines choses.
— Parle... murmura Victor, qu'une ardente et douloureuse curiosité agitait.
— Quel âge a ta mère?

Victor tressaillit de nouveau.
— Que t'importe? fit-il brusquement.
— Tu le vois bien, mon bon ami, fit le Cardassol, il n'y a pas moyen de s'expliquer avec toi. Tu te fâches au premier mot.
— C'est vrai, j'ai tort...
— Ah! tu en conviens?
— Oui; ma mère a trente-sept ans.
— Sais-tu qu'elle est fort belle encore!
— Passons! dit Victor, qui eut froid au cœur.
— Et la sœur, quel âge a-t-elle?
— Dix-sept ans.
— Hum! qui sait?

Victor saisit rudement le bras d'Octave de Cardassol.
— Prends garde! dit-il: si tu vas trop loin, tu es un homme mort. J'ai des pistolets dans mes fontes.

Octave de Cardassol ne répondit point à cette brutale interruption, et il continua avec le même calme :
— Est-ce qu'il n'y a pas d'autres femmes à la Martinière que ta mère et ta sœur?
— Non.
— Ni une amie, ni une visiteuse?
— Personne.
— Pas même une femme de chambre, jeune et jolie?
— Ma foi, non!
— Alors, dit Octave de Cardassol, écoute bien ce que je vais te dire, et tâche d'en faire ton profit.

Victor était pâle, une sueur glacée perlait à son front, et ses dents claquaient sous l'empire d'une mystérieuse épouvante.

En ce moment, peut-être, le jeune homme eût donné tout au monde pour n'avoir pas questionné M. Octave de Cardassol.

Celui-ci reprit :
— Chaque nuit, vers dix heures, un homme franchit la clôture de ton parc.

Le cœur de Victor cessa de battre; il sembla au jeune homme qu'on lui enfonçait des aiguilles dans les tempes.
— Un homme! dit-il; tu l'as vu?

Et sa voix était sourde, enrouée, dominée qu'elle était par une affreuse émotion.

Le Cardassol répéta froidement :
— Je l'ai vu.
— Et... cet homme?...
— Il arrive à cheval.
— Ah!
— Mais il laisse son cheval attaché à un arbre, en dehors de la clôture.
— Et... d'où vient-il?

Le mauvais sourire de Cardassol, un moment effacé, reparut :
— Sois tranquille, il vient plutôt de l'ouest que de l'est, dit-il, de chez tes amis que de chez moi.
— Après? fit Victor, dont la gorge crispée ne laissait plus échapper qu'une voix âpre et sifflante.

Le Cardassol poursuivit :
— La clôture franchie, le cavalier se dirige vers un petit pavillon que tu connais bien...
— Le pavillon de la pièce d'eau?
— Justement. Il frappe deux coups discrets et la porte s'ouvre.
— Oh! c'est faux! s'écria Victor, le pavillon est inhabité.

M. Octave de Cardassol haussa les épaules.
— Tu as tort et raison à la fois, dit-il.
— Que veux-tu dire?
— Tu as tort, parce que j'ai vu, de mes yeux vu, la porte s'ouvrir et se refermer sur le cavalier.
— Le jurerais-tu?
— Je le jure. Tu as raison, car parfois la personne qui doit ouvrir la porte du pavillon est en retard, et alors...
— Et... alors?
— Elle arrive en toute hâte, par une petite allée de tilleuls et de charmes, qui du pavillon conduit au château. C'est bien cela, n'est-ce pas?
— Après? après? fit Victor devenu livide.
— Eh! mais, mon cher, après, je ne sais plus rien, ma foi! ricana le Cardassol.
— Mais enfin, cette personne qui vient du château quelle est-elle?
— Une femme.
— Assez! dit brusquement Victor.

Et il saisit la main que le Cardassol avait appuyée sur le pommeau de sa selle et la serra violemment.
— Ecoute bien, dit-il, écoute bien ce que je vais te dire.
— Parle! j'écoute.
— Si tout ce que tu m'as dit là est faux, tu peux te considérer par avance comme un homme mort.
— Bah! En ce cas, je ne me suis jamais mieux porté. Tout est vrai.
— Et si tu dis un mot....
— Jusqu'à présent, je n'ai jamais raconté ce que je savais à qui que ce fût.
— Pas même à tes frères?
— Non.
— Eh bien, dit Victor, dont le cœur s'était repris à battre violemment, tu vas me jurer, sur ce qu'il te reste d'honneur, si toutefois il y en a encore chez un Cardassol..
— Victor, interrompit Octave toujours railleur, tu es un sot et ingrat. Je te rends un service et tu m'insultes.

Ce reproche était si juste, qu'il alla droit au cœur du jeune homme.
— C'est vrai, pardonne-moi, j'ai tort; mais jure-moi que tu te tairas.
— Jusqu'au jour où tu m'auras fait faire un procès de chasse, ricana le Cardassol.

Et il leva la main.
— Je le jure, dit-il.

Puis, comme Victor se taisait, le Cardassol alla prendre le chevreuil qui gisait sous la touffe d'arbres, il le chargea sur son épaule et prit son fusil sous son bras.
— Adieu, Victor, dit-il; au revoir, du moins.

Et il s'éloigna.

. . . .

Victor de Passe-Croix demeura un moment immobile sur sa selle, au milieu de la clairière, en proie à une émotion si violente, qu'il se demanda s'il ne prendrait pas dans ses fontes un de ses pistolets pour se faire sauter la cervelle.

Mais, à ce premier mouvement de douleur et de désespoir, un sentiment plus calme et plus raisonnable succéda bientôt.

— Non, non, se dit-il, on a besoin de moi à la Martinière, on en a besoin plus que jamais maintenant; et si notre honneur est en danger, je le sauverai!

Alors, Victor enfonça l'éperon aux flancs de Neptune et reprit la route de la Martinière.

Il n'avait plus qu'un quart de lieue de trajet, et le galop de Neptune était presque fantastique. Cependant Victor eut le temps de dominer complétement son émotion et de revenir aussi calme et aussi insouciant en apparence, que nous l'avons vu entrer naguère dans le salon où étaient réunis son père, sa mère et sa jeune sœur.

On se souvient des quelques mots qu'il murmura à l'oreille de la jeune fille, en lui donnant le bras pour descendre à la salle à manger, et du trouble qu'elle avait éprouvé soudain.

Cependant, durant le souper, Victor se montra fort gai ; il raconta les divers épisodes de sa journée de chasse, parla de l'officier de marine, qui lui plaisait beaucoup, et il raconta même qu'il avait, le matin, rencontré un des Cardassol au moment où il flibustait un lièvre aux Montalet.

Mais, comme on le pense bien, il ne souffla mot de sa conversation avec lui.

Après le souper, M. de Passe-Croix, selon son habitude, demeura à table et se mit à fumer en buvant des grogs.

La baronne remonta au salon et se mit au piano.

Victor dit à sa sœur :

— Il fait une chaleur insupportable ici, on allume trop de feu. Viens-tu faire un tour avec moi, Flavie ?

— Volontiers, dit la jeune fille, qui fut prise d'un serrement de cœur indicible.

Ils descendirent dans le parc, muets tous deux, et suivirent un moment la grande allée sans échanger une parole.

Victor avait allumé un cigare ; Flavie marchait la tête inclinée, et sa main tremblait sur le bras de son frère.

— Viens donc par ici, dit enfin le jeune homme.

Et il l'entraîna du côté de la pièce d'eau, au bord de laquelle se trouvait le petit pavillon dont avait parlé Octave de Cardassol.

Ce pavillon était un joli chalet en briques rouges, comme toutes les constructions de Sologne, où, dans les chaudes journées, Mme et Mlle de Passe-Croix allaient lire ou broder. Un impénétrable massif de verdure l'entourait par trois côtés.

Un seul, celui qui regardait le petit lac, était visible dans le lointain.

A la porte se trouvait un banc de gazon.

— Asseyons-nous là, dit Victor.

— Soit, murmura Flavie.

Il y eut entre eux un nouveau silence de quelques secondes.

Flavie tremblait comme une feuille des bois en automne.

Victor n'osait parler.

Enfin le jeune homme fit un violent effort et dit brusquement :

— As-tu la clef du pavillon?

Flavie tressaillit.

— Mais, non, dit-elle.

— Où donc est cette clef?

— Elle est à la maison.

— Ah ! tu dois savoir où on la met ?

— Sans doute. Mais... pourquoi?...

— Oh! pour rien...

Victor se mordit les lèvres, et comprit qu'il avait mal engagé la question.

Flavie s'était tue de nouveau.

— Dis donc, petite sœur, reprit Victor, sais-tu que tu as dix-sept ans?

— Sonnés, mon frère.

— Est-ce que tu ne songes à te marier bientôt, dis ?

Flavie eut un battement de cœur terrible.

— Oh ! la singulière idée! fit-elle.

— Soit ; mais réponds.

— Une jeune fille bien élevée, balbutia-t-elle, attend qu'on y songe pour elle.

— C'est la même chose.

— Ah !

— Et j'y ai songé, moi.

— Toi ?

Et Flavie sentait que son cœur cessait de battre.

— Que penserais-tu de mon ami Raoul de Montalet?

Flavie devint pâle comme la lumière de la lune, qui, en ce moment, éclairait le pavillon.

— Mais, murmura-t-elle, je ne sais... je n'ai jamais songé...

— Tiens ! dit Victor, je croyais que tu l'aimais...

— Moi ?

L'accent de Flavie fut si franc d'étonnement, et presque de frayeur, que Victor renonça sur-le-champ à toute diplomatie.

Il prit la main de sa sœur, la pressa doucement, et lui dit :

— Tiens, vois-tu, petite sœur, tu es ce que j'aime de plus au monde, et je ne veux pas que tu aies des secrets pour moi. Ainsi, réponds... dis-moi la vérité.

— Mais .. Victor, je ne sais pas.

— Je sais, moi !

Et le jeune homme regarda sa sœur fixement, et, sous son regard, elle baissa les yeux.

— Tu aimes un homme, dit-il.

Elle étouffa un cri.

— Un homme qui vient ici chaque soir... chaque nuit, veux je dire...

— Oh !...

— Il vient à cheval, laisse son cheval en dehors du parc, et tu le reçois dans ce pavillon...

Flavie cacha sa tête dans ses mains.

— O mon Dieu ! mon Dieu ! murmura-t-elle.

— Quel est cet homme?

Et Victor serra plus fort la main de sa sœur.

— Je veux le savoir, dit-il. Est-ce Raoul de Montalet ?

— Non, dit Flavie d'une voix mourante.

— Est-ce Amaury ?

— Non.

— Oh ! fit Victor, qui eut le vertige, il faut pourtant que je sache quel est cet homme...

Flavie se jeta à son cou et lui donna un baiser fiévreux :

— Je vais te le dire, murmura-t-elle, car il y a trop longtemps que je souffre !

— Chère petite sœur ! dit Victor, qui pressa la jeune fille dans ses bras.

X.

Flavie embrassait toujours son frère avec une sorte de délire.

— Voyons, mon enfant, dit Victor, parle, dis-moi tout.

— Ah ! dit-elle, si tu savais comme je l'aime ! mon bon Victor.

— Ni lui ?

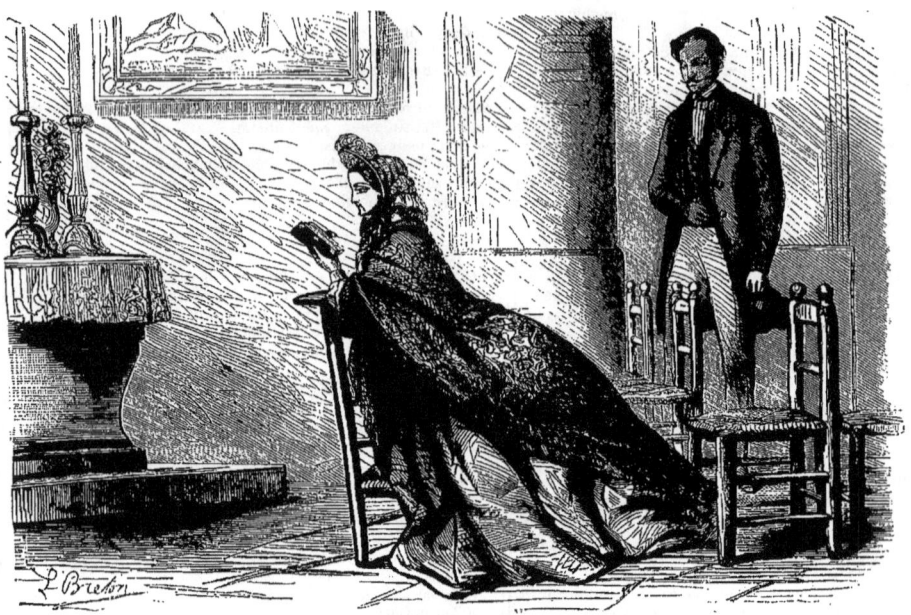

J'attendis une heure, puis deux; Juliette ne revint pas. (Page 1046.)

Flavie tressaillit.
— T'aime-t-il, lui?
— Oh! oui. Je le crois.
Victor n'osait plus demander le nom de cet homme.
— Où l'as-tu rencontré pour la première fois? reprit-il.
— Ah! dit Flavie, que cette question imprévue sembla mettre à l'aise; ah! si tu savais...
— Je veux tout savoir.
— C'est un roman, soupira la jeune fille.
— Eh bien, conte-le moi.
Elle s'enhardit en sentant que son frère la pressait doucement.
— C'est à Paris, chez ma tante Morfontaine, dit-elle, l'hiver dernier.
— Oui, je sais que tu as passé quelques jours chez elle.
— Oui, maman et papa étaient revenus ici pour faire des plantations. C'était au mois de mars...
— Eh bien?
— Tu sais que ma tante était souvent seule. Notre oncle, le marquis de Morfontaine, vivait beaucoup hors de chez lui depuis le mariage de notre cousine Victoire avec M. de Pierrefeu.
— Je sais cela.
— Ma tante était donc souvent seule, et elle m'emmenait partout avec elle. Un jour, nous étions au bois et nous faisions le tour du lac dans une calèche toute neuve, avec une paire de chevaux achetés la veille aux Champs-Élysées, pour la somme un peu ronde de vingt-deux mille francs.
— Ah! dit Victor, je crois savoir l'histoire. Les chevaux eurent peur de la cascade...
— Oui, et ils s'emportèrent, et le cocher fut jeté à bas de son siège, continua Flavie, et pendant cinq minutes nous fûmes emportées, ma tante et moi, vers une mort certaine, car les chevaux couraient droit au lac, dans lequel ils se fussent précipités, si un secours inespéré ne nous fût arrivé.
— Un cavalier qui sauta à bas de son cheval, n'est-ce pas?
— Oui.
— Et qui se jeta résolûment à la tête des chevaux, fut entraîné d'abord et finit par les maîtriser?
— C'était *lui!* murmura Flavie avec enthousiasme.
— Ah! dit Victor pensif; mais comment l'as-tu revue. Flavie continua :
— Il se déroba aux remercîments de ma tante, et lorsque le cocher fut remonté sur son siége, il sauta sur son cheval, nous salua et partit au galop. Ma tante ne l'a jamais revu.
— Mais... toi?

— Moi, dit Flavie, dont la voix se reprit à trembler, deux jours après, en ouvrant ma fenêtre qui donnait sur la rue Vanneau, je vis passer un cavalier qui allait au pas, levait la tête et semblait chercher quelqu'un du regard. C'était *lui*. Il me salua et passa ; mais dans ce regard que nous échangeâmes, nous comprîmes que nous nous aimions.
— Pauvre Flavie ! murmura Victor.
Une larme roulait lentement sur la joue de la jeune fille.
— Et... depuis ?...
— Ah ! depuis, soupira Flavie, je l'ai revu bien des fois... presque tous les jours...
— Mais où ?...
— D'abord, à quelques jours de là, ce fut dans un bal.
— Chez qui ?
— Chez les Montalet.
Victor tressaillit.
— Tu sais, reprit Flavie, que Mme de Lamarens, la sœur de M. de Montalet, fait les honneurs du salon de son frère, l'hiver ?
— Oui, je sais cela.
— Il fendit la foule en m'apercevant, et il me fit danser toute la nuit.
— Après ?
— Un soir, continua Flavie de Passe-Croix, c'était au commencement de mai, le *mois de Marie*, j'étais allée à Saint-Thomas-d'Aquin avec ma femme de chambre. Juliette fut malade dans l'église, et elle me demanda la permission de sortir un moment. J'attendis une heure, puis deux ; Juliette ne revint pas. Alors, pour la première fois de ma vie, j'osai sortir seule de l'église et m'en aller seule à travers les rues ; mais, tu le sais, dans notre cher faubourg Saint-Germain, les rues sont désertes. Cependant, j'avais à peine fait une centaine de pas, qu'un homme se trouva sur mon chemin...
— C'était *lui* encore, n'est-ce pas ?
— C'était lui... Et il osa me saluer et m'aborder... Et son regard me troubla ; sa voix produisit sur moi une sensation étrange ; je fus comme fascinée.
— Après, après ? fit Victor, que gagnait une impatience fébrile.
— Après, je l'ai revu à Paris d'abord, puis ici...
Victor regarda sa sœur, et son regard eut une terrible éloquence.
Flavie tressaillit de la tête aux pieds, et tout ce qu'il y avait en elle de pudeur alarmée, de vieux sang aristocratique et de fierté féminine se révolta soudain.
Elle saisit à son tour la main de son frère et lui dit :
— Ah ! Victor, Victor ! as-tu pu, un seul instant, croire que j'étais indigne de te présenter mon front ?
Victor serra de nouveau sa sœur dans ses bras.
Puis il lui dit gravement :
— Eh bien ! puisque tu aimes cet homme et qu'il t'aime, tu l'épouseras !
Ces mots si simples semblèrent épouvanter et charmer à la fois la jeune fille.
— Mon Dieu ! dit-elle ; mais tu ne sais donc pas, Victor...
— Quoi ?
— Tu n'as donc jamais entendu dire à mon père que... une jeune fille noble...
— Eh bien ?
— Ne devait épouser qu'un gentilhomme ?
— C'est vrai. Et *lui* ?
— Il n'est pas noble.
— Ah ! fit Victor, dont tous les soupçons convergeaient, avec une désespérante rapidité, vers un seul certitude, et c'est pour cela qu'il a hésité à demander ta main ?
— Oui.
— Eh bien, rassure-le... et puisque tu l'aimes... il voudra bien que notre père...

— Attends, dit Flavie, tu ne sais pas tout encore.
— Parle !
— Il est noble ; mais il ne peut pas porter son nom.
A ces derniers mots, les tempes de Victor se baignèrent de sueur.
— Que veux-tu dire ? fit-il
— Des raisons politiques l'ont forcé toute sa vie à porter un nom roturier. Mais il a un oncle qui porte son vrai nom, et dont il héritera ; et, à la mort de cet oncle...
— Ma pauvre Flavie ! interrompit brusquement Victor, crois-tu en la probité de cet homme ?
— Oh ! oui, dit-elle.
— A son amour ?
Elle posa sa main sur son cœur et murmura avec exaltation :
— Il m'aime !
— Eh bien, dis-moi le nom qu'il porte maintenant, reprit Victor, qui sentit bien que sa sœur avait foi en cet homme comme en Dieu lui-même.
— Il se nomme Albert Morel, répondit-elle simplement.
Victor s'attendait à ce nom, et cependant il éprouva comme une commotion électrique en l'entendant retentir.
— *Lui* ? dit-il à son tour.
— Tu le connais ? fit Flavie avec joie.
— Parbleu !
— Ah ! c'est juste, tu viens de chez les Montalet.
— J'ai chassé avec lui toute la journée.
Flavie se méprit sur la nature des sentiments qui agitaient son frère.
— Eh bien, dit-elle, n'est-ce pas qu'il est noble *il* beau ?
— C'est un fort joli cavalier, répondit sèchement Victor.
— Oh ! continua-t-elle, il n'y a qu'à le regarder pour s'assurer que ce nom d'Albert Morel ne peut être le sien.
Victor se tut.
— Petit frère, reprit la jeune fille d'un ton caressant en passant ses bras au cou de Victor, tu me promets donc ton appui auprès de notre père ?
Cette question était trop directe pour qu'il fût aisé à Victor d'en éluder la réponse.
Cependant il hésita un moment, puis il dit à Flavie :
— Quand dois-tu le voir ?
La jeune fille hésitait, dans son trouble, à répondre.
— Parle, je t'en prie.
— Eh bien .. ce soir...
— A quelle heure ?
— Dans une heure ou deux.
— Où ?
— Ici.
— C'est bien !
— Comme tu me dis cela !
— Ah ! c'est que, murmura Victor pensif, je voudrais être bien sûr que cet homme fera ton bonheur.
— Moi je n'en doute pas.
— Et moi... moi... Tiens ! s'interrompit brusquement Victor, les choses ne peuvent aller plus longtemps comme elles sont allées jusqu'à présent.
— Que veux-tu dire ?
— Noble ou non, il faut que ce M. Albert Morel t'épouse...
— Mais... je t'ai dit...
— Et cela, d'ici huit jours, juste le temps légal pour les publications.
— Avant la mort de son oncle, avant qu'il ait repris son nom ?
Victor haussa les épaules.
— Avant tout cela, dit-il.
— Mais... il ne voudra pas !
— Il le voudra, dit Victor avec un ton d'autorité. Adieu, petite sœur.

Il lui mit un baiser au front, et ils reprirent le chemin du château.

. . . . ? . . . .

XI.

Une heure après, Victor de Passe-Croix remontait à cheval et faisait mine de s'en aller aux Rigoles.

Quant à Flavie, elle se dirigeait vers le pavillon du parc, et comme elle poussait la porte devant elle, un cri retentit tout à coup dans l'espace.

Ce cri rappelait le houhoulement de la chouette, et servait sans doute de signal pour Mlle Flavie de Passe-Croix.

C'était ainsi qu'autrefois le comte de Main-Hardye annonçait son arrivée à Diane de Morfontaine. On eût pu se croire, à vingt années de distance, au château de Bellombre.

M. Octave de Cardassol n'avait nullement exagéré la vérité, et tout se passait comme il l'avait dit.

Un cavalier qui, depuis longtemps déjà, avait laissé de côté les chemins battus, arrivait à la lisière du parc et s'arrêtait dans un petit massif de bouleaux et de pins, où il attachait son cheval.

C'était M. Albert Morel.

L'hôte des Moutalet demeura quelques secondes auprès de son cheval avant de se diriger vers une brèche pratiquée dans la clôture du parc.

Il prêta l'oreille pour s'assurer qu'aucun bruit insolite ne retentissait auprès de lui.

Il n'entendit rien. La nuit était calme.

— Au diable le clair de lune! murmura-t-il. Les nuits lumineuses ne sont pas celles de mon goût. Heureusement qu'il y a une allée très-sombre dans le parc; je vais la suivre pour aller au pavillon.

M. Albert sauta lestement dans le parc, puis il se baissa le long de la haie et gagna presque à plat ventre l'allée dont il venait de parler.

Là, il se redressa et chemina tranquillement.

Les arbres étaient touffus et ne laissaient point pénétrer les rayons de la lune.

A l'extrémité de cette allée se trouvait le pavillon, dont les persiennes closes laissaient filtrer cependant la clarté discrète d'une lampe à abat-jour.

M. Albert Morel marchait d'un pas rapide, et il n'avait point encore atteint l'unique marche qui séparait du sol la porte du pavillon, que cette porte s'ouvrit.

Flavie était sur le seuil, le cœur palpitant.

— Ah! vous voilà, ami, dit-elle, vous voilà enfin!

— Suis-je donc bien en retard, ma Flavie bien-aimée?

Et M. Albert Morel entra dans le pavillon, et porta à ses lèvres la jolie main de Flavie.

La jeune fille ferma la porte, puis elle vint s'asseoir auprès de M. Albert Morel et lui dit:

— Oui, mon ami, vous êtes en retard d'une grande heure.

— Vraiment.

— Et cette heure m'a paru mortelle...

— Chère Flavie!

— Ah! reprit-elle, c'est que j'ai de bonnes nouvelles à vous donner, mon ami.

M. Albert Morel tressaillit et regarda la jeune fille avec surprise.

— Oh! oui, cher Albert, de bonnes nouvelles, continua-t-elle.

Il prit les deux mains de la jeune fille, et, la regardant tendrement:

— Voyons, j'écoute! dit-il.

— Mon frère est pour nous...

— Votre... frère?

Et M. Albert Morel pâlit.

— Oui, mon frère, continua Flavie, mon cher Victor...

Mais vous le connaissez comme il vous connaît, du reste...

— En effet.

— N'avez-vous pas chassé avec lui toute la journée?

— C'est vrai.

— Eh bien! il vous trouve charmant et bon, mon Albert, et il est pour nous...

— Mais vous lui avez donc tout dit? exclama M. Albert Morel avec un accent de dépit.

— Il l'a bien fallu, répondit la jeune fille.

— Comment! que voulez-vous dire?

— Victor savait tout...

— Vous plaisantez!

— Non, je vous jure.

— Mais c'est impossible.

— Il est venu ici, ce soir.

— Ici? à la Martinière?

— Oui.

— Ah! fit M. Albert Morel, à qui le soir, à dîner, au château des Rigoles, on avait annoncé que Victor était parti pour aller chercher sa chienne beagle à la ferme du Bas-Coin.

Aussi se hâta-t-il d'adresser à Mlle de Passe-Croix cette question en apparence étrangère à leur conversation:

— Est-ce que vous n'avez pas une ferme nommée le Bas-Coin?

— Oui. Pourquoi?

— Est-elle près d'ici?

— Oh! non, il y a bien trois lieues d'ici au Bas-Coin. C'est dans la direction du château des Rigoles.

— Alors, répondit M. Albert Morel, je comprends... Votre frère, en effet, devait tout savoir. Mais...

— Eh bien, reprit Flavie, qui continuait à se méprendre sur l'émotion qui paraissait agiter M. Albert Morel, eh bien, réjouissez-vous, ami.

— Pourquoi? dit à son tour M. Albert Morel.

— Mais parce que l'heure de notre bonheur est proche.

— Comment?

— Victor a sur mon père une influence qui tient du prodige.

— Ah!

— Et mon père lui cède toujours.

— Vous croyez?

— Quant à ma mère, j'en fais mon affaire, moi, dit Flavie avec une petite moue résolue. Elle fera ce que je voudrai, maman.

M. Albert Morel était d'une pâleur livide.

Flavie continua avec une volubilité enfantine:

— Victor veut que notre mariage se fasse tout de suite.

— Mais, chère Flavie, s'écria M. Albert Morel, qui était au supplice, vous savez bien que cela est impossible!

— Impossible, dites-vous? Oh!...

Et Flavie se redressa vivement, et elle fit mine de s'éloigner de l'homme qu'elle aimait.

— Sans doute, répondit M. M. Albert Morel; vous oubliez que... mon oncle.

— Votre oncle ne mourra pas, dit Flavie, parce que nous le soignerons ensemble. Nous n'avons besoin ni de sa fortune, puisque vous êtes riche et que je le suis, ni de son nom, puisque mon père consentira à ce que je m'appelle Mme Albert Morel.

— Mais M. votre père n'y consentira jamais, répéta M. Albert d'une voix altérée.

— Si, puisque Victor le veut! dit-elle pleine de confiance.

M. Albert Morel secouait la tête.

— Votre frère est donc revenu à la Martinière? demanda-t-il brusquement.

— Oui, certes.

— Et il y est encore?
— Non.
— Où donc est-il?
— Il est retourné aux Rigoles.

M. Albert Morel respira.

— Eh bien, dit-il, je le verrai demain aux Rigoles et us causerons.

— Ah! si vous saviez, mon ami, comme ce cher Victor era de mon père tout ce qu'il voudra.

— Vous croyez?

— Oh! j'en suis sûre.

— Diable! diable! pensait M. Albert Morel, les choses s'embrouillent singulièrement, grâce à cet étourdi de saint-cyrien. Mais où peut-il avoir appris?... Mon secret est donc connu de quelqu'un dans les environs?

Cependant Flavie prenait le trouble de son amant pour de la joie, et son émotion à elle ne lui permettait point, du reste, de remarquer l'embarras qui s'était emparé de lui. Aussi passa-t-elle à ses côtés une heure environ à faire mille projets d'avenir, mille rêves de bonheur.

Elle l'aimait tant!

M. Albert Morel avait fini par se dominer complétement, et alors il avait retrouvé son sourire séducteur et ce regard voilé, mélancolique, qui allait toujours à l'âme de Flavie. Il fut plus tendre et plus passionné encore que de coutume, et lorsqu'il se leva pour partir, il sut verser une larme de bonheur, que Flavie essuya avec un baiser.

Il était près de deux heures du matin lorsque M. Albert Morel quitta le pavillon.

La lune brillait toujours au ciel, et le prudent rôdeur de nuit reprit son chemin par l'allée touffue qu'il avait suivie en venant.

Et, tout en marchant, M. Albert Morel s'adressait le singulier monologue que voici:

— Décidément, je commence à croire qu'il ne fait très-bon pour moi ni aux Rigoles, ni à la Martinière. Si j'étais mon maître, je filerais cette nuit même pour Paris; mais je suis leur esclave, *aux autres*, et je ne sais trop comment ils vont prendre les nouvelles que je vais leur porter tout à l'heure.

M. Albert Morel était arrivé à l'extrémité de l'allée, et il s'apprêtait à franchir la clôture du parc, lorsqu'il vit se dresser tout-à-coup un homme devant lui.

Le rôdeur de nuit fit un pas en arrière; mais l'homme fit un pas en avant, leva la main, et M. Albert Morel vit luire le canon d'un pistolet.

En même temps, une voix qu'il reconnut lui dit :

— Si vous reculez encore, monsieur, je vous tue.

M. Albert Morel n'avait d'autre arme qu'une cravache. Il comprit que la partie n'était pas égale ici, et que mieux valait pour lui accepter l'explication qu'on semblait vouloir lui demander.

Il s'arrêta donc et demeura immobile, les bras croisés.

L'homme au pistolet, qui, on le devine, n'était autre que Victor, s'approchant alors tout à fait de M. Albert Morel, lui mit la main sur l'épaule.

— Savez-vous bien, monsieur, dit-il, que vous êtes ici chez moi?

— Je le sais, monsieur.

— Qu'il est nuit, et que vous avez pénétré dans mon parc, qui est clos.

— Je sais tout cela, monsieur...

— Ce qui, aux termes de la loi, me donne le droit de vous tuer!

Albert Morel se prit à sourire.

— Je ne suis pas un voleur, dit-il.

— Non, dit Victor; mais vous venez de voir ma sœur.

— Je l'avoue.

— Ma sœur vous aime..

— Oui, monsieur.

— Et vous l'aimez?

— De toute mon âme, monsieur.

L'œil de Victor étincela et sembla vouloir lire au fond de l'âme de M. Albert Morel.

— Dites-vous vrai? fit-il.

— Je vous le jure.

Victor reprit :

— Eh bien, en ce cas, monsieur, il faut nous hâter...

M. Albert Morel tressaillit de nouveau.

— Car, poursuivit Victor, vous devez comprendre qu'une fille de bonne maison, comme ma sœur, ne peut continuer à recevoir, la nuit, dans un pavillon isolé, un homme qui n'est ni son frère, ni son époux.

— Aussi, monsieur...

— Pardon, interrompit Victor d'un ton hautain, j'ai un peu le droit d'interroger. Flavie est une enfant qui ne sent qu'à demi la portée des plus graves événements de la vie, et qui trouve tout naturel qu'un homme lui promette de l'épouser, et recule indéfiniment l'exécution de cette promesse, sous je ne sais quel prétexte.

— Il n'est pas question de prétextes, dit sèchement M. Albert Morel, mais bien de nécessités impérieuses.

— Et... ces nécessités?

— M'ont empêché jusqu'à présent de faire une démarche auprès de M. le baron votre père.

— Monsieur, dit brusquement Victor, vous ne vous appelez pas Albert Morel !

Ce dernier tressaillit et répliqua :

— Qu'en savez-vous?

— Du moins, c'est ce que vous avez dit à ma sœur.

— Eh bien, monsieur, si cela était.

— J'espère bien que cela sera, morbleu! dit Victor. Croyez-vous que je sois flatté de voir ma sœur s'appeler Mme Albert Morel.

Le ton hautain de Victor froissait son interlocuteur au dernier point; mais Victor était armé; de plus, il était chez lui; et enfin il avait qualité pour parler haut au séducteur de sa sœur.

— Monsieur, dit-il, retenez bien ceci : vous allez retourner aux Rigoles avec moi.

— Soit, monsieur.

— Il n'y sera nullement question de ce qui s'est passé entre nous, comme bien vous pensez.

— Sans doute.

— Nous chasserons demain toute la journée, et vous reviendrez avec moi.

— Ici? fit M. Albert Morel avec un certain effroi.

— Ici.

— Pourquoi faire?

— Pour demander à mon père la main de ma sœur.

— Mais, monsieur, ne pensez-vous pas que, auparavant...

— Auparavant, monsieur, dit froidement Victor, vous me déclinerez votre vrai nom, le lieu de votre naissance, votre fortune et vos relations de famille, et si les renseignements que vous me donnerez ne me conviennent pas... au lieu de vous donner la main de ma sœur, je vous brûlerai la cervelle!

M. Albert Morel eut sérieusement peur.

XII.

Le sang-froid plein de menaces avec lequel Victor venait de s'exprimer avait produit sur M. Albert Morel une impression profonde.

— Voilà un homme, s'était-il dit, avec lequel je n'ai qu'à bien me tenir, et qui ne fait pas de vaines menaces.

Néanmoins, il conserva tout son calme.

— Monsieur, insinua-t-il, je crois être digne d'entrer dans votre famille et d'obtenir la main de Mlle votre sœur.

La fuite de Flavie.

— Tant mieux pour vous, monsieur, répondit Victor.
— Et maintenant, continua M. Albert Morel, si vous m'en croyez, nous retournerons aux Rigoles.
— Volontiers, monsieur.
M. Albert Morel avait déjà franchi la clôture du parc.
— Ne vous trompez pas de cheval, lui dit Victor.
— Plaît-il?
Mais Victor n'eut pas la peine de répondre à la question un peu étonnée de son futur beau-frère. M. Albert Morel venait de reconnaître qu'il y avait deux chevaux là où il n'en avait laissé qu'un.
En effet, Victor était parti de la Martinière monté sur Neptune et accompagné d'un valet qui, juché sur un courtaud percheron, portait devant lui la petite chienne beagle, prétexte du retour précipité du jeune homme à la Martinière.
Lorsqu'il était arrivé au bout de l'avenue, Victor s'était arrêté tout-à-coup, disant au valet :
— Je suis un étourdi, j'ai oublié ma bourse au salon. File, j'arriverai toujours avant toi.
Et Victor avait fait mine de revenir sur ses pas; mais, au lieu de cela, il s'était jeté dans le parc, avait fait sauter la clôture à Neptune, qui était leste comme un cerf, puis il était allé attacher le noble animal auprès du cheval de M. Albert Morel.

Après quoi il était revenu dans le parc, s'était blotti au bout de l'avenue, et un pistolet à la main, l'autre à sa ceinture, il avait attendu que M. Albert Morel sortît du pavillon où le recevait Flavie.
— Je le vois, dit ce dernier, vous êtes un homme de précaution.
— Monsieur, répondit Victor, en mettant le pied à l'étrier, je n'aime pas le bruit et je fais tout ce que je puis pour éviter une explosion.
— Soyez tranquille, monsieur, répondit Albert Morel, il n'y aura pas d'explosion.
Et il sauta en selle à son tour. Pendant quelques minutes, les deux cavaliers chevauchèrent silencieusement côte à côte. Ce fut Victor qui reprit la parole le premier.
— Monsieur, dit-il, je crois que, d'ici aux Rigoles, nous avons le temps de causer. Qu'en pensez-vous?
— Ce sera comme vous voudrez, monsieur.
— Et je vais en profiter pour vous demander une explication longue et catégorique.
M. Albert Morel tressaillit, mais il paya d'audace.
— Je suis à vos ordres, dit-il.
— D'abord, quel âge avez-vous?
— Trente-deux ans.
— C'est quinze ans de plus que ma sœur; passons. Où êtes-vous né?

M. Albert Morel ne sourcilla point.
— A Paris, dit-il.
— Et vous êtes gentilhomme?
— Oui, monsieur.
— Ma sœur m'a dit que de graves raisons vous forçaient à taire votre véritable nom. Est-ce vrai?
— Oui, monsieur.
— Quelles sont ces raisons?
— Des raisons politiques.
— Je désirerais les connaître.
M. Albert Morel se tourna à demi sur sa selle.
— Monsieur, répondit-il froidement en regardant Victor en face, vous me permettrez de différer cette explication.
— Pourquoi?
— Parce que je veux vous la donner en présence de M. votre père.
— Mais, monsieur, fit Victor avec un geste de colère.
— Pardon, monsieur, répliqua M. Albert Morel avec calme, vous m'avez promis de me brûler la cervelle si mes explications ne vous convenaient pas...
— Oh! vous pouvez y compter.
— Vous voyez, monsieur, que je ne suis pas trop ému. A demain, monsieur.
Et M. Albert Morel poussa son cheval et prit une légère avance.

Avec la pétulante impatience de son âge, Victor voulut d'abord le rejoindre et lui cingler un coup de cravache à travers le visage ; mais il eut bientôt retrouvé le calme nécessaire pour se modérer, et il fit la réflexion suivante :

— Voilà un homme que je viens de malmener, à qui j'ai parlé la tête haute, avec un accent hautain, et tout cela parce qu'il ressemble, m'a-t-on dit, à un misérable appelé Charles de Nancery. Eh bien, il peut se faire que cet homme et M. de Nancery n'aient rien de commun, et que le premier soit le meilleur et le plus estimable des hommes, dont le seul crime aura été d'aimer ma sœur et de songer à l'épouser.

Ce raisonnement fort sage arrêta l'élan premier de Victor et permit à M. Albert Morel de s'éloigner.

— Attendons à demain, se dit encore Victor. Et puis, d'ici là, qui sait si...

Victor n'osa compléter sa pensée. Deux voix s'élevaient en lui, deux voix différentes, qui parlaient en sens inverse avec une égale énergie.

L'une disait :

— Je voudrais, pour tout au monde, que M. de Nancery l'assassin et cet homme fussent le même personnage, car j'avais toujours rêvé de marier ma petite sœur Flavie à mon cher ami Raoul de Montalet.

L'autre voix disait :

— Fou que tu es! tu ne sais donc pas que Flavie aime cet homme passionnément et qu'elle peut mourir de son amour?

Et Victor tomba dans une si profonde rêverie, qu'il oublia de pousser Neptune et de rejoindre M. Albert Morel.

D'ailleurs, Neptune était fatigué ; il avait tant couru, tant galopé depuis le matin!

XIII.

Tandis que Victor laissait Neptune continuer son chemin au trot, M. Albert Morel galopait ventre à terre.

Le sportman montait un cheval de pur sang récemment réformé de l'*entraînement* et qui avait gagné le *derby* deux ou trois années auparavant. Neptune, auprès de lui, était lourd et manquait d'action, et cependant il n'allait point encore assez vite au gré de M. Albert Morel, car celui-ci lui mit plus d'une fois l'éperon aux flancs avant d'arriver en vue des Rigoles.

La lune venait de disparaître derrière les sapinières. A sa place, le premier rayon de l'aube frisait la cime des arbres.

M. Albert Morel n'avait aux Rigoles qu'un seul confident de ses absences nocturnes, c'était son valet de chambre.

— Est-ce toi, Martin? demanda M. Albert Morel.
— Oui, monsieur.

Et Martin, le valet de chambre, prit le cheval par la bride, attendant que, selon sa coutume sans doute, son maître mît pied à terre.

Mais M. Albert Morel demeura en selle.

— Qu'y a-t-il de nouveau aux Rigoles? demanda-t-il.
— Rien, monsieur.
— S'est-on aperçu de mon absence?
— Non. Cependant monsieur fera bien de prendre ses précautions pour rentrer.
— Pourquoi?
— M. Amaury de Montalet est déjà levé, monsieur.
— Ah! ah!
— Il est au chenil et va visiter les écuries.
— C'est bon.
— Monsieur fera bien de rentrer par le jardin, et, s'il est rencontré, de dire qu'il a eu la migraine et s'est promené une grande partie de la nuit.

Pendant que le valet de chambre parlait, M. Albert Morel avait tiré de sa poche un carnet et un crayon.

Puis, arrachant un feuillet du carnet, il avait écrit dessus deux lignes en caractères hiéroglyphiques.

— Tu vas aller chez le *bûcheron*, dit-il à Martin.
— Tout de suite?
— Oui. Et tu me rapporteras une réponse. Il faut absolument que je voie le *bûcheron* avant que nous partions pour la chasse.

La façon dont M. Albert Morel prononçait le mot *bûcheron*, semblait annoncer qu'il n'était point question pour lui d'un vulgaire charbonnier.

Il mit pied à terre, et le valet de chambre sauta, à son tour, sur le cheval.

M. Albert Morel gagna les Rigoles à pied, traversant les endroits les plus fourrés du parc, et se dirigeant vers le jardin potager.

Il espérait pouvoir, de là, gagner un petit escalier tournant qui l'aurait conduit à sa chambre ; mais comme il atteignait le bas de cet escalier, il se trouva nez à nez avec Amaury de Montalet qui venait des communs, où il avait donné des ordres à ses piqueurs et à ses palefreniers.

— Tiens! déjà levé? fit celui-ci.
— Oui, mon cher.
— Vous êtes matinal.
— C'est-à-dire que je ne me suis pas couché.
— Bah!
— J'ai eu toute la nuit une névralgie violente, mon cher.

Amaury remarqua le costume de M. Albert Morel.

— Et c'est pour la dissiper que vous avez chaussé des bottes à l'écuyère, cher ami?
— Justement, j'ai couru une heure à cheval à travers les bois.
— Ah! ah!
— Aussi vais-je changer de costume et prendre un bain. A quelle heure chassons-nous?
— A dix heures.
— Bon! je vais dormir après mon bain, en ce cas ; au revoir.
— Dites donc, Morel? fit Amaury de Montalet au moment où le rôdeur de nuit allait gravir l'escalier.
— Allez, je vous écoute.
— Savez-vous que vous êtes profondément dissimulé?
— Moi?
— Parbleu!
— A propos de quoi donc, cher?

Amaury se mit à rire.
— Voyons, fit-il, soyez franc avec un ami! est-elle brune?
— Qui?
— Elle, pardieu!

M. Albert Morel ne sourcilla point.
— Eh! diable! continua Amaury, on n'a pas des névralgies toutes les nuits. Quelle est donc la petite bûcheronne ou la jolie fermière qui vous fait ainsi courir?

M. Albert Morel respira.
— Elle est brune, dit-il. Chut! Bonsoir...
— A la bonne heure!
— Vous êtes satisfait?
— Oui, c'est tout ce que je voulais savoir. Tâchez de dormir trois heures.
— Au revoir, cher.

Et M. Albert Morel regagna sa chambre et se mit au lit; mais il ne dormit pas.

Bien au contraire, il attendit fort impatiemment le retour de son valet de chambre.

Celui-ci ne revint qu'au bout d'une heure.

Il était porteur d'un billet pareillement écrit en chiffres, et dont voici la traduction exacte :

« Je me doute de ce que vous avez à me dire.
« Je sais que les Montalet ont fait détourner les bêtes rousses dans les bois Rolland. Vous perdrez la chasse et vous trouverez le bûcheron sur la gauche de la ferme de la *Brûlerie*, auprès d'un four à plâtre abandonné.
« Soyez là vers midi. »

M. Albert Morel soupira.
— Je suis pourtant l'esclave de ces hommes! murmura-t-il.

Cependant Victor, tout en rêvant et laissant aller Neptune au petit trot, était arrivé aux Rigoles comme le premier rayon de soleil frangeait le cime des sapinières.

Au moment où il mettait pied à terre, il vit Amaury, en haut du perron, qui le saluait de la main.
— Ah! ah! lui dit celui-ci, te voilà enfin !
— Est-ce que tu ne comptais plus sur moi? demanda Victor en riant.
— Ma foi non.
— Pourquoi donc, mon Dieu?
— Mais, dit Amaury, parce qu'il ne faut jamais compter sur les fous.
— Hein?
— Et tu es un peu fou.
— Moi ?
— Parbleu! tu as fait avec notre ami le marin un pari qui en est la preuve.
— Bah!
— Tu vas faire éventrer ta chienne beagle, et voilà tout.

Malgré ses graves préoccupations, Victor retrouva tout aplomb, toute la forfanterie de ses vingt années.
— Je tiens vingt-cinq louis de plus, dit-il.
— Alors, tu es deux fois fou.
— Soit.
— Et je suis trop loyal pour te vouloir voler ton argent.
— C'est-à-dire que tu recules ?
— Moi, reculer !
— Dame !
— Morbleu ! non ; et puisque tu me défies, mon cher...
— Tiens-tu mon pari ?
— Oui.
— Ma chienne est-elle arrivée ?
— Il y a longtemps. Elle était couchée dans un panier et dormait de tout son cœur. Faudra-t-il lui donner de la soupe comme aux autres ?
— Non, Fanchette ne chasse bien que lorsqu'elle est à jeun. Eh mais! ajouta Victor, nous avons bien la chienne, mais où prendrons-nous la bête de chasse?

— Mon piqueur a détourné des bêtes rousses cette nuit.
— Cela ne fait pint mon affaire.
— Allons donc!
— Je veux une laie nourrice ou un solitaire!
— Archi-fou!
— Ou tu peux retirer ton enjeu.
— Ah! parbleu! dit Amaury, puisque tu y tiens à ce point, je peux te satisfaire.
— Vraiment ?
— A un quart de lieue d'ici se trouve un vieux sanglier dont nous avons connaissance depuis le commencement de l'automne.
— Où donc?
— Au val Puiseaux.
— Et vous ne l'attaquez point ?
— C'est-à-dire qu'un beau jour il nous a décousu trois chiens, et qu'ensuite il a passé la Loire à la nage pour se sauver en Gâtinais. Il en est revenu le lendemain. Peu de temps après, nous l'avons attaqué de nouveau, et il nous a joué le même tour ; si bien que nous avons fini par y renoncer.
— Eh bien, Fanchette ira lui mordre les oreilles.
— Elle sera décousue.
— Tu es en droit de le souhaiter, puisque tu paries vingt-cinq louis.

Amaury se prit à sourire.

Comme il allait répliquer, une fenêtre s'ouvrit au dessus du perron.

C'était l'officier de marine qui venait de se lever.
— Bonjour, lui dit Victor en le saluant de la main.
— Ah! vous voilà de retour ?
— Avec ma chienne. Tenez-vous toujours mes vingt-cinq louis?
— Toujours! Attendez, je descends.

Le marin avait deviné que Victor avait sans doute besoin de le voir.

Victor, en effet, se souciait bien moins de son pari du sanglier qui voyageait si volontiers en Gâtinais que d'un moment de conversation avec le marin.

Celui-ci descendit, serra la main d'Amaury et celle de Victor, et dit à ce dernier:
— Si nous laissions notre hôte à ses graves occupations de maître de maison...
— Et de grand veneur, s'il vous plaît, dit Amaury en souriant.
— Pour aller fumer un cigare dans le parc ? ajouta le marin.
— Venez, dit Victor.
— Allez, messieurs, ajouta Amaury, je vais donner un coup d'œil aux écuries.

Victor prit le marin sous le bras et l'emmena dans le lieu le plus solitaire du parc.

Le jeune homme était devenu grave, triste, presque solennel.

L'officier de marine comprit que la nuit qui venait de s'écouler avait été pour Victor féconde en événements.

Victor jeta un regard autour de lui pour s'assurer qu'ils étaient bien seuls.
— Vous êtes donc allé à la Martinière? lui dit le marin.
— Oui, monsieur.
— Dites : « Mon ami. »

Victor lui prit la main.
— Oui, dit-il, je le sais, vous êtes déjà mon ami.
— Parbleu !
— Et c'est à vous que je vais me confier corps et âme.
— Comme vous me dites cela !
— Ah ! c'est que j'ai vécu une éternité d'angoisses tout entière durant la nuit qui vient de s'écouler.
— Que vous est-il arrivé ?
— Vous savez bien, cet homme...

Le marin tressaillit.

— M. Albert Morel? dit-il.
— Oui.
— Et bien, il est aimé d'une femme, d'une jeune fille sans expérience, d'une enfant qui lui a donné son âme tout entière.
— Mon Dieu !
— Et cette jeune fille...
Victor s'arrêta la sueur au front.
— Achevez, murmura le marin.
— C'est ma sœur !
Et comme le marin baissait la tête, Victor reprit :
— Vous comprenez bien, mon ami, qu'il ne faut pas, maintenant, que cet homme soit ce M. Charles de Nancery dont vous m'avez raconté l'épouvantable histoire, car...
— Car M. Charles de Nancery est marié, ajouta le marin.
Victor était pâle, ses dents claquaient d'épouvante.
— Et cependant, si c'était lui?
— Il faudrait le tuer, dit simplement le marin.
— Et si ma sœur allait en mourir?
Le marin courba la tête et se tut.
Alors Victor lui raconta tout ce qu'il avait appris durant cette nuit; comment sa sœur Flavie avait rencontré M. Albert Morel, comment celui-ci osait, chaque soir, s'introduire dans le parc de la Martinière, et comment encore il s'était trouvé face à face avec lui au bout de la petite allée touffue qui conduisait au pavillon. Le marin l'écouta sans l'interrompre; puis, quand il eut fini :
— Eh bien, que comptez-vous faire?
— Je ne sais, dit Victor.
— Oh! dit le marin, il est impossible que deux hommes se ressemblent aussi parfaitement.
— Mon Dieu! taisez-vous!
Tout à coup le marin se frappa le front :
— Ah! quel souvenir! s'écria-t-il.
— Que voulez-vous dire?
— Je vous ai raconté que Charles de Nancery avait tué le commandant Brunot?
— Oui!
— Mais je vous ai dit aussi qu'avant de tomber, le commandant avait atteint son adversaire au côté droit ?
— C'est vrai.
— La cicatrice d'un coup d'épée ne s'efface jamais. Si M. Albert Morel n'est autre que Charles de Nancery, il doit avoir, à la hauteur du sein droit, sous l'aisselle, la trace de ce coup d'épée.
— Oh! dit Victor avec emportement, dussé-je le déshabiller de force, il faudra bien...
— Il est possible que deux hommes se ressemblent traits pour traits, achèva le marin, mais il est impossible que le hasard permette qu'ils éprouvent les mêmes accidents et portent une blessure identique. Si M. Albert Morel et Charles de Nancery ne font qu'un...
— Demain, à pareille heure, je l'aurai tué, interrompit Victor.
— Seulement, dit le marin, le difficile est de constater si la blessure existe.
— Je vous dis que je le déshabillerai de force, s'il le faut.
— Vous êtes un enfant !
— Pourquoi?
— Mais parce que si M. Albert Morel est un galant homme, s'il n'a rien de commun avec M. de Nancery...
— Eh bien ?
— Vous l'aurez mortellement offensé... car avant de le déshabiller, il faudra bien lui raconter l'histoire de Charles de Nancery.
— C'est juste.
— Et, voyez les conséquences : si M. Albert Morel est un galant homme, dans quinze jours il sera le mari de votre sœur.

— Oh! certes, oui.
— Croyez-vous qu'il vous pardonnera jamais de l'avoir pris pour un misérable et un assassin ?
— Mais que faire donc, alors?
— Tenez, je considère la recherche de cette cicatrice comme la preuve matérielle de culpabilité que nous devrons lui donner, à lui; mais il nous faut une preuve morale, à nous, avant d'entreprendre cette recherche.
— Je ne vous comprends pas très-bien, dit Victor de Passe-Croix.
— Écoutez : je vais, à déjeuner, parler de Bourbon, des colonies, de M. Raymond de Luz et du commandant Brunot.
— Bon !
— Épiez-le, regardez-le, observez ses gestes, son maintien, son regard. S'il se trouble, vous pourrez alors l'entraîner dans quelque coin de la forêt, pendant la chasse, et là, vous le sommerez de vous montrer à nu sa poitrine.
— Vous avez raison, dit Victor.
La cloche du déjeuner interrompit la conversation du marin et de Victor de Passe-Croix.
— Allons ! dit ce dernier, l'épreuve est prochaine.
Et ils regagnèrent le château.
Quand ils entrèrent dans la salle à manger, tous les hôtes des Montalet étaient à table déjà.
Une seule place était vide.
C'était celle de M. Albert Morel.
— Où est donc notre ami? demanda M. de Montalet le père.
— Il est encore au lit, répondit Raoul.
— Allons donc !
Amaury ajouta :
— Je l'ai rencontré ce matin, au point du jour, dans le jardin, souffrant d'une violente névralgie. Il s'est promené une partie de la nuit. Depuis, il s'est couché et m'a fait prier de ne point l'attendre pour déjeuner.
— Pauvre Morel! dit M. de Montalet, c'est un gai compagnon, d'ordinaire, et il va nous manquer aujourd'hui.
— Bah! je le connais, dit Amaury; il se lèvera vers onze heures, cassera une croûte, montera à cheval et viendra nous rejoindre.
— Sait-il où nous chassons?
— Oui, dit Raoul de Montalet.
— Ah ! c'est-à-dire, observa Amaury, que je ne l'ai pas revu depuis le retour de Victor.
— Eh bien! qu'importe?
— Attendez, vous allez voir !
Et Amaury, regardant son ami Victor :
— Vous savez tous, messieurs, dit-il, le fameux pari de mon ami?
— Oui, oui, dit-on à la ronde; hourra! pour la chienne beagle.
— Je l'ai vue tout à l'heure, dit un des chasseurs.
— Ah !
— Elle est charmante, ma foi !
— Eh bien! messieurs, continua Amaury, je pensais que mon ami Victor se serait contenté d'une bête rousse.
— C'est déjà fort honnête, dit Raoul de Montalet.
— Mais Victor est ambitieux, ma foi !
— Je gage, dit M. de Montalet le père, qu'il veut un solitaire?
— Justement. Alors j'ai changé l'ordre du jour. Nous devions chasser dans les bois Rolland, mais nous irons attaquer au val Puiseaux ce vieux sanglier qui passe si gaillardement la Loire pour s'en aller en Gâtinais.
— Et que nous avons surnommé, dit Raoul, le *monsieur de Pithiviers*.
Cette dénomination fit rire tout le monde, et Victor lui-même, en dépit de ses angoisses.

Cet homme était monté sur le mur du four à plâtre. (Page 1055.)

— Alors il faudra faire prévenir M. Albert Morel, dit M. de Montalet le père.
— C'est inutile, dit Raoul.
— Bah!
— La pauvre petite chienne beagle sera décousue sans que le *monsieur de Pithiviers* ait songé même à quitter sa bauge. Ce qui fait que les bêtes rousses seront chassées aujourd'hui.
Cette opinion de Raoul échauffa l'humeur chasseresse de Victor :
— C'est ce que nous allons voir bientôt, ami Raoul, dit-il.
— As-tu beaucoup d'argent sur toi, Victor?
— J'ai cinquante louis que je vais doubler, répondit le jeune homme en nouant sa serviette et se levant de table.
— A cheval, messieurs! dit Amaury.
— Les paris sont ouverts, ajouta Victor; je tiens tout ce qu'on voudra...
L'assurance de Victor était telle que personne ne souffla mot.
On monta à cheval. La petite troupe des chasseurs se dirigea vers le val Puiseaux, suivie d'un mulet qui portait sur son dos Fanchette, couchée dans son panier.

XIV.

Victor de Passe-Croix avait vingt ans, c'est-à-dire l'âge où les impressions sont vives et mobiles.
Une heure auparavant, notre héros n'avait qu'une préoccupation, savoir si M. Albert Morel n'était pas le même personnage que M. Charles de Nancery.
Mais M. Albert Morel n'avait point assisté au déjeuner; on était parti sans lui; et, une fois en route, Victor redevint le jeune homme aventureux qui ne songeait plus qu'à sortir triomphant de sa gageure.
Aux yeux de tous, Victor était insensé.
On ne chasse pas plus un sanglier avec un beagle qu'on ne tirerait sur un éléphant ou un rhinocéros avec un pistolet de salon.
Le beagle est un tout petit chien à peu près de la taille du terrier, bâti comme le basset; avec cette différence qu'il a les jambes droites et qu'il est beaucoup moindre encore de volume. Le beagle a une petite voix glapissante qui ressemble bien plus à celle du renard chassant un lièvre, qu'au coup de gorge d'un chien de meute.
On chasse le lapin dans les luzernes ou les bruyères avec un beagle; on le met quelquefois sur un lièvre ou un chevreuil; mais il n'est jamais venu à personne l'idée bizarre de lui faire attaquer un sanglier.

Cependant Victor avait parié, on tenait ce pari, et, avec l'audace et la confiance naturelles à son âge, il s'en allait bravement en tête de la petite troupe, écoutant sans sourciller les brocards dont on l'accablait.

Le val Puiseaux, où était le rendez-vous, était un vallon assez sauvage, situé à une demi-lieue du château des Rigoles. Un taillis épais mélangé de broussailles, quelques roches grisâtres se dressant çà et là aux flancs des deux côteaux qui l'enserraient, donnaient à ce vallon un aspect presque sinistre.

C'était au fond de ce vallon, situé lui-même au centre de grands bois, que le fameux solitaire, surnommé par les Montalet le monsieur de Pithiviers, se bauguait habituellement.

— Pauvre Fanchette! dit Raoul de Montalet en tirant le joli animal de son panier, tu ne te doutes pas que tu vas mourir.

— Ne te presses donc pas tant de prononcer son oraison funèbre, cher, répondit Victor.

Il y avait, à l'entrée du vallon, une mare où le sanglier s'était souillé pendant la nuit.

— Tiens! dit Amaury en lui montrant le pied du sanglier et ses vaultrées, vois-tu?

— Parbleu!... Au retour, là, Fanchette, au retour, ma belle.

Et Victor mit le beagle au bord de la mare, prit sa trompe et entonna la fanfare du vaultrait.

Le petit animal flaira la passée et fit entendre un petit coup de voix.

— Tiens! dirent les chasseurs, elle mord, la petite, et l'odeur ne lui est pas désagréable.

Comme si elle eût compris cet encouragement, Fanchette donna deux coups de voix, puis elle se prit à galoper vers le fourré dans lequel elle se laissa glisser comme un lapin après deux jolis bonds.

— Elle court droit à la bauge! cria Victor.

Et il poussa son cheval à travers les broussailles.

La voix menue, aigrelette de la chienne beagle faisait un fort joli tapage sous le couvert.

On ne voyait plus Fanchette, mais on l'entendait.

Au bout de cinq minutes, elle fut au seuil de la bauge.

Le sanglier était couché sur le ventre, la hure à demi enfoncée dans la fange, l'œil rond et sanglant.

La petite chienne, un peu étonnée, un peu émue peut-être, s'arrêta hésitante et se tut un moment.

— Eh! eh! ricanèrent plusieurs chasseurs, est-ce qu'elle croyait être sur la voie d'un lapin?

Mais Victor avait suivi Fanchette; il était à deux pas d'elle, et lui cria:

— Oh! la la! mon petit chien; oh! la, la! sus! sus!

Cette voix bien connue fit une héroïne de Fanchette, qui se rua sur le sanglier en faisant un tapage d'enfer.

Le solitaire, un peu surpris, n'avait point daigné se lever tout d'abord; mais Fanchette fit un bond et le mordit à l'oreille gauche.

— Bravo! bravo! crièrent plusieurs voix; mais gare le coup de boutoir!

Le coup de boutoir du solitaire fut terrible, en effet, car il entama un tronc d'arbre, mais non pas la peau de Fanchette.

Avec une adresse merveilleuse, le beagle avait esquivé le coup, tourné à mesure que le sanglier tournait, et elle jappait de plus belle, comme un roquet après un gros chien.

Le sanglier ahuri se ruait sur elle; Fanchette fuyait, se jetait de côté, revenait en jappant, et le mordait tantôt à l'oreille, tantôt à l'arrière-train, esquivant toujours le coup de boutoir.

Victor était à quelques pas, sonnant l'attaque et triomphant par avance.

— Ah çà! mais ça devient sérieux, sur mon honneur, dit enfin M. de Montalet le père.

— Bravo! bravo! murmurait-on tout alentour de la bauge.

Fanchette était un vrai petit démon.

Enfin, hors de lui, écumant, l'œil sanglant, fou de douleur et de colère, le solitaire débaugea.

Et Victor sonna le lancer.

Ce fut chose curieuse, pendant plus d'une heure, que cette chasse à travers les broussailles qui couvraient le val Puiseaux.

Le sanglier s'en allait lentement, faisant des randonnées, croisait ses fuites et ne paraissait nullement disposé à prendre un grand parti devant un aussi mince adversaire.

La petite chienne le suivait à vue, donnant de la voix avec un acharnement sans exemple.

— Eh bien, Amaury, fit Victor, qui suivait la chasse au trot et avait à côté de lui l'aîné des Montalet, que penses-tu de cela?

— Je pense que mon pari est perdu, dit Amaury.

— Tu te rends?

— Morbleu! oui. Et, tiens, en voilà la preuve.

En parlant ainsi, M. Amaury de Montalet prit dans le talon de sa selle une carabine à deux coups. Le sanglier trottait tranquillement à cinquante mètres en avant, ne songeant plus à revenir sur ses pas, mais suivant, au contraire, une ligne droite et se dirigeant vers le nord, c'est-à-dire vers la Loire.

M. Amaury de Montalet choisit un moment où la bête passait dans une éclaircie et présentait le travers.

Il épaula et fit feu.

Le sanglier tomba, frappé mortellement au défaut de l'épaule.

Alors Victor reprit sa trompe et sonna l'hallali.

— Combien veux-tu de ta chienne, Victor? dit Raoul de Montalet, qui arriva au moment où le petit beagle mordait avec fureur les suites du sanglier agonisant.

— Combien m'en donnes-tu?

— Vingt-cinq louis.

Le saint-cyrien se mit à rire.

— Elle n'est point à vendre, dit-il. Une chienne comme cela vaut pour moi un cheval de course. Vous voyez, messieurs, qu'elle me fait gagner des paris.

Victor avait mis pied à terre et avait pris dans ses bras la petite chienne, qu'il couvrait de caresses.

— Voilà tes vingt-cinq louis, dit Amaury de Montalet. Remets Fanchette dans son panier et allons-nous-en aux bois Rolland.

— Peuh! fit Victor avec dédain; après un solitaire, c'est maigre chose que des bêtes rousses.

— Tu n'as pas le triomphe généreux, Victor, dit Raoul.

Le marin s'était approché de Victor.

— Songez, lui dit-il à l'oreille, que nous retrouverons bien certainement M. Albert Morel aux bois Rolland.

— Vous avez raison, répondit Victor, qui s'empressa de remonter à cheval.

Deux heures après, les échos des bois Rolland, qui étaient de vastes sapinières, retentissaient des criailleries de la meute des Montalet, du son du cor des piqueurs et des veneurs, et la chasse était à son plus beau moment.

Mais l'ardeur cynégétique de Victor s'était calmée.

Victor ne s'occupait plus de la chasse; il songeait à M. Albert Morel. Le marin et lui galopaient à travers champs et taillis, moins pour suivre la meute que pour rencontrer cet homme qui ressemblait si étrangement à M. Charles de Nancery.

Enfin, comme le soir venait, comme déjà le soleil s'inclinait à l'horizon, Victor, que l'officier de marine accompagnait encore, se trouva dans une clairière face à face avec M. Albert Morel.

M. Albert Morel les salua tous les deux avec une grâce parfaite.

— Eh bien ! monsieur, dit-il à Victor, vous avez gagné votre pari ?
— Oui, monsieur.
— Je vous en fais mon compliment.
— Merci bien.

M. Albert Morel s'inclina.

— Dites donc, monsieur, continua Victor, oserais-je vous faire une proposition ?
— Faites, monsieur.
— Que penseriez-vous d'une petite halte sous ces grands chênes ?
— Comme vous voudrez ; il fait si chaud aujourd'hui !

Et M. Albert Morel, après avoir mis pied à terre, attacha son cheval à un arbre.

Le marin et Victor l'imitèrent.

Puis ils vinrent s'asseoir sur l'herbe, auprès de M. Albert Morel.

Le marin attachait sur lui un regard plein d'obstination.

— Vraiment ! monsieur, dit-il, vous craignez la chaleur ?
— Énormément, monsieur.
— Vous n'avez donc jamais vécu dans les pays chauds ?
— Jamais.
— Vous n'avez jamais franchi l'équateur ?
— Pas que je sache !

Et M. Albert Morel ajouta en souriant avec bonhomie :
— C'est bon pour vous, monsieur, qui avez fait le tour du monde.
— Deux fois, monsieur.
— Ah !
— Et je n'ai jamais eu plus chaud qu'un jour à l'île Bourbon.
— On dit pourtant que son climat est tempéré.
— Oui, au bord de la mer.
— Vous vous étiez donc avancé dans l'intérieur des terres ?
— Oui.
— Alors, c'est différent.
— J'ai fait à l'intérieur de l'île un singulier voyage.
— Contez-nous donc cela, monsieur, dit M. Albert Morel avec calme.
— Il faut vous dire qu'il était question d'un duel.
— Ah !
— Entre un officier français, le commandant Brunot, et un habitant de l'île Bourbon.

Le marin prononça ces mots lentement, appuyant sur le nom de Brunot et regardant M. Albert Morel bien en face.

Celui-ci ne sourcilla point.
— A propos de quoi ce duel ?
— Oh ! c'est toute une histoire.
— Est-elle bien longue ?
— Non.
— Voyons donc, alors ?
— Il y avait, ou il y a encore à l'île Bourbon un créole appelé Charles de Nancery.
— Ah !
— Ce créole a épousé, voici sept ou huit ans environ, une riche héritière, mademoiselle de Luz, sœur d'un malheureux jeune homme qui fut tué en duel à Paris par un officier de hussards.

M. Albert Morel écoutait avec une grande attention et ne sourcillait pas.
— Or, figurez-vous, continua le marin, que l'un des témoins de l'officier de hussards, devenu chef de bataillon d'infanterie de marine, fut envoyé à Bourbon sur une frégate à bord de laquelle j'étais moi-même aspirant.
— Je devine, dit M. Albert Morel, ce M. de Nancery s'est battu avec le commandant.

— Justement.
— Pour venger le malheureux frère de sa femme.
— Vous vous trompez, monsieur.
— Bah !
— Car ce M. Charles de Nancery, acheva le marin en regardant M. Albert Morel en face, était un misérable assassin.

M. Albert Morel ne put être maître de lui en ce moment.

Il pâlit et se leva avec précipitation.

L'œil de Victor pesait sur lui comme la pointe d'une épée.

XV.

Avant d'aller plus loin, disons ce qui s'était passé entre M. Albert Morel et ce personnage mystérieux que nous avons désigné sous le nom de *bûcheron*.

M. Albert Morel n'avait point songé à dormir, après qu'il eut reçu le billet que lui apportait son valet de chambre.

Aucune raison sérieuse ne l'avait empêché d'assister au déjeuner des chasseurs et de partir avec eux pour être témoin des exploits de Fanchette, la petite chienne beagle.

Mais M. Albert Morel avait bien autre chose à faire, ma foi ! que d'aller à la chasse.

Le *bûcheron* l'attendait.

Quand les veneurs furent partis, M. Albert Morel se leva, fit lentement sa toilette, et, comme l'avait prédit l'un des Montalet, il descendit vers onze heures à la salle à manger.

Quand arrivait l'époque des chasses, le château des Rigolés devenait le centre d'une véritable république.

Chacun y vivait librement, à sa guise, suivant son humeur et sa fantaisie.

M. Albert Morel se fit servir à déjeuner, comme s'il eût été chez lui, puis il demanda un cheval, car le sien était las, et il partit annonçant qu'il allait rejoindre les chasseurs.

Il piqua même un temps de galop jusqu'aux bois, dans la direction du val Puiseaux.

Mais une fois qu'il fut sous la futaie, il tourna brusquement à gauche, gagna les bois Rolland, et arriva, comme l'angelus de midi sonnait au clocher d'un village voisin, au four à plâtre abandonné qu'on lui avait assigné pour rendez-vous.

Un homme l'y attendait.

Cet homme était monté sur le mur du four à plâtre, et, à première vue, c'était bien un bûcheron, vêtu d'un sarrau bleu, coiffé d'un méchant béret, qui avait auprès de lui une hache et un marteau.

Mais en y regardant de plus près, on aurait pu voir que ce personnage avait du linge de corps comme jamais un vrai bûcheron n'en avait porté, et que ses mains blanches, longues, aristocratiques, ne s'étaient jamais durcies au contact de la cognée.

De plus, cet homme fumait un cigare, un vrai cigare, ma foi ! de ceux que la régie vend soixante centimes, la moitié du salaire d'une journée pour un pauvre bûcheron.

Enfin cet homme était jeune et beau, il avait le teint blanc et mat, une fine moustache noire, une tournure distinguée, que son accoutrement bizarre était impuissant à dissimuler.

En voyant arriver M. Albert Morel, cet homme ne se leva point. Il demeura fort tranquillement assis sur son mur, secouant du bout du doigt la cendre de son cigare.

M. Albert Morel, au contraire, descendit de cheval et s'approcha, le chapeau à la main, dans une attitude respectueuse qui ne semblait pas faire partie de ses habitudes.

En effet, tous ceux qui connaissent M. Albert Morel le tenaient pour un homme parfaitement bien élevé, mais de formes légèrement hautaines.

Il était gentilhomme de manières, sinon de naissance, disait-on dans le monde.

— Bonjour, monsieur Morel, dit le faux bûcheron. Vous êtes exact, j'en conviens.

— Monsieur le vicomte sait bien, dit M. Albert Morel, que ses ordres sont toujours ponctuellement exécutés.

— Fi! monsieur; ne vous servez donc pas de ce vilain mot : *des ordres*! Je me contente d'exprimer des désirs, mon cher...

— Monsieur le vicomte est trop bon, en vérité!

— Voulez-vous un cigare? dit le faux bûcheron.

Et il présenta son étui à M. Albert Morel.

Celui-ci hésita.

— Prenez donc! insista celui auquel on venait de donner le titre de vicomte; nous avons à causer longuement, si j'en crois votre billet.

— En effet.

M. Albert Morel prit le cigare, l'alluma à celui du vicomte, mais il demeura debout.

— Asseyez-vous donc là, sur ce fagot, dit le faux bûcheron.

M. Albert Morel s'assit.

— A présent, je vous écoute.

Alors M. Albert Morel s'exprima ainsi :

— Tout allait fort bien, monsieur. Mlle Flavie de Passe-Croix m'aimait de plus en plus.

— Je sais cela.

— Elle avait accepté sans réserve la petite fable de l'oncle dont j'attends le nom et l'héritage.

— Je sais encore cela.

— Huit jours de plus, et elle était mûre pour l'enlèvement.

— Eh bien?

— Une catastrophe est survenue.

— Bah!

— Vous savez bien que Mlle de Passe-Croix a un frère.

— Oui, qui sort de Saint-Cyr cette année.

— Justement.

— Eh bien! ce frère...

— Ce frère était aux Rigoles, hier matin, chez les Montalot.

— Je sais qu'il est lié avec eux.

— Il y a pareillement aux Rigoles un officier de marine dont vous savez le nom, sans doute, M. de Fromentin.

— Bon! après?

— Cet officier et Victor de Passe-Croix ont beaucoup causé ensemble, hier, dans la journée.

— Ah! ah!

— Tous deux me regardaient obstinément.

Le faux bûcheron eut un sourire railleur.

— Est-ce que cela vous étonne, cher monsieur, dit-il, que M. de Fromentin, qui a été le témoin du commandant Brunot, vous regarde? Vous ressemblez si parfaitement à M. Charles de Nancery...

Un nuage passa sur le front de M. Albert Morel.

— Eh bien! reprit le faux bûcheron, est-ce là ce que vous appelez une catastrophe, monsieur?

— Oh! non.

— Expliquez-vous donc alors...

— Hier soir, je suis allé, comme de coutume, à la Martinière.

— Bon!

— Et comme je quittais Mlle de Passe-Croix...

— Vous vous êtes trouvé face à face avec son frère Victor?

— Justement.

— Ce qui vous a étonné et même un peu épouvanté.

— Vous savez cela?

— Je le suppose, du moins.

M. Albert Morel courba le front.

— Et M. Victor de Passe-Croix, continua le faux bûcheron, vous a sommé d'épouser sa sœur?

— A peu près...

— Peut-être même vous a-t-il demandé des renseignements sur votre position et votre famille?

— Oui, monsieur le vicomte, et, vous comprenez...

— Je comprends qu'il sera difficile à M. Albert Morel de satisfaire M. Victor de Passe-Croix, ricana le faux bûcheron.

— Aussi me suis-je hâté de vous écrire.

— Vous avez bien fait.

— Car je ne sais, en vérité...

— Que lui avez-vous dit?

— Que, ce soir, je lui donnerais toutes les satisfactions qu'il demande.

— Ah!

— Car, ajouta M. Albert Morel, c'est ce soir qu'il veut m'emmener à la Martinière.

— Pourquoi faire?

— Pour que je m'explique nettement à son père, le baron de Passe-Croix, sur mes intentions.

— Il va vite en besogne, le jeune homme, murmura en souriant le *vicomte*.

Puis il regarda M. Albert Morel.

— Monsieur, lui dit-il, changeant tout à coup de ton et d'attitude, savez-vous comment Victor de Passe-Croix a appris la vérité?

— Je l'ignore, monsieur.

— Hier matin, comme il se rendait aux Rigoles, il a rencontré un de ses voisins qui lui a dit que, chaque nuit, un homme s'introduisait dans le parc de la Martinière.

— Et... ce voisin...

— C'était moi qui l'avais aposté sur le passage de Victor.

— Vous! monsieur le vicomte?

— Moi, monsieur.

M. Albert Morel regardait le faux bûcheron avec stupeur.

Ce dernier reprit :

— N'en doutez pas, M. de Fromentin, l'officier de marine, aura raconté à Victor de Passe-Croix l'histoire du créole Charles de Nancery.

— Je le crains.

— Il faut vous arranger aujourd'hui même, monsieur, pour que M. de Passe-Croix sache que Charles de Nancery et Albert Morel ne font qu'un.

— Mais... monsieur... tout est perdu, alors.

— Au contraire, tout est sauvé.

— Je ne comprends plus.

— C'est inutile. Agissez, on pense pour vous, monsieur.

M. Albert Morel s'inclina.

— Ecoutez, poursuivit le faux bûcheron, Victor de Passe-Croix est jeune, mais il est circonspect et incapable de jouer sottement avec l'honneur de sa sœur. Quand il saura qui vous êtes, il songera à vous tuer sans bruit, sans esclandre.

M. Albert Morel fit la grimace.

— Il vous proposera un duel, et d'après ce que vous m'avez dit, il est probable que M. de Fromentin sera son témoin.

— Je le crois aussi, monsieur.

— S'il en est ainsi, vous lui donnerez rendez-vous à la clairière du val Fourchu.

— Bien.

— Et vous lui direz que vous y serez ce soir.

— A quelle heure?

— Après le souper. Il fait clair de lune. On peut se battre à l'épée.

LA HUTTE DES CHARBONNIERS

M. Albert Morel crut comprendre.
— Ah! dit-il, je devine à présent votre but, monsieur le vicomte.
— Je ne crois pas, moi.
— Vous voulez que je tue Victor de Passe-Croix.
— Vous êtes un niais, monsieur Morel, dit froidement le vicomte.
— Alors..
— Alors, il est inutile que vous compreniez. Dites seulement à Victor de Passe-Croix que vous serez à neuf heures, avec un témoin, des épées et des pistolets, à la clairière du val Fourchu.
— C'est parfait, monsieur le vicomte, j'obéirai.
— Allez, dit le bûcheron.
Et, d'un geste, le mystérieux personnage fit comprendre à M. Albert Morel que son audience était terminée.
Celui-ci se leva, salua profondément, alla reprendre son cheval, qu'il avait attaché à un arbre, sauta en selle et s'éloigna.

XVI.

Alors ce personnage mystérieux qui signait ses billets: Bûcheron, et que M. Albert Morel appelait M. le vicomte, ce personnage se leva à son tour, mit la cognée et le marteau sur son épaule, et se dirigea vers un petit sentier qui s'enfonçait dans le bois.

Ce sentier, que le bûcheron suivit pendant près de trois quarts d'heure, courait sous la futaie en zigzags et conduisait à une sorte de hutte, qui avait dû être habitée par de vrais bûcherons, mais qui, pour lors, eût semblé abandonnée sans un mince filet de fumée qui montait au-dessus du toit.

Cependant le vicomte alla droit à la porte et frappa.
Une voix se fit entendre à l'intérieur et demanda :
— Que veut-on?
— Causer de la pluie et du beau temps, mes seigneurs.
La porte ne s'ouvrit point encore.
— Aimez-vous les nuits sombres? demanda la voix du dedans.
— Non, répondit le vicomte, je préfère le *clair de lune*.
Alors la porte s'ouvrit.
Dans la hutte où pénétra le vicomte se trouvaient trois jeunes gens assis devant un feu de tourbe.
Tous trois fumaient de beaux cigares; tous trois cependant étaient vêtus comme le bûcheron, d'un sarrau bleu et d'un pantalon de grosse laine.
— Eh bien? dit l'un d'eux.
— La mine a éclaté.
— Ah! ah!

133

PROPRIÉTÉ DE VICTOR BENOIST ET Cⁱᵉ, A PARIS.

— Victor sait tout.
— A-t-il tué Albert Morel?
— Non; mais ce soir il pourra bien le faire, si nous n'y mettons bon ordre,
Et le vicomte raconta à ses compagnons son entretien avec M. Albert Morel.
Puis il ajouta :
— Maintenant, messieurs, il n'y a pas une minute à perdre.
— La chaise de poste est prête depuis trois jours, dit l'un des jeunes gens.
— Très-bien.
— Où faudra-t-il la conduire?
— Dans le fourré du val Fourchu, à cent pas de la clairière.
— C'est moi qui suis le postillon, ajouta un second, et je vous garantis, messieurs, que les chevaux de Cardassol n'auront jamais été menés si bon train.
— Et moi, messieurs, reprit le vicomte, je vous conseille de ne point oublier vos pistolets. Le jeune homme a de la race, il résistera comme un beau diable!...
Albert Morel, en quittant le prétendu bûcheron, s'était donc dirigé vers les bois Rolland, et il n'avait point tardé à rejoindre les Montalet et leurs hôtes.
Deux heures après, nous l'avons vu, il se retrouvait face à face avec Victor de Passe-Croix et l'officier de marine. Ce dernier lui racontait cette histoire, qu'il ne savait que trop bien, du commandant Brunot et de M. de Nancery.
A cette épithète d'assassin dont le marin flétrit M. de Nancery, soit qu'il ne pût être maître de lui plus longtemps, soit qu'il ne fît qu'obéir aux ordres mystérieux de ce personnage plus mystérieux encore qu'on appelait le bûcheron, M. Albert Morel s'était donc levé tout pâle et tout frémissant.
L'œil de Victor pesait sur lui.
— Mais qu'avez-vous donc, cher monsieur? fit le marin.
— Moi? Rien... excusez-moi.
— Est-ce que vous auriez connu le commandant Brunot?...
— Oh! non.
— Ou M. de Nancery?
— Pas davantage.
Le trouble de M. Albert Morel allait croissant.
— Cher monsieur, dit Victor à son tour, M. de Fromentin ne vous raconte point l'histoire de M. le commandant Brunot et de M. Charles de Nancery sans raisons...
— Je ne vois pas celles qu'il peut avoir cependant...
Et la voix de M. Albert Morel commençait à trembler.
— Ah! c'est que, dit Victor, il paraît que vous ressemblez beaucoup...
— A qui donc?
— A M. Charles de Nancery.
— Ah! vous trouvez...
— Et, dit M. de Fromentin, qui ne doutait plus depuis un instant, si je pouvais seulement voir votre côté droit à nu...
Et M. Albert Morel reprit un air hautain :
— Plaît-il, monsieur?
Le marin poursuivit avec calme :
— Voir votre côté droit, et constater que vous n'avez pas sous l'aisselle certain coup d'épée que reçut M. de Nancery...
— Monsieur!...
— Eh! mon Dieu! monsieur, dit le marin, M. de Passe-Croix m'a tout confié...
— Plaît-il?
— Je sais que sa sœur vous aime; et comme vous ressemblez, trait pour trait, à cet assassin qu'on nomme Charles de Nancery.
— Mais, monsieur...
— Vous ne pouvez nous refuser la seule preuve que nous vous demandons de votre non identité avec ce misérable!
Victor avait un moment gardé le silence.
— Allons! monsieur, dit-il à son tour, faites-moi donc le plaisir de vous exécuter.
— Comment l'entendez-vous? fit M. Albert Morel en se redressant.
— Mettez votre habit bas.
— Comme pour un duel, n'est-ce pas?
— Justement.
— Et puis?
Et M. Albert Morel ricanait.
— Et puis ouvrez votre chemise...
Mais M. Albert Morel ne bougea pas et répondit :
— Vous êtes fou, monsieur, d'avoir pu supposer un moment que je descendrais à de semblables complaisances. Permettez que je rejoigne la chasse... à moins toutefois que M. de Fromentin ne veuille continuer son histoire.
— Vous la connaissez aussi bien que lui! s'écria Victor.
Et le jeune homme, hors de lui, cingla un coup de cravache en plein visage à M. Albert Morel.
Celui-ci étouffa un cri rauque, un cri sauvage, recula d'un pas et leva sur Victor un regard injecté :
— Il me faut tout votre sang à présent! dit-il.
— Et moi, j'ai soif du vôtre! répondit Victor.
— Messieurs, dit à son tour le marin, après ce qui vient de se passer, il est inutile d'entrer dans de bien longues explications.
— C'est mon avis, fit Victor avec hauteur, et bien qu'il me répugne de me battre avec M. Charles de Nancery, l'assassin...
— Monsieur!...
— Je ferai cet honneur à l'homme qui a essayé de déshonorer la maison de mon père.
— Oh! monsieur, prenez garde! murmura M. Albert Morel, dont les dents claquaient de fureur.
— Je suis à vos ordres, monsieur.
— Eh bien, ce soir, après le souper...
— Soit.
— Nous nous battrons au clair de lune.
— Oui.
— Au val Fourchu, dans la clairière.
— Oui.
— Amenez monsieur pour vous servir de témoin ; j'en aurai un, moi, aussi.
Et comme le marin et Victor se regardaient, M. Albert Morel ajouta :
— Mon témoin est étranger au château des Rigoles, et il est inutile de mettre aucun de ces messieurs dans la confidence de nos affaires.
Victor fit un signe d'assentiment.
Alors M. Albert Morel remonta à cheval, et au moment de s'éloigner il ajouta en regardant Victor :
— A propos, monsieur, quelles sont vos armes ?
— L'épée, si vous le voulez bien.
— Soit.
— La difficulté, dit le marin, sera peut-être de nous en procurer aux Rigoles.
— Ne vous inquiétez pas, j'en aurai. A ce soir, messieurs.
M. Albert Morel, redevenu complétement maître de lui, salua Victor et le marin et s'éloigna au petit trot.
Victor et M. de Fromentin se regardèrent alors.
— Maintenant vous ne doutez plus, n'est-ce pas? fit le marin.
— Hélas!
Et en prononçant cette exclamation, Victor songea à sa sœur.
— Pauvre Flavie! murmura-t-il, elle est capable d'en mourir.

Une larme roula dans ses yeux et descendit lentement le long de sa joue.

— Courage! lui dit le marin, il faut d'abord tuer cet homme... et puis nous songerons à guérir votre sœur de son fatal amour...

XVII.

Le soir, au château des Rigoles, le souper fut gai et bruyant comme de coutume.

La journée de chasse avait été superbe. On avait pris trois sangliers, dont une laie, sans compter le vieux solitaire, dont la vaillante petite Fanchette avait occasionné la mort.

M. Albert Morel, Victor et l'officier de marine s'étaient comme donné le mot pour affecter une insouciance et une bonne humeur parfaites.

Personne, durant le souper, à les voir manger de fort bon appétit et rire de bon cœur, n'aurait pu supposer un seul instant qu'il y avait entre eux l'abîme creusé par un coup de cravache.

— Messieurs, dit Victor, comme le souper tirait à sa fin, j'ai la douleur de vous quitter ce soir.

— Comment! tu pars? dit Raoul de Montalet.

— Oui, j'ai promis à ma mère de retourner à la Martinière ce soir; mais je reviendrai.

— Quand?

— Bientôt. Demain peut-être.

— Ce cher Victor, dit Amaury de Montalet, passe ses journées et ses nuits à cheval.

— Comment dors-tu donc, Victor? demanda Raoul.

— Je dors à cheval, répondit Victor.

— Messieurs, dit à son tour M. Albert Morel, on vient d'allumer des cigares, et je me maintenant, grâce aux consolations philosophiques du havane, vous porter, sans crainte, un coup terrible.

— Oh! oh! quel exorde!

— M. Victor de Passe-Croix n'est point le seul à déserter ce séjour hospitalier et charmant.

— Hein? que dites-vous, Morel? fit M. de Montalet le père.

— Moi aussi, je vais vous quitter.

— Vous?

— Je pars ce soir même pour aller prendre le chemin de fer à la première station.

— Et où allez-vous?

— A Paris.

— Mais vous ne nous aviez pas dit un mot de tout cela ce matin?

— Non; mais j'ai reçu une lettre qui me rappelle à Paris. Seulement, je vais vous dire comme M. de Passe-Croix, non point : Adieu; mais : Au revoir!

— Vous reviendrez?

— Dans trois ou quatre jours, probablement.

— A la bonne heure!

M. Albert consulta sa montre.

— Il est huit heures et demie, dit-il; je n'ai que le temps de monter à cheval et de courir au chemin de fer. Je vous laisse mes chevaux et mon valet de chambre, Montalet.

— Parbleu! c'est tout simple.

M. Albert Morel fit ses adieux rapidement, et dix minutes après il montait à cheval.

Un quart d'heure plus tard, Victor partait à son tour, et descendait la grande allée qui servait d'avenue au château, tandis que M. de Fromentin, officier de marine, s'en allait par un sentier détourné, à pied et fumant son cigare, attendre notre héros à l'entrée du val Fourchu.

Le val Fourchu était une vaste sapinière enserrée entre deux ondulations de terrain que, dans le pays, on se plaisait à nommer des collines.

C'était peut-être le seul endroit un peu accidenté que l'on pût trouver à dix lieues à la ronde.

M. de Fromentin avait, comme disent les paysans coupé par le plus court, tandis que Victor, au contraire, avait fait un détour assez long; si bien que le saint-cyrien trouva le marin à l'entrée de la sapinière.

— Hâtons-nous, dit le marin, il faut arriver les premiers.

La sapinière était fourrée, et le sentier qui courait au travers et conduisait à la petite clairière qui devait être le lieu du combat était çà et là encombré de ronces.

— Vous ferez bien de laisser votre cheval ici, dit le marin.

— J'y songeais.

Et Victor mit pied à terre ; mais il prit ses pistolets dans ses fontes et les passa à sa ceinture.

— Avec un homme comme M. Charles de Nancery, dit-il, toutes les précautions sont bonnes...

— Il s'est chargé d'apporter des épées, ce me semble?

— Oui.

— Alors, vous pouvez compter que les épées qu'il apportera lui seront familières.

— Oh! peu importe!

— Tirez-vous bien?

— Je passe, à Saint-Cyr, pour un des plus forts.

— M. de Nancery tire merveilleusement aussi.

— Bah! fit Victor avec une fierté insouciante, rassurez-vous, je le tuerai!...

— Il le faut, dit laconiquement le marin.

Ils arrivèrent, tout en causant ainsi, à l'entrée de la clairière.

La lune brillait au ciel, et, à sa clarté, Victor et son témoin aperçurent deux hommes assis l'un près de l'autre, au pied d'un arbre.

Ces deux hommes se levèrent à leur approche et vinrent à leur rencontre.

L'un était M. Albert Morel.

L'autre, un inconnu qui avait le visage barbouillé de suie.

— Ah çà! monsieur, fit Victor avec hauteur, en s'adressant à M. Albert Morel et lui montrant du doigt l'homme qui l'accompagnait, est-ce que c'est là votre témoin, par hasard?

— Oui, monsieur.

— Un charbonnier?

— On prend ce qu'on trouve, monsieur, dit l'homme barbouillé d'un ton moqueur.

Puis il marcha droit à M. de Fromentin étonné.

— Pardon, monsieur, lui dit-il, n'êtes-vous pas M. de Fromentin, lieutenant de vaisseau?

Le marin tressaillit au son de cette voix, et chercha à reconnaître ce visage barbouillé de suie.

— Est-ce que vous me connaissez, monsieur? fit-il.

— Vous souvenez-vous de la nuit du 13 mars?

Le marin étouffa un cri.

— Que voulez-vous de moi? fit-il avec une sorte d'inquiétude subite.

— Vous allez le savoir...

Et l'homme barbouillé de suie entraîna le marin à l'autre extrémité de la clairière, comme pour y régler avec lui les conditions du combat.

Le marin semblait avoir été métamorphosé subitement par l'accent de cette voix, qui lui rappelait cette date mystérieuse du *treize mars*.

Toute sa personne trahissait une profonde inquiétude, et cet homme, qui était brave et loyal, semblait éprouver comme une terreur superstitieuse.

— Ainsi, lui dit l'homme au visage noirci, vous vous souvenez de la nuit du 13 mars?

— Oui! dit M. de Fromentin en baissant la tête.
— Par conséquent, vous êtes prêt à tenir votre serment?
— Oui!
— Songez que vous avez juré d'obéir à celui qui vous rappellerait cette date?
— J'obéirai.
— Alors, écoutez...
Et l'inconnu se pencha à l'oreille du marin, qui tressaillit, et eut un geste d'étonnement et presque d'effroi.
— Mais, c'est impossible! dit-il.
— Non, puisque vous m'avez fait un serment.
— Je ne puis trahir l'amitié et la confiance de ce jeune homme, cependant.
— Il ne lui arrivera aucun mal.
— Vous me le jurez?
— Je vous le jure.
Le marin courba la tête et ne souffla plus un mot.
Durant ce court colloque, Victor s'était tenu à l'autre extrémité de la clairière, à quelques pas de M. Albert Morel, muet et immobile lui-même.
Notre héros avait cru d'abord que son témoin et l'homme barbouillé de suie réglaient ensemble les conditions du combat. Cependant il s'étonna de ne voir ni épées, ni pistolets.
Et comme les témoins revenaient, il dit à M. Albert Morel :
— Il me semble, monsieur, que vous vous étiez engagé à apporter des armes?
— Oui, monsieur, répondit M. Albert Morel en s'inclinant.
— Où sont-elles?
Le témoin de M. Albert Morel se chargea de la réponse.
— Tranquillisez-vous, monsieur, dit-il avec un ton de courtoisie et une pureté d'accent qui semblaient hautement démentir sa prétendue profession de charbonnier, les épées vont venir.
— Hein? fit Victor.
— On va les apporter.
— Qui donc?
— Mon valet de chambre, répondit simplement le bûcheron.
Victor, surpris, fit un pas en arrière et regarda cet homme avec défiance.
— Qui donc êtes-vous? fit-il.
— Le témoin de monsieur.
— Mais encore.
— Oh! peu importe le reste!
Et l'inconnu appuya deux doigts sur ses lèvres et fit entendre un coup de sifflet modulé d'une façon particulière.
— Monsieur!... fit Victor, qui fut pris d'un sentiment de défiance.
— J'appelle mes gens.
— Vos... gens?
Et, instinctivement, Victor posa la main sur la crosse de ses pistolets qu'il avait passés à sa ceinture.
Presque aussitôt deux hommes sortirent du fourré derrière Victor, tandis qu'un troisième venait se placer auprès de M. Albert Morel.
Ces hommes, comme le premier, avaient le visage noirci. A leur vue, Victor devina une trahison ; mais incapable de supposer que son témoin, M. de Fromentin, pût être le complice de ces hommes, il lui tendit vivement un de ses pistolets en lui disant :
Monsieur, nous sommes tombés dans un guet-apens, défendons-nous !
Le marin prit le pistolet, et comme c'était convenu sans doute entre lui et l'homme qui lui avait rappelé la date du 13 mars, il vint se placer à côté de lui.

Mais déjà ce dernier avait changé d'attitude et de langage, et il s'était avancé vers Victor.
— Monsieur, lui dit-il, vous vous trompez, nous ne sommes pas des assassins.
— C'est possible, répondit fièrement Victor; mais, dans tous les cas, votre présence ici est inqualifiable.
— Je suis le témoin de M. Albert Morel.
— Bon! mais... ces hommes?
— Ces hommes m'obéissent.
— Ah! Et qu'allez-vous donc leur commander?
— Vous allez voir...
L'homme barbouillé de suie fit alors un signe, et les trois personnages qui étaient sortis du fourré se rapprochèrent de Victor.
Celui-ci leva son pistolet.
— Je tue le premier qui fait un pas de plus! dit-il froidement.
Mais l'homme barbouillé de suie n'en tint aucun compte.
Et il marcha résolûment vers Victor.
Celui-ci n'hésita point ; il ajusta et fit feu.
L'homme fit un mouvement et s'arrêta une seconde, comme s'il eût été frappé en pleine poitrine, puis il se remit en marche.
— Feu! monsieur, feu! cria Victor ivre de rage en se tournant vers M. de Fromentin.
Le marin appuya le doigt sur la détente, mais le coup ne partit pas.
La capsule avait brûlé.
Ce fut alors comme un signal.
Les quatre hommes et M. Albert Morel se ruèrent sur Victor.
En moins d'une minute, le jeune homme fut enlacé, pressé, renversé, et on le prit à la gorge pour l'empêcher de crier.
— Des cordes! demanda le bûcheron.
— En voici, répondit une voix.
L'officier de marine se tenait à l'écart, immobile et confus.
On jeta un mouchoir sur les yeux de Victor, on lui en passa un autre dans la bouche en guise de bâillon.
A partir de ce moment, le jeune homme ne vit plus rien et ne put proférer ni une parole ni un cri; mais il se sentit emporté à travers le bois, et il entendit autour de lui les pas précipités de ces inconnus qui semblaient obéir à M. Albert Morel.
Enfin, ceux qui le portaient s'arrêtèrent, et on le jeta dans une voiture.
Puis deux hommes se placèrent à côté de lui, l'un à sa gauche, l'autre à sa droite.
— Fouette! dit la voix de l'un d'eux.

A deux pas de la chaise de poste, l'homme barbouillé de suie, qui s'était montré le premier aux yeux de Victor, causait à voix basse avec M. Albert Morel.
— Eh bien ! disait ce dernier, que dois-je faire à présent?
— Vous en aller chez les Cardassol.
— Ah !
— Et y demeurer caché.
— Pourrait-on sortir le soir?
— Parbleu!
— Et aller à la Martinière?
— Demain, comme à l'ordinaire.
— Et demain, que dirai-je ?
— Je vous verrai d'ici là.
— Où?
— Chez les Cardassol.
M. Albert Morel s'inclina.
— Et je vous donnerai vos instructions à ce sujet Alles.

Victor comprit qu'il traversait un vestibule. (Page 1063.)

Et le personnage mystérieux que M. Albert Morel avait le matin salué de son titre de vicomte, et qui signait ses lettres le Bûcheron, accompagna ces derniers mots d'un geste assez significatif pour que M. Albert Morel levât immédiatement la séance.

Puis, tandis que ce dernier s'écartait, le bûcheron s'approcha de la berline de voyage, qui s'ébranlait en ce moment, et, s'adressant à l'un de ceux qui se trouvaient auprès de Victor, il ajouta :

— Vous connaissez bien vos instructions, n'est-ce pas ?

— Oui, oui.

— Alors, bon voyage ! Fouette ! postillon, fouette !

La chaise de poste était alors sur la lisière nord de la sapinière, dans un chemin de traverse sablonneux, comme tous les chemins de Sologne, du reste. Elle était attelée de trois vigoureuses bêtes percheronnes, bien mieux taillées, du reste, pour traîner la charrue que pour courir la poste ; mais celui des hommes qui la conduisait à grandes guides détacha aux chevaux un si merveilleux coup de fouet que ceux-ci s'élancèrent à fond de train, laissant au bord du chemin l'inconnu qui se faisait appeler le bûcheron.

Ce dernier se retourna vers la sapinière et aperçut alors l'officier de marine qui, mélancoliquement assis au revers d'un fossé, assistait en spectateur muet à l'enlèvement de son jeune ami, M. Victor de Passe-Croix.

— Ah ! vous voilà, monsieur, lui dit le bûcheron en le saluant de la main.

— Oui, monsieur.

— Convenez que nous sommes de vrais bandits à vos yeux ?

— Monsieur, répondit le marin tout pensif, il faut que je me rappelle votre situation dans le monde, le nom honorable que vous portez, la réputation de galant homme dont vous avez toujours joui, pour ne point me figurer, à cette heure...

Et comme M. de Fromentin hésitait, le bûcheron acheva en se mettant à rire :

— Que je suis affilié à une bande de voleurs dont M. Albert Morel est le chef, n'est-ce pas ?

— Ah ! c'est que vous ne savez peut-être pas, reprit le marin, ce qu'est M. Albert Morel ?

— Si, je le sais.

— Vous... le... savez ?

— C'est un assassin, et il se nomme, de son vrai nom, Charles de Nancery.

— Et c'est à un pareil homme que vous prêtez votre appui ?

— Peut-être.
— Et vous le favorisez pour déshonorer une famille honorable?
— Monsieur, interrompit le bûcheron, connaissez-vous bien Victor de Passe-Croix?
— C'est un loyal caractère, une excellente nature, un brave garçon, en un mot, monsieur.
— Connaissez-vous le baron de Passe-Croix, son père?
→ Non.
Un second ricanement passa dans la gorge du bûcheron.
— Et si je vous disais que celui-là est un misérable?
— Monsieur!...
— Pire que M. Albert Morel...
— Oh! c'est impossible!...
— C'est pourtant vrai. M. Albert Morel, dominé par une pensée cupide, a fait tuer un homme..
— Et... le baron?
— Le baron? ricana le bûcheron, il a fait mieux que cela, monsieur.
Le marin tressaillit.
— Il a assassiné une femme et il a dépouillé une pauvre enfant de son héritage.
— Monsieur! monsieur! dit le marin en prenant le bras du bûcheron et le serrant avec force, êtes-vous bien sûr de ce que vous avancez?
— Sur l'honneur du nom que je porte! répondit son interlocuteur.
M. de Fromentin courba de nouveau le front et se tut un moment ; puis il reprit tout à coup :
— Mais enfin, monsieur, le fils n'est point coupable du crime de son père?
— Chut!... dit le bûcheron. Je vous ai promis qu'il ne lui arriverait aucun mal; ne m'en demandez pas davantage...
Tandis qu'ils causaient ainsi, le marin et le bûcheron avaient tourné la sapinière, et ils étaient arrivés à l'endroit où Victor de Passe-Croix avait, une heure auparavant, attaché son cheval.
L'animal hennissait et piaffait d'impatience.
Le bûcheron le détacha, puis il lui mit la bride sur le cou et la noua.
— Que faites-vous? demanda le marin un peu étonné.
— Je renvoie le cheval à la Martinière. Oh! soyez tranquille, il y retournera bien tout seul.
— Mais songez donc qu'en voyant arriver le cheval sans le cavalier...
— On sera inquiet, voulez-vous dire?
— C'est impossible autrement.
— Eh bien, c'est ce que je veux, répondit froidement le bûcheron.
Et, cassant une branche d'arbre, il s'en fit une cravache pour fouetter la croupe de Neptune, qui s'élança au galop dans la direction de la Martinière.

XVIII.

Cependant la chaise de poste roulait au grand trot.
Durant quelques minutes, Victor de Passe-Croix fut comme anéanti.
La scène de violence dont il avait été victime avait été si rapidement conduite, on l'avait si étroitement garrotté, si solidement bâillonné, qu'un homme plus âgé et plus calme que lui eût tout aussi bien perdu la tête dans les premiers moments.
Mais enfin le sentiment exact de sa situation lui revint, et, passant de la prostration à la violence, il essaya de briser ses liens et de se débattre, poussant au travers de son bâillon des sons inarticulés.

Alors un des deux hommes qui s'étaient placés auprès de lui posa une main sur son épaule, et lui dit :
— Au lieu de vous débattre, monsieur, veuillez m'écouter.
Cette voix était jeune, et avait je ne sais quoi de sympathique.
Victor en subit le charme, et se contint sur-le-champ.
L'inconnu reprit :
— Vous êtes ici garrotté et sans armes, entre deux hommes armés. Si vous parveniez à briser vos liens, ce serait pour affronter une mort certaine. Vous êtes brave, monsieur, nous le savons, et vous n'avez point à faire vos preuves de courage ; par conséquent, tenez-vous tranquille, je vais vous débarrasser de votre bâillon.
En parlant ainsi, l'inconnu délia le mouchoir qui empêchait Victor de parler.
— Ah! misérables! murmura celui-ci aussitôt que sa voix put se faire jour.
— Monsieur, répondit la voix sympathique, c'est mal à vous d'user de la première liberté que nous vous rendons pour nous insulter.
— Vous insulter! murmura Victor avec dédain.
— Oui, certes.
— Vous m'avez fait tomber dans un guet-apens.
— C'est vrai.
— Donc, vous êtes des...
— N'achevez pas, monsieur, c'est inutile. Nous obéissons à une nécessité terrible ; voilà tout. Mais nous n'avons l'intention ni de vous voler, ni de vous assassiner; à moins que... cependant, vous ne nous opposiez une résistance chevaleresque et folle.
— Oh! répondit Victor avec hauteur, je me sais trop brave pour jouer inutilement ma vie contre des bandits tels que vous!
Celui des deux inconnus qui parlait haussa légèrement les épaules, mais sa voix ne témoignait aucune irritation.
— Monsieur, dit-il, si vous voulez nous donner votre parole que vous ne chercherez point à nous résister davantage.
— Eh bien?
— Je vous débarrasserai de vos liens, car il répugne à des gens bien élevés comme nous... de vous maltraiter inutilement.
— Ah! ah! ricana Victor.
— Remarquez, continua l'inconnu, que, libre de tous vos mouvements, vous n'en serez pas moins en notre pouvoir...
— Eh bien! soit! dit Victor, je vous donne ma parole que je ne chercherai point à vous échapper.
— Bien ; et que vous n'ôterez pas le bandeau que nous vous avons mis sur les yeux?
— Il paraît que je ne dois pas savoir où vous me conduisez?
— Non.
— Soit. Je vous jure que je ne chercherai point à enlever mon bandeau.
— A la bonne heure!
Alors l'inconnu, armé sans doute d'un poignard, coupa une à une les cordes qui attachaient les pieds et les mains de Victor.
La chaise de poste roulait bon train.
— Monsieur, reprit le jeune homme à celui de ses deux gardiens qui lui avait parlé jusque-là, je ne dois pas savoir où vous me conduisez, paraît-il ; mais peut-être pourrez-vous répondre à quelques-unes de mes questions?
— Cela dépend, monsieur.
— Suis-je votre prisonnier pour longtemps?
— Je n'en sais rien.
— Comment?
— Votre captivité ne dépend ici ni de vous ni de moi.

— Et de qui donc?
— Je ne puis vous le dire.

Ces mots firent songer Victor, qui ne put s'empêcher de penser à sa sœur.

— Monsieur, reprit-il, je vois bien que je suis dans les mains de M. Albert Morel.

— Vous vous trompez.

— Plaît-il? fit Victor étonné.

— M. Albert Morel n'a pas et n'aura jamais l'honneur d'être au nombre de nos amis.

A ces derniers mots, Victor respira bruyamment, comme s'il eût été débarrassé d'un poids immense.

— Ah! dit-il, vous n'êtes pas ses amis?

— Non.

— Alors, peut-être savez-vous que c'est... un misérable?

— Nous le savons.

— Et... cependant... vous semblez... le servir?

— C'est nous que nous servons.

Victor écoutait, de plus en plus étonné.

— Mais vous ne savez pas, demanda-t-il, que cet homme avec qui j'allais me battre me devait tout son sang?

— Nous le savions.

— Et vous m'avez empêché...

— C'est pour vous empêcher de le tuer que nous vous avons enlevé.

— Mais, messieurs...

Et la voix du fier jeune homme devint presque suppliante.

— Monsieur, dit l'inconnu, dans le lieu où nous vous conduisons, il y a des plumes et de l'encre.

— Eh bien?

— Il vous sera facultatif d'écrire un mot à M. le baron de Passe-Croix, votre père.

Victor eut froid au cœur. Les mots qu'il venait d'entendre lui disaient que ces hommes possédaient le secret de sa haine pour M. Albert Morel.

Cependant il essaya d'en douter.

— A quoi bon? fit-il.

— Mais, dit l'inconnu, vous pourrez prévenir M. votre père du danger qu'il court.

— Assez, monsieur, dit brusquement Victor.

Et il parut vouloir garder le silence.

La chaise de poste roula environ une heure encore.

Pendant cette heure, Victor demeura silencieux et sombre, se demandant quel intérêt ces hommes pouvaient avoir à empêcher son duel avec M. Albert Morel, puisque M. Albert Morel était à leurs yeux le dernier des misérables.

Enfin, la chaise s'arrêta.

— Nous sommes arrivés, dit l'un des deux inconnus, celui qui n'avait point encore parlé.

— Monsieur, reprit l'autre en s'adressant à Victor, vous allez me donner la main et vous laisser conduire.

— Allons! dit le jeune homme, qu'on aida à descendre de la voiture.

— Et, dit encore l'inconnu, souvenez-vous que vous nous avez juré de ne pas soulever votre bandeau.

— Je vous le jure encore.

— Alors, venez.

Victor se laissa conduire et devina, en sentant sous ses pieds un sable menu et friable, qu'il traversait une cour ou longeait une avenue.

Puis on lui dit :

— Vous avez devant vous un escalier.

Et il gravit l'escalier, qui avait une dizaine de marches.

Au bout de cet escalier, Victor comprit qu'il traversait un vestibule; après quoi il entendit le bruit d'une porte qui s'ouvrait.

On lui fit franchir le seuil de cette porte, qui se referma aussitôt derrière lui.

Alors la voix sympathique lui dit encore :

— Nous allons vous conduire, monsieur, dans un lieu où vous demeurerez seul un moment. Jurez-nous que vous ne chercherez point à nous échapper.

— Vous avez ma parole, répondit simplement Victor.

— Voici un second escalier à gravir, reprit la voix sympathique; donnez-moi la main.

Victor gravit encore une trentaine de marches; après quoi il entendit une autre porte s'ouvrir, puis il se sentit enveloppé d'une atmosphère plus chaude, en même temps qu'une sorte de clarté semblait pénétrer son bandeau.

— Quand vous entendrez la porte se refermer, lui dit la voix, vous pourrez ôter votre bandeau.

— Et puis ensuite? demanda Victor de Passe-Croix.

— Ensuite vous attendrez une visite qui ne peut tarder.

— Une visite?

— Oui. Chut!... Au revoir...

Victor entendit des pas s'éloigner, puis le bruit de la porte qui se refermait.

Alors il ôta son bandeau.

On n'arrive pas à vingt ans, on n'est point entré à Saint-Cyr après avoir passé par le collège et l'école préparatoire, sans avoir lu beaucoup de romans. Victor savait par cœur toute la littérature contemporaine; cependant, en dépit du mystère qui l'environnait depuis une heure, il ne put se défendre d'un véritable cri d'étonnement lorsqu'il eut arraché son bandeau et ouvert les yeux.

— Où suis-je donc? se demanda-t-il avec une sorte de stupeur.

Il se trouvait dans une petite salle qui ne pouvait être autre chose, si on en jugeait par l'ameublement coquet et les tentures, que le boudoir d'une jeune femme.

C'était luxueux et simple à la fois, élégant et discret; un demi-jour, produit par une lampe à globe dépoli, éclairait doucement les meubles en bois de rose, les sièges en soie bleue capitonnée, une pendule Louis XV du meilleur style, et un admirable portrait de femme, qui attira tout de suite les regards du jeune homme.

Ce portrait représentait une belle jeune fille de dix-neuf à vingt ans, blonde, blanche, avec les yeux bleus et une adorable et abondante chevelure qui retombait sur ses épaules en boucles confuses.

— Est-ce donc là, murmura Victor, la fée du logis?

— Peut-être!... répondit une voix.

En même temps, Victor vit une portière s'agiter; il entendit le frou-frou d'une robe de soie, et, en même temps aussi, une femme lui apparut.

C'était évidemment celle que représentait le portrait sur lequel le jeune homme avait attaché les yeux avec une ardente curiosité.

XIX.

Victor demeura ébloui.

La femme qui venait de lui apparaître était belle comme une héroïne de roman, belle à désespérer un peintre ou un sculpteur.

Elle entra, salua le jeune homme d'un geste de reine, et vint se placer devant la table sur laquelle Victor avait appuyé une de ses mains.

Victor avait vingt ans, le cœur et l'imagination enthousiastes.

La vue de cette merveilleuse créature produisit sur lui une impression si vive et si étrange, qu'il oublia tout en ce moment, même sa chère sœur Flavie, pour l'honneur de laquelle il avait essayé de soutenir une lutte inégale.

L'inconnue sembla jouir un instant des effets de cette fascination, puis elle dit en souriant :

— C'est moi, monsieur, qui vais vous dicter la lettre

que vous devez écrire à votre père, M. le baron de Passe-Croix.

— Vous ! balbutia Victor, de plus en plus étonné et comme dominé par le charme de ce sourire.

— Oui, reprit-elle, c'est moi.

Le jeune homme s'enhardit subitement.

— Vous connaissez donc tous ces hommes ? demanda-t-il.

Elle fit un signe de tête affirmatif.

Et comme il la regardait avec une stupéfaction douloureuse, elle ajouta :

— Ils m'obéissent comme des esclaves.

— Oh !

Cette unique exclamation de Victor fut si éloquente, qu'elle toucha profondément la jeune femme.

— Je gage, dit-elle en souriant, que vous avez d'eux une opinion déplorable.

— Ce sont des bandits !

— Vous pourriez vous tromper.

— Des lâches !

— Oh ! pour cela, non, et chacun d'eux vous offrirait la réparation que vous exigeriez, si...

— Si ?... fit Victor.

— Si je le leur permettais.

Cette fois, Victor de Passe-Croix regarda l'inconnue avec une surprise impossible à rendre.

— Et pourquoi donc, demanda-t-il, ne le leur permettriez-vous pas ?

Elle le regarda en souriant.

— Parce que, dit-elle, je ne veux pas que vous mouriez.

— Ce n'est pas moi, ce sont eux qui...

Elle l'interrompit d'un geste.

— S'ils vous tuaient, dit-elle, j'en serais au désespoir.

— Vraiment ! Vous êtes trop bonne, fit-il avec amertume.

— Et s'il arrivait malheur à l'un d'eux, acheva-t-elle, j'en serais inconsolable.

Un nuage passa sur le front de Victor, et il éprouva une sensation étrange, comme un sentiment de jalousie subite.

Pourquoi donc cette femme s'intéressait-elle tant à ces hommes ? Victor avait vingt ans, il n'avait jamais aimé... et l'inconnue était si belle, que, pour la première fois, son cœur venait de tressaillir.

— Ah ! dit-il, vous aimez donc ces hommes ?

— Oui, répondit-elle.

— Tous les quatre ?

A son tour elle tressaillit ; peut-être avait-elle un secret au fond du cœur, mais ce secret ne monta point jusqu'à ses lèvres.

— Ce sont mes amis, dit-elle simplement.

Et comme Victor demeurait sombre et le front penché :

— Eh bien, monsieur, reprit-elle, voulez-vous écrire à M. le baron de Passe-Croix ?

Elle lui montrait la table, le papier et les plumes.

Victor poussa un soupir ; puis il s'assit, prit la plume et regarda l'inconnue.

— Que faut-il écrire ? dit-il.

— Vous comprenez, monsieur, répondit-elle, que je ne puis pas vous autoriser à tenir M. votre père au courant de ce qui vous est arrivé ce soir.

— Ah !

— Il est inutile qu'il sache que vous avez été enlevé.

— Mais... cependant...

— D'ailleurs, ce n'est point le but de votre lettre.

— Que voulez-vous dire, madame ?

— Il suffit que le baron sache que mademoiselle Flavie, votre sœur, aime M. Albert Morel, et que M. Albert Morel est un misérable.

— Mais, comment expliquer mon absence ?

— Attendez, vous allez voir.

— J'attends, dit Victor.

L'inconnue dicta :

« Mon cher père,

« Un voyage de quelques jours, que je n'avais pas prévu et dont je ne pourrai t'expliquer le but qu'à mon retour, m'oblige à m'éloigner de la Martinière. Ma lettre te parviendra par une main sûre, et te mettra sur tes gardes.

« Nous courons un grand danger, mon cher père, il n'est que temps d'aviser.

« Cette petite folle de Flavie s'est éprise d'un homme sans foi ni loi, sans honorabilité et sans nom qui se trouve chez les Montalet, et qu'on nomme Albert Morel.

« Or, figure-toi que ce misérable a eu l'audace de venir plusieurs fois, la nuit, jusque dans le parc de la Martinière, où Flavie l'attendait.

« Pour des raisons que je ne puis confier à une lettre, M. Albert Morel est indigne d'entrer dans notre famille.

« Je t'engage à voir Flavie et à la raisonner sérieusement.

« Peut-être maman ferait-elle bien de l'emmener à Paris. On la conduirait dans le monde, on chercherait à la distraire, sinon à l'étourdir.

« Mais, quoi qu'il arrive, ce mariage ne peut avoir lieu.

« Adieu, mon cher père, au revoir, plutôt. Ne cherche point à savoir où je suis ; c'est inutile.

« Ton fils dévoué,

« VICTOR. »

Quand il eut écrit et signé cette lettre, Victor reporta sur la belle jeune femme un regard mélangé de surprise et d'anxiété.

Sans doute elle devina ce qui se passait en lui.

— Voulez-vous, lui dit-elle, que je vous dise votre pensée toute entière ? Vous vous demandez pourquoi on vous permet d'écrire à M. le baron de Passe-Croix, votre père, puisqu'on ne vous a point permis de vous battre avec M. Albert Morel ?

— C'est vrai, murmura Victor avec simplicité.

Et il accompagna ces paroles d'un regard interrogateur et suppliant.

Un sourire énigmatique glissa sur les lèvres de la jeune femme.

— Malheureusement, dit-elle, je ne puis vous répondre.

— Ah ! madame, madame ! dit Victor avec anxiété ; savez-vous bien qu'il y va du repos de mon père, de l'honneur de ma famille tout entière ?

La jeune femme garda le silence et baissa la tête.

— Vous n'avez point voulu me dire, reprit Victor, quels sont ces misérables... ces hommes, veux-je dire, fit-il en tressaillant sous le regard sévère de l'inconnue.

— Je ne le puis, monsieur, répondit-elle ; plus tard, vous saurez tout.

La voix de la jeune femme était calme, sympathique, et cependant empreinte d'une autorité dont Victor subit l'ascendant.

Il y eut entre eux un moment de silence. Puis elle se leva.

— Monsieur, lui dit-elle, de votre conduite ici va dépendre le sort de cette lettre.

— Que voulez-vous dire, madame ? demanda Victor avec un sentiment d'inquiétude.

— Écoutez-moi : vous êtes mon prisonnier. Si, d'ici à demain, vous n'avez point cherché à vous évader, ce que je ne vous conseille pas, car la chose est impossible ; si vous demeurez calme, tranquille et ne tentez point de pénétrer le mystère qui vous enveloppe...

— Eh bien !

Son attention fut éveillée par le galop d'un cheval. (Page 1066.)

— Cette lettre partira au point du jour.
— Et s'il en était autrement ? interrogea Victor anxieux.
— La lettre ne partirait point. Au revoir, monsieur.
Et la jeune femme, qui s'était emparée de la lettre de Victor, souleva une draperie et disparut, laissant le jeune homme au comble de la stupeur.

XX.

Tandis que Victor était le prisonnier de la belle inconnue à qui obéissaient les hommes au visage noirci, un paysan suivait à pied un petit sentier qui conduisait jusqu'à la Martinière à travers les bois.

Le jour naissait, et lorsque cet homme fut parvenu à la lisière du parc, il put apercevoir un des jardiniers occupé à tailler une charmille.

— Hé ! l'ami ! cria le paysan.

Le jardinier tourna la tête, vit un homme de l'autre côté de la haie vive qui servait de clôture au parc, et se dirigea vers lui.

Le paysan était vêtu d'un bourgeron bleu, d'un pantalon de grosse toile, et coiffé d'un chapeau de paille.

Il était complétement inconnu au jardinier.

Ce dernier le regarda avec curiosité.

— Que voulez-vous ? dit-il.

Le paysan montra du doigt l'habitation qu'on apercevait à travers les arbres.

— Est-ce que ce n'est pas là le château de la Martinière ?
— Oui.
— Monsieur le baron y est-il ?
— Tenez, justement, dit le jardinier, voilà qu'il se lève.

En effet, une des fenêtres du château venait de s'ouvrir, et le baron, en robe de chambre, s'y accoudait pour fumer un cigare.

— Que lui voulez-vous ? demanda le jardinier.
— Voilà une lettre pour lui, dit le paysan, qui étendit la main par dessus la haie.
— D'où vient-elle ?
— C'est une lettre de M. Victor.
— Ah ! fit le jardinier, qui prit la lettre et ajouta : Vous attendez sans doute la réponse ? Tenez, suivez le fossé jusqu'à la grille là-bas. La grille est ouverte. Vous prendrez la grande allée, et vous me rejoindrez au château.
— Oh ! c'est pas la peine, dit le paysan ; il n'y a pas de réponse. Bonsoir, l'ami.

Il tourna le dos au jardinier, et s'en alla en courant par le sentier qu'il avait suivi pour venir.

Le jardinier, un peu étonné, se dirigea vers le château.

M. le baron de Passe-Croix, qui n'avait point quitté la fenêtre, avait aperçu le paysan, puis il avait vu le jardinier revenir avec une lettre à la main.

— Hé! Antoine ! lui cria-t-il lorsque ce dernier passa sous sa fenêtre, qu'est-ce donc?

Le jardinier ôta son chapeau.

— C'est une lettre de M. Victor, dit-il.

— Attends, cria le baron, je vais descendre dans le parc.

Et, en effet, M. de Passe-Croix, ayant endossé une veste du matin, quitta sa chambre, et par un escalier dérobé rejoignit son jardinier, qui s'était assis sur une des marches du perron.

— Qui donc a apporté cette lettre? demanda-t-il en prenant le message des mains du jardinier.

— C'est un paysan que je ne connais pas.

— Sans doute un garçon de ferme des Rigoles, pensa le baron, qui allait briser le cachet de la lettre après avoir reconnu l'écriture de Victor, lorsque son attention fut éveillée par le galop d'un cheval retentissant sur la grande allée du parc.

— Oh! oh! dit-il, je ne connais que Neptune qui galope ainsi...

Il se fit un abat-jour de sa main et regarda.

Neptune, le cheval de Victor, monté par un cavalier inconnu au baron, arpentait, en effet, la grande allée de marronniers qui servait d'avenue au château de la Martinière.

Ceci parut tellement extraordinaire à M. de Passe-Croix, qu'il oublia d'ouvrir la lettre de son fils et s'en alla droit au cavalier, qui, à trois pas de distance, arrêta net le cheval.

Ce cavalier n'était autre qu'un bûcheron de la forêt, que le jardinier reconnut.

— D'où viens-tu donc, et qui t'a confié ce cheval? demanda le jardinier, non moins stupéfait que son maître.

— Ma foi! répondit le bûcheron en sautant à terre et saluant M. de Passe-Croix, je ne suis pas ce qui a pu arriver à M. Victor, que je connais bien, mais...

— Comment! s'écria le baron, ce n'est donc pas lui qui t'a remis son cheval?

— Non, monsieur.

— Qui donc, alors?

— J'ai trouvé le cheval dans la forêt; il s'était entortillé avec sa bride, qui pendait à terre, dans une broussaille, et ne pouvait plus ni avancer ni reculer.

M. de Passe-Croix eut un frisson d'épouvante.

Qu'était-il donc arrivé à son fils?

Alors seulement il songea à briser le cachet de la lettre que le paysan inconnu lui avait apportée.

Les deux premières lignes le rassurèrent, et il respira librement. Victor parlait d'un voyage, et, sans doute, il serait allé prendre le chemin de fer à la station voisine du château des Rigoles. Là, il aurait confié son cheval à un domestique pour le ramener soit aux Rigoles, soit à la Martinière, et Neptune, qui était une monture difficile, se serait débarrassé de son cavalier. Cette hypothèse était si admissible, que M. de Passe-Croix, bien convaincu qu'il n'était rien arrivé à son fils, continua la lecture de sa lettre.

Mais, soudain, il eut le vertige, une sueur glacée baigna ses tempes, une pâleur mortelle couvrit son front.

Le jardinier et le bûcheron le virent faire un pas en arrière et chanceler.

— Pour sûr, murmura le jardinier, il est arrivé malheur à M. Victor.

Ces mots arrivèrent jusqu'à l'oreille du baron, et réagirent sur lui aussitôt. Il se redressa donc, et dit au jardinier :

— Tu te trompes, il n'est rien arrivé du tout à M. Victor. Emmène ce brave garçon à la cuisine et Neptune à l'écurie...

En même temps, le baron tira sa bourse et donna dix francs au bûcheron.

Puis il s'éloigna brusquement, monta en chantant les degrés du perron, et retourna s'enfermer dans sa chambre.

Là, assis devant une table, la tête dans ses deux mains, les yeux rivés à cette lettre de son fils, qu'il lut et relut plusieurs fois, M. de Passe-Croix sembla se demander s'il n'était point le jouet de quelque horrible rêve . . . .

Tandis que M. de Passe-Croix demeurait comme foudroyé par les révélations que contenait la lettre de son fils, tout près de lui, à l'étage supérieur, Mlle Flavie, sa fille, était en proie à une anxiété sans nom.

La jeune fille ne s'était pas mise au lit de la nuit.

Accoudée à sa fenêtre ouverte, elle avait, depuis la veille au soir, prêté vainement l'oreille au moindre bruit. Ni le galop d'un cheval, ni ce cri bizarre, ce houhoulement qui était pour elle un signal, n'avaient troublé le silence nocturne. Et cependant Flavie avait attendu M. Albert Morel comme à l'ordinaire.

Il était parti la veille, lui disant : « A demain! » Et Flavie avait eu foi en lui.

Pendant la première moitié de la soirée, Mlle de Passe-Croix avait été le jouet d'une espérance bizarre.

Elle avait cru que M. Albert Morel arriverait en compagnie de Victor, qu'il entrerait par la grande grille du parc, au lieu d'y pénétrer par une brèche, et qu'il irait droit au baron, lui demandant la main de sa fille.

Victor, son cher Victor, ce frère qui l'aimait tant, ne lui avait-il point promis d'être pour M. Albert Morel, de le présenter lui-même au baron? Ne lui avait-il pas engagé sa parole que M. Albert Morel serait son mari?

Jusqu'à minuit, elle avait eu foi en la double parole de son frère et de son amant. A minuit seulement, Flavie avait compris qu'il n'était plus possible que M. Albert Morel se présentât ouvertement.

Alors son esprit inquiet s'était livré à mille conjectures.

Elle savait Victor d'un naturel emporté. Un moment elle craignit qu'il n'eût eu avec M. Albert Morel une explication qui eût dégénéré en querelle. Alors la pauvre jeune fille, éperdue, croyait voir déjà son frère et son amant l'épée à la main.

Parfois aussi, plus calme, elle s'était dit que sans doute M. Albert Morel et Victor s'étaient vus, s'étaient entendus, et avaient arrêté d'un commun accord qu'ils viendraient ensemble à la Martinière le lendemain matin.

Mais cette deuxième supposition était celle à laquelle Flavie croyait le moins.

La pauvre jeune fille avait donc passé la nuit à l'attendre.

Plusieurs fois elle était descendue dans le parc et avait couru jusqu'à la brèche par où M. Albert Morel avait coutume d'y pénétrer.

Plusieurs fois aussi elle s'était arrêtée auprès du pavillon où elle le recevait chaque nuit.

M. Albert Morel n'était point venu.

Flavie avait vu arriver le jour, puis elle avait vu poindre le premier rayon du soleil.

Enfin elle avait entendu la voix de son père échangeant quelques mots avec le jardinier qui lui apportait une lettre de Victor.

Alors le cœur de Flavie s'était repris à battre avec violence.

La lettre de Victor allait sans doute lui expliquer bien des choses.

Un moment, elle fut tentée de descendre à son tour dans le parc, et d'y rejoindre son père.

Mais soudain, à cette pensée, elle rougit et trembla tour à tour. Comment oserait-elle affronter le regard de son père, lorsqu'il saurait que, depuis un mois, elle voyait chaque soir M. Albert Morel?

Et Flavie, tremblante, anxieuse, n'osait sortir de sa chambre, et attendait avec une sorte d'épouvante quelque mystérieux événement.

Soudain, un pas saccadé, inégal, brusque, retentit dans le corridor qui conduisait à sa chambre.

— C'est mon père! pensa Flavie, qui sentit tout son sang affluer à son cœur.

On frappa à la porte.

— Entrez! murmura-t-elle d'une voix mourante.

Le baron entra et jeta un regard rapide autour de lui.

Il s'aperçut que le lit de la jeune fille n'était même pas foulé; il remarqua que les deux flambeaux placés sur la table avaient dû brûler toute la nuit.

La pâleur et l'agitation de M. de Passe-Croix étaient telles, que Flavie les remarqua, malgré son trouble et sa terreur.

Le baron ferma la porte et s'assit auprès de sa fille.

Puis, après l'avoir regardée silencieusement un moment, il lui dit:

— Flavie, mon enfant, il faut faire vos préparatifs de départ aujourd'hui.

Flavie regarda son père avec stupeur.

— Je viens de voir votre mère, continua le baron, et il est convenu que vous partirez demain matin avec elle.

— Partir! balbutia la jeune fille, qui sembla s'arracher un moment à la torpeur morale qui l'étreignait.

— Oui, mon enfant.

— Mais... mon père...

— Vous allez en Poitou, chez votre oncle à la mode de Bretagne, le marquis de Morfontaine.

— Mais... dit la jeune fille, pourquoi ce départ, mon père?

— Il le faut.

— Cependant... hier encore...

M. de Passe-Croix, qui s'était longtemps contenu, éclata tout à coup:

— Hier encore, dit-il avec un emportement subit, hier j'ignorais que vous vous étiez éprise d'un misérable aventurier, d'un homme que votre frère tuera, si je ne prends cette besogne pour moi-même.

Flavie poussa un cri terrible.

— Oh! dit-elle, c'est faux, c'est faux!

— Ma fille, acheva M. de Passe-Croix avec l'accent d'une résolution inébranlable, tant que je vivrai, vous n'épouserez point M. Albert Morel!..

Flavie exhala un dernier cri, un cri de désespoir suprême, et elle tomba évanouie.

XXI.

Plusieurs heures s'écoulèrent.

En s'évanouissant, Flavie de Passe-Croix était tombée sur le parquet comme une masse inerte.

Au bruit de sa chute, la baronne accourut.

On fit respirer des sels à la jeune fille, et on ne tarda point à lui rendre l'usage de ses sens.

Alors M. de Passe-Croix la laissa avec sa mère.

La baronne était une sainte femme qui n'avait trempé dans aucune des infamies qui avaient souillé la vie de son mari.

Elle les ignorait.

Après avoir pris sa fille dans ses bras et l'avoir pressée sur son cœur avec tendresse, elle obtint d'elle des aveux complets.

— Oh! mère, mère, murmurait Flavie en sanglotant, si tu savais comme je l'aime!

— Mais, mon enfant, répondit la mère, tu ne sais donc pas ce qu'a écrit Victor?

— Mais Victor m'a promis...

— Victor, dit vivement la baronne, nous a écrit que cet homme était un misérable!

— Oh! c'est faux! c'est faux!

— Mon Dieu! le connais-tu bien?

— Ah! mère... si tu l'avais vu!

— Mais, enfin, Victor est ton frère, il t'aime...

— Victor se trompe.

— On ne s'exprime point ainsi sur le compte d'un homme, mon enfant, sans avoir des preuves certaines.

Mais, en dépit de la logique de sa mère, Flavie secouait la tête et continuait à fondre en larmes.

— Ecoute, mon enfant bien-aimée, lui dit la baronne, nous allons partir pour Paris.

— Mais, partir, c'est le condamner!

— Non. Ecoute...

Et la baronne assit sa fille sur ses genoux et la couvrit de baisers.

— Ecoute, reprit-elle: nous partirons demain pour Paris, nous pourrons avoir sur cet homme des renseignements positifs, exacts... et si Victor s'est trompé...

Flavie eut un terrible battement de cœur.

— Eh bien! acheva la baronne, tu l'épouseras!

Cette promesse calma un peu le désespoir de Flavie.

Elle avait si bien foi dans l'amour de cet homme, elle croyait si fermement en lui, qu'en écoutant sa mère parler ainsi, elle se vit dans l'avenir la femme de M. Albert Morel.

— Soit, murmura-t-elle en courbant le front, je t'obéirai, mère.

Et, dès lors, la jeune fille s'occupa de ses préparatifs de départ avec un empressement fiévreux.

Une heure auparavant, la pensée d'un départ l'épouvantait, et maintenant, cette même pensée lui souriait; elle aurait voulu être à Paris déjà.

Quand elle se retrouva seule, Flavie, désormais plus tranquille, n'eut plus qu'une préoccupation: avertir M. Albert Morel de son départ.

Mais comment? à qui se confier? quel serviteur de la Martinière serait assez discret, assez dévoué pour se charger d'une lettre et la porter aux Rigoles?

Tandis que la pauvre enfant se mettait l'esprit à la torture pour trouver un moyen de faire parvenir de ses nouvelles à M. Albert Morel, il se passa à la Martinière un événement en apparence sans importance, et qui, cependant, devait avoir des conséquences terribles.

La veille, avant de quitter les Rigoles pour se rendre au Bois-Fourchu, où il espérait rencontrer M. Albert Morel et se battre avec lui, Victor, en annonçant son départ aux Montalet, les avait priés de lui renvoyer, le lendemain, à la Martinière, Fanchette, sa petite chienne beagle.

Or, ce fut précisément le valet de chambre de M. Albert Morel qui fut chargé de cette mission par M. Amaury de Montalet.

Flavie était à sa fenêtre lorsque le valet arriva, monté sur un mulet chargé d'un panier dans lequel se trouvait la petite chienne.

Poussée par un pressentiment inexplicable, et en même temps peut-être dominée par le désir de savoir ce qu'était devenu Victor, qui avait dû partir des Rigoles pour ce mystérieux voyage dont il ne précisait pas le but dans sa lettre, Flavie descendit et assista à l'arrivée de cet homme. Elle ignorait que ce fût le valet de M. Albert Morel, et cependant quelque chose lui disait qu'il lui apportait de ses nouvelles.

Cependant cet homme ne lui adressa point la parole, mais il la regarda d'une façon singulière et tellement significative, que Flavie ne douta plus qu'il n'eût quelque chose à lui dire.

Le baron et un domestique de la Martinière, qui venaient de s'emparer de Fanchette, rendaient impossible toute communication entre elle et le valet.

Pourtant, celui-ci profita d'un moment où le baron tourna la .ête pour se pencher vers la jeune fille et lui dire rapidement à l'oreille :

— Ne me perdez pas de vue quand je m'éloignerai.

Puis il remonta sur son mulet sans avoir voulu accepter ni une gratification ni un verre de vin.

Flavie était montée sur le perron et avait les yeux fixés sur l'avenue bordée de marronniers.

Le valet mit son mulet au petit trot et s'en alla tranquillement. Lorsqu'il fut arrivé aux trois quarts de l'avenue, il se retourna.

M. de Passe-Croix et le domestique s'étaient éloignés.

Flavie seule demeurait assise sur le perron.

Alors le valet de chambre de M. Albert Morel laissa tomber quelque chose de blanc au pied d'un arbre.

Puis, certain que Mlle de Passe-Croix l'avait vu, il continua son chemin et sortit du parc, se dirigeant vers les Rigoles.

Flavie devina que c'était une lettre, et son cœur battit à outrance. Un moment, son émotion fut si forte, qu'elle demeura comme paralysée, et n'osa quitter la place où elle était assise.

M. de Passe-Croix n'était plus auprès d'elle, mais il était encore dans le parc, donnant des ordres aux jardiniers.

Cependant, comme il s'éloignait de plus en plus de l'avenue et se dirigeait vers la pièce d'eau, au bord de laquelle était le pavillon, Flavie s'enhardit, et, se levant, elle se dirigea vers l'endroit où le laquais avait laissé tomber la lettre.

Là, elle s'assit de nouveau un moment, s'empara du pli, qui était assez volumineux, et le glissa sous ses vêtements.

Puis elle se releva, s'enfuit vers le château et courut s'enfermer dans sa chambre.

Ce ne fut que là, quand elle eut tiré les verrous, qu'elle osa briser le cachet de cette enveloppe, sur laquelle il n'y avait d'écrit qu'un seul mot : « Souvenez-vous! »

Ce mot était de l'écriture de M. Albert Morel.

L'enveloppe contenait deux lettres : une que Flavie reconnut pour être de la main de son frère Victor, une seconde, qui était de M. Albert Morel.

Naturellement, Mlle de Passe-Croix, bien plus pressée d'avoir des nouvelles de son amant que de son frère, prit la lettre de M. Albert Morel et la lut la première. Cette lettre était ainsi conçue :

« Ma bien-aimée Flavie, vous me disiez hier que nous pouvions compter sur votre frère ; la lettre que je vous envoie vous prouvera le contraire.

« Victor est dévoué corps et âme à son ami Raoul de *entalel*, qui vous aime, et il a juré que vous seriez sa femme.

« Victor a inventé je ne sais quel tissu de calomnies à l'aide duquel il espère me perdre à tout jamais dans l'esprit de votre père.

« Je n'ose plus aller à la Martinière, et cependant il ut que je vous voie.

« Tâchez de vous esquiver dans la soirée, avant le coucher du soleil. Vous me trouverez dans la sapinière qui borde le parc, auprès de la cabane de bûcheron abandonnée. Là, je vous dirai ce que je n'ose confier à cette lettre.

« Votre ALBERT pour la vie. »

Cette lettre bouleversa Flavie plus que ses émotions de la nuit précédente et de la matinée.

Mais quelle était donc cette lettre de Victor que lui envoyait M. Albert Morel?

Elle n'était point sous enveloppe et ne portait aucune suscription. C'était un simple billet que voici :

« Cher ami,

« Dieu et ton ami Victor aidant, tu épouseras Flavie.

« Je réserve au Morel un joli tour de ma façon. Sois tranquille, tu peux dormir sur les deux oreilles.

« VICTOR. »

Flavie, à la lecture de ce billet, eut froid au cœur.

Elle éprouva même subitement comme un sentiment de haine pour ce frère, qui semblait la trahir.

— Oh ! c'est infâme ! murmura-t-elle.

Et elle se cramponna de toutes les forces de son être à cet amour qu'elle éprouvait pour M. Albert Morel, et elle ne douta plus un seul moment qu'il ne fût, aux yeux de son père, la victime des odieuses calomnies de Victor.

Alors, tout à coup cette enfant devint femme ; l'être faible se sentit fort ; son amour fit naître en elle l'instinct de la lutte.

— Non, non, pensa-t-elle, je ne me laisserai point sacrifier ainsi ; je résisterai !

Il était alors trois heures de l'après-midi.

Le soleil quittait l'horizon vers cinq heures.

Le moment du rendez-vous donné par M. Albert Morel approchait donc.

Flavie sortit de sa chambre et descendit au salon.

Mme de Passe-Croix s'y trouvait et faisait de la musique.

— Mère, lui dit Flavie, je vais me promener jusqu'au bout du parc. J'ai tant de chagrin depuis ce matin, que j'ai besoin de me trouver seule...

— Pauvre enfant ! murmura la baronne en lui mettant un baiser au front.

Flavie s'esquiva.

Et, comme son père était toujours dans le parc, elle prit une direction opposée et gagna la sapinière indiquée par M. Albert Morel.

XXII.

Les sapinières de Sologne ne sont point, comme on pourrait le croire, semblables à ces belles forêts de pins qui couvrent la chaîne des Alpes, et sous les hautes futaies desquelles on se promène à l'aise.

Le pin de Sologne est un pauvre arbre souffreteux qui atteint à peine sept ou huit pieds de haut, et qu'on plante serré, serré, de façon à pouvoir arracher, chaque année, deux arbres sur six. En certains endroits, la sapinière est tellement fourrée, qu'on dirait un makis corse.

Les chiens de chasse y pénètrent souvent avec répugnance, tant les basses branches qui rasent le sol sont épaisses et pointues.

Cependant le bûcheron se crée des sentiers au travers et se familiarise bientôt avec l'obscurité qui y règne, même en plein jour.

La sapinière que M. Albert Morel avait indiquée à Flavie comme rendez-vous, était une des plus impénétrables des environs de la Martinière, au moins du côté du parc.

Il est vrai qu'en se dirigeant vers le nord, on voyait les arbres s'écarter peu à peu, et on finissait par rencontrer une sorte de clairière à l'extrémité de laquelle se trouvait une hutte de bûcheron.

Ce fut vers cet endroit que se dirigea Flavie.

M. Albert Morel avait été fidèle au rendez-vous.

Il était venu à cheval, et avait attaché sa monture à un arbre. Puis il s'était assis sur un petit tertre de gazon encore vert, malgré la froidure de novembre.

Lorsque Mlle de Passe-Croix arriva, M. Albert Morel avait su donner à sa physionomie une expression de tristesse désespérée.

Il se leva, courut à la jeune fille, lui prit les mains et se montra si ému, qu'il ne put d'abord articuler un seul mot.

— Mon Dieu! fit-elle épouvantée, comme vous êtes pâle, Albert!

Il essaya de sourire, mais une larme brilla dans ses yeux.

— Je suis venu vous dire un éternel adieu, Flavie, murmura-t-il.

— Un éternel adieu! fit-elle.
— Oui, ma bien-aimée!
— Vous êtes fou, Albert!

Il secoua la tête.

— Oh! non, dit-il; je vais partir pour Paris dans une heure...

— Mais, moi aussi, répondit-elle; nous partons demain, ma mère et moi.

— Demain, j'aurai quitté Paris, et je m'embarquerai au Havre dans deux jours.

— Oh! fit-elle suffoquée... vous ne pouvez pas, vous...

L'émotion qui l'étreignait fut si forte, qu'elle chancela et se laissa tomber dans les bras de M. Albert Morel.

Il la fit asseoir auprès de lui en tenant toujours ses mains :

— Mon enfant, dit-il, ayez du courage et écoutez-moi.

— Oh! Albert... Albert, dit-elle éperdue, n'est-ce pas que vous ne partirez point?

— Il le faut.
— Mais pourquoi?
— Il faut que nous soyons à jamais séparés.

Elle eut un irrésistible élan d'amour.

— Ah! dit-elle avec un accent fiévreux, tu sais bien que c'est impossible!

— Mais chère âme, répondit-il, tu ne sais donc pas qu'il y a un abîme entre nous?

— Oui, la volonté de mon père. Mais ma mère est pour nous... et quant à Victor...

— Victor est un traître! fit-il avec énergie.
— Oh! dit Flavie, est-ce possible?
— Victor a juré à Raoul de Montalet que tu serais sa femme.

— Jamais! dit-elle.
— Victor a mon secret...
— Quel secret?

Il la pressa sur son cœur :

— Eh bien, dit-il, je vais tout t'avouer, Flavie, ma bien-aimée. Il y a entre nous un abîme plus infranchissable que la volonté de ton père...
— Quoi donc, mon Dieu?
— Du sang!

Flavie se leva épouvantée.

— Oh! tu es fou, dit-elle, tu es fou!
— Non, chère âme!... hélas! non!...
— Mais expliquez-vous donc, Albert! s'écria-t-elle affolée..
— Ecoute, reprit-il. Ton père n'avait-il pas un frère aîné?
— Oui.
— Qui fut tué en duel sous la Restauration?
— Justement ; par un officier de hussards...
— C'est bien cela. Sais-tu le nom de cet officier ?
— M. de Montmorelle.
— C'était mon père ! dit M. Albert Morel avec un geste tragique.

Mlle de Passe-Croix jeta un cri étouffé et se laissa retomber défaillante dans les bras de son séducteur

Celui-ci reprit :
— Tu vois bien qu'il faut que nous nous séparions...
— Oh! non jamais!
— Tu ne peux être ma femme...

Mais elle répondit en se jetant à son cou :
— Oh! l'obstacle double encore mon amour! Je suis ta femme devant Dieu, je le serai devant les hommes!..
— Mon Dieu!... mon Dieu!... murmurait M. Albert Morel, qui jouait cette comédie avec un rare talent.

Tout à coup il parut céder à un irrésistible élan de désespoir.
— Tiens!... dit-il, veux-tu fuir?
— Fuir!... fuir!...

Et elle répéta ce mot avec épouvante.
— Fuir, ou ne jamais nous revoir!.. dit-il
— Ah!

Et, pour la seconde fois, elle fut prise d'une défaillance.

— Allons, pensa M. Albert Morel, la partie est gagnée.

Et il la prit dans ses bras à demi évanouie, et la porta sur son cheval.

Deux minutes après, le ravisseur galopait dans la direction de cette maison mystérieuse où Victor de Passe-Croix était le prisonnier de la belle inconnue.....

· · · · · · · · · · · · · · · · · · · ·

XXIII.

Victor de Passe-Croix demeura longtemps immobile, en proie à un trouble inexprimable.

Quelle était donc cette femme dont la beauté l'avait si vivement impressionné? Comment était-elle dans cette maison, ou plutôt pourquoi commandait-elle à ces hommes qui servaient de complices à M. Albert Morel ?

Telles furent les questions qu'il s'adressa tout d'abord sans pouvoir les résoudre. Mais chez les hommes de la trempe de Victor, les torpeurs morales sont de courte durée. En dépit de ses vingt années, notre héros avait déjà la maturité d'esprit qui permet d'être sage en présence des mystères du hasard.

Victor vint s'asseoir dans le fauteuil qu'avait occupé l'inconnue, et là, l'œil toujours fixé sur cette draperie qui était tombée sur elle, il se prit à réfléchir.

Sous le charme du regard et de la parole de la jeune femme, le saint-cyrien, fasciné, avait pu croire un instant à tout ce qu'on lui disait et subir l'ascendant mystérieux d'une situation romanesque. Mais la belle inconnue partie, il devait forcément revenir au côté positif des choses et les envisager sinon de sang-froid, du moins avec une logique rigoureuse.

Or, Victor ne tarda point à se faire le raisonnement que voici :

— Je ne sais pas où je suis; mais je sais positivement que M. Albert Morel m'a fait tomber dans un guet-apens. Donc, les hommes qui m'ont renversé, garrotté, bâillonné et amené ici sont ses complices, et par conséquent cette femme, à laquelle ils paraissent obéir, ne vaut pas mieux qu'eux. Quel est leur but? M'empêcher de voir ma sœur et de lui ouvrir les yeux sur ce misérable? Et pourtant, s'il en est ainsi, pourquoi cette femme m'a-t-elle dicté une lettre qu'elle doit, dit-elle, faire parvenir à mon père?

Il y avait en tout cela des contradictions si flagrantes, que l'esprit le mieux rompu aux ruses diplomatiques se fût inévitablement fourvoyé.

Victor se fourvoya sur-le-champ.

— Cette lettre qu'on m'a fait écrire, pensa-t-il, ne parviendra jamais à mon père. C'est un moyen de me tenir en repos et d'obtenir de moi que je n'essaye point de m'échapper. Ces hommes sont des misérables, cette femme est une aventurière, en dépit de son regard humide et de sa voix enchanteresse.

Or, ces réflexions amenèrent dans l'esprit de Victor cette conclusion d'une logique rigoureuse :

— Il faut absolument que je leur échappe et que je sauve ma sœur!

Aussitôt le jeune homme se leva.

— Voyons d'abord où je suis, se dit-il en promenant son regard tout autour de lui.

La pièce où on l'avait conduit était, comme nous l'avons déjà dit, un coquet boudoir, meublé avec goût, assez spacieux, et qui devait être éclairé par deux croisées.

Victor alla vers la première de ces deux croisées et voulut l'ouvrir; mais elle était solidement cadenassée, et derrière les vitres, des persiennes massives ne permettaient point au regard de plonger au dehors.

La deuxième croisée était pareillement fermée.

Alors Victor souleva la draperie que la jeune femme avait laissée retomber derrière elle. Cette draperie recouvrait une porte. Victor essaya d'en tourner le bouton et reconnut qu'elle était fermée.

— Je suis prisonnier, se dit-il, prisonnier et sans armes, par conséquent hors d'état d'employer la force. Il faut donc user de ruse, si je veux sortir d'ici.

Une fois entré dans cette voie de dissimulation, notre héros prit la résolution d'attendre que le hasard vînt à son aide.

Il se coucha sur un divan placé auprès de la cheminée, et y prit l'attitude d'un homme qui veut dormir.

Puis, après avoir consulté sa montre, qui marquait deux heures du matin, il souffla la bougie, qu'il avait placée près de lui sur un guéridon.

Victor espérait sans doute que l'inconnu ou quelqu'un des hommes barbouillés de suie ne tarderait point à revenir. Victor se trompait : la nuit s'écoula, aucun bruit ne se fit entendre.

Le jeune homme n'avait point fermé l'œil, il avait constamment prêté l'oreille, pendant cette nuit silencieuse; puis il s'était relevé au bout de plusieurs heures, et était allé près de la cheminée regarder l'heure à sa montre, aux clartés mourantes du feu, qui commençait à s'éteindre.

Sa montre marquait huit heures; et cependant aucun rayon de jour ne pénétrait l'obscurité qui régnait dans le boudoir, tant les fenêtres étaient hermétiquement closes.

Victor alla se recoucher sur son divan, mais comme il

y cherchait une position commode, il sentit entre les coussins et lui un corps dur, et sa main rencontra un objet qui le fit tressaillir de joie.

Cet objet n'était autre qu'un petit couteau-poignard long d'environ quatre pouces, et qui avait glissé de sa poche sur le divan.

Victor avait oublié ce couteau, qu'il portait toujours sur lui et qui lui servait ordinairement à couper la gorge d'un chevreuil blessé.

Dès lors, le jeune homme prit une singulière résolution.

— On ne peut pas, se dit-il, me laisser mourir de faim; je finirai bien par voir venir quelqu'un, et alors malheur à celui qui m'apportera à manger.

La prévision de Victor se réalisa, du moins en partie.

Peu après l'instant où il avait retrouvé son couteau-poignard, il entendit le bruit d'une clef qui tournait dans la serrure; puis cette porte s'ouvrit et un flot de clarté envahit le boudoir.

Mais ce ne fut point un homme qui entra; ce fut une femme: la belle inconnue.

Elle était enveloppée dans un grand peignoir du matin; sa chevelure blonde, à moitié dénouée, flottait sur ses épaules.

Elle parut à Victor plus belle encore que la veille, et, sous le charme de son sourire mélancolique le jeune homme sentit faiblir sa résolution. Elle vint à lui et lui dit:

— Comme vous avez été raisonnable, il est juste que je vous donne une bonne nouvelle. Votre lettre est partie pour la Martinière.

— Ah! dit Victor, qui attacha sur elle un regard plein d'admiration.

Elle posa le flambeau qu'elle portait sur la cheminée, et poursuivit:

— Depuis longtemps déjà il fait grand jour; mais vous êtes condamné à vivre provisoirement loin de la lumière du soleil, et je vous apporte un flambeau.

Elle souriait en parlant ainsi, et son sourire produisit sur Victor une véritable fascination.

— Non, non, se disait-il, revenant sur sa première opinion, cette femme ne saurait être une aventurière.

L'inconnue reprit:

— Je ne puis prévoir encore, monsieur, combien de temps durera votre captivité. Tout ce que je puis vous promettre, c'est que vous serez traité avec les plus grands égards.

Et comme Victor ouvrait la bouche pour la questionner:

— Ne m'interrompez pas, dit-elle. L'heure où je pourrai vous répondre n'est point venue. On va vous apporter à déjeuner. Voulez-vous des livres, des plumes, du papier? Êtes-vous musicien? Je vous enverrai un piano, si vous le désirez.

Victor écoutait, charmé, cette voix fraîche, harmonieuse et timbrée d'un léger accent de mélancolie.

— Merci, dit-il; je préférerais savoir, madame...

— Chut! fit-elle, portant un doigt sur sa bouche. Au revoir, monsieur.

Et, comme la veille, elle disparut sans que Victor, fasciné, eût songé à faire un pas ou un geste pour la retenir.

Si, en présence de la belle inconnue, le saint-cyrien sentait s'évanouir ses plus mauvaises pensées, ces mêmes pensées reprenaient le dessus dans son esprit aussitôt qu'elle avait disparu.

Victor avait lu bien des romans, depuis cette épopée romanesque d'Homère qu'on nomme l'*Odyssée*, et dans laquelle il est question des sirènes, jusqu'aux compositions de nos auteurs modernes, qui ont mis en scène tant d'enchanteresses corrompues.

— Ce sourire archangélique, se dit-il de nouveau,

lorsque la jeune femme eut franchi le seuil de la porte, cache évidemment une âme de démon. Cette créature est vendue corps et âme à ces hommes... Au lieu de l'aimer, il me faut la haïr.

Victor s'approcha de nouveau des croisées. Un faible rayon de jour glissait à travers les fentes des persiennes; mais il eut beau regarder, il ne vit rien des objets extérieurs.

Songer à briser la fenêtre eût été folie.

Victor de Passe-Croix, malgré sa jeunesse, était doué d'une certaine dose de patience.

— Attendons! se dit-il encore.

Et il alla se recoucher sur le divan.

Une heure s'écoula. Au bout de ce temps, la clef tourna de nouveau dans la serrure; mais, cette fois, ce ne fut point la belle inconnue qui entra. Ce fut un des hommes barbouillés de suie, et Victor reconnut sur-le-champ celui qui, la veille, semblait exercer une autorité mystérieuse sur ses compagnons.

Cet homme salua Victor avec une grande politesse.

— Monsieur, lui dit-il, vous êtes chasseur, partant vous vous levez grand matin, et vous devez avoir l'habitude de déjeuner de bonne heure. A quelle heure voulez-vous être servi?

Victor rendit le salut et répondit avec douceur:

— Quand cela pourra vous plaire, monsieur.

L'homme au visage noirci s'inclina et fit un pas de retraite, en disant:

— Alors, je vais donner des ordres, monsieur.

— Monsieur, reprit Victor, est-ce que vous ne vous déciderez point à me répondre, enfin?

— Sur quoi?

— Mais sur cette étrange violation du droit des gens, dont je suis la victime, ce me semble, répondit Victor.

L'homme noirci, celui-là même qui signait ses lettres le *charbonnier*, regarda fixement le jeune homme.

— Avez-vous entendu parler, monsieur, dit-il d'une vieille loi pénale usitée chez les anciens et qu'on nommait le talion?

— Oui, monsieur; mais je ne suppose point qu'elle me soit applicable.

— Qui sait?

— Je n'ai jamais séquestré personne, et je me suis toujours loyalement conduit avec mes semblables.

Un rire énigmatique crispa les lèvres du mystérieux inconnu, qui ajouta:

— Souvent la faute des pères retombe sur les enfants.

— Victor tressaillit et se sentit subitement en proie à une émotion indicible.

— Monsieur! monsieur! fit-il, qu'osez-vous donc dire?

— Je m'expliquerai plus tard; au revoir, monsieur.

Et le charbonnier s'en alla par où il était venu, avant que Victor eût songé à le retenir.

Ce dernier, immobile, la sueur au front, demeura debout, au milieu de la salle, croyant encore entendre cette phrase sinistre: « Souvent la faute des pères retombe sur les enfants!... »

— Mais, s'écria-t-il enfin, mon père a donc commis une faute grave?

Et alors le jeune homme prit son front à deux mains, en cherchant à se souvenir.

Son père passait dans le monde pour être d'humeur sombre et bizarre, mais il avait la réputation d'un galant homme. Sa mère était une sainte. Qu'avait donc voulu dire cet homme?

La tête de Victor se perdait en conjectures étranges. Mais, de même qu'il avait douté des paroles de la belle inconnue, de même il puisa bientôt dans son respect filial une incrédulité inébranlable aux paroles du charbonnier.

— Mensonge! mensonge que tout cela! se dit-il.

Quelques minutes après le départ de l'homme barbouilli de suie, la porte se rouvrit, et Victor vit apparaître une petite table que roulait devant lui un domestique.

La table était chargée de viandes froides et d'une bouteille de vin. Le domestique, vêtu d'une livrée noire à boutons recouverts, avait un masque sur le visage.

Il roula la table vers la cheminée, salua sans mot dire et fit un pas de retraite, mais Victor l'arrêta d'un geste.

— Dis donc, l'ami, fit-il, à quelle heure m'apporteras-tu à dîner?

— A l'heure que monsieur m'indiquera.

— Eh bien, le plus tard possible: je veux dormir entre mes deux repas.

— A huit heures, en ce cas?

— Soit, à huit heures.

Le valet parti, Victor se mit à table et ne put réprimer un sourire en s'apercevant que le couteau qu'on lui avait apporté était mince, flexible, et hors d'état de servir à tout autre usage qu'à celui qui lui était destiné pour le moment.

— Mon couteau vaut mieux, pensa le jeune homme, qui, à partir de ce moment, eut un plan tout arrêté.

Il déjeuna avec cet appétit qui, chez les jeunes gens, résiste à toutes les émotions; puis il se recoucha, et, malgré lui sans doute, il fut fidèle au programme qu'il venait d'annoncer, car il s'endormit.

Soit que le vin qu'il avait bu fût capiteux, soit qu'il eût cédé à une grande lassitude, Victor dormit profondément durant plusieurs heures et ne fut arraché à son sommeil que par le bruit que fit de nouveau la porte en s'ouvrant. Il était huit heures du soir, et le laquais masqué apportait le dîner de Victor. Ce dernier bondit sur ses pieds, et, instinctivement, il chercha son couteau-poignard dans sa poche.

— Voilà votre souper, monsieur, dit le valet qui, de nouveau, voulut se retirer aussitôt.

— Mon ami, lui dit Victor, mon feu s'éteint; arrangez-le-moi.

Le laquais, sans aucune défiance, se pencha devant la cheminée, prit la pincette et se mit en devoir d'obéir; puis, pour aller plus vite en besogne, il s'agenouilla et activa le feu avec le soufflet.

Mais soudain, Victor se précipita sur lui, arrondit une de ses mains autour de son cou, et le serra si fort que le malheureux laquais ne put jeter un cri.

En même temps il lui appuya la pointe de son couteau sur la poitrine, et lui dit tout bas :

— Si tu appelles, si tu te débats, tu es un homme mort!

Le laquais était fidèle, sans doute, mais sa fidélité fut moins forte que la terreur de la mort.

Victor l'avait, du reste, renversé sous lui et lui appuyait son poignard sur la gorge.

— Maintenant, mon bonhomme, lui dit-il, tu vas parler ou tu mourras, et ne t'avise point d'appeler à ton aide.

Le visage du laquais était recouvert d'un masque. Victor le lui arracha; mais cet homme lui était inconnu.

— Où suis-je? demanda Victor d'un ton impérieux.

— Dans une maison perdue au milieu des bois, répondit le laquais.

— Comment la nomme-t-on? Parle! je n'ai pas le temps d'attendre.

— La Rousselière.

Victor fronça le sourcil, et un monde tout entier d'idées nouvelles traversa son cerveau. La Rousselière était une petite maison de campagne qui appartenait aux Cardassol.

— Et quels sont les hommes qui me tiennent enfermé ici? continua Victor, toujours prêt à enfoncer son poignard si le laquais ne répondait pas.

— J'ignore leurs noms. Il y en a un qui se fait appeler le vicomte. C'est tout ce que je sais.

La pointe du poignard lui piqua la gorge.

— Tu mens! dit Victor.

— Au nom de Dieu! murmura le laquais, que l'épouvante de la mort bouleversait, je vous jure, monsieur que je dis la vérité. Je suis d'Orléans, j'étais sans place ces messieurs m'ont trouvé sur la place du Martroi; ils m'ont offert un gros gage, et je les ai suivis.

— Eh bien, reprit Victor, il faut choisir : mourir sur l'heure, ou me faire sortir d'ici.

— Mais, monsieur, si vous ne me tuez pas, ils me tueront peut-être, eux...

L'accent épouvanté du laquais toucha Victor.

— Écoute, dit-il, il y a un moyen de tout arranger Tu vas m'indiquer le chemin à prendre pour sortir d'ici ; puis je te bâillonnerai et je te lierai pieds et poings. Mais rappelle-toi que si tu me mens, si tu m'indiques une fausse route, je te retrouverai tôt ou tard, et alors nous réglerons un fameux compte. Si, au contraire, je m'échappe, si je parviens à retourner à la Martinière, tu peux t'y présenter quand tu voudras, je te compterai mille francs.

— Mais, monsieur, répondit le valet, il ne vous sera pas facile de sortir de la maison, alors même que je vous indiquerais le chemin. Vous êtes ici au premier étage. *Madame* est là; tout près, dans une pièce qui donne sur le corridor. Ces messieurs sont en bas... On vous entendra descendre l'escalier... et, à moins que vous ne sautiez par la fenêtre de l'antichambre, qui est à huit pieds du sol...

— Je sauterai. Donne-moi la clef qui ouvre cette porte.

Le laquais donna la clef. Alors Victor prit son mouchoir et le bâillonna; puis il lui lia les pieds et les mains avec les embrasses de soie des rideaux, et lui dit:

— Reste là, étendu devant le feu. Ces messieurs, comme tu les appelles, ne te soupçonneront point de trahison.

Victor ouvrit la porte, tandis que le laquais demeurait couché sur le parquet, puis il la poussa sans bruit et sortit sur la pointe du pied.

L'antichambre dont avait parlé le laquais était une petite pièce qu'une deuxième porte séparait du corridor. Cette porte était fermée. En revanche, une croisée était ouverte et laissait pénétrer cette clarté indécise qui se dégage d'une belle nuit d'hiver.

Notre héros se pencha sur l'appui de la croisée et regarda au dehors.

Il avait devant lui un jardin et de grands arbres, au bout desquels on distinguait vaguement une haie vive qui servait sans doute de clôture.

Au delà de la haie vive on voyait une bande noire qui fermait l'horizon, une forêt de sapins, sans doute.

Victor mit son poignard aux dents, grimpa sur l'appui de la croisée, s'y suspendit avec les deux mains se balança une minute les pieds dans le vide, puis se laissa tomber, avec la précision et la légèreté d'un homme qui a longtemps appris la gymnastique, sur le sol sablonneux, qui ne rendit aucun son.

Le saint-cyrien ne s'était point fait de mal, malgré les huit pieds de hauteur, qui le séparaient maintenant de la croisée.

D'abord immobile, indécis sur le parti qu'il allait prendre, Victor de Passe-Croix attacha les yeux sur la maison qui lui avait servi de prison pendant vingt-quatre heures. Un moment il eut la pensée audacieuse d'y rentrer par la porte, son poignard à la main, et d'y demander raison sur-le-champ à ces hommes qui l'avaient si étrangement traité la veille. Mais la prudence triompha chez lui de la colère.

— Retournons à la Martinière, se dit-il, je reviendrai avec du renfort.

C'était un samedi, jour de bal à l'Opéra. (Page 1071.)

Et il s'élança en courant vers les grands arbres qui bordaient la haie de clôture.

Agile comme un chevreuil qui bondit devant une meute ardente, Victor franchit la haie, traversa un champ, un bout de prairie, et commença par mettre une distance raisonnable entre la Rousselière et lui.

Il ne s'arrêta que lorsqu'il eut atteint la forêt de sapins.

Si les Cardassol avaient peu de scrupules pour chasser sur les terres des autres, Victor, au contraire, respectait le bien d'autrui, et il n'était jamais venu le fusil sur l'épaule aux environs de la Rousselière.

Le pays lui était complétement inconnu, et tout ce qu'il savait, c'est que la Rousselière était distante d'environ deux lieues de l'habitation occupée par ces gentillâtres de mauvais aloi.

Il eut donc tout d'abord quelque peine à s'orienter ; mais enfin il trouva un sentier qui courait sous les sapins, et il s'y aventura, ne sachant trop si ce sentier le rapprocherait des Rigoles ou de la Martinière.

Peu lui importait, du reste, pourvu qu'il rencontrât un ami quelconque qui consentît à l'accompagner.

Le jeune homme cheminait d'un pas rapide, ne s'arrêtant que pour reprendre haleine ; et, tout en marchant, il rêvait déjà une vengeance éclatante.

— Si je vais aux Rigoles, se disait-il, Amaury et Raoul ne refuseront point de me suivre ; si j'arrive à la Martinière, j'emmènerai nos gens bien armés...

Tout à coup un souvenir traversa le cerveau du saint-cyrien. Il se rappela l'étrange conduite de cet officier de marine, son ami d'un jour, qui lui avait raconté la sinistre histoire de M. Albert Morel, et qui soudain avait paru obéir à ces hommes qui l'avaient entouré, lui, Victor, sur le terrain du combat, renversé et bâillonné.

— Ah ! se dit-il, celui-là parlera, j'imagine !... et s'il me refuse une explication, il ne me refusera pas de se battre, car je le souffletterai devant les Montalet, ses amis !...

Au bout d'une heure de marche, Victor atteignit une clairière que traversait un petit ruisseau. Là il se reconnut. Il était sur les terres de M. de Monblan, un châtelain du pays, à trois lieues environ de la Martinière et à deux des Rigoles.

— Allons aux Rigoles ! se dit-il. Autant ne point mettre mon père dans la confidence de cette aventure, si c'est possible.

Victor chemina gaillardement, traversant les sapinières, sautant les fossés et les haies, et il n'était pas encore minuit lorsqu'il atteignit l'habitation de MM. de Montalet.

Une lumière brillait au deuxième étage.

135

PROPRIÉTÉ DE VICTOR BENOIST ET Cᵢᵉ, A PARIS.

— Raoul n'est pas encore couché, se dit Victor. C'est à lui que je vais faire mes confidences.

Il traversa le parc et pénétra dans le château par une petite porte qui n'était jamais fermée qu'au loquet. Tout le monde était couché sans doute, à l'exception de Raoul de Montalet, car Victor traversa le vestibule, gagna l'escalier et monta sur la pointe du pied jusqu'au deuxième étage sans avoir rencontré âme qui vive.

Le jeune homme avait une connaissance parfaite des êtres du château. Il arriva sans lumière jusqu'à la porte de Raoul et frappa.

— Entrez! répondit le jeune Montalet, qui allait se mettre au lit.

Victor entra. Raoul laissa échapper une exclamation de surprise.

— Comment! dit-il, c'est toi? ou bien est-ce ton ombre?

— C'est moi, répliqua Victor. Mais avant de t'expliquer pourquoi j'arrive à cette heure, laisse-moi te faire une question.

— Parle.

M. de Fromentin est-il toujours aux Rigoles?

— Toujours. Il sort d'ici; je crois qu'il va se coucher.

— Eh bien! je vais lui parler... Au revoir!...

Et Victor, laissant Raoul de Montalet stupéfait, alla frapper à la porte de l'officier de marine.

— Il faut d'abord, s'était dit notre héros, que j'arrache son secret à M. de Fromentin. Après, Raoul saura tout!...

XXIV.

M. de Fromentin était assis devant une table sur laquelle il écrivait.

— Entrez, dit-il en entendant frapper; et il ne se retourna point, croyant avoir affaire à un domestique.

Victor entra d'un pas lent, les lèvres crispées, le regard farouche. A deux pas du fauteuil de M. de Fromentin, il s'arrêta.

M. de Fromentin, n'entendant plus aucun bruit, finit par se retourner, et soudain il jeta un cri.

— Vous! dit-il en voyant le jeune homme debout, les bras croisés devant lui.

Victor fit un pas encore et le regarda fixement.

— Monsieur, dit-il, il est minuit: c'est vous dire que nous n'avons ni le temps ni la possibilité de jouer à nous deux un acte de mélodrame.

M. de Fromentin répondit d'une voix grave, triste, mais empreinte d'une grande simplicité:

— Je suis à vos ordres, monsieur. Si vous voulez une explication, je vais vous la donner sur-le-champ. Si vous doutez par avance de ma sincérité et qu'il vous faille une *réparation*, — il insista sur ce mot, — éveillez MM. de Montalet, prenons des épées et descendons dans le parc.

M. de Fromentin, nous l'avons déjà dit, avait exercé tout d'abord sur Victor une sorte de fascination sympathique. Malgré l'inexplicable conduite qu'il avait tenue en présence de M. Albert Morel et des hommes noircis, cette sympathie subsista dans l'esprit de Victor. Le saint-cyrien fut donc dominé par cette voix pleine de tristesse, par ce regard éclatant de franchise.

— Monsieur, répondit Victor, il sera toujours temps de nous battre. J'attends votre explication.

Il y eut comme un éclair de joie dans les yeux de M. de Fromentin, qui reprit:

— Qu'auriez-vous fait à ma place, monsieur, si vous aviez été lié par un serment?

— Un serment!

— Je méprise M. Albert Morel, poursuivit M. de Fromentin, et je vous jure sur l'honneur que j'ignorais ses relations avec les hommes dont vous avez été le prisonnier. J'ignore si vous les connaissez à cette heure, je ne sais pas comment vous leur avez échappé, mais je jurerais, en présence du déshonneur et de la mort, que tous sont d'honnêtes gens...

— Ah! fit Victor avec un geste d'indignation.

— Monsieur, reprit M. de Fromentin, écoutez-moi jusqu'au bout: un serment terrible me liait à ces hommes. Voici ce que j'avais juré: « Le jour où vous aurez besoin de moi, je serai votre esclave. » Maintenant, écoutez encore: ces hommes m'ont garanti votre vie, ils m'ont promis qu'il ne vous arriverait point malheur. J'ai dû me souvenir de mon serment, il m'a fallu vous abandonner...

Tandis que l'officier de marine parlait, Victor s'était assis dans un grand fauteuil qui se trouvait à sa portée.

— Mais, monsieur, dit-il, le serment dont vous me parlez...

Le marin l'interrompit:

— Attendez, dit-il, vous allez tout savoir; seulement, écoutez-moi.

— Soit.

Et Victor se croisa les bras et attendit.

Le marin reprit:

« Le récit que je vais vous faire remonte au 13 mars dernier, le lendemain de mon arrivée à Paris.

« Je venais de passer deux ans dans les mers du Sud j'étais débarqué à Brest le 28 février, et, après un séjour d'une semaine dans ma famille, qui habite le Morbihan, j'étais parti pour Paris, où je venais solliciter de l'avancement.

« Un pauvre marin qui a passé de longs mois en pleine mer ressemble fort à un enfant longtemps en pénitence, et qui, rendu à la liberté, a soif de plaisir jusqu'au délire.

« Le lendemain de mon arrivée était un samedi, jour de bal d'Opéra.

« Pour tout ce qui ne vit pas complètement à Paris, le bal de l'Opéra jouit d'un singulier prestige. J'allai donc au bal de l'Opéra, insoucieux comme un homme qui désire s'amuser et ne croit engager ni son honneur, ni sa liberté, ni sa fortune. Je me promenais dans le foyer depuis une heure, lorsque je fus abordé par un jeune enseigne de vaisseau que j'avais connu aspirant à bord de *l'Orénoque*.

« C'était un tout jeune homme qu'une brillante conduite avait élevé rapidement à l'aiguillette. On le nommait Alexandre Rény.

« Nous nous prîmes par le bras et nous fîmes plusieurs fois le tour du foyer, cherchant une aventure qui ne se présentait pas.

« Au bout d'une heure, Alexandre me proposa d'aller souper en tête-à-tête, et de nous consoler de notre mauvaise étoile en buvant le meilleur vin du restaurateur.

« J'acceptai sa proposition.

« Nous soupâmes. Alexandre se grisa; ce qui est pardonnable à vingt-deux ans.

« Il sortit de table en trébuchant et me proposa de rentrer dans le bal. J'aurais dû refuser; j'eus la faiblesse d'accepter.

« Dans le grand escalier, une femme couverte d'un domino montait lentement.

« Mon jeune ami la dépassa et lui jeta ce regard provocateur et légèrement insolent de l'homme ébriolé qui cherche fortune.

« Le domino ne parut pas l'avoir remarqué et continua tranquillement son chemin.

« — Mordieu! me dit Alexandre Rény, voilà ma conquête... Adieu; je te retrouverai!...

« Et il doubla le pas et alla se planter à la porte du foyer, de sorte que le domino fût contraint de passer près de lui.

« Lorsque la femme masquée eut atteint le seuil du foyer, Alexandre étendit la main vers elle et lui dit cette phrase banale qui se répète deux mille fois durant un bal d'Opéra : « Veux-tu mon cœur, du pâté de foie gras « et des huîtres ? » Le domino le repoussa en laissant échapper un léger cri, puis il releva fièrement la tête et passa.

« Alexandre se remit à sa poursuite.

« Le domino traversa le foyer, regardant à droite et à gauche et paraissant chercher quelqu'un ; puis, ne trouvant point sans doute la personne qu'il cherchait, il alla se réfugier dans une loge dont il referma la porte sur lui.

« J'avais suivi Alexandre de loin ; je le vis arriver à la porte de la loge et frapper.

« La porte s'ouvrit et Alexandre entra.

« En ce moment, je fus pris d'un sinistre pressentiment et je doublai le pas. Presque aussitôt après, j'entendis un cri de femme, puis le bruit retentissant d'un soufflet.

« Lorsque j'arrivai, je trouvai Alexandre ivre de rage, mais réduit à l'impuissance, car deux hommes l'avaient saisi par les poignets et le maintenaient immobile. Voici ce qui s'était passé.

« Deux personnes, deux jeunes gens, se trouvaient dans la loge lorsque le domino y pénétra. Ces deux personnes attendaient sans doute quelqu'un encore, car lorsque Alexandre frappa on lui ouvrit.

« Soudain la femme, en se retournant, reconnut celui qui l'avait assez cavalièrement abordée à l'entrée du foyer, et elle laissa échapper un nouveau cri d'effroi.

« Au lieu de s'excuser et de se retirer, en voyant que la femme n'était point seule, Alexandre, que le vin enhardissait outre mesure, entra et fit deux pas vers le domino.

« — Monsieur, lui dit poliment un des deux jeunes gens, je crois que vous vous trompez !...

« Cette courtoisie, qui cachait une tempête, ne dégrisa point mon ami. Il fit un pas encore. Alors celui qui lui avait adressé la parole, lui posa la main sur le bras, et lui dit avec une irritation contenue :

« — Je vous répète que vous vous trompez, monsieur, et je vous prie de sortir.

« Complétement ivre, Alexandre se crut insulté, et il répondit par ce soufflet bruyant que j'avais entendu.

« Les deux jeunes gens se jetèrent alors sur lui, le saisirent aux poignets, et celui qui avait été frappé, lui dit :

« — Il me faut tout votre sang ! Sortons d'ici.

« Ce fut au moment où il prononçait ces mots que j'arrivai.

« Mon visage bouleversé et, mieux que cela, mon uniforme, apprirent à ces messieurs que j'étais l'ami d'Alexandre. Deux mots d'explication suffirent.

« — Monsieur, me dit l'un des deux jeunes gens, voici ma carte, je suis le vicomte de... »

Ici, l'officier de marine s'interrompit.

— Permettez-moi, dit-il, au moins pour le moment, de vous taire les noms de ces messieurs.

— Allez ! dit Victor, impressionné malgré lui par ce récit.

L'officier reprit :

« — Je suis le vicomte de C..., me dit-il en me remettant sa carte. Nous serons dans une heure, mon ami et moi, au bois de Boulogne, derrière le chalet des lacs.

— Nous y serons, répondis-je en lui donnant ma carte à mon tour.

« Le vicomte ajouta :

« — Je suis l'insulté, j'ai le choix des armes : je me battrai au pistolet.

« Il offrit alors son bras au domino tout tremblant, et lui dit avec les marques du plus profond respect :

« — Venez, madame.

« Quand ils furent partis tous trois, car l'ami du vicomte les suivit, je regardai Alexandre. Il était pâle ; ma présence l'avait dégrisé.

« — Voilà, lui dis-je, un homme qui te tuera, si tu ne le tues. Tires-tu bien le pistolet ?

« — Très-mal, me répondit-il, mais qu'importe !

« Je l'emmenai hors du bal. Quatre heures allaient sonner. J'étais descendu dans un hôtel de la rue du Helder, Alexandre m'y suivit. Nous nous renfermâmes dans ma chambre, et je lui mis un pistolet de salon à la main.

« Cinq minutes après, j'avais acquis la conviction que mon pauvre ami ne savait pas tirer et qu'il manquerait un homme à dix pas. Une heure après, nous arrivions au bois.

« Le vicomte de C... et son ami, le baron de N..., s'y trouvaient déjà.

« Le vicomte paraissait avoir hâte d'en finir, c'est-à-dire de tuer l'homme qui avait osé le frapper au visage.

« Le baron de N... et moi, nous tirâmes les pistolets au sort. Il fut convenu que chacun des adversaires aurait deux coups à tirer, qu'ils se placeraient à trente pas de distance et marcheraient ensuite l'un sur l'autre.

« Au signal donné, tous deux s'avancèrent.

« Alexandre marchait d'un pas rapide, le vicomte lentement.

« Alexandre fit feu le premier, sa balle passa en sifflant à deux pieds au-dessus de la tête du vicomte.

« — Trop haut ! lui cria celui-ci, qui continua à marcher.

« Alexandre fit feu de nouveau, et, pour la seconde fois, il manqua son adversaire.

« Alors celui-ci étendit la main et dit en pressant la détente :

« — Je vais vous enlever l'agrafe de vos aiguillettes.

« En effet, le coup partit, et les aiguillettes se détachèrent de l'épaule de mon ami. Alors le vicomte s'arrêta.

« — Transigeons, messieurs, dit-il.

« — Mais tirez donc, comme c'est votre droit, s'écria Alexandre impatienté.

« Il s'écoula dix secondes, qui eurent pour moi la durée d'un siècle. Je vis le malheureux enseigne mort.

« — Monsieur, répliqua froidement le vicomte, votre vie est entre mes mains et j'ai le droit de vous tuer !

« — Usez-en donc ! car bien certainement je ne vous demanderai pas grâce, dit fièrement le jeune homme.

« Le vicomte se tourna vers moi et me dit :

« — Deux mots seulement, monsieur.

« Ce qui se passait là était inouï et tout à fait en dehors des règles du duel ; mais il y allait de la vie d'un homme, et ni moi, ni M. de N... n'y prîmes garde.

« Je m'approchai du vicomte. Il laissa retomber le bras qui tenait le pistolet.

« — Monsieur, me dit-il, j'ai reçu un soufflet, je pardonne et ne demande aucune excuse ; mais je vous crois un galant homme, et je suis persuadé que si votre ami avait possédé tout son sang-froid, il se fût conduit autrement.

« — Je vous le jure, monsieur, répondis-je.

« — En échange de sa vie qui m'appartient encore, je vais vous demander un serment, continua rapidement le vicomte. La femme que votre ami poursuivait représente à elle seule une des plus grandes et des plus nobles infortunes de ce monde, une infortune dont je me suis fait le protecteur. Nous étions au bal de l'Opéra pour un motif impérieux que je ne puis vous dire. Qu'il vous suffise de savoir que cette femme a droit au respect le plus profond et le plus absolu.

« Je m'inclinai.

« — Et vous demandez le silence, sans doute ? fis-je, méprenant.

« — Mieux que cela, reprit le vicomte, j'exige de vous un serment solennel. Il peut se faire, un vague pressentiment m'en est venu, que vous vous trouviez un jour sur notre route, un jour où j'accomplirai quelque grand acte de mystérieuse réparation. Eh bien! jurez-moi que, ce jour-là, si je vous rappelle la date du *treize mars*, vous ne vous opposerez à aucun de mes desseins.

« — Je vous le jure sur l'honneur de mon épaulette! répondis-je.

« Le vicomte jeta son pistolet, alla droit à Alexandre, qui avait attendu la mort avec calme, et lui tendit la main.

« Alexandre la prit et la serra; puis il lui fit le même serment. »

— Et voilà pourquoi, monsieur, acheva l'officier de marine, hier, esclave de ma parole, j'ai dû vous abandonner. Il est vrai que le vicomte m'avait juré à l'oreille qu'il ne vous arriverait aucun mal.

Victor avait écouté le récit de M. de Fromentin avec le plus grand calme, sans l'interrompre une seule fois; mais son sourcil était demeuré froncé.

— Monsieur, dit-il enfin, je conçois que vous considériez ces hommes, dont l'un, à vos yeux, porte le titre de vicomte, comme de parfaits modèles de galanterie ; mais je ne suppose pas que vous songiez à m'entraver dans mes projets »

M. de Fromentin baissa la tête et se tut.

— Monsieur, poursuivit le saint-cyrien, je ne vous demande point leurs noms, je saurai bien les contraindre à me les décliner. Au revoir !

Et Victor se leva, salua froidement M. de Fromentin, sortit et retourna frapper à la porte de Raoul.

Le plus jeune des Montalet était encore plongé dans l'étonnement que lui avaient fait éprouver la brusque apparition de Victor, son visage bouleversé et le ton étrange avec lequel il avait demandé si M. de Fromentin était encore aux Rigoles.

— Ah çà, dit-il à son ami, à qui en as-tu donc ? Que t'arrive-t-il ? Es-tu devenu fou ?

— J'ai été outragé, répondit simplement Victor. On m'a renversé, foulé aux pieds, garrotté comme un criminel. Je veux me venger !...

Raoul, au comble de la stupeur, regardait Victor. Celui-ci continua d'une voix brève et saccadée :

— Tu es mon ami ; ton épée est à moi, comme la mienne t'appartient. Tu vas venir avec moi.

— Où?

— A la Rousselière. En route, je te dirai tout. Nous allons emmener Bertrand, ton garde-chasse; et certes, trois hommes comme nous vaudront toujours quatre bandits !

— Mais explique-toi, dit Raoul, dont la surprise allait croissant.

— Je n'ai pas le temps, viens.

— Au moins allons-nous prévenir mon père et mon frère ?

— Non, dit encore Victor, c'est inutile! c'est impossible !...

Et il serra fortement le bras de Raoul, ajoutant tout bas :

— Il ne s'agit point seulement de moi, il y va de l'honneur de ma sœur.

Ce mot ferma la bouche à Raoul de Montalet. Il se leva, prit son chapeau, boucla son couteau de chasse, qui était accroché au chevet de son lit, et prit son fusil.

— Allons, dit-il, emmène-moi où tu voudras...

Les deux jeunes gens descendirent aux écuries et y sellèrent eux-mêmes des chevaux.

Raoul fit lever un palefrenier et lui dit :

— Va réveiller Bertrand, dis-lui de mettre ses bottes et de prendre son couteau de chasse ; nous allons courre un cerf.

Bertrand était un vieux piqueur, carré d'épaules, trapu, chasseur enragé, braconnier au besoin, et qui passait des nuits entières à l'affût, à demi enseveli dans une touffe de broussailles.

Les gens du château des Rigoles étaient habitués à de nocturnes expéditions. Plus d'une fois on avait vu arriver Victor au milieu de la nuit, réveiller tout le monde et dire : « J'ai connaissance d'un cerf; allons vite le rembûcher. Nous l'attaquerons demain au point du jour. » Le palefrenier alla donc faire lever le piqueur; celui-ci s'habilla, chaussa ses bottes fortes et descendit.

— Quel limier prenons-nous, monsieur? demanda-t-il en entrant dans l'écurie: Bellande ou Ramoneau?

— Ni Bellande, ni Ramoneau, répondit Raoul; mais tu peux couler deux balles dans ta carabine et la fourrer dans ta fonte.

Le piqueur eut un geste d'étonnement; mais il vit à la physionomie sérieuse de son jeune maître que ce n'était pas le moment de questionner.

Cinq minutes après, Victor, Raoul et Bertrand le garde-chasse étaient à cheval.

Raoul se pencha vers Victor:

— Où allons-nous?

— A la Rousselière, la ferme des Cardassol.

Et Victor mit l'éperon au flanc de son cheval.

XXV

Les trois cavaliers firent un temps de galop sans échanger un mot ; ce ne fut que lorsque le chemin qu'ils suivaient pénétra dans les sapinières, que Victor rangea son cheval à côté de celui de Raoul, en disant:

— Il faut maintenant que tu saches tout.

Le piqueur se tenait à une distance respectueuse des deux jeunes gens et ne pouvait entendre leur conversation.

Alors Victor raconta d'abord à son ami Raoul sa liaison subite avec M. de Fromentin, et l'histoire de M. Charles de Nancery, puis l'amour de sa sœur pour ce misérable, puis sa provocation et les événements bizarres qui en avaient été la conséquence.

Raoul écouta, stupéfait; puis, lorsque Victor eut terminé son récit, il s'écria:

— Mais sais-tu bien, mon ami, que c'est à croire que tu as fait un mauvais rêve et que tu es sous l'influence d'une hallucination?

— C'est vrai, murmura Victor, car tout cela est plus qu'étrange ; mais dans une heure tu verras bien que je n'ai point rêvé.

Et il poussa son cheval avec une sorte de fureur.

En moins d'une heure ils eurent atteint la lisière de ce bois de sapins qui entourait les terres de la Rousselière.

La Rousselière n'était pas, à proprement parler, une ferme; c'était, comme on dit dans l'Orléanais, une simple locature; c'est-à-dire qu'il n'y avait ni fermiers, ni troupeau, ni bœufs.

Les fermiers des Cardassol en cultivaient les terres, et le corps de logis qui s'élevait au milieu était un petit pied-à-terre de chasse, rarement habité par ces dignes gentilshommes, dont le château était situé à une lieue plus loin.

Cet isolement et cet abandon expliquaient jusqu'à un certain point comment les mystérieux amis de M. Albert Morel avaient pu s'établir à la Rousselière sans éveiller l'attention.

A la lisière du bois de sapins, Raoul de Montalet s'arrêta.

— Mon ami, dit-il à Victor, avant d'aller plus loin, il serait bon de nous entendre.

— Que veux-tu dire?

Bertrand était un vieux piqueur qui passait les nuits à l'affût. (Page 1076.)

— Qu'allons-nous faire à la Rousselière? reprit Raoul; nous allons demander raison à ces gens-là de leur conduite vis-à-vis de toi, n'est-ce pas?
— Naturellement.
— Mais, d'après ce que tu m'as raconté, il est peu probable que ces messieurs aient envie de te satisfaire. Il faudra donc les y forcer?
— Oui, certes.
— C'est-à-dire faire un siége de la maison d'abord, et ensuite tomber sur ces drôles à coups de carabine ou de couteau de chasse.
— Est-ce que tu hésiterais, ami? demanda Victor.
— Moi! fit Raoul en riant, est-ce que je ne suis pas ton ami? Je tenais seulement à arrêter un petit plan de bataille, voilà tout. Maintenant il faut prévenir Bertrand.

Celui qui répondait à ce nom était un homme d'environ quarante ans, petit, trapu, large d'épaules, d'une vigueur herculéenne et d'une bravoure éprouvée.

Bertrand daguait un sanglier ou un cerf avec autant de calme et de sang-froid que s'il se fût agi d'un simple chevreuil.

Il tirait juste, et jamais un loup passant à la portée de son fusil n'avait continué son chemin.

— Bertrand, lui dit le jeune Montalet, tu le vois, nous allons à la Rousselière.

— Mais c'est inhabité l'hiver, monsieur, dit le piqueur.
— Tu te trompes, il s'y trouve une intrigante et quatre bandits que nous allons exterminer.
— Bah!
— Cela te va-t-il? C'est le seul gibier que nous ayons à détourner cette nuit, mon ami Bertrand.
— Monsieur Raoul sait bien, répondit le piqueur, que je lui suis dévoué corps et âme. S'il faut exterminer, on exterminera.
— C'est bien, allons!

Les trois cavaliers se remirent en route, traversèrent au galop la pièce de labour qui s'étendait entre la maison et le bois de sapins, contournèrent la haie du jardin, et arrivèrent à la porte principale.

Aucune lumière ne brillait aux croisées; pas un chien n'aboya; aucun bruit ne se fit entendre.

— C'est singulier, dit Victor, ils doivent pourtant s'être aperçus de ma fuite. Et il frappa de la crosse de sa carabine sur la porte.

— Il paraît, observa Bertrand, que les gens que nous allons attaquer ont voyagé cette nuit. Voyez donc tous ces pieds de cheval dans la boue, monsieur Raoul.

En effet, le sol était piétiné, et il était facile de se convaincre que plusieurs cavaliers avaient stationné devant la Rousselière.

M. de Montalet mit pied à terre, donna son cheval à tenir à Bertrand, frappa à la porte comme avait frappé Victor. Nul ne répondit.

— Les drôles font le mort, dit le saint-cyrien, et il frappa plus fort. Même silence.

— Hé! Bertrand? dit alors Raoul, tu as l'épaule solide, toi, donne-moi donc une poussée à cette porte.

Bertrand mit pied à terre à son tour, appuya son épaule contre la porte, s'affermit contre la marche du seuil, s'arc-bouta, exerça une pesée vigoureuse d'une seconde, et fit voler la porte en morceaux.

Alors tous trois se trouvèrent en présence d'un corridor sombre, silencieux, et qui pouvait bien receler d'invisibles ennemis dans la profondeur de ses ténèbres.

— Heureusement, dit le piqueur, que j'ai toujours une mèche soufrée dans ma fonte. N'avancez pas, messieurs, et armez vos carabines.

Victor et Raoul mirent leur couteau de chasse aux dents et armèrent les deux coups de leur carabine, tandis que le piqueur, après avoir attaché les chevaux, battait le briquet et allumait sa mèche.

— Maintenant, dit-il, vous pouvez me suivre, messieurs.

Et son couteau de chasse d'une main, sa mèche de l'autre, Bertrand marcha le premier.

Trois portes donnaient dans le corridor. Toutes trois étaient fermées.

D'un coup de pied, Bertrand enfonça la première et se trouva au seuil d'une petite salle à manger.

La salle à manger était vide, mais il y avait au milieu une table encore chargée des débris d'un repas.

— Ces messieurs, ricana Victor, ont soupé tard sans doute, car les plats sont encore chauds.

Et il fit voler en éclats une seconde porte qui ouvrait sur une pièce également vide.

— Je crains bien qu'ils ne soient partis, murmura Raoul de Montalet.

Alors les deux jeunes gens et le piqueur se prirent à parcourir la maison silencieuse et déserte; ils visitèrent chaque chambre, fouillèrent les combles et la cave.

Les mystérieux amis de M. Albert Morel et la femme plus mystérieuse encore qui semblait les commander avaient disparu.

Mais tout à coup, comme il pénétrait dans une sorte de petit boudoir qui sans doute avait servi de retraite à l'inconnue durant son séjour à la Rousselière, Victor poussa un cri et s'arrêta comme foudroyé.

Un objet que Victor reconnut sur-le-champ gisait sur le parquet : c'était la capeline de soie bleue que sa sœur Flavie portait ordinairement dans le parc de la Martinière, quand elle sortait par les soirées humides et fraîches.

Comment cette coiffure se trouvait-elle là?... Flavie était donc venue à la Rousselière?

Victor se prit à frissonner, une sueur glacée mouilla ses tempes...

— Mon Dieu! murmura-t-il en chancelant, mon Dieu! qu'est-il donc arrivé? que s'est-il donc passé ici depuis mon départ?

Raoul et Bertrand se regardaient avec stupeur.

— A la Martinière! s'écria enfin Victor, qui fut pris d'une énergie sauvage après avoir cédé un moment à une sorte de prostration; allons à la Martinière!

Et il redescendit en courant, détacha son cheval et sauta en selle.

— Mais attends donc, lui dit Raoul; si ta sœur est venue ici, ce dont je doute, il est presque certain qu'elle n'est pas retournée à la Martinière. Ces hommes l'auront enlevée sans doute...

— Tais-toi!

— Et, dit Raoul, le plus simple serait de suivre leurs traces. Bien certainement nous les rattraperons.

Ces mots de Raoul furent un trait de lumière pour Victor.

— Tu as raison, dit-il; mais comment les suivre, leurs chevaux n'auront pas toujours laissé des traces sur le sable?

— Ah! ne vous inquiétez pas de cela, monsieur Victor, répondit le piqueur; s'il y a seulement une jument parmi leurs chevaux, je vous promets de les rattraper.

Tout en parlant ainsi, le piqueur était entré dans l'écurie de la Rousselière.

La paille fraîche qui en jonchait le sol, le foin qui garnissait le râtelier, un reste d'avoine dans la mangeoire, attestaient un départ imprévu et précipité.

Il y avait eu là cinq chevaux au moins, et deux d'entre eux s'étaient couchés.

Le piqueur fit entrer son cheval à lui dans l'écurie.

C'était un petit étalon percheron sous poil gris de fer, qui avait été primé au dernier concours agricole de Romorantin.

Bertrand le promena devant le râtelier et le lui laissa flairer.

Tout à coup le cheval se mit à hennir.

— Ah! dit Bertrand, nous pourrons les suivre; et, à moins que leurs bêtes n'aient des ailes, je vous réponds que nous les rejoindrons.

Le piqueur sauta en selle et lâcha la bride au *Petit-Gris*. C'était le nom de l'étalon.

Le petit cheval aspira l'air bruyamment, parut hésiter un moment sur la direction qu'il prendrait; puis, tout à coup, il fit une volte-face et s'élança, hennissant toujours dans la direction du chemin de fer de Vierzon, qui passait à douze kilomètres environ à l'ouest de la Rousselière.

Raoul et Victor suivaient le piqueur.

Ce fut pendant vingt-cinq minutes une course insensée, un véritable steeple de haies. Le *Petit-Gris* sautait les fossés, passait comme un sanglier dans la broussaille, courait au bord des mares, quand il ne les franchissait pas d'un seul bond. Et à mesure qu'il s'animait, il hennissait plus fort.

— Hourrah! le *Petit-Gris*! criait Bertrand; hourrah!

Et le vaillant petit cheval de chasse précipitait de plus en plus son galop presque fantastique.

Tout à coup on entendit un coup de sifflet lointain, puis une lueur rougeâtre longea l'horizon, laissant derrière elle une longue trace de fumée blanche.

C'était le train du chemin de fer qui passait.

— Malédiction! s'écria Victor; ils auront pris le train qui s'arrête à la station de Nouan.

— Non, monsieur, répondit Bertrand, qui s'arrêta un moment, ce n'est pas possible.

— Pourquoi?

— Parce que le train qui vient de passer est un express qui ne s'arrête pas à Nouan. Le train omnibus est passé avant minuit et le prochain n'arrivera à Nouan qu'à sept heures moins dix minutes.

Raoul consulta sa montre; il était cinq heures du matin, et le jour commençait à poindre à l'horizon.

Victor calculait qu'à moins qu'on ne se fût aperçu de sa fuite pendant la première heure qui l'avait suivie, il était impossible, en admettant qu'ils eussent songé à prendre le chemin de fer, que les inconnus fussent arrivés à temps pour le train de minuit.

Le *Petit-Gris* avait repris sa course et galopait avec une telle furie, que Victor et Raoul, bien que montant deux doubles poneys d'Écosse, avaient peine à le suivre.

A mesure que l'étalon approchait de la station de Nouan, ses hennissements devenaient plus bruyants, plus accentués.

— Enfin, messieurs, s'écria tout à coup Bertrand, nous voici arrivés!

Et il s'élança dans le creux qui conduisait à la station.

Mais comme il l'atteignait, il s'arrêta brusquement. Il venait d'apercevoir cinq chevaux de selle attachés les uns aux autres, près de la barrière du passage à niveau, et, auprès d'eux, un domestique en livrée.

— Nous les tenons! cria Victor, qui sauta à bas de son cheval, et se précipita à l'intérieur de la station, où, sans doute, il le croyait du moins, les fugitifs attendaient le passage du train.

Mais la station était vide, et le chef de gare dit à Victor :

— Vous arrivez trop tard, monsieur, le train est parti.

— Comment! s'écria Victor qui poussa un cri de rage, mais ce train qui vient de passer ne s'arrête point ici!

— Pardon, monsieur, répondit le chef de station ; depuis trois jours l'*express* du matin s'arrête pour faire de l'eau.

— Et il prend des voyageurs?

— Oui, monsieur. Il est parti tout à l'heure trois messieurs et une dame.

Victor poussa un cri:

— Savez-vous leurs noms?

— Je les ignore.

— Comment étaient-ils?

— Jeunes tous trois. L'un d'eux est décoré.

— Et la femme?

— Grande, blonde, avec beaucoup de cheveux.

A ce portrait, Victor reconnut la belle et mystérieuse hôtesse de la Rousselière.

— Et elle était seule? dit-il.

— Avec ces trois messieurs. Elle est arrivée comme eux à cheval.

Victor tourna le dos au chef de gare, sortit de la station et courut au laquais qui tenait les chevaux en main.

Il reconnut ce même domestique qui était entré masqué dans la chambre où il avait passé vingt-quatre heures prisonnier.

— Ah! misérable! dit-il en l'arrachant de sa selle, car le domestique était remonté à cheval et s'apprêtait à s'éloigner, cette fois tu vas me dire ou je te plonge mon couteau de chasse dans la gorge.

Le valet, qui était tombé de cheval, se releva tout meurtri.

— Ma foi! monsieur, dit-il je ne vois pas pourquoi, maintenant, je ne vous dirais pas tout ce que je sais... On ne m'a pas recommandé le secret et je suis payé.

. . . .

Avant d'écouter le récit du domestique, disons ce qui s'était passé à la Rousselière après la fuite de Victor de Passe-Croix.

XXVI.

Quelques instants avant que le laquais masqué fût entré dans la chambre qui servait de prison à Victor de Passe-Croix, le *bûcheron* et ses trois compagnons étaient réunis dans la petite salle à manger de la Rousselière.

L'un d'eux disait :

— Mon cher vicomte, depuis huit jours nous avons fait toutes vos volontés et nous avons obéi sans vous demander aucune explication.

— Et je vous en remercie, milord, répondit celui à qui on donnait le titre de vicomte.

— Nous ne l'avons pas questionné, dit un troisième, parce que c'est la règle que nous nous sommes imposée dans les statuts de notre association, de nous nommer un chef pour chaque affaire, et de le laisser gouverner.

— Cependant, reprit l'Anglais, qui n'était autre que lord Blakstone, je voudrais savoir...

— Vous allez tout savoir, milord, reprit le vicomte de Chenevières. A présent que nous tenons le jeune et turbulent saint-cyrien, et qu'il ne peut nous échapper, je ne vois aucun inconvénient à vous dévoiler mes plans.

— Voyons, fit le baron Gontran de Neubourg, nous t'écoutons, vicomte.

— Messieurs, dit le vicomte de Chenevières, soyez tranquilles, je ne laisserai point ce misérable Albert Morel aller trop loin.

— Cependant, observa le baron de Neubourg, il est déjà bien avancé.

— Oui, mais ce soir même son triomphe tournera en défaite.

— Comment! fit lord Blakstone, vous l'attendez ce soir?...

— Avec Mlle Flavie de Passe-Croix, qu'il doit avoir enlevée à cette heure.

Les trois chevaliers du Clair de Lune se regardèrent avec une sorte de stupéfaction.

— Es-tu fou, vicomte? fit le marquis.

— Il était pourtant convenu... observa le baron.

M. de Chenevières sourit, et, d'un geste, il imposa silence à ses amis.

— Ecoutez, messieurs, dit-il, l'heure est venue, je crois, de vous mettre au courant de la situation que j'ai patiemment et, j'ose le dire, assez habilement amenée.

— Voyons? demandèrent à la fois les trois amis du vicomte.

M. de Chenevières reprit:

— Quel est notre but? nous voulons châtier ce voleur et cet assassin qui se nomme le baron de Passe-Croix, n'est-ce pas?

— Oui.

— Le frapper dans ses affections de famille, et le contraindre à restituer à la fille de ses victimes la fortune dont il l'a dépouillée?

— Oui.

— Pour cela, il était nécessaire de laisser M. Albert Morel se faire aimer de Flavie de Passe-Croix.

— Cependant, mon cher ami... dit M. de Neubourg.

— Vous allez voir, baron, que j'avais tout prévu, même le moyen de sauvegarder l'honneur de cette jeune fille, qui, après tout, n'est nullement responsable des crimes de son père.

— Parle donc, vicomte, nous t'écoutons.

— Ce n'est pas moi, continua M. de Chenevières, qui suis la cause première de cette intrigue. Quelque honorable que soit notre but, quelque intéressante que puisse être la cause, que nous servons, j'avoue que j'aurais hésité à jeter sur les pas de mademoiselle de Passe-Croix un misérable comme cet Albert Morel ; mais le hasard s'était chargé de cette besogne. J'ai trouvé M. Albert Morel dans le salon des Montalet, faisant à mademoiselle de Passe-Croix une cour à laquelle la jeune fille ne paraissait pas indifférente. Je savais le passé de cet homme, je pouvais le jeter sur le collet et le chasser honteusement; j'ai préféré m'en faire un instrument. Ne fallait-il pas châtier le baron? Le jour où mademoiselle de Passe-Croix apprendra la vérité tout entière, elle sera guérie de son amour; mais d'ici là, il faut que le baron son père ait restitué le bien volé. Albert Morel sera ici dans quelques minutes; alors...

M. de Chenevières fut brusquement interrompu par l'apparition de la jeune femme blonde, qui entra précipitamment dans la salle à manger...

Danielle, car c'était bien elle, avait le visage bouleversé.

— Venez! dit-elle, venez, venez!...

Les quatre jeunes gens étonnés se levèrent.

— Qu'est-ce donc ? demanda le vicomte.

Mais déjà la jeune fille s'était élancée dans le corridor et gravissait l'escalier disant:
— Le jeune homme s'est enfui...

Les chevaliers du Clair de Lune poussèrent un cri de rage et suivirent Danielle, pour ne s'arrêter que sur le seuil de la chambre, qui, tout à l'heure encore, servait de prison à Victor de Passe-Croix.

La porte était ouverte; sur le parquet, devant le feu, le domestique, à demi étouffé par le mouchoir qui le bâillonnait, était couché sur le dos.

Les quatre jeunes gens se regardèrent avec une sorte de stupeur.

Victor s'était enfui, mais par où?

La fenêtre de l'antichambre était ouverte...

— Il aura sauté dans le jardin, et si nous ne le rattrappons pas, tout est perdu, dit le vicomte de Chenevières.

M. de Neubourg avait ôté le bâillon du domestique et lui déliait les pieds et les mains.

Ce dernier roulait autour de lui des yeux effarés et hagards, et il jouait si bien l'épouvante que les chevaliers du Clair de Lune s'y laissèrent prendre.

— Comment cela s'est-il fait? lui demanda M. de Neubourg.

— Il avait un couteau... Il me l'a appuyé sur la gorge... Il m'aurait tué... murmura le domestique.

— Messieurs, s'écria le vicomte, que vous importe maintenant de savoir comment notre prisonnier s'est échappé? L'essentiel, c'est de le reprendre, s'il est possible.

Et, s'adressant au domestique :
— Depuis quand étais-tu là?
— Oh! répondit le valet, il y a plus d'une heure.
— Ainsi, il y a plus d'une heure qu'il s'est échappé?
— Oui.

M. de Chenevières frappa du pied avec fureur.
— Alors, dit-il, je crois qu'il est inutile de courir après lui. Il est bien certainement déjà aux Rigoles.
— Mais alors qu'allons-nous faire? demanda lord Blakstone.
— Une seule chose, messieurs...

Et le vicomte tordait ses mains avec colère.
— Nous allons monter à cheval, reprit-il, et gagner la prochaine station de chemin de fer.
— Hein? fit le baron.
— Tout est perdu, au moins pour le moment, acheva le vicomte. Il ne nous reste plus qu'à disparaître. C'est à Paris que nous reprendrons notre œuvre.

En ce moment, on entendit retentir au dehors le galop d'un cheval.

Le vicomte s'élança dans l'escalier.
— C'est Albert Morel, dit-il.

En effet le ravisseur arrivait ayant en croupe Flavie de Passe-Croix, tremblante et pâle.

Le vicomte alla lui-même ouvrir la porte de la maison.

En le voyant apparaître sur le seuil, Flavie fit un geste d'effroi. Quel était donc cet homme?

M. de Chenevières se dirigea droit vers elle et se découvrit respectueusement.

— Mademoiselle, dit-il, j'ai l'honneur d'être un ami de votre famille, et il est fort heureux que je me trouve ici pour vous sauver.

En même temps le vicomte fit un signe impérieux à M. Albert Morel. Ce signe était singulièrement éloquent, il voulait dire : « Vous êtes un esclave, il faut obéir et ne vous étonner de rien. »

M. Albert Morel courba donc la tête, et M. de Chenevières reprit :
— Mademoiselle, vous alliez perdre le bonheur de votre vie tout entière en suivant cet homme.

D'abord muette de surprise, la jeune fille avait regardé le vicomte, se demandant qui il pouvait être et ce qu'il avait de commun avec M. Albert Morel.

Mais elle tressaillit et se tourna vers ce dernier en entendant M. de Chenevières lui parler ainsi.
— Quel est donc cet homme et que nous veut-il? dit-elle.

M. Albert Morel se taisait toujours.
— Mademoiselle, fit le vicomte, je suis un ami que le hasard vous envoie. Regardez cet homme... il est indigne de votre amour!

Flavie jeta un cri et se serra toute tremblante contre M. Albert Morel.
— Mais cet homme vous insulte! s'écria-t-elle.

Le vicomte ajouta, s'adressant au ravisseur :
— Dites à mademoiselle que vous êtes marié!...

Au lieu de protester, au lieu de s'indigner, M. Albert Morel continuait à courber la tête.

Alors Flavie se mit à trembler ; puis, tout à coup, comprenant le silence de cet homme, l'œil hagard, la bouche crispée, elle poussa une sorte de gémissement, étendit les bras, chancela comme si elle eût été frappée mortellement et tomba à la renverse.

Mlle de Passe-Croix était évanouie!

Le vicomte se pencha sur elle et appela à son aide. Ses amis accoururent et Danielle avec eux.
— Ce n'est rien, dit le vicomte, elle n'est qu'évanouie, et cet évanouissement nous sert.
— Que veux-tu dire? fit M. de Neubourg.
— Sans doute, reprit le vicomte. Maintenant que Victor nous a échappé, il est inutile d'enlever sa sœur. Il faut, au contraire, la ramener chez son père, et comme elle est évanouie, nous allons l'y transporter bien plus facilement.
— Comment cela?
— N'avons-nous pas, depuis le commencement de la soirée, une voiture attelée et prête à partir?
— Oui.
— Eh bien, aidez-moi !...

On transporta la jeune fille dans la voiture, et on l'y coucha avec précaution.

Cela fait, le vicomte ajouta :
— Maintenant, messieurs, et vous, mademoiselle, — il s'adressait à Danielle, — montez à cheval et partez... il n'est que temps!... car, dans une heure, Victor de Passe-Croix et ses amis les Montalet seront ici.

En même temps, il fit un signe à Albert Morel.
— Montez sur le siège, monsieur ; vous allez nous servir de cocher.

Et M. de Chenevières s'installa dans la voiture, auprès de la jeune fille évanouie. Un quart d'heure après, la ferme de la Rousselière était déserte, et deux heures plus tard, Victor, Raoul de Montalet et son piqueur arrivaient à la station du chemin de fer, au moment où le train s'éloignait.

. . . .

Nous avons vu le saint-cyrien jeter en bas de son cheval le domestique des chevaliers du Clair de Lune et lui dire :
— Tu parleras, ou je te tuerai!

Le laquais avait répondu :
— Maintenant qu'ils sont partis, je vais tout vous dire.

Et, en effet, il raconta à Victor ce qui s'était passé à la Rousselière depuis l'instant où l'on avait découvert son évasion, c'est-à-dire l'arrivée de M. Albert Morel et de Flavie, et l'évanouissement de la jeune fille, qu'on avait transportée dans une voiture.

Le laquais ignorait ce qui s'était passé entre le vicomte de Chenevières, Flavie de Passe-Croix et M. Albert Morel. Il n'avait rien entendu, mais il avait vu le vicomte prendre place dans la voiture et M. Albert Morel monter sur le siège.

Le vicomte salua Rocambole et sortit. (Page 1082.)

Et comme Victor, anxieux, lui demandait quelle direction cette voiture avait prise, le laquais dit :
— Vous trouverez bien certainement la trace des roues dans la sapinière qui est au nord de la Rousselière, et que traverse la route de Sandisson.

Victor n'en voulut point entendre davantage. Toujours persuadé qu'on enlevait sa sœur, il remonta à cheval, criant à ses compagnons :
— Nous avons fait un chemin inutile, il faut revenir sur nos pas.

Victor et Raoul s'élancèrent de nouveau dans la direction de la Rousselière.

Ils avaient fait en vingt-cinq minutes le trajet de la Rousselière à la station du chemin de fer, ils accomplirent au retour la même prouesse : il ne leur fallut que vingt-cinq minutes pour regagner la Rousselière.

Comme ils y arrivaient, le premier rayon du soleil glissait au-dessus des sapinières.

Il fut alors facile à Victor de remarquer la trace des roues, qui s'étaient enfoncées profondément dans le sable. Cette trace, comme l'avait dit le laquais, s'allongeait vers la sapinière du nord et gagnait le chemin de Sandisson. Or, ce chemin passe à un demi-kilomètre de la Martinière.

— Par exemple ! c'est trop d'audace ! murmura Victor.

Ces misérables ont eu l'aplomb de repasser devant la Martinière.

Les deux jeunes gens et le piqueur s'engagèrent à fond de train dans ce chemin. Victor labourait les flancs de son cheval à coups d'éperon et murmurait avec désespoir :
— Ils ont deux heures d'avance sur nous, jamais nous ne les rattraperons.
— Patience ! répondait Raoul de Montalet, ils ne vont point rejoindre le chemin de fer en suivant cette direction ; avant trois heures nous les aurons rejoints.

Comme ils atteignaient le chemin de traverse qui conduit à la Martinière, Victor s'arrêta.

Il venait de remarquer que la voiture avait dû stationner un moment en cet endroit. Les chevaux avaient piétiné le sol, les roues étaient entrées plus profondément dans le sable.

Sur la droite, au bout du sentier, à un demi-kilomètre, on apercevait les toits de la Martinière.

Victor eut une inspiration. Au lieu de suivre la route de Sandisson, car, d'après les indices recueillis, la voiture avait continué son chemin dans cette direction, il se jeta dans le sentier qui conduisait à la Martinière.

— Mon père et ma mère doivent être fous de douleur ! se dit-il, car il est impossible qu'ils ne se soient point

PROPRIÉTÉ DE VICTOR BENOIST ET Cie, A PARIS.

aperçus déjà... Je vais perdre un quart d'heure, mais je le regagnerai, car je trouverai un cheval frais à la Martinière.

Et Victor et Raoul, quelques minutes après, franchissaient le fossé du parc et arrivaient ventre à terre devant le château.

Un domestique accourut. Il avait le visage consterné.

— Ah! monsieur Victor, dit-il, quel malheur!

— Je sais, je sais, dit le jeune homme, qui s'élança vers l'escalier; où est mon père?

— Il est avec Mme la baronne, auprès de Mlle Flavie.

Victor jeta un cri.

— Flavie! dit-il, Flavie est donc ici?

— Oui, monsieur.

Victor s'appuya à la rampe de l'escalier pour ne point tomber.

— Mais de quel malheur parles-tu donc, imbécile? demanda-t-il.

— Du malheur qui est arrivé à Mlle Flavie.

Victor se cramponna à la rampe avec fureur. Ses yeux s'injectèrent.

— Elle est folle! acheva le domestique.

Raoul de Montalet, qui gravissait le grand escalier de la Martinière derrière son ami, le reçut à demi mort dans ses bras. On eût dit que Victor avait été foudroyé!

. . . .

XXVII.

Huit jours après les événements que nous venons de raconter, un poney-chaise attelé d'un vigoureux trotteur irlandais s'arrêta vers le milieu de la rue de la Michodière.

Un jeune homme, qui conduisait lui-même, en descendit et franchit lestement le seuil d'une porte cintrée à trois pas de laquelle s'ouvrait un large escalier de pierres à balustrade de fer, tel qu'on en voit encore dans quelques vieilles maisons de ce quartier. Ce jeune homme, dont la mise annonçait le meilleur monde, ne demanda rien au concierge, monta d'un pas rapide au premier étage, et s'arrêta devant une porte sur laquelle il y avait un écusson de cuivre portant ces mots :

CABINET D'AFFAIRES
Tournez le bouton S. V. P.

Le visiteur obéit à l'invitation de l'écriteau, poussa la porte devant lui et pénétra dans une petite pièce munie d'un grillage qui masquait à demi un bureau, une caisse et un employé.

Le jeune homme s'approcha du guichet, et, tendant sa carte dit, à l'employé, qui était un garçon de quinze à seize ans :

— Voulez-vous demander à votre patron s'il peut me recevoir?

Le commis jeta les yeux sur la carte, salua en découvrant un écusson à l'un des angles, se leva sans mot dire, poussa une porte qui se trouvait derrière lui et disparut.

Deux minutes après, une porte qui se trouvait à droite du grillage s'ouvrit à son tour, et un homme en robe de chambre, le visage couturé, les yeux abrités par de grande lunettes bleues, se montra sur le seuil.

— Donnez-vous la peine d'entrer, monsieur le vicomte, dit-il au jeune visiteur, qui entra dans une seconde pièce tendue en damas rouge, garnie de meubles d'acajou, et telle qu'elle était le jour où M. le baron Gontran de Neubourg avait eu sa première entrevue avec l'homme aux lunettes bleues.

Nos lecteurs ont reconnu sans doute déjà la maison et le cabinet d'affaires de cet étrange personnage qui avait joué un rôle de valet à la Charmerie, et qui autrefois s'était nommé Rocambole.

Le vicomte de Chenevières, car c'était lui, s'assit sur un fauteuil que son hôte lui avança, tandis qu'il demeurait lui-même debout, adossé au chambranle de la cheminée.

— Monsieur le vicomte, dit Rocambole, je sais tout ce que vous venez me dire.

— Bah!

— Je connais jour par jour et heure par heure tout ce que vous avez fait en Sologne. Vos ingénieuses combinaisons ont échoué, vous n'êtes pas plus avancé aujourd'hui qu'il y a un mois, et après avoir cru pouvoir vous passer de mes bons offices, vous vous apercevez que je vous suis à peu près indispensable. Est-ce vrai?

— C'est vrai, dit simplement le vicomte de Chenevières.

— Voulez-vous, reprit l'homme aux lunettes bleues, que je vous résume la situation?

— Soit, parlez.

— Mlle de Passe-Croix est folle, mais sa folie n'est que momentanée. Les chagrins d'amour se guérissent, et la raison revient. Le baron de Passe-Croix continue à jouir paisiblement du bien mal acquis, et son fils, rentré à Saint-Cyr après avoir vainement cherché ses ravisseurs mystérieux, finira par oublier cette aventure. C'est-à-dire que tout est à recommencer.

M. de Chenevières baissa humblement la tête.

— Je crois que vous avez raison, dit-il.

L'homme aux lunettes bleues laissa glisser un sourire railleur sur ses lèvres :

— J'ai eu l'honneur de le dire déjà à M. le baron de Neubourg, dit-il, les gens du monde comme vous, messieurs, ne sont pas de taille à se tirer d'affaire dans une semblable besogne.

— Eh bien, voulez-vous nous aider de nouveau? demanda M. de Chenevières.

— Volontiers, mais à une condition, monsieur le vicomte.

— Laquelle?

— C'est que vous me laisserez des pleins pouvoirs.

— Soit.

— Et ne me questionnerez jamais.

— Soit encore.

— Oh! soyez tranquille, continua le bizarre personnage; s'il en est ainsi, tout ira bien.

— Vous croyez?

— Avant un mois, le marquis de Morfontaine, le vicomte de la Morlière et le baron de Passe-Croix se seront brûlé la cervelle.

Le vicomte ne put se défendre d'un léger tressaillement, et il regarda cet homme qui parlait aussi tranquillement de cette triple mort que s'il se fût agi de la chose la plus naturelle du monde.

— Ah! dame! fit l'homme aux lunettes bleues, il ne faut pas oublier que lorsque j'avais un vrai nom je m'appelais Rocambole.

Il eut un nouveau sourire diabolique et ajouta :

— Vous pouvez rejoindre vos amis, monsieur le vicomte, et leur répéter ce que j'ai eu l'honneur de vous dire.

— Quand vous reverrai-je? demanda M. de Chenevières.

— J'aurai l'honneur de vous envoyer, ce soir même, une petite note.

Le vicomte se leva.

— Ah! un moment, dit Rocambole; j'ai une recommandation à vous faire.

— Voyons.

— Il se peut que vous rencontriez Paul de la Morlière.

— Je m'y attends.

— Il vous provoquera.

— C'est impossible autrement. Faut-il me battre?

— Vous lui demanderez un délai de trois jours.
— Et... au bout de ces trois jours...
— D'ici là nous verrons.
— C'est bien ; au revoir !

Et le vicomte prit son chapeau, salua Rocambole et sortit.

M. de Chenevières remonta en voiture, rendit la main à son trotteur et gagna le boulevard, se disant :

— Cet homme a raison ; il n'y a qu'un ancien scélérat comme lui qui puisse lutter avantageusement avec les trois coquins que nous poursuivons vainement. S'il ne nous guide pas, s'il ne nous trace un programme, nous n'arriverons jamais à notre but.

M. de Chenevières rentra chez lui et y trouva une lettre dont la suscription le fit tressaillir.

Il avait reconnu l'écriture de Danielle. Danielle lui disait :

« Monsieur le vicomte.

« J'ai absolument besoin de vous voir aujourd'hui même. Voulez-vous m'attendre à huit heures du soir et réunir vos amis?

                            « A vous,
                                « Danielle. »

— Voilà qui est bizarre, murmura M. de Chenevières. Danielle nous avait quittés hier pour sept ou huit jours, et devait attendre que nous eussions besoin d'elle... Que s'est-il donc passé depuis hier au soir ?

XXVIII.

La veille du jour où le vicomte de Chenevières se présentait rue de la Michodière chez l'homme aux lunettes bleues, comme la nuit venait, une jeune femme monta dans une voiture de place, sur le boulevard, et dit au cocher :

— Conduisez-moi rue du Vieux-Colombier, et marchez bon train !...

La mise de la jeune femme annonçait la distinction riche, son sourire promettait un généreux pourboire, le cocher fit merveille et ne mit guère que vingt-cinq minutes pour faire le trajet.

A l'entrée de la rue, la voyageuse descendit, mit cent sous dans la main du cocher, et se dirigea vers une petite porte qui donnait accès sur une allée humide et noire.

Une vieille femme, qui servait de concierge à la maison, passa la tête au travers du carreau.

— Ah ! Jésus-Dieu ! dit-elle, c'est vous, mam'selle Danielle ?

— Oui, mère Louis, c'est moi, répondit la jeune fille.

— Comme il y a longtemps que vous n'êtes venue, mam'selle ! reprit la portière avec une nuance d'affection dans la voix. Si vous saviez comme ce pauvre M. Grain-de-Sel vous attend avec impatience !... Le temps lui dure, voyez-vous !...

— Et à moi aussi, fit Danielle, en grimpant lestement l'escalier. Comment va-t-il, *petit père* ?

Petit père était le nom que la jeune fille donnait à Grain-de-Sel.

— Il va bien, mam'selle, à part son moignon, qui le fait souffrir les jours de pluie.

— Et ses yeux ?

— Vous savez bien qu'ils ont toujours été mauvais depuis l'accident. Pourtant le docteur, qui vient tous les matins, dit que ça se tassera.

Danielle, tandis que la portière parlait, était déjà en haut de l'escalier. Elle arriva au troisième étage et s'arrêta devant une porte après laquelle pendait un cordon de sonnette rouge.

Sur la porte on avait cloué une carte de visite lithographiée qui portait ces mots :

GRAIN-DE-SEL,
capitaine retraité.

La clef était dans la serrure, en dehors. Cependant Danielle sonna.

— Entrez ! dit une voix mâle et sonore à l'intérieur.

Danielle tourna la clef et se trouva sur le seuil d'un petit logement composé de trois pièces.

La première, que la jeune fille, après avoir refermé la porte sur elle, traversa sans s'arrêter, était une sorte de salle à manger meublée en noyer, avec des rideaux de calicot bordés de rouge.

C'était propre et modeste, mais on y respirait une sorte de gêne dissimulée avec soin.

A droite et à gauche d'un buffet chargé de vaisselle commune, s'ouvraient deux portes. L'une était celle de la chambre qu'avait longtemps occupée Danielle ; l'autre donnait dans le logis du capitaine Grain-de-Sel.

Danielle franchit le seuil de cette dernière ; puis on entendit un double cri de joie, le bruit de deux gros baisers, et ces mots entrecoupés :

— Enfin ! enfin ! te voilà !...

Certes, ceux qui avaient jadis vécu au château de Bellombre, au temps du vieux général Morfontaine, et qui avaient connu Grain-de-Sel, le petit gars, l'intrépide enfant qui enfourchait Clorinde et la lançait à bride abattue à travers le Bocage, se seraient arrêtés bien étonnés à la vue de ce personnage au cou duquel Danielle venait de se suspendre avec un élan de tendresse filiale.

Qu'on se figure un homme d'environ trente-sept ans, amputé de la jambe droite, les yeux brûlés par l'explosion d'un *camouflet*, la lèvre supérieure couverte d'une épaisse moustache noire.

Grain-de-Sel était assis dans un grand fauteuil à la Voltaire, au coin d'un maigre feu, lorsque Danielle était entrée en disant :

— Ah ! cher petit père, où donc es-tu, mon Dieu ?

Qu'il nous soit permis, à propos de Grain-de-Sel, quelques lignes d'histoire rétrospective.

Après avoir retrouvé Danielle, Grain-de-Sel était demeuré au service.

La guerre de Crimée le trouva lieutenant dans un régiment de chasseurs à pied.

Grain-de-Sel confia Danielle à une pauvre vieille femme, sœur de sa défunte mère, et qui avait épousé un maître maçon venu à Paris en 1848. Puis il suivit le drapeau de son bataillon, s'en alla en Crimée, se battit comme un lion à l'Alma et à Inkermann, et il s'apprêtait à monter à l'assaut de la tour de Malakoff, lorsque son accident, comme disait la portière de la rue du Vieux-Colombier, lui arriva.

Une nuit, Grain-de-Sel était de tranchée. Il s'aventura dans une mine avec des soldats du génie et un officier d'artillerie, son ami. Les Russes minaient en sens inverse.

A un certain moment, les pioches et les instruments de forage des deux armées se rencontrèrent. Les Russes donnèrent le camouflet, et Grain-de-Sel fut renversé, les yeux brûlés et la jambe broyée. Six mois après, le jeune officier revenait en France, invalide, presque aveugle, décoré de la Légion-d'honneur et capitaine retraité.

Avec sa pension, ses deux croix, — il avait le medjidié, — et ses campagnes, Grain-de-Sel avait tout au plus 1200 livres de rente, et Danielle n'avait que lui en ce monde.

Ah ! certes, le jeune et vaillant officier avait fait un autre rêve en partant pour Sébastopol : il se voyait, au retour, officier supérieur, portant la tête haute, comptant en sa force, et capable d'engager enfin cette lutte qu'il rêvait avec les spoliateurs de Danielle.

Un peu de poudre avait renversé toutes ces belles espérances, et c'était pour cela que le pauvre Grain-de-Sel avait laissé entreprendre aux chevaliers du Clair de Lune une besogne que jadis il n'eût voulu confier à personne.

Là était tout le mystère de cette inaction.

Danielle couvrait de baisers celui qui lui avait servi de père.

Grain-de-Sel avait pris dans ses mains les petites mains de la jeune fille, et y imprimait ses lèvres en murmurant :

— Ah! ces quinze grandes journées que tu viens de passer loin de moi m'ont paru avoir la durée de quinze siècles.

— Cher petit père, répondit Danielle d'une voix caressante, on aime donc un peu sa Danielle?

— Si je t'aime! s'écria Grain-de-Sel d'un ton d'affectueux reproche.

Et le pauvre Grain-de-Sel attachait ses yeux brûlés sur Danielle, qu'il n'apercevait qu'à travers un nuage.

— Mais, reprit-il, dis-moi ce qui s'est passé. L'heure de la réparation est-elle venue?

— Pas encore, répondit Danielle, qui jugeait inutile de raconter à Grain-de-Sel l'échec subi par les chevaliers du Clair de Lune; mais elle approche.

— Chère enfant du bon Dieu! murmura le soldat, si je pouvais voir et marcher, ce n'est pas eux qui prendraient soin de venger ta mère et ton père et de te rendre ton héritage... Si je te disais que parfois je suis jaloux!

— Jaloux? fit Danielle avec naïveté.

— Oui, jaloux de ces hommes qui sont jeunes, beaux, titrés, et qui t'aiment tous quatre.

Danielle tressaillit. Si Grain-de-Sel avait eu ses yeux d'autrefois, il aurait peut-être vu monter un léger incarnat au front de la jeune fille.

Cependant elle répliqua en souriant :

— Mais c'est précisément pour cela, petit père, que tu ne dois pas être jaloux.

— Oui, mais qui me dit, reprit Grain-de-Sel, qu'il n'en est pas un sur les quatre qui fasse battre ton cœur?...

Danielle baissa la tête un moment, son sein se gonfla; elle étouffa un soupir.

— Je ne sais pas, dit-elle enfin.

Grain-de-Sel soupira, lui aussi, et prit les deux mains de la jeune fille.

— Dis-moi lequel? fit-il.

Mais elle dégagea ses mains avec une sorte d'effroi subit.

— Non, non, dit-elle; je ne le sais pas moi-même, je ne veux pas le savoir... Ne m'interroge pas, petit père, c'est un secret.

Grain-de-Sel n'avait jamais contrarié Danielle.

— Allons, dit-il, ne parlons plus de tout cela, puisque ça te contrarie; mais causons de ton héritage. Crois-tu qu'ils pourront te le rendre?

— Oh! j'en suis sûre!

Grain-de-Sel soupira de nouveau.

— Mais qu'as-tu donc, petit père? demanda la jeune fille.

— Rien.

— Tu me trompes...

Grain-de-Sel fit un brusque mouvement dans son fauteuil.

— Après tout, dit-il, au diable la dissimulation! j'aime mieux parler à cœur ouvert, ma Danielle.

— Parle, petit père.

— Figure-toi que ce butor de camouflet est venu briser toutes mes espérances, en m'emportant une jambe et me rendant aux trois quarts aveugle. Je serais peut-être revenu chef de bataillon, et alors j'aurais fait à moi tout seul la besogne de ces quatre beaux messieurs.

— Je le crois, petit père.

— Sais-tu bien, poursuivit Grain-de-Sel, que tu auras trois ou quatre cent mille livres de rente le jour où ils t'auront rendu ton héritage?

— Oh! fit Danielle avec insouciance, que m'importe! En vérité, ce que je veux, c'est venger mon père et ma mère.

— Oui, sans doute, reprit Grain-de-Sel; mais quatre cent mille livres de rente permettent bien des choses, et j'avais pour toi...

— Quoi donc, petit père?

— Je voulais te marier.

— Avec qui donc? fit-elle en souriant.

Danielle tressaillit encore.

— Avec un enfant comme toi déshérité, comme toi sans famille, et qui, comme toi, a droit à une famille et un héritage.

— Tu ne m'as jamais parlé de cela, observa la jeune fille avec surprise.

— C'est vrai. D'ailleurs c'était inutile, puisque je ne pouvais plus rien moi-même.

— Mais quel est ce jeune homme? où l'as-tu connu?

— Je l'ai vu l'espace d'une nuit, à Sébastopol, tandis que nous avions six heures de trêve pour enterrer nos morts.

— Et tu as songé à me marier avec lui?

— Oui, mon enfant.

Danielle se mit à rire.

— Mais tu as donc des moments de folie, cher petit père? dit-elle en lui sautant au cou.

— Non, mon enfant, répondit Grain-de-Sel d'une vix grave. Tu ne sais donc pas qu'on a parfois des pressentiments inexplicables, qu'il s'élève au fond du cœur de mystérieuses révélations de l'avenir?

— Quelquefois, en effet.

— Eh bien, cette nuit-là, c'était vingt-quatre heures avant l'explosion du camouflet, eh bien, cette nuit-là, j'ai fait tout un rêve d'avenir. Pendant les quelques heures que j'ai passées avec ce jeune homme, j'ai cru que c'était là celui que tu aimerais un jour. Ne souris pas, mon enfant, la destinée a parfois de singulières volontés. Qui sait!

Grain-de-Sel parlait d'un ton convaincu et pour ainsi dire inspiré.

Il reprit la main de Danielle dans les siennes.

— Voyons! dit-il, as-tu le temps de m'écouter? Je veux te raconter cette histoire.

— Comment! fit Danielle, mais je ne te quitte plus, petit père. Me voici revenue, je ne m'en vais pas... je reste à Paris, et tu sais bien que ma chambre est là.... tout près de la tienne.

— A la bonne heure! s'écria l'invalide. Et il se leva joyeux, s'appuyant sur une canne, et il alla ouvrir la croisée qui donnait sur la cour. Puis il se pencha en dehors.

— Hé! mère Antoine! cria-t-il de sa voix mâle et sonore.

La mère Antoine monta sur-le-champ.

— Vous allez nous faire à dîner, lui dit Grain-de-Sel. Mlle Danielle reste ici.

La mère Antoine servait de femme de ménage au capitaine.

Alors Grain-de-Sel regagna son fauteuil.

— Maintenant, dit-il, écoute mon histoire.

« C'était après le premier assaut donné à la tour Malakoff.

« Une trêve de douze heures avait été consentie entre les deux armées pour enterrer les morts.

« Je commandais un détachement de chasseurs à pied, composé d'environ cinquante hommes.

L'un était un beau gentilhomme; l'autre était une femme. (Page 1087.)

« Le champ de bataille, éclairé par les rayons de la lune, était splendide d'horreur.

« Russes et Français couchés pêle-mêle, les uns calmes, le visage tranquille, les autres contractés, grimaçants, d'autres les yeux ouverts et fixes, dormaient du dernier sommeil sur une terre trempée de sang.

« Nos soldats et ceux de l'armée ennemie s'étaient pris à rivaliser de zèle pour enlever les cadavres. En présence de la mort, il n'y avait plus de haine, plus de colère, plus de nations; souvent un Russe chargeait un Français mort sur son épaule, tandis que, à côté de lui, un Français prenait un Russe sur les siennes.

« Cependant, je remarquai un jeune homme, un simple soldat d'artillerie russe, qui semblait de préférence enlever les cadavres de nos soldats.

« Souvent il se penchait sur eux, les examinait avec attention, comme s'il avait eu l'espoir d'en retrouver un vivant encore.

« Tout à coup il poussa un cri de joie : il venait de retrouver un sergent de zouaves qui respirait encore.

« — Oh! quel bonheur! dit-il en français, tandis que trois de mes hommes s'emparaient du zouave et le portaient aux ambulances.

« — Vous êtes donc bien heureux, lui dis-je en m'approchant de lui, d'avoir retrouvé un Français vivant?

« Il me regarda avec une certaine défiance d'abord, puis mon visage lui revint sans doute, car il me dit rapidement et tout bas :

« — Je suis né à Paris !

« Je laissai échapper un geste d'étonnement profond. Un sourire vint à ses lèvres.

« — Rassurez-vous, me dit-il, je ne suis point un déserteur français, comme vous pourriez le croire. Je suis un sujet russe...

« Il s'était approché tout près de moi, et nul ne pouvait nous entendre.

« — Monsieur l'officier, reprit-il, vous avez l'air bon et franc. Qui sait? peut-être seriez-vous mon ami si vous saviez mon histoire.

« — Je le suis déjà, répondis-je, car vous avez une charmante et noble figure.

« C'était en effet un jeune homme de vingt-deux ans, grand, mince, distingué de tournure, et d'une beauté merveilleuse qu'une femme aurait enviée. Il avait les yeux bleus et les cheveux noirs, le teint blanc et mat, des pieds et des mains d'enfant.

« — Je vous remercie de votre sympathie, me dit-il, mais elle est exagérée encore; car vous ne savez pas qui je suis, et combien je suis malheureux.

« Il prononça ces derniers mots avec tant de tristesse,

que je ne pus m'empêcher de lui prendre le bras et de l'emmener assez loin pour que notre entretien ne fût troublé par personne.

« Nous nous assîmes sur un pan de mur que le canon avait à moitié renversé.

« — Monsieur, me dit-il alors, je serai peut-être tué demain. Peut-être est-ce aussi aujourd'hui l'unique trêve qu'il y aura entre les deux armées, et jamais l'occasion ne se représentera pour moi de parler à un Français. Et cependant quelque chose me dit que j'aurais tort de ne point me confier à vous.

« Sa voix était douce et triste, et elle exerçait sur moi une sorte de fascination.

« — Parlez donc, monsieur, lui dis-je, et si je puis vous être bon à quelque chose...

« — Qui sait? reprit-il. Ah! si je pouvais revenir jamais à Paris, moi... car, fit-il en baissant la voix, savez-vous bien que je suis né Français, de père et mère français, malgré que je porte un nom russe, qu'un acte de naissance mensonger me fait naître Russe et que je suis soldat de l'empereur de toutes les Russies, obligé de faire le coup de feu contre ceux que je sais être mes compatriotes et mes frères?

« Et comme j'étouffais une exclamation de surprise, il reprit :

« — N'ayez pas peur, je n'ai encore tué personne... Jusqu'à présent, j'ai toujours escamoté la balle que je devais mettre dans mon fusil.

« — Mais enfin, monsieur, m'écriai-je, savez-vous bien que vous me dites d'étranges choses?

« — Elles sont vraies.

« — Ainsi vous êtes né à Paris?

« — Le 16 avril 1834.

« — Et vos parents étaient Français?

« — Mon père était colonel. Ma mère appartient à une grande famille du centre de la France.

« — Mais alors...

« Il me regarda fixement.

« — Votre nom, monsieur? me dit-il après un moment de silence.

« — Je suis un officier de fortune, répondis-je, je m'appelle Grain-de-Sel. Je n'ai pas de famille ; mais, soyez tranquille, monsieur, je suis un homme de cœur, et......

« Il m'interrompit.

« — Si je ne vous avais jugé tout de suite, me dit-il, je ne vous aurais point fait de demi-confidences. Maintenant, voulez-vous me faire un serment?

« — Parlez.

« — C'est que vous brûlerez ces papiers si vous ne voyez point la possibilité de m'être utile un jour.

« Il venait, en parlant ainsi, de tirer de sa longue capote verte un petit rouleau de papier qu'il me tendit.

« — J'ai écrit ces pages, me dit-il, dans l'espoir qu'elles tomberaient un jour ou l'autre dans les mains d'un Français. Vous les lirez sous la tente. Peut-être nous reverrons-nous un jour...

« Je m'emparai du manuscrit, puis nous passâmes le reste de la nuit occupés à causer.

« Il me parla beaucoup de Paris, où il avait tous ses souvenirs d'enfance.

« — Ah! me dit-il les larmes aux yeux, si je pouvais retourner à Paris... y vivre pauvre, obscur, misérable... mais y vivre, respirer l'air français, entendre notre belle langue, voir passer sur le boulevard ce drapeau tricolore à l'ombre duquel je suis né!...

« Au jour, un coup de canon annonça la fin de l'armistice. Nous nous séparâmes ; mais j'emportais ce manuscrit dans lequel il avait retracé toute son histoire.»

— Et, dit Danielle, ce manuscrit... où est-il?

Grain-de-Sel se leva, alla ouvrir le tiroir d'un petit meuble et y prit une liasse de papiers.

— Tiens, dit-il, le voilà. Lis-le-moi... L'histoire de Vladimir sera plus touchante encore en passant par ta bouche.

La nuit était venue, la jeune fille alluma un flambeau, arrondit un de ses bras sur le bord d'une table et appuya son front dans sa main.

Puis elle lut à mi-voix les pages suivantes, qui avaient pour titre :

HISTOIRE D'UN MORT.

XXIX.

HISTOIRE D'UN MORT ÉCRITE PAR LUI-MÊME.
(Sébastopol, pendant le siège.)

Le manuscrit commençait ainsi :

« Avant d'en venir à ce mort dont je parle, qu'il me soit permis de raconter un peu longuement une histoire du siècle dernier. Cette histoire est celle de la fortune immense à laquelle je dois tous les malheurs de ma vie.

« Un soir d'automne de l'année 47.., un jeune homme de quinze à seize ans cheminait, le front penché, l'œil rêveur, dans une grande ligne qui perçait d'outre en outre une vaste forêt du Nivernais.

« Sa beauté pâle et fière impressionnait vivement. Ses grands cheveux blonds, son œil bleu, ses mains blanches et fines, tout semblait annoncer en lui un homme de race. Cependant, à voir son costume sombre, son habit sans broderies, sur les basques duquel ne battait aucune épée, on ne pouvait s'y méprendre : il n'était pas gentilhomme.

« Il cheminait lentement et s'arrêtait de temps à autre, pour attacher un œil retournant un long regard sur un petit castel en briques rouges qui montrait à l'autre extrémité de la ligne ses tourelles en poivrière.

« Alors il soupirait profondément et murmurait :

« — C'est là.

« Quel était donc ce jeune homme? Un soir, douze années auparavant, un paysan du Nivernais, habitant le village de Donzy, était assis avec sa femme au coin d'un feu de tourbe, lorsqu'on frappa à leur porte.

« Le paysan alla ouvrir et se trouva face à face avec un soldat blessé, exténué de fatigue, portant dans ses bras une jolie petite créature blonde, blanche et rose, un enfant d'environ quatre ans, dont la chevelure bouclée couvrait à demi les deux bras de son père, car c'était l'enfant du soldat, l'enfant d'une femme aimée morte au printemps de la vie.

« Le soldat, déjà d'un âge mûr, avait été blessé si grièvement à la dernière bataille, que ses chefs lui avaient accordé un congé illimité, et il s'était mis en route pour son pays natal, une petite ville du Bourbonnais où il espérait se guérir. Il était parti emportant avec lui son seul trésor, sa seule affection en ce monde après l'étendard de son régiment, cet enfant conçu pendant une trêve, venu au monde entre deux batailles, dont un drapeau criblé de balles avait été le premier lange, et qui devait être soldat comme lui quand viendrait à sonner l'heure de l'adolescence.

« Hélas! le soldat avait trop présumé de ses forces, il ne devait pas atteindre le clocher de son village, et d'autres destinées attendaient sans doute cet enfant, que la mort allait le contraindre à abandonner.

« Le soldat blessé et le pauvre enfant, dont les petites mains étaient bleuies par le froid, émurent de compassion les deux paysans à la porte desquels ils venaient de frapper. Ces paysans étaient aussi aisés que pouvaient l'être d'humbles vignerons ; ils n'avaient pas d'enfant, et ils tendirent les bras à celui que le soldat leur présentait.

« Deux jours après, le soldat mourut des suites de sa blessure, recommandant le petit René aux deux paysans et leur laissant une somme de mille écus, son unique fortune, destinée à pourvoir à l'éducation de l'enfant.

« René avait donc passé son enfance à Donzy, élevé par la paysanne qui lui avait servi de mère, et dont le mari était mort l'année qui suivit le trépas du père de René.

« Le curé du village enseigna à l'enfant tout ce qu'il savait. Pierre Hubert, c'était le nom du paysan; lui laissa son avoir, ne réservant à sa femme que l'usufruit.

« Cette petite aisance et ce savoir, à une époque où le savoir était si rare que plus d'un gentilhomme ne savait écrire son nom qu'avec la pointe de son épée, permirent donc à René de vivre un peu mieux qu'un paysan et de se faire appeler à Donzy M. René, tout comme on appelait monseigneur le marquis de Valmorand, qui était le seigneur du village.

« René avait un cœur d'or, une tête de feu. Une ambition secrète et encore inexplicable le dominait, un rêve remplissait son âme, une ombre s'était faite dans la clarté de son cœur. Il avait les instincts du gentilhomme, sa fierté dédaigneuse, son amour de la gloire, et il était sans nom. Lorsqu'il endossait ses vêtements de drap brun, il rêvait tout bas les justaucorps de velours broché d'or, le feutre galamment orné d'une plume blanche, les manchettes en point d'Angleterre et les fines guipures de Venise.

« Quand il cheminait, seul et triste, par les verts sentiers ou sous les grands arbres des bois, il songeait en soupirant à ces beaux seigneurs qu'il rencontrait parfois montant un cheval de race à l'œil plein d'ardeur, aux naseaux fumants.

« Et quand il avait rêvé, désiré, soupiré, l'adolescent jetait un triste regard sur cette existence monotone et sans rayonnement qui était la sienne, sur cet avenir sans horizon qui lui était destiné, et une sourde colère bouillonnait en lui.

« — J'ai pourtant l'âme d'un gentilhomme! murmurait-il.

« Et puis encore il y avait peut-être, au fond de ces ardeurs secrètes et comprimées à grand'peine, une de ces causes mystérieuses, un de ces riens inexplicables qui décident de la vie d'un homme et lui mettent au cœur le ver rongeur de l'ambition.

« Un soir, un soir d'automne semblable à celui où nous l'avons vu s'en aller à petits pas à travers la forêt; un soir, à l'heure où l'angelus tintait, où les laboureurs quittaient leur sillon, où les pâtres revenant des champs, à l'heure où les mille voix de la nature montent à Dieu comme un doux hymne d'amour et de prière, tandis qu'il était assis sur un pan de mur couvert de lierre d'Irlande, au bord d'un chemin, deux cavaliers avaient passé par là rapides et rieurs comme le bonheur qui va vite.

« L'un était un beau gentilhomme de trente ans à peine, à la noire moustache, au regard conquérant, ayant le sourire aux lèvres, et le poing sur la hanche.

« L'autre était une femme, une blonde amazone, montant un étalon blanc, jeune et fougueux comme elle. Elle riait en écoutant les doux propos du cavalier; et René devint rêveur en la voyant sourire; il éprouva un mouvement de jalousie lorsqu'un lambeau des propos galants que lui tenait le cavalier lui fut apporté par la brise, et il la trouva si belle et si gracieuse, si rayonnante de la splendeur de ses vingt années, qu'il soupira avec dépit:

« — Ah! que ne suis-je gentilhomme!

« Et depuis ce jour René vivait solitaire et triste; il s'en allait rêveur s'asseoir au bord de la rivière ou sur la lisière de la forêt, et il regardait sans cesse au dedans de lui, où s'était gravée une image. Or, ce soir-là, notre héros suivit longtemps cette grande ligne du bois à l'extrémité de laquelle on voyait le château; et puis il s'assit sur l'herbe, l'œil toujours fixé sur ses tourelles en poivrière, prêtant l'oreille au chant mystérieux qui résonnait au fond de son cœur.

« Tout à coup un bruit lointain s'éleva dans la profondeur de la forêt, celui d'une fanfare vigoureusement sonnée par plusieurs trompes et appuyant les chiens, qui étaient à une si grande distance encore, qu'on les entendait à peine et que leurs aboiements confondus ressemblaient au murmure de la mer, dont le clapotement se fait sentir à l'intérieur des terres.

« René tressaillit et se dressa à demi.

« Pour tout homme élevé loin du terre à terre des villes, en pleins champs, en pleines forêts, les harmonies un peu sauvages d'une trompe sous la futaie, la voix d'une meute ardente à la poursuite d'un chevreuil ou d'un sanglier ont un charme infini.

« Dans le centre de la France surtout et en Bretagne, ce noble sentiment de la vénerie existe aussi bien dans le peuple que chez le gentilhomme, et le cœur bat bien fort au laboureur qui pousse ses bœufs devant lui, lorsque les notes éclatantes d'une fanfare s'élèvent au milieu des bois et que la bête de chasse débuche à ses yeux avec son cortége de grands chiens à l'œil enflammé, à la gorge sonore et enrouée par la colère.

« Aussi René prêta-t-il l'oreille, oubliant la rêverie pour s'identifier par l'ouïe aux accidents divers de la chasse, ce qui est facile à quiconque possède bien la sonnerie d'un pays et sait distinguer une fanfare de renard d'une fanfare de chevreuil.

« Le jeune homme s'était dressé et il écoutait...

« Les chiens étaient loin, les veneurs plus loin encore, mais ils semblaient venir à la rencontre de René, et René qui connaissait parfaitement la forêt, car il y venait presque tous les jours, s'élança en courant au travers du gaulis, en s'écriant:

« — La chasse va tomber au bois Fourchu... Je verrai l'hallali.

« Et René, qui était taillé en cerf et aurait suivi sans peine un cheval au galop, arpenta gaillardement le plus fourré de la forêt, peu soucieux des ronces, des broussailles et des baliveaux qui déchiraient ses vêtements, écorchaient ses mains ou fouettaient son visage.

« Après une course de vingt minutes, il s'arrêta et prêta l'oreille, la tête contre terre pour écouter sous le vent. Les fanfares étaient loin encore, mais les chiens étaient près et ils se rapprochaient si chaudement que René murmura:

« — C'est la meute du comte! On chasse un dix cors!

« Celui que René appelait le comte était le propriétaire du château, entrevu par lui à l'extrémité nord de la grande ligne.

« Du moment où le jeune homme eut la presque certitude que les chiens chassaient un dix cors, il se tint le raisonnement suivant, qu'un veneur du pays connaissant bien la forêt eût trouvé plein de sagesse:

« — La bête s'est fait tourner d'abord, s'amusant à randonner; puis elle a débuché, et le débucher aura été long, car il est tard, et on n'attaquera jamais un dix cors sur le soir. L'animal vient de rentrer sous bois, et les chiens, relayés sans doute, le mènent grand train au val Fourchu. Mais, au val Fourchu, il y a une mare, et il s'y jettera...

« Un sourire accompagna ces mots de René, qui savait bien quel sort malheureux attend l'imprudent animal qui s'est jeté à l'eau.

« Et René reprit sa course pour arriver le premier à l'hallali, avide, comme tout paysan du Nivernais ou du Morvan, d'assister à ce spectacle plein d'émotions qu'en terme de chasse on nomme la mort.

« Les chiens rapprochaient toujours avec ardeur; à quelque distance une trompe, celle d'un piqueur sans d;ate, sonnait un bien-aller précipité et plein d'entrain.

« René se plaça au bord d'une clairière où la chasse devait passer inévitablement, et il attendit, le cœur palpitant et la sueur au front.

« L'attente fut pour lui de courte durée; bientôt le cerf parut.

« Il arrivait au galop, à travers la futaie, la tête haute encore, l'air majestueux et fier, malgré sa fatigue extrême.

« Il passa à dix pas de René, qui lui cria *bravo*! tant sa course était superbe; — puis après lui, le serrant de près, vinrent les chiens, — les uns au poil fauve et rude des griffons de l'ouest, les autres tricolores comme des Anglais; d'autres encore noir et feu, comme doivent l'être les vrais chiens du pays de Bourgogne; — tous pressés sur la voie, chassant aux branches la plupart, rapprochant avec une ardeur sans pareille, et donnant chaudement de la voix, et pourquoi il ne pressait point du genou, en ce moment, les flancs d'un noble étalon.

« Et, comme il allait s'élancer après les chiens, il entendit le galop précipité d'un cheval qui suivait la chasse sans que son cavalier daignât se servir de sa trompe; et, mû par un pressentiment bizarre, il attendit encore.

« A la place même où avaient passé le cerf et ensuite les chiens, René vit déboucher le cheval et son cavalier; et il poussa un cri étouffé.

« Ce cavalier, c'était l'amazone entrevue un soir l'espace d'une seconde; c'était la belle châtelaine dont l'humble adolescent avait si souvent rêvé, la dame de ce joli castel dont il contemplait si souvent les tourelles avec mélancolie.

« C'était cette femme, enfin, pour l'amour de qui René eût voulu être gentilhomme.

« Elle passa fougueuse et rapide, animée à la poursuite du noble animal, la première entre tous les veneurs et ayant sur eux une avance considérable; elle passa sans voir René, dont le cœur cessa de battre tant son émotion fut terrible, et bientôt elle disparut à ses yeux, comme avaient successivement disparu le dix cors et la meute.

« Alors René retrouva à la fois sa présence d'esprit et l'usage de ses jambes, et il s'élança après elle entraîné par une force invincible.

« Le val Fourchu et la mare n'étaient pas loin. Le cerf s'était jeté bravement à l'eau pour échapper à ses persécuteurs; mais les chiens l'avaient imité, et quand la noble bête sortit de l'étang, ses jambes roidies refusèrent de le porter plus longtemps. René, qui arrivait en ce moment sur le bord opposé, le vit acculé à un tronc d'arbre, faisant tête à la meute, tandis que l'intrépide amazone poussait son cheval vers lui.

« Le cerf aux abois, on le sait, devient terrible, — terrible pour les chiens, terrible surtout pour le cavalier imprudent qui fond sur lui sans autre arme que son couteau de chasse.

« L'amazone n'avait pas même un couteau; elle tenait un simple fouet dans sa main.

« Le cerf, ivre de douleur et de colère, éventra deux ou trois chiens à coups d'andouillers, et vint à la rencontre du cheval, qui se cabra.

« L'amazone poussa un cri.

« Mais déjà René s'était jeté bravement à l'eau et, son bâton d'une main, son couteau de poche de l'autre, il marchait au-devant du dix cors avec ce sang-froid et ce courage qui sont l'apanage de la jeunesse qui s'est développée au grand air des forêts, aux prises avec les périls et les difficultés de la nature.

« Le cerf n'avait point encore atteint l'amazone, que déjà le jeune homme lui asssénait un coup de bâton terrible sur le massacre, entre les deux bois, et l'étourdissait à moitié; puis, tandis que l'animal chancelait et baissait la tête comme un taureau mal atteint par la massue, il enlaçait son cou de ses deux bras, se cramponnait à lui avec la souplesse d'une couleuvre, et lui plongeant son couteau dans le poitrail, roulait avec lui sur le sol.

« La lutte de l'animal, qui se débattait dans les dernières convulsions de l'agonie, et de l'homme épuisé de fatigue, mais sain et sauf, fut de courté durée, et eut pour unique témoin l'amazone, frissonnante et saisie d'étonnement;

« René se releva seul et jeta à la jeune femme un regard de triomphe. Puis, écartant les chiens à coups de bâton, il coupa le pied du dix cors et l'offrit à l'amazone, qui, alors, se prit à considérer ce jeune homme avec une curiosité naïve, mélangée d'un certain enthousiasme.

« En ce moment, et de plusieurs points à la fois, débouchaient sur le théâtre du combat les piqueurs et les cavaliers qui sonnaient l'hallali, et qui tous, voyant le cerf mort et ce jeune homme en offrir le pied à l'amazone, poussèrent une exclamation de surprise.

« L'un d'eux, ce même gentilhomme que René avait vu escortant la belle chasseresse, s'avança vers lui le sourcil froncé et le fouet levé :

« — Qui donc, maraud, lui dit-il avec hauteur, t'a permis de frapper l'animal que je cours?

« René pâlit de colère et recula d'un pas.

« — Ce jeune homme m'a sauvée! s'écria vivement l'amazone, qui, dominant enfin son effroi et son émotion, éleva la voix et la main pour protéger son défenseur.

« — Sauvée, madame? interrogea le gentilhomme avec curiosité, et comment cela?

« Les veneurs entouraient René, qui, pâle, immobile, avait croisé ses bras sur sa poitrine et promenait un fier regard autour de lui.

« — Oui, reprit l'amazone. Au lieu de menacer ce jeune homme, remerciez-le au contraire, monsieur le comte; car sans lui j'étais perdue... le cerf éventrait mon cheval et me foulait aux pieds.

« Et alors la jeune femme, avec cette éloquence si simple, si naïve que la reconnaissance inspire, raconta ce qui s'était passé, son imprudence, le courage et le dévouement du jeune homme; et le comte, tendant spontanément la main à René, s'écria :

« — Vous êtes un brave jeune homme! Merci, et pardonnez-moi!

« René salua l'amazone et fit un pas de retraite.

« — Votre nom? demanda le comte; car ce gentilhomme n'était autre que le mari de l'amazone et le maître du château.

« — René, répondit-il.

« — Où habitez-vous?

« — A Donzy.

« — Ah! dit le gentilhomme, je sais; vous êtes le fils d'un soldat mort à Donzy?

« — Oui, monseigneur.

« — Eh bien! monsieur René, reprit le gentilhomme, merci de nouveau du service que vous m'avez rendu en sauvant la comtesse ma femme d'un grand danger; et, dites-moi franchement ce que je puis faire pour vous... Je suis tout à vous.

« — Vous êtes trop bon, monseigneur, répondit René en saluant.

« — Parlez, dit le comte avec chaleur, que désirez-vous?

« — Rien, monseigneur.

« — Ce n'est point assez, en vérité. Comment, je ne puis rien faire pour vous? vous ne désirez rien?

Madame la baronne René chassa le fratricide. (Page 1094.)

« — Si, répondit René, mais ce que je désire ce que je voudrais être, ni vous, ni le roi lui-même, monseigneur, ne le pourriez faire...

« — Vous êtes fou...

« — Non, murmura le jeune homme, dont l'œil étincela de fierté, et vous le savez bien, monseigneur, le roi lui-même ne peut pas faire un gentilhomme!

XXX

« René profita de l'espèce de stupéfaction que ses paroles produisirent sur le gentilhomme, sa femme et leur suite, pour saluer une dernière fois et sortir du cercle qui s'était formé autour de lui.

« — Singulier jeune homme! murmura la comtesse en le voyant s'éloigner.

« — Singulier, en effet, répondit le comte devenu rêveur. Ce garçon est fou, ou il est ambitieux à devenir maréchal de France!

« René s'en alla à grands pas et gagna l'extrémité méridionale de la forêt.

« Il était en proie à une sorte d'agitation fébrile qui ne lui permettait plus de s'apercevoir que ses vêtements ruisselaient encore de l'eau de la mare, et qu'il était couvert du sang du cerf.

« Il courait tête nue, son couteau ouvert à la main, ainsi qu'un homme qui vient de commettre un crime; et s'il fût entré à Donzy de jour, on eût pu le soupçonner. Mais il était nuit déjà lorsqu'il atteignit la chaumière où il avait passé son enfance, et la vieille paysanne qui l'avait élevé fut seule témoin de son trouble et de son agitation.

« — Mon Dieu! monsieur René, murmura-t-elle, car elle employait toujours cette formule respectueuse pour lui adresser la parole, qu'avez-vous donc, et que vous est-il arrivé?

« — Rien, mère... répondit-il en se jetant sur un escabeau au coin du feu, absolument rien.

« Et son visage bouleversé démentait ses paroles.

« — Mais vous êtes mouillé... couvert de boue?

« — J'ai traversé à la nage l'étang du val Fourchu.

« — Ah! Seigneur Dieu! s'écria la vieille, vous avez du sang plein les mains... Et ce couteau?...

« Un sourire revint aux lèvres du jeune homme, et, pour rassurer sa mère adoptive, il lui conta les événements qui venaient de s'accomplir dans la forêt.

« — Hélas, soupira la vieille, vous êtes bien malheureux, mon pauvre enfant, et que Dieu maudisse le jour où vous avez rencontré la noble dame ! »

On le voit, René avait confié son amour à la paysanne.

« — Mère, dit-il, je veux partir, j'y suis résolu.
« — Partir, monsieur René !... Vous voulez partir ?
« — Oui, fit-il d'un signe de tête.
« — Et où irez-vous, mon Dieu ?
« — A Paris. Je veux être soldat comme mon père, et, plus heureux que lui, je veux devenir officier, colonel ; porter, comme les gentilshommes, des épaulettes d'or sur un habit brodé... Ah ! acheva-t-il avec un fébrile enthousiasme, dussé-je conquérir le monde, il faudra bien que le bruit de ma renommée arrive jusqu'à elle ; il faudra bien que son regard fasciné s'arrête sur moi.
« — Vous l'aimez donc bien, mon enfant ? demanda la vieille avec douceur.

« Il posa la main sur son cœur avec un geste de souffrance.

« — Oui, murmura-t-il tout bas, plus que la vie !

« La vieille s'était assise au coin de l'âtre, dans un grand fauteuil de bois grossièrement sculpté. Elle tenait dans ses mains ridées les blanches mains du jeune homme et les pressait tendrement.

« — Écoutez-moi, monsieur René, lui dit-elle, je ne suis qu'une pauvre paysanne, et je ne sais pas grand'chose de la vie de ce monde ; mais je vais peut-être vous donner un bon avis... Écoutez-moi.

« — Parlez, mère, dit René, manifestant un certain étonnement.

« — Voyez-vous, mon enfant, poursuivit la vieille, au temps où nous vivons, un soldat qui n'est pas gentilhomme n'arrive pas à grand'chose, et, s'il est ambitieux comme vous, s'il veut parvenir, il doit s'attendre à être heurté à chaque pas dans son amour-propre, dans son orgueil, dans son mérite personnel... Un gentilhomme, voyez-vous, c'est un gentilhomme. Il a presque le privilège exclusif de porter l'épée, et il tient à maintenir ce privilège intact.

« — Eh bien, s'écria René, le roi m'anoblira.
« — Bon ! dit la vieille, votre petit-fils à peine pourra marcher la tête haute. Les lettres de noblesse ne font pas la race.
« — C'est juste, soupira René en courbant le front.
« — Or donc, reprit sa mère adoptive, il m'est avis qu'en ce monde la seule chose qui puisse contre-balancer la noblesse, c'est la fortune. L'argent est et sera toujours une aristocratie.
« — Hélas ! je suis pauvre... murmura le jeune homme.
« — Écoutez donc, monsieur René ; il y a tout près d'ici, à trois lieues, un beau château et une vingtaine de fermes qui en dépendent. Ce château, qu'on appelle Montmorillon, appartient à un beau seigneur de Paris qui est cousu d'or aujourd'hui, mais qui a commencé pas être plus pauvre que vous. Le magister, qui est un savant, m'a conté son histoire. Il s'appelait Pierre tout court, comme vous vous appelez René. Il était venu de l'Auvergne à pied et en sabots. Il s'est mis dans la finance, et il est devenu riche. Alors il a acheté le château, et il s'est fait appeler M. Pierre de Montmorillon. Eh ! ch ! acheva la vieille en souriant, M. le comte d'Estournelle ne le dédaigne pas, allez ! Quoiqu'il ne soit pas un vrai gentilhomme comme lui, il lui serre la main ni plus ni moins qu'à un égal...

« Ces paroles de la vieille avaient plongé René en une méditation profonde.

« — Oui, murmura-t-il enfin, elle a raison... l'homme riche peut tout en ce monde. Je veux être riche !

« Et puis il soupira, ajoutant :

« — Mais on ne fait pas fortune dans les finances et les gabelles sans avoir un sou vaillant. Il faut de l'argent pour gagner de l'or !

« — Eh ! ch ! fit la paysanne en riant, peut-être avons-nous quelque part, mon bon monsieur René, un vieux sac de cuir tout plein de jaunes louis d'or... Attendez donc...

« René tressaillit et regarda la vieille.

« — Voyez-vous, reprit-elle, votre père, que Dieu ait son âme ! nous laissa tout votre patrimoine... environ mille écus en belles pièces neuves et toutes reluisantes. Feu mon pauvre Jacques, qui était un homme de sens, pensa que l'argent qui dort est un meuble inutile et qu'il valait beaucoup mieux le faire travailler.

« — Que veux-tu dire, mère ? interrogea René avec curiosité.

« — Vous allez voir, écoutez. Il passait ici tous les ans un marchand colporteur qui faisait plusieurs petits commerces pour gagner sa vie. Il vendait aux enfants de belles images de sainteté et des livres en gros caractères pour prier Dieu, aux jeunes filles de beaux fichus pour le dimanche, de l'étoffe pour faire leurs robes des jours de fête, du fil et des aiguilles pour les coudre.

« Il achetait aux fermiers leurs récoltes de sarrasin ou d'avoine, les leur payait en beaux écus et les revendait à d'autres marchands de la ville voisine qui est Nevers, comme chacun sait. Enfin aux uns il prêtait de l'argent avec un intérêt, et il en empruntait aux autres pour le faire valoir dans son trafic. Or, comme c'était un très-brave homme, incapable de faire tort de son bien à autrui, feu mon pauvre Jacques lui confia vos mille écus, monsieur René.

« — Oh ! oh ! dit le jeune homme en fronçant le sourcil.

« — Il paraît, continua la vieille, que, dans le commerce de colporteur, l'argent fructifie, car il est venu ce matin même, le colporteur, tandis que vous couriez les bois, et il m'a rapporté, non plus mille écus, mais trois mille, c'est-à-dire neuf mille livres ; ce qui fait que, en vingt années, votre capital a triplé.

« — Que dis-tu, mère ? s'écria René, dont l'œil brilla ; aurais-je donc autant d'argent à moi ?

« — Autant et plus, monsieur René, car notre bien, à feu mon pauvre Jacques et à moi, est à vous aussi, et il vaut bien cinq mille livres.

« — Ah ! mère, dit René, ce bien est à vous et non à moi...

« — Bon ! dit la vieille, le colporteur vous l'achèterait bien sur l'heure cinq mille livres pour n'en jouir qu'après ma mort, et je continuerais à habiter tranquillement ma maison...

« — Mère... mère... murmura René ému jusqu'aux larmes de ce dévouement si simple et si noble.

« — Allez, monsieur René, acheva la paysanne, croyez-moi, prenez votre argent, allez à Paris et tâchez de faire fortune... Vous avez les mains trop blanches pour demeurer au milieu de pauvres paysans comme nous... et si vous n'avez pas le nom d'un gentilhomme, il m'est avis que vous en avez le cœur et la noblesse de sentiments.

XXXI.

« Dix années après environ, par une froide nuit d'hiver, un homme enveloppé dans son manteau traversa le pont Neuf, tourna sur la berge, à gauche, en remontant le cours de la Seine dans la direction de la rue des Grands-Augustins.

« Il marchait d'un pas saccadé et rapide, la tête nue, se parlant à lui-même à mi-voix et se disant :

« — J'ai lutté dix années contre l'obscurité et la misère, et pendant dix années j'ai été vaincu. Semblable à ces soldats qui, désespérant de la victoire, se font noblement tuer, je suis las de soutenir un combat inutile et je me réfugie dans la mort.

« Il s'arrêta et jeta un regard assuré à la Seine, qui roulait son flot noir en rongeant la pile des ponts.

« — Dans quelques minutes, poursuivit-il avec ce calme de l'homme qui a fait ses adieux à la vie et ne la regrette point, j'aurai trouvé là-bas l'oubli de mes maux. Mais avant, oh! avant, je veux la revoir une dernière fois...

« Je veux la revoir, cette femme qui fit battre mon cœur de vingt ans, un soir, d'une étrange et violente émotion, cette femme pour qui j'ai risqué ma vie une fois, pour qui j'ai quitté mon village le ver rongeur de l'ambition au cœur, la tête pleine d'espérances, cette femme dont la vue me fit regretter de ne pas être gentilhomme, et pour qui j'ai lutté dix ans sans relâche...

« Sur le quai, tout était solitude, obscurité, et l'on n'entendait que le clapotement de l'eau qui coulait avec un murmure sinistre; dans la rue des Grands-Augustins, au contraire, un bruit confus de carrosses roulant avec fracas, les sons joyeux d'un bruyant orchestres, les clartés éblouissantes des lustres allumés pour une fête à tous les étages d'un superbe hôtel, semblaient attester éloquemment que là au moins quelques heureux de ce monde s'amusaient et bravaient la rigueur et l'intempérie du temps.

« A quelques pas de ces flots bourbeux, où le lutteur vaincu allait bientôt chercher l'oubli, on dansait dans l'hôtel du baron de Vieux-Loup, un gentilhomme du Morvan qui menait grand train.

« Les invités arrivaient, les uns en litière, les autres en carrosse, et leur nombreuse valetaille emplissait la cour de l'hôtel.

« L'homme qui voulait mourir se glissa jusqu'à la porte extérieure et se plaça dans l'angle le plus obcur.

« — Je la verrai passer quand elle arrivera, murmura-t-il.

« Il attendit quelques minutes, l'œil fixé dans la direction de la rue Saint-André-des-Arts, où le comte d'Estournelle, que nous avons vu au premier chapitre de cette histoire, avait sa demeure.

« Bientôt une lueur se fit à l'extrémité de la rue des Grands-Augustins, un roulement de carrosse se fit entendre, et une voiture de gala, aux portières de laquelle galopaient deux coureurs portant des torches, arriva rapidement et s'engouffra sous la porte cintrée de l'hôtel...

« Mais l'homme avait eu le temps de voir...

« Le carrosse renfermait un gentilhomme et une femme et la lueur des torches s'était projetée sur leur visage.

« La femme, c'était *elle*!

« Le gentilhomme, c'était le comte d'Estournelle qui jadis avait offert ses services à René; l'homme qui s'était avidement porté sur leur passage, on l'a deviné, c'était René.

« — Range-toi, maraud! lui cria durement un des coureurs.

« Mais l'œil du comte s'était abaissé involontairement sur ce visage pâle, et soudain il avait reconnu l'étrange jeune homme de la forêt qui voulait être gentilhomme.

« Il suffit parfois d'un regard arrêté avec une tenace attention sur un visage où se peint une émotion violente, pour laisser deviner l'histoire tout entière d'un homme.

« Le comte d'Estournelle éprouva sans doute une impression bien vive à la vue de René, car il fit arrêter le carrosse; et tandis que la comtesse gravissait, appuyée sur la main du gentilhomme, les marches du grand escalier, il courut dans la rue pour l'y rejoindre; mais déjà René s'éloignait à grands pas, et se dirigeait vers la Seine.

« Le comte courut après lui et lui posa la main sur l'épaule, au moment où il allait se précipiter dans les flots.

« — Malheureux! s'écria M. d'Estournelle.

« René se retourna, pâlit, reconnut le comte et poussa un cri.

« — Monsieur... balbutia-t-il... laissez-moi; n'ai-je point le droit de mourir?...

« — Non, dit sévèrement le comte. La loi du Christ défend le suicide.

« Un sourire amer passa sur les lèvres de René.

« — Quand on n'a ni amis, ni famille, ni fortune, ni espoir au cœur, dit-il, que ferait-on en ce monde?

« — Jeune homme, répondit le comte d'une voix douce et grave, vous n'avez plus de famille, mais vous avez un ami... un ami à qui vous direz les plaies de votre âme et qui vous consolera, un ami qui n'a point oublié le jour où, dans une forêt du Nivernais, vous regrettiez de n'être pas gentilhomme, et qui a deviné déjà vos ambitions déçues, vos rêves évanouis, vos douleurs et vos désillusions, et qui saura bien vous forcer à vous reprendre à la vie, à cette vie qu'un homme de cœur ne doit sacrifier que pour son pays et son roi?

« Et le comte d'Estournelle prit dans ses mains les mains de René, et, sous le regard si noble et si bon du gentilhomme, celui-ci frissonna d'émotion et se sentit désarmé.

« Cet homme lui défendait de mourir, et dans la voix de cet homme il y avait un tel accent d'autorité, que René courba le front et s'inclina devant cette volonté qui dominait la sienne comme les austères accents de la maturité éprouvée et forte dominent les passions tumultueuses de la jeunesse.

. . . .

« Vingt années environ, et presque jour pour jour, après cet hallali où la comtesse d'Estournelle eût peut-être trouvé la mort sans le courageux dévouement de René, une scène non moins émouvante, mais plus mélancolique et plus sombre, s'accomplissait au château que le comte et la comtesse habitaient d'ordinaire jusqu'à la fin de novembre.

« On était bien toujours en automne, et le temps était beau pour une journée de chasse. L'air était si calme, qu'on eût entendu passer un chevreuil sous la futaie à une grande distance; le soleil éclairait les clairières, l'herbe était verte et douce aux pieds des chasseurs; mais les chasseurs ne foulaient point l'herbe verte, aucun chien ne hurlait loin ou près, les taillis muets ne répercutaient aucun lambeau de fanfare, et nulle part, au sud ou au nord, on n'entendait retentir le sonore galop d'un cheval.

« La forêt était silencieuse et recueillie au milieu de ce dernier sourire d'automne, comme une demeure abandonnée.

« Au dehors du château, — ce joli château qui dressait ses sveltes tourelles à la lisière de la forêt, — tout était joies et parfums de la nature; tout était tristesse et silence au dedans. A l'extérieur, les rayons du soleil couchant en avaient un rouge reflet aux vitraux des ogives les oiseaux chantaient dans les marronniers qui ombrageaient la pelouse, les jardins étaient embaumés des senteurs de ces fruits et de ces fleurs d'automne qui consolent si bien du printemps.

« Deux levrettes jouaient et lutinaient sur le seuil.

« Au dedans, l'étranger qui y eût pénétré eût rencontré çà et là des serviteurs au front triste, aux yeux pleins de larmes, portant par avance sur leur visage un deuil qui déjà était dans leur cœur, au premier étage, sur le seuil d'une vaste salle, un vieux chien couché, l'œil morne, laissant entendre un douloureux grognement, aussi triste que les levrettes qui jouaient à la porte du château étaient joyeuses. Dans cette salle, dont l'ameublement sévère rappelait le règne précédent, ce règne majestueux de Louis XIV, où la grandeur étouffa souvent la grâce, un groupe composé d'une femme et de deux enfants s'était formé auprès d'un homme de quarante-cinq ans environ, pâle et le front couvert de ces lueurs morbides qui annoncent une fin prochaine.

« Assis dans un grand fauteuil de chêne garni de cuir de Cordoue, — un fauteuil séculaire que les d'Estournelle semblaient s'être religieusement transmis pour le même usage, — le comte, car c'était lui, avait le visage tourné vers la croisée ouverte et donnait de plain-pied sur une des terrasses du château.

« La femme, la comtesse, belle encore comme à vingt ans, tenait dans ses mains la main du gentilhomme. Les deux enfants, les leurs, un jeune homme de seize ans, une jeune fille de quatorze, étaient agenouillés et pleuraient aux deux côtés de leur père.

« M. d'Estournelle se mourait; il mourait des suites d'une blessure reçue un an auparavant sur un champ de bataille où il avait noblement combattu pour son roi.

« Il y avait une tradition chevaleresque et touchante dans l'histoire des derniers d'Estournelle. Tous, depuis François I*er*, de vaillante et noble mémoire, jusqu'au roi Louis XV, étaient morts frappés par l'ennemi.

« Les uns étaient tombés sur le champ de bataille, s'enveloppant pour mourir dans le drapeau de leur régiment, le visage tourné vers l'ennemi, ayant aux lèvres un sourire calme et pieux qui semblait dire que le soldat expirait en chrétien.

« Les autres, mortellement atteints, mais non foudroyés, avaient pu revenir au manoir natal et rendre le dernier soupir, assis dans ce vaste fauteuil qui était devenu le vrai lit de mort d'une race qui voulait s'éteindre toute vêtue, la cuirasse au corps et le casque au front.

« Le comte d'Estournelle, le dernier, avait eu le sort de quelques-uns de ses aïeux. Il n'était pas tombé au milieu de la bataille; la balle qui l'avait atteint en pleine poitrine ne l'avait point jeté à bas de son cheval. Il était demeuré en selle jusqu'au soir, défiant la douleur et le trépas jusqu'à l'heure de la victoire. Alors, il s'était affaissé sur lui-même et on l'avait cru mort; puis un chirurgien habile était parvenu à extraire la balle, et cette opération avait prolongé les jours du gentilhomme.

« Il était venu aux Tournelles, demandant sa guérison à ces brises tièdes qui font un paradis du centre de la France; pendant plusieurs mois, tout l'été même, il avait espéré conserver une vie qu'il était cependant prêt à sacrifier de nouveau pour son pays et son roi. Tant que les prés avaient été verts, les bois touffus et ombreux, le soleil généreux et chaud; tant que les blés mûrs avaient jauni la plaine et que les raisins rougissants s'étaient montrés appendus sur les souches sur les coteaux pierreux qui dominent l'Yonne, l'espoir avait été partagé par sa femme et ses enfants qui l'adoraient, par ses serviteurs qui eussent donné leur vie pour conserver sa noble existence, par le médecin lui-même, une lumière de la science, qui, depuis un an, ne le quittait plus et lui prodiguait les soins les plus éclairés.

« Mais septembre était venu, et avec lui les brises fraîches de l'automne; le soleil avait perdu cette chaleur si nécessaire au blessé; les feuilles des arbres avaient jauni, et quand les feuilles jaunissent et sont près de tomber, on dirait qu'un souffle de mort passe sur la terre et que les haleines d'octobre sont le faux mystérieuse qui moissonne les plus belles et les plus nobles vies.

« M. d'Estournelle avait compris que l'heure suprême approchait, et il s'était résigné comme savent se résigner ceux qui, toute leur vie, ont feuilleté le livre du chrétien et porté l'épée du soldat.

« Quelques jours s'étaient écoulés, et le malade avait été contraint de garder le lit; puis, un matin, comme il se sentait plus faible et plus brisé que la veille, une voix secrète, cette voix mystérieuse et prophétique qui bruit à l'oreille des mourants, lui avait murmuré sans doute qu'il voyait son dernier soleil.

« Alors le fils des preux, le descendant des compagnons de François I*er*, s'était réveillé, se souvenant qu'un d'Estournelle ne mourait jamais dans son lit. Il avait voulu qu'on l'habillât et qu'on le plaçât dans le grand fauteuil que ses pères lui avait transmis.

« Pendant toute la journée, le mourant, calme et le sourire aux lèvres, s'était entretenu avec sa famille, ses serviteurs, leur donnant ses derniers conseils et sa bénédiction; puis il avait fait avertir le curé du village voisin pour lui demander ces consolations suprêmes que les ministres du Christ apportent à ceux qui vont à Dieu.

« Enfin, il avait voulu qu'on ouvrît les fenêtres pour qu'il pût admirer encore le bois, les champs où le soleil laissait tomber un dernier rayon, la nature un dernier sourire; et dans cette attitude, une main imposée sur la tête de ses deux enfants, et l'autre dans celle de la comtesse qui pleurait à chaudes larmes, il avait attendu le prêtre qui allait lui apporter le pain de la réconciliation.

« La comtesse et ses enfants entouraient donc le mourant. Dans un coin de la salle, un groupe de serviteurs agenouillés et versant des larmes récitaient les prières des agonisants. A l'extrémité opposée, le médecin consultait du regard la pendule placée contre le mur, entre les deux croisées, sur un socle d'ébène à incrustations de nacre et d'or, et semblait calculer les minutes que le comte avait encore à vivre.

« Tout à coup le galop d'un cheval se fit entendre et s'arrêta au bout de l'avenue, au bas du perron ; puis des pas précipités retentirent dans l'escalier, dans les corridors et sur le seuil de la salle.

« Le comte tourna la tête, et une expression de joie brilla sur son visage, déjà couvert des ombres de la mort. Un homme entrait, poudreux d'une longue route, et il courut au comte, devant lequel il fléchit un genou, lui baisant la main avec respect.

« — C'est bien, mon ami, dit le mourant, c'est bien d'être venu... Oh ! je vous attendais... d'ailleurs... Je savais bien que vous viendriez...

« Et, de la main, M. d'Estournelle fit signe à sa femme, à ses enfants, à ses serviteurs de s'éloigner. Il voulait avoir un entretien suprême avec le nouveau venu.

« Tous obéirent, et la comtesse jeta un regard étonné sur cet homme, se disant:

« — Mon Dieu ! où donc l'ai-je vu ?

« Cet homme pouvait avoir trente-cinq ans; il était vêtu d'une longue houppelande de couleur brune, sans broderies, portant des bottes à entonnoir, un feutre sans plume, et, l'on ne pouvait s'y tromper, il n'était pas gentilhomme.

« D'où venait-il ? De Paris.

« Le comte avait fait monter, huit jours auparavant, un domestique à cheval, en lui donnant une lettre qui portait cette suscription:

« A M. René, banquier à Paris, rue des Lions-Saint-« Paul, en son hôtel. »

« Que se passa-t-il entre cet homme et la comtesse reconnut sans pouvoir se préciser l'époque et le lieu où elle l'avait rencontré, et le mourant qui l'avait fait venir ?

« Ce fut un secret que le premier garda fidèlement.

« Deux années, jour pour jour, après la mort du comte, la cour et la ville jetèrent les hauts cris : madame la comtesse d'Estournelle épousa M. René, banquier, et cette mésalliance lui valut le mépris et la haine de la noble famille à laquelle elle appartenait.

« Son fils lui-même, Raoul d'Estournelle, âgé de vingt-deux ans, car la comtesse avait alors quarante ans bien sonnés, son fils rompit avec elle et déclara hautement ne plus vouloir habiter son hôtel.

« De l'union tardive du banquier René et de la comtesse naquit un autre fils.

« Cet autre fils, qui vint au monde possesseur d'une fortune considérable, devait être mon grand-père.

M. LE NOTAIRE BRUNET.

« Maintenant, que celui qui lira ces lignes franchisse par la pensée une période de cent années, et se transporte, un soir d'hiver, dans un vieil hôtel de la rue Saint-Guillaume, au faubourg Saint-Germain.

« Nous sommes en 185...

« L'hôtel dans lequel nous pénétrons est une construction du siècle dernier. Les murs sont noirs, les plafonds sont élevés. La rampe du grand escalier, dans lequel on n'a point ménagé l'espace, est en fer ouvragé.

« Chaque pièce, chaque corridor est empreint d'un profond cachet de tristesse.

« La cour est pavée de petites pierres pointues et glissantes, entre lesquelles pousse une herbe verte et dure.

« Le jardin, planté de grands arbres, est inculte.

« Depuis près de vingt années, on n'a jamais vu les deux battants de la porte cochère s'ouvrir à la fois.

« Les écuries sont veuves de leurs chevaux ; sous la remise, deux vieux carrosses sont enveloppés de toiles d'araignées. La loge du suisse est déserte. Quand parfois la cloche qui annonce l'arrivée d'un visiteur se fait entendre, c'est un domestique sexagénaire qui vient ouvrir, les lèvres armées à l'avance de cette phrase :

« — Madame la baronne ne reçoit pas aujourd'hui.

« Car c'est une femme qui habite cette demeure, toute seule, sans amis, sans parents. Un domestique mâle, une vieille cuisinière, composent toute sa livrée.

« Mme la baronne René n'est point sortie de son hôtel depuis le 27 juillet 1830, jour d'une catastrophe épouvantable pour elle.

» Or, voici l'histoire de madame la baronne René :

« Elle avait, en 1830, cinquante-deux ans ; elle était veuve du général baron René, fils du banquier René dont j'ai raconté l'histoire, et de la comtesse d'Estournelle ; le frère, par conséquent, de ce jeune comte d'Estournelle qui avait abandonné la maison maternelle et réclamé sa fortune le jour où sa mère s'était

« Au moment où éclata la révolution de Juillet, Mme la baronne René avait deux fils. L'aîné, qui se nommait Raymond, servait dans la garde royale au titre de capitaine.

« Le second, Lucien, était élève de l'Ecole polytechnique.

« Raymond, en garnison à Rambouillet, avait sollicité depuis longtemps l'autorisation de permuter avec un capitaine des cent-suisses. Cette autorisation lui fut accordée le 23 juillet, et il prit service le surlendemain dans ce nouveau corps.

« Je précise cette date, afin de bien établir que lorsque, quelques heures plus tard, la révolution éclata, Lucien René, élève de l'École polytechnique, ignorait encore que son frère avait changé d'arme et de garnison.

« Or, le 27 juillet, à huit heures et demie du soir, une douzaine d'élèves de l'Ecole polytechnique, à la tête d'une troupe d'hommes du peuple, attaquèrent un poste de cent-suisses.

« L'officier qui commandait le poste se nommait Raymond René. L'élève de l'École qui commandait l'attaque du poste s'appelait Lucien René. Les deux frères ne se reconnurent pas. Il était nuit. Sommé de mettre bas les armes, le capitaine répondit par un feu de peloton.

« Le chef de la bande insurgée, Lucien, après avoir courbé la tête sous le feu, se redressa sain et sauf, fit trois pas en avant, prit un pistolet à sa ceinture et ajusta l'officier. Une balle siffla, le capitaine des cent-suisses tomba mort... Lucien René avait tué son frère.

« Mme la baronne René chassa le fratricide, s'enferma dans son hôtel, seule avec la mémoire de son cher mort, et, à l'heure où commence cette histoire, non-seulement elle n'était jamais sortie de chez elle, mais encore elle ignorait ce qu'était devenu son fils Lucien.

« Lucien René, désespéré, accablé de remords, avait cherché à mourir pendant trois jours. Pendant trois jours, la mort avait reculé. Quand le nouveau régime fut établi, lorsque le calme douloureux qui suit la tempête plana sur Paris, Lucien disparut. Il quitta la France et alla servir en Russie. Pendant trois années, officier dans l'armée du Caucase, il chercha vainement cette mort qui semblait le fuir, accomplissant des prodiges de bravoure, et acquérant peu à peu une brillante réputation militaire.

« Le czar connut sa terrible histoire et éprouva pour lui une sympathie toute personnelle. Il le fit colonel et le maria, presque malgré lui, à une jeune personne d'origine française dont la famille était établie en Russie depuis la première Révolution.

« Chose assez bizarre, cette jeune fille était née pendant un voyage de sa famille à Paris, et elle était par conséquent Française comme Lucien René. Elle se nommait Mlle de Pontermer.

« Le temps triomphe de toutes les grandes émotions de l'âme, douleurs ou remords. Lucien René, après avoir voulu mourir, finit par se rattacher insensiblement à la vie. L'amour acheva l'œuvre du temps. Sa jeune femme, il espéra des jours meilleurs; et, dès lors, l'air natal lui manqua. Il obtint un congé de l'empereur et revint en France.

« Sa jeune femme allait devenir mère. Lucien comptait sur elle et sur cet enfant qui était sur le point de battre pour fléchir le courroux de sa mère et obtenir son pardon.

« En Russie, on l'appelait le colonel Yermolof; c'était le nom qu'il avait pris, bien que, par une faveur toute spéciale du czar, il ne se fût point fait naturaliser Russe et eût gardé sa qualité de Français.

« Deux domestiques accompagnaient Lucien et sa femme.

« André Petrowitsch et Catherine étaient des serviteurs que Lucien René croyait dévoués, car il les traitait avec la plus grande bonté. L'avenir devait lui donner un formel démenti.

« Ce fut vers la fin de janvier de l'année 1834 que le colonel Yermolof et sa femme arrivèrent à Paris. Ils descendirent dans un hôtel de la rue des Bons-Enfants.

« Le voyage avait avancé la grossesse de la jeune femme, et dans la nuit même, par une coïncidence qui devait m'être fatale, la maîtresse et la servante, c'est-à-dire Catherine Petrowna, accouchèrent toutes deux.

« Catherine Petrowna mit au monde un fils qui fut déclaré à la mairie du troisième arrondissement sous le nom d'Andrewitsch, c'est-à-dire fils d'André, sujet russe de passage à Paris; tandis que le fils de Lucien René et de Mlle de Pontermer était inscrit sur les registres de l'état civil sous les vrais noms de son père et de sa mère, et, par conséquent, avec la qualité de Français.

« Or, ce fils c'était moi, et j'eus le malheur en venant au monde de causer la mort de ma mère, qui succomba huit jours après ma naissance.

« Ce nouveau malheur accabla mon père. Il faillit devenir fou.

« Il était venu à Paris avec l'espoir que sa jeune femme se présenterait à l'hôtel de la rue Saint-Guillaume, son enfant dans ses bras, et fléchirait ainsi sa vieille mère.

« Cette mort inattendue, ce coup de foudre, renversa son espérance.

« Cependant il avait toujours fait prendre secrètement, alors même qu'il était à l'armée du Caucase, des renseignements sur sa mère et sur son genre de vie.

« Il savait que la baronne ne sortait jamais, ne recevait personne, et ne prononçait jamais son nom.

« Un vieux serviteur correspondait avec lui. Mon père le fit venir le lendemain des funérailles de ma mère, et l'interrogea.

« — Monsieur le baron, lui répondit-il, n'espérez point fléchir Mme la baronne. Elle pleure votre frère comme au jour de sa mort; elle vous maudit comme à l'heure où elle vous a chassé en vous appelant fratricide. Hier encore je l'ai entendue murmurer :

« — J'espère bien que Caïn n'aura point survécu à Abel...

« Mon père se couvrit le visage de ses deux mains :

« — Mais alors, dit-il avec désespoir, mon fils sera donc déshérité?

« — Non, répondit Baptistin, — c'était le nom de ce domestique, — non, si Dieu me prête vie. Laissez votre fils en France, monsieur le baron; la Providence nous aidera.

« Mon père quitta Paris sans avoir vu sa mère.

« Il me confia aux soins d'André Petrowitsch et de Catherine sa femme.

« Les deux serviteurs avaient ordre de m'élever selon le rang que je devais un jour occuper dans le monde.

« Un an après son départ, mon père, le baron Lucien René, fut tué en Pologne par un éclat d'obus qui lui fracassa le crâne.

« Une lettre, que je ne devais ouvrir qu'à l'âge de vingt ans, était le seul héritage qu'il me laissât, en outre d'une somme de cent cinquante mille francs placée à la Banque de France, et dont le revenu devait pourvoir à mon éducation.

« A présent pénétrons dans ce vieil hôtel de la rue Saint-Guillaume, où la baronne René s'était ensevelie toute vivante.

« C'était, nous l'avons dit, par une froide soirée d'hiver; la nuit arrivait à grands pas; il tombait une pluie fine, serrée, pénétrante.

« La baronne était seule dans une sorte de vaste pièce, qu'au moyen âge on eût qualifiée d'oratoire, eu égard à son ameublement.

« Il y avait là un prie-Dieu en vieux chêne, un meuble Louis XV recouvert d'un velours fané, quelques tableaux de l'école espagnole, représentant des saints et des martyrs, et détachant leurs cadres poudreux sur une tenture d'un vert sombre.

« Un grand christ d'ivoire se dressait contre le mur, en face de la cheminée, au-dessus du prie-Dieu.

« La baronne était agenouillée, les mains jointes, et ses lèvres desséchées s'étaient appuyées sur les pieds crucifiés du Sauveur du monde.

« — Mon Dieu! disait-elle d'une voix presque éteinte, pardonnez-moi ma dureté envers ce fils, plus malheureux sans doute que coupable!... Longtemps inflexible, longtemps j'ai été impitoyable. Vous m'avez frappée, mon Dieu, car ce fils est mort; j'en ai eu la preuve, hélas! il y a dix années seulement. Il était venu à Paris, il voulait se jeter à mes pieds, implorer mon pardon... et il n'a pas osé!..

« Et me voilà seule à présent, mon Dieu, près de paraître devant vous, et ne laissant personne de ma race derrière moi! A qui donc s'en ira cette fortune immense dont je suis le dernier dépositaire!

« Mon Dieu, inspirez-moi?

« La baronne se leva et demeura un moment immobile et debout devant le crucifix.

« C'était alors une femme de soixante-dix-huit ans, maigre, sèche, encore droite; ses cheveux blancs encadraient un visage long, au nez busqué, à la lèvre autrichienne, un visage qui avait dû être beau entre tous alors qu'il était jeune, et dont la fierté de lignes trahissait une origine aristocratique.

« Elle étendit enfin la main vers le gland d'une sonnette. Peu après, un homme parut et demeura respectueux sur le seuil.

« — Baptistin, dit la baronne, vous allez vous rendre chez mon notaire, maître Brunet.

« Le vieux serviteur tressaillit et regarda sa maîtresse avec une sorte d'anxiété.

« La baronne continua :

« — Habituellement, depuis bientôt trente années, vous vous contentez d'aller chez maître Brunet, tous les six mois, toucher une somme d'argent nécessaire à nos besoins.

« — C'est vrai, madame la baronne, répondit Baptistin, et il n'y a guère plus de quinze jours...

« — Attendez... Le voyez-vous quelquefois, maître Brunet, quand vous allez chez lui, ou bien avez-vous affaire à ses clercs?

« — Je l'ai vu la dernière fois, madame la baronne.

« La septuagénaire demeura silencieuse un moment et parut rassembler ses souvenirs.

« — La dernière fois que maître Brunet est venu ici, dit-elle, c'était le 30 juin 1830; ce n'était déjà plus un jeune homme alors... Quel âge peut-il avoir?

« — Il a les cheveux blancs, il a passé la soixantaine, madame.

« — Oui, ce doit bien être cela. Eh bien, Baptistin, allez me chercher maître Brunet.

« Le vieux domestique recula stupéfait.

« — Comment! dit-il, madame la baronne daignera le recevoir?

« — Oui, allez!

« Le geste avec lequel Mme la baronne René congédia le valet de chambre n'admettait aucune réplique.

« Il sortit donc, mais en murmurant tout bas :

« — Oh! ceci est plus que bizarre. Maître Brunet sera le premier homme qui aura franchi le seuil de l'hôtel depuis vingt-quatre ans.

« Une heure après, les deux battants de l'hôtel de la rue Saint-Guillaume s'ouvrirent, au grand étonnement du paisible voisinage, et pour la première fois depuis la révolution de Juillet.

« Un modeste fiacre entra dans la cour et vint s'arrêter devant le perron. Maître Brunet en descendit. C'était un vieillard, comme l'avait affirmé Baptistin, mais un petit vieillard bien vert, alerte, l'œil vif, et ayant conservé toute la vigueur de l'âge mûr.

« Il monta lestement, sur les pas de Baptistin, les marches usées du grand escalier, traversa une longue enfilade de salles au premier étage, et pénétra dans cet oratoire où Mme la baronne René l'attendait.

« — Laissez-nous, Baptistin, dit la baronne d'un ton sec.

« Le valet sortit. Alors la septuagénaire rendit au notaire le salut qu'il lui avait respectueusement adressé et lui dit d'un ton aussi calme que s'il ne se fût écoulé que quelques semaines depuis leur précédente entrevue :

« — La dernière fois que j'ai eu le plaisir de vous voir, monsieur Brunet, ne m'avez-vous pas dit que je possédais environ cinq cent mille livres de rente?

« — Oui, madame la baronne; et comme il y a de cela environ vingt-quatre ans, et que je n'ai jamais versé plus d'une centaine de mille francs par an, dont les neuf dixièmes seulement, suivant vos ordres, employés en bonnes œuvres, c'est donc quatre cent mille francs qui se sont capitalisés.

« — C'est-à-dire qu'aujourd'hui j'ai plus d'un million de revenu?

« — Oui, madame.

« Un profond soupir déchira la gorge de la baronne

« — A qui donc laisser tout cela? murmura la pauvre vieille femme.

« Et comme le notaire gardait un morne silence :

« — Monsieur Brunet, poursuivit-elle, vous savez comment est mort l'un de mes fils, mais peut-être ignorez-vous...

« — Hélas! madame la baronne, je n'ignore rien, répondit le notaire. Les journaux russes m'ont appris, il y a dix-sept ans, la mort de M. Lucien René, tué en Pologne, sous le nom du colonel Yermolof.

« — Dix-sept années! murmura la baronne; il y avait donc sept ans déjà lorsque je l'ai appris moi-même...

« Le notaire la regarda avec étonnement.

« — Ecoutez, reprit la septuagénaire; le jour où je bannis le meurtrier de ma présence, je congédiai tous mes gens, à l'exception de deux, Nanette ma cuisinière, et Baptistin le valet de chambre de feu le général, mon mari. — Je vous défends, leur dis-je, de jamais prononcer devant moi le nom de celui qui fut mon fils, et s'il venait à mourir je vous défends de m'annoncer sa mort.

« — Mais alors, madame la baronne, demanda le notaire, comment avez-vous pu savoir...

« — Le hasard seul s'est chargé de cette triste mission, répondit la baronne.

« Pendant une maladie grave que je fis il y a dix ans, et pour laquelle je ne voulus voir aucun médecin, du reste, je fus prise un soir d'une sorte de léthargie. Mon cœur ne battait presque plus, mes yeux étaient fermés, tous mes membres avaient la roideur de la mort. Cependant, j'entendais tout ce qui se passait autour de moi.

« — Ah! disait Nanette ma cuisinière, si on savait où est M. Lucien...

« — Tais-toi! répondit Baptistin, M. Lucien est mort. Il a été tué en se battant pour l'empereur de Russie...

« Cette nouvelle produisit sur moi une telle impression qu'elle triompha de la léthargie. Je revins à moi. Baptistin se tut.

« Après cette confidence rétrospective, la baronne garda de nouveau un silence que maître Brunet n'osa troubler.

« Enfin, elle releva la tête et poursuivit :

« Je suis, vous le savez, la fille du marquis de

Noray. J'avais dix ans lorsque mon père, ma mère et toute ma famille montèrent sur l'échafaud révolutionnaire. Je ne me connais aucun parent, proche ou lointain. En connaissez-vous à mon mari? Il faut bien que cette fortune retourne à sa source.

« — Madame, répondit le notaire, le dernier comte d'Estournelle est le petit-neveu de feu le général.

« — C'est juste, murmura la baronne; je sais que mon mari et le comte d'Estournelle étaient frères utérins; mais le comte d'Estournelle haïssait mon mari; ils ne se sont jamais vus, et j'ignore s'il y a encore quelqu'un de ce nom.

« — Oui, madame, le comte d'Estournelle actuel est un homme d'environ quarante ans.

« — Est-il riche?

« — Il est pauvre.

« — A-t-il la réputation d'un galant homme?

« — Oui, madame.

« — Eh bien, monsieur Brunet, reprit la baronne, je vais faire deux parts de mon bien : l'une sera pour les pauvres, l'autre ira au comte d'Estournelle. Rédigez mon testament en ce sens. Vous me l'apporterez demain; je le signerai... Adieu, monsieur Brunet, acheva la baronne, grande dame jusqu'au bout des ongles, et lui indiquant en se levant que l'audience était terminée.

« Le notaire parti, Mme la baronne René fit de nouveau un pas vers son prie-Dieu; mais elle s'arrêta en chemin et tressaillit, tandis qu'une rougeur fugitive montait à son front ridé.

« Il venait de se passer quelque chose d'inouï dans les habitudes de la baronne, un de ces événements bien simples qui sont parfois toute une révolution.

« Sa porte s'était ouverte, et Baptistin avait franchi le seuil de l'oratoire sans frapper, sans que la baronne eût sonné.

« La septuagénaire attacha un regard courroucé sur son vieux serviteur.

« — Est-ce que vous perdez la tête, Baptistin? dit-elle.

« — C'est bien possible, répondit le valet de chambre, et je sais que madame la baronne va me chasser; mais elle m'écoutera auparavant.

« L'accent ému, l'air solennel de Baptistin, ordinairement calme et simple, impressionnèrent vivement la baronne. Elle devina quelque chose d'extraordinaire.

« — Qu'est-ce donc, Baptistin? fit-elle. Parlez! je vous l'ordonne.

« Et elle s'assit en le regardant.

« Le valet de chambre se tenait respectueusement devant elle, les yeux baissés, dans un état visible d'embarras.

« — Mais parlez donc, Baptistin, répéta la baronne.

« Le valet parut faire un effort suprême, et leva les yeux sur sa maîtresse.

» — Madame, dit-il, M. Brunet sort d'ici?

« — Sans doute.

« — Et il va rédiger sans doute le testament de madame la baronne?

« La septuagénaire fronça de nouveau le sourcil. Jamais ses gens ne s'étaient permis de l'interroger. Cependant elle se tut, dominée par une sorte de curiosité âpre et bizarre.

« Baptistin reprit :

« — Je ne sais pas à qui madame la baronne compte léguer sa fortune; mais l'heure est venue pour moi de parler, et je ne laisserai point déshériter son petit-fils.

« La baronne jeta un cri. Pour la seconde fois elle crut que son vieux serviteur était devenu fou. Mais Baptistin poursuivit avec une sorte de volubilité :

« — M. Lucien s'est marié en Russie avec Mlle Mélanie de Pontermer en 1833. Il est venu en France en 1834. Sa femme y est accouchée d'un fils qui a été inscrit sous les noms de Marie-Gaston René sur les registres de l'état civil de la mairie du troisième arrondissement.

« Et comme elle l'écoutait stupéfaite, Baptistin déboutonna son gilet à manches, tira un rouleau de papiers de sa poche et le tendit à la baronne, ajoutant :

« — Voici l'acte de décès de Mme Lucien René, et l'acte de naissance de Marie-Gaston René, aujourd'hui âgé de vingt ans.

« Mme la baronne René avait été prise subitement d'une telle émotion, que ses genoux fléchirent. Elle chancela, et Baptistin fut obligé de la soutenir. Mais cette émotion si violente qu'elle fût, se trouva cependant dominée par l'indomptable énergie que cette femme étrange avait puisée dans la solitude.

« Elle se redressa, s'empara des papiers que Baptistin lui tendait; elle les examina l'un après l'autre, attentivement, minutieusement, comme si elle se fût défiée de ce que le valet lui disait; et puis, tout à coup, deux larmes brûlantes jaillirent de ses yeux, et, marchant d'un pas ferme, elle alla s'agenouiller aux pieds du grand christ d'ivoire, disant :

« — Merci, Seigneur, je vois que vous m'avez pardonnée!...

« Alors, se tournant de nouveau vers le vieux valet de chambre :

« — Mais ce fils de mon fils, demanda-t-elle avec une sorte d'avidité, où est-il?

« — A Paris, madame.

« — A Paris!... et tu me l'as caché.... et tu ne me l'as point amené!...

« — Hélas! madame, je craignais....

« — Tais-toi!... Je veux le voir!

« Baptistin jeta un cri et prononça un mot, un seul, un mot de triomphe :

« — Enfin!

« Et il se précipita au dehors.

« Afin de bien faire comprendre les événements qui suivirent, il est nécessaire de pénétrer dans une autre demeure, de l'autre côté de la Seine, au delà du pont Neuf.

« Il y a, rue de l'Arbre-Sec, une vieille maison dans laquelle on entre par une porte bâtarde et dont le rez-de-chaussée est occupé par un bureau de tabac.

« Chaque étage se compose de trois pièces louées à un seul locataire.

« Une sonnette pour chaque étage, placée en bas avec le nom du locataire sur une plaque, tient lieu de concierge.

« Un teinturier demeure au premier; le second est habité par un employé aux pompes funèbres; une femme galante s'est accommodée du troisième.

« Le quatrième étage, enfin, était loué, il y a quelques mois, à un personnage d'allure assez étrange.

« C'était un homme d'environ quarante-cinq ans, à tournure militaire, la lèvre ombragée d'une grosse moustache brune. Capitaine de hussards en retraite, d'emploi, il avait été contraint, pour vivre, d'accepter, dans une administration modeste, les appointements plus modestes encore d'un teneur de livres à quinze cents francs.

« Il avait une femme et un enfant.

« C'est chez lui que nous allons pénétrer, le jour même où Mme la baronne René avait fait appeler son notaire.

« Il était huit heures du soir. Le capitaine était assis devant un petit poêle en fonte, assez mal garni.

« Sa femme, une grande et belle personne encore, dressait un maigre couvert sur une table.

« L'enfant, une jolie petite fille, dormait dans un sur un vieux coussin.

La comtesse se releva brusquement et s'avança au-devant de lui. (Page 1104.)

« L'ameublement de la pièce où se trouvaient ces trois personnages était misérable.

« Le capitaine sifflotait entre ses dents, sa femme allait et venait [d'un pas brusque, inégal, et qui trahissait une mauvaise humeur marquée.

« — Quelle vie! dit-elle enfin; toujours la misère! On a beau se priver, se réduire, raccommoder son linge et le laver soi-même, on n'est jamais plus avancé!.... Nous n'avons jamais vingt francs devant nous.

« — Patience! patience! madame la comtesse, répondit le capitaine, qui posa sa pipe sur le poêle.

« La femme haussa les épaules, et dit avec amertume :

« — Vous auriez mieux fait de me laisser tranquille autrefois, et de ne point m'éblouir avec votre titre de comte. Je n'étais point comtesse avant de vous connaître, mais j'avais des chevaux, des domestiques, un mobilier. J'ai fait la folie de perdre ma position [pour vous, et...

« — Voyons, Nana, dit le capitaine, ne te fâche pas... et prends patience! Tu sais bien que nous attendons un héritage.

« — Il est long à venir...

« — Soit ; mais il viendra.

« La femme haussa les épaules.

« — Mais vous oubliez, dit-elle, que le baron René, le dernier fils de la vieille de la rue Saint-Guillaume, a laissé un enfant, lequel est élevé par un vieux Russe?

« Le capitaine fit un signe de tête affirmatif. Sa femme reprit :

« — La baronne René n'a-t-elle pas auprès d'elle un domestique qui connaît cet enfant, et lui est tout dévoué?

« — Oui, dit le capitaine.

« — Alors, convenez que vous êtes fou de songer à cet héritage. Mme la baronne René laissera sa fortune à son petit-fils.

« — Non.

« Le capitaine articula cette négation avec un calme si parfait, que sa femme tressaillit et le regarda.

« — Expliquez-vous donc, dit-elle, car je n'y comprends plus rien.

« Le capitaine attacha sur sa femme un regard étrange.

« — Êtes-vous femme à garder un secret? lui demanda-t-il.

« — Belle question!

« — Même si c'était le secret d'une infamie?

« Elle eut un éclat de rire moqueur.

« — Quand on est votre femme depuis dix ans, dit-elle, on n'a plus de préjugés. Parlez!

« — Eh bien, reprit le capitaine, dont l'œil eut un fauve éclair, l'héritage est à nous.

« — Mais comment?

« — Le petit-fils de la baronne n'est plus son petit-fils, aux yeux de la loi.

« — Cependant...

« — Il est mort civilement, et cela grâce à moi. Vous ne comprenez pas?

« — Certes non.

« — Eh bien, écoutez... car la chose remonte à dix ans déjà. Le vieux Russe qui élève Marie-Gaston est joueur, ivrogne et brutal.

« C'était un habitué fidèle des maisons de jeu du Palais-Royal, et je l'avais connu autour de cet infernal tapis vert où j'ai laissé les derniers débris de ma fortune.

« Quand le gouvernement ferma les maisons de jeu, les fervents, les fidèles sectateurs de ce dieu qu'on nomme hasard, se répandirent dans mille tripots clandestins. André Petrovitsch, et moi, nous nous rencontrâmes dans un bouge rendu célèbre depuis par un assassinat qui y fut commis. Cette maison, tenue par une prétendue baronne de Mareigny et son fils, se trouvait rue des Bons-Enfants.

« André Petrovitsch y venait tous les soirs; parfois il gagnait, parfois il perdait, mais il gagnait le plus souvent.

« Cependant, depuis une quinzaine de jours, le malheur semblait s'être appesanti sur lui. Il sortait les mains vides chaque matin, après une nuit de fièvre et d'emportement, car ce cosaque avait souvent des colères de grand seigneur.

« Un soir, il arriva ivre, féroce, les yeux injectés de sang.

« De tous les habitués du tripot, j'étais le seul qui lui eût inspiré quelque sympathie. Nous avions souvent joué de moitié, souvent nous nous étions prêté mutuellement de l'argent.

« Son air bouleversé me frappa. Je le pris à part, et l'entraînai dans une embrasure de croisée :

« — Qu'as-tu donc, André Petrovitsch? lui dis-je.

« — J'ai, me répondit-il, que je suis un misérable, une brute stupide, et que j'ai du sang sur les mains.

« — Que veux-tu dire?

« — Tu vas voir, petit père, reprit-il, se servant d'une locution familière au peuple russe, tu vas voir... J'ai tué mon fils!

« Je fis un pas en arrière; il poursuivit :

« — Vois-tu, petit père, l'eau-de-vie est mauvaise conseillère. Quand j'ai bu de l'eau-de-vie, je ne sais plus ce que je fais... La nuit dernière, j'ai perdu, comme la veille, comme les jours précédents... Tu le sais, il y a un guignon sur moi...

« — Eh bien?

« — Je suis entré chez moi ivre-mort. Mon fils m'attendait... Je lui ai donné un coup de pied dans le ventre et je l'ai tué.

« — Mais on va t'arrêter et te conduire en prison, malheureux!...

« — Non; les voisins ont cru qu'il était mort d'une violente inflammation d'entrailles. On l'enterre demain; la justice n'en saura rien.

« André Petrovitsch soupira et couvrit son visage de ses deux mains :

« — J'ai fait mourir Catherine Petrowna de chagrin, reprit-il; j'ai tué mon fils... je suis maudit!

« Et puis il eut un fauve éclair dans les yeux.

« — Jouons! jouons! me dit-il; je veux oublier!

« Cet homme étrange fouilla alors dans sa poche, en retira quelques pièces d'or, et s'approcha de la table de jeu.

« Pendant toute la nuit, il joua avec frénésie. Aux premières clartés de l'aube, il avait perdu son dernier louis. Moi, au contraire, je gagnais, et j'avais un monceau d'or devant moi.

« André Petrovitsch était effrayant à voir.

« — Petit père, dit-il, donne-moi de l'or... Il me faut de l'or... Je vais tout regagner.

« — Non, répondis-je; non, si tu ne me fais pas une promesse.

« — Parle. Veux-tu mon âme et ma part de paradis? répondit-il.

« — Je veux que tu me fasses le serment de m'obéir pendant vingt-quatre heures et d'exécuter mes ordres, si étranges qu'ils soient.

« — Je te le jure! me dit-il, tendant toujours sa main avide.

« Malgré un séjour en France de dix années, André Petrovitsch était demeuré superstitieux, comme il l'était le jour où il quitta les bords du Don et les plaines sauvages de l'Ukraine.

« Je savais qu'il est un serment que le cosaque ne viole jamais : c'est celui qu'il fait sur les cornes du *taureau noir*.

« Le taureau noir est un animal légendaire, personnifiant le dieu du mal.

« Tout cosaque est persuadé que celui qui violerait un serment fait sur les cornes du taureau noir s'exposerait à quelque mystérieux et terrible supplice, auprès duquel les tortures de l'enfer ne sont que des jeux d'enfant.

« Je pris dans mes mains une poignée de louis, et les montrai à André Petrovitsch :

« — Veux-tu me le jurer sur les cornes du *taureau noir*? lui dis-je.

« Il recula d'abord, il hésita une minute; mais la vue de l'or le fascina.

« — Soit! me dit-il, je te le jure sur les cornes du taureau noir. Pendant vingt-quatre heures, je t'obéirai.

« Je lui donnai la poignée d'or; il se remit à jouer, et, au bout d'une heure, il s'était *refait*, comme on dit.

« Alors je l'entraînai hors du tripot.

« — Maintenant, me dit-il, je suis ton esclave. Ordonne, petit père.

« — As-tu déclaré le décès de ton enfant?

« Il passa sa main sur son front et jeta un cri :

« — Oh! le jeu! dit-il; j'avais tout oublié.

« — Eh bien, viens alors à la mairie.

« Il fit quelques pas à mon bras; je continuai :

« — Tu as eu du malheur, au lieu de tuer ton fils, de ne pas tuer ce jeune garçon que tu élèves.

« — Le fils du maître?

« — Oui, car si tu avais tué celui-là, ta fortune était faite.

« — Que veux-tu dire, petit père?

« — Je veux dire que tu vas déclarer à la mairie, non la mort d'Andrewitsch ton fils, mais la mort de Marie-Gaston, fils du colonel Yormolof, en France le baron René.

« — Oh! fit-il en me quittant brusquement le bras, ça n'est pas possible, petit père?

« — Tu oublies ton serment...

« Il tressaillit et me regarda une fois encore.

« — Est-ce que tu as intérêt à cela, petit père?

« — Et toi aussi; car le jour où la baronne René mourra, je te donnerai mille francs, ajoutai-je.

« En cet endroit de son récit, le capitaine en retrait d'emploi s'interrompit et regarda sa femme :

« — Vous le voyez, ma chère, dit-il, Marie-Gaston René est mort civilement. Ce n'est pas lui qui me contestera l'héritage de la baronne.

« La jeune femme attacha sur le capitaine un froid regard.

« — Allons, monsieur le comte d'Estournelle, dit-elle, vous étiez réellement digne d'épouser une femme perdue comme moi. Vous êtes un franc voleur d'héritage.

« — Que vous importe! dit-il brusquement. Vous serez riche...

« — Et comtesse pour de bon... Je veux être dame patronnesse de quelque chose sur mes vieux jours.

« Deux coups frappés à la porte extérieure du logement interrompirent la conversation de ce ménage modèle.

« Le capitaine alla ouvrir et se trouva en présence d'un vieillard, qui n'était autre que maître Brunel, notaire.

« — Monsieur le comte, dit le vieillard en entrant, c'est la fortune qui vient frapper à votre porte. Vous avez bien fait de lui ouvrir.

« Le comte d'Estournelle et sa femme furent pris d'un violent battement de cœur.

« — Est-ce que la baronne René serait morte? demanda le capitaine.

« — Non, mais elle m'a donné l'ordre, il y a une heure, de rédiger son testament en votre faveur.

....

« Tandis que le comte et la comtesse d'Estournelle se livrent à la joie, je suis obligé de conduire celui qui lira cette incroyable histoire dans l'appartement occupé par André Petrovitsch.

« Ainsi que l'avait annoncé le comte d'Estournelle à sa femme, Catherine Petrowna était morte des suites des mauvais traitements de son mari. Andrevitsch était mort, et le vieux cosaque vivait seul. J'étais élevé, moi, dans une maison d'éducation. Je sortais tous les jeudis, et je venais voir Petrovitsch, pour lequel j'avais une affection presque filiale.

« Baptistin, le valet de chambre de la baronne René, s'échappait quelquefois aussi et me visitait, soit dans mon pensionnat, soit chez Petrovitsch.

« Or ce jour-là, j'étais venu voir le vieux cosaque, et je l'avais trouvé malade.

« — Reste donc avec moi ce soir, petit père, me dit-il, j'ai peur de mourir...

« — Je resterai, répondis-je; mais rassure-toi, André Petrovitsch, tu ne mourras point. Je te soignerai...

« Je passai la soirée auprès de lui. Il fumait sa pipe et me parlait de mon père.

« Comme dix heures sonnaient, on frappa à la porte, et je vis entrer un homme que, dans mes souvenirs les plus lointains, il me sembla avoir déjà vu. C'était le comte d'Estournelle.

« Je crus remarquer que sa présence produisait sur André Petrovitsch une impression désagréable.

« La physionomie de cet homme restera à jamais gravée dans ma mémoire. Il avait l'œil sinistre, le visage anguleux, les cheveux rares et le front étroit.

« Il jeta sur moi un regard qui me glaça jusqu'à la moelle des os.

« — Bonjour, André Petrovitsch, dit-il au cosaque.

« — Bonjour, répondit celui-ci; que me voulez-vous?

« — Je veux t'entretenir seul à seul d'une chose de la plus haute importance.

« André paraissait mal à l'aise. Cependant il me regarda d'une façon assez significative.

« — C'est bien, lui dis-je. Je vais passer dans une autre pièce.

« L'inconnu demeura seul avec André Petrovitsch. Ils s'entretinrent longtemps à voix basse. J'entendis même quelques exclamations étouffées poussées par le cosaque, puis ces mots:

« — Souviens-toi du serment que tu m'as fait.

« — Soit! j'obéirai, murmura André Petrovitsch.

« Puis l'inconnu sortit. Alors André me rappela.

« — Quel est cet homme? lui demandai-je avec inquiétude. Il a un visage qui ne me revient pas.

« André haussa les épaules.

« — C'est une idée que tu te fais, petit père, me répondit-il. C'est un très-brave homme, et qui m'a apporté une bonne nouvelle.

« — Ah !

« — Mais je ne puis rien te dire encore, petit père. Seulement, tu as bien fait de ne pas rentrer à la pension ce soir.

« — Et pourquoi donc?

« — Parce que la bonne nouvelle te concerne, petit père.

« — Moi ?

« — Oui.

« Il mit un doigt sur sa bouche.

« — Demain, dit-il, demain, tu sauras tout. En attendant, couche-toi, et bonne nuit.

« Je l'ai dit, André exerçait sur moi un certain empire. J'avais coutume de lui obéir. Je demeurai auprès de lui.

« Nous nous mîmes au lit de bonne heure, et je ne tardai pas à m'endormir.

« Vers le milieu de la nuit, un bruit inusité me réveilla. On parlait dans la pièce voisine de celle où j'étais couché. Je crus reconnaître encore la voix de l'homme qui déjà était venu dans la soirée et s'était longuement entretenu avec André Petrovitsch.

« Alors, mû par un sentiment de curiosité, je me glissai hors de mon lit, je me traînai jusqu'à la porte, et je collai mon œil au trou de la serrure.

« Je ne m'étais pas trompé. A la lueur d'une lampe placée sur la table, dans la première pièce du logement de Petrovitsch, je vis le cosaque assis auprès de l'inconnu et causant avec lui.

« Ils parlaient à voix basse; mais j'ai une grande finesse d'ouïe qui me permet d'entendre à distance, et je ne perdis pas un mot de l'étrange conversation que je transcris ici.

« — Ainsi, disait André Petrowitsch, il faut que je parte?

« — Sur-le-champ !

« — Et si je ne partais pas?...

« — Tu n'aurais pas ce que je t'ai promis.

« Le cosaque paraissait lutter contre cette volonté qui semblait peser sur lui.

« Un moment même il songea à résister.

« Alors l'inconnu se pencha à son oreille.

« Que lui dit-il ? Je l'ai su depuis, mais il me fut, en ce moment, impossible de le deviner.

« Petrovitsch se leva vivement et s'écria:

« — Non, non! jamais!

« L'inconnu le poussa vivement devant lui. Je collai contre la porte, et, tandis que d'une main il lui étreignait la gorge, de l'autre il tira un poignard.

« A ce moment, je brisai la porte qui nous séparait, et je m'élançai au secours de Petrovitsch.

« Mais l'inconnu me dit sans s'émouvoir:

« — Si vous faites un pas, je le tue!

« J'avais vu la pointe du stylet s'appuyer sur la gorge de Petrovitsch. La menace qui m'était faite me cloua immobile au milieu de la chambre, à deux pas du cosaque et de celui qui paraissait vouloir l'assassiner.

« — Grâce! murmura Petrovitsch, grâce! je vous jure que je partirai.

« — C'est bien, dit l'inconnu; mais cela ne me suffit point. Je veux que ce jeune homme t'accompagne.

« Je voyais toujours briller la lame du poignard, et une sueur glacée mouillait mes tempes.

« L'inconnu me regarda.

« — Si vous tenez à la vie de cet homme, dit-il, jurez-moi que vous l'accompagnerez.

« Petrovitsch levait un œil suppliant, et il me semblait que son visage était bouleversé par la terreur.

« Quant à l'inconnu, il attachait sur moi un regard qui me glaçait d'une mystérieuse épouvante.

« — Ecoutez, me dit-il. Petrovitsch m'avait fait un serment, le serment d'accomplir un voyage dans l'intérêt de certaines affaires qui me sont personnelles. J'exige qu'il tienne son serment, et, de plus, je *veux* — il souligna ce mot avec un accent terrible — que vous l'accompagniez. Je vous donne dix secondes pour réfléchir. Si vous refusez, je le tue!

« J'aimais Petrovitsch, et j'étais tellement ému, tellement épouvanté, que j'aurais accepté les conditions les plus étranges.

« — Je partirai, répondis-je.

« — Vous le jurez?

« — Sur l'honneur et sur la mémoire vénérée de mon père!

« L'inconnu laissa retomber son bras, mit son poignard dans sa poche, s'enveloppa dans son manteau et sortit. Tout cela se fit si brusquement, que je n'eus pas le temps de sortir de la torpeur singulière qui s'était emparée de moi. Il était déjà loin quand je retrouvai un peu de calme et de présence d'esprit.

« — Ah ! petit père, me dit alors Petrovitsch d'une voix lamentable, il faut que tu obéisses... Sans cela, je suis un homme mort par avance.

« — Mais où veux-tu me conduire ? lui demandai-je.

« — Je ne puis pas te le dire. Habille-toi, et partons.

« — Quoi ! sur-le-champ ?

« — Oui.

« Petrovitsch aurait voulu m'emmener au bout du monde, que je serais parti avec lui. J'avais en cet homme une foi aveugle.

« Je m'habillai. Il ouvrit une armoire et y prit un rouleau d'or. Puis il me donna une pelisse fourrée et me dit :

« — Couvre-toi bien, les nuits sont froides en hiver.

« — Mais au moins, lui dis-je, il faut que je prévienne à ma pension.

« — Non.

« — Pourquoi ?

« Il se prit à trembler, et son effroi était si bien joué que je demeurai convaincu qu'il courait les plus affreux périls.

« — Ces hommes, car il a des associés celui qui sort d'ici, ces hommes me tueraient ! murmura-t-il.

« Je le suivis, au comble de la stupeur. Nous descendîmes dans la rue. Là, Petrovitsch parut hésiter un instant ; puis, il prit la rue Saint-Honoré, et m'entraîna jusqu'à la place du Palais-Royal. Il était alors onze heures moins un quart.

« Petrovitsch me fit monter dans un fiacre, s'assit auprès de moi, et dit au cocher :

« — Au chemin de fer du Nord ; cent sous pour la course !

« Cette promesse eut pour résultat de nous faire franchir en un quart d'heure la distance qui sépare du Palais-Royal le chemin de fer du Nord.

« A cette époque-là, il y avait un train-poste qui allait directement de Paris à Cologne, et partait à onze heures trente-cinq minutes du soir.

« Comme nous entrions dans la gare, nous aperçûmes un commissionnaire qui vint à nous et dit au Cosaque :

« — Est-ce vous, monsieur Petrovitsch ?

« — C'est moi.

« Le commissionnaire avait en bandoulière une sacoche de voyage. Il la remit à Petrovitsch.

« — Voilà, dit-il, ce qu'on m'a chargé de vous apporter.

« La sacoche renfermait de l'argent, une bouteille ronde pleine de kirsch et une lettre sans signature.

« La lettre disait :

« Vous descendrez à Cologne, à l'hôtel de *Coblentz*, et vous y attendrez mes instructions. »

« Petrovitsch passa la sacoche à son cou, déboucha la bouteille et me la tendit.

« — Voilà du bon kirsch, me dit-il ; bois un coup, ça remet de l'émotion.

« Dix minutes après, nous étions installés dans un wagon de première classe, et nous courions sur la ligne de Cologne. J'avais cru, en voyant Petrovitsch prendre les billets pour cette destination, que c'était là le but de notre voyage.

« Le kirsch que j'avais bu renfermait sans doute un narcotique, car je ne tardai pas à m'endormir d'un profond sommeil. Douze heures après, je m'éveillai à Cologne.

« Nous descendîmes à l'hôtel de *Coblentz*. Petrovitsch me dit :

« — Nous ne nous arrêterons point ici ; j'attends une lettre de *lui*.

« — Mais où irons-nous ? demandai-je avec inquiétude.

« — Je ne sais pas, répondit-il.

« Puis, pour me distraire, il m'emmena visiter la cathédrale et courir la ville. Il semblait avoir retrouvé sa bonne humeur ordinaire.

« Le soir, le courrier de France lui apporta un pli volumineux · c'était une lettre de l'inconnu.

« Cette lettre renfermait une traite de trois mille francs sur un banquier de Cologne, et un passe-port russe au nom d'André Petrovitsch, sujet russe, *voyageant avec son fils*.

« — Mais, lui dis-je, je ne suis pas ton fils ; pourquoi ne suis-je pas désigné sous mon nom dans ce passe-port ?

« — C'est pour éviter des ennuis à la frontière, me dit-il avec calme.

« — Nous allons donc en Russie ?

« — Oui.

« Le soir, nous quittâmes Cologne. Quarante-huit heures après, nous étions aux frontières de la Pologne moscovite.

« Durant tout le trajet, Petrovitsch avait gardé un silence absolu sur le but et le motif de son voyage. Quant à moi, j'étais distrait par les accidents de la route.

« Il est important de consigner ici ce détail : j'avais, jusqu'à l'âge de dix ans, vécu auprès de Petrovitsch et de sa femme, lesquels parlaient entre eux la langue russe ; cette langue m'est donc aussi familière que le français.

« A la frontière moscovite, on visa nos passe-ports et nous continuâmes notre route.

« — Maintenant, me dit Petrovitsch, je puis bien te dire que nous allons à Pétersbourg. Mais, sois tranquille, nous y resterons quelques jours à peine. Dans un mois, nous serons de retour à Paris.

« Huit jours après, nous arrivions à Saint-Pétersbourg.

« Petrovitsch m'emmena dans une maison meublée, située près du pont des Chanteurs, et dans laquelle logeaient des moujiks et des gens de médiocre condition.

« Comme je lui en faisais l'observation, il me dit :

« — Nous sommes venus ici pour affaires mystérieuses, il est bon qu'on ne sache pas qui tu es, *petit père*.

« Pendant toute la journée qui suivit notre arrivée, Petrovitsch me laissa seul, prétextant de nombreuses courses.

« Le soir, un officier de police se présenta et demanda les passe-ports. Celui de Petrovitsch lui donnait la qualification de sujet russe, en même temps qu'il me faisait passer pour son fils.

« Après avoir examiné ce passe-port, l'officier regarda Petrovitsch et lui dit :

« — Votre fils est né en France.

« — Oui, répondit-il.

« — Est-il naturalisé Français ?

« — Non.

« — Quel âge a-t-il ?

« — Vingt ans.

« En Russie, le service militaire prend un homme à dix-huit ans.

« L'officier de police écrivit quelques mots sur un carnet et s'en alla.

« Le lendemain, j'étais encore au lit lorsqu'on frappa à notre porte. Le même officier de police se présentait suivi de deux agents.

« — Habillez-vous, me dit-il, et suivez-moi.

« On nous emmena, Petrovitsch et moi, à l'administration de la police. Petrovitsch avait plus de cinquante

Nana écrivit rapidement quelques lignes. (Page 1087.)

ans, et cet âge le dispensait de servir. Mais quant à moi, on m'expliqua que j'étais soldat de droit depuis deux années, et que je me trouvais en état de désertion.

« Le colonel qui m'interrogeait ajouta cependant avec bonté :

« — Le conseil de guerre vous acquittera sur le chef de la désertion ; mais vous allez être incorporé sur-le-champ dans l'armée de Crimée.

« Jugez de mon désespoir! Alors, je crus pouvoir en appeler à la bonne foi de Petrovitsch.

« — Tu sais bien, lui dis-je, que je ne suis pas ton fils, que mon père était Français, que je suis Français aussi...

« La colère et le désespoir m'étouffaient. Petrovitsch baissait la tête et gardait le silence.

« Cependant, mes protestations énergiques, et le nom de mon père que j'avais prononcé, avaient jeté quelques doutes dans l'esprit du colonel.

« — Mais parle donc, Petrovitsch! m'écriai-je: je t'adjure de dire la vérité !

« — Alors, baissant toujours la tête, le misérable répondit :

« — La vérité est que je suis bien ton père. Je t'avais substitué au fils du colonel Yermolof, c'est-à-dire du baron René, et cela dans le but de m'approprier pour toi la fortune dont il devait hériter...

« Je jetai un cri.

« — Tu mens, misérable! Je ne suis pas, je ne puis pas être ton fils !...

« Le Cosaque tira de sa poche un portefeuille, et de ce portefeuille un papier qu'il déplia et mit sous les yeux du colonel.

« C'était la copie légalisée de l'acte de décès du jeune Marie-Gaston René, mort à l'âge de dix ans !... Cet acte était ma condamnation. Je fus incorporé dans un régiment qui partait pour Sébastopol.

« Petrovitsch poussa l'hypocrisie jusqu'à manifester le plus violent désespoir, mais il me laissa partir, et, l'avouerai-je, je partis convaincu qu'il avait dit la vérité et que j'étais bien le fils d'un Cosaque et non celui du baron René.

« Mais Petrovitsch, en servant le comte d'Estournelle, ce gentilhomme dégénéré, avait compté sans la perfidie de cet homme.

« Le comte lui avait promis cent mille francs, et Petrovitsch, qui s'était parfaitement accoutumé à la vie de Paris depuis vingt ans, se remit en route le lendemain de mon départ. Il espérait rentrer facilement en France et aller y jouir du prix de sa trahison.

« Petrovitsch se trompait. Comme il arrivait à la frontière, il fut arrêté par les autorités russes. On avait reçu à la police une note sans signature venant de France, et prévenant que Petrovitsch était un espion.

« Le misérable fut fouillé. Il n'avait sur lui aucun papier compromettant ; mais, pour la police russe, une dénonciation, surtout en temps de guerre, est chose trop grave pour qu'elle laisse aller tranquillement celui qui en a été l'objet. Petrovitsch ne put rentrer en France, et, par mesure de précaution, il fut incorporé à son tour dans le corps d'infirmiers de l'armée de Crimée, ce qui fit que je fus fort étonné de le voir arriver à Sébastopol trois jours après moi.

« — Cher enfant, me dit-il, toujours hypocrite, je ne pouvais vivre loin de toi. J'ai préféré l'esclavage à la liberté. Je me suis fait arrêter comme espion, dans le seul but de te rejoindre.

« Je crus ce que me disait Petrovitsch. Soit qu'il l'eût demandé en effet, soit que le hasard seul s'en mêlât, Petrovitsch fut placé dans mon régiment. Trois jours après son arrivée, nous allâmes au feu. Les assiégés tentaient une sortie de nuit.

« La première balle française fut pour Petrovitsch, Il tomba dans mes bras.

« — Je suis mort! dit-il. Dieu me punit,
« Je l'emportai hors des rangs.

« — Ne va pas si loin, *petit père*, me dit-il d'une voix éteinte. Laisse-moi là, et que Dieu me donne la force de vivre une heure encore...

« Je l'avais adossé contre le remblai d'une tranchée, et j'étanchais avec mon mouchoir le sang qui jaillissait de sa poitrine.

« Alors, étreint par le remords, Petrovitsch me raconta sa trahison. Mais nous étions seuls, et nous n'avions rien pour écrire. Petrovitsch est mort sans me laisser aucune preuve matérielle de son infâme conduite, et je suis bien mort civilement. »

. . . .

Là se terminait le manuscrit intitulé : *Histoire d'un mort.*

Et c'était après la lecture de ce manuscrit que Danielle avait écrit à M. le vicomte de Chenevières pour lui demander une entrevue.

XXXII

Remontons à présent dans le cœur de la vaste intrigue dont nous nous sommes fait l'historien. Le lendemain du jour où M. le comte Arthur de Chenevières, après avoir visité le mystérieux personnage de la rue de la Michodière, avait reçu, le soir, la visite de Danielle, M. le baron Gontran de Neubourg descendit de cheval vers dix heures et demie devant le café *Riche.*

Le groom qui l'accompagnait, monté sur un double poney, prit son cheval en main et descendit la rue Le Pelletier.

M. de Neubourg entra au café *Riche* pour y demander à déjeuner.

Il s'assit devant une petite table placée dans un angle du premier salon, devant la croisée qui donne sur la rue Le Pelletier.

Là, il tira de sa poche un carnet qu'il feuilleta. Une des pages était couverte de signes hiéroglyphiques.

— Ce diable d'homme, murmura le baron, avait décidément raison de me dire que ni moi, ni mes trois amis, nous ne pourrions rien faire sans lui. En deux heures il en sait plus que nous au bout de huit jours.

Le baron appliqua son lorgnon sur son œil, et, tout en fixant un regard attentif sur les notes mystérieuses, il continua son monologue :

— Hier au soir on a envoyé chez M. Rocambole un billet de trois lignes et ce carnet. Le carnet était vierge, le billet disait :

« On désire savoir ce que c'est qu'un certain comte d'Estournelle. Est-il riche? est-il pauvre? »

Ce matin, à huit heures, comme je montais à cheval, on m'a rapporté ce carnet. Voici ce que je lis :

« Le comte d'Estournelle, ancien officier, marié à une femme légère, jouissant d'une pension de trente mille livres que lui fait la vieille baronne René (rue Saint-Guillaume). Le comte héritera de la baronne... La baronne avait **un petit-fils**; est-il mort? Son acte de décès en fait foi pour tout le monde, moi excepté... Un vieux serviteur de la baronne a été chassé. Le comte, qui a pris une grande influence sur la baronne, a prouvé que ce valet avait songé à s'attribuer la fortune de sa maîtresse.

« On trouvera ce valet rue Neuve-des-Bons-Enfants, dans un hôtel garni à l'enseigne des *Armes d'Angleterre*, où il remplit l'office de garçon de salle. Il se nomme Baptistin.

« Le comte d'Estournelle est lié avec le vicomte de La Morlière. Il déjeune tous les matins au café *Riche*, premier salon, table à gauche, près du comptoir. Très-fort à l'épée, mais s'emportant sur le terrain. — Celui qui écrit ces lignes se fait fort de le désarmer à la première passe. — On aura d'autres renseignements ce soir. »

Là s'arrêtaient les notes du mystérieux agent de la rue de la Michodière.

M. de Neubourg déjeuna les yeux tournés vers la porte.

— Ce serait curieux, se dit-il, que le personnage en question, qui, paraît-il, vient ici tous les jours, ne vînt pas aujourd'hui.

M. de Neubourg se trompait. Au moment où on lui versait du café, un homme de quarante-cinq ans environ, portant de grosses moustaches et une redingote boutonnée militairement, entra dans le café et vint s'asseoir à la table indiquée par les notes du carnet.

Le garçon s'approcha et dit :

— Monsieur le comte veut-il me confier son par-dessus et son chapeau?

— C'est là mon homme, pensa M. de Neubourg.

Et il le regarda fort attentivement. Puis il appela le garçon et lui dit tout bas :

— Ce monsieur qui vient d'entrer ne serait-il point le comte d'Estournelle?

Sur la réponse affirmative du garçon, le baron prit une carte dans sa poche et la lui remit.

— Voulez-vous, dit-il, la faire tenir à ce monsieur et le prier de vouloir bien me permettre de l'aborder?

Le comte n'avait pas regardé M. de Neubourg; il fut fort étonné en voyant le garçon lui remettre la carte, et après avoir lu le nom inscrit au-dessous d'un *tortil* de baron, il leva les yeux sur M. de Neubourg avec une expression très-marquée de curiosité.

M. de Neubourg se leva et s'approcha du comte d'Estournelle.

— Veuillez me pardonner mon indiscrétion, monsieur, lui dit-il. Je suis venu ici tout exprès pour avoir l'honneur de vous rencontrer.

Le comte s'inclina avec une froide et sèche courtoisie.

Le baron reprit :

— Je remplis auprès de vous, monsieur, le rôle d'ambassadeur.

La curiosité du comte d'Estournelle parut redoubler.

— Je ne me savais point un personnage d'assez d'importance, monsieur, répondit-il, pour qu'il fût besoin de traiter avec moi par voie d'ambassade.

Le baron sourit.

— Je me suis peut-être servi d'un mot bien ambitieux; mais n'importe! je vais accomplir ma mission.

— Je vous écoute, monsieur.

Le baron s'assit en face du comte et poursuivit :

— J'ai un ami qui revient de Crimée.

— Ah! dit le comte, qui ne put s'empêcher de tressaillir un peu.

— Et il a rencontré sous les murs de Sébastopol, poursuivit M. de Neubourg, un jeune homme qui sert dans l'armée russe et se dit votre parent.

Une légère pâleur se répandit sur les traits du comte d'Estournelle.

— Je ne sache pas, dit-il avec un sourire contraint, avoir un parent dans l'armée russe.

— Il se nomme le baron René.

M. d'Estournelle fit un brusque mouvement; mais son trouble n'eut que la durée d'un éclair.

— Monsieur, répondit-il, j'ai eu, en effet, des parents portant ce nom. Mais le dernier mâle de cette famille est mort il y a dix ans.

— Vous croyez?

— Oh! j'en suis sûr.
— C'est bizarre! dit nonchalamment le baron.

Et il attacha sur le comte d'Estournelle un de ces regards qui pénètrent au fond de l'âme.

— Je ne vois pas, monsieur, ce qu'il peut y avoir de bizarre dans ce que j'ai l'honneur de vous affirmer.

— Oh! c'est que, répondit M. de Neubourg, le jeune homme qu'a rencontré mon ami persiste à prétendre qu'il se nomme le baron René.

Le comte répondit froidement :

— C'est un imposteur! Maintenant, monsieur, j'attends la communication que vous avez bien voulu m'annoncer.

— Mais, monsieur, répliqua M. de Neubourg, elle est inutile maintenant.

— Ah!

— Si ce jeune homme est un imposteur, vous ne pouvez rien faire pour lui.

Le comte tordait sa moustache avec une agitation fiévreuse.

— C'est donc lui qui...

— J'étais chargé de vous intéresser à ce jeune homme; mais... puisque...

— Monsieur, interrompit le comte, je crois nécessaire de vous mettre sur la voie d'une abominable intrigue. Le jeune homme mort il y a dix ans avait été élevé par un Cosaque, ancien serviteur de son père. Ce Cosaque, dans un but coupable...

D'un geste, M. de Neubourg arrêta le comte.

— Je devine l'histoire dont il s'agit, monsieur; seulement elle a deux versions.

— Ah! fit le comte.

— Selon vous, le jeune homme rencontré en Crimée par mon ami est un imposteur?

— Oui.

— Selon ce jeune homme, c'est le Cosaque qui est un misérable.

M. d'Estournelle demeura impassible.

— Mais, dit-il, je crois que ce Cosaque n'est plus de ce monde?

— Vous avez raison; seulement, il a fait des aveux avant de mourir, et peut-être même...

Ici M. de Neubourg attacha un froid regard sur le comte d'Estournelle, ajoutant :

— Peut-être même a-t-il eu le temps d'écrire.

Le comte pâlit de nouveau, mais il ne fit aucun mouvement qui pût trahir sa violente émotion.

— En vérité? dit-il.

M. de Neubourg se leva.

— Ce que vous m'avez déclaré, monsieur, fit-il, modifie entièrement mes intentions. Je vous demande mille pardons d'avoir ainsi abusé de vos moments.

Et il fit un pas en arrière, salua et alla reprendre sa place.

Cette démarche de M. de Neubourg auprès du comte d'Estournelle avait quelque chose d'étrange et d'insolite qui frappa vivement ce dernier.

— Que me veut cet homme? Comment a-t-il mon secret?

Telle fut la double question que M. d'Estournelle s'adressa.

Le baron Gontran de Neubourg s'était tranquillement remis à table et dégustait son café.

Tout à coup le comte se leva et vint à lui.

— A mon tour, monsieur, lui dit-il, oserai-je vous faire une question?

— Parlez, monsieur, répondit le baron avec un calme qui semblait annoncer qu'il s'était attendu à la démarche de M. d'Estournelle.

Le comte reprit avec une certaine brusquerie :

— Si, au lieu de vous apprendre qu'il n'y avait plus personne au monde qui s'appelât le baron René, je vous eusse dit...

— Eh bien?

— Que m'auriez-vous dit?

— Que celui que je croyais être le baron René avait l'intention de s'adresser à vous.

— Dans quel but?

— Dans le but de solliciter votre appui auprès de sa grand'mère.

— Très-bien!

— Mais l'opinion que vous m'avez émise, monsieur...

— Est vraie de tous points.

— Ah! fit le baron avec un sourire d'une raillerie sanglante.

— Est-ce que vous douteriez de ma parole, monsieur?

Et le comte fronça le sourcil, et ses joues s'empourprèrent. M. de Neubourg, toujours calme, le regarda fixement et lui dit :

— Vous avez le tempérament sanguin, monsieur; il fait très-chaud ici, prenez garde à l'apoplexie.

Le comte devint écarlate.

— Monsieur, fit-il, les narines frémissantes et la gorge crispée, j'ai eu l'honneur de vous poser une question.

— J'écoute, monsieur.

— Doutez-vous oui ou non de ma parole?

Le baron se tut.

Alors, à son tour, le comte fit un pas en arrière et ajouta :

— J'aurai l'honneur d'envoyer chercher chez vous la réponse à ma question...

M. de Neubourg s'inclina.

— Par deux amis, acheva le comte, dont l'œil était devenu sanglant comme celui d'un bouledogue.

— Ah! pardon, monsieur, fit le baron, je dois vous prévenir que je sors de bonne heure.

— Je l'espérais, et si... demain... vers sept heures, une promenade avec nos amis communs...

M. de Neubourg toisa le comte d'une manière parfaitement insolente.

— Ce n'est pas mon habitude, monsieur, dit-il, de me battre ainsi avec le premier venu.

— Monsieur!

— Mais une fois n'est pas coutume. Et d'ailleurs, tenez, au point où nous en sommes, il est inutile d'attendre à demain. Voulez-vous ce soir?

— Oui.

— A quatre heures?

— Soit.

— Vous me trouverez à quatre heures devant le donjon de Vincennes avec mes deux amis.

— J'y serai.

M. de Neubourg paya sa carte, sortit et se dirigea à pied vers la rue du Helder. Comme il passait devant la *Maison dorée*, il rencontra le vicomte de Chenevières.

— Eh bien? fit celui-ci.

— C'est fait.

— Comment?

— J'ai rencontré le comte d'Estournelle au café *Riche*. L'homme de la rue de la Michodière ne s'était pas trompé.

— Et toi?

— Ce que j'avais prévu est arrivé.

— Comment?

— Le comte m'a provoqué.

— Et tu te battras avec ce misérable?

— Oui, j'ai mon plan. Si je le tue, nous trouverons bien un moyen de démontrer la vérité à la baronne René.

— Et si tu ne le tues pas?... Si, au contraire...

Gontran se prit à sourire.

— D'abord, dit-il, une supposition comme la tienne est impertinente.

— Bah!
— Mais, passons. Je te l'ai dit, j'ai un plan. Provisoirement, c'est mon secret.

M. de Chenevières s'inclina.

— Tu le diras à lord Blakstone et à de Verne; car je suppose que tu les verras?

— Mais, toi aussi?

— Je ne le crois pas.

— Comment! est-ce qu'il ne faudra pas que l'un d'eux vienne avec nous ce soir?

— D'abord, fit M. de Neubourg, tu ne viendras, point toi, ni eux non plus.

— Tu plaisantes!

— Nullement. Il est inutile que le comte d'Estournelle sache que nous avons des rapports ensemble.

— Qui donc comptes-tu prendre pour témoins?

— Deux officiers, dans le premier café venu, à Vincennes.

Sur ces mots, M. de Neubourg tendit la main au vicomte de Chenevières.

— Par exemple, dit-il, tu pourras envoyer chez moi à huit heures, ce soir, prendre de mes nouvelles. Je serai de retour. Adieu!

Et le baron, sans vouloir s'expliquer davantage, rentra chez lui.

— Jean, dit-il à son valet de chambre, je défends ma porte et je n'y suis pour personne.

Cette consigne donnée, M. de Neubourg consulta la pendule de son fumoir. Il était à peine midi.

— J'ai trois heures à attendre, se dit-il, passons-les gaiement.

Il se coucha sur son divan et se mit à lire un roman qui venait de paraître.

Une heure après, son valet de chambre lui apporta une lettre qui venait d'arriver par un commissionnaire. Le baron l'ouvrit et la lut avec surprise.

— Voilà qui est bizarre! se dit-il. Soit! à demain; j'attendrai.

Et il se remit à lire.

Une nouvelle heure s'écoula. Le valet de chambre reparut.

— Monsieur le baron, dit-il, a défendu sa porte?

— Oui.

— Cependant, il y a une dame qui insiste pour voir monsieur le baron.

— Son nom?

— Je ne la connais pas.

— Fais entrer au salon, dit le baron.

XXXIII.

M. le comte d'Estournelle, que nous avons trouvé jadis dans un misérable taudis de la rue de l'Arbre-Sec, habitait maintenant un élégant premier étage rue Taranne, à l'angle de la rue des Saints-Pères.

La note donnée de la rue de la Michodière était exacte; Mme la baronne René faisait à son héritier futur une pension de trente mille livres de rente.

En outre, la maison qu'il habitait appartenait à la baronne; il ne payait point de loyer.

Ce fut vers son domicile que M. le comte d'Estournelle se dirigea en sortant du café Riche.

Il était pâle et agité. Il fit la route à pied d'un pas inégal et brusque, et la façon dont il sonna fit faire à sa femme cette réflexion :

— Le comte a bien certainement essuyé quelque mésaventure.

Mme la comtesse d'Estournelle était dans son boudoir lorsque son mari entra.

Nous l'avons déjà dit, elle était jeune encore et elle était belle.

Souple, mince, le pied et la main aristocratiques, le teint blanc et mat, les cheveux noirs et les yeux bleus, la comtesse n'accusait guère que trente années.

Elle avait été célèbre, jadis, dans le monde où M. d'Estournelle la rencontra; elle y avait eu la réputation d'une charmante fille dépourvue de cœur mais, un sourire inaltérable, et qui trouvait tout naturel qu'un homme qu' s'était ruiné pour elle se brûlât la cervelle pour couronner l'œuvre.

M. d'Estournelle entra avec une telle violence que la comtesse se releva brusquement et s'avança au-devant de lui. Elle regarda le comte avec une curiosité quelque peu dédaigneuse.

Le comte tordait sa grosse moustache et roulait un œil furibond.

— Je gage, lui dit-elle, que vous vous battez demain.

Sa voix était calme, et on eût dit que la chose lui été parfaitement indifférente.

— Vous vous trompez, reprit le comte. Ce n'est pas demain, c'est ce soir, à quatre heures.

— Vraiment! vous vous battez? et avec qui? pourquoi? Sans doute encore quelque sotte querelle? Quand on est joueur et dominé par le goût de l'absinthe, il faut s'attendre...

Le comte frappa du pied le parquet et haussa les épaules.

— Ce n'est pas pour cela que je me bats, dit-il.

— Pourquoi donc?

— Je me bats pour conserver à votre enfant et à vousmême l'héritage qui nous est réservé.

Ces mots produisirent une sensation étrange sur Mme d'Estournelle. Elle regarda fixement son mari et lui dit d'un ton sec :

— Voyons, expliquez-vous, et soyez bref, si vous le pouvez.

Le comte posa son chapeau sur le coin d'une table, s'assit auprès de sa femme, et lui raconta brièvement ce qui était arrivé au café Riche.

Mme d'Estournelle l'écouta sans l'interrompre, froidement, avec le calme d'un général en chef qui se fait rendre compte d'un mouvement stratégique. Lorsqu'il eut fini, elle le regarda.

— Je crois, lui dit-elle, que vous avez bien fait de m'épouser.

— Ah! ricana le comte.

— Car, poursuivit-elle, vous allez engager votre plus rude partie, et, sans moi, vous la perdriez...

— Vous croyez?

— D'abord, vous avez commis une faute impardonnable.

— Laquelle?

— Celle de provoquer M. le baron de Neubourg. Je connais Gontran...

Le comte fit un soubresaut et fronça démesurément les sourcils.

— Vous... le... connaissez? fit-il avec un accent rempli d'une sombre jalousie.

Un cruel sourire erra sur les lèvres de la jeune femme.

— Bon! dit-elle, ne le saviez-vous pas? Au lieu de me faire des scènes de jalousie rétrospective, laissez-moi donc sauver une situation déjà fort compromise.

M. d'Estournelle baissa la tête et garda le silence.

La comtesse reprit :

— Quand un général en chef est inhabile, on le dépossède de son commandement. Vous avez fait une faute, je vous destitue provisoirement, et je vous remplace.

Il y avait dans la voix de la comtesse un tel accent d'autorité, que son mari se sentit dominé. Il s'inclina et dit :

— Soit. Faites ce que vous voudrez : je vous obéirai.

— Eh bien, mettez-vous là, devant cette table, prenez une plume et écrivez sous ma dictée.

Mais tu as gardé sa lettre, reprit la comtesse.

— J'attends, dit le comte en prenant la plume.
La comtesse dicta :

« Monsieur le baron,

« Vous êtes un galant homme, et il est des nécessités cruelles que vous comprendrez. Je ne puis me battre avec vous ce soir... »

— Hein? fit le comte en s'interrompant brusquement.
— Mais écrivez donc! fit sèchement la comtesse.
Elle continua :

« Je rentre chez moi, je trouve mon enfant attaqué du croup et ma femme folle de douleur. Je vous demande vingt-quatre heures. »

— Signez donc, acheva la comtesse. Gontran de Neubourg est un galant homme, comme vous venez de l'écrire. Il vous croira sur parole.
— Mais enfin pourquoi ce délai? demanda le comte stupéfait.
— Je veux avoir le temps de me retourner. En présence d'un péril comme celui qui nous menace, vingt-quatre heures sont parfois le salut.
Le comte avait toujours les sourcils démesurément froncés.
— J'aurais préféré le tuer tout de suite, dit-il.
La comtesse haussa les épaules ; puis un sourire étrange glissa sur ses lèvres.
— Dans vingt-quatre heures, Gontran de Neubourg aura peut-être bien autre chose à faire que de se battre avec vous.

— Que voulez-vous dire?
— C'est mon secret.
Puis elle se leva et vint s'asseoir devant la table, en face de son mari, disant :
— Cédez-moi la plume.
Et elle écrivit rapidement quelques lignes et les cacheta.
— Vous allez donner votre lettre au commissionnaire du coin de la place, et vous lui enjoindrez de la porter sur-le-champ.
— Et... celle-là? fit le comte, qui regardait celle que sa femme venait de plier.
— Celle-là, je m'en charge. Retenez-moi une voiture au bas de la rue des Saints-Pères. Vous payerez le cocher d'avance et vous lui direz d'attendre sur le quai. Allez!
M. le comte d'Estournelle avait plus d'une fois apprécié la rare intelligence et la présence d'esprit de sa femme. Il devina que toute une vaste intrigue germait dans sa tête, et il ne songeait plus qu'à se soumettre.
Il sortit donc avec la docilité d'un valet auquel on donne un ordre.
Aussitôt qu'il fut parti, la comtesse passa dans son cabinet de toilette et s'habilla, jetant sur ses épaules un grand châle qui l'enveloppa tout entière, et se coiffant d'un chapeau garni d'un voile épais.
Le comte revint au bout de dix minutes environ :
— La voiture vous attend, dit-il. Mais où allez-vous?
— Faire un voyage d'une heure qui me rajeunira de dix ans, répondit-elle. Adieu, comte. Restez ici, défendez la porte, et qu'on ne vous vole pas hors de chez vous avant demain.

— Je vous le promets.

Mme d'Estournelle sortit. Dans l'escalier, elle abaissa son voile, dont l'épaisseur cacha si bien son visage, que le concierge la regarda passer avec curiosité et ne la reconnut pas.

Elle descendit la rue des Saint-Pères d'un pas rapide, et trouva la voiture de place retenue par le comte qui l'attendait à l'angle du quai.

— Rue Blanche, dit-elle au cocher, et bon train !

XXXIV.

Il est peut-être nécessaire, pour bien faire comprendre la démarche que tentait, à cette heure, la comtesse d'Estournelle, de nous reporter à dix années en arrière.

En 1844, un soir, trois jeunes femmes entouraient une table de thé, dans un petit appartement de la rue Saint-Lazare.

Elles avaient vingt ans, elles étaient jolies.

L'une allait débuter à l'Opéra, l'autre recueillait chaque soir des couronnes et des bouquets sur une scène de genre, la troisième recevait pour l'instant les hommages d'un baron saxon, qui avait mis à ses pieds ses burgs, ses revenus, et le plus bel attelage de chevaux irlandais qu'on eût jamais vu à Paris.

La cantatrice ne chantait pas ce soir-là ; l'actrice s'était fait donner par un médecin complaisant un certificat de maladie ; leur belle amie avait dit au baron saxon qu'elle allait visiter sa famille.

Elles avaient soupé entre elles riant de bon cœur, médisant des femmes, se moquant des hommes.

Enfin, l'une d'elles avait parlé d'un roman qui venait de paraître et qui faisait fureur dans tous les mondes.

C'était l'*Histoire des Treize*, de M. de Balzac.

— Eh bien, mes bonnes amies, de la maîtresse du baron saxon, savez-vous bien une chose ? C'est que si trois femmes comme nous faisaient le serment des héros de M. de Balzac, elles iraient loin.

— Peut-être, dit l'actrice.

— A coup sûr, ajouta la chanteuse.

Le serment fut fait. Dix années après, la chanteuse avait trente mille livres de rente, l'actrice passait de son petit théâtre sur une grande scène, la maîtresse du baron saxon était comtesse.

Pendant dix années, ces trois femmes ne s'étaient jamais rencontrées ostensiblement. Elles avaient observé le programme du grand romancier. Elles s'étaient servies sans relâche, et le monde entier avait ignoré leur liaison.

Or, celle qui était devenue comtesse, on le devine, était Mme d'Estournelle, et le coupé de régie dans lequel elle monta dix années plus tard, le visage couvert d'un voile épais, la conduisit rue Blanche, à la grille d'un charmant petit hôtel entre cour et jardin, qu'un architecte à la mode avait construit l'année précédente pour Mme Jeanne D..., la grande cantatrice.

Avant d'atteindre la rue Blanche, Mme d'Estournelle avait fait arrêter un instant le coupé au coin de la rue Saint-Lazare, et fait signe à un commissionnaire assis sur ses crochets.

Elle lui avait remis la lettre qu'elle avait écrite devant son mari.

— Portez cela rue Olivier, lui dit-elle en lui mettant cinq francs dans la main.

Cette lettre était adressée à Mlle Olympe, du théâtre de***.

Elle contenait ces deux lignes :

« *Topaze* attend, pour affaire urgente, *Émeraude* chez *Grenat*. »

Topaze, Émeraude et Grenat avaient été les noms de guerre mystérieux de ces trois mousquetaires femelles.

Et Mme la comtesse d'Estournelle avait continué son chemin, se disant :

— Olympe sera chez elle. Jamais elle ne sort avant deux heures, et il est à peine midi.

Un valet en gilet rouge était venu ouvrir la grille du petit hôtel.

— Madame ne reçoit pas, dit-il à la comtesse.

— Dites à votre maîtresse que c'est une dame qui lui a vendu une topaze, elle me recevra.

Le valet referma la grille assez dédaigneusement ; mais cinq minutes après, il revint l'ouvrir à deux battants, et le coupé entra dans la cour. La comtesse en descendit sans relever son voile. Le valet, devenu respectueux, lui fit traverser un vestibule rempli d'arbustes rares, poussa la porte d'un salon d'hiver et s'effaça.

La comtesse entra et vit une femme debout devant la cheminée. C'était Jeanne.

— Charles, dit la cantatrice, maintenant je n'y suis pour personne.

Le valet referma la porte. Alors la comtesse releva son voile et les deux femmes s'embrassèrent.

— Te voilà donc enfin, ma bonne Topaze, dit la chanteuse.

— Me voilà, mon cher Grenat, et j'ai besoin de toi.

— Topaze, Émeraude et Grenat, cela ne fait qu'un, tu le sais bien.

— Je le sais.

La comtesse se jeta dans une bergère, au coin de la cheminée.

— Voyons, fit la chanteuse, que veux-tu ? Est-ce de l'argent ? J'ai trente mille francs chez moi. Faut-il vendre mes diamants ?

— Non. Je veux me débarrasser d'un homme.

— Veux-tu que je le fasse tuer en duel ?

— Non. Il faut me le confisquer.

— On tâchera. Son nom ?

— Gontran de Neubourg.

— Quoi ! le baron ?

— Oui.

— Mais c'est mon ancien admirateur, ma petite.

— Je le sais.

— Et il te gêne ?

— Il peut me ruiner.

— Parle, madame la comtesse ; ordonne... on fera ce que tu voudras.

— N'as-tu point oublié nos statuts à son endroit ?

La cantatrice, que désormais nous appellerons simplement Grenat, se prit à sourire.

— Tu veux parler de cet article de nos petites conventions secrètes qui est ainsi conçu :

« Ne jamais rompre une liaison sans avoir de *lui* une lettre compromettante ou un secret qui, au besoin, puisse en faire un esclave. »

— Est-ce cela ?

— Oui. T'en es-tu bien souvenue avec le baron ?

— Ma chère, répondit Grenat, sais-tu bien que Gontran est l'homme le plus pur que je connaisse ? Sa vie est une glace de Venise ?

— Sans une toute petite tache ? fit la comtesse en fronçant le sourcil.

— Si, il y en a une.

— Et tu la connais ?

— Oui.

Un rayon de joie cruelle brilla dans les yeux de la comtesse.

— Parle, dit-elle ; j'ai soif de savoir.

Grenat se leva et alla faire glisser une sourde portière de tapisserie sur sa tringle, disant :

— Je me défie toujours de mes gens. Ces drôles passent leur vie à écouter aux portes.

Puis elle revint s'asseoir à côté de la comtesse.

— Tu sais aussi bien que moi, ma petite, dit-elle que

nous ne sommes pas des anges de vertu et de pureté; nous avons toutes trois, la Topaze, le Grenat et l'Emeraude, nos petites misères sur la conscience; mais nous avons toujours été honnêtes entre nous. Jamais nous n'avons manqué à la parole que nous nous donnions.

— Et cela sera toujours ainsi, dit simplement la comtesse.

— Donc, tu vas me jurer que tu garderas le secret sur ce que je vais te dire.

— Je te le jure. Parle...

— A l'âge de vingt ans, Gontran a tué un homme.

L'œil de la comtesse étincela.

— Et tu en as la preuve? dit-elle.

— Là, dans ce meuble.

— Oh! alors... nous le tenons! fit Mme d'Estournelle avec une joie sauvage. Secret pour secret!... Maintenant, parle, je t'écoute.

La cantatrice reprit:

— Il y a cinq ans, je ne sais comment t'expliquer cela autrement que par une bizarrerie de caractère; mais, le jour où je le rencontrai, j'avais le cœur et la tête tournés au sentiment. Je voulus être aimée d'un amour pur, ardent, sans mélange. Je jouai la comédie, j'enveloppai ma vie de romanesque...

— Attends, interrompit la comtesse, je crois deviner que l'éclipse que tu fis eut Gontran pour cause première.

— Oh! c'est bien plus drôle... tu vas voir!... Un soir de bal d'Opéra, je l'intriguai. Il ne m'avait jamais vue. Mes cheveux blonds, ma main de duchesse, cet esprit mordant que tu me connais, le séduisirent. Il eut beau me supplier d'ôter mon masque, je m'en défendis. « Ecoutez, lui dis-je, je ne suis pas ce que vous pensez peut-être. Je suis du monde, et j'ai un mari farouche. Cependant je vous ai vu, je vous aime... Mais ne comptez point me revoir à Paris.

« — Et où vous reverrai-je? me demanda-t-il en tremblant.

« — Je ne sais encore, lui répondis-je. Seulement, si un jour vous recevez une lettre avec ce mot *remember* et l'indication d'un pays quelconque, allez-y.

« — Fût-ce en Chine, me répondit-il, j'irai. »

« Je rentrai chez moi folle d'espoir. Huit jours après, j'avais imaginé l'étrange comédie que voici : j'avais trouvé un mari, c'est-à-dire un brave homme de chevalier d'industrie qui, moyennant cent louis par mois, jouerait le double rôle de tyran domestique et de colonel prussien.

« Le lendemain, Gontran reçut un billet avec les deux mots: *Remember, Cauterets*.

« Gontran partit pour Cauterets. Le lendemain de son arrivée, il me rencontra au bal de l'hôtel des Bains et vint à moi.

« — Je n'avais pas vu votre visage, me dit-il, mais mon cœur vous a reconnue. C'est vous!...

« — Taisez-vous, malheureux! lui dis-je; mon mari est ici.

« Mon faux colonel jouait son rôle à ravir. Il roulait des yeux féroces, portait de grosses moustaches, et avait dit, le jour de son arrivée, en jouant au whist, qu'il couperait les oreilles au premier petit jeune homme qui oserait me regarder.

« Gontran me fit danser. A la fin du bal, il perdait la tête.

« J'avais loué hors de la ville une maison solitaire, entourée d'un grand jardin. Je fis faire à Gontran un joli stage d'un mois. Après quoi, je le reçus, le soir, sous une tonnelle, dans le jardin.

« Il arrivait, enveloppé dans un grand manteau, rasant les murs. Il entrait par une petite porte qui donnait sur un sentier perdu; il avait toujours un pistolet dans sa poche. C'était charmant. Mon roman était complet. Cha-

que soir, Gontran s'imaginait que je risquais pour lui mon repos et peut-être ma vie. Le colonel devait me tuer...

— Voilà du chevaleresque ou je ne m'y connais plus, interrompit en riant la comtesse d'Estournelle.

— Malheureusement, poursuivit la cantatrice, il y avait à Cauterets, au milieu de tous ces paisibles bourgeois, qui persistaient, tout comme Gontran, à me prendre pour une grande dame; il y avait, dis-je, un jeune fou, un fat, le petit marquis de B..., qui se prit d'une folle passion pour moi, et fit un soir le pari d'arriver jusqu'à mon cœur.

« Or, une nuit, Gontran sortait du jardin, lorsqu'il se trouva face à face avec le marquis.

« — Ah! ah! lui dit celui-ci, je devine tout maintenant... et les dédains de la comtesse, — je passais pour comtesse... — me sont expliqués.

« — Monsieur, lui dit Gontran en le prenant à la gorge, vous allez me jurer de vous taire!

« — Non pas! je veux que tout Cauterets sache l'aventure, dit le marquis.

« — Alors je vous tuerai demain!

« — Si vous pouvez! Mais, d'ici là, j'aurai le temps de raconter à mes témoins.

« Gontran avait vingt-cinq ans, il m'aimait comme un fou, et il perdit la tête. Il avait un pistolet sur lui, il brûla la cervelle au marquis.

« Au bruit de la détonation, j'accourus. Je trouvai Gontran ivre de douleur, immobile, l'œil hagard...

« — Laissez-moi fuir, me dit-il, on croira qu'il s'est tué par désespoir...

« — Tel est le secret qui existe entre Gontran et moi, acheva Grenat.

— Mais enfin, il a fini par savoir qui tu étais? observa Mme d'Estournelle.

— Oui. Mais lorsqu'il l'a su, il m'aimait encore. Un soir, au bout de six ou huit mois, nous eûmes une querelle. Je voulus rompre. Le lendemain, Gontran m'écrivit une lettre dans laquelle il me jurait qu'il m'aimait, et me demandait, au nom de celui qu'il avait tué pour moi, de lui pardonner ses torts.

— Et puis? fit la comtesse.

— Je pardonnai à Gontran. Nous nous aimâmes six mois encore. Mais tout a une fin, même l'amour. Nous nous sommes, du reste, séparés en bons amis.

— Mais tu as gardé sa lettre?

— Naturellement. A présent, que veux-tu que je lui demande?

— Rien. Je le connais comme toi, dit Mme d'Estournelle. Si tu lui demandais de souscrire à de certains arrangements, il irait porter sa tête au bourreau, mais il te refuserait.

— C'est vrai.

— Seulement, tu peux l'éloigner de Paris à l'instant même, sans qu'il ait le temps de voir personne.

— Et où veux-tu que je le conduise?

— Peu m'importe! mais il faut qu'il parte!

— Bon! Après?

On entendit en ce moment vibrer la cloche qui annonçait l'arrivée d'un visiteur.

— C'est Emeraude, fit la comtesse, je lui ai donné rendez-vous chez toi.

— Ah! bon! dit Grenat qui allongea sa main mignonne vers un gland de sonnette.

— Charles, ajouta-t-elle, si c'est une dame, recevez!

C'était, en effet, Mlle Olympe, du théâtre de ***.

XXXV.

— La *Topaze* a donc besoin de son *Emeraude*, dit-elle en se jetant au cou de la comtesse. Que te faut-il? que veux-tu?

— Écoute-moi bien. L'homme qui t'adore est un grand seigneur russe, le comte Pérékoff, qui, après avoir été obligé, lors de la déclaration de guerre, de rentrer en Russie et d'aller reprendre son grade de major, a eu le bonheur de se faire faire prisonnier à Bomarsund. Depuis, par une faveur toute spéciale, on l'a autorisé à venir de Belle-Isle à Paris.

— C'est-à-dire, fit Emeraude en souriant, qu'il est rentré dans son appartement de la rue du Helder, et qu'il passe à mes genoux son temps de prisonnier de guerre.

— Je sais cela. Or, poursuivit la comtesse, dans le siècle de civilisation où nous vivons, la guerre n'interrompt point les communications de la poste, et on permet aux prisonniers russes d'écrire à leur famille.

— Sans doute.

— Il faut douze jours pour écrire à Sébastopol et avoir une réponse.

— Oui.

— Mais le télégraphe ne demande que quelques heures.

— Eh bien?

— Retiens ceci : Il faut que le comte Pérékoff, pour l'amour de toi et sans te demander aucune explication, obtienne la permission de faire demander à Sébastopol, par la voie télégraphique, des nouvelles d'un jeune soldat russe appelé Andrewitsch. Je veux savoir s'il est mort ou vivant.

— Diable! fit Emeraude, c'est bien difficile. Mais, n'importe! si ce n'est qu'impossible, on le fera. Pérékoff a tant d'amis à Paris...

La comtesse prit les mains de ses deux amies :

— Allons, mes petites, dit-elle, je vois que notre contrat tient toujours.

Puis, regardant la cantatrice :

— Tu pars, n'est-ce pas?

— Comment! tout de suite?

— Gontran doit être chez lui. Il faut que tu le voies à l'instant même.

— C'est bien, dit Grenat. Ce soir nous serons loin, lui et moi. Je vais inventer un bon petit prétexte, hérissé de mystères.

⁂

— Qui donc peut avoir affaire à moi? se demanda Gontran, tandis que son valet de chambre introduisait au salon la dame inconnue qui désirait lui parler.

Et il poussa la porte qui séparait cette pièce de son fumoir.

— Jeanne! dit-il en jetant un cri.

La cantatrice était toujours belle, et Gontran l'avait ardemment aimée. C'en était assez pour lui faire éprouver une certaine émotion.

— Vous ici! dit-il, vous, Jeanne?

— Moi, qui ai besoin de vous, dit-elle.

Le baron lui offrit un siége, demeura debout devant elle, et lui dit :

— Parlez! je suis à vos ordres.

Grenat tira de son sein un papier jauni.

— Vous souvenez-vous de Cauterets?

M. de Neubourg tressaillit; un nuage passa sur son front.

— Oh! fit-il, quel affreux souvenir venez-vous donc évoquer, Jeanne?

— Ne m'avez-vous pas dit que je pourrais disposer de vous?

— Sans doute.

— Eh bien! prenez un manteau de voyage et suivez-moi.

— Mais c'est impossible! s'écria le baron.

— Oui, si le baron Gontran de Neubourg est un homme sans foi. Non, s'il se souvient.

— Mais je me bats demain.

— Vous ne vous battrez pas, voilà tout.

— Vous voulez donc me déshonorer? s'écria le baron.

— Écrivez à votre adversaire, et demandez-lui un congé.

— Attendez demain, je suis à vos ordres.

— Impossible!

— Mais enfin, où dois-je vous suivre? où me conduisez-vous?

— C'est mon secret. Oh! rassurez-vous, je ne demanderai au loyal Gontran, que j'ai connu, rien qui mette son honneur en péril.

— Mais enfin?...

— Gontran, mon ami, dit la cantatrice avec calme, au nom de ce terrible souvenir qu'il m'a fallu une grande force d'âme pour évoquer, je vous adjure de m'obéir...

— Soit, je vous obéirai.

— D'être mon esclave pendant quelques jours.

— Je vous le promets.

— Je veux votre parole d'honneur.

— Je vous la donne.

— Eh bien! dit-elle en souriant, voici le programme de mes volontés. Écoutez: Hormis votre adversaire, à qui vous allez écrire pour vous excuser, nul ne saura que vous avez quitté Paris.

— Comment?

— J'ai votre parole.

Gontran baissa la tête et se tut. Puis il s'assit devant une table et écrivit à M. le comte d'Estournelle :

« Monsieur le comte,

« Vous m'avez demandé un délai de vingt-quatre heures pour les motifs que je comprends et que je respecte. A mon tour, je me vois forcé de vous demander un sursis. Je quitte Paris précipitamment pour quelques jours, peut-être même pour quelques heures seulement. A mon retour, je m'empresserai de me mettre à votre disposition.

« Votre très-humble,

« Baron Gontran de Neubourg. »

Le baron ferma et cacheta cette lettre. Puis il regarda la cantatrice.

— A présent, dit-il, qu'exigez-vous encore?

— Que pendant tout le temps que vous serez avec moi, vous ne donniez signe de vie à aucun de vos amis.

— Comment! je ne pourrai pas leur écrire?

— Non.

Le baron ne put réprimer un geste d'impatience.

— Mais savez-vous bien, dit-il, que c'est de la tyrannie, cela?

Grenat eut un sourire superbe, le sourire de la femme accoutumée à triompher.

— Vous manquez de mémoire, Gontran, reprit-elle.

— Moi?

— Voyons, souvenez-vous! Vous m'avez aimée, adorée, n'est-ce pas? convenez-en!

Il lui prit galamment la main et la baisa.

— Pouvais-je faire autrement? répondit-il avec un sourire.

— Je pouvais vous tyranniser alors, vous tourmenter, vous martyriser. L'ai-je fait?... Je pouvais abuser de votre fortune. Y ai-je songé?

— Vous avez été la plus loyale des femmes, Jeanne.

— Eh bien! il arrive qu'un jour j'ai besoin de vous et me dis : Gontran le chevaleresque, mon Gontran d'autrefois, qui se fût tué sur un signe de ma main, ce Gontran, pour qui j'ai fait des folies, en qui j'ai eu foi, fera bien ce que je lui demanderai, moi qui jamais ne lui demandai rien... Et voici que vous me marchandez votre dévouement... votre affection!...

Ces derniers mots, prononcés d'un ton piqué, allèrent au cœur de M. de Neubourg.

Partons ! dit Grenat. (Page 1109.)

— Jeanne, dit-il, vous avez raison ; je suis prêt à vous suivre.

Elle lui tendit une main blanche, allongée, aux ongles opaques, une main que la plus vraie des duchesses du vieux faubourg n'aurait point désavouée.

— Allons ! dit-elle, je vous retrouve, baron... Tu es resté le Gontran des anciens jours, et la femme qui t'aime à cette heure a bien raison de t'aimer.

M. de Neubourg fronça le sourcil. Un nuage passa sur son front.

— Ah ! pardon, ami, lui dit Jeanne : j'ai commis une faute. Je mets une restriction à ton serment. Tu aimes, n'est-ce pas ? Voyons, es-tu sûr d'elle ? Sait-elle vraiment t'apprécier ? Si tu lui recommandes un profond silence, le gardera-t-elle ?

— Jeanne, dit M. de Neubourg, qui parut faire un effort surhumain, vous vous trompez, je n'aime personne..

Mais, en parlant ainsi, il était devenu plus pâle encore, et sa voix tremblait.

La cantatrice eut un élan d'affection pour cet homme si simple, si noble et si bon. Elle lui passa ses deux bras au cou et lui effleura le front de ses lèvres.

— Tiens, s'écria-t-elle, le moule dans lequel Dieu a fondu des hommes comme toi est brisé ; tu es le dernier gentilhomme vrai de tous points que je connaisse. Tu me diras si tu souffres, si tu aimes sans être aimé... Je te consolerai..

— Mais...

— Chut ! tais-toi, mon beau chevalier... tu sais bien que Jeannette devine tout... Veux-tu lui écrire ? Tant pis si elle parle !...

— Non, je n'écrirai pas, dit Gontran avec résolution.

— Alors viens !

M. de Neubourg sonna, et, lorsque son valet de chambre fut entré, il regarda la cantatrice.

— Faut-il faire faire une malle ? lui demanda-t-il.

— Comme tu voudras, répondit-elle négligemment.

Grenat, un moment sous l'empire de ses souvenirs, venait de songer qu'elle se devait à la mystérieuse association dont elle faisait partie. Le ton d'indifférence qu'elle employa rassura donc Gontran.

— Elle m'emmène pour quelques heures seulement, se dit-il

— J'ai une voiture en bas, ajouta-t-elle ; demande ton paletot et partons !...

Cinq minutes après, M. de Neubourg s'éloignait de chez lui dans une voiture fermée, dont la cantatrice avait prudemment baissé les stores.

XXXVI.

M. le comte d'Estournelle, fidèle à la consigne que lui avait donnée sa femme, était demeuré enfermé dans son appartement de la rue des Saints-Pères.

D'abord en proie à une violente agitation mélangée d'une secrète terreur, il avait fini par se calmer, au contact des caresses enfantines de sa fille.

Le comte avait en sa femme cette confiance que le crime de bas étage accorde à une intelligence plus élevée. Il se souvenait que cette femme, rencontrée par lui dans un milieu plus qu'interlope, n'avait eu qu'à vouloir pour porter son nom.

Le cheval dompté par un cavalier habile finit par avoir une foi robuste en lui, et, sous son impulsion, sous une simple pression de son genou, il s'élancera dans un abîme.

M. d'Estournelle attendit donc le retour de sa femme avec la patience du soldat qui se repose sur la sagesse de son général.

La comtesse ne revint que vers quatre heures.

Blottie au fond de son fiacre à l'angle du boulevard, elle avait voulu assister au mystérieux enlèvement de Gontran de Neubourg.

Ce n'avait été que lorsqu'elle avait vu passer la voiture de place qui emportait le baron et Grenat, qu'elle avait ordonné à son cocher de reprendre le chemin de la rue des Saints-Pères.

— Enfin! dit le comte en la voyant rentrer et franchir le seuil du salon.

— Blanche, dit la comtesse à sa fille qu'elle embrassa, va-t'en jouer avec ta bonne.

L'enfant sortit.

— Il est temps, je crois, madame, fit alors le comte, que je me mette en quête de deux témoins?

— C'est inutile.

— Cependant, je me battrai demain; et d'ici là...

— Demain ou après, dit la comtesse, ou... peut-être..; jamais!

Le comte laissa échapper un geste de profonde surprise.

Mme d'Estournelle lui tendit une lettre:

— Tenez, dit-elle, voilà ce que j'ai trouvé chez le concierge à votre adresse. On vient de l'apporter, et j'ai reconnu l'écriture. C'est de Gontran.

Le comte ouvrit cette lettre, et jeta un cri d'étonnement.

— Gontran est parti, ajouta Mme d'Estournelle; à cette heure, il roule en train express loin de Paris.

— Mais... où va-t-il?

— Il ne le sait pas.

Le comte regarda sa femme, Mme d'Estournelle était calme et souriante:

— Mon cher ami, reprit-elle, je vous l'ai dit ce matin, je vous dépossède de toute votre autorité. Vous obéissez et je commande.

— Soit. Mais...

— Il est inutile que je vous initie à mes plans de bataille.

— Cependant...

— Tenez, fit-elle avec un sourire dédaigneux, vous êtes rouge comme un homard cuit, et je crains toujours pour vous une apoplexie. Allez vous promener. Une promenade au grand air vous fera du bien. Revenez à l'heure du dîner. Il faut que je sorte de nouveau.

— Ah!

— Et je puis bien vous dire où je vais, au fait.

— C'est heureux! ricana le comte avec amertume.

— Je vais chez la baronne René. Il faut savoir soigner un héritage, acheva-t-elle avec un sourire diabolique.

Le comte prit son chapeau et sortit avec la soumission d'un enfant.

Mme d'Estournelle sonna, et dit à sa femme de chambre:

— Habillez mademoiselle.

La comtesse sortit à pied, donnant la main à son enfant, et se rendit chez la baronne René.

Le vieil hôtel de la rue Saint-Guillaume était toujours morne et silencieux.

Cependant il semblait avoir subi une certaine transformation, et celui qui, après y avoir pénétré six mois auparavant, y serait revenu en ce jour, aurait constaté que la cour avait été ratissée, qu'elle portait l'empreinte de roues de voitures, que les croisées du rez-de-chaussée étaient ouvertes, et qu'il y avait au bas de l'escalier deux grandes jardinières remplies de fleurs.

Autrefois, Mme la baronne René ne sortait jamais de cette vaste et lugubre pièce à tentures sombres où nous l'avons vue recevoir son notaire, maître Brunet.

Maintenant, elle s'était installée au rez-de-chaussée, dans un petit salon d'hiver qu'elle avait fait restaurer.

La comtesse l'y trouva demi-couchée sur une bergère, auprès du feu, un numéro de la Gazette de France à la main.

Sa fille, une jolie enfant blonde et rose, de cinq à six ans, entra en gambadant, courut à la vieille femme, lui jeta ses deux petits bras potelés autour du cou, et lui avec une adorable petite mine :

— Bonjour, ma tante!

La baronne se leva et serra l'enfant sur son cœur.

— Cher petit ange! dit-elle; tes caresses me rajeunissent de trente années.

La baronne assit l'enfant sur ses genoux, puis elle tendit la main à Mme d'Estournelle.

— Bonjour, ma nièce! dit-elle; vous êtes bonne et charmante de m'amener notre petite Blanche... et, tenez, savez-vous bien que vous avez, avec ce petit chérubin, opéré un miracle?

— Vraiment! madame...

— Mon Dieu, oui, dit la baronne. Je vois que maintenant la mort, qui naguère frappait à ma porte, ne veut plus de moi.

— Oh! je l'espère bien, fit Mme d'Estournelle, qui prit la main de la baronne et la baisa avec respect.

La comtesse était, de tous points, une femme supérieure. Elle réussissait là où son mari seul eût infailliblement échoué. Présentée à la baronne, elle n'avait eu besoin que de quelques jours pour la séduire complètement.

Héritière des rancunes de son mari le général baron René, la septuagénaire avait d'abord accueilli M. d'Estournelle avec quelque répugnance. Mais la comtesse avait gagné la partie. Elle avait su jouer le respect et la reconnaissance, elle avait entouré la vieille femme d'une sorte de vénération toute filiale. La gentillesse de l'enfant avait achevé l'œuvre.

— Oui, reprit la baronne en pressant affectueusement la main de la jeune femme, je me sens rajeunir, ma nièce. Savez-vous bien qu'aujourd'hui, tentée par un chaud rayon de soleil, j'ai fait deux fois le tour de mon jardin? Et vous savez s'il est grand!...

— En effet, murmura la comtesse.

La baronne se reprit à embrasser la petite fille, et reprit en soupirant :

— Dieu est bon, ma nièce, et il m'a envoyé une consolation pour mes derniers jours. Ah! que ne m'a-t-il conservé ce pauvre enfant, issu de mon sang.

La comtesse tressaillit.

— Tenez, continua la baronne, j'ai fait, la nuit dernière, un rêve étrangement douloureux.

— Ma tante!...

— Non, laissez-moi parler. Je suis forte contre la douleur. Je veux vous dire mon rêve.

— Je vous écoute, ma tante.

— Figurez-vous, mon enfant, que, dans mon rêve, la vérité était devenue mensonge... le Cosaque était un traître... Ce n'était pas le fils de mon fils qui était mort... c'était le fils du Cosaque.

Mme d'Estournelle était une femme forte dans toute l'acception du mot; cependant elle ne put se défendre d'un léger battement de cœur.

La baronne reprit :

— Et cela se passait dans sept ou huit ans, j'allais mourir... Mais je mourais heureuse et fière, car j'avais deux enfants au lieu d'un à mon chevet d'agonie... Blanche avait quinze ans!... Lui, il était grand et fort, il ressemblait à son père, il avait vingt-sept ou vingt-huit années et il regardait votre fille avec amour... Un rayon de soloii printanier entrait par la fenêtre ouverte et se jouait dans leurs cheveux. Le vent m'apportait les parfums des lilas du jardin... J'ai pris la main de Blanche, je l'ai mise dans la main de celui que je pleure... En ce moment, je me suis éveillée !...

La baronne murmura ces derniers mots d'une voix éteinte, et deux larmes roulèrent sur ses joues amaigries.

— Ma tante, dit la comtesse en s'agenouillant devant elle, au nom du ciel, chassez de tels souvenirs... vous vous faites un mal affreux !...

. . . .

Mme d'Estournelle revint rue des Saint-Pères à l'heure du dîner.

Le comte n'était point rentré encore. La comtesse alla s'asseoir toute rêveuse sur sa chaise longue dans son boudoir.

Un monde de pensées s'agitait dans sa tête.

— Il est fâcheux, se dit-elle enfin après une longue rêverie, il est fâcheux que Blanche n'ait pas quinze ans ! je trouverais bien à faire du rêve de la baronne une réalité !... Il est même plus fâcheux encore, poursuivit-elle après un nouveau silence, que j'aie trente ans sonnés, que Gaston n'en ait que vingt..., et que je ne sois pas veuve !...

Un sourire infernal effleura ses lèvres.

— Oh ! cet homme, murmura-t-elle en faisant sans doute allusion à son mari, ce soudard brutal et grossier... ce buveur d'absinthe... ce joueur effréné... m'a-t-il fait payer assez cher, par toutes ses infamies, par ses lâchetés inouïes, le nom qu'il m'a donné ! j'étais une courtisane, c'est vrai, une fille perdue, soit !... mais ai-je changé de condition en épousant ce gentilhomme dégénéré, cet officier chassé de son corps, ce misérable qui m'apportait en dot une voix enrouée par l'abus de l'eau-de-vie, une pauvreté ignoble, une vie sans honneur ?

Elle rêva encore, et reprit :

— Il est querelleur, il est brutal et violent. Vingt fois il eût été tué, si je n'avais été là pour l'empêcher de jouer sa vie... Aujourd'hui même, qui sait ? Gontran m'en eût débarrassée peut-être...

Mais alors le regard de Mme d'Estournelle tomba sur son enfant qui jouait dans un coin du boudoir.

— Non, dit-elle, il faut que cet homme vive. Il faut que ma fille soit une vraie fille du faubourg Saint-Germain !...

Un valet entr'ouvrit la porte du boudoir, et apporta une lettre sur un plateau.

La comtesse jeta les yeux sur l'enveloppe et tressaillit.

— Ah ! dit-elle, Emeraude est aussi solide que Grenat, elle ne perd point son temps... Voilà peut-être une nouvelle qui revient de Sébastopol.

Elle se hâta de briser l'enveloppe, déplia la lettre et lut :

« Chère Topaze,

« Pérékoff, mon esclave, n'a pas eu besoin d'écrire à Sébastopol, ce qui, d'ailleurs, eût été impossible, le télégraphe n'étant point au service des particuliers en temps de guerre. J'ai, néanmoins, le renseignement que tu me demandes. Un jeune soldat, du nom d'Andrewitsch a été fait prisonnier à Balaclava, et dirigé sur France. Il figure sur la liste des prisonniers russes internés à Belle-Isle.

« Ce jeune homme, ajoute le document que m'a transmis Pérékoff, prétend avoir été élevé en France. Serait-ce celui que tu cherches ?

« A toi,
« ÉMERAUDE.

« P. S. — Si ce n'est pas celui-là, on verra. J'enverrais plutôt Pérékoff à Pétersbourg. »

La comtesse avait pâli en lisant cette lettre.

— De Belle-Isle sur le continent, il y a une heure de traversée, se dit-elle. Si on venait à faire la paix, Andrewitsch, c'est-à-dire Gaston René, serait à Paris en trois jours... Oh ! oh ! il faut aviser...

La comtesse étendit la main vers le gland d'une sonnette ; mais en ce moment, son mari rentra.

— Mon cher ami, lui dit-elle, vous allez vous mettre à table sans moi.

— Comment ! dit le comte d'Estournelle, vous sortez encore ?

— Oui. Et je ne sais même pas quand je rentrerai ; cependant, vous ferez bien de passer la soirée avec votre enfant et de m'attendre.

— Comme il vous plaira, murmura le comte.

Mme d'Estournelle sortit de nouveau ; elle prit un fiacre sur la place et se fit conduire rue Olivier, chez Emeraude.

L'actrice était seule et dînait en tête à tête avec elle-même.

La comtesse lui dit en entrant :

— Je viens dîner avec toi, défends ta porte.

— O ! c'est inutile ; Pérékoff dîne en ville et ne viendra que fort tard.

La comtesse se débarrassa de son châle et de son chapeau, et se mit à table.

— J'ai donné *campo* à tout mon monde, reprit Émeraude. Mon domestique et ma cuisinière sont au théâtre ; je leur ai donné une loge. J'ai fait venir à dîner de chez le traiteur, et c'est ma femme de chambre qui me sert. Donc, nous sommes chez nous et nous pouvons causer à l'aise.

— Causons, alors. D'abord, joues-tu en ce moment ?

— Non. J'ai un mois de congé, ma petite.

— Ah ! fit la comtesse. Et... Pérékoff ?

— Eh bien ?

— Absorbe-t-il tous tes loisirs ?

— Oui et non. Que veux-tu dire ?

— Ferais-tu bien un voyage avec moi ? demanda la comtesse.

— Si c'est nécessaire.

— Oui.

— Partons, alors...

La comtesse se jeta au cou de l'actrice et lui dit avec effusion :

— Merci ! je vois que tu es toujours l'Émeraude à sa Topaze.

— Et... où allons-nous ?

— A Belle-Isle.

— Bah !

— Je m'intéresse au jeune Andrewitsch, fit la comtesse avec un singulier sourire. Que vas-tu dire à Pérékoff ?

— Que je vais chez ma tante, à Nantes. Tu sais, on a toujours une tante quelque part.

La comtesse se prit à sourire ; puis elle dîna de fort bon appétit, et dit à Émeraude :

— Il y a demain, à neuf heures du matin, un train express pour Nantes. Je te donne rendez-vous à la gare d'Orléans.

— J'y serai.

La comtesse d'Estournelle rentra chez elle et dit à son mari :

— Je pars demain matin pour une quinzaine de jours.

Depuis le matin, le comte tombait de surprise en surprise. Mais à cette dernière, il ne put s'empêcher de pousser un cri.

— Je crois, dit-il, que vous devenez folle, ma chère !

— Non. Je sauve notre héritage que vous étiez en train de perdre. Voilà tout.

— Mais où allez-vous ?

— C'est mon secret. Demain matin, vous conduirez

Blanche chez la baronne René en la priant d'en avoir soin.

— Mais... que lui dirai-je?

— Vous savez bien que, pour la baronne, j'ai une mère et une famille, le tout très-pauvre, mais très-honorable et vivant au fond de la Bretagne?

— Oui, fit le comte avec un dédaigneux sourire.

— Eh bien, j'ai reçu dans la nuit une dépêche télégraphique m'annonçant que ma mère se mourait.

— Soit. Mais encore, dit le comte, au moins m'écrirez-vous?

— Peut-être...

Et sur ce dernier mot, la comtesse congédia son mari et lui conseilla d'aller se coucher.

Elle passa une partie de la nuit à faire ses malles, dormit ensuite jusqu'au jour sur un canapé et monta en voiture à huit heures du matin, sans avoir voulu que son mari l'accompagnât jusqu'au chemin de fer.

Or, M. le vicomte Arthur de Chenevières, après avoir quitté son ami le baron de Neubourg, avait passé la journée en proie à une émotion facile à concevoir.

Gontran était un habile tireur, mais le comte d'Estournelle avait une réputation de duelliste parfaitement établie.

Le vicomte passa cinq heures à attendre. Puis au bout de ce temps, il se décida à se rendre chez Gontran.

— M. le baron n'est pas rentré, lui dit le valet de chambre. Il est sorti entre deux et trois heures avec une dame.

— Une dame! fit le vicomte avec surprise. Tu dis qu'il est sorti avec une dame?

— Oui, monsieur.

— Il ne s'est donc pas battu?

— Je ne sais pas.

— Voilà qui est étrange! se dit le vicomte.

Et il attendit encore.

Sept heures sonnèrent, puis huit et neuf; Gontran ne revint pas. A minuit, les trois amis du baron, c'est-à-dire lord Blakstone, le marquis de Verne et M. de Chenevières, en proie à la plus vive anxiété, coururent ensemble rue de la Michodière.

Mais l'étrange personnage qui donnait ses mystérieuses consultations dans la journée n'était point chez lui, et le concierge ne put indiquer où il était.

Les chevaliers du Clair de Lune se rendirent au bois de Vincennes au petit jour. C'était là que le duel devait avoir lieu. Ils parcoururent les principales allées, s'arrêtèrent dans plusieurs cabarets et interrogèrent les gardes.

On leur assura qu'aucun duel n'avait eu lieu.

Comme ils revenaient à Paris, vers neuf heures, un homme en paletot gris, les yeux abrités derrière des lunettes bleues, se promenait sur le boulevard Beaumarchais, à la hauteur du bureau de poste.

M. de Chenevières le reconnut. C'était l'homme de la rue de la Michodière. Il s'élança de la voiture et courut à lui.

— Ah! monsieur le vicomte, dit cet homme, vous êtes bien matinal aujourd'hui.

— Ni mes amis ni moi, ne nous sommes couchés, monsieur.

— Et... d'où venez-vous?

— Du bois de Vincennes.

— Tiens! moi aussi...

Le vicomte tressaillit.

— Alors, dit-il, peut-être allez-vous nous donner des nouvelles de Gontran?

L'homme aux lunettes bleues laissa échapper un geste de surprise.

— J'ai fait remettre hier matin, dit-il, une note à M. de Neubourg. Mais je ne l'ai pas vu.

— Montez avec nous, dit le vicomte, nous avons grand besoin de vous.

Le mystérieux personnage s'installa dans la voiture, qui reprit sa course vers le boulevard, et il se mit à écouter attentivement le récit que lui fit M. de Chenevières sur la rencontre qui avait eu lieu la veille entre M. d'Estournelle et Gontran, et que la disparition de ce dernier semblait avoir suivie.

Cet homme, au visage couturé, ce misérable d'autrefois qui s'était nommé Rocambole, attachait un regard calme et froid sur les trois jeunes gens, et semblait les dominer de toute la hauteur de sa rare et vaste intelligence.

— Messieurs, fit-il enfin, mon avis est que M. le baron de Neubourg a commis une faute grave.

— En quoi?

— En provoquant le comte d'Estournelle avant de m'avoir consulté. Dans la note que je lui avais transmise, je lui indiquais les habitudes du comte, mais je ne lui conseillais point cette provocation.

— Cependant, fit M. de Verne, Gontran est prudent.

Un sourire glissa sur les lèvres de l'homme aux lunettes bleues.

— Ecoutez, messieurs, dit-il : j'ai eu l'honneur de vous le faire observer déjà, vous êtes trop honnêtes gens pour mener à bien l'affaire colossale que vous avez entreprise.

Et comme ils faisaient un mouvement de surprise, Rocambole poursuivit :

— Pour traquer et réduire à merci des gens comme le comte d'Estournelle, le vicomte de La Morlière et ses deux cousins, il faut avoir le poignet solide et descendre parfois à des combinaisons que vous n'imagineriez jamais tout seuls.

M. de Verne et lord Blakstone voulurent se récrier, mais le vicomte de Chenevières dit gravement :

— J'avoue, pour mon compte, que j'ai été battu dans l'affaire de Sologne. Je ne sais quel est le plan de Gontran, mais j'avoue que, depuis tout à l'heure deux mois que nous avons entrepris de rendre sa fortune à Danielle, nous n'avons pas fait un pas.

— Oh! pardon, dit l'homme aux lunettes bleues. A la Charmerie, tout allait bon train, et dans la nuit du coup de pistolet où le père et le fils se sont trouvés face à face, nous touchions au dénouement, sans un scrupule assez étrange de M. le baron de Neubourg.

— Messieurs, reprit le vicomte de Chenevières, je propose de revenir aux plans de monsieur.

Et il désignait Rocambole.

Les yeux de ce dernier étincelèrent sous ses verres bleus.

— Messieurs, répondit-il, je puis, dès à présent, prendre l'engagement de réussir. Si vous voulez me rendre mon initiative, si je suis une fois encore la tête qui pense, et que vous vous contentiez d'être le bras qui agit, je vous promets d'avoir fait rendre gorge aux spoliateurs avant trois mois.

— Cependant, observa M. de Verne, il pourrait se faire que Gontran...

— Je réponds de lui, dit M. de Chenevières, et je suis d'avis d'accepter les propositions de monsieur.

— Eh bien, soit! dirent à leur tour lord Blakstone et M. de Verne.

Alors Rocambole tira le cordon de soie qui correspondait avec le bras du cocher; et, au moment où la voiture s'arrêtait :

— Messieurs, dit-il, si vous voulez venir chez moi ce soir, je vous renseignerai sur ce qu'est devenu M. de Neubourg.

— A quelle heure?

— A dix heures du soir, pas avant. Bonjour, messieurs.

Il ouvrit la portière et sauta lestement sur le trottoir.

— Quel homme étrange, murmura M. de Verne en le regardant s'éloigner.

La comtesse ordonna à son cocher de reprendre le chemin de la rue des Saints-Pères. (Page 1110.)

— J'ai foi en lui, dit le vicomte en souriant; les coquins seuls, et il a été passé maître celui-là, savent faire certaine besogne.

Le soir, à dix heures précises, les trois amis, qui étaient allés successivement chez Gontran, qu'on n'avait pas revu chez lui depuis la veille, sonnaient à la porte de l'homme aux lunettes bleues.

Celui-ci avait renvoyé son unique commis, et il attendait ses nobles hôtes dans la pièce du fond, cette pièce meublée en acajou, garnie de rideaux rouges et qu'il appelait trop pompeusement son cabinet.

L'ex-marquis de Chamery, l'ex-élève de sir Williams, avait endossé un paletot d'alpaga blanc, chaussé des bottes vernies, et il avait toute l'élégance d'un parfait gentleman.

— Messieurs, dit-il en avançant des sièges aux chevaliers du Clair de Lune, rassurez-vous sur le sort de votre ami le baron Gontran de Neubourg.

— Il n'a point été blessé?
— Il ne s'est pas battu.
— Comment cela?

Rocambole ouvrit un petit carnet rouge placé sur la tablette de la cheminée, et en consulta la première page.

— Hier, dit-il, à deux heures de l'après-midi, M. de Neubourg a reçu un billet du comte d'Estournelle. Ce dernier le suppliait de lui accorder un délai de vingt-quatre heures. Sa fille, prétendait-il, était mourante.

A trois heures, une ancienne maîtresse du baron, Mlle Jeanne, du théâtre de ***, s'est présentée chez lui. Il est sorti avec elle, en fiacre, et ils se sont dirigés vers la gare du Nord. Là, ils ont pris un train express, et sont partis pour la Belgique.

— Mais, s'écria le vicomte, cela est extraordinaire.
— Et vrai, dit Rocambole en souriant; le baron s'est arrêté à Bruxelles. Il est logé à l'hôtel de *Suède*, près du théâtre de la Monnaie.

— Mais, monsieur, interrompit M. de Verne, permettez-moi de vous dire qu'il me paraît impossible que Gontran soit parti ainsi sans nous prévenir?

— Mlle Jeanne le lui a défendu.
— Oh! par exemple!
— Il y a un secret entre eux, c'est au nom de ce secret qu'elle a exigé ce départ mystérieux.
— Bon! fit le comte; mais au moins va-t-il revenir?
— Non.
— Pourquoi?
— La comtesse d'Estournelle ne le vaut pas, répondit l'homme aux lunettes bleues.

Ces mots mirent au comble la stupéfaction des trois amis.

L'étrange personnage continua, consultant toujours ses tablettes.

— La comtesse d'Estournelle, dont la fille n'a jamais été malade, s'est appelée la Topaze dans le monde galant, où elle a longtemps vécu. Elle avait deux amies: l'une se nommait l'Emeraude, c'est Mlle Olympe du théâtre de...; l'autre, Grenat, c'est Jeanne, l'ancienne maîtresse de votre ami, le baron de Neubourg. Grenat, Topaze et Emeraude ont renouvelé, il y a dix ans, l'*Histoire des Treize* de Balzac. Elles se sont unies par un serment solennel et elles se sont servies réciproquement.

— C'est-à-dire que Jeanne D..., que j'ai parfaitement connue du temps de Gontran, dit le vicomte, est l'instrument de la comtesse d'Estournelle?
— Précisément.
— Demain, dit M. de Verne, je pars pour Bruxelles.
— Ce serait un tort.
— Hein?
— Messieurs, dit l'homme aux lunettes bleues, la lutte sera chaude avec une femme trempée comme la comtesse. Elle est de force à nous rouler tous.
— Même vous?
— Même moi, murmura Rocambole, dont le front se plissa.

Mais ce ne fut qu'un éclair; bientôt son visage se rasséréna.

— C'est égal, dit-il, je suis encore assez jeune pour accepter le cartel. Fiez-vous à moi. Seulement, je vais vous poser mes conditions.
— Voyons?
— Vous m'obéirez tous, si extraordinaires que puissent être les ordres que je vous donnerai.
— Soit, nous vous obéirons, dit le vicomte. Mais pourquoi ne point prévenir Gontran?
— Parce que si M. de Neubourg revient brusquement à Paris, il donnera l'éveil à la comtesse. Ah! j'oubliais de vous dire que cette dernière est partie également.
— Quand?
— Ce matin.
— Pour Bruxelles?
— Non, pour Nantes. Et elle est partie avec son autre amie, Mlle Olympe, c'est-à-dire Emeraude.
— Eh bien, messieurs, dit le vicomte en riant, la partie, ce me semble, devient intéressante. Nous avons des adversaires dignes de nous.
— Elles auront des auxiliaires, n'en doutez pas.
— Bah!
— D'abord le vicomte de La Morlière, qui est un ami de M. d'Estournelle.
— Et puis?
— Et puis M. Victor de Passe-Croix, le bel adolescent qui vous a si bien joués en Sologne.

XXXVII.

— Ah! par exemple! s'écria le vicomte, je voudrais savoir ce qu'il peut y avoir de commun entre Victor et la comtesse d'Estournelle.

L'homme aux lunettes bleues eut un sourire énigmatique.

— Ceci, dit-il, est un secret qu'il est inutile de vous confier pour le moment.
— Mais enfin, que faut-il faire?
— A présent?... Rien!
— C'est peu.
— Mais d'ici à deux jours, messieurs, acheva l'homme aux lunettes bleues, il se pourrait que je vous misse en campagne tous trois.
— Et nous laissons Gontran à Bruxelles?
— Demain, un de mes agents descendra à l'hôtel de Suède, et il fera tenir une lettre au baron.

Rocambole se leva et alla s'adosser à la cheminée.

— Vous avez passé une nuit blanche, messieurs, achevat-il, je vous engage à réparer le temps perdu.

Les trois chevaliers du Clair de Lune saluèrent Rocambole, et sortirent tout pensifs.

Après leur départ, l'homme aux lunettes bleues laissa bruire entre ses dents un petit rire sec et moqueur:
— Ah! dit-il, cœurs chevaleresques et têtes faibles. vous n'étiez pas nés pour l'intrigue, et la comtesse d'Estournelle jouerait avec vous comme le chat fait avec la souris... si je n'étais pas là.

Maintenant, pour expliquer l'opinion de l'homme aux lunettes bleues touchant Victor de Passe-Croix, qui, selon lui, pourrait être au besoin un précieux auxiliaire pour la comtesse d'Estournelle, il est nécessaire de rejoindre le bouillant saint-cyrien, que nous avons un peu perdu de vue.

Nous avons laissé Victor de Passe-Croix à la Martinière, en compagnie de son ami Raoul de Montalet, et en présence de sa famille éperdue et de sa sœur complètement folle. Tout ce que le cœur humain peut éprouver de colère et de rage, Victor l'apprit à cette heure.

— Oh! s'écria-t-il, voilà des gens que je tuerai l'un après l'autre ce comme des chiens.

Victor et Raoul retournèrent en hâte au château des Rigoles. Ils voulaient voir M. de Fromentin et lui arracher le nom de tous ces hommes qui semblaient avoir servi de complices à M. Albert Morel.

Mais une déception nouvelle les attendait aux Rigoles.

Le facteur rural qui venait au château tous les matins, entre sept et huit heures, avait apporté une lettre à M. de Fromentin, et l'officier de marine était parti sur-le-champ pour Paris.

La rage à laquelle Victor fut alors en proie est impossible à décrire. Il ne retourna point à la Martinière, et se contenta d'écrire à son père: « Je vais à Paris; je veux avoir le mot de l'horrible énigme dont nous sommes victimes. »

A Paris, notre héros courut tous les hôtels, toutes les maisons meublées pour retrouver M. de Fromentin. Ses recherches furent inutiles.

Trois jours après, il vit arriver son père, sa mère et sa sœur. Flavie était toujours folle.

Victor passait la journée à parcourir les boulevards, les cercles, les cafés. Il n'avait vu le visage d'aucun des hommes qui avaient servi Albert Morel; mais il croyait toujours entendre la voix de celui qu'on nommait le bûcheron. Ne trouvant point M. de Fromentin, Victor espérait que le son de cette voix retentirait un jour ou l'autre à son oreille; et alors il irait droit à l'homme qui aurait parlé, et le provoquerait.

Mais Victor ne rencontrait personne qui eût le son de voix du bûcheron, et il rentrait chez lui chaque soir le désespoir au cœur. Or, un matin, Raoul de Montalet arriva chez lui triomphant:

— J'ai des nouvelles de Fromentin, lui dit-il.

Et il lui tendit une lettre de l'officier de marine.

« Mon cher ami, disait M. de Fromentin, je suis parti précipitamment des Rigoles, appelé que j'étais au ministère de la marine. Le ministre m'a donné une mission, et je suis reparti sur-le-champ. C'est de Nantes, où je suis pour huit jours encore, que je vous écris... »

— Victor, interrompant la lecture de cette lettre, et s'écria:
— Je pars pour Nantes!
— J'allais te le conseiller, dit Raoul; et, si tu le veux, je pars avec toi.
— Non, dit Victor. Je veux avoir mes coudées franches avec M. de Fromentin. Il faudra qu'il parle ou qu'il se batte. Tu me gênerais.

Raoul inclina la tête en signe d'assentiment.

Dix minutes après, Victor se jetait dans un fiacre, muni d'une légère valise, et disait au cocher:
— Chemin de fer d'Orléans!

Le jeune homme, en montant en voiture, ne remarqua point un vieux monsieur, portant des bésicles d'or et une canne à bec de corbin, qui, à deux pas de la porte, lisait une affiche avec le calme béat d'un vrai bourgeois de Paris.

Cependant, à peine eut-il entendu Victor prononcer le mot de chemin de fer d'Orléans, que le vieux monsie. quitta son affiche pour se diriger à petits pas vers une remise de voitures.

Là, il prit un coupé, promit cent sous pour sa course, et dit au cocher:
— Vous m'arrêterez un moment quai d'Orléans, 18.
Le coupé partit au grand trot et atteignit à huit heures et demie précises la maison indiquée.
Le vieux monsieur descendit lestement, s'engouffra sous la porte cochère, se fit attendre dix minutes, et reparut légèrement métamorphosé aux yeux du cocher.
Il avait endossé une vaste douillette fourrée, et mis sur sa tête une vénérable casquette à oreillettes. Sa canne avait fait place à un majestueux parapluie, et il portait sous le bras une petite malle en cuir.
Ce personnage assez excentrique fit son entrée dans la gare d'Orléans avec un cornet acoustique.
Victor se trouvait déjà au guichet et prenait un billet pour Nantes.
Le vieux monsieur se plaça derrière lui, et prit également un billet pour la même destination.
Il parlait très-haut, demandait à l'employé du guichet combien il y avait de stations intermédiaires entre Paris et Tours, et affectait une surdité telle, en se servant de son cornet, que Victor, malgré son agitation, ne put s'empêcher de le remarquer, et de faire cette réflexion:
— Voilà un monsieur devant lequel on peut impunément parler politique.
Victor entra dans la salle d'attente; le vieux monsieur le suivit.
Mais là, le jeune homme fit un geste de surprise, rougit et salua.
Deux femmes se promenaient côte à côte, et l'une d'elles était sans doute bien connue de Victor, si on en jugeait par l'émotion subite que sa vue lui fit éprouver.
Or, ces deux femmes n'étaient autres que la comtesse d'Estournelle et son amie Emeraude.
Le comte d'Estournelle, si on en croyait les notes de l'homme aux lunettes bleues, était lié avec le vicomte de La Morlière.
Or, le vicomte était l'oncle à la mode bretonne de Victor de Passe-Croix, et ce dernier avait rencontré Mme d'Estournelle chez lui, l'hiver précédent.
La comtesse était belle. Victor était jeune. Il avait ressenti pour elle un commencement de passion, avait osé risquer une déclaration, et, repoussé d'un ton moqueur, il était rentré à l'École militaire plein de dépit, et se jurant d'oublier.
Victor avait oublié, en effet; mais cette rencontre subite réveilla chez lui un amour mal éteint, d'autant plus que la comtesse lui souriait et lui tendait la main.
— Est-ce que vous allez en Sologne, monsieur de Passe-Croix? lui dit-elle.
— Non, madame la comtesse, je vais à Nantes, c'est un peu plus loin.
La comtesse tressaillit, puis elle se pencha à l'oreille d'Emeraude:
— Voilà, dit-elle, un jeune étourdi qui nous gênera peut-être.
— Je gage qu'il est amoureux de toi, ma chère, fit Emeraude.
— Il l'a été, du moins.
— Alors, qui sait? il peut nous servir.
Une pensée rapide comme l'éclair passa dans le cerveau de la comtesse.
— Au fait, c'est possible, dit-elle.
Et elle se mit à causer familièrement avec Victor, sans prendre garde au vieux monsieur qui s'était assis derrière elle, sur une banquette, et paraissait absorbé par un article du *Constitutionnel*.
La cloche du départ se fit entendre.
— Montez donc dans notre wagon, dit la comtesse à Victor.
— Volontiers, répondit le jeune homme.
Et il s'installa auprès de ces dames.

Mais comme un employé allait fermer la portière, le vieux monsieur monta sur le marchepied, s'excusa courtoisement, et entra dans le wagon.
La comtesse avait fait une petite moue dédaigneuse.
Victor se pencha vers elle:
— Ne craignez rien, madame, dit-il, ce bonhomme est horriblement sourd. Nous pourrons causer.
Une heure après, le train arrivait à Étampes et s'arrêtait cinq minutes.
Dans le trajet, le vieux monsieur, qui n'avait cessé de lire *le Constitutionnel*, avait appris le nom de la comtesse et entendu donner à sa compagne celui d'Olympe.
Une heure plus tard, l'homme aux lunettes bleues recevait dans son officine de la rue de la Michodière une dépêche télégraphique ainsi conçue et datée des Aubrais:
« *Orléans.* — Ce matin, Raoul Montalet, venu chez Victor, part pour Nantes — je le suis — il voyage avec comtesse d'E.., amoureux d'elle. Je suis dans le wagon. »
À huit heures du soir, le train arrivait à Nantes. À neuf heures, l'homme aux lunettes bleues recevait une deuxième dépêche:
« *Nantes, huit heures.* — Victor toujours amoureux. À Tours, où il a dîné, on a jeté une poudre jaune dans son verre; de Tours à Nantes, il est devenu communicatif, et il a raconté l'histoire de Sologne, sans toutefois parler de sa sœur. »
Maintenant, suivons à Nantes la comtesse d'Estournelle, Emeraude et leur cavalier de hasard.

XXXVIII.

Victor de Passe-Croix avait vingt ans, l'âge des passions naïves.
À vingt ans, la femme aimée devient un ange, et quand elle est passée à l'état d'ange, on lui fait ses confidences.
Avant d'arriver à Nantes, Mme la comtesse d'Estournelle savait sur le bout du doigt toute l'histoire de Sologne, depuis la rencontre de Victor avec M. Albert Morel jusqu'à la folie de sa sœur.
Victor avait pris Olympe, c'est-à-dire Emeraude, pour une femme du meilleur monde.
Les deux femmes descendirent à l'hôtel de *la Marine*, sur le quai.
Victor, obéissant à une raison de convenance, alla se loger dans une maison meublée du voisinage. Seulement, la comtesse le mit à l'aise en l'autorisant à venir dîner chaque jour à l'hôtel de *la Marine*.
Or, le soir de leur arrivée, les deux jeunes femmes, enfermées dans leur chambre, car elles avaient pris un appartement commun, causaient à mi-voix.
— Ma chère, disait Emeraude, il me semble que le moment est venu pour toi de me faire quelques confidences.
— J'y suis toute disposée, répondit la comtesse. Sache donc que le jeune homme que nous allons voir à Belle-Isle, et qui s'y trouve prisonnier, est un garçon auquel je m'intéresse beaucoup.
L'accent de la comtesse était ironique.
— Oui, fit Emeraude, je comprends. Seulement, je voudrais connaître la cause de la *sympathie* que tu ressens pour lui.
— Eh bien, répondit la comtesse, figure-toi que ce jeune homme, qui s'appelle Andrewitsch et est le fils d'un vrai Cosaque, a la prétention d'avoir une autre origine.
— Ah!
— Il se prétend le petit-fils de la baronne René, dont mon mari et moi nous devons hériter.
Un sourire glissa sur les lèvres d'Émeraude, sourire mystérieux et railleur, qui arracha cette réflexion à la comtesse:

— Je vois bien que tu m'as comprise, ma petite. Tu sais bien que ce garçon, à Belle Isle, est beaucoup trop près de Paris.

— Sans doute ; mais le moyen de l'éloigner, l'as-tu ?

Mme la comtesse d'Estournelle regarda fixement son amie :

— Je le trouverai, dit-elle.

Et, se levant du coin du feu où elle était assise, elle alla se placer devant une glace et se contempla, souriante :

— Ma parole d'honneur, dit-elle, je suis belle encore, et je puis bien tourner la tête d'un garçon de vingt ans !

— Eh ! mais, fit Émeraude, M. Victor de Passe-Croix en est la preuve, ce me semble !

La comtesse mit un doigt sur sa bouche.

— Chut ! dit-elle, je crois bien que voilà le moyen que je cherchais.

— Vrai ?

— Dame ! à l'heure qu'il est, Victor est fou de moi. Sur un signe de ma main, il se jetterait dans un puits.

— Ce qui ne l'empêche point de nous avoir quittées toutes deux pour aller à la recherche de son officier de marine, lequel...

Mme d'Estournelle interrompit son amie Émeraude :

— Écoute-moi bien, dit-elle. Suppose que nous sommes à Belle-Isle...

— Mais, nous y serons demain soir ; les bateaux à vapeur font le trajet promptement.

— C'est vrai. Donc, suppose-nous à Belle-Isle.

— Soit !

— Nous nous installons dans une petite maison louée au bord de la mer.

— A merveille !

— Et nous y recevons ce jeune Andrewitsch

— Après ?

— Andrewitsch m'aime...

— Cela peut arriver.

— Victor m'aime aussi.

— Ceci est arrivé déjà.

— Les deux jeunes gens se battent...

Émeraude regarda fixement Mme la comtesse d'Estournelle.

— Allons ! dit-elle, je vois que tu es demeurée ma Topaze d'autrefois. C'est bien, j'ai compris ; mais...

— Ah ! la comtesse, aurais-tu à me faire une petite objection ?

— Une très-grosse.

— Voyons ?

Émeraude se leva comme s'était levée la comtesse, et, comme elle, se plaça devant la glace.

— Comment me trouves-tu ? dit-elle.

— Toujours jolie à croquer.

— Vrai ?

— Ma parole !

— Eh bien, suppose...

— Quoi ?

— Que ce jeune... Andrewitsch, au lieu de t'aimer, s'enflamme pour moi...

— Ceci dérangerait mes combinaisons, répondit la comtesse... Mais...

Ce *mais* était superbe ! Il voulait dire : Je suis dix fois plus belle, dix fois plus séduisante que toi !...

Comme Émeraude allait sans doute répliquer, on frappa à la porte du petit salon où les deux femmes attendaient l'heure du souper.

— Voilà mon Amadis ! murmura la comtesse.

C'était, en effet, Victor de Passe-Croix qui venait de courir la ville.

Le jeune homme était pâle, mais son œil brillait d'une sorte de joie fiévreuse.

— Je l'ai trouvé, dit-il en entrant et venant baiser la main que lui tendait la comtesse.

— Ah ! fit-elle avec curiosité. Eh bien ! lui avez-vous arraché son secret ?

— Pas encore.

Mme d'Estournelle attacha sur lui un clair regard.

Victor continua.

— C'est demain qu'il m'a promis de s'expliquer.

— Ah !

— Oh ! soyez tranquille, madame, je saurai bien l'y contraindre.

— C'est-à-dire, fit la comtesse, que vous l'avez rencontré ce soir, que vous l'avez provoqué et que vous vous battez avec lui demain matin ?

Victor rougit et se tut.

— Vous le tuerez ou il vous tuera... mais vous ne saurez rien.

Le jeune homme tressaillit.

— Tandis que moi, continua froidement la comtesse, si je m'en mêlais...

— Eh bien ?

— Je saurais ce soir même le nom de ces hommes qui vous ont si indignement traité.

Victor étouffa un cri et regarda Mme d'Estournelle avec admiration.

— Mais pour cela, dit-elle, il me faut d'abord quelques renseignements sur votre officier. Où loge-t-il ?

— A bord du vapeur *le Saumon*, qu'il commande.

— Ah ! il commande un aviso ?

— Oui, madame. Cet aviso fait un service de dépêches entre Nantes et Belle-Isle.

La comtesse tressaillit. Mais son visage demeura impassible.

Victor ajouta :

— Il a même, paraît-il, un assez singulier équipage. On a mélangé ses marins de prisonniers russes.

La comtesse et Émeraude échangèrent un regard furtif.

— Comment se nomme-t-il, votre officier ? demanda Mme d'Estournelle.

— M. de Fromentin.

— Fromentin ! s'écria Émeraude, un lieutenant de vaisseau ?

— Oui, madame.

— Je le connais.

— Ah !

— Et, fit Émeraude en souriant, ce qu'il n'a point voulu vous dire, il me le dira.

— Mais, madame, observa Victor, songez que je l'ai provoqué.

— Bah ! j'arrangerai l'affaire, soyez tranquille.

Puis, se tournant vers la comtesse, Émeraude poursuivit :

— Si tu m'en crois, chère amie, nous irons à l'instant même voir M. de Fromentin. Il faut empêcher cet étourdi, fit-elle en souriant à Victor, de se faire casser la tête demain matin.

La comtesse attacha sur Victor ce regard de la femme sûre d'être aimée :

— Je vous fais mon prisonnier, dit-elle, et je vous enjoins de garder les arrêts ici jusqu'à notre retour.

— Je vous obéirai, madame, répliqua le jeune homme ; mais songez que si M. de Fromentin ne vous confie pas le nom de ces hommes, il faudra que demain je me batte avec lui.

— Soyez tranquille, répliqua Émeraude, nous saurons tout.

. . . .

Ainsi que l'avait dit Victor de Passe-Croix, M. de Fromentin commandait, depuis cinq jours environ, l'aviso *le Saumon*, qui faisait chaque jour le trajet de Nantes à Belle-Isle. Le jeune officier était rentré dans le port de Nantes depuis environ une heure, et il s'apprêtait à descendre à terre pour aller dîner en ville, lorsque le matelot qui

Vous le tuerez ou il vous tuera... mais voys ne saurez rien.

montait la garde à sa porte lui apporta une carte de visite.

Le marin la prit, y jeta les yeux et lut ce nom en pâlissant:

Victor de Passe-Croix.

— Mon Dieu! se dit-il, j'aurais dû m'attendre à cette visite. Pourtant, je ne puis parler. Je le pouvais aux Rigoles; je ne le puis plus à présent; car j'ai reçu un mot de M. de Chenevières qui me supplie de garder le silence, au moins un mois encore.... Faites entrer! dit-il tout haut et d'une voix altérée.

Victor entra. Il était boutonné jusqu'au menton. Il avait l'attitude d'un homme décidé à avoir une querelle.

— Monsieur, lui dit le marin en lui offrant un siége, je m'attendais à votre visite.

— J'ai passé cinq jours à vous chercher dans tout Paris, monsieur.

— Et ne me trouvant point à Paris, vous êtes venu jusqu'à Nantes?

— Oui, monsieur.

Le marin attendit.

— Je suis venu, reprit Victor, espérant que vous ne refuseriez point de me nommer les misérables qui...

— Monsieur, interrompit l'officier, je suis lié par un serment. Mais ce serment n'est point éternel. Voulez-vous attendre un mois?

— C'est impossible!

— Il m'est plus impossible encore de parler avant l'expiration de ce délai.

— Mais, dit Victor d'un ton arrogant, il ne vous est point défendu de vous battre, je suppose?

M. de Fromentin laissa échapper un soupir, et regarda tristement le jeune homme.

— Non, monsieur, dit-il simplement; seulement...

— Ah! fit Victor avec dédain, est-ce que vous allez me demander pareillement un délai?

— Vous vous trompez, monsieur; mais je commande le navire sur lequel vous me trouvez. Ce navire lève l'ancre demain à neuf heures. Si vous tenez absolument à vous battre...

— Je serai, monsieur, répondit Victor, à votre disposition dès sept heures du matin, et, si vous le voulez bien, nous nous rencontrerons au pistolet.

— Comme il vous plaira.

— Dans la prairie des Mauves...

— Soit.

Victor s'inclina, salua M. de Fromentin et sortit de la cabine sans mot dire.

Comme il traversait le pont et gagnait l'échelle de tribord, notre héros aperçut un jeune homme appuyé à la muraille, et qui regardait la mer avec mélancolie.

Il n'avait guère plus de vingt ans; il avait un grand œil bleu, un profil correct, des cheveux blonds, et, dans toute sa personne, un cachet de distinction suprême.

Il portait la capote des soldats russes, et Victor reconnut un des prisonniers de Belle-Isle.

Victor avait conservé sous sa redingote le pantalon d'uniforme de Saint-Cyr.

Comme il passait près du jeune Russe, celui-ci tourna la tête et salua Victor.

Victor rendit le salut; puis il crut comprendre que le prisonnier désirait lui parler, et il s'arrêta.

En effet, le jeune homme vint à lui et le salua de nouveau :

— Veuillez m'excuser, monsieur, dit-il. Mais le pantalon que vous portez est celui de Saint-Cyr ?
— Oui, monsieur.
— Vous venez de Paris, sans doute ?
— Oui, monsieur.
— Excusez-moi, reprit le jeune Russe. Mais vous êtes la première personne venant de Paris que j'aie le bonheur de voir, et peut-être pourrez-vous me donner un renseignement.
— Parlez, monsieur.
— Vous appartenez sans doute au monde distingué, continua le jeune homme, et peut-être aurez-vous entendu parler d'une vieille dame du faubourg Saint-Germain, dont je voudrais avoir des nouvelles.
— Comment la nommez-vous? demanda Victor.
— La baronne René.
— La veuve du général?
— Oui, monsieur.
— J'en ai entendu parler.
— Ah! Vit-elle toujours ?
— Oui, monsieur.

Le visage du jeune Russe s'éclaira :
— Merci, monsieur, dit-il, merci mille fois!

Et, saluant Victor, il retourna s'appuyer à la muraille, tandis que le saint-cyrien descendait l'échelle de tribord et regagnait le canot qui l'avait amené.

. . . .

Cependant, M. de Fromentin était demeuré dans sa cabine, en proie à une profonde tristesse.

— Pauvre Victor! avait-il murmuré vingt-trois depuis le départ du saint-cyrien, je ne puis pourtant pas le tuer!

M. de Fromentin était tellement démoralisé, qu'il renonça à descendre à terre et dîna seul à son bord.

Environ une heure après le départ de Victor, le lieutenant de vaisseau fut arraché à sa sombre rêverie par la brusque nouvelle qui lui fut donnée qu'un canot, ayant deux femmes à bord, avait mis le cap sur son navire.

Étonné, M. de Fromentin quitta sa cabine et vint se placer à l'échelle de tribord.

La nuit était lumineuse et il faisait un clair de lune splendide. A cette clarté, le jeune officier crut voir les deux femmes monter à bord. La comtesse lui était inconnue, mais il ne put réprimer un geste d'étonnement en voyant Emeraude lui tendre la main et lui dire :

— Bonjour, cher ami.
— Comment dit-il, c'est vous, mademoiselle ?

Emeraude avait, quatre ou cinq années auparavant, joué la comédie au théâtre de Brest durant un de ses congés.

Là, elle avait rencontré M. de Fromentin et s'était liée avec lui. Il n'était alors qu'aspirant de première classe.

Le jeune officier n'était jamais allé à Paris sans visiter Emeraude, qui l'avait toujours reçu à merveille.

— Mon cher, continua l'actrice, tandis que M. de Fromentin saluait la comtesse, madame est une de mes amies qui désire garder l'anonyme.

L'officier s'inclina.

— Et nous venons vous voir pour une affaire des plus importantes.
— En vérité!

M. de Fromentin offrit son bras à la comtesse et montra le chemin de sa cabine à Emeraude.

Quand les deux femmes furent seules avec lui, M. de Fromentin regarda l'actrice.

— Maintenant, dit-il, je suis tout oreilles, mademoiselle.
— Vous devez vous battre demain, n'est-ce pas ? fit Emeraude allant droit au fait.

L'officier tressaillit.
— Avec M. de Passe-Croix, un véritable enfant?
— Hélas!

La comtesse d'Estournelle sut jouer une émotion poignante, et mit son mouchoir sur ses yeux.

— Mon cher ami, dit Emeraude en se penchant vers M. de Fromentin, savez-vous bien que si vous veniez à tuer Victor, vous pourriez bien tuer madame du même coup.

— Mon Dieu!
— Je veux donc à tout prix empêcher cette rencontre, mon cher Fromentin.
— Mais comment? Victor, que j'aime comme un frère, est intraitable ! Il veut me forcer à violer un serment. Vous sentez que c'est impossible!

La comtesse releva la tête et regarda M. de Fromentin.

— Voulez-vous, monsieur, dit-elle, m'autoriser à faire entendre raison à Victor?
— C'est difficile, madame.
— Soit; mais enfin me donnez-vous plein pouvoir?
— Oh! très-volontiers.

Un éclair de joie brilla dans les yeux de la comtesse.
— Monsieur, ajouta-t-elle, où pourrai-je vous écrire un mot, ce soir?
— Madame, répondit M. de Fromentin, j'aurai l'honneur de vous envoyer mon domestique à dix heures.

La comtesse se leva et fit signe à Emeraude.

M. de Fromentin lui offrit de nouveau le bras et remonta avec elle sur le pont, que les rayons de la lune inondaient.

Le jeune prisonnier russe qui, une heure auparavant, avait abordé Victor de Passe-Croix, était toujours assis près du bastingage. Au bruit du frou-frou de la robe de soie de la comtesse, qui passa près lui, il se retourna.

La lune éclairait le beau visage de Mme d'Estournelle.

Le jeune homme tressaillit en la regardant. Il éprouva une de ces commotions bizarres, inexplicables, qui décident quelquefois de la vie d'un homme.

— Oh ! qu'elle est belle ! murmura-t-il.

Déjà la comtesse était loin et atteignait l'échelle de tribord. Elle n'avait point vu le jeune prisonnier.

— A propos, monsieur, dit-elle au moment de poser le pied sur l'échelle, on m'a dit une chose assez bizarre aujourd'hui...

— Ah! fit M. de Fromentin.
— Vous avez des Russes à votre bord, paraît-il ?
— Oui, madame; j'ai quatre prisonniers qu'on m'a donnés pour le service intérieur du bâtiment.
— Et... en êtes-vous content ?
— Ils sont doux, zélés, obéissants; mais à vrai dire, je n'en emploie que trois.
— Et... le quatrième?
— Ah ! quant à celui-là, madame, il a les mains trop blanches pour que j'ose l'employer au balayage du pont.
— C'est donc un officier?
— Non, c'est un simple soldat du nom d'Andrewitsch madame.

La comtesse eut un battement de cœur violent.

M. de Fromentin poursuivit :
— Ce jeune homme me paraît avoir un mystère dans sa vie, peut-être un roman. Il est distingué de tournure et de manières, il parle un français très-pur.
— C'est quelque fils de famille, sans doute ?
— Je le crois ; mais il garde un morne silence et paraît en proie à une grande tristesse.
— Ah çà, mais, fit Emeraude en riant, voilà que vous m'intriguez, mon cher Fromentin, avec votre Russe mystérieux.
— Vrai ?
— Ma parole ! Et je voudrais bien le voir... ce jeune homme.

— C'est facile, répondit M. de Fromentin, qui se souvint avoir passé près du prisonnier ; et tournant la tête, il le chercha des yeux.

Mais le prisonnier avait disparu et était déjà descendu dans l'entre-pont.

— Voulez-vous que je l'envoie chercher, mademoiselle ?

— Non, dit Émeraude, mais vous pouvez faire mieux.

— Quoi donc ?

— Vous deviez nous envoyer votre domestique ce soir à l'hôtel de *la Marine* ?

— Oui.

— Eh bien, envoyez-nous votre prisonnier russe à sa place.

— Diable ! c'est que c'est un peu risqué... Je réponds de lui... Mais, bah ! ajouta M. de Fromentin, je crois pouvoir en répondre. Puisque vous y tenez, je vous l'enverrai.

— Vous êtes charmant ! exclama Emeraude, qui échangea un nouveau regard avec la comtesse et donna sa main à baiser à l'officier de marine.

Les deux femmes descendirent dans leur canot, et, quelques minutes après, elles arrivaient à l'hôtel de *la Marine*.

Victor avait fidèlement gardé les arrêts que lui avait imposés Mme d'Estournelle.

Elle le trouva assis devant le feu, les jambes croisées, en proie à une méditation profonde.

— Eh bien, lui dit-elle en posant sa belle main blanche sur son épaule, vous ne vous battrez pas.

— Hein ? fit Victor qui se dressa vivement ; il vous a donc dit...

— Tout.

— Alors vous allez...

— Je vais d'abord vous dire, fit la comtesse, que je connais parfaitement ceux qui vous ont outragé.

La comtesse mentait avec un tel aplomb que Victor jeta un cri.

— Et il n'était nullement nécessaire, ajouta Mme d'Estournelle, de provoquer et de tourmenter ce pauvre M. de Fromentin, qui est un galant homme et vous aime beaucoup.

— Mais alors vous allez me dire, madame, le nom de ces hommes ?

— Pas encore !

Victor fit un pas en arrière ; mais la comtesse attacha sur lui un de ces regards qui bouleversent un homme et font échouer sa plus tenace volonté.

— Mon ami, dit-elle, les gens que vous poursuivez sont de rudes jouteurs, et vous succomberiez dans la lutte, si je ne vous avais trouvé un auxiliaire.

— Un auxiliaire ?

— Oui.

— Quel est-il ?

— Moi.

Elle prononça ce mot-là comme on le prononce au Théâtre-Français, dans *Médée*.

— Vous ! fit-il, vous, madame, vous consentiriez ?...

— Ces hommes sont mes ennemis puisqu'ils sont les vôtres.

Victor étouffa un cri et tomba aux pieds de la comtesse.

Elle lui tendit les deux mains.

— Relevez-vous, enfant, lui dit-elle. Je m'associe à votre haine, et je vous jure que notre vengeance sera éclatante. Mais, pour cela, il faut que vous ayez une foi aveugle en moi.

— Oh !

— Que vous me juriez de m'obéir.

— Je vous le jure !

— Si étrange que puisse être la conduite que je vous imposerai.

— Soit.

— Eh bien, d'abord, vous ne saurez point encore le nom de ces hommes.

— Mais, madame...

— Je ne veux pas que vous gâtiez tout par votre pétulante étourderie.

— Cependant...

— Ne venez-vous pas de jurer que vous m'obéiriez ?

Et la comtesse fascinait Victor du regard. Victor fut vaincu.

Elle lui laissa prendre sa main, sur laquelle il mit un baiser.

— Et pour commencer votre rôle de soumission, dit-elle, vous allez demain venir loger ici.

— Bon !

— Vous irez vous promener, vous monterez à cheval, vous parcourrez les environs... et ne vous occuperez de rien... avant que je ne vous donne de nouvelles instructions.

— Mais vous ?...

— Moi, dit la comtesse, je pars demain pour un voyage de quarante-huit heures, trois jours au plus, avec madame... Vous m'attendrez ici.

— Comment ! fit-il avec l'accent boudeur d'un enfant, vous n'allez pas me permettre de vous accompagner ?

Elle laissa perler un joli rire à travers ses dents blanches et regarda Émeraude.

— Mais, dit-elle, c'est un enfant terrible ! Voilà qu'il veut venir chez ma tante ! Ce serait joli ! la comtesse d'Estournelle escortée par un jeune fou.

Victor demeura un peu confus, et balbutia quelques mots.

— Allons ! fit la comtesse avec un accent de bonté rempli de promesses, je vous pardonne, mais à une condition.

— Oh ! parlez.

— Que vous allez oublier mon nom. Je suis madame Durocher, la veuve d'un armateur du Havre.

Victor, un moment étonné, inclina cependant la tête en signe d'adhésion. La comtesse reprit :

— Désormais, pour le monde entier, entendez-vous ? je suis Mme Durocher. Vous me le jurez ?

— Sur l'honneur !

— Il est charmant, dit-elle, regardant encore Émeraude et souriant à Victor. Nous en ferons quelque chose. Maintenant, mon ami, retournez à votre hôtel, il est neuf heures et demie. C'est le moment où les jeunes gens vont se coucher.

— Mais, au moins, vous verrai-je demain, avant votre départ ? supplia Victor.

— Oui, à sept heures du matin.

Victor s'en alla le cœur ivre d'amour, et persuadé que la comtesse s'associait pleinement à sa vengeance.

XXXIX.

Victor de Passe-Croix parti, Émeraude et Mme d'Estournelle se regardèrent en riant.

— Eh bien, fit la comtesse, crois-tu que j'ai bien joué mon rôle ?

— A merveille !

— Le pauvre garçon est convaincu que je connais les bonshommes qui l'ont mystifié, et il attendra.

— Bon ! fit Émeraude ; mais il pourra se lasser d'attendre, et alors...

— Alors, nous verrons. D'ailleurs, d'ici là nous aura débarrassées d'Andrewitsch, sans doute.

— Ah ! c'est juste, dit l'actrice. Eh bien ! nous allons le voir, ce héros de roman.

— J'en meurs d'impatience.

— Maintenant, acheva Émeraude, je ne vois plus qu'une chose nécessaire.

— Laquelle?
— C'est qu'il tombe amoureux de toi... Et Mme d'Estournelle fut superbe fatuité.
— Ma chère, dit-elle, je vais faire une fort belle concession à ton amour-propre.
— Voyons?
— Tu vas passer dans la pièce a côté. Ce sera moi qui recevrai Andrewitsch. De cette façon, il n'aura pas l'embarras du choix.
— Charmant! dit Emeraude en riant. Mais, quand tu l'auras vu, sera-ce toi qui répondras à M. de Fromentin?
— Non. Je te rejoindrai et te dicterai un lettre
— A présent, quel est donc ce voyage de trois jours que nous allons faire ensemble?
— Nous allons à Belle-Isle-en-Mer, sur l'aviso de M. de Fromentin.
— Mais, ma chère...
Mme d'Estournelle n'eut point le temps de répondre. On venait de frapper doucement à la porte.
— C'est lui! dit Émeraude. Je te laisse le champ libre.
Et elle s'esquiva dans la pièce voisine, laissant la porte entr'ouverte, de façon à voir et à entendre sans être vue.
C'était en effet le jeune prisonnier russe.

. . . .

Andrewitsch, nous l'avons dit, avait éprouvé une sensation singulière en regardant la comtesse.
Était-ce un mystérieux avertissement du hasard qui lui soufflait à l'oreille que cette femme était destinée à jouer un rôle important dans son existence, ou bien la seule beauté de la comtesse avait-elle produit sur sa jeune imagination cette impression bizarre et profonde?
Andrewitsch, car c'était bien celui qui s'était appelé à Paris Marie-Gaston René, et qu'on avait incorporé violemment dans l'armée sous le nom que lui attribuait un état civil mensonger; Andrewitsch, disons-nous, bien qu'il eût parlé dans son manuscrit de la comtesse d'Estournelle, ne l'avait jamais vue.
Ce qu'il en savait, il le tenait du Cosaque André Petrowitsch, qui, avant de mourir, lui avait une confession entière.
Andrewitsch était à Belle-Isle depuis environ un mois; il y en avait six qu'il était prisonnier. On l'avait envoyé à Toulon, puis à Marseille, où il était demeuré fort longtemps malade. Enfin, on l'avait dirigé sur Belle-Isle.
Là, sa douceur, sa physionomie pleine de charme, lui avaient valu l'amitié des officiers français sous la surveillance desquels il était placé.
Andrewitsch, ou plutôt Gaston René, n'avait désormais qu'un but, qu'un désir, pouvoir revenir à Paris, où, à l'aide de Baptistin, le vieux valet de chambre, il espérait pouvoir établir son identité.
Mais les malheurs qu'il avait éprouvés l'avaient rendu prudent sinon défiant.
Après s'être enquis à Toulon, à Marseille, auprès de tous les officiers français qu'il avait rencontrés, du capitaine Grain-de-Sel, il avait fini par apprendre que le protecteur de Danielle avait eu une jambe emportée, et qu'on l'avait envoyé à Constantinople, où vraisemblablement, lui disait-on, il était mort.
Alors Gaston René avait fait cette réflexion pleine de sagesse:
— Si l'homme qui me persécute, ce malheureux comte d'Estournelle qui veut me voler mon héritage, a été assez puissant pour dominer André Petrowitsch, il le sera bien davantage encore contre moi, qui n'ai en mains aucune preuve de son infamie. Si je veux pouvoir retourner un jour à Paris et engager une lutte avec ce bandit blasonné, il faut que je garde le plus profond silence sur ma véritable origine.
Le faux Andrewitsch s'était tenu parole. Nul à Belle-Isle n'avait reçu ses confidences; il passait pour Russe.
M. Fromentin, touché comme les autres de ce calme mélancolique, de cette tristesse pleine de dignité, avait essayé de le questionner, mais le jeune homme s'était tu.
Or, quelques minutes après le départ de Mlle Olympe et de sa mystérieuse compagne, M. de Fromentin avait fait appeler celui à qui nous maintiendrons provisoirement son nom russe d'Andrewitsch.
Andrewitsch allait s'étendre dans son cadre et s'apprêtait à dormir, lorsqu'on lui transmit l'ordre du commandant.
Il se rhabilla et se rendit en hâte chez M. de Fromentin.
— Mon ami, lui dit ce dernier, je n'ai pas besoin de m'inquiéter si vous êtes un homme d'honneur; je l'ai deviné tout d'abord.
Andrewitsch s'inclina.
— Si je vous demande votre parole de revenir coucher à bord, et que je vous envoie à terre, me la donnerez-vous?
— Oui, commandant.
— C'est que, ajouta l'officier, j'ai une mission de confiance à vous donner.
— Je m'efforcerai de me rendre digne d'une telle faveur, monsieur.
— Il s'agit de vous rendre à l'hôtel de la Marine, là-bas, sur le quai.
— J'irai, monsieur.
— Là vous demanderez à parler à Melle Olympe, du théâtre de ***, de Paris. Elle est descendue à l'hôtel avec une dame de ses amies.
Andrewitsch tressaillit.
— Cette dame était ici tout à l'heure. Peut-être l'avez-vous vue passer sur le pont.
L'émotion qu'Andrewitsch avait déjà éprouvée à la vue de la comtesse se reproduisit. Il eut un battement de cœur.
Cette dame, ajouta M. de Fromentin, vous remettra une lettre que vous me rapporterez. Allez, vous êtes prisonnier sur parole. Prenez mon canot et rendez-vous à terre.
Andrewitsch salua M. de Fromentin, boutonna sa tunique verte, et, quelques minutes après, il abordait à terre.
Lorsqu'il arriva à l'hôtel de la Marine et qu'il franchit le seuil du petit salon où l'attendait la comtesse, Emeraude avait disparu.
L'actrice, abritée derrière un rideau, examinait le jeune Russe à travers la porte entre-bâillée de la seconde pièce.
Mme d'Estournelle s'était renversée à demi sur une causeuse, et avait pris une pose remplie de charme et de volupté.
Andrewitsch s'arrêta sur le seuil et demeura un moment comme ébloui.
— Mademoiselle Olympe D...? balbutia-t-il.
La comtesse ne répondit point: « C'est moi; » elle ne dit pas non plus: « Ce n'est point moi; » elle fit un signe au jeune homme et lui dit:
— Approchez, monsieur.
Puis, se soulevant à demi et attachant sur lui un regard qui le fit tressaillir profondément:
— Vous venez du bateau à vapeur le Saumon, n'est-ce pas?
— Oui, madame.
— Et c'est M. de Fromentin qui vous envoie?
— Oui, madame, répondit encore Andrewitsch qui contemplait la comtesse avec une admiration mal dissimulée.
— Veuillez vous asseoir, monsieur, lui dit-il; je vais vous donner une lettre pour le commandant Saumon.
Elle étendit la main et attira auprès d'elle une petite table sur laquelle il y avait tout ce qu'il fallait pour écrire.

La comtesse retomba dans un abattement profond. (Page 1123.)

Andrewitsch demeurait debout, attachant sur elle un regard plein d'admiration.

La comtesse prit la plume; mais, avant d'écrire, elle leva de nouveau les yeux vers le jeune homme :

— Vous êtes prisonnier russe? lui demanda-t-elle.

La comtesse avait une voix fraîche et charmante, une voix harmonieusement timbrée et qui descendit au fond du cœur d'Andrewitsch.

— Oui, madame, lui dit-il. Du moins j'en ai l'habit.

— Singulière réponse! murmura-t-elle à mi-voix et comme en aparté.

Cependant Andrewitsch entendit fort bien, mais il ne crut point devoir formuler plus clairement sa pensée.

La comtesse reprit :

— Vous parlez un français très-pur et sans aucun accent, monsieur.

Il tressaillit et la regarda de nouveau, mais cette fois avec une sorte de défiance.

— Je suis, dit-il, dans le cas de presque tous les Russes, madame.

— C'est juste. Cependant, si je ne voyais votre habit, je jurerais que vous êtes Français.

Andrewitsch secoua la tête.

— Je suis Russe, dit-il, et il demeura debout, respectueux, comme un soldat devant son chef.

La comtesse prit la plume et écrivit :

« Monsieur,

« Vous ne vous battrez pas avec M. Victor de Passe-Croix. Ce dernier consent à attendre. Vous perdez l'occasion d'un duel, mais vous gagnez deux passagères. Pouvez-vous nous prendre à votre bord demain matin? Olympe et moi désirons faire le voyage de Belle-Isle-en-Mer.

« Votre servante,
« J. Durocher. »

La comtesse passa dans la pièce où se trouvait mademoiselle Olympe D...

— Asseyez-vous donc, monsieur, répéta-t-elle en s'adressant à Andrewitsch, je suis à vous dans deux minutes.

Andrewitsch s'inclina et finit par s'asseoir, tandis que Mme d'Estournelle disparaissait derrière le rideau qui séparait le petit salon de la chambre à coucher de ces dames.

— Eh bien! fit-elle en regardant Olympe, l'as-tu vu?
— Sans doute.
— Comment le trouves-tu?
— Joli comme un chérubin, simple et distingué comme un prince.
— Ah! fit la comtesse, qui devint rêveuse et baissa les yeux. Il m'a produit la même impression.
— Et, souffla Olympe à l'oreille de la comtesse, il est fâcheux que ses intérêts soient tout à fait opposés aux tiens.

La comtesse soupira.

— Le pauvre garçon, dit-elle, il m'a regardée à plusieurs reprises avec une sorte d'extase.
— Bah!
— Et je parie qu'avant huit jours il sera fou d'amour; mais fou à lier.
— C'est dommage! fit Emeraude avec un rire moqueur; mais qu'as-tu donc écrit à M. de Fromentin?
— Que nous partions demain avec lui pour Belle-Isle-en-Mer; veux-tu ajouter quelques mots à ma lettre?
— C'est inutile.

Mme d'Estournelle repassa dans le petit salon, et Andrewitsch se leva en la voyant reparaître.

— Monsieur, lui dit-elle, vous serez mille fois aimable de remettre ce mot à M. de Fromentin, en lui annonçant que nous serons, mon amie et moi, à bord du *Saumon*, demain matin avant huit heures.

Elle lui tendit la lettre, et fit un pas de retraite; mais elle l'arrêta d'un geste.

— Pardon, monsieur. Êtes-vous depuis longtemps à Belle-Isle?
— Depuis un mois.
— Connaissez-vous Locmaria?
— C'est là que je suis interné.
— On m'a parlé d'une petite maison à louer aux portes de Locmaria.

La comtesse disait cela au hasard, le hasard voulut qu'elle tombât juste.

— Je connais, madame, répondit Andrewitsch, au bord de la mer, à un quart de lieue de Locmaria, dans le pli d'un vallon, une petite maison aux volets peints en vert, entourée d'un jardin, et ombragée de grands arbres.
— Et elle est à louer?
— Oui, madame.
— C'est bien cela! Nous verrons demain si elle me convient.

Andrewitsch tressaillit.

— Est-ce que vous devez aller à Belle-Isle-en-Mer, madame? demanda-t-il.
— Oui, monsieur, nous partons demain.
— Et vous comptez...
— Je compte louer cette maison, dont vous venez de me parler, pour l'été prochain.

Un léger incarnat colora le front et les joues du prisonnier; mais il ne fit aucune observation, et comme la comtesse ne semblait pas vouloir le retenir, il salua et se retira lentement.

Seulement, au moment de franchir le seuil, il se retourna, salua encore, et la comtesse demeura convaincue que sa beauté fascinatrice avait jeté le trouble dans le cœur et l'imagination du jeune homme.

XL.

Maintenant, franchissons un intervalle de huit jours et transportons-nous à Belle-Isle.

Le soir venait, le soleil s'était abîmé dans les flots, et les falaises de Locmaria se teignaient de cette couleur pourprée qui est le mélange du crépuscule et de la lumière.

Une barque, montée par deux hommes et n'ayant pour voilure qu'une petite misaine, courait des bordées à un quart de mille de la côte. Tantôt elle paraissait vouloir s'approcher et entrer dans le port de Locmaria, tantôt elle s'éloignait comme pour prendre le large. Des deux hommes qui la montaient, l'un, celui qui tenait la barre, était enveloppé dans un gros burnous en toile goudronnée, dont le capuchon lui cachait à moitié le visage.

L'autre, assis au pied du mât, fumait tranquillement et était vêtu comme un homme étranger à la mer et aux mœurs de ceux qui la parcourent.

Un paletot blanc, un chapeau de feutre mou, une boîte d'herboriste passée en bandoulière suffisaient pour annoncer un touriste, tandis que l'autre paraissait être un vrai marin.

Cependant, celui qui l'eût examiné attentivement aurait peut-être remarqué que ce visage encapuchonné de toile goudronnée avait échappé au hâle de la mer; que les mains qui tenaient la barre étaient blanches.

La barque continuait à louvoyer, le pilote et le touriste causaient :

— Monsieur le vicomte, disait celui qui était vêtu du caban goudronné, vous connaissez maintenant la situation?
— Oui, certes.
— Le jeune Gaston René, fait prisonnier sous le nom d'Andrewitsch, est à Belle-Isle?
— Oui.
— La comtesse d'Estournelle est à Belle-Isle depuis huit jours.
— Je le sais encore.
— Et M. Victor de Passe-Croix, éperdument amoureux de la princesse, qu'il croit auprès d'une vieille tante, attend impatiemment son retour à l'hôtel de *la Marine*, à Nantes.
— Mais, ajouta le pilote, il est probable que la comtesse lui fera savoir qu'elle est à Belle-Isle.
— Vous croyez?
— Lorsque son plan sera mûr.
— Quel plan?

Le pilote se mit à rire.

— Tenez, monsieur le vicomte, dit-il, voulez-vous, une fois encore, me laisser carte blanche?
— Mais...
— Depuis une heure nous sommes indécis. Tantôt vous voulez aborder à Locmaria, tantôt vous voulez aller jeter l'ancre dans cette petite anse au fond de laquelle s'élève la maison où la comtesse et son amie se sont réfugiées. Laissez-moi trancher la question.
— Soit.
— Nous allons retourner à bord du navire de commerce qui nous a amenés ce matin, et qui doit passer deux jours en rade.
— Et puis?
— Je vous y déposerai. Votre boîte d'herboristerie est pleine! Voici la nuit; il est tout naturel que vous retourniez à bord, d'autant mieux que le capitaine vous a invité à dîner.
— Bon! Mais vous?...
— Moi, je vais à terre.
— Ah!
— Et j'y coucherai probablement.
— Mais vous reviendrez à bord?
— Demain matin.

Et comme s'il eût craint une nouvelle hésitation de son compagnon, le pilote vira de bord et mit le cap sur un gros lougre du port de Lorient, qui se balançait à l'ancre à un mille du petit port de Locmaria.

Une heure après, la barque abordait, au milieu des ténèbres, au pied des falaises, et le pilote sautait lestement sur le galet.

Il était seul, cette fois.

— Allons, Rocambole mon ami, se dit-il, voici l'occasion de te souvenir de ton temps. Cette fois, la lutte est digne de toi, et Mme la comtesse d'Estournelle est une femme de quelque mérite.

Le pilote, qui n'était autre que l'homme aux lunettes bleues de la rue de la Michodière, tira sa barque sur le sable, calculant qu'il aurait le temps de revenir avant la marée montante.

Puis il suivit un petit sentier qui passait au pied des falaises d'abord, grimpait à leur flanc ensuite, s'enfonçait dans une sorte de crevasse, et, au bout d'environ un quart d'heure, débouchait dans un petit vallon verdoyant comme une plaine normande.

Un bras de mer en léchait les bords; une maison s'élevait dans le fond, entourée d'arbres et dominant une prairie.

Les alentours étaient sauvages et déserts.

Le faux pilote s'arrêta en haut de la falaise, et, aux clartés de la lune qui se levait, il examina un moment ce paysage.

La maison était éclairée; le son d'un piano arriva jusqu'au pilote.

— Elle l'attend! se dit-il. Et moi, je voudrais bien savoir comment et par où il arrive.

Il descendit dans le vallon et contourna la haie vive qui servait de clôture au jardin.

Puis, rencontrant une brèche, il y passa et vint à pas de loup, se glissant d'un arbre à l'autre, jusqu'au pied de la maison.

Le piano seul témoignait de l'existence d'êtres humains à l'intérieur.

— La nuit est un peu froide, pensa le faux pilote; cependant il faudra en prendre son parti.

Il grimpa sur un arbre, s'établit à califourchon sur une branche, et de cet observatoire improvisé il plongea ses regards à l'intérieur de la maison.

La fenêtre éclairée, et d'où partaient les sons du piano, n'était point garnie de persiennes. L'homme aux lunettes bleues de la rue de la Michodière put voir alors une jeune femme, grande, svelte, et qui lui parut fort belle, debout auprès du piano, tandis qu'une autre femme, qui tournait le dos à la croisée, promenait ses doigts sur le clavier.

Au bout d'un instant, celle qui touchait du piano s'arrêta.

Puis elle se leva et vint s'asseoir auprès de la cheminée.

L'homme aux lunettes bleues vit alors son visage et reconnut la comtesse d'Estournelle.

Mais, comme la fenêtre était fermée, il ne put rien entendre de la conversation qu'elle engagea avec son amie Émeraude.

. . . .

Or, voici ce que disaient les deux amies, ce soir-là, à sept heures et demie, après leur dîner.

— Sais-tu, ma chère, murmurait Émeraude, que nous menons ici une existence des plus romanesques? Nous habitons un vallon sauvage, sans autre voisinage que celui de la mer, sans autres voisins que les cormorans et les mouettes, avec une paysanne et son mari pour tous serviteurs.

— Eh bien, dit la comtesse en souriant, c'est une diversion assez piquante, ce me semble, à la vie parisienne.

— Oui, si la diversion ne dure pas trop longtemps.

La comtesse fit un mouvement.

— C'est juste, dit-elle, il faut que tout finisse.

— Dame! Et je crois que notre prisonnier est suffisamment amoureux.

— C'est-à-dire, fit la comtesse, dont la voix trahit une légère émotion, c'est-à-dire qu'il est aussi éperdument amoureux que ce pauvre Victor, qui nous attend toujours à Nantes.

— Eh bien, ma chère, voici le moment de mettre le feu aux poudres.

— Ah!

La comtesse laissa échapper cette exclamation avec une émotion qui fit tressaillir Émeraude.

L'actrice attacha sur elle un clair regard et lui dit :

— Veux-tu savoir ma pensée tout entière, ma petite?

— Parle!

— Tu viens de jouer un rôle de dupe.

— Comment cela?

— Écoute-moi bien. Tu es partie de Paris te disant : « Je vais à Belle-Isle, je veux voir de près cet Andrewitsch et trouver le moyen de m'en débarrasser. »

— C'est vrai.

— En route, tu as rencontré un auxiliaire, ce petit Victor, qui t'aime à la folie, et tu t'es dit : « Voilà l'instrument que je cherchais. »

— Après? fit la comtesse avec une certaine impatience.

— Alors tu as fort habilement disposé tes batteries. « Je suis belle, t'es-tu dit encore, je tournerai la tête à Andrewitsch comme je l'ai tournée à Victor. Puis, à un moment donné, je les mettrai en présence; ils se battront et Victor tuera Andrewitsch. »

La comtesse parut faire un violent effort pour garder son sang-froid.

— Et je ferai, dit-elle, comme tu l'as annoncé.

— En es-tu sûre?

— Oh! très-sûre!

Émeraude secoua la tête.

— Je crois que tu te trompes...

— Moi?

— Le cœur te manquera au dernier moment, ma chère.

— Tu crois?

— Oui.

— Mais pourquoi?

— Écoute encore. Tu as si bien mené ta petite barque, qu'Andrewitsch vient ici chaque soir. Il vient y faire de la musique; il s'en va un peu avant minuit, le cœur en délire, la tête brûlante, et persuadé que tu l'aimes.

— Oh!

— Eh bien, qui sait?

La comtesse tressaillit.

— Tu es folle! dit-elle.

— C'est possible, mais je jurerais bien que si tu avais à choisir entre lui et Victor...

— Tais-toi.

— Il est charmant, ce petit-là, continua Émeraude. Il est doux et triste; il vous a un grand œil bleu qui fait rêver. Tiens, je gage que s'il n'était pas le petit-fils de la baronne, et si tu n'avais pas pour lui le plus grand intérêt...

La comtesse haussa les épaules.

— Tu es insupportable ce soir, dit-elle. Il va venir; tâche d'être plus aimable.

Un sourire railleur glissa sur les lèvres d'Émeraude.

— Alors, dit-elle, il est temps d'écrire à Victor.

— Pas encore.

— Ah! tu vois...

— Chut! dit la comtesse en se levant. Écoute!...

Elle mit un doigt sur sa bouche et se dirigea vers la croisée, qu'elle ouvrit.

XLI.

Il faisait clair de lune. Émeraude s'était penchée derrière la comtesse, appuyée à la croisée, et toutes deux regardaient dans le jardin.

Une ombre se mouvait dans l'éloignement.
— C'est lui! dit Mme d'Estournelle. Ce jeune homme est ponctuel comme une horloge.

Un homme avait, en effet, franchi la clôture du jardin et il accourait à grands pas.

Cependant, lorsqu'il fut à peu près à mi-chemin de la haie et de la maison, il s'arrêta tout à coup, au grand étonnement des deux femmes, se baissa et se mit à examiner le sol avec une scrupuleuse attention.

Ce temps d'arrêt fut court. L'homme se remit en marche, et au moment où il allait atteindre la porte de la maison et s'apprêtait à frapper doucement, il leva la tête et aperçut Mme d'Estournelle et Émeraude.

— On va vous ouvrir! lui cria la comtesse. Ne frappez pas, vous éveilleriez le jardinier.

Émeraude descendit, et, quand elle eut ouvert, elle prit le bras d'Andrewitsch, car c'était lui :

— Que regardiez-vous donc là-bas? dit-elle.
— Au milieu du jardin?
— Oui.
— Une empreinte de pas sur le sol. Un pas d'homme.
— C'est celui du jardinier, sans doute.
— Oh! non, dit Andrewitsch. C'est une botte d'une certaine finesse. Elle est empreinte sur le sable d'une allée.
— C'est bizarre, dit Émeraude.

Puis un éclair traversa son cerveau. Elle se pencha à l'oreille du jeune homme et lui dit :

— Pas un mot à Jeanne, surtout. Elle est peureuse; elle ne voudrait pas se coucher de la nuit.

Jeanne était le nom qu'Émeraude donnait à la comtesse dans l'intimité.

Le jeune homme suivit l'actrice, et tous deux montèrent dans le salon, où la comtesse épiait Andrewitsch.

Émeraude se mit au piano. Andrewitsch chanta; il avait une belle voix.

La comtesse s'était pelotonnée toute rêveuse au coin du feu, l'œil fixé sur sa victime.

La musique était le prétexte quotidien. Mais bientôt Émeraude disparaissait, regagnait sa chambre et laissait la comtesse en tête-à-tête avec Andrewitsch.

Il en fut de même ce soir-là. Au bout d'une heure Émeraude sortit.

Alors Mme d'Estournelle invita le prisonnier à venir s'asseoir auprès d'elle.

— Mon ami, lui dit-elle, savez-vous que vous êtes parti fort tard, hier?

— C'est vrai, fit-il en souriant, et j'aurais fort bien pu être puni, car les prisonniers doivent toujours être rentrés avant dix heures et demie du soir. Mais on est plein d'indulgence et de bonté pour moi.

— Vraiment?

Et elle l'enveloppa d'un sourire et d'un regard.

— A commencer par vous, madame, fit-il en rougissant.

Cependant il osa lui prendre la main et la porta à ses lèvres.

— Oh! fit-elle, ne me remerciez pas trop d'avance, monsieur Andrewitsch.

— Et pourquoi, madame? N'êtes-vous pas?

— Chut! Mes bontés, puisque vous appelez ainsi le plaisir que j'ai à vous recevoir, mes bontés ont un but... intéressé.

Il la regarda, étonné.

— Je suis curieuse, dit-elle.

Andrewitsch rougit de nouveau.

— Depuis longtemps, poursuivit-elle, j'ai deviné qu'il devait y avoir dans votre existence quelque chose de mystérieux et de terrible que je voudrais bien savoir.

Son trouble augmenta, mais il garda le silence.

La comtesse ne se tint pas pour battue et continua :

— Vous étiez simple soldat dans votre pays; mais très-certainement vous êtes un jeune homme de famille à qui il est arrivé quelque grand malheur?

— Peut-être, murmura-t-il.

— Vous avez dû être persécuté, peut-être même expiez-vous quelque tour de jeunesse?

— Non, madame.

— Ainsi, vous n'êtes point persécuté?

— Et vos persécuteurs, poursuivit-elle de sa voix la plus enchanteresse, sont donc bien redoutables, bien puissants, que vous n'osez?...

Andrewitsch baissa la tête.

— A quoi bon? murmura-t-il.

Elle reprit sa main dans ses petites mains.

— Mais savez-vous bien, dit-elle, que c'est mal à vous de manquer ainsi de confiance envers une femme qui vous témoigne quelque intérêt?...

Le regard de la comtesse accompagna ces mots signifiait : « Une femme qui vous aime. »

Andrewitsch jeta un cri ; son cœur longtemps comprimé éclata. Il se laissa tomber aux pieds de la comtesse et balbutia un aveu.

— Vous êtes un enfant! lui dit-elle en le relevant ; je suis déjà une vieille femme, je veux être votre amie. Je veux mettre mon crédit, mes amis, mes relations à votre service. Si vous voulez retourner dans votre pays, j'obtiendrai votre liberté.

Andrewitsch avait vingt ans, l'âge de la foi ardente ; il crut à ce dévouement simplement exprimé, et la résolution de mutisme qu'il s'était imposée s'évanouit.

— Mon pays? dit-il; mais je suis Français, madame.

La comtesse, à cette révélation, sut jouer un si merveilleux étonnement, elle poussa un cri de surprise si naïf, que celui qui eût voulu affirmer à Andrewitsch qu'elle savait son histoire, eût trouvé en lui un incrédule.

— Écoutez, lui dit-elle, je suis riche, je suis veuve, j'ai beaucoup de crédit à Paris. Racontez-moi votre histoire. Je puis beaucoup...

Et Andrewitsch, fasciné, séduit, raconta son origine, son éducation, son enlèvement et la mort du Cosaque Petrowitsch, qui lui avait tout avoué. Néanmoins, par un reste de prudence, il tut le nom de la baronne René et celui du comte d'Estournelle.

La comtesse l'écouta avec un calme admirable. Quand il eut fini, elle lui dit :

— Ainsi, vous espérez retourner à Paris?

— Je le pourrai, si la paix arrive.

— Et là, que ferez-vous?

— J'irai voir ma grand'mère, et je lui dirai la vérité.

— Mais elle vous prendra pour un imposteur, puisque vous n'avez aucune preuve de votre identité.

— Non, car il paraît que je ressemble à mon père d'une manière frappante.

— Ah! dit la comtesse avec un accent étrange. Et si, cependant, elle ne veut pas vous croire?

— Eh bien, j'irai trouver l'homme qui veut me voler mon héritage, et je le tuerai.

La comtesse fronça imperceptiblement les sourcils.

Andrewitsch continua :

— Oh! je crois que, si dégradé qu'il soit, cet homme aurait encore quelque sentiment d'honnêteté. Mais il a épousé un monstre, une créature perdue.

La comtesse ne sourcilla point. Elle demeura impassible, et Andrewitsch ne soupçonna point un seul instant qu'il venait de prononcer lui-même sa condamnation.

— Mon ami, lui dit-elle, laissez-moi rêver cette nuit à votre histoire, et, demain peut-être aurai-je trouvé le moyen de vous rendre votre fortune...

— Ah! madame, dit-il avec émotion, que ne puis-je déjà la mettre à vos pieds!

— Fou !

Le cabaret du *Renard d'or*. (Page 1127.)

— Ne m'avez-vous pas dit que vous étiez veuve?
— Chut! dit-elle, partez.. Vous êtes un enfant terrible, qu'il faut coucher de bonne heure!

Elle prit un flambeau et le reconduisit elle-même jusqu'à la porte.

Andrewitsch s'en alla ivre de joie.

Il avait avoué son amour et on ne l'avait point repoussé.

Il avait parlé de reconquérir cette fortune, qui était sienne, pour la mettre aux pieds de la comtesse, et la comtesse n'avait point refusé.

Il s'en alla en courant, franchit la haie de clôture du jardin avec l'agilité d'un chevreuil, et reprit le chemin de Locmaria.

La comtesse remonta chez elle, et, pendant toute la nuit, elle se promena frémissante, échevelée, en proie à une agitation extraordinaire; puis retomba dans un abattement profond.

— Non, non! se dit-elle vingt fois durant cette nuit d'insomnie, je ne puis pas, je ne dois pas l'aimer... Il faut que je songe à ma fille... Il faut que cette fortune soit à moi... D'ailleurs, n'a-t-il pas dit que j'étais un monstre, une créature infâme!... Ah! il a prononcé lui-même son arrêt...

Au petit jour, Emeraude descendit au salon.

— Comment! dit-elle, tu ne t'es pas couchée!... Tu l'aimes donc bien?

Un éclair jaillit des yeux de la comtesse, et elle répondit avec rage :

— Oui... je l'aimais... Oui, j'hésitais encore... Mais je le hais à présent... et il mourra!...

Elle s'approcha d'une table et écrivit :

« Mon cher monsieur Victor.

« Je vous attends demain soir à Belle-Isle-en-Mer. Vous suivrez l'homme que j'envoie à Nantes tout exprès vous porter cette lettre. Venez! j'ai besoin de vous...
« Comtesse J. d'E... »

— Prends garde! lui dit Emeraude, qui lut cette lettre, prends garde!
— A quoi?
— Aux trahisons de ton cœur, ma petite. Au dernier moment...
— Mais puisque je te dis que je le hais! s'écria la comtesse avec un emportement sauvag
— Ainsi, tu n'hésiteras pas?...
— Non.
— Tu ne trembleras point?
— Non; je serai heureuse le jour où Victor...
— Eh! mais, dit Emeraude, à propos de Victor, sais-tu bien qu'il pourrait être ici?...
— Tu es folle! Victor n'a point quitté Nantes.
— Hier soir, Andrewitsch a remarqué dans le jardin une empreinte de pas.
— Les pas du jardinier...
— Non, l'empreinte d'une botte fine.

La comtesse se prit à sourire.

— Sans doute quelque officier de la garnison qui s'est épris de toi ou de moi, et vient rôder la nuit sous nos fenêtres.
— Au fait, c'est possible; mais, ajouta Emeraude, cette empreinte peut nous servir.
— Comment?

— Si tu es bien décidée à sacrifier Andrewitsch...
— Si je le suis!...
— Tu lui arrangeras ce soir une petite histoire de persécution. Tu le prépareras ainsi à se trouver face à face avec Victor.

La comtesse regarda Émeraude avec une certaine admiration.

— Tu as l'esprit ingénieux, dit-elle. Allons voir cette fameuse empreinte.

Elles descendirent au jardin, mais il avait plu le matin, et l'empreinte avait disparu.

Seulement, la comtesse fit une remarque singulière : Un des pommiers du jardin avait une branche cassée.

Pourtant il n'avait pas fait de vent durant la nuit.

— Je crois, dit la comtesse, que l'imagination d'Andrewitsch s'est mise au service de sa jalousie. L'homme aux empreintes de pas n'est pas un amoureux.

— Bah!

— C'est un maraudeur qui vient nous voler nos pommes... ajouta la comtesse en riant...

. . . .

La comtesse se trompait. Le poids seul du corps de l'homme aux lunettes bleues avait cassé la branche.

Rocambole était tombé sans se faire aucun mal, et il avait disparu, enveloppé dans son caban goudronné.

XLII.

Le lougre de commerce à bord duquel le mystérieux personnage de la rue de la Michodière, revêtu de son caban goudronné, avait conduit M. le vicomte de Chenevières, après avoir un moment louvoyé en vue des côtes de Belle-Isle-en-Mer, ce lougre, disons-nous, s'appelait le *Saint-Siméon*.

Le lendemain au point du jour comme une clarté blanchâtre, passant par-dessus la côte ferme qu'on apercevait dans un brouillard, glissait sur la mer, une barque accosta le *Saint-Siméon*.

L'homme au caban goudronné sauta sur l'échelle de tribord et monta sur le pont. Le vicomte s'y promenait de long en large, enveloppé dans un chaud paletot ouaté, les mains dans ses poches, fumant un cigare.

— Ah! dit en riant l'homme au caban, qui alla vers lui, je savais bien que vous n'aviez pas dormi.

— En effet.

L'homme au caban continua à rire d'un air ironique.

— Voyez-vous, monsieur le vicomte, dit-il, le meilleur moyen de faire face aux situations les plus tendues, c'est d'être d'une philosophie rare. Regardez-moi bien, je suis calme, n'est-ce pas? Eh bien, en vous quittant, j'ai failli, par deux fois, me jeter à la côte; ensuite, j'ai passé la nuit sur un pommier, à califourchon sur une branche qui a fini par casser sous moi! Je suis tombé le nez dans la boue, je me suis lavé avec de l'eau de mer et me voici. Vrai Dieu, je n'ai pas la mine effarée que vous avez, bien que vous ayez passé la nuit dans votre lit.

— Oui, mais je n'ai pas fermé l'œil, dit le vicomte.

— Pas plus que moi.

— C'est vrai; mais...

L'homme au caban interpréta l'hésitation polie.

— C'est vrai, dit-il, que je me suis appelé Rocambole, et que j'ai l'habitude de ces sortes de luttes.

Un sourire de M. de Chenevières lui apprit qu'il avait deviné sa pensée.

— Eh bien, monsieur le vicomte, reprit Rocambole, dussiez-vous m'accuser de toujours répéter la même chose, j'aurai l'honneur de vous dire une fois encore que mon concours vous est tout à fait indispensable.

— Je le crois.

— Savez-vous ce que médite cette frêle et blanche comtesse d'Estournelle, derrière les volets verts de son cottage?

— Je m'en doute...

— Elle veut faire tuer le jeune Marie-Gaston René?

— Par qui?

— Par Victor.

Le vicomte fit un pas en arrière et étouffa un cri.

— Victor l'aime, poursuivit l'homme au caban; Andrewitsch, c'est-à-dire Marie-Gaston, l'aime aussi. Victor passe à Saint-Cyr pour un tireur merveilleux.

— Mais, dit le vicomte, rien n'est plus facile, ce me semble, que d'empêcher cette rencontre ?

— Oui et non.

— Comment?

— En retenant Victor à Nantes; car Victor va venir ici.

— Vous croyez?

L'homme au caban tira de sa poche une lettre : c'était celle que la comtesse écrivait à M. de Passe-Croix.

Or, cette lettre, la comtesse l'avait confiée au jardinier, avec mission de s'en aller à Locmaria, de s'embarquer sur le vapeur qui partait chaque jour pour Nantes, et de la remettre à Victor lui-même.

Le jardinier était allé à Locmaria, mais là il avait rencontré l'homme au caban, qui lui avait offert à boire dans un cabaret, l'avait grisé et s'était chargé de la lettre.

— Voyez-vous, monsieur le vicomte, reprit ce dernier, il y a un moyen bien simple d'éloigner Victor non-seulement de Belle-Isle, mais de Nantes.

— Lequel?

— C'est de lui jeter, ce soir, à l'hôtel de *la Marine*, un billet ainsi conçu :

« Les hommes à visage noirci de Sologne attendent M. Victor de Passe-Croix à Paris, et se mettront à sa disposition samedi matin. »

— Mais...

— Bien entendu que, le samedi, Victor ne verra personne.

— Soit. Mais Andrewitsch?

— Je me charge de l'arracher à la comtesse. Ne vous inquiétez point de lui.

— Ainsi vous pensez que je dois retourner à Nantes?

— Avec le lougre sur lequel nous sommes; il lève l'ancre à neuf heures du matin.

L'homme au caban et M. de Chenevières causèrent quelques minutes encore; puis le premier redescendit dans sa barque et regagna Belle-Isle et le petit port de Locmaria.

Cinq heures après, M. de Chenevières arrivait à Nantes.

Les instructions du personnage de la rue de la Michodière étaient fort simples : jeter, à l'adresse de Victor, chez le concierge de l'hôtel de *la Marine*, le billet qui devait faire bondir le saint-cyrien, lui faire oublier momentanément la comtesse, et lui faire prendre l'express de Paris une heure après.

Cependant le hasard déjoua cette combinaison. M. de Chenevières venait de débarquer. Il avait écrit le billet à bord du lougre, et, le tenant à la main, il se promenait sur le quai, cherchant un commissionnaire.

Un ouvrier du port vint à passer. Le vicomte l'appela.

— Mon ami, lui dit-il, savez-vous où est situé l'hôtel de *la Marine*?

Tandis que le vicomte adressait cette question à haute voix, un homme, enveloppé d'un manteau, le chapeau sur les yeux, passait auprès de lui.

Cet homme s'arrêta brusquement, frappé par le timbre de voix du vicomte.

Le vicomte disait :

— Vous allez porter cette lettre à l'hôtel de *la Marine*, et vous demanderez M. Victor de Passe-Croix.

L'homme au manteau s'approcha vivement alors et saisit le vicomte par le bras. — C'est moi! dit-il.

Le vicomte tressaillit.

— Monsieur, lui dit Victor, votre voix ne m'est pas inconnue, et j'ai besoin de causer avec vous.

— Mais, monsieur...

Victor lui tenait toujours le bras. Il donna cent sous à l'ouvrier du port et lui dit : « Va-t'en. »

Puis il entraîna le vicomte vers un endroit du quai qui était désert.

Il était alors nuit complète. Il tombait une pluie fine et serrée. Les passants étaient rares.

— Monsieur, reprit Victor, vous êtes cet homme qui, le visage noirci, m'a outrageusement traité en Sologne. Osez le nier.

M. de Chenevières fit un signe de tête affirmatif.

— C'est vrai, dit-il. Et précisément je vous écrivais.

Victor lui arracha la lettre des mains, puis il l'entraîna sous un réverbère, à la clarté duquel il put lire.

— Eh bien ! monsieur, reprit-il, ce n'est point à Paris, c'est ici que nous nous battrons.

— Soit. Demain.

— Non pas, tout de suite.

— On ne se bat pas la nuit.

— C'est possible. Mais qui me répond que vous ne partirez point cette nuit ?

Le vicomte hésita. Cette hésitation lui fut fatale. Victor leva la main et le frappa au visage.

Le vicomte poussa un cri de rage, et, à son tour, prenant les deux poignets de Victor et les lui serrant à les broyer :

— Vous avez raison, il faut en finir tout de suite !

M. de Chenevières avait oublié Danielle, Andrewitsch, les sages conseils de l'homme aux lunettes bleues, sa mission, ses devoirs... Il ne songeait plus que Victor était un bon et loyal jeune homme, innocent du crime de son père...

M. de Chenevières avait été soufflé, c'était assez !

— Venez, dit-il d'une voix sourde, venez !

Il y avait sur le quai une boutique d'armurier ; à côté de la boutique, un café.

Dans le café, deux chefs de timonerie jouaient au billard.

A la porte de l'armurier brillaient deux épées de combat. Le vicomte entra chez l'armurier et acheta les épées.

Victor entra dans le café, et s'adressant aux deux marins :

— Messieurs, dit-il, je viens de donner un soufflet à un homme qui ne veut point le garder toute la nuit ; nous sommes étrangers, lui et moi, nous ne connaissons personne à Nantes : voulez-vous nous servir de témoins ?

Les deux chefs de timonerie acceptèrent et sortirent du café.

— Mais, messieurs, dit l'un d'eux, il fait horriblement noir, où voulez-vous donc vous battre ?

— Il doit y avoir quelque part, dans un faubourg, dit le vicomte, un cabaret où nous trouverons une salle vide et deux chandelles.

— Oh ! pour cela, oui, répondit l'autre marin. Si vous voulez vous battre dans une maison, j'en connais une où nous serons chez nous. Allons chez la mère Boucheny.

Un fiacre passait, on l'arrêta, les deux adversaires et leurs témoins y montèrent, et l'un des marins dit au cocher :

— Conduis-nous sur la route de Saint-Nazaire. Tu t'arrêteras à l'auberge du *Renard-d'or*.

— Est-ce loin ? demanda le vicomte.

— Une lieue.

— Cocher ! cria Victor, allez rondement, on payera bien !...

Le fiacre s'ébranla. Les chevaux étaient bons, on arriva au lieu indiqué au bout de vingt minutes.

C'était jour ouvrable, le cabaret était désert, l'hôtesse était couchée.

L'un des deux marins frappa rudement à la porte.

L'hôtesse accourut un peu effarée.

— Allons ! mère Boucheny, lui dit le marin, descendez à la cave, tirez-nous quatre bouteilles de votre meilleur vin, montez un litre de cognac et des cartes, nous passerons la nuit chez vous...

L'hôtesse était habituée à de semblables alertes. C'était une femme veuve, dont la clientèle ordinaire se composait de matelots et de rouliers.

Elle ne soupçonna rien de sinistre, ne vit point les épées que Victor avait roulées dans son manteau, descendit à la cave et tira du vin.

Dix minutes après, les deux adversaires et leurs témoins étaient installés au premier étage, dans une vaste salle qui servait pour des noces populaires, et l'hôtesse regagnait son lit.

XLIII.

Victor s'approcha alors de M. de Chenevières et le regarda fixement.

— Monsieur, lui dit-il, ordinairement on sait avec qui on se bat.

— Vous avez raison, monsieur. Cependant, aujourd'hui, vous trouverez bon que je taise mon nom...

— En garde, alors ! en garde tout de suite ! s'écria Victor.

Le vicomte avait retrouvé son sang-froid. Il était pâle, mais calme.

Il prit l'épée que lui tendait un des témoins ; mais avant de tomber en garde, il regarda fixement Victor, et lui dit :

— Un mot encore, monsieur.

— Parlez...

— Vous m'avez frappé ; je suis l'insulté. Je dois être le plus irrité de nous deux. Eh bien, je vais vous faire une proposition.

— Laquelle ?

— Voulez-vous remettre notre rencontre à un mois ? Je vais vous dire mon nom, et je vous donne rendez-vous à Paris. Là, je vous fournirai une explication si claire des événements de Sologne, que vous me ferez des excuses pour ce soufflet, que...

Victor, l'interrompant avec emportement :

— En garde ! répéta-t-il, ou je vous tiens pour un lâche !

— Ah ! c'en est trop ! murmura le vicomte, tant pis pour lui !...

Et il se mit en garde.

Victor l'attaqua avec fureur. Le vicomte était un tireur habile ; mais Victor était un des meilleurs élèves de Gâtechair. Et puis la colère, au lieu de l'aveugler, lui donnait, au contraire, une précision, une méthode peu communes.

Le combat fut long, acharné. M. de Chenevières se défendait avec un rare sang-froid. Victor, au contraire, se découvrait parfois, mais il attaquait toujours...

Enfin il vint un moment où M. de Chenevières se lassa de demeurer sur la défensive.

Il attaqua à son tour et porta un coup droit. Victor fit un saut de côté, évita le coup, se fendit avec la rapidité de l'éclair, et son épée disparut tout entière dans la poitrine de son adversaire.

M. de Chenevières vomit un flot de sang et tomba.

Victor demeura un moment comme hébété, en présence de cet homme qu'il croyait avoir mortellement frappé.

Le vicomte se tordait sur le parquet, et le sang coulait à flots de sa blessure.

La colère du saint-cyrien tomba. Il s'agenouilla auprès du blessé, le souleva, lui soutint la tête et murmura avec désespoir :

— Monsieur... pardonnez-moi !...

Le bruit de la chute du corps était parvenu jusqu'à

l'hôtesse. Elle arriva effarée, à demi vêtue, et s'arrêta toute tremblante sur le seuil.

— Allons, la petite mère, lui dit un des deux chefs de timonnerie, il ne s'agit pas ici de pousser des cris et de perdre la tête, il faut préparer un lit et aller chercher un médecin. Où y en a-t-il un?

— A deux pas d'ici, sur la route de Nantes, répondit l'hôtesse. Une maison blanche avec des volets gris et un jardin par devant.

— J'y vais.

Le chef de timonnerie partit en courant, et revint dix minutes après suivi du médecin.

Ce dernier était un ancien chirurgien de marine. Il fit placer le vicomte sur un lit, ausculta la blessure et déclara qu'elle n'était point mortelle.

M. de Chenevières s'était évanoui.

Victor s'installa à son chevet et déclara qu'il voulait le soigner.

On posa sur la blessure un premier appareil. L'évanouissement fut long et fut suivi de la fièvre.

La fièvre amena le délire. Victor était désespéré.

Le vicomte avait une physionomie sympathique, et, malgré lui, Victor se souvint de l'énergie avec laquelle M. de Fromentin avait protesté contre l'épithète de *misérables* qu'il avait appliquée, quelques jours auparavant, au *bûcheron* et à ses complices.

Une seconde fois, cette pensée traversa rapidement son cerveau.

— Qui sait? peut-être que ces hommes poursuivaient un but de mystérieuse réparation?

La nuit fut mauvaise pour le blessé, alternée de faiblesses extrêmes et de moments de fiévreux délire.

Ce ne fut que le matin, quand vint le jour, que M. de Chenevières retrouva un peu de force et l'usage de ses facultés mentales.

Il aperçut Victor à son chevet et lui tendit la main.

Puis un sourire triste passa sur ses lèvres.

— Nous aurions pu être amis, dit-il, le hasard ne l'a pas voulu.

Victor serra cette main que le blessé lui tendait, et répondit :

— Il ne tient qu'à vous, monsieur, que nous le soyons.

L'œil de M. de Chenevières exprima une certaine curiosité. Victor compléta sa pensée.

— Monsieur, dit-il, j'ignore votre nom, je ne sais quel but vous poursuiviez le jour où vous avez prêté secours à M. Albert Morel; cependant, je me contenterai de l'explication que vous me donnerez, si incomplète qu'elle puisse être.

Une nouvelle hésitation se peignit sur le visage du vicomte.

— Pauvre jeune homme! dit-il avec un soupir; moi, le blessé, le mourant peut-être, je suis moins à plaindre que vous.

— Que voulez-vous dire, monsieur? demanda vivement Victor.

M. de Chenevières lui pressa la main avec une sorte d'effusion.

— Vous voulez savoir qui je suis? fit-il. Mon nom ne vous apprendra rien. Je me nomme le vicomte de Chenevières.

Victor laissa échapper un geste de surprise. Ce nom était bien connu dans le monde du sport, et il l'avait toujours entendu tenir pour très-honorable.

— Mais comment peut-il se faire alors, monsieur, dit-il, que vous ayez?...

Le vicomte mit un doigt sur sa bouche pour l'interrompre.

— Chut! dit-il, écoutez-moi.

Victor eut un signe de tête qui voulait dire : « Soit, parlez! »

Le vicomte reprit :

— Ne m'avez-vous pas dit tout à l'heure que vous vous contenteriez d'une explication, même incomplète?

— Oui, monsieur, provisoirement du moins, répondit Victor.

Le même sourire triste revint aux lèvres du vicomte.

— Priez Dieu, monsieur, que ce provisoire dont vous parlez dure fort longtemps.

— Mais.. fit Victor, de plus en plus étonné, savez-vous bien que vous allez m'intriguer au dernier point?

— Voyons, dit le vicomte, je vais tâcher de m'expliquer sans rien trahir toutefois de mes secrets.

Victor prit l'attitude d'un homme décidé à écouter sans interrompre.

— Monsieur, continua le vicomte, les trois hommes qui m'ont aidé à vous enlever, et que vous avez crus un moment les complices de M. Albert Morel, portent, tous comme moi, un nom distingué et parfaitement honorable. Ce nom, il ne m'appartient pas de le divulguer. Sachez seulement qu'eux et moi sommes chargés en ce moment d'un grand acte de réparation. Nous sommes provisoirement les instruments de la Providence, et c'est parce que vous pouviez entraver nos projets, renverser tous nos plans, que nous vous avons momentanément privé de votre liberté.

— C'est-à-dire, fit Victor, que j'étais pour vous un obstacle?

— Oui, monsieur.

— Et M. Albert Morel un instrument?

— Oui.

Victor se leva du siège où il était assis et regarda fixement le vicomte.

— Mais savez-vous bien, monsieur, dit-il, que, quel que fût votre but, l'instrument dont vous vous serviez a failli me déshonorer?...

— Non, car mes amis et moi avons constamment veillé sur Mlle de Passe-Croix.

— Mais ma sœur est devenue folle!

— C'est là un malheur, monsieur, que nous n'avions point prévu.

Victor pâlit.

— Vous poursuiviez donc une vengeance? s'écria-t-il.

— Peut-être...

— Mais alors l'homme dont vous aviez à vous venger, c'était mon père?

Le vicomte garda le silence.

— Monsieur, monsieur! dit Victor, dont la voix se prit à trembler; savez-vous bien que c'est mon père?

— Hélas!

Ce seul mot fut un coup de tonnerre. Victor pâlit, recula, jeta un cri :

— Mon père! dit-il, mon père! Mais quelle faute a-t-il donc commise?

Même silence de la part du blessé.

Victor eut un moment d'emportement. Il prit le bras du blessé et le secoua, disant :

— Soupçonner la loyauté de mon père, c'est m'insulter, monsieur, prenez-y garde!

— Vous me faites mal au bras, monsieur, répondit le vicomte avec douceur.

Victor tressaillit; il eut honte de sa colère.

— Pardonnez-moi, monsieur, dit-il; mais vous parliez de mon père.

— Monsieur, dit le vicomte, hier soir, au moment d'engager le fer avec vous, je vous ai proposé d'attendre un mois, n'est-ce pas?

— Oui. Eh bien?

— Eh bien! remarquez que je suis blessé; qu'il me faudra plus d'un mois pour me remettre, et que d'ici là, comme je ne puis me battre de nouveau avec vous, il ne vous reste aucun moyen de triompher de mon silence.

— C'est vrai.

Cet homme, c'était le jardinier parti le matin de la villa. (Page 1130.)

— Dans un mois, reprit le vicomte, qui se souvenait peut-être des mystérieuses promesses de l'homme aux lunettes bleues, dans un mois je pourrai vous dire le mot de cette terrible énigme. Mais aujourd'hui la torture elle-même ne m'arracherait point mon secret.

Le vicomte prononça ces derniers mots avec un accent de fermeté qui ne trompa point Victor.

Le jeune homme poussa un soupir et n'insista point.

L'arrivée du médecin interrompit la conversation du vicomte et de Victor.

Le médecin dit à ce dernier :

— Vous avez beaucoup trop fait parler le blessé. Il serait bon de le laisser seul et en repos.

Et il dit au vicomte :

— Vous ferez bien de dormir quelques heures, monsieur, si vous le pouvez...

Le pansement de la blessure terminé, le docteur insista pour que Victor sortît et allât prendre l'air. Victor avait, d'ailleurs, l'œil brillant de fièvre, et il était d'une pâleur mortelle.

Les mots mystérieux échappés au vicomte l'avaient bouleversé.

Il sortit du cabaret avec le docteur et l'accompagna jusqu'à sa porte. Là, il hésita un moment sur la direction qu'il prendrait.

Enfin, il se décida à rentrer à Nantes.

Durant tout le trajet, qu'il fit d'un pas rapide, inégal, la tête nue, le front brûlant, Victor se répétait avec rage que M. de Chenevières avait gardé sur son père un dédaigneux silence.

— Mais qu'a donc fait mon père? se disait-il, et que veut dire ce mot de réparation? Il a donc causé du tort à quelqu'un en ce monde? Et c'est mon père!... Et cet homme veut que j'attende un mois, c'est-à-dire que, pendant un mois, mon père vivra dans ma pensée sous le poids d'un soupçon? Oh! c'est à devenir fou, comme ma sœur!...

Et Victor précipita sa marche, et son œil était hagard, à ce point que les passants qu'il rencontra s'arrêtaient, le regardant avec curiosité.

Mais Victor n'y prit pas garde et continua son chemin; et, tandis qu'il marchait, il était assailli par tout un monde de souvenirs confus. Il se rappelait que, dans son enfance, un soir, il était entré sans lumière dans la chambre de son père...

Le baron de Passe-Croix ne dormait pas, et Victor l'avait entendu pleurer.

Une autre fois, le vicomte de la Morlière, son cousin, était venu à la Martinière, et Victor, qui jouait dans le jardin, avait entendu son père lui dire :

— Sais-tu bien, vicomte, que nous sommes des misérables?

Et Victor se souvint que les trois cousins, c'est-à-dire son père, M. de La Martinière et M. de Merfontaine, se voyaient fort rarement et semblaient s'éviter, comme des gens qui ont entre eux quelque secret terrible qu'ils cherchent à oublier...

Peu à peu le front du jeune homme s'était baigné de sueur et son cœur battait en proie à une violente émotion. Ce fut ainsi qu'il arriva à l'hôtel de la Marine.

— Monsieur, lui dit le concierge comme il passait devant sa loge, voici une lettre pour vous.

Victor tressaillit, s'arrêta, prit la lettre qu'on lui tendait et en regarda la suscription

L'écriture était fine, allongée, élégante, une véritable écriture de femme, et l'enveloppe dégageait un parfum discret.

— C'est une lettre d'elle ! se dit-il en songeant à la comtesse.

C'était, en effet, Mme d'Estournelle qui écrivait à Victor.

« Belle-Isle-en-Mer, huit heures du soir.

« Mon jeune ami,

« Peut-être avez-vous déjà de mes nouvelles, car je vous ai écrit ce matin. Malheureusement, j'ai eu la simplesse de confier ma lettre à un brave homme de jardinier qui boit beaucoup trop et qui s'est grisé ce matin à Locmaria, en compagnie d'un pilote. Il m'est revenu ivre-mort. La lettre avait disparu, et il n'est pas sûr de l'avoir mise à la poste ou de l'avoir confiée au pilote, qui, dit-il, retournait à Nantes.

« Dans le doute très-grand où je suis que ma première lettre vous soit parvenue, je vous écris de nouveau, et, cette fois, je confie mon message au bateau à vapeur qui porte les dépêches. C'est prosaïque, mais c'est sûr.

« Je suis à Belle-Isle, dans une situation terrible ; j'ai besoin de vous, venez ! Venez sur-le-champ. »

Tandis que Victor lisait cette lettre sur le seuil de l'hôtel, la fumée d'un bateau à vapeur s'élevait sur la Loire, à cent mètres de distance.

C'était le vapeur *le Saumon* qui chauffait et allait partir.

Victor monta dans sa chambre, y prit une petite valise et une paire de pistolets, et se fit conduire à bord du *Saumon*.

L'agitation à laquelle il était en proie s'était accrue de la lecture de cette lettre.

Il se rendit à bord du *Saumon*, oubliant un moment M. de Chenevières.

Mais la première personne que Victor rencontra sur le pont lui remit sur-le-champ en mémoire son adversaire de la veille.

Cette personne était M. de Fromentin, qui donnait ses ordres pour l'appareillage.

Victor alla droit à lui et lui tendit la main.

— Vous me pardonnez, n'est-ce pas ?

M. de Fromentin accueillit le jeune homme avec un sourire affectueux.

— Vous ne venez donc plus me provoquer ? dit-il.

— Je n'en ai plus le motif.

— Ah !

— Car je sais le nom que vous vous refusiez à me dire.

M. de Fromentin étouffa une exclamation de surprise.

— L'homme au visage noirci, le bûcheron de Sologne, dit Victor, se nomme le vicomte de Chenevières.

— Mais comment avez-vous pu le savoir ?

— Il m'a dit son nom ce matin.

— Vous l'avez donc vu ?

— Je me suis battu avec lui hier soir, et j'ai failli le tuer.

Et Victor raconta simplement, avec un laconisme tout militaire, sa rencontre avec M. de Chenevières.

M. de Fromentin l'écoutait pensif et se taisait.

— Mais, reprit Victor, cet homme m'a dit trop et pas assez...

— Ah !

Victor attacha sur l'officier de marine un regard pénétrant.

— Il m'a parlé de mon père.

M. de Fromentin pâlit.

— Ah ! s'écria Victor, dont les joues s'empourprèrent, vous aussi vous savez quelque chose... et, je le sais, vous aussi vous vous tairez...

— Vous êtes un enfant, dit M. de Fromentin ; et au lieu de vous faire un *monstre* de choses que vous saurez plus tard et qui n'ont peut-être pas la gravité que vous leur attribuez, vous feriez mieux de déjeuner avec moi et de venir vous promener à Belle-Isle.

— Mais j'y vais ! dit Victor en montrant sa valise.

— Vraiment ?

— J'y vais rejoindre une femme qui m'attend.

M. de Fromentin se souvint alors qu'Emeraude lui avait montré la comtesse en lui disant :

— Madame mourrait du coup d'épée qui frapperait Victor.

— Ah ! bien, dit-il, je sais...

Et il prit Victor par le bras et lui dit :

— Allez m'attendre dans ma cabine, nous partons !

La cloche du bateau à vapeur se fit entendre, et la manœuvre commença.

Tandis que le *Saumon* dérapait, Victor lisait le post-scriptum de la lettre qu'il venait de recevoir :

« Débarquez à Locmaria, disait la comtesse ; vous trouverez sur le port une auberge qui a pour enseigne : *Au Renard d'or* ; vous y demanderez une chambre, et vous attendrez.

« Peut-être même, si vous arriviez par le bateau du matin, attendrez-vous jusqu'au soir, mais ne vous impatientez pas... et attendez ! »

— Elle sait peut-être quelque chose, elle aussi ! murmura Victor, qui prit sa tête dans ses deux mains et fut bientôt absorbé par une méditation douloureuse, durant laquelle il s'adressa vingt fois encore cette question :

— Mais quel crime a donc pu commettre mon père ?

Le bateau à vapeur descendait rapidement vers la mer, et trois heures après il arrivait en vue de Belle-Isle.

XLIV.

La veille au soir, Mme la comtesse d'Estournelle était seule avec Emeraude.

Toutes deux se promenaient au bord des falaises, et assistaient à un splendide coucher de soleil.

La comtesse était rêveuse ; elle marchait parfois d'un pas inégal et brusque.

Emeraude semblait respecter depuis longtemps cette méditation pénible, lorsque tout à coup elle s'arrêta et dit :

— Tiens ! voilà notre messager. Comment peut-il donc être de retour ?

Et elle étendait le doigt vers le petit chemin qui courait capricieux le long des falaises et venait de Locmaria.

La silhouette d'un homme s'y détachait nettement sur le gris cendré du ciel.

Cet homme, l'œil perçant d'Emeraude l'avait reconnu. C'était le jardinier parti le matin de la villa, chargé de la lettre que Mme d'Estournelle écrivait à Victor de Passe-Croix, et qu'il avait ordre de porter lui-même à Nantes.

Mme d'Estournelle s'arrêta également, se fit un abat-jour de sa main, et, comme Emeraude, reconnut le jardinier.

— C'est assez singulier ! fit-elle ; le bateau du soir n'arrive pas avant huit heures, comment donc peut-il être déjà revenu de Nantes ?

Mais les deux jeunes femmes ne tardèrent point à deviner la vérité.

A mesure que le jardinier approchait, ses mouvements devenaient plus distincts, et il fut bientôt aisé de voir qu'il marchait d'un pas chancelant et inégal.

— Il est ivre ! dit Emeraude ; regarde, ma chère amie...

Yaume, ainsi se nommait le jardinier, était un gros garçon joufflu à peine âgé de trente ans.

Il avait les cheveux roux, l'œil rond, la mine inintelligente ; un sourire hébété glissait éternellement sur ses lèvres.

Quand il fut auprès des deux femmes, il ôta son chapeau aux larges ailes et agrandit son sourire

— La lettre est partie, ma petite dame, dit-il, elle est partie à ce matin.

— Comment, partie! tu n'est donc pas allé à Nantes?

— C'est le cidre au père Crochet qui en est cause, ma petite dame. Faites excuse, mais il tape dur!

Et il se frappait le front avec le plat de sa main.

— Mais ma lettre, malheureux! dit la comtesse d'un ton qui n'avait rien d'irrité, qu'as-tu fait de ma lettre?

— C'est le pilote qui l'a portée.

— Quel pilote?

— Un pilote qui est tout nouveau à Locmaria, à preuve que je ne l'avais jamais vu... mais un bon garçon tout de même... et qui paye bien. J'avons bu du cidre... Oh! y tape dur le cidre!...

Ce fut là tout ce que Mme d'Estournelle et Emeraude purent tirer de l'ivrogne.

— Va cuver ton cidre! lui dit la comtesse.

Et elle continua sa promenade avec Emeraude. Celle-ci garda le silence un moment encore, puis elle dit tout à coup.

— Je gage que ta lettre est perdue :

— Tu crois? fit la comtesse avec une sorte d'indifférence.

— Dame!

— Alors, Victor ne viendra pas...

Emeraude regarda son amie avec un sourire moitié railleur et moitié affectueux.

— Avoue, dit-elle, qu'au fond tu es enchantée de ce contre-temps?

— Oh! par exemple! fit la comtesse, dont la voix tremblait un peu.

— Ma petite, reprit Emeraude, je crois que tu donnerais bien des choses à cette heure, la moitié de ton héritage, par exemple, pour intervertir les rôles entre Victor et Andrewitsch.

— Tais-toi !

— Tu aimes Andrewitsch; tu as beau vouloir te le dissimuler, tu l'aimes.

Mme d'Estournelle se taisait.

— Et cependant, continua Emeraude, tu sais bien que le jour où Andrewitsch saura qui tu es...

— Tais-toi, dit brusquement la comtesse en posant sa main sur le bras d'Emeraude.

Cette main tremblait.

— Pauvre Topaze! murmura l'actrice, qu'est donc devenue cette insensibilité qui faisait de toi jadis la reine de notre monde! Te souviens-tu du petit baron Crastemberg, qui se brûla la cervelle, un soir, en sortant de chez Tortoni? et de ce brave Paul Permans que tu laissas aller à Clichy?

— Mais tais-toi donc! fit la comtesse avec impatience.

— Avec une nature problématique comme le tien, poursuivit Emeraude, on devait aller loin. Tu étais devenue comtesse... tu voyais déjà dans l'avenir quelques millions pour redorer le blason de ton époux... Un seul homme faisait obstacle à ce dernier rêve... mais qu'est-ce pour toi, un homme? « Je le briserai » l'es-tu dit. Et voici que la main tremble... et que...

— Mais tais-toi donc! répéta la comtesse en frappant du pied.

— Tiens, ma petite, poursuivit Émeraude, veux-tu que je te donne un bon conseil?

— Soit, j'écoute...

— Pour Andrewitsch, tu te nommes Mme Durocher. Tu es un ange, et il t'aime. Tant que tu n'auras point changé de nom pour lui, il t'aimera... et toi aussi. Eh bien, laisse Victor à Nantes quelques jours encore... et conjugue avec Andrewitsch le verbe aimer. Cela ne sera pas long... je te connais... Topaze n'a jamais aimé plus de huit jours... Dans huit jours, tu feras venir Victor... Tiens! s'interrompit l'actrice en riant, mais la chose ne se passe pas autrement dans la Tour de Nesle !

Comme elle achevait et que Mme d'Estournelle l'écoutait pensive et les yeux baissés, les deux femmes entendirent des pas dans le chemin. Elles se retournèrent, et virent un prisonnier russe qui accourait vers elles.

C'était Andrewitsch.

Le jeune homme avait le visage empourpré ; il marchait d'un pas rapide et avait un peu chaud ; son œil brillait.

Mme d'Estournelle eut un battement de cœur en le reconnaissant et elle s'arrêta.

Andrewitsch vint à elle tout joyeux.

— Ah! madame, dit-il, si vous saviez...

— Mon Dieu! que vous arrive-t-il donc, monsieur Andrewitsch? demanda Emeraude.

— J'ai reçu une bonne nouvelle de Paris, madame, et j'accourais vous en faire part.

La comtesse tressaillit.

Andrewitsch tira de sa poche une lettre qu'il tendit à celle qu'il appelait madame Durocher.

— Voyez, dit-il, on s'occupe de moi à Paris; j'ai des amis inconnus.

La comtesse avait pris la lettre en tremblant.

« Pauvre femme ! pensa Andrewitsch, comme elle est émue.... comme elle paraît s'intéresser à moi! »

Cependant la comtesse lisait ces lignes mystérieuses :

« Le capitaine Grain-de-Sel n'est pas mort... il est à Paris, où il a des amis puissants, et il travaille avec eux à confondre les voleurs d'héritages... »

Soudain la comtesse songea au baron Gontran de Neubourg.

Cependant elle maîtrisa son émotion et poursuivit sa lecture :

« Les amis du capitaine Grain-de-Sel font agir de hautes influences auprès de S. Exc. M. le ministre de la guerre, à la seule fin d'obtenir de lui que le prisonnier Andrewitsch puisse venir à Paris; ils espèrent obtenir cette faveur d'ici à deux jours. »

Tandis que la comtesse lisait, une légère sueur perlait à ses tempes.

Mais Andrewitsch, tout à sa joie, disait à Emeraude:

— Je vais donc revoir Paris! Oh! l'infâme qui m'a dépouillé de mon nom et qui veut me voler mon héritage sera facile à confondre!... Il ne supportera point mon regard. Je les ferai chasser, lui, sa femme et sa fille, de la maison où mon père est né!...

La comtesse replia froidement la lettre et la lui rendit.

— Vous avez raison, monsieur Andrewitsch, dit-elle. Il faudra être impitoyable !

Un léger frémissement de narines, que ne put dominer la comtesse, frappa Emeraude, qui fit cette réflexion mentale :

— Décidément l'orage gronde ; je crois qu'Andrewitsch vient de prononcer son arrêt de mort.

Mme d'Estournelle était redevenue souriante et calme.

— Mais, dit-elle, savez-vous, monsieur, si la femme de cet homme est sa complice? Elle est peut-être innocente.. peut-être ignore-t-elle...

— Oh! madame, interrompit Andrewitsch, n'en doutez pas! c'est une créature infâme... c'est une femme perdue de vices et de honte.

— Vraiment?

Et la comtesse eut un frais sourire qui fit frémir Emeraude.

Elle prit le bras d'Andrewitsch et lui dit :

— Je vous invite à dîner. Qui sait? peut-être est-ce le dernier jour que vous passez à Belle-Isle.

— Oh! non, répondit le jeune homme, je ne partirai pas avant deux jours.

Elle soupira, et, comme Emeraude marchait un peu en avant.

— Soit, dit-elle ; mais peut-être est-ce le dernier jour où je pourrai vous recevoir,

Andrewitsch tressaillit.

— Je ne serai plus libre bientôt, murmura la comtesse, baissant de plus en plus la voix.

Le jeune homme s'arrêta brusquement et regarda madame d'Estournelle d'un œil hagard :

— Que voulez-vous dire? fit-il.

Elle se pencha vers lui.

— Je vous dirai tout ce soir... Silence !

Elle montrait Emeraude.

Mme d'Estournelle s'appuyait au bras d'Andrewitsch avec une sorte de volupté fiévreuse.

Elle se taisait, et Andrewitsch n'osait rompre ce silence, les derniers mots de la comtesse avaient produit sur lui une impression étrange.

Ils arrivèrent ainsi à la villa, Emeraude cheminant toujours en avant, et ils entrèrent dans le jardin.

Là, Mme d'Estournelle dit à Andrewitsch :

— Je vous permets de fumer un cigare en attendant le dîner. Souffrez que je donne quelques ordres.

Elle entra dans la maison avec Emeraude et monta dans sa chambre.

Emeraude ferma la porte et regarda fixement son amie:

— Eh bien? fit-elle.

L'œil de la comtesse était brillant de fièvre.

— Donne-moi une plume, dit-elle, je veux écrire.

— A qui?

— A Victor.

— Tu es bien...; décidée?

— Oui.

— Prends garde, fit Emeraude, si le cœur allait te manquer au dernier moment?

Un cruel sourire glissa sur les lèvres de la comtesse.

— Dans deux jours il partirait, il saurait qui je suis et m'écraserait de son mépris. Mieux vaut cent fois qu'il meure.

Elle s'assit et écrivit cette lettre que nous avons vue parvenir à Victor.

— Qui donc la portera? demanda Emeraude en posant sur la lettre son doigt effilé.

— Moi.

— Mais... où?

— A Locmaria. Le bateau du port part à dix heures. Andrewitsch nous servira de cavalier.

— Oh! ma Topaze ! s'écria Emeraude avec admiration, je te reconnais! tu es la femme d'autrefois... tu sais marcher sur ton cœur...

— Je veux hériter, dit froidement la comtesse d'Estournelle.

. . . .

Une heure après, la comtesse et Andrewitsch étaient seuls dans le jardin.

La nuit était tiède, comme une nuit de printemps ; les étoiles brillaient au ciel, un profond silence régnait à l'entour de la villa.

Emeraude s'était discrètement retirée dans sa chambre.

— Mon ami, disait la comtesse, je sais bien que je suis folle, mais je veux tout vous dire. Je sais que vous m'aimez... et... je vous aime.

Andrewitsch jeta un cri, tomba à ses pieds et couvrit les mains de baisers.

— Oh ! répétez-moi ce mot, dit-il, répétez-le-moi... J'ai peur de mourir à cette heure !

Elle tressaillit, retira brusquement ses deux mains, et lui dit avec l'accent de la terreur :

— Taisez-vous ! ce mot vous porterait malheur. Ne savez-vous pas, mon ami, qu'il vous tuerait!

Andrewitsch bondit sur ses pieds.

— Qui? dit-il.

— Lui !

Elle souligna cet unique mot d'une étrange façon.

Andrewitsch eut froid au cœur.

— Qui *lui*? fit-il à son tour. De qui parlez-vous, madame ?

— D'un homme qui exerce sur ma destinée une influence fatale, répondit-elle tout bas et d'une voix tremblante.

— Un homme ! Mais... n'êtes-vous pas veuve ?

— Oui.

— Alors...

Et pâle, la sueur au front, Andrewitsch attacha sur la comtesse un regard défiant.

Elle comprit ce regard et lui prit les deux mains.

— Oh ! ne me soupçonnez pas, dit-elle, ne m'accusez pas ! C'est la fatalité qui me poursuit ; je suis innocente !

Andrewitsch la regardait toujours, et son regard avait pris une expression hébétée.

Elle continua :

— Ecoutez : il est un homme de par le monde qui m'aime comme un fou, comme un furieux, qui me poursuit à toute heure, et que j'ai vainement tenté de fuir ; je suis venue me réfugier ici, espérant qu'il perdrait ma trace... Il sait à présent que je suis à Belle-Isle, et demain...

— Mais, interrompit Andrewitsch avec emportement, quel pouvoir cet homme a-t-il donc sur vous ?

— Le pouvoir de la terreur... fit-elle en manifestant un véritable effroi. Cet homme tue tous ceux qui osent m'approcher.

Un fin sourire glissa sur les lèvres du jeune prisonnier.

La comtesse poursuivit :

— C'est un ami de mon mari. Mon deuil fini, il m'a demandé ma main. Ma famille l'agréant, mes amis me conseillaient ce mariage. Moi seule je ne pouvais m'y résoudre... J'éprouvais pour cet homme une aversion insurmontable. Je refusai.

« — Vous avez tort, me dit-il, car jamais vous ne vous remarierez de mon vivant.

« Je pris ces paroles pour une bravade sans conséquence. Six mois après, hélas ! j'acquis la conviction du contraire. Un jeune secrétaire d'ambassade me demanda en mariage ; il était charmant, il était riche, il me plut. On publia nos bans, le contrat fut signé.

« La veille du mariage, mon futur époux fut insulté par un inconnu. Il se battit le lendemain et fut tué.

« Cet inconnu, vous l'avez deviné, c'était *lui*!

« Et depuis lors, poursuivit la comtesse qui venait d'improviser ce petit roman, depuis, je fuis cet homme et n'ose me trouver sur sa route.

« On a bien souvent demandé ma main, et j'ai constamment refusé.

« Je me croyais ici bien tranquille, j'espérais qu'il ne me trouverait pas.

« Ce matin j'ai reçu de lui un billet de deux lignes.

« Ce billet disait :

« Je sais que vous êtes à Belle-Isle, je sais que tous « les soirs un jeune homme s'introduit chez vous... pre-« nez garde ! »

« Et c'est pour cela, mon ami, acheva la comtesse, que je viens vous supplier de ne point revenir, de me dire ce soir un éternel adieu !

Andrewitsch avait croisé ses bras sur sa poitrine

— Vous n'y songez pas, madame ! dit-il.

— Mais je ne veux pas que vous mouriez!

— Ce n'est pas moi qui mourrai, c'est *lui*!...

Andrewitsch était superbe d'audace.

— Non, non, je vous en supplie... partez!... Allez à Paris à la conquête de votre héritage.., et oubliez-moi.

Andrewitsch se mit à genoux et porta les mains de la comtesse à ses lèvres :

— Vivre sans vous désormais, c'est mourir! Je tuerai cet homme, et nous serons heureux.

Mme d'Estournelle crut devoir verser quelques larmes ; elle défendit énergiquement d'abord, puis fai-

Victor se promenait de long en large dans le jardin. (Page 1131.)

blement, et Andrewitsch lui arracha la promesse de le recevoir le lendemain encore.

— Eh bien, soit ! lui dit-elle ; mais alors, venez plus tard.

— Quand ?

— A minuit. Peut-être ne sera-t-il point arrivé. Et quant à ce soir, ajouta-t-elle, vous allez m'offrir votre bras. Je vais à Locmaria.

— Dans quel but ?

— Porter une lettre au bateau qui part à dix heures du soir pour Nantes.

— Une... lettre ?

— Oui, j'écris à cet homme, je le supplie de m'attendre à Nantes ; je cherche à détourner ses soupçons.

— Mais...

— Ah ! dit-elle, si vous voulez que je vous permette de le braver au besoin, il faut au moins me laisser la liberté de conjurer l'orage.

Andrewitsch secoua la tête.

— Pourquoi viendriez-vous à Locmaria ? dit-il. Je me chargerai bien de porter moi-même cette lettre au bateau.

La comtesse parut hésiter.

— Qui sait, dit-elle, si je dois me fier à vous ?

— Oh ! madame !...

— Vous êtes téméraire, vous seriez capable de supprimer ma lettre à la seule fin de laisser arriver cet homme.

Andrewitsch courba la tête.

— Si je vous fais un serment, je vous le tiendrai.

— Eh bien, jurez-moi que ma lettre partira ce soir.

— Je vous le jure.

— Sur l'honneur ?

— Sur mon vrai nom !

Mme d'Estournelle prit la lettre qu'elle avait placée dans son corsage et la tendit au jeune homme.

— La voilà, dit-elle, et vous ferez bien de partir sur-le-champ. Il est neuf heures, vous avez à peine le temps.

Andrewitsch se leva.

— A demain donc ! dit-il.

— A demain, répondit-elle.

Il s'en alla par la petite porte du jardin, et quand il fut au dehors, dominé par un sentiment de curiosité, il approcha son cigare de la lettre et s'en servit comme d'un flambeau pour voir la suscription. Il lut :

« *Monsieur Victor de Passe-Croix,*
« *Hôtel de la Marine, à Nantes.* »

— Ah ! c'est ainsi qu'il se nomme, ce pourfendeur, murmura-t-il. Eh bien, qu'il vienne !

Et Andrewitsch reprit d'un pas rapide le chemin de Locmaria.

. . . .

Tandis qu'il s'en allait, Mme d'Estournelle se promenait dans le jardin comme une bête fauve dans sa cage.

— Mais c'est que je l'aime ! murmurait-elle ; je l'aime ! moi qui n'ai jamais aimé... Et pourtant il faut qu'il meure... il le faut !... S'il vivait, il me foulerait aux pieds.

XLV.

Le lendemain, Victor de Passe-Croix arriva dans l'après-midi en vue de Belle-Isle-en-Mer.

Il descendit à Locmaria et se fit indiquer l'auberge du *Renard d'or*.

Cette auberge était au delà du port, dans une situation isolée, au bord de la mer.

Le sentier qui conduisait à Locmaria du joli cottage habité par Émeraude et la comtesse passait devant la porte.

Un peu avant le seuil, Victor rencontra un prisonnier russe. C'était un jeune homme qui jeta sur lui un sombre regard et s'arrêta brusquement en le voyant passer.

— Il paraît que je déplais à ce monsieur, se dit Victor.

Et il continua son chemin sans y faire autrement attention.

L'auberge était silencieuse, presque déserte.

Dans un coin seulement, un homme buvait à petits coups un pichet de cidre.

Cet homme, qui portait le costume des pilotes côtiers, jeta sur Victor un regard étonné, tressaillit et détourna la tête.

Puis il appela l'hôtesse, paya sa dépense et sortit.

Victor demanda une chambre et s'y enferma.

— Où est-elle? Quand la verrai-je? telles furent les deux questions qu'il s'adressa tout d'abord et se répéta durant le reste de la journée avec une fiévreuse impatience.

La nuit vint. Avec la nuit, l'impatience de Victor augmenta.

Il se fit servir à souper dans sa chambre, toucha du bout des dents à son repas, et s'accouda au rebord de sa fenêtre qui donnait sur la mer.

Le temps avait fraîchi, la nuit était sombre; la mer, unie et calme le matin, déferlait maintenant avec rage.

On frappa discrètement à la porte, et Victor courut ouvrir.

Une femme, chaudement enveloppée dans une palatine, était sur le seuil.

Ce n'était point la comtesse. C'était Emeraude.

Victor courut à elle et lui prit les mains avec un empressement affectueux.

— Je commençais à me désespérer, dit-il.

— Oh! l'impatient!

— Où est-elle? fit le jeune homme.

— Elle vous attend.

— Ah! dit Victor joyeux. Mais où?

Emeraude étendit la main vers la croisée.

— Penchez-vous, dit-elle. Voyez-vous une barque? et dans cette barque...

— Ah! je l'ai reconnue, s'écria Victor, dont le cœur battit.

— Venez, fit Emeraude; prenez votre manteau. Bien. Êtes-vous armé?

— Pourquoi cette question? demanda Victor un peu surpris.

— Parce que, répondit l'actrice, les chemins ne sont pas très-sûrs. Il y a ici tant de prisonniers russes...

Victor ouvrit sa petite valise et en tira sa paire de pistolets.

— Voilà pour vous rassurer, dit-il. Où allons-nous?

— La rejoindre d'abord.

— Et ensuite?

Elle mit un doigt sur sa bouche.

— Mystère! fit-elle en riant et montrant d'adorables petites dents blanches.

Victor suivit Emeraude, et tous deux sortirent de l'auberge du *Renard d'or*.

Une barque était amarrée à quelques pas de là. Celui qui la gouvernait n'était autre que le jardinier du cottage. Mme d'Estournelle était assise à l'arrière, encapuchonnée dans un burnous blanc.

Victor sauta dans la barque et prit la main de la comtesse, qu'il porta respectueusement à ses lèvres.

— Bonjour, mon ami, lui dit-elle. Vous êtes venu, merci.

— Si je suis venu! dit Victor. Mais ne m'avez-vous pas écrit que vous aviez besoin de moi?

— C'est juste, fit-elle en souriant. Puis elle se pencha à son oreille. — Vous devez parler allemand, n'est-ce pas?

— Oui, madame.

D'un regard oblique, elle montra le jardinier, qui rajustait son écoute.

— Parlons allemand, fit-elle.

— Soit, fit Victor.

La comtesse lui prit la main à son tour et la pressa doucement :

— Mon ami, dit-elle tout bas, c'est la plus malheureuse des femmes qui s'adresse à vous.

— Vous! exclama Victor.

— Un homme me poursuit, un homme exerce sur ma destinée une influence fatale. Si vous ne me débarrassez de lui, je suis perdue!

Elle avait su prendre avec Victor ce même ton d'effroi qu'elle avait, la veille, avec Andrewitsch.

— Mais quel est cet homme?

— Je ne puis vous le dire.

— Comment peut-il...

— Mon ami, répondez-moi franchement. Si je vous dis: « Voilà un homme qui doit mourir, ne m'en demandez pas davantage; » vous battrez-vous avec cet homme?

— Oui, madame.

— Sans l'interroger, sans lui demander son nom?

— Oui.

— Vous me le jurez?

— Je vous le jure!

— Eh bien, venez.

Et s'adressant au jardinier :

— Partons, ajouta-t-elle.

La barque glissa vers le large, présenta sa misaine au vent et fila, légère et rapide comme la mouette blanche qui rase les flots de son aile à l'approche de l'orage.

La mer était grosse; mais le jardinier, qui n'était pas ivre comme la veille, dirigeait sa barque avec une habileté merveilleuse à travers les rochers à fleur d'eau, et il arriva sans avaries dans la petite baie que dominait le cottage.

Pendant cette petite traversée, la comtesse était demeurée silencieuse, et comme oppressée par une mystérieuse douleur.

Victor lui offrit sa main pour descendre à terre:

— Où sommes-nous donc? demanda-t-il, attachant un regard étonné sur le cottage dont la façade blanche apparaissait dans l'obscurité.

— Chez moi, dit-elle.

Elle prit son bras et se pencha vers lui avec un naïf abandon.

— Savez-vous bien que ce que je vais faire là est af freux! dit-elle.

— Que voulez-vous dire?

— Je vais exposer vos jours...

Victor haussa imperceptiblement les épaules.

— Me battre pour vous est un bonheur, dit-il. Et comme, m'avez-vous dit, il faut que cet homme meure, il mourra!...

Le ton d'assurance du jeune homme donna le frisson à la comtesse.

Elle le conduisit jusqu'à la porte du cottage, et là elle hésita un moment à ouvrir.

— Non, dit-elle, non, mon ami, pardonnez-moi de vous avoir fait venir... Tenez, abandonnez-moi à ma destinée... Partez!

— Vous êtes folle! dit le saint-cyrien ; je me ferais tuer avec joie pour vous; mais rassurez-vous, j'ai la main heureuse.

— Vrai? fit-elle.

— Hier soir je me suis battu.

— Vous?

— Avec cet homme dont vous deviez me dire le nom dans un mois.

La comtesse tressaillit.

— Avec le vicomte de Chenevières.

A ce nom, Émeraude, qui marchait auprès d'eux, poussa un léger cri :

— Chenevières ! dit-elle, le vicomte? l'ami de Gontran?

Ces derniers mots frappèrent la comtesse.

— Je me suis battu avec lui, acheva Victor, et je l'ai couché tout de son long sur le carreau.

— Vous l'avez tué?

— Non, mais il est au lit pour deux mois au moins.

Mme d'Estournelle ouvrit la porte du cottage et entra la première.

Le jardinier, après avoir amarré sa barque, accourait armé du fanal placé à la proue.

La clarté du fanal permit à la comtesse d'arriver au salon, où elle alluma une bougie.

Alors elle jeta les yeux sur la pendule et pâlit. La pendule marquait onze heures du soir.

Mais son regard rencontra celui d'Émeraude, et le regard d'Émeraude disait :

— Allons, du courage... il faut bien en finir !

Victor promenait un regard étonné autour de lui :

— Où suis-je donc, ici?

— Chez moi.

— Et, c'est ici...

— C'est ici, dit Emeraude, qui sentait faiblir le courage de la comtesse, c'est ici que chaque nuit un homme qui nous persécute se présente...

— Eh bien, dit Victor, cette nuit sera la dernière.

Émeraude le conduisit vers la croisée, qu'elle ouvrit. Cette croisée donnait sur le jardin :

— Tenez, dit Emeraude, voyez-vous cette porte là-bas?... c'est par là qu'il arrive.

— A quelle heure ?

— A minuit.

Victor, à son tour, regarda la pendule.

— Il n'est que temps de prendre quelques précautions, murmura-t-il.

Il prit ses pistolets, qu'il avait passés à sa ceinture, et en visita les amorces, disant :

— Je crois qu'ils ne rateront pas.

La comtesse, pâle, agitée, l'œil hagard, se taisait et son silence était farouche.

— Voyez-vous, dit Emeraude, qui maintenant dominait la situation, vous allez descendre dans le jardin ; vous vous tiendrez près de la porte.

— Bien, dit Victor.

— Quand il entrera, vous irez à lui et vous lui direz : « Je me nomme Victor de Passe-Croix. » Cela suffira. Vous lui offrirez un de vos pistolets et vous garderez l'autre.

Victor descendit dans le jardin et se mit à se promener de long en large, ses pistolets à la main.

La comtesse, immobile, muette, était à la fenêtre.

Emeraude la prit par le bras et l'entraîna au fond du salon.

— Allons, dit-elle, du courage ! tu sais bien qu'il est trop tard pour reculer !...

Mme d'Estournelle mit tout à coup ses deux mains sur ses yeux et fondit en larmes.

— Je l'aime ! murmurait-elle.

Puis, tout à coup, elle eut un accès de désespoir, et se levant, elle voulut retourner à la croisée.

— Non, disait-elle, non, je ne veux pas !

Elle était effrayante à voir, et se débattait dans les bras d'Émeraude.

— Tu es folle ! disait celle-ci, qui avait conservé tout son sang-froid. Il est trop tard pour reculer maintenant; ces deux hommes, s'ils ne se battaient pas, te fouleraient aux pieds.

— Je l'aime ! répéta la comtesse, qui, une fois encore, voulut se précipiter hors du salon pour sauver la vie d'Andrewitsch.

Mais en ce moment un éclair brilla, une détonation retentit.

Un coup de pistolet ébranlait tous les échos voisins, et, comme s'il eût atteint la comtesse au cœur, elle tomba inanimée dans les bras d'Émeraude.

XLVI.

L'homme vêtu en pilote qui buvait à petits coups un pichet de cidre dans l'auberge du *Renard d'or*, lorsque Victor de Passe-Croix y était entré, sa valise sous le bras, n'était autre que le personnage de la rue de la Michodière. Il reconnut Victor sur-le-champ, paya sa dépense et sortit.

Mais il demeura dans les environs de l'auberge, et finit par aller s'asseoir dans une anfractuosité de la falaise.

De cette place, il dominait la mer et voyait se dérouler le sentier qui passait devant le *Renard d'or*; de telle façon qu'on ne pouvait entrer dans l'auberge ou en sortir à son insu.

Un moment le faux pilote s'imagina que Victor ne demeurerait pas longtemps au *Renard d'or*.

— Je vais bientôt, se dit-il, le voir sortir et prendre le chemin du cottage. Alors je le suivrai.

Mais le reste de la journée s'était écoulé, la nuit était venue, Victor n'était point sorti, et l'homme aux lunettes bleues avait fini par voir apparaître à la croisée la tête de Victor, qui semblait explorer la mer du regard.

— Bon ! se dit-il, je devine maintenant; c'est elle qui viendra le trouver.

Il rentra dans l'auberge, profitant d'un moment où Victor avait cessé de regarder par la fenêtre.

La pièce du rez-de-chaussée, qui servait à la fois de cuisine, d'office et de salle à boire, était déserte.

L'hôtesse était allée, avec un marmot de huit ou dix ans, son fils, dans le jardin attenant à la maison. Le mari était à la pêche.

Le faux pilote aperçut du premier coup d'œil, sur un banc, la valise de Victor, que ce dernier avait oublié de faire monter dans sa chambre.

Il ressortit un moment, s'assura que la maison était déserte, et, pour plus de précautions, il poussa le verrou de la porte qui donnait sur l'escalier, puis il revint.

— Je me suis aperçu, se dit-il, que les fabricants de malles ne sont nullement rigoureux sur le choix des serrures. La clef d'une valise ouvre toutes les valises.

Il tira de sa poche un petit trousseau de clefs, qu'il examina avec la rapide attention d'un homme habitué jadis à crocheter les portes, en choisit une et l'introduisit dans la serrure.

La clef tourna comme chez elle, et la valise s'ouvrit.

— Je suis curieux, se disait le faux pilote, de savoir quel est le bagage de l'héritier des Passe-Croix.

La valise contenait un peu de linge, des habits de rechange, une lettre, et la paire de pistolets dont Victor s'était muni en partant de Nantes.

Le faux pilote ouvrit la lettre sans façon et la lut. C'était celle de Mme d'Estournelle.

— Je commence à comprendre, se dit-il. Le jardinier s'est dégrisé.

Ensuite il prit un des pistolets, tira la baguette, retourna le tire-bourre, enleva le tampon et fit glisser la balle dans ses doigts. Le second subit la même opération, et quand ce fut fini, le faux pilote remit les armes désormais inoffensives dans la valise, en disant :

— Vous pouvez aboyer maintenant tant que vous voudrez, mes bassets, vous ne ferez de mal à personne.

Après quoi il referma la valise, ôta le verrou et sortit fort tranquillement.

Victor n'avait rien entendu, l'hôtesse n'était point rentrée.

L'homme aux lunettes bleues regagna son poste d'observation. La nuit l'y surprit. Mais il avait si bien l'habitude de voir au travers des ténèbres, qu'il ne perdit aucun détail de ce qui se passa aux alentours de l'auberge.

Quelques matelots vinrent boire; le pêcheur rentra; la fenêtre de Victor laissa échapper un jet de lumière, et la tête du jeune homme se montra de nouveau, penchée au dehors.

La nuit était déjà très-obscure lorsque, à l'ouest, un point lumineux brilla sur la mer. C'était le falot d'une barque.

— Ou je me trompe fort, se dit le faux pilote, ou cette barque vient du cottage et porte la belle comtesse.

Bientôt il n'eut plus de doutes, car la barque mit en droite ligne le cap sur l'hôtellerie du *Renard d'or*.

Une demi-heure s'écoula; la barque vint s'échouer à moitié sur le sable, sous la fenêtre de Victor. Le faux pilote avait quitté son observatoire de la falaise; il était maintenant couché tout de son long sur le galet, à trois pas de l'embarcation, immobile comme un tronc d'arbre ou un bloc de granit.

Un quart d'heure après, Victor montait dans la petite embarcation que nous avons vue gagner aussitôt le large.

Alors, le faux pilote se relevait et murmurait en se mettant à courir :

— Allons, Rocambole, mon ami, voilà l'occasion de retrouver tes jambes de vingt ans.

Il gagna le sentier de la falaise qui conduisait au cottage, arriva auprès de la maison, franchit la haie d'un seul bond, et escalada le pommier dont, la nuit précédente, il avait cassé une branche.

La comtesse n'était point arrivée encore, mais la fenêtre du salon était ouverte.

— Cette fois, j'entendrai tout, se dit-il.

Mme d'Estournelle, Émeraude et Victor arrivèrent.

Le faux pilote écouta leur conversation; il assista à la mise en scène de ce drame qui promettait de devenir sanglant. Et, lorsque Émeraude descendit pour placer Victor en sentinelle dans le jardin, il était déjà loin.

D'un bond prodigieux, il s'était élancé de l'autre côté de la haie, et retournait, agile comme un chevreuil, sur le chemin de la falaise.

— Ces pauvres jeunes gens, ricanait-il entre ses dents en faisant allusion à M. de Chenevières et à ses amis, ils auraient laissé Victor et Andrewitsch s'entr'égorger.

Il y avait un endroit où le chemin de la falaise devenait fort étroit et surplombait la mer. Ce fut là que le faux pilote s'arrêta, se colla contre le roc, et tendit l'oreille dans la direction de Locmaria.

Au bout d'environ dix minutes, un bruit de pas se fit entendre, puis une silhouette noire se détacha en vigueur sur le noir de la nuit.

— Voici mon amoureux, pensa l'homme aux lunettes b'eues.

C'était, en effet, Andrewitsch qui accourait au rendez-vous que lui avait donné la comtesse, la tête pleine de ce joli roman qu'elle lui avait conté, et dont un persécuteur mystérieux était le héros principal.

Le faux pilote s'était si bien effacé contre la falaise, que le prisonnier russe arriva sur lui sans le voir.

Mais alors, comme il faisait un pas encore, une main de fer l'étreignit à la gorge et le cloua immobile contre le roc.

En même temps la lame d un poignard brilla, et Andrewitsch, étourdi, entendit une voix qui lui était inconnue et qui lui murmurait à l'oreille :

— Si vous faites un pas, si vous cherchez à vous débattre, vous êtes un homme mort.

Andrewitsch essaya de se dégager. La pointe du stylet lui pesa sur la gorge.

Le jeune homme était doué du vrai courage, de ce courage qui consiste à s'incliner devant une nécessité impérieuse; résister sans profit lui parut inutile.

— Que me voulez-vous? dit-il. Si c'est de l'argent, vous tombez mal... Je suis prisonnier russe, j'ai vingt sous dans ma poche.

— C'est moi qui veux vous en donner de l'argent, répondit le faux pilote.

— Et c'est pour que je l'accepte, fit Andrewitsch, qu retrouvait peu à peu son sang-froid, que vous me menacez de me tuer?

— Oui, monsieur le baron.

A ce titre que lui donnait un inconnu, Andrewitsch tressaillit.

— Vous vous trompez, dit-il, et je vois que vous me prenez pour un officier, alors que je suis un simple soldat. Je ne suis pas baron.

— Votre père l'était.

Andrewitsch tressaillit. L'homme aux lunettes bleues ajouta :

— On l'appelait en Russie le colonel Yermoloff...

Andrewitsch jeta un cri.

— Vous me connaissez? dit-il.

— Et à Paris le baron René, acheva cet homme, qui était inconnu à Andrewitsch.

— Mais qui donc êtes-vous? s'écria le jeune prisonnier.

— N'avez-vous pas reçu hier une lettre venant de Paris?

— Oui.

— Qui vous annonçait que les amis du capitaine Grain-de-Sel veillaient sur vous.

— C'est vrai.

— Je suis un de ces amis-là. C'est tout ce que je puis vous dire. Maintenant, suivez-moi.

— Mais... c'est que... balbutia Andrewitsch.

— Oui, je sais. Vous avez un rendez-vous... On vous attend, n'est-ce pas?

— Oui.

— Vous vous trompez. C'est la personne qui vous attendait hier qui m'envoie vers vous.

— Vrai?

— Suivez-moi, répéta le faux pilote avec un accent d'autorité qui domina le prisonnier russe.

Il le prit par le bras et l'entraîna, du côté de Locmaria, jusqu'à une cabane de pêcheur à moitié creusée dans le roc.

Un filet de lumière passait sous la porte. Le faux pilote frappa, la porte s'ouvrit; un homme accourut sur le seuil, une torche de résine à la main. Cet homme paraissait étranger au pays, en dépit de son costume de pêcheur.

Au coin de l'âtre, il y avait un autre personnage qui se chauffait tranquillement.

Victor de Passe-Croix, s'il eût été là, eût peut-être reconnu en lui, malgré sa vareuse de laine brune et son bonnet rouge, cet honnête vieillard à lunettes et à cornet acoustique avec lequel il avait fait le voyage de Paris à Nantes.

Cet homme se leva à son tour et vint à la rencontre faux pilote.

Ce dernier se tourna vers Andrewitsch, toujours et de plus en plus étonné :

— Venez ! lui dit-il.

Il fit un signe, et l'homme qui tenait la torche, et qui était un vigoureux gaillard taillé en hercule, souleva une trappe qui recouvrait un escalier de cave.

— Venez, répéta le faux pilote, je vais vous montrer des choses qui vous intéressent au double point de vue de votre héritage et de la femme que vous aimez.

Andrewitsch le suivit sans défiance. L'homme à la torche passa le premier et descendit d'un pas lent et mesuré une trentaine de marches taillées dans le roc.

Le soir même, Mme d'Estournelle quittait Belle-Isle. (Page 1139.)

La dernière aboutissait à une porte de cave en chêne ferré.

L'homme à la torche prit une clef à sa ceinture et ouvrit cette porte, puis il s'effaça.

La cave était étroite et n'avait d'autre mobilier qu'une futaille vide.

Alors, rapide comme l'éclair, le faux pilote prit Andrewitsch par les épaules, le poussa vivement dans la cave et ferma la porte à double tour.

— A présent, dit-il, tandis qu'Andrewitsch, plongé tout à coup dans les ténèbres, jetait un cri, je suis bien certain qu'il n'ira point se faire tuer. A l'autre, maintenant.

XLVII.

Cependant Victor se promenait de long en large dans le jardin, ses pistolets tout amorcés dans les poches de son habit.

Tout à coup il entendit un léger bruit de l'autre côté de la porte du jardin.

— Voilà cet homme! pensa-t-il.

Il se dirigea vers la porte et l'ouvrit. Un inconnu s'arrêtait sur le seuil.

— Qui êtes-vous? dit Victor.

Une voix railleuse lui répondit

— Laissez-moi donc passer, cher ami, et aller à mes affaires.

Victor se plaça en travers de la porte, et dit avec un accent de rage :

— Vous ne passerez pas !

— Place ! dit l'inconnu.

Et il poussa rudement Victor.

Alors le saint-cyrien perdit la tête et fit feu de l'un de ses pistolets.

Un éclat de rire strident lui répondit, et l'inconnu, le repoussant de nouveau, entra dans le jardin.

C'était ce premier coup de pistolet qui avait fait évanouir la comtesse.

Victor ajusta tant bien que mal dans les ténèbres, et tira son deuxième coup de pistolet.

Un nouvel éclat de rire se fit entendre, et tout aussitôt Victor se sentit enlacé par deux bras robustes; on le jeta rudement à terre, on lui mit un mouchoir sur la bouche, et il entendit une voix qui disait :

— Allons ! emportez-le... il me gêne !

L'homme qui avait essuyé les deux coups de feu et ne s'en portait pas plus mal poursuivit sa course vers la maison.

C'était le faux pilote.

Au seuil, il trouva Yaume, le jardinier, que les deux coups de pistolet avaient fait sortir tout effaré de son lit.

— Le pilote ! murmura celui-ci.

— Je suis le diable ! répondit le faux pilote, qui lui donna un croc-en-jambe et l'envoya rouler dans le vestibule, ajoutant : Si tu ne te tiens tranquille, je te ferai bouillir dans l'huile.

Puis il gravit l'escalier, arriva au premier étage et ouvrit avec fracas la porte du salon.

Émeraude, toute bouleversée, soutenait dans ses bras la comtesse évanouie.

A la vue de l'inconnu, elle poussa un cri et laissa échapper la comtesse, qui tomba inerte sur le parquet; puis elle se réfugia à l'autre bout du salon, disant :

— Quel est cet homme ?

— Quelqu'un qui vous enverra en cour d'assises, ma mignonne, si vous n'êtes pas sage.

Ce mot de cour d'assises arracha un cri de terreur à Émeraude.

Le faux pilote alla vers elle, lui mit une main sur l'épaule, la regarda fixement et lui dit :

— Vous allez vous enfermer dans votre chambre, vous coucher, et mettre le nez sous vos couvertures. Si vous entendez quelque chose, vous vous figurerez que vous rêvez...

La jeune femme s'était prise à trembler de tous ses membres.

— Ma petite Olympe, poursuivit le pilote d'un ton doucereux, je vais vous donner un bon conseil : Il faut renoncer à servir Topaze. Topaze a des ennemis plus forts que les deux crinolines que vous et Grenat avez mises à son service.

D'un geste impérieux, il lui montra la porte et lui ordonna de sortir.

Puis, lorsqu'elle eut obéi, il alla relever la comtesse, la transporta sur un canapé, entassa deux oreillers sous sa tête, entr'ouvrit ses lèvres crispées et lui introduisit dans la bouche le goulot d'un petit flacon qu'il tira de sa poche.

Aussitôt la comtesse ouvrit les yeux et promena un regard étonné autour d'elle.

— Où suis-je ?... Quel est cet homme ?... fit-elle avec une sorte d'effroi.

Le faux pilote attacha sur elle un regard dominateur.

— Vous êtes chez vous, dit-il, et c'est le bruit d'un coup de pistolet qui a causé votre évanouissement.

La comtesse se redressa en poussant un cri, porta les deux mains à son front et fixa sur le faux pilote un œil hagard.

— Un coup de pistolet qui a tué Andrewitsch, acheva froidement le pilote.

Elle jeta un nouveau cri, un cri terrible, insensé de désespoir, un cri de folle, un cri de hyène...

— Ah ! misérable que je suis ! dit-elle en se tordant les mains.

Elle tomba à genoux devant le faux pilote.

— Si vous êtes un juge, dit-elle, écoutez... Je confesse mon crime !...

L'amour qui torturait le cœur de Mme d'Estournelle s'était fait jour enfin, et se traduisait par un immense désespoir.

— Allons ! murmura l'inconnu, je ne m'étais pas trompé, elle l'aime !

Il lui prit la main et lui dit :

— Rassurez-vous, votre crime est imaginaire..... Andrewitsch n'est pas mort. Le coup de pistolet a été tiré sur moi... sur moi, qui protégeais Andrewitsch, et qui l'ai empêché de venir.

Au premier rayon de soleil un peu chaud, la vipère, engourdie par le froid de la nuit, sort tout à coup de sa torpeur, dresse la tête et se met à siffler.

Les derniers mots du faux pilote produisirent un effet identique sur la comtesse.

Elle était tombée à genoux, suppliante, brisée, offrant sa tête à l'échafaud.

Elle se redressa, l'œil enflammé, la gorge crispée, les narines frémissantes, effrayante de colère et de haine.

— Qui donc êtes-vous ? s'écria-t-elle, vous qui venez de me tendre un piège ?

Et elle courut à la croisée et se mit à crier :

— Victor ! Victor !

— Victor est loin d'ici, madame, dit le faux pilote en lui prenant la main, et nous sommes seuls.

— Seuls ! fit-elle, seuls...

— Avec un homme qui sait tous vos secrets et qui veut vous proposer un marché.

Le regard de cet homme et celui de la comtesse se rencontrèrent; il y eut comme échange muet et rapide d'un fluide mystérieux, et ces deux intelligences si merveilleusement organisées pour le mal, se devinèrent et se comprirent.

Alors le faux pilote alla fermer la porte au verrou, il ferma ensuite la fenêtre, revint à la comtesse, et lui dit :

— Savez-vous bien que le comte d'Estournelle, votre mari, a une encolure de taureau ? il peut mourir d'une apoplexie.

— Ah ! fit-elle, cherchant à lui fouiller l'âme de son regard.

— De plus, il est querelleur, ajouta le faux pilote, il peut se faire tuer en duel au premier jour... Et si vous deveniez veuve... vous pourriez épouser Andrewitsch.

— Mais qui donc êtes-vous ? s'écria-t-elle. Qui donc es-tu, démon ?

— Peu importe ! répondit-il, causons.

Émeraude, bouleversée par la terreur, n'eut garde de sortir de sa chambre; elle croyait la maison investie par la justice, et à chaque instant sa raison troublée lui faisait entendre un piétinement de chevaux et un cliquetis de sabres imaginaires.

Cependant, quand le jour vint, elle se trouva plus hardie, et, se glissant hors de son lit, elle alla appuyer son oreille contre la porte. La maison était silencieuse.

Émeraude se hasarda à entrebâiller la porte, puis elle fit un pas sur l'escalier, puis deux, et elle se pencha sur la rampe.

L'escalier était désert. Émeraude s'enhardit et descendit au premier étage.

La porte du salon était entr'ouverte. L'actrice glissa sa tête au travers.

L'homme qui l'avait si fort effrayée pendant la nuit avait disparu. La comtesse était seule, assise devant une table, et elle écrivait.

Son visage était calme, presque souriant, et n'avait conservé aucune trace des événements de la nuit.

Elle leva la tête et vit Émeraude qui n'osait entrer.

— Viens donc, dit-elle d'un ton dégagé, je suis seule.

Émeraude entra.

— Ah! ma chère, dit-elle en se jetant au cou de la comtesse, quelle nuit!

— Tu es folle! répondit froidement la comtesse.

— Mais il doit y avoir un cadavre dans le jardin?

— Celui d'Andrewitsch, peut-être, fit Mme d'Estournelle, souriant. Rassure-toi, Andrewitsch n'est pas mort.

— Ou bien celui de Victor?

— Victor se porte à merveille.

Le calme de la comtesse stupéfiait Émeraude.

— Mais enfin, dit-elle, sais-tu ce qui s'est passé?

— Parfaitement.

— Alors tu vas me l'apprendre.

— Non, dit la comtesse; pas aujourd'hui, du moins, ma petite.

— Voyons, Topaze, fit l'actrice, causons un peu sérieusement : es-tu folle ou raisonnable?

— J'ai toute ma raison.

— Mais enfin, ce coup de pistolet?

— Je l'ai entendu comme toi, puisque je me suis évanouie.

— Ainsi, Andrewitsch n'est pas mort?

— Non.

— Et... Victor?

— Il a été un peu meurtri peut-être, un peu contusionné; mais il va bien, au demeurant.

— C'est à n'y rien comprendre! murmura Émeraude.

— Ah! dit la comtesse, à propos, tu sais que nous partons?...

— Quand?

— Aujourd'hui.

— Et... nous allons?

— Nous retournons à Paris.

— Décidément, murmura Émeraude, l'énigme se complique.

Mme d'Estournelle ne sourcilla pas.

Émeraude poursuivit :

— Mais tu ne partiras point, j'imagine, sans revoir Andrewitsch?

— Andrewitsch part ce matin même. Il arrivera à Paris avant nous.

— A qui écris-tu?

— A mon mari.

— Tiens! c'est juste, dit Émeraude; il me semble que nous l'avions pas mal oublié depuis quelque temps, ce cher comte.

Mme d'Estournelle ferma sa lettre ajoutant :

— A propos, tu sais que je ne descendrai pas chez moi à Paris.

— Où donc descendras-tu?

— Chez toi d'abord. Ensuite je me chercherai un petit appartement bien simple, bien modeste, comme il convient à une veuve.

— Ah! tu seras veuve?...

— Toujours.

— Je donne ma langue aux chats, murmura Émeraude, et puisque tu as des secrets pour moi...

Mme d'Estournelle prit la tête d'Émeraude dans ses deux mains et la baisa au front :

— Je te conterai tout à Paris, dit-elle. En attendant, fais tes paquets. Nous partons.

Le soir même, en effet, Mme d'Estournelle avait quitté Belle-Isle-en-Mer.

XLVIII.

Revenons à Victor.

Notre héros, après avoir fait feu de ses deux coups de pistolet sans voir tomber le mystérieux inconnu qui lui riait au nez, se sentit rudement enlacé, enlevé de terre par des bras robustes, bâillonné en un tour de main et emporté comme une sorcière un jour de sabbat.

Tout cela fut accompli si rapidement, qu'il n'eut le temps ni de se débattre, ni de crier, ni même de voir, car on lui jeta un mouchoir sur la figure.

Ce ne fut qu'au bout de quelques minutes qu'il retrouva une sorte de présence d'esprit et qu'il chercha, par des efforts surhumains, à se dégager.

Un homme, il le comprit, l'emportait sur son dos; un autre lui tenait les jambes.

Ces deux hommes avaient, sans doute, une vigueur peu commune, puisque, malgré sa force de vingt ans, il ne put parvenir à se débarrasser de leur étreinte.

L'un d'eux, celui qui le portait et avait pris un véritable pas de course, lui dit :

— Ne vous donnez pas tant de mal, monsieur de Passe-Croix, on n'en veut ni à votre bourse, ni à votre vie.

Cette voix était inconnue à Victor, mais il s'entendait appeler par son nom, et il songea sur-le-champ à ce qui lui était arrivé en Sologne.

— Est-ce que les amis de M. de Chenevières se mêleraient encore de mes affaires! pensa-t-il.

La course de l'homme qui le portait dura une demi-heure environ.

Lorsqu'il s'arrêta et laissa glisser Victor à terre, celui-ci secoua le mouchoir qu'on lui avait mis sur le visage, et pendant une demi-seconde il eut la faculté de voir.

Il aperçut une maison, un chemin poudreux, il entendit mugir la mer sous ses pieds, et ce fut tout, car on lui remit le mouchoir sur les yeux, et on le noua solidement derrière la tête.

Le bâillon qu'on lui avait passé dans la bouche l'empêchait de crier.

Il voulut se débattre une dernière fois, mais toujours sans succès.

Le bruit d'une porte qu'on ouvrait frappa son oreille.

L'un des hommes lui dit :

— Nous allons vous prier, monsieur, de vous coucher bien tranquillement. Si, par hasard, vous n'aviez pas soupé, on pourrait vous servir du poisson, un morceau de lard et un verre de cidre.

En même temps, on le poussa, et il comprit qu'il franchissait le seuil de la maison qu'il avait aperçue un moment.

Il entendit la porte se refermer, et, à travers le mouchoir qui lui bandait les yeux, passa un rayon de clarté.

Alors on lui ôta son bâillon, et le mouchoir tomba.

Victor avait une nature emportée et violente.

Cependant, en ce moment, un tout autre sentiment le domina, — la curiosité.

Il regarda autour de lui...

Il se trouvait dans une sorte de hutte de pêcheur. Un feu de sapin flambait dans l'âtre; un lit à baldaquin de serge, quelques escabeaux et une table composaient tout le mobilier.

Victor regarda les deux hommes, qui semblaient être des pêcheurs, et soudain il laissa échapper une exclamation de surprise.

Dans l'un d'eux, il venait de reconnaître le vieillard au cornet acoustique.

— Ah! par exemple! s'écria-t-il, ceci est trop fort... Vous n'êtes donc pas sourd!

L'homme au cornet se prit à sourire.

— Pas plus que vous, dit-il.

— Et c'est vous qui venez..

— C'est moi, répondit tranquillement cet homme, qui vous suis depuis Paris pour vous empêcher de faire des bêtises.

Victor fronça le sourcil.

— Et nous sommes arrivés à temps ce soir, car vous alliez vous faire l'instrument d'un assez joli crime, ajouta l'homme au cornet.

A ces derniers mots, la colère de Victor éclata :

— Misérable! dit-il, est-ce que vous allez m'insulter...

— Hé! John! fit l'homme au cornet en s'adressant à l'espèce d'hercule qui avait emporté Victor sur son dos, je crois que monsieur ne sera pas sage; il faudra prendre des précautions.

L'hercule s'approcha de Victor et lui dit en lui serrant le bras à le faire crier :

— Nous voudrions pourtant bien, monsieur, ne pas vous attacher...

Victor comprit qu'il était à la merci de ces hommes. Le prétendu sourd ajouta :

— Je vous dirai même que nous avons ordre de vous enfermer pieds et poings liés dans une cave qui est ici, à moins que vous ne soyez raisonnable...

Victor se calma tout à coup. Les deux hommes à qui il avait affaire lui semblaient être des gens de peu, comme on dit, et il eut soudain le calme d'un gentilhomme tombé au milieu d'une bande de brigands.

— Je veux bien être raisonnable, dit-il, et n'ai nulle envie de me faire assommer d'un coup de poing.

— A la bonne heure!

— Mais je voudrais savoir au moins où je suis.

— Qu'à cela ne tienne, répondit l'homme au cornet; vous êtes dans une hutte de pêcheur, perchée en haut des falaises, à mi-chemin de Locmaria et du cottage où nous vous avons pris.

— Bien.

— L'homme sur qui vous avez tiré n'est point celui que vous attendiez...

— Ah!

— Celui-là n'est point venu. Mme la comtesse d'Estournelle ne court aucun danger, et nous vous engageons à vous coucher.

— Mais...

— Monsieur de Passe-Croix, interrompit l'homme au cornet d'un ton bref, nous avons reçu des ordres, nous les exécutons. Si vous avez d'autres explications à demander, veuillez attendre le retour du maître.

— Le... maître?

— Oui.

— Quel est-il donc?

— Peut-être vous le dira-t-il lui-même.

— Et quand reviendra-t-il?

— Oh! dans une heure peut-être... Dans tous les cas, il sera là avant le jour.

Victor s'assit au coin du feu. Mille pensées confuses l'agitaient; il se demandait si le nouveau guet-apens dont il venait d'être victime ne se rattachait point aux événements de Sologne.

Les mots vagues, mystérieux, échappés à M. de Chenevières touchant son père, à la Victor, l'hésitation de M. de Fromentin à lui répondre; tout, jusqu'à cette phrase de l'homme au cornet : « Nous sommes arrivés à temps pour vous empêcher de commettre un crime; » tout lui revenait en mémoire et lui donnait la fièvre.

L'hercule avait fermé à double tour l'unique porte de la hutte.

Il ouvrit un bahut et en tira un pichet de cidre, du pain et du lard.

— Vrai, monsieur, dit-il en s'attablant, vous ne voulez pas souper?

Victor refusa d'un geste. Cependant, comme il avait une soif ardente :

— Donnez-moi à boire, dit-il.

L'homme au cornet ouvrit à son tour le bahut et y prit un gobelet d'étain; puis, furtivement, il jeta au fond une petite pincée de poudre brune qu'il tenait, depuis un moment, entre le pouce et l'index.

Après quoi il emplit le gobelet de cidre et l'offrit à Victor.

Le jeune homme le vida d'un trait et se remit au coin du feu, attendant avec impatience le retour du personnage que ces deux hommes appelaient le *maître*.

Mais, au bout de quelques minutes, Victor fut pris d'une sorte de torpeur physique; il eut envie de dormir, voulut se lever et n'en eut pas la force. Peu à peu sa tête retomba sur son épaule, ses yeux se fermèrent et il s'endormit d'un profond sommeil.

Combien d'heures dura ce sommeil?

Victor eût été bien embarrassé pour le préciser quand il s'éveilla.

Lorsqu'il ouvrit les yeux, il se trouva couché sur le lit qui était dressé au fond de la hutte. Les rayons du soleil se jouaient sur la courtine, la porte était ouverte. Les deux hommes avaient disparu.

Victor sauta à bas du lit, courut au seuil de la porte et promena un regard avide autour de lui...

Il avait la mer à ses pieds, la falaise au-dessus de sa tête, à droite et à gauche un sentier poudreux, et la maison d'où il sortait lui paraissait abandonnée...

Il y rentra, et son regard fut attiré par un objet blanc qui se trouvait sur la table.

C'était une lettre à son adresse. L'écriture lui en était inconnue.

Il l'ouvrit et lut :

« Des gens à qui M. Victor de Passe-Croix inspire une sympathie réelle l'engagent à retourner à Paris et à ne jamais demander, à qui que ce soit au monde, l'explication de certains mystères. M. de Passe-Croix ne trouvera plus à Nantes M. de Chenevières. On l'a transporté dans un château des environs, dont M. de Passe-Croix cherchait en vain à savoir le nom.

« Il est inutile qu'il retourne au cottage. Les deux femmes qui l'habitaient ont quitté Belle-Isle-en-Mer.

« Si M. de Passe-Croix retrouve jamais la comtesse, il fera bien de lui tourner le dos. Elle ne mérite que son indifférence et son mépris, car elle s'est jouée de lui.

« M. de Passe-Croix, enfin, fera bien de passer à l'auberge du *Renard d'or*, où il retrouvera sa valise et ses pistolets. »

La lettre était sans signature.

Victor prit sa tête à deux mains et murmura avec accablement :

— Je crois que je finirai par devenir fou.

Il fouilla la maison; elle était déserte. Il descendit alors à Locmaria et entra dans l'auberge du *Renard d'Or*.

— Ah! monsieur, lui dit l'hôtesse, je vous ai cru mort, Seigneur Dieu!

— Bah!

— Voici deux jours que vous êtes parti...

— Deux jours!

— Oui, monsieur, c'est avant-hier soir vendredi...

— Comment!! s'écria Victor, vous dites que c'est avant-hier...

— Oui, monsieur, à preuve que c'est aujourd'hui dimanche. Et tenez, voilà le dernier coup de la messe qui sonne.

Victor eut le mot de l'énigme. Le verre de cidre qu'il avait bu contenait un narcotique. Il avait dormi près de quarante-huit heures.

— Oh! se dit-il avec une sorte de rage, il faudra pourtant bien que j'aie le mot de toutes ces énigmes!...

Au son de la cloche de l'église se mêlait le son d'une autre cloche.

C'était celle d'un bateau à vapeur prêt à partir.

— Il s'était trouvé une nuit face à face avec son père, un pistolet au poing. (Page 1192.)

Victor jeta un louis sur la table et prit sa valise.
Comme il allait franchir le seuil du *Renard d'or*, l'hôtesse lui dit:
— Ah! j'oubliais de vous remettre ceci, monsieur. On l'a apporté pour vous hier soir. Celui qui me l'a remis est un pilote engagé à bord d'un bateau de pêche qui va, dit-on, à Terre-Neuve.

L'objet que l'hôtesse remettait à Victor était une petite boîte.

Cette boîte renfermait ses pistolets.

XLIX.

Le train qui va de Nantes à Paris n'entre pas dans la gare d'Orléans; il s'arrête aux Aubrais, et les voyageurs obtiennent de l'obligeance de l'administration vingt-cinq minutes destinées à la consommation du plus méchant dîner qui soit au monde.

Or, à quarante-huit heures de distance des événements que nous racontions naguère, notre héros, M. Victor de Passe-Croix, arriva aux Aubrais vers cinq heures et demie du soir.

Victor avait pris un coupé dans lequel il était demeuré seul.

Il descendit, entra dans la salle à manger du buffet, se mit à table comme les autres voyageurs, mangea du bout des dents, paya et remonta dans son coupé, bien avant le coup de cloche du départ.

Les voyageurs qui viennent de Nantes sont rejoints aux Aubrais par un train venant de Limoges.

Victor, qui s'était déjà allongé sur sa banquette, tourna tout à coup la tête, au bruit de la portière qu'on ouvrait, et fit un geste de mauvaise humeur, en entendant ces mots d'un employé:
— Il y a de la place ici, monsieur!

Victor fronçait démesurément le sourcil lorsque soudain il jeta un cri d'étonnement à la vue du voyageur qui venait partager son compartiment.

C'était un jeune homme vêtu de velours gris, coiffé d'une casquette de chasse, et qui tenait à la main une légère valise et une couverture de voyage.
— Paul!
— Victor!

Telle fut la double exclamation poussée par les deux jeunes gens, qui se tendirent aussitôt la main.
— D'où viens-tu? demanda le nouveau venu.
— De Nantes, et toi?
— De Limoges, où j'ai passé quelques semaines chez une de mes tantes.

Or, ce jeune homme n'était autre que Paul de la Morlière, le héros de la première partie de cette histoire, le fils du vicomte, ce misérable qui avait tué Diane de Morfontaine et M. de Main-Hardye.

Il y avait trois mois que Paul avait disparu du monde parisien.
— Ah! fit Victor, tu viens de chez ta tante, à Limoges?

— Oui.
— Comment va ton père?
— Je ne sais pas, répondit sèchement Paul de la Morlière.
— Comment, tu ne sais pas?
— Il y a trois mois que je ne l'ai vu.
— Mais tu lui écris?
— Non.

L'accent de Paul avait une tristesse mystérieuse mélangée de dédain.

Le train venait de se mettre en route. Les deux cousins étaient seuls dans leur coupé, et avaient, par conséquent, toute liberté de causer.

Un éclair traversa le cerveau de Victor de Passe-Croix.

— Dis donc, Paul, fit-il, sais-tu pourquoi ton père et le mien se voient si rarement?

Un nuage passa sur le front de Paul de la Morlière.

— Parce qu'ils ont sans doute commis en commun des peccadilles de jeunesse.

— Ah!
— Et toi, comment es-tu avec ton père, Victor?
— Je ne sais pas.

Paul fronça le sourcil.

— Sais-tu bien, dit-il, que depuis trois mois je n'ai pas mis le pied dans la maison paternelle?

— Pourquoi donc?

— Parce que je me suis trouvé une nuit face à face avec mon père, un pistolet à la main.

Victor eut un geste de surprise.

— Mais raconte-moi donc cela, fit-il.

— Non, pas avant que tu m'aies expliqué ces mots, qui viennent de t'échapper lorsque je t'ai demandé si tu étais bien avec ton père: *Je ne sais pas.*

— C'est, répondit Victor, que je ne sais plus, à l'heure qu'il est, si je dois encore aimer mon père et le vénérer, ou si je ne dois plus avoir que du mépris pour lui.

— C'est exactement ma position, dit Paul, et c'est pour cela que j'ai quitté Paris sans le revoir, il y a trois mois.

Les deux jeunes gens se regardèrent un moment muets, consternés. Enfin, Victor fit un effort suprême:

— Je vais tout te dire, mais tu me diras tout, n'est-ce pas?

— Tout.

Alors, d'un ton bref, saccadé, parfois ému, Victor raconta son déplacement de chasse au château des Rigoles, la connaissance qu'il y avait faite de M. de Fromentin, l'histoire du créole Charles de Nancery, et enfin l'amour insensé de sa sœur Flavie pour M. Albert Morel.

Mais lorsqu'il en fut venu au récit de son enlèvement dans la forêt et de son emprisonnement dans la maison mystérieuse; lorsqu'il eut parlé de cette inconnue aux cheveux blonds qui l'avait un moment fasciné de son doux regard et de son sourire, Paul l'interrompit vivement et s'écria:

— C'est elle!
— Danielle?
— Tu la connais?
— Oh! oui, murmura Paul, et je l'aime éperdument. Écoute maintenant, écoute mon histoire à ton tour.

Paul raconta alors en peu de mots, mais avec une clarté parfaite, les mystérieux événements qui s'étaient déroulés en Normandie, trois mois auparavant, c'est-à-dire la façon étrange dont il avait rejoint Danielle dans la propriété du marquis de Verne, et cette rencontre nocturne avec son père, qui avait fait feu sur lui.

Nos lecteurs s'en souviennent, cette nuit avait clos la première partie des *Chevaliers du Clair de Lune.*

Paul continua ainsi, pendant que Victor l'écoutait frémissant:

— Le coup de pistolet éclaira la chambre, une femme parut un flambeau à la main, mon père jeta un cri :

« — Diane! murmura-t-il.

« Cette femme, à qui il donnait le nom de Diane, c'était Danielle. Qu'est-ce que Danielle? je l'ignore.

« Toujours est-il certain que mon père tomba à genoux, murmura des mots inintelligibles et me fit l'effet d'un homme frappé de la foudre.

« Danielle vint à moi, me prit la main et me dit.

« — Regardez cet homme! c'est un assassin! » Et elle disparut, et j'ai eu beau parcourir la maison, la fouiller des caves aux combles. je ne l'ai point retrouvée...

— Mais... ton père? demanda Victor de Passe-Croix.

— Il a été comme idiot pendant deux ou trois jours. Je l'ai ramené à Paris, et depuis lors je ne l'ai point revu.

— Ainsi les hommes qui entourent cette femme que tu nommes Danielle sont, selon toi, les mêmes qui m'ont poursuivi en Sologne?

— Je le jurerais.

— Mais... quel est leur but?

Paul était sombre.

— Ecoute, dit-il, je crois que nos pères ont du sang sur les mains.

Victor fit un soubresaut et poussa un cri terrible.

— Oh! si cela était! dit-il.

— Que ferais-tu?

Et Paul de la Morlière attacha sur Victor un regard ardent.

— Que ferais-tu? répéta-t-il; car, moi, depuis cette nuit-là, je suis en proie à une sorte de fièvre désespérée; car j'ai parfois envie de me tuer... car je voudrais savoir...

Victor, le bouillant et l'intrépide, eut un éclair de rare sang-froid.

— Ami, dit-il, écoute bien ce que je vais te dire. Si nos pères sont coupables, c'est à nous de réparer leur faute. Mais cette faute, il faut la connaître.

— Mon père n'avouera jamais! murmura Paul...

— Eh bien! s'écria Victor, je te jure, moi, que le mien sera forcé de me dire la vérité.

Comme le jeune homme prononçait ces derniers mots, le train arrivait dans la gare de Paris.

— Où vas-tu? demanda Paul. Moi, je ne veux pas rentrer chez mon père; je vais descendre à l'hôtel.

— Eh bien! je vais tout droit chez moi, dit Victor.

— Pourquoi?

— Parce que je veux avoir ce soir même une explication avec mon père.

Paul baissa la tête et ne répondit rien.

Les deux cousins prirent une voiture à la gare.

Victor laissa Paul de la Morlière à l'hôtel de Bade, et continua son chemin vers la maison paternelle.

M. le baron de Passe-Croix habitait à Paris un hôtel dans la rue d'Anjon-Saint-Honoré. C'était une assez vaste demeure un peu triste, un peu sombre, aux murailles grises, presque toujours veuve de ses maîtres.

Le baron et sa famille y passaient à peine quatre mois d'hiver.

Un vieux suisse en était le seul gardien aussitôt que la famille était repartie pour la Martinière, où M. de Passe-Croix semblait se plaire beaucoup plus qu'à Paris.

Il était nuit close depuis longtemps lorsque Victor arriva.

Il sonna discrètement; le suisse vint ouvrir.

— Chut! dit Victor en posant un doigt sur ses lèvres. Avant de m'annoncer, dis-moi comment va Mlle Flavie.

Et il se glissa dans la loge du suisse et tira la porte sur eux.

— Monsieur Victor, répondit le suisse, Mlle Flavie va beaucoup mieux.

— Ah! dit Victor en respirant.

— Il y a un médecin portugais qui la soigne et qui vient tous les jours.

— Il paraît, ajouta le suisse, que d'ici à quelques jours mademoiselle sera tout à fait guérie.

Victor respira.
— Et ma mère?
— Mme la baronne va bien. Elle est sortie en ce moment. Je crois qu'elle est à l'église Saint-Philippe.

Le jeune homme regarda par le carreau de la loge, qui donnait sur la façade de l'hôtel, et vit de la lumière à deux croisées du second étage.

— Mon père est dans son cabinet, pensa-t-il.

Et il dit au suisse :

— Garde ma valise et ne sonne pas pour avertir de mon arrivée. Je vais monter chez mon père par le petit escalier.

En effet, Victor gagna un escalier de service et en gravit les marches lestement, sur la pointe du pied, sans rencontrer personne. Il arriva ainsi au deuxième étage, traversa un corridor et frappa deux coups à une porte.

— Entrez! dit une voix qu'il reconnut pour celle de son père.

Le baron était dans son cabinet, assis dans un fauteuil à la Voltaire, les jambes croisées, la tête appuyée dans une de ses mains et en proie à une sorte de rêverie.

Il eut une exclamation de surprise et de joie en voyant entrer Victor.

Mais Victor était pâle, un peu triste, et son attitude avait quelque chose de solennel qui frappa M. de Passe-Croix.

— Oh! dit-il, c'est toi. D'où viens-tu, mon enfant?
— De Nantes, mon père.

Victor ferma la porte et vint s'adosser à la cheminée, en face de son père.

— Ah! tu viens de Nantes? et qu'es-tu allé y faire, s'il te plaît?
— Je m'y suis battu.

M. de Passe-Croix tressaillit.

— Avec un des hommes qui m'ont maltraité en Sologne, acheva Victor; avec un de ceux qui sont cause de la folie de ma sœur.
— Que me chantes-tu là?
— Mais, reprit le jeune homme, avant de vous parler de cela, mon père, j'ai bien d'autres choses à vous dire.
— Ah!

Et l'accent de Victor était glacé, M. de Passe-Croix éprouva une vague inquiétude.

— Mon père, reprit Victor, nous sommes gentilshommes, n'est-ce pas?
— Belle question!
— Elle est sérieuse, mon père, car j'ai toujours ouï dire que dans une race de gentilshommes, les aïeux et les descendants étaient solidaires de l'honneur de la famille.
— Mais... sans doute...
— Eh bien! c'est au nom de l'honneur des Passe-Croix que je viens à vous.
— Ah çà, fit le baron avec impatience, t'expliqueras-tu? Il me semble que tu joues aux énigmes.
— Non, mon père.
— Allons, voyons?

Victor attacha sur le baron un regard qui eût voulu pénétrer jusqu'au fond de son âme.

— Mon père, reprit-il, mon cousin Paul de la Morlière est arrivé ce soir à Paris, comme moi. Nous avons voyagé ensemble depuis Orléans. Paul est à moitié fou, car il a entendu de vagues rumeurs, car des mots mystérieux ont frappé son oreille.
— Et ces mots... fit le baron, qui pâlit un peu et regarda attentivement Victor.
— Ces mots, reprit le jeune homme, étaient injurieux pour l'honneur de son père.

Le baron haussa les épaules.

— Ton oncle de la Morlière, dit-il, est un galant homme.

— Vous croyez?
— Parbleu!
— Ah! fit Victor d'un air de doute. Alors Paul a été mal renseigné... comme moi, probablement.

A ces derniers mots, le baron se leva tout d'une pièce et regarda fixement son fils :

— Comme toi? dit-il; que veux-tu dire, par hasard?
— Vous ne savez pas qu'en Sologne, répondit froidement Victor, ces hommes qui ont prêté main-forte à M. Albert Morel ont prétendu qu'ils accomplissaient un grand acte de réparation?

M. de Passe-Croix avait reconquis un sang-froid superbe :

— Si tu continues à parler par énigmes, dit-il, je ne comprendrai jamais.

Victor céda tout à coup à un accès d'emportement :

— Mon père, dit-il, je vous vais dire un mot encore. Celui-là est de Paul.
— Ah! que t'a-t-il dit, Paul?
— Ceci : « Je crois que nos pères ont du sang sur les mains. »

Les lèvres de M. de Passe-Croix blanchirent. Ses yeux s'injectèrent, un éclair de fureur en jaillit, et il écrasa son fils de son regard.

Il fit un pas en arrière, étendit la main et dit :

— Dieu maudit le fils qui accuse son père. Va-t'en!...

Tout brave qu'il était, tout convaincu qu'il semblait être de ce passé criminel et mystérieux, Victor se sentit foudroyé.

— Mon père! dit-il.

Mais M. de Passe-Croix lui montra la porte et dit :

— Je ne suis plus votre père! sortez!...

Le baron s'était montré si habile comédien en ce moment, que Victor le crut innocent.

— Ah! malheureux que je suis! murmura-t-il en tombant à genoux et joignant les mains, j'ai osé douter de mon père.
— Mais sors donc, misérable! s'écria M. de Passe-Croix étincelant d'un courroux superbe, sors à jamais de ma présence!... sors, maudit! tu n'es plus mon fils!... sors ou je te fais jeter à la porte par mes laquais!...

Et il voulut saisir un gland de sonnette.

Mais alors Victor se releva, marcha lentement vers le seuil, et se retournant avant de le franchir :

— Adieu, mon père, dit-il; je tâcherai de mériter un jour votre pardon!...

Et il sortit.

M. de Passe-Croix, pâle, défait, frémissant, écouta le bruit de ses pas de Victor s'affaiblir et se perdre dans l'éloignement.

Puis, quand il n'entendit plus rien, il se laissa tomber dans son fauteuil, cacha sa tête dans ses mains et pleura.

— Mon Dieu! mon Dieu! murmura-t-il, vingt années d'angoisses et de remords n'ont-elles point fléchi votre colère!

Il demeura longtemps abîmé en sa douleur; longtemps il pleura comme un enfant, et puis, tout à coup il se redressa l'œil hagard, le front effrayant à voir.

— Mais, s'écria-t-il, si mon fils a osé me parler ainsi, il y a donc des gens qui possèdent notre secret! mais alors, c'est l'échafaud!...

Et le baron retrouva tout à coup une énergie sans pareille et l'activité de sa jeunesse :

— Allons, se dit-il, il faut faire face à l'orage, il faut que je voie Morfontaine et la Morlière.

Il sonna. Un valet vint, le baron demanda sa voiture.

Il prit un paletot à la hâte, descendit dans la cour et dit au cocher:

— Conduis-moi chez le vicomte de la Morlière, et bon train...

Pendant le trajet, qui fut court du reste, M. de Passe-Croix reconquit peu à peu tout son sang-froid.

Lorsqu'il arriva chez le vicomte, il avait le visage calme et demanda en souriant si le vicomte était chez lui.

— Monsieur vient de rentrer, lui dit un valet, et je crois que monsieur va se coucher, car il est un peu souffrant.

— Eh bien! va lui dire que j'ai besoin de le voir; il me recevra.

Deux minutes après, le baron était introduit dans la chambre à coucher de M. de la Morlière.

Il y avait trois mois que les deux cousins ne s'étaient vus.

M. de Passe-Croix fut frappé du changement opéré chez le vicomte.

Il était vieilli de dix ans, ses cheveux étaient entièrement blancs, son visage amaigri sillonné de rides profondes.

Quand il se leva pour venir à la rencontre de M. de Passe-Croix, ce dernier s'aperçut qu'il était tout voûté.

— Bonjour, baron, lui dit-il, je m'attendais peu à te voir. Car il me semble que nous nous voyons rarement.

— C'est vrai, dit M. de Passe-Croix en s'asseyant. Tu sais même, vicomte, que nous ne nous voyons que dans les circonstances urgentes.

M. de la Morlière fronça le sourcil et regarda fixement son cousin.

— Dis donc, vicomte, reprit M. de Passe-Croix, comment es-tu avec ton fils?

— Mon fils, murmura le vicomte, il y a trois mois que je ne l'ai vu.

— Ah!

— Pourquoi cette question?

— Parce que mon fils l'a vu aujourd'hui.

— Victor?

— Oui. Et Paul a dit à Victor ceci : « Je crois que nos pères ont du sang sur les mains. »

Le vicomte ne jeta pas un cri, ne prononça pas un mot. Il se contenta de courber la tête.

— Ainsi, nos fils savent notre crime! murmura le baron.

Soudain M. de la Morlière se redressa.

— Oh! non, dit-il ; non, Paul ne sait pas la vérité. Mais il est une chose que je sais, moi, et que tu ne sais pas, baron.

— Laquelle?

— C'est que la fille de Diane n'est pas morte, non plus que Grain-de-Sel... et que tous deux sont liguéscontre nous, et qu'ils ont fondé une sorte d'association mystérieuse dans laquelle sont entrés plusieurs hommes qui nous poursuivent.

— Quels sont ces hommes?

— Hélas ! je ne les connais pas.

Le vicomte soupira. M. de Passe-Croix le regardait avec une sorte de curiosité.

— Sais-tu bien, dit-il enfin, que tu m'étonnes profondément, vicomte?

— Pourquoi?

— Parce que tu me parais te soucier fort peu de tout cela. On dirait qu'il n'y a plus en France ni cour d'assises, ni échafaud.

— Tais-toi! murmura le vicomte, dont l'œil brilla d'une flamme sombre.

— Mais si on a notre secret, si la fille de Diane...

Le vicomte rêvait les yeux fixés à terre:

— Saphir m'a trompé, disait-il tout bas; Saphir s'est moquée de moi.

— Qu'est-ce que Saphir? demanda le baron, qui fut frappé de ce nom.

— Une femme qui m'a inspiré un amour insensé, furieux, inouï... Elle m'a pris mon âme, mon cœur, mon intelligence; et c'est pour cela que je ne me sens plus la force de me défendre contre ceux qui nous poursuivent.

M. de Passe-Croix jeta un cri.

— Ainsi, dit-il, tu n'as point cherché à parer le coup qui nous menace?

— Non...

Et le vicomte prononça ce mot avec un accent de lassitude suprême, de désespoir infini.

M. de Passe-Croix se leva.

— Allons! dit-il, je vois que je ne puis plus compter sur toi. Tu es un homme perdu, et je crois que nous ne nous reverrons plus, à moins que ce ne soit sur les bancs de la cour d'assises.

Ces dernières paroles semblèrent triompher un moment de l'atonie du vicomte.

— Non, non, dit-il, reste, baron, je vais tout te dire.

— J'écoute, voyons.

M. de la Morlière raconta alors au baron les événements de Normandie, sa passion insensée pour Saphir, passion qui l'avait conduit dans cette maison mystérieuse où il s'était trouvé en présence de son fils, un pistolet à la main.

— Ainsi, dit le baron, tu l'as vue, elle!

— Oui, et c'est la vivante image de Diane de Morfontaine.

— Et depuis trois mois tu es demeuré calme au fond de ton hôtel?

— Depuis trois mois, je suis fou.

— Sans nous prévenir, Morfontaine et moi? Sans l'inquiéter de ton fils?

— Mon fils me renie! dit le vicomte, mais il ne sait rien.

M. de Passe-Croix semblait atterré :

— Mais, malheureux ! s'écria-t-il, s'il en est ainsi, nous sommes perdus... Si tu ne retrouves pas ton énergie d'autrefois, ton intelligence perverse, qui avait de si merveilleuses combinaisons, autant nous en aller sur-le-champ trouver le juge d'instruction et nous remettre en ses mains.

— Ah? dit le vicomte avec un soupir, si je retrouvais Saphir!

— Eh bien?

— Je crois que je redeviendrais jeune, je crois que je pourrais défier tous nos ennemis.

M. de Passe-Croix s'écria :

— On retrouvera Saphir.

— Comment ?

— Je m'en charge.

— Vrai? fit le vicomte avec la joie naïve d'un enfant.

— Avant huit jours, je te le promets, dit le baron qui se disait à part lui : Qu'est-ce que Saphir? et où une créature de ce genre peut-elle se trouver?

Mais cette promesse avait tout à coup métamorphosé M. de la Morlière; son œil brillait, sa taille voûtée s'était redressée, un mauvais et cruel sourire d'autrefois reparaissait sur ses lèvres

— Tu as raison, baron, dit-il, il ne faut pas que le triumvirat des trois cousins soit vaincu; je vais envoyer chercher Morfontaine, nous tiendrons conseil.

Et le vicomte sonna, et donna l'ordre de porter un billet, qu'il écrivit en toute hâte à M. le marquis de Morfontaine.

L.

Le surlendemain de l'arrivée de Paul de la Morlière à Paris, une jeune femme passait en voiture sur le boulevard des Italiens.

Elle revenait du bois toute seule, à demi couchée sur les coussins de maroquin bleu de sa victoria, le regard vague et flottant, sans jamais se fixer sur les deux foules de promeneurs qui se croisaient aux deux côtés de la chaussée.

Mais soudain, comme elle arrivait à la hauteur de la rue de Choiseul, elle fit un brusque mouvement de sur-

Et je compte bien vous utiliser, vous aussi madame. (Page 1151)

prise, jeta un cri de joie, fit arrêter sa voiture et s'élança sur le trottoir avec la légèreté d'une chevrette.

Un jeune homme cheminait lentement, le front penché, dans une attitude rêveuse et triste.

— Paul! s'écria-t-elle en courant à lui et lui serrant les deux mains.

Le jeune homme releva la tête, eut à son tour un geste de surprise et un cri qui n'était pas exempt de joie, et il pressa les deux petites mains blanches qu'on lui tendait.

— Comment! c'est toi, ma bonne Saphir! dit-il.

— Monstre! dit-elle en le caressant du regard et du sourire. Me croyais-tu donc trépassée?

— Qu'es-tu donc devenue depuis trois mois? demanda Paul.

— Et toi? Saphir.

— Je suis allée en province.

— C'est comme moi.

Les yeux de Saphir rayonnaient de joie.

— Tu n'es donc pas marié? dit-elle.

— Mais il n'en a jamais été question, j'imagine.

Saphir jeta un nouveau cri.

— Oh! ton roué de père! dit-elle.

Et comme Paul semblait lui demander du regard l'explication de ces paroles, elle lui prit les deux mains :

— Viens avec moi, dit-elle, viens, il faut que je te dise tout.

Paul voulut résister, mais elle eut un « Je le veux! » de son bon temps, et elle l'entraîna jusqu'à sa victoria.

— Monte! dit-elle... Cocher, à la maison!

Saphir demeurait toujours rue Saint-Lazare, dans ce coquet appartement où jadis elle avait reçu Paul si souvent.

Durant le trajet, elle fut silencieuse et comme tout entière au bonheur d'avoir retrouvé l'infidèle.

Lorsqu'ils furent descendus de voiture et qu'ils gravirent l'escalier, elle le prit par la main comme un enfant, puis elle ouvrit elle-même la porte de son appartement, et le conduisit dans son petit boudoir orange, où il avait jadis fumé tant de cigares...

— Oh! l'ingrat! dit-elle.

Elle le fit asseoir sur la causeuse placée à côté de la cheminée, se débarrassa de son châle et de son chapeau, vint se mettre à côté de lui et prit dans ses deux mains la tête pâle du jeune homme.

— Oh! l'ingrat! répéta-t-elle, qui a lâché la proie pour l'ombre; qui a abandonné une pauvre fille qui l'aimait pour courir après qui ne l'aime pas!

Paul tressaillit.

— Car, vois-tu, mon petit Paul, lui dit-elle, je n'ai pas besoin d'être sorcière pour voir que tu es malheureux, que tes beaux yeux sont cerclés de bistre, que ton front est pâle... que tu as souffert, mon enfant.

— C'est vrai... murmura Paul avec l'accent de la franchise.

Elle pressait sa main dans les siennes et le regardait avec tendresse.

— Quelle est donc la femme idiote, reprit-elle, qui a osé faire souffrir mon cher Paul? Veux-tu que j'aille la trouver, dis?

Et le dévouement le plus absolu, l'abnégation la plus franche brillaient dans l'œil de Saphir.

Paul, à son tour, prit dans ses mains la tête de Saphir, et la baisa sur le front :

— Tu es bonne, dit-il, et je sais ce que je te dois. Tu m'as soigné quand j'étais blessé, blessé pour...

Il s'arrêta confus.

— Va, dit-elle, achève, je sais tout. Tu t'étais battu pour une femme... pour elle... Danielle, n'est-ce pas?

— Tu la connais! s'écria Paul bouleversé.

— Non, mais tu as prononcé son nom assez souvent dans ton délire.

Cette explication rassura complétement Paul de la Morlière.

— Mais enfin, dit-il en regardant Saphir, pourquoi as-tu disparu de mon chevet un matin?

— C'est ton père qui l'a voulu.

— Mon père!

— Oh! le vieux roué, dit-elle pour la seconde fois, c'est celui-là qui entend les machinations les plus abominables.

— Que veux-tu dire?

— Je veux te dire tout, mon petit Paul, à toi qui es bon et loyal; car, vois-tu, entre nous, ton père ne vaut pas...

Un nuage couvrit le front de Paul. Saphir continua :

— Un matin, il m'a trompée. Il est venu me parler au nom de ton avenir.... il m'a dit qu'il voulait te marier à ta cousine et qu'il faisait un appel à ma loyauté... Que veux-tu? je t'aimais comme une folle, comme une bête; je me serais fait hacher menu pour toi... j'ai fait tout ce qu'il a voulu... il m'a emmenée en Normandie...

Paul jeta un cri.

— Il m'a enfermée avec lui dans une petite propriété appelée la Charmerie, et dans laquelle il me tenait prisonnière..... il me destinait à je ne sais quel rôle de séduction, lorsqu'il s'est pris lui-même à son propre piége.

— Ah! fit Paul haletant.

— Il est devenu fou de moi. Une nuit je me suis sauvée, obéissant, du reste, à des hommes qui...

Saphir se mordit les lèvres jusqu'au sang. Sa franchise l'avait entraînée trop loin.

Mais Paul lui prit le bras et lui dit vivement :

— Je gage que tu as été en relations avec des hommes mystérieux qui poursuivent mon père?

— C'est vrai.

— Pour je ne sais quel crime?

Saphir baissa la tête.

— Et, reprit Paul, au nom de l'amour que tu as pour moi, je te supplie de me dire, si tu le sais, quel est ce crime?

— Hélas! dit Saphir, je te jure sur les cendres de ma mère que je ne le sais pas.

Paul poussa un profond soupir; mais comme il allait reprendre la parole, on entendit un violent coup de sonnette.

Saphir se leva vivement et dit à Paul de la Morlière :

— Rassure-toi, je vais défendre ma porte. C'est singulier, du reste, qu'on vienne me voir, car je ne suis rentrée qu'hier dans mon appartement.

— Comment cela?

— Eh! mon cher petit, dit-elle, ne sais-tu pas que depuis trois mois, ces hommes dont je te parle ont fait de moi ce qu'ils ont voulu, en me disant que leur résister c'était t'exposer, toi, à tous les malheurs?

— Oh! fit Paul.

— Ils ont voulu que je changeasse de nom, j'en ai changé. Ils ont voulu que je me cachasse dans le fond du faubourg Saint-Germain, et pendant trois mois, je ne suis sortie que la nuit, à pied. Enfin, avant-hier, ils m'ont rendu la liberté, et je suis revenue ici... ici, où tout me parlait de toi...

Tandis que Saphir s'oubliait à donner cette explication, une nouvelle femme de chambre, que ne connaissait pas le jeune homme, avait reçu le visiteur, et Saphir la vit apparaître sur le seuil du boudoir, portant une carte sur un plateau.

— Madame, dit-elle, c'est un vieux monsieur qui a l'air bien respectable et bien digne. Il a tellement insisté, que je l'ai fait entrer au salon.

Saphir prit la carte et lut :

— Le vicomte de la Morlière!

— Mon père! s'écria Paul.

Saphir et lui se regardèrent un moment indécis, et comme épouvantés.

— Reçois-le, dit Paul, après une minute d'indécision. Tiens, je vais me mettre là...

Et il souleva la portière du cabinet de toilette et disparut.

Comment le vicomte de la Morlière arrivait-il ainsi comme à point nommé? C'est ce qu'il nous faut expliquer rapidement.

Depuis son retour de Normandie, ainsi qu'il l'avait expliqué à M. de Passe-Croix, le vicomte de la Morlière, aiguillonné par cette passion fatale qu'il ressentait pour Saphir, avait bouleversé Paris vainement pour la retrouver.

Il s'était présenté cent fois rue Saint-Lazare, et cent fois on lui avait répondu :

— Mme Saphir n'est point revenue à Paris.

Enfin, le lendemain de cette soirée où les trois cousins avaient tenu conseil, car M. de Morfontaine était venu pareillement chez le vicomte, ce dernier reçut à huit heures du matin un billet ainsi conçu :

« Saphir est à Paris, mais on ne sait encore où elle demeure. »

Depuis qu'il cherchait la jeune femme, M. de la Morlière s'était adressé à toutes ces maisons d'informations qui disent pouvoir posséder sur toutes choses de précieux renseignements.

Il supposa que ce billet émanait certainement de l'une d'elles.

LI.

Le lendemain une lettre de la même écriture arriva à M. de la Morlière. Celle-là était plus explicite:

« Saphir, disait-elle, sera demain jeudi réinstallée dans son appartement de la rue Saint-Lazare. »

M. de la Morlière avait failli mourir de joie. Il avait retrouvé tout d'un coup son énergie, son courage, sa rare présence d'esprit.

Lorsqu'il entra dans le boudoir de Saphir, la jeune femme remarqua son regard brillant et fiévreux, et elle comprit que l'isolement et l'absence avaient décuplé la passion du vicomte.

Saphir était une fille énergique, d'ailleurs elle se sentait forte de la présence de Paul.

Elle eut un éclat de rire frais et moqueur en voyant entrer M. de la Morlière.

— Comment, dit-elle, vous voilà, mon pauvre ami?

Le vicomte vint à elle, prit une de ses mains, et la portant à ses lèvres :

— Oh! que vous m'avez fait souffrir, cruelle enfant! murmura-t-il.

— En quoi cela, bon Dieu! fit-elle d'un ton ingénu. Ne vous ai-je point obéi? J'ai renoncé à Paul. Il est marié, n'est-ce pas?

— Non, dit le vicomte.

— Asseyez-vous, reprit Saphir, je suis à vous.

Elle le poussa vers la causeuse où Paul était assis tout à l'heure, et passa, en sautillant, dans le cabinet de toilette.

Là elle se pencha vers Paul, qui s'était caché derrière un rideau :

— Que faut-il faire? dit-elle; veux-tu que je le renvoie?

— Non.

— Que veux-tu, alors?

Paul approcha ses lèvres de l'oreille de Saphir et prononça bien bas ces mots :

— Je voudrais savoir... son crime.

— C'est bien, murmura Saphir, et elle rentra dans le boudoir.

M. de la Morlière levait sur elle un regard enivré.

— Pourquoi m'avez-vous fui? dit-il; pourquoi vous êtes-vous échappée de la Charmerie?

Saphir le regarda fixement.

— Prenez garde! dit-elle.

— A quoi?

— Si vous m'interrogez, je répondrai; et si je réponds, peut-être vous repentirez-vous de m'avoir interrogée.

— Vous êtes folle, mon enfant !

Il voulut lui prendre la main.

— A bas les mains, mon vieil ami! dit-elle en riant d'un rire moqueur. Nous ne sommes pas à la Charmerie ici; je ne suis plus en votre pouvoir. Si vous me manquez de respect, j'appelle mes gens...

— Oh ! soupira-t-il.

— Dites donc, reprit-elle, avez-vous lu les *Mystères de Paris*?

— Oui, répondit M. de la Morlière. Pourquoi cette question?

— Alors, vous vous souvenez d'un certain Jacques Ferrand, le notaire?

— Oui.

— Et d'une pécheresse appelée Cécily, qu'il aimait à la passion... comme vous m'aimez.

— Hélas!

— Eh bien! voyez-vous, reprit Saphir, je suis comme Cécily, moi. Je veux bien être bonne pour vous, mais il faut que vous me disiez vos peccadilles, dans le tuyau de l'oreille.

— Hein? fit le vicomte.

— Si je suis partie de la Charmerie, si je me suis sauvée, comme vous dites... eh bien! c'est que j'avais de mauvais renseignements sur vous, vicomte.

Elle disait cela avec un rire mutin et charmant, faisant sauter une mule de soie rouge au bout de son pied, et pelotonnée dans sa chauffeuse, en face de M. de la Morlière.

Celui-ci eut le vertige.

— Tenez, reprit-elle, je veux bien ne pas vous renvoyer ; j'ai pitié de vous, mais je veux tout savoir.

Le vicomte eut un éclair de sang-froid :

— Savoir quoi? fit-il.

— Mais... les histoires de votre jeunesse.

Il se prit à sourire.

— J'ai été jeune comme tout le monde, dit-il.

— Pas davantage?

— Non.

— Vous n'avez ni tué, ni volé, ni incendié?

M. de la Morlière jeta un cri, se leva tout d'une pièce, devint affreusement pâle et chancela comme un homme ivre.

— Excusez, murmura Saphir avec cynisme, je ne croyais pas toucher aussi juste... je voulais plaisanter...

M. de la Morlière était un de ces hommes qui se redressent tout à coup et font face à l'orage au moment où on les croit terrassés.

Il se remit de son trouble en moins de temps qu'il n'en faut à un éclair pour briller et s'éteindre; et regardant froidement Saphir, il lui dit :

— Ah çà! que veux-tu donc dire, ma petite, et à qui en as-tu?

Ce calme, cette audace, déconcertèrent la pécheresse.

— Mais, dame! fit-elle, c'est que j'ai entendu dire,..

— Quoi?

— Que dans votre jeunesse...

— Dans ma jeunesse, j'ai aimé les chevaux, la table, les femmes... le jeu... Après...

M. de la Morlière dominait maintenant Saphir autant qu'elle le dominait tout à l'heure.

Elle baissa les yeux et se tut.

Le vicomte voulut payer d'audace jusqu'au bout :

— Est-ce de l'argent que tu veux, petite? fit-il en tirant de sa poche une bourse pleine d'or, et la posant sur la cheminée.

Mais cette fois il était allé trop loin.

Saphir rougit de colère, prit la bourse et la lui jeta au visage.

— Sortez! lui dit-elle.

Un éclair de rage brilla dans les yeux du vicomte. Il se leva lentement, fit un pas vers la porte, et parut attendre que Saphir le rappelât et lui adressât un mot d'excuse.

Mais Saphir s'était adossée à la cheminée et souriait avec mépris.

— Adieu, balbutia-t-il; vous avez tort... Je reviendrai demain.

— Mais sortez donc! fit-elle avec hauteur, sortez, honorable vieillard.

Cette épithète fut un coup de massue pour le vicomte. Il s'en alla chancelant comme un homme ivre, traversa le salon, gagna l'antichambre, et comme la bonne lui ouvrait, il entendit Saphir qui riait aux éclats.

Celui qui l'eût rencontré dans l'escalier en eût eu pitié.

M. de la Morlière était venu à pied ; il s'en alla de même, rasant les murs, trébuchant à chaque pas.

— Elle sait tout! pensait-il; elle aura revu Paul, et Paul lui aura dit ce que son père lui faisait horreur!

Le calme, l'audace du vicomte, avaient eu la durée de quelques secondes. Une profonde atonie, une prostration sans égale, leur succédaient. Mais cette âme perverse n'en protestait pas moins contre le coup qui le frappait. L'amour qu'il ressentait pour Saphir venait de se doubler de haine.

— Ah ! murmurait-il en s'en allant, si jamais je ne l'aime plus, comme je l'écraserai, vipère!...

Au moment où il arrivait à l'angle de la rue Blanche, un fiacre descendant cette rue débouchait dans la rue Saint-Lazare.

L'œil atone du vicomte s'arrêta sur ce fiacre et rencontra le regard d'une jeune femme qui s'y trouvait seule.

M. de la Morlière ôta son chapeau et salua.

La jeune femme laissa échapper un geste et deux mots de surprise :

— Tiens ! c'est vous, vicomte?

Et elle secoua le fil de laine bleue qui correspond au siège du cocher.

Le fiacre s'arrêta, M. de la Morlière s'approcha tête nue et dit :

— Votre très-humble et très-obéissant serviteur, madame la comtesse.

Or, cette jeune femme n'était autre que Mme d'Estournelle, qui venait de chez son amie Grenat.

Les femmes seules ont une pénétration merveilleuse.

La comtesse fut frappée du visage pâle et bouleversé de M. de la Morlière.

— Oh ! oh! se dit-elle, qu'a-t-il donc, ce vieillard? Serait-il amoureux?

Et elle lui tendit la main et lui dit en souriant :

— Comment, vicomte, vous êtes à pied dans ce quartier lointain?

— Oui, madame.

— Eh bien, montez... Je vais vous reconduire.
— Mais... madame...
— Montez donc! insista-t-elle, ouvrant elle-même la portière. Où voulez-vous aller?
— Où vous voudrez, dit le vicomte distrait et songeant de nouveau à Saphir.

La comtesse avait aperçu au coin de ses paupières ridées une larme prête à rouler sur sa joue.

— Voyons, mon cher vicomte, reprit-elle lorsqu'il fut monté dans la voiture, vous allez bien me permettre une indiscrétion?

Il la regarda.

— Je devine, reprit-elle, que vous avez quelque peine; vous êtes pâle et défait...
— Moi?
— Votre voix est mal assurée. Et, tenez, vous avez des larmes dans les yeux. Or, poursuivit la comtesse en souriant, il y a bien douze ou quinze ans que nous nous connaissons, n'est-ce pas?...
— A peu près.
— Je suis une vieille amie; nous avons joué au lansquenet ensemble... avant que je fusse comtesse, n'est-ce pas? Est-ce que je n'ai pas été un peu l'amie de cette petite blonde des Folies-Dramatiques... vous savez?... Comment s'appelait-elle?
— Moka.
— C'est cela! Eh bien, je vous rencontre rue Saint-Lazare, à pied, vers six heures, la mine à l'envers, les yeux fatigués... et j'ai bien un peu le droit de supposer que si Moka a pris sa retraite, il y a quelque part, dans le quartier, une beauté qui se montre cruelle pour vous. Voyons, soyez franc, est-ce vrai?
— C'est vrai, dit le vicomte.
— Et vous l'aimez?
— Comme on aime à mon âge. J'ai cinquante-huit ans, répondit le vicomte avec l'accent du désespoir.
— Pauvre ami! dit Mme d'Estournelle; tenez, dit-elle, faisons un pacte.
— Lequel?
— Un pacte d'alliance.
— Ah!
— Vous connaissez mon mari. Or, vous me rencontrez seule, en fiacre, à deux lieues de chez moi. Ceci peut vous sembler louche. Promettez-moi le silence.
— Je vous le promets.
— En échange je vais me charger de vos petits intérêts de cœur.

Le vicomte tressaillit.

— Comment se nomme-t-elle? insista la comtesse. Voyons! n'hésitez pas... Vous savez bien que lorsqu'une femme comme moi se mêle du bonheur d'un galant homme...
— Mais... balbutia le vicomte, vous ne la connaissez pas sans doute
— Qu'est-ce que ça fait? Et puis, d'ailleurs, je connais tant de gens!

Le vicomte hésitait encore.

— Dites donc, mon ami, fit Mme d'Estournelle, je veux décidément tout savoir et, le moyen de provoquer vos aveux, c'est de vous en faire un moi-même.
— Vous?
— Moi. Je suis à Paris à l'insu de mon mari, qui me croit en Bretagne...
— Vraiment?
— Je loge mystérieusement dans le quartier où nous nous sommes rencontrés.

Le vicomte ne put se défendre d'un sourire.

— Chut! fit-elle. Donc j'ai une liberté absolue. Et vous?
— Oh! moi, soupira le vicomte, je ne sais si je suis libre ou esclave.
— Rentrez-vous dîner habituellement chez vous, vicomte?
— Pas toujours.
— Ainsi, on ne vous attend pas?
— Jamais!
— A merveille! Vous allez me conduire aux Champs-Elysées, vous m'offrirez à dîner, et je ne vous laisserai aller qu'après que vous m'aurez fait votre confession tout entière.

Cette perspective de dîner en tête à tête avec une jolie femme qui s'offrait comme médecin de l'âme, devait séduire M. de la Morlière.

Il avait connu la comtesse au temps où elle s'appelait la Topaze, et il se dit sur le champ:

— Voilà certainement la femme qui peut faire entendre raison à Saphir.

Il eut même, en ce moment, un retour de calme et de présence d'esprit, qui lui fit envisager la comtesse comme un auxiliaire inattendu dont, au besoin, il pourrait tirer bon parti. Les natures perverses se devinent.

Il accepta donc avec empressement l'offre de la comtesse, qui dit au cocher:

— Allez aux Champs-Elysées!

Durant le trajet, la conversation continua.

— Ainsi, dit la comtesse, cette petite fille se moque de vous?
— Hélas!
— Est-elle jolie? A-t-elle quelque esprit? Lui avez-vous offert une position?
— Je me ruinerais de bon cœur...
— Alors elle est sotte!
— Non, elle aime...
— Ah! murmura la comtesse, voici la vraie pierre d'achoppement trouvée. Eh bien! nous verrons à tourner la difficulté. Mais à propos, poursuivit-elle, donnez-moi donc des nouvelles de votre fils, vicomte?

Cette question fit faire un soubresaut à M. de la Morlière.

— Mon fils! dit-il, mon fils!... je ne le vois plus... il est en province.
— Ah!
— Est-ce qu'il n'a pas eu l'année dernière une liaison dont on a beaucoup parlé... une belle créature, si je me souviens?

Le vicomte faillit livrer son secret sur-le-champ; mais il se contint.

— Oh! fit-il négligemment, je ne me suis jamais trop occupé de cela... J'ai toujours un peu fermé les yeux.
— Père indulgent! murmura la comtesse avec un sourire moqueur.

Le fiacre s'arrêtait devant un restaurant.

La comtesse baissa son voile de façon à n'être pas reconnue.

Puis elle prit le bras du vicomte, et monta au premier étage, où ils étaient à peine installés que des pas retentirent dans le corridor, et on entendit une voix qui disait:

— Garçon, retenez-moi ce cabinet, et quand un jeune homme viendra me demander, vous le ferez monter.

Cette voix avait arraché un tressaillement à la comtesse.

Le garçon ouvrit le cabinet voisin de celui occupé par la comtesse et son vieux cavalier, et le nouveau venu y entra.

Quelques minutes après, on entendit de nouveau un bruit de pas dans le corridor, et celui qu'on attendait sans doute arriva.

— Bonjour, Paul!
— Bonjour, Victor!

Tels furent ces mots échangés qui arrachèrent un double cri à la comtesse et à M. de la Morlière.

— Victor de Passe-Croix! murmura Mme d'Estournelle.
— Mon fils! exclama le vicomte au comble de la stupeur.

Le reste de la nuit s'écoula au milieu de mornes désespoirs. (Page 1151.)

Les cloisons étaient minces; on entendait fort bien ce qui se disait d'un cabinet dans l'autre.
La comtesse mit un doigt sur sa bouche pour recommander le silence à son compagnon.
— Chut! dit-elle, écoutons.
Et tous deux prêtèrent l'oreille.
— Sais-tu, disait Victor, que tu me fais joliment poser? Il était convenu que nous nous trouverions à cinq heures sur le boulevard, et que nous viendrions dîner ici. J'ai fini par y venir tout seul pensant que tu n'oublierais pas, au moins, ce dernier rendez-vous.
— Pas plus que le premier, mon cher Victor, répondit Paul; mais il m'est arrivé une aventure.
— Ah!
— J'ai rencontré Saphir.
Le vicomte tressaillit et eut un bourdonnement dans les oreilles.
— Saphir! dit Victor, ton ancienne maîtresse, n'est ce pas?
— Justement. Saphir m'a emmené chez elle; elle m'aime toujours, la pauvre fille, et puis, elle avait beaucoup de choses à me dire.
— Ah!
— Lorsque tout à coup, pendant que j'étais chez elle, elle demeure rue Saint-Lazare, tu sais?
— Oui. Après?
— Lorsque tout à coup, dis-je, on sonne, puis on apporte une carte... La carte de qui? devine.
— Dame! c'est difficile.
— La carte de mon père.
Et Paul eut un éclat de rire qui fit faire à son père, dans le cabinet voisin, une horrible grimace.

Paul continua.
— Je n'ai eu que le temps de me jeter dans un cabinet voisin. De là, j'ai vu et entendu.
— Ah!
— Mon père est venu priant, suppliant, humble et petit... Saphir a été superbe. Sais-tu bien qu'elle lui a dit : Si vous voulez que j'aie pitié de vous, il faut que vous me fassiez l'aveu de ce crime que vous avez commis dans votre jeunesse?
— Elle lui a dit cela?
— Oui.
— Et alors?...
— Alors, dit Paul tristement, alors mon père a été très-fort. Il s'est redressé... il a traité Saphir de son haut et a fini par lui offrir sa bourse. Saphir a pris la bourse et la lui a jetée au nez, en lui ordonnant de sortir.
— Ce qui fait que vous n'avez rien su?
— Rien.
Les deux cousins demeurèrent silencieux un moment.
Alors la comtesse regarda froidement M. de la Morlière, qui était livide.
— Maintenant, dit-elle, je n'ai plus besoin de votre confession, je sais tout.
Et comme il baissait les yeux.
— Il paraît que vous avez plus d'une peccadille sur la conscience, hein? Du moins c'est l'opinion de votre fils..
— Madame...
— Et il paraît aussi que votre cousin le baron de Passe-Croix est dans le même cas...
Les rares cheveux du vicomte se hérissèrent.
— Chut! dit la comtesse, je sais bien des choses, allez, quand ils seront partis, nous causerons.

Une heure après, Victor de Passe-Croix et son cousin étaient sortis de chez le traiteur.

La comtesse s'était levée et, abritée derrière la jalousie, elle les vit s'éloigner à pied dans la direction de la place de la Concorde.

Alors elle dit au vicomte :

— Regardez-moi bien en face, croyez-vous que je puisse être une alliée pour vous?

— Oui, balbutia le vicomte, que la suite de la conversation des deux jeunes gens avait épouvanté.

— Votre neveu vous accuse, votre fils vous méprise, une association mystérieuse vous poursuit, ajouta la comtesse; enfin, la femme que vous aimez a horreur de vous... Eh bien! je puis lutter avec tout ce monde-là, moi...

— Vous! fit le vicomte, regardant cette femme, dont l'œil étincelait.

— Moi.

— Vous seriez mon alliée?

— Oui.

— Mais... en échange...

— Ah! en échange, dit la comtesse, je vous demanderai autre chose... Mais le moment n'est point venu... Envoyez chercher une voiture et partons.

Mme d'Estournelle et M. de la Morlière montèrent dans un coupé de remise, qu'ils firent arrêter au coin du faubourg Saint-Honoré.

Là, Mme d'Estournelle dit au vicomte :

— Venez demain soir à neuf heures, rue Blanche, 15; vous demanderez une veuve récemment arrivée de la province, Mme Durocher: c'est moi.

Le vicomte descendit et regagna son hôtel à pied.

— Où faut-il conduire madame? demanda le cocher.

— Rue de la Michodière, répondit-elle.

La comtesse, un quart d'heure après, sonnait à la porte de cet appartement bizarre où nous avons plusieurs fois déjà introduit nos lecteurs.

Un homme vint ouvrir. C'était l'homme aux lunettes bleues, l'homme au caban goudronné, celui qui avait essuyé les deux coups de pistolet de Victor de Passe-Croix.

— Vous êtes d'une exactitude merveilleuse, madame la comtesse, dit-il; je ne vous attendais guère avant demain.

LII.

L'homme aux lunettes bleues fit entrer Mme d'Estournelle dans la pièce du fond, celle qu'il appelait son cabinet.

Il lui avança un fauteuil près du feu et demeura respectueusement debout devant elle.

Elle eut un geste de vraie comtesse, — de comtesse réellement née.

— Asseyez-vous, monsieur, dit-elle, je vous en prie.

— Madame, lui dit l'homme aux lunettes bleues, nous nous sommes vus une heure à Belle-Isle : ce n'est point assez pour causer. Je n'ai pu que vous démontrer à la hâte que j'avais votre secret et que, si vous tentiez quelque chose sans mon consentement, vous échoueriez...

La comtesse se mordit les lèvres. L'homme aux lunettes bleues continua :

— Je me suis donc borné à vous promettre la moitié de la succession de la baronne René, et dans l'avenir, la main d'Andrewitsch.

Ce nom fit battre le cœur de la comtesse.

— Enfin, je vous ai donné rendez-vous ici dans un délai de trois jours. Vous arrivez à la fin du deuxième, c'est merveilleux d'exactitude, et je vous en remercie.

Mme d'Estournelle fixait ses regards sur l'étrange personnage avec curiosité.

— Je ne vous ai reconnu qu'à la voix, dit-elle, tellement vous êtes changé.

Il se prit à sourire.

— Cela m'arrive tous les jours de changer de tournure, et même de visage, dit-il; mais causons sérieusement. Je vous connais, madame la comtesse.

— Ah! tout à fait?

— J'ai joué au lansquenet avec vous il y a douze ou treize ans... Vous vous nommiez la Topaze.

La comtesse rougit et pâlit, tour à tour.

— Faites-moi grâce de ces détails rétrospectifs, dit-elle.

— Un dernier, cependant?

— Voyons!

— Un soir, il y a treize ans, vous étiez à cheval, au bois de Boulogne, aux environs de la porte Maillot. Votre cheval eut peur, s'emporta et se brisa la tête contre un arbre. Un jeune homme qui passait par là vous releva évanouie et vous mit dans un phaéton. Il vous reconduisit chez vous. Vous demeuriez alors rue de la Madeleine, à l'entresol.

— C'est vrai, dit Mme d'Estournelle.

— Vous étiez fort bien logée, fort bien meublée, et le comte hollandais Van-Held se ruinait pour vous.

— Cela est vrai encore.

— Vous souvenez-vous du jeune homme qui vous reconduisit?

— Attendez... oui, c'est un homme qui a disparu. Selon les uns, c'était un marquis; selon les autres un aventurier qui a laissé derrière lui un renom de terreur et d'audace; on le nommait, je crois, Rocambole.

— C'est moi, dit simplement l'homme aux lunettes bleues.

Cet aveu, formulé avec un calme antique, produisit une impression solennelle et terrible sur la jeune femme.

— Madame, reprit cet homme, s'il a été au monde un homme audacieux entre tous, merveilleusement doué pour le mal entre tous, longtemps heureux entre tous, c'est moi...

« Pendant de longues années, j'ai été une puissance mystérieuse, occulte, une puissance qui faisait trembler. On me consultait et on me craignait. J'ai fait des mariages, j'en ai rompu; j'ai rendu des pères à leurs fils, j'ai privé des fils de leurs pères; je me débarrassais d'un homme comme d'une mouche; je supprimais une famille du livre de l'humanité, comme on raye un mot d'un trait de plume.

« Eh bien! j'ai été vaincu un jour, vaincu par une femme qui marchait le drapeau du devoir à la main. Alors, je me suis repenti, et c'est pour cela qu'aujourd'hui je suis plus fort que vous.

Involontairement, la comtesse frissonnait. L'homme aux lunettes bleues poursuivit:

— Si vous voulez marcher avec moi, vous triompherez; si vous essayez de me braver, vous serez brisée.

Mme d'Estournelle devint humble et murmura d'une voix tranquille:

— Pourquoi ne marcherais-je point avec vous, si vous devez tenir les promesses que vous m'avez faites?

— Je les tiendrai.

— Alors...

La comtesse n'acheva pas. On entendit un coup de sonnette.

— Pardon, fit l'homme aux lunettes bleues, je suis à vous.

Il alla ouvrir et revint, tenant une lettre à la main.

— Voici qui vous concerne, madame, dit-il.

— Moi! fit la comtesse avec un certain étonnement.

— C'est un petit rapport de ma police ordinaire. Écoutez...

Et il lut :

« La comtesse et son amie Emeraude sont arrivées

avant-hier soir à Paris. Emeraude est allée directemen chez elle; la comtesse est descendue rue Blanche, 15 dans un petit appartement meublé, sous le nom de madame veuve Durocher. Mme Durocher est sortie le lendemain soir, à neuf heures, en fiacre. Elle est allée rue des Saints-Pères, mais elle n'est pas montée chez elle

« Elle s'est contentée de voir s'il y avait de la lumière aux croisées de son appartement.

« L'absence de toute clarté lui aura fait supposer que ses gens étaient sortis, et que, suivant son habitude, le comte était au café ou dans quelque tripot.

« Elle est retournée rue Blanche.

« Aujourd'hui, la comtesse est sortie vers six heures, en fiacre. Au moment où elle arrivait rue Saint-Lazare, elle a rencontré sur le trottoir un homme âgé qu'elle a fait monter auprès d'elle. Cet homme a été reconnu pour le vicomte de la Morlière.

« La comtesse et lui sont allés aux Champs-Elysées ils ont dîné chez Ledoyen, dans un cabinet voisin de celui où dînaient Victor de Passe-Croix et Paul de la Morlière. »

L'homme aux lunettes bleues interrompit sa lecture et regarda Mme d'Estournelle. La comtesse était stupéfaite.

— Vous avez une police admirable! dit-elle avec un naïf enthousiasme.

— Et je compte bien vous utiliser, vous aussi, madame.
— Comment cela ?
Rocambole s'assit :
— D'abord, il faut me dire dans quel but vous avez dîné avec le vicomte.
— Vous y tenez?
— Énormément. Et tenez, madame, prenez bien garde! Si vous ne vous ouvrez à moi tout entière, si je remarque dans vos réponses la moindre réticence, je vous abandonne...

Pour la première fois de sa vie, la comtesse avait rencontré un dominateur. Elle se sentait étouffer entre les griffes de ce sphinx à visage multiple, à déguisements infinis, et dont l'astuce féline dépassait tout ce qu'elle avait rêvé elle-même.

— Vraiment! dit-elle, vous ne tiendriez pas vos promesses ?
— Non.
— Et vous mettriez vos menaces à exécution?
— Oui.

L'accent de l'homme aux lunettes bleues glaça Mme d'Estournelle.

— Écoutez-moi bien, continua-t-il. Le hasard, qui vous a jetée sur ma route comme un obstacle que j'étais chargé de supprimer; le hasard, dis-je, m'apporte une combinaison nouvelle : il fait de vous un instrument dont je crois pouvoir me servir.
— Comment?
— Mais, dites-moi d'abord pourquoi vous avez dîné avec le vicomte ?
— Je l'ai rencontré. Vous savez qu'il connaît mon mari?
— Oui.
— La crainte qu'il ne trahît involontairement ma présence à Paris m'a fait l'aborder pour lui demander le silence.
— Bien. Après.
— Il était bouleversé, il avait les yeux pleins de larmes. J'ai deviné que ce vieillard avait quelque immense douleur. Un sentiment de pitié...
— Bah ! interrompit l'homme aux lunettes bleues avec cynisme, dites un sentiment de curiosité, ce sera plus juste...
— Soit. J'ai deviné qu'il était amoureux.
— Parbleu ! il sortait de chez Saphir, qui l'a rudoyé.
— Comment savez-vous cela?
— Je sais tout.

— Singulier homme, murmura la comtesse d'Estournelle.

Et elle continua.

— Nous sommes allés chez Ledoyen. Je lui avais promis d'amener à ses pieds, réduite et repentante, la fille qui le malmenait. Chez Ledoyen, comme vous le dit le rapport de votre agent, le fils du vicomte et Victor sont venus dîner dans un cabinet voisin.

— Avez-vous entendu leur conversation?
— Oui.

Et la comtesse raconta ce qu'elle avait entendu.

— Eh bien! madame, dit alors l'homme aux lunettes bleues, un mot va éclairer pour vous d'une façon tout inattendue la situation. Les hommes mystérieux qui vous poursuivent et dont je suis l'agent, sont les mêmes qui poursuivent M. le vicomte de la Morlière et Victor de Passe-Croix.

La comtesse fit un mouvement. Rocambole continua :
— Le baron, le vicomte, et leur cousin le marquis de Morfontaine ont, comme vous, volé un héritage. Voyez si vous voulez nous servir ou faire cause commune avec eux.

La comtesse fronçait le sourcil.

— Vous vous taisez? reprit l'homme aux lunettes bleues. Eh bien! je vous donne jusqu'à demain. Demain, à dix heures du soir, j'aurai l'honneur de me présenter chez vous. Nous signerons la paix ou nous recommencerons la guerre.

— Soit, dit la comtesse en se levant; à demain, monsieur.

L'homme aux lunettes bleues la reconduisit avec toutes les marques du plus profond respect. Puis, quand elle fut partie, il revint s'adosser à la cheminée de son cabinet de travail et demeura longtemps pensif.

— Elle est très-forte cette petite femme-là, se dit-il enfin. Elle a du calme, de la présence d'esprit, et pour peu que ces beaux messieurs du Clair de Lune se jettent encore au travers de mes combinaisons, elle finira par nous rouler.

Décidément, j'ai eu tort de lui laisser le temps de réfléchir.

Et l'homme aux lunettes bleues écrivit cette note :

« Faire suivre plus que jamais la comtesse d'Estournelle, surtout d'ici à demain soir... »

LIII.

Nous avons laissé Andrewitsch enfermé dans la cave taillée dans le roc sous la hutte de la falaise, à Belle-Isle. Le premier moment fut terrible pour lui.

Il se trouvait brusquement plongé dans les ténèbres, abandonné et sans doute victime de quelque infâme guet-apens.

Il cria d'abord, frappa contre la porte à coups de pied et essaya de l'ébranler. La porte résista.

Il appela, on ne lui répondit pas. Pendant une heure, en proie à une sorte de folie furieuse, il battait de sa tête les murs de son cachot. Puis il se calma, ses nerfs crispés se détendirent : il éprouva comme une lassitude physique générale qui lui permit de réfléchir et de se demander quels étaient les hommes qui venaient de le faire tomber dans un piège et ce qu'ils voulaient de lui.

Deux versions probables s'offrirent à son esprit.

Cet homme, qui le connaissait si bien et se disait un des amis du capitaine Grain-de-Sel, n'était-il pas plutôt ce personnage mystérieux et terrible qui poursuivait Mme Durocher de son amour?

Ou bien ces hommes réunis n'étaient-ils pas les âmes damnées du comte d'Estournelle?

Cette dernière supposition lui fit dresser les cheveux sur la tête.

S'il en était ainsi, nul doute qu'il ne fût condamné à mourir de faim au fond de cette cave.

Le reste de la nuit s'écoula pour le jeune homme au milieu d'angoisses inexprimables, de folles terreurs et de mornes désespoirs.

Enfin, un rayon blanchâtre glissa tout à coup au fond de la cave, par une étroite meurtrière pratiquée dans le rocher.

C'était le jour qui venait. Andrewitsch respira un peu.

Puis quelques minutes après, il crut entendre du bruit, prêta l'oreille et distingua un pas lent et mesuré qui paraissait descendre les marches qui conduisaient à a prison

En effet, ces pas s'arrêtèrent derrière la porte; une clef pénétra dans la serrure, et tout à coup le mince filet de lumière qui venait de la meurtrière fut absorbé tout entier dans le rayonnement d'une lampe.

Un homme venait d'apparaître sur le seuil du caveau.

C'était celui qui avait si rudement appréhendé Andrewitsch au collet, pendant la nuit, — c'était le faux pilote au caban gondronné.

— Ah! misérable! s'écria le jeune prisonnier russe.

Le faux pilote entra, poussa la porte derrière lui, posa sa lampe à terre et s'assit sur une futaille vide.

Puis il mit un doigt sur sa bouche et dit à Andrewitsch :

— Chut! ne vous fâchez pas; je viens vous délivrer... Seulement, je veux causer avec vous auparavant.

— Vous venez me délivrer! s'écria Andrewitsch.

— Oui.

— Bien vrai? Vous allez me faire sortir d'ici?

— Je viens vous chercher.

— Mais ce n'est pas pour me conduire dans une nouvelle prison?

— Non. C'est pour vous remettre une permission du commandant de place, qui vous autorise à vous rendre à Paris.

Andrewitsch poussa un cri de joie qui fit trembler les voûtes de la prison.

— Je gage, reprit en souriant le faux pilote, que vous m'avez pris pour un assassin?

— Dame!

— Stipendié par le comte d'Estournelle?

La physionomie d'Andrewitsch n'exprima que trop bien que son interlocuteur avait touché juste.

Celui-ci reprit :

— Si vous allez à la villa, vous n'y trouverez plus Mme Durocher.

— Pourquoi?

— Elle vient de partir.

— Partie! s'écria Andrewitsch tout désolé; elle est partie!

— Ce matin même, à bord du bateau à vapeur.

— Mais où va-t-elle?

— A Paris.

— Mais, dit Andrewitsch, elle n'a pu partir sans vous dire...

— Elle m'a remis une lettre pour vous; la voici.

Le faux pilote tendit au jeune homme un petit billet ambré et satiné qu'il ouvrit avec empressement :

« Allez à Paris, mon ami, disait Mme Durocher, nous nous retrouverons. Descendez rue Saint-Honoré, à l'hôtel de Hambourg, et attendez de mes nouvelles.

— Vous voyez que je ne vous mens pas, dit le faux pilote.

— Mais enfin, demanda Andrewitsch, pourquoi m'avez-vous empêché, hier, d'aller au cottage?

— Pour vous sauver.

— Je courais donc réellement un danger de mort?

— Un homme était aposté dans le jardin, qui devait vous tuer.

— Qui sait?

Et le jeune homme eut un fier sourire aux lèvres et un éclair dans les yeux.

— Mais, reprit le faux pilote, nous n'avons pas le temps de nous occuper de toutes ces choses-là. Songeons au plus pressé. Vous allez me suivre.

— Bon!

— Quand vous serez hors de la hutte, vous vous en irez tout droit à Locmaria.

— Et puis?

— Là, vous vous présenterez à l'officier du port, votre permission à la main.

— Où est cette permission?

— La voici. C'est un passe-port en règle; quand il l'aura visée, vous vous embarquerez à bord d'un chasse-marée qui va partir pour Nantes. Ah! un instant, fit le faux pilote, j'oubliais l'essentiel. Le capitaine Grain-de-Sel et ses amis ont pensé que vous auriez besoin d'argent. Il m'ont chargé de vous remettre ce porte-monnaie. Ils contient deux mille francs. A Paris, on vous fera parvenir ce qui pourra vous être nécessaire.

— Comme avances sur mon héritage? demanda Andrewitsch avec fierté.

— Naturellement.

Le faux pilote ouvrit la porte de la cave, prit sa lampe et dit au jeune homme :

— Suivez-moi et prenez garde, les marches sont un peu glissantes.

Il passa le premier et tint sa lampe en arrière, de façon à éclairer la marche d'Andrewitsch.

Lorsque celui-ci fut hors de l'escalier souterrain et se trouva dans la chambre qui formait le rez-de-chaussée tout entier de la hutte, il constata que les deux hommes de la veille avaient disparu.

Mais comme il passait près du lit, il entendit un ronflement sonore.

— Qu'est-ce que cela? fit-il en écartant brusquement les rideaux du lit.

Il vit un jeune homme qui dormait tout vêtu, étendu sur le lit, et il recula d'un pas.

Il avait reconnu le voyageur qui la veille, en quittant le bateau à vapeur, était descendu à l'auberge du Renard d'or.

— Quel est cet homme? demanda Andrewitsch.

— C'est celui qui devait vous tuer, répondit le pilote. Il le prit par le bras et l'entraîna hors de la hutte.

— Mais cet homme...

— Chut! c'est un mystère... Partez! le chasse-marée dérape dans une heure.

Et il le poussa sur le chemin de Locmaria et ferma la porte de la hutte.

Cinq heures après, Andrewitsch arrivait à Nantes.

Là, il se débarrassa de la tunique verte des prisonniers russes et acheta des vêtements.

Le soir même, il prit le train express et partit pour Paris, où il arriva le lendemain matin.

Le billet de Mme Durocher l'engageait à descendre à l'hôtel de Hambourg. Andrewitsch n'eut garde d'oublier cette recommandation.

Il se fit donc conduire rue Saint-Honoré, demanda une chambre et se coucha.

Réveillé vers midi, il se mit à la fenêtre et se prit à considérer avec une sorte d'enivrement ce flot mouvant de passants qui allait et venait sur les deux trottoirs de la rue Saint-Honoré.

Il aspirait l'air parisien avec délices. Il éprouvait toutes les joies de l'exilé enfin rendu à sa patrie.

Tout à coup on frappa à sa porte : c'était le garçon de l'hôtel qui lui apportait une lettre.

Cependant il n'avait point encore donné son nom au bureau, et il se croyait parfaitement inconnu.

L'enveloppe de la lettre était blanche, du reste, et ne portait aucune suscription.

La comtesse lui mit deux francs dans la main et lui confia sa lettre. (Page 1112.)

— Monsieur, lui dit le garçon, on m'a chargé de vous remettre cette lettre. C'est un domestique en livrée qui vient de l'apporter et qui a dit que c'était pour un jeune voyageur arrivé ce matin par le train de Nantes. C'est bien vous, n'est-ce pas ?
— Probablement, dit Andrewitsch en ouvrant la lettre.

La lettre était signée : « Un ami du capitaine Grain-de-Sel, » et ainsi conçue :

« Monsieur le baron René est instamment prié de ne « point sortir en plein jour jusqu'à nouvel ordre. S'il « veut prendre l'air le soir, on lui conseille de sortir en « voiture et d'éviter les quartiers trop fréquentés. »

— Ils ont raison, pensa Andrewitsch. Cependant je voudrais bien voir le vieux Baptistin.

Andrewitsch fut cependant fidèle à la consigne qu'on lui donnait. Il demeura seul dans sa chambre et s'y fit servir à dîner.

Le soir, il alla se promener au Luxembourg.

Le lendemain, il tint même conduite.

Pourtant il commençait, vers la fin du troisième jour, à trouver étrange que ses mystérieux protecteurs ne lui donnassent point signe de vie, lorsqu'il entendit frapper à sa porte, comme dix heures sonnaient.

Il courut ouvrir, et jeta un cri de joie . . . . .

Mme d'Estournelle, en quittant l'homme aux lunettes bleues, ne rentra point dans le petit appartement qu'elle occupait rue Blanche, sous le nom de Mme veuve Durocher.

Elle n'alla pas non plus chez Emeraude, qui, on le sait, demeurait rue Ollivier. Elle s'en alla à pied, tout le long des boulevards, son voile soigneusement baissé, mais regardant au travers pour voir si elle n'était point suivie.

Deux ou trois fois elle traversa la chaussée et changea de trottoir, puis elle entra dans une rue perpendiculaire au boulevard, la suivit un moment, en prit une transversale et se trouva ainsi derrière l'Opéra, c'est-à-dire dans la rue Rossini.

La rue était déserte. Un fiacre seul stationnait au bas de ce passage voûté qui conduit aux galeries de l'Opéra. Mme d'Estournelle se jeta vivement dans le véhicule.

— Mais je suis retenu, madame, dit le cocher.
— Même pour 20 francs ?

145

PROPRIÉTÉ DE VICTOR BENOIST ET Ce, A PARIS.

Ce mot fut magique. Le cocher fut superbe, il prit son fouet et dit :
— Où allons-nous ?
— Au théâtre ***.

Le fiacre partit. Mme d'Estournelle était à peu près sûre de n'être point suivie.

Elle allait au théâtre d'Emeraude, où elle en était sûre, elle rencontrerait l'actrice.

Bien qu'Emeraude fût en congé, elle allait passer sount une heure ou deux au foyer des artistes.

Elle avait écrit le matin un petit mot à la comtesse pour l'avertir qu'elle y serait le soir.

Mme d'Estournelle se glissa dans le couloir un peu sombre de l'entrée des artistes, arrêta un garçon au passage, et lui dit :
— Voulez-vous prier madame Olympe de descendre ? C'est pour une affaire pressée.

Le garçon monta ; deux minutes après Emeraude descendit.
— C'est moi, lui dit la comtesse. As-tu toujours ta petite maison de la barrière du Trône ?
— Toujours.
— Y vas-tu quelquefois ?
— Jamais. Ma femme de chambre, tu sais ma vieille Joséphine, y va tous les jours ouvrir les croisées et épousseter.
— Alors tu vas me prêter ta maison.
— Tiens ! dit Emeraude, je dois justement avoir une clef dans ma loge.

Elle remonta en courant, laissant la comtesse dans le couloir, et elle revint avec la clef.
— Adieu, merci !
— Tu repars ?
— En hâte.
— Mais où vas-tu ?
— Voir Andrewitsch.

La comtesse remonta en voiture, et se fit conduire rue Mondovi.

Là, elle mit vingt francs dans la main du cocher, et lui dit :
— Vous aurez vingt autres francs si vous m'attendez.

Elle mit pied à terre et alla rue Saint-Honoré, passa comme une ombre devant le concierge de l'hôtel où était descendu Andrewitsch, et rencontrant une femme de service dans l'escalier, elle lui demanda hardiment :
— Quel est donc le numéro de la chambre du jeune homme arrivé de Nantes il y a deux jours ?
— Numéro 7.
— Merci !

La comtesse passa, monta au troisième étage, s'orienta, grâce à un bec de gaz, et trouva la porte du numéro 7. Elle frappa.
— Entrez ! dit une voix qui lui fit battre le cœur.

Elle avait reconnu la voix d'Andrewitsch.

Le jeune homme vint ouvrir lui-même, et ce fut alors qu'il jeta un cri de joie.
— Vous ici, madame ! ah ! que vous êtes bonne, dit-il.
— Mon ami, dit la comtesse, j'avais hâte d'être à Paris, et vous voir d'abord, pour vous arracher ensuite à une fâme machination.
— Que voulez-vous dire, madame? demanda Andrewitsch stupéfait.
— Je ne puis m'expliquer ici. Mais il faut que je vous parle ce soir même.
— Où ?

Elle sembla réfléchir.
— Vous sortez tous les soirs ? dit-elle.
— Oui, madame.
— Comptez-vous sortir ce soir ?
— Sans doute.
— Où deviez-vous aller ?
— Aux Tuileries.

— Eh bien ! dans un quart d'heure, à la grille qui fait face à la place Vendôme.

Et elle s'esquiva avant qu'Andrewitsch eût eu le temps de répliquer ou de faire la moindre objection.

Elle passa, son voile baissé, devant la loge du concierge. C'était un dimanche ; le concierge était seul et sommeillait. La rue Saint-Honoré était à peu près déserte.

La comtesse gagna à pied la rue de Rivoli et se glissa sous les arcades.

Dix minutes après, elle vit arriver Andrewitsch.

Andrewitsch était enveloppé dans un grand paletot brun, dont il avait relevé le collet, et qui lui couvrait une partie du visage.

Il tombait une pluie fine, serrée, pénétrante, et qui avait forcé les rares passants à se réfugier sous les arcades.

La comtesse reconnut le jeune homme à sa démarche, mais, avant de l'aborder, elle s'assura que personne ne la suivait.

Elle lui mit la main sur l'épaule et lui dit vivement :
— Venez !

Andrewitsch la suivit.

La voiture que la comtesse avait prise stationnait toujours rue Mondovi.

Elle en ouvrit la portière et dit au cocher :
— Barrière du Trône !

Andrewitsch tombait d'étonnements en étonnements.
— Venez toujours, venez ! disait la comtesse. Pour que je me hasarde à vous confier ce que j'ai à vous dire, il faut que nous soyons seuls, entre quatre murs.

Le cocher qui nous conduit est déjà trop près de nous.
— Mon Dieu ! fit Andrewitsch, comme vous m'intriguez, si je n'étais si heureux d'être auprès de vous !

Elle lui laissa prendre ses mains et les baiser avec transport.

Andrewitsch continua :
— Mais au moins vous m'expliquerez, madame, pourquoi cet homme s'est emparé de moi, m'a empêché d'aller au rendez-vous que vous m'aviez donné, et...

Elle lui mit une main sur la bouche.
— Encore un mystère, dit-elle ; mais rassurez-vous, tout s'expliquera.

Le coupé de remise marchait comme le vent. La promesse des vingt francs de gratification stimulait le zèle du cocher et donnait des ailes au cheval.

Après avoir suivi la rue de Rivoli et la rue Saint-Antoine, le véhicule traversa la place de la Bastille, et, bientôt après, il arrivait à la barrière.

Là, Mme d'Estournelle descendit :
— Suivez-moi toujours ! dit-elle au jeune prisonnier russe.

Elle se mit à marcher rapidement et gagna l'ancien mur de ronde. A trois cents pas de distance, elle s'arrêta.

Elle avait devant elle une petite maison à un étage, dont les volets étaient fermés et qui paraissait inhabitée.

Elle tira une clef de sa poche, l'introduisit dans la serrure, la clef tourna et la porte s'ouvrit.

Andrewitsch, qui se tenait derrière elle, se trouva alors dans un corridor sombre.
— Où sommes-nous donc ? fit-il.
— Chez moi, ou plutôt dans la maison d'une amie, répondit-elle. Prenez ma main et venez...

Elle l'entraîna dans l'obscurité et referma la porte.

La comtesse était venue autrefois dans cette maison elle en connaissait tous les êtres, comme on dit.

Au bout du corridor, elle tourna à droite et posa le pied sur la première marche d'un petit escalier tournant.

Andrewitsch la suivait toujours, de plus en plus étonné.

A la trentième marche, la comtesse s'arrêta et poussa une porte devant elle.
— C'est ici, fit-elle. Maintenant, attendez ; il faut que nous y voyions clair.

Elle fit deux pas, jusqu'à la cheminée sans doute. Andrewitsch entendit un frottement, puis il vit jaillir un éclair.

La comtesse alluma une bougie, dont la flamme éclaira soudain le lieu où se trouvait Andrewitsch.

C'était un joli petit salon, meublé avec un goût exquis, orné de tableaux et d'objets d'art, un bijou perdu au milieu du plus pauvre et du plus reculé des quartiers de Paris.

La comtesse posa la bougie sur la cheminée, ferma la porte, puis elle vint à Andrewitsch et le fit asseoir auprès d'elle sur un tête-à-tête :

— Mon ami, lui dit-elle alors, avez-vous du courage ?
— Vous savez que je mourrais pour vous, répondit le jeune homme avec enthousiasme.
— Il faut, au contraire, que vous viviez... que vous viviez, répéta-t-elle, malgré l'aveu que je vais vous faire.
— Mon Dieu ! fit-il, qu'allez-vous donc m'apprendre, madame ?
— M'aimez-vous ?
— Comme un fou.
— Et vous avez songé à m'épouser ?
— J'y songe toujours.
— Cependant...
— Oh ! ma résolution est prise.
— Si c'était impossible ?
— Rien n'est impossible. D'ailleurs, si vous le voulez, qui donc pourrait s'y opposer ?
— La fatalité !

Andrewitsch se leva tout pâle et regarda la comtesse.
— Expliquez-vous, madame, expliquez-vous, de grâce ! dit-il.
— Mon ami, dit-elle encore, je ne puis être votre femme... je suis celle d'un autre... je suis mariée !...

Andrewitsch poussa un cri et chancela comme frappé à mort...

— Allons ! pensa la comtesse, il m'aime assez pour m'appartenir tout entier !...

LIV

La comtesse prit les mains d'Andrewitsch dans les siennes :
— Allons ! enfant, lui dit-elle, soyez fort, soyez raisonnable... je n'aime pas mon mari... et je vous aime !...

Il la regardait avec égarement et chancelait toujours.
— Gaston, reprit-elle, je hais mon mari parce qu'il est indigne de mon amour, parce que je ne veux point être la complice de ses crimes.

Andrewitsch tressaillit.
— De quels crimes parlez-vous, madame ?
— Mon mari, répondit-elle, est un voleur d'héritage.

Le jeune homme fit un mouvement.
— Écoutez, écoutez encore, continua-t-elle ; je suis une pauvre femme malheureuse et calomniée ; on a dit de moi que j'étais une créature perdue, et bien des gens me croiront coupable...

Elle prit sa tête à deux mains et deux grosses larmes jaillirent de ses doigts.

Or, dans toutes ces paroles, il y avait pour Andrewitsch une incohérence bizarre.

— Une femme perdue, vous, fit-il avec une explosion d'indignation ; qui donc a pu dire cela ?

Elle fixa sur lui ses yeux noyés de larmes :
— Vous ! dit-elle.

Le ciel s'écroulant sur la tête d'Andrewitsch ne l'eût pas écrasé plus complètement que ce simple mot.

Il regarda la comtesse d'un œil hébété, et balbutia :
— Voilà que je ne comprends plus. Vous devez être folle !
— Plût à Dieu ! fit-elle, car les fous n'ont pas conscience de la douleur.
— Moi ! reprit-il, moi !... je vous ai traitée de...

La comtesse se redressa, parut faire sur elle un effort surhumain, et regardant Andrewitsch en face :
— Monsieur le baron Gaston Réné, dit-elle, je me nomme la comtesse d'Estournelle !

Andrewitsch ferma les yeux et crut qu'il allait mourir.

La comtesse le soutint dans ses bras, et cette fois, obéissant à un véritable élan de passion, elle l'étreignit avec une sorte de rage :
— Tue-moi ! dit-elle, mais ne me méprise point ! S'il est vrai que l'amour réhabilite, je suis désormais sans tache, car je t'aime !

Il y avait un tel accent de passion vraie dans ces paroles, une émotion si grande dans la voix qui les prononçait, une attitude si suppliante et en même temps si désespérée dans toute la personne de la comtesse, qu'Andrewitsch s'écria :
— Vous êtes un ange !

Il se mit à genoux devant elle.
— Pardonnez-moi, murmura-t-il.

Elle eut un cri de joie, le reprit dans ses bras et l'y serra avec transport.
— Vous ne me méprisez donc pas, mon Gaston bien-aimé ? s'écria-t-elle.
— Vos larmes me disent que vous êtes la meilleure des femmes.
— Vous ne me haïssez donc point ?
— Je vous aime !...

Alors elle le fit rasseoir auprès d'elle et continua :
— Maintenant que vous savez bien que je ne suis pas la complice de ce misérable dont, hélas ! je porte le nom, il faut que je vous dise ce que j'ai fait pour vous.
— Parlez.
— Mon mari avait eu l'habileté de me persuader que vous étiez bien le vrai Andrewitsch, c'est-à-dire le fils du Cosaque. Dès lors, il m'avait paru tout naturel de ne point nous laisser dépouiller de l'héritage de la baronne Réné par un aventurier.

« Mais j'ai su la vérité plus tard.
— Comment ?
— Par l'homme qui vous a empêché de venir au cottage dans la nuit où je vous y attendais. Mon mari, que j'avais fui, avait retrouvé mes traces...
— Et quand vous avez su la vérité ?...
— J'ai voulu vous voir. Je suis allée à Belle-Isle. Après vous avoir vu, je vous ai aimé... et du jour où je vous ai aimé, j'ai fait le serment de vous rendre votre héritage. Demain je verrai la baronne ; je lui dirai tout..... et, le soir même, je vous conduirai chez elle...

Andrewitsch la regardait avec admiration.
— Mais votre mari ? fit-il.
— Je le confondrai devant la baronne, s'il le faut !
— Mon Dieu ! murmura le jeune homme, qui fut pris d'un accès de générosité sublime, vous avez une enfant, madame ?
— Oui, une fille qui sera, je l'espère, honnête et pauvre comme sa mère.
— Eh bien ! si je vous demandais une grâce, me la refuseriez-vous ?
— Parlez...
— Si je vous suppliais d'accepter, pour cette enfant, la moitié de ce que mon aïeule me donnera ?
— Oh ! le plus généreux des hommes ! s'écria-t-elle en lui serrant les mains avec transport.

Andrewitsch passa une heure aux genoux de Mme d'Estournelle, lui baisant les mains et lui disant ces mille folies éloquentes qu'inspire l'amour.

Mais enfin la comtesse se leva.
— A présent, lui dit-elle, causons raison. Il est tard. L'heure de nous séparer est venue.
— Déjà ! fit-il.

Elle eut un sourire à travers ses larmes, et continua :
— Malgré la recommandation qui vous a été faite de

ne point vous montrer en plein jour, vous êtes demeuré une demi-heure à votre fenêtre, hier.

— C'est vrai.

— Mon mari, et quatre ou cinq mauvais sujets qui lui obéissent aveuglément, ont appris votre présence à Paris, il ne faut donc pas rentrer à votre hôtel.

— Mais... où aller?

— Rester ici.

— Ici? fit-il étonné.

— Cette maison est à notre disposition. Nous sommes dans un quartier perdu. Nul ne vous y trouvera.

— Soit, dit Andrewitsch. Ordonnez, je vous obéirai.

Elle lui fit visiter la maison. Au delà du salon, il y avait une petite chambre à coucher, coquette, parfumée, et dans laquelle le jeune homme entra en soupirant.

Dix minutes après, la comtesse remontait en voiture sur la place du Trône.

— Je crois, maintenant, se dit-elle, que je puis tenir tête à l'ex-marquis de Chamery et prendre sous ma protection le vicomte de La Morlière. C'est un homme de ressources, il trouvera moyen de me débarrasser de mon mari.

Lorsque la comtesse arriva sur le boulevard Beaumarchais, elle descendit dans un cabinet de lecture et demanda une plume et de l'encre. Elle écrivit au vicomte de La Morlière le billet suivant :

« Mon cher allié, je prends la liberté d'avancer notre rendez-vous. Venez demain matin, avant neuf heures, 15, rue Blanche. J'ai de bonnes nouvelles à vous donner. »

La comtesse avisa un commissionnaire qui regardait les estampes d'un air niais, à la porte du cabinet de lecture.

Elle lui mit deux francs dans la main et lui confia sa lettre.

Puis, elle rentra chez elle à pied.

La comtesse s'était installée rue Blanche d'une façon fort modeste ; elle avait pris une servante qui cumulait les fonctions de cuisinière et de femme de chambre.

Il était près de minuit, Mme d'Estournelle se mit au lit et ne parvint que difficilement à fermer l'œil.

A sept heures du matin, elle dormait profondément lorsqu'elle fut éveillée en sursaut par un vigoureux coup de sonnette.

— Serait-ce déjà M. de la Morlière, se dit-elle en passant un peignoir à la hâte.

La bonne arriva, disant :

— Madame, c'est le monsieur de la rue de la Michodière.

Elle tressaillit.

— Que peut-il me vouloir si matin? pensa-t-elle.

Elle donna l'ordre de le faire entrer au salon, et elle termina rapidement sa toilette du matin.

Quand elle entra dans le salon, elle vit assis sur un canapé un homme jeune encore, à la taille élégante, portant un habit boutonné jusqu'au menton, de petites moustaches cirées avec soin, et ayant la tournure d'un officier.

Ce personnage ne ressemblait pas plus à l'homme aux lunettes bleues, que l'homme aux lunettes bleues ne ressemblait au faux pilote de Belle-Isle-en-Mer, affublé d'un caban goudronné.

— Excusez-moi, chère madame, dit-il avec un ton parfait de courtoisie, de me présenter chez vous à une heure encore indue.

— Il est vrai, dit-elle, le regardant avec hésitation...

— Je gage, fit-il en souriant, que vous ne me reconnaissez pas, bien que nous nous soyons vus hier soir?

— Je ne reconnais que votre voix.

— C'est suffisant. En revanche, je dois vous rappeler vaguement le marquis de Chamery, n'est-ce pas?

— Un peu...

— Alors, causons. Je vous demandais donc pardon, madame, de vous avoir fait lever aussi matin. Mais c'est que je tenais à vous voir avant l'arrivée du vicomte de la Morlière.

La comtesse fit un mouvement; mais elle répondit :

— Oh! vous aviez le temps ; je ne compte sur lui que ce soir.

— Bah ! vous lui avez donné rendez-vous pour neuf heures du matin.

— Moi ! exclama la comtesse, essayant de payer d'audace.

— Dame ! voilà votre lettre.

Et le bizarre personnage mit sous les yeux de Mme d'Estournelle la lettre que la veille au soir elle avait écrite à M. de la Morlière.

Puis il ajouta :

— Le commissionnaire à qui vous l'avez remise est un de mes agents. Il vous a suivie depuis ma porte jusques au théâtre de***, du théâtre à la rue Saint-Honoré, de la rue Saint-Honoré, à celle de Rivoli.

Il vous a vue monter en voiture avec Andrewitsch, que vous avez laissé à la barrière du Trône, dans la petite maison de votre amie Émeraude.

— Mais tout cela est affreux ! murmura la comtesse stupéfaite.

— Madame, reprit froidement l'interlocuteur de la comtesse, jouons cartes sur table ; est-ce la paix, est-ce la guerre que vous voulez?

— La paix ! dit-elle, car je vois que je ne suis point de force à lutter avec vous.

— Etes-vous sincère ?

— Mon intérêt me fait un devoir de le devenir.

— Ainsi vous allez devenir mon instrument?

— Oui, si vous devez tenir les promesses que vous m'avez faites à Belle-Isle-en-Mer.

— Je les tiendrai.

— Ainsi, je dois vous sacrifier le vicomte de la Morlière ?

— C'est-à-dire que vous devez être mon bras droit, la main vengeresse qui le frappera.

— Comment ?

— Je vous le dirai en temps et lieu opportuns, madame.

L'homme de la rue de la Michodière se leva.

— Comment ! fit la comtesse, vous partez déjà ? Et sans me laisser d'autres instructions ?

— Je reviendrai vous voir.

— Quand ?

— Ce soir, avant huit heures.

— Mais que dirai-je au vicomte ?

— Je vous verrai avant son arrivée. Je crois que vous ferez bien de rentrer au domicile conjugal demain matin.

— Pourquoi ?

— C'est mon plan de bataille.

— Singulier homme ! dit la comtesse.

— Ah ! un mot encore...

— Voyons ?

— Je vous défends de sortir aujourd'hui.

— Pas même pour aller chez Émeraude ? je lui ai promis d'aller la voir.

— Écrivez-lui que vous êtes malade.

— Mais vous voulez donc me rendre esclave? fit-elle avec impatience.

— Jusqu'à ce que vous ayez vu M. de la Morlière.

— Mais, Andrewitsch...

— Il vous attendra.

L'homme de la rue de la Michodière s'en alla, après avoir baisé fort respectueusement la main de Mme d'Estournelle. Il était venu à pied ; il descendit à pied rue Saint-Lazare et entra chez Saphir.

Le concierge, qui le vit sonner à la porte de la pécheresse, lui dit en souriant :

Elle vit assis sur un canapé un homme jeune encore. (Page 1172.)

« — Si vous croyez que cette dame se lève si matin, vous vous trompez...

— Elle se lèvera pour moi, répondit-il en sonnant avec l'assurance d'un homme qui a l'habitude de voir toutes les portes s'ouvrir devant lui.

En effet, la bonne vint ouvrir.

— Mais, monsieur, dit-elle, il est huit heures du matin à peine.

— C'est vrai.

— Et madame...

— Madame va me recevoir sur-le-champ si tu lui dis mon nom.

— Mais elle dort...

— Eveille-la.

Le ton de Rocambole était impérieux. La soubrette le fit entrer au salon. Puis, au moment de pénétrer dans la chambre de sa maîtresse :

— Le nom de monsieur ?

— John.

La soubrette demeura stupéfaite et regarda le visiteur.

— Mais c'est un nom de groom, cela ? dit-elle en pinçant les lèvres.

— Peu importe ! Annonce-moi.

Trois minutes après, la servante rouvrit la porte.

— Entrez, dit-elle.

Rocambole franchit le seuil de la chambre à coucher et aperçut Saphir dans son lit, mais dressée sur son séant et les épaules couvertes d'une palatine. Elle attacha sur lui un regard effrayé.

— Que me voulez-vous encore ? fit-elle ; faut-il que je retourne dans ma prison du faubourg Saint-Germain ?

— Non, ma chère.

Et Rocambole s'assit au chevet de Saphir et lui prit la main.

— Ma petite, dit-il, tu sais ce qui a été convenu entre nous à la Charmerie ?

— Je sais, répondit Saphir, que vous êtes l'âme damnée de gens qui poursuivent le père de mon cher Paul... et que vous m'avez juré que jamais il n'arriverait malheur à Paul si je vous obéissais...

— C'est cela même.

— Que venez-vous donc m'ordonner encore ? demanda t-elle.

— Pendant trois mois, j'ai voulu que tu te dérobasses à tous les regards, afin que le vicomte perdît ta trace. Puis, un jour, je t'ai rendu la liberté et tu es revenue ici.

— Aussi le vicomte est-il venu le lendemain.

— Je le sais. Hier, à six heures du soir. Est-ce exact ?

— Oui. Comment le savez-vous ?

— Comme je sais toute chose.

— Eh bien ! faut-il le fuir encore ?

— Au contraire.

— Hein ?

Et Saphir regarda de nouveau son visiteur avec curiosité.

— Bon ! dit-elle, expliquez-vous, alors, car je ne comprends plus rien.

— Tu comprendras. Ecoute bien. Ce soir, tu te tiendras prête à sortir à huit heures précises.

— Après ?

— Tu feras une toilette séduisante. Tu seras belle comme si tu allais voir ton cher Paul.

— Ensuite ?

— A huit heures, je viendrai te chercher et je t'emmènerai.

— Où donc ?

— A deux pas d'ici, chez une jeune veuve, Mme Durocher. C'est une amie de M. de la Morlière.

— Et le vicomte y viendra ?

— Oui.

— Et que faudra-t-il lui dire ? demanda-t-elle.

— Tu feras ce que te demandera Mme Durocher c'est une amie à nous.

Il souligna ce dernier mot.
— C'est bien, murmura Saphir, j'obéirai.
L'homme aux lunettes bleues s'en alla.
— Ah! dit-il, quand il fut sur le seuil de la chambre, j'oubliais de te faire une recommandation.
— Parlez...
— Paul viendra te voir, sans doute, comme hier...
— Comment! vous savez aussi qu'il est venu?
— Je sais qu'il était là, dans ce cabinet, tandis que son père...
— Oh! cet homme est sorcier! s'écria Saphir avec terreur.
— Soit. Donc, si Paul vient te voir, voici ce que je te conseille. Tu ne lui diras pas un mot de ma visite ; tu te garderas bien de lui confier que tu dois voir son père ce soir. Une indiscrétion de ta part pourrait lui porter malheur...
La manière dont l'homme aux lunettes bleues accentua cette phrase donna le frisson à Saphir.
— C'est bien, dit-elle, Je vous jure que je serai muette.
— Bien. A ce soir.
Et Rocambole franchit le seuil de la chambre à coucher de Saphir et gagna l'escalier.

LV.

A peu près à l'heure où l'homme aux lunettes bleues sortait de chez Saphir et rentrait chez lui, une voiture de place suivait la rue Lafayette, venant du chemin de fer du Nord.
Des malles de femme et une valise étaient sur l'impériale.
Dans l'intérieur, une jeune femme et un homme jeune encore, tous deux en costume de voyage, causaient.
— Eh bien! ma chère amie, disait le baron Gontran de Neubourg, car c'était lui, j'espère qu'à présent vous allez me rendre ma liberté?
— Pas encore, baron.
— Comment! pas encore?
— Je vais d'abord vous emmener chez moi, mon cher ami.
— Et après?
— Après, je réfléchirai.
Gontran eut un sourire tout à fait énigmatique et répondit:
— Vous vous donnez bien du mal pour rendre service à vos amis.
La cantatrice tressaillit, et le regarda fixement.
— Que voulez-vous dire!
— Oh! rien.
— Vos paroles cachent cependant un sens mystérieux.
— Si l'on veut Ainsi nous allons chez vous, chère amie?
— Oui.
Gontran tira un étui de sa poche et alluma tranquillement un cigare.
Le coupé de remise roulait maintenant rue Saint-Lazare ; bientôt il remonta la rue Blanche, et s'arrêta enfin devant l'hôtel de la cantatrice.
La porte s'ouvrit; la femme de chambre, prévenue par la sonnette du suisse, vint au devant de sa maîtresse.
— Gontran, dit Grenat, entrez au salon, et attendez-moi.
Tandis que M. de Neubourg gravissait les dix marches du perron, la cantatrice disait rapidement à sa femme de chambre.
— Mme Olympe est-elle venue?
— Non, madame.
— As-tu des lettres pour moi
— Aucune.
— Alors va-t'en dans la rue au numéro 15, tu demanderas Mme Durocher et tu lui diras que je l'attends.

La femme de chambre sortit et revint au bout d'un quart d'heure, apportant une lettre de la comtesse.
La lettre que Grenat ouvrit était ainsi conçue:
« Je ne peux pas sortir. Viens tout de suite, je t'attends.

« TOPAZE. »

— Serait-elle malade? pensa la prima dona, qui se tourna vers Gontran, assis en un coin du salon et feuilletant distraitement un volume.
— Mon ami, lui dit-elle, vous êtes prisonnier sur parole. Je sors un moment. Ne vous impatientez pas e attendez-moi pour déjeuner
— Faites, dit Gontran, qui continua sa lecture et ne leva point la tête.
Grenat remit son châle et son chapeau et se rendit au n° 15.
Mme d'Estournelle s'était remise au lit.
— Tu es donc malade? lui dit la cantatrice en courant l'embrasser.
— Non, mais on m'a défendu de sortir, ma chère.
— Qui donc?
— Une personne qui exerce sur ma destinée une volonté despotique.
Grenat ouvrit de grands yeux.
— Mais toi, dit-elle, d'où viens-tu? Pourquoi reviens-tu?
— Je reviens parce que tu m'as écrit de revenir.
— Tu es folle?
— C'est toi qui manques de mémoire, ma chère, voilà ta lettre.
Grenat ouvrit un petit carnet qu'elle avait sur elle, en tira une lettre qu'elle tendit à Mme d'Estournelle stupéfaite.
C'était bien l'écriture de la comtesse, et la suscription portait :
Madame Jeanne D..., artiste dramatique, hôtel de Suède, Bruxelles.
La lettre était conçue en ces termes :

« Mon cher Grenat,

« Tu peux revenir. Je crois qu'il n'est plus utile de tenir Gontran loin de Paris. Reviens donc. Seulement ne lâche pas Gontran avant de m'avoir vue. »
La comtesse prit cette lettre, la lut, la tourna dans tous les sens et finit par dire :
— C'est mon écriture à s'y méprendre, mais c'est l'œuvre d'un faussaire.
— Mais c'est impossible !
— Regarde la date...
— Eh bien ! ma chère, le jour où cette lettre a été mise à la poste, j'étais à cent trente lieues de Paris
— Où?
— A Belle-Isle.
— Ainsi ce n'est pas toi qui as écrite ?
— Non.
— Pourtant, c'est ton écriture.
— Habilement contrefaite.
— Qui donc a pu l'écrire ?
— Oh ! je devine. Celui ou ceux qui me dominent en ce moment.
— Que veux-tu dire ?
— Ceux qui m'empêchent de sortir d'ici aujourd'hui
— Explique-toi donc, Topaze.
— Non, je ne puis pas, dit la comtesse avec résolution.
— Ainsi, tu ne peux rien me dire ?
— Rien.
— Peut-être même que tu n'as plus besoin de nous?
— Pour le moment.
La cantatrice mordit ses lèvres rouges avec un certain dépit :

— Voici la première fois, dit-elle, que tu as un secret pour moi.

Mme d'Estournelle lui prit les mains et la regarda avec tendresse.

— Pauvre Grenat! fit-elle, comment veux-tu que je t'explique ce que je ne comprends pas moi-même? Je plie, en ce moment, sous une main de fer qui peut me broyer si je résiste, qui me servira si je lui obéis.

— Ah! qui... te... servira?

— Oui; reviens demain, peut-être pourrai-je te dire quelque chose.

— Soit. Adieu.

Grenat s'en alla un peu piquée du mutisme de la comtesse. Elle rentra chez elle et trouva Gontran qui fumait tranquillement en parcourant un journal.

— Mon ami, lui dit-elle, vous êtes libre, après déjeuner, toutefois.

— Ah! fit Gontran, vous voulez que je déjeune avec vous?...

— Sans doute.

— Eh bien! donnez vos ordres... Je meurs littéralement de faim, chère amie.

— Voyons! dit-elle en souriant et s'asseyant auprès de lui, cela ne vous étonne pas que je vous rende votre liberté?

— Nullement.

— Hein? fit-elle en le transperçant de son regard.

Gontran se mit à rire:

— Vous êtes une femme forte, Jeanne, mais il n'est bon général qui n'ait été battu...

La cantatrice tressaillit.

— Que voulez-vous dire? demanda-t-elle avec inquiétude.

— Vous vous êtes donné bien du mal pour m'emmener loin de Paris. Vous aviez besoin de moi, disiez-vous, puis, vous m'avez avoué que c'était un retour d'amour pour moi qui vous avait entraînée dans cette équipée.

— C'est vrai!

— Or, ma chère amie, vous mentiez comme votre mère Eve, et vous ne m'aviez emmené en Belgique que pour m'empêcher de me battre avec le comte d'Estournelle.

— Vous savez cela?

— Depuis huit jours...

— Et vous n'avez point cherché à vous échapper?... à me reprendre votre parole?...

— Aucunement. Vous souvenez-vous qu'un soir, devant le théâtre de la Monnaie, j'ai été abordé par un homme, assez mal mis, qui m'a demandé du feu?

— Oui.

— Cet homme m'a glissé un billet dans la main. Ce billet, le voici.

Et il tendit le billet froissé à la cantatrice.

Celle-ci le déplia et lut:

« M. le baron de Neubourg peut rester à Bruxelles tant qu'il lui plaira. Son absence ne gênera en rien les opérations des C. d. C. d. L. »

Une R. était la signature de ce billet.

— Mais, mon ami, dit Jeanne avec dépit, vous vous êtes donc moqué de moi?

— Un peu, chère amie. Et si vous voulez me garder encore... je me trouve très bien ici...

— Non, vous pouvez vous en aller. Je ne me mêle plus des affaires des autres, murmura Jeanne avec dépit.

— Comme vous voudrez.

Gontran et Jeanne déjeunèrent en tête-à-tête.

Puis Gontran mit son chapeau, envoya chercher une voiture et prit congé de son ancienne maîtresse.

Comme il arrivait à sa porte, rue Taitbout, un homme qui passait sur un trottoir opposé s'arrêta brusquement.

C'était le comte d'Estournelle, rouge comme un coq, et évidemment pris de vin.

Depuis que la comtesse était partie pour son mystérieux voyage, l'ancien capitaine de cavalerie avait repris ses plus mauvaises habitudes.

Il jouait toutes les nuits et buvait comme un Suisse.

Ce jour-là il sortait du café Riche, où il avait trop déjeuné, et sa raison y était restée au fond d'une bouteille de tokay.

La vue de Gontran lui fit monter le sang au visage.

Il oublia les sages recommandations de la comtesse son naturel querelleur reprit le dessus, et s'approchant du baron, il lui saisit rudement le bras.

— Ah! enfin, monsieur, lui dit-il, c'est vraiment heureux de vous revoir!

Gontran fit un pas de retraite.

— Oh! vous ne m'échapperez pas cette fois! s'écria M. d'Estournelle.

Sa voix était rauque, ses yeux roulaient menaçants.

— Monsieur, lui dit froidement le baron, je n'ai jamais songé à vous échapper, et dès demain matin...

— Non pas! exclama le comte furieux, c'est tout de suite!

— Comme il vous plaira! répondit Gontran, qui fit cette réflexion : que peut-être ses amis avaient, en son absence, établi un tout autre plan de bataille.

— Ma foi! tant pis! se dit-il. Je ne puis pas me laisser insulter par ce rustre. Et il fit un pas vers le comte, qui avait pris une attitude menaçante.

— Monsieur, lui dit-il, je serai à votre disposition quand vous voudrez.

— A l'instant, alors...

— Soit, à l'instant. Cependant vous me donnerez bien le temps de monter chez moi?

— Oui, mais je vais demeurer en faction à la porte.

Ces derniers mots exaspérèrent Gontran.

— Monsieur, dit-il au comte, je vous tiens pour un gentilhomme malappris, et je vais tâcher de vous tuer pour débarrasser la société d'un rustre de votre espèce.

Il lui tourna le dos et monta chez lui.

Par un hasard providentiel, le marquis de Verne était chez Gontran.

Le marquis avait été avisé par un mot du personnage de la rue de la Michodière, il y avait une heure, du retour de Gontran.

« M. de Neubourg rentrera probablement chez lui, disait ce mot. Empêchez-le de se rencontrer avec M. d'Estournelle. »

Le marquis était allé chez Gontran, s'y était installé et avait dit au valet de chambre :

— Ton maître arrive aujourd'hui, je vais l'attendre.

— Ah! tu arrives à propos, dit-il en voyant entrer Gontran; je crois qu'on a besoin de toi.

— Où?

— Rue de la Michodière.

— Malheureusement, dit Gontran, je n'aurai pas le temps d'y aller.

Et il se débarrassa de son paletot de voyage.

— Pourquoi? demanda le marquis.

— Parce qu'il faut que je me batte dans une heure.

M. de Verne ouvrit de grands yeux.

— Avec qui donc te bats-tu? demanda-t-il.

— Avec le comte d'Estournelle, qui m'attend en bas, en faction sous la porte cochère.

— Mais je suis ici justement pour t'empêcher de te battre!

— C'est impossible! Il m'a provoqué et m'attend.

— Mon cher ami, répondit le marquis de Verne, je ne vois qu'une chose à faire, c'est d'aller chercher pour ton second témoin l'homme de la rue de la Michodière.

— C'est juste, dit Gontran. De cette façon, il verra que je ne puis agir autrement.

Et il écrivit au mystérieux personnage : « Je vous attends chez moi, affaire urgente... Venez! »

Le valet de chambre de Gontran porta la lettre, tandis que son maître changeait de costume.

M. de Verne se mit à la fenêtre et vit le comte d'Estournelle qui se promenait toujours de long en large devant la porte cochère.

Le valet de chambre avait trouvé Rocambole sur le seuil de son appartement. Il rentrait.

Le billet de Gontran lui fit deviner une partie de la vérité.

— Depuis quand est arrivé ton maître?
— Depuis dix minutes.
— M. de Verne était-il chez lui?
— Oui, monsieur.
— Tu n'as rien vu d'extraordinaire aux environs de la maison?
— Pardon; il y a un monsieur gros et tout rouge qui se promène devant la porte.

L'homme aux lunettes bleues fronça le sourcil et devina :

— C'est le comte, se dit-il. Sans doute il est gris. Il aura rencontré le baron. Il faut se battre. Va me chercher un fiacre, ajouta-t-il tout haut, s'adressant au valet.

Dix minutes après, le bizarre et mystérieux personnage arrivait chez Gontran.

Il avait vu en passant M. d'Estournelle qui se promenait d'un pas saccadé, pestant, jurant, et trouvant que le baron se faisait attendre.

— J'ai tout compris, dit-il en entrant à M. de Neubourg; il est ivre. Où l'avez-vous rencontré?
— A la porte, comme je montais chez moi; et il s'y est pris de telle façon que je n'ai pu reculer.
— Je l'ai pensé, dit l'homme aux lunettes bleues. Aussi ai-je apporté des épées.
— Alors, descendons...
— C'est fâcheux! murmura en sortant de l'entresol du baron l'homme aux lunettes bleues. C'est fâcheux... cet homme me met dans un singulier embarras... Si on le tue, je perds mon meilleur moyen de tenir la comtesse sous ma domination... et j'ai besoin d'elle, pourtant...

Il prit le bras du baron et lui dit à l'oreille :
— Il tirera fort mal, il est ivre... ménagez-le.
— Pourquoi?
— Tout est perdu, si vous le tuez.. Tâchez de l'égratigner au bras.
— Je ferai mon possible...

Le comte était campé à la porte, le poing sur la hanche, dans l'attitude d'un maître d'armes de régiment.

— Ces messieurs se font bien attendre, dit-il d'un ton rogue.
— C'est toujours avec ceux-là, répondit Gontran, qu'on ne perd jamais rien, monsieur le comte d'Estournelle.
— C'est ce que nous verrons! murmura-t-il d'un ton bourru.
— Et tenez, fit le baron, il me semble que je suis plus avancé que vous.
— Vous croyez?
— J'ai mes deux témoins, monsieur. Où sont donc les vôtres?
— Je les prendrai au café Riche, en passant, monsieur.
— J'ai des épées.
— Je m'en servirai, monsieur
— Où allons-nous?
— A Vincennes.
— Quelle chance! murmura l'homme aux lunettes bleues.

Le comte fit signe à une voiture qui passait et y monta.

— Au café Riche, dit-il, et ensuite barrière du Trône.

Il y avait au café Riche deux jeunes gens qui s'honoraient beaucoup de l'amitié du comte d'Estournelle.

C'étaient deux petits jeunes gens, appartenant au monde des gandins, dépensant de beaux revenus, gagnés par leur père dans le commerce, pariant aux courses, ayant groom et poney-chaise, soupant chaque nuit au café Anglais, jouant gros jeu au cercle dont M. d'Estournelle faisait partie, et prisant fort le rôle de témoins dans un duel.

— Mes jeunes amis, leur dit le comte, montez en voiture avec moi, je vais me battre; vous êtes mes témoins.

Les deux jeunes gens tressaillirent de joie, et leur visage s'illumina.

— Allons! dirent-ils.

Une demi-heure après, les deux fiacres se suivaient dans la grande avenue de Vincennes, dépassaient le fort, prenaient un chemin qui s'allonge à droite de la route de Nogent et s'arrêtaient à l'entrée d'un fourré.

L'homme aux lunettes bleues examina M. d'Estournelle tandis qu'il descendait de voiture.

Le comte avait l'ivresse lente et condensée. Le vin agissait sur lui par gradations, mais il agissait toujours, c'est-à-dire qu'il était beaucoup plus ivre encore que lorsqu'il était parti de la rue Taitbout.

— S'il n'a pas un coup de sang en mettant l'épée à la main, murmura l'homme aux lunettes bleues, nous aurons de la chance...

Il y avait au milieu du fourré une clairière d'environ trente pas de largeur. Le sol était sablonneux et admirablement approprié à une rencontre.

On prit les épées et on les montra à M. d'Estournelle.

Il les examina, les mania l'une après l'autre, et dit en plissant dédaigneusement les lèvres :

— C'est bien léger.
— Monsieur le comte eût préféré le sabre, sans doute? ricana l'homme aux lunettes bleues.
— Sans doute.
— On pourrait aller en chercher à Vincennes.
— Oh! c'est inutile... Je suis pressé... Il faut en finir.

Et le comte ôta son habit.

Son visage était écarlate; il suait et soufflait, et sa démarche était chancelante.

— Monsieur, lui dit Gontran d'un air railleur, vous paraissez... indisposé...
— Moi, monsieur?
— Il me semble que vous marchez d'un pas inégal..
— Vous raillez, monsieur!

Et le comte s'empara de l'une des épées et tomba en garde.

— Je vous jure, monsieur, insista Gontran, que je ne raille pas... et si vous voulez remettre à une heure ou deux cette rencontre...
— Vous êtes un lâche! riposta le comte hors de lui.

Gontran se tourna vers ses témoins et leur dit :
— Mais cet homme est ivre!
— Parbleu!
— Et c'est... un assassinat...
— Bah! fit l'homme aux lunettes bleues. Il se dégrisera. Allez, messieurs!

Gontran se mit en garde, et le comte se rua sur lu avec fureur, le découvrant avec une témérité inouïe. Gontran se contentait de parer avec méthode.

L'épée du comte rencontrait l'épée de Gontran sans cesse, et la fureur de l'ivrogne augmentait à mesure qu'il acquérait la conviction que son adversaire le ménageait.

Tout à coup il poussa un cri sauvage et se fendit.

Le marquis de Verne et l'homme aux lunettes bleues fermèrent les yeux; ils crurent que c'en était fait de Gontran.

Mais M. de Neubourg avait fait un saut de côté et l'épée du comte, filant dans le vide, celui-ci avait glissé, et, l'ivresse aidant, il était lourdement tombé la face contre terre.

— C'est heureux! pensa l'homme aux lunettes bleues.

À cinq heures du soir, Saphir était à sa toilette. (Page 1178.)

S'il est un Dieu qui protège les ivrognes, il en est un aussi, sans doute, qui les empêche de faire trop de sottises.

Le comte se releva furieux, ressaisit son épée et se remit en garde.

— Décidément, monsieur, lui dit Gontran, je crois que vous êtes ivre...

— Monsieur!

— Et nous ferions bien d'en rester là pour aujourd'hui.

— Ah! ah! s'écria le comte, vous avez peur sans doute?

— Comme vous voudrez... murmura le comte en se remettant en garde.

Le comte l'attaqua de nouveau avec acharnement. Il se fendit trois fois de suite. Les deux premières Gontran para lestement; mais la troisième fois, le comte se fendit si rapidement, d'une manière si imprévue, que l'instinct de la conservation l'emporta chez M. de Neubourg sur sa modération ordinaire.

Il para la terrible botte, allongea le bras, et le comte s'enferra sur l'épée de Gontran jusqu'à la garde.

— Voilà un homme mort! s'écria le marquis de Verne.

Gontran lâcha son épée, le comte tomba à la renverse, roulant des yeux hagards et vomissant le sang.

On s'empressa autour de lui, et l'homme aux lunettes bleues tira de sa poche une trousse de chirurgien.

— Diable! se dit-il tout bas en retirant l'épée, est-ce que tout serait fini?

Il examina la blessure avec le coup d'œil sûr d'un chirurgien expérimenté.

Puis se tournant vers Gontran

— La blessure pourrait bien n'être pas mortelle, dit-il. On ne meurt pas toujours d'un coup d'épée à travers le corps.

M. d'Estournelle roulait des yeux hagards et se tordait sur le sable.

Il était maintenant d'une pâleur livide et une écume sanglante bordait ses lèvres.

L'homme aux lunettes bleues posa sur la blessure un premier appareil.

— Il faut le transporter tout près d'ici, dit-il.

— Mais où? fit Gontran.

L'homme aux lunettes bleues eut un clignement d'yeux mystérieux.

PROPRIÉTÉ DE VICTOR BENOIST ET Cⁱᵉ, A PARIS.

On porta le comte dans la voiture.

Le cocher eut ordre de reprendre la route de Paris et d'aller au pas.

Le chirurgien improvisé était monté à côté du blessé et soutenait sa tête sur ses genoux.

Le comte n'avait point perdu connaissance.

— Monsieur, lui dit Rocambole, si on vous transporte à Paris, je ne réponds pas que vous ne mouriez en route. Il faut donc aller plus près.

L'œil du blessé sembla demander où, car il ne pouvait parler.

— Je sais une maison, à la barrière, où vous recevrez tous les soins désirables.

La maison dont parlait l'homme aux lunettes bleues n'était autre que celle où, la veille au soir, la comtesse d'Estournelle avait conduit Andrewitsch.

Le cocher, qui avait reçu les indications nécessaires, s'arrêta à la barrière.

M. de Verne, Gontran et les deux jeunes gens qui avaient servi de témoins au comte, suivaient dans le deuxième fiacre.

Rocambole passa la tête à la portière et fit un signe à Gontran.

Celui-ci mit pied à terre et s'approcha.

L'homme aux lunettes bleues lui dit quelques mots à l'oreille.

Alors celui-ci retourna auprès des deux jeunes gens et leur dit :

— Messieurs, mon ami est médecin. Il habite ici près, et croit pouvoir répondre de la vie du blessé, si toutefois on le lui laisse emmener chez lui.

Comme les deux jeunes gens, hésitaient, Gontran ajouta :

— Je m'appelle le baron Gontran de Neubourg, monsieur que voilà est le marquis de Verne. Nos noms, ce me semble, mettent à couvert votre responsabilité.

— Vous avez raison, dit l'un des deux jeunes gens.

Gontran fit un signe au cocher et remonta en voiture.

Le fiacre descendit le faubourg Saint-Antoine, tandis que celui qui portait le blessé prenait le chemin de ronde et s'arrêtait devant la petite maison d'Emeraude.

Andrewitsch avait passé la nuit dans cette retraite mystérieuse où, d'après la comtesse, il se trouvait à l'abri des criminelles tentatives de son mari. Il avait fait les plus doux rêves, et ne s'était éveillé qu'au bruit d'une porte qui s'ouvrait.

Le cœur du jeune homme s'était pris à battre ; il avait espéré que c'était la comtesse elle-même qui venait lui faire une visite matinale.

Andrewitsch se trompait. C'était la femme de chambre d'Emeraude.

Comme il la regardait avec un certain étonnement, elle lui dit :

— Ma maîtresse m'a dit de venir et de me mettre à la disposition de monsieur. Je suis chargée de préparer le déjeuner et le dîner de monsieur.

— Mais votre maîtresse, dit Andrewitsch qui crut qu'il s'agissait de la comtesse, quand viendra-t-elle ?

— Je ne sais pas, monsieur.

Andrewitsch passa une partie de la journée en proie à une vive impatience.

Il attendait la comtesse.

Abrité derrière une persienne, il explorait le chemin de ronde, presque toujours désert.

Vers trois heures, il eut un battement de cœur, un fiacre se montrait à l'angle du chemin de ronde.

Il marchait lentement et s'arrêta devant la porte de la petite maison.

— C'est elle ! pensa Andrewitsch.

Mais il fut tout désappointé en voyant un homme descendre du fiacre et sonner.

La soubrette d'Emeraude alla ouvrir.

L'homme aux lunettes bleues, — c'était lui, — demanda :

— M. Andrewitsch est-il là ? Il faut que je lui parle sur-le-champ.

Et il entra dans le corridor.

La soubrette voulait lui barrer le passage, mais il ajouta :

— C'est de la part de la comtesse.

A ces mots, Andrewitsch accourut, et, tout d'abord, il ne reconnut point le faux pilote de Belle-Isle-en-Mer. Celui-ci se hâta de lui dire :

— C'est moi.

— Vous ! fit Andrewitsch.

— Et nous avons fait une bonne journée pour vous.

Puis, se tournant vers la femme de chambre d'Emeraude :

— Allons, petite, dit-il, tu vas m'aider à transporter dans la maison M. le comte d'Estournelle, qui est mourant d'un coup d'épée qu'il vient de recevoir...

Andrewitsch étouffa un cri.

LVI.

A cinq heures du soir, Saphir était à sa toilette, lorsque Paul de la Morlière arriva.

— Ma bonne amie, lui dit-il, je t'ai quittée un peu brusquement hier, mais j'avais un rendez-vous avec mon cousin Victor.

— J'ai bien pensé, lui dit Saphir, que vous aviez affaire, et je ne vous en veux pas.

— Tu n'auras d'autant plus tort de m'en vouloir, ma bonne Saphir, dit Paul en souriant, que je viens réparer ma faute.

— Comment cela ?

— Je viens te chercher. Je t'emmènerai dîner au café Anglais. Tu sais, comme autrefois... quand tu m'aimais..

— Ingrat ! murmura Saphir en essayant de sourire.

— Tiens, vois-tu, ma bonne Saphir, poursuivit Paul, nous nous souviendrons de notre bon temps... Tu verras comme je serai gentil.

— C'est-à-dire, fit Saphir avec amertume, que vous me parlerez... d'elle.

Paul fronça le sourcil.

— Non, dit-il, nous parlerons de toi... j'ai trop souffert, je veux oublier...

Saphir mettait son chapeau en ce moment.

— Justement, reprit Paul, te voilà prête ; viens !

— Mais non, dit Saphir.

— Comment, non ?

— Je ne puis dîner avec vous, Paul.

— Et pourquoi ?

— Mais... parce que... je dîne en ville...

Paul attacha sur elle un clair regard.

— Vous mentez ! dit-il.

— Moi ! balbutia Saphir toute troublée ; mais je vous jure, Paul...

Le jeune homme lui prit les deux mains.

— Ecoute, ma bonne Saphir, dit-il, je t'ai trompée, je t'ai abandonnée, et je n'ai que ce que je mérite... Je devine tout et ne veux rien savoir... Adieu !

Il lui prit la tête, lui mit un baiser sur le front, et sortit si précipitamment, que Saphir n'eut point le temps de revenir de sa surprise et de son étourdissement.

Paul était déjà loin.

— Oh ! fit-elle, éclatant tout à coup en sanglots, c'est affreux.

Et elle se laissa tomber sur une chaise et fondit en larmes.

Il n'était jamais entré dans la pensée de Saphir que Paul pourrait, un jour, s'imaginer qu'un autre avait pris sa place dans son cœur.

De son côté, Paul éprouva, en s'en allant, un sentiment de jalousie bizarre, si l'on songe qu'il n'aimait plus Saphir, et nourrissait au fond de son cœur un violent amour pour Danielle.

Paul redevint donc jaloux comme au temps où il aimait Saphir, et comme la jalousie est mauvaise conseillère, il obéit à une inspiration indigne d'un galant homme.

Quand il fut dans la rue, il alla s'embusquer sous une porte cochère.

— Je veux savoir où elle va, se dit-il.

Quelques minutes après, une voiture vint s'arrêter devant la porte de Saphir.

Un homme en descendit.

— C'est peut-être celui qu'elle attend! se dit Paul mordu au cœur.

L'homme qui descendait de voiture était vêtu d'une grande redingote boutonnée; il portait de gros favoris roux, un chapeau à larges bords, et sa tournure fit tressaillir Paul, car il crut reconnaître dans ce personnage cet Anglais qui avait assisté à son duel avec Gontran de Neubourg, et l'avait soigné comme chirurgien.

Alors, mille souvenirs passèrent dans son cerveau comme un éclair.

Paul se rappela que Saphir était venue souvent s'asseoir à son chevet, et que le chirurgien anglais avait dû lui faire la cour pendant ce temps-là.

Aussi l'homme aux favoris roux n'était pas encore sous la porte cochère, que Paul s'était élancé et le saisissait par le bras :

— Un mot! lui dit-il.

L'homme aux favoris roux poussa un *aoh* formidable.

— Tiens! dit-il, c'est monsieur Paul de la Morlière, je crois.

— Sir John! fit Paul.

— Aoh! dit l'Anglais.

— Venez, il faut que je vous parle, reprit le jeune homme avec animation.

— Comme vous voudrez, répliqua l'Anglais.

Et il suivit Paul sur le trottoir opposé, de telle façon qu'il pouvait voir les fenêtres de Saphir.

— Où allez-vous? demanda Paul d'un ton brusque; où allez-vous, sir John?

L'Anglais étendit la main :

— Là, dit-il.

— Chez qui?

Un sourire béat passa sur les lèvres du prétendu chirurgien.

— Oh! dit-il, vous, curieux!

— Soit. Mais répondez...

— Chez une dame.

— Chez Saphir! s'écria Paul.

— Yes! fit l'Anglais.

Paul lui serra le bras avec force.

— Vous êtes son amant! dit-il.

— Nô! fit l'Anglais.

— Vous me le jurez?

— Par l'Angleterre et tous ses gentlemen, répondit l'homme aux favoris roux.

— Alors, pourquoi allez-vous chez elle?

— Pour affaires.

Paul était pâle, il avait les lèvres serrées et les narines frémissantes.

Le prétendu chirurgien laissa tomber sur lui un regard atone et glacé.

— Vous jeune, dit-il, vous jaloux.

— C'est vrai!

— Moi pas l'amant de Saphir.

— Mais qu'avez-vous donc à faire avec elle? insista Paul.

— Oh! cela regarde moi.

— Ainsi, vous ne voulez pas me le dire?

— Nô!

Paul se sentait gagner par une sourde exaspération.

Tout à coup il regarda fixement son interlocuteur et lui dit :

— Monsieur, vous m'avez prodigué vos soins, vous m'avez peut-être sauvé la vie; je ne puis donc me battre avec vous... et cependant, tenez, il faut que je sache...

— Chut! dit l'Anglais en posant un doigt sur sa bouche.

Puis, l'entraînant à quelques pas plus loin, il poursuivit, mais cette fois sans aucun accent britannique et dans le plus pur français :

— Mon cher monsieur Paul, voulez-vous jouer cartes sur table?

Paul tressaillit et le regarda avec une sorte de stupéfaction.

— Vous n'êtes donc pas Anglais?

— Il y a des jours...

— Comment cela...

— Je suis de tous les pays, je parle toutes les langues.

— Ainsi...

— Et je suis sorcier.

— Monsieur, dit Paul froidement, je vous serais reconnaissant si vous vouliez vous expliquer.

— Vous voulez savoir ce que je vais faire chez Saphir, dites-vous?

— Oui.

— Je vais lui donner le moyen de vous procurer les renseignements que vous cherchez.

Paul recula d'un pas.

— Touchant monsieur votre père...

Le jeune homme pâlit. L'homme aux favoris roux continua :

— Vous étiez hier chez elle.

— C'est vrai.

— Votre père y est venu... et vous vous êtes caché...

— Monsieur, dit Paul avec un emportement subit, songez que vous parlez de mon père.

— Monsieur Paul, répondit l'homme aux favoris roux avec calme, il est un proverbe qui dit « qu'il faut laisser passer la justice de Dieu. » Si vous voulez des explications, trouvez-vous ce soir, à onze heures, au café Anglais. Peut-être pourrai-je vous en donner. Au revoir...

Il fit un pas vers la porte de Saphir. Paul le retint encore.

— Vous y serez, n'est-ce pas?

— J'y serai, si toutefois vous me faites une promesse, monsieur.

— Parlez...

— Vous allez vous en aller, et me donner votre parole de ne point monter chez Saphir.

— Je vous la donne.

— Vous me verrez sortir avec elle peut-être, et vous ne nous suivrez point.

— Soit.

— Alors, à ce soir.

Et le faux Anglais monta chez Saphir.

Saphir pleurait comme une Madeleine, et ne vit point entrer son visiteur.

Celui-ci s'approcha et lui prit affectueusement la main.

— Ma petite, dit-il, je devine pourquoi tu pleures. Paul sort d'ici.

— Oui.

— Et il croit que tu le trompes. Mais rassure-toi, je lui ai ôté cette vilaine idée.

— Vous l'avez donc vu?

— Je le quitte.

— Et il vous a cru?

— Oui.

Saphir essuya ses larmes, au travers desquelles un sourire brilla comme un rayon de soleil au milieu d'une averse de printemps.

— Allons! dit le bizarre personnage, au lieu de te lamenter, viens avec moi, et songe que c'est pour ton cher Paul que tu m'accompagnes.

— Je suis prête, dit Saphir.

Elle se leva, rajusta sa toilette devant une glace, passa son mouchoir sur ses yeux, et prit le bras du faux Anglais.

Paul avait tenu parole; il était parti. Le compagnon de Saphir put s'en convaincre en la faisant monter en voiture.

— Rue Blanche, 15, dit-il au cocher en fermant la portière.

Mme veuve Durocher, ou plutôt la comtesse d'Estournelle, attendait avec impatience l'arrivée de cet homme, qui avait fini par la ployer sous sa volonté de fer comme l'ouragan incline un peuplier.

L'homme aux lunettes bleues entra dans le salon de la comtesse, donnant la main à Saphir.

LVII.

— Madame, dit l'homme aux lunettes bleues, en entrant avec Saphir dans le salon de la comtesse d'Estournelle, voulez-vous me permettre de laisser madame ici, et de passer avec vous dans une autre pièce? Nous avons à causer.

La comtesse redevint grande dame à la vue de Saphir; elle l'appela *mademoiselle* et la pria de s'asseoir avec une familiarité protectrice.

Puis elle dit au faux Anglais :

— Veuillez me suivre, monsieur.

Elle ouvrit une porte et le fit passer dans sa chambre à coucher.

— Autant qu'il m'en souvient, dit alors Rocambole, vous savez l'anglais?

— Comme le français.

— Alors, parlons anglais. Les cloisons sont peut-être un peu minces.

— Soit, dit la comtesse.

— Avez-vous des nouvelles d'Andrewitsch? demanda Rocambole.

— Comment en aurais-je? Ne m'avez vous pas défendu de sortir?

— Oui, mais non de recevoir. Emeraude, qui vous a donné sa femme de chambre pour servir votre cher Andrewitsch...

— Comment! vous savez aussi cela? interrompit la comtesse.

— Parbleu! je l'ai trouvée dans la maison.

— Vous y êtes allé?

— J'en viens.

— Alors vous avez vu Andrewitsch?...

— Je l'ai constitué garde-malade.

— De qui?

— D'un homme qui s'est battu, il y a trois heures, au bois de Vincennes, qui a reçu un coup d'épée, et que, pour des raisons à moi, j'ai fait transporter dans la maison d'Emeraude.

— Mais ceci est de la dernière audace! s'écria la comtesse.

— Non, car le blessé se nomme le comte d'Estournelle madame.

— Mon mari!

— Il s'est battu avec M. Gontran de Neubourg, qu'il a trouvé rentrant chez lui. Il était ivre, votre mari, et vous savez qu'il a l'ivresse fanfaronne. Il a fallu se battre tout de suite.

— Mais, monsieur, fit la comtesse en regardant attentivement son interlocuteur, cette blessure..... est-elle..... grave?

— Cela dépend de vous.

La comtesse tressaillit.

— Oh! dit-elle, vous êtes le génie du mal!

Rocambole se prit à sourire.

Puis il inspecta la pièce où il se trouvait, avisa un placard et alla l'ouvrir.

— Que faites-vous? demanda la comtesse.

— Je vois si l'on peut se cacher...

Et il entra à moitié dedans.

— Se cacher! fit la comtesse, pourquoi faire, mon Dieu?

— Mais pour assister, invisible, à votre entrevue avec le vicomte de La Morlière.

Et l'homme aux lunettes bleues ressortit de la cachette improvisée, disant :

— Ainsi il est bien convenu que nous serons sage..

— Oui, dit la comtesse.

— Et que vous m'obéirez de point en point?

— Sans doute.

— Sincèrement.

La comtesse soupira.

— Voilà un soupir qui me garantit votre fidélité, dit-il. A présent, causons!

Que se passa-t-il entre l'homme aux favoris roux et aux lunettes bleues et la comtesse? ce fut un mystère.

Mais lorsque le vicomte de la Morlière arriva, il trouva la comtesse souriante, tenant dans ses mains une des mains de Saphir.

L'homme aux lunettes bleues avait disparu.

Le vicomte de la Morlière fut exact comme un chronomètre au rendez-vous que lui avait donné Mme d'Estournelle.

A la vue de Saphir, le vieillard éprouva un trouble inexprimable.

— Bonjour, vicomte, lui dit Saphir en lui tendant la main.

Elle souriait, et sa pose était charmante de laisser-aller et de nonchalance.

— Vous le voyez, mon ami, dit la comtesse, j'ai tenu parole...

M. de la Morlière, immobile à deux pas des deux femmes, les regardait tour à tour.

— Je suis allée voir mademoiselle, poursuivit la comtesse, et je lui ai dit tout ce qu'il est possible de dire en faveur d'un galant homme comme vous.

Saphir baissa modestement les yeux. Le vicomte en éprouva un mouvement de joie, mais ce fut son tour :

— La chère enfant sait combien je l'aime, mon Dieu!

— Vrai? fit Saphir.

— Allons! murmura la comtesse en souriant, venez lui baiser la main, mon cher ami.

Saphir tendit sa main avec un geste de reine; le vicomte la prit et l'appuya sur ses lèvres.

— Ainsi, dit Saphir, vous m'aimez réellement?

— Oh! fit le vieillard.

— Mais savez-vous que je suis despote... que j'ai un affreux caractère... que je suis parfois mauvaise... et que je pourrais bien vous rendre malheureux!

Il la contemplait et souriait.

— Et puis, voyez-vous, continua Saphir, je suis si fantasque!...

— Oh! je le sais...

— Je suis capable de vous demander des choses impossibles...

— Je le ferai.

— Si jamais j'avais pitié de vous, continua Saphir, je voudrais vous rendre esclave.

Le vicomte tendit les deux mains en souriant, et dit

— J'attends mes fers.

— Ferez-vous tout ce que je voudrai?

— Tout.

— Si la fantaisie me prend de vous séquestrer quelque part, à Paris ou ailleurs, me suivrez-vous?

La comtesse, souriante, tenait dans ses mains une des mains de Saphir.

— Jusqu'au bout du monde.
— Vrai?
— Sur l'honneur!

La comtesse et Saphir échangèrent un coup d'œil rapide.

— Mais où voulez-vous donc me conduire! demanda le vicomte.
— C'est mon secret.
— Ah! mon pauvre ami, fit la comtesse, je crains bien que vous ne redeveniez un enfant dans ces petites mains roses.

Le vicomte était venu s'asseoir timidement auprès de Saphir.

De souriante qu'elle était, la pécheresse devint grave tout à coup.

— Monsieur le vicomte, dit-elle, vous n'ignorez pas que votre fils m'aime?

Le vicomte fronça le sourcil.

— Si je consentais à souffrir vos assiduités, ce ne serait qu'à une condition.
— Laquelle?

— C'est que je vous emmènerais en quelque lieu où Paul ne pourrait nous rejoindre.

Le vicomte eut un accès de jalousie et ses narines frémirent.

— Je l'entends bien ainsi, dit-il.
— Ainsi, vous accepteriez?
— Oui.
— Même si je vous proposais de partir ce soir?
— A l'instant même.
— Sans rentrer chez vous?
— Si vous l'exigez, je ne rentrerai pas.
— Et si je vous défends d'écrire pour prévenir de votre absence?
— Je n'écrirai pas.
— Ah! par exemple, ma chère, dit la comtesse en riant, voilà un homme soumis, ou je ne m'y connais pas.

Saphir enveloppa le vicomte d'un regard dominateur.

— C'est ainsi qu'il faut être quand on m'aime, dit-elle.

Puis elle ajouta:

— Alors, voici qui est convenu; nous partons ce soir.
— Où allons-nous?

Elle prit la pose et le geste d'une femme de théâtre, et répondit :
— C'est un mystère !
— Vicomte, dit à son tour la comtesse, vous dînez avec moi.
Le vicomte regarda Saphir.
— Elle aussi, ajouta Mme d'Estournelle.
Puis elle sonna et donna des ordres.
L'appartement de Mme veuve Durocher était simple et modeste, comme nous l'avons dit déjà. La salle à manger était petite, mais elle était bien chauffée, et l'odorat du vicomte fut agréablement surpris lorsqu'il y entra, donnant la main à la comtesse, par les parfums délicats d'une cuisine recherchée.

L'homme aux lunettes bleues faisait bien les choses. Il avait commandé un dîner fin chez Potel, et le dîner était arrivé à sept heures précises.

La table ne supportait que trois couverts. L'amphitryon demeurait invisible.

Le vicomte aperçut devant lui, à la place qui lui fut désignée, un flacon de vin, d'un jaune d'or.
— Qu'est-ce que cela ? demanda-t-il.
— Cela s'appelle le vin des amoureux, mon ami, répondit la comtesse.
— Alors donnez-m'en.
Et il tendit son verre.

C'était un triste spectacle que celui de cet homme vieilli avant l'âge, que le crime avait marqué au front d'un stigmate indélébile, et qu'une passion fatale frappait tout à coup, comme le châtiment de Dieu ! C'était chose triste que de le voir assis entre ces deux jeunes femmes qui jouaient sans doute le premier acte de quelque terrible comédie.

Le vin jaune comme de l'ambre que la comtesse versa à M. de la Morlière avait sans doute des propriétés généreuses, car, à mesure qu'il buvait, le vieillard semblait redevenir jeune, son œil brillait, ses lèvres minces s'éclairaient d'un sourire.

Il eut, pendant une heure, trente années de moins. Pendant une heure, il oublia ses plus graves préoccupations, la haine mystérieuse dont il était poursuivi, le mépris de son fils qui l'accablait, et ce danger encore mal défini qui semblait planer sur sa tête.

Comme neuf heures sonnaient, on entendit le bruit d'une voiture sous les fenêtres.
— On vient nous chercher, dit Saphir.
— Nous chercher ! fit le vicomte étonné. Qui donc ?
— Mon cocher.
— Est-ce que... nous partons ?
— A l'instant.
— Adieu, mon cher vicomte, dit Mme d'Estournelle. Au revoir, du moins.

M. de la Morlière se leva de table en chancelant ; le vin jaune lui montait à la tête.
— Enveloppez-vous bien, mon cher, dit Saphir ; il fait froid et c'est très-mauvais, en sortant de table.

Le coupé de Saphir était en effet à la porte.
Elle y fit monter le vicomte ; puis, quand il fut assis, elle baissa les stores.
— Vous ne devez pas savoir où nous allons, dit-elle.
La voiture partit au grand trot.

Ivre de bonheur et pris de vin, le vicomte de la Morlière ne s'aperçut pas de la longueur du trajet.

Il passa une heure en voiture, tenant dans ses mains la petite main de Saphir et murmurant les paroles les plus incohérentes.

Enfin le coupé s'arrêta un moment, puis il roula sous une voûte et s'arrêta encore.
— C'est ici, dit Saphir.
Elle ouvrit la portière et descendit la première. Alors le vicomte regarda.

Il était dans la cour d'une maison déjà vieille, ayant tout le caractère d'un hôtel du faubourg Saint-Germain.

Saphir prit le vicomte par la main et le conduisit vers un escalier, dont elle lui fit gravir une vingtaine de marches. Elle sonna à une porte du premier étage.

Une servante vint ouvrir.
Le vicomte reconnut l'ancienne femme de chambre de Saphir.

Saphir le fit pénétrer dans un petit appartement que lui avait meublé Rocambole et où elle s'était cachée pendant trois mois.
— Voici votre prison, dit-elle au vicomte.

M. de la Morlière chancelait de plus en plus en marchant. Il parlait, et sa parole était embarrassée.

Un grand feu flambait dans la cheminée du salon. Saphir conduisit le vicomte au coin de la cheminée, et le fit asseoir dans un grand fauteuil.
— Vous avez l'air fatigué, lui dit-elle.
Il leva sur elle un regard aviné.
— Je vous aime ! dit-il.
— Bien. Je le sais...
Elle eut un sourire railleur :
— Voyons ? dit-elle, maintenant faisons nos conditions.
— Que voulez-vous dire ?
— Vous sentez bien, reprit Saphir, que je ne peux pas vous aimer ainsi du premier coup... il me faut le temps de la réflexion...
— Ah ! fit le vicomte, dont la langue s'épaississait ab... il vous faut... le... temps...
— Mais sans doute.
— Combien de temps ?
— Cela dépendra de votre soumission.
— Vous savez bien que je suis votre esclave. Ordonnez j'obéirai.
— D'abord, vous resterez ici.
— J'y resterai.
— Vous ne sortirez pas.
— Soit.
— Et vous m'attendrez...
— Comment ! dit le vicomte, vous vous... en allez ?...
— Oui.
— Mais... c'est... impossible !...

Et la tête du vicomte, alourdie par l'ivresse, s'inclina sur son épaule.
Saphir ajouta :
— Demain matin, je viendrai vous dire bonjour.
Et elle se leva et remit son châle, qu'elle avait jeté sur un sopha.

Alors M. de la Morlière fut pris d'une sorte de rage. Il se leva, trébuchant toujours, et s'écria :
— Non ! non ! vous ne partirez pas ainsi !
Il voulut faire un pas vers elle, la prendre par le bras et la retenir, mais l'ivresse étrange qui le dominait l'en empêcha.

Il retomba sans forces dans son fauteuil, en poussant un gémissement.
— Adieu... soyez sage... fit Saphir.
Et elle sortit.

Le vicomte essaya une seconde fois de se lever et de courir après elle.

L'ivresse fut plus forte que la volonté. Une sorte de paralysie s'empara de tous ses membres, sa tête acheva de s'incliner, ses yeux se fermèrent, et il ne tarda pas à s'endormir d'un lourd sommeil.

Alors, par la porte qui s'était refermée sur Saphir, un homme entra.

C'était Rocambole.

LVIII

L'homme aux lunettes bleues vint jusqu'au milieu du salon et s'arrêta en face du fauteuil dans lequel M. de la Morlière s'était endormi.

Il le contempla un moment, écoutant ses ronflements sonores.

Puis il s'approcha et lui mit la main sur le front.

Le dormeur ne bougea pas.

— Allons! se dit l'homme aux lunettes bleues, le vin jaune a produit son effet.

Il déboutonna son paletot et posa sur la cheminée un petit flacon qu'il avait dans sa poche.

Puis il alla ouvrir une seconde porte au fond du salon et fit un geste.

Aussitôt deux femmes entrèrent : c'étaient Mme d'Estournelle et Saphir.

— Savez-vous bien, dit la première, que je ne comprends absolument rien à tous ces mystères ?

Cet homme était grave et solennel comme un juge.

Il désigna le flacon du doigt et leur dit :

— Voyez-vous cette liqueur blanche contenue dans cette fiole ?

— Oui, dit la comtesse.

— Savez-vous quelle est sa vertu ?

— Non.

— Elle a une propriété singulière : celle de paralyser le corps, de le mettre en léthargie complète, sans cependant affecter l'ouïe et obscurcir l'intelligence.

— Propriété singulière, en effet, murmura Mme d'Estournelle.

— Il y a mieux, reprit l'homme aux lunettes bleues, celui dont les tempes ont été frottées de cette eau se trouve doué d'une sorte de seconde vue.

— Comment cela ?

— C'est-à-dire que, les yeux fermés, il voit ce qui se passe autour de lui.

— Et il ne peut remuer?

— Pas plus qu'une statue.

— Voilà qui est bien romanesque, mon cher, observa la comtesse.

— C'est possible; mais demain, quand le vicomte s'éveillera, il se souviendra.

— Ah !

— Et c'est alors que commencera le vrai rôle de Saphir.

Saphir regardait tour à tour l'homme aux lunettes bleues et la comtesse.

Son regard exprimait un singulier mélange de terreur et d'incrédulité.

— Mais, dit-elle, cet homme a donc commis de bien grands crimes ?

— Des crimes inouïs. Il a assassiné une femme et volé une pauvre orpheline.

En parlant ainsi, l'homme aux lunettes bleues regarda la comtesse.

— Oh ! je sais bien, dit-il, que par le temps qui court, dépouiller un enfant de son héritage est chose vulgaire.

La comtesse lui lança un coup d'œil clair et froid.

— Parlez-nous donc de votre fiole, mon cher monsieur, dit-elle.

— Je vais faire mieux, je vais m'en servir.

— Ah !

— Seulement, aussitôt l'opération terminée, vous ferez bien de nouer la conversation convenue.

— C'est dit, observa Saphir. Pour la vie de mon cher Paul, il n'est rien que je ne fasse.

Alors l'étrange personnage s'approcha du vicomte, qui continuait à dormir de son lourd sommeil.

Il déboucha la fiole et en versa quelques gouttes dans le creux de sa main; puis il frotta ses deux mains l'une contre l'autre, et quand elles furent suffisamment imprégnées, il les appliqua sur les deux tempes du vicomte.

Soudain, celui-ci fit un brusque mouvement sur son siège, et les deux femmes reculèrent.

Un sourire glissa sur les lèvres de l'homme aux lunettes bleues.

— N'ayez pas peur, dit-il.

Et, en effet, après ce brusque mouvement, le dormeur reprit son immobilité première.

Seulement, ses ronflements s'arrêtèrent, et on eût juré qu'il était éveillé.

L'homme aux lunettes bleues reboucha sa fiole, la remit dans sa poche, marcha sur la pointe du pied jusqu'à la comtesse et lui dit à l'oreille :

— A présent, vous savez votre rôle ?

— Oui.

— Alors, au revoir....

— Vous partez ?

— Je serai ici dans une heure.

Il sortit en étouffant le bruit de ses pas. Dans l'antichambre, il trouva la camérière de Saphir.

— Viens avec moi, lui dit-il.

La jeune fille était habituée, depuis trois mois, à voir cet homme exercer une volonté puissante sur sa maîtresse.

Elle s'enveloppa donc dans un tartan et le suivit.

Le coupé qui avait amené Saphir, — laquelle avait fait, comme on dit au théâtre, une *fausse sortie*, — ce coupé, disons-nous, stationnait dans la cour.

L'homme aux lunettes bleues fit monter la servante, se plaça à côté d'elle et dit au cocher :

— Boulevard des Italiens, devant le café Anglais.

La voiture partit au grand trot. Saphir avait un trotteur de premier ordre. Dix minutes après, elle arrivait sur le boulevard.

Alors Rocambole mit pied à terre et dit à la femme de chambre :

— Le cocher va te conduire à l'ancien appartement de ta maîtresse.

— Rue Saint-Lazare ?

— Oui.

— Qu'y ferai-je ?

— Tu te coucheras tranquillement. On n'a pas besoin de toi, là-bas.

Puis il dit au cocher :

— Vous reviendrez m'attendre devant le café Anglais.

Il était alors onze heures.

La petite salle du rez-de-chaussée de ce restaurant était à peu près déserte, lorsque l'homme aux favoris roux y entra.

Une seule personne était assise dans un coin, lisant distraitement un journal, et vidant un verre de vin de Saint-Hubert.

C'était Paul de la Morlière.

A la vue de sir John il fit un mouvement et voulut se lever.

Sir John alla vers lui et s'assit à sa table familièrement.

— Je vous attendais, dit le jeune homme, et non sans impatience.

Sir John était devenu grave.

— Monsieur, dit-il au jeune homme, je vous avais promis de venir, je suis venu.

— Je comptais sur votre parole, monsieur, répondit Paul.

— Je suis venu, reprit sir John, mais non sans hésiter.

— Pourquoi ?

— Parce que vous êtes un bon et loyal jeune homme, et que, dans une heure peut-être, vous pleurerez des larmes de sang.

Paul frissonna.

— Le doute, monsieur, continua sir John, vaut mieux que la certitude.

— Que voulez-vous dire ?

— Eh ! mon Dieu, si vous aviez tenu à une explication, vous saviez bien qu'elle ne toucherait Saphir qu'indirectement.

— Oui, dit Paul d'un air sombre, je sais que vous devez me parler de mon père.

— Il est temps encore d'y renoncer, monsieur. Réfléchissez...
— Non, je veux savoir.
— Prenez garde !
— Monsieur, dit Paul avec résolution, je suis d'un avis opposé au vôtre.
— Comment cela?
— J'estime que le doute est mille fois plus cruel que la certitude.
— Ainsi, vous voulez savoir?
— Tout.
— Et si je vous démontre que l'homme dont vous portez le nom, et qui est indigne d'être votre père...
— Monsieur !
— Vous le voyez bien : jamais vous ne pourrez m'écouter de sang-froid.
Paul fit sur lui-même un violent effort.
— Pardonnez-moi, dit-il, j'ai tort; je vous écouterai.
— Jusqu'au bout?
— Oui.
— Alors, venez avec moi.
— Où?
— En un lieu où vous trouverez votre père.
— Jamais! je ne veux pas le voir, s'écria Paul de la Morlière.
— Vous le verrez, il ne vous verra pas.
— Que signifient ces paroles?
— Vous le saurez plus tard, venez...
Paul se leva. Sir John semblait exercer sur lui un empire irrésistible.
Mais au moment où ils allaient sortir de la salle, un nouveau personnage y entra.
C'était Victor de Passe-Croix.
Victor arrivait dans l'espérance de rencontrer son cousin au café Anglais.
Il tendit la main à Paul; puis, à la vue de sir John, il tressaillit.
Le faux chirurgien anglais ne ressemblait guère, pourtant, au pilote de Belle-Isle-en-Mer; mais il n'avait pas pris le soin de dissimuler sa voix ordinaire, et Victor avait entendu les derniers mots qu'il venait de prononcer.
Le fils du baron de Passe-Croix attacha sur lui un clair regard; puis il dit à Paul de la Morlière :
— Est-ce que tu connais monsieur?
— Oui, dit Paul.
— C'est singulier ! murmura Victor, monsieur a une voix qui...
— Une voix, interrompit sir John, qui vous rappelle la voix d'un certain pilote.
Victor fit un pas en arrière.
— C'est moi, dit simplement l'homme aux lunettes bleues.
— Ah ! c'est vous, dit Victor, c'est vous qui m'avez fait renverser et garrotter?
— Oui, monsieur.
— Alors je suppose, dit le jeune homme avec un accent d'irritation subite, que nous allons nous expliquer?
— Pas ici.
— Oh ! il le faut.
Sir John croisa les bras, et, au travers de ses lunettes bleues, il attacha sur Victor un regard plein de calme :
— Monsieur Victor de Passe-Croix, dit-il, je gage que vous donneriez dix années de votre vie pour savoir quel est le lien mystérieux qui unit votre père à votre oncle le vicomte de la Morlière?
— Oui, monsieur, répondit Victor d'une voix sombre.
— Eh bien ! il ne tient qu'à vous de le savoir ce soir même.
— Comment cela?
— Vous n'avez qu'à venir avec nous, ajouta sir John.
Victor regarda Paul.

— Oui, lui dit ce dernier, car tu m'empêcheras peut-être de me brûler la cervelle.
— Soit, murmura Victor.
Puis, regardant sir John :
— Je veux bien vous suivre, dit-il, mais vous me donnerez après des explications.
— Si vous ne les jugez pas inutiles après, répondit l'homme aux lunettes bleues.
Et il sortit le premier.
Le coupé de Saphir, après avoir déposé la femme de chambre rue Saint-Lazare, était revenu stationner devant le café Anglais.
— Montez, messieurs, dit sir John, je vais m'asseoir à côté du cocher.
— Rue de la Michodière ! ajouta-t-il.
Arrivé à la porte de cette maison, où le mystérieux personnage avait son bureau de renseignements, il descendit, et tout en sonnant, il s'approcha de la portière du coupé.
— Je vous demande quelques minutes, messieurs, dit-il, j'ai à changer de vêtements.
Les deux cousins attendirent sans échanger un mot.
Sombres tous deux, ils semblaient craindre de se communiquer leurs pensées.
Dix minutes s'écoulèrent. Au bout de ce temps, la porte s'ouvrit, et ils virent sortir un domestique.
C'était un cocher anglais qui paraissait jeune encore, portait des favoris en côtelettes, d'un beau rouge, était revêtu d'une longue veste d'écurie à carreaux, d'un pantalon noisette pincé au genou, et portait un cône de drap gris en guise de coiffure. Il s'approcha de la portière et dit aux deux jeunes gens :
— Ne vous étonnez pas, c'est moi...
Paul et Victor reconnurent la voix de sir John ; c'était tout ce qui restait de lui : les lunettes bleues elles-mêmes avaient disparu.
— Retourne d'où tu viens, dit-il en grimpant de nouveau à côté du cocher.

Or, pendant ce temps, voici les sensations auxquelles le vicomte de la Morlière était en proie.
Il s'était endormi dans le fauteuil, au coin de la cheminée, dans le salon où l'avait fait entrer Saphir.
Ce sommeil qui l'étreignait et qui était le résultat de l'ivresse, avait fait place tout à coup à une douleur étrange.
Il avait semblé au vicomte qu'on lui brisait les tempes à coups de marteau.
Alors, il avait essayé de se lever pour se soustraire à ce supplice ; mais il s'était senti dominé par un engourdissement général, comme s'il eût été coulé tout à coup dans un moule de plomb ou d'airain.
— Je rêve, s'était-il dit. J'ai un affreux cauchemar.
Et, à partir de ce moment, voici ce qu'il avait éprouvé, vu et entendu :
D'abord, une vive clarté avait frappé ses paupières closes, et, au travers, ses yeux avaient revu le petit salon où il se trouvait, dans tous ses détails. En même temps, il entendait marcher derrière lui, et fit un effort surhumain pour se retourner...
Mais l'étreinte de fer qui pesait sur lui ne lui permit aucun mouvement.
En même temps il entendit un chuchotement, confus d'abord, et qui devint bientôt distinct.
C'étaient deux femmes qui causaient à mi-voix.
Le vicomte reconnut la voix de Saphir et celle de la comtesse.
Alors, toujours immobile, toujours paralysé, semblable à ces gens frappés de léthargie qu'on enterre et qui entendent, sans pouvoir faire un mouvement, le bruit des pelletées de terre tombant sur le cercueil, — alors, disons-nous, le vicomte se prit à écouter, en proie à une terreur vertigineuse.

— Oh ! je suis maudit ! murmura-t-il ! (Page 1172)

Les deux femmes étaient à deux pas de lui, derrière son fauteuil.

La comtesse disait :

— Mais, en réalité, ma petite, je ne comprends pas cette aversion insupportable que vous éprouvez pour le vicomte.

— Ah ! madame, répondit Saphir.

— C'est un homme mûr, poursuivit la comtesse, mais du meilleur monde, fort riche, et qui fera pour vous les plus grandes folies, je vous assure.

— Il me fait horreur !

L'accent de Saphir eût fait bondir le vicomte sur son siége, s'il n'eût été sous l'étreinte de la léthargie.

— Il vous fait horreur ? dites-vous, fit la comtesse d'un ton naïf.

— Oh ! oui.

— Pourquoi ?

— Parce que je crois qu'il a du sang sur les mains, madame.

— Ciel ! fit la comtesse.

— Je ne sais quel crime affreux il a commis, continua Saphir, quelle fortune il a volée, mais son fils le fuit comme on fuit le bourreau ou un pestiféré.

A ces derniers mots, il sembla au vicomte que la lame d'un poignard lui pénétrait froide et acérée jusqu'au fond du cœur.

— Oh ! quel épouvantable rêve ! se dit-il. On m'a mis dans un moule de fer...

Et certes, s'il avait pu secouer cette paralysie terrible, le vicomte aurait fui.

La comtesse reprit :

— Mais êtes-vous bien sûre de ce que vous dites là, ma petite ?

— Oh ! très-sûre...

— N'êtes-vous point la dupe de quelque abominable calomnie ?

— Ecoutez, je vais vous dire ce que je sais.

— Voyons ?

— Il y a trois mois, le vicomte est arrivé un matin dans mon appartement, rue Saint-Lazare : Mon enfant, m'a-t-il dit, vous aimez mon fils, n'est-ce pas ? — Oh ! de toute mon âme, lui ai-je répondu. — Eh bien ! si vous l'aimez ainsi, il faut renoncer à lui, il ne faut pas briser son avenir. Alors il m'a raconté que Paul devait épouser sa cousine, que si je persistais à le voir, je ferais manquer ce mariage, et j'ai eu la naïveté de le croire. Il m'a emmenée en Normandie, et, m'enfermant avec lui dans une maison de campagne appelée la Charmerie, il est bientôt devenu amoureux fou de moi. Alors, je me suis enfuie.

— Mais, observa la comtesse, je ne vois pas jusque-là l'ombre d'un crime, ma petite.

— Attendez ! Paul ne se mariait pas. Tout au contraire, épris d'une folle passion pour une femme inconnue, il était venu dans les environs de la Charmerie. Là, il s'est rencontré avec son père, le pistolet au poing, dans une chambre sans lumière, et quand une clarté subite les a enveloppés, le vicomte de la Morlière est tombé à genoux et comme foudroyé.

Il croyait me trouver dans la maison, et la femme qui

lui est subitement apparue, tenant un flambeau à la main, cette femme qui n'était autre que celle que poursuivait Paul, — cette femme lui a fait jeter un cri terrible.

Il est tombé à genoux, il a demandé grâce et a cru voir un fantôme sorti de sa tombe.

— De qui tenez-vous ces détails, ma petite? demanda la comtesse.

Le vicomte écoutait, et s'il n'eût été complètement paralysé, on eût entendu les battements de son cœur.

— Quel épouvantable cauchemar! pensait-il. Ah! si je ne rêvais pas, si cela était vrai, Saphir me mépriserait comme un criminel que je suis.

Une fois encore, il essaya de se secouer et de tourner la tête.

— Je vais m'éveiller! pensait-il, je suis sans doute dans mon lit.

En ce moment, il entendit un coup de sonnette, puis un bruit de pas. La comtesse et Saphir s'étaient levées.

Elles passèrent devant lui, et comme il y voyait ni plus ni moins qu'un somnambule à travers ses paupières closes, il les vit toutes deux. Saphir marchait la première. Quand elle fut sur le seuil de cette porte par où l'homme aux lunettes bleues était sorti, elle s'arrêta, se retourna vers le vicomte, étendit la main vers lui :

— Tenez, madame, dit-elle, regardez bien cet homme, c'est un assassin!

Puis elle souleva la portière et toutes deux disparurent.

— Mon Dieu! pensait M. de la Morlière, je suis un grand coupable, mais le châtiment que vous m'infligez est à la hauteur de mon forfait... Oh! si je pouvais me réveiller...

Le salon demeura vide un instant. Puis la porte se rouvrit et le vicomte, qui croyait toujours rêver, vit entrer un homme qu'il reconnut sur-le-champ.

C'était John, le groom anglais, le domestique qu'il avait emmené à la Charmerie.

John s'approcha et prit une chaise sur laquelle il s'assit à califourchon, à deux pas du vicomte.

— Mais c'est épouvantable! pensait celui-ci.

— Bonjour, vicomte, dit le groom, bonjour, cher maître. Vous êtes aussi immobile qu'une statue. Mais vous voyez et vous entendez... Donc, nous pouvons causer. Oh! j'ai beaucoup de choses à vous dire, vicomte...

Et le groom ricanait, et son sourire était si satanique que le vicomte se demanda s'il n'était pas mort et déjà en proie aux tortures des damnés.

John lui faisait l'effet d'un démon.

— Vous croyez dormir, vicomte, poursuivit le groom, mais vous ne dormez pas. N'avez-vous pas cru, tout à l'heure, qu'on vous brisait les tempes à coups de marteau? Eh bien! c'était moi, moi, qui vous frottais avec un poison indien, qui a le singulier privilège d'engourdir et de pétrifier, mais qui laisse à l'ouïe et à la vue toute leur finesse.

« Donc c'est moi, mon cher vicomte, et j'ai beaucoup de choses à vous dire. Mais d'abord procédons par ordre...

« Saphir vous méprise, votre fils vous déteste...

Et cependant, ni Saphir, ni votre fils ne savent l'histoire de vos crimes. Il les ont devinés, voilà tout. Mais patience, ils vont être fixés là-dessus !

Alors le groom frappa dans sa main. Aussitôt la porte se rouvrit et Saphir entra.

Elle donnait la main à Paul de la Morlière.

Derrière eux marchait Victor de Passe-Croix.

Tous trois vinrent se ranger debout et silencieux autour du fauteuil du vicomte.

— Monsieur Paul, dit alors le groom, il est temps encore, partez...

— Non, murmura Paul, je veux savoir.

— Moi aussi, dit Victor, car je ne veux pas douter sans raison de l'honneur de mon père.

— Oh! quel rêve! quel rêve! pensait le vicomte.

Le groom sortit alors un rouleau de papier de sa poche. C'était ce manuscrit que, six mois auparavant, Danielle avait remis aux quatre chevaliers du Clair-de-Lune.

C'était le *Manuscrit du Domino*.

Paul arrêta le groom au premier mot, en lui posant la main sur le bras :

— Monsieur, dit-il, je vais vous écouter jusqu'au bout. Je vous jure que je ne vous interromprai pas; mais, en retour, vous allez me faire une promesse. Vous allez me jurer que vous me donnerez la preuve des faits que vous allez avancer.

— Oui, monsieur.

Et le groom lut....

Cette lecture dura près de deux heures. Ce fut un supplice sans nom pour le vicomte, un supplice non moins affreux pour les deux jeunes gens.

Quand Rocambole eut tourné le dernier feuillet du manuscrit du domino, Victor et Paul, le front baigné de sueur, le visage pâli par la honte, savaient que le vicomte de la Morlière, le baron de Passe-Croix et le chevalier de Morfontaine avaient assassiné le comte de Mainhardye, la malheureuse Diane et volé l'héritage de Danielle.

Le vicomte pensait :

— Si je ne rêvais pas, je n'aurais plus qu'à me brûler la cervelle.

— Monsieur, dit alors Paul de la Morlière, vous m'avez promis des preuves, il me les faut ou je vous tue!

Et il posa un petit stylet, qu'il portait toujours sur lui, sur le marbre de la cheminée.

— Monsieur, répondit le groom avec calme, les preuves les voilà !

Il frappa de nouveau dans ses mains, la porte s'ouvrit de nouveau. Un homme et une femme entrèrent.

— Danielle! s'écria Paul.

— La femme de Sologne! exclama Victor.

— La fille de Diane! répondit la jeune fille d'un ton grave et triste.

Puis elle attacha ses deux grands yeux bleus sur les deux jeunes gens :

— Regardez-moi bien, dit-elle, et voyez si je mens...

Puis elle étendit la main vers le vicomte toujours immobile.

— Cet homme, dit-elle, est l'assassin de mon père et de ma mère.

Victor poussa un cri sourd; Paul chancela.

Mais soudain il se redressa, et, désignant celui qui venait d'entrer :

— Quel est donc cet homme? demanda-t-il.

— C'est Ambroise, le valet de chambre et le complice de votre père, répondit Rocambole.

— Et, dit Ambroise, je suis prêt à témoigner en justice que tout ce que vous venez d'entendre est vrai.

Le doute n'était plus permis.

Victor prit la main de Paul et lui dit :

— Nous sommes frères à présent, frères par le malheur, par l'infamie. Viens, frère, nous allons partir pour cette terre d'Afrique où le feu purifie. C'est au milieu d'une grêle de balles, et sous l'habit du simple soldat, qu'il nous faut aller conquérir le droit de demander l'autorisation de changer de nom.

Tous deux s'inclinèrent devant Danielle, pâle et triste, tous deux sortirent le front penché et la mort au cœur...

Alors encore le vicomte éperdu essaya de briser le moule invisible qui l'étreignait, et l'effort qu'il fit fut si surhumain, qu'il parvint à remuer les lèvres et les bras.

Mais, en ce moment, les lumières s'éteignirent, un rire moqueur se perdit dans l'obscurité, et tout rentra dans le silence.

Puis un bourdonnement étrange se fit aux oreilles du vicomte, sa pensée s'obscurcit. Il lui sembla de nouveau qu'on lui brisait les tempes; il se sentit emporté dans un tourbillon fantastique, et l'ivresse, un moment dissipée par le poison indien, l'étreignit de nouveau.

Quand le jour vint, le vicomte de la Morlière rouvrit les yeux.

Il n'était plus dans son fauteuil, mais étendu sur le parquet.

Un premier rayon de soleil filtrait à travers les rideaux.

Le vicomte se leva avec peine, demeura un moment immobile au milieu du salon, puis il fit un pas vers une porte ouverte.

— Où suis-je donc? se demanda-t-il ; où suis-je?

La porte ouverte donnait sur une chambre à coucher.

La couverture était faite, une bougie achevait de brûler sur la table de nuit.

Les souvenirs du vieillard étaient confus encore, mais bientôt ils s'éclaircirent un à un.

D'abord il se rappela que Saphir l'avait conduit en ce lieu, la veille au soir, puis elle était partie, puis... Le voile qui obscurcissait son cerveau se déchira, et ce qu'il croyait être son rêve revint à sa pensée tout entier et dans tous ses détails.

Il éprouva alors un battement de cœur terrible et ses cheveux blancs se hérissèrent.

— Oh! que j'ai souffert! se dit-il ; mon Dieu, que j'ai souffert!...

Il alla ouvrir une croisée. Cette croisée donnait sur la cour du vieil hôtel.

La cour était déserte.

Le vicomte exposa son front brûlant à l'air frais du matin, et il essaya de réfléchir, se posant avec effroi cette question terrible :

— Était-ce bien un rêve ?

Mille arguments pour et contre cette opinion se croisèrent alors comme des éclairs un soir d'orage, dans son cerveau tourmenté.

Celui qui plaidait le plus en faveur du rêve, c'était cette paralysie étrange à laquelle il avait été en proie.

Puis ensuite ce défilé de personnages, parmi lesquels se trouvait Ambroise, Ambroise, l'âme damnée du vicomte, le seul homme en qui il eût une confiance absolue.

Mais en même temps il songea aux paroles que John le groom lui avait dites :

— Vous croyez rêver, mais vous ne rêvez pas.

Il quitta la croisée, parcourut le salon, entra dans la chambre à coucher et fit le tour de l'appartement.

L'appartement était désert. Sur la table de la salle à manger se trouvait une lettre.

Elle était à son adresse. Il l'ouvrit et lut :

« 10 heures du soir.

« Mon cher vicomte,

« Vous êtes ivre ; je retourne rue Saint-Lazare. Je reviendrai vous voir demain matin.

« SAPHIR. »

Comme le vicomte achevait la lecture de cette lettre, il entendit une clef qui tournait dans la serrure.

Il se précipita vers la porte et poussa un cri de joie.

C'était Saphir.

Saphir était calme, souriante ; elle dit au vicomte un bonjour qui mit à nu ses dents éblouissantes.

— Ah! mon Dieu, dit-elle, comme vous êtes pâle !

Et lui voyant sa lettre à la main, elle ajouta :

— Comment ! vous ne l'avez pas lue hier soir ?...

Le vicomte balbutia.

Saphir entra dans la chambre à coucher et remarqua le lit non foulé.

— Comment ! dit-elle, vous ne vous êtes pas couché ?

— J'ai passé la nuit dans le fauteuil où vous m'avez laissé.

— Mais c'est absurde! Savez-vous bien que vous étiez gris hier soir?

— C'est vrai... c'est ce vin jaune... Quel singulier vin!...

— Mais comme vous me regardez, mon Dieu ! qu'avez-vous donc?

— Je ne sais pas... je...

— On dort si mal dans un fauteuil..... vous aurez fait un mauvais rêve...

Le vicomte tressaillit.

— C'est vrai, dit-il, j'ai fait des rêves étranges, ma petite.

Saphir se laissa tomber sur un siège, et reprit en riant :

— Peut-être avez-vous rêvé guillotine. Ce n'est pas drôle!

Le vicomte frissonna.

— Non, dit-il.

— Alors vous avez peut-être rêvé d'assassinat, c'est tout un.

M. de La Morlière sentit ses cheveux se hérisser et son regard sembla de nouveau vouloir pénétrer jusqu'au fond du cœur de Saphir.

— Je ne sais plus au juste ce que j'ai rêvé, dit-il, mais c'était affreux!

— Vraiment?

— Et puis j'ai vu passer devant moi des quantités de personnages.

— Bah !

— Vous, d'abord...

— Ce n'est pas étonnant, puisque vous m'aimez.

— Ensuite, la comtesse...

— Vous aviez dîné avec elle.

— Et puis, mon fils...

— Tiens! je l'ai vu hier soir, ce pauvre Paul, et j'ai rêvé de lui. Après?

Le vicomte fronça le sourcil.

— Ah! vous l'avez vu?

— Oui.

— Eh... sans doute...

— Ah! mon cher, dit Saphir, moi aussi j'ai fait un drôle de rêve, allez! Dans ce rêve, je voyais Paul qui me disait :

— Si tu savais ce que mon père a fait, tu en aurais horreur.

Une sueur glacée mouilla les tempes du vicomte

— Au nom du ciel, murmura-t-il d'une voix sourde, au nom du ciel, taisez-vous, mon enfant!

— Soit. Voyons la suite de votre rêve. Après moi, après la comtesse, après Paul, qui avez-vous vu encore?

— Un ancien valet de chambre à moi, un homme qui doit être mort.

— Et puis?

— Et puis John.

— Notre domestique de la Charmerie?

— Justement.

— Est-ce tout?

Le vicomte hésita.

— Je gage, dit Saphir, qu'il y avait quelqu'un encore

— Oui, une femme blonde... une inconnue... Je ne sais pas son nom...

— Est-ce que ce ne serait pas celle que votre fils... Ah! vous savez, Paul m'a raconté une drôle d'histoire, hier soir...

M. de La Morlière chancela.

— Mon Dieu! se répétait-il, si tout cela était vrai... si je n'avais pas rêvé!...

Mais Saphir reprit avec son plus charmant sourire :

— Je viens vous faire ce matin une toute petite visite... mais ce soir, je viendrai dîner avec vous! seulement, j'ai horreur des gens qui ne savent pas boire et je vous ferai boire de l'eau... rien que de l'eau...

— Oui, pensait le vicomte, je dois avoir, j'ai certainement rêvé. Autrement me sourirait-elle ainsi?

Elle vint s'asseoir auprès de lui et lui prit la main.
— Vous savez, mon cher ami, quelles sont nos conditions? lui dit-elle.
— Mais... il me semble...
— Je vais vous garder prisonnier.
— Ici?
— Et si vous sortez, vous ne me reverrez jamais!...
— Mais ne pourrai-je aller chez moi?
— C'est impossible. Si vous mettez le pied dehors, vous ne me reverrez pas. Maintenant, au revoir.
— Comment! vous partez déjà?
— J'ai une course pressée... ma bonne va venir et vous servira à déjeuner. A ce soir.

Il voulut la retenir, mais elle lui glissa des doigts comme une couleuvre, laissant bruire un frais éclat de rire entre ses lèvres roses...

Quand elle fut partie, le vicomte murmura avec un soupir de soulagement:
— Allons! j'avais rêvé... mais si un rêve pareil se reproduisait, je deviendrais fou...

Comme il faisait cette réflexion, il passa une main sur ses tempes encore mouillées de sueur, puis, machinalement, il la ramena sur son visage et ses lèvres la touchèrent.

Soudain, il jeta un cri terrible. Sa main était humectée d'un acide qui lui brûla les lèvres comme un fer rouge...

Et le vicomte, pâle et frissonnant, se souvint de l'étrange sensation de la nuit qui lui brisait les tempes, et il songea à ces paroles de John le groom:

« Je vous ai frotté avec un poison indien qui paralyse le corps... »

Il n'avait donc pas rêvé!...

LIX.

Tandis que M. de la Morlière était sous le poids d'une anxiété impossible à décrire, une toute autre scène se passait à l'hôtel de Passe Croix.

Le baron et sa femme causaient à voix basse dans un coin du salon, jetant tour à tour un regard inquiet et navré sur leur fille.

Flavie s'était mise au piano, et elle exécutait une polka entraînante avec une animation vertigineuse qui ne disait que trop que la malheureuse enfant était toujours folle.

— Pauvre Flavie! murmurait Mme de Passe-Croix, dont les yeux étaient pleins de larmes.

Flavie quitta brusquement son piano et se leva.
— Maman, dit-elle, est-ce que mon mari n'est pas revenu?

Le père et la mère se regardèrent avec consternation.
— C'est singulier! fit la jeune fille, chaque fois que je vous parle de mon mari, vous n'avez pas l'air de savoir ce que je veux vous dire.

Le baron et la baronne se taisaient et baissaient les yeux.
— Vous savez pourtant bien reprit-elle, que j'ai épousé, voici quinze jours, M. Albert Morel, un parfait galant homme... que j'aime... Ah! cher Albert...
— Mon enfant dit la baronne, tu es un peu souffrante, tu dois avoir la fièvre... Si tu te reposais?
— Mais où donc est allé mon mari? reprit Flavie.

Et comme on ne lui répondait pas, elle se prit à fondre en larmes.

Sa mère la prit dans ses bras.
— Viens! dit-elle, allons au jardin... le grand air te fera du bien...

Et elle l'entraîna hors du salon, laissant M. de Passe-Croix sous le coup d'un douloureux accablement.

A peine les deux femmes étaient-elles parties, qu'un domestique entra, apportant une lettre sur un plateau.

Le baron jeta les yeux sur la suscription, et tressaillit en reconnaissant l'écriture de son fils.

C'était, en effet, une lettre de Victor, ainsi conçue :

« Mon père,

« J'aurais à passer un an encore à Saint-Cyr pour en sortir officier. Mais de graves motifs m'empêchent d'attendre cette époque. Mon cousin Paul et moi nous venons de nous engager dans un régiment de chasseurs d'Afrique.

« Adieu, mon père.

« Votre fils, VICTOR. »

M. de Passe-Croix poussa un cri étouffé en achevant la lecture de cette lettre :
— Oh! je suis maudit! murmura-t-il.

Un coup de sonnette se fit entendre dans la cour au moment où il prononçait ces mots.

Le valet reparut deux minutes après. Cette fois, il apportait une carte.
— Que me veut-on encore? fit le baron avec impatience.

Il jeta les yeux sur la carte et lut :

Sir John, médecin anglo-indien.

— Monsieur, dit le valet, ce monsieur insiste pour être reçu.
— Eh bien! fais entrer, dit le baron.

Le médecin anglo-indien sir John, nos lecteurs l'ont déjà reconnu, était vêtu de noir des pieds à la tête.

Il salua le baron avec une roideur toute britannique, et lui dit :
— Je vous demande mille fois pardon, monsieur le baron, de me présenter ainsi sans avoir l'honneur d'être personnellement connu de vous.
— Monsieur, répondit le baron, votre carte m'a appris que vous êtes médecin.
— Médecin aliéniste, monsieur le baron, répondit sir John.

Le baron tressaillit.
— Or, continua sir John, je fais de la médecine simplement pour l'amour de l'art, ayant gagné au service du rajah de Singapoure une fortune immense. Je suis venu à Paris pour y étudier la folie, comme je l'ai étudiée dans l'Inde, où j'ai obtenu des cures merveilleuses.
— Ah! monsieur, dit le baron, si vous guérissez ma pauvre fille!... la moitié de ma fortune...
— Monsieur, interrompit sir John en souriant, j'ai eu l'honneur de vous le dire, je n'exerce pas pour de l'argent; mais c'est parce que je crois pouvoir guérir Mlle de Passe-Croix que j'ai pris la liberté de me présenter.

Le baron saisit les mains de sir John et les serra.
— Vrai, dit-il, vous la guéririez?
— Oui.
— Complétement?
— En quelques jours, si sa folie est telle qu'on me l'a dépeinte.
— Ah! fit le baron, on vous a dépeint sa folie, monsieur?
— Oui.
— Qui donc?
— Votre fils.

Le baron pâlit.
— Vous connaissez mon fils?
— Je suis un de ses amis.

M. de Passe-Croix eut un singulier battement de cœur.
— En vérité, dit-il, mon fils aurait pu vous amener, monsieur.
— Monsieur votre fils est parti ce matin pour Marseille, monsieur.

Un nuage passa sur le front du baron, mais il ne répondit pas un mot.

Le médecin continua :
— Nous autres gens des tropiques, nous avons une médecine toute spéciale, la médecine des poisons. Nous

nous servons de ce qui tue pour guérir. M. Victor m'a donné sur la folie de sa sœur quelques détails qui m'étaient indispensables...

Le baron fronça le sourcil.

— Oh! soyez tranquille, monsieur, se hâta d'ajouter sir John, le médecin est un confesseur; son cœur est une tombe. Il sait garder les plus terribles secrets.

— Ainsi, fit le baron d'une voix tremblante, vous savez...

— Je sais que Mlle Flavie de Passe-Croix a eu la tête tournée par un misérable... c'est donc une folie d'amour à laquelle elle est en proie.

Le baron courba la tête.

— Or, poursuivit sir John, le seul moyen de guérir cette folie, c'est l'oubli.

— Comment?

— Il faut qu'il s'établisse une lacune dans l'esprit de Mlle Flavie, entre la veille du jour où elle a rencontré M. Albert Morel...

— Vous savez son nom?

— Votre fils me l'a dit.

— Je vous écoute, monsieur, murmura le baron en soupirant.

— Je vous disais donc, reprit sir John, qu'il est nécessaire que la mémoire de ce qui s'est passé entre ce jour et aujourd'hui lui fasse absolument défaut.

— Et vous obtiendrez ce résultat?

— Je l'obtiendrai, répondit sir John avec l'accent de la conviction.

— Et ma fille retrouvera la raison?

— La raison et la gaieté. Elle n'aura pas souvenance de cet homme.

— Mais enfin, elle s'étonnera tout au moins?

— Il sera facile de lui persuader qu'elle a éprouvé une sensation violente, un grand effroi, et que, à la suite de cet effroi, elle a momentanément perdu l'esprit.

— Et c'est par de certains poisons que vous espérez obtenir ce résultat, monsieur, demanda le baron.

— Oui. Mais rassurez-vous, ces poisons sont employés à des doses infiniment petites.

— Ah!

— Et vous n'aurez rien à craindre pour votre chère enfant.

— Et ce traitement sera-t-il long?

— Trois ou quatre jours.

— Comment! dans trois ou quatre jours vous pourriez guérir ma fille?

— Oui, monsieur.

Sir John parlait avec une conviction qui pénétra dans l'âme de M. de Passe-Croix.

— Nous commencerons le traitement quand vous voudrez, monsieur, ajouta-t-il.

— Mais tout de suite, monsieur, tout de suite! s'écria le baron.

Sir John sourit.

— Non, dit-il, mais ce soir... c'est toujours le soir que commence à opérer.

— Eh bien! ce soir...

— Il serait nécessaire que je visse Mlle de Passe-Croix moins une heure avant.

— Monsieur, dit le baron, oserais-je vous prier à dîner?

— J'accepte, répondit sir John.

Il prit son chapeau et se leva.

— Ce soir, dit-il, nous commencerons l'épreuve. Au revoir, monsieur.

M. de Passe-Croix demeura un peu abasourdi, après le départ de sir John.

La lettre de son fils, qui semblait lui dire un éternel adieu, puis l'arrivée de cet inconnu, qui se disait l'ami de Victor, exerçait la médecine gratuitement et se faisait fort de guérir Flavie, tout cela avait été si rapide, si inattendu, que c'était à se demander si ce n'était point un rêve.

Mme de Passe-Croix rentra.

Elle était seule.

— J'ai obtenu, dit-elle, que cette malheureuse enfant se mît au lit. Maintenant elle est plus calme. O mon Dieu! quelle épreuve terrible vous nous envoyez!

Le baron prit la main de sa femme.

— Et si on la guérissait?...

La pauvre mère jeta un cri.

— Oui, mon amie, on la guérira.

— Mais qui?

— Un médecin anglais qui sort d'ici et qui viendra ce soir.

— Hélas! soupira la baronne, il y a tant de médecins qui prétendent pouvoir guérir la folie!...

— Oh! celui-là ne se vante pas, j'en ai la conviction.

— Mais qui vous en a parlé? est-ce que vous l'avez fait venir?

— C'est Victor qui l'envoie.

— Victor!... dit la baronne en tressaillant.

Puis elle ajouta avec un accent de profonde tristesse:

— Savez-vous, mon ami, que depuis notre malheur, la conduite de Victor est étrange?

— Ah! vous trouvez?

— Il fuit la maison...

— C'est vrai.

— Et voici deux jours que je ne l'ai vu, murmura la baronne.

M. de Passe-Croix soupira, mais il garda le silence.

— La dernière fois qu'il est entré dans ma chambre, il était pâle, et sa démarche trahissait une singulière émotion.

— Qu'as-tu, mon enfant? lui ai-je demandé.

— Rien, bonne mère.

— Tu es triste...

— Mais non.

— Oh! tu ne peux me tromper, lui ai-je dit. Est-ce qu'on trompe l'œil d'une mère?

— Eh bien! m'a-t-il dit avec un accent qui m'a bouleversée... je souffre! Adieu, ma mère...

Il m'a embrassée convulsivement et il s'est enfui. Depuis lors, je ne l'ai pas revu.

M. de Passe-Croix gardait un silence farouche.

La baronne poursuivit:

— Dominique, votre valet de chambre, m'a dit hier que vous aviez eu une scène violente avec Victor.

— Ah!

— Est-ce vrai?

— Oui, madame.

— Mais pourquoi cela, monsieur?

— Parce qu'il ne veut pas retourner à Saint-Cyr.

— Oh! cela est impossible, s'écria la baronne. Victor a trop l'amour de la carrière militaire...

— Justement, il veut s'enrôler comme simple soldat, madame.

La baronne jeta un cri.

— Mais il est fou! dit-elle.

Alors le baron prit une lettre sur la cheminée. C'était celle de Victor; il la remit à la baronne, lui disant:

— Tenez, madame, lisez.

Et comme Mme de Passe-Croix étouffait un nouveau cri, le baron ajouta:

— Il est parti ce matin pour Marseille, nous ne le reverrons plus.

— O mon Dieu! murmura la baronne, frémissante, en tombant à genoux; quel crime avons-nous donc commis que vous nous frappiez ainsi?

. . . .

Quelques heures plus tard, le médecin aliéniste, sir John, était assis à la table du baron de Passe-Croix, vis-à-vis de la pauvre insensée.

Flavie était d'une gaîté navrante.
— Monsieur, disait-elle à sir John, vous venez du Havre, n'est-ce pas?
— Oui, j'en arrive.
— Vous avez dû y rencontrer mon mari. Vous le connaissez?
— Oui, madame.
— Va-t-il bientôt revenir?
— Dans deux jours.
Flavie frappa dans ses mains avec une joie d'enfant.
— N'est-ce pas qu'il est charmant, mon petit mari? dit-elle.
— Oui, certes. Et, dit le docteur, il m'a remis quelque chose pour vous.
— Ah! vraiment?
— C'est un flacon d'odeur.
Le médecin tira, en effet, de sa poche un joli petit flacon d'argent ciselé et le tendit à Flavie.
— Respirez donc ce parfum, madame, lui dit-il.
Flavie prit le flacon et l'approcha de ses narines.
— Oh! que cela sent bon! dit-elle.
Puis, soudain, elle renversa un peu la tête en arrière, comme cédant à un sentiment de bien-être; puis ses yeux se fermèrent..
— Mon Dieu! s'écria la baronne effrayée, qu'avez-vous donc fait, monsieur?
Sir John sourit.
— Ne craignez rien, madame, dit-il. C'est mon traitement qui commence.
Flavie venait d'être prise d'une sorte de torpeur.
— Mère, dit-elle, si nous allions faire un tour de jardin?...
Mme de Passe-Croix consulta sir John du regard.
— Il fait trop chaud ici, ajouta Mlle de Passe-Croix.
La baronne se leva et prit sa fille par la main.
— Allez, madame, dit tout bas le docteur; faites-lui faire un tour de jardin, puis conduisez-la dans sa chambre, et tâchez qu'elle se mette au lit. Alors vous viendrez me prévenir.
La baronne sortit emmenant sa fille.
M. de Passe-Croix et sir John demeurèrent seuls.
— Monsieur le baron, dit alors sir John, j'ai eu pour professeur de médecine aliéniste un homme qui a fait quelque bruit...
— Ah!
— Le docteur noir, ajouta sir John, un homme qui a fait à Paris, il y a vingt ans, des cures merveilleuses.
Le baron tressaillit.
— Est-ce que vous ne l'avez pas connu?
— Mais... si... un peu... j'en ai entendu parler...
— Victor m'a raconté, poursuivit sir John, qu'il avait soigné une jeune femme de votre famille...
— Tiens! c'est vrai, dit le baron, ma cousine Diane...
— Qui se tua au château de Bellombre, en Poitou.
— C'est vrai.
M. de Passe-Croix était pâle.
— Il paraît, continua sir John, que ce funeste événement arriva justement tandis que le docteur tentait une expérience...
Et sir John attacha sur le baron un regard pénétrant et froid.
— Je crois, en effet, m'en souvenir.
— Mme Diane de Morfontaine, poursuivit sir John, était appuyée au balcon de sa chambre, elle tenait son enfant dans ses bras, lorsqu'un houhoulement lointain...
— Monsieur, interrompit brusquement le baron, dont les tempes étaient baignées de sueur, je m'étonne que mon fils Victor ait pu vous donner ces détails.
— Attendez, monsieur le baron... lorsqu'un houhourement lointain, qui devait lui rappeler le signal que lui donnait autrefois le comte de Main-Hardye, se fit entendre... Mme Diane s'élança, son enfant dans les bras,

L'appui de la croisée se rompit, et la mère et l'enfant tombèrent de vingt pieds de haut.
— Tout cela est vrai, monsieur.
— Eh bien! acheva sir John, le docteur a toujours eu une conviction.
— Ah!
— Une conviction inébranlable.
— Laquelle?
— C'est qu'on avait scié la barre d'appui.
M. de Passe-Croix étouffa un cri et se leva pâle et frissonnant.

LX.

Les derniers mots du docteur anglo-indien, sir John avaient bouleversé M. de Passe-Croix.
Quel était donc cet homme qui, sous prétexte de guérir sa fille, venait tout à coup lui faire entendre un pareil langage?
Sir John prit soin de l'apprendre lui-même au baron.
— Monsieur, lui dit-il, je ne vous ai point menti, je guérirai votre fille en quelques jours. Seulement je vais vous faire mes conditions.
Le baron retrouva un reste d'audace.
— Il me semblait que vous m'aviez dit ce matin, fit-il, que vous exerciez la médecine gratuitement.
— Avec les honnêtes gens, oui, monsieur.
Ces mots firent monter le rouge au visage du baron.
— Monsieur, dit-il, je crois que vous m'insultez!
— Chut! murmura sir John, nous sommes ici en tête à tête, les éclats de voix ne servent absolument à rien.
L'accent de sir John était froid. Un sourire moqueur glissait sur ses lèvres, et M. de Passe-Croix comprit que cet homme le connaissait tout entier.
— Enfin, monsieur, lui dit-il, que me voulez-vous?
— Guérir votre fille d'abord, monsieur... ensuite...
Sir John s'arrêta et fixa de nouveau ses regards sur M. de Passe-Croix.
— Ce matin, dit-il, vous m'avez offert la moitié de votre fortune...
Le baron plissa dédaigneusement les lèvres. Sir John poursuivit:
— Je crois avoir des données à peu près certaines sur vos revenus.
— Mais, monsieur...
— Chut! écoutez-moi jusqu'au bout, monsieur le baron. Vous aviez à vingt-cinq ans, de votre fortune personnelle, dix-neuf mille livres de rente; Mme la baronne vous en a apporté en dot trente-trois, total, si je ne me trompe, cinquante-deux. A la mort du général marquis de Morfontaine, vous avez hérité, — vous allez voir que mes chiffres sont exacts, — vous avez hérité, dis-je, de quatre-vingt-seize mille livres de rente.
— Monsieur, dit ironiquement M. de Passe-Croix, vous avez peut-être été clerc chez mon notaire.
— C'est fort possible, ricana sir John. Je poursuis:
— Quatre-vingt-seize et cinquante-deux doivent faire cent quarante-huit, n'est-ce pas?
— C'est vrai.
— Eh bien, monsieur, si je guéris votre fille, vous me donnerez quatre-vingt-seize mille livres de rente.
Le baron, qui s'était rassis, bondit de nouveau sur son siège.
— C'est mon chiffre, dit froidement le médecin anglo-indien.
Le baron était pâle et ses cheveux se hérissaient.
— Qui donc êtes-vous, dit-il enfin, vous qui venez me dicter des conditions semblables?...
— J'aimerais assez ne point vous le dire, monsieur, répondit sir John, car l'énonciation de ma qualité vous produira quelque émotion.
— Non, je veux savoir... parlez!

— Vous le voulez?
— Oui.
— Eh bien! je suis l'exécuteur testamentaire de votre cousine Mme Diane de Morfontaine.

M. de Passe-Croix jeta un cri.

— Chut! fit sir John en lui serrant le bras, on pourrait croire que je vous assassine...

Une sueur glacée inondait le visage de M. de Passe-Croix.

— Maintenant, monsieur, reprit sir John, vous devez avoir deviné bien des choses, et nous pouvons jouer cartes sur table. Vous avez été le complice de vos deux cousins, le vicomte et le chevalier, et il est des gens qui ont en mains la preuve de vos crimes. Chut! pas de bruit... on pourrait nous entendre.

Et sir John continua :

— S'il y a des degrés dans le crime, il y en a dans le châtiment. Vous étiez le plus jeune, vous avez été le moins coupable, vous serez le moins puni. Restituez l'héritage volé, et vos cheveux blancs ne seront pas déshonorés; votre fils pourra porter son nom; votre fille sera guérie et fera, au premier jour, un mariage honorable.

Le baron appuyait sa tête dans ses deux mains et semblait ne plus entendre ce que disait sir John.

— Remarquez, monsieur, continua ce dernier, que c'est un marché d'or que je vous offre. Tous les aliénistes de Paris et de Londres réunis ne guériront pas votre fille...

Le baron tressaillit, releva la tête et regarda sir John.

— En outre, comme il n'y a pas encore trente années que Mme Diane de Morfontaine a été assassinée et que j'ai sous la main un témoin qui parlera...

— Oh! je vous en défie! s'écria M. de Passe-Croix frémissant.

— Il se nomme Ambroise, ajouta sir John avec calme.

Le baron frissonna jusqu'à la moelle des os et leva sur sir John un regard rempli d'égarement et de stupeur.

Mais sir John n'eut pas le temps de continuer.

On entendit tout à coup des cris dans l'escalier et les corridors.

— C'est ma femme! s'écria M. de Passe-Croix, qui reconnut la voix de la baronne.

M. de Passe-Croix s'élança vers la porte et courut au-devant de sa femme.

Mme de Passe-Croix était en larmes, les cheveux en désordre et elle poussait des cris.

— O mon Dieu! mon Dieu! disait-elle; ma pauvre enfant!...

— Mais qu'arrive-t-il donc? s'écria le baron : qu'arrive-t-il, madame?

— Je ne sais pas... je ne sais pas... murmura la pauvre mère affolée.

Sir John était demeuré calme.

Mme de Passe-Croix courut à lui.

— Ah! dit-elle, au nom du ciel, si vous êtes médecin, s'il est vrai...

— Madame, dit sir John, c'est sans doute à tort que vous vous alarmez.

— Mais qu'est il donc arrivé? s'écria M. de Passe-Croix, chez qui la douleur du père domina tout autre sentiment.

— Je ne sais pas si elle est évanouie... je ne sais pas si elle est morte... Oh! venez, venez, monsieur.

Elle prit sir John par la main et l'entraîna, pleurant, sanglotant et poussant des cris déchirants qui ne jaillissent que de la gorge d'une mère.

Le baron les suivait du pas chancelant d'un homme frappé par le feu céleste.

La chambre de Flavie était tout près du salon, au bout d'un vaste corridor.

M. de Passe-Croix s'arrêta frissonnant sur le seuil.

Sa fille était étendue sur son lit, immobile. Ses beaux yeux étaient fermés; on eût dit qu'elle était morte.

La baronne se jeta sur elle et la couvrit de baisers.

— Mon Dieu! dit-elle, mais son cœur ne bat plus, son front est froid, sa main glacée...

— Ma fille est morte! exclama le baron d'une voix terrible.

En ce moment, ce grand coupable, qui avait osé tuer une femme, éprouva, l'espace d'une seconde, toutes les tendresses et toute l'énergie de l'amour paternel.

Il redressa la tête, ses yeux devinrent menaçants, s'injectèrent et semblèrent vouloir pulvériser sir John.

Celui-ci était toujours calme et froid. Le baron s'avança vers lui les poings fermés et disant :

— Oh! n'est-ce pas vous qui l'avez tuée?

La baronne agenouillée, prenait dans ses mains la main glacée de sa fille et l'inondait de larmes.

— Nous étions au jardin, disait-elle, elle se promenait... elle était calme... elle souriait... Tout à coup elle m'a dit : « Oh! que j'ai froid!... et puis elle a chancelé... je l'ai ramenée ici... elle est tombée sur son lit... et puis... » Un sanglot l'empêcha d'achever.

Alors sir John, ému sans doute par cette éloquente et terrible douleur, s'avança vers elle :

— Madame, interrompit-il, votre fille n'est pas morte, et son évanouissement, que j'avais prévu, est le premier pas vers une guérison prochaine.

La pauvre mère leva sur lui un regard effaré.

— Oh! ne me trompez-vous point? dit-elle.

— Sur l'honneur! dit sir John en plaçant sa main sur sa poitrine.

— Mais sa main est froide...

— Cela doit être ainsi.

— Son front est glacé.

Sir John tira de la poche de son paletot une petite boîte qui, en s'ouvrant, laissa voir plusieurs flacons remplis de diverses substances liquides.

Il posa cette boîte sur la cheminée, prit un des flacons et le déboucha.

— Vous allez voir, madame, dit-il avec son flegme tout britannique, si je vous ai dit la vérité.

La baronne avait un mouchoir à la main, il le prit et imbiba un des coins avec deux gouttes du liquide contenu dans le flacon.

Puis il le plaça sous les narines de Flavie.

Soudain, la jeune fille, qui semblait morte, éprouva un frémissement, par tout le corps, et un soupir se fit jour à travers ses dents serrées.

En même temps, le père et la mère jetèrent un cri de joie suprême. Mais déjà Flavie était retombée dans son immobilité effrayante.

Alors sir John reprit la main de la baronne et lui dit :

— Vous voyez, madame, je n'ai point menti.

— Ah! monsieur.

— Mais si vous voulez que je guérisse votre fille, il faut m'accorder la confiance et l'autorité qui seules permettent à un médecin d'agir.

— Oh! monsieur, murmura la pauvre mère, guérissez ma fille et je serai votre esclave.

— Je ne demande pas cela, madame, mais votre état nerveux pourrait, en ce moment, me gêner beaucoup. Voulez-vous me laisser ici seul avec M. le baron?

— Monsieur!

— Il le faut, dit sir John avec cet accent d'autorité mystérieuse qui n'appartient qu'aux hommes de science.

Et il regarda le baron.

M. de Passe-Croix plia sous ce regard comme un faible arbuste sous l'ouragan. Il comprit que cet homme tenait en ses mains la vie de sa fille,

M. de Passe-Croix aimait vraiment sa fille.

— Oui, madame, dit-il à la baronne, le docteur a raison... Laissez-nous.

— Oh! mais je reviendrai tout à l'heure, n'est-ce pas? Je reviendrai! fit-elle avec l'accent de la prière.

— Dans dix minutes, madame, répondit sir John; sans cela, je ne réponds de rien.

— Oh! sauvez, sauvez ma fille! s'écria-t-elle d'une voix déchirante.

Et elle sortit.

Quand elle fut partie, sir John ferma la porte.

— A nous deux, maintenant! dit-il au baron, à nous deux!...

M. de Passe-Croix tremblait et attachait sur sa fille un regard éperdu.

Sir John, après avoir fermé la porte, alla ouvrir la fenêtre.

La fenêtre donnait sur la rue, et était élevée à six pieds du sol.

La rue était déserte, la nuit était venue.

— Monsieur, dit sir John, qui s'assit sur le rebord de la fenêtre, vous savez maintenant que votre fille n'est pas morte. Mme la baronne ne reviendra que dans dix minutes.

Nous avons donc dix minutes devant nous.

— Sauvez ma fille! murmura le baron.

— Attendez et écoutez-moi.

Sir John étendit la main et désigna du doigt la boîte aux flacons.

— Il y a là, dit-il, les poisons qui sauvent et les poisons qui tuent. Faites venir tous les chimistes de l'univers, ils ne pourront vous dire quel est celui qui va rendre la parole, le mouvement, la vie, à votre fille, pas plus qu'ils ne désigneront celui qui lui rendra la raison. Or, écoutez-moi bien : si vous ne vous placez pas là devant cette table, si vous ne prenez pas une plume et n'écrivez pas ce que je vais vous dicter, je saute par cette fenêtre, vous ne me reverrez jamais, et votre fille sera morte demain matin.

M. de Passe-Croix, qui se trouvait à deux pas de sir John, jeta un cri, voulut s'élancer vers lui et le saisir.

Mais un geste et un regard de ce dernier l'arrêtèrent.

— Si vous faites un pas, dit-il, votre fille est perdue sans retour.

M. de Passe-Croix s'arrêta.

Sir John alors lui désigna la table et reprit avec autorité :

— Écrivez!

Le baron, vaincu, s'assit, prit la plume et regarda son interlocuteur :

— Dictez! fit-il.

Sir John dicta :

« Aujourd'hui, ce vingt-sept novembre 18..., je déclare, par la présente, me reconnaître débiteur du capital nécessaire pour constituer une rente annuelle de quatre-vingt-seize mille francs en faveur du médecin anglais sir John dans le cas où il rendra la raison à ma fille Flavie, aujourd'hui folle. »

Le baron écrivit d'une main tremblante, et tout en écrivant, il regardait sa fille.

Quand il dut signer, il voulut se lever.

— Restez, dit sir John, il me faut autre chose encore.

Et il dicta de nouveau :

« Moi baron de Passe-Croix, neveu du général marquis de Morfontaine, devant Dieu et devant les hommes, j'atteste que la baronne Rupert, ma cousine, n'est point morte par accident, mais qu'elle a été assassinée par moi et mes deux cousins, le vicomte de la Morlière et le chevalier de Morfontaine. »

— Oh! s'écria le baron, en écrasant sa plume, jamais! jamais!

— Alors, prenez le deuil de votre fille, dit sir John.

Et il enjamba l'appui de la croisée.

M. de Passe-Croix, vaincu de nouveau, reprit la plume, et le front baigné de sueur, il écrivit et signa.

Rocambole s'élança vers la table, et s'emparant des deux papiers avec la souplesse et l'agilité d'un chat :

— A présent, dit-il, que je puis vous envoyer à l'échafaud, j'espère que vous ne laisserez pas protester l'obligation que vous venez de souscrire.

Et il prit un des flacons de la boîte, imbiba de nouveau le mouchoir de la baronne, et se mit à frotter les tempes de la jeune fille.

Bientôt un frémissement convulsif parcourut tout le corps de Flavie, ses yeux s'ouvrirent, et elle se dressa sur son séant.

En ce moment, M. de Passe-Croix oublia qu'il venait d'écrire sa condamnation; et il se précipita vers sa fille, qu'il étreignit dans ses bras avec le délire de l'amour paternel.

Une heure après, nous eussions retrouvé sir John, le médecin anglo-indien, vêtu de la robe de chambre à ramages du personnage qui tenait un cabinet d'affaires dans la rue de la Michodière.

Il avait repris ses lunettes bleues, ses gros favoris, son air vieillot et sa taille voûtée.

Assis dans son fauteuil, il donnait audience à trois autres personnes.

C'était d'abord M. le baron Gontran de Neubourg, puis lord Blakstone, et enfin le marquis de Verne.

Si l'on se souvient que Victor de Passe-Croix avait gratifié le vicomte de Chenevières d'un vigoureux coup d'épée, on ne s'étonnera plus qu'il manquât à ce rendez-vous des chevaliers du Clair-de-Lune.

— Messieurs, disait l'homme aux lunettes, pardonnez-moi de vous avoir convoqués aussi extraordinairement.

— Avez-vous donc quelque chose de très-important à nous communiquer? demanda le baron.

— Oui, monsieur.

— Voyons?

— J'ai rempli le rôle de juge d'instruction, reprit l'homme aux lunettes bleues; j'ai compliqué ce rôle en mettant la main sur les coupables, mais l'application de la peine vous est réservée.

— Que voulez-vous dire?

— Les coupables sont au nombre de trois ; je parle des assassins de la baronne Rupert.

— Trois, en effet, dit le baron.

— Le chef du complot, l'âme infernale, fut le vicomte de la Morlière.

— C'est vrai.

— Eh bien! messieurs, comme l'heure du châtiment approche pour lui, je viens vous demander une sentence : est-ce la folie? est-ce la mort?

Les trois jeunes gens se regardèrent, puis, non sans frémir, ils reportèrent les yeux sur cet homme qui semblait avoir pris le rôle du destin.

Rocambole reprit :

— Le vicomte a rendu sa femme et sa fille malheureuses; il a été un tyran domestique, dur pour son fils jusqu'à la cruauté. Cet homme mérite-t-il bien de vivre? et ne pensez-vous pas que si, un jour, on le trouvait mort hors de son domicile, à la suite de quelque excès avilissant, sa famille toute entière considérerait point cette mort comme une réhabilitation du nom que cet homme a porté?

— Oui, dit Gontran.

— Oui, dit le marquis de Verne.

— Oui, dit lord Blakstone.

Aucun d'eux n'avait hésité dans l'affirmation de cette opinion.

— Messieurs, dit alors Rocambole, vous venez de prononcer un arrêt de mort.

Ils frissonnèrent et échangèrent un regard.

— Un arrêt de mort qui ne sera point cassé, acheva Rocambole.

— C'est bien, dit Gontran d'une voix émue; mais cet arrêt, qui l'exécutera?

— Moi.

Paris. — Typ. Colombara et Brûlé, rue de l'Abbaye, 21.

— Non, non, disait-il, il est impossible que je n'aie pas rêvé. (Page 1178.)

— Un moment, observa M. de Verne. Si le vicomte meurt, comment la fortune volée sera-t-elle restituée?

L'homme aux lunettes bleues se leva, alla ouvrir le tiroir d'un secrétaire et y prit une lettre cachetée.

Cette lettre était adressée à Danielle.

— Messieurs, dit Rocambole, Paul a une sœur. La fortune de sa mère équivaut à celle de son père. Paul a, par cette lettre, renoncé à tous ses biens en faveur de Danielle.

— Voilà un noble cœur! murmura M. de Neubourg.

— Messieurs, reprit l'homme aux lunettes bleues, il est tard et j'ai beaucoup à faire ce soir. Veuillez me permettre de continuer. Passons au second coupable, c'est-à-dire au chevalier de Morfontaine, marquis aujourd'hui, à cet homme qui fut le bras droit du vicomte, à ce père sans entrailles qui a persécuté sa fille, à cet époux indigne qui a épousé, malgré elle, la plus noble des créatures.

— Oh! celui-là, dit le marquis de Verne, nous vous l'abandonnons... il n'est digne d'aucune pitié.

— Oui, mais pour le frapper, j'aurai besoin de vous, messieurs. Le marquis est jeune encore, il est fort et hardi, il n'a aucune retenue, l'amour paternel n'existe point dans son cœur. Aucune passion funeste ne le tourmente... c'est un chêne superbe, et il faudra bien tous nos efforts réunis pour le déraciner.

— Soit! dit Gontran.

— Enfin; passons au baron. Celui-là il fut le moins coupable. Il a vécu en proie au remords, il a élevé ses enfants dans le droit chemin... le condamnerez-vous aussi?

— Qu'il vive donc! murmurèrent les trois chevaliers du Clair-de-Lune. C'est son fils qui le sauve!...

XLI.

Saphir avait été exacte au rendez-vous qu'elle avait donné à M. de la Morlière.

Elle trouva le vicomte dans un complet état d'accablement.

— Mais qu'avez-vous donc? lui dit-elle, vous paraissez souffrir, vicomte.

Le rayonnant sourire de Saphir et son accent de franchise et de bonne humeur rejetèrent le vieillard dans le champ sans bornes du doute.

— Je ne sais pas, dit-il, c'est probablement la mauvaise nuit que j'ai passée...

— Eh bien! dit Saphir, je serai votre médecin moi.

— Vrai? fit-il avec la joie naïve d'un enfant.

— Oui, et je m'arrangerai de façon que demain vous soyez frais et épanoui comme une rose.

— Comment cela?

— Vous mangerez peu et vous boirez du thé au lieu de vin. Puis, vous vous coucherez de bonne heure, ajouta-t-elle, car il n'est rien de tel que douze heures de sommeil bien calme pour réparer le temps perdu.

Saphir sonna.

La femme de chambre que sir John avait renvoyée la veille rue Saint-Lazare parut, roulant devant elle une table toute chargée.

— Vous le voyez, fit la jeune femme toujours souriant, le carême suit le carnaval.

La table, en effet, était couverte d'aliments légers, au milieu desquels était dressée une vaste théière.

PROPRIÉTÉ DE VICTOR BENOIST ET Cⁱᵉ, A PARIS.

LES DRAMES DE PARIS.

Saphir prépara le thé de ses belles mains. Le vicomte la regardait avec admiration.

— Non, non, se disait-il, il est impossible que je n'aie pas rêvé.

— Voyons, reprit Saphir en lui versant la boisson toute brûlante, parlons un peu de l'avenir, maintenant.

— L'avenir? fit-il; de quel avenir, mon enfant, parlez-vous?

— Mais du nôtre.

— Ah !

— Qu'allons-nous faire cet hiver ?

— Ce que vous voudrez.

— Car, vous le savez, je vous emmène. Je ne veux pas que vous retourniez chez vous; vous écrirez à votre intendant, il vous enverra de l'argent. Ah ! dame ! fit-elle avec son rire éblouissant, je ne suis pas précisément une femme vaporeuse et sentimentale. Tenez, j'ai une idée...

— Laquelle, mon enfant? demanda le vicomte, qui mangeait du bout des dents et avalait de longues gorgées de thé.

— Paris est triste, l'hiver, pour des gens blasés comme nous, et qui ne se soucient ni de bal, ni de spectacle. Le ciel est noir, la boue est noire, le charbon qu'on brûle sent mauvais. N'est-ce point votre avis ?

— Oui, mon enfant.

— Si nous allions vivre dans un pays de soleil, au bord de la mer, en Italie !... Qu'en pensez-vous ?

Le visage amaigri du vicomte devint rayonnant.

Voyager avec Saphir, c'était un rêve enchanteur.

— Nous partirons demain soir, par le train de huit heures. Le lendemain nous verrons coucher le soleil à Marseille, poursuivit Saphir; dont le sourire et le regard enveloppaient le vicomte comme une immense toile d'araignée, le jour suivant, nous nous embarquerons... Oh ! la mer bleue... et le ciel bleu... quel rêve !

M. de la Morlière était ravi.

Saphir continuait à lui verser du thé.

Pendant une heure elle l'amusa de son babil, le fascina de son regard, l'enivra de son sourire et vida le contenu de la vaste théière dans sa tasse.

Au bout d'une heure, le vicomte se sentit en proie à une torpeur somnolente...

— Tenez, vicomte, dit Saphir, voilà que le moment d'être tout à fait raisonnable arrive...

— Comment ?

— Il faut vous mettre au lit et dormir.

— Est-ce que vous allez partir encore, comme hier ?

— Non, je vais rester ici... j'ai des lettres à écrire.

Elle sonna.

— Conduis monsieur dans sa chambre, dit-elle à la soubrette.

Le vicomte n'avait plus la force de résister.

Le besoin de sommeil commençait à le dominer entièrement.

Il se leva, trébuchant un peu, et s'appuya sur l'épaule de la femme de chambre.

— C'est singulier ! dit-il, je n'ai pourtant bu que du thé...

Une demi-heure après, M. le vicomte de La Morlière dormait d'un profond sommeil.

Alors une clarté se fit dans sa chambre, jusqu'alors plongée dans les ténèbres, et un homme entra, tenant un flambeau à la main.

Cet homme était vieux ; il avait un visage long et pâle encadré d'une barbe grisonnante, un front jaune et dégarni, une arcade sourcilière énorme sous laquelle brillait un petit œil gris, méchant et faux.

Son costume était celui d'un fermier aisé de Basse-Normandie.

Il avait ses sabots à la main.

On a sans doute déjà reconnu maître Ambroise le fermier, l'ancien valet de chambre de Bellombre.

Ambroise s'arrêta un moment devant le lit où dormait le vicomte.

— Pauvre vieux! dit-il, vont-ils le martyriser, tous ces gens-là!... Et dire que ça va me rapporter... et que je pourrai ajouter à ma ferme de la Maison-Blanche celle des Glayeuls et acheter le vieux château du jeune baron qui s'est quasiment ruiné...

En parlant ainsi, Ambroise posa son flambeau sur la cheminée, ses sabots dans un coin, et fouilla dans sa poche.

— Le Maître m'a dit, fit-il en exhibant le petit flacon dont la veille s'était servi sir John, que lorsque je l'aurais frotté avec cette eau-là, il verrait, il entendrait et ne pourrait plus remuer ni pieds ni pattes.

Et comme sir John, le fermier versa quelques gouttes du contenu du flacon dans le creux de sa main, s'approcha du lit sur la pointe du pied et se mit en devoir de frotter les tempes du vicomte.

Soudain ce dernier s'éveilla en proie à cette terrible sensation de la veille, et il fit un soubresaut dans son lit.

Mais il retomba bientôt inerte et la paralysie recommença.

— Oh! pensa-t-il, voilà qu'on me brise encore les tempes. C'est mon rêve qui recommence!

Et il retrouva toute sa lucidité d'esprit en même temps que son regard devenait limpide au travers de ses paupières closes.

Le vicomte aperçut alors un être grimaçant, assis au pied de son lit, comme le démon du cauchemar.

Il reconnut Ambroise.

— Bonjour, maître, dit Ambroise, c'est moi... me reconnaissez-vous ?

Et il poursuivit en ricanant :

— Ça m'a fait tout de même un brin de peine d'avoir passé à l'ennemi, monsieur le vicomte; et le fait est que je vous vénère... Mais, voyez-vous, ces gens-là sont plus forts que nous... Et dame! contre la force, vous savez le proverbe, il n'y a pas de résistance.

— Ah çà, pensait le vicomte, qui croyait entendre retentir ce marteau invisible qui tombait sans relâche sur ses deux tempes, est-ce que toutes les nuits je vais rêver ainsi ? C'est à en mourir au bout de trois jours.

Ambroise continua :

— Il faut vous dire que lorsque j'ai vu que la partie était perdue, je me suis tenu ce raisonnement : M. le vicomte se bat vieux, il n'est plus en état de se défendre, et, si je lui reste fidèle, je suis un homme flambé. J'ai de la famille, voyez-vous... Et puis je vais vous dire comment la chose s'est passée. Un matin, j'ai vu arriver chez moi votre satané groom. Entre nous, ce doit être un homme bien fort. Il savait tout... oh! mais tout!... et il avait à la porte de la ferme une voiture avec deux gendarmes dedans. Ça m'a fait de l'émotion, vous comprenez? Je suais à grosses gouttes et j'avais mal dans le creux de l'estomac.

— « Mon bonhomme, m'a dit alors votre groom, je voudrais causer un brin avec vous en un endroit où il n'y ait pas de murs, vu qu'on dit que les murs ont des oreilles.

Je l'ai emmené dans le jardin, sous un pommier où il y a un banc.

— « Voilà la chose, m'a-t-il dit alors en me regardant entre les deux yeux. Vous avez trempé dans le meurtre du comte de Main-Hardye et de la baronne Rupert. Je viens vous chercher...

Vous pensez si j'ai eu peur.

— « Je vais vous emmener au Havre chez le juge d'instruction, a-t-il continué, et dans deux mois votre affaire sera claire comme de l'eau de roche...

Ma foi, monsieur le vicomte, quand j'ai vu que ça prenait cette tournure, j'ai fait tout ce qu'il a voulu, comme bien vous pensez... Nous sommes revenus à la ferme et il m'a fait signer un procès-verbal tout au long, dans lequel je déclare tout ce qui s'est passé à Bellombre voici un peu plus de vingt ans... Alors il m'a dit :

— « Nous voulons faire couper le cou au vicomte de La Morlière, mais nous ne tenons pas à te faire du mal. »

Ambroise s'interrompit pour laisser bruire entre ses lèvres un petit rire sec et sardonique.

— C'est égal, dit-il, ça m'a fait bien de la peine de vous abandonner comme ça, monsieur le vicomte, puisqu'il paraît qu'on vous veut faire guillotiner.

Ambroise avait fini par s'asseoir sur le pied du lit du vicomte, et, croisant ses jambes, il continuait à ricaner.

Le vicomte souffrait le martyre dans son moule invisible.

Certes, s'il avait pu remuer, s'il avait pu retrouver le mouvement et la force de sa jeunesse, il eût infailliblement saisi Ambroise au cou et l'eût étranglé.

Mais la paralysie l'étreignait, et il fut bien obligé d'entendre jusqu'au bout les railleries de son ancien valet, le complice de ses crimes.

Ambroise continua.

Le cœur du vicomte battait sourdement.

Il entendit un léger bruit, la porte par où Ambroise était venu s'ouvrit de nouveau et livra passage au faux chirurgien anglais, c'est-à-dire à sir John.

Il n'était plus habillé, comme la veille, de la veste d'écurie et du pantalon noisette; mais il avait repris les habits et le visage qu'il avait le jour où, quatre mois auparavant, on avait transporté Paul de La Morlière, blessé, dans la maison paternelle.

Entre sir John le chirurgien et John le groom, la différence était telle que le vicomte y fut trompé.

Il crut qu'il lui arrivait un sauveur.

Sir John avait posé un doigt sur ses lèvres, en entrant, pour recommander le silence à Ambroise.

Le vicomte n'avait pas pu surprendre ce signe.

— Ah! mon bon monsieur, dit Ambroise, vous faites bien de venir; notre bon maître est peut-être mort.

Il avait pris une mine consternée et un ton lamentable.

Sir John s'approcha et parut regarder le vicomte comme on regarde un homme mort.

Il reprit sa voix d'autrefois, la voix un peu sourde, un peu grondeuse du chirurgien, et il dit brusquement :

— Qu'est-ce qu'il a ton maître? Il me paraît dormir.

— Je crois bien qu'il est mort, monsieur.

— Tu crois?

— Dame! voilà une heure que je le secoue...

Le cœur du vicomte battait, mais la paralysie était telle que les battements ne se faisaient point sentir à l'extérieur.

Alors sir John découvrit le vicomte jusqu'à la ceinture et plaça son oreille à l'endroit du cœur.

— Le cœur ne bat plus, dit-il.

Le vicomte eût senti ses cheveux se hérisser si la catalepsie n'eût pas été complète.

— Veulent-ils donc me faire passer pour mort? pensait avec épouvante M. de La Morlière.

Sir John, la main tantôt sur le visage, tantôt sur le cœur du vicomte, regardait la pendule.

Et il appela :

— Saphir?

Saphir, qui avait passé une partie de la nuit dans le salon, arriva.

— Ma fille, lui dit sir John en remettant sa perruque et ses lunettes bleues, je crois que tu peux renoncer aux rentes que le vicomte voulait te faire.

— Pourquoi?

— Parce qu'il est mort!

Saphir jeta un cri, le vicomte perdit toute espérance, comme s'il eût mis le pied sur le sol de l'enfer.

LXII.

Les derniers mots de sir John furent un coup de théâtre.

Saphir avait horreur du vicomte; Saphir avait servi d'instrument pour ce châtiment terrible infligé à l'assassin; mais Saphir était femme, elle avait le cœur accessible à la pitié, et elle crut aux paroles de sir John.

Celui-ci la vit pâlir et chanceler.

— Ma fille, lui dit-il, tu vas te remettre à la fenêtre et appeler le portier.

— Pourquoi?

— Le portier montera, tu iras lui ouvrir, et tu te mettras à pleurer en lui disant que le bon vieillard qui te voulait du bien est mort.

Sir John avait une façon de demander les choses qui était irrésistible.

Il accompagnait ses phrases les plus mielleuses d'un regard à faire trembler.

Saphir ouvrit la fenêtre et appela.

— Monsieur Guillaume?

Le portier allait se coucher; il entendit et monta.

Saphir, toute bouleversée, alla lui ouvrir.

— Que vous arrive-t-il donc, madame? lui demanda-t-il.

— Un malheur épouvantable..... Vous savez, ce vieux monsieur?

— Oui, dit le portier en clignant de l'œil; eh bien?

— Il est mort!

— Mort! dit le portier, c'est pas possible!

— Venez voir, dit Saphir, qui poussa devant elle la porte de sa chambre à coucher.

Sir John était debout, grave et solennel, devant le lit; Ambroise sanglotait dans un coin.

— Ah! mon cher maître!..... mon pauvre maître!..... mon bon maître! murmurait-il.

Le portier regardait tour à tour Saphir, sir John et le vicomte immobile.

— Mais de quoi est-il mort? fit-il enfin, s'adressant à Saphir.

— Il était fatigué en dînant. Il s'est mis au lit....., j'ai envoyé chercher monsieur, qui est médecin...

Sir John s'inclina.

— Et puis, dit Saphir, son domestique est venu...

— Mon bon maître!... mon pauvre maître!.... hurlait Ambroise.

— Madame, dit sir John, vous ne pouvez rester ici.

Saphir voulait résister. Elle était en proie à une émotion réelle.

— Mon ami, dit sir John au portier, ce brave garçon que voilà va passer la nuit auprès du corps de son maître. Vous, allez chercher une voiture pour madame.

Le portier avait touché la main du vicomte.

Cette main était froide.

— Il est bien mort, murmura-t-il.

Et il sortit.

— Ma petite, dit alors sir John, tu n'as pas besoin de moi pour aller rue Saint-Lazare?

— Mais, balbutia Saphir, ne va-t-on pas m'accuser..... moi?...

— Tu es folle! va-t-en.

Le geste de sir John était impérieux.

Saphir comprit qu'il fallait obéir. Elle prit son châle et son chapeau et sortit de ce qu'elle croyait être la chambre mortuaire.

Alors sir John plaça un flambeau sur la table de nuit et dit en ricanant :

— Oh! soyez tranquille, monsieur le vicomte, vous serez inhumé avec toute la pompe désirable.

M. de La Morlière pensa :

— Cette fois la chose est certaine; je ne rêve plus, et ces gens-là vont m'enterrer vivant!...

Le vicomte souffrait mille morts pour une.

Le calme de sir John, le rire sardonique d'Ambroise ne lui laissaient aucun espoir.

Le concierge remonta.

Il était allé frapper à la porte d'un sacristain employé à Saint-Thomas-d'Aquin, lequel sacristain demeurait dans la maison. Il lui avait appris qu'il y avait un mort dans la maison, et le sacristain lui avait donné deux cierges, un flacon d'eau bénite et une branche de buis.

Ces terribles accessoires de la mort achevèrent d'épouvanter M. de La Morlière, et il se répéta avec désespoir :
— On m'enterrera vivant.

— Mon ami, dit sir John au concierge, le défunt appartient à une famille riche. Vous serez généreusement récompensé de vos peines, soyez-en sûr.

Le concierge salua.

Sir John reprit :
— Je suis médecin, et je ne puis me tromper sur les causes de la mort. M. le vicomte a succombé à une attaque d'apoplexie nerveuse. Il faudra demain matin aller faire la déclaration de décès.

Tout en parlant, sir John avait allumé les deux cierges sur la table de nuit.

Puis il prit le drap du lit et en couvrit la face du prétendu mort.

A partir de ce moment, le vicomte ne vit plus, mais il entendit.

— Ah çà! fit Ambroise, est-ce que, pour sûr, vous allez le laisser enterrer ?
— Dame!

Ambroise frissonna, lui aussi.

— Oh! ce n'est pas pour dire, fit-il, mais les gens qui vengent Mme Diane n'y vont pas de main morte, allez!

Un sourire mystérieux glissa sur les lèvres de sir John.

Ambroise éprouva un certain malaise, mais il fut de courte durée, car sir John ajouta :
— Tu verras venir tes cent cinquante mille francs d'ici peu, mon bonhomme.

L'œil d'Ambroise s'illumina.

— Cent cinquante mille francs en beaux billets de banque tout neufs, acheva sir John.

— N'ajoutez pas un mot, monsieur, dit Ambroise, car je serais capable de devenir fou.

— Oh! le scélérat! pensait le vicomte; s'il voulait me sauver, c'est toute ma fortune que je lui donnerais...

Sir John alluma un flambeau à l'un des cierges mortuaires.

— Bonsoir, Ambroise, dit-il; je vais me jeter sur le canapé du salon et dormir jusqu'au jour. Toi, veille le mort!

Ambroise fit un signe de tête affirmatif et s'arrangea commodément dans un fauteuil.

Sir John passa dans le salon, verrouilla les deux portes, se coucha sur le canapé et s'endormit, un pistolet armé dans chaque main, se disant :
— Il faut se méfier... Ambroise serait homme à m'assassiner...

Au petit jour, le médecin anglo-indien, sir John, s'éveilla.

Il avait toujours ses pistolets à la main, et un regard jeté sur les deux portes et sur l'harmonie du salon lui prouva que nul n'avait songé à troubler son sommeil.

Il se leva et passa dans la *chambre mortuaire*.

Afin de justifier le proverbe que *le bien arrive quand on dort*, Ambroise s'était endormi dans un fauteuil, et ronflait comme un orgue de cathédrale.

Sir John le réveilla :
— Mon bon ami, dit-il à Ambroise, les honnêtes gens n'ont qu'une parole. Voilà tes cent cinquante mille francs.

Ambroise frissonna d'une joie sauvage.

Sir John sortit son portefeuille et en tira une traite de cent cinquante mille francs, payable le 29 courant, c'est-à-dire le lendemain, au porteur, chez MM. de Rothschild, banquiers, rue Laffitte.

— Lundi! dit-il, tandis qu'Ambroise, tremblant, n'osait avancer la main.

Et comme il avait un éblouissement en touchant le papier des yeux, sir John ajouta :
— Tu ne pourras toucher que demain; par conséquent, tu vas veiller le mort aujourd'hui.

— Oh! tout ce que vous voudrez, dit Ambroise.

Et il enfouit dans sa poche la traite de cent cinquante mille francs.

Sir John s'en alla en ajoutant :
— Tu feras d'autant mieux de rester, dit-il, que si le vicomte revenait à lui d'ici à demain, ton affaire serait claire, tu ne toucherais point ton argent.

— Soyez tranquille, répondit Ambroise.

Sir John s'en alla, laissant Ambroise au chevet du mort.

Ambroise avait pris un livre d'heures, et le portier, qui monta quelques minutes après, le trouva récitant dévotement les *vêpres des morts*.

LVIII.

On s'en souvient, sir John avait laissé le vicomte de la Morlière en proie à sa léthargie, et installé Ambroise à son chevet.

Quinze heures après, il revint.

Il était alors minuit.

Ambroise avait tenu sa promesse, il était toujours au chevet du lit mortuaire.

Seulement il dormait.

Une bouteille vide était placée sur une table voisine.

Auprès, un verre encore plein de vin rouge attestait que la soif du buveur ne s'était calmée qu'au dernier moment.

— Ah! ah! ricana sir John, le drôle a donné dans le piége.

Cette bouteille, Ambroise l'avait trouvée dans une armoire de la salle à manger.

Elle avait cette étiquette :

Vieux vin de Bordeaux.

Ambroise avait bu; puis l'ivresse avait fait son office et il s'était endormi.

— Ma parole! se dit sir John, il me vient une bien belle inspiration. Ce drôle-là ne mérite point d'avoir la joie de toucher ses cent cinquante mille francs...

Il secoua le dormeur; — le dormeur ne s'éveilla point.

Alors sir John poussa le fauteuil jusqu'à la table de nuit, et dit au vicomte, toujours en proie à la catalepsie.

— Vous ne pouvez pas être enterré seul, en vérité, mon cher maître. Il faut que votre fidèle serviteur vous accompagne.

Et il renversa la tête d'Ambroise sur l'oreiller, approcha un des cierges des rideaux du lit et y mit le feu.

On lisait le lendemain dans les journaux le fait divers suivant :

« Encore un malheur causé par l'ivresse.

« M. le vicomte de M... est mort avant-hier, frappé d'une attaque d'apoplexie foudroyante.

« Le vicomte avait un vieux serviteur qui n'a point voulu le quitter même après sa mort.

« Le valet A... a voulu veiller son maître, et il a passé la nuit, seul, auprès de son cadavre.

« Mais il paraît que le malheureux avait des habitudes d'ivrognerie que rien ne pouvait réprimer.

« Il a bu une bouteille de bordeaux auprès du cadavre, l'ivresse s'est emparée de lui, il est tombé sur le lit; sa chute a renversé un des cierges, qui a mis le feu aux rideaux, et quand on est arrivé auprès du maître mort, on a trouvé le domestique expirant.

LES DRAMES DE PARIS.

« Il a rendu le dernier soupir quelques minutes après.

« On dit que la famille du vicomte, touchée de cet affreux événement, a décidé que le maître et le serviteur seraient inhumés l'un à côté de l'autre. »

Ce fait divers fut imprimé le soir des funérailles de M. le vicomte de la Morlière, lequel, ainsi que l'avait constaté le médecin des morts, avait succombé à une attaque d'apoplexie...

Retournons maintenant à la petite maison du chemin de ronde, près la barrière du Trône, et reportons-nous au moment où sir John y arrivait avec le fiacre dans lequel se trouvait M. d'Estournelle, blessé.

Andrewitsch avait poussé un cri en entendant prononcer le nom de son spoliateur.

Sir John courut à lui, et lui prenant le bras, il lui dit :

— C'est la fortune que je vous amène !

Le comte était évanoui.

Aidé de la femme de chambre d'Émeraude et du jeune homme, sir John transporta le blessé dans la chambre où Andrewitsch avait passé la nuit précédente.

Il le déshabilla et le mit au lit. Puis il posa un nouvel appareil sur la blessure.

Andrewitsch suivait avec anxiété du regard tous les mouvements de cet homme qui s'improvisait chirurgien.

— Cette blessure est-elle grave? demanda-t-il enfin.

— Oui et non.

— Cette réponse est au moins singulière !... murmura Andrewitsch en regardant fixement sir John.

Un sourire énigmatique glissa sur les lèvres de sir John.

— Mon jeune ami, dit-il, tout en ce monde, surtout la vie des hommes, est subordonné à des événements qu'on ne saurait prévoir.

Le blessé commençait à s'agiter sur le lit.

Sir John emmena Andrewitsch dans la pièce voisine.

— Le comte vous a vu plusieurs fois ? dit-il.

— Deux fois seulement.

— Pensez-vous qu'il vous reconnaisse ?

— Oh! dit Andrewitsch, c'est à peu près certain; mon visage a dû lui rester en mémoire. Il avait trop d'intérêt à se le rappeler.

— Verriez-vous quelque inconvénient à vous déguiser?

— Comment cela ?

— J'ai un petit plan, dit sir John, duquel dépendent peut-être, s'il réussit, votre fortune et votre avenir.

— Eh bien?

— Or, il entre dans mon plan que vous vous installiez au chevet du comte, que vous lui prodiguiez vos soins et soyez son garde-malade.

— Mais il me reconnaîtra ?

— C'est pour cela que je vous propose un déguisement.

— Comment cela ?

— Vous avez les cheveux blonds, je vous les rendrai noirs pour huit jours.

— Ma... s...

— Vous êtes rose et blanc comme une jeune fille, et vous avez à peine un duvet en guise de moustaches.

— Eh bien ?

— Je vais vous donner une belle teinte olivâtre qui vous fera ressembler à un Espagnol ou à un Mexicain, et je vous ornerai la lèvre supérieure d'une jolie moustache noire.

— Et le comte ne me reconnaîtra pas ?

— Ce sera impossible.

— Mais, observa Andrewitsch, à quel titre serai-je à son chevet ?

— Je vous ferai votre leçon. Venez...

Sir John et Andrewitsch s'enfermèrent dans un cabinet de toilette, sur la table duquel le chirurgien étala sa trousse et ses fioles, et il se mit en devoir de procéder à la métamorphose du jeune prisonnier russe.

. . . .

Lorsque M. le comte d'Estournelle revint d'un évanouissement qui n'avait pas duré moins d'une heure, il se trouva couché dans une chambre qui lui était inconnue.

La nuit venait, une demi-obscurité régnait dans la chambre.

Deux hommes se tenaient debout auprès de lui.

Dans l'un, rassemblant ses souvenirs, le comte reconnut un des témoins de M. de Neubourg, c'est-à-dire celui qui s'était annoncé comme médecin et avait posé le premier appareil sur sa blessure.

L'autre personnage, un jeune homme au teint olivâtre, aux cheveux noirs, lui était inconnu.

— Monsieur le comte, lui dit sir John, je suis, vous devez me reconnaître, l'un des témoins de votre adversaire. Je suis médecin et j'ai jugé votre blessure si grave, que j'ai dû vous faire transporter ici, chez monsieur, qui est un de mes amis.

Le comte tourna un regard curieux vers le jeune homme.

Andrewitsch soutint ce regard, non sans embarras ; mais il fut bientôt convaincu que le comte était à cent lieues de le reconnaître.

— Vous seriez mort en route, poursuivit sir John, si on avait essayé de vous transporter à Paris.

Le comte n'était plus ivre, et sa situation lui fit froncer le sourcil.

— Est-ce que je suis mortellement blessé? demanda-t-il.

— Je ne puis le dire encore, monsieur.

De pâle qu'il était, cet homme au tempérament violent devint rouge et s'écria :

— Mais je ne veux pas mourir, moi ! je ne le veux pas!

— Croyez-le bien, monsieur, je ferai tous mes efforts pour vous sauver.

— Ainsi, vous ne répondez pas de moi ?

— Non, pas encore. Demain seulement je pourrai me prononcer.

— Tonnerre et sang ! murmura le comte, les yeux hors de la tête, mais vous ne savez pas que je dois avoir au premier jour quatre à cinq cent mille livres de rente?

— Oui, je sais cela.

— Vous voyez donc bien qu'il ne faut pas que je meure !

Un sourire glissa sur les lèvres de sir John.

— La mort, dit-il, ne se préoccupe point de la situation de fortune de ses clients.

Puis il ajouta :

— Mais vous avez une femme ?

— Oui, qui court je ne sais où, et dont je n'ai point entendu parler depuis quinze jours.

— Une fille ?

À ce mot le comte tressaillit.

— C'est juste, dit-il, j'ai une fille, une enfant charmante, qui est chez sa grand'tante... Je voudrais la voir...

— Pouvez-vous écrire?

— Je crois que j'en aurai la force.

Sir John fit un signe à Andrewitsch.

Celui-ci alla chercher un petit pupitre, qu'il plaça sur le lit du blessé.

Avec l'aide de sir John et d'Andrewitsch, M. d'Estournelle parvint à se mettre sur son séant.

Il prit la plume, et regardant son médecin :

— Que voulez-vous que j'écrive ?

— Mais, dit sir John, un mot à la personne chez qui est votre fille, pour qu'on vous l'amène... si vous voulez la voir.

Le comte écrivit :

« Madame et chère parente,

« Je me suis battu en duel. Vous savez que j'ai une « mauvaise tête. Je suis blessé. Mon état, quoique grave, « n'inspire pas de sérieuses inquiétudes ; mais je voudrais

« voir ma petite Blanche. Confiez-la à sa bonne qui vous « rapportera de mes nouvelles. »

Et il signa.
— Je vais me charger de porter cette lettre, dit sir John.
— Comment! fit le comte avec effroi, est-ce que vous allez me quitter, docteur?
— Oui.
— Mais puisque mon état vous semble..,
— Préférez-vous que j'envoie monsieur?
Et il désignait Andrewitsch.
— Oui, oui, dit le comte.
Sir John et Andrewitsch échangèrent un regard.
— Prenez la voiture que j'ai gardée, dit sir John au jeune homme.
Andrewitsch sortit.
— Ah! j'oubliais... fit sir John.
— Quoi donc? demanda le comte surpris et regardant sir John.
— Une recommandation à lui faire. Je reviens.
Et il courut après Andrewitsch.
— Mon jeune ami lui dit-il, alors, vite! débarrassez-vous de votre couleur olive et de vos cheveux noirs.
— Mais...
— Vous allez voir votre grand'mère, il faut qu'elle puisse retrouver en vous les traits de son fils. C'est une occasion unique dont il faut profiter.
Sir John poussa le jeune homme dans le cabinet de toilette où une heure auparavant il l'avait métamorphosé en Brésilien.
— Voilà, lui dit-il en versant quelques gouttes d'un vinaigre particulier dans une cuvette pleine d'eau; voilà qui va vous rendre votre blancheur et votre teint rosé.
En effet, en quelques minutes, et à la troisième ablution, Andrewitsch revint blanc et rose.
— Maintenant, partez, dit sir John.
— Mais serai-je reçu? demanda le jeune homme, qui était en proie à une véritable émotion.
— Oui, si vous faites sonner haut le nom du comte.
Andrewitsch monta dans le fiacre et partit.
Son cœur battait à rompre sa poitrine.
Il arriva rue Saint-Dominique trois quarts d'heure après. La main sur le marteau de bronze du vieil hôtel, il hésita longtemps à le soulever.
Son émotion était si grande que lorsque le suisse vint ouvrir et lui demanda ce qu'il voulait, il ne put que balbutier le nom du comte d'Estournelle.
— M. le comte ne demeure point ici, lui fut-il répondu.
Alors Andrewitsch montra sa lettre.
Le suisse voulut la prendre.
— Non, dit le jeune homme, qui put parler enfin, cette lettre est de M. le comte d'Estournelle, et je dois, d'après ses ordres, la remettre moi-même à Mme la baronne René.
Le suisse regardait Andrewitsch avec une scrupuleuse attention.
— C'est que, dit-il, Mme la baronne nereç oit jamais personne.
Andrewitsch insista.
— Allons! venez, dit le suisse, je vais vous conduire.
Andrewitsch le suivit.
En traversant cette vaste cour solitaire, en gravissant cet escalier à larges dalles, à balustrade de fer ouvragé, en parcourant ces grandes salles tristes, le jeune homme fut assailli par un monde de pensées. C'était là que son père était né, là qu'il avait passé sa jeunesse, là que, sans doute, il eût vécu lui-même choyé, entouré, sans les infernales machinations du comte.
La baronne était assise au coin de son feu.
Elle tenait la petite Blanche sur ses genoux.
En entendant la porte s'ouvrir, elle tourna vivement la tête.
— Qu'est-ce donc? fit-elle.

— Madame, répondit le suisse, c'est un jeune homme qui apporte une lettre de M. le comte d'Estournelle.
Andrewitsch était demeuré derrière le suisse.
Son cœur battait violemment; quelques gouttes de sueur perlaient à ses tempes.
— Où est ce jeune homme? reprit la baronne.
Et elle se leva à demi et allongea curieusement la tête.
Andrewitsch s'avança alors d'un pas chancelant.
Il avait la lettre à la main.
La pièce était mal éclairée. Le visage d'Andrewitsch était dans l'ombre.
— Vous venez de la part de mon neveu, le comte d'Estournelle? fit la baronne.
— Oui, madame.
Au son de cette voix, elle tressaillit.
— Et vous m'apportez une lettre?
— Oui, madame.
La baronne attacha sur lui un regard attentif.
— Où donc ai-je entendu cette voix? se demandait-elle.
Elle prit la lettre qu'Andrewitsch lui tendait.
Puis elle dit au suisse :
— Allumez un flambeau.
Andrewitsch tremblait.
Le flambeau allumé, la baronne prit la lettre et l'ouvrit.
Mais avant de la lire, elle jeta de nouveau les yeux sur Andrewitsch.
En ce moment les rayons de la bougie tombaient d'aplomb sur la tête du jeune homme et l'éclairaient tout entière.
Soudain la baronne jeta un cri, se leva et allant vers le jeune homme :
— Qui donc êtes-vous? fit-elle.
Elle était émue, chancelante, et elle regardait Andrewitsch avec une curiosité ardente.
— Qui donc êtes-vous? répéta-t-elle.
Et comme Andrewitsch balbutiait et avait peine à se tenir debout, elle étendait la main vers un portrait qui était accroché au mur.
C'était celui d'un élève de l'École polytechnique.
Andrewitsch poussa un cri à son tour. Il croyait voir son propre portrait.
Alors il tomba à genoux, joignit les mains et regarda la baronne René d'un air suppliant.
— Ah! s'écria-t-elle tout à coup, je devine tout, maintenant... On m'a trompée... Tu es le fils de mon fils!...
Et elle le prit dans ses bras.
— Ma mère! murmura Andrewitsch, brisé par l'émotion.
Et il couvrit de baisers et de larmes les mains de l'aïeule.

. . . .

Le suisse, immobile sur le seuil, murmurait :
— Mon Dieu! c'est pourtant vrai... c'est tout le portrait de feu M. le baron...

. . . .

LXIV.

Les plus infernales combinaisons de l'homme aux lunettes bleues n'auraient pas mieux réussi que cette rencontre inopinée de l'aïeule et du petit-fils.
Toute la gloire, du reste, en revenait à M. le comte d'Estournelle, tant il est vrai qu'un homme que la fortune abandonne est destiné à entasser sottises sur sottises.
Le comte avait demandé à voir sa fille, et sir John, qui n'avait pas prévu cette circonstance, s'était empressé d'en profiter pour envoyer Andrewitsch chez la baronne René.
Certes, si jamais fils ressembla à son père, c'était à coup sûr le jeune prisonnier russe.
A part l'uniforme de l'élève de l'École Polytechnique, on eût juré que ce portrait était celui d'Andrewitsen.
Mêmes cheveux blonds, mêmes moustaches naissantes, finement tracées, même attitude, même sourire.
Andrewitsch avait jusqu'à la voix de son père, car la

baronne avait tressailli en l'écoutant avant de jeter les yeux sur son visage.

La pauvre vieille femme éprouva une émotion violente, terrible, qui aurait pu la tuer.

Andrewitsch couvrait ses mains de baisers et de larmes et demeurait à ses genoux.

Enfin elle releva.

— Viens, mon enfant, dit-elle, viens sur mon cœur; tu es bien mon fils. La voix du sang ne saurait mentir !

Et comme Andrewitsch se relevait, la baronne, le visage baigné de larmes, tourna la tête et aperçut le suisse.

Le vieux serviteur, immobile sur le seuil, retenait son haleine et n'osait s'en aller.

Soudain la baronne se souvint qu'elle avait chassé, comme un imposteur, Baptistin, son valet de chambre, le vieux Baptistin, qui soutenait que le baron René, mort en Russie sous le nom du colonel Yermeloff, avait laissé un fils; Baptistin que le comte d'Estournelle accusait d'avoir ourdi une machination infâme de concert avec André Petrowitsch le Cosaque, pour s'attribuer la fortune de la baronne.

Le suisse s'était pris à trembler sous le regard de la baronne; mais elle lui dit vivement :

— Sais-tu où est Baptistin ?

— Oui, madame, répondit le suisse qui tressaillit de joie.

— Où est-il ?

— Il a loué une chambre tout à côté d'ici, rue Taranne.

— Va le chercher.

L'ordre était net. Le suisse partit de toute la vitesse de ses jambes de sexagénaire, et n'arrêta sa course qu'au cinquième étage d'une maison modeste où s'était retiré le vieux serviteur congédié.

Baptistin était chez lui.

Le suisse ne prit point le temps de lui donner des explications :

— Venez, venez, dit-il, Mme la baronne veut vous voir.

Baptistin jeta un cri et suivit le suisse en courant.

En route, son compagnon lui dit rapidement :

— Le fils est retrouvé... il est chez la baronne. Mon Dieu! quelle joie! j'ai cru qu'elle allait mourir.

Baptistin entra comme une bombe dans la chambre de sa maîtresse. Il vit Andrewitsch assis auprès d'elle, et jeta un cri.

— Baptistin !

— Monsieur Gaston !

Tels furent les deux exclamations que la baronne entendit, et dont l'accent de vérité aurait achevé de la convaincre, si elle eût conservé encore un seul doute dans l'esprit.

La petite fille, que tout à l'heure la baronne tenait sur ses genoux, s'était réfugiée toute tremblante dans un coin, et elle attachait sur Andrewitsch de grands yeux étonnés et craintifs.

Mme la baronne René, malgré son âge, avait conservé une énergie peu commune.

Enfant, elle avait traversé les terreurs de la Révolution; femme, elle avait vu son mari braver la mort sur vingt champs de bataille; mère, elle avait été éprouvée comme la femme forte des Écritures.

Sa première émotion passée, la baronne retrouva sa présence d'esprit tout entière.

Elle fit signe au suisse et lui dit :

— Emmène cette enfant et confie-la à sa bonne.

Le suisse prit la petite fille par la main et elle le suivit sans résistance.

Alors la baronne regarda fixement Baptistin :

— Mon vieil ami, dit-elle, j'ai été trompée et je vois que tu étais le plus fidèle des serviteurs.

— Ah ! madame...

— Mais l'heure des excuses et des récriminations est passée, reprit la baronne. Il faut que je sache la vérité la vérité tout entière.

— Madame la baronne, répondit Baptistin avec une rude franchise, la vérité peut se résumer en un seul mot : M. le comte d'Estournelle est un misérable!

— Lui ! fit la baronne, qui songea alors à cette petite fille rose et blanche que tout à l'heure elle tenait sur ses genoux.

— Lui ! répéta Baptistin avec l'accent de la conviction,

La baronne se reprit à contempler son petit-fils.

— Comme il ressemble à mon pauvre Gaston ! murmurait-elle.

— Et dire, fit Baptistin, qu'on a voulu le faire passer pour le fils d'un Cosaque !

— Mais enfin, dit la baronne, explique-moi donc, Baptistin, l'histoire de cet acte de naissance.

— C'est bien simple, madame.

— Ah !

— Il y a dix ans que le comte d'Estournelle convoitait votre héritage. Il y a dix ans qu'il avait gagné André Petrowitsch. Celui-ci tua son fils, et, dans la déclaration de décès, il fit figurer M. le baron, ici présent, aux lieu et place du mort.

La baronne leva les mains au ciel, et s'écria avec douleur:

— Mais cet homme est un monstre, Baptistin!

— Oui, madame.

— Et Dieu le punira sévèrement...

— Je crois, dit Andrewitsch, qui s'était tu jusqu'alors, je crois qu'il est déjà puni.

— Que veux-tu dire, mon enfant? fit la baronne, qui passa ses deux mains au cou du jeune homme.

— Je veux dire que le comte est mourant.

— Mourant!

Et la baronne jeta les yeux sur la lettre du comte, qu'elle avait ouverte sans la lire.

— Voyez, dit Andrewitsch.

La baronne lut et étouffa un cri.

— Le malheureux est blessé... il va mourir, sans doute...

— C'est l'avis du chirurgien qui l'a pansé.

— Mais où est-il?

— Dans une petite maison que j'habitais.

— Où ?

— A la barrière du Trône.

— Ainsi, vous l'avez vu ? demanda Baptistin.

— Oui.

— Et il vous a confié cette lettre ?

— Oui.

— Mais alors il vous a reconnu ?

— Non.

— Oh ! c'est étrange ! dit Baptistin.

Andrewitsch jugea inutile d'avouer qu'il avait, pendant ses rapports avec le comte, subi une légère métamorphose.

En ce moment, on frappa doucement à la porte, et la porte s'ouvrit.

C'était la petite fille qui revenait en pleurant:

— Bonne maman, disait-elle, ma bonne veut me coucher... moi, je ne veux pas, na !

La baronne prit l'enfant sur ses genoux, et l'embrassa.

— Madame, dit Andrewitsch, en regardant Baptistin, je voudrais vous entretenir un moment en particulier.

Baptistin s'en alla.

Alors, Andrewitsch se remit aux genoux de la baronne et lui dit :

— O vous, que je n'ose encore appeler ma mère, soyez clémente !

— Que veux-tu dire, mon enfant? fit-elle.

— Cette enfant, dit Andrewitsch, n'est pas coupable.

— C'est vrai.

— Et... sa mère...

— Sa mère? dit la baronne, la connais-tu donc?
— Oui... ma mère...
— Et... tu crois...
— Elle a été bonne pour moi...
— Mais... où... l'as-tu vue? demanda la baronne haletante.
— A Belle-Isle.

Alors Andrewitsch raconta succinctement son enlèvement de Paris, son incorporation dans un régiment russe; comment il avait été fait prisonnier, interné à Belle-Isle, et comment il y avait rencontré Mme d'Estournelle.

Mme la baronne l'écouta attentivement.

La septuagénaire avait une merveilleuse lucidité d'esprit. Elle comprenait vite et bien, et elle devina l'amour de son petit-fils pour la comtesse.

— Mon enfant, dit-elle, tu aimes la comtesse d'Estournelle.

Andrewitsch rougit comme un écolier pris en faute.

— Tu l'aimes! répéta la baronne, et l'amour est plein de foi...

— Ma mère!
— Il est aveugle...

L'accent de la baronne était glacé, et il donna froid au cœur de son petit-fils.

La baronne se leva, alla prendre une lettre qui traînait sur un meuble et la tendit à Andrewitsch :

— Lis, dit-elle.

Cette lettre était celle qui annonçait à la baronne le départ précipité de la comtesse, laquelle allait voir sa mère, dangereusement malade.

L'impression que cette lettre produisit sur Andrewitsch fut étrange.

La baronne poursuivit :

— Quel jour as-tu vu la comtesse pour la première fois?
— C'était le 19.

La baronne calcula.

— Elle était partie de la veille, dit-elle, donc elle n'allait point voir sa mère. Donc, elle allait à Belle-Isle, sachant que tu t'y trouvais... Que voulait-elle? Que comptait-elle faire? Je l'ignore...

Andrewitsch, lui aussi, réfléchissait et se disait :

— Tout cela est singulier! la comtesse mentait... Pourquoi?

La baronne était devenue pensive, et elle regardait tristement l'enfant.

— La pauvre petite, dit-elle enfin, c'est un ange de Dieu... elle est innocente de toutes ces infamies... de tous ces crimes...

Andrewitsch prit l'enfant dans ses bras et la baisa au front.

— Mais la mère, reprit la baronne, est la complice de son mari.

Andrewitsch sentit son sang se glacer.

La baronne poursuivit :

— Écoute-moi bien, mon enfant. Je suis riche et je veux assurer le sort de cette petite, qui n'est point coupable des crimes de ses parents; mais pour ceux-là, point de pitié.

— Hélas! ma mère, murmura Andrewitsch, le comte se meurt.

— Quant à elle...

Andrewitsch pâlit.

— Ah! tu l'aimes, reprit la baronne.:. Tu l'aimes, malheureux!

Il baissa la tête et se tut.

La baronne lui prit les mains et les pressa avec affection.

— Pauvre enfant! dit-elle. Tu souffres, n'est-ce pas?
— Oui, ma mère.

La petite fille écoutait et regardait d'un air étonné. Mais elle avait repris sa place sur les genoux de la baronne, et elle se taisait.

La baronne continua :

— Ainsi donc la comtesse est à Paris.:. Tu l'as vue?
— C'est elle qui m'a logé dans cette petite maison, à la barrière du Trône!
— Et c'est là qu'on a transporté son mari blessé?
— Oui, mère.
— Et... ce... chirurgien?
— C'est le pilote de Belle-Isle.
— Oh! tout cela est étrange, murmura la baronne.
— Étrange, en effet, ma mère, répondit Andrewitsch.
— Mais quels sont donc ces hommes qui sont venus à ton aide? demanda Mme la baronne René.
— Je ne les connais pas.
— Qu'est-ce que ce capitaine Grain-de-Sel?
— Un officier français que j'ai connu à Sébastopol, et à qui j'ai remis le manuscrit de mon histoire.
— Et tu crois que ces hommes...
— Ce sont les amis du capitaine.
— Mais... ce pilote... ce chirurgien... cet homme, qui change de costume et de visage...

Andrewitsch n'eut pas le temps de répondre. La porte de la chambre s'ouvrit, un homme entra.

Le voilà! dit-il.

Ce nouveau personnage était sir John, le chirurgien.

Que se passa-t-il entre sir John, Andrewitsch et la baronne René?

Nul ne le sut!...

LXV.

Quarante-huit heures après, nous eussions retrouvé le chirurgien anglais, sir John, au chevet du comte d'Estournelle.

Le blessé avait eu, depuis deux jours, des alternatives de calme et d'agitation, des moments où le mal s'aggravait, où le délire et la fièvre semblaient faire désespérer de sa vie, et des instants de mieux qui paraissaient promettre la guérison.

Andrewitsch avait repris sa couleur cuivrée et ses cheveux noirs.

Nuit et jour au chevet du comte, il remplissait à merveille les fonctions d'infirmier et de garde-malade.

A l'heure où nous revoyons sir John au chevet du comte, ce dernier se trouvait mieux.

Il avait recouvré toute sa présence d'esprit et écoutait le chirurgien qui lui disait :

— Je commence à avoir bon espoir, monsieur.

Cependant un regard rapide adressé par sir John à Andrewitsch, semblait lui dire :

— Je berce le blessé d'une espérance que je suis loin de partager.

Sir John continua :

— Vous allez tout à l'heure avoir une crise nerveuse; peut-être même le délire vous reprendra-t-il; mais il ne faut point vous effrayer, ce ne sera rien.

Le comte sortit sa main du lit et la tendit à sir John :

— Merci! dit-il, vous m'avez sauvé. Comment pourrais-je jamais vous témoigner ma reconnaissance?

Et puis il regarda le jeune homme à la peau cuivrée :

— Et vous, dit-il, vous qui me soignez avec la plus tendre sollicitude, pourrais-je jamais m'acquitter envers vous?

— Oui, dit sir John.

— Comment? fit le comte avec un élan subit de reconnaissance.

Sir John fit un signe, Andrewitsch sortit.

— Monsieur le comte, dit le chirurgien en tâtant le pouls du malade et consultant ensuite sa montre, votre accès de délire que j'attends ne vous prendra point avant vingt minutes; nous avons donc vingt minutes pour causer.

L'air grave et solennel de sir John impressionna vivement le comte d'Estournelle.

Le chirurgien reprit :

— Un médecin, voyez-vous, c'est comme un confesseur ; on peut tout lui dire.

— Mais, balbutia le comte, pris d'une subite émotion, je n'ai rien à cacher, monsieur.

— Rien?

Et le ton dont sir John articula cette expression fut singulièrement expressif.

Le comte le regarda d'un air surpris et presque alarmé. Sir John continua :

— Il y a mieux : un médecin en sait quelquefois plus qu'on ne lui en confie.

Le comte grimaça un sourire qui crispa ses lèvres blêmes.

— Un médecin n'est pourtant pas un sorcier, j'imagine.

— Quelquefois.

Le comte eût pâli si la souffrance n'eût depuis deux jours décoloré son visage.

— Vous oubliez que je suis un ami du baron Gontran de Neubourg, poursuivit froidement sir John.

Les traits du comte se contractèrent d'une manière effrayante.

— Prenez garde! dit sir John; vous allez vous faire du mal.

Le comte se calma.

— Donc, je sais tout.

— Vous savez... tout?

— Oui.

M. d'Estournelle essaya de payer d'audace et répondit :

— Alors vous êtes plus avancé que moi, car je ne sais rien.

— Vraiment! fit sir John avec une ironie qui donna le frisson au comte.

— Dame!

— Est-ce que vous n'avez pas été officier?

— Capitaine de dragons.

— En retrait d'emploi?

— Oui, pour dettes.

— N'étiez-vous point joueur?

— Ce n'est point un crime.

— N'avez-vous point rencontré souvent, dans vos nuits d'orgie, un certain Petrowitsch, Russe d'origine?

Les lèvres du comte devinrent livides. Un tremblement nerveux s'empara de lui.

— Et, continua sir John, ne lui avez-vous pas proposé un certain pacte...

— Jamais!

— Comme une déclaration mensongère d'un acte de l'état civil?

Le comte fit un soubresaut sur son lit et regarda sir John d'un air effaré.

— Mais prenez donc garde, monsieur le comte! répéta celui-ci. Votre blessure va se rouvrir, et si elle se rouvre, vous serez mort avant une heure.

Cette terrible menace, articulée avec calme, domina chez le comte toute émotion. Il se tut. Le chirurgien anglais reprit :

— Je sais comme M. de Neubourg tout ce qui s'est passé. Le fils de Petrowitsch a été déclaré à la mairie sous le nom de Marie-Gaston René, et le vrai fils du colonel René a été incorporé dans l'armée russe sous le nom d'Andrewitsch.

Le comte écoutait haletant et comme anéanti.

— Voyez-vous, monsieur le comte, ricana sir John, Dieu fait bien tout ce qu'il fait. Andrewitsch, dont vous convoitez l'héritage, aurait pu être tué derrière les remparts de Sébastopol. Dieu ne l'a pas voulu. Andrewitsch est plein de vie, il est revenu en France, il est à Paris.

— Ah! fit le comte.

— Tiens, dit sir John, vous vous trahissez donc enfin.

Le comte était livide.

— Il est à Paris, acheva sir John, et vous avez pris soin de lui ouvrir vous-même la porte de l'hôtel de sa grand'mère, ce qui était bien, car vous lui devez de la reconnaissance.

Alors sir John frappa trois coups dans sa main, trois coups régulièrement espacés.

Andrewitsch avait retrouvé son teint blanc et mat, ses lèvres roses et ses beaux cheveux blonds.

— Monsieur le comte, dit sir John, voilà votre garde-malade. Un peu de safran, délayé dans du noir de fumée, un peigne enduit d'un comestique noir, l'avaient provisoirement métamorphosé. C'est lui qui vous a donné ses soins pendant deux jours.

Une écume blanche bordait les lèvres de M. d'Estournelle.

— Ma fille! murmura-t-il tout bas.

Andrewitsch comprit.

— Monsieur, dit-il, rassurez-vous; votre nièce aura une part de l'héritage de la baronne René.

Le comte le regarda d'un air de doute.

— Et, ajouta Andrewitsch, si vous mourez, je prendrai soin d'elle et je l'aimerai comme ma fille.

Le comte roulait des yeux hagards.

— Mon ami, dit sir John à Andrewitsch, laissez-moi seul un moment avec monsieur.

Andrewitsch sortit.

— Oh! murmura le comte, je suis donc condamné à mourir?

— Mais non, puisque je réponds de vous, dit sir John.

— Mais alors, si je vis... je serai pauvre?

— Andrewitsch fera quelque chose pour vous peut-être.

Les lèvres du comte frémirent :

— Vivre pour retomber dans la pauvreté, dit-il, autant vaudrait mourir.

— Voilà qui sera fort agréable à Mme la comtesse d'Estournelle.

— Quoi?

— Votre mort.

L'œil du comte étincela.

— Qu'en savez-vous? fit-il.

— Je le sais.

— Mais... elle m'aime!

— Elle attend votre mort pour se remarier. Mais prenez donc garde! ne vous soulevez point ainsi! vous allez rouvrir votre blessure!

— Se remarier! se remarier! balbutia le comte; mais avec qui?

— Avec celui qui sort d'ici.

— Andrewitsch!

— Oui.

— Oh! c'est impossible! vous êtes fou, docteur.

— Savez-vous où est la comtesse?

— A Nantes.

— Vous vous trompez, elle est à Paris. Il y a mieux, ajouta sir John, dans dix minutes elle sera ici.

— Elle va donc venir me voir?

— Oui, pour s'assurer que vous n'avez plus longtemps à vivre.

— Mais ce que vous dites là est épouvantable, docteur!

— Soit, mais c'est vrai.

— Oh! l'infâme!

— Vous saurez tout dans quelques minutes.

Sir John se leva et s'approcha d'une table sur laquelle étaient diverses fioles. Il en prit une et revint auprès du malade.

— Que faites-vous? demanda celui-ci en le voyant verser quelques gouttes d'une liqueur jaune dans le creux de sa main.

— Vous êtes violent, répondit sir John, je préviens chez vous tout accès de colère,

Et il lui frotta le front, les tempes et les narines avec ses mains enduites de la liqueur jaune.

Soudain le comte fut pris d'une prostration complète.

— Vous entendrez tout, lui dit sir John, vous verrez même votre femme à travers un nuage, car votre regard va se voiler, et quand vous aurez vu et entendu, je crois qu'il ne vous restera pas de grandes illusions sur Mme la comtesse d'Estournelle.

Le comte essaya de se débattre contre cet engourdissement instantané, mais sir John ajouta :

— Monsieur le comte, si vous luttez, vous vous ferez du mal. Tenez-vous donc tranquille.

Le bruit d'une voiture retentit alors dans la rue.

— C'est elle, dit sir John.

Et il s'élança au dehors.

Andrewitsch était dans la pièce voisine de la chambre du malade.

— Mon ami, dit sir John, aimez-vous toujours la comtesse ?

— Pouvez-vous me le demander ? répondit le jeune homme d'un ton de reproche.

— Si le comte meurt, l'épouserez-vous ?

— Sans doute.

Sir John eut un mystérieux sourire ; puis il poussa la porte d'un cabinet noir et prit Andrewitsch par la main :

— Venez avec moi, dit-il.

Il le fit entrer dans le cabinet noir, qui n'était séparé de la chambre occupée par le blessé que par une cloison très-mince dans laquelle on avait pratiqué un trou à la hauteur de l'œil.

— Mettez-vous là, dit sir John, vous pourrez tout voir, tout entendre. Et vous ne bougerez pas, ajouta-t-il.

— Mais pourquoi ce mystère ?

— C'est mon secret.

Andrewitsch s'était habitué envers cet homme à une sorte d'obéissance passive.

— Comme vous voudrez, dit-il.

Sir John ferma la porte et gagna l'escalier.

Un fiacre s'était arrêté devant la porte de la petite maison, et une femme en descendait. C'était la comtesse.

Sir John alla à sa rencontre.

— Venez donc, madame, fit-il, je vous attends avec impatience.

— Est-ce qu'il est... bien mal ?

— Très-mal.

— Et... Andrewitsch ?

— Il est allé me chercher un remède dans une pharmacie du quartier de l'Opéra.

— Ah ! fit la comtesse, qui se mordit les lèvres de dépit. Quand reviendra-t-il ?

— Dans une heure. Venez...

Il lui offrit sa main, la conduisit au premier étage et la fit entrer dans la chambre où se tenait le blessé.

M. d'Estournelle paraissait être à demi mort.

La comtesse s'assit au chevet de son mari et le regarda attentivement.

— Il est, lui dit sir John, dans un état de prostration complète. Nous pouvons causer, il n'entendra pas ce que nous dirons.

— Vous croyez ?

— Dame ! si vous en doutez, secouez-le ! Parlez-lui. Vous verrez...

Mme d'Estournelle prit le bras du comte. Ce bras retomba inerte. Elle appela, il ne tourna pas même les yeux.

— Mais, va-t-il mourir ainsi ? demanda-t-elle.

— Dans une demi-heure, il sortira de sa léthargie.

— Et puis ?

— Et puis il aura la fièvre, le délire.

— Et puis !

L'accent de la comtesse était assourdi, mais il ne témoignait aucune émotion.

— Et puis il mourra, dit sir John. Avant demain matin, ce sera fini.

— Ah ! fit encore la comtesse toujours calme et froide.

— Ma chère amie, dit sir John d'un ton familier, j'ai si bien arrangé les choses avec la baronne, que je ne doute pas que vous ne soyez la plus heureuse des femmes dans l'avenir.

Le teint de la comtesse se colora et son cœur battit.

— Vous croyez qu'il m'aime... beaucoup ?... fit-elle, émue cette fois.

— Passionnément.

— Et... la baronne ?

— La baronne caresse comme sa plus chère espérance votre union avec lui.

— Cher Andrewitsch ! murmura la comtesse.

Sir John se prit à rire.

— Vous n'avez point toujours parlé ainsi, dit-il.

— C'est vrai.

— Et lorsque vous avez quitté Paris avec Emerande...

— Oh ! j'avoue, dit la comtesse en souriant, que je n'allais pas à Belle-Isle pour aimer Andrewitsch.

— Mais bien pour vous en débarrasser, n'est-ce pas ?

— Dame ! fit ingénument la comtesse. Vous comprenez bien, mon cher, que je ne m'étais jamais connue bien sentimentale.

— Oh ! je le sais.

— Avant tout je voulais hériter.

— Voyons, dit sir John, soyez franche, madame. Supposons que vous n'eussiez pas aimé Andrewitsch.

— Mais, dit froidement Mme d'Estournelle, vous savez bien que je m'étais arrangée de façon à le faire tuer par Victor.

— C'est juste ; seulement le courage vous a manqué au dernier moment.

— Hélas !

— Ce qui prouve que tout est pour le mieux dans le meilleur des mondes ! ricana sir John ; car votre mari va mourir et vous épouserez Andrewitsch.

— Pas encore, dit une voix émue sur le seuil de la chambre.

La comtesse jeta un cri en se retournant.

Andrewitsch, pâle comme un spectre, était sur le seuil.

— Madame, dit-il, j'ai tout entendu, tout deviné, tout compris...

Il l'écrasa d'un regard plein de mépris et sortit sans prononcer un mot de plus.

La comtesse éperdue cachait sa tête dans ses mains.

Alors sir John prit une seconde fiole et frictionna de nouveau le blessé. Soudain M. d'Estournelle sortit de sa prostration, ses membres s'agitèrent, son œil flamboya.

Il se dressa sur son séant et dit :

— Je ne suis pas encore mort !

— Non, certes, répondit sir John, et je réponds de vous plus que jamais.

Et sir John ajouta avec un éclat de rire, l'éclat de rire d'un démon :

— Allez, forçats ! reprenez votre chaîne... l'heure du châtiment est venue ! vous vivrez pauvres et misérables l'un auprès de l'autre, la haine et le mépris au cœur...

La comtesse était tombée à la renverse.

ÉPILOGUE

Le Château de Bellombre.

I. L'ORAGE.

Comme aux premières pages de cette histoire, un soir d'automne, le vieux manoir de Bellombre était enveloppé par l'ouragan. La pluie fouettait les vitres, le vent faisait craquer les branches des arbres dans le parc.

Comme trente années auparavant, il y avait dans les cuisines nombreuses réunion de serviteurs. Les uns étaient jeunes, les autres vieux. Les premiers, nouveaux venus, ne savaient rien du passé de ce vieux manoir et des sombres drames qui s'y étaient déroulés. Les seconds se souvenaient, avec terreur et respect, des malheurs qui avaient accablé le vieux général sur la fin de sa vie, et gardaient un morne silence sur leur nouveau maître.

Le nouveau maître s'appelait le marquis de Morfontaine.

Or, voici ce qui se disait, ce soir-là, autour du grand feu de souches qui pétillait sous le vaste manteau de l'âtre des cuisines.

Un garde-chasse, jeune et vigoureux, venait de rentrer, et, après l'avoir essuyé, avait posé son fusil dans un coin de la cheminée.

— Savez-vous, les gars, disait-il, que M. le marquis a une drôle d'idée tout de même, de venir à Bellombre en cette saison? Il n'est pas chasseur, pourtant...

— Et ça tombe bien, observa une fille de cuisine, car depuis quinze jours que le maître est ici, il pleut sans relâche.

Un garçon de quinze ans, qui gardait les vaches, ajouta:

— C'est le maître qui a amené la pluie... c'est sûr!

— Tais-toi, imbécile! dit un vieux bouvier. Tu veux donc te faire renvoyer d'ici?

— Y a pas d'quoi, da!

Un autre serviteur à tête blanche fronça le sourcil:

— Le maître est méchant, dit-il à voix basse, vous le savez...

— Tu as la langue trop longue, toi, Guillaume, observa Marton la cuisinière.

— Oh! moi, fit le vieillard, je n'ai pas peur d'être renvoyé.

— Pourquoi?

— Je m'en irai chez ma sœur, la femme au fermier Bernard. Elle me recevra et me nourrira... et puis j'ai des économies... Mais vous autres, les gars, qui avez encore besoin de vos deux bras, retenez votre langue... vous ferez bien..,

Le gardeur de vaches haussa les épaules d'un air mutin et railleur.

— Je crois bien, dit-il, que le maître ne songe guère à nous...

— C'est vrai.

— Et depuis quinze jours qu'il est ici, il a l'air joliment sournois...

— Jamais il ne parle à personne, observa la cuisinière. Il mange ce qu'on lui donne... et on ne lui servirait pas à dîner, qu'il n'y penserait pas...

— C'est vrai tout de même.

— J'ai dans l'idée, reprit le garde-chasse, que M. le marquis a un fameux chagrin, les gars! un chagrin qui l'empêche de boire, de manger et de dormir.

Il y avait dans un coin de la cuisine un gros garçon joufflu, mais dont les mains blanches et le teint rosé attestaient qu'il n'était point employé aux travaux des champs.

En outre, il portait un gilet rouge de livrée et une culotte de panne.

— Oh! moi, dit-il, je sais bien quel est ce gros chagrin.

— Tu le sais, toi, Antoine?

— Oui.

On regarda le valet de chambre avec curiosité.

Antoine était du pays, il était né à Bellombre, et bien qu'il fût le valet de chambre du marquis, on ne se défiait nullement de lui.

— Et bien! conte-nous ça, le gars, dit le garde-chasse.

— M. le marquis est fâché avec Mme la marquise.

— Ah!

— Et avec sa fille...

— Mlle Victoire?

— Justement.

— Mais elle est mariée depuis trois mois, nous a-t-on dit.

— C'est à cause de ça. Il paraît que ce mariage a chagriné M. le marquis, vu que M. de Pierrefeu, — c'est le nom du jeune homme, — n'avait pas le nom.

— Bah! fit Marton la cuisinière d'un ton rogue et de mauvaise humeur, il est assez riche comme ça, lui.

Un vieux pâtre, qui n'avait point encore ouvert la bouche, grommela entre ses dents:

— Le bien mal acquis ne profite jamais.

Ces mots jetèrent la stupeur parmi les serviteurs de Bellombre, et tout le monde frissonna.

— Hé! vieux Jaquet, murmura Marton avec l'accent de la terreur, veux-tu donc nous faire tous chasser?

Le vieux Jaquet ne répondit pas, car un nouveau personnage, qui entra dans la cuisine en ce moment, attira l'attention générale.

C'était un homme d'environ soixante ans, de haute taille, portant toute sa barbe, vêtu d'une veste de velours gris, chaussé de grandes bottes à l'écuyère.

Il avait une trompe en bandoulière et un couteau de chasse au flanc. Ce personnage était le piqueur du château.

Bien qu'il ne chassât presque jamais, le marquis de Morfontaine avait toujours entretenu une meute.

Hubert Voisin, — c'était le nom du piqueur, — exerçait à Bellombre une sorte d'autorité sur les autres domestiques.

On ne le craignait pas, mais on avait pour lui une sorte de respect mélangé d'affection.

— Hé! hé! dit-il en entrant, je crois qu'on médit du maître ici, n'est-ce pas, les gars?

Les domestiques se turent comme des écoliers pris en faute.

— Mais, bah! rassurez-vous, continua Hubert avec un sourire, le maître n'a rien entendu.

— Il est dans sa chambre, dit Antoine. Il écrit des lettres.

— Tu te trompes, répondit Hubert. M. le marquis est dans le parc.

— Par le temps qu'il fait?

— Oui.

— Faut qu'il soit fou...

— C'est bien possible, dit Hubert, qui vint s'asseoir sous le manteau de l'âtre pour sécher ses bottes. Puis il ajouta: — Savez-vous, les gars, qu'il y a du nouveau dans le pays?

— Comment cela, maître Hubert, demanda-t-on à la ronde.

— Vous savez que voici trois jours que je suis parti en déplacement?

— Oui. Vous êtes allé donner un coup de main à M. le baron de Tenailles, du côté de Pouzanges, pour détruire des loups.

— Et j'ai eu mon limier étranglé. Pauvre Flambeau!

— Vous êtes revenu par un joli temps, ma foi! maître Hubert.

— Il ne pleuvait pas quand je suis parti, mais la pluie, ça me connaît.

— Et vous dites qu'il y a du nouveau?

— Oui.

— Qu'est-ce qu'il arrive donc?

— Vous savez le château de Main-Hardye, les gars?

— Pardine! fit le vieux Jaquet, on en a assez parlé ici, voilà trente ans. Pauvre M. Hector!...

— Tais-toi! dit Marton, ne prononce pas ce nom, le vieux!

Hubert Voisin haussa les épaules en homme qui est parfaitement indépendant.

— Eh bien! reprit Jaquet, qu'y a-t-il donc de nouveau à Main-Hardye? C'est une ruine; la pluie passe au travers du toit, les champs sont en jachère...

— On va cultiver les champs.

— Ah!

— Et le château est habité.

Les serviteurs se regardèrent avec incrédulité.

— C'est comme je vous le dis, les gars, ajouta Hubert Voisin.

— Mais qui donc l'habite?

— Des beaux messieurs de Paris, qui l'ont acheté.

— Alors ils vont restaurer le château? fit le vieux pâtre.

— Naturellement.

— Faudra dépenser gros pour cela, maître Hubert, observa Marton.

— Ils sont riches.

— Savez-vous leur nom?

— C'est un baron et un marquis, voilà tout ce que je sais...
— Une drôle d'idée de venir habiter Main-Hardye, murmura le gardeur de vaches; c'est en plein bois, et il n'y a pas de voisins.
— C'est justement pour cela! ces messieurs sont chasseurs, et Main-Hardye est joliment situé pour la chasse.
Le piqueur alluma sa pipe avec un charbon et poursuivit :
— Voilà trois jours qu'ils y sont, et ils chassent dur déjà.
— C'est donc pour ça, fit le gardeur de vaches, que j'ai entendu sonner du cor, à la nuit.
— C'est eux.
— Il paraît qu'ils ne craignent pas la pluie, ces messieurs.
— Ils sont jeunes!
Au même instant, à travers le bruit de l'ouragan qui faisait grincer les girouettes et agitait violemment les volets, on entendit retentir une fanfare.
— Ah! par exemple! s'écria le vieux pâtre en se levant, c'est trop fort... Il est huit heures du soir... et si ces messieurs sonnent l'hallali...
Hubert se leva, alla ouvrir une croisée et prêta l'oreille.
— Double brute! dit-il, c'est la *retraite prise* qu'on sonne.
— Vous croyez que c'est les messieurs du château de Main-Hardye?
— C'est bien possible. Ils ont couru un cerf aujourd'hui, à ce que m'a dit un bûcheron, et le cerf les aura menés loin. C'était un dix-cors.
— Gare! grommela Marton, s'ils l'ont pris sur Bellombre!
Hubert écoutait la fanfare gaillardement sonnée sous la futaie, à un quart de lieue du château.
— Cornes de cerf! dit-il tout à coup, je crois bien qu'ils sont égarés. Voici qu'ils sonnent *au perdu*.
— Dame! dit le gardeur de vaches, il fait noir comme dans un four, et si leur piqueur n'est pas du pays...
— Jésus Dieu! murmura Marton, ils sont capables de venir ici, s'ils voient les lumières du château.
— Eh bien! on les recevra, dit Hubert.
Et il se prit à écouter. Comme pour justifier les paroles de la cuisinière, la fanfare se rapprochait.
— Bon! fit Hubert, c'est sûr qu'ils viennent ici... et je gagerais qu'ils ont pris la *Grande-Allée-du-Vicomte*...
Ainsi se nommait une des principales lignes qui perçaient la vaste forêt qui s'étendait entre Bellombre et Main-Hardye.
— Eh bien! grommela le vieux Jaquet, le maître est de belle humeur... Ils seront reçus comme un renard au milieu d'une meute.
Quelques serviteurs se mirent à rire. Mais Hubert referma la croisée et dit :
— C'est sûr maintenant, ils viennent ici, et M. le marquis, du temps qu'il fait, ne peut se dispenser de les recevoir. Je vais le trouver.
— Où ça?
— Dame! il était dans le parc tout à l'heure ; je vais le chercher.
Et Hubert sortit.
Les quelques mots échangés par les serviteurs de Bellombre prouvaient éloquemment qu'on n'avait point pour le marquis de Morfontaine cette respectueuse affection dont on avait entouré le vieux général, le père de l'infortunée baronne Rupert. Si personne, à Bellombre, n'avait jamais osé formuler une accusation contre le *maître*, il n'était pas moins vrai que de sourdes rumeurs couraient, depuis bien des années, dans le pays, et qu'on ne se gênait guère, dans les environs, pour trouver étrange que la fille de la baronne Rupert se fût noyée.
Or, en vingt-huit années, le marquis n'était pas venu dix fois à Bellombre.
Généralement, quand d'impérieux motifs d'intérêt l'y appelaient, il arrivait le soir, à nuit close, ne voyait personne du voisinage, et repartait deux ou trois jours après.
Or, cette fois, le marquis était, au grand étonnement de tous, à Bellombre depuis quinze jours.

Il était arrivé un soir, triste et sombre, suivi d'une douzaine de caisses emplies de vêtements, et il avait annoncé à ses domestiques stupéfaits qu'il comptait passer deux ou trois mois au château.
D'où provenait cette résolution?
Nous allons l'expliquer en quelques lignes.
Un matin, M. de Morfontaine, averti trois jours auparavant qu'une association mystérieuse le poursuivait, lui et ses deux complices, un matin, disons-nous, M. de Morfontaine avait appris que le vicomte de la Morlière était mort d'une attaque d'apoplexie dans un appartement du faubourg Saint-Germain, chez une femme douteuse qui, disait-on, était sa maîtresse.
Cette mort subite, mystérieuse, l'avait frappé d'épouvante. Il avait couru chez le baron de Passe-Croix.
Là, une nouvelle non moins foudroyante l'attendait: Le baron était fou, fou à lier, et on l'avait conduit dans une maison de santé.
Alors, ivre de terreur, le marquis avait quitté Paris, et il était venu se réfugier à Bellombre.
Pendant la première semaine de son séjour, M. de Morfontaine avait été en proie aux plus folles angoisses.
Il ne rêvait que gendarmes, procureur impérial, juge d'instruction. Mais comme au bout de huit jours il ne s'était rien produit d'inquiétant autour de lui, que le calme le plus parfait n'avait cessé de régner à Bellombre, il avait fini par se rassurer.
Néanmoins ses nuits étaient agitées, coupées de longues insomnies, et plus d'une fois, la tête en feu, le cœur serré, il s'était levé pour aller se promener dans le parc.
Or, ce jour-là, après avoir dîné dans sa chambre, le marquis avait été repris par ses angoisses.
Une pensée terrible l'avait assailli tout à coup :
— Qui sait? s'était-il dit, si ces hommes dont j'ignore le nom, ces hommes qui se sont institués les vengeurs de Diane, ne méditent pas dans l'ombre quelque châtiment terrible à m'infliger?.. Ce silence qui se fait autour de moi, ce calme qui m'environne, m'épouvantent...
Et alors, saisi d'une terreur folle, malgré la pluie qui tombait, malgré le vent qui pleurait dans les corridors, le marquis était sorti, la tête nue, le front brûlant, en proie à une sorte de délire.
Hubert Voisin, le piqueur, avait passé auprès de lui, à cheval, suivi de sa meute. Le marquis ne l'avait point vu.
Quand le piqueur sortit de la cuisine pour le chercher, il le trouva assis sur un banc, au fond d'une grotte de rochers.
Il avait fini par se mettre à l'abri de la pluie, obéissant plutôt à un instinct bestial qu'à un sentiment raisonné.
Hubert Voisin l'aborda respectueusement, c'est-à-dire qu'il ôta sa casquette, mais il conserva sa voix mâle et assurée :
— Monsieur le marquis, dit-il, pardon de vous déranger.
M. de Morfontaine tressaillit comme un homme qu'on éveille en sursaut. Puis il regarda Hubert.
— Que me veux-tu? demanda-t-il.
— Monsieur le marquis, reprit le piqueur, ce n'est pas d'hier que je suis à Bellombre...
A ces mots, le marquis fronça le sourcil.
— J'y suis né du vivant de défunt le général, votre bon oncle, et je me souviens que dans ma jeunesse jamais on ne refusait l'hospitalité au château.
Le marquis crut qu'il s'agissait de quelque mendiant surpris par la pluie.
— Si quelque pauvre diable demande l'hospitalité, dit-il, fais-le souper avec toi.
— Pardon, monsieur...
— Que veux-tu dire?
— Ce n'est pas d'un pauvre diable qu'il s'agit, monsieur le marquis.
M. de Morfontaine frissonna malgré lui. Le nom seul d'un étranger le faisait tressaillir.
— Vous n'avez sans doute pas entendu? fit Hubert Voisin.

— Quoi donc?
— Écoutez, alors...

Le marquis prêta l'oreille, et il entendit, en effet, le son des trompes qui se rapprochait.

— Ce sont des chasseurs qui viennent droit au château, monsieur le marquis.

— Des... chasseurs?...

— Il pleut, il vente fort, monsieur le marquis. Dans cinq minutes ils sonneront à la grille; faut-il donc leur dire de passer leur chemin?

En ce moment le marquis parvint à dominer la terreur que toute visite lui inspirait.

— Non, certes, dit-il; Bellombre a toujours été une demeure hospitalière. Reçois ces messieurs, Hubert.

— Mais... vous... monsieur le marquis...

— Tu m'excuseras. Je suis malade, j'ai besoin d'air...

— Faut-il leur offrir à souper?

— Certainement.

— Et leur faire préparer des lits?

— Sans aucun doute. Va.

Et le marquis retomba dans la morne rêverie qui l'absorbait. Hubert le quitta et se dirigea vers la porte du parc.

Les trompes retentissaient dans la grande avenue.

En passant devant le château, le piqueur cria :

— Ho! hé! apportez des torches!...

Deux domestiques accoururent, et Hubert ouvrit la grille à deux battants.

Trois chasseurs à cheval étaient suivis d'un piqueur qui portait en travers de sa selle un magnifique cerf dix-cors, très-proprement *dagué* d'un coup de couteau de chasse.

Les trois chasseurs saluèrent.

— Hé! l'ami, dit l'un d'eux, je vois que les gens de ce château sont hospitaliers.

— Oui, monsieur le baron, répondit Hubert en ôtant sa casquette.

— Tiens! tu me connais?

— Non, monsieur, mais je suppose que vous êtes un des messieurs qui ont acheté Main-Hardye.

— Justement.

— Et comme on m'a dit qu'il y avait un marquis et un baron.

— Je suis le baron, dit le cavalier en franchissant le seuil du parc. A qui appartient ce château, l'ami? Nous sommes très-loin de Main-Hardye, et il pleut horriblement.

— Monsieur le marquis, mon maître, répondit Hubert, m'a chargé d'offrir ses devoirs à ces messieurs, et les prie de se considérer ici comme chez eux !

— C'est parfait! dit le baron, qui échangea un singulier regard avec ses deux compagnons.

II. LES CHASSEURS.

Le chasseur qui avait échangé quelques mots avec Hubert Voisin, le piqueur de Bellombre, poussa son cheval dans la direction du château.

Ses compagnons le suivirent. Deux autres valets, armés de torches, se tenaient en haut du perron.

Alors on put voir les chasseurs mettre pied à terre.

Le premier était celui que le piqueur avait qualifié du titre de baron. C'était un homme de trente à trente-deux ans, d'une figure énergique et belle, le baron Gontran de Neubourg, à qui appartient ce château, l'ami, car on doit déjà l'avoir reconnu.

Le second était lord Blakstone, le troisième le marquis de Verne.

On obéissait si bien, à Bellombre, aux ordres de Hubert Voisin, qui cumulait avec ses fonctions de piqueur celles de majordome, que les valets conduisirent les chasseurs à la salle à manger. On avait allumé un grand feu, et en un clin d'œil la table fut dressée.

— Ah çà ! dit le baron en regardant Hubert, où sommes-nous donc ici, mon ami ?

Et le baron, qui séchait ses bottes à la flambée, prit l'accent le plus naïf du monde.

— Vous êtes au château de Bellombre, monsieur le baron, répondit Hubert Voisin.

— Ah ! ah !

— Chez le marquis de Morfontaine.

— Très-bien !

— Mais, fit le marquis de Verne, ton maître est donc absent? car nous l'eussions vu, sans cela.

— Mon maître est au château.

— Ah !

— Et s'il n'était souffrant...

— Est-il malade ?

— Un peu.

Les trois chasseurs parurent se contenter de cette explication.

— Alors, dit le marquis de Verne, fais-lui nos plus humbles excuses, car nous sommes réellement indiscrets.

Une demi-heure après, les trois chasseurs étaient à table, en présence d'un souper très-confortable préparé par les soins d'Hubert Voisin, qui connaissait à fond son métier d'intendant.

— Messieurs, dit le baron à mi-voix, après s'être assuré d'un regard qu'ils étaient bien seuls et qu'aucun valet du château ne pouvait les entendre, — messieurs, l'absence du marquis, ou plutôt le soin qu'il prend de se cacher, me prouve que son épouvante persiste et qu'il n'a point calmé ses terreurs à Bellombre plus qu'à Paris.

— Tout est-il prêt? demanda le marquis de Verne.

— Tout. La voiture arrivera vers minuit dans la sapinière, au bout du parc.

— Alors, soupons.

— Moi, dit lord Blakstone, je jurerais que M. de Morfontaine fera une apparition parmi nous.

— Hum ! c'est peu probable... cependant, ajouta Gontran, ce serait fort heureux pour nos plans...

Hubert Voisin rentra.

Il avait revêtu sa livrée de cérémonie et portait majestueusement une serviette sous le bras.

— Messieurs, dit-il, votre piqueur demande s'il doit retourner à Main-Hardye, ce soir.

— Pleut-il toujours?

— Toujours à verse.

— Eh bien! mon ami, donne-lui à coucher. A-t-il soupé ?

— Il est en train, à la cuisine.

— Seulement, ajouta le baron, tu lui recommanderas de se tenir prêt à partir demain à la pointe du jour.

— Oui, monsieur le baron.

Le piqueur allait sortir lorsqu'il entendit retentir un violent coup de sonnette.

— Tiens ! dit-il, c'est M. le marquis. Excusez, messieurs.

C'était, en effet, la sonnette de la chambre à coucher occupée par M. de Morfontaine qui venait de tinter.

Le marquis était rentré sans bruit par un escalier de service, et il s'était enfermé dans sa chambre.

Toujours absorbé, toujours inquiet, il se demandait quels pouvaient être ces étrangers qui lui venaient ainsi demander l'hospitalité sans plus de cérémonie.

Au moment où le piqueur Hubert Voisin tournait sur ses talons pour quitter la salle à manger, Gontran l'arrêta d'un geste : — Puisque tu vas voir ton maître, dit-il, porte-lui nos cartes ; il est au moins convenable qu'il sache le nom de ses hôtes.

Et on remit trois cartes armoriées au piqueur Hubert Voisin.

M. de Morfontaine avait sonné, cédant à sa curiosité pleine d'angoisses.

Les voisins étaient rares autour de Bellombre, et il ne s'était jamais lié avec aucun châtelain des environs.

Or, son cœur battait lorsque le piqueur entra, portant sur un plateau les cartes des trois chasseurs.

— Qui sont ces messieurs ? demanda vivement le marquis, les connais-tu ?

— Voici leurs cartes.

Le marquis les prit l'une après l'autre et en lut la suscription.

Le baron Gontran de Neubourg, le marquis de Verne et lord Blakstone ne pouvaient être pour lui inconnus.

Ils appartenaient au monde du sport, ils avaient fait courir, et un cheval du dernier, *Tempête*, avait gagné le derby anglais l'année précédente.

M. de Morfontaine respira. L'éclat de ces trois noms le rassurait.

— Mais, dit-il au piqueur, comment ces messieurs se trouvent-ils en Poitou?

— Ils ont acheté la forêt et le château de Main-Hardye.

Le marquis tressaillit.

— Vous savez, monsieur, ajouta Hubert, voici plus d'un an que les hospices, à qui sont allés les biens de M. de Main-Hardye, en vertu de je ne sais quel testament, les ont mis en vente. Ça ne valait pas cher... le château était en ruines. Il n'y avait que des gens *passionnés* de chasse qui pouvaient se payer ça.

Ces derniers mots déridèrent le front du marquis, un moment assombri au nom de Main-Hardye.

— Décidément, murmura-t-il, je ne puis me dispenser, en vérité, de descendre et d'aller saluer ces messieurs. Ce serait d'une inconvenance sans pareille!

Puis, s'adressant au piqueur:

— Envoie-moi, dit-il, mon valet de chambre Antoine. Je vais m'habiller.

Hubert descendit aux cuisines.

Le piqueur des trois chasseurs réfugiés à Bellombre soupait tranquillement devant une petite table qu'on avait dressée au coin du feu, et il causait l'ébahissement des serviteurs de Bellombre.

Ce piqueur était Anglais.

C'était un garçon bien découplé, portant barbe rousse en collier, le visage grêlé comme s'il avait eu la petite vérole. Il portait l'habit rouge des veneurs anglais, et sa jambe nerveuse paraissait merveilleusement à l'aise dans la botte à l'écuyère. Du reste, il s'exprimait en assez bon français, bien qu'avec un fort accent britannique.

Les domestiques l'accablaient de questions sur la façon dont on chassait en Angleterre, et il leur racontait avec flegme et complaisance comment on y forçait le renard.

Maître Hubert entra.

— Hé! Antoine, dit-il, monte chez M. le marquis, il a besoin de toi.

Antoine se leva à regret.

Marton, la cuisinière, dit alors fort naïvement à Hubert:

— Voilà que je vois un Anglais pour la première fois de ma vie, et je ne me serais jamais figuré que c'était comme ça.

— Vieille sotte! répondit Hubert, pensais-tu donc que ça marchait à quatre pattes, un Anglais?

Le piqueur de Gontran se mit à rire et eut un formidable: — Ah!

— Il a bon appétit, observa Jaquet le pâtre en patois poitevin.

— Et il boit sec! ajouta le gardeur de vaches.

— C'est-à-dire, fit Hubert en regardant le gars qui faisait clapper sa langue, que tu voudrais pouvoir faire comme lui, drôle!

— Dame!

Hubert eut un sourire:

— Bah! dit-il, à Bellombre, quand il en est un qui boit, tout le monde boit...

Quelques regards brillèrent.

— Hé! Marton, poursuivit Hubert, va chercher un pichet de cidre, ma fille. Nous allons boire à la santé de monsieur!...

— Aoh! fit l'Anglais.

Marton descendit à la cave.

Il n'y avait plus dans la cuisine que cinq ou six domestiques. Les autres, ceux qui couchaient à la ferme, laquelle était séparée du château par un lot du parc, s'en étaient allés depuis longtemps.

Marton revint avec son pot de cidre et le plaça sur la table du piqueur. En ce moment, l'ouragan atteignit une violence telle qu'une des fenêtres de la cuisine s'entr'ouvrit.

— Quel temps de chien! murmura-t-on, tandis que tous les regards se portèrent, l'espace d'une seconde, sur la croisée qu'Hubert s'empressait de refermer.

Cela n'eut que la durée d'un éclair, mais le piqueur eut le temps de laisser tomber dans le pot de cidre une petite boulette qu'il pétrissait dans ses doigts depuis quelques minutes. Nul ne s'en aperçut.

Marton rinçait des verres. Elle les plaça un à un sur la table, et, au fur et à mesure, le piqueur anglais les remplit.

— A la santé des Anglais! s'écria le petit gardeur de vaches, qui but le premier.

— Et des Français! répondit le piqueur.

Mais à peine eut-il porté le verre à ses lèvres qu'il fit une horrible grimace.

— Oh! murmura-t-il, mauvais, très-mauvais.

— Tiens! il n'aime pas le cidre, s'écria le petit gardeur de vaches.

— Je croyais que c'était du pale-ale, répondit naïvement le piqueur.

Il jeta le contenu de son verre dans les cendres du foyer et se versa une ample rasade de vin.

— A la santé de vôs! dit-il. Et il vida son verre d'un trait.

Ce fut alors que le valet de chambre Antoine revint.

— Bois donc un verre de cidre, dit Hubert le piqueur.

— Ce n'est pas de refus, répondit Antoine, qui but à son tour.

Puis il fit clapper sa langue, et ajouta en clignant de l'œil:

— Il paraît que la pluie a regaillardi not' maître.

— Hein? fit Marton.

— Quand je suis monté, il était trempé jusqu'aux os, et il se séchait devant le feu, ni plus ni moins qu'un chien de chasse.

— Drôle d'idée de se promener par la pluie tout de même!

— Habille-moi, m'a-t-il dit.

— Ah! il s'est habillé?

— Comme à Paris.

— Bon! Est-ce qu'il va encore se promener par la pluie?

— Non, il est descendu dans la salle à manger, où sont ces messieurs.

— Eh bien! grommela Marton, s'il leur fait une mine comme à nous, ils auront de la chance de conserver de l'appétit.

Hubert Voisin foudroya la cuisinière d'un regard, et lui dit:

— Tais-toi, vieille bavarde! va plutôt nous chercher un autre pichet de cidre.

Marton se leva en grommelant.

Alors Hubert, s'adressant au piqueur anglais qui continuait à verser à boire:

— Avez-vous bien soupé, l'ami?

— Très-bien.

— Vous avez dû faire une journée, si j'en juge par votre appétit.

— A cheval, douze heures! répondit flegmatiquement le piqueur.

Et il tira de sa poche une pipe, qu'il bourra, disant:

— On peut *floumer*, hein?

. . . .

M. le marquis de Morfontaine était, en effet, descendu à la salle à manger, et, ainsi que l'avait dit Antoine son valet de chambre, il s'était habillé comme à Paris.

C'est-à-dire qu'il avait endossé une redingote noire fermée militairement jusqu'au menton, et dont la boutonnière était ornée d'un ruban multicolore.

M. de Morfontaine était chevalier de plusieurs ordres. C'était un homme de haute taille, aux larges épaules, qui portait gaillardement ses soixante ans.

Il avait un large collier de barbe grise, le teint coloré d'ordinaire, et sa démarche avait la souplesse énergique de la jeunesse.

Il eut bien un léger battement de cœur en franchissant le seuil de la salle à manger, et ses terreurs le reprirent l'espace d'une seconde. Mais lorsqu'il vit les trois jeunes hommes se lever avec déférence et le saluer en souriant, ses angoisses disparurent. Il se retrouva homme du monde, et, s'avançant vers eux, il leur dit d'un ton dégagé :

— Je vous en prie, messieurs, rasseyez-vous, et continuez le modeste souper qui vous est offert.

Les trois jeunes gens saluèrent de nouveau et se rassirent.

Le marquis vint s'adosser à la cheminée et continua :

— Je serais réellement impardonnable, messieurs, de n'être point allé moi-même à votre rencontre, sans les excuses que je vais avoir l'honneur de vous faire valoir.

Le ton du marquis était parfait de courtoisie et d'aisance.

— Figurez-vous, poursuivit-il, que je suis assez mal avoisiné dans le pays : petits gentillâtres confinés dans un maigre faisant valoir ; riches commerçants retirés qui jouent aux châtelains, voilà mon seul entourage. L'année dernière, Mme la marquise de Morfontaine et sa fille ont eu toutes les peines du monde à se défendre des visites de ces messieurs, affriandés par l'appât d'une dot et d'une alliance. J'ai donc pris le parti de ne voir personne.

— Ce parti est sage, dit Gontran.

— Quand j'ai entendu vos trompes, reprit le marquis, j'ai pensé que c'étaient quelques-uns de ces messieurs, et j'ai donné l'ordre de les recevoir, les priant de me croire indisposé. Mais lorsqu'on m'a apporté vos cartes, j'ai ce compris que j'avais commis une gaucherie...

— Ah ! monsieur ! fit Gontran.

— Et, acheva le marquis en souriant, je vous apporte toutes mes excuses.

Les trois jeunes gens s'inclinèrent ; le marquis s'assit auprès d'eux, et la conversation prit une tournure familière.

— Quelle singulière idée, messieurs, dit enfin M. de Morfontaine, — car cette question lui brûlait la gorge depuis longtemps, — quelle singulière idée vous avez eue de venir vous installer à Main-Hardye ? C'est une ruine isolée du monde entier.

— Que voulez-vous ? dit Gontran d'un ton de bonne humeur qui charma le marquis ; on ne sait tout à l'heure plus où chasser, en France.

— C'est vrai.

— Les forêts tombent, la propriété se morcelle, le paysan devient acariâtre au point de vue de la sylviculture ; les bois de Main-Hardye n'ont pas grande valeur, mais ils sont très-giboyeux... Nous avons restauré le château, et nous y passerons l'hiver.

— Tout l'hiver ?

— Oui.

Lord Blakstone ajouta en souriant :

— Nous voulons y fonder un couvent.

— Oh !

— Le couvent des moines de Saint Hubert. Il faudra, pour être frère, justifier d'un certain revenu, tirer convenablement un coup de fusil et faire vœu de célibat.

— Ah ! fit le marquis, voici une dernière condition un peu dure...

— Nous sommes les *meurtriers de l'amour*, répondit M. de Verne. Le marquis pensa :

— Ces trois jeunes gens ont eu des désespoirs amoureux. Ce n'est pas eux que j'ai à craindre.

— Mais, se hâta d'ajouter Gontran, les moines de Saint-Hubert seront tout aussi hospitaliers que vous, monsieur le marquis...

— Oh ! j'en suis sûr...

— Et vous nous permettrez de vous inviter à chasser avec nous.

Le marquis s'inclina.

— Demain, dit lord Blackstone, nous chassons un sanglier...

Et comme le marquis faisait un mouvement :

— Oh ! pas d'excuses, dit Gontran, c'est bien convenu, nous vous emmenons.

M. de Morfontaine n'osa refuser. D'ailleurs, dans le sombre état de préoccupation où il se trouvait, il redoutait l'isolement.

On causa quelque temps encore, puis la pendule de la cheminée sonna onze heures. Alors Gontran se leva :

— Nous avons, dit-il, fait une si rude journée, que nous vous demanderons la permission de nous retirer.

— Messieurs, fit le marquis, il y a toujours en à Bellombre les chambres des chasseurs. Il y en a trois, elles donnent sur le même corridor, dans l'aile gauche du château. Inutile de vous répéter que vous êtes chez vous.

Le marquis sonna.

Une minute après, Hubert Voisin et le piqueur anglais parurent avec des flambeaux.

— Conduis ces messieurs dans leurs appartements, ordonna le marquis.

Ensuite il souhaita le bonsoir à ses hôtes et rentra dans sa chambre.

Tous les domestiques du château étaient allés se coucher. Hubert seul et le piqueur anglais étaient encore sur pied. Ce dernier suivit Gontran, qui dit au piqueur Hubert Voisin :

— Tu peux te retirer, mon ami. Mon piqueur me sert de valet de chambre à la chasse, il va me déshabiller.

Quand Hubert fut parti, M. de Verne et lord Blakstone entrèrent dans la chambre de Gontran.

Alors le piqueur anglais ferma la porte au verrou.

— Eh bien ! fit Gontran.

— Nous avons un bonheur d'enfer, répondit le piqueur, qui se débarrassa de son accent anglais.

— Comment cela ?

— Dans une heure, grâce à une bouteille de narcotique tombée de ma manche dans un pot de cidre, tous les domestiques dormiront d'un bon petit sommeil si profond, que nous serons maîtres dans le château.

— Bravo !

— A présent, vous savez que j'ai un plan du château ?

— Sans doute.

— Aucun de ces imbéciles n'a reconnu en moi le marchand colporteur qui est venu, il y a trois jours, leur vendre des épingles, des aiguilles, et qu'ils ont fait coucher. Je connais Bellombre comme ma poche.

— Et vous dites que dans une heure tout le monde dormira ?

— Oh ! j'en suis sûr.

Le piqueur ouvrit la fenêtre et se pencha au dehors.

La pluie avait cessé de tomber, le vent s'apaisait.

Il prêta l'oreille et se retourna vers les trois chasseurs :

— J'entends, dit-il, un bruit lointain, le bruit d'une voiture roulant sur des cailloux.

— C'est lui ! dit Gontran.

— J'ai bien étudié mon personnage, poursuivit le piqueur. Vous verrez si je ne suis pas ressemblant.

Ces mots mystérieux n'étonnèrent cependant point les trois chevaliers du Clair-de-Lune.

Le piqueur reprit :

— Laissez toujours la fenêtre ouverte et prêtez l'oreille. Je vais descendre à l'écurie chercher la valise qui est sur ma selle et dans laquelle se trouvent les objets nécessaires à ma métamorphose.

Et il sortit.

— Quel homme ! murmura Gontran en regardant ses compagnons.

— Il avait raison, dit M. de Verne, nous n'étions pas

de taille à entreprendre tout seuls la besogne que, grâce à lui, nous menons à bonne fin.

— Ce qui m'étonne toujours, fit lord Blakstone, prenant à son tour la parole, c'est la merveilleuse facilité avec laquelle il emprunte tous les costumes, toutes les physionomies, tous les âges.

— Il est certain, reprit Gontran, qu'il a cinquante ans avec ses lunettes bleues et son habit barbeau ; quarante sous la pelure du chirurgien sir John ; trente aujourd'hui, avec son costume de piqueur.

— Et, acheva le baron, vous allez voir tout à l'heure qu'il aura seize ans, comme Grain-de-Sel au temps de Mme Diane et du comte de Main-Hardye.

Dix minutes s'écoulèrent, tandis que les chevaliers du Clair-de-Lune causaient.

Puis la porte de la chambre de Gontran se rouvrit, et les trois jeunes gens étouffèrent un cri d'étonnement.

Un jeune homme était sur le seuil, qui disait :

— Pardon, excusez ! je croyais que le général était ici.

Or, ce jeune homme, qui paraissait avoir seize ou dix-sept ans, était vêtu de la braie rouge et de la veste bleue des paysans du Bocage.

Il avait de gros souliers ferrés, et sur la tête un large chapeau rond, de la coiffe duquel s'échappait une chevelure blonde qui tombait sur ses épaules.

Son accent était celui des gens de l'Ouest.

— Il faut savoir que c'est vous ! murmura Gontran.

— Faites excuse, mes bons messieurs, répondit le gars avec son accent traînant, faites excuse, M. le général n'est donc pas ici ?

— Voilà bien Grain-de-Sel tel qu'on nous l'a dépeint ! s'écria lord Blakstone avec une sincère et naïve admiration.

— Yes ! — fit le gars en riant. Puis il ajouta : — Le piqueur dort déjà que c'est une bénédiction.

— Ah ! ah !

Le faux Grain-de-Sel s'était remis à la fenêtre.

Tout à coup on entendit retentir dans la profondeur des bois, du côté de Main-Hardye, le cri d'un oiseau de nuit.

— Cette fois, murmura M. de Neubourg, il n'y a plus à s'y tromper.

— Je vais au-devant d'elle, fit le gars vendéen. Et vous, messieurs, silence et soufflez les lumières...

En disant cela, il s'était penché de nouveau à la croisée qui faisait retour sur le principal corps de logis.

— Le marquis n'est point encore couché, avait-il dit.

En effet, on voyait briller une lumière derrière le persiennes de M. de Morfontaine.

Le faux Grain-de-Sel referma la croisée et s'en alla.

Comme il l'avait dit, il savait son château de Bellombre sur le bout du doigt.

Ses souliers à la main, il gagna un escalier de service qui descendait dans la cour, traversa les communs, gagna le parc et se mit à courir tout au long d'une petite allée qui conduisait à cet endroit solitaire où, autrefois, le malheureux comte de Main-Hardye avait été pris dans un piège à loup. Là, il franchit la haie d'un bond de chevreuil, et se trouva en présence d'une voiture attelée d'un cheval. Il ouvrit la portière de cette voiture, disant :

— C'est moi, ne craignez rien !

Alors une femme encapuchonnée dans un grand manteau en descendit.

Le faux Grain-de-Sel dit au cocher :

— Va te remiser, tu sais où... et attends !

Puis il offrit son bras à la femme.

III. LA VISION.

Cependant M. de Morfontaine était rentré chez lui.

Comme ces grands criminels qui parviennent à s'étourdir au milieu du bruit, mais que la solitude épouvante, le marquis, un moment rassuré par l'insouciante bonne humeur et la courtoisie de ses hôtes, fut repris par toutes ses terreurs aussitôt qu'il se trouva seul.

Ces hommes, malgré leurs noms aristocratiques, n'étaient-ils point ces agents mystérieux qui, déjà, avaient frappé M. de la Morlière et M. de Passe-Croix ?

Le marquis se posa cette question et sentit ses cheveux se hérisser.

Il se mit d'abord à la fenêtre, puis il éprouva un frisson et se retira pour se venir asseoir devant le feu.

Tantôt son esprit inquiet lui montrait ces trois hommes, qui avaient le sourire aux lèvres, comme des vengeurs ; tantôt, au contraire, il haussait les épaules, se disant :

— Je suis fou !

Pendant près d'une heure, il se promena de long en large d'un pas saccadé.

Au bout d'une heure, il se décida à se mettre au lit.

Mais le sommeil ne vint point.

Il prit un livre et voulut lire. Ses yeux seuls furent occupés, sa pensée était ailleurs.

— Pourquoi donc, se demandait-il parfois, m'ont-ils invité à aller chasser avec eux demain ? N'est-ce point un piége qu'on me tend ?

M. de Morfontaine avait une habitude, c'était de boire une tasse de thé avant de se mettre au lit. Chaque soir, une théière placée sur un réchaud se trouvait sur sa table de nuit. Quand il fut dans son lit, il se versa une tasse et but à longs traits. Puis, il essaya de dormir

Pendant quelque temps encore, il fut en proie à son agitation ordinaire ; puis, peu à peu, une sorte de torpeur morale et physique s'empara de lui.

Ce qu'il éprouva alors fut étrange.

Ses yeux se fermèrent, son corps se roidit peu à peu et tomba dans un complet anéantissement. Mais son esprit conserva toute sa lucidité. Dormait-il ? rêvait-il ? il lui eût été impossible de le préciser.

Tout à coup il entendit un bruit qui lui fit faire un soubresaut dans son lit.

C'était un cri de chouette, ce houhoulement qui, jadis, servait de ralliement aux chouans du Bocage.

Qui donc l'avait poussé ? M. de Main-Hardye était mort, Grain-de-Sel avait disparu.

Cependant, la sensation qu'avait ressentie le marquis avait été assez forte pour qu'il pût secouer la torpeur qui l'étreignait. Il sauta à bas de son lit, courut ouvrir la fenêtre et se pencha au dehors.

Il ne pleuvait plus, un rayon de lune frangeait les nuages, la nuit était calme.

— J'ai rêvé, se dit M. de Morfontaine, et il se recoucha.

Bientôt sa torpeur le reprit de nouveau, il ferma les yeux. Un quart d'heure s'écoula ; puis le houhoulement se fit entendre de nouveau.

Le marquis fit encore un soubresaut, mais sa torpeur physique fut telle qu'il ne put se lever.

— Je rêve ! se dit-il.

Bientôt des pas retentirent dans le corridor.

Le marquis prêta l'oreille et entendit le frottement de souliers ferrés sur les dalles. Puis on frappa à la porte.

Encore une fois, il essaya de se lever, mais il ne le put. Il voulut ouvrir la bouche et dire : — Entrez !

Sa voix expira dans sa gorge, et il pensa de nouveau :

— J'ai le cauchemar.

On frappa de nouveau, puis la porte s'ouvrit, un flot de clarté envahit la chambre.

Alors, par un effort surhumain, le marquis ouvrit les yeux.

Un jeune homme entrait, un gars coiffé du chapeau, vêtu des braies rouges et de la veste bleue de Grain-de-Sel. Il avait un flambeau à la main et semblait marcher avec précaution.

Cette vue rajeunit brusquement le marquis de trente années, et, par un nouvel et violent effort, il put entr'ouvrir la bouche et murmura d'une voix étranglée par la terreur : — Grain-de-Sel !

Le faux Grain-de-Sel posa son flambeau derrière lui de façon à laisser son visage dans une pénombre.

Eh bien ! qu'il revienne ! (Page 1200.)

— Pardon, excuse de vous réveiller, monsieur le chevalier, dit-il.

« Monsieur le chevalier ! » Il y avait trente ans que, par suite de la mort de son oncle, il était marquis.

— Allons ! pensa M. de Morfontaine, dont le front était baigné de sueur, ce n'est qu'en rêve que j'ai les yeux ouverts. J'ai le cauchemar.

Et, par un suprême effort, il voulut se retourner vers la ruelle. Mais, cette fois, la torpeur physique fut plus forte que sa volonté. Il demeura immobile, l'œil fixé sur celui qu'il prenait pour Grain-de-Sel, rajeuni de trente années.

Le faux Grain-de-Sel reprit :

— C'est le général votre oncle qui m'envoie vers vous, monsieur le chevalier.

Le marquis voulut parler. La voix expira dans sa gorge. Grain-de-Sel continua :

— On s'est battu toute la journée et toute la nuit du côté de Pouzanges... Les bleus ont gagné du terrain.

— Je rêve... je rêve... pensait M. de Morfontaine. Il y a vingt ans que mon oncle est mort, et qu'il n'y a plus ni bleus ni blancs.

— Le général, vous savez, monsieur le chevalier, le général sait très-bien que M. le comte de Main-Hardye et Mme Diane...

Le faux Grain-de-Sel baissa la voix.

— Il faut sauver M. de Main-Hardye, il faut le sauver... et il a compté sur vous... sur vous... et sur vos deux cousins...

Le marquis luttait en désespéré contre cette torpeur étrange qui, jointe à cette apparition plus étrange encore, lui faisait croire qu'il rêvait.

— Le général, vous voyez, monsieur le chevalier, a pensé que vous iriez bien jusqu'à Main-Hardye cette nuit. Il faut monter Tobby ; vous savez Tobby, le cheval rouan...

Tobby était mort, il y avait vingt ans, dans les écuries de Bellombre.

— Allons ! pensait le marquis avec soulagement, c'est un rêve.

Le gars continua :

— Le général vous prie donc, monsieur le chevalier, de vous lever sur-le-champ, de courir à Main-Hardye et de ramener le comte... Je vais vous seller Tobby... Ne vous rendormez pas... surtout !

Le faux Grain-de-Sel reprit son flambeau et s'en alla.

Le feu s'était éteint ; — la porte fermée, la chambre du marquis se trouva replongée dans les ténèbres.

M. de Morfontaine referma les yeux presque aussitôt, et par un effort désespéré, il put porter la main à son front. Son front ruisselait.

— J'ai rêvé... je m'éveille !... se dit-il, essayant de se mettre sur son séant.

Mais la torpeur le reprit.

En même temps, il entendit un léger bruit, celui d'un pas étouffé qui glissait sur les dalles du corridor.

Puis on ouvrit la porte sans bruit. Une lumière blafarde, trouble, la clarté d'une lanterne recouverte d'un grillage, se projeta alors dans la chambre.

A la clarté de cette lanterne, le marquis rouvrit les yeux.

Un homme vint s'appuyer sur le bord extrême de son lit.

Un nouveau cri d'effroi essaya de se faire jour au travers de la gorge crispée de M. le marquis de Morfontaine. Cet homme, ce nouveau venu, c'était Ambroise, le valet de chambre de M. le vicomte de La Morlière.

Ambroise avait une de ces figures qui n'ont pas d'âge, et auxquelles on donne aussi bien cinquante années que trente-cinq.

Ambroise avait sa livrée de valet de chambre. Il posait un doigt sur sa bouche d'un air mystérieux :

— Monsieur le chevalier... dit-il.

— Mais je rêve donc! pensa de nouveau le marquis, je ne suis pourtant plus en 1832!...

— Monsieur le chevalier, dit Ambroise, M. le vicomte votre cousin m'envoie vous dire que tout est prêt... le piège à loup est dans le fossé... les hussards sont à Bellombre... le comte va venir... il tombera dans le piège... Adieu le mariage... on le fusillera! Vous pouvez dormir tranquille... Bonsoir, monsieur le chevalier!..

Ambroise reprit sa lanterne et s'en alla, marchant sur la pointe du pied.

L'obscurité enveloppa de nouveau la chambre du marquis. Chose singulière! quand les ténèbres régnaient autour du marquis, cette étrange torpeur qui l'étreignait semblait se dissiper un peu.

Une fois encore, il porta la main à son front, que la sueur inondait. Et il se posa la question suivante :

« Les morts reviennent-ils ? »

Le marquis n'avait jamais été superstitieux. Il ne croyait à rien. Pourtant c'était bien Grain-de-Sel qu'il avait vu; Grainde-Sel qui était venu lui parler du général, comme si le vieux marquis de Morfontaine eût été couché dans son lit, à l'autre extrémité du corridor.

C'était bien Ambroise qui était venu s'appuyer sur le pied de son lit, lui parlant du piège à loup, du comte Main-Hardye, mort depuis plus de vingt années, et du détachement de hussards commandé par le capitaine Aubin, lequel avait été tué au siège de Constantine.

Pourtant, la lucidité d'esprit du marquis était telle qu'il ne pouvait croire en ce moment qu'il rêvât.

Une seule chose pouvait lui expliquer jusqu'à un certain point cette situation bizarre.

Évidemment, il est des rêves que le réveil interrompt et qui continuent aussitôt qu'on se rendort, ni plus ni moins qu'une pièce de théâtre. L'entr'acte, c'est le réveil.

Mais ce qui gênait quelque peu cette explication, c'était cet engourdissement singulier que le marquis éprouvait dans tous ses membres.

Cependant le marquis, tenant avant tout à être esprit fort, mit l'engourdissement sur le compte de l'orage.

Et il referma les yeux, en disant :

— Essayons de dormir!

Quelques minutes s'écoulèrent encore.

Tout à coup, le marquis, à demi assoupi, dressa de nouveau l'oreille. Il entendait des gémissements étouffés, des pleurs... des sanglots... Et vainement, une fois de plus, il essaya de rompre le charme physique qui l'étreignait; mais l'engourdissement était complet.

Tout à coup encore la porte se rouvrit, brusquement cette fois, et sous l'impulsion d'une main fiévreuse.

De nouveau un flot de clarté envahit la chambre, et une femme vêtue de noir, ses cheveux bruns épars sur ses épaules, le visage pâle, l'œil hagard, entra précipitamment dans la chambre.

Cette fois, l'émotion qu'éprouva le marquis fut si violente, qu'il se dressa sur son séant et jeta un cri terrible :

— Diane! murmura-t-il.

C'était bien, en effet, Diane de Morfontaine portant le deuil du baron Rupert, son mari, Diane pâle, frémissante, éplorée, ses cheveux bruns en désordre, Diane qui joignait ses mains suppliantes et disait d'une voix entrecoupée de sanglots : — Au nom du ciel, mon cousin, au nom de ma tante votre mère, au nom de Dieu qui nous voit... sauvez-le! Elle s'approcha de lui, frémissante, la sueur au front, et elle lui posa la main sur sa main...

Soudain le marquis poussa un nouveau cri, un cri terrible, strident, qui fit retentir le château des caves aux combles, et qui eût bien certainement réveillé tous les serviteurs, sans la houlette mystérieuse tombée de la manche du piqueur anglais dans le pichet de cidre.

La main que Diane de Morfontaine avait posée sur la main du marquis était glacée...

C'était la main d'une morte!

En même temps, le flambeau que Diane avait posé sur un meuble s'éteignit, les ténèbres et le silence reprirent leur empire, et le marquis affolé n'entendit plus qu'un hourvari lointain qui retentissait sous la futaie...

Cette fois la terreur morale l'emporta, chez le marquis, sur l'engourdissement physique.

Au bout de quelques minutes, il parvint à remuer bras et jambes, et il sortit péniblement de son lit.

— Oh! ce rêve est affreux! si c'est un rêve! murmura-t-il.

Il marcha en trébuchant jusqu'à la cheminée et se baissa vers le foyer. Le feu était éteint. Il se traîna ensuite vers la fenêtre, parvint à l'ouvrir, et une bouffée de l'air de la nuit vint fouetter son front brûlant.

— Non, non, se dit-il, les morts ne reviennent pas... j'ai rêvé... Et pourtant c'était Diane! Diane telle que nous l'avons aimée tous trois, Diane... Oh! ce rêve est épouvantable!...

L'air frais de la nuit semblait dissiper peu à peu son engourdissement.

— Il ferait beau voir, se dit-il tout à coup avec un éclat de rire, que je fusse superstitieux à ce point de croire que les morts reviennent... J'ai eu le cauchemar... voilà tout!

Il étira ses bras et ses jambes et leur rendit peu à peu leur souplesse.

— Je vais descendre dans le parc, se dit-il; le jour ne peut tarder à venir... Oh! je ne me recoucherai point...

Il chercha des allumettes et n'en put trouver.

Le piqueur couchait à l'autre bout du corridor.

— Hubert va me donner de la lumière, se dit-il.

Il ouvrit la porte à tâtons et se prit, chancelant encore, à cheminer dans les ténèbres.

Mais soudain il s'arrêta... la sueur perla de nouveau à son front... Il venait d'apercevoir un filet de lumière passant sous une porte.

Or cette porte était celle du général marquis de Morfontaine, et depuis que le général était mort, jamais on n'avait habité sa chambre.

Soudain une pensée, qui ne lui était point venue encore, traversa son cerveau troublé :

— Oh! dit-il, je suis le jouet de quelque terrible comédie!

Et il courut à cette porte et l'enfonça d'un coup d'épaule. Mais soudain il s'arrêta sur le seuil, muet, frissonnant, et ses jambes fléchirent.

Voici ce qu'il vit:

Diane de Morfontaine était assise devant la cheminée, et un homme tenait ses mains dans les siennes.

Cet homme était un vieillard enveloppé d'une robe de chambre bleue à revers rouges. Il avait les cheveux blancs et portait une grande barbe grise.

C'était le général marquis de Morfontaine.

Cette fois la ressemblance était si frappante, si vraie, que le marquis jeta un cri et tomba à la renverse, murmurant d'une voix éteinte :

— Les morts reviennent!

Le marquis s'était évanoui.

_____

Lorsque M. de Morfontaine revint à lui, les oiseaux chantaient dans le parc, un rayon de jour éclairait le corridor et des voix se faisaient entendre dans le château.

Il pouvait être six heures du matin.

Le marquis, en chemise, les jambes nues, était étendu dans le corridor, le long de cette porte qu'il avait pondant la nuit enfoncée d'un coup d'épaule; mais cette porte était fermée. Il se leva hébété, chercha à rassembler ses souvenirs, et se prit à trembler.

Tout cela était-il donc vrai, ou bien avait-il rêvé? Mais alors, comment se trouvait-il là, couché dans ce corridor?

Un premier instinct poussa le marquis à se réfugier dans sa chambre. La fenêtre qu'il avait laissée ouverte, croyait-il, était fermée. Ensuite, il se souvenait vaguement avoir en vain cherché des allumettes, et il s'en trouvait une boîte sur la table de nuit.

Rien dans la chambre n'annonçait le moindre désordre.

Le marquis passa un vêtement du matin et retourna dans le corridor.

La porte de la chambre du général était fermée à clef.

Cette clef, le marquis s'en souvint, devait être accrochée, avec beaucoup d'autres, dans une armoire de sa chambre. Il y retourna, ouvrit l'armoire, trouva la clef et l'introduisit dans la serrure.

La porte n'avait aucune trace d'effraction, elle tourna sur ses gonds en grinçant un peu, et laissa voir la chambre du général telle qu'on l'avait toujours laissée depuis sa mort. Chaque meuble était en place.

— Mais j'ai pourtant vu du feu! s'écria le marquis en courant au foyer.

Le foyer était veuf de cendres, la plaque était froide.

Le bruit d'une porte qui s'ouvrait attira de nouveau le marquis dans le corridor.

C'était Hubert Voisin qui se levait.

— Ah! te voilà! dit le marquis.

— Oui, monsieur.

— Est-ce que tu as dormi cette nuit?

— Comme un loir, monsieur. J'étais si fatigué de mes trois jours de chasse!...

— Et... tu n'as rien entendu?...

— Non, monsieur. Est-ce qu'il s'est passé quelque chose d'extraordinaire au château? demanda naïvement Hubert Voisin.

— Non, dit brusquement le marquis. L'orage, voilà tout.

— Ma foi! monsieur, dit le piqueur, quand on est las comme je l'étais, on n'entendrait pas le ciel s'effondrer.

— Et ces messieurs?

— Je ne les ai pas entendus encore...

Les terreurs de M. de Morfontaine le reprirent.

— Ne serait-ce pas eux, se dit-il, qui auraient...

Mais il n'acheva pas sa pensée; il se souvenait de la vivante image de Diane et de l'image non moins saisissante du général.

— Non, non, se dit-il, ou j'ai été la victime de quelque hallucination terrible, ou bien les morts reviennent et se manifestent à nous.

Pâle, frémissant, le marquis referma la chambre de son oncle. Il allait rentrer dans la sienne, lorsqu'une voix claire et sonore entama à l'autre extrémité du corridor la fanfare du sanglier :

Le sanglier fuit loin de nous,
Marchons, bravant son courroux ;
Avec nous il verra beau jeu,
Nous le mettrons aux abois dans peu.

En même temps la porte de la chambre occupée par Gontran de Neubourg s'ouvrit, et le marquis le vit apparaître frais et rose, botté et éperonné, vêtu de son habit de chasse rouge et de sa culotte de maillot blanc.

— Bonjour, mon cher hôte, dit-il en allant à lui. J'ai dormi comme un bienheureux. Les lits de votre château sont d'un douillet irréprochable.

Et Gontran, levant sur le marquis un regard limpide, lui tendit la main. Le marquis la prit et la serra.

Gontran poursuivit :

— Je gage que mes paresseux d'amis dorment encore...

— Vraiment! fit le marquis dont la voix était émue.

— Ah! c'est que, poursuivit Gontran avec insouciance, les hommes de notre âge, s'ils sont durs à la fatigue, le sont plus encore au sommeil. Nous avons chassé hier toute la journée, nous avons été mouillés jusqu'aux os, et, sans votre bonne hospitalité, nous eussions erré une partie de la nuit dans ces bois inextricables qui séparent Bellombre de Main-Hardye.

Comme il achevait, la porte de la chambre de lord Blakstone s'ouvrit à son tour.

Ainsi que Gontran, le jeune lord était botté et éperonné.

— De Verne dort toujours, murmura Gontran qui alla frapper à sa porte.

Le jeune marquis vint ouvrir en chemise.

— Comment! dit-il, est-il déjà l'heure de partir, baron?

— Bientôt... — Et se tournant vers le marquis de Morfontaine, Gontran ajouta : — Ah! vous savez que nous vous emmenons?

— Mais... balbutia le marquis.

— Oh! pas d'excuse! un gentilhomme n'a que sa parole, monsieur.

— C'est vrai.

— Et vous nous avez promis...

— J'en conviens.

— Donc il faut vous exécuter. Le rendez-vous est au carrefour du Duc, à deux lieues d'ici, à dix heures précises. Nos valets de chiens et la meute y seront à neuf heures et demie.

Le marquis allait encore essayer de se défendre, mais une réflexion l'en empêcha.

— Évidemment, dit-il, j'ai été victime d'une hallucination qui doit tenir à un état de surexcitation nerveuse. Si je cours à cheval toute une journée, j'aurai ce soir un sommeil sans rêve.

Cependant, toujours ému, il fit cette question à Gontran :

— Nous n'irons pas alors jusqu'au château de Main-Hardye, si le rendez-vous est à mi-chemin ?

— Non, certes.

M. de Morfontaine respira.

— Et tenez, reprit Gontran, je vais vous mettre à l'aise. Si le sanglier fait une pointe au-delà de Bellombre, nous reviendrons dîner chez vous...

— Bravo !

— Si, au contraire, il prend un parti opposé, vous dînerez à Main-Hardye.

Le marquis n'osa refuser. Et, se tournant vers Hubert Voisin : — As-tu un cheval passable?

— Une grande ponette limousine qui file comme le vent.

— Selle-la-moi et donne des ordres pour le déjeuner.

A huit heures précises, le marquis de Morfontaine ayant endossé un habit de chasse, ce qui ne lui était pas arrivé depuis fort longtemps, faisait à ses hôtes les honneurs d'un déjeuner froid, arrosé d'excellent vin.

Hubert et le piqueur anglais, déjà en selle, sonnaient gaillardement le départ.

Au moment où M. de Morfontaine montait à cheval et rangeait sa ponette à côté du pur sang de lord Blakstone, il entendit deux domestiques causant à mi-voix dans la cour.

L'un disait :

— Jamais je n'ai dormi comme cette nuit. Je rêvais qu'on m'avait attaché les pieds et les mains.

Le marquis tressaillit et songea à cette torpeur étrange qui s'était emparée de lui.

L'autre domestique répondit :

— C'est comme moi. J'ai rêvé que j'étais lié dans un sac.

Un moment, le marquis eut envie de mettre pied à terre. Mais Gontran était déjà sorti de la cour et sonnait le départ à pleins poumons.

Alors le marquis dit à lord Blakstone, qui allumait un cigare :

— Êtes-vous superstitieux, milord?

— Cela dépend.

Et l'Anglais leva sur le marquis son œil bleu calme et un peu terne.
— Pourquoi me demandez-vous cela?
— Croyez-vous que les morts reviennent?
Le marquis articula cette question avec une sorte d'effroi. L'Anglais garda un moment le silence et son visage s'assombrit.
— Oui, dit-il.
— Comment! vous admettez qu'un homme mort et enterré depuis longtemps puisse sortir de sa tombe et revenir dans les lieux qu'il a habités?
— Cela s'est vu souvent, répondit l'Anglais avec un accent de conviction qui épouvanta le marquis.

IV. LE PORTRAIT.

Les cavaliers marchaient deux par deux.
En avant, les deux piqueurs. Derrière eux, Gontran et le marquis de Verne chevauchaient côte à côte.
Lord Blakstone et M. de Morfontaine étaient demeurés un peu en arrière.
Le cortége descendait la grande avenue du parc de Bellombre.
Lord Blakstone reprit :
— Oui, cela s'est vu souvent, les morts reviennent... Il en est qui sortent de leur tombe pour venir terminer sur la terre certaines affaires qu'un trépas subit les avait contraints de laisser en suspens.
Le marquis essaya un sourire d'incrédulité.
— Vous riez? fit lord Blakstone.
— Dame! murmura le marquis avec une émotion mal dissimulée.
— Eh bien! je vais vous citer un exemple, un exemple terrible!...
— Vraiment! ricana le marquis.
— J'en ai été témoin.
— Vous avez vu un mort sortir de sa tombe, vous, milord?
— Moi.
— Ah!... par exemple!
— Ceci s'est passé il y a dix ans, au petit village de Westmorely, dans le comté de Sussex
— Et... vous... y étiez?...
— C'est à Westmorely que j'ai mon château, et c'est dans mon château que l'apparition a eu lieu.
— Et vous... l'avez vue?
— Mais oui...
Une sueur froide baignait les tempes du marquis. Cependant, il essaya encore de sourire, et se tournant à demi sur sa selle :
— J'écoute, milord.
L'Anglais reprit :
— Le manoir de Westmorely est une vieille demeure historique. Il a soutenu des siéges; Jacques II y a couché. Ce *Prétendant* est venu frapper à sa porte un soir que les Orangistes le poursuivaient. Son avant-dernier propriétaire était un oncle à moi, ou plutôt un cousin germain de mon père.
— C'est-à-dire un oncle à la mode bretonne, observa le marquis.
— Justement.
Et l'Anglais continua :
— Lord Galwy, — c'était son nom, — avait un neveu germain, assez mauvais sujet, qui vivait en France, forcé qu'il avait été par ses créanciers de quitter l'Angleterre. Ce neveu s'appelait Ralph. Il était le plus proche héritier de lord Galwy; mais lord Galwy avait dit tout haut par les Trois-Royaumes :
« — Mon neveu est un chenapan qui n'aura jamais un sou de mon héritage. Je choisirai pour héritier lord Blakstone, mon petit-cousin.
« Or, il arriva qu'un matin on trouva lord Galwy mort dans son lit

« Un médecin déclara qu'il était mort d'apoplexie... »
Lord Blakstone s'interrompit pour faire cette réflexion.
— A propos, marquis, rappelez-vous que l'apoplexie est l'*espérance* d'un homme bien élevé. Un parfait gentleman qui attend des héritages doit toujours compter sur l'apoplexie...
— Foudroyante! ajouta le marquis, essayant toujours de sourire.
Lord Blakstone reprit :
— Un autre médecin, au contraire, prétendit que le mort avait succombé à la rupture d'un anévrisme.
« Un troisième se prononça pour celle de l'aorte.
« Trois médecins réunis m'ont toujours fait l'effet d'une chandelle placée dans un courant d'air.
« La chandelle s'éteint et les ténèbres se font aussitôt.
« Un homme de loi, brochant sur le tout, constata le décès par un procès-verbal en bonne forme, et lord Galwy fut mis en terre.
« Après l'enterrement, les domestiques, qui savaient les intentions du défunt, bouleversèrent le château pour y trouver un testament, mais sans succès. Cependant on avait la conviction que ce testament existait.
« Mais on eut beau chercher, on ne trouva rien, et Ralph arriva prendre possession de son héritage.
« J'étais venu à Westmorely, et je m'y trouvais encore lorque Ralph arriva.
« Il m'accueillit froidement et me dit :
« — La rumeur publique vous donnait comme héritier à mon oncle; mais vous ne m'accuserez pas, j'imagine, d'avoir fait disparaître un testament. J'arrive de France, et vous étiez ici avant moi.
« — C'est bien, lui répondis-je avec la même froideur, je partirai dès demain.
« En effet, j'ordonnai à mes gens de faire mes valises, et après avoir soupé dans ma chambre, je me mis au lit, bien décidé à prendre au passage l'*Express*, venant d'Edimbourg. J'étais couché depuis une heure et je commençais à m'endormir, lorsque j'entendis un léger bruit qui me fit rouvrir les yeux. En même temps, une grande clarté envahit ma chambre, clarté surnaturelle, et qui ne provenait ni d'une lampe, ni d'une bougie.
« Alors une porte s'ouvrit sans bruit, et un homme entra, qui me fit jeter un cri.
« C'était lord Galwy, ou plutôt son fantôme.
« Le mort était fort pâle, il était enveloppé dans son suaire et marchait lentement.
« Il vint à moi, dont les cheveux se hérissaient, et il se prit à sourire, me regardant avec affection.
« Puis il me fit signe de le suivre, et une force inconnue, mystérieuse, me contraignit à lui obéir.
« Je me levai donc et je le suivis, vêtu simplement de ma chemise.
« Les portes s'ouvraient toutes seules devant lui, et la clarté surnaturelle nous accompagnait.
« Je marchais à deux pas de distance.
« Il me conduisit ainsi jusqu'à la porte de la chambre occupée par sir Ralph, et, comme les autres, cette porte s'ouvrit. Soudain sir Ralph, qui dormait s'éveilla en sursaut, aperçut le fantôme, jeta un cri terrible et tomba à genoux.
« — Grâce! grâce! murmura-t-il; grâce, mon oncle !
Le fantôme le clouait, palpitant, sous son regard.
« Il s'approcha de la cheminée, dans laquelle était un monceau de cendres, et il en prit une poignée qu'il étala sur une table.
« Alors il se passa une chose plus étrange et plus surnaturelle encore que tout ce que je venais de voir.
« Les cendres, brunes d'abord, blanchirent peu à peu, se réunirent en pâte, formèrent un tout solide et devinrent une feuille de papier couverte d'une grosse écriture.
« Le fantôme me fit un signe, je me penchai sur la table, et je lus :
« Comme je puis mourir d'un moment à l'autre, j'écris

« ici mes dernières volontés. J'institue pour mon légataire universel mon petit-cousin lord Blakstone, marquis de Galwy.   « Lord GALWY. »

« Je compris alors que le testament avait été brûlé.

« Sir Ralph était à genoux, palpitant sous le morne regard du fantôme, comme un condamné qui attend le couteau de la guillotine.

« Cependant, le papier, un moment ressuscité, pâlit; les caractères qui le couvraient s'effacèrent peu à peu, et bientôt il n'y eut plus qu'un tas de cendres sur la table.

« Alors le fantôme fit un signe à Ralph, et, sous l'empire de cette volonté souveraine, sir Ralph se leva et il s'approcha d'un bureau qu'il ouvrit.

« Dans ce bureau étaient des plumes et du papier.

« Le fantôme posa son doigt dessus, et, alors, ouvrant la bouche : — Écris, assassin ! dit-il.

« Sir Ralph prit la plume, toujours dominé par cette volonté d'outre-tombe.

« Le fantôme dicta :

« Aujourd'hui, ce 17 septembre 181..., décidé à me
« tuer, car je suis attaqué du spleen, j'ai fait mon testa-
« ment, instituant mon cousin lord Blakstone pour mon
« légataire universel. »

« Et quelque effort qu'il fit, sir Ralph se vit contraint d'obéir; il écrivit et signa.

« Le fantôme ouvrit alors un tiroir dans lequel se trouvaient deux pistolets chargés; il les prit et les posa silencieusement sur la table.

« Après quoi, il me fit de nouveau signe de le suivre, et nous sortîmes de la chambre, laissant sir Ralph ivre de terreur.

« La clarté surnaturelle marchait toujours devant nous

« Le fantôme me fit descendre au rez-de-chaussée du château ; nous traversâmes la cour et nous nous rendîmes à la chapelle.

« Là le fantôme s'arrêta sur la dalle qui recouvrait le caveau dans lequel on avait inhumé sa dépouille mortelle; il me fit de la main un signe d'adieu ; puis la clarté surnaturelle s'éteignit, et avec elle le fantôme disparut.

« Je sortis de la chapelle à tâtons et regagnai ma chambre, où je fus aussitôt pris d'un sommeil léthargique.

« Au lever du soleil, la détonation d'une arme à feu me réveilla. Je sautai hors de mon lit et j'entendis un grand tumulte par le château.

« Sir Ralph venait de se brûler la cervelle, en laissant une lettre pour moi, accompagnée de ce testament que lui avait dicté le fantôme.

« La lettre contenait cet aveu :

« Je suis venu à Westmorely, un soir, déguisé en col-
« porteur. On m'a donné l'hospitalité. Pendant la nuit,
« j'ai assassiné mon oncle de manière à ne pas laisser
« trace du crime. »

Quand il eut fini, lord Blakstone regarda le marquis.

M. de Morfontaine était pâle comme un spectre, et il roulait sur sa selle ainsi qu'un cavalier novice.

— Mon Dieu! fit le gentleman, mon récit vous a-t-il donc impressionné à ce point, marquis?

— Ah! balbutia M. de Morfontaine, vous contez à ravir les histoires fantastiques, mais...

— Mais vous n'y croyez pas?

— C'est difficile !

— Tant mieux pour vous, répondit lord Blakstone. Bah ! laissez-moi chasser ces souvenirs, car voici le plus radieux soleil de novembre qu'on puisse voir, et nous voilà arrivés au rendez-vous.

En effet, les chevaux entraient dans un carrefour auquel aboutissaient cinq lignes différentes.

C'était le poteau du Duc.

Gontran et ses deux compagnons échangèrent un regard rapide, en se désignant le marquis.

M. de Morfontaine était pâle et continuait à rouler sur sa selle. Certes, s'il l'eût osé, il eût enfoncé les éperons dans le flanc de son cheval et fût parti au grand galop. Seul, le respect humain le retint.

La chasse commença. Le sanglier était baugé dans un petit bouquet de bois. La meute l'attaqua avec furie et le mit aussitôt sur pied.

L'opinion que Gontran de Neubourg avait émise, le matin, que la chasse pourrait bien tourner et prendre un grand parti dans la direction de Bellombre ne se confirma point. Le sanglier piqua une ligne droite du côté de Main-Hardye, et le marquis, emporté par la petite ponette grise, fit sept ou huit lieues au galop, sans trop avoir conscience de sa situation.

Le sanglier était un vieux solitaire; il avait un jarret d'enfer; il se fit chasser cinq heures, et ce ne fut que longtemps après midi qu'il commença à faire tête.

M. de Morfontaine avait près de soixante ans ; mais il était vigoureux, et avait été excellent cavalier.

Cette furie française, qui finit toujours par gagner le chasseur le plus calme, s'empara enfin de lui.

Il assista à l'hallali, sans plus penser à ses terribles hallucinations de la nuit et à l'effrayante histoire de lord Blakstone. Ce ne fut que lorsque l'animal eut été porté bas, d'un coup de couteau de chasse, que le marquis de Morfontaine se dégrisa un peu.

— Eh bien! marquis, lui dit Gontran, comment trouvez-vous nos chiens?

— Excellents, baron.

— Et mon piqueur?

— Très-habile. Il a tué son sanglier avec une adresse merveilleuse.

Les chasseurs, l'hallali sonné, avaient mis pied à terre.

Lord Blakstone prit dans sa fonte une bouteille de gin, et la fit circuler à la ronde.

— Allons ! messieurs, dit Gontran, à cheval ! Nous sommes à cinq lieues au delà de Main-Hardye, et vous savez qu'on ne dîne bien qu'en se mettant de bonne heure à table.

Le mot de Main-Hardye rappela le marquis à toutes ses terreurs, mais il n'en fit rien paraître, et comme il ne trouvait aucun prétexte plausible pour refuser l'invitation à dîner de ses hôtes, il remonta à cheval en soupirant.

Cependant l'histoire de lord Blakstone le poursuivait. Il fit la route silencieux, absorbé, et les chevaliers du Clair-de-Lune semblèrent respecter sa rêverie.

Au bout de trois heures, on aperçut Main-Hardye à travers les derniers arbres de la forêt. Le soleil venait de disparaître, il était jour encore, et le crépuscule envoyait aux vitres du manoir un reflet rougeâtre.

— Monsieur le marquis, dit Gontran en étendant la main, nous avons un peu restauré le château, c'est-à-dire que nous en avons rendu la moitié habitable; mais lord Blakstone est un amateur féroce du pittoresque, et il a voulu laisser telle quelle la façade méridionale, qui est criblée de balles.

— Lord Blakstone a fait bien, répondit le marquis. Main-Hardye a soutenu un siège mémorable en 1832.

— C'est ce qu'on nous a dit.

— Un siège dont on parlera longtemps dans le pays....

— Vous en souvenez-vous?

— J'étais alors à Bellombre, chez mon oncle le général.

— Est-ce que M. de Main-Hardye n'y fut pas tué? demanda Gontran avec une naïveté qui soulagea le marquis.

— Non, répondit M. de Morfontaine; il est mort en prison, la veille du jour où il devait être exécuté.

— Pardonnez-nous, monsieur le marquis, ajouta lord Blakstone, de ne pas mieux savoir l'histoire du précédent propriétaire de Main-Hardye; mais nous sommes arrivés, il y a trois jours seulement, et c'est l'intendant du baron qui s'est chargé de l'acquisition et de la restauration du château.

— Ah ! fit M. de Morfontaine, qui respira bruyamment.

Puis le marquis fit cette réflexion :

— Décidément ces jeunes gens-là ignorent tout, et je n'ai rien à craindre d'eux.

Il n'y avait plus à Main-Hardye aucun des anciens serviteurs. Les domestiques que le marquis trouva dans la cour étaient venus de Paris.

Le couvert était dressé dans la grande salle à manger du château, et au débotté on se mit à table.

Il était six heures.

Complétement rassuré de nouveau, M. de Morfontaine s'abandonna au charme d'une conversation toute cynégétique. Il but et mangea de fort bon appétit. Le menu était délicat, les vins de grand cru.

Jamais, depuis des siècles que durait la haine des Morfontaine et des Main-Hardye, un Main-Hardye n'était venu à Bellombre, ni un Morfontaine à Main-Hardye.

Le marquis ne connaissait donc le château que pour l'avoir vu de loin, en passant, à travers les bois.

Aussi, lorsqu'après le dîner, qui se prolongea jusqu'à dix heures, grâce au café, aux liqueurs et aux cigares, Gontran lui dit : « Je vais vous conduire dans votre appartement, » le marquis ne fit-il aucune objection.

Il se leva, trébuchant un peu, car les vins généreux qu'il avait bus sans trop de modération commençaient à lui monter à la tête, et il suivit Gontran, qui prit un flambeau sur la table et ouvrit la porte de la salle à manger. Ils arrivèrent ainsi par le grand escalier à balustre de fer jusqu'au premier étage.

Là, Gontran poussa une porte.

— Vous voici chez vous, dit-il.

Le marquis se trouva alors sur le seuil d'une vaste pièce tendue d'étoffe de soie d'un vert sombre. Le lit à colonnes torses et en chêne sculpté faisait face à la cheminée, dans laquelle flambait un bon feu ; à côté de la cheminée, le marquis aperçut un objet qui le fit tressaillir.

C'était un grand portrait en pied, de grandeur naturelle, enchâssé dans un cadre de bois noir.

Ce portrait était celui d'un jeune homme de vingt-sept à vingt-huit ans, vêtu du costume vendéen, c'est-à-dire de la veste rouge et des braies blanches, chaussé de grandes bottes à l'écuyère. Un mouchoir, jaspé de quelques gouttes de sang, lui couvrait une partie du front.

Il avait un fusil en bandoulière et portait des pistolets à sa ceinture.

C'était le portrait du comte de Main-Hardye, tel qu'il était vêtu quand il venait la nuit à Bellombre pour voir sa chère Diane.

La vue de ce portrait fit pâlir le marquis.

— Ah ! lui dit Gontran d'un ton dégagé, il paraît que c'est là ce fameux comte de Main-Hardye. Le connaissiez-vous, marquis?

— Je l'ai vu une fois...

— Eh bien ! est-il ressemblant?

— Très-ressemblant.

— Bonsoir, marquis.

Gontran posa son flambeau sur la cheminée et s'en alla.

Le marquis, pâle et troublé, demeurait debout, l'œil fixé sur ce portrait.

Ses terreurs le reprirent, et il fut tenté de fuir.

Mais la fatigue et l'ivresse triomphèrent de son épouvante. Il se jeta tout vêtu sur son lit et essaya de dormir.

Pendant plus d'une heure le sommeil ne vint point.

Il avait soufflé sa bougie, mais les reflets du feu éclairaient vaguement le portrait, et parfois il semblait au marquis que cette toile devenait vivante et s'agitait, que les yeux du comte s'attachaient sur lui menaçants...

La lassitude l'emporta enfin. Le marquis s'endormit.

. . . .

Or, il y avait à Main-Hardye, dans la cage de l'escalier, une vieille horloge qui sonnait les heures avec un bruit retentissant et lugubre, et cette horloge était voisine de la chambre occupée par le marquis.

A minuit, ses vibrations réveillèrent M. de Morfontaine en sursaut. Le feu brûlait toujours, répandant une demi-clarté dans la chambre.

Le marquis tressaillit en entendant sonner le dernier coup de minuit, et il fit cette réflexion que c'était l'heure des apparitions et des fantômes...

En même temps ses yeux cherchèrent le portrait, et il étouffa un cri de terreur. Le portrait avait disparu, et il ne restait accroché au mur que le cadre de bois noir.

En même temps encore, un léger bruit se fit dans un coin de la chambre.

Le marquis effaré se retourna, ses cheveux se hérissèrent et une épouvante indicible le saisit à la gorge.

Un homme exactement semblable de visage, de taille et de costume, à celui que représentait le portrait, se tenait à deux pas du lit, les bras croisés, dardant sur le marquis un regard provocateur.

Cet homme n'avait plus un fusil en bandoulière, ni des pistolets passés à sa ceinture, mais il avait la tête enveloppée d'un mouchoir ensanglanté, et sous son bras le marquis vit briller deux épées de combat...

V. LE DUEL.

Sir Ralph, l'assassin de lord Galwy, n'avait pas dû éprouver une terreur plus grande, une angoisse plus épouvantable à la vue du fantôme de sa victime, que le marquis de Morfontaine n'en éprouva en ce moment.

Pendant une minute, celui qui ressemblait si parfaitement au feu comte de Main-Hardye demeura immobile, foudroyant le marquis de son regard. Et puis il fit un pas en avant, et le marquis, hors de lui, jeta un nouveau cri et voulut se réfugier dans la ruelle du lit.

L'apparition ouvrit alors la bouche.

— Chevalier de Morfontaine, dit-elle, si les morts peuvent, à certaines heures, sortir de leur tombe, il ne leur est pas permis d'aller partout. Je ne pouvais, moi, revenir chaque nuit ailleurs que dans ce château, et c'est pour cela que *j'attends* depuis vingt années.

L'accent avec lequel l'apparition prononça ce mot « *j'attends* » glaça le cœur du marquis.

L'apparition fit un pas encore.

— Assassin ! dit-elle, c'est toi qui m'as fait passer un poignard, la veille de mon supplice, alors que tu savais que le général avait obtenu ma grâce ! Assassin ! c'est toi qui as limé la barre d'appui de cette croisée par laquelle Diane s'est précipitée avec son enfant. Voleur ! continua l'apparition, c'est toi qui as fait disparaître ma fille pour lui prendre son héritage!

Et alors l'apparition étendit la main et fit un geste impérieux.

— Lève-toi ! dit-elle.

Le marquis, dominé par cette volonté surhumaine, se leva et descendit de son lit.

Puis l'apparition jeta une des épées à ses pieds.

— Ramasse cette arme, dit-elle, ce sera la première fois en ta vie que tu auras eu un combat loyal.

Les dents du marquis s'entre-choquaient.

— Mais prends donc cette épée ! s'écria l'apparition d'une voix stridente.

Et elle fit un pas encore et porta la pointe de la sienne au visage du marquis.

Il se passa alors une chose qui, toute naturelle en une autre circonstance, devenait étrange en celle-ci, car le marquis était convaincu qu'il avait devant lui non un homme vivant, mais un homme sorti de sa tombe. Eh bien, au lieu de fuir, au lieu de tomber à genoux et de demander grâce, le marquis, sentant à son visage la pointe d'une épée, se baissa, saisit celle que l'apparition avait jetée à ses pieds, et s'écria :

— Mourir pour mourir, je me défendrai, au moins!

Alors, retrouvant une sorte d'énergie fiévreuse, il fit un saut en arrière et tomba en garde.

— Ah! ricana l'apparition, tu as plus de cœur que je ne pensais, marquis.

Et le fer froissa le fer.

L'apparition continua :

— Dieu m'a permis de reprendre mon corps pour une heure, redevenir un homme comme toi, un homme comme j'ai été, avant que tu fisses de moi un cadavre. Pour une heure, je suis homme, vois-tu, et j'ai soif de ton sang. Il me le faut jusqu'à la dernière goutte.

Et l'apparition attaquait M. de Morfontaine avec furie, et, deux fois en quelques secondes, la pointe de son épée effleura l'épaule du marquis.

Ce dernier commença alors à rompre.

La chambre était vaste. C'était une de ces grandes salles féodales où les Main-Hardye des croisades s'étaient escrimés de l'estoc.

— Ah! tu romps, disait le fantôme, tu recules, marquis!

Son épée sifflait comme une couleuvre, et les reflets du foyer lui arrachaient des milliers d'étincelles.

Et le fantôme continua :

— Si ton épée traverse mon corps, je tomberai, et l'heure que Dieu m'a accordée sera abrégée. C'est tout ce que j'ai à perdre, moi, marquis. Mais toi, si je te tue, — et je te tuerai, vois-tu — si je te tue, toi qui as assassiné, toi qui as volé, toi qui as nié Dieu, les flammes de l'enfer t'attendent...

Et comme si ces mots eussent été une invocation, une clarté fulgurante envahit la chambre.

Un pan de mur auquel le marquis faisait face s'entr'ouvrit, et un jet de flammes livides s'en élança.

Le marquis rompit encore, pâle, haletant, l'œil hagard... Mais l'épée vengeresse le poursuivait, implacable, sifflante, précipitée, et comme si elle eût eu trois pointes au lieu d'une.

A force de rompre, le marquis rencontra le mur opposé s'y trouva acculé. Les flammes livides envahissaient toujours la chambre... En ce moment, le marquis entendit comme un bruit d'ossements qui se mêlait à des sifflements moqueurs, et il se dit :

— Voici les démons qui viennent chercher mon âme.

Alors la peur des flammes éternelles domina chez le marquis toute autre épouvante, même celle de la mort.

Il jeta son épée et tomba sur les genoux, joignant les mains et murmurant : — Grâce! grâce!

Le fantôme eut un éclat de rire sardonique.

Il fit un pas en arrière, posa la pointe de son épée en terre et dit :

— Tu me demandes grâce? Mais m'as-tu fait grâce, à moi? As-tu eu pitié de mon amour, de ma loyauté, de ma bravoure? Gentilhomme, as-tu été ému de la chevaleresque loyauté de ce gentilhomme qui mourait pour son roi? Et si j'étais ta seule victime encore?

— Grâce! grâce! murmurait le vieillard.

— Grâce, ricana le fantôme; as-tu fait grâce à Diane? Ne l'as-tu pas assassinée?

— Oh! je me repens! je me repens! balbutiait le marquis, dont la voix était chevrotante et couvait de rauques sanglots.

— As-tu fait grâce à ma fille? dit encore le fantôme. Allons, reprends ton épée et défends-toi, car il répugne à celui qui s'est appelé le comte de Main-Hardye de tuer un homme désarmé.

Mais le marquis continuait à se traîner sur les genoux, l'œil fixé sur ces flammes livides qui envahissaient la chambre, l'oreille tendue vers ces bruits effrayants qui paraissaient monter, confus, des profondeurs de l'enfer.

— Oh! je me repens!... disait-il, je me repens!... je rendrai le bien volé!... je ferai pénitence!

Le fantôme recula d'un pas encore :

— Tu rendras le bien volé si je te laisse la vie? demanda-t-il

— Oui... oui... je vous le jure!

— Lève-toi donc, alors!

Et, dominé par cette volonté supérieure, le marquis se leva.

Alors le fantôme lui montra du doigt une table placée dans un coin. Sur cette table, il y avait une plume, de l'encre et une feuille de papier.

— Signe cet acte si tu veux vivre! ordonna le fantôme.

Et le marquis vaincu s'approcha de la table, prit la plume et apposa sa signature au bas de cet acte, qu'il ne lut pas. Soudain les flammes s'éteignirent, et le mur se referma. En même temps une porte s'ouvrit, laissant passer un flot de clarté, et, dans cette clarté aussi blanche, aussi radieuse, aussi pure que celle des flammes infernales était livide, Diane de Morfontaine, vêtue de noir, apparut, disant :

— Chevalier de Morfontaine, si vous voulez que Dieu vous pardonne comme nous vous pardonnons, repentez-vous! Le repentir conduit à Dieu aussi bien que la vertu.

Puis la clarté s'éteignit, Diane disparut et tout rentra dans les ténèbres!...

Quand les premiers rayons de l'aube glissèrent à la cime des grands bois qui environnent le manoir de Main-Hardye, M. le marquis de Morfontaine était encore agenouillé.

Le repentir avait touché ce cœur de bronze, il priait.

Le portrait avait repris sa place dans son cadre; mais le papier, au bas duquel le marquis avait apposé sa signature, avait disparu.

Il ne restait, comme preuve de la lutte que le marquis avait soutenue, que les deux épées, dont l'une s'était teinte de son sang.

Alors cet homme se leva et sortit.

Au bas de l'escalier, il rencontra Gontran, qui lui dit :

— Où donc allez-vous, mon cher hôte? il est à peine jour...

— Je vais à la Trappe y attendre l'heure de ma mort, répondit le marquis, dont les cheveux gris étaient devenus blancs comme la neige des montagnes!...

2

Le lendemain de la bataille de Solferino, c'est-à-dire un peu plus de deux années après les événements que nous racontions naguère, deux jeunes officiers causaient sous leur tente. Il était huit heures du soir.

L'un d'eux portait le brillant uniforme d'officier de hussards, l'autre était capitaine de chasseurs à pied.

Le premier se nommait Victor de Passe-Croix, l'autre Paul de la Morlière.

Le vaguemestre du camp pénétra sous la tente.

— Ah! s'écria Victor, voilà des nouvelles de France!

Et les noms aimés de sa mère et de sa sœur lui vinrent aux lèvres.

— Messieurs, dit le vaguemestre, il y a une lettre pour chacun de vous.

Celle que recevait Victor portait le timbre de Salbris, elle venait de Sologne.

La baronne de Passe-Croix écrivait à son fils :

« Mon enfant chéri,

» Je t'annonce le mariage de ta sœur, notre chère Flavie, avec M. le baron René... »

Victor jeta un cri.

— Tiens! dit-il à Paul, lis!...

Mais Paul ne l'entendit pas; il était absorbé lui-même par la lecture de la lettre qu'il venait d'ouvrir, et ses mains tremblaient. Cette lettre portait le timbre de Paris et la signature du baron Gontran de Neubourg.

Le baron écrivait :

« Mon cher Paul,

« Laissez-moi d'abord vous féliciter de votre double épaulette et vous apprendre le premier, car je sors du ministère de la guerre, que vous venez d'être nommé chevalier de la Légion-d'Honneur. Puis, laissez-moi vous donner des nouvelles de Paris.

« A la suite d'événements sur lesquels vous me permettrez de glisser, mon cher Paul, car je ne veux point troubler la joie que va vous causer ma lettre, mes amis et moi nous fîmes un serment, celui de voyager pendant deux années.

« Nous avions besoin de nous guérir; car tous nous aimions, — et vous le devinez sans doute, — nous aimions la même femme.

« Or, chacun de nous est revenu il y a quinze jours.

« Lord Blackstone a épousé sa cousine lady Durfort.

« La marquis de Verne va se marier avec sa cousine, Mlle d'Angelissel.

« Chenevières a trouvé une petite provinciale charmante, — et moi, cher ami, j'ai découvert ce phénix, cette perle orientale sans prix qu'on nomme une orpheline.

« Or, figurez-vous que je possédais un secret tout au fond de mon cœur, un secret que j'avais surpris, — c'est que cette femme, que tous nous aimions, n'aimait aucun de nous, et que depuis longtemps son âme avait quitté Paris, car il n'y était plus. Le lendemain de mon arrivée, je suis allé la voir.

« Vous savez qu'elle habite un charmant petit hôtel, dans l'avenue de l'Impératrice, avec son vieil ami Grain-de-Sel. Elle vit fort retirée et ne sort que le matin.

« En me voyant entrer, elle m'a tendu la main et m'a dit : — Eh bien! avez-vous de ses nouvelles?

« Sa voix tremblait un peu, et une légère rougeur lui était montée au visage.

« — Il vient d'être nommé capitaine, lui répondis-je.

« Son regard brilla.

« — Déjà? fit-elle avec enthousiasme.

« — Il sera décoré ces jours-ci...

« Elle joignit les mains :

« — Dieu est bon! dit-elle.

« Et puis je vis son front s'assombrir et son visage manifesta tout à coup une vive inquiétude.

« — Mais, me dit-elle, savez-vous que cette guerre est terrible!

« — C'est vrai.

« — S'il allait se faire tuer!..

« Et sa voix devint si tremblante que je compris combien elle l'aimait.

« C'était le moment de frapper un grand coup.

« — C'est ce qu'il cherche, lui répondis-je.

« — O mon Dieu! fit-elle, devenant toute pâle et me regardant avec épouvante. Mais pourquoi veut-il mourir? Est-ce que les fautes paternelles sont les siennes? N'est-il pas généreux et brave, noble et bon?

« — Oh! sans doute... mais... il a au fond du cœur... une douleur qui sera peut-être éternelle... que la mort seule pourra apaiser.

« — Monsieur de Neubourg!

« Elle me prit alors les deux mains et me dit, de plus en plus émue :

« — Vrai! vous croyez?...

« — Je crois qu'il vous aime, répondis-je.

« Elle jeta un cri et cacha son visage dans ses mains.

« Deux larmes brûlantes jaillirent au travers de ses doigts.

« Pendant quelques minutes elle demeura immobile, silencieuse, et comme abîmée une douloureuse rêverie.

« Puis elle me montra de nouveau son visage, et leva sur moi son grand œil bleu limpide et doux. — Monsieur le baron, me dit-elle, depuis deux ans je pleure et je prie. Longtemps j'ai été sans espoir, car il me semblait qu'il y avait entre nous un abîme?

« Mais, une nuit, ma mère m'est apparue en songe... je l'ai vue comme je vous vois... et elle *le* tenait par la main.

« — Aimez-vous! me disait-elle, je vous le permets. »

« — Et moi, lui ai-je dit alors, je vous en supplie, mademoiselle...

« — Eh bien ! qu'il revienne!... écrivez-lui.

« Or vous avez compris, mon cher Paul, cette femme qui aime, c'est Danielle; cet homme qui l'aime et qui veut mourir, c'est vous!... Donc, puisqu'elle le veut, revenez! Le bonheur vous attend enfin...

« Votre ami, « Baron Gontran de Neubourg. »

Trois semaines après la paix de Villafranca, un jeune officier se mariait dans l'église Saint-Thomas-d'Aquin.

C'était le capitaine Paul de La Morlière, qui épousait Danielle, sa cousine.

Les témoins du marié étaient le baron Gontran de Neubourg et le vicomte Arthur de Chenevières.

Les témoins de Danielle étaient lord Blackstone et le capitaine invalide Grain-de-Sel.

Deux jours auparavant, Andrewitsch, c'est-à-dire M. le baron Gaston René, avait, dans la même église épousé Mlle Flavie de Passe-Croix.

Victor est capitaine, il sera chef de bataillon au premier jour.

Et Rocambole?

Est-il mort, est-il vivant? nul ne le sait...: Il a voulu finir comme il avait commencé, dans le mystère...

Rocambole est désormais une légende, et on ne retrouvera pas plus sa trace qu'on n'a retrouvé le tombeau d'Attila ou la médaille de l'empereur Othon.

FIN DE LA SIXIÈME PARTIE ET DES DRAMES DE PARIS.

TABLE DES MATIÈRES.

	Pages		Pages
I. L'Héritage mystérieux.	1	IV. La Revanche de Baccarat.	781
II. Le Club des Valets de cœur.	193	V. Les Chevaliers du Clair de Lune.	865
III. Les Exploits de Rocambole.	481	VI. Le Testament de Grain-de-Sel.	1025

www.ingramcontent.com/pod-product-compliance
Lightning Source LLC
Chambersburg PA
CBHW060501170426
43199CB000011B/1291